U0901053

中国知识产权司法保护年鉴

2015—2016

中国知识产权司法保护年鉴编辑委员会　编

YEARBOOK OF JUDICIAL PROTECTION OF INTELLECTUAL PROPERTY RIGHTS IN CHINA (2015-2016)

人民法院出版社

图书在版编目（CIP）数据

中国知识产权司法保护年鉴. 2015—2016/中国知识产权司法保护年鉴编辑委员会编. —北京：人民法院出版社，2017.12

ISBN 978-7-5109-1946-6

Ⅰ.①中… Ⅱ.①中… Ⅲ.①知识产权保护-中国-2015-2016-年鉴 Ⅳ.①D923.4-54

中国版本图书馆CIP数据核字(2017)第286159号

中国知识产权司法保护年鉴(2015—2016)

中国知识产权司法保护年鉴编辑委员会 编

责任编辑 丁丽娜 路建华
出版发行 人民法院出版社
地　　址 北京市东城区东交民巷27号(100745)
电　　话 (010)67550608(责任编辑) 67550558(发行部查询)
65223677(读者服务部)
客服QQ 2092078039
网　　址 http://www.courtbook.com.cn
E-mail courtbook@sina.com
印　　刷 三河市国英印务有限公司
经　　销 新华书店

开　　本 787×1092毫米 1/16
字　　数 1320千字
印　　张 60.25
版　　次 2017年12月第1版 2017年12月第1次印刷
书　　号 ISBN 978-7-5109-1946-6
定　　价 368.00元

2015 年 3 月 18 日，周强院长为最高人民法院知识产权司法保护研究中心揭牌。

2015 年 4 月 24 日，最高人民法院知识产权案例指导研究（北京）基地成立仪式暨知识产权案例指导研讨会在北京知识产权法院举行，最高人民法院副院长陶凯元，北京市高级人民法院党组书记、院长慕平出席成立仪式并共同为基地揭牌。

2015 年 4 月 22 日，最高人民法院公开开庭审理礼来公司诉常州华生制药有限公司侵害发明专利权纠纷上诉案，技术调查官第一次出现在最高人民法院法庭上。

2015 年 10 月 19 日，"知识产权与贸易国际论坛——司法、行政与创新"国际会议在上海召开，最高人民法院副院长陶凯元出席会议并讲话。

2016 年 2 月 25 日，最高人民法院院长周强，全国政协副主席、致公党中央主席、科技部部长万钢，全国政协副秘书长、致公党中央常务副主席蒋作君等领导一行到北京知识产权法院调研。

2016 年 3 月 17 至 18 日，由最高人民法院知识产权司法保护研究中心、中国法院知识产权司法保护国际交流（上海）基地、欧盟委员会共同主办，同济大学、中欧知识产权合作项目协办的以“创新驱动与知识产权司法保护”为主题的“中欧法官论坛——创新驱动与知识产权司法保护”在上海举行，最高人民法院副院长陶凯元出席会议并讲话。

2016 年 4 月 26 日，最高人民法院公开开庭审理再审申请人迈克尔・乔丹与被申请人国家工商行政管理总局商标评审委员会、一审第三人乔丹体育股份有限公司商标争议行政纠纷系列案。最高人民法院组成了五人合议庭对该案进行审理，最高人民法院副院长、审判委员会委员、二级大法官陶凯元担任审判长。

2016 年 11 月 24 日，最高人民法院知识产权案例指导研究（北京）基地阶段性工作成果汇报座谈会在北京知识产权法院召开，最高人民法院副院长陶凯元出席会议并讲话。

2015 年 5 月，中国—欧盟警务培训项目——打击制造假冒伪劣商品犯罪培训班在中国刑事警察学院举办，部分省市公安机关一线执法人员和欧盟相关部门、西班牙警方代表参加培训。

2015 年 9 月，国际刑警组织在第九届国际知识产权执法大会上授予公安部经侦局打击侵权假冒“杰出贡献奖”，以表彰中国公安机关近年来在打击侵权假冒犯罪中的突出战绩。

2015 年 11 月，最高人民法院知识产权司法保护研究中心、中国审判理论研究会知识产权专业委员会、中国知识产权法学研究会、西南政法大学联合主办的“互联网 +”时代知识产权保护热点问题研讨会在重庆市两江新区知识产权法庭召开。

2015 年 12 月，新疆维吾尔自治区高级人民法院与新疆维吾尔自治区知识产权局联合召开建立专利民事纠纷司法审判与行政调处衔接机制新闻发布会。

2015 年 1 月 15 日，云南省高级人民法院与云南省知识产权局联合签署《专利民事纠纷司法审判与行政调处衔接机制合作备忘录》，宣布双方建立专利民事纠纷司法审判与行政调处的衔接机制。

2015 年 5 月 15 日，湖北省法院知识产权审判“三合一”改革试点调研工作座谈会在随州市召开。湖北省高级人民法院党组副书记、副院长覃文萍，随州市委副书记、政法委书记彭明方，随州市中级人民法院院长董伟威出席会议。

2016 年 4 月 21 日，全国知识产权宣传周“知识产权司法保护浙江行”媒体见面会在浙江省杭州市召开。最高人民法院副院长陶凯元出席见面会并讲话，浙江省委常委、常务副省长袁家军致辞。

2016 年 8 月 31 日，上海市高级人民法院主办的“涉深层链接的著作权侵权问题研讨会”在上海市黄浦区人民法院召开。

2016 年 10 月 15 日，河南省高级人民法院召开知识产权强省论坛。

2016 年 10 月 20 日至 10 月 21 日，德国北威州司法代表团来苏州市中级人民法院考察交流。

《中国知识产权司法保护年鉴（2015—2016）》编辑委员会名单

总 目 录

分 类 目 录

第一部分　国家重大战略部署

第二部分　领导讲话

第三部分　特约文章

第四部分　司法解释及规范性文件

第五部分　工作概况

第六部分　调研报告

第七部分 地方经验

第八部分　域外动态

第九部分 典型案例

第十部分　大事记

第一部分　国家重大战略部署

国务院
关于新形势下加快知识产权强国建设的若干意见

2015年12月18日　　国发〔2015〕71号

各省、自治区、直辖市人民政府，国务院各部委、各直属机构：

国家知识产权战略实施以来，我国知识产权创造运用水平大幅提高，保护状况明显改善，全社会知识产权意识普遍增强，知识产权工作取得长足进步，对经济社会发展发挥了重要作用。同时，仍面临知识产权大而不强、多而不优、保护不够严格、侵权易发多发、影响创新创业热情等问题，亟待研究解决。当前，全球新一轮科技革命和产业变革蓄势待发，我国经济发展方式加快转变，创新引领发展的趋势更加明显，知识产权制度激励创新的基本保障作用更加突出。为深入实施创新驱动发展战略，深化知识产权领域改革，加快知识产权强国建设，现提出如下意见。

一、总体要求

（一）指导思想。全面贯彻党的十八大和十八届二中、三中、四中、五中全会精神，按照“四个全面”战略布局和党中央、国务院决策部署，深入实施国家知识产权战略，深化知识产权重点领域改革，有效促进知识产权创造运用，实行更加严格的知识产权保护，优化知识产权公共服务，促进新技术、新产业、新业态蓬勃发展，提升产业国际化发展水平，保障和激励大众创业、万众创新，为实施创新驱动发展战略提供有力支撑，为推动经济保持中高速增长、迈向中高端水平，实现“两个一百年”奋斗目标和中华民族伟大复兴的中国梦奠定更加坚实的基础。

（二）基本原则。坚持战略引领。按照创新驱动发展战略和“一带一路”等战略部署，推动提升知识产权创造、运用、保护、管理和服务能力，深化知识产权战略实施，提升知识产权质量，实现从大向强、从多向优的转变，实施新一轮高水平对外开放，促进经济持续健康发展。

坚持改革创新。加快完善中国特色知识产权制度，改革创新体制机制，破除制约知识产权事业发展的障碍，着力推进创新改革试验，强化分配制度的知识价值导向，充分发挥知识产权制度在激励创新、促进创新成果合理分享方面的关键作用，推动企业提质增效、产业转型升级。

坚持市场主导。发挥市场配置创新资源的决定性作用，强化企业创新主体地位和主导作用，促进创新要素合理流动和高效配置。加快简政放权、放管结合、优化服务，加强知识产权政策支持、公共服务和市场监管，着力构建公平公正、开放透明的知识产权法治环境和市场环境，促进大众创业、万众创新。

坚持统筹兼顾。统筹国际国内创新资源，形成若干知识产权领先发展区域，培育我国知识产权优势。加强全球开放创新协作，积极参与、推动知识产权国际规则制定和完善，构建公平合理国际经济秩序，为市场主体参与国际竞争创造有利条件，实现优进优出和互利共赢。

（三）主要目标。到2020年，在知识产权重要领域和关键环节改革上取得决定性成果，知识产权授权确权和执法保护体系进一步完善，基本形成权界清晰、分工合理、责权一致、运转高效、法治保障的知识产权体制机制，知识产权创造、运用、保护、管理和服务能力大幅提升，创新创业环境进一步优化，逐步形成产业参与国际竞争的知识产权新优势，基本实现知识产权治理体系和治理能力现代化，建成一批知识产权强省、强市，知识产权大国地位得到全方位巩固，为建成中国特色、世界水平的知识产权强国奠定坚实基础。

二、推进知识产权管理体制机制改革

（四）研究完善知识产权管理体制。完善国家知识产权战略实施工作部际联席会议制度，由国务院领导同志担任召集人。积极研究探索知识产权管理体制机制改革。授权地方开展知识产权改革试验。鼓励有条件的地方开展知识产权综合管理改革试点。

（五）改善知识产权服务业及社会组织管理。放宽知识产权服务业准入，促进服务业优质高效发展，加快建设知识产权服务业集聚区。扩大专利代理领域开放，放宽对专利代理机构股东或合伙人的条件限制。探索开展知识产权服务行业协会组织“一业多会”试点。完善执业信息披露制度，及时公开知识产权代理机构和从业人员信用评价等相关信息。规范著作权集体管理机构收费标准，完善收益分配制度，让著作权人获得更多许可收益。

（六）建立重大经济活动知识产权评议制度。研究制定知识产权评议政策。完善知识产权评议工作指南，规范评议范围和程序。围绕国家重大产业规划、高技术领域重大投资项目等开展知识产权评议，建立国家科技计划知识产权目标评估制度，积极探索重大科技活动知识产权评议试点，建立重点领域知识产权评议报告发布制度，提高创新效率，降低产业发展风险。

（七）建立以知识产权为重要内容的创新驱动发展评价制度。完善发展评价体系，将知识产权产品逐步纳入国民经济核算，将知识产权指标纳入国民经济和社会发展规划。发布年度知识产权发展状况报告。在对党政领导班子和领导干部进行综合考核评价时，注重鼓励发明创造、保护知识产权、加强转化运用、营造良好环境等方面的情况和成效。探索建立经营业绩、知识产权和创新并重的国有企业考评模式。按照国家有关规定设置知识产权奖励项目，加大各类国家奖励制度的知识产权评价权重。

三、实行严格的知识产权保护

（八）加大知识产权侵权行为惩治力度。推动知识产权保护法治化，发挥司法保护的主导作用，完善行政执法和司法保护两条途径优势互补、有机衔接的知识产权保护模式。提高知识产权侵权法定赔偿上限，针对情节严重的恶意侵权行为实施惩罚性赔偿并由侵权人承担实际发生的合理开支。进一步推进侵犯知识产权行政处罚案件信息公开。完善知识产权快速维权机制。加强海关知识产权执法保护。加大国际展会、电子商务等领域知识产权执法力度。开展与相关国际组织和境外执法部门的联合执法，加强知识产权司法保护对外合作，推动我国成为知识产权国际纠纷的重要解决地，构建更有国际竞争力的开放创新环境。

（九）加大知识产权犯罪打击力度。

依法严厉打击侵犯知识产权犯罪行为，重点打击链条式、产业化知识产权犯罪网络。进一步加强知识产权行政执法与刑事司法衔接，加大涉嫌犯罪案件移交工作力度。完善涉外知识产权执法机制，加强刑事执法国际合作，加大涉外知识产权犯罪案件侦办力度。加强与有关国际组织和国家间打击知识产权犯罪行为的司法协助，加大案情通报和情报信息交换力度。

（十）建立健全知识产权保护预警防范机制。将故意侵犯知识产权行为情况纳入企业和个人信用记录。推动完善商业秘密保护法律法规，加强人才交流和技术合作中的商业秘密保护。开展知识产权保护社会满意度调查。建立收集假冒产品来源地相关信息的工作机制，发布年度中国海关知识产权保护状况报告。加强大型专业化市场知识产权管理和保护工作。发挥行业组织在知识产权保护中的积极作用。运用大数据、云计算、物联网等信息技术，加强在线创意、研发成果的知识产权保护，提升预警防范能力。加大对小微企业知识产权保护援助力度，构建公平竞争、公平监管的创新创业和营商环境。

（十一）加强新业态新领域创新成果的知识产权保护。完善植物新品种、生物遗传资源及其相关传统知识、数据库保护和国防知识产权等相关法律制度。适时做好地理标志立法工作。研究完善商业模式知识产权保护制度和实用艺术品外观设计专利保护制度。加强互联网、电子商务、大数据等领域的知识产权保护规则研究，推动完善相关法律法规。制定众创、众包、众扶、众筹的知识产权保护政策。

（十二）规制知识产权滥用行为。完善规制知识产权滥用行为的法律制度，制定相关反垄断执法指南。完善知识产权反垄断监管机制，依法查处滥用知识产权排除和限制竞争等垄断行为。完善标准必要专利的公平、合理、无歧视许可政策和停止侵权适用规则。

四、促进知识产权创造运用

（十三）完善知识产权审查和注册机制。建立计算机软件著作权快速登记通道。优化专利和商标的审查流程与方式，实现知识产权在线登记、电子申请和无纸化审批。完善知识产权审查协作机制，建立重点优势产业专利申请的集中审查制度，建立健全涉及产业安全的专利审查工作机制。合理扩大专利确权程序依职权审查范围，完善授权后专利文件修改制度。拓展“专利审查高速路”国际合作网络，加快建设世界一流专利审查机构。

（十四）完善职务发明制度。鼓励和引导企事业单位依法建立健全发明报告、权属划分、奖励报酬、纠纷解决等职务发明管理制度。探索完善创新成果收益分配制度，提高骨干团队、主要发明人收益比重，保障职务发明人的合法权益。按照相关政策规定，鼓励国有企业赋予下属科研院所知识产权处置和收益分配权。

（十五）推动专利许可制度改革。强化专利以许可方式对外扩散。研究建立专利当然许可制度，鼓励更多专利权人对社会公开许可专利。完善专利强制许可启动、审批和实施程序。鼓励高等院校、科研院所等事业单位通过无偿许可专利的方式，支持单位员工和大学生创新创业。

（十六）加强知识产权交易平台建设。构建知识产权运营服务体系，加快建设全国知识产权运营公共服务平台。创新知识产权投融资产品，探索知识产权证券化，完善知识产权信用担保机制，推动发展投贷联动、投保联动、投债联动等新模式。在全面创新改革试验区域引导天使投资、风险投资、私募基金加强对高技术领域的投资。细化会计准则规定，推动企业科学核算和管理知识产权资产。推动高等院校、科研院所建立健全知识产权转移转化机构。支持探索知识产权创造与运营的众筹、众包模式，促进“互联网＋知识产权”融合发展。

（十七）培育知识产权密集型产业。探索制定知识产权密集型产业目录和发展规划。运用股权投资基金等市场化方式，引导社会资金投入知识产权密集型产业。加大政府采购对知识产权密集型产品的支持力度。试点建设知识产权密集型产业集聚区和知识产权密集型产业产品示范基地，推行知识产权集群管理，推动先进制造业加快发展，产业迈向中高端水平。

（十八）提升知识产权附加值和国际影响力。实施专利质量提升工程，培育一批核心专利。加大轻工、纺织、服装等产业的外观设计专利保护力度。深化商标富农工作。加强对非物质文化遗产、民间文艺、传统知识的开发利用，推进文化创意、设计服务与相关产业融合发展。支持企业运用知识产权进行海外股权投资。积极参与国际标准制定，推动有知识产权的创新技术转化为标准。支持研究机构和社会组织制定品牌评价国际标准，建立品牌价值评价体系。支持企业建立品牌管理体系，鼓励企业收购海外知名品牌。保护和传承中华老字号，大力推动中医药、中华传统餐饮、工艺美术等企业“走出去”。

（十九）加强知识产权信息开放利用。推进专利数据信息资源开放共享，增强大数据运用能力。建立财政资助项目形成的知识产权信息披露制度。加快落实上市企业知识产权信息披露制度。规范知识产权信息采集程序和内容。完善知识产权许可的信息备案和公告制度。加快建设互联互通的知识产权信息公共服务平台，实现专利、商标、版权、集成电路布图设计、植物新品种、地理标志等基础信息免费或低成本开放。依法及时公开专利审查过程信息。增加知识产权信息服务网点，完善知识产权信息公共服务网络。

五、加强重点产业知识产权海外布局和风险防控

（二十）加强重点产业知识产权海外布局规划。加大创新成果标准化和专利化工作力度，推动形成标准研制与专利布局有效衔接机制。研究制定标准必要专利布局指南。编制发布相关国家和地区专利申请实务指引。围绕战略性新兴产业等重点领域，建立专利导航产业发展工作机制，实施产业规划类和企业运营类专利导航项目，绘制服务我国产业发展的相关国家和地区专利导航图，推动我国产业深度融入全球产业链、价值链和创新链。

（二十一）拓展海外知识产权布局渠道。推动企业、科研机构、高等院校等联合开展海外专利布局工作。鼓励企业建立专利收储基金。加强企业知识产权布局指导，在产业园区和重点企业探索设立知识产权布局设计中心。分类制定知识产权跨国许可与转让指南，编制发布知识产权许可合同范本。

（二十二）完善海外知识产权风险预警体系。建立健全知识产权管理与服务等标准体系。支持行业协会、专业机构跟踪发布重点产业知识产权信息和竞争动态。制定完善与知识产权相关的贸易调查应对与风险防控国别指南。完善海外知识产权信息服务平台，发布相关国家和地区知识产权制度环境等信息。建立完善企业海外知识产权问题及案件信息提交机制，加强对重大知识产权案件的跟踪研究，及时发布风险提示。

（二十三）提升海外知识产权风险防

控能力。研究完善技术进出口管理相关制度，优化简化技术进出口审批流程。完善财政资助科技计划项目形成的知识产权对外转让和独占许可管理制度。制定并推行知识产权尽职调查规范。支持法律服务机构为企业提供全方位、高品质知识产权法律服务。探索以公证方式保管知识产权证据、证明材料。推动企业建立知识产权分析评议机制，重点针对人才引进、国际参展、产品和技术进出口等活动开展知识产权风险评估，提高企业应对知识产权国际纠纷能力。

（二十四）加强海外知识产权维权援助。制定实施应对海外产业重大知识产权纠纷的政策。研究我驻国际组织、主要国家和地区外交机构中涉知识产权事务的人力配备。发布海外和涉外知识产权服务和维权援助机构名录，推动形成海外知识产权服务网络。

六、提升知识产权对外合作水平

（二十五）推动构建更加公平合理的国际知识产权规则。积极参与联合国框架下的发展议程，推动《TRIPS 协定与公共健康多哈宣言》落实和《视听表演北京条约》生效，参与《专利合作条约》《保护广播组织条约》《生物多样性公约》等规则修订的国际谈判，推进加入《工业品外观设计国际注册海牙协定》和《马拉喀什条约》进程，推动知识产权国际规则向普惠包容、平衡有效的方向发展。

（二十六）加强知识产权对外合作机制建设。加强与世界知识产权组织、世界贸易组织及相关国际组织的合作交流。深化同主要国家知识产权、经贸、海关等部门的合作，巩固与传统合作伙伴的友好关系。推动相关国际组织在我国设立知识产权仲裁和调解分中心。加强国内外知名地理标志产品的保护合作，促进地理标志产品国际化发展。积极推动区域全面经济伙伴关系和亚太经济合作组织框架下的知识产权合作，探索建立“一带一路”沿线国家和地区知识产权合作机制。

（二十七）加大对发展中国家知识产权援助力度。支持和援助发展中国家知识产权能力建设，鼓励向部分最不发达国家优惠许可其发展急需的专利技术。加强面向发展中国家的知识产权学历教育和短期培训。

（二十八）拓宽知识产权公共外交渠道。拓宽企业参与国际和区域性知识产权规则制修订途径。推动国内服务机构、产业联盟等加强与国外相关组织的合作交流。建立具有国际水平的知识产权智库，建立博鳌亚洲论坛知识产权研讨交流机制，积极开展具有国际影响力的知识产权研讨交流活动。

七、加强组织实施和政策保障

（二十九）加强组织领导。各地区、各有关部门要高度重视，加强组织领导，结合实际制定实施方案和配套政策，推动各项措施有效落实。国家知识产权战略实施工作部际联席会议办公室要在国务院领导下，加强统筹协调，研究提出知识产权“十三五”规划等具体政策措施，协调解决重大问题，加强对有关政策措施落实工作的指导、督促、检查。

（三十）加大财税和金融支持力度。运用财政资金引导和促进科技成果产权化、知识产权产业化。落实研究开发费用税前加计扣除政策，对符合条件的知识产权费用按规定实行加计扣除。制定专利收费减缴办法，合理降低专利申请和维持费用。积极推进知识产权海外侵权责任保险工作。深入开展知识产权质押融资风险补偿基金和重点产业知识产权运营基金试点。

（三十一）加强知识产权专业人才队

伍建设。加强知识产权相关学科建设，完善产学研联合培养模式，在管理学和经济学中增设知识产权专业，加强知识产权专业学位教育。加大对各类创新人才的知识产权培训力度。鼓励我国知识产权人才获得海外相应资格证书。鼓励各地引进高端知识产权人才，并参照有关人才引进计划给予相关待遇。探索建立知识产权国际化人才储备库和利用知识产权发现人才的信息平台。进一步完善知识产权职业水平评价制度，稳定和壮大知识产权专业人才队伍。选拔培训一批知识产权创业导师，加强青年创业指导。

（三十二）加强宣传引导。各地区、各有关部门要加强知识产权文化建设，加大宣传力度，广泛开展知识产权普及型教育，加强知识产权公益宣传和咨询服务，提高全社会知识产权意识，使尊重知识、崇尚创新、诚信守法理念深入人心，为加快建设知识产权强国营造良好氛围。

国家创新驱动发展战略纲要

2016 年 5 月 19 日　　中发〔2016〕4 号

党的十八大提出实施创新驱动发展战略，强调科技创新是提高社会生产力和综合国力的战略支撑，必须摆在国家发展全局的核心位置。这是中央在新的发展阶段确立的立足全局、面向全球、聚焦关键、带动整体的国家重大发展战略。为加快实施这一战略，特制定本纲要。

一、战略背景

创新驱动就是创新成为引领发展的第一动力，科技创新与制度创新、管理创新、商业模式创新、业态创新和文化创新相结合，推动发展方式向依靠持续的知识积累、技术进步和劳动力素质提升转变，促进经济向形态更高级、分工更精细、结构更合理的阶段演进。

创新驱动是国家命运所系。国家力量的核心支撑是科技创新能力。创新强则国运昌，创新弱则国运殆。我国近代落后挨打的重要原因是与历次科技革命失之交臂，导致科技弱、国力弱。实现中华民族伟大复兴的中国梦，必须真正用好科学技术这个最高意义上的革命力量和有力杠杆。

创新驱动是世界大势所趋。全球新一轮科技革命、产业变革和军事变革加速演进，科学探索从微观到宇观各个尺度上向纵深拓展，以智能、绿色、泛在为特征的群体性技术革命将引发国际产业分工重大调整，颠覆性技术不断涌现，正在重塑世界竞争格局、改变国家力量对比，创新驱动成为许多国家谋求竞争优势的核心战略。我国既面临赶超跨越的难得历史机遇，也面临差距拉大的严峻挑战。唯有勇立世界科技创新潮头，才能赢得发展主动权，为人类文明进步作出更大贡献。

创新驱动是发展形势所迫。我国经济发展进入新常态，传统发展动力不断减弱，粗放型增长方式难以为继。必须依靠创新驱动打造发展新引擎，培育新的经济增长点，持续提升我国经济发展的质量和效益，开辟我国发展的新空间，实现经济保持中高速增长和产业迈向中高端水平“双目标”。

当前，我国创新驱动发展已具备发力加速的基础。经过多年努力，科技发展正在进入由量的增长向质的提升的跃升期，科研体系日益完备，人才队伍不断壮大，科学、技术、工程、产业的自主创新能力快速提升。经济转型升级、民生持续改善和国防现代化建设对创新提出了巨大需求。庞大的市场规模、完备的产业体系、多样化的消费需求与互联网时代创新效率的提升相结合，为创新提供了广阔空间。中国特色社会主义制度能够有效结合集中力量办大事和市场配置资源的优势，为实现创新驱动发展提供了根本保障。

同时也要看到，我国许多产业仍处于全球价值链的中低端，一些关键核心技术受制于人，发达国家在科学前沿和高技术领域仍然占据明显领先优势，我国支撑产业升级、引领未来发展的科学技术储备亟待加强。适应创新驱动的体制机制亟待建立健全，企业创新动力不足，创新体系整体效能不高，经济发展尚未真正转到依靠创新的轨道。科技人才队伍大而不强，领军人才和高技能人才缺乏，创新型企业家群体亟需发展壮大。激励创新的市场环境和社会氛围仍需进一步培育和优化。

在我国加快推进社会主义现代化、实现“两个一百年”奋斗目标和中华民族伟大复兴中国梦的关键阶段，必须始终坚持抓创新就是抓发展、谋创新就是谋未来，让创新成为国家意志和全社会的共同行动，走出一条从人才强、科技强到产业强、经济强、国家强的发展新路径，为我国未来十几年乃至更长时间创造一个新的增长周期。

二、战略要求

（一）指导思想

以邓小平理论、“三个代表”重要思想、科学发展观为指导，深入贯彻习近平总书记系列重要讲话精神，按照“四个全面”战略布局的要求，坚持走中国特色自主创新道路，解放思想、开放包容，把创新驱动发展作为国家的优先战略，以科技创新为核心带动全面创新，以体制机制改革激发创新活力，以高效率的创新体系支撑高水平的创新型国家建设，推动经济社会发展动力根本转换，为实现中华民族伟大复兴的中国梦提供强大动力。

（二）基本原则

紧扣发展。坚持问题导向，面向世界科技前沿、面向国家重大需求、面向国民经济主战场，明确我国创新发展的主攻方向，在关键领域尽快实现突破，力争形成更多竞争优势。

深化改革。坚持科技体制改革和经济社会领域改革同步发力，强化科技与经济对接，遵循社会主义市场经济规律和科技创新规律，破除一切制约创新的思想障碍和制度藩篱，构建支撑创新驱动发展的良好环境。

强化激励。坚持创新驱动实质是人才驱动，落实以人为本，尊重创新创造的价值，激发各类人才的积极性和创造性，加快汇聚一支规模宏大、结构合理、素质优良的创新型人才队伍。

扩大开放。坚持以全球视野谋划和推动创新，最大限度用好全球创新资源，全面提升我国在全球创新格局中的位势，力争成为若干重要领域的引领者和重要规则制定的参与者。

（三）战略目标

分三步走：

第一步，到2020年进入创新型国家行

列，基本建成中国特色国家创新体系，有力支撑全面建成小康社会目标的实现。

——创新型经济格局初步形成。若干重点产业进入全球价值链中高端，成长起一批具有国际竞争力的创新型企业和产业集群。科技进步贡献率提高到60%以上，知识密集型服务业增加值占国内生产总值的20%。

——自主创新能力大幅提升。形成面向未来发展、迎接科技革命、促进产业变革的创新布局，突破制约经济社会发展和国家安全的一系列重大瓶颈问题，初步扭转关键核心技术长期受制于人的被动局面，在若干战略必争领域形成独特优势，为国家繁荣发展提供战略储备、拓展战略空间。研究与试验发展（R&D）经费支出占国内生产总值比重达到2.5%。

——创新体系协同高效。科技与经济融合更加顺畅，创新主体充满活力，创新链条有机衔接，创新治理更加科学，创新效率大幅提高。

——创新环境更加优化。激励创新的政策法规更加健全，知识产权保护更加严格，形成崇尚创新创业、勇于创新创业、激励创新创业的价值导向和文化氛围。

第二步，到2030年跻身创新型国家前列，发展驱动力实现根本转换，经济社会发展水平和国际竞争力大幅提升，为建成经济强国和共同富裕社会奠定坚实基础。

——主要产业进入全球价值链中高端。不断创造新技术和新产品、新模式和新业态、新需求和新市场，实现更可持续的发展、更高质量的就业、更高水平的收入、更高品质的生活。

——总体上扭转科技创新以跟踪为主的局面。在若干战略领域由并行走向领跑，形成引领全球学术发展的中国学派，产出对世界科技发展和人类文明进步有重要影响的原创成果。攻克制约国防科技的主要瓶颈问题。研究与试验发展（R&D）经费支出占国内生产总值比重达到2.8%。

——国家创新体系更加完备。实现科技与经济深度融合、相互促进。

——创新文化氛围浓厚，法治保障有力，全社会形成创新活力竞相迸发、创新源泉不断涌流的生动局面。

第三步，到2050年建成世界科技创新强国，成为世界主要科学中心和创新高地，为我国建成富强民主文明和谐的社会主义现代化国家、实现中华民族伟大复兴的中国梦提供强大支撑。

——科技和人才成为国力强盛最重要的战略资源，创新成为政策制定和制度安排的核心因素。

——劳动生产率、社会生产力提高主要依靠科技进步和全面创新，经济发展质量高、能源资源消耗低、产业核心竞争力强。国防科技达到世界领先水平。

——拥有一批世界一流的科研机构、研究型大学和创新型企业，涌现出一批重大原创性科学成果和国际顶尖水平的科学大师，成为全球高端人才创新创业的重要聚集地。

——创新的制度环境、市场环境和文化环境更加优化，尊重知识、崇尚创新、保护产权、包容多元成为全社会的共同理念和价值导向。

三、战略部署

实现创新驱动是一个系统性的变革，要按照“坚持双轮驱动、构建一个体系、推动六大转变”进行布局，构建新的发展动力系统。

双轮驱动就是科技创新和体制机制创新两个轮子相互协调、持续发力。抓创新首先要抓科技创新，补短板首先要补科技创新的短板。科学发现对技术进步有决定性的引领作用，技术进步有力推动发现科学规律。要明确支撑发展的方向和重点，加强科学探索和技术攻关，形成持续创新的系统能力。体制机制创新要调整一切不适应创新驱动发展的生产关系，统筹推进科技、经济和政府治理等三方面体制机制改革，最大限度释放创新活力。

一个体系就是建设国家创新体系。要建设各类创新主体协同互动和创新要素顺畅流动、高效配置的生态系统，形成创新驱动发展的实践载体、制度安排和环境保障。明确企业、科研院所、高校、社会组织等各类创新主体功能定位，构建开放高效的创新网络，建设军民融合的国防科技协同创新平台；改进创新治理，进一步明确政府和市场分工，构建统筹配置创新资源的机制；完善激励创新的政策体系、保护创新的法律制度，构建鼓励创新的社会环境，激发全社会创新活力。

六大转变就是发展方式从以规模扩张为主导的粗放式增长向以质量效益为主导的可持续发展转变；发展要素从传统要素主导发展向创新要素主导发展转变；产业分工从价值链中低端向价值链中高端转变；创新能力从“跟踪、并行、领跑”并存、“跟踪”为主向“并行”“领跑”为主转变；资源配置从以研发环节为主向产业链、创新链、资金链统筹配置转变；创新群体从以科技人员的小众为主向小众与大众创新创业互动转变。

四、战略任务

紧紧围绕经济竞争力提升的核心关键、社会发展的紧迫需求、国家安全的重大挑战，采取差异化策略和非对称路径，强化重点领域和关键环节的任务部署。

（一）推动产业技术体系创新，创造发展新优势

加快工业化和信息化深度融合，把数字化、网络化、智能化、绿色化作为提升产业竞争力的技术基点，推进各领域新兴技术跨界创新，构建结构合理、先进管用、开放兼容、自主可控、具有国际竞争力的现代产业技术体系，以技术的群体性突破支撑引领新兴产业集群发展，推进产业质量升级。

1. 发展新一代信息网络技术，增强经济社会发展的信息化基础。加强类人智能、自然交互与虚拟现实、微电子与光电子等技术研究，推动宽带移动互联网、云计算、物联网、大数据、高性能计算、移动智能终端等技术研发和综合应用，加大集成电路、工业控制等自主软硬件产品和网络安全技术攻关和推广力度，为我国经济转型升级和维护国家网络安全提供保障。

2. 发展智能绿色制造技术，推动制造业向价值链高端攀升。重塑制造业的技术体系、生产模式、产业形态和价值链，推动制造业由大到强转变。发展智能制造装备等技术，加快网络化制造技术、云计算、大数据等在制造业中的深度应用，推动制造业向自动化、智能化、服务化转变。对传统制造业全面进行绿色改造，由粗放型制造向集约型制造转变。加强产业技术基础能力和试验平台建设，提升基础材料、基础零部件、基础工艺、基础软件等共性关键技术水平。发展大飞机、航空发动机、核电、高铁、海洋工程装备和高技术船舶、特高压输变电等高端装备和产品。

3. 发展生态绿色高效安全的现代农业技术，确保粮食安全、食品安全。以实现种业自主为核心，转变农业发展方式，突破人多地少水缺的瓶颈约束，走产出高效、产品安全、资源节约、环境友好的现代农业发展道路。系统加强动植物育种和高端农业装备研发，大面积推广粮食丰产、中低产田改造等技术，深入开展节水农业、

循环农业、有机农业和生物肥料等技术研发，开发标准化、规模化的现代养殖技术，促进农业提质增效和可持续发展。推广农业面源污染和重金属污染防治的低成本技术和模式，发展全产业链食品安全保障技术、质量安全控制技术和安全溯源技术，建设安全环境、清洁生产、生态储运全覆盖的食品安全技术体系。推动农业向一二三产业融合，实现向全链条增值和品牌化发展转型。

4. 发展安全清洁高效的现代能源技术，推动能源生产和消费革命。以优化能源结构、提升能源利用效率为重点，推动能源应用向清洁、低碳转型。突破煤炭石油天然气等化石能源的清洁高效利用技术瓶颈，开发深海深地等复杂条件下的油气矿产资源勘探开采技术，开展页岩气等非常规油气勘探开发综合技术示范。加快核能、太阳能、风能、生物质能等清洁能源和新能源技术开发、装备研制及大规模应用，攻克大规模供需互动、储能和并网关键技术。推广节能新技术和节能新产品，加快钢铁、石化、建材、有色金属等高耗能行业的节能技术改造，推动新能源汽车、智能电网等技术的研发应用。

5. 发展资源高效利用和生态环保技术，建设资源节约型和环境友好型社会。采用系统化的技术方案和产业化路径，发展污染治理和资源循环利用的技术与产业。建立大气重污染天气预警分析技术体系，发展高精度监控预测技术。建立现代水资源综合利用体系，开展地球深部矿产资源勘探开发与综合利用，发展绿色再制造和资源循环利用产业，建立城镇生活垃圾资源化利用、再生资源回收利用、工业固体废物综合利用等技术体系。完善环境技术管理体系，加强水、大气和土壤污染防治及危险废物处理处置、环境检测与环境应急技术研发应用，提高环境承载能力。

6. 发展海洋和空间先进适用技术，培育海洋经济和空间经济。开发海洋资源高效可持续利用适用技术，加快发展海洋工程装备，构建立体同步的海洋观测体系，推进我国海洋战略实施和蓝色经济发展。大力提升空间进入、利用的技术能力，完善空间基础设施，推进卫星遥感、卫星通信、导航和位置服务等技术开发应用，完善卫星应用创新链和产业链。

7. 发展智慧城市和数字社会技术，推动以人为本的新型城镇化。依靠新技术和管理创新支撑新型城镇化、现代城市发展和公共服务，创新社会治理方法和手段，加快社会治安综合治理信息化进程，推进平安中国建设。发展交通、电力、通信、地下管网等市政基础设施的标准化、数字化、智能化技术，推动绿色建筑、智慧城市、生态城市等领域关键技术大规模应用。加强重大灾害、公共安全等应急避险领域重大技术和产品攻关。

8. 发展先进有效、安全便捷的健康技术，应对重大疾病和人口老龄化挑战。促进生命科学、中西医药、生物工程等多领域技术融合，提升重大疾病防控、公共卫生、生殖健康等技术保障能力。研发创新药物、新型疫苗、先进医疗装备和生物治疗技术。推进中华传统医药现代化。促进组学和健康医疗大数据研究，发展精准医学，研发遗传基因和慢性病易感基因筛查技术，提高心脑血管疾病、恶性肿瘤、慢性呼吸性疾病、糖尿病等重大疾病的诊疗技术水平。开发数字化医疗、远程医疗技术，推进预防、医疗、康复、保健、养老等社会服务网络化、定制化，发展一体化健康服务新模式，显著提高人口健康保障能力，有力支撑健康中国建设。

9. 发展支撑商业模式创新的现代服务

技术，驱动经济形态高级化。以新一代信息和网络技术为支撑，积极发展现代服务业技术基础设施，拓展数字消费、电子商务、现代物流、互联网金融、网络教育等新兴服务业，促进技术创新和商业模式创新融合。加快推进工业设计、文化创意和相关产业融合发展，提升我国重点产业的创新设计能力。

10. 发展引领产业变革的颠覆性技术，不断催生新产业、创造新就业。高度关注可能引起现有投资、人才、技术、产业、规则“归零”的颠覆性技术，前瞻布局新兴产业前沿技术研发，力争实现“弯道超车”。开发移动互联技术、量子信息技术、空天技术，推动增材制造装备、智能机器人、无人驾驶汽车等发展，重视基因组、干细胞、合成生物、再生医学等技术对生命科学、生物育种、工业生物领域的深刻影响，开发氢能、燃料电池等新一代能源技术，发挥纳米、石墨烯等技术对新材料产业发展的引领作用。

（二）强化原始创新，增强源头供给

坚持国家战略需求和科学探索目标相结合，加强对关系全局的科学问题研究部署，增强原始创新能力，提升我国科学发现、技术发明和产品产业创新的整体水平，支撑产业变革和保障国家安全。

1. 加强面向国家战略需求的基础前沿和高技术研究。围绕涉及长远发展和国家安全的“卡脖子”问题，加强基础研究前瞻布局，加大对空间、海洋、网络、核、材料、能源、信息、生命等领域重大基础研究和战略高技术攻关力度，实现关键核心技术安全、自主、可控。明确阶段性目标，集成跨学科、跨领域的优势力量，加快重点突破，为产业技术进步积累原创资源。

2. 大力支持自由探索的基础研究。面向科学前沿加强原始创新，力争在更多领域引领世界科学研究方向，提升我国对人类科学探索的贡献。围绕支撑重大技术突破，推进变革性研究，在新思想、新发现、新知识、新原理、新方法上积极进取，强化源头储备。促进学科均衡协调发展，加强学科交叉与融合，重视支持一批非共识项目，培育新兴学科和特色学科。

3. 建设一批支撑高水平创新的基础设施和平台。适应大科学时代创新活动的特点，针对国家重大战略需求，建设一批具有国际水平、突出学科交叉和协同创新的国家实验室。加快建设大型共用实验装置、数据资源、生物资源、知识和专利信息服务等科技基础条件平台。研发高端科研仪器设备，提高科研装备自给水平。建设超算中心和云计算平台等数字化基础设施，形成基于大数据的先进信息网络支撑体系。

（三）优化区域创新布局，打造区域经济增长极

聚焦国家区域发展战略，以创新要素的集聚与流动促进产业合理分工，推动区域创新能力和竞争力整体提升。

1. 构建各具特色的区域创新发展格局。东部地区注重提高原始创新和集成创新能力，全面加快向创新驱动发展转型，培育具有国际竞争力的产业集群和区域经济。中西部地区走差异化和跨越式发展道路，柔性汇聚创新资源，加快先进适用技术推广和应用，在重点领域实现创新牵引，培育壮大区域特色经济和新兴产业。

2. 跨区域整合创新资源。构建跨区域创新网络，推动区域间共同设计创新议题、互联互通创新要素、联合组织技术攻关。提升京津冀、长江经济带等国家战略区域科技创新能力，打造区域协同创新共同体，统筹和引领区域一体化发展。推动北京、上海等优势地区建成具有全球影响力的科

技创新中心。

3. 打造区域创新示范引领高地。优化国家自主创新示范区布局，推进国家高新区按照发展高科技、培育新产业的方向转型升级，开展区域全面创新改革试验，建设创新型省份和创新型城市，培育新兴产业发展增长极，增强创新发展的辐射带动功能。

（四）深化军民融合，促进创新互动

按照军民融合发展战略总体要求，发挥国防科技创新重要作用，加快建立健全军民融合的创新体系，形成全要素、多领域、高效益的军民科技深度融合发展新格局。

1. 健全宏观统筹机制。遵循经济建设和国防建设的规律，构建统一领导、需求对接、资源共享的军民融合管理体制，统筹协调军民科技战略规划、方针政策、资源条件、成果应用，推动军民科技协调发展、平衡发展、兼容发展。

2. 开展军民协同创新。建立军民融合重大科研任务形成机制，从基础研究到关键技术研发、集成应用等创新链一体化设计，构建军民共用技术项目联合论证和实施模式，建立产学研相结合的军民科技创新体系。

3. 推进军民科技基础要素融合。推进军民基础共性技术一体化、基础原材料和零部件通用化。推进海洋、太空、网络等新型领域军民融合深度发展。开展军民通用标准制定和整合，推动军民标准双向转化，促进军民标准体系融合。统筹军民共用重大科研基地和基础设施建设，推动双向开放、信息交互、资源共享。

4. 促进军民技术双向转移转化。推动先进民用技术在军事领域的应用，健全国防知识产权制度、完善国防知识产权归属与利益分配机制，积极引导国防科技成果加速向民用领域转化应用。放宽国防科技领域市场准入，扩大军品研发和服务市场的开放竞争，引导优势民营企业进入军品科研生产和维修领域。完善军民两用物项和技术进出口管制机制。

（五）壮大创新主体，引领创新发展

明确各类创新主体在创新链不同环节的功能定位，激发主体活力，系统提升各类主体创新能力，夯实创新发展的基础。

1. 培育世界一流创新型企业。鼓励行业领军企业构建高水平研发机构，形成完善的研发组织体系，集聚高端创新人才。引导领军企业联合中小企业和科研单位系统布局创新链，提供产业技术创新整体解决方案。培育一批核心技术能力突出、集成创新能力强、引领重要产业发展的创新型企业，力争有一批企业进入全球百强创新型企业。

2. 建设世界一流大学和一流学科。加快中国特色现代大学制度建设，深入推进管、办、评分离，扩大学校办学自主权，完善学校内部治理结构。引导大学加强基础研究和追求学术卓越，组建跨学科、综合交叉的科研团队，形成一批优势学科集群和高水平科技创新基地，建立创新能力评估基础上的绩效拨款制度，系统提升人才培养、学科建设、科技研发三位一体创新水平。增强原始创新能力和服务经济社会发展能力，推动一批高水平大学和学科进入世界一流行列或前列。

3. 建设世界一流科研院所。明晰科研院所功能定位，增强在基础前沿和行业共性关键技术研发中的骨干引领作用。健全现代科研院所制度，形成符合创新规律、体现领域特色、实施分类管理的法人治理结构。围绕国家重大任务，有效整合优势科研资源，建设综合性、高水平的国际化科技创新基地，在若干优势领域形成一批具有鲜明特色的世界级科学研究中心。

4. 发展面向市场的新型研发机构。围绕区域性、行业性重大技术需求，实行多元化投资、多样化模式、市场化运作，发展多种形式的先进技术研发、成果转化和产业孵化机构。

5. 构建专业化技术转移服务体系。发展研发设计、中试熟化、创业孵化、检验检测认证、知识产权等各类科技服务。完善全国技术交易市场体系，发展规范化、专业化、市场化、网络化的技术和知识产权交易平台。科研院所和高校建立专业化技术转移机构和职业化技术转移人才队伍，畅通技术转移通道。

（六）实施重大科技项目和工程，实现重点跨越

在关系国家安全和长远发展的重点领域，部署一批重大科技项目和工程。

面向 2020 年，继续加快实施已部署的国家科技重大专项，聚焦目标、突出重点，攻克高端通用芯片、高档数控机床、集成电路装备、宽带移动通信、油气田、核电站、水污染治理、转基因生物新品种、新药创制、传染病防治等方面的关键核心技术，形成若干战略性技术和战略性产品，培育新兴产业。

面向 2030 年，坚持有所为有所不为，尽快启动航空发动机及燃气轮机重大项目，在量子通信、信息网络、智能制造和机器人、深空深海探测、重点新材料和新能源、脑科学、健康医疗等领域，充分论证，把准方向，明确重点，再部署一批体现国家战略意图的重大科技项目和工程。

面向 2020 年的重大专项与面向 2030 年的重大科技项目和工程，形成梯次接续的系统布局，并根据国际科技发展的新进展和我国经济社会发展的新需求，及时进行滚动调整和优化。要发挥社会主义市场经济条件下的新型举国体制优势，集中力量，协同攻关，持久发力，久久为功，加快突破重大核心技术，开发重大战略性产品，在国家战略优先领域率先实现跨越。

（七）建设高水平人才队伍，筑牢创新根基

加快建设科技创新领军人才和高技能人才队伍。围绕重要学科领域和创新方向造就一批世界水平的科学家、科技领军人才、工程师和高水平创新团队，注重培养一线创新人才和青年科技人才，对青年人才开辟特殊支持渠道，支持高校、科研院所、企业面向全球招聘人才。倡导崇尚技能、精益求精的职业精神，在各行各业大规模培养高级技师、技术工人等高技能人才。优化人才成长环境，实施更加积极的创新创业人才激励和吸引政策，推行科技成果处置收益和股权期权激励制度，让各类主体、不同岗位的创新人才都能在科技成果产业化过程中得到合理回报。

发挥企业家在创新创业中的重要作用，大力倡导企业家精神，树立创新光荣、创新致富的社会导向，依法保护企业家的创新收益和财产权，培养造就一大批勇于创新、敢于冒险的创新型企业家，建设专业化、市场化、国际化的职业经理人队伍。

推动教育创新，改革人才培养模式，把科学精神、创新思维、创造能力和社会责任感的培养贯穿教育全过程。完善高端创新人才和产业技能人才“二元支撑”的人才培养体系，加强普通教育与职业教育衔接。

（八）推动创新创业，激发全社会创造活力

建设和完善创新创业载体，发展创客经济，形成大众创业、万众创新的生动局面。

1. 发展众创空间。依托移动互联网、

大数据、云计算等现代信息技术，发展新型创业服务模式，建立一批低成本、便利化、开放式众创空间和虚拟创新社区，建设多种形式的孵化机构，构建“孵化＋创投”的创业模式，为创业者提供工作空间、网络空间、社交空间、共享空间，降低大众参与创新创业的成本和门槛。

2. 孵化培育创新型小微企业。适应小型化、智能化、专业化的产业组织新特征，推动分布式、网络化的创新，鼓励企业开展商业模式创新，引导社会资本参与建设面向小微企业的社会化技术创新公共服务平台，推动小微企业向“专精特新”发展，让大批创新活力旺盛的小微企业不断涌现。

3. 鼓励人人创新。推动创客文化进学校，设立创新创业课程，开展品牌性创客活动，鼓励学生动手、实践、创业。支持企业员工参与工艺改进和产品设计，鼓励一切有益的微创新、微创业和小发明、小改进，将奇思妙想、创新创意转化为实实在在的创业活动。

五、战略保障

实施创新驱动发展战略，必须从体制改革、环境营造、资源投入、扩大开放等方面加大保障力度。

（一）改革创新治理体系

顺应创新主体多元、活动多样、路径多变的新趋势，推动政府管理创新，形成多元参与、协同高效的创新治理格局。

建立国家高层次创新决策咨询机制，定期向党中央、国务院报告国内外科技创新动态，提出重大政策建议。转变政府创新管理职能，合理定位政府和市场功能。强化政府战略规划、政策制定、环境营造、公共服务、监督评估和重大任务实施等职能。对于竞争性的新技术、新产品、新业态开发，应交由市场和企业来决定。建立创新治理的社会参与机制，发挥各类行业协会、基金会、科技社团等在推动创新驱动发展中的作用。

合理确定中央各部门功能性分工，发挥行业主管部门在创新需求凝练、任务组织实施、成果推广应用等方面的作用。科学划分中央和地方科技管理事权，中央政府职能侧重全局性、基础性、长远性工作，地方政府职能侧重推动技术开发和转化应用。

构建国家科技管理基础制度。再造科技计划管理体系，改进和优化国家科技计划管理流程，建设国家科技计划管理信息系统，构建覆盖全过程的监督和评估制度。完善国家科技报告制度，建立国家重大科研基础设施和科技基础条件平台开放共享制度，推动科技资源向各类创新主体开放。建立国家创新调查制度，引导各地树立创新发展导向。

（二）多渠道增加创新投入

切实加大对基础性、战略性和公益性研究稳定支持力度，完善稳定支持和竞争性支持相协调的机制。改革中央财政科技计划和资金管理，提高资金使用效益。完善激励企业研发的普惠性政策，引导企业成为技术创新投入主体。

探索建立符合中国国情、适合科技创业企业发展的金融服务模式。鼓励银行业金融机构创新金融产品，拓展多层次资本市场支持创新的功能，积极发展天使投资，壮大创业投资规模，运用互联网金融支持创新。充分发挥科技成果转化、中小企业创新、新兴产业培育等方面基金的作用，引导带动社会资本投入创新。

（三）全方位推进开放创新

抓住全球创新资源加速流动和我国经济地位上升的历史机遇，提高我国全球配置创新资源能力。支持企业面向全球布局创新网络，鼓励建立海外研发中心，按照国际规则并购、合资、参股国外创新型企业和研发机构，提高海外知识产权运营能力。以卫星、高铁、核能、超级计算机等为重点，推动我国先进技术和装备走出去。鼓励外商投资战略性新兴产业、高新技术产业、现代服务业，支持跨国公司在中国设立研发中心，实现引资、引智、引技相结合。

深入参与全球科技创新治理，主动设置全球性创新议题，积极参与重大国际科技合作规则制定，共同应对粮食安全、能源安全、环境污染、气候变化以及公共卫生等全球性挑战。丰富和深化创新对话，围绕落实“一带一路”战略构想和亚太互联互通蓝图，合作建设面向沿线国家的科技创新基地。积极参与和主导国际大科学计划和工程，提高国家科技计划对外开放水平。

（四）完善突出创新导向的评价制度

根据不同创新活动的规律和特点，建立健全科学分类的创新评价制度体系。推进高校和科研院所分类评价，实施绩效评价，把技术转移和科研成果对经济社会的影响纳入评价指标，将评价结果作为财政科技经费支持的重要依据。完善人才评价制度，进一步改革完善职称评审制度，增加用人单位评价自主权。推行第三方评价，探索建立政府、社会组织、公众等多方参与的评价机制，拓展社会化、专业化、国际化评价渠道。改革国家科技奖励制度，优化结构、减少数量、提高质量，逐步由申报制改为提名制，强化对人的激励。发展具有品牌和公信力的社会奖项。完善国民经济核算体系，逐步探索将反映创新活动的研发支出纳入投资统计，反映无形资产对经济的贡献，突出创新活动的投入和成效。改革完善国有企业评价机制，把研发投入和创新绩效作为重要考核指标。

（五）实施知识产权、标准、质量和品牌战略

加快建设知识产权强国。深化知识产权领域改革，深入实施知识产权战略行动计划，提高知识产权的创造、运用、保护和管理能力。引导支持市场主体创造和运用知识产权，以知识产权利益分享机制为纽带，促进创新成果知识产权化。充分发挥知识产权司法保护的主导作用，增强全民知识产权保护意识，强化知识产权制度对创新的基本保障作用。健全防止滥用知识产权的反垄断审查制度，建立知识产权侵权国际调查和海外维权机制。

提升中国标准水平。强化基础通用标准研制，健全技术创新、专利保护与标准化互动支撑机制，及时将先进技术转化为标准。推动我国产业采用国际先进标准，强化强制性标准制定与实施，形成支撑产业升级的标准群，全面提高行业技术标准和产业准入水平。支持我国企业、联盟和社团参与或主导国际标准研制，推动我国优势技术与标准成为国际标准。

推动质量强国和中国品牌建设。完善质量诚信体系，形成一批品牌形象突出、服务平台完备、质量水平一流的优势企业和产业集群。制定品牌评价国际标准，建立国际互认的品牌评价体系，推动中国优质品牌国际化。

（六）培育创新友好的社会环境

健全保护创新的法治环境。加快创新薄弱环节和领域的立法进程，修改不符合创新导向的法规文件，废除制约创新的制度规定，构建综合配套精细化的法治保障体系。

培育开放公平的市场环境。加快突破行业垄断和市场分割。强化需求侧创新政策的引导作用，建立符合国际规则的政府

采购制度，利用首台套订购、普惠性财税和保险等政策手段，降低企业创新成本，扩大创新产品和服务的市场空间。推进要素价格形成机制的市场化改革，强化能源资源、生态环境等方面的刚性约束，提高科技和人才等创新要素在产品价格中的权重，让善于创新者获得更大的竞争优势。

营造崇尚创新的文化环境。大力宣传广大科技工作者爱国奉献、勇攀高峰的感人事迹和崇高精神，在全社会形成鼓励创造、追求卓越的创新文化，推动创新成为民族精神的重要内涵。倡导百家争鸣、尊重科学家个性的学术文化，增强敢为人先、勇于冒尖、大胆质疑的创新自信。重视科研试错探索价值，建立鼓励创新、宽容失败的容错纠错机制。营造宽松的科研氛围，保障科技人员的学术自由。加强科研诚信建设，引导广大科技工作者恪守学术道德，坚守社会责任。加强科学教育，丰富科学教育教学内容和形式，激发青少年的科技兴趣。加强科学技术普及，提高全民科学素养，在全社会塑造科学理性精神。

六、组织实施

实施创新驱动发展战略是我们党在新时期的重大历史使命。全党全国必须统一思想，各级党委和政府必须切实增强责任感和紧迫感，统筹谋划，系统部署，精心组织，扎实推进。

加强领导。按照党中央、国务院统一部署，国家科技体制改革和创新体系建设领导小组负责本纲要的具体组织实施工作，加强对创新驱动发展重大战略问题的研究和审议，指导推动纲要落实。

分工协作。国务院和军队各有关部门、各省（自治区、直辖市）要根据本纲要制定具体实施方案，强化大局意识、责任意识，加强协同、形成合力。

开展试点。加强任务分解，明确责任单位和进度安排，制订年度和阶段性实施计划。对重大改革任务和重点政策措施，要制定具体方案，开展试点。

监测评价。完善以创新发展为导向的考核机制，将创新驱动发展成效作为重要考核指标，引导广大干部树立正确政绩观。加强创新调查，建立定期监测评估和滚动调整机制。

加强宣传。做好舆论宣传，及时宣传报道创新驱动发展的新进展、新成效，让创新驱动发展理念成为全社会共识，调动全社会参与支持创新积极性。

全党全社会要紧密团结在以习近平同志为总书记的党中央周围，把各方面力量凝聚到创新驱动发展上来，为全面建成创新型国家、实现中华民族伟大复兴的中国梦而努力奋斗。

国务院
关于印发中医药发展战略规划纲要（2016—2030年）的通知

2016年2月22日　　国发〔2016〕15号

各省、自治区、直辖市人民政府，国务院各部委、各直属机构：

现将《中医药发展战略规划纲要（2016—2030年）》印发给你们，请认真贯彻执行。

中医药发展战略规划纲要
（2016—2030年）

中医药作为我国独特的卫生资源、潜力巨大的经济资源、具有原创优势的科技资源、优秀的文化资源和重要的生态资源，在经济社会发展中发挥着重要作用。随着我国新型工业化、信息化、城镇化、农业现代化深入发展，人口老龄化进程加快，健康服务业蓬勃发展，人民群众对中医药服务的需求越来越旺盛，迫切需要继承、发展、利用好中医药，充分发挥中医药在深化医药卫生体制改革中的作用，造福人类健康。为明确未来十五年我国中医药发展方向和工作重点，促进中医药事业健康发展，制定本规划纲要。

一、基本形势

新中国成立后特别是改革开放以来，党中央、国务院高度重视中医药工作，制定了一系列政策措施，推动中医药事业发展取得了显著成就。中医药总体规模不断扩大，发展水平和服务能力逐步提高，初步形成了医疗、保健、科研、教育、产业、文化整体发展新格局，对经济社会发展贡献度明显提升。截至2014年年底，全国共有中医类医院（包括中医、中西医结合、民族医医院，下同）3732所，中医类医院床位75.5万张，中医类执业（助理）医师39.8万人，2014年中医类医院总诊疗人次5.31亿。中医药在常见病、多发病、慢性病及疑难病症、重大传染病防治中的作用得到进一步彰显，得到国际社会广泛认可。2014年中药生产企业达到3813家，中药工业总产值7302亿元。中医药已经传播到183个国家和地区。

另一方面，我国中医药资源总量仍然不足，中医药服务领域出现萎缩现象，基层中医药服务能力薄弱，发展规模和水平还不能满足人民群众健康需求；中医药高层次人才缺乏，继承不足、创新不够；中药产业集中度低，野生中药材资源破坏严重，部分中药材品质下降，影响中医药可持续发展；适应中医药发展规律的法律政策体系有待健全；中医药走向世界面临制约和壁垒，国际竞争力有待进一步提升；中医药治理体系和治理能力现代化水平亟待提高，迫切需要加强顶层设计和统筹规划。

当前，我国进入全面建成小康社会决胜阶段，满足人民群众对简便验廉的中医药服务需求，迫切需要大力发展健康服务业，拓宽中医药服务领域。深化医药卫生体制改革，加快推进健康中国建设，迫切需要在构建中国特色基本医疗制度中发挥中医药独特作用。适应未来医学从疾病医学向健康医学转变、医学模式从生物医学向生物—心理—社会模式转变的发展趋势，迫切需要继承和发展中医药的绿色健康理念、天人合一的整体观念、辨证施治和综合施治的诊疗模式、运用自然的防治手段和全生命周期的健康服务。促进经济转型升级，培育新的经济增长动能，迫切需要加大对中医药的扶持力度，进一步激发中医药原创优势，促进中医药产业提质增效。传承和弘扬中华优秀传统文化，迫切需要进一步普及和宣传中医药文化知识。实施“走出去”战略，推进“一带一路”建设，迫切需要推动中医药海外创新发展。各地区、各有关部门要正确认识形势，把握机遇，扎实推进中医药事业持续健康发展。

二、指导思想、基本原则和发展目标

（一）指导思想

认真落实党的十八大和十八届二中、三中、四中、五中全会精神，深入贯彻习近平总书记系列重要讲话精神，紧紧围绕“四个全面”战略布局和党中央、国务院决策部署，牢固树立创新、协调、绿色、开放、共享发展理念，坚持中西医并重，从思想认识、法律地位、学术发展与实践运用上落实中医药与西医药的平等地位，充分遵循中医药自身发展规律，以推进继承创新为主题，以提高中医药发展水平为中心，以完善符合中医药特点的管理体制和政策机制为重点，以增进和维护人民群众健康为目标，拓展中医药服务领域，促进中西医结合，发挥中医药在促进卫生、经济、科技、文化和生态文明发展中的独特作用，统筹推进中医药事业振兴发展，为深化医药卫生体制改革、推进健康中国建设、全面建成小康社会和实现“两个一百年”奋斗目标作出贡献。

（二）基本原则

坚持以人为本、服务惠民。以满足人民群众中医药健康需求为出发点和落脚点，坚持中医药发展为了人民、中医药成果惠及人民，增进人民健康福祉，保证人民享有安全、有效、方便的中医药服务。

坚持继承创新、突出特色。把继承创新贯穿中医药发展一切工作，正确把握好继承和创新的关系，坚持和发扬中医药特色优势，坚持中医药原创思维，充分利用现代科学技术和方法，推动中医药理论与实践不断发展，推进中医药现代化，在创新中不断形成新特色、新优势，永葆中医药薪火相传。

坚持深化改革、激发活力。改革完善中医药发展体制机制，充分发挥市场在资源配置中的决定性作用，拉动投资消费，推进产业结构调整，更好发挥政府在制定规划、出台政策、引导投入、规范市场等方面的作用，积极营造平等参与、公平竞争的市场环境，不断激发中医药发展的潜力和活力。

坚持统筹兼顾、协调发展。坚持中医与西医相互取长补短，发挥各自优势，促进中西医结合，在开放中发展中医药。统筹兼顾中医药发展各领域、各环节，注重城乡、区域、国内国际中医药发展，促进中医药医疗、保健、科研、教育、产业、文化全面发展，促进中医中药协调发展，不断增强中医药发展的整体性和系统性。

（三）发展目标

到2020年，实现人人基本享有中医药服务，中医医疗、保健、科研、教育、产业、文化各领域得到全面协调发展，中医药标准化、信息化、产业化、现代化水平不断提高。中医药健康服务能力明显增强，服务领域进一步拓宽，中医医疗服务体系进一步完善，每千人口公立中医类医院床位数达到0.55张，中医药服务可得性、可及性明显改善，有效减轻群众医疗负担，进一步放大医改惠民效果；中医基础理论研究及重大疾病攻关取得明显进展，中医药防治水平大幅度提高；中医药人才教育培养体系基本建立，凝聚一批学术领先、医术精湛、医德高尚的中医药人才，每千人口卫生机构中医执业类（助理）医师数达到0.4人；中医药产业现代化水平显著提高，中药工业总产值占医药工业总产值30%以上，中医药产业成为国民经济重要支柱之一；中医药对外交流合作更加广泛；符合中医药发展规律的法律体系、标准体系、监督体系和政策体系基本建立，中医药管理体制更加健全。

到2030年，中医药治理体系和治理能力现代化水平显著提升，中医药服务领域实现全覆盖，中医药健康服务能力显著增强，在治未病中的主导作用、在重大疾病治疗中的协同作用、在疾病康复中的核心作用得到充分发挥；中医药科技水平显著提高，基本形成一支由百名国医大师、万名中医名师、百万中医师、千万职业技能人员组成的中医药人才队伍；公民中医健康文化素养大幅度提升；中医药工业智能化水平迈上新台阶，对经济社会发展的贡献率进一步增强，我国在世界传统医药发展中的引领地位更加巩固，实现中医药继承创新发展、统筹协调发展、生态绿色发展、包容开放发展和人民共享发展，为健康中国建设奠定坚实基础。

三、重点任务

（一）切实提高中医医疗服务能力

1. 完善覆盖城乡的中医医疗服务网络。全面建成以中医类医院为主体、综合医院等其他类别医院中医药科室为骨干、基层医疗卫生机构为基础、中医门诊部和诊所为补充、覆盖城乡的中医医疗服务网络。县级以上地方人民政府要在区域卫生规划中合理配置中医医疗资源，原则上在每个地市级区域、县级区域设置1个市办中医类医院、1个县办中医类医院，在综合医院、妇幼保健机构等非中医类医疗机构设置中医药科室。在乡镇卫生院和社区卫生服务中心建立中医馆、国医堂等中医综合服务区，加强中医药设备配置和中医药人员配备。加强中医医院康复科室建设，支持康复医院设置中医药科室，加强中医康复专业技术人员的配备。

2. 提高中医药防病治病能力。实施中医临床优势培育工程，加强在区域内有影响力、科研实力强的省级或地市级中医医院能力建设。建立中医药参与突发公共事件应急网络和应急救治工作协调机制，提高中医药应急救治和重大传染病防治能力。持续实施基层中医药服务能力提升工程，提高县级中医医院和基层医疗卫生机构中医优势病种诊疗能力、中医药综合服务能力。建立慢性病中医药监测与信息管理制度，推动建立融入中医药内容的社区健康管理模式，开展高危人群中医药健康干预，提升基层中医药健康管理水平。大力发展中医非药物疗法，充分发挥其在常见病、多发病和慢性病防治中的独特作用。建立中医医院与基层医疗卫生机构、疾病预防控制机构分工合作的慢性病综合防治网络和工作机制，加快形成急慢分治的分级诊疗秩序。

3. 促进中西医结合。运用现代科学技术，推进中西医资源整合、优势互补、协同创新。加强中西医结合创新研究平台建设，强化中西医临床协作，开展重大疑难疾病中西医联合攻关，形成独具特色的中西医结合诊疗方案，提高重大疑难疾病、急危重症的临床疗效。探索建立和完善国家重大疑难疾病中西医协作工作机制与模式，提升中西医结合服务能力。积极创造条件建设中西医结合医院。完善中西医结合人才培养政策措施，建立更加完善的西医学习中医制度，鼓励西医离职学习中医，加强高层次中西医结合人才培养。

4. 促进民族医药发展。将民族医药发展纳入民族地区和民族自治地方经济社会发展规划，加强民族医医疗机构建设，支持有条件的民族自治地方举办民族医医院，鼓励民族地区各类医疗卫生机构设立民族医药科，鼓励社会力量举办民族医医院和诊所。加强民族医药传承保护、理论研究和文献的抢救与整理。推进民族药标准建设，提高民族药质量，加大开发推广力度，促进民族药产业发展。

5. 放宽中医药服务准入。改革中医医疗执业人员资格准入、执业范围和执业管理制度，根据执业技能探索实行分类管理，对举办中医诊所的，将依法实施备案制管理。改革传统医学师承和确有专长人员执业资格准入制度，允许取得乡村医生执业证书的中医药一技之长人员在乡镇和村开办中医诊所。鼓励社会力量举办连锁中医医疗机构，对社会资本举办只提供传统中医药服务的中医门诊部、诊所，医疗机构设置规划和区域卫生发展规划不作布局限制，支持有资质的中医专业技术人员特别是名老中医开办中医门诊部、诊所，鼓励药品经营企业举办中医坐堂医诊所。保证社会办和政府办中医医疗机构在准入、执业等方面享有同等权利。

6. 推动“互联网+”中医医疗。大力发展中医远程医疗、移动医疗、智慧医疗等新型医疗服务模式。构建集医学影像、检验报告等健康档案于一体的医疗信息共享服务体系，逐步建立跨医院的中医医疗数据共享交换标准体系。探索互联网延伸医嘱、电子处方等网络中医医疗服务应用。利用移动互联网等信息技术提供在线预约诊疗、候诊提醒、划价缴费、诊疗报告查询、药品配送等便捷服务。

（二）大力发展中医养生保健服务

7. 加快中医养生保健服务体系建设。研究制定促进中医养生保健服务发展的政策措施，支持社会力量举办中医养生保健机构，实现集团化发展或连锁化经营。实施中医治未病健康工程，加强中医医院治未病科室建设，为群众提供中医健康咨询评估、干预调理、随访管理等治未病服务，探索融健康文化、健康管理、健康保险于一体的中医健康保障模式。鼓励中医医院、中医医师为中医养生保健机构提供保健咨询、调理和药膳等技术支持。

8. 提升中医养生保健服务能力。鼓励中医医疗机构、养生保健机构走进机关、学校、企业、社区、乡村和家庭，推广普及中医养生保健知识和易于掌握的理疗、推拿等中医养生保健技术与方法。鼓励中医药机构充分利用生物、仿生、智能等现代科学技术，研发一批保健食品、保健用品和保健器械器材。加快中医治未病技术体系与产业体系建设。推广融入中医治未病理念的健康工作和生活方式。

9. 发展中医药健康养老服务。推动中医药与养老融合发展，促进中医医疗资源进入养老机构、社区和居民家庭。支持养老机构与中医医疗机构合作，建立快速就诊绿色通道，鼓励中医医疗机构面向老年人群开展上门诊视、健康查体、保健咨询等服务。鼓励中医医师在养老机构提供保健咨询和调理服务。鼓励社会资本新建以中医药健康养老为主的护理院、疗养院，探索设立中医药特色医养结合机构，建设一批医养结合示范基地。

10. 发展中医药健康旅游服务。推动中医药健康服务与旅游产业有机融合，发展以中医药文化传播和体验为主题，融中医疗养、康复、养生、文化传播、商务会展、中药材科考与旅游于一体的中医药健康旅游。开发具有地域特色的中医药健康旅游产品和线路，建设一批国家中医药健康旅游示范基地和中医药健康旅游综合体。加强中医药文化旅游商品的开发生产。建立中医药健康旅游标准化体系，推进中医药健康旅游服务标准化和专业化。举办"中国中医药健康旅游年"，支持举办国际性的中医药健康旅游展览、会议和论坛。

（三）扎实推进中医药继承

11. 加强中医药理论方法继承。实施中医药传承工程，全面系统继承历代各家学术理论、流派及学说，全面系统继承当代名老中医药专家学术思想和临床诊疗经验，总结中医优势病种临床基本诊疗规律。将中医古籍文献的整理纳入国家中华典籍整理工程，开展中医古籍文献资源普查，抢救濒临失传的珍稀与珍贵古籍文献，推动中医古籍数字化，编撰出版《中华医藏》，加强海外中医古籍影印和回归工作。

12. 加强中医药传统知识保护与技术挖掘。建立中医药传统知识保护数据库、保护名录和保护制度。加强中医临床诊疗技术、养生保健技术、康复技术筛选，完善中医医疗技术目录及技术操作规范。加强对传统制药、鉴定、炮制技术及老药工经验的继承应用。开展对中医药民间特色诊疗技术的调查、挖掘整理、研究评价及推广应用。加强对中医药百年老字号的保护。

13. 强化中医药师承教育。建立中医药师承教育培养体系，将师承教育全面融入院校教育、毕业后教育和继续教育。鼓励医疗机构发展师承教育，实现师承教育常态化和制度化。建立传统中医师管理制度。加强名老中医药专家传承工作室建设，吸引、鼓励名老中医药专家和长期服务基层的中医药专家通过师承模式培养多层次的中医药骨干人才。

（四）着力推进中医药创新

14. 健全中医药协同创新体系。健全以国家和省级中医药科研机构为核心，以高等院校、医疗机构和企业为主体，以中医科学研究基地（平台）为支撑，多学科、跨部门共同参与的中医药协同创新体制机制，完善中医药领域科技布局。统筹利用相关科技计划（专项、基金等），支持中医药相关科技创新工作，促进中医药科技创新能力提升，加快形成自主知识产权，促进创新成果的知识产权化、商品化和产业化。

15. 加强中医药科学研究。运用现代科学技术和传统中医药研究方法，深化中医基础理论、辨证论治方法研究，开展经穴特异性及针灸治疗机理、中药药性理论、方剂配伍理论、中药复方药效物质基础和作用机理等研究，建立概念明确、结构合理的理论框架体系。加强对重大疑难疾病、重大传染病防治的联合攻关和对常见病、多发病、慢性病的中医药防治研究，形成一批防治重大疾病和治未病的重大产品和技术成果。综合运用现代科技手段，开发一批基于中医理论的诊疗仪器与设备。探索适合中药特点的新药开发新模式，推动重大新药创制。鼓励基于经典名方、医疗机构中药制剂等的中药新药研发。针对疾病新的药物靶标，在中药资源中寻找新的候选药物。

16. 完善中医药科研评价体系。建立和完善符合中医药特点的科研评价标准和体系，研究完善有利于中医药创新的激励政策。通过同行评议和引进第三方评估，提高项目管理效率和研究水平。不断提高中医药科研成果转化效率。开展中医临床疗效评价与转化应用研究，建立符合中医药特点的疗效评价体系。

（五）全面提升中药产业发展水平

17. 加强中药资源保护利用。实施野生中药材资源保护工程，完善中药材资源分级保护、野生中药材物种分级保护制度，建立濒危野生药用动植物保护区、野生中药材资源培育基地和濒危稀缺中药材种植养殖基地，加强珍稀濒危野生药用动植物保护、繁育研究。建立国家级药用动植物种质资源库。建立普查和动态监测相结合的中药材资源调查制度。在国家医药储备中，进一步完善中药材及中药饮片储备。鼓励社会力量投资建立中药材科技园、博物馆和药用动植物园等保育基地。探索荒漠化地区中药材种植生态经济示范区建设。

18. 推进中药材规范化种植养殖。制定中药材主产区种植区域规划。制定国家道地药材目录，加强道地药材良种繁育基地和规范化种植养殖基地建设。促进中药材种植养殖业绿色发展，制定中药材种植养殖、采集、储藏技术标准，加强对中药材种植养殖的科学引导，大力发展中药材种植养殖专业合作社和合作联社，提高规模化、规范化水平。支持发展中药材生产保险。建立完善中药材原产地标记制度。实施贫困地区中药材产业推进行动，引导贫困户以多种方式参与中药材生产，推进精准扶贫。

19. 促进中药工业转型升级。推进中药工业数字化、网络化、智能化建设，加强技术集成和工艺创新，提升中药装备制造水平，加速中药生产工艺、流程的标准化、现代化，提升中药工业知识产权运用能力，逐步形成大型中药企业集团和产业集群。以中药现代化科技产业基地为依托，实施中医药大健康产业科技创业者行动，促进中药一二三产业融合发展。开展中成药上市后再评价，加大中成药二次开发力度，开展大规模、规范化临床试验，培育一批具有国际竞争力的名方大药。开发一批中药制造机械与设备，提高中药制造业技术水平与规模效益。推进实施中药标准化行动计划，构建中药产业全链条的优质产品标准体系。实施中药绿色制造工程，形成门类丰富的新兴绿色产业体系，逐步减少重金属及其化合物等物质的使用量，严格执行《中药类制药工业水污染物排放标准》（GB 21906－2008），建立中药绿色制造体系。

20. 构建现代中药材流通体系。制定中药材流通体系建设规划，建设一批道地药材标准化、集约化、规模化和可追溯的初加工与仓储物流中心，与生产企业供应商管理和质量追溯体系紧密相连。发展中药材电子商务。利用大数据加强中药材生产信息搜集、价格动态监测分析和预测预警。实施中药材质量保障工程，建立中药材生产流通全过程质量管理和质量追溯体系，加强第三方检测平台建设。

（六）大力弘扬中医药文化

21. 繁荣发展中医药文化。大力倡导“大医精诚”理念，强化职业道德建设，形成良好行业风尚。实施中医药健康文化素养提升工程，加强中医药文物设施保护和非物质文化遗产传承，推动更多非药物中医诊疗技术列入联合国教科文组织非物质文化遗产名录和国家级非物质文化遗产目录，使更多古代中医典籍进入世界记忆名录。推动中医药文化国际传播，展示中华文化独特魅力，提升我国文化软实力。

22. 发展中医药文化产业。推动中医药与文化产业融合发展，探索将中医药文化纳入文化产业发展规划。创作一批承载中医药文化的创意产品和文化精品。促进中医药与广播影视、新闻出版、数字出版、动漫游戏、旅游餐饮、体育演艺等有效融合，发展新型文化产品和服务。培育一批知名品牌和企业，提升中医药与文化产业融合发展水平。

（七）积极推动中医药海外发展

23. 加强中医药对外交流合作。深化与各国政府和世界卫生组织、国际标准化组织等的交流与合作，积极参与国际规则、标准的研究与制订，营造有利于中医药海外发展的国际环境。实施中医药海外发展工程，推动中医药技术、药物、标准和服务走出去，促进国际社会广泛接受中医药。本着政府支持、民间运作、服务当地、互利共赢的原则，探索建设一批中医药海外中心。支持中医药机构全面参与全球中医药各领域合作与竞争，发挥中医药社会组织的作用。在国家援外医疗中进一步增加中医药服务内容。推进多层次的中医药国际教育交流合作，吸引更多的海外留学生来华接受学历教育、非学历教育、短期培训和临床实习，把中医药打造成中外人文交流、民心相通的亮丽名片。

24. 扩大中医药国际贸易。将中医药国际贸易纳入国家对外贸易发展总体战略，构建政策支持体系，突破海外制约中医药对外贸易发展的法律、政策障碍和技术壁垒，加强中医药知识产权国际保护，扩大中医药服务贸易国际市场准入。支持中医药机构参与“一带一路”建设，扩大中医药对外投资和贸易。为中医药服务贸易发展提供全方位公共资源保障。鼓励中医药机构到海外开办中医医院、连锁诊所和中医养生保健机构。扶持中药材海外资源开拓，加强海外中药材生产流通质量管理。鼓励中医药企业走出去，加快打造全产业链服务的跨国公司和知名国际品牌。积极发展入境中医健康旅游，承接中医医疗服务外包，加强中医药服务贸易对外整体宣传和推介。

四、保障措施

（一）健全中医药法律体系

推动颁布并实施中医药法，研究制定配套政策法规和部门规章，推动修订执业医师法、药品管理法和医疗机构管理条例、中药品种保护条例等法律法规，进一步完善中医类别执业医师、中医医疗机构分类和管理、中药审批管理、中医药传统知识保护等领域相关法律规定，构建适应中医药发展需要的法律法规体系。指导地方加强中医药立法工作。

（二）完善中医药标准体系

为保障中医药服务质量安全，实施中医药标准化工程，重点开展中医临床诊疗指南、技术操作规范和疗效评价标准的制定、推广与应用。系统开展中医治未病标准、药膳制作标准和中医药保健品标准等研究制定。健全完善中药质量标准体系，加强中药质量管理，重点强化中药炮制、中药鉴定、中药制剂、中药配方颗粒以及道地药材的标准制定与质量管理。加快中药数字化标准及中药材标本建设。加快国内标准向国际标准转化。加强中医药监督体系建设，建立中医药监督信息数据平台。推进中医药认证管理，发挥社会力量的监督作用。

（三）加大中医药政策扶持力度

落实政府对中医药事业的投入政策。改革中医药价格形成机制，合理确定中医医疗服务收费项目和价格，降低中成药虚高药价，破除以药补医机制。继续实施不取消中药饮片加成政策。在国家基本药物目录中进一步增加中成药品种数量，不断提高国家基本药物中成药质量。地方各级政府要在土地利用总体规划和城乡规划中统筹考虑中医药发展需要，扩大中医医疗、养生保健、中医药健康养老服务等用地供给。

（四）加强中医药人才队伍建设

建立健全院校教育、毕业后教育、继续教育有机衔接以及师承教育贯穿始终的中医药人才培养体系。重点培养中医重点学科、重点专科及中医药临床科研领军人才。加强全科医生人才、基层中医药人才以及民族医药、中西医结合等各类专业技能人才培养。开展临床类别医师和乡村医生中医药知识与技能培训。建立中医药职业技能人员系列，合理设置中医药健康服务技能岗位。深化中医药教育改革，建立中医学专业认证制度，探索适应中医医师执业分类管理的人才培养模式，加强一批中医药重点学科建设，鼓励有条件的民族地区和高等院校开办民族医药专业，开展民族医药研究生教育，打造一批世界一流的中医药名校和学科。健全国医大师评选表彰制度，完善中医药人才评价机制。建立吸引、稳定基层中医药人才的保障和长效激励机制。

（五）推进中医药信息化建设

按照健康医疗大数据应用工作部署，在健康中国云服务计划中，加强中医药大数据应用。加强中医医院信息基础设施建设，完善中医医院信息系统。建立对患者处方真实有效性的网络核查机制，实现与人口健康信息纵向贯通、横向互通。完善中医药信息统计制度建设，建立全国中医药综合统计网络直报体系。

五、组织实施

（一）加强规划组织实施

进一步完善国家中医药工作部际联席会议制度，由国务院领导同志担任召集人。国家中医药工作部际联席会议办公室要强化统筹协调，研究提出中医药发展具体政策措施，协调解决重大问题，加强对政策落实的指导、督促和检查；要会同相关部门抓紧研究制定本规划纲要实施分工方案，规划建设一批国家中医药综合改革试验区，确保各项措施落到实处。地方各级政府要将中医药工作纳入经济社会发展规划，加强组织领导，健全中医药发展统筹协调机制和工作机制，结合实际制定本规划纲要具体实施方案，完善考核评估和监督检查机制。

（二）健全中医药管理体制

按照中医药治理体系和治理能力现代化要求，创新管理模式，建立健全国家、省、市、县级中医药管理体系，进一步完善领导机制，切实加强中医药管理工作。各相关部门要在职责范围内，加强沟通交流、协调配合，形成共同推进中医药发展的工作合力。

（三）营造良好社会氛围

综合运用广播电视、报刊等传统媒体和数字智能终端、移动终端等新型载体，大力弘扬中医药文化知识，宣传中医药在经济社会发展中的重要地位和作用。推动中医药进校园、进社区、进乡村、进家庭，将中医药基础知识纳入中小学传统文化、生理卫生课程，同时充分发挥社会组织作用，形成全社会“信中医、爱中医、用中医”的浓厚氛围和共同发展中医药的良好格局。

国务院
关于促进加工贸易创新发展的若干意见

2016 年 1 月 4 日　　国发〔2016〕4 号

各省、自治区、直辖市人民政府，国务院各部委、各直属机构：

加工贸易是我国对外贸易和开放型经济的重要组成部分，对于推动产业升级、稳定就业发挥了重要作用。当前，全球产业竞争格局深度调整，我国经济发展进入新常态，加工贸易承接国际产业转移放慢，产业和订单转出加快，企业生产成本上升，传统竞争优势逐渐削弱。为适应新形势的要求，加快推动加工贸易创新发展，提高发展质量和效益，现提出以下意见：

一、总体要求

（一）指导思想。全面贯彻党的十八大和十八届三中、四中、五中全会精神，按照党中央、国务院决策部署，牢固树立和贯彻落实创新、协调、绿色、开放、共享的发展理念，主动适应经济发展新常态，以创新驱动和扩大开放为动力，以国际产业分工深度调整和实施“中国制造 2025”为契机，立足我国国情，创新发展加工贸易。巩固传统优势，加快培育竞争新优势，逐步变“大进大出”为“优进优出”，在稳定经济增长和就业预期的同时，推动我国产业向全球价值链高端跃升，助力贸易大国向贸易强国转变，为构建开放型经济新体制作出更大贡献。

（二）基本原则。始终坚持稳中求进。保持加工贸易政策连续性和稳定性，明确发展预期，改善环境，鼓励加工贸易企业根植中国、长期发展。提升开放水平，优化投资环境，着力吸引更高技术水平、更大增值含量的加工制造和生产服务环节转移到我国。

着力推动转型升级。以市场为导向，发挥企业主体作用，加快转型升级，提高盈利水平。发挥政策引导作用，鼓励绿色集约发展，支持加工贸易企业向海关特殊监管区域集中，增强可持续发展能力，提升国民福利水平。

大力实施创新驱动。营造创新发展环境，增强企业创新能力，提升国际竞争力。创新发展方式，促进加工贸易企业与新型商业模式和贸易业态相融合，增强发展内生动力，加快培育竞争新优势。

合理统筹内外布局。按照国家重点产业布局，支持沿海地区转型升级和内陆沿边地区承接转移，推动区域协调发展。引导企业有序开展国际产能合作，推动国际合作与国内产业转型升级良性互动。

不断优化营商环境。深化加工贸易体制机制改革，完善管理制度，建立健全与开放型经济相适应的管理体系。加强法治化、国际化、便利化营商环境建设，深化人文交流，提升服务水平，助力创新发展。

（三）发展目标。到2020年，加工贸易创新发展取得积极成果，进一步向全球价值链高端跃升。一是产品技术含量和附加值提升，由低端向高端发展。二是产业链延长，向生产制造与服务贸易融合发展转变。三是经营主体实力增强，由加工组装企业向技术、品牌、营销型企业转变。四是区域布局优化，逐步实现东中西部协调发展和境内外合理布局。五是增长动力转换，由要素驱动为主向要素驱动和创新驱动相结合转变。

二、延长产业链，提升加工贸易在全球价值链中的地位

（四）加强产业链分工合作。鼓励企业以更加开放的姿态，积极融入全球产业分工合作，更好地利用国际国内两个市场两种资源，努力提升加工贸易在全球价值链中的地位。

（五）促进产业融合升级。稳定外资政策预期，支持外资企业扎根中国。加大招商引资力度，着力吸引先进制造业和新兴产业，进一步扩大服务业开放，鼓励外资企业在华设立采购中心、分拨中心和结算中心，发展总部经济。支持沿海地区继续发展电子信息等优势产业，鼓励企业落地生根、转型升级。推动劳动密集型产业优先向内陆沿边地区梯度转移，实现一体化集群发展。通过开展对外投资合作，发挥境外经贸合作区平台作用，鼓励企业抱团出海，有序向境外延伸产业链。

（六）增强企业创新能力。推动加工贸易企业由单纯的贴牌生产（OEM）向委托设计（ODM）、自有品牌（OBM）方式发展。鼓励加大研发投入和技术改造力度，加强与高等院校、科研机构协同创新，提高生产自动化、智能化水平。支持企业创建和收购品牌，拓展营销渠道，从被动接单转向主动营销。顺应互联网发展带来的新机遇，实现价值链攀升。

三、发挥沿海地区示范带动作用，促进转型升级提质增效

（七）稳定传统优势产业。继续发展纺织服装、鞋类、家具、塑料制品、玩具等传统劳动密集型加工贸易产业，巩固传统优势。支持企业加强技术研发和设备改造，提升产品技术含量和附加值，增强企业核心竞争力。

（八）大力发展先进制造业和新兴产业。鼓励电子信息、移动通信、汽车及零部件、集成电路、医疗设备、航空航天等辐射和技术溢出能力强的先进制造业加工贸易发展。推动生物医药、新能源、新材料、节能环保等新兴产业集群发展。支持加工贸易企业进入关键零部件和系统集成制造领域，掌握核心技术，提升整体制造水平。

（九）支持发展生产性服务业。推动制造业由生产型向生产服务型转变。促进加工贸易与服务贸易深度融合，鼓励加工贸易企业承接研发设计、检测维修、物流配送、财务结算、分销仓储等服务外包业务。在条件成熟的地区试点开展高技术含量、高附加值项目境内外检测维修和再制造业务。

（十）继续发挥沿海地区示范带动作用。发挥沿海地区加工贸易产业配套完备、产业集聚、物流便捷、监管高效等优势，促进产业转型升级。加快珠三角加工贸易转型升级示范区和东莞、苏州加工贸易转型升级试点城市以及示范企业建设，培育认定一批新的加工贸易转型升级示范企业。支持一批有实力的加工贸易企业培育区域性、行业性自有品牌，建设境内外营销网络，拓展生产性服务业。支持沿海地区培育有全球影响力的先进制造基地和经济区。

四、支持内陆沿边地区承接产业梯度转移，推动区域协调发展

（十一）推动加工贸易产业集群发展。按照国家重点产业布局，支持内陆沿边地区加快承接劳动密集型产业和加工组装产能的转移。鼓励内陆沿边地区基于环境容量和承载能力，因地制宜发展加工贸易。稳妥推进国内外企业将整机生产、零部件、原材料配套和研发结算环节向内陆沿边地区转移，形成产业集群。

（十二）建立加工贸易产业转移合作机制。推动建立省际加工贸易产业转移协调机制，重点协调解决信息不对称、配套服务不完善、人才不充裕等问题，加快推动项目落地。鼓励沿海地区与内陆沿边地区共建产业合作园区，按照优势互补、共同出资、联合开发、利益共享的原则，开展产业对接、人才交流培训等方面合作。

（十三）支持梯度转移重点承接地发展。加大对加工贸易梯度转移重点承接地的支持力度，重点加强承接地的公共服务平台建设、员工技能培训、招商引资、就业促进等相关工作。有条件的地区可设立承接转移专项资金，用于促进相关工作。培育和建设一批加工贸易梯度转移重点承接地和示范地。

（十四）研究制定差异化的支持梯度转移政策。在严禁污染产业和落后产能转入的前提下，结合国家重点产业布局，研究制定支持内陆沿边地区承接加工贸易梯度转移的政策措施。

五、引导企业有序开展国际产能合作，统筹国际国内两个市场两种资源

（十五）谋划加工贸易境外合作布局。做好境外合作重点国家和重点行业布局，引导建材、化工、有色、轻工、纺织、食品等产业开展境外合作。转变加工贸易企业“走出去”方式，支持企业依托境外经贸合作区、工业园区、经济特区等合作园区，实现链条式转移、集群式发展。支持企业扩大对外投资，推动装备、技术、标准、服务“走出去”，深度融入全球产业链、价值链、物流链，建设一批大宗商品境外生产基地，培育一批跨国企业。

（十六）完善加工贸易国际合作机制。强化现有多双边合作机制，加强与“走出去”重点国家在投资保护、金融、税收、海关、质检、人员往来等方面开展合作，为企业提供支持。搭建对外合作平台，组织国内加工贸易企业与重点国家行业对口交流，开展产业对接合作。

（十七）深化与“一带一路”沿线国家产业合作。支持传统优势产业到劳动力和能源资源丰富的国家建立生产基地，发展转口贸易和加工贸易。支持在重点开发开放试验区、边境城市、边境经济合作区、跨境经济合作区积极承接加工贸易梯度转移。

（十八）提升中非工业化合作水平。按照循序渐进、重点突破、试点示范的原则，以劳动密集型产业为载体，积极推进中非工业化伙伴行动计划。选择埃塞俄比亚、埃及、尼日利亚、安哥拉、南非等条件相对成熟的国家重点开展加工贸易产能合作。

六、改革创新管理体制，增强发展动力

（十九）深化加工贸易行政审批改革。总结广东省取消加工贸易业务审批和内销审批试点工作经验，全面推进加工贸易行政审批改革进程。实行加工贸易禁止类、限制类商品目录动态管理机制。完善重点敏感商品加工贸易企业准入管理。

（二十）建立加工贸易新型管理体系。加强事中事后监管，完善加工贸易企业经营状况和生产能力核查机制，督促企业强化安全生产、节能低碳、环境保护等社会责任。加快推进商务、海关、质检、税务、外汇等部门与加工贸易企业多方联网，实现部门联动。在有效防范风险、确保税收的前提下，适时完善现有银行保证金台账制度。建立科学合理的加工贸易转型升级评价体系。

（二十一）优化监管方式。加快推进区域通关一体化、通关作业无纸化等改革，进一步提高通关便利化水平。改进监管方式，逐步实现以企业为单元的监管。对资信良好、信息透明、符合海关要求的企业，探索实施企业自核单耗的管理方法。规范出境加工监管流程。

（二十二）加快推进内销便利化。研究取消内销审批，进一步简化内销征税和核销手续。推广实施内销集中征税。发挥加工贸易产品博览会等平台作用，促进加工贸易企业与国内大型商贸流通企业对接，推动线上线下融合。支持企业通过开展电子商务等多种方式，拓宽销售渠道。

（二十三）加快海关特殊监管区域整合优化。充分发挥海关特殊监管区域连接国际国内两个市场两种资源的作用，积极推进其辐射带动周边经济发展，大力发展先进制造业、生产性服务业、科技服务业，推动区内产业升级。在自由贸易试验区内的海关特殊监管区域积极推进内销选择性征收关税政策先行先试，及时总结评估，适时研究扩大试点。促进海关特殊监管区域发展保税加工、保税物流和保税服务等多元化业务。

七、完善政策措施，优化发展环境

（二十四）加大财政支持力度。充分发挥现有财政资金引导作用，鼓励引进先进技术设备，支持产品创新、研发设计、品牌培育和标准制定，推动加工贸易转型升级和梯度转移。加强对社会资金的引导，通过政府和社会资本合作模式、产业基金等，促进改善各类公共服务。

（二十五）提升金融服务水平。鼓励金融机构按照商业可持续和风险可控原则创新金融产品和服务，对内陆沿边地区承接产业转移提供信贷支持，为加工贸易企业转型升级提供多样化融资服务。创新海外保险业务品种，扩大出口信用保险规模和覆盖面，提高承保和理赔效率。引导融资担保机构加强对中小型加工贸易企业的服务。鼓励金融机构通过内保外贷等方式为加工贸易企业开展跨国经营提供融资支持。

（二十六）完善社会保障制度。按照国家规定适时适当降低社会保险费率，减轻加工贸易企业负担。加快实现社会保险全国联网，增强社会保险经办管理服务的便捷性，方便流动就业人员社会保险关系转移接续。做好加工贸易重点发展地区流动就业人员社会保险工作。

（二十七）优化法治环境。完善符合我国国情和国际惯例的加工贸易管理法律法规体系。强化加工贸易企业分类管理，建立商务、环保、海关、工商、质检等部门协调机制，推进加工贸易企业信用评价体系建设，并与企业信用信息公示系统相关联。建立诚信守法便利和违法失信惩戒机制。加强对贴牌加工企业商标、商业秘密等知识产权保护和运用的规范、监督和指导。加大知识产权等相关法律法规培训力度，提高企业知识产权保护意识。

（二十八）营造公平外部环境。积极参加多双边规则谈判，推动引领多边、区域、双边国际经贸规则制订，强化经贸混委会等双边合作机制，有效化解贸易摩擦和争端。发挥自由贸易协定的促进作用。构建稳定的制度化合作平台，进一步改善与主要贸易伙伴的双向货物、服务和投资市场准入条件，推动贸易与投资自由化、便利化。大力推动内地和港澳的经济一体化，继续推进两岸经贸合作制度化。

（二十九）营造有利于制造业发展的舆论环境。稳定加工贸易政策，提供可预期的长期发展环境。鼓励和保护创新，尊重和发扬企业家精神，支持制造企业做专、做精，争创百年企业。鼓励企业重视研发和技术应用，提升管理水平。加强对加工贸易转型升级示范企业的宣传和经验推广。

八、组织保障

（三十）加强人才队伍建设。建立加工贸易企业与职业学校、高等院校、培训机构合作机制，建设实训基地，实行人才定向培养、联合培养。打造劳动力供需对接平台，促进千所职业学校与加工贸易企业合作。加强跨境电子商务、专利信息和知识产权国际化等高级人才的培养和储备。加强国际合作，引进海外中高端人才，为企业“走出去”培养本土化人才。强化人才激励机制，鼓励企业培养高级技术和管理人才。

（三十一）建设公共服务平台。支持建设公共技术研发平台、公共实验室、产品设计中心和标准、检测认证中心等公共服务平台。打造产学研对接平台，鼓励加工贸易企业与地方政府、行业组织、中介机构、国内外高等院校和科研机构开展合作。搭建内外贸融合发展平台，促进国内外企业沟通、交流和采购对接，推动内外贸市场协调发展。

（三十二）发挥中介组织作用。充分发挥行业协会商会在政府、企业和国外行业之间的桥梁作用，组织行业信息交流、建设行业标准体系、参加国内外展会、推进行业自律、开展贸易摩擦应对和预警工作。加强调查研究和行业协调，为加工贸易企业转型升级提供服务。

（三十三）强化地方配套和部门协作。各地区、各部门要充分认识加快推动加工贸易创新发展的重要性和紧迫性，结合地区实际和部门分工，制定具体实施方案，形成合力。各部门要密切协作，建立协调工作机制，为加工贸易发展营造良好政策环境；各地区要出台相关配套措施，抓好政策落实。

国务院办公厅
关于发挥品牌引领作用推动供需结构升级的意见

2016年6月10日　　国办发〔2016〕44号

各省、自治区、直辖市人民政府，国务院各部委、各直属机构：

品牌是企业乃至国家竞争力的综合体现，代表着供给结构和需求结构的升级方向。当前，我国品牌发展严重滞后于经济发展，产品质量不高、创新能力不强、企业诚信意识淡薄等问题比较突出。为更好发挥品牌引领作用、推动供给结构和需求结构升级，经国务院同意，现提出以下意见：

一、重要意义

随着我国经济发展，居民收入快速增加，中等收入群体持续扩大，消费结构不断升级，消费者对产品和服务的消费提出更高要求，更加注重品质，讲究品牌消费，呈现出个性化、多样化、高端化、体验式消费特点。发挥品牌引领作用，推动供给结构和需求结构升级，是深入贯彻落实创新、协调、绿色、开放、共享发展理念的必然要求，是今后一段时期加快经济发展方式由外延扩张型向内涵集约型转变、由规模速度型向质量效率型转变的重要举措。发挥品牌引领作用，推动供给结构和需求结构升级，有利于激发企业创新创造活力，促进生产要素合理配置，提高全要素生产率，提升产品品质，实现价值链升级，增加有效供给，提高供给体系的质量和效率；有利于引领消费，创造新需求，树立自主品牌消费信心，挖掘消费潜力，更好发挥需求对经济增长的拉动作用，满足人们更高层次的物质文化需求；有利于促进企业诚实守信，强化企业环境保护、资源节约、公益慈善等社会责任，实现更加和谐、更加公平、更可持续的发展。

二、基本思路

按照党中央、国务院关于推进供给侧结构性改革的总体要求，积极探索有效路径和方法，更好发挥品牌引领作用，加快推动供给结构优化升级，适应引领需求结构优化升级，为经济发展提供持续动力。以发挥品牌引领作用为切入点，充分发挥市场决定性作用、企业主体作用、政府推动作用和社会参与作用，围绕优化政策法规环境、提高企业综合竞争力、营造良好社会氛围，大力实施品牌基础建设工程、供给结构升级工程、需求结构升级工程，增品种、提品质、创品牌，提高供给体系的质量和效率，满足居民消费升级需求，扩大国内消费需求，引导境外消费回流，推动供给总量、供给结构更好地适应需求总量、需求结构的发展变化。

三、主要任务

发挥好政府、企业、社会作用，立足当前，着眼长远，持之以恒，攻坚克难，着力解决制约品牌发展和供需结构升级的突出问题。

（一）进一步优化政策法规环境。加快政府职能转变，创新管理和服务方式，为发挥品牌引领作用推动供给结构和需求结构升级保驾护航。完善标准体系，提高计量能力、检验检测能力、认证认可服务能力、质量控制和技术评价能力，不断夯实质量技术基础。增强科技创新支撑，为品牌发展提供持续动力。健全品牌发展法律法规，完善扶持政策，净化市场环境。加强自主品牌宣传和展示，倡导自主品牌消费。

（二）切实提高企业综合竞争力。发挥企业主体作用，切实增强品牌意识，苦练内功，改善供给，适应需求，做大做强品牌。支持企业加大品牌建设投入，增强自主创新能力，追求卓越质量，不断丰富产品品种，提升产品品质，建立品牌管理体系，提高品牌培育能力。引导企业诚实经营，信守承诺，积极履行社会责任，不断提升品牌形象。加强人才队伍建设，发挥企业家领军作用，培养引进品牌管理专业人才，造就一大批技艺精湛、技术高超的技能人才。

（三）大力营造良好社会氛围。凝聚社会共识，积极支持自主品牌发展，助力供给结构和需求结构升级。培养消费者自主品牌情感，树立消费信心，扩大自主品牌消费。发挥好行业协会桥梁作用，加强中介机构能力建设，为品牌建设和产业升级提供专业有效的服务。坚持正确舆论导向，关注自主品牌成长，讲好中国品牌故事。

四、重大工程

根据主要任务，按照可操作、可实施、可落地的原则，抓紧实施以下重大工程。

（一）品牌基础建设工程。围绕品牌影响因素，打牢品牌发展基础，为发挥品牌引领作用创造条件。

1. 推行更高质量标准。加强标准制修订工作，提高相关产品和服务领域标准水平，推动国际国内标准接轨。鼓励企业制定高于国家标准或行业标准的企业标准，支持具有核心竞争力的专利技术向标准转化，增强企业市场竞争力。加快开展团体标准制定等试点工作，满足创新发展对标准多样化的需要。实施企业产品和服务标准自我声明公开和监督制度，接受社会监督，提高企业改进质量的内生动力和外在压力。

2. 提升检验检测能力。加强检验检测能力建设，提升检验检测技术装备水平。加快具备条件的经营性检验检测认证事业单位转企改制，推动检验检测认证服务市场化进程。鼓励民营企业和其他社会资本投资检验检测服务，支持具备条件的生产制造企业申请相关资质，面向社会提供检验检测服务。打破部门垄断和行业壁垒，营造检验检测机构平等参与竞争的良好环境，尽快形成具有权威性和公信力的第三方检验检测机构。加强国家计量标准建设和标准物质研究，推进先进计量技术和方法在企业的广泛应用。

3. 搭建持续创新平台。加强研发机构建设，支持有实力的企业牵头开展行业共性关键技术攻关，加快突破制约行业发展的技术瓶颈，推动行业创新发展。鼓励具备条件的企业建设产品设计创新中心，提高产品设计能力，针对消费趋势和特点，不断开发新产品。支持重点企业利用互联网技术建立大数据平台，动态分析市场变化，精准定位消费需求，为开展服务创新和商业模式创新提供支撑。加速创新成果转化成现实生产力，催生经济发展新动能。

4. 增强品牌建设软实力。培育若干具有国际影响力的品牌评价理论研究机构和品牌评价机构，开展品牌基础理论、价值评价、发展指数等研究，提高品牌研究水平，发布客观公正的品牌价值评价结果以及品牌发展指数，逐步提高公信力。开展品牌评价标准建设工作，完善品牌评价相关国家标准，制定操作规范，提高标准的可操作性；积极参与品牌评价相关国际标准制定，推动建立全球统一的品牌评价体系，增强我国在品牌评价中的国际话语权。鼓励发展一批品牌建设中介服务企业，建设一批品牌专业化服务平台，提供设计、营销、咨询等方面的专业服务。

（二）供给结构升级工程。以增品种、提品质、创品牌为主要内容，从一、二、三产业着手，采取有效举措，推动供给结构升级。

1. 丰富产品和服务品种。支持食品龙头企业提高技术研发和精深加工能力，针对特殊人群需求，生产适销对路的功能食品。鼓励有实力的企业针对工业消费品市场热点，加快研发、设计和制造，及时推出一批新产品。支持企业利用现代信息技术，推进个性化定制、柔性化生产，满足消费者差异化需求。开发一批有潜质的旅游资源，形成以旅游景区、旅游度假区、旅游休闲区、国际特色旅游目的地等为支撑的现代旅游业品牌体系，增加旅游产品供给，丰富旅游体验，满足大众旅游需求。

2. 增加优质农产品供给。加强农产品产地环境保护和源头治理，实施严格的农业投入品使用管理制度，加快健全农产品质量监管体系，逐步实现农产品质量安全可追溯。全面提升农产品质量安全等级，大力发展无公害农产品、绿色食品、有机农产品和地理标志农产品。参照出口农产品种植和生产标准，建设一批优质农产品种植和生产基地，提高农产品质量和附加值，满足中高端需求。大力发展优质特色农产品，支持乡村创建线上销售渠道，扩大优质特色农产品销售范围，打造农产品品牌和地理标志品牌，满足更多消费者需求。

3. 推出一批制造业精品。支持企业开展战略性新材料研发、生产和应用示范，提高新材料质量，增强自给保障能力，为生产精品提供支撑。优选一批零部件生产企业，开展关键零部件自主研发、试验和制造，提高产品性能和稳定性，为精品提供可靠性保障。鼓励企业采用先进质量管理方法，提高质量在线监测控制和产品全生命周期质量追溯能力。支持重点企业瞄准国际标杆企业，创新产品设计，优化工艺流程，加强上下游企业合作，尽快推出一批质量好、附加值高的精品，促进制造业升级。

4. 提高生活服务品质。支持生活服务领域优势企业整合现有资源，形成服务专业、覆盖面广、影响力大、放心安全的连锁机构，提高服务质量和效率，打造生活服务企业品牌。鼓励社会资本投资社区养老建设，采取市场化运作方式，提供高品质养老服务供给。鼓励有条件的城乡社区依托社区综合服务设施，建设生活服务中心，提供方便、可信赖的家政、儿童托管和居家养老等服务。

（三）需求结构升级工程。发挥品牌影响力，切实采取可行措施，扩大自主品牌产品消费，适应引领消费结构升级。

1. 努力提振消费信心。统筹利用现有资源，建设有公信力的产品质量信息平台，全面、及时、准确发布产品质量信息，为政府、企业和教育科研机构等提供服务，为消费者判断产品质量高低提供真实可信的依据，便于选购优质产品，通过市场实现优胜劣汰。结合社会信用体系建设，建立企业诚信管理体系，规范企业数据采集，整合现有信息资源，建立企业信用档案，逐步加大信息开发利用力度。鼓励中介机构开展企业信用和社会责任评价，发布企业信用报告，督促企业坚守诚信底线，提高信用水平，在消费者心目中树立良好企业形象。

2. 宣传展示自主品牌。设立“中国品牌日”，大力宣传知名自主品牌，讲好中国品牌故事，提高自主品牌影响力和认知度。鼓励各级电视台、广播电台以及平面、网络等媒体，在重要时段、重要版面安排自主品牌公益宣传。定期举办中国自主品牌博览会，在重点出入境口岸设置自主品牌产品展销厅，在世界重要市场举办中国自主品牌巡展推介会，扩大自主品牌的知名度和影响力。

3. 推动农村消费升级。加强农村产品质量安全和消费知识宣传普及，提高农村居民质量安全意识，树立科学消费观念，自觉抵制假冒伪劣产品。开展农村市场专项整治，清理“三无”产品，拓展农村品牌产品消费的市场空间。加快有条件的乡村建设光纤网络，支持电商及连锁商业企业打造城乡一体的商贸物流体系，保障品牌产品渠道畅通，便捷农村消费品牌产品，让农村居民共享数字化生活。深入推进新型城镇化建设，释放潜在消费需求。

4. 持续扩大城镇消费。鼓励家电、家具、汽车、电子等耐用消费品更新换代，适应绿色环保、方便快捷的生活需求。鼓励传统出版企业、广播影视与互联网企业合作，加快发展数字出版、网络视听等新兴文化产业，扩大消费群体，增加互动体验。有条件的地区可建设康养旅游基地，提供养老、养生、旅游、度假等服务，满足高品质健康休闲消费需求。合理开发利用冰雪、低空空域等资源，发展冰雪体育和航空体育产业，支持冰雪运动营地和航空飞行营地建设，扩大体育休闲消费。推动房车、邮轮、游艇等高端产品消费，满足高收入群体消费升级需求。

五、保障措施

（一）净化市场环境。建立更加严格的市场监管体系，加大专项整治联合执法行动力度，实现联合执法常态化，提高执法的有效性，追究执法不力责任。严厉打击侵犯知识产权和制售假冒伪劣商品行为，依法惩治违法犯罪分子。破除地方保护和行业壁垒，有效预防和制止各类垄断行为和不正当竞争行为，维护公平竞争市场秩序。

（二）清除制约因素。清理、废除制约自主品牌产品消费的各项规定或做法，形成有利于发挥品牌引领作用、推动供给结构和需求结构升级的体制机制。建立产品质量、知识产权等领域失信联合惩戒机制，健全黑名单制度，大幅提高失信成本。研究提高违反产品质量法、知识产权保护相关法律法规等犯罪行为的量刑标准，建立商品质量惩罚性赔偿制度，对相关企业、责任人依法实行市场禁入。完善汽车、计算机、家电等耐用消费品举证责任倒置制度，降低消费者维权成本。支持高等院校开设品牌相关课程，培养品牌创建、推广、维护等专业人才。

（三）制定激励政策。积极发挥财政资金引导作用，带动更多社会资本投入，支持自主品牌发展。鼓励银行业金融机构向企业提供以品牌为基础的商标权、专利权等质押贷款。发挥国家奖项激励作用，鼓励产品创新，弘扬工匠精神。

（四）抓好组织实施。各地区、各部门要统一思想、提高认识，深刻理解经济新常态下发挥品牌引领作用、推动供给结构和需求结构升级的重要意义，切实落实工作任务，扎实推进重大工程，力争尽早取得实效。国务院有关部门要结合本部门职责，制定出台具体的政策措施。各省级人民政府要结合本地区实际，制定出台具体的实施方案。

国务院办公厅
关于加强个人诚信体系建设的指导意见

2016 年 12 月 23 日　　国办发〔2016〕98 号

各省、自治区、直辖市人民政府，国务院各部委、各直属机构：

为弘扬诚信传统美德，增强社会成员诚信意识，加强个人诚信体系建设，褒扬诚信，惩戒失信，提高全社会信用水平，营造优良信用环境，经国务院同意，现提出以下意见。

一、总体要求

（一）指导思想。全面贯彻落实党的十八大和十八届三中、四中、五中、六中全会精神，深入贯彻习近平总书记系列重要讲话精神，按照党中央、国务院决策部署，以培育和践行社会主义核心价值观为根本，大力弘扬诚信文化，加快个人诚信记录建设，完善个人信息安全、隐私保护与信用修复机制，健全守信激励与失信惩戒机制，使守信者受益、失信者受限，让诚信成为全社会共同的价值追求和行为准则，积极营造“守信光荣、失信可耻”的良好社会氛围。

（二）基本原则。

一是政府推动，社会共建。充分发挥政府在个人诚信体系建设中的组织、引导、推动和示范作用。规范发展征信市场，鼓励调动社会力量广泛参与，共同推进，形成个人诚信体系建设合力。

二是健全法制，规范发展。健全个人信息法律法规、规章制度和标准规范，严格保护个人隐私和信息安全。

三是全面推进，重点突破。以重点领域、重点人群为突破口，推动建立各地区各行业个人诚信记录机制。依托全国信用信息共享平台与各地方信用信息共享平台、金融信用信息基础数据库与个人征信机构，分别实现个人公共信用信息、个人征信信息的记录、归集、处理和应用。

四是强化应用，奖惩联动。积极培育个人公共信用信息产品应用市场，推广个人公共信用信息社会化应用，拓宽应用范围。建立健全个人诚信奖惩联动机制，加大个人守信激励与失信惩戒力度。

二、加强个人诚信教育

（一）大力弘扬诚信文化。将诚信文化建设摆在突出位置，以培育和践行社会主义核心价值观为根本，大力普及信用知识，制定颁布公民诚信守则，将诚信教育贯穿公民道德建设和精神文明创建全过程。加强社会公德、职业道德、家庭美德和个人品德教育，营造“守信者荣、失信者耻、无信者忧”的社会氛围。

（二）广泛开展诚信宣传。结合春节、国际消费者权益日、劳动节、儿童节、网络诚信宣传日、全国信用记录关爱日、诚信兴商宣传月、国庆节、国家宪法日暨全国法制宣传日等重要时间节点和法定节假日，集中宣传信用政策法规、信用知识和典型案例。推动创作中华传统诚信文化与时代价值观相融合的诚信文艺作品、公益广告，丰富诚信宣传载体，增加诚信宣传频次，提升诚信宣传水平。

（三）积极推介诚信典型。充分发挥媒体舆论宣传引导作用，大力发掘、宣传有关部门和社会组织评选的诚信道德模范、优秀志愿者等诚信典型。组织各类网站开设网络诚信专题，经常性地宣传推广各类诚信典型、诚信事迹，推出一批高质量的网络诚信主题文化作品，加强网络失信案例警示教育。支持有关部门和社会组织向社会推介诚信典型和无不良信用记录者，推动实施跨部门、跨领域的守信联合激励措施。

（四）全面加强校园诚信教育。将诚信教育作为中小学和高校学生思想品德教育的重要内容。鼓励高校开设社会信用领域相关课程。支持有条件的高校院所开设信用管理相关专业。推动学校加强信用管理，建立健全 18 岁以上成年学生诚信档案，推动将学生个人诚信作为升学、毕业、评先评优、奖学金发放、鉴定推荐等环节的重要考量因素。针对考试舞弊、学术造假、不履行助学贷款还款承诺、伪造就业材料等不诚信行为开展教育，并依法依规将相关信息记入个人信用档案。

（五）广泛开展信用教育培训。建立健全信用管理职业培训与专业考评制度。加大对信用从业人员的培训力度，丰富信用知识，提高信用管理水平。鼓励各类社会组织和企业建立信用管理和教育制度，组织签署入职信用承诺书和开展信用知识培训活动，培育企业信用文化。组织编写信用知识读本，依托社区（村）各类基层组织，向公众普及信用知识。

三、加快推进个人诚信记录建设

（一）推动完善个人实名登记制度。以公民身份号码制度为基础，推进公民统一社会信用代码制度建设。推动居民身份证登记指纹信息工作，实现公民统一社会信用代码全覆盖。运用信息化技术手段，不断加强个人身份信息的查核工作，确保个人身份识别信息的唯一性。以互联网、邮寄递送、电信、金融账户等领域为重点，推进建立实名登记制度，为准确采集个人诚信记录奠定基础。

（二）建立重点领域个人诚信记录。以食品药品、安全生产、消防安全、交通安全、环境保护、生物安全、产品质量、税收缴纳、医疗卫生、劳动保障、工程建设、金融服务、知识产权、司法诉讼、电子商务、志愿服务等领域为重点，以公务员、企业法定代表人及相关责任人、律师、教师、医师、执业药师、评估师、税务师、注册消防工程师、会计审计人员、房地产中介从业人员、认证人员、金融从业人员、导游等职业人群为主要对象，有关部门要加快建立和完善个人信用记录形成机制，及时归集有关人员在相关活动中形成的诚信信息，确保信息真实准确，实现及时动态更新。金融信用信息基础数据库和个人征信机构要大力开展重点领域个人征信信息的归集与服务。鼓励行业协会、商会等行业组织建立健全会员信用档案。

四、完善个人信息安全、隐私保护与信用修复机制

（一）保护个人信息安全。有关部门要严格按照规定建立健全并严格执行保障信息安全的规章制度，明确个人信息查询使用权限和程序，做好数据库安全防护工作，建立完善个人信息查询使用登记和审查制度，防止信息泄露。严格按照相关法律法规，加大对金融信用信息基础数据库、征信机构的监管力度，确保个人征信业务合规开展，保障信息主体合法权益，确保国家信息安全。建立征信机构及相关人员信用档案和违规经营“黑名单”制度。

（二）加强隐私保护。未经法律法规授权不得采集个人公共信用信息。加大对泄露、篡改、毁损、出售或者非法向他人提供个人信息等行为的查处力度。对金融机构、征信机构、互联网企业、大数据公司、移动应用程序开发企业实施重点监控，规范其个人信息采集、提供和使用行为。

（三）建立信用修复机制。建立个人公共信用信息纠错、修复机制，制定异议处理、行政复议等管理制度及操作细则。明确各类公共信用信息展示期限，不再展示使用超过期限的公共信用信息。畅通信用修复渠道，丰富信用修复方式，探索通过事后主动履约、申请延期、自主解释等方式减少失信损失，通过按时履约、志愿服务、慈善捐助等方式修复信用。

五、规范推进个人诚信信息共享使用

（一）推动个人公共信用信息共享。制定全国统一的个人公共信用信息目录、分类标准和共享交换规范。依托各地方信用信息共享平台建立个人公共信用信息数据库。依托全国信用信息共享平台，逐步建立跨区域、跨部门、跨行业个人公共信用信息的互联、互通、互查机制。

（二）积极开展个人公共信用信息服务。各级人民政府要依法依规及时向社会提供个人公共信用信息授权查询服务。探索依据个人公共信用信息构建分类管理和诚信积分管理机制。有条件的地区和行业应建立个人公共信用信息与金融信用信息基础数据库的共享关系，并向个人征信机构提供服务。

六、完善个人守信激励和失信惩戒机制

（一）为优良信用个人提供更多服务便利。对有关部门和社会组织实施信用分类监管确定的信用状况良好的行政相对人、诚信道德模范、优秀志愿者，行业协会商会推荐的诚信会员，以及新闻媒体挖掘的诚信主体等建立优良信用记录，各级人民政府要创新守信激励措施，对具有优良信用记录的个人，在教育、就业、创业等领域给予重点支持，尽力提供更多便利服务；在办理行政许可过程中，对具有优良信用记录的个人和连续三年以上无不良信用记录的行政相对人，可根据实际情况依法采取“绿色通道”和“容缺受理”等便利服务措施。鼓励社会机构依法使用征信产品，对具有优良信用记录的个人给予优惠和便利，使守信者在市场中获得更多机会和收益。

（二）对重点领域严重失信个人实施联合惩戒。依法依规对严重危害人民群众身体健康和生命安全、严重破坏市场公平竞争秩序和社会正常秩序、拒不履行法定义务严重影响司法机关和行政机关公信力以及拒不履行国防义务等个人严重失信行为采取联合惩戒措施。将恶意逃废债务、非法集资、电信诈骗、网络欺诈、交通违法、不依法诚信纳税等严重失信个人列为重点监管对象，依法依规采取行政性约束和惩戒措施。在对失信企事业单位进行联合惩戒的同时，依照法律法规和政策规定对相关责任人员采取相应的联合惩戒措施，将联合惩戒措施落实到人。鼓励将金融信用信息基础数据库和个人征信机构采集的个人在市场经济活动中产生的严重失信记录，推送至全国信用信息共享平台，作为实施信用惩戒措施的参考。

（三）推动形成市场性、社会性约束

和惩戒。建立健全个人严重失信行为披露、曝光与举报制度，依托“信用中国”网站，依法向社会公开披露各级人民政府掌握的个人严重失信信息，充分发挥社会舆论监督作用，形成强大的社会震慑力。鼓励市场主体对严重失信个人采取差别化服务。支持征信机构采集严重失信行为信息，纳入信用记录和信用报告。

七、强化保障措施

（一）加强组织领导。各地区各部门要统筹规划，部署实施个人诚信体系建设工作。建立工作考核推进机制，对本地区、本领域个人诚信体系建设工作要定期进行督促、指导和检查。

（二）建立健全法律法规。逐步建立和完善个人诚信体系建设法律法规，加强对个人信息安全和个人隐私的保护，有力维护个人信息的主体权利与合法权益，完善个人公共信用信息记录、归集、处理和应用等各环节的规范制度，为个人诚信体系建设创造良好的法制环境。

（三）加大资金支持力度。各地区各部门要加强社会信用体系建设经费保障，对个人诚信体系建设组织工作、管理工作积极予以经费支持。加大对个人公共信用信息数据库建设、信息应用、宣传教育和人才培训等各方面的资金支持力度。

（四）强化责任落实。各地区各部门要高度重视个人诚信体系建设工作，强化责任意识，细化分工，明确完成时间节点，确保责任到人、工作到人、落实到人。

各地区各部门要加强领导，高度重视，率先垂范，结合工作实际，切实有效开展个人诚信体系建设相关工作。国家发展改革委会同有关部门负责对本意见落实工作的统筹协调、跟踪了解、督促检查，确保各项工作平稳有序推进。

第二部分　领 导 讲 话

在最高人民法院知识产权司法保护研究中心成立大会上的讲话

最高人民法院院长　周　强

（2015 年 3 月 18 日）

各位专家学者，同志们：

大家上午好！

今天，我们欢聚一堂，共同见证最高人民法院知识产权司法保护研究中心挂牌成立，这是最高人民法院贯彻落实党的十八大和十八届三中、四中全会精神以及刚刚闭幕的全国“两会”精神，加强知识产权司法保护理论研究工作的一项重要举措。刚才，我们为知识产权司法保护研究中心首届学术委员、研究员颁发了聘书，各位专家学者也作了很好的发言，听后很受启发。在此，我代表最高人民法院，对知识产权司法保护研究中心的成立以及首届学术委员、研究员的任职表示热烈的祝贺！向为研究中心成立给予大力支持的相关部门领导和同志表示衷心的感谢！

设立知识产权司法保护研究中心是顺应时代潮流、把握经济新常态下知识产权司法保护新特点的现实需要。当今世界，科学技术发展日新月异，更富活力的全球创新环境正在逐步形成，新一轮科技革命和产业变革即将出现，知识经济和经济全球化深入发展，知识产权日益成为国家发展的战略性资源和国际竞争力的核心要素，我国实施知识产权战略的形势更加紧迫，知识产权保护工作面临前所未有的机遇和挑战，人民法院加强知识产权司法保护的任务更加艰巨。2014 年底，北京、广州、上海知识产权法院相继设立，标志着中国知识产权司法保护进入了一个全新的发展阶段，成为中国知识产权保护的重要里程碑。在这样的背景下，知识产权司法保护研究中心应运而生。研究中心的设立，将进一步密切人民法院与知识产权行政执法部门以及学术界的合作，实现理论与实践的相互促进、互利双赢，从而促进我国知识产权司法保护理论体系不断发展，对提升我国知识产权司法保护能力和国际形象，促进创新驱动发展战略实施和加快创新型国家建设，都具有重要意义。

知识产权司法保护研究中心作为最高人民法院加强知识产权审判理论和实践互动的重要平台，其重要职责是整合知识产权司法保护理论研究基地和调研基地等研究力量，开展横向、纵向以及对内、对外学术交流活动，为完善知识产权立法、制定司法解释和政策提出建议。在难得的发展机遇和艰巨的工作任务面前，知识产权司法保护研究中心要明确职能定位，突出工作重点，解放思想，改革创新，针对具有基础性、全局性、前瞻性和紧迫性的重大知识产权理论和实践问题展开研究，为人民法院知识产权审判工作提供坚实的理论支撑。当前和今后一个时期，要重点研究好以下四个方面的问题。

一是研究好创新驱动发展战略中的重大理论问题。党的十八大作出了实施创新驱动发展战略的重大部署，强调科技创新是提高社会生产力和综合国力的战略支撑。习近平总书记在主持中央政治局第九次集体学习时指出，实施创新驱动发展战略决定着中华民族前途命运，全党全社会都要充分认识科技创新的巨大作用，把创新驱动发展作为面向未来的一项重大战略实施好，并强调要着力营造良好政策环境，加强知识产权保护工作。党的十八届三中全会进一步提出要加快建设创新型国家。这都对人民法院加强知识产权审判工作、加大知识产权司法保护力度提出了新的更高要求。知识产权司法保护研究中心应当坚持正确的政治方向，坚持中国特色社会主义法治理念，从中国国情和人民法院工作实际出发，以推动、保障经济社会和人民司法事业发展为目标，站在服务创新驱动发展战略的高度，全面加强知识产权司法保护理论研究工作，着力提高知识产权司法保护水平，不断顺应我国日益增长的知识产权司法保护需求。要及时将理论研究成果转化为司法政策和司法解释，对具有普遍适用意义的成熟规则，及时向立法机关提出立法建议，推动完善中国特色社会主义法治体系。

二是研究好知识产权侵权制度中的重大理论问题。要始终坚持理论联系实际，深入探索知识产权审判工作的基本规律，着力解决知识产权侵权制度中的新问题，用科学的司法理论指导司法实践。要针对当前知识产权司法审判面临的举证难等问题，探索建立知识产权诉讼证据开示制度，研究公平合理的知识产权诉讼举证规则，设计合理有效的证据保全制度，进一步解决举证难问题。要针对知识产权侵权行为的多样性，积极开展知识产权侵权损害赔偿制度理论研究，设计合理可行的规则和标准，提高知识产权侵权损害赔偿计算的科学性和准确性。要加强与学术界的沟通合作，吸收审判经验丰富的一线法官参与研究，培养一批高素质创新型司法人才，加强知识产权侵权损害赔偿制度理论和实践的互动，进一步提升我国知识产权审判水平和国际影响力。

三是研究好知识产权审判流程再造中的重大理论问题。要以实现知识产权审判流程再造、提升案件审判质量效率为目标，重点围绕专利、商标侵权和授权确权案件审理程序的设计等问题开展专题研究，积极探索设立更加合理高效的知识产权审判流程，着力解决民事和行政审判中存在的循环诉讼、效率低下等问题，缩短审理周期，尽快稳定权利状态。要深入研究专利无效制度改革问题，探索简化确权程序，设计更加符合中国国情的专利无效制度，提高专利无效诉讼效率。

四是研究好知识产权领域司法改革中的重大理论问题。要自觉做司法改革理论研究的急先锋和排头兵，扎实开展知识产权领域司法改革理论研究工作。认真落实党的十八届三中、四中全会精神，按照《关于全面深化人民法院改革的意见》要求，进一步解放思想，勇于探索，积极研究改革知识产权审判方式，从国家制度层面研究解决知识产权裁判标准统一问题。要重点在知识产权审判机制、知识产权法院运行机制、主审法官制、法官员额制等方面开展调查研究，为司法改革积累更多可复制、可推广的有益经验。要深入研究改革中的机制性、保障性问题，充分发挥平台作用，调动一线法官的司法智慧，激发一线法官的首创精神，提高法官支持改革、拥护改革、参与改革的积极性。

目前，知识产权司法保护研究中心刚刚成立，各项工作的开展都需要有关方面的协调、配合和支持。真诚希望有关部门和专家学者大力支持研究中心开展工作。同时，希望各位学术委员、研究员充分履职，积极开展具有前瞻性、针对性的理论研究，提出专业化、建设性、切实管用的意见建议，促进知识产权审判理论和实践不断发展。最高人民法院将加大工作保障力度，机关各部门要在理论、业务等方面提供配合和帮助，全力支持知识产权司法保护研究中心和各位学术委员、研究员开展工作。要通过扎实的调查研究，不断推出高质量、有价值的研究成果，着力把研究中心建设成为知识产权保护领域的理论研究平台、政策推广平台、实务培训平台和业务交流平台，促进提升我国知识产权司法保护水平。

同志们，让我们共同努力，携手共进，以改革创新的精神推动知识产权审判工作健康发展，为全面深化改革和实施创新驱动发展战略，为协调推进“四个全面”、实现中华民族伟大复兴的中国梦作出新的更大贡献！

最后，祝各位专家学者身体健康、工作愉快！

谢谢大家。

充分发挥司法保护知识产权的主导作用为建设知识产权强国和世界科技强国提供坚强有力的司法服务与保障

——在全国法院知识产权审判工作座谈会暨全国法院知识产权审判“三合一”推进会上的讲话

最高人民法院副院长　陶凯元

（2016 年 7 月 7 日）

在全国科技创新大会胜利召开，党中央国务院对我国科技事业发展作出重大战略部署的大好形势下，在知识产权审判工作取得新的成绩与进展，知识产权司法保护的主导作用进一步发挥的新形势下，全国法院知识产权审判工作座谈会暨全国法院知识产权审判“三合一”推进会今天在江苏南京隆重召开。本次会议的主要任务是：全面贯彻党的十八大和十八届三中、四中、五中全会及中央政法工作会议和全国科技创新大会精神，以习近平总书记系列重要讲话精神为指导，深入学习贯彻周强院长在第八次全国法院民事商事审判工作会议上的讲话，认真总结 2014 年以来全国法院知识产权审判工作的成绩与经验，分析形势任务，统一思想认识，明确工作思路和措施，全面推进知识产权审判“三合一”工作，充分发挥司法保护知识产权的主导作用，为建设知识产权强国和世界科技强国提供坚强有力的司法保障与服务。

下面我讲五个问题，供同志们讨论时参考。

一、大力发挥职能作用，知识产权审判工作和各项工作取得显著进展

2014 年以来，全国各级法院以执法办案为中心，以完善知识产权审判体制机制为基础，以加强知识产权司法保护为导向，改革创新，奋发有为，各项工作取得新进展。

——司法审判成效显著。第一，司法保护知识产权主渠道的作用更加明显。2014 年和 2015 年，全国法院新收知识产权（民事、行政和刑事）一审案件总数分别为 11.7 万件和 13.0 万件，分别比上年增长 15.6% 和 11.7%。其中，新收知识产权民事一审案件分别为 9.6 万件和 10.9 万件，分别比上年增长 7.8% 和 14.5%；新收知识产权行政一审案件分别为近 1 万件，超过 2013 年的两倍；新收知识产权刑事一审案件分别约为 1 万余件，比 2013 年增长 17.9%。第二，审判质效不断提高。2014 年和 2015 年，全国法院审结知识产权一审案件 11 万件和 12.3 万件，在法官数量未增加的情况下，结案数同比分别上升 9.8% 和 11.7%。其中，审结知识产权民事一审案件分别为 9.5 万件和 10.1 万件，分别同比上升 7.0% 和 7.2%；审结知识产权行政一审案件分别为近 5000 件和超过 1 万件，分别同比上升 68.5% 和 123.6%；审结知识产权刑事一审案件分别约为 1 万余件，比 2013 年上升 17.3%。审结案件数和结案率大幅上升，再审率和改判发回重审率双双下降。第三，案件审理社会效果良好。认真处理好每一起案件，高度重视重大、疑难和新类型案件的审理工作，注重通过司法裁判明确法律标准和行为准则，彰显了司法的公信和权威。腾讯公司与奇虎公司垄断及不正当竞争纠纷案、双环公司与本田株式会社确认不侵害专利权及损害赔偿纠纷案、琼瑶诉于正侵害著作权纠纷案等案件的成功审理，受到社会广泛好评。

——改革创新引人注目。第一，知识产权法院首次设立并顺利运行。为贯彻十八届三中全会的部署，北京、广州、上海知识产权法院依法于 2014 年 11 月至 12 月相继设立，实现了我国知识产权司法保护体制机制的重大突破。最高人民法院发布了《关于北京、上海、广州知识产权法院案件管辖的规定》，三家知识产权法院人员精干，机构简化，全面率先推行各项司法改革措施，科学规范审判管理权和审判监督权的行使，成为司法改革的先行者。周强院长主持党组会专题听取知识产权法院工作情况报告，对知识产权法院工作给予充分肯定。中央深改领导小组将我院报送的相关报告编写成《改革情况交流》。第二，知识产权审判“三合一”改革试点取得突破性进展。试点法院审判组织更加优化，管辖制度更加完善，与公安、检察机关之间的沟通协调更加顺畅，提高了知识产权司法保护综合效能。最高人民法院党组专门听取“三合一”改革试点工作情况报告，并审议通过了《关于在全国法院推进知识产权民事、行政和刑事案件审判“三合一”工作的意见》，“三合一”改革迈出关键性步伐。第三，技术事实查明机制更加完善。最高人民法院出台《关于知识产权法院技术调查官参与诉讼活动若干问题的暂行规定》，建立技术调查官制度。启用技术调查官参与诉讼活动，辅助查明技术事实，技术事实查明的中立性、客观性和科学性进一步提高。第四，案件管辖制度更加合理。明确知识产权法院案件管辖，调整知识产权法院辖区内基层法院案件管辖，管辖制度更加合理。积极探索知识产权案件跨区域管辖，适当集中部分基层人民法院知识产权案件管辖权，明确自由贸易试验区法庭知识产权案件管辖，管辖布局进一步优化。

——*监督指导措施有力*。第一，司法政策体系进一步完备。强化司法政策指引，以创新、法治、市场和开放四项司法理念细化具体领域司法政策，各项知识产权司法政策内容进一步丰富和深化。第二，司法解释工作进一步增强。根据法律修订的新情况和司法实践出现的新问题，适时制定或者修改知识产权法院案件管辖、技术调查官参与诉讼活动、专利纠纷案件审理、专利侵权判定（二）等四项司法解释，细化了裁判规则，保障了法律适用统一。发布专利代理人代理专利行政诉讼的批复，明确了专利代理人在新行政诉讼法实施后的诉讼地位，保障了专利行政诉讼顺利进行。第三，案例指导工作卓有成效。加强案例指导的制度化、规范化建设，形成以十大案件、五十件典型案件、案件年度报告为主体的知识产权案例指导制度体系。创新案例指导工作方式，创设了最高人民法院知识产权案例指导研究（北京）基地。第四，司法调研工作成果显著。先后成立最高人民法院知识产权司法保护研究中心、设立知识产权司法保护与市场价值研究（广东）基地和自贸区知识产权司法保护调研联系点，调研工作机制更加完善。知识产权司法保护理论研究基地、司法保护调研基地以及有关法院针对知识产权诉讼证据、侵权损害赔偿、自由贸易区内知识产权等问题开展专项调研，加强理论与实践的结合与互动，进一步提高了知识产权司法保护水平。

——*司法公开深入推进*。第一，审判公开的深度广度不断扩大。强化对社会高度关注案件的公开审理，全程庭审直播，提升审判影响力。乔丹商标争议行政纠纷系列案、王老吉与加多宝红罐包装不正当竞争案全程庭审直播，30多家境内外媒体进行了宣传报道，给予高度赞许。充分发挥中国裁判文书网的功能，及时上网发布全部可以公开的裁判文书，提高了裁判文书的公布范围和效率。截至2015年年底，网络公开生效知识产权裁判文书约15.5万份。第二，信息化建设深度发展。以中国审判流程信息公开网为载体，大力推进审判流程公开，推行网上办案，实现全程留痕，实时监督。第三，司法宣传更加形式多样。精心筹划“4·26”世界知识产权日宣传周活动，充分借助手机电视、微博、微信等现代信息手段开展知识产权法治宣传，知识产权司法保护广东行、重庆行、浙江行等活动精彩纷呈，扩大了知识产权审判影响力。第四，司法交流力度日益增强。加强知识产权国际交流合作长效机制建设，依托中国法院知识产权司法保护国际交流（上海）基地，先后举办知识产权保护国际视野、知识产权与国际贸易、创新驱动与知识产权司法保护等多个国际会议或论坛。发挥知识产权法院纽带作用，拓展交流渠道，扩大交流成果，提升了中国知识产权司法保护国际形象。

——*队伍建设不断加强*。扎实开展“三严三实”“两学一做”专题教育活动和向邹碧华同志学习活动，引导知识产权法官坚定理想信念，坚守法治信仰，思想政治素质进一步提高。加强对知识产权法官的业务培训和科学技术知识的培训，通过集中培训、专题研讨、优秀法官传帮带、上下级法院法官双向挂职交流、东部法院帮扶西部法院等方式，提高培训的针对性，司法能力和水平进一步提高。

应当说，两年来，人民法院知识产权

审判事业阔步前进，实现了历史性飞跃。在这个过程中，我们积累了许多宝贵经验：一是始终坚持服务大局。围绕国家发展大计，找准加强知识产权审判工作着力点，在服务和保障国家重大战略实施中实现自身发展。二是始终坚持改革创新。以创新的理念和创新的方法破解知识产权保护难题，以敢为人先的勇气全面落实各项司法改革措施，勇做和争做司法改革的先行者。三是始终坚持政策引领。将法律精神、法律原则和立法宗旨凝练为明晰的司法政策，指引法律适用方向，统一裁判思路和方法，形成知识产权审判"全国一盘棋"。四是始终坚持公开透明。积极主动开展知识产权司法宣传，大力深化司法公开，将知识产权审判打造成为司法透明度最高的审判领域之一。五是始终坚持开放思维。统筹协调国内国际两个大局，既立足现实和国情，又尊重国际标准和主流做法，主动参与和引导国际规则形成。

这些成绩和基本经验的取得，离不开广大知识产权法官的团结奋斗，离不开各级各方面的关心支持。在此，我代表最高人民法院，向长期奋斗在知识产权审判工作岗位上的广大干警致以崇高敬意，向长期关心支持人民法院工作的社会各界表示衷心感谢！

在为成绩和进步深感欣慰的同时，我们必须认识到，知识产权审判工作还存在不少薄弱环节，前进道路上还存在不少难题：司法保护知识产权的主导作用尚待充分发挥；司法改革深入进行，亟需进一步探索符合知识产权案件审理规律的审判权运行方式；知识产权审判"三合一"改革进入新阶段，需要进一步统一思想和明确工作思路，完善工作配套机制；知识产权法院在实现良好开局的同时，其运行和发展也面临着一系列困难和问题，亟待研究解决；知识产权司法保护的力度和实效与人民群众的期待还存在一定差距等等。对这些问题，我们必须高度重视，切实予以解决。

二、充分认识形势任务，切实增强做好知识产权审判工作的责任感和使命感

当前，国际国内形势发生新变化，知识产权审判处于可以大有作为的关键发展机遇期。各级法院要充分认识知识产权审判面临的新形势新任务，进一步增强责任感、使命感和紧迫感，抓住机遇，奋发有为，不断提高知识产权审判能力和水平。

*——充分认识国际经济贸易竞争变化对知识产权审判提出的新要求。*世界经济深度调整、复苏乏力，经济全球化和区域一体化发展更加错综复杂，国际竞争在科技、经济、人才、制度等方面全面展开，争夺国际经贸规则制定主导权的较量更加激烈。部分发达国家寻求通过双边或者小多边方式确保其世界经贸规则制定主导权。部分国家达成跨太平洋伙伴关系协定（TPP），形成高标准的国际经贸规则和知识产权保护规则，抢得主导未来规则制定的先机。高标准的知识产权保护制度所产生的引导效应在未来可能进一步推高国际知识产权保护水准，并可能对我国知识产权制度的发展完善形成倒逼之势。我国已经成为全球第二大经济体和世界第一大贸易国，是世界经济格局中举足轻重的力量，可以发挥建设性和制衡性作用，推动国际经贸规则向更加公平自由、普惠包容的方向发展。我国正在积极构建开放型经济体系，大力推动建立双边自由贸易区和亚太自由贸易区，实施"一带一路"战略，企业纷纷走出去，特别需要良好的国际贸易、投资和知识产权保护环境。我们必须深刻认识国际竞争和我国国际地位的新变化，适应我国开放型发展战略的新需要，更加

积极主动地运用知识产权制度，加强知识产权保护，在参与、推动乃至引领国际知识产权保护和规则制定方面发挥更大作用。

*——充分认识创新驱动发展战略实施对知识产权审判提出的新任务。*我国经济进入新常态，处于跨越“中等收入陷阱”的紧要关头。创新是引领发展的第一动力，通过创新引领和驱动发展成为我国国家命运所系、发展形势所迫和世界大势所趋。党的十八大明确提出“实施创新驱动发展战略”。党中央和国务院发布《关于深化体制机制改革加快实施创新驱动发展战略的若干意见》，要求“实行严格的知识产权保护制度”“营造激励创新的公平竞争环境”。十八届五中全会将创新列为五大新发展理念之首，要求“必须把创新摆在国家发展全局的核心位置”“让创新贯穿党和国家一切工作，让创新在全社会蔚然成风。”推进供给侧结构性改革和建设制造业强国，归根到底要依靠创新驱动，推动新技术、新产业、新业态蓬勃发展。可以说，我们比历史上任何时候都更加需要激励创新和呵护创新。创新具有不确定性，在很大程度上依赖由人才、资本、市场、法律等要素组成的创新生态系统。作为对创新的产权制度安排和激励机制，知识产权制度如同整个创新生态系统的氧气，是创新原动力的基本保障。近年来，我国创新能力和研发投入逐年提高，国内创新者对于知识产权保护的内在需求更加强烈，加强知识产权保护成为我国普遍的社会共识。中共中央和国务院今年5月发布的《国家创新驱动发展战略纲要》明确要求，“充分发挥知识产权司法保护的主导作用，增强全民知识产权保护意识，强化知识产权制度对创新的基本保障作用。”司法是保护知识产权最有效、最根本、最权威的手段，是维护激励创新和公平竞争市场环境的枢纽环节。充分发挥司法保护主导作用，以严格的知识产权司法保护让创新创业者坚定创新信心、增强创新勇气、提升创新活力，已经成为当前知识产权司法的重要任务。与此相适应，知识产权审判必须责无旁贷地发挥保护创新和维护公平竞争的主导作用，更加注重保护创新和知识产权，更加注重推动大众创业和万众创新，更加注重维护统一透明、有序规范、公平竞争、充满活力的市场环境。

*——充分认识建设知识产权强国和世界科技强国对知识产权审判提出的新目标。*去年年底，国务院发布《关于新形势下加快知识产权强国建设的若干意见》，要求“深化知识产权领域改革，加快知识产权强国建设”，并对建设知识产权强国的路径作出明确规划。今年5月召开的全国科技创新大会明确提出，到新中国成立100年时要使我国成为世界科技强国。建设知识产权强国和世界科技强国，要求具有完善的知识产权体制机制、良好的知识产权创造、运用、保护、管理和服务能力，实现知识产权治理体系和治理能力的现代化。知识产权司法是知识产权保护的核心环节，直接影响着知识产权的创造、运用、管理和服务水平。优质高效的知识产权司法体系是知识产权强国的重要指标和核心要素之一。知识产权强国的司法体系必须既能够高效解决纠纷，又能够通过明晰法律和制定规则促进国家的创新发展，更能够引领国际知识产权司法潮流。与世界知识产权强国相比，我国知识产权司法体系在体制机制、保护效能、国际影响等方面还存在较大的提升空间。我们既要正确认识自己的方位，了解自己的长处和短处，增强自信和战略定力，又要以建设知识产权强国和世界科技强国作为目标追求，扬长补短，迎头赶上。为此，必须进一步加强审判体

系尤其是知识产权法院建设，完善知识产权司法保护体制机制，推进以审判为中心的诉讼制度改革，探索建立更加科学高效的知识产权审判流程；必须进一步提高我国知识产权司法的国际影响力，建设对创新创业者具有吸引力的良好营商环境，努力将中国法院打造成当事人信赖的国际知识产权争端解决的“优选地”。

根据形势任务的变化，当前和今后一个时期，人民法院知识产权审判工作的总体思路是：深入贯彻党的十八大和十八届三中、四中、五中全会及习近平总书记系列重要讲话精神，紧紧围绕“四个全面”战略布局，牢固树立“创新、协调、绿色、开放、共享”五大发展理念，积极主动适应国际形势新变化和经济发展新常态，切实增强机遇意识、责任意识、创新意识，深入实施国家知识产权战略和创新驱动发展战略，贯彻“司法主导、严格保护、分类施策、比例协调”的基本司法政策，以严格保护、深化改革、完善制度、统一规则为着力点，不断推进知识产权司法体系和司法能力现代化，为建设知识产权强国和世界科技强国提供坚强有力的司法保障。

三、着力强化政策指引，努力提升知识产权审判的权威性和公信力

服务和保障“创新、协调、绿色、开放、共享”五大发展，贯彻“依法保护产权、尊重契约自由、坚持平等保护、坚持权利义务责任相统一、诚实守信、坚持程序公正与实体公正相统一”六项原则，是当前和今后一个时期民商事审判工作的共同任务。结合知识产权审判工作的实际和新形势新任务新要求，我们将知识产权司法保护的总体要求归纳为“司法主导、严格保护、分类施策、比例协调”四项司法政策。全国各级法院要努力践行上述司法政策要求，使知识产权审判更好地适应和推动我国的创新发展。

（一）司法主导

司法在知识产权保护中发挥主导作用，是司法本质属性和知识产权保护规律的内在要求，是全面推进依法治国和提升司法公信力的重要体现，是提升我国国际影响力、树立大国国际形象的重要方式。

进一步强化知识产权司法保护的稳定性和导向性。要更加重视知识产权法律适用的稳定性和可预期性，最大限度地为利益攸关方提供明确稳定和可期待的预期，避免司法标准不统一或者变化频繁。要更加重视司法裁判的规则指引作用，通过明辨是非和明晰法律标准，为当事人选择正确行为模式提供指引，为知识产权的非诉讼纠纷解决提供依据和参考。要更加重视司法裁判的价值引导作用，始终将维护社会主义核心价值观作为司法保护的重要价值追求，提高公众对裁判的认同感和信赖感，提升司法的公信力。

进一步强化知识产权司法保护的实效性和全面性。要更加重视知识产权保护的实际效果，强化司法救济的及时性和有效性，切实满足权利人的正当保护需求。要更加重视知识产权民事、行政和刑事案件审判“三合一”工作，努力构建资源优化、运行科学、公正高效的知识产权综合审判体系，努力为知识产权权利人提供全方位和系统有效的保护。要更加重视知识产权行政审判工作，强化对知识产权授权确权和行政执法行为的规范和监督，加大司法审查的深度和力度，彰显法治形象。

进一步强化知识产权司法保护的终局性和权威性。要更加重视司法维护社会公平正义最后防线的作用，致力于知识产权纠纷的实质性解决。要更加重视程序公正和实体公正的统一，既要尊重程序公正的独立价值，注重以诉讼权利的平等、诉讼

程序的规范和诉讼过程的透明保障实体公正的实现，又要以解决实体问题和实现实体公正为终极目标，避免程序空转或者机械司法。要更加重视查明客观事实，切实增强司法查明事实和辨别是非的能力，最大限度地实现司法定分止争的效果。

进一步发挥司法审查和司法监督职能。要强化对知识产权授权确权行政行为和行政执法行为合法性的全面审查，不受当事人诉讼主张的严格限制。既要强化对行政行为程序正当性的审查，又要强化对实体标准合法性的审查，积极引导知识产权行政主管机关的调查取证、证据审查、授权确权实质要件、侵权判定等标准向司法标准看齐，促进知识产权行政行为进一步规范化和法治化。要正确处理严格程序运行与保护当事人实体权益的关系，当事人因行使程序权利的瑕疵而可能影响其重大实体权益，甚至可能导致其丧失救济机会且没有其他救济途径的，可以根据案件具体情况给予补救机会。兼顾实质性解决纠纷和保障当事人程序权利，妥当适用情势变更原则，积极探索改进行政授权确权案件裁判方式，防止循环诉讼和程序往复。被诉授权确权行政行为否决了某项专利商标申请或者专利商标权，其所依据的基础事由在行政诉讼过程中已经确定不复存在，维持被诉行政授权确权行为对于申请人或者权利人显失公平的，可以情势变更为由直接判令撤销该授权确权行为，责令行政机关重新作出裁决。被诉授权确权行政行为处理结果部分错误，且该错误部分可以分割处理的，可以尝试部分改判，责令行政机关仅就错误部分重新作出裁决。

进一步处理好知识产权民事程序和行政程序的关系。既要依法保障权利人的合法权益，又要注意提高民事案件的审理效率，致力于实质性解决纠纷，确保当事人及早获得公正结果。合理强化特定情形下民事程序的优先和决定地位，促进民行交织的知识产权民事纠纷的实质性解决，保障民事案件处理的公正和效率，并对后续行政纠纷的正确解决形成引导。对于违反诚实信用原则或者侵犯他人合法在先权利而取得的知识产权，权利人指控他人侵权的，可以根据案件具体情况以构成权利滥用为由对其诉请不予支持；在先权利人以被告取得和行使知识产权侵犯其合法在先权利为由，直接起诉被告构成侵权或者不正当竞争的，应该在查明事实的基础上依法裁判，既不需要以行政程序的处理结果为先决条件，也不需要因行政程序正在进行而中止诉讼。对于权利要求保护范围明显不清楚的专利权，在穷尽权利要求解释的途径和方法后，仍然无法确定专利权利要求的含义且无法通过解释予以澄清的，可以直接裁决不予支持，无需等待行政程序的结果。

（二）严格保护

严格保护知识产权是实施创新驱动发展战略的必然要求，是应对形势发展变化、增强发展动力、把握发展主动权、更好引领新常态的必然选择。严格保护是我国知识产权司法保护的主基调和基本导向。必须毫不动摇、旗帜鲜明地落实严格保护要求，充分发挥知识产权保护激发全社会创新动力、创造潜力和创业活力的独特作用。

严格执行法律，切实实现严格保护的法律效果。严格保护知识产权，首先要严格司法、公正司法，切实保障知识产权法律体系的有效实施。对于法律明文规定构成侵犯知识产权或者违反竞争法的行为，要准确定性，坚决制止，充分赔偿，决不允许法外施恩。要用足用好用活知识产权法律空间，在法律允许的范围内积极采取有效措施，加大司法惩处力度，降低维权成本，给权利人提供充分的司法救济，使侵权人付出足够的侵权代价，努力营造侵权人不敢侵权、不愿侵权的法律氛围。要妥善行使司法裁量权，以有利于严格保护、有利于激励创新和有利于维护公平竞争为出发点，作出体现严格保护效果的选择。

以实现市场价值为指引，进一步加大损害赔偿力度。充分考虑知识产权市场价值的客观性和不确定性双重特点，在确定知识产权损害赔偿数额时，既要力求准确反映被侵害的知识产权的相应市场价值，又要适当考虑侵权行为人的主观状态，实现以补偿为主、以惩罚为辅的双重效果。对于重复侵权、故意侵权的行为人，可以根据具体案情酌情确定适当高于市场价值的损害赔偿。根据商标法关于惩罚性赔偿的规定，明确和规范惩罚性赔偿的标准和尺度，坚决遏制恶意侵权行为。对于直接故意侵害商标权，具有重复侵权、假冒商标或者其他严重情节的，可以依法适用惩罚性赔偿。要善于运用根据具体证据酌定实际损失或侵权所得的裁量性赔偿方法，引导当事人对于损害赔偿问题积极举证，进一步提高损害赔偿计算的合理性。权利人提供了用以证明其实际损失或者侵权人违法所得的部分证据，足以认定计算赔偿所需的部分数据的，应当尽量选择运用酌定赔偿方法确定损害赔偿数额。加大对合理开支的支持力度，除法律另有规定外，在适用法定或者酌定赔偿时，应另行计算合理的维权成本。

强化临时措施保护，提高司法救济的针对性和有效性。建立程序规范、保护有力的司法临时保护机制，合理发挥行为保全、财产保全、证据保全的制度效能，提高知识产权司法救济的及时性、便利性和有效性。凡是符合证据保全、财产保全、行为保全条件的，均应及时采取有关措施。合理平衡申请人与被申请人利益，兼顾迅速处理与查明事实的需要，依法及时审查和处理当事人的行为保全申请。合理把握行为保全的条件，评估难以弥补的损害时，被申请人的行为对申请人市场声誉的不利影响、市场先发优势的破坏、正当经营行为被排挤出市场的可能性等，均可纳入考量。

大力推进诉讼诚信建设，有效运用证据机制强化严格保护的法律效果。以诚信原则为指引，适度强化诉讼当事人的真实义务与协力义务，建立激励当事人积极提供证据的诉讼机制。一方当事人已经尽力举证仍无法提供相关证据，有证据证明对方当事人持有该证据但无正当理由拒不提供的，可以推定一方当事人所主张的需要以该证据证明的事实为真实；一方当事人故意毁损、隐匿证据、伪造证据、阻碍和抗拒证据保全或者妨碍证人作证的，可以推定该证据或者证人所证明的事实不利于该方当事人。对于严重违反诚信原则，毁损、隐匿和伪造证据、阻碍和抗拒证据保全、妨碍证人作证等不诚信诉讼行为，要坚决依法予以制裁。加大对虚假诉讼行为的惩处力度，严格依照法律规定追究虚假诉讼、恶意诉讼等行为人的法律责任。

（三）分类施策

知识产权的权利体系具有内容丰富、种类多样、领域广泛的特点。正确把握不同的知识产权的属性和特点及其不同的保护要求，采取有区别的保护政策、保护标准和保护思路。严格保护知识产权，应该根据知识产权的不同类型和领域量体裁衣、分类施策，使保护方式、手段、标准与其特质、需求相适应。

正确把握不同类型知识产权的保护需求和特点。对于专利、植物新品种、集成电路布图设计等科技成果类知识产权，要根据其权利类型法定性、权利范围限定性的特点，维护权利范围的公示和划界作用，增强保护范围的确定性，为社会公众提供明确的法律预期。在知识产权权利范围内给予严格保护，不打任何折扣；在权利范围之外，允许自由借鉴和模仿。对于商标、企业名称、商品名称包装装潢等商业标识类知识产权，要根据维护商业标识声誉和显著性的目的，结合保护范围弹力性的特点，尽可能保护商业标识的区别性，尽最大努力使商业标识之间保持足够的距离，限制不正当模仿搭车的空间。对于著作权、邻接权等文化创意类知识产权，要根据保护精神权利与经济权利的双重需求，考虑作品著作权的有限开放性以及邻接权的相对封闭性的特点，合理界定保护范围，使著作权人和邻接权人的智力劳动得到应有尊重和合理回报。

妥善界定不正当竞争和垄断行为的判断标准。深刻理解不正当竞争和垄断行为扭曲和破坏健康市场竞争机制的本质，正确界定不正当竞争和垄断行为界限，切实维护统一开放、有序规范、公平竞争的市场秩序。明确和细化网络不正当竞争行为的判断标准，对于互联网领域出现的新型竞争行为的正当性判断，要综合运用道德评价、效能竞争、比例原则、竞争影响评估等方法，从多个角度进行评价，提高评价标准的客观性，避免陷入简单主观的道德评价。切实加强反垄断审判工作，及时制止垄断协议、滥用市场支配地位、滥用行政权力排除限制竞争等垄断行为，打破行业垄断和市场分割，增强市场活力。坚持效果导向，正确运用法律判断和经济分析，提高垄断行为认定的准确性。垄断行为的分析判断通常需要借助于经济分析，但是行为的定性最终属于法律判断。既要合理运用经济分析的结果，更要抓住垄断行为对竞争具有实际或者潜在的消极影响这一行为本质，对垄断行为的认定作出符合现实的结论。

加强对关键环节、特殊领域及特定问题的研究和解决。加强对职务发明、技术合同、计算机软件侵权、商业秘密保护等对创新有重大影响的关键环节的重视和研究，从有利于保障创新资源的市场优化配置、有利于维护创新机制健康运行的角度分析和考虑问题，有针对性地采取相关司法措施。加强对具有中国特色的知识产权领域的保护，依法维护我国国家利益。对于非物质文化遗产、中华老字号、计算机中文字库等因历史传统与现代知识产权制度交织而形成的特殊法律问题，要根据我国的历史、国情和产业发展需求，独立思考和判断，正确认识其创新价值和我国的产业利益所在，依法合理运用现代知识产权制度予以保护。坚持传承与创新、保护和利用并重的原则，积极保护民间文学艺术、传统知识、遗传资源等非物质文化遗产，公平合理地协调和平衡在发掘、整理、传承、保护、开发和利用过程中各方主体的利益关系。既要注重保护非物质文化遗产利益相关方的精神权利，又要注重保护其经济权利。要坚持尊重原则和来源披露原则，利用非物质文化遗产应尊重其形式和内涵，不得以歪曲、贬损等方式使用非物质文化遗产，并应以适当方式说明信息来源。要结合非物质文化遗产的特质以及公私法兼具的保护模式，根据主体确定程度、内容创新程度、利用行为的性质及其效果等因素，正确确定其保护范围和保护程度。综合运用驰名商标、制止不正当竞争等法律规定，加强中华老字号的法律保护，促进民族品牌做大做强。加强对自由贸易区建设中出现的转运过境、平行进口、定牌加工等知识产权问题的研究和解决，要根据相关法律精神和具体规定，既要考虑自由贸易区“境内关外”的监管特点及便利贸易自由和符合国家产业政策的需求，又要考虑防止知识产权侵权和维护市场秩序的需要，妥善解决相关纠纷。

（四）比例协调

保护权利和激励创新是知识产权司法的双重属性和功能。前者着眼于对既有创新成果的肯定，后者侧重于对未来创新活力的激发，知识产权司法审判应当致力于两者的协调。在严格保护知识产权的同时，也需要坚持比例协调，使知识产权保护范围和强度与其创新和贡献程度相协调，侵权人的侵权代价与其主观恶性和行为危害性相适应，知识产权保护与发展规律、国情实际和发展需求相匹配，实现权利人利益与他人合法权益以及社会公众利益、国家利益的均衡发展。

合理确定不同领域知识产权的保护范围和保护强度。在科技成果领域，科技成果类知识产权的保护范围和强度应与其创新高度和贡献程度相适应。发明和实用新型专利权保护范围的确定，要与其相对于现有技术的创造性程度和撰写质量相协调；外观设计专利权的保护，既要立足于整体视觉形象的相同或者近似，又要以创新性的区别设计特征为基础，根据创新程度合理确定保护强度。在著作权领域，要根据文学艺术类作品和科学事实类作品在作品特性、创作空间等方面的不同特点，合理确定作品独创性尺度，既要坚持独立创作原则，又要维护最低限度的创造高度，正确划分著作权范围与公共领域的界限，努力实现作品保护范围和强度与其独创性范围和尺度相适应。在商业标识领域，要妥善运用商标近似、商品类似、混淆、不正当手段等弹性因素，考虑市场实际，使商标权保护的强度与商标的显著程度、知名度等相适应。

区分不同情况，根据侵权行为的性质、作用和侵权人主观恶性程度，恰如其分地给予保护和确定赔偿。对于生产商、制造商等侵权源头领域的侵权行为，要加大打击力度，根据被侵害知识产权的市场价值及对侵权行为人营利的贡献度，提高赔偿数额。对于销售商、网吧经营者、终端使用者，则要依据具体情节合理确定其是否应承担侵权责任及所应承担的赔偿数额。专利侵权产品使用者能够证明合法来源且已支付产品合理对价的，可不停止相应使用行为，以维护善意使用者的市场交易安全。对于因客观原因导致的侵权纠纷，要充分考虑被诉侵权行为的历史成因、被告的主观过错程度、使用现状等因素，根据保护在先权利、维护诚实信用和尊重客观现实的处理原则，公平合理地解决纠纷。

注意实现知识产权保护符合发展规律、国情实际和发展需求，适应我国知识产权司法体系和司法能力现代化的客观需要。社会经济科技发展水平提高，产业创新和发展需求提高，知识产权保护水平必须同步提高。对于因技术或者商业模式创新引发的知识产权纠纷，要根据技术发展水平、被诉行为的特点以及经营管理能力，合理界定被诉行为人的注意义务和预防义务，促使其成为保护知识产权的积极参与者。

依法合理平衡知识产权人权益、其他权利人合法权益及社会公共利益、国家利益，实现各利益相关方利益平衡和均衡发展。正确处理知识产权与物权等其他民事权利的冲突，在商标权等知识产权与物权等其他财产权发生冲突时，应以其他财产权的权利人是否善意作为划定权利界限和是否容忍的重要考量因素，同时应兼顾公共利益。高度关注“互联网+”背景下创新的需求和特点，善于用创新的思维和方法来解决互联网领域司法中遇到的新问题，在严格保护的同时，合理平衡知识产权权利人、网络服务提供者和网络用户的利益，实现保护知识产权与促进技术创新、推动产业发展和谐统一。深入研究和探索网络商品交易平台、搜索引擎关键词竞价排名等网络环境下的专利商标侵权及不正当竞争问题，研究和总结其侵权判断规则的特殊性。结合信息网络环境的特点和实际以及网络商品交易平台服务提供者的认知能力，参考信息网络传播权保护的具体知情、侵权事实明显等标准，准确认定网络商品交易平台服务提供者的侵权过错，使其承担与行为特点、技术水平和认知能力相匹配的审查注意义务和法律责任。妥当适用“通知与移除”规则，既要维护该规则对于网络环境下知识产权保护的基本价值，又要注意该规则对网络交易平台中实体交易行为及网络商户利益的重大影响，防止权利人滥用该规则妨碍正当经营行为。

“司法主导、严格保护、分类施策、比例协调”是当前和今后一个时期我国知识产权司法保护的基本政策。司法主导是对司法保护知识产权职能作用的基本要求；严格保护是对知识产权司法保护强度的基本定位；分类施策是实现严格保护的基本方法；比例协调是严格保护的统筹原则，四者构成一个有机统一整体。

四、全面深化改革创新，不断推进知识产权司法保护体系和能力现代化

改革创新是知识产权审判持续健康发展的动力源泉。针对影响和制约知识产权司法发展的关键领域和薄弱环节，要锐意改革、勇于创新、精准发力和定向施策，推动知识产权司法保护体系和能力向现代化迈进。

（一）大力加强知识产权法院建设

知识产权法院是我国知识产权保护的新名片。要以国际视野和世界眼光打造知识产权法院，以更加开放的姿态推进知识产权法院建设，努力建设专业化、现代化的国际一流知识产权法院。要在高起点、高标准上谋划知识产权法院的运行、审判和管理，加强对审判规律、形势和趋势的分析研判，提早规划制度和采取应对措施。要用系统思维统筹考虑知识产权法院面临的发展难题，加强各方面配套措施的部署和落实，尽最大努力和以最快速度为知识产权法院改革建设提供保障和支持。要建立知识产权法院主审法官员额动态调整机制，为知识产权法院的顺利发展夯实制度基础。要深入研究和科学规划知识产权法院审判体制，合理确定案件管辖范围，完善诉讼制度，研究知识产权案件审理方式改革，逐步建立适合知识产权审判特殊需要的专门化程序和审理规则。要在京津冀率先推进知识产权法院案件审判体制改革，尽快研究落实北京知识产权法院跨区域集中管辖京津冀技术类案件试点工作，切实发挥知识产权专门化审判在推动京津冀创新驱动发展方面的作用。要加强对改革和完善现行知识产权法院体系的研究，探索建立国家层面知识产权高级法院的必要性和可行性。

（二）健全多元化技术事实查明机制

技术调查官制度对于提高技术类案件的审理质量和效率有着举足轻重的地位。技术调查官制度的适用不限于知识产权法院，审理技术类案件较多的法院均可积极运用。要适时出台关于技术调查官选任和管理的规范性文件，及时完成技术调查官的选任，为技术类案件的审理提供有力技术支持。要充分发挥技术调查官在技术事实查明中的优势作用，进一步细化其参与诉讼活动工作职责，使法官能够集中精力处理案件法律问题，提高裁判质量和效率。

在充分发挥技术调查官作用的同时，也应注意防止法官对技术审查意见的过度依赖，进而实质让渡裁判权。要探索完善技术审查意见采信机制，对于积极辅助法官形成心证、与裁判结果有重要关联性的意见内容，应该通过释明的方式向当事人适度公开。要建立多元化的技术事实查明机制，实现技术调查官制度与专家辅助人、技术鉴定、专家陪审员、专家咨询等制度的有效衔接。

（三）注重维护知识产权司法统一

司法统一是司法公信力的重要体现。在司法改革深入实施、司法责任制全面推行的背景下，维护司法统一的任务更重，责任更大、难度更高。

处理好司法权与管理权、监督权的关系，积极创新管理监督方式，探索建立与司法权运行新机制相适应的管理监督体系。信任不能代替监督，放权不能变成放任，实行主审法官、合议庭办案负责制不能放弃对案件的正常管理和监督。要建立与司法权运行新机制相适应的类似、关联案件发现和协调机制，合议庭组成人员发现其审理的案件存在类似或者关联案件的，应该适时提出和报告；合议庭拟议的裁判结果与类似或者关联案件裁判结论可能存在冲突的，应及时提请讨论协调。要充分利用信息化手段，借助各种信息公开平台，加强各法院之间信息交流和共享，促进各法院对于类似案件审理的相互学习和相互借鉴。

综合运用司法政策、司法解释、案例指导等多种审判指导手段，推进司法统一。要深入贯彻“司法主导、严格保护、分类施策、比例协调”的基本政策，严格执行最高人民法院制定的各项知识产权司法解释，统一司法理念、尺度和规则。深入探索独具特色的知识产权案例指导制度，加强规范性建设，形成指导性案例和参考性案例并存的案例指导体系。各级法院要切实加强对最高人民法院发布的指导性案例和参考性案例的学习，高度重视在类案审理中参照指导性案例，借鉴参考性案例，积极在裁判文书中援引指导性或者参考性案例作为说理依据。类案审理中确有特殊情况不宜参照指导性案例时，应该在裁判文书中给出充分理由。加强最高人民法院知识产权案例指导研究（北京）基地建设，将其建设成为知识产权案例信息智能汇集中心、案例指导理论研究中心和综合服务中心，发挥其辐射和引领效应，推动知识产权案例指导制度不断完善发展。

加强调研指导，及时研究新问题和总结新经验。要发挥知识产权审判理论研究会、司法保护研究中心、调研基地、理论研究基地、调研联系点、基层示范法院及知识产权司法保护与市场价值研究（广东）基地等平台的作用，坚持理论联系实际，找准调研工作着力点，注重研究解决实际问题。要加强上下级法院之间的监督指导，发挥二审程序和再审程序的审判监督职能，适时统一新型疑难问题的法律适用标准。

（四）努力建设过硬法官队伍

队伍建设是知识产权事业发展的重要保障。要学习贯彻习近平总书记关于政法队伍建设的重要指示和全国政法队伍建设工作会议精神，牢牢把握“五个过硬”的要求，深入推进思想政治、业务能力、纪律作风建设。要始终把思想政治建设放在第一位，切实增强政治意识、大局意识、核心意识、看齐意识。要根据知识产权审判的特点和需要，深入推进知识产权法官队伍的正规化、专业化、职业化建设。确定知识产权审判岗位员额时，要充分考虑该审判岗位对知识产权业务知识和审理经验的要求，保障业务能力强、专业素养高、具有丰富知识产权审判经验的法官进入员额。要加强司法作风和司法廉洁建设，锲而不舍地加大正风肃纪力度，强化纪律约束力，真正把纪律和规矩挺在前面。要健全司法权运行监督管理机制，用制度管人管权管事，从源头上预防和制止腐败。增强廉洁司法意识，自觉谨慎对待权力，淡泊对待名利，自觉抵制诱惑。

五、深入推进“三合一”审判，努力实现知识产权审判模式全面优化

由知识产权审判庭统一审理知识产权民事、行政和刑事案件的“三合一”改革试点工作，是改革完善知识产权审判体制和工作机制的重要内容。全国各级法院要把握机遇，深入推进知识产权审判“三合一”，全面优化知识产权审判模式，充分发挥知识产权司法保护综合效能。

（一）知识产权审判“三合一”工作取得重大进展与突破

早在1996年，上海市浦东新区人民法院就率先开展了“三合一”改革试点工作，至今已有20年。截至目前，全国法院共有6个高级人民法院、95个中级法院和104个基层法院先后开展了试点工作，积累了丰富的经验。试点法院对“三合一”工作进行了积极探索，形成了各具特色的工作模式。在总结经验的基础上，最高人民法院知识产权审判庭起草了《关于在全国法院推进知识产权民事、行政和刑事案件审判“三合一”工作的意见》（以下简称《意见》），最高人民法院党组已专题讨论并审议通过。下一步，我们将在中央政法委的协调下争取与最高人民检察院、公安部尽快会签有关文件。《意见》的制定，是人民法院知识产权审判工作的又一项重大突破，是知识产权审判模式质的飞跃。

（二）深刻认识全面推进知识产权审判“三合一”工作的重大意义

知识产权审判“三合一”是顶层设计和自下而上试点的协同成果，是落实中央司法体制改革任务的重要举措。“三合一”改革试点始于基层人民法院，推广于中级人民法院，成熟于高级人民法院。以江苏、上海、湖北等地高院为代表的试点法院积累了丰富成熟的经验，为在全国法院推进“三合一”工作提供了范本和示例。在此过程中，知识产权审判“三合一”工作得到党中央和国务院的高度重视，并将之作为司法体制改革顶层设计的重要内容。早在2008年6月5日，国务院印发的《国家知识产权战略纲要》就将“研究设置统一受理知识产权民事、行政和刑事案件的专门知识产权法庭”作为国家知识产权战略的重要战略措施。2015年3月13日，中共中央、国务院发布的《关于深化体制机制改革加快实施创新驱动发展战略的若干意见》进一步要求：“完善知识产权审判工作机制，推进知识产权民事、刑事、行政案件的‘三审合一’。”2015年9月，中共中央办公厅、国务院办公厅《关于印发〈深化科技体制改革实施方案〉的通知》第120项再次重申了上述工作任务。《意见》的制定，是人民法院贯彻落实司法体制改革任务的重要举措，也是落实国家知识产权战略和创新驱动发展战略的重要举措，标志着“以上率下”的工作思路更加明确。

知识产权审判“三合一”是知识产权司法体制机制的全方位改革，是提高司法保护整体效能和综合效能的重要举措。20多年试点经验证明，“三合一”工作有利于统一司法标准，提高审判质量，完善知识产权司法保护制度；有利于合理调配审判力量，优化审判资源配置，提高知识产权司法保护的效益和效率；有利于知识产权专门审判队伍建设，提高知识产权审判队伍素质；有利于提高司法保护的整体效能，实现知识产权的全方位救济。《意见》对推进“三合一”工作做了全面部署和安排，必将对建立符合知识产权司法特点和规律的审判体制和工作机制、提升知识产权司法保护整体效能产生重大推动作用。

（三）扎实推进知识产权审判“三合一”工作

《意见》对“三合一”工作的组织协调机构、审判组织设置、案件管辖、队伍建设、工作机制、沟通协调等方面作出明确具体的规定，工作思路明确，力度空前。各级人民法院尤其是各高级人民法院要把思想和行动统一到中央和最高人民法院的精神和部署上来，以勇于担当的精神全面推进“三合一”工作。值得指出的是，推进“三合一”工作，既涉及知识产权案件管辖制度的重大变化，又涉及知识产权审判庭的名称、机构及人员的调整和优化组合，更需要检察机关、公安机关以及知识产权行政执法机关的协调配合，牵一发而动全身。需要各级法院认真谋划，积极推进。

推进“三合一”工作要做到全面彻底。《意见》印发以后，除知识产权法院暂不执行以外，“三合一”工作要在全国法院全面推开。在推进范围上，高级、中级、基层法院要同时启动。在工作模式上，要严格按照集中型立体审判模式，彻底建立“三级联动、三审合一、三位一体”的知识产权审判模式。在启动时间上，各高级人民法院最迟在今年年底之前要成立协调机构，出台具体实施方案。在审判力量配备上，各级人民法院要选拔政治过硬、业务精通、熟悉知识产权审判业务的法官到知识产权庭工作。

推进“三合一”工作要坚持实事求是。地方各级人民法院推进“三合一”工作，要尊重司法规律和中国国情，从便于当事人诉讼、有利于知识产权保护的角度出发，充分考虑本辖区经济发展的地域性差异、交通便利条件以及知识产权案件数量等因素，因地制宜。《意见》已经为“三合一”法院留出了自主选择空间，如审判力量配备、案件管辖、刑事案件类型等，有关法院可以结合自身情况作出恰当选择。

推进“三合一”工作要重视内外协调。“三合一”工作既涉及人民法院内部多个部门，又涉及公安、检察机关，要做好统筹协调，做到内外兼顾。最高人民法院已经成立协调小组，统一协调指导全国法院的“三合一”工作。组长由我担任，副组长由宋晓明庭长担任，组员由政治部、立案庭、刑一庭、知识产权庭、行政庭和司改办部门副职担任。领导小组下设办公室，设在知识产权审判庭，宋晓明庭长兼任办公室主任，由政治部、立案庭、刑一庭、知识产权庭、行政庭和司改办派员参加。各高、中级人民法院要成立相应的协调机构，组织协调辖区内的“三合一”工作，具体负责辖区内知识产权案件的管辖布局和指导监督。要做好案件审理各个环节的衔接工作，做好各个部门之间的协调，做好上下沟通，及时解决工作中出现的问题。各级人民法院要根据最高人民法院会同最高人民检察院、公安部联合制定下发的有关办理知识产权刑事案件法律适用相关问题的意见，在同级政法委员会的协调下，做好知识产权刑事案件的审理工作。各高级人民法院要建立人民法院与检察机关、公安机关以及知识产权行政执法机关的沟通联络机制，协调公安机关、检察机关做好刑事案件的侦查和移送起诉工作。

推进“三合一”工作要加强审判力量建设。各级人民法院知识产权审判庭应当根据审判任务需要配齐配好配强审判力量，严格选拔审判业务骨干，确保参与知识产权审判的法官具有相应的审判业务能力和经验。最高人民法院和高级人民法院每年要适时组织针对知识产权审判“三合一”工作的专门培训，本着立足长远的原则，拓宽培训渠道和方式，培养能够驾驭三类诉讼的复合型法官。要加强上下级法院的对口业务指导和监督，不断提高知识产权法官的综合素质，避免因民事、刑事、行政诉讼程序、证据规则的不同所导致知识产权审判庭内民事、刑事、行政审判法官的司法理念和经验的差异，保证裁判标准的统一。

同志们，不忘初心，方得始终。让我们永怀知识产权强国和世界科技强国的梦想和追求，铭记知识产权司法保护的使命与担当，恪尽职守，砥砺前行，努力实现知识产权审判事业的新飞跃，为建设知识产权强国和世界科技强国作出新的应有的贡献！

再接再厉　乘势而上
推动知识产权法院工作再上新台阶

——在第二次知识产权法院工作座谈会上的讲话

最高人民法院副院长　陶凯元

（2016年12月16日）

在举国上下认真学习贯彻党的十八届六中全会精神之际，第二次知识产权法院工作座谈会在上海召开，意义重大。北京、上海、广州知识产权法院设立已整整两年，最高人民法院将于明年向全国人大常委会报告知识产权法院的工作情况。可以说，本次会议是一次承上启下的会议，对于进一步做好知识产权法院的各项工作甚为关键。一天来，与会代表围绕知识产权法院建设与发展中的重大问题开展了深入研讨，取得了预期效果。下面，我就知识产权法院成立以来的工作情况、当前面临的形势以及下一阶段需要重点推进的工作，讲几点意见。

一、全面落实中央决策部署，知识产权法院工作成效显著

北京、上海、广州知识产权法院成立以来，认真贯彻落实党中央决策部署，以习近平总书记系列重要讲话精神为指导，以深化司法改革为动力，以发挥司法保护主导作用为目标，积极推进法院建设，展示了我国知识产权司法保护的新形象，成为我国知识产权司法保护事业发展进程中的重要里程碑，受到国内外广泛关注和好评。

（一）法院建设稳步推进

知识产权法院将队伍和机构建设作为重点任务来抓。根据专业化、职业化和高素质的要求，严格选任主审法官、司法辅助人员和司法行政人员。按照精简、高效、扁平化的原则和要求，组建科学合理的内设机构，内设机构均比一般法院大幅减少，上海知识产权法院还就与上海市第三中级人民法院合署办公进行了积极探索。

（二）执法办案有序开展

知识产权法院以执法办案为第一要务，狠抓办案质量和效率，取得良好社会效果。自成立以来至2016年10月底，三个知识产权法院共受理案件30309件，审结20271件。北京、上海、广州知识产权法院主审法官团队平均结案分别为321件、225件、376件。通过新闻发布会、公共开放日、网站、微博、微信等方式，全方位、多渠道推进司法公开，进一步提高司法透明度。

（三）司法改革先行先试

知识产权法院按照“让审理者裁判，由裁判者负责”的原则，率先推行主审法官、合议庭办案负责制、司法责任制等审判权运行机制改革措施，规范审判管理权、监督权的行使，精简院、庭长行政管理职能，打造院、庭长办案常态化机制，尝试裁判文书改革和审判委员会直接庭审，建立技术调查官制度等。

（四）司法研究推陈出新

知识产权法院坚持以研究促审判，保持审判的前瞻性。最高人民法院在北京知识产权法院设立知识产权案例指导研究（北京）基地。目前，该基地研发的“知识产权案例指导服务平台”已基本具备试运行的条件；在上海设立中国法院知识产权司法保护国际交流（上海）基地，先后举办创新驱动与知识产权司法保护等多个国际会议或论坛，影响广泛而深远；在广州知识产权法院设立知识产权司法保护与市场价值研究（广东）基地，着力研究知识产权维权成本高、赔偿数额低等司法难题，已有初步研究成果。

（五）国际影响不断提升

知识产权法院坚持以国际视野和开放姿态，扩大对外交流。接待来自美、英、德、法、日、韩等国以及我国台湾地区、香港特别行政区的来访近百批次、一千余人，派员赴美、韩、南非、泰国等参加学术交流，参加中美法治对话等外事活动，及时跟踪国际知识产权保护新动态，宣传我国保护知识产权的新成就，有力提升了知识产权审判的国际影响力。

同志们，知识产权法院在成立以来短短两年的时间里取得了非凡的工作业绩，赢得了社会各界的认可，这是与党和国家对知识产权审判工作的高度重视分不开的，是与当地党委、人大、政府的大力支持分不开的，更是与三地高院和知识产权法院全体干警的辛勤耕耘分不开的。在此，我代表最高人民法院向关心支持知识产权法院建设的各有关方面表示衷心的感谢！向知识产权法院的全体干警表示诚挚的问候！

在总结成绩的同时，我们也必须看到，知识产权法院在审判机制、人财物保障等方面也面临一些问题和困难。对此，我们要高度重视，切实予以研究解决。

二、牢牢把握发展机遇，切实发挥知识产权法院示范作用

当前，我国正处在全面建成小康社会决胜阶段的重要时期。法治在治国理政中的地位日益凸显，创新在国家发展全局中的作用愈发重要。我们要认清形势、明确任务、抓住机遇、加快发展，全力以赴将知识产权法院打造成司法保护知识产权的新标杆。

（一）经济发展新常态对知识产权法院建设提出了新要求

当前，世界格局正处在一个大调整的时代，我国经济发展进入新常态，科技创新对经济发展的作用更为关键。如何有效保护好、维护好创新者的创造成果，形成激励创新的良好氛围和公平竞争的市场环境，是摆在我们面前的新挑战。设立知识产权法院，专门审理专利等技术类案件，正是党和国家适应新形势需要作出的重大决策，我们一定要深刻认识知识产权法院的历史定位和作用，深刻认识知识产权法院所肩负的职责使命，以“钉钉子”的精神扎实推进知识产权法院的各项建设，通过优质高效的专业化审判为创新驱动发展战略的实施提供有力保障。

（二）严格知识产权保护对知识产权法院建设提出了新期待

2015 年，中共中央、国务院在《关于新形势下加快知识产权强国建设的若干意见》中明确提出实行严格的知识产权保护制度。严格知识产权保护，既是对知识产权保护强度的要求，也是衡量知识产权保护效能的标准。建设知识产权强国和世界科技强国，必须要在严格知识产权保护的基础上建设优质高效解决纠纷的司法体系，形成完善的知识产权保护机制。毫无疑问，知识产权法院在这一司法体系中具有重要的地位和作用。要发挥知识产权法院主要审理技术类案件的优势和示范作用，努力实现知识产权审判能力的现代化，发挥知识产权司法保护激发全社会创新动力、创造潜力和创业活力的独特作用。

（三）全面深化司法改革对知识产权法院建设提出了新任务

全面深化司法改革是人民法院的自我革命，事关司法为民和公正司法，事关司法事业的长远发展。知识产权法院作为司法改革的先行者，要勇于探索，锐意进取，为加快推进审判体系和审判能力现代化当好排头兵。要坚持需求导向和问题导向，围绕“努力让人民群众在每一个司法案件中感受到公平正义”的目标，大力推进以司法责任制为核心的改革，积极推进诉讼程序制度和审判机制改革，加强在案件繁简分流、庭审方式、文书制作、审判管理等方面的制度设计，建立符合知识产权审判特点的审判和管理新模式，为司法改革提供可复制、可借鉴的经验。

三、扎实推进司法改革，推动知识产权法院建设再上新台阶

知识产权法院要当好人民法院深化司法改革的排头兵，关键在于要落实好各项改革新举措。改革争在朝夕，落实难在方寸。今天，与会同志围绕五个主题作了很好的交流发言，听后很受启发。下面，我着重谈一下下一阶段需要重点推进的几项工作。

（一）关于审判机制问题

在审判机制方面，知识产权法院面临三个主要问题。一是案件管辖布局有待进一步优化。根据全国人大常委会关于设立知识产权法院的决定，知识产权法院只管辖知识产权民事、行政案件，不管辖知识产权刑事案件。2016 年 6 月最高人民法院发布的《关于在全国法院推进知识产权民事、行政和刑事案件审判“三合一”工作的意见》对推进“三合一”工作做了全面部署和安排。在全国法院全面推进“三合一”的大背景下，知识产权法院仅实现“二合一”，影响了知识产权司法保护整体效能的发挥。下一步，我们要加强对知识产权法院实行“三合一”审判的必要性和可行性的论证。二是一审知识产权案件审判方式有待进一步完善。在三个知识产权法院受理的全部案件中，一审案件比重均超过50%，其中北京知识产权法院一审案件比重超过80%。根据现行诉讼法的规定，作为中级法院层级的知识产权法院对于一审案件原则上需要组成合议庭进行审理，审理周期较长。三个知识产权法院通过简化裁判文书、增加人民陪审率、由法官助理主持谈话等一定程度上提高了审理效率，值得肯定，但问题的根本解决，仍需要推动诉讼法的修订。三是技术事实查明机制有待进一步健全。知识产权法院以审理专利等技术类案件为主，技术调查官在提高审理质效方面具有重要作用。2015 年 1 月，最高人民法院发布了《关于知识产权法院技术调查官参与诉讼活动的暂行规定》，明确界定了技术调查官的职能定位和工作职责。此后，三个知识产权法院陆续制定了各自的技术调查官选任和管理办法，模式不同，各有特点。根据《最高人民法院关于进一步推动知识产权法院建设的任务分工方案》，最高人民法院政治部负责起草了《知识产权法院技术调查官选聘工作指导意见（试行）》。刚才郭玺同志介绍了该指导意见的相关问题。与会代表进行了热烈讨论，反映出大家对这项制度的热盼。会后，希望政治部、民三庭对讨论意见作进一步的梳理，争取尽快出台。此外，最高人民法院知识产权审判庭目前正在对《关于知识产权法院技术调查官参与诉讼活动的暂行规定》实施中的新情况和新问题开展专项调研，为下一阶段起草司法解释做好准备。

（二）关于组织体制问题

在组织体制方面，知识产权法院主要有三个有待进一步理顺的问题。一是广州知识产权法院的组织体制与案件管辖地域范围不尽协调的问题。按照全国人大常委会的决定，目前，广州知识产权法院向广州市人大常委会负责并报告工作，法官由广州市人大常委会任命，但其一审技术类案件的地域管辖范围却覆盖广东全省。二是上海知识产权法院目前与上海市第三中级人民法院合署办公带来的调研、宣传、外事接待等难以适应知识产权工作需求，难以形成品牌效应的问题。三是深圳市中级人民法院对技术类案件的管辖在三年过渡期结束后何去何从的问题。这些问题都需要加强研究和提出解决方案。

（三）关于人财物问题

工欲善其事、必先利其器。当前，知识产权法院在人财物的保障方面面临三大问题。一是由于案件数量超预期增长，导致法官员额基数缺口较大，司法辅助人员配置不足。例如，因商标法修改及商标局突击审查积压案件等原因，北京知识产权法院案件数量猛增。该院法官员额设定时，以每个法官团队年平均结案 150 件为基准，满员 30 名法官年结案量为 4500 件左右，但去年全年实际受理 9191 件，超出原预计数量的两倍，2016 年受理案件数量又增长迅速，已过万件大关，案多人少的矛盾非常突出。广州、上海知识产权法院也不同程度地存在上述问题。虽然在最高人民法院政治部等有关部门的大力支持下，北京知识产权法院最近又增加了 50 个编制，但现有审判力量让难以满足办案需要。因此，要尽快研究建立以人均工作量为基础的法官员额动态调整机制，动态测算、及时补充所需法官员额。二是法官、司法辅助人员的待遇和职业保障等尚未全部落实。例如，广州知识产权法院地处广州市郊、交通不便，法官待遇低于珠三角其他中级法院，工作岗位吸引力不强，对审判工作形成一定制约。又如，行政管理扁平化之后，中层领导职数减少，干部的晋升空间有所压缩。要抓紧明确和落实主审法官和司法辅助人员的职级划分、薪酬待遇、晋升通道，提高职业尊荣感，确保能够吸引和留住高素质人才。三是经费保障制度难以适应工作需求。作为改革试点法院，三个知识产权法院实行扁平化管理，人员和机构已经大大缩减，但事权范围并未变化，现有人员难以完成实际工作，迫切需要通过购买社会服务的方式大量聘用书记员、法警以及采购外包服务。然而，现行经费保障体制是根据人员编制核发经费。因此，上述问题仍难以得到解决。希望有关部门尽快明确购买社会化服务的合法依据，通过规范性文件的形式明确购买专业社会化服务的支出项目，促进法院财务工作的规范化。

（四）关于跨区域管辖问题

2015 年 4 月，中共中央政治局审议通过的《京津冀协同发展规划纲要》指出，推动京津冀协同发展是一个重大国家战略。周强院长在 2016 年 5 月召开的京津冀法院联席会议第一次会议上提出，要在京津冀率先推进知识产权法院案件审判体制改革。根据中央精神和周强院长的要求，京津冀三地法院要站在为党和国家大局服务的高度，牢固树立全国法院“一盘棋”思想，算大账、总账、长远账，坚决端正思想认识，坚持从改革大局出发，坚定抓好改革落实。要抓紧研究试点的具体方案，把京津冀技术类案件跨区域管辖试点工作论证好，并作为明年向全国人大常委会报告的一个重要内容，切实发挥知识产权专门化审判在推动京津冀创新驱动发展方面的作用，为京津冀形成协调创新共同体、实现经济转型和科学发展提供有力司法支持。

（五）关于设立知识产权上诉（高级）法院问题

目前，知识产权法院体系存在三个方面的“不统一”，即三个知识产权法院的上诉法院不统一，管辖知识产权侵权诉讼的法院分布广、数量多、上诉法院不统一，专利行政授权确权案件与专利民事侵权案件的上诉法院不统一。这三个“不统一”导致统一裁判标准的难度较大，已经成为妨碍科技创新的司法制度性瓶颈。

早在 2008 年 6 月，《国家知识产权战略纲要》就从国家战略的高度提出“探索建立知识产权上诉法院”，明确将设立知识产权上诉法院作为国家的重要战略部署。近十年间，知识产权学界、业界以及全国人大代表、政协委员等纷纷提出应当设立国家层面知识产权上诉法院的建议。可以说，设立的必要性已经形成高度共识。目前最为迫切的是，要提出可行性、操作性强的具体设立方案。这次会议上，我们为大家提供了最高人民法院知识产权审判庭根据国家战略要求、相关法律规定以及司改精神，就上诉法院的定位及其机构设置、人员编制、案件管辖、审判权运行模式以及经费物资保障等问题提出的初步方案，希望听取大家的意见建议，有关专家的发言也非常有价值。下一阶段，最高人民法院知识产权审判庭要会同有关部门充分论证，进一步细化完善设立方案，扎实推进这项工作。

需要指出的是，有关知识产权上诉法院的设立，是我主持的司法部重点课题“我国建立知识产权法院相关问题研究”的重要内容。在第一次知识产权法院座谈会上套开了开题会，制定了具体的课题研究方案。一年多以来，大多数子课题承担单位都能按照研究计划完成调研，并上报了各自的研究报告，但也有个别单位对这项工作重视不够。根据要求，课题应于今年年底结题，时间很紧，各子课题承担单位要从做好明年向全国人大常委会报告工作的高度认识课题研究的重要性，确保按期保质地完成课题研究任务。

同志们，作为司法改革的先行者和探索者，知识产权法院工作肯定面临这样或那样的问题和困难。大家应当看到，挑战的另一面就是机遇。在知识产权法院的建设过程中，要克服“等、靠、要”的消极心态，解放思想，实事求是，创造性地开展工作。在这方面，北京知识产权法院作出了很好的表率，上海、广州知识产权法院的工作也取得了很好的成绩。希望三个知识产权法院相互借鉴，齐头并进，再创佳绩。最高人民法院各有关部门要大力支持三个知识产权法院的工作，全力帮助他们解决发展中的困难和问题，要“为担当者担当，为负责者负责，为干事者撑腰”。

同志们，知识产权法院是我国知识产权司法保护的新名片，是展示我国知识产权司法保护成就的新窗口。我们要在高起点、高标准上谋划知识产权法院的管理、运行和发展，加强对知识产权审判规律、形势和趋势的分析研判，提早规划制度，采取应对措施。要用系统思维统筹面临的发展难题，加强各方面配套措施的部署和落实。要以国际视野和世界眼光打造知识产权法院，以更加开放的姿态推进知识产权法院建设。梦想照亮前方，奋进正当其时。让我们以“更快、更高、更强”的精神为把我国知识产权法院建设成为专业化、现代化的国际一流知识产权法院而不懈奋斗。

在全国法院知识产权审判工作座谈会上的总结讲话

最高人民法院知识产权审判庭庭长　宋晓明

（2016年7月8日）

同志们，经过一天半的讨论交流，全国法院知识产权审判工作座谈会进入尾声。下面，结合会议的研讨情况和学习贯彻陶凯元副院长的讲话精神，我对会议作一个简要总结。

一、关于会议的总体评价

这次会议是在全面深化改革，全面落实依法治国基本方略，全面建成小康社会的新时期召开的，具有重要而深远的意义。周强院长对本次会议非常重视，专门作出重要批示；陶凯元副院长发表了重要讲话；与会代表围绕周强院长的重要批示和陶凯元副院长的讲话进行了深入学习和认真讨论；部分法院代表还针对知识产权审判重点工作暨“三合一”试点工作进行了经验交流；应邀参会的专家、学者及中央有关部门代表提出了很好的意见和建议。概括来说，本次会议具有以下三个特点。

一是时代主题鲜明。习近平总书记在全国科技创新大会提出了到新中国成立100年时建成世界科技强国的伟大目标，这构成了本次会议的重要时代背景。当前，司法改革正在火热进行，创新驱动发展战略已经全面实施，知识产权强国建设正在积极开展。会议紧紧围绕改革创新、知识产权强国建设和科技强国建设，对知识产权审判工作进行谋篇布局，提出了努力提升知识产权审判权威性和公信力，不断推进知识产权司法保护体系和能力现代化的目标，体现了鲜明的时代特色和勇于承担时代责任的奋斗精神。

二是目的导向明确。会议在总结过去经验和分析面临形势的基础上，旗帜鲜明地提出了“司法主导、严格保护、分类施策、比例协调”的知识产权司法政策，阐明了贯彻上述司法政策的要求和重点内容，确定了严格保护、深化改革、完善制度、统一规则四大着力点，既简明扼要，又重点突出。

三是内容丰富高效。在本次会议上，除研究部署知识产权审判整体工作外，还同时召开了全国法院知识产权审判“三合一”推进会，对深入推进“三合一”工作进行了重点研究和部署，内容丰富、安排紧凑，体现了较高的效率。

总体而言，大家普遍认为，本次会议是当前和今后一个时期知识产权审判工作的指导纲领和行动指南，具有里程碑意义。陶副院长的讲话既有宏观方法论的指导，又有微观可操作的规则指引，既立意高远又切实可行，既有理想又接地气；特别是讲话中提出的十六字知识产权司法政策，具有重要的战略意义和指导意义。大家纷纷表示，通过会议讨论，对知识产权审判工作的形势任务、指导思想、方法措施等的认识更加统一，做好工作的信心更加坚定，责任感和使命感进一步增强，会议开得很成功。

二、关于我国知识产权司法政策的调整及其内涵

会议讨论过程中，陶凯元副院长在讲话中提出的“司法主导、严格保护、分类施策、比例协调”的司法政策成为热议的话题。在此，我简要谈一下当前我国知识产权司法政策的调整及其内涵。

（一）当前我国知识产权司法政策的调整

最高人民法院始终注重以司法政策方式指引司法实践，明晰法律适用思路，保障各项知识产权法律立法目标的充分实现。自2008年以来，最高人民法院通过司法政策性文件、院领导讲话等多种方式，初步形成了以基本政策和各领域具体政策组成的知识产权司法保护政策体系。其中，先后发布知识产权审判服务大局、推动社会主义文化大发展大繁荣、为加快国家创新体系建设提供司法保障等司法政策性指导文件10余件。特别是，在2011年的杭州会议上，最高人民法院根据我国当时所处的国际国内发展环境以及创新发展需求，结合知识产权专门法律及其他相关法律的基本精神、基本原则，总结和提炼出“加强保护、分门别类、宽严适度”的知识产权司法保护基本政策。对于指引知识产权司法保护正确方向发挥了重要作用。

五年来，特别是党的十八届三中、四中、五中全会以来，我国知识产权保护面临的国际国内形势发生了一些新变化，呈现出新的阶段性特征和发展态势。陶副院长先后在几次会议上对形势任务的这些新变化做了分析和总结。概括起来，主要变化体现在：国际方面，知识产权日益成为国家根本利益和国际竞争核心领域，发达国家在推动高标准知识产权保护方面不遗余力；我国国际地位上升，在国际知识产权体系中的话语权和影响力增强；中国企业纷纷走出去，更加需要良好的国际贸易、投资和知识产权保护环境。知识产权的问题，已经成为了中美、中欧、中日、中俄以及东亚相关邻国在国际贸易和交往的重要议题。国内方面，全面深化改革为知识产权审判带来新的发展机遇，知识产权审判体制机制改革成为司法改革的重要内容；我国经济进入新常态，实施创新驱动发展战略成为国运所系和大势所趋；我国创新能力和研发投入逐年提高，国内创新者对于知识产权保护的内在需求更加强烈；建设知识产权强国和世界科技强国成为我国未来知识产权和创新领域发展的目标蓝图，知识产权司法保护必须进一步提高公正性、权威性和国际影响力。

适应上述新变化、新特征和新态势，我们的知识产权司法需要在立法决定的空间和弹性幅度内，根据知识产权法律及其他相关法律的基本精神、基本原则和基本政策，结合知识产权自身的特点和属性，有针对性地予以回应和调整。为此，我们在慎重研究的基础上，将知识产权司法保护基本政策调整发展为“司法主导、严格保护、分类施策、比例协调”。这一调整是适应形势任务新变化的要求，是对既往司法政策的丰富、完善和发展。

（二）“司法主导、严格保护、分类施策、比例协调”的内涵

司法主导是对司法保护知识产权职能作用的基本要求，是对我国知识产权保护中司法和行政执法关系的基本定位。司法主导并不是知识产权审判部门主动添加的内容，而是在前述国际国内形势下，知识产权工作的必然要求。三十年前，我国在初步建立知识产权司法保护体系的过程中，除了结合我国自身的实际要求外，主要是学习借鉴了德国的立法模式。经过了三十年的发展变化，司法主导政策的提出可以视为一种必然结果。司法主导，是国家治理体系中的一种制度安排，并不是司法机关和行政机关争权，而是因为当事人要依法维权，而司法的程序性、终局性、权威性、稳定性等特点以及我国司法机关的审判能力，从总体上来说能够实现维护当事人权利、裁判是非的目标要求，足以担负起司法主导的历史责任。2008 年的《国家知识产权战略纲要》、2015 年的《关于深化体制机制改革加快实施创新驱动发展战略的若干意见》《深化科技体制改革实施方案》和《深入实施国家知识产权战略纲要行动计划（2014—2020）》等文件都明确提出改革的总目标是推进国家治理体系和治理能力的现代化，都旗帜鲜明的提出了充分发挥司法在保护知识产权中的主导作用。因此，我们要深刻认识国家的这种制度安排，以勇于担当的精神履行好这个神圣职责。

发挥司法保护知识产权的主导作用，是中国当今社会的现实需要，是知识产权法治进程的必然选择。近年来，经过各级法院的共同努力，司法保护主导作用日益凸显。尽管如此，我们必须承认，司法保护知识产权的主导作用在当前还只是一种目标和理想，并未完全成为现实。在新一轮知识产权法律修改过程中，有关部门强化行政保护的倾向较为明显。在这种情形下，进一步强化司法主导的理念，切实增强发挥司法主导作用的责任意识，具有重要的现实意义。

司法主导不是空洞的口号，而应是切实的行动。司法保护知识产权的主导作用，不是喊出来的，而是干出来的，有作为才能有地位。各级法院要根据陶副院长的讲话要求，勇于探索、真抓实干，在强化知识产权司法保护的稳定性和导向性、实效性和全面性、终局性和权威性上狠下功夫，切实发挥司法保护知识产权的体制机制优势。要增强敏感性和全局观、大局观，正确处理司法机关和知识产权行政执法机关的关系，坚决维护司法机关的权威和尊严。要增强司法自信和定力，强化对知识产权授权确权行政行为和行政执法行为合法性

的全面审查和深度审查，及时明确法律标准，切实推动行政执法标准向司法标准看齐。对于行政执法机关对知识产权侵权行为人所作的行政处理决定违法或者行政处罚显失公正的，要依法予以撤销或者变更，防止姑息迁就。对于违反诚实信用原则或者侵犯他人合法在先权利而取得的知识产权，要深刻认识此种情形下民事程序的优先和决定地位，抛弃行政程序当然优先或者必须前置的僵化思维，善于运用诚实信用、保护在先权利等原则作出公正裁决。最高法院关于歌力思商标侵权案、赛克思商标侵权案等的提审判决就体现和贯彻了这一精神。

严格保护是对知识产权司法保护强度的基本定位。中共中央、国务院先后在《关于深化体制机制改革加快实施创新驱动发展战略的若干意见》《关于新形势下加快知识产权强国建设的若干意见》等文件中明确要求“实行严格的知识产权保护”，充分彰显了保护知识产权的坚强决心。从加强保护到严格保护，虽然只有两字之差，但是体现了知识产权保护指导思想和价值取向的变化。中央提出严格保护，恰恰出现在我国经济转型的过程当中，当前所进行的供给侧结构改革，需要一大批创新产业来驱动，在这种背景下，必须要对知识产权实行严格保护。严格保护体现的是尊重知识、尊重人才、保护创新和科技成果转化。保护知识产权就是保护创新，保护创新就是保护先进生产力，而人按照马克思的说法是生产力中最活跃的因素。如果我们继续沿用传统的发展模式，后果可想而知。我国是大国，大国就要有大国的风范，就必须担负起大国的责任，在这个问题上既要保持头脑清醒，又要目标远大，不能马虎，对知识产权实行严格保护也是维护中国负责任的大国形象的重要方面。

从“加强保护”发展到“严格保护”，既是我国经济进入新常态和创新驱动发展战略实施对知识产权保护提出的更高要求，又蕴含着对知识产权司法保护质量和效果的更高期待，是民心所向和战略抉择。只有实行严格的知识产权保护，才能营造良好的竞争环境，才能促进原创性发明的增长，才会有创新的积极性和对创新的深度投资，才能真正营造激励创新、公平透明、充满活力的法治化市场竞争环境。随着我国经济科技实力的不断增强和国内创新者对于知识产权保护需求的迅速提高，我国将成为当前和今后加强知识产权保护的更大受益者。当前，严格保护知识产权已经成为我国从中央到地方、从官方到民间的主导性社会共识。我们必须充分认识到严格保护的必要性和紧迫性，切实采取有效措施，把严格保护的精神真正贯彻到司法实践当中。

当然，严格保护知识产权有其恰当的实现方式和手段，不是超越法律、无原则地盲目提高保护强度。严格保护，必须严格依法，遵循法律法规和司法解释的原则精神，在法律允许的空间和裁量权的范围内进行。陶副院长在讲话中从严格执行法律、加大损害赔偿力度、强化临时措施保护、推进诉讼诚信建设四个方面对实现严格保护的手段和途径做了要求，各级法院要注意学习领会并切实贯彻执行。

分类施策是实现严格保护的基本方法。在知识产权司法保护的许多问题上，我国和发达国家遇到的难题相同或相似，例如在互联网知识产权保护方面，我国并不落后于发达国家，甚至处在领先水平。面对知识产权司法保护领域的一些世界性难题，我们必须理性认识。任何问题都有一个逐渐暴露的过程，而我们也要有一个思考研究的过程。分类施策的核心就是定向施策，精准发力，同时留有一定的余地。分类施策的基础和依据是知识产权的内容丰富性、种类多样性、领域广泛性以及知识产权保护的不平衡性。知识产权的不同种类和领域有着各自不同的属性和特点，具有不同的特质和保护要求。同时，知识产权司法保护在不同领域也存在发展的不平衡性：既有涉及国际前沿尖端的标准必要专利、垄断和网络不正当竞争纠纷等高度疑难复杂的案件，又有常规性的简单案件；既有涉及高技术领域的专利、计算机软件、商业秘密等对创新有重大影响的案件，又有因历史传统与现代知识产权制度交织而形成的非物质文化遗产、中华老字号、计算机中文字库等特殊法律问题；在定牌加工、商业维权等领域，在侵权判定和损害赔偿标准等方面还存在较大分歧。这就决定了在实现严格保护知识产权时，不能搞一刀切，要注重提高司法保护措施、手段的针对性和有效性。

分类施策，要求在严格保护知识产权时，根据知识产权的不同类型和领域对症下药、量体裁衣，使保护方式、手段、标准与其特质、需求相适应。需要抓住影响和制约知识产权司法发展的关键领域和薄弱环节，精准发力和定向施策，尽快提高司法保护效果。

比例协调是严格保护的统筹原则和目标追求。严格保护、分类施策，最终目的是为了实现知识产权保护的最佳效果，使知识产权保护范围和强度与其创新和贡献程度相协调，侵权人的侵权代价与其主观恶性和行为危害性相适应，知识产权保护与发展规律、国情实际和发展需求相匹配，权利人利益、社会公众利益和国家利益获得均衡发展。作为一种统筹原则，比例协调对严格保护、分类施策确立了导向和界限，是评估知识产权保护效果的重要尺度。比例协调，源于利益衡量，再上位是公平公正，它要求人民法院在处理具体案件时能够协调和兼顾相关方面。

比例协调，要求合理确定不同领域知识产权的保护范围和保护强度；区分不同侵权行为的性质、作用和侵权人主观恶性程度，恰如其分地给予保护和确定赔偿；根据社会经济科技发展水平和发展需求，协调提高知识产权保护水平；合理平衡各方利益，实现保护知识产权与促进技术创新、推动产业发展和谐统一。

“司法主导、严格保护、分类施策、比例协调”构成一个有机统一整体，是当前和今后一个时期我国知识产权司法保护的基本政策。这一政策的提出，标志着我们对于知识产权司法保护规律、理念和导向的认识和把握达到了新的高度，对于司法政策的运用更为成熟和自觉。

三、关于知识产权审判中需要说明的几个具体问题

会议期间，许多代表还针对陶副院长的讲话提出了一些很好的建议，并对某些问题表达了特别关注。在此，我就其中的一些问题做一简要回应，供大家参考。

（一）关于两个专利司法解释的理解和适用问题

去年，最高人民法院修订了 2001 年专利司法解释；今年 3 月份，最高人民法院发布了专利侵权判定司法解释（二）。上述两个司法解释进一步明确和细化了专利案件审理规则。各级法院要认真学习和贯彻，对于执行过程中的新情况要及时层报。对于两个司法解释中的有关问题，我再说明一二。

第一，关于两个专利司法解释的指导思想。在两个专利司法解释制定和修订过程中，始终注意突出三个指导思想：一是加大专利权保护力度，尽可能地解决“周期长、举证难、赔偿低”等突出问题，确保专利权人利益的实现，从根本上激励创新。两个司法解释新增专利权被宣告无效后人民法院可以“先行裁驳、另行起诉”的制度设计；明确根据初步证据将有关侵权人获利的举证义务分配给侵权人，并将此与赔偿额计算顺序相衔接的规则安排；重申制止侵权行为所支付的合理开支可以另行单独计算的规定；明确规定专利间接侵权制度等，均体现了这一思想。二是强化权利要求的公示作用，增强专利权保护范围的确定性，为社会公众提供明确的法律预期。司法解释对前序特征、使用环境特征、以制备方法界定产品的技术特征、封闭性权利要求等的解释规则的明确，对特意排除规则的引入等，均体现了对权利要求公示性的尊重。当然，文字表达本身具有一定的局限性，权利要求书对专利技术方案的概括难以做到全面、精准。而且，专利文件撰写水平的提高需要一个过程，不可能一蹴而就。因此，在强调权利要求公示性这一基本导向的同时，权利要求的解释需要保有一定的弹性，使真正有技术贡献的专利能获得比较周延的保护，避免陷入“唯文字论”。三是坚持利益平衡原则，厘清专利权与其他民事权利的法律边界，既保护权利人的正当权益，又避免专利权不适当的扩张。司法解释关于临时保护期内产品的后续销售使用行为的规定，以后续销售者或者使用者是否已支付或者书面承诺支付临时保护期使用费作为侵权与否的分界线，较好地实现了专利权人和社会公众的利益平衡。司法解释关于专利产品终端使用者停止侵害法律责任的规定，以能够证明合法来源和支付产品合理对价为条件，免除了专利产品终端使用者停止使用行为的法律责任。这一规定既保障了专利权人的正当利益，又维护了善意终端使用者的交易安全；既能够有效引导专利权人打击侵权源头，又可以有效抑制针对终端使用者的过度维权行为。这一规定是我们在反复磋商、多次征求立法机关意见的基础上作出的，在某种意义上突破了相关立法的字面含义。对此，各级法院尤其要深刻领会和正确适用。实务中，要对终端使用者是否支付了产品的合理代价进行严格审查。合理代价是指与专利产品基本相当或略低于专利产品的交易价格或交易条件。如果该对价明显低于专利产品的交易价格或条件，通常可以推定购买者应当知道所购产品并非专利产品，不符合免除赔偿及停止侵权责任的条件。若权利人反证证明使用者未支付对价或对价明显不合理的，除“国家利益、公共利益”的例外情形外，使用者仍应承担停止使用的民事责任。

第二，关于实用新型和外观设计专利权人提交检索报告或者评价报告的问题。实用新型和外观设计专利均不经过实质审查，其效力存在较大的不确定性。检索报告或者专利权评价报告可以为法院以及对方当事人考量实用新型和外观设计专利的效力稳定性提供参考。提交检索报告或者评价报告是实用新型和外观设计专利权人维权的法定义务。因此，司法解释明确规定，根据案件审理需要，人民法院可以要求原告提交检索报告或者专利权评价报告。原告无正当理由不提交的，人民法院可以裁定中止诉讼或者判令原告承担可能的不利后果。根据案件具体情况，如果经过法院释明，原告在合理期间内仍然拒不提交且缺乏合理理由的，法院可以裁定驳回原告的起诉。如果原告及时提交了检索报告或者评价报告，人民法院则要根据该报告对于专利权效力的分析结论决定中止审理还是继续审理。

第三，关于合法来源抗辩的审查判断问题。司法解释对于合法来源的含义和证明问题作了明确规定。合法来源抗辩问题，一方面涉及专利权人利益的充分保护，另一方面也涉及善意购买者、使用者的市场交易安全。既要维护基本的交易安全，又要引导和规范市场流通领域经营者合法规范经营，防止侵权行为在流通领域的不当扩大。在审查合法来源抗辩是否成立时，要在充分考虑市场环境和尊重市场交易习惯的基础上，根据个案中的交易环境、产品侵权的明显性程度、当事人的认知能力等因素，合理确定销售商注意义务和证明标准。对于处于不同销售环节的销售商，应当根据案件证据分别审查其是否符合合法来源抗辩条件，不能基于被诉侵权产品的生产者或者上游销售商已经得以查明或者确认，就当然认定被诉侵权的下游销售商的合法来源抗辩成立。

（二）关于定牌加工的法律问题

定牌加工方面的法律争论由来已久。近年来，各地法院先后审理了一批涉及定牌加工问题的商标侵权案件，裁判理由和结果不尽一致。去年，最高人民法院对浦江亚环锁业公司案作出提审判决，认定浦江亚环锁业公司加工行为不构成侵犯国内商标权人的注册商标专用权。此外，个别商标行政案件也涉及与商标定牌加工行为具有密切关联性的问题，例如在出口境外的产品上贴附商标是否构成商标法意义上的使用等。对于定牌加工引发的法律问题的认识和处理，并不仅仅取决于法律逻辑，更取决于价值判断和利益衡量。在处理定牌加工问题时，既要考虑我国企业整体创新能力较弱、处于全球经济贸易价值链的中低端、对外加工贸易比重较大的既有状态，又要考虑推动我国从全球经济贸易价值链的低端向高端跃迁，实现从中国制造向中国创造转变的现实需求，区别具体情况予以稳妥处理。同时，定牌加工问题还涉及商标民事程序与行政程序的交织和叠合，需要实现两个程序的协调。综合已有判例，法院内部对于定牌加工问题已经形成了一定程度的共识。即，对于境外委托方在目的国拥有正当合法的商标权，产品全部出口该目的国，我国境内加工方已经尽到必要、合理审查注意义务的，原则上可以认定境内加工方的生产加工行为不构成侵犯商标权；对于境内加工方的生产加工行为构成商标侵权的情形，亦应结合境内加工方是否尽到必要的审查注意义务，合理确定其应承担的侵权责任；境内商标权人生产的贴附商标的产品全部出口境外，他人以三年不使用为由申请撤销境内商标权的，可以不予支持。当然，由于个案的具体情况千差万别，这一领域还有一些问题尚未解决，仍需要在实践中继续探索和总结经验。这里我要特别强调的是，最高人民法院关于几个定牌加工案件的处理结果，是有严格适用条件的，各地法院在参照时需要注意适用条件，不能“一刀切”。

（三）关于网络环境下“通知与移除”规则的适用问题

我国侵权责任法第三十六条第二款规定了针对网络侵权行为的“通知与移除”规则。我国《信息网络传播权保护条例》对网络环境下的“通知—移除”规则作了进一步具体规定。该规则一方面明确了网络服务提供者的责任界限，不使其承担过高的注意义务，另一方面也为权利人提供了快速获得救济的渠道，有效防止了侵权行为继续。这一规则对于平衡权利人、网络服务提供者和网络用户的利益至关重要并发挥了积极作用。但是，因网络商户涉嫌侵犯专利权或者商标权而对网络交易平台服务提供者适用该规则时，实践中出现了一些特殊问题。在网络交易平台服务提供商收到的权利人投诉中，错误投诉占有相当比例，滥用投诉的现象亦较为常见，简单采取移除措施可能会对合法经营的网络商户的利益造成不当损害。因此，对于网络交易平台适用“通知与移除”规则时，既要维护该规则对于网络环境下知识产权保护的基本价值，又要注意该规则对网络交易平台中实体交易行为及网络商户利益的重大影响，防止权利人滥用该规则妨碍正当经营行为。侵权责任法第三十六条第二款对网络交易平台服务提供商接到权利人的有效通知后应当采取的防止侵权扩大的必要措施采取了开放性规定，这类措施应当不限于删除、屏蔽或者断开链接，也包括将权利人的投诉材料转达被投诉的网络商户，并根据网络商户的反应采取进一步的必要措施。有关法院对此作了积极的探索和尝试，要注意及时总结经验。

（四）关于合理开支的赔偿问题

侵权人赔偿权利人为制止侵权行为所支付的合理开支，是加大赔偿力度、提高侵权代价的重要手段。实践中，对于合理开支的计算方法和标准存在不同认识。在适用法定赔偿或酌定赔偿时，将合理开支纳入法定赔偿或者酌定赔偿数额范围进行一并考虑的做法较为常见。考虑到损害赔偿与合理开支的不同法律属性，为进一步加大对合理开支的支持力度，修改后的2001专利司法解释明确规定，权利人主张其为制止侵权行为所支付合理开支的，人民法院可以在专利法第六十五条确定的赔偿数额之外另行计算。这一规定确立了在赔偿数额之外对合理开支进行单独计算的原则，该原则在涉及侵犯专利权以外的其他知识产权时同样适用。虽无直接证明合理开支的相应票据，但权利人委托代理或者调查取证必然需要支出的合理费用，应当予以支持；对于不违反法律法规的强制性规定，与代理服务质量相称的合理律师费，亦应予以支持；合法来源抗辩成立，免除被诉侵权的销售者、使用者的损害赔偿责任时，由于合理开支基于侵权行为而发生，且损害赔偿与合理开支法律属性不同，原则上不宜同时免除被诉侵权人赔偿权利人制止侵权的合理开支的责任。

（五）关于行为保全措施的适用问题

行为保全制度（包括诉前或者诉中责令停止侵权）在专利权、商标权和著作权领域已经施行多年，2012 年修改的民事诉讼法将行为保全制度扩展到所有民事领域。一方面，妥善运用行为保全，对于提高司法救济的及时性和有效性具有重要意义；另一方面，作为一种在有限时间内基于有限证据作出的临时保护措施，其本身具有一定风险。多年来，由于行为保全措施的风险性，我们对行为保全制度采取了非常谨慎的司法态度，一定程度上制约了司法救济效果，甚至影响了司法权威。为此，近年来，我们调整了包括行为保全在内的临时措施的司法政策，要求积极合理运用临时措施，强化司法保护的及时性和有效性。最高人民法院正在起草《关于知识产权与竞争纠纷行为保全案件适用法律问题的若干意见》，意图明确行为保全条件，规范和完善程序运作，充分发挥行为保全制度的效能，同时尽量预防或者减轻其被不当运用的风险。该司法解释稿已经面向社会征求意见，并在进一步修改中。各级法院要结合自身经验，积极向最高人民法院提出意见建议，进一步完善该司法解释。同时，要积极探索行为保全在竞争领域尤其是商业秘密领域的适用，根据商业秘密临时保护中的特殊性，正确把握临时措施的条件要求和规范运作程序。员工离职后持有其在原单位工作时获得的商业秘密载体，有证据证明其有不当披露或者使用该商业秘密的可能性，使原单位的商业秘密处于被侵害的现实危险之中，可以根据案件具体情况采取行为保全措施。

（六）关于推进知识产权审判“三合一”工作

《最高人民法院关于在全国法院推进知识产权民事、行政和刑事案件审判“三合一”工作的意见》（以下简称意见）实施后，人民法院面临着深入推进“三合一”工作的艰巨任务。最高人民法院党组对此高度重视，对各级法院做好这项工作寄予厚望。我对如何认识和贯彻上述意见谈几点认识：

第一，关于在推进“三合一”工作中如何对待地域性差异的问题。陶副院长讲话中要求推进“三合一”要考虑到经济发展的地域性差异，上述要求并不是说各地可以根据本辖区情况选择是否实施“三合一”，而是要求地方各级人民法院根据本辖区情况在管辖法院确定、审判人员配置等方面因地制宜，不搞一刀切。例如确定中院作为一审法院还是基层法院作为一审法院，以及如果基层法院作为一审法院，一个中院的辖区内指定几个基层法院管辖等。再例如案件多的地区可以要求多指定几个基层法院管辖，案件少的地区可以仅指定一个基层法院管辖或者中级人民法院提级管辖本辖区内的知识产权行政、刑事案件。对于上述管辖法院数量的确定，各高院可以根据本辖区的情况自行决定。例如对于审判人员的配备，实施“三合一”的法院根据自身审判力量、案件数量等情况，既可以单独组建刑事、行政合议庭，也可以配备专门从事行政审判和刑事审判的法官，或者由行政审判庭或刑事审判庭法官与知识产权审判庭法官共同组成合议庭审理知识产权行政或刑事案件。

第二，关于如何解决民事、行政和刑事审判固有差异的问题。民事、刑事、行政诉讼各自有着不同的诉讼程序、证据制度和证明标准，民事、刑事、行政审判法官的司法理念和经验亦有较大差异。刑事诉讼由控诉方承担完全举证责任，并在证明标准上采用排除合理怀疑原则，要达到“事实清楚，证据确实充分，排除一切合理怀疑”的要求，被告人不承担举证义务，但享有辩护权；民事诉讼则实行“谁主张，谁举证”，采取高度盖然性原则，达到“优势证明标准”即可；而行政诉讼，原告除了完成程序性证据的举证责任外，其余举证责任均由被告行政机关来完成。如果对证明责任分配和证明标准的理解出现差错，容易导致执法标准不一致或者裁判结果不协调。这也是“三合一”试点过程中反映出的最大的问题。为了解决上述问题，除了采取将刑事、行政法官交流到知识产权庭以外，上级法院还要加强对下级法院的业务指导和监督，拓宽培训渠道和方式，扩大培训面，通过有针对性地加强知识产权法官对不熟悉的领域的诉讼知识和能力培训，帮助知识产权法官在准确把握知识产权的共性的同时，深刻把握三大审判中诉讼理念的不同，尽快完成不同诉讼案件审理思路的转换和协调。

第三，关于“三合一”中刑事案件类型的问题。为方便当事人诉讼，避免增加当事人诉累，意见第七条针对知识产权刑事案件的不同类型进行分别处理，知识产权自诉案件不纳入三合一法院的管辖范围，仍然可以按照刑事诉讼法所确定的地域管辖原则管辖，知识产权公诉案件由“三合一”法院管辖，这既符合刑法、刑事诉讼法以及司法解释的规定，也符合最高人民法院司法为民的宗旨。同时，还要注意到，有些法院在“三合一”试点过程中所管辖的刑事案件除了刑法分则第三章第七节规定的罪名以外，还将其他章节中涉及的知识产权的犯罪案件纳入管辖范围，意见第七条规定最后加了个“等”字，实际上并未否定此种做法。

第四，关于知识产权案件管辖布局问题。根据意见规定，基层法院、中院对“三合一”案件的管辖权需要重新批复和布局，请各高级人民法院根据本辖区情况尽快调整划分确定管辖法院，并以高院为单位及时统一报批。对于刑事案件的移送问题，如果先由人民法院退回检察院，在检察院内部移送，不但会导致案件审理周期延长，而且人民法院对案件也失去了主动权，不利于案件及时依法审理。为了保证案件移送更为顺畅，意见规定刑事案件先在人民法院内部移送，待管辖法院确定后，再根据最高人民法院、最高人民检察院和公安部联合所发的意见确定相应公诉机关。

第五，关于“三合一”后知识产权案件案号问题。意见第九条规定知识产权案件案号编制、使用与管理依照《最高人民法院关于人民法院案号的若干规定》执行。案号中的类型代字为知民/知行/知刑。我们正在和相关部门进行沟通协商，对《最高人民法院关于人民法院案号的若干规定》进行修改，修改之前仍然按照该规定执行。

第六，关于知识产权法院问题。根据全国人大常委会关于设立知识产权法院的决议，最高人民院于2017年要向人大常委会报告知识产权法院运行工作情况，知识产权法院是否实施“三合一”工作要等汇报后再行研究决定。

四、关于会议精神的贯彻落实

要认真学习领会和准确把握会议精神。会议结束后，各参会法院代表要及时向本院党组汇报会议的精神和基本内容，要重点汇报周强院长的批示和陶副院长的讲话内容，特别是《最高人民法院关于在全国法院推进知识产权民事、行政和刑事案件审判“三合一”工作的意见》。高级人民法院要通过召开会议、下发文件、学习讨论等多种方式，及时向辖区内中级人民法院和基层人民法院传达本次会议精神，把会议精神传达到相关部门的每一名法官和工作人员。

要加强监督指导，狠抓落实。针对贯彻落实过程中发现的新情况、新问题，要及时分析汇总，对带有普遍性的问题，要及时拿出解决方案，必要时层报最高人民法院。特别需要强调的是，关于推进知识产权审判“三合一”工作，陶副院长在讲话中对于工作原则、注意事项、时间安排等均作了具体指示。各级法院要严格依照陶副院长的指示，结合自身实际，尽快作出安排。各高级人民法院要制定推进“三合一”工作的具体实施方案，最迟在今年年底之前要成立协调机构，并向最高人民法院报告。

同志们，本次会议成功举办，是全体会议代表共同努力的结果。会议代表较多，会务任务繁重，江苏省高级法院党组对此次会议高度重视，不仅动员、协调了全院的力量，还调动南京中级法院及基层法院的法官，为大会做好保障工作，在人力、物力、财力上给予鼎力支持。江苏高院民三庭、办公室等单位统筹协调，周密安排，细致入微，使得这次会议的各项议程运行顺畅，收获圆满。为使这次会议取得更加好的成效，最高人民法院办公厅新闻办公室派出了骨干力量，统筹协调中央主要传媒对此次会议进行了全方位、多层次的宣传报道。在此，我代表陶副院长，代表最高人民法院民三庭，代表出席会议的全体人员，对江苏省高级法院对此次会议的贡献，对高院的各位领导、参与会务工作的全体同志的辛勤工作表示衷心的感谢！同时也祝愿江苏的知识产权审判工作取得更大的成绩！在此，我也对特别邀请单位的代表、专家学者给予此次会议支持、对新闻记者的辛勤工作表示诚挚的谢意。

现在，我宣布，全国法院知识产权审判工作座谈会暨知识产权审判“三合一”工作推进会圆满结束。

祝大家返程顺利！谢谢大家。

第三部分　特约文章

充分发挥司法保护知识产权的主导作用

最高人民法院副院长 陶凯元

2008年6月国务院发布的《国家知识产权战略纲要》，将“加强司法保护体系”“发挥司法保护知识产权的主导作用”作为战略重点之一。党的十八大明确提出要“实施创新驱动发展战略”，党的十八届三中全会要求“探索建立知识产权法院”，党的十八届四中全会强调“完善激励创新的产权制度、知识产权制度和促进科技成果转化的体制机制”。2014年8月，全国人大常委会决定在北京、上海、广州设立知识产权法院。2014年12月，国务院发布《深入实施国家知识产权战略行动计划（2014—2020年）》，把“司法保护主导作用充分发挥”作为主要实现目标之一。人民法院要结合工作实际，扎实有效推动这一目标任务的实现。

一、发挥司法保护知识产权的主导作用具有重要意义

发挥司法保护知识产权的主导作用，是党和政府从国家战略高度出发，结合我国经济社会发展总体状况，在总结知识产权事业发展和知识产权保护规律基础上作出的战略决策。

主动适应新形势和服务大局的必然选择。当今世界，科学技术发展日新月异，知识经济和经济全球化深入发展，知识产权日益成为国家发展的战略性资源和国际竞争力的核心要素。我国经济发展进入新常态，低成本比较优势发生变化，环境资源约束更加明显，经济发展方式由要素驱动、投资规模驱动为主向以创新驱动发展为主转变。在大众创业、万众创新和“互联网+”时代，创新对经济发展的引擎作用更加突出，我国实施知识产权战略的形势更加紧迫，充分发挥司法保护知识产权的主导作用，才能更好地服务党和国家工作大局。

司法本质属性和知识产权保护规律的内在要求。司法保护具有稳定长效优势。通过司法保护知识产权，可以很好地避免行政保护可能形成的执法弊端。司法保护具有明确规则优势。司法保护不仅能够解决纠纷，还能够基于裁判文书的公开性和说理性，明确法律标准和阐明法律界限，划定知识产权案件当事人的行为界限，为处理类似纠纷以及行业发展方向提供重要的依据、指导和参考。司法保护具有终局权威优势。司法保护是知识产权保护的最终环节和最后的救济途径，具有终局的救济效力，较之行政保护更具权威性。由于司法所具有的上述优势，知识产权权利人日益把司法保护作为维护权益最值得信赖的途径。

尊重市场规律和建设统一开放、竞争有序的市场体系的客观需要。党的十八届三中全会强调处理好政府和市场的关系，使市场在资源配置中起决定性作用和更好发挥政府作用，更加注重建设统一开放、

竞争有序的市场体系。这就要求我们尊重市场规律，划清政府和市场的边界，搞好政府和市场“两只手”的协调配合。知识产权是私人权利，是市场主体参与市场竞争的核心资源和重要武器。知识产权司法保护由权利人自主发动，很好地契合了知识产权的私权属性、市场属性和竞争属性。司法有着严谨、规范、公开、平等的程序规则，通过司法途径保护知识产权，发挥司法保护知识产权的主导作用，对于明确公开开放透明的市场规则、营造公平竞争的法治环境具有根本性作用。

全面推进依法治国和提升司法公信力的重要体现。党的十八届四中全会对全面推进依法治国作出重要部署，标志着我国法治建设进入新阶段。司法是法治的重要体现和象征，司法工作在国家和社会生活中的地位、作用和影响更加凸显。在知识产权保护工作中，人民法院不仅负有知识产权民事保护和刑事保护的司法职责，还负有对知识产权行政执法行为的司法监督职责。强化人民法院对知识产权行政执法行为的监督，规范和促进行政机关依法行政，是司法保护知识产权主导作用的重要体现，是知识产权领域法治建设的重要内容。

提升我国国际影响力，树立大国国际形象的重要方式。司法保护是国际通行的保护知识产权的主导性机制，被国际社会广泛接受和认可。推行司法保护为主导的知识产权保护模式，有利于我国融入知识产权保护国际化进程，有利于我国的对外开放和国际交往，有利于我国发出中国声音、把握话语权、参与知识产权保护国际规则制定，有利于树立我国负责任大国形象，提高我国司法的国际公信力。

二、制约司法保护知识产权主导作用发挥的主要因素

“发挥司法保护知识产权的主导作用”这一战略决策提出以来，司法保护知识产权的主导作用日益凸显，但也受到内外各种因素的制约。

知识产权“双轨制”保护模式有待优化。我国法律确立了知识产权行政保护和司法保护并行的“双轨制”模式。在知识产权制度建立之初，“双轨制”模式充分利用行政力量，满足了在较短时间内建成有效知识产权保护体系的需要，为知识产权保护工作作出了重要贡献。但是，随着我国知识产权法律制度不断完善和知识产权司法保护的日益成熟，行政保护与司法保护在相互配合、相互协调过程中出现的问题不断增多，“双轨制”模式本身所存在的弊端不断显现，一定程度上制约了知识产权司法保护主导作用的发挥。必须妥善处理司法保护和行政保护之间的关系，正确厘定两者之间的职能范围，做好协调配合和相互衔接。

知识产权相关法律有待修改完善。随着知识产权保护实践的发展和全社会知识产权保护需求的不断提高，现行知识产权法律体系中一些与实践和需求不适应的环节和方面逐渐显现。比如，我国现行民事法律对知识产权法律的基本原则、一般规则及其重要制度、重要概念等未予明确规定；知识产权损害赔偿制度未对侵权人形成足够威慑；知识产权民事侵权诉讼程序与知识产权行政无效程序的各自分立，严重制约了司法保护效率；现行专利商标确权程序定位不科学且过于复杂冗长；人民法院缺乏司法变更行政决定的司法职权导致循环诉讼屡有发生；知识产权证据制度不完善造成权利人维权困难，等等。

知识产权司法保护体制有待健全。我

国已经建立起比较完备的知识产权司法保护制度，但仍亟待改革和加以完善。一是民事审判、行政审判和刑事审判相互分立的审判模式不尽合理，难以形成保护合力。二是知识产权审判体系尚待完善，技术类案件上诉审法院不统一，难免出现裁判结果不协调甚至冲突的情况，影响了知识产权司法保护的质效。三是知识产权法院各项制度均在探索当中，其运行效果在短时间内难以显现。四是人民法院对知识产权保护临时措施运用不足，影响了知识产权司法保护的及时性和有效性。

知识产权法官队伍建设有待加强。当前，知识产权法官的司法能力尚不能完全适应快速增长的司法需求。一是知识产权法官服务大局的针对性、有效性有待进一步提高。二是部分知识产权法官对新法律、新知识和新审判领域的学习研究不够，应对审判热点、难点问题、解决新问题的能力有待进一步提高。三是司法作风建设有待进一步加强，廉洁意识、为民意识、公正意识有待进一步提高。

知识产权保护的国家利益意识有待强化。部分知识产权法官对知识产权国际竞争形势了解不多，知识产权保护的国家利益意识有待进一步增强，国际视野还需进一步拓宽，参与和引领国际知识产权司法前沿的能力有待进一步提高。

三、充分发挥司法保护知识产权主导作用应采取的主要措施

司法保护知识产权主导作用的充分发挥，既需要立法的修改完善，又需要司法的改革调整；既需要人民法院积极采取行动，又需要全社会的理解、支持和配合；既需要顶层设计，又需要底层探索。

调整优化知识产权“双轨制”保护模式。逐步优化以司法保护为主导、以民事诉讼为主渠道的知识产权保护模式。加强司法保护与行政保护之间的相互配合协调和衔接。合理确定知识产权行政执法的执法事项和范围，将有限的行政资源集中于危害社会公共秩序和公共利益的严重侵权行为。加强对行政执法行为的司法监督，严格规范知识产权行政执法行为，强化对执法行为的程序审查和执法标准的实体审查，依法纠正执法错误。积极引导行政执法的调查取证、证据审查、侵权判定等向司法标准看齐。

修改完善相关知识产权法律。加强知识产权立法的衔接配套，增强法律的可操作性。明确知识产权在民法典编撰中的定位。以修改专利法、著作权法和反不正当竞争法为契机，参照商标法的规定，增加惩罚性赔偿制度。研究知识产权民事侵权诉讼程序与知识产权行政无效程序各自分立的体制造成的诉讼效率问题及其解决方案，赋予人民法院在民事侵权诉讼中审查知识产权效力的司法职权。改革和简化专利商标确权程序，明确专利商标确权纠纷案件的民事纠纷属性，明确规定人民法院在专利商标确权案件中的司法变更权。建立知识产权案件诉讼证据开示制度，设置完善的程序和规则，赋予当事人披露相关事实和证据的义务，确保最大限度查明案件事实。增设文书提出命令制度和举证妨碍制度，明确侵权行为人的文书提出义务和无正当理由拒不提供证据的法律后果，强化实体和程序制裁，减轻权利人举证负担。

不断健全知识产权司法保护体制。推动建立知识产权民事、行政和刑事审判协调机制，提高司法效率，统一司法标准，发挥整体保护效能。加强与公安机关、检察机关以及知识产权行政执法机关的协调配合，完善工作配套机制，形成保护合力。研究和推动建立国家层面的知识产权高级

法院，作为专利等技术类案件的上诉管辖法院，有效统一裁判标准。强化知识产权法院在司法保护主导作用中的引领地位，落实法官员额制、司法责任制，完善各项诉讼制度，探索符合知识产权案件审判规律的专门化审理程序和审理规则，抓紧研究制定技术调查官制度。发挥知识产权保护临时措施的制度效能，妥当有效采取保全措施，依法满足权利人迅速保护权利、获取证据的正当需求，提高司法救济的及时性、便利性和有效性。

加强知识产权法官队伍建设。认真贯彻落实习近平总书记关于政法队伍建设的指示精神，按照“政治过硬、业务过硬、责任过硬、纪律过硬、作风过硬”要求，进一步坚定理想信念，严明政治纪律，提升司法能力，改进司法作风。知识产权法官要着力提升群众工作能力，坚持司法为民，切实维护人民权益，让人民群众感受司法的“正能量”；着力提升维护公平正义的能力，坚守法治，秉公执法，从实体、程序和实效上体现维护社会公平正义的要求；着力提升业务能力，加强对新法律、新领域、新技术的学习培训，不断提高研究新情况、解决新问题的能力；着力提升拒腐防变能力，完善体制机制，确保司法廉洁。

不断强化知识产权保护的国家利益意识。强化国际视野和世界眼光，准确把握知识产权司法保护的国内外发展变化趋势，提高我国知识产权司法的国际影响力。

（原载《求是》2016 年第 1 期）

新形势下我国的知识产权司法政策

最高人民法院知识产权审判庭庭长　宋晓明

党的十八大尤其是十八届三中、四中全会以来，我国知识产权保护面临的国际国内形势均有了一些新变化，呈现出一些新的阶段性特征和发展态势。知识产权司法需要在立法决定的空间和弹性幅度内，适应新特征和新态势，有针对性地予以回应和调整，以更好地服务于我国的创新和发展。

一、我国知识产权司法保护面临的新形势

（一）全面推进依法治国要求知识产权司法进一步提高公信力

党的十八届四中全会对全面推进依法治国作出了部署，要求保障公正司法、提高司法公信力。司法工作在国家和社会生活中的地位、作用和影响更加凸显。知识产权司法需要在已有成绩的基础上，根据全面推进依法治国对知识产权审判提出的新课题，加强审判体系建设，推进以审判为中心的诉讼制度改革，探索建立更加合

理高效的审判流程，进一步强化程序公正和实体公正，不断提升社会大众对知识产权司法的信任度，努力让人民群众在每一个司法案件中感受到公平正义。

（二）实施创新驱动发展战略要求知识产权司法进一步在营造激励创新的市场环境中发挥主导作用

我国经济发展进入新常态，经济发展方式正在由要素驱动、投资规模驱动为主向以创新驱动发展为主转变，创新对经济发展的引擎作用更加突出。今年3月，中共中央和国务院联合发布《关于深化体制机制改革加快实施创新驱动发展战略的若干意见》，明确提出“营造激励创新的公平竞争环境”“发挥市场竞争激励创新的根本性作用，营造公平、开放、透明的市场环境”，并将“实行严格的知识产权保护制度”作为“营造激励创新的公平竞争环境”的首要措施。司法是保护创新和知识产权的最有效、最根本、最权威的手段，是维护公平竞争市场秩序的枢纽环节。我们必须责无旁贷地发挥保护创新和维护公平竞争的主导作用，更加注重保护知识产权，更加注重推动大众创业和万众创新，更加注重维护统一透明、有序规范、公平竞争、充满活力的市场环境。

（三）建设知识产权强国要求知识产权司法进一步提高国际影响力

我国已经是知识产权大国，但大而不强、多而不优的矛盾比较突出。国务院《深入实施国家知识产权战略行动计划(2014—2020年)》提出，认真谋划我国建设知识产权强国的发展路径，努力建设知识产权强国。优质高效的知识产权司法是知识产权强国的关键指标和核心要素之一。与美欧等知识产权强国相比，我国法院在知识产权案件审理质效方面还存在较大的提升空间，在知识产权国际治理规则形成方面发挥的作用还非常有限。我们既要正确认识自己的方位，增强自信和战略定力，又要以建设知识产权强国作为目标追求，迎头赶上。要在正确认定事实、妥当适用法律上进一步提高质量和水平，通过大案要案的审理，进一步提高我国知识产权司法的国际影响力，努力使中国法院成为当事人信赖的国际知识产权争端解决“首选地”。

二、新形势下知识产权司法保护的政策导向

与新形势和新要求相适应，当前我国知识产权司法保护应以建设创新型国家和知识产权强国为目标，通过优质的知识产权司法服务，促进创新活力竞相迸发，创新成果得到充分保护，创新价值得到更大实现，切实使知识产权制度成为激励创新的基本保障。

（一）更加坚定不移地加强知识产权保护

创新是引领发展的第一动力。越是进入经济发展新常态，越是实施创新驱动发展战略，越要加强知识产权司法保护，真正使创新成为经济发展新引擎。要保证企业和个人在复杂和不确定的创新和知识生产过程中用勇于探索、大胆投入，必须保证其创新成果能够得到充分保护，其能够从创造性劳动中获得应有的收益。知识产权是创新过程的终端产品之一，是创新成果的法律认可形式。实现创新者强，领先者胜，必须“实行严格的知识产权保护制度”。随着我国的创新能力和研发投入逐年提高，国内创新者对于知识产权保护的内在需求更加强烈，我国将成为当前和今后加强知识产权保护的更大受益者。与此同时，我国从中央到地方、从官方到民间，对于加强知识产权保护已经形成广泛的、主导性的共识。知识产权司法必须关注和

回应上述新需求、期待和共识，切实采取有效措施加强知识产权保护。对此，我们必须更加旗帜鲜明和坚定不移。

（二）更加注重发挥知识产权司法保护主导作用

全面推进依法治国要求司法成为知识产权保护的“压舱石”。进一步发挥司法保护知识产权的主导作用，一要发挥司法保护稳定长效的机制优势。司法具有中立性、稳定性、可预期性和长效性的特点，其由当事人自主发动，有着严谨规范平等的诉讼程序机制。只有充分发挥司法保护稳定长效的优势，才能真正营造公平、开放、透明的市场环境，切实发挥市场竞争激励创新的根本性作用。二要发挥司法保护规则引导的机制优势。司法保护不仅能够解决纠纷，还能够明确法律标准和阐明法律界限，规范当事人和社会公众的行为，指引行政执法。充分发挥司法保护的规则引导优势，才能切实提高知识产权保护的可预期性。三要发挥司法保护终局权威的机制优势。作为维护社会公平正义的最后一道防线，司法的核心价值之一是终局性和权威性。要充分利用司法保护终局权威的制度优势，既注重纠纷的彻底解决，又注重对行政机关执法行为的司法监督，促进提高行政执法效能和执法水平。

（三）更加深入贯彻知识产权保护的比例原则

知识产权保护的比例原则是指，基于知识产权保护激励创新的目的，知识产权的保护范围和强度要与特定知识产权的创新和贡献程度相适应。只有使保护范围强度与创新贡献相适应、相匹配，才能真正激励创新、鼓励创造。如果二者不相匹配，要么会因保护过度形成对后续创新的妨碍，要么会因保护不足形成对创新活力的抑制。两种情况均会造成社会创新无法达到最佳水平。贯彻知识产权保护的比例原则，在专利权领域，要求根据专利权等科技成果类知识产权的创新程度，合理确定保护范围和保护强度，实现科技成果类知识产权保护范围和强度与其创新高度和贡献程度相适应。在著作权领域，要根据不同作品类型的特点和我国产业发展需求，合理确定独创性尺度，努力实现作品保护范围和强度与其独创性范围和尺度相适应。在商业标识领域，要妥善运用商标近似、商品类似、混淆、不正当手段等弹性因素，使商标权保护的强度与商标的显著性、知名度等相适应。在知识产权司法保护领域贯彻比例原则，还应注意根据不同侵权人的性质、作用和主观恶性程度，区分不同情况，恰如其分地予以处理。

（四）更加注意精准发力和定向施策

知识产权司法要进一步提高公信力、发挥主导作用，需要抓住影响和制约知识产权司法发展的关键领域和薄弱环节，精准发力，定向施策，尽快予以加强和改善。要加强我国经济发展阶段性所形成的特殊知识产权问题的研究和解决。例如“定牌加工”问题，该问题具有阶段性。随着我国从全球经济贸易价值链的低端向高端跃迁，这一现象和问题将最终得到缓解。在这个过程中，司法要考虑我国经济发展的阶段性、定牌加工的法律属性、社会共识等因素，稳妥地加以解决，不能超越现实和急躁冒进。要加强具有中国特色的知识产权领域的保护，维护我国国家利益。非物质文化遗产、计算机中文字库、中华老字号等的保护问题，是我国具有浓厚历史传统的智力成果与现代知识产权制度交汇而形成的特殊法律问题。要根据我国的历史、国情和产业发展需求，独立思考和判断，弄清我国产业的利益和成果价值所在，依法合理地运用现代知识产权制度予以保护。要加强对职务发明、技术合同、计算机软件侵权、商业秘密保护等对创新有重大影响的关键环节和领域的重视和研究，从有利于保障创新资源的市场优化配置、有利于维护创新机制的健康运行的角度分析和考虑问题，有针对性地采取相关司法措施。

三、新形势下知识产权司法保护的着力点

新形势下加强知识产权保护，既要整体推进，更要重点突破，以点带面，以达事半功倍之效。当前，我们需要抓好以下几个重要着力点：

（一）发挥知识产权法院的功能作用

知识产权法院是知识产权司法保护主导作用的引领者，是深化司法体制改革的先行者和探索者，是知识产权司法公信力的标杆和排头兵。知识产权法院的运转效能及其司法保护效果如何，直接决定着我国知识产权保护的总体效果。知识产权法院一要从社会反映最强烈、人民群众最期待的地方入手，大力提升知识产权司法保护质量与效率，发挥示范作用。下大力气探索和研究技术类案件的审判规律，统一技术类案件司法裁判标准和裁量尺度，缩短审理周期，提高审理效率。二要在发挥司法保护主导作用方面积极作为，充分利用其专门法院的审判资源优势和制度优势。在加大对知识产权授权确权行政行为司法审查深度和力度上先行先试，促进行政争议的实质性解决；在探索有效率的技术事实查明机制方面加大力度，努力构建具有中国特色的技术调查官制度。三要在深化司法体制改革方面勇于担当，全面落实各项司法改革措施，努力做司法改革的先行者，发挥改革试验田作用。

（二）加大损害赔偿力度

从实践中看，确有相当比例的知识产权权利人对法院判决的赔偿数额有着较强烈的负面评价。我们必须予以高度重视并深刻反省。必须加大损害赔偿力度，确保损害赔偿数额与知识产权的市场价值相契合。侵权损害赔偿必须充分反映和实现该知识产权的真实市场价值，任何低于知识产权市场价值的损害赔偿，不仅会使侵权人获得不正当的利益，更会严重影响知识产权司法的权威。要促进形成符合市场规律和满足权利保护要求的损害赔偿计算机制，积极运用市场假定法、可比价格法、行业平均法等经济分析方法，提高损害赔偿计算的科学性和合理性。要强化裁量性赔偿方法的适用。这是一种根据损失或者获利确定损害赔偿数额的方法，不是法定赔偿，不受法定赔偿限额的限制。要强化举证妨碍制度的运用，探索惩罚性赔偿的标准和尺度，坚决遏制恶意侵权行为。

（三）规范网络竞争秩序

互联网经济是我国经济重要的新的增长点。当前，网络领域竞争极为激烈，竞争秩序亟待规制。加强网络领域竞争秩序的规制，一是要明确和细化网络不正当竞争行为的判断标准。对于互联网领域出现的法无明文规定的新型竞争行为的正当性判断，要综合运用道德评价、效能竞争、比例原则、竞争影响评估等方法，从多个角度进行评价，提高评价标准的客观性，防止陷入简单主观的道德评价。二是要充分考虑互联网领域竞争的特点，适当调整传统领域垄断行为分析的思路和方法，避免机械套用。在传统领域中广为适用的垄断行为分析思路和方法并不能直接套用到互联网领域，需要根据网络竞争的特点进行有针对性的调整和创新。

深化司法体制改革，加强知识产权保护

最高人民法院知识产权审判庭庭长　宋晓明

经过三十多年的努力，人民法院知识产权司法保护工作取得了举世瞩目的成就。特别是党的十八大以来，中央提出全面深化体制改革，实施创新驱动发展战略，要求实行严格的知识产权保护制度，让知识产权制度成为激励创新的基本保障。中央治国理政新方略，对人民法院知识产权司法保护工作提出了更高要求。为适应新时期经济社会发展客观需要，人民法院锐意改革、大胆创新，着力解决制约工作水平的突出问题，知识产权司法保护工作进入一个新的发展阶段。

2014 年，北京、上海和广州知识产权法院相继设立，并对所属行政辖区绝大部分技术类案件实行跨区域集中管辖，这是人民法院深化知识产权司法保护体制改革的重大举措。结合中央司改方案要求，三家知识产权法院实行法官员额制度，落实主审法官负责制度，推行人员分类管理制度、建立技术调查官制度，实行扁平化管理模式，构建全新绩效考评机制。经过一年多的运行，知识产权法院业绩表现突出，受到社会各界充分肯定，为人民法院推进全局性改革探索积累了宝贵经验。实践证明，知识产权法院对于改善司法资源配置状况、克服司法地方化弊病，提升知识产权司法保护水平，具有非常重要的推动作用。今年“两会”上，不少代表委员建议尽快增设知识产权法院。一些地方党委和政府也积极呼吁尽早研究启动增设工作。为推广改革经验，放大改革红利，最高人民法院加快了知识产权法院建设的行动部署。目前正在总结评估北京、上海和广州三家知识产权法院的建设运行经验，同时依托司法部“国家法治与法学理论研究”重大课题开展知识产权高级法院的调研论证，计划在 2017 年 8 月向全国人大常委会汇报并提出下一步改革的建议。从长远发展的角度看，根据经济社会发展客观需要适当增设知识产权法院，并将上诉案件统一归口到知识产权高级法院管辖，从而形成管辖布局合理、案件相对集中、专业化水平较高的知识产权法院体系，能够更好发挥人民法院知识产权保护“主战场”的职能作用。当前和今后一个时期，知识产权法院建设是人民法院深化知识产权司法保护体制改革的战略重点。

长期以来，人民法院知识产权民事、行政和刑事案件分属不同审判部门审理。各审判部门对于案件裁判标准的掌握不尽一致，“类案不同判”现象普遍存在。人民法院知识产权审判条块分割、各自为战的弊端备受社会诟病。因此，新形势下加强知识产权保护，提升司法保护工作水平，必须下大力气解决法院内部存在的执法尺度不统一问题。从 1996 年上海浦东法院试行知识产权审判“三合一”模式以来，人民法院广泛组织调研考察，不断扩大试点范围，积累了相当丰富的经验。目前全国共有 6 个高级法院、95 个中级法院和 104

个基层法院开展了“三合一”改革试点工作。20多年的试点经验表明，“三合一”改革有利于科学调配审判力量，统一裁判标准，加强队伍专业化建设，有利于整合形成执法合力，提高司法保护效能。2015年，中共中央、国务院相继发布的《关于深化体制机制改革加快实施创新驱动发展战略的若干意见》和《深化科技体制改革实施方案》等文件，明确要求全面推进“三合一”改革工作。“三合一”改革已经成为社会各界的共同期待。最高人民法院已经制定了《关于在全国法院推进知识产权民事、行政和刑事案件审判“三合一”工作的意见》，并很快颁布施行。今年6月召开全国法院知识产权审判工作座谈会期间，将套开“三合一”改革推进会，具体动员部署改革推进工作。最高人民法院还将商请最高人民检察院和公安部共同出台工作意见，建立配套机制，争取相关执法机关的支持配合，凝聚形成知识产权保护合力。有条件的人民法院今后一个时期要重点落实好“三合一”改革工作，确保改革落地生根，成为推动人民法院知识产权司法保护工作发展的新动力。

最高人民法院关于司法审判体制机制的重大改革部署，为提升知识产权司法保护工作水平注入了活力、创造了条件、奠定了基础。各级法院要紧紧抓住机遇，加强形势研判，应对好新情况，解决好新问题，为落实创新驱动发展战略、服务经济发展新常态，提供坚强有力的司法保障。当前，要重点研究制定服务“双创”社会建设的司法意见，阐明政策原则立场，明确价值取向和裁判基准。要加紧研究新型创新成果的司法保护问题，补齐短板，积极推动信息技术革命、商业模式创新和产业升级换代。要注意保持裁判工作的前瞻性，合理把握新型创新成果的保护力度，保证创新主体能够凭借其创造性劳动获取应有的收益回报，发挥司法政策的引导效应。要科学界定职务发明创造的权利归属，推动建立最大限度激发科技人员创新热情的利益分享机制。要坚持问题导向，着力解决目前仍然突出存在的诉讼周期长、举证难、赔偿低问题，加大对创新活动带动生成的相关专利技术、软件作品和商业标志等传统类型知识产权保护力度。要准确界定权利状态和权利边界，科学评估知识产权市场价值，强化知识产权作为创新社会核心生产要素在资源配置中的基础作用。要依法审慎判断涉及知识产权投资入股、质押担保行为的效力，促进权利流转利用。要鼓励促进知识产权转让、许可交易，积极推动创新成果转化。要认真研究知识产权法与物权法、合同法、公司法以及侵权责任法等相关法律的关系，综合运用多种责任形式提供救济保护。人民法院要高度重视知识产权制度的社会人文价值，加强知识产权中人格权益的保护力度，保障人们通过创新活动实现物质利益和人格尊荣双重追求的权利，让创新活动成为人全面发展、自我实现的重要途径。人民法院知识产权司法保护工作应当在激发社会创新热情，支撑国家创新发展，提升社会文明整体水平各个方面都发挥出积极的作用，作出应有的贡献。

第四部分　司法解释及规范性文件

最高人民法院
关于修改《最高人民法院关于审理专利纠纷案件适用法律问题的若干规定》的决定

法释〔2015〕4号

（2015年1月19日最高人民法院审判委员会第1641次会议通过
2015年1月22日最高人民法院公告公布
自2015年2月1日起施行）

根据最高人民法院审判委员会第1641次会议决定，对《最高人民法院关于审理专利纠纷案件适用法律问题的若干规定》作如下修改：

一、将第五条第二款修改为："侵权行为地包括：被诉侵犯发明、实用新型专利权的产品的制造、使用、许诺销售、销售、进口等行为的实施地；专利方法使用行为的实施地，依照该专利方法直接获得的产品的使用、许诺销售、销售、进口等行为的实施地；外观设计专利产品的制造、许诺销售、销售、进口等行为的实施地；假冒他人专利的行为实施地。上述侵权行为的侵权结果发生地。"

二、将第八条第一款修改为："对申请日在2009年10月1日前（不含该日）的实用新型专利提起侵犯专利权诉讼，原告可以出具由国务院专利行政部门作出的检索报告；对申请日在2009年10月1日以后的实用新型或者外观设计专利提起侵犯专利权诉讼，原告可以出具由国务院专利行政部门作出的专利权评价报告。根据案件审理需要，人民法院可以要求原告提交检索报告或者专利权评价报告。原告无正当理由不提交的，人民法院可以裁定中止诉讼或者判令原告承担可能的不利后果。"

三、将第九条第一项修改为："（一）原告出具的检索报告或者专利权评价报告未发现导致实用新型或者外观设计专利权无效的事由的；"

四、将第十七条修改为："专利法第五十九条第一款所称的'发明或者实用新型专利权的保护范围以其权利要求的内容为准，说明书及附图可以用于解释权利要求的内容'，是指专利权的保护范围应当以权利要求记载的全部技术特征所确定的范围为准，也包括与该技术特征相等同的特征所确定的范围。"

"等同特征，是指与所记载的技术特征以基本相同的手段，实现基本相同的功能，达到基本相同的效果，并且本领域普通技术人员在被诉侵权行为发生时无需经过创造性劳动就能够联想到的特征。"

五、将第十八条修改为："侵犯专利权行为发生在2001年7月1日以前的，适用修改前专利法的规定确定民事责任；发生在2001年7月1日以后的，适用修改后专利法的规定确定民事责任。”

六、将第十九条修改为：“假冒他人专利的，人民法院可以依照专利法第六十三条的规定确定其民事责任。管理专利工作的部门未给予行政处罚的，人民法院可以依照民法通则第一百三十四条第三款的规定给予民事制裁，适用民事罚款数额可以参照专利法第六十三条的规定确定。”

七、删除第二十条第一款，第二款改为第一款并修改为：“专利法第六十五条规定的权利人因被侵权所受到的实际损失可以根据专利权人的专利产品因侵权所造成销售量减少的总数乘以每件专利产品的合理利润所得之积计算。权利人销售量减少的总数难以确定的，侵权产品在市场上销售的总数乘以每件专利产品的合理利润所得之积可以视为权利人因被侵权所受到的实际损失。”

第三款改为第二款，修改为：“专利法第六十五条规定的侵权人因侵权所获得的利益可以根据该侵权产品在市场上销售的总数乘以每件侵权产品的合理利润所得之积计算。侵权人因侵权所获得的利益一般按照侵权人的营业利润计算，对于完全以侵权为业的侵权人，可以按照销售利润计算。”

八、将第二十一条修改为：“权利人的损失或者侵权人获得的利益难以确定，有专利许可使用费可以参照的，人民法院可以根据专利权的类型、侵权行为的性质和情节、专利许可的性质、范围、时间等因素，参照该专利许可使用费的倍数合理确定赔偿数额；没有专利许可使用费可以参照或者专利许可使用费明显不合理的，人民法院可以根据专利权的类型、侵权行为的性质和情节等因素，依照专利法第六十五条第二款的规定确定赔偿数额。”

九、将第二十二条修改为：“权利人主张其为制止侵权行为所支付合理开支的，人民法院可以在专利法第六十五条确定的赔偿数额之外另行计算。”

十、将第二十四条修改为：“专利法第十一条、第六十九条所称的许诺销售，是指以做广告、在商店橱窗中陈列或者在展销会上展出等方式作出销售商品的意思表示。”

根据本决定，将《最高人民法院关于审理专利纠纷案件适用法律问题的若干规定》作相应修改，重新公布。

最高人民法院
关于审理侵犯专利权纠纷案件应用法律若干问题的解释（二）

法释〔2016〕1号

（2016年1月25日最高人民法院审判委员会第1676次会议通过
2016年3月21日最高人民法院公告公布
自2016年4月1日起施行）

为正确审理侵犯专利权纠纷案件，根据《中华人民共和国专利法》《中华人民共和国侵权责任法》《中华人民共和国民事诉讼法》等有关法律规定，结合审判实践，制定本解释。

第一条　权利要求书有两项以上权利要求的，权利人应当在起诉状中载明据以起诉被诉侵权人侵犯其专利权的权利要求。起诉状对此未记载或者记载不明的，人民法院应当要求权利人明确。经释明，权利人仍不予明确的，人民法院可以裁定驳回起诉。

第二条　权利人在专利侵权诉讼中主张的权利要求被专利复审委员会宣告无效的，审理侵犯专利权纠纷案件的人民法院可以裁定驳回权利人基于该无效权利要求的起诉。

有证据证明宣告上述权利要求无效的决定被生效的行政判决撤销的，权利人可以另行起诉。

专利权人另行起诉的，诉讼时效期间从本条第二款所称行政判决书送达之日起计算。

第三条　因明显违反专利法第二十六条第三款、第四款导致说明书无法用于解释权利要求，且不属于本解释第四条规定的情形，专利权因此被请求宣告无效的，审理侵犯专利权纠纷案件的人民法院一般应当裁定中止诉讼；在合理期限内专利权未被请求宣告无效的，人民法院可以根据权利要求的记载确定专利权的保护范围。

第四条　权利要求书、说明书及附图中的语法、文字、标点、图形、符号等存有歧义，但本领域普通技术人员通过阅读权利要求书、说明书及附图可以得出唯一理解的，人民法院应当根据该唯一理解予以认定。

第五条　在人民法院确定专利权的保护范围时，独立权利要求的前序部分、特征部分以及从属权利要求的引用部分、限定部分记载的技术特征均有限定作用。

第六条　人民法院可以运用与涉案专利存在分案申请关系的其他专利及其专利审查档案、生效的专利授权确权裁判文书解释涉案专利的权利要求。

专利审查档案，包括专利审查、复审、

无效程序中专利申请人或者专利权人提交的书面材料，国务院专利行政部门及其专利复审委员会制作的审查意见通知书、会晤记录、口头审理记录、生效的专利复审请求审查决定书和专利权无效宣告请求审查决定书等。

第七条 被诉侵权技术方案在包含封闭式组合物权利要求全部技术特征的基础上增加其他技术特征的，人民法院应当认定被诉侵权技术方案未落入专利权的保护范围，但该增加的技术特征属于不可避免的常规数量杂质的除外。

前款所称封闭式组合物权利要求，一般不包括中药组合物权利要求。

第八条 功能性特征，是指对于结构、组分、步骤、条件或其之间的关系等，通过其在发明创造中所起的功能或者效果进行限定的技术特征，但本领域普通技术人员仅通过阅读权利要求即可直接、明确地确定实现上述功能或者效果的具体实施方式的除外。

与说明书及附图记载的实现前款所称功能或者效果不可缺少的技术特征相比，被诉侵权技术方案的相应技术特征是以基本相同的手段，实现相同的功能，达到相同的效果，且本领域普通技术人员在被诉侵权行为发生时无需经过创造性劳动就能够联想到的，人民法院应当认定该相应技术特征与功能性特征相同或者等同。

第九条 被诉侵权技术方案不能适用于权利要求中使用环境特征所限定的使用环境的，人民法院应当认定被诉侵权技术方案未落入专利权的保护范围。

第十条 对于权利要求中以制备方法界定产品的技术特征，被诉侵权产品的制备方法与其不相同也不等同的，人民法院应当认定被诉侵权技术方案未落入专利权的保护范围。

第十一条 方法权利要求未明确记载技术步骤的先后顺序，但本领域普通技术人员阅读权利要求书、说明书及附图后直接、明确地认为该技术步骤应当按照特定顺序实施的，人民法院应当认定该步骤顺序对于专利权的保护范围具有限定作用。

第十二条 权利要求采用“至少”“不超过”等用语对数值特征进行界定，且本领域普通技术人员阅读权利要求书、说明书及附图后认为专利技术方案特别强调该用语对技术特征的限定作用，权利人主张与其不相同的数值特征属于等同特征的，人民法院不予支持。

第十三条 权利人证明专利申请人、专利权人在专利授权确权程序中对权利要求书、说明书及附图的限缩性修改或者陈述被明确否定的，人民法院应当认定该修改或者陈述未导致技术方案的放弃。

第十四条 人民法院在认定一般消费者对于外观设计所具有的知识水平和认知能力时，一般应当考虑被诉侵权行为发生时授权外观设计所属相同或者相近种类产品的设计空间。设计空间较大的，人民法院可以认定一般消费者通常不容易注意到不同设计之间的较小区别；设计空间较小的，人民法院可以认定一般消费者通常更容易注意到不同设计之间的较小区别。

第十五条 对于成套产品的外观设计专利，被诉侵权设计与其一项外观设计相同或者近似的，人民法院应当认定被诉侵权设计落入专利权的保护范围。

第十六条 对于组装关系唯一的组件产品的外观设计专利，被诉侵权设计与其组合状态下的外观设计相同或者近似的，人民法院应当认定被诉侵权设计落入专利权的保护范围。

对于各构件之间无组装关系或者组装关系不唯一的组件产品的外观设计专利，

被诉侵权设计与其全部单个构件的外观设计均相同或者近似的，人民法院应当认定被诉侵权设计落入专利权的保护范围；被诉侵权设计缺少其单个构件的外观设计或者与之不相同也不近似的，人民法院应当认定被诉侵权设计未落入专利权的保护范围。

第十七条　对于变化状态产品的外观设计专利，被诉侵权设计与变化状态图所示各种使用状态下的外观设计均相同或者近似的，人民法院应当认定被诉侵权设计落入专利权的保护范围；被诉侵权设计缺少其一种使用状态下的外观设计或者与之不相同也不近似的，人民法院应当认定被诉侵权设计未落入专利权的保护范围。

第十八条　权利人依据专利法第十三条诉请在发明专利申请公布日至授权公告日期间实施该发明的单位或者个人支付适当费用的，人民法院可以参照有关专利许可使用费合理确定。

发明专利申请公布时申请人请求保护的范围与发明专利公告授权时的专利权保护范围不一致，被诉技术方案均落入上述两种范围的，人民法院应当认定被告在前款所称期间内实施了该发明；被诉技术方案仅落入其中一种范围的，人民法院应当认定被告在前款所称期间内未实施该发明。

发明专利公告授权后，未经专利权人许可，为生产经营目的使用、许诺销售、销售在本条第一款所称期间内已由他人制造、销售、进口的产品，且该他人已支付或者书面承诺支付专利法第十三条规定的适当费用的，对于权利人关于上述使用、许诺销售、销售行为侵犯专利权的主张，人民法院不予支持。

第十九条　产品买卖合同依法成立的，人民法院应当认定属于专利法第十一条规定的销售。

第二十条　对于将依照专利方法直接获得的产品进一步加工、处理而获得的后续产品，进行再加工、处理的，人民法院应当认定不属于专利法第十一条规定的“使用依照该专利方法直接获得的产品”。

第二十一条　明知有关产品系专门用于实施专利的材料、设备、零部件、中间物等，未经专利权人许可，为生产经营目的将该产品提供给他人实施了侵犯专利权的行为，权利人主张该提供者的行为属于侵权责任法第九条规定的帮助他人实施侵权行为的，人民法院应予支持。

明知有关产品、方法被授予专利权，未经专利权人许可，为生产经营目的积极诱导他人实施了侵犯专利权的行为，权利人主张该诱导者的行为属于侵权责任法第九条规定的教唆他人实施侵权行为的，人民法院应予支持。

第二十二条　对于被诉侵权人主张的现有技术抗辩或者现有设计抗辩，人民法院应当依照专利申请日时施行的专利法界定现有技术或者现有设计。

第二十三条　被诉侵权技术方案或者外观设计落入在先的涉案专利权的保护范围，被诉侵权人以其技术方案或者外观设计被授予专利权为由抗辩不侵犯涉案专利权的，人民法院不予支持。

第二十四条　推荐性国家、行业或者地方标准明示所涉必要专利的信息，被诉侵权人以实施该标准无需专利权人许可为由抗辩不侵犯该专利权的，人民法院一般不予支持。

推荐性国家、行业或者地方标准明示所涉必要专利的信息，专利权人、被诉侵权人协商该专利的实施许可条件时，专利权人故意违反其在标准制定中承诺的公平、合理、无歧视的许可义务，导致无法达成专利实施许可合同，且被诉侵权人在协商中无明显过错的，对于权利人请求停止标准实施行为的主张，人民法院一般不予支持。

本条第二款所称实施许可条件，应当由专利权人、被诉侵权人协商确定。经充分协商，仍无法达成一致的，可以请求人民法院确定。人民法院在确定上述实施许可条件时，应当根据公平、合理、无歧视的原则，综合考虑专利的创新程度及其在标准中的作用、标准所属的技术领域、标准的性质、标准实施的范围和相关的许可条件等因素。

法律、行政法规对实施标准中的专利另有规定的，从其规定。

第二十五条　为生产经营目的使用、许诺销售或者销售不知道是未经专利权人许可而制造并售出的专利侵权产品，且举证证明该产品合法来源的，对于权利人请求停止上述使用、许诺销售、销售行为的主张，人民法院应予支持，但被诉侵权产品的使用者举证证明其已支付该产品的合理对价的除外。

本条第一款所称不知道，是指实际不知道且不应当知道。

本条第一款所称合法来源，是指通过合法的销售渠道、通常的买卖合同等正常商业方式取得产品。对于合法来源，使用者、许诺销售者或者销售者应当提供符合交易习惯的相关证据。

第二十六条　被告构成对专利权的侵犯，权利人请求判令其停止侵权行为的，人民法院应予支持，但基于国家利益、公共利益的考量，人民法院可以不判令被告停止被诉行为，而判令其支付相应的合理费用。

第二十七条　权利人因被侵权所受到的实际损失难以确定的，人民法院应当依照专利法第六十五条第一款的规定，要求权利人对侵权人因侵权所获得的利益进行举证；在权利人已经提供侵权人所获利益的初步证据，而与专利侵权行为相关的账簿、资料主要由侵权人掌握的情况下，人民法院可以责令侵权人提供该账簿、资料；侵权人无正当理由拒不提供或者提供虚假的账簿、资料的，人民法院可以根据权利人的主张和提供的证据认定侵权人因侵权所获得的利益。

第二十八条　权利人、侵权人依法约定专利侵权的赔偿数额或者赔偿计算方法，并在专利侵权诉讼中主张依据该约定确定赔偿数额的，人民法院应予支持。

第二十九条　宣告专利权无效的决定作出后，当事人根据该决定依法申请再审，请求撤销专利权无效宣告前人民法院作出但未执行的专利侵权的判决、调解书的，人民法院可以裁定中止再审审查，并中止原判决、调解书的执行。

专利权人向人民法院提供充分、有效的担保，请求继续执行前款所称判决、调解书的，人民法院应当继续执行；侵权人向人民法院提供充分、有效的反担保，请求中止执行的，人民法院应当准许。人民法院生效裁判未撤销宣告专利权无效的决定的，专利权人应当赔偿因继续执行给对方造成的损失；宣告专利权无效的决定被人民法院生效裁判撤销，专利权仍有效的，人民法院可以依据前款所称判决、调解书直接执行上述反担保财产。

第三十条　在法定期限内对宣告专利权无效的决定不向人民法院起诉或者起诉后生效裁判未撤销该决定，当事人根据该决定依法申请再审，请求撤销宣告专利权无效前人民法院作出但未执行的专利侵权的判决、调解书的，人民法院应当再审。当事人根据该决定，依法申请终结执行宣告专利权无效前人民法院作出但未执行的专利侵权的判决、调解书的，人民法院应当裁定终结执行。

第三十一条　本解释自2016年4月1日起施行。最高人民法院以前发布的相关司法解释与本解释不一致的，以本解释为准。

最高人民法院
关于在全国法院推进知识产权民事、行政和刑事案件审判“三合一”工作的意见

2016年7月5日　　法发〔2016〕17号

为贯彻落实党的十八届四中全会确定的司法体制改革任务以及《国家知识产权战略纲要》《关于深化体制机制改革加快实施创新驱动发展战略的若干意见》《深化科技体制改革实施方案》提出的具体要求，统一法律适用标准，优化审判资源配置，提高审判质量和效率，充分发挥知识产权司法保护的主导作用，推进知识产权审判体制和工作机制改革，加快创新驱动发展战略的实施，建立公正、高效、权威的社会主义知识产权司法制度，根据《中华人民共和国民事诉讼法》《中华人民共和国行政诉讼法》和《中华人民共和国刑事诉讼法》以及有关法律法规的规定，结合审判工作实际，制定本意见。

一、统一思想，深刻认识推进知识产权民事、行政和刑事案件审判“三合一”工作的重大意义

1. 知识产权民事、行政和刑事案件审判“三合一”是指由知识产权审判庭统一审理知识产权民事、行政和刑事案件。

推进“三合一”工作，是人民法院贯彻落实党的十八届四中全会关于司法体制改革任务的重要举措，是落实国家知识产权战略和创新驱动发展战略的重要措施。推进“三合一”工作的目的是要构建符合知识产权司法特点和规律的工作机制和审判体制，不断提高知识产权司法保护的整体效能。

2. 推进“三合一”工作，有利于增强司法机关和行政机关执法合力，实现知识产权的全方位救济和司法公正；有利于统一司法标准，提高审判质量，完善知识产权司法保护制度；有利于合理调配审判力量，优化审判资源配置，提高知识产权司法保护的效益和效率；有利于知识产权专门审判队伍建设，提高知识产权审判队伍素质。各级人民法院要把思想和行动统一到中央精神和部署上来，以勇于担当的精神全面推进“三合一”工作。

二、积极落实，大力推进知识产权民事、行政和刑事案件审判“三合一”工作

3. 最高人民法院成立推进“三合一”工作协调小组，统一协调指导全国法院的“三合一”工作。高、中级人民法院要成立相应的协调机构，组织协调辖区内的“三合一”工作，具体负责辖区内知识产权案件的管辖布局和指导监督，上传下达，

内外协调，及时解决工作中出现的问题。

4. 各级人民法院要根据最高人民法院会同最高人民检察院、公安部联合制定下发的有关办理知识产权刑事案件适用法律相关问题的意见，做好知识产权刑事案件的审理工作。

5. 各级人民法院的知识产权审判部门，不再称为民事审判第×庭，更名为知识产权审判庭。

6. 各级人民法院知识产权审判庭应当根据审判任务需要配备审判力量，并根据情况配备专门从事行政审判和刑事审判的法官，也可以由行政审判庭或刑事审判庭法官与知识产权审判庭法官共同组成合议庭，审理知识产权行政或刑事案件。

7. 知识产权民事案件是指涉及著作权、商标权、专利权、技术合同、商业秘密、植物新品种和集成电路布图设计等知识产权以及不正当竞争、垄断、特许经营合同的民事纠纷案件。

一般知识产权民事纠纷案件是指除专利、植物新品种、集成电路布图设计、技术秘密、计算机软件、驰名商标认定以及垄断纠纷案件之外的知识产权民事纠纷案件。

知识产权行政案件是指当事人对行政机关就著作权、商标权、专利权等知识产权以及不正当竞争等所作出的行政行为不服，向人民法院提起的行政纠纷案件。

知识产权刑事案件是指《中华人民共和国刑法》分则第三章“破坏社会主义市场经济秩序罪”第七节规定的侵犯知识产权犯罪案件等。

知识产权刑事自诉案件，人民法院仍然可以按照刑事诉讼法所确定的地域管辖原则管辖。

8. 知识产权民事案件的受理继续依照人民法院有关地域管辖、级别管辖和指定管辖的规定和批复进行。除此之外：

中级人民法院辖区内没有基层人民法院具有一般知识产权民事纠纷案件管辖权的，可以层报最高人民法院指定基层人民法院统一管辖，也可以由中级人民法院提级管辖本辖区内的知识产权行政、刑事案件。

中级人民法院辖区内有多个具有一般知识产权民事纠纷案件管辖权基层人民法院的，经层报最高人民法院批准后，可以根据辖区内的案件数量、审判力量等情况对每个基层法院的辖区范围进行划分和调整。

具有一般知识产权民事纠纷案件管辖权的基层人民法院审理中级人民法院指定区域内的第一审知识产权刑事、行政案件。不具有一般知识产权民事纠纷案件管辖权的基层人民法院发现所审理案件属于知识产权行政、刑事案件的，应当及时移送中级人民法院指定的有一般知识产权民事纠纷案件管辖权的基层人民法院管辖。

中级人民法院知识产权审判庭审理本辖区内基层人民法院审结的知识产权行政、刑事上诉案件以及同级人民检察院抗诉的知识产权刑事案件。

高级人民法院知识产权审判庭审理本辖区内中级人民法院审结的知识产权行政、刑事上诉案件，知识产权行政、刑事申请再审案件以及同级人民检察院抗诉的知识产权刑事案件。

最高人民法院知识产权审判庭审理各高级人民法院审结的知识产权行政、刑事上诉案件，知识产权行政、刑事申请再审案件、最高人民检察院抗诉的知识产权刑事案件。

9. 知识产权案件案号编制、使用与管理依照《最高人民法院关于人民法院案号的若干规定》执行。案号中的类型代字为知民/知行/知刑。

三、加大力度，保障知识产权民事、行政和刑事案件审判“三合一”工作顺利推进

10. 高、中级人民法院要统筹规划本辖区内的“三合一”工作，在人员编制、经费保障、物质装备等方面大力支持“三合一”工作。要建立人民法院与公安机关、检察机关以及知识产权行政执法机关的沟通联络机制，协调公安机关、检察机关做好刑事案件的侦查和移送起诉工作。

11. 要加强审判管理，确保案件质量。加快推进和不断完善知识产权案例指导制度，确保裁判标准统一。要做好案件审理各个环节的衔接工作。要大力提高知识产权案件裁判文书质量。要对知识产权案件进行分类统计，充分利用信息化手段，加强对相关数据的分析研判。上级法院要及时开展调查研究，加强对开展“三合一”工作法院的指导和监督。

四、加强培训，加快建设一支复合型、专门化的知识产权审判队伍

12. 各级人民法院要本着立足长远的原则，以培养一支适应知识产权审判发展趋势的专门化法官队伍为目标，严格选拔审判业务骨干，确保参与知识产权审判的法官具有相应的审判业务能力和经验。

13. 最高人民法院和高级人民法院每年要适时组织针对知识产权审判“三合一”工作的专门培训，同时要注重通过网络方式加大培训覆盖面，不断提高知识产权法官的综合素质。

五、其他

14. 地方各级人民法院要及时总结交流“三合一”工作取得的经验，查找存在的问题，对带有普遍性的问题要及时层报最高人民法院。

15. 地方各级人民法院要从实际情况出发，从方便当事人诉讼、有利于知识产权司法保护的角度，综合考量本辖区内经济发展水平、交通便利条件以及各类知识产权案件数量等因素，积极稳妥地推进“三合一”工作。

北京、上海、广州知识产权法院暂不实施“三合一”工作。

16. 此前有关规定与本意见不一致的，以本意见为准。

最高人民检察院
关于印发《关于充分发挥检察职能依法保障和促进科技创新的意见》的通知

（2016年7月7日）

各省、自治区、直辖市人民检察院，军事检察院，新疆生产建设兵团人民检察院：

现将《关于充分发挥检察职能依法保障和促进科技创新的意见》印发给你们，

请结合实际贯彻执行。

关于充分发挥检察职能依法保障和促进科技创新的意见

党的十八大以来，党中央深入实施创新驱动发展战略，高度重视和加快推进科技创新。习近平总书记在全国科技创新大会、两院院士大会、中国科协第九次全国代表大会上发表重要讲话，对加快建设创新型国家和世界科技强国进行了总动员，对全面贯彻创新发展理念和实施创新驱动发展战略作出了总部署。全国各级检察机关要认真学习贯彻习近平总书记重要讲话精神，充分认识科技创新在国家发展全局中的核心位置，明确建成创新型国家和世界科技强国的奋斗目标，找准检察机关保障、促进和服务科技创新的定位和切入点，善于运用法治思维和法治方式，支持创新探索，宽容创新失误，保护创新成果，为科研机构、研究型大学、创新型企业（以下统称“科研单位”）和科技工作者（以下简称“科研人员”）营造良好创新环境，提供有力司法保障。为此，提出以下意见：

一、加强知识产权的司法保护，保障科技创新主体合法权益

1. 依法惩治侵犯知识产权犯罪，加大对科技创新主体合法权益的法律保护。依法惩治侵犯商标权的犯罪，加强对商标权人的平等保护；依法惩治侵犯著作权的犯罪，加大对互联网文学、音乐、影视、游戏、动漫、软件等领域网络侵权盗版犯罪的打击力度；依法惩治假冒专利权的犯罪，加大对涉及国家重大战略需求、重大科研项目和工程、关键核心技术以及优势产业等领域的假冒专利犯罪的打击力度；依法惩治侵犯商业秘密的犯罪，加大对采用盗窃、利诱、胁迫等非法手段侵犯科技创新主体商业秘密犯罪的打击力度。对于涉及高新技术、关键核心技术，事关国家和社会利益，直接关系人民群众生命安全和健康，以及网络侵权、跨地区跨国境有组织侵权等严重侵权假冒犯罪开展重点打击和专项整治。

2. 强化对涉及知识产权案件的法律监督。

加强对行政执法机关移送涉嫌侵权假冒犯罪的监督，着力纠正有案不移、以罚代刑、降格处理的问题。加强对公安机关办理侵权假冒犯罪案件立案和侦查活动的监督，着力纠正有案不立、立而不侦、久侦不决以及适用强制措施、查封扣押冻结款物不当等问题。加强对人民法院刑事审判活动的监督，对于认定罪与非罪错误或者量刑畸轻畸重的侵权假冒犯罪案件，依法提出抗诉。加强对涉及科技创新资金和收益分配纠纷、创新创业人才劳动争议、科技创新主体知识产权纠纷、军民技术纠纷等民事、行政案件的审判和执行活动的监督。依法严肃查处涉及科技创新的虚假诉讼、恶意诉讼案件。对于履职中发现的行政机关违法行使职权或者不行使职权的行为，依法督促纠正，确保知识产权保护措施正确及时有效执行。

3. 推进知识产权领域行政执法与刑事

司法衔接机制建设。积极利用知识产权行政执法与刑事司法衔接信息共享平台、侵权假冒行政处罚案件信息公开制度，推动实现涉嫌侵权假冒犯罪案件“网上移送、网上受理、网上监督”。加强跨地区、跨部门执法司法协作与联动机制建设，完善线索通报、信息共享、证据移交、案件协调等协作机制，着力打击链条式、产业化侵犯知识产权犯罪，建立行政执法与司法优势互补、有机衔接的知识产权保护体系。

二、积极发挥查办和预防职务犯罪职能，为科技创新营造良好法治环境

4. 依法惩治国家工作人员利用审批、监管、执法司法等职权妨害科技创新发展的职务犯罪。依法惩治产业技术体系创新中的职务犯罪，培育、建设一流科研单位、国家重点研发平台过程中的职务犯罪，侵权假冒行为背后的滥用职权、玩忽职守、徇私舞弊不移交刑事案件、放纵制售伪劣商品犯罪行为等职务犯罪。依法惩治知识产权申报和重大科研项目申报、实施中，利用审批、验收等职权索贿、受贿的犯罪，以及行政管理人员贪污、挪用、私分国家科研项目投资基金、科研经费的犯罪。依法惩治知识产权诉讼中司法人员枉法裁判、执行判决裁定失职渎职等犯罪。重点查办创新驱动、转型发展中不作为、乱作为，特别是国家工作人员违反科研规律干预科研活动，导致重大科研项目流产，造成重大损失的失职渎职犯罪，以及泄露国家重大科技秘密的犯罪。对于涉及国家经济命脉、国家安全的重大科研项目的职务犯罪涉案人员，要采取有效措施，防止其潜逃境外；已经潜逃境外的，要充分运用引渡、劝返、遣返和异地起诉等方式依法将其缉捕归案。

5. 依法查办危害科技创新发展公平竞争环境的行贿犯罪。重点查办为谋取科研项目、资金进行行贿的犯罪，科技创新成果验收、转化、应用、推广过程中的行贿犯罪，知识产权申报、审查和诉讼等过程中的行贿犯罪，以及技术职称评定、科技带头人评选中谋取竞争优势的行贿犯罪。要加大对行贿数额巨大或者向多人、多次行贿犯罪的打击力度，促进形成有利于激发科技创新活力的公平竞争环境。

6. 积极做好相关职务犯罪预防工作。结合查办各类妨害科技创新发展的职务犯罪，深入剖析案发规律，运用检察建议、年度报告、专项报告等，督促行业主管、监管部门加强改进管理监督。对科研单位管理不完善、制度不健全、不落实，存在犯罪隐患的，及时提出对策建议，帮助科研单位建章立制、堵塞漏洞、完善内部监督制约和管理机制。

三、准确把握法律政策界限，改进司法办案方式方法

7. 准确把握法律政策界限。充分考虑科技创新工作的体制机制和行业特点，认真研究科技创新融资、科研成果资本化产业化、科研成果转化收益中的新情况、新问题，保护科研人员凭自己的聪明才智和创新成果获取的合法收益。办案中要正确区分罪与非罪界限：对于身兼行政职务的科研人员特别是学术带头人，要区分其科研人员与公务人员的身份，特别是要区分科技创新活动与公务管理，正确把握科研人员以自身专业知识提供咨询等合法兼职获利的行为，与利用审批、管理等行政权力索贿受贿的界限；要区分科研人员合法的股权分红、知识产权收益、科技成果转化收益分配与贪污、受贿之间的界限；要区分科技创新探索失败、合理损耗与骗取科研立项、虚增科研经费投入的界限；要区分突破现有规章制度，按照科技创新需求使用科研经费与贪污、挪用、私分科研经费的界限；要区分风险投资、创业等造成的正常亏损与失职渎职的界限。坚持罪刑法定原则和刑法谦抑性原则，禁止以刑事手段插手民事经济纠纷。对于法律和司法解释规定不明确、法律政策界限不明、罪与非罪界限不清的，不作为犯罪处理；对于认定罪与非罪争议较大的案件，及时向上级检察机关请示报告。

8. 切实贯彻宽严相济刑事政策。对于锐意创新探索，但出现决策失误、偏差，造成一定损失的行为，要区分情况慎重对待。没有徇私舞弊、中饱私囊，或者没有造成严重后果的，不作为犯罪处理。在科研项目实施中突破现有制度，但有利于实现创新预期成果的，应当予以宽容。在创新过程中发生轻微犯罪、过失犯罪但完成重大科研创新任务的，应当依法从宽处理。对于科技创新中发生的共同犯罪案件，重点追究主犯的刑事责任，对于从犯和犯罪情节较轻的，依法从宽处理。对于以科技创新为名骗取、套取、挥霍国家科研项目投资，严重危害创新发展的犯罪，应当依法打击。

9. 注重改进司法办案方式方法。要尊重科技创新规律，保护科技创新主体积极性、创造性，努力实现办案的最佳效果。查办涉及科技创新的犯罪，要慎重选择办案时机和方式，注意听取行业主管、监管部门以及科技专家、法律专家等意见，防止因办案时机和方式不当影响正常的科技创新工作。对于正在承担重大科研项目攻关、重大科技发展规划制定、重大涉外项目实施等职责的涉案科研人员，检察机关在做好相关保密和防逃工作的同时，可以根据具体情况确定办案时机。对于重点科研单位、重大科研项目关键岗位的涉案科研人员，尽量不使用拘留、逮捕等强制措施；必须采取拘留、逮捕等措施的，应当及时通报有关部门做好科研攻关的衔接工作，确有必要的，可以在不影响诉讼正常进行的前提下，为其指导科研攻关提供一定条件。对于被采取逮捕措施的涉案科研人员，检察机关应当依照有关规定对羁押必要性开展审查。对于科研单位用于科技创新、产品研发的设备、资金和技术资料，一般不予以查封、扣押、冻结；确实需要查封、扣押、冻结的，应当为其预留必要的流动资金、往来账户和关键设备资料，防止因办案造成科研项目中断、停滞，或者因处置不当造成科研成果流失。

四、综合发挥检察职能，提高服务科技创新的能力水平

10. 拓展法律服务渠道，加强对科技创新主体合法权益的司法救济。充分运用检察机关视频接访系统、12309 举报网络平台等诉求表达渠道，为科技创新主体寻求法律咨询、司法救济等提供更加便捷高效的服务。及时审查相关的控告、申诉和举报，严格依法办理，保障其人身和财产合法权益。畅通科技创新主体对检察工作提出批评和意见建议的渠道，对于有关单位和人员反映的突出问题，要高度关注、认真督办，及时反馈情况。

11. 落实普法责任制，主动开展普法活动。坚持预防为主，积极为科技创新主体提供法律服务。认真落实检察官以案释法制度，结合司法办案，采取多种形式，帮助和促进科技创新主体强化知识产权保护意识，明确法律红线和法律风险，提高其依法开展科技创新、依法维护自身合法权益的意识和能力。着眼目前已设立的国家自主创新示范区、经济技术开发区、高新技术开发区、“双创”基地等创新要素集聚地，积极开展法治宣传、预防咨询，促进科技创新工作在法治轨道上实施运行。

12. 努力提高法律服务能力水平。办

理涉及科技创新犯罪案件政策性、专业性较强，检察人员要加强相关专业知识学习和对有关犯罪的研究。探索建立专门的知识产权办案机构或者办案小组，有条件的地区试行知识产权案件集中管辖。培养、选拔专家型人才和业务骨干从事涉及科技创新案件的办理工作。探索利用大数据分析等技术手段，提高互联网条件下电子证据的收集、固定和综合运用能力。细化侵犯知识产权犯罪案件和其他妨害科技创新犯罪案件证据收集、固定、审查运用的标准，强化办案指引。推行对重大疑难复杂犯罪案件介入侦查引导取证机制，确保侦查取证的合法性、有效性和案件定性的准确性。探索建立知识产权专家库，建立健全专家证人、专家咨询、技术鉴定等案件办理机制，完善有专门知识的人出庭作证制度，为办案提供智力支持。

五、强化组织领导，确保对科技创新的司法保障落到实处

13. 加强对办理涉及科技创新案件的组织领导和业务指导。坚持把综合发挥检察职能、服务科技创新发展作为检察机关当前的一项重要任务，切实加强领导，强化措施，狠抓落实。上级人民检察院特别是省级人民检察院要深入研究分析保障和促进科技创新发展中遇到的新情况、新问题，加强对下业务指导。对于重大侵犯知识产权犯罪案件、重大妨害科技创新职务犯罪案件挂牌督办，确保办案质量和效率。下级人民检察院对于办案中遇到的困难和问题，应当及时向上级人民检察院请示报告，必要时层报最高人民检察院。

14. 加强协作配合，形成保障和促进科技创新发展的合力。加强与政府科技、教育等部门的工作联系，深入分析和把握影响科技创新发展的深层次问题，对于体制机制及政策制定、执行中的问题，及时向主管部门通报，完善服务科技创新的监管措施。加强与各级科协的联系，建立健全联席会议、定期通报、共同调研等常态化工作机制，及时了解科技创新最新政策、发展情况和问题，准确把握科研单位和科研人员的司法需求，在职责范围内积极主动地为科研单位和科研人员排忧解难，切实提高检察机关服务科技创新的自觉性和能动性。

15. 加强宣传工作，营造重视和支持科技创新的良好环境。大力宣传党和国家创新驱动发展战略，宣传有关保护和促进科技创新发展的方针政策和法律法规，使创新发展理念深入人心。充分利用报刊、广播、电视和门户网站、微信、微博、新闻客户端等媒体，加强宣传检察机关保障和促进科技创新发展的新思路、新举措和新成效。审慎发布涉及科技创新主体犯罪案件的新闻信息，及时引导和疏解有关舆情，推动全社会形成依法保障和促进科技创新发展的司法环境和社会氛围。

第五部分　工 作 概 况

中国法院知识产权司法保护状况（2015 年）

前 言

2015 年是人民法院贯彻落实党的十八大和十八届三中、四中、五中全会精神，全面深化改革的一年，是服务经济社会发展大局取得新成绩的一年。在党中央坚强领导下，在全国人民代表大会及其常务委员会有力监督下，人民法院深入学习贯彻习近平总书记系列重要讲话精神，坚持围绕中心、服务大局、深挖潜力，大力弘扬改革创新精神，切实贯彻实施国家知识产权战略，忠实履行宪法和法律赋予的审判职责，积极发挥司法保护知识产权主导作用，严格知识产权司法保护，全面推进知识产权审判体制改革，着力加强审判监督指导，深化司法公开，不断提高司法能力和司法公信力，知识产权司法保护工作取得了新进展，为实现“十三五”规划营造了良好法治环境，为实施创新驱动发展战略作出了积极贡献。

一、推进司法审判，服务保障创新发展

人民法院紧紧围绕党和国家工作大局，贯彻落实中共中央、国务院《关于深化体制机制改革加快实施创新驱动发展战略的若干意见》，牢牢坚持司法为民宗旨，积极履行知识产权司法审判职责，着力提高审判质量和效率，坚定不移维护知识产权权利人的合法权益，更好地适应和服务经济发展新常态，服务和保障创新驱动发展战略实施。2015 年人民法院共新收一审、二审、申请再审等各类知识产权案件 149238 件，审结 142077 件，比 2014 年分别上升 11.49% 和 11.76% 。

（一）加强民事审判工作，切实维护权利人合法权益

人民法院紧紧把握以创新发展为核心的时代机遇，紧紧把握我国的发展思路、发展方向和发展着力点，紧紧围绕激发全社会创新活力和创造潜能，营造大众创业、万众创新的公平竞争环境，加强知识产权民事审判工作，坚持平等保护，鼓励科技创新，更加重视对商业模式创新的保护力度，打破制约创新的行业垄断和市场壁垒，为保护好创新成果、维护好创新环境、实现好创新价值发挥司法保护的引领作用。2015 年，全国地方人民法院共新收和审结知识产权民事一审案件 109386 件和 101324 件，同比分别上升 14.51% 和 7.22% ，一审结案率为 82.66% 。其中，新收专利案件 11607 件，同比上升 20.3% ；商标案件 24168 件，同比上升 13.14% ；著作权案件 66690 件，同比上升 12.1% ；技术合同案件 1480 件，同比上升 38.19% ；不正当竞争案件 2181 件（其中垄断民事案件 156 件），同比上升 53.38% ；其他知识产权纠纷案件 3093 件，同比上升 22.45% 。全年共审结涉外知识产权民事一审案件 1327 件，同比下降 22.67% ；审结涉港澳台知识产权民事一审案件 387 件，同比下降 9.15% 。全国地方人民法院共新收和审结

知识产权民事二审案件 15114 件和 15025 件，同比分别上升 9.84% 和 9.61%；共新收和审结知识产权民事再审案件 115 件和 114 件，同比分别上升 43.75% 和 21.28%。

2015 年，最高人民法院新收和审结知识产权民事案件 381 件和 377 件，同比分别上升 13.39% 和 11.2%。其中，新收和审结二审案件 8 件和 7 件；新收和审结申请再审案件 329 件和 321 件；新收和审结提审案件 18 件和 23 件（含旧存）。

人民法院审理的具有较大社会影响的知识产权民事案件有：石家庄双环汽车股份有限公司与本田技研工业株式会社确认不侵害专利权、损害赔偿纠纷上诉案，高仪股份公司与浙江健龙卫浴有限公司侵害外观设计专利权纠纷再审案，广州星河湾实业发展有限公司等与江苏炜赋集团建设开发有限公司侵害商标权及不正当竞争纠纷再审案，上海帕弗洛文化用品有限公司与上海艺想文化用品有限公司等商标使用许可合同纠纷上诉案，陈喆与余征等侵害著作权纠纷上诉案，暴雪娱乐有限公司等与成都七游科技有限公司等著作权侵权及不正当竞争纠纷诉中禁令案，李卫国与中国电信股份有限公司陕西分公司等垄断定价及捆绑交易纠纷案等。

（二）加强行政审判工作，切实促进依法行政

人民法院贯彻落实全面推进依法治国的重大部署，认真贯彻新修改的行政诉讼法，加强对知识产权授权、确权案件的司法审查力度，加强对行政执法行为的司法监督，严格规范知识产权行政执法行为，支持、监督、促进依法行政，回应群众关切。2015 年，全国地方人民法院共新收知识产权行政一审案件 9839 件，同比基本持平；审结 10926 件（含旧存），同比上升 123.57%，一审结案率为 70.5%。其中，新收专利案件 1721 件，同比上升 219.29%；商标案件 7477 件，同比下降 19.65%；著作权案件 10 件，同比下降 16.67%；其他行政案件 631 件，同比上升 917.74%。审结涉外、涉港澳台案件 4928 件，占知识产权行政一审结案数的 45.1%，同比持平。其中，涉外案件 4348 件，涉港案件 295 件，涉澳案件 8 件，涉台案件 277 件。在审结的一审行政案件中，判决维持行政行为的 3541 件，判决撤销的 1664 件。全国地方人民法院新收知识产权行政二审案件 2245 件，审结 2329 件（含旧存），同比分别下降 7.8% 和上升 9.96%；其中，维持原裁判 1896 件，改判 356 件，发回重审 3 件，撤诉 50 件，驳回 16 件。

2015 年，最高人民法院新收和审结知识产权行政案件 378 件和 377 件，同比分别上升 161% 和 150%。其中，新收申请再审案件 367 件，审结 361 件。在审结的 361 件申请再审案件中，驳回再审申请 272 件，占 75.35%；提审 50 件，占 13.85%；和解撤诉 10 件，占 2.77%；指令再审 10 件，占 2.77%；以其他方式结案 19 件，占 5.26%。

人民法院审理的具有较大社会影响的知识产权行政案件有：沃尔尼·朗伯有限责任公司与国家知识产权局专利复审委员会、北京嘉林药业股份有限公司等发明专利权无效行政纠纷再审案，贵州赖世家酒业有限责任公司与国家工商行政管理总局商标评审委员会、中国贵州茅台酒厂（集团）有限责任公司商标异议复审行政纠纷申请再审案，北京福联升鞋业有限公司与国家工商行政管理总局商标评审委员会、北京内联升鞋业有限公司商标异议复审行政纠纷申请再审案，熊克生与武汉市江岸区工商行政管理局、武汉蔡林记商贸有限公司工商行政处罚纠纷上诉案等。

（三）加强刑事审判工作，切实制裁侵犯知识产权犯罪行为

人民法院认真贯彻总体国家安全观，不断增强忧患意识、责任意识，坚持宽严相济刑事政策，依法严惩侵犯知识产权犯罪行为，切实维护知识产权权利人的合法权益，维护长治久安的社会经济秩序。2015 年，全国地方人民法院共新收涉知识产权刑事一审案件 10975 件，同比基本持平。其中，侵犯知识产权罪案件 4913 件（其中假冒注册商标罪等侵犯注册商标犯罪案件 4358 件，侵犯著作权罪案件 504 件），同比下降 6.28%；涉及侵犯知识产权的生产、销售伪劣商品罪案件 3925 件，同比下降 1.03%；涉及侵犯知识产权的非法经营罪案件 1923 件，同比上升 13.32%；涉及侵犯知识产权的其他案件 214 件，同比上升 16.94%。

全国地方人民法院共审结涉知识产权刑事一审案件 10809 件，同比基本持平，一审结案率为 89.29%；生效判决人数 12741 人，同比下降 8.36%；给予刑事处罚 12580 人，同比下降 9.52%。其中，审结侵犯知识产权罪案件 4856 件，生效判决人数 6402 人；审结涉及侵犯知识产权的生产、销售伪劣商品罪案件 3965 件，生效判决人数 4127 人；审结涉及侵犯知识产权的非法经营罪案件 1844 件，生效判决人数 2095 人；审结涉及侵犯知识产权的其他罪名案件 144 件，生效判决人数 117 人。在审结的侵犯知识产权罪案件中，假冒注册商标罪案件 2133 件，生效判决人数 3089 人；销售假冒注册商标的商品罪案件 1789 件，生效判决人数 2222 人；非法制造、销售非法制造的注册商标标识罪案件 358 件，生效判决人数 500 人；假冒专利罪案件 1 件，生效判决人数 0 人；侵犯著作权罪案件 523 件，生效判决人数 547 人；销售侵权复制品罪案件 5 件，生效判决人数 9 人；侵犯商业秘密罪案件 47 件，生效判决人数 35 人。

全国地方人民法院共新收和审结涉知识产权的刑事二审案件 790 件和 782 件，同比分别上升 37.87% 和 50.1%。

人民法院审理的具有较大社会影响的知识产权刑事案件有：被告人张盛、邹丽假冒注册商标罪、被告人王渭宝销售非法制造的注册商标标识罪案，郭明升、郭明锋、孙淑标假冒注册商标罪案，翁存兴侵犯著作权罪案等。

2015 年，人民法院始终重视发挥知识产权司法保护主导作用，知识产权司法审判持续推进并呈现出新面貌：

——案件数量持续增长。人民法院新收知识产权民事、行政和刑事一审案件 130200 件，比 2014 年上升 11.73%。其中，知识产权民事一审案件增幅明显，达到 14.51%。从案件分布来看，北京、上海、江苏、浙江、广东五省市收案数量持续在高位运行，新收知识产权民事一审案件数约占全国法院该类案件总数的 70%；除广东省在新收案件数量上保持稳定外，其他四省市新收知识产权民事一审案件数量同比均大幅增加，江苏省增幅最为明显，达到 38.71%。随着京津冀一体化建设的推进，北京市知识产权案件数量持续增长的态势逐步向周边辐射，天津市知识产权收案数量大幅攀升，全市三级法院新收知识产权民事一审案件同比上升 50.41%。安徽随着建设创新型省份目标的加速推进，知识产权案件数量增长迅速，全省三级法院新收知识产权民事一审案件同比上升 101.26%。山东、陕西、湖南、黑龙江四省新收知识产权民事一审案件同比增幅较大，均在 30% 以上。

——审理难度不断加大。随着我国市

场经济的发展和创新驱动发展战略的实施，涉及复杂技术事实认定的技术类案件，特别是涉及尖端技术的专利行政案件、专利侵权纠纷案件、涉及新技术合作开发、技术成果应用的技术合同纠纷案件不断增加，涉及市场竞争秩序维护的垄断和不正当竞争案件也呈持续攀升态势，增加了案件事实查明和审理的难度。2015 年，人民法院新收专利行政一审案件 1721 件，同比上升 219.29%；新收专利和技术合同民事一审案件 13087 件，同比上升 22.1%；新收不正当竞争民事一审案件 2181 件（其中垄断民事案件 156 件），同比上升 53.38%。与此同时，涉及知名企业品牌利益保护和市场份额的商标纠纷案件，涉及著名影视文化作品互联网传播的著作权纠纷案件等也不断增多，特别是随着“互联网 +”行动计划的实施，涉互联网知识产权侵权纠纷不断涌现，使知识产权审判不断面临新挑战。人民法院积极应对新形势、新任务，加强对重大疑难复杂案件的审理，及时回应社会关切；加强案例指导工作，注重研究解决司法实践中的突出问题，及时统一裁判标准，增强法律的确定性和可预见性，取得良好法律效果和社会效果。

——审判质效稳步提升。全国地方人民法院审结知识产权一审案件 123059 件，同比上升 11.68%。其中，知识产权民事一审案件结案数同比上升 7.22%；再审率为 0.11%；审结的上诉案件的改判发回重审率为 5.06%。在审结案件数明显增加的情况下，再审率和改判发回重审率同比基本持平。知识产权行政一审案件结案数同比上升 123.57%，再审率为 0.027%，同比基本持平；审结的上诉案件的改判发回重审率为 15.41%，同比上升 6.77%。在审结案件数大幅上升的情况下，再审率同比基本持平，改判发回重审率增幅较为明显，较好地发挥了上诉审的纠错功能。人民法院始终重视加强知识产权民事案件诉前和诉中调解工作，民事一审案件调解撤诉率达到 63.12%，二审案件调解撤诉率达到 28.26%，取得了良好的社会效果和法律效果。海南省高级人民法院创新调解方式，知识产权民事案件调解撤诉率达到 93.75%；宁夏回族自治区和安徽省法院知识产权民事一审案件调解撤诉率达到 70% 以上；安徽省宿州市中级人民法院将调解关口前移，在庭审前成功调处了“九阳”商标侵权案。人民法院为提高诉讼效率，进一步加强庭审工作，落实“精细化审判”要求，强化庭审中心意识，突出当事人的主导地位，发挥庭审的功能和作用，当庭宣判民事一审案件 19873 件，当庭宣判率达到 19.61%。

——保护力度不断加强。人民法院以充分实现知识产权的市场价值为目标，综合运用多种保护手段，有效维护权利人的合法利益。严厉打击制假售假、“傍名牌”“搭便车”、侵犯商业秘密等行为，加大损害赔偿力度，准确把握法定赔偿和酌定赔偿的关系，提高损害赔偿计算的科学性和合理性，增加惩罚性赔偿的适用，遏制重复侵权，提高违法侵权成本；积极合理适用知识产权临时措施，发挥其制度效能，提高司法救济的及时性、便利性和有效性；严格执行罚金刑，使侵犯知识产权的犯罪分子丧失再侵权的能力。河南省高级人民法院对非法获取富士康公司及苹果公司计算机信息系统数据，将“水货”苹果手机刷机谋利的吴某等 16 人中的 9 人分别判处二至五年有期徒刑外，并处罚金 441 万元，有力震慑了犯罪行为。加大对诉讼不诚信行为的处罚力度，保护权利人的合法权益。最高人民法院在江苏大象东亚制漆有限公司与广东华润涂料有限公司等不正当竞争纠纷提审一案中，对伪造关键证据的江苏大象东亚制漆有限公司及其法定代表人分别处以100万元和10万元的罚款，维护良好的诉讼秩序，树立司法保护权威；福建省加强对陶瓷版权的司法保护，该省德化县人民法院被评为全国版权保护示范单位以及联合国世界知识产权保护组织版权保护优秀案例示范点；宁夏回族自治区加强对涉文化类知识产权的保护，促进文化体制创新发展。

二、深化司法改革，完善审判体制机制

2015年是人民法院全面深化司法体制改革的重要一年。全面深化司法体制改革是坚持和完善中国特色社会主义司法制度的必然要求，也是加强司法为民、公正司法的必然要求。人民法院以建设公正高效权威的知识产权司法审判制度为目标，以知识产权法院建设为重点，不断创新和加强制度建设，推动知识产权司法审判持续向前发展。最高人民法院副院长陶凯元在《求是》杂志上发表《充分发挥司法保护知识产权的主导作用》专题文章。

（一）知识产权法院工作扎实有效推进

北京、上海、广州知识产权法院成立后，各项工作有序开展，制度建设初见成效，实现良好开局。截至2015年12月31日，三家知识产权法院共受理知识产权民事和行政案件15772件。北京知识产权法院审判一庭荣获世界知识产权组织（WIPO）和国家工商行政管理总局共同颁发的第二届“中国商标金奖-商标保护奖”。

——建章立制，落实各项改革措施。知识产权法院从成立伊始，就承担着中国司法改革的探索者和先行者的使命。为全面落实各项改革措施，三家知识产权法院通过出台《关于落实审判权运行机制改革的实施方案》《合议庭办案工作暂行规定（试行）》《权力清单细则》等文件，改革和优化司法权配置，落实主审法官、合议庭办案负责制、司法责任制、司法人员分类管理等改革措施，形成法官主导、人员分类、权责明晰、协同合作的审判管理新模式。北京知识产权法院积极探索法官团队（由1名法官、1名法官助理和1名书记员组成）办案模式，大幅提升了审判效率，法官团队平均结案236件。转变院庭长职能，实现院庭长办案常态化，明确院庭长与其职权相适应的审判管理与监督职责，确保监督不越位，失职必担责。北京知识产权法院由院庭长审结的案件数占全院审结案件数的11%。改革审判委员会运行机制，明确审判委员会统一裁判标准的职能。北京知识产权法院在审判委员会下设法官专业会议，作为案件前置咨询和过滤机构，增强审判委员会决策的科学性和专业性，率先实现由审判委员会直接公开开庭审理重大、疑难、复杂案件中的法律问题，并将审判委员会决定理由在裁判说理部分公开。改革庭审模式，优化庭审程序，提高庭审效率，强化庭审中心意识，突出当事人的主导地位。积极推进案件繁简分流，推动裁判文书说理改革，简化简单案件的裁判文书，增强复杂案件裁判文书的说理性。

——加强指导，及时研究化解新问题。为扎实有效地推进知识产权法院的各项工作，落实好党中央加强知识产权司法保护的决策部署，最高人民法院高度重视知识产权法院的建设、管理、审判等各项工作，本着“从解决问题入手，在不断发现问题、解决问题中深化改革，推动工作发展”的工作思路，及时研究解决发展难题，坚定不移夯实发展基础。为准确研判形势、厘清思路、凝聚共识、推进工作，最高人民法院召开了知识产权法院工作座谈会，最高人民法院副院长陶凯元在讲话中强调，要充分发挥好知识产权法院在促进创新驱动发展战略实施、深化司法体制改革中的示范作用，当好发挥司法保护知识产权主导作用的排头兵，为做好下一阶段知识产权法院的工作指明了方向。为更好地促进知识产权法院建设，最高人民法院在调查研究的基础上，向中央全面深化改革领导小组提交了《知识产权法院工作情况及问题建议》，得到高度重视和充分肯定。最高人民法院进一步制定了《关于进一步推动知识产权法院建设的任务分工方案》，将各项任务具体分解，明确责任主体，切实强化落实。

——积极探索，切实发挥引领示范作用。知识产权法院坚持以改革创新破解发展难题，积极探索发挥司法保护知识产权主导作用的新路径。北京知识产权法院积极探索案例指导理论和实践问题，注重培养法官研究案例、遵循先例的意识，取得积极成效，最高人民法院知识产权案例指导（北京）基地于2015年在北京知识产权法院设立。上海知识产权法院深入贯彻落实党中央对上海市发展的新要求，制定《上海知识产权法院服务保障上海建设具有全球影响力的科技创新中心的意见》，积极服务上海科技创新中心建设；成立“陈惠珍法官工作室”，为上海市张江高新技术产业开发区提供知识产权法律咨询和服务，助力科技创新产业发展。广州知识产权法院充分发挥广东省的地缘优势和市场优势，大力加强知识产权市场价值研究，促进最高人民法院知识产权司法保护与市场价值研究（广东）基地的设立，以期为充分实现创新成果的市场价值提供可推广的经验。为落实诉讼“两便”原则，广州知识产权法院在广东省中山市古镇设立远程立案、查询、咨询等诉讼服务处，探索推广远程视频开庭，让司法更加贴近人民群众，把司法为民落在实处。为回应社会各界对知识产权法院建设的关切，树立中国法院知识产权审判新形象，最高人民法院编辑出版了《中国知识产权法院》宣传画册，并召开知识产权法院设立运行情况新闻发布会，受到社会各界高度赞誉。

（二）“三合一”改革试点工作取得突破性进展

为贯彻落实党的十八届四中全会确定的司法体制改革任务以及《关于深化体制机制改革加快实施创新驱动发展战略的若干意见》和《深化科技体制改革实施方案》提出的“推进知识产权民事、行政、刑事案件审判‘三合一’”的具体要求，全面推进“三合一”改革，最高人民法院知识产权审判庭组织召开了全国部分法院知识产权审判“三合一”改革试点工作座谈会，认真总结交流改革试点工作取得的成效和经验，深入分析目前存在的困难和问题，在充分研究论证的基础上，完成了《关于知识产权审判“三合一”改革试点工作情况的报告》，并起草了《关于在全国法院推进知识产权民事、行政和刑事案件审判“三合一”工作的意见（讨论稿）》，推动“三合一”改革试点工作迈向新台阶。截至2015年11月，全国共有6个高级人民法院、95个中级人民法院和104个基层人民法院开展了“三合一”改革试点工作。四川省自2014年4月在全省范围内开展知识产权审判“三合一”改革试点工作以来，全省各类知识产权案件一审服判息诉率平均提高3.46%，审理周期平均缩短11.5天，“三合一”审判机制在优化司法资源配置、统一裁判规则、提高审判质效等方面的优势得以显现。

（三）知识产权案件管辖布局进一步优化

知识产权案件管辖布局是关系审判资源合理配置，促进审判质量效率提升，保障日益增长的知识产权司法保护需求的一项基础性工作。2015 年，最高人民法院进一步探索优化知识产权案件管辖布局新模式，从严集中布局专利等技术类民事案件的审判管辖，按需灵活布局驰名商标、垄断等特殊类型民事案件的审判管辖，科学合理布局一般知识产权民事案件的审判管辖。积极探索第一审一般知识产权案件的跨区域管辖，适当集中北京市和广东省部分基层人民法院的知识产权案件管辖权，完善管辖布局。加强对自由贸易试验区知识产权案件的管辖布局，指定福建省福州市马尾区人民法院、福州市平潭综合实验区人民法院、厦门市湖里区人民法院管辖发生在本辖区及所辖自由贸易试验区片区内的第一审一般知识产权民事案件；指定天津市滨海新区人民法院管辖滨海新区行政区域内的第一审一般知识产权民事案件，助力自由贸易试验区的经济建设。天津市滨海新区人民法院立足辖区司法保护工作的实际需求，在天津中心生态城设立知识产权巡回法庭，有效回应天津产业布局要求，促进生态城知识产权交易平台建设。根据不同区域经济发展、案件数量、审判力量的变化，对专利案件的管辖布局适时作出适当调整，指定安徽省芜湖市中级人民法院管辖安徽省部分第一审专利民事案件。

（四）技术事实查明机制进一步完善

人民法院积极探索知识产权审判专业技术事实查明的有效方式，建立和完善司法鉴定、专家辅助人、专家咨询、技术调查官等技术事实查明制度，提高技术事实查明的准确性。最高人民法院在礼来公司诉常州华生制药有限公司侵害发明专利权纠纷上诉一案中，首次启用技术调查官调查技术事实，着力发挥示范作用。积极发挥知识产权法院集中审理技术类案件的优势，在知识产权法院大力推进技术调查官制度，要求知识产权法院按照最高人民法院公布的《关于知识产权法院技术调查官参与诉讼活动若干问题的暂行规定》选任和配置技术调查官，发挥技术调查官在查明技术事实中的独特作用。上海市高级人民法院专门召开知识产权法院技术调查官制度研讨会，上海知识产权法院出台技术调查官管理办法等规定，为查明技术事实提供制度保障。北京知识产权法院探索把专业机构关于技术问题的意见写进判决书，增强裁判公信力。积极研究技术调查官制度与专家咨询制度的有效衔接，建立完善技术事实查明机制。湖北省高级人民法院积极探索，建立湖北法院知识产权审判咨询专家库，并出台专家库运行制度，规范其运行管理；内蒙古自治区高级人民法院续聘了 25 位知识产权审判科学技术咨询专家，借助其技术资源解决知识产权案件中的专业技术性问题；青海省高级人民法院通过聘请技术专家作为人民陪审员参与案件审理，解决技术事实审查难题；重庆市高级人民法院出台技术咨询专家制度等规定，发挥技术咨询专家和专家辅助人参与诉讼活动的积极性；四川省高级人民法院完善技术专家咨询制度，出台管理办法，规范、促进技术专家在技术咨询、技术调查方面发挥积极作用，2015 年共引入技术专家参与或协助审理各类知识产权案件 36 件。

（五）多元化纠纷解决机制进一步推进

全面深化多元化纠纷解决机制建设，是实现国家治理体系和治理能力现代化的重要内容，是促进社会公平正义、维护社会和谐稳定的必然要求。人民法院在知识产权司法保护中始终重视多元化纠纷解决机制建设，注重发挥多元化纠纷解决机制的作用，加强与知识产权行政管理部门、人民调解组织、仲裁机构、行业协会、专业调解组织等的协调配合，创新纠纷解决方式，动员和发挥社会各界力量，打造知识产权保护的立体平台，形成保护合力。北京知识产权法院成立志愿者服务队，将15家高校的250余名学生吸纳到诉讼服务和审判研究中来；浙江省高级人民法院为畅通诉调对接机制，加强人员保障，提高纠纷解决透明度，联合浙江省知识产权局、国家互联网协会等单位开展了国内首家知识产权纠纷专业调解第三方独立公益平台试点工作，着力打造专业的第三方独立公益平台，化解知识产权纠纷200余件；广西壮族自治区高级人民法院邀请行业协会参与知识产权纠纷调解，加强非诉调解与司法调解的衔接，从源头上化解矛盾纠纷；新疆维吾尔自治区高级人民法院与自治区知识产权局联合制定了《专利民事纠纷司法审判与行政调处衔接机制的实施意见》和《诉调对接机制合作备忘录》，形成以司法为主导，“委托调解、调诉对接、司法审判”合一的知识产权纠纷处理新模式。

三、加强监督指导，保障公正高效司法

加强审判监督和业务指导，对于保障知识产权司法裁判的公正性，维护司法权威，提高法律统一适用标准，提升审判质量和效率具有重要作用。2015年，人民法院继续加强司法解释和司法政策的制定工作，进一步完善审判监督和审判管理工作机制，强化审判指导，不断提高知识产权审判工作水平。

（一）加强审判管理和审判监督工作

人民法院坚持以管理保公正，以公正促公信，加强规范知识产权司法行为，努力构建符合知识产权审判工作特点的管理新模式。

——坚持制度化管理。健全完善从院庭长到司法辅助人员，从立案到审判的全方位、立体化的审判管理制度，强化审判管理的效能。发挥案件信息管理、案件质量评估、审判流程管理、审判运行态势分析、审判绩效考核制度的功能，构建统一、协调的管理制度体系，确保公正高效司法。山东省高级人民法院狠抓制度落实，开展了全省法院2015年知识产权审判工作情况运行态势分析和审判绩效评估工作，及时掌握审判动态，改进审判工作；黑龙江省高级人民法院坚持开展案件质效评查工作，加强整改落实，强化监督管理；贵州省高级人民法院建立长期未结案件督办机制，提高均衡结案水平。

——坚持信息化管理。充分发挥信息化建设对创新和加强审判管理的作用，依托信息化进行科学精细、简便易行的管理，以信息化管理推进落实对审判权力运行的有效监督，为知识产权司法审判提供充分有效的支撑。重庆、甘肃、青海等地高级人民法院充分运用信息技术，加强对审判工作流程和节点的监控，使审判管理更加精细严谨。

——坚持主体化管理。完善以审判权为核心、以审判监督权和审判管理权为保障的审判权力运行机制，落实审判责任制。最高人民法院严格案件讨论制度，细化审判长联席会议工作规则，严格落实办案责任制，严把案件质量关。江苏省高级人民法院推进以团队审判为核心的审判权运行机制改革，审判质效明显提升；辽宁省高级人民法院试点固定合议庭制度，推行合

议庭办案责任制，提高合议效能，确保让审理者裁判、由裁判者负责的审判责任制的落实。河北省高级人民法院推进庭长办案制度改革，全年由庭长、副庭长参加庭审的案件占全庭审结案件数的60%以上。

（二）加强司法解释和司法政策制定工作

最高人民法院发布《关于修改〈最高人民法院关于审理专利纠纷案件适用法律问题的若干规定〉的决定》，重新界定了专利权评价报告的法律地位，明确了专利侵权损害赔偿数额计算方法的选择等重大问题；发布《关于新修订的〈中华人民共和国行政诉讼法〉实施后专利代理人能否继续代理专利行政诉讼的批复》，及时厘清专利代理人在新行政诉讼法实施后的诉讼地位；完成《最高人民法院关于审理侵害专利权纠纷案件应用法律若干问题的解释（二）》的起草工作，并获得最高人民法院审判委员会讨论通过；完成《最高人民法院关于知识产权和竞争纠纷行为保全适用法律若干问题的解释》讨论稿以及《最高人民法院关于审理商标授权确权行政案件若干问题的规定》征求意见稿的起草工作，有力保障了知识产权审判法律适用统一。

（三）加强审判指导和审判调研工作

——加强案例指导工作。在北京知识产权法院设立最高人民法院知识产权案例指导研究（北京）基地，这是全国法院首家知识产权案例指导研究基地，旨在汇集、编撰、整理指导性案例，发挥辐射作用，推动建成全国知识产权案例指导综合服务中心。最高人民法院编辑出版《知识产权审判指导》《中国知识产权指导案例评注》等书籍，定期发布知识产权审判动态，坚持问题导向，加强对下指导，及时总结裁判经验，统一裁判标准，规范自由裁量权的行使。最高人民法院发布“柏万清诉成都难寻物品营销中心等侵害实用新型专利权纠纷案”指导性案例，明确了专利权保护范围明显不清楚情况下的侵权判定问题。

——加强知识产权司法保护调研工作。设立最高人民法院知识产权司法保护研究中心，凝聚各方研究力量，加强理论与实践的结合与互动，不断提高知识产权司法保护水平；在广州知识产权法院设立最高人民法院知识产权司法保护与市场价值研究（广东）基地，以期研究解决知识产权维权成本高、赔偿额低、侵权损害赔偿额与维权成本及市场价值不相适应的突出问题；开展“加大知识产权司法保护，发挥知识产权司法保护主导作用”专题调研，找准发挥主导作用的着力点。

——加强法律修订建议工作。最高人民法院设立专利法第四次修改研究小组，系统总结专利法施行30年来司法实践中积累的经验，深入研究专利审判中遇到的困难和问题，向法律修订部门提出解决审判实践问题的针对性修法建议；参与种子法的修订，就种子生产许可证制度、实质性衍生品种等重大法律问题提出有针对性的修改意见和建议，均被最终采纳。

——加强知识产权审判专题调研工作。在上海市浦东新区人民法院自贸区知识产权法庭，设立最高人民法院知识产权审判庭自贸区知识产权司法保护调研联系点，并召开自贸区知识产权司法保护座谈会，就健全完善自贸区知识产权司法保护机制、自贸区商品出口和平行进口贸易中的知识产权保护等问题进行专题调研；天津市高级人民法院以知识产权司法保护服务天津自贸区建设作为重点调研课题开展调研活动，助力自贸区发展；在重庆召开中国审判理论研究会知识产权专业委员会年会，以“互联网+”时代知识产权保护热点为主题进行深入研讨；江苏省高级人民法院加强对知识产权审判亟待解决问题的调研，完成了有关经济新常态下市场竞争秩序的维护、地理标志、知识产权刑事司法保护等专题调研；浙江省高级人民法院围绕市场开办者的知识产权侵权责任开展专题调研；山东省高级人民法院抽调全省业务骨干，成立首个专业审判调研小组，针对审判中的疑难问题，开展专题调研；贵州省高级人民法院开展黔茶知识产权保护问题调研，为品牌发展保驾护航；重庆市高级人民法院围绕知识产权权利冲突等专题进行深入调研，并促进成果转化。

四、加强司法公开，优化司法保护环境

加强司法公开、扩大司法宣传、展现司法形象，是人民法院深化司法改革，更好地促进司法为民、公正司法，营造良好司法环境的重要举措。2015 年，人民法院以审判工作为抓手，以司法宣传为着力点，以人民法院信息化建设为基础，不断加大知识产权司法保护公开力度，增强中国法院知识产权司法保护透明度，回应社会各界以及国际社会对中国知识产权司法保护的关注，传播中国知识产权司法保护“好声音”，推动全社会形成尊重和保护知识产权的良好氛围。

（一）加强审判公开，以公开促公正

——加强庭审公开。最高人民法院加强对社会关注度高、法律适用典型案件的公开审理，提升审判影响力，对王老吉与加多宝知名商品特有包装装潢纠纷系列案，依法组成由最高人民法院知识产权庭庭长宋晓明担任审判长的五人合议庭进行公开开庭审理，并进行庭审直播；依法公开审理礼来公司诉常州华生制药有限公司侵害发明专利权纠纷上诉案，邀请驻华使节、大学生、专家学者旁听庭审，开放中外媒体记者全程报道，中国法院网、最高人民法院微博全程庭审直播，受到国内外高度评价。河北省高级人民法院严格执行庭审直播规定，除涉及商业秘密等依法不宜公开的案件外，全部向社会公众直播，庭审直播率达到 97%。陕西、广东等高级人民法院对重点案件的审判进行网络和微博直播，邀请人大代表、政协委员等社会各界人士旁听庭审。

——加强裁判文书公开。充分发挥中国裁判文书网的功能，及时上网发布全部可以公开的裁判文书，提高裁判文书的公布范围和公布效率，截至 2015 年底，公开各级人民法院生效知识产权裁判文书 154532 份。广东省高级人民法院建立规范化、制度化和常态化的裁判文书发布机制，推动全省法院上网公布知识产权裁判文书，在中国知识产权裁判文书网发布裁判文书总量居全国首位。

——加强审判流程公开。以中国审判流程信息公开网为载体，大力推进审判流程公开，及时推送知识产权案件流程信息；推行网上办案，实现全程留痕，实时监督，保障当事人的知情权、监督权，提高审判质量和效率。河北省高级人民法院不断提升审判流程信息录入的完整性，知识产权案件公开率达到 100%。

（二）加强法治宣传，提升司法公信

人民法院充分借助中国法院手机电视、微信、微博等平台，加强知识产权法治宣传，引导社会形成尊重产权、依法维权的良好法治环境。最高人民法院继续精心筹划开展“4 · 26”世界知识产权日宣传周活动，召开媒体见面会和新闻通气会，发布《中国法院知识产权司法保护状况（2014 年）》（中英文）、2014 年中国法院十大知识产权案件、十大创新性知识产权案件和五十件典型知识产权案例，发布《最高人民法院知识产权案件年度报告（2014

年)》，发行《中国知识产权司法保护年鉴(2014)》，编印出版知识产权法院宣传册，邀请外国驻华使节、国家知识产权战略部际联席会议成员旁听涉外知识产权案件庭审，组织“知识产权司法保护重庆行”。上述活动，构建了立体化的宣传内容和宣传模式，提升了宣传效果，扩大了知识产权审判的影响力。

地方各级人民法院也积极拓宽宣传渠道，创新宣传方式，开展了富有成效的宣传工作。北京市高级人民法院利用“京法网事”官方微博等网络新媒体宣传知识产权案件审判情况，充分展示全市法院知识产权审判工作取得的新成果；上海市高级人民法院召开“4·26”知识产权司法保护新闻发布会，邀请中国欧盟商会等外国非企业经济组织代表出席，宣传上海法院知识产权司法保护成果；浙江省高级人民法院推出“浙江法院新闻网·知之汇”网站，讲述浙江知识产权司法保护故事，传播浙江知识产权司法保护声音；江苏省高级人民法院通过“知产视野”栏目在新浪微博和微信公众号平台推送68期文章，集中展示江苏省法院系统审理的典型案件及理论研究成果；四川省高级人民法院开通“司法智慧助力创新”微信平台，通过“随案指导”“知产动态”等模块加强诉讼指引，提高人民群众运用、保护、管理知识产权的能力；山西省高级人民法院丰富知识产权宣传周活动方式，深入企业宣传知识产权司法保护的重要性；湖南、内蒙古法院系统积极开展知识产权宣传进校园、进社区、进企业活动，宣讲万众创新、大众创业；新疆维吾尔自治区高级人民法院生产建设兵团分院第八师中级人民法院积极开展送法进基层工作，加强对农垦地区的知识产权司法宣传；西藏自治区高级人民法院编制知识产权法治宣传手册，向藏区群众发放，提高藏区群众的知识产权意识；陕西省西安市中级人民法院连续十年召开“4·26”新闻发布会，发布知识产权司法保情况，获得良好效果。

（三）加强司法交流，提升司法形象

加强知识产权国际交流合作长效机制建设，不断拓展交流渠道，扩大交流成果，提升中国法院在国际知识产权舞台上的参与权、话语权和主动权。最高人民法院以“中国知识产权司法保护国际交流（上海）基地”为平台，进一步加强知识产权司法保护的国际和区际交流，积极支持召开“知识产权与贸易国际论坛”；积极派员参加中欧知识产权对话、工作组会议、自由贸易区知识产权章节谈判以及中瑞、中美、中澳、中俄知识产权工作组会议等各类对外工作会议，积极为我国对外谈判提供智力支持，得到充分肯定；接待法国最高法院、国际商标协会、美国知识产权法律协会等代表团的来访，介绍交流中国法院司法保护成果。上海市高级人民法院和上海知识产权法院分别接待英国、美国、印度尼西亚、马来西亚、土耳其、埃及等20多个国家的政府官员、行业协会和企业代表团的来访，取得积极成效。加强与行政执法部门、科研院所、学术团体的交流互动。最高人民法院加强与国家知识产权局、国家工商行政管理总局商标局等知识产权行政部门的交流，通过召开座谈会、邀请有关人员授课等方式，共享信息，共同促进知识产权司法保护工作的开展。江苏省高级人民法院与省工商行政管理局商标处联合举办全省商标疑难案例研讨会，交流审判及执法经验；重庆市高级人民法院与西南政法大学共同举办“中国知识产权法官大讲坛”，加强理论界和实务界的互动交流，展示法官良好司法形象；辽宁法院系统加强与政府部门、行业协会的交流，了解政府产业发展政策和企业的法律需求，助力辽宁老工业基地振兴发展。

五、落实从严管理，加强审判队伍建设

加强知识产权司法保护，充分发挥司法保护知识产权主导作用，关键在队伍，重点在管理。人民法院认真贯彻落实习近平总书记关于政法队伍建设的指示精神，高度重视加强知识产权审判队伍的正规化、专业化、职业化建设，严格落实党要管党，从严治党要求，切实加强审判队伍管理，有力提升了审判队伍的司法能力和司法水平，为推进知识产权审判工作奠定了坚实基础。

（一）大力加强思想政治建设

思想政治建设是队伍建设的根本。人民法院以建设一支忠诚、干净、担当的知识产权审判队伍为目标，将加强思想政治建设与司法能力建设相结合，组织干警深入学习贯彻习近平总书记系列重要讲话精神，扎实开展“三严三实”专题教育活动，深入整治审判工作中的不严不实问题，引导干警牢固树立政治意识、大局意识、责任意识，牢固树立法治信仰，坚定不移走中国特色社会主义法治道路。大力弘扬社会主义核心价值观，深入开展向邹碧华同志学习活动，树立“法官当如邹碧华”意识，争当公正为民、敢于担当的好法官、好干部。

（二）大力加强审判专业建设

审判专业建设是队伍建设的重心。人民法院积极适应知识产权领域技术更新日新月异、制度更新层出不穷以及司法实践快速发展对法官队伍建设提出的新要求，不断加强对法官的业务培训和科学技术知识的培训，坚持不懈提高法官队伍司法能力和司法水平。最高人民法院继续组织开展对全国法院知识产权审判人员的业务培训，在国家法官学院培训审判人员 200 余名。上海、山东、内蒙古、湖北、湖南、江西等高级人民法院举办了全省（市）法院知识产权审判业务培训班，加强对新法律、新领域、新技术的学习，上海市高级人民法院还选派部分法官赴美国、德国等进行学习交流；黑龙江省高级人民法院举办了以“商业标志权利的产生与限制”等为主题的六期法官讲坛活动；浙江省高级人民法院加强对业务骨干、新进人员和人民陪审员的分级培训，增强培训的针对性；贵州省高级人民法院重视培养青年干部的审判调研能力，为青年干部开展审判理论研究创造良好条件；辽宁省高级人民法院编辑知识产权审判专刊，为全省法官交流经验提供平台，提高法官研究新情况、解决新问题的能力。

（三）大力加强司法廉洁建设

司法廉洁建设是队伍建设的保障。人民法院始终把司法廉洁建设作为队伍建设的一项硬任务抓紧抓好。坚持对全体知识产权审判队伍进行党的政治纪律和政治规矩集中教育，以“踏石留印、抓铁有痕”的劲头从严管理队伍，坚决杜绝司法不公、司法不廉的隐患，防止千里之堤，溃于蚁穴。坚持完善体制机制，严格落实党风廉政建设责任制，防控廉政风险，着力提升拒腐防变能力，将权力牢牢关进制度的笼子里。切实落实好中央八项规定精神，坚持对违纪违法行为从严惩处，以零容忍的态度坚决惩治司法腐败，确保司法廉洁，让人民群众感受司法的“正能量”。

结束语

2016 年是全面建成小康社会决胜阶段的开局之年，是推进结构性改革的攻坚之年，也是深化司法体制改革的攻坚之年。

人民法院要在以习近平同志为总书记的党中央坚强领导下，牢牢把握历史机遇，紧紧围绕“四个全面”战略布局，牢固树立“创新、协调、绿色、开放、共享”五大发展理念，奋力开拓进取，锐意改革创新，深入贯彻实施国家知识产权战略，充分发挥司法保护知识产权主导作用，加强知识产权司法保护力度，积极主动适应国际形势新变化和经济发展新常态，为促进创新驱动发展战略实施营造良好法治环境，为建设法治中国和实现中华民族伟大复兴的中国梦提供坚强有力的司法保障。

附件：

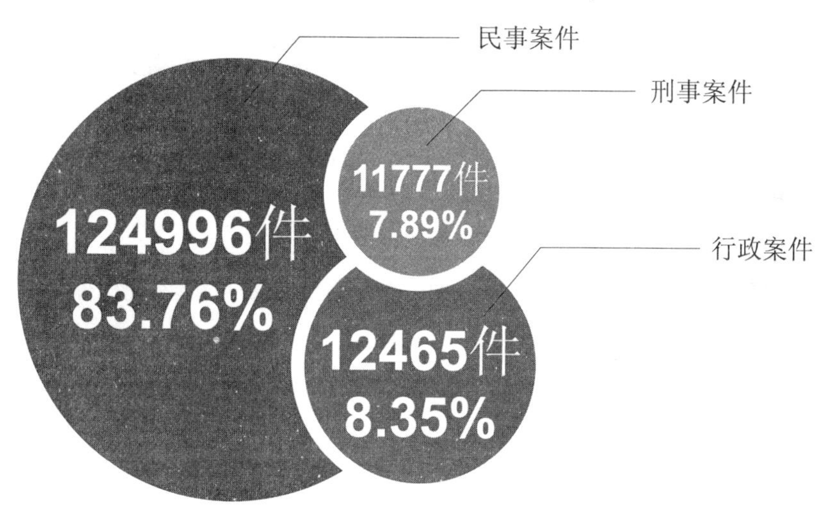

图1　2015年全国法院新收知识产权案件类型与数量图

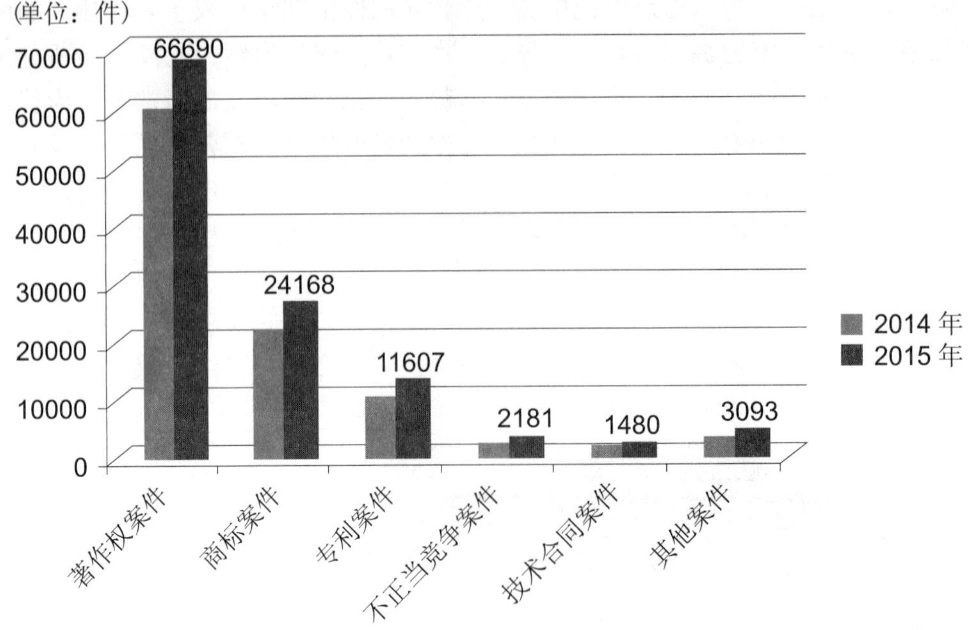

图 2　2015 年全国地方各级人民法院新收知识产权民事一审案件同比增幅图

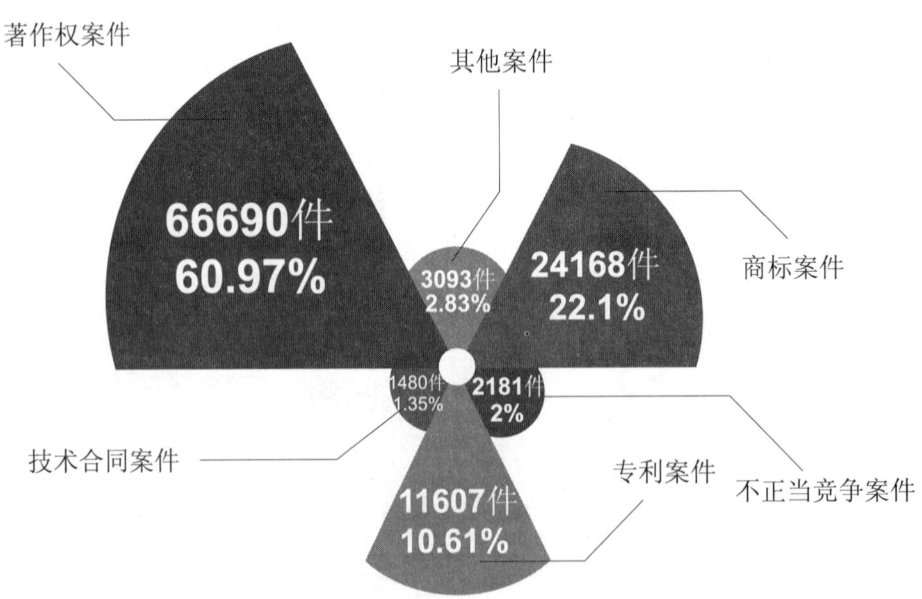

图 3　2015 年全国地方各级人民法院新收知识产权民事一审案件类型与数量图

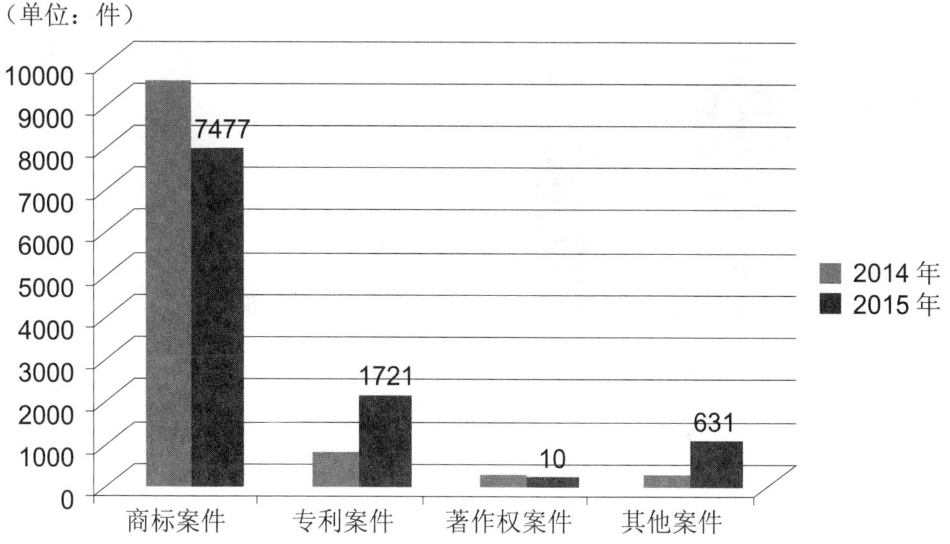

图 4 2015 年全国地方各级人民法院新收知识产权行政一审案件同比增幅图

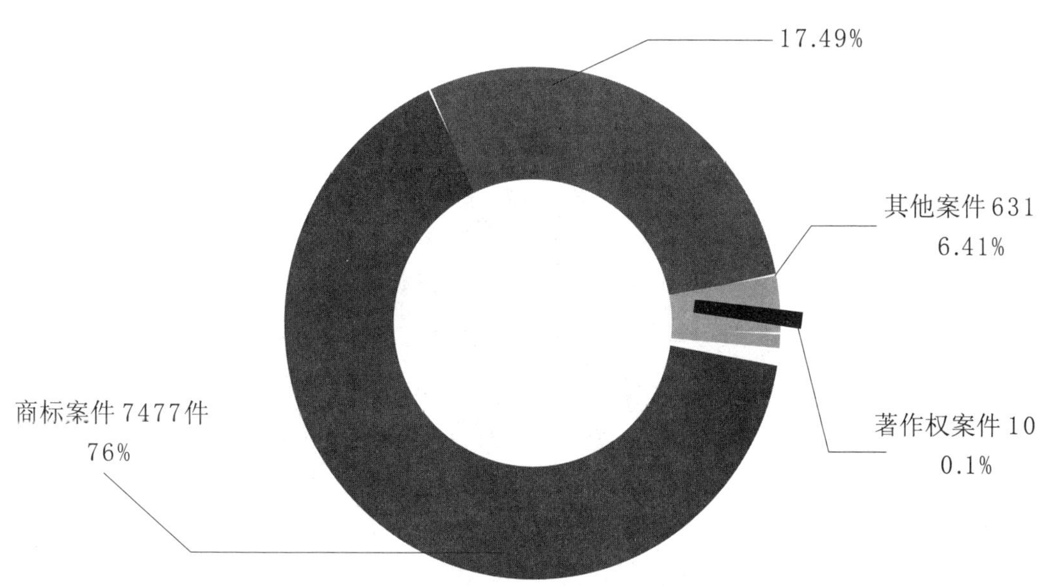

图 5 2015 年全国地方各级人民法院新收知识产权行政一审案件类型与数量图

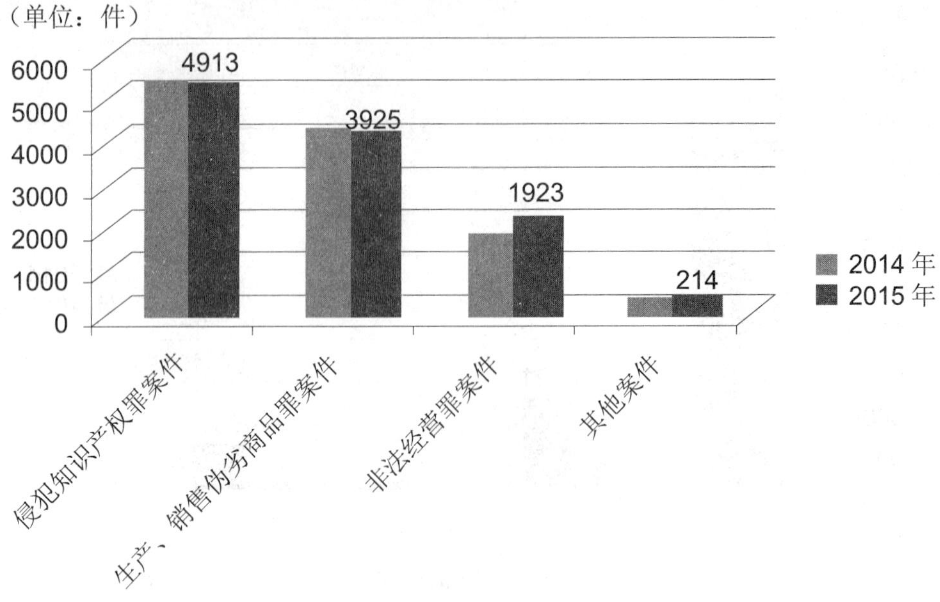

图 6　2015 年全国地方各级人民法院新收知识产权刑事一审案件同比增幅图

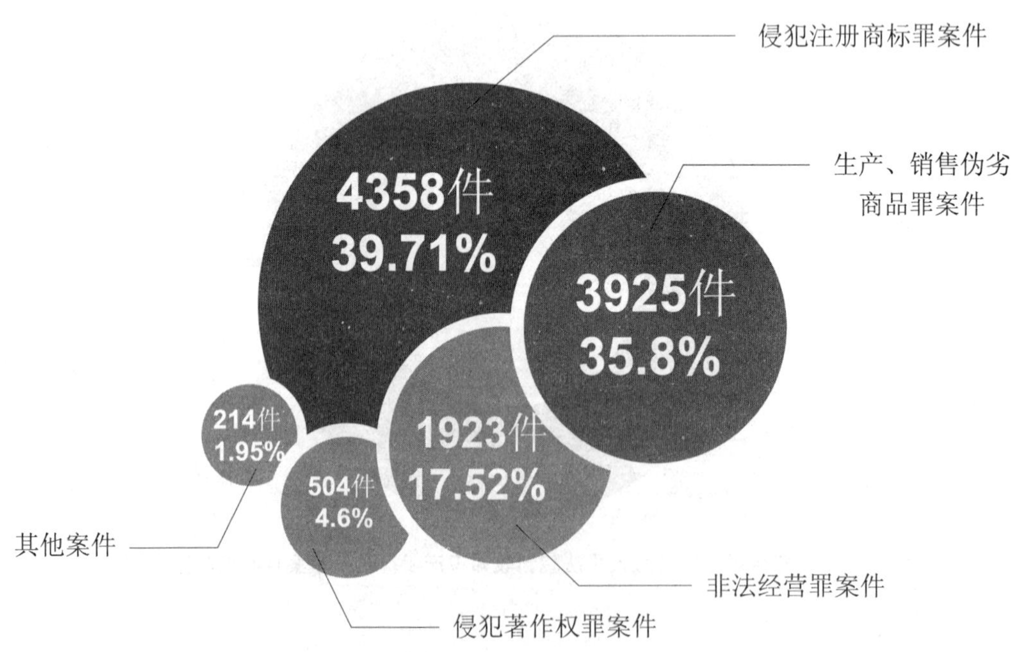

图 7　2015 年全国地方各级人民法院新收知识产权刑事一审案件类型与数量图

2015年人民法院知识产权刑事保护工作综述

2015年，全国各级人民法院贯彻国家知识产权战略，牢牢把握“司法为民、公正司法”工作主线，忠实履行审判职责，依法公正高效审理各类知识产权刑事案件，切实维护知识产权权利人的合法权益，维护市场竞争秩序，充分发挥刑事审判惩罚和预防侵犯知识产权犯罪的主导作用。

一、严格依法办案，大力推进知识产权刑事审判工作

2015年，地方各级人民法院以执法办案为第一要务，高度重视知识产权刑事审判工作，严格依法办案，确保案件质量，并注重通过准确适用财产刑、没收侵犯知识产权的犯罪所得、销毁作案工具及赃物等方式，剥夺犯罪分子再次犯罪的能力和条件，严厉打击各类侵犯知识产权犯罪。全年共新收侵犯知识产权罪案件4913件，其中：假冒注册商标罪案件2204件，销售假冒注册商标的商品罪案件1792件，非法制造、销售非法制造的注册商标标识罪案件362件，假冒专利罪案件2件，侵犯著作权罪案件504件，销售侵权复制品罪案件5件，侵犯商业秘密罪案件44件。共审结侵犯知识产权罪案件4856件，生效判决人数6402人。其中：假冒注册商标罪案件2133件，生效判决人数3089人；销售假冒注册商标的商品罪案件1789件，生效判决人数2222人；非法制造、销售非法制造的注册商标标识罪案件358件，生效判决人数500人；假冒专利罪案件1件；侵犯著作权罪案件523件，生效判决人数547人；销售侵权复制品罪案件5件，生效判决人数9人；侵犯商业秘密罪案件47件，生效判决人数35人。

二、加强调研、指导，统一裁判标准

最高人民法院和地方各级法院高度重视知识产权刑事调研工作。2015年，最高人民法院刑一庭深入调研侵犯著作权相关犯罪司法实践中的定罪量刑问题以及网络侵权的法律适用问题。许多地方法院注重总结审判实践经验，针对知识产权刑事审判中的热点、难点问题，明确处理原则和方案，统一裁判标准，发布典型案例，取得了较好的效果；有的地方法院积极开展知识产权刑事审判业务讲座、培训，着力提升审判人员的业务能力。

三、加强部门间沟通协作，完善刑事保护协作机制

最高人民法院积极加强与公安、检察机关的沟通，注重与工商、版权、专利等行政主管部门在行政执法程序上的衔接，实现刑事司法保护与行政保护的优势互补和良性互动。对于实践中出现的新问题，力争及时掌握情况，研究司法对策，避免被动司法造成应对不力。各地法院普遍注重与公安、检察机关在打击知识产权刑事司法程序中的配合，建立立案侦查、审查起诉、提起公诉和案件审理等司法程序之间的衔接协作机制，共同及时研究解决工作中的刑事司法保护问题。

四、强化司法公开，加强法治宣传

地方各级法院坚持大力推进裁判文书

网上公开工作，通过公开审理，对重大有影响的案件由新闻媒体进行庭审直播等多种方式，增强司法透明度，接受社会各界监督。有的法院还积极邀请人大代表、政协委员、人民陪审员等旁听开庭，听取各界对法院知识产权审判工作的意见和建议。各地法院还普遍以刑事审判为依托，通过召开新闻发布会、评选和公布典型案例等方式，展示人民法院打击侵犯知识产权犯罪的成果，有力震慑侵犯知识产权犯罪，提高全社会保护知识产权、抵制侵权产品的意识，促进社会主义市场经济环境良性发展。

2015 年检察机关知识产权司法保护工作综述

2015 年，全国检察机关认真贯彻落实中央的决策部署，按照《深入实施国家知识产权战略行动计划（2014—2020）》的目标要求，加强对市场经济秩序的司法保护，依法履行各项检察职能，在打击侵权假冒犯罪、加强对行政执法机关移送涉嫌犯罪案件和公安机关刑事立案的监督、推动行政执法与刑事司法衔接机制建立和完善等方面均取得显著成效。

一、充分履行批捕、起诉职能

2015 年，全国检察机关共批准逮捕生产销售伪劣商品犯罪嫌疑人 8636 人，提起公诉 15767 人；批准逮捕涉及侵犯知识产权犯罪案件（涉及知识产权犯罪案件是指包括刑法分则第三章第七节侵犯知识产权罪、数罪中含侵犯知识产权罪和他罪中含侵犯知识产权行为的案件）犯罪嫌疑人 4772 人，提起公诉 8664 人。通过刑事检察工作，有力打击了侵权假冒犯罪。另外，最高人民检察院对 29 起制售伪劣药品、医用器材、食品、保健品、化妆品案件在检察环节予以挂牌督办，对 52 起制售伪劣药品、医用器材、食品、保健品、化妆品案件作为督办线索进行交办。

二、加强对办理侵权假冒犯罪案件的专业指导

最高人民检察院于 2015 年组织编写了《刑事案件审查逮捕指引》和《刑事公诉案件证据审查指引》两本工具书，对生产、销售伪劣产品案件、生产、销售假药案件、生产、销售有毒有害食品案件、销售假冒注册商标的商品案件、侵犯商业秘密案件、侵犯著作权案件、非法经营案件等案件的基本审查方法、证据审查判断、社会危险性条件把握等方面进行引导和规范，以实现相关案件审查逮捕和审查起诉工作的法治化现代化及标准化精细化要求。

三、严肃查办职务犯罪

2015 年，全国检察机关共决定逮捕放纵制售伪劣商品犯罪行为的犯罪嫌疑人 3 人，提起公诉 3 人；决定逮捕涉嫌徇私舞弊不移交刑事案件的犯罪嫌疑人 15 人，提起公诉 118 人；决定逮捕涉嫌帮助犯罪分子逃避处罚案件的犯罪嫌疑人 52 人，提起公诉 129 人。检察机关针对放任乃至袒护、包庇侵犯知识产权和制售假冒伪劣违法犯罪的徇私舞弊、失职渎职行为，发现一起，查处一起。

四、认真开展诉讼监督

2015年，全国检察机关共受理公安机关应当立案侦查而不立案侦查破坏社会主义市场经济秩序犯罪案件线索2876件，要求公安机关说明不立案理由2351件，公安机关主动立案1649件，检察机关通知公安机关立案297件，公安机关接通知后立案279件。经检察机关监督后，公安机关立案侦查生产、销售伪劣商品涉嫌犯罪案件717件859人，侵犯知识产权涉嫌犯罪案件49件61人。

五、深化重点领域突出问题专项治理

2015年3月，最高人民检察院部署开展了为期两年的全国检察机关“危害食品药品安全犯罪专项立案监督活动”，将打击食品药品领域的侵权假冒案件作为重点之一。

六、大力推进信息共享平台建设

最高人民检察院与全国“双打”办密切协作，推动打击侵权假冒领域信息共享平台广泛建立，截至2015年底，全国已有27个省（区、市）建成省级信息共享平台，其中由检察机关建设完成9个。截至12月份，全国检察机关通过信息共享平台发现行政执法中涉嫌犯罪而未移送司法处理的案件500件，占到同期全部受理数的8%，逐步实现以技术手段提升衔接功效的目的。

七、举办全国检察机关行政执法和刑事司法衔接工作网络培训班

紧紧围绕“两法衔接”工作现状，就全面加强“两法衔接”制度机制建设，拓展法律监督途径，推动工作深入健康发展进行了系统讲授，取得了较好效果。全国“双打”办负责人受邀对行政执法和刑事司法衔接工作的由来和发展、全国“两法衔接”工作开展状况、目前存在的问题和下一步工作推进等内容进行了宏观全面的介绍。

八、开展宣传交流，扩大司法保护影响力

全国检察机关自上而下组织开展各种宣传活动，产生了广泛而积极的社会影响。最高人民检察院在《检察日报》、正义网等开设专栏进行重点宣传，并在2015年4月发布了2014年度中国检察机关保护知识产权十大典型案例。2015年6月，最高人民检察院派员赴欧盟进行了以知识产权刑事执法为主题的交流活动，实现了加强了解、增进互信、推动合作的目的。最高人民检察院接待来访的英国版权执法局高级官员，并与之座谈中国检察机关的知识产权保护工作，多次派员参加美国大使馆主办的保护知识产权大使圆桌会议，中瑞、中俄、中日、中美等知识产权工作组会议，就相关议题发表意见，不断提升中国知识产权司法保护的国际影响力。

2015年公安机关知识产权刑事保护工作综述

2015年，公安部组织全国公安机关坚定履职，以打击为主业、建设为牵引、宣教为支撑，大力加强打击侵犯知识产权犯罪工作，服务我国经济社会科学发展。

一、重点推进，始终保持高压严打

2015年，公安部按照国务院统一部

署，继续将打击侵权假冒犯罪放在当前各项工作的突出位置，组织全国公安机关认真履行职能，突出打击主业，持续掀起打击破案强大声势。据统计，全国公安机关共破获侵犯知识产权和制售伪劣商品犯罪案件2.1万起，抓获犯罪嫌疑人2.6万名，涉案总价值263.9亿元。9月，天津破获“3·30”特大假冒品牌轴承案，查获300余种型号的假冒品牌轴承1万余套，案值1800余万元。11月，福建、山东两省公安机关会同专利部门侦破“6·11”特大互联网假冒专利案，查明不法分子通过互联网销售假冒专利防蓝光眼镜30余种，销售订单2.3万余笔，共计5.28万余副，涉案价值400余万元。

二、集群作战，掀起战役攻坚高潮

针对假冒伪劣犯罪隐蔽化、跨区域化等特点，我部指导各地从线索发掘、情报研判、组织指挥、侦控策略等方面，完善集群战役主战模式，着力提升执法质量和打击效能，彻底铲除258个制假售假犯罪网络，对不法分子形成高压震慑。5月，浙江、安徽、福建、广东、云南公安机关成功组织“5·12”特大网络制售烟机案集群战役，成功打掉一个涉及5省的非法制售烟机犯罪网络，抓获犯罪嫌疑人29名，查获烟机成品、半成品19台，假冒云烟、玉溪等成品卷烟、滤嘴棒1046.2万条（支），制假原料19吨。11月，安徽、浙江、江苏、山东、广东、广西、辽宁、内蒙古等八省区公安机关收网“4·27”制售假汽配案集群战役，抓获犯罪嫌疑人44名，现场查获假冒“海沃”品牌的重型汽车油缸、齿轮泵等配件1.69万件，查扣钻床、车床、吊装设备等制假机械100余台，涉案价值8000余万元，荷兰权利人企业专程赴办案单位致送感谢信函、牌匾。

三、主动作为，拓展国际合作宽度

坚持将国际执法合作作为知识产权刑事保护的重要阵地，以多元化对外执法合作有力策应我国加强知识产权保护的创新发展战略和经贸外交工作大局。先后与国际刑警组织，美国、英国、阿联酋、日本、韩国、新加坡、越南等25个国家开展案件合作与执法交流；连续3年参与并主导国际刑警组织打击侵权假冒犯罪“真实”行动，破获各类侵权假冒犯罪案件449起；积极参与第26届中美商贸联委会、第七轮中美战略与经济对话等高层对话机制，以及中美、中巴、中日、中欧等双多边知识产权工作组磋商，宣传我方主张；在中美刑事执法联合联络小组（JLG）机制下深化和创新知识产权刑事执法合作，成为中美执法合作一大亮点。鉴于我部突出战绩，2015年9月，国际刑警组织在第九届国际知识产权执法大会上授予公安部经侦局打击侵权假冒“杰出贡献奖”。

四、打建结合，不断强化基础工作

一是会同阿里巴巴集团深化完善电商数据协查快速通道、网络侵权线索研判查处等工作机制，在实战中发挥积极成效。今年以来，累计公安机关办理知识产权案件查询阿里巴巴相关数据351批次，涉及账户4607个。二是推进两法衔接配合，充分运用全国打击侵权假冒领导小组、知识产权战略领导小组等多项平台，强化部门间信息分享、情报交换、联合行动，着力提升协作效能和打击精度。会同国家版权局、国家网信办、工信部联合开展“剑网2015”专项行动，第十一次开展针对网络侵权盗版的联合整治。指导各地公安机关会同烟草、海关等部门，连续侦破重庆“7·07”互联网卷烟售假贩私案、浙江“4·22”跨境制售假烟案等一批重点案件。三是举办两期面向一线指战员的知识产权刑事执法培训班，编印公安机关打假经典战役选编，总结推广优秀技战法，推动提升基层执法效能。指导浙江、山东等重点地区结合司法实践，探索破解刑事案件管辖、犯罪数额计算、网络证据固定等难题，强化执法规范化建设，提升办案质量。

五、加强宣传，营造良好社会氛围

结合“3·15”消费者权益保护日、“4·26”知识产权宣传周、“5·15”防范和打击经济犯罪宣传日等重要节点，组织各地公安机关开展形式多样的宣传活动，剖析典型案例，讲解法律常识，征集案件线索，争取社会各界广泛参与。6月，联合中国外商投资企业协会优质品牌保护委员会，召开知识产权刑事保护座谈会，邀请强生、微软、奥迪、杜邦、辉瑞、耐克等30余家知名外商企业代表，以开放的姿态和务实态度交流工作、收集线索、听取建议，维护和发展公安机关展示形象、服务经济发展的工作平台。同时，坚持以国际合作促对外宣传，联合美方围绕“7·29”跨国制售假冒汽车安全气囊案等重点跨国案件开展同步宣传；应邀组成代表团赴欧洲，与荷兰、匈牙利、罗马尼亚警方、检方、海关和知识产权部门进行交流，以务实交流合作赢得国际社会赞许。

2015年地方法院知识产权工作概况

北京法院2015年度知识产权司法保护工作总结

2015年北京市法院知识产权审判工作在最高人民法院的监督指导下，坚持司法为民、公正司法，努力实现“让人民群众在每一个司法案件中感受到公平正义”的工作目标。面对各类知识产权案件大幅度增长、新情况新问题层出不穷、调研督导任务繁重等挑战，全市法院充分发挥知识产权审判职能，努力拼搏，在各个方面取得了新的成绩，主要体现在以下几个方面：

一、坚持审判第一要务，公正高效完成审判任务

北京市三级法院2015年共新收一审知识产权民事案件13939件，同比增长24.1%；审结11858件（含上年旧存，下同），同比增长8.49%。其中：新收专利案件506件，商标案件1210件，著作权案件10935件，技术合同案件263件，不正当竞争案件540件，其他案件485件。市高、中级法院共新收二审及申诉知识产权民事案件1332件，审结1274件。

市一中院和北京知识产权法院2015年共新收一审知识产权授权确权行政案件7948件，同比减少18.38%，其中专利案件1443件，商标案件6505件；审结8819件，同比增长86.53%。市高院共新收二审及申诉知识产权授权确权行政案件2243件，同比减少6.19%，其中专利案件180件，商标案件2063件；审结2312件，同比增长11.15%。

全市法院严格执法、公正高效裁判，

确保法律效果和社会效果统一，市高院二审审结了琼瑶诉于正侵害著作权纠纷案、广药集团诉加多宝公司虚假宣传纠纷案、搜狗公司诉奇虎公司不正当竞争纠纷案、苹果公司诉专利复审委员会“聊天机器人”发明专利无效行政纠纷案等一系列具有重大社会影响的知识产权案件，北京知识产权法院和各基层法院也审结了“西湖龙井”“五常大米”等一系列地理标志证明商标维权案件，爱奇艺公司诉优视公司广告快进、小窗播放等不正当竞争纠纷案，《后宫甄嬛传》著作权纠纷，久亿财富公司诉融世纪公司“网贷评级”商业诋毁纠纷案等一大批知识产权案件，有效维护了知识产权权利人的合法权利，维护了公平有序的市场竞争秩序。

二、积极推进司法改革，大力加强专门法院建设

全市法院根据中央、最高人民法院的统一部署，在北京市委的正确领导下，积极推进司法改革。北京知识产权法院作为整建制推进司法改革的法院，不断回应改革需求，尊重司法规律，按照“依法有序、立足实际、积极有为”的原则，深入推进以审判权运行机制为核心的各项改革，为全面司法改革提供可复制、可推广的经验和模式。

（一）改革法官团队和合议庭组成

由1名法官、1名法官助理和1名书记员组成法官团队，法官专司审判，法官助理负责司法辅助工作，书记员负责事务性工作，形成法官主导、人员分类、权责明晰、协同合作的审判新模式。法官之间组成相对固定的合议庭，不设固定审判长，由主审法官担任案件审判长，确保司法民主，保证合议庭平等规范用权。

（二）改革庭审和裁判方式

改革传统庭审模式，将案件争议焦点交由当事人确认，开展—焦点—质证—论辩的“焦点式审判”，合议庭围绕焦点进行审理和裁判，实现以庭审为中心的诉、审、判一致。鼓励当事人援引先例支持诉讼主张，将“同案同判”作为裁判的刚性要求，约束法官自由裁量权。积极推进案件繁简分流，在部分商标行政案件中探索适用简易程序，创设适用于简单案件的要素式裁判文书体例，将文书撰写与开庭审理有机结合，实现庭审与文书制作同步化，确保“简出效率”；对于疑难、复杂和新类型案件，通过援引先例等方式增强说理性，探索在裁判理由中公开合议庭少数意见，确保“繁出精品”。

（三）建立专业咨询机制

院、庭长原则上不再听取个案汇报，裁判结果以合议庭多数意见为准。建立多元化专业咨询机制，法官可以自行选择向院长、庭长、调研小组、法官专业会议、专家咨询委员会、技术调查官、科研院所等进行咨询，作为裁判的参考。

（四）转变院、庭长职能

明确院、庭长与其职权相适应的审判管理与监督职责，确保审判去行政化后监督不缺位。制定院、庭长权力清单，监督活动全程留痕，确保监督不越位，失职必担责。发挥院、庭长的资深法官引领作用，实现院、庭长办案常态化，落实入额法官办案的改革精神。

（五）改革审判委员会职能和决策方式

探索审判委员会职能范围，北京知识产权法院在全国首次实现由审判委员会直接公开开庭审理重大、疑难、复杂案件中的法律问题，践行亲历性和公开透明原则，并将审判委员会决定理由在裁判说理部分公开。下设法官专业会议，作为案件前置咨询和过滤机构，增强审判委员会决策的科学性和专业性。

（六）建立符合知识产权审判特点的审判管理新模式

保障法官主体地位，设立法官自治机构审判研究与管理办公室，成立自主独立开展调研的专业调研小组，定期召开由全院法官参加的法官联席会，推行“自觉、自律、自治”的法官管理新模式，建立以裁判质量为核心的符合知识产权审判特点的审判考评新机制和司法责任制，探索将社会公众评价纳入法官考核体系，让法官切身感受到职业尊荣感。

（七）探索司法保障新举措

综合办公室按照综合、精简、高效、服务的原则，优化理念、优化素质、优化职能，积极拓展司法保障渠道，通过向社会购买服务的方式组建信息化运维服务团队、档案管理服务团队、文印校核服务团队和后勤保障服务团队，通过“智援”项目探索调研等审判疑难事项外包模式，内外形成合力，确保司法保障及时高效有力。

三、强化督导调研工作，适应知识产权保护新常态

2015 年，受知识产权案件管辖规定变化导致管辖权下沉，新民事诉讼法司法解释颁布以及立案登记制的实施影响，我市知识产权案件收案数量显著增长，新类型的案件明显增多，社会媒体关注度持续升温，审判压力有增无减。市高院着力加强督导调研工作，知识产权法院和各基层法院积极响应，三级法院上下联动采取有效措施，在提升知识产权审判质效的同时，努力探索加强知识产权司法保护的新举措。

一是周密部署，努力推动基层法院知识产权案件的适度集中管辖顺利实施。北京知识产权法院的设立，在中级法院层面实现了知识产权案件的集中管辖，但在基层法院层面，还存在知识产权审判力量分散、案件数量不均、审判水平参差不齐等问题。市高院在深入细致调研的基础之上，根据全市各基层法院知识产权庭的案件数量、审判人员的经验及能力、各区区域经济发展需求等情况，按照方便当事人诉讼、确保案件相对均衡、兼顾审判实际的原则，提出了基层法院知识产权案件适当集中管辖的方案，报请最高人民法院并得到批准。12 月 17 日，市高级法院对外发布《关于北京市基层人民法院知识产权民事案件管辖调整的规定》，全市远郊区法院将不再受理第一审知识产权民事案件。此次对基层法院第一审知识产权民事案件管辖的调整，有助于适应北京知识产权法院成立后，全市法院知识产权审判工作的新形势，解决审判工作中面临的案件和审判力量不均衡的突出问题，将进一步加强知识产权审判的专业化、规范化，进一步统一知识产权案件、特别是涉外知识产权案件的执法尺度。

二是坚持理论与实践相结合，率先探索具有中国特色的知识产权案例指导制度。北京法院率先探索案例指导理论和实践问题，在市高院多次开展专题调研，撰写请示报告，最终促成最高人民法院在北京知识产权法院设立了最高人民法院知识产权案例指导（北京）基地。北京知识产权法院积极注重培养法官先例意识，逐步将“遵循先例”作为裁判的刚性要求，鼓励当事人提交先例支持诉讼主张，鼓励法官在法律空白或者模糊之处积极创设具有标杆指引意义的先例，增强法律的可操作性和可预见性，及时满足社会各界对于法律规则的新需求。

三是坚持精品理念，着重加强调研工作，着力形成专家法官品牌效应。市高院将《网络知识产权案件审判实务研究》《专利创造性司法判断规则研究》重点调研课题作为全年调研工作的重点，完成了涉及网络著作权、网络商标权、网络不正当纠纷三个方面的《北京市高级人民法院关于网络知识产权案件的审理指南》初稿，形成重要阶段性成果；起草了涉及的理论和实践问题非常复杂，受到专利理论和实务界的广泛关注的《北京市高级人民法院关于专利创造性司法判断指南》。为了规范专利复审委员会在专利授权案件审理中依职权引入复审理由，市高院将“专利复审案件程序性法律问题的调查研究”作为重大课题，通过收集案件、整理国外相关资料、广泛听取专利复审委员会、专利代理人、企业代表等各领域人员的意见，顺利完成了《北京市高级人民法院关于专利复审案件司法审查案件司法审查中若干问题的解答》的征求意见稿。此外，市高级法院还完成了市知识产权局委托课题《专利民事纠纷委托调解机制的调查研究》的调查报告，得到了市知识产权局的高度评价，同时，针对互联网企业新的经营模式可能遇到的法律问题，与工信部电子知识产权中心联合进行了《云平台法律问题研究》等相关课题的调研，取得了初步的调研成果。除上述调研课题外，市高级法院还先后编辑出版了《北京市高级人民法院知识产权疑难案例要览》（第三辑）、《北京法院商标疑难案件法官评述》（第4卷）、《商业特许经营合同原理解读与审判实务》《北京市高级人民法院知识产权司法保护与审判指导》4部专业书籍。北京知识产权法院以及海淀法院等6家基层法院知识产权庭，也结合各自辖区特点开展了特色调研，相关调研成果有效推动了各自知识产权审判水平进一步提高。通过一系列调研成果的公布，逐步形成了北京法院知识产权专家法官的品牌效应。

四是加强司法公开，加大法治宣传，努力营造知识产权法治环境。市高院发布《北京法院2014年度知识产权司法保护白皮书》，并公布了北京法院年度“十大知识产权案件”和知识产权“十大创新性案件”，充分展示全市法院知识产权审判工作取得的最新成果。市高院多次组织公开庭审、宣传王老吉诉加多宝虚假宣传案、搜狗诉腾讯不正当竞争案等一大批有重大影响的案件，利用“京法网事”官方微博等网络新媒体扩大宣传的影响力和权威性，进一步树立了知识产权审判公信力。北京知识产权法院在全市范围内率先开通网上立案，市高级法院对此予以充分肯定，并着手在全市总结推广。东城法院将审判长观摩庭与庭审视频直播、图文直播相结合，定期选取优秀案例进行庭审观摩、展示活动。海淀法院利用网络、移动客户端、微博、微信等新媒体、自媒体，直播庭审、宣传典型案例，提升知识产权审判的影响力和辐射力。

五是加强与知识产权司法保护相关方的协调合作，多元化解决矛盾纠纷，积极应对知识产权司法保护新常态。市高级法院积极参与市人大内务司法委员会组织的座谈会，听取知识产权权利人、专业律所知识产权案件参与方、市知识产权局、市律所协会、行业协会等知识产权司法保护相关方以及专家学者的意见、建议。北京知识产权法院成立了全国首家知识产权法院志愿者服务队，将青年学生、专家学者引入到诉讼服务和审判研究中来，依靠人民群众参与司法，促进司法公开和司法公信力提升。2015年，已有15家高校共计250余名在校大学生参与到北京知识产权法院司法志愿者服务中。朝阳法院、丰台法院、石景山法院等基层法院知识产权庭，本着“调解优先、调判结合、促进社会整体和谐”的原则，积极建立并完善同北京市保护知识产权举报投诉服务中心（简称北京12330）、中国互联网协会调解中心以及各商业协会之间的联动调解合作机制，通过司法委托调解、各部门联合调解、召开调解专项座谈会等方式，加大调解力度，真正实现案结事了人和。

四、德才兼备、以德为先，努力建设专家型法官队伍

深入学习贯彻党的十八大和十八届三中、四中、五中全会精神，落实习近平总书记系列重要讲话精神，坚定理想信念；扎实开展“三严三实”专题教育实践活动，筑牢政治底线。落实主体责任，筑牢反腐倡廉防线，将整治“六难三案”问题的各项要求落在实处，坚持审判工作和廉政建设两手抓、两手硬；开展学习邹碧华同志先进事迹的活动，进一步坚定了理想信念，激发了投身司法审判工作、服务司法改革大局的热情。坚持业务培训不放松，有针对性地学习研讨，围绕司法改革、行政诉讼法和民事诉讼法司法解释实施等新情况、新问题，开展有针对性的业务培训。

北京市法院始终重视知识产权专家型法官培养，以陈锦川、宋鱼水、姜颖、曹丽萍为代表的一批专家型法官展现出首都知识产权法官的良好形象。同时北京法院创作一切条件，帮助法官形成国际视野和世界眼光，及时把握知识产权司法保护的国内外发展变化趋势，不断提升我国知识产权审判国际话语权和影响力。北京知识产权法院与北京大学、清华大学、中国人民大学、中国政法大学、北京理工大学、苏州市知识产权局、重庆市知识产权局等广泛开展合作共建，举办首届中国知识产权法院论坛，与美国、欧盟、日本等国家和地区建立健全知识产权国际交流合作机制。

天津法院2015年度知识产权司法保护工作总结

2015年是全面推进依法治国的开局之年，是全面完成“十二五”规划的收官之年。天津法院全面贯彻党的十八大和十八届三中、四中、五中全会精神，深入贯彻习近平总书记系列重要讲话精神，深入实施知识产权战略和创新驱动发展战略，坚持司法为民、公正司法，努力实现知识产权司法保护的主导作用，促进创新驱动发展，为全面深化改革、加快建设法治天津、美丽天津作出了贡献。2015年，天津法院知识产权司法保护工作呈现如下特点：

一、忠实履行审判职责，努力实现让人民群众在每一个司法案件中感受到公平正义

（一）依法审理各类知识产权案件

2015年，民事审判方面，天津法院新收各类知识产权案件1887件，同比上升40.08%，审结1899件，同比上升47.10%。其中，新收各类一审案件1459件，同比上升50.41%。从类别看，著作权案件新收989件，占全部新收案件的67.79%，同比上升39.49%；商标案件新收270件，占全部新收案件的18.51%，同

比上升112.60%；专利案件新收60件，占全部新收案件的4.11%，同比下降13.04%；技术合同案件新收106件，占全部新收案件的7.26%，同比上升165%；其他案件34件，占全部新收案件的2.33%，同比上升36%。审结一审案件1469件，同比上升60.55%。新收二审案件428件，同比上升13.53%；结案430件，同比上升14.36%。

刑事审判方面，全市法院新收知识产权刑事一审案件20件，同比下降35.48%。其中，生产销售有毒有害食品罪案件1件；假冒注册商标罪案件8件；销售假冒注册商标罪案件10件；非法制造、销售非法制造注册商标标识罪案件1件。全市法院审结知识产权刑事一审案件27件，同比下降6.90%，生效判决人数48人，同比上升4.35%；给予刑事处罚35人，同比下降10.26%。全市法院对知识产权的刑事保护力度进一步加强，刑事审判在打击和预防侵犯知识产权犯罪中的作用进一步发挥。

行政审判方面，全市法院新收知识产权行政一审案件1件，与去年同期持平。通过知识产权行政执法的司法审查，规范知识产权行政执法行为。

（二）知识产权审判呈现新的特点

2015天津法院知识产权工作呈现出新的特点：一是亮点突出，审判影响力增大。天津法院继续通过典型案件审判，提高知识产权审判的影响力，依法公正高效审结了一批具有较大社会影响的知识产权纠纷案件。如：法国大酒库股份公司诉慕醍国际贸易（天津）有限公司侵害商标权纠纷案，该案涉及商标法未予明确的商标平行进口问题，天津高院明确了此类案件的裁判规则，即应根据商标法的宗旨和原则，并结合当事人的主张及具体事实等因素予以综合考量，合理平衡商标权人、进口商和消费者之间的利益，既要维护商标权人的合法权益又要保障对外贸易中商品的自由流通，该案对于保障天津自贸区科学发展具有重要意义。二是新类型案件增多，审理难度加大。随着创新驱动发展战略的深入开展，技术创新与市场开放度不断提升，商业模式推陈出新，新类型案件层出不穷。如天津港东科技发展股份有限公司诉天津科岸仪器有限公司侵害实用新型专利权纠纷案，涉及环境技术特征的专利侵权认定问题；天视卫星传媒股份有限公司诉南京大道行知文化传媒有限公司等侵犯著作权纠纷案，涉及电视节目模式的法律保护问题；上海星客特汽车销售有限公司诉天津世之源汽车销售有限公司侵害外观设计专利权纠纷案，涉及改装汽车外观设计专利权保护范围的确定和设计空间有限的情况下侵权行为的认定问题。三是商业维权案件继续增多。除卡拉OK和网络图片著作权商业维权案件保持较高数量外，因擅自使用著名画家的美术作品和因动漫形象商业化利用而引发的著作权纠纷案件数量明显上升，如已故著名画家齐白石的继承人提起数百起维权案件；天津市著名画家彭连熙因唐德影视有限公司、吉林电视台等多家被告擅自在影视作品和书籍中使用其画作而提起的维权案件；涉及家喻户晓的“凌风”“熊大”“熊二”“光头强”等动漫美术作品的著作权维权案件等。

（三）加强知识产权司法保护，营造良好的创新环境

天津一中院民五庭成功审结中国海洋石油总公司诉天津海油正信实业有限公司侵害商标权纠纷案及捷安特投资有限公司诉杜庆顺等6起商标侵权案，保护了企业的知识产权，维护了消费者的合法权益。和平法院在审理涉及“五常”大米、“五粮液”“津酒”“小米”手机、“西湖”龙

井、"三A"扑克牌等多起知名品牌的商标侵权案件中，注重澄清混淆行为，遏制恶意"傍名牌"的行为，加大侵权赔偿力度，降低权利人的维权成本，对于恶意侵权、重复侵权的严重侵权行为加重赔偿，切实保护权利人的合法权益。滨海新区法院积极与海关建立长效沟通机制，在涉嫌侵权货物的证据保全、财产保全方面建立畅通的渠道，形成知识产权行政保护和司法保护的有效衔接。

二、注重提高司法能力，确保司法公正

（一）健全完善规范，确保司法保护协调统一

天津高院制定和印发了《2015年天津法院知识产权审判工作要点》，部署2015年知识产权审判工作。针对商标侵权纠纷案件法律适用不统一、裁判尺度参差不齐等情况，天津高院加强对商标权侵权案件的审判研究，制定了《关于侵害商标专用权纠纷案件的审理指南》。天津高院继续定期发布《天津知识产权审判》，实现二级法院对典型案件、疑难案件的互动交流。天津二中院邀请审判经验丰富的法官就知识产权案件相关的指导性案例、天津高院印发的《关于侵害外观设计专利权纠纷案件的审判指南》《关于查明知识产权案件技术事实的解答》等文件进行专题讲解，加强知识产权审判业务学习，推动审判队伍司法能力再上新水平。

（二）全面推行司法标准化工作，促进审判质效的提升

天津法院在知识产权审判工作中切实落实"让审理者裁判，由裁判者负责"的司法改革精神，严格按照天津高院司法标准化文件的各项规定，保障司法活动各个环节的标准化运行，采取多种措施着力提高审判质效。天津高院按照《天津法院裁判文书质量标准（试行）》的要求，对全市法院2015年的知识产权裁判文书进行评查，将评查结果向全市法院公布，并以一文书一评查表的方式反馈到每一个承办法官，促使审判人员增强司法标准化工作的信心和动力，确保裁判文书质量的提升。天津一中院着重加强对商标侵权案件审判的研究工作，制定了《商标侵权案件的审理标准》，规范商标侵权案件的审理。

（三）深化司法公开，维护司法公信力

天津高院在"4·26"知识产权宣传月活动期间召开知识产权司法保护新闻发布会，发布2014年天津法院知识产权司法保护状况、典型案例，全面展示天津法院知识产权司法保护取得的成绩。新华社、中央人民广播电台、天津电视台、天津电台、每日新报等十多家中央和地方媒体出席。天津高院审理的深圳市盟世奇商贸有限公司诉天津某商贸公司侵犯著作权纠纷案被人民法院报社与中国教育电视台联合出品的《法治天下》栏目播出，法官走进直播间，展示辨法析理过程，彰显司法裁判的基本价值导向，传播法治文化，弘扬法治精神。天津高院审理法国大酒库股份公司诉慕醍国际贸易（天津）有限公司侵害商标权纠纷案的主审法官接受了媒体专访，就平行进口案件审理中遇到的适用法律问题和解决对策回答了记者的提问。第一、二中级法院、和平法院在"4·26"世界知识产权日主题宣传周期间，结合各自法院实际情况，安排了丰富多样的主题宣传活动。

三、发挥司法保护职能，服务创新驱动发展

（一）充分发挥知识产权司法保护的主导作用，为天津自贸区实现功能定位保驾护航

知识产权审判如何服务天津自贸区科

学发展是天津法院面临的新挑战，为此，天津高院将《关于为天津自贸区建设提供司法保障的调研——加强知识产权司法保护服务（天津）自贸区建设》作为2015年重点调研课题，该课题报告被评为2015年度天津法院系统优秀重点调研课题。天津法院将该课题申报最高人民法院2015年度审判理论自选课题获得成功。

为保障滨海新区开发开放和天津自贸区建设，天津高院协助滨海新区法院向最高人民法院申请指定滨海新区法院管辖滨海新区行政区域内诉讼标的额在300万元以下的第一审一般知识产权民事案件，并于2015年10月26日获得最高人民法院的正式批复（法〔2015〕307号）。滨海新区法院立足辖区司法保护工作的实际需求，与天津中心生态城管理委员会沟通协商后确定在生态城设立知识产权巡回法庭，有效回应天津产业格局布局要求，促进生态城知识产权交易平台的打造。

（二）加强与行政机关的交流合作，共同促进知识产权保护水平提升

按照战略推进计划的部署，人民法院和相关行政机关在知识产权保护方面既分工明确又相互协作。2015年，天津法院进一步加强与知识产权行政执法部门的沟通协作，努力实现知识产权行政与司法相衔接的全面保护。天津高院先后到市商委、市知识产权局、市版权局、市海关、天津港保税区管委会、东疆港保税区管委会等相关部门以小型研讨会的形式进行交流，共同探讨天津五大战略叠加背景下，知识产权行政和司法保护中遇到的新情况新问题，研究解决问题的对策，确保知识产权保护工作服务天津科学发展。二中院民三庭与天津市娱乐场所协会召开座谈会，针对二中院近期KTV著作权侵权诉讼所反映的问题进行沟通交流。二中院对KTV著作权侵权诉讼持续增长的原因以及案件特点进行了分析总结，并提出司法建议。和平法院知产庭与红桥区市场和质量监督管理局、天津都行市场管理公司联合举办了题为“提高知识产权意识，创建和谐文明市场”的讲座，向大胡同天津都行的经营商户进行法治宣传。此外，天津法院应邀参加市知识产权局、市海关组织的知识产权执法人员的业务培训，为有效促进知识产权行政和司法保护的衔接提供人员保障。

河北法院2015年度知识产权司法保护工作总结

2015年，河北法院全面贯彻落实党的十八大、十八届四中、五中全会、省委八届十二次全会的重大决策部署，认真学习领会习近平总书记系列重要讲话精神，紧紧围绕“努力让人民群众在每一个司法案件中感受到公平正义”目标，充分发挥审判职能作用，大力加强知识产权司法保护力度，积极服务保障经济强省美丽河北建设，努力为创新驱动发展、“一带一路”建设、京津冀协同发展保驾护航。

一、继续以提高审判质效为核心，努力抓好执法办案第一要务

2015年，河北法院共受理知识产权民事案件1150件（一审案件1033件、二审

案件117件），其中新收一审案件601件，同比下降25.16%。审结知识产权民事案件919件（一审806件，二审113件），其中专利案件349件，占37.98%、商标案件260件，占28.29%、著作权案件205件，占22.31%，不正当竞争纠纷17件，占1.85%，技术合同纠纷18件，植物新品种纠纷7件及其他63件，共占9.58%。2015年，全省知识产权案件总数量与往年大致持平，没有明显上涨趋势，与本年度大批量的商业维权案件数量减少有一定关系，与此同时，其他新类型、复杂、复合权利知识产权案件类型有所增多，审理难度不断加大。

继续以提升审判质效为目标。河北法院知识产权2015年度结案率达到79.91%，同比上升17.57个百分点，一审服判息诉率为85.48%，同比上升3.01个百分点；知识产权案件调撤率为54.41%。

继续推进知识产权精品案件战略的实施。全省法院注重在办案中积累宝贵的审判经验，尤其注重对于典型案例的研判，先后审结了一批具有典型意义的精品案件，扩大了知识产权司法保护的社会影响面。如：陈敬增诉华港燃气公司不正当竞争纠纷一案，入选“推动河北法治十大案件”，被《燕赵都市报》整版刊登；本田与双环专利权纠纷案入选人民法院报编辑部评选的“2015年度人民法院十大民事行政案件”；郝金贵诉郭杰不正当竞争纠纷一案中，依法维护了河北正定老字号“郝家排骨”的合法权益；在天津大桥焊材集团有限公司与盐山县大华五金销售有限公司侵害商标权纠纷一案中，就权利人虽然未提供相应的合理费用书面证据，但考虑到该费用肯定会实际发生的特殊情况，对于其请求的合理费用予以适当支持，维护了权利人合法权益，提升了河北知识产权保护的司法形象，为“京津冀协同发展战略”提供有力的知识产权司法保障。

二、不断创新知识产权审判机制

注重繁简得当，尝试案件差异化审判模式。根据案件的特点设定不同的审判方式，实行差异化审判。对于社会影响较大的疑难复杂案件充分利用好审判联席会议制度，妥善运用证据规则，充分听取专业技术人员对专业技术问题的说明，维护了权利人的合法权益，体现办案的社会效果；对于大众化的案件，实行标准化审判程序，合议庭开庭合议后，马上出判，尽量缩短办案周期，让权利尽快确定以发挥更大的经济效益；针对不同类型的知识产权案件，设定合乎该类案件特点的法律程序规范，增强庭审针对性，提高庭审效率，避免多次开庭，切实落实公正、高效的要求。对于事实清楚、争议不大的纠纷，尽可能简化审判程序，速调即执，以体现效率优势。

用制度促效率，尝试审判长负责制模式。基于知识产权案件的自身特点以及保护科技创新的内在需求，河北省法院研究制定了《关于严格遵守案件审理期限的规范意见》以及庭长、副庭长做审判长的考核评分机制，鼓励庭长、副庭长带头做审判长参加案件审理，提高办案质量与效率。河北省高级人民法院庭长、副庭长参加庭审的案件全年达到70件以上，占全庭审结案件数的60%以上，全面落实了“让审理者裁判，由裁判者负责”的司法改革要求。

推进与知识产权行政管理部门、工商、新闻出版等单位的沟通联系，建立完善多元化纠纷解决机制。为建立完善知识产权纠纷的多元化解决机制，河北省高级人民法院民三庭先后走访省知识产权局、出版社等单位，就诉讼与非诉讼相衔接的纠纷协调解决机制进行了多次沟通交流，与相关单位在委派及委托调解、调解的启动和要求、调解与诉讼的衔接、调研培训合作等多方面达成一致意见，形成了以知识产权司法保护为核心，多方参与、共同致力于创新型省份建设的新局面。

注重庭前准备程序。首先，注重强化庭前证据交换功效。其次，对于技术性较强的案件，在庭前准备程序中还邀请专家对案件进行听证，由当事人在听证会上就技术问题进行陈述，专家可以提问以澄清疑点。待听证会结束，由专家对专业问题向审判人员讲解，这样可以保证开庭审理的顺利进行。

三、继续推进阳光司法，促知识产权司法公正

不断推进庭审公开。全省法院严格按照河北省法院《关于庭审直播的相关规定》进行全面庭审直播。除涉及商业秘密案件外，知识产权案件全部都通过河北省法院外网向社会公众直播。省高院的庭审直播率达到97%。

不断推进文书公开。省高院专门制定了裁判文书上网的规定，除涉及商业秘密及调解书外，全省生效的裁判文书都将严格按照规定上传到中国裁判文书网向社会公开。

不断推进当庭宣判力度，提升办案效率。针对知识产权案件需要及时厘清权利的特点，今年以来，省高院加大当庭宣判力度，对适宜当庭宣判的案件，力争当庭宣判，共当庭宣判6件次，宣判后及时制发裁判文书，及时维护了权利人的合法权益，促进科技成果的快速转换。

不断提升审判流程信息录入完整性。省高院知识产权审判庭新收案件审判流程全部及时公开，公开率达到100%；案件当事人为自然人的，力争全部录入身份证号，当事人为单位的，尽可能录入组织机构代码，便于当事人快捷登陆查询。

四、充分利用“世界知识产权日”等平台，不断延伸审判职能作用

在“4·26”期间，省高院下发通知要求全省法院知识产权审判部门积极开展“知识产权司法保护宣传周”系列活动，活动内容形式多样，效果显著。5月10日《人民法院报》以《强化精品战略，助力创新驱动——河北知识产权司法保护工作纪实》为题，详细介绍了我省法院知识产权司法保护取得的成绩。

一是组织代表座谈。省高院于3月31日邀请部分驻冀全国人大代表召开“知识产权司法保护座谈会”，省法院卫彦明院长、杨泰安常务副院长出席会议，省高院知识产权庭全体人员参加座谈会。

二是举办新闻发布会。省高院于4月23日召开河北省知识产权司法保护新闻发布会，介绍了近两年来我省法院知识产权司法保护的基本情况，并发布《河北法院知识产权司法保护状况（2013—2014）》白皮书及十件知识产权司法保护典型案例。

三是参加专题访谈。省高院知识产权庭于4月24日应邀派员与河北省新闻出版广电局、河北省版权保护中心等共同参加河北新闻网世界知识产权日访谈节目。

四是开展宣传咨询活动。省法院知识产权庭联合省知识产权局、省公安厅等单位于4月26日举办“4·26”保护知识产权大型广场宣传咨询活动。

五是公开审理案件。省法院知识产权庭及石家庄、秦皇岛、沧州等中院知识产权审判庭积极开展知识产权案件集中开庭、集中宣判活动。

五、多措并举，落实京津冀协同发展战略的工作部署

一是积极“走出去”，积极支持和推动京津冀地区法院之间法官的学习交流。二是积极“请进来”，邀请京津地区的业务专家对我省审判人员进行培训。三是积极利用内部数据库等便利条件，最大限度统一裁判标准。

山西法院2015年度知识产权司法保护工作总结

2015年，山西省法院知识产权审判庭坚持以执法办案为第一要务，充分发挥知识产权司法保护的主渠道作用，认真贯彻落实加强知识产权司法保护的政策导向，进一步强化司法保护措施的有效性和针对性，努力为全省经济转型创新发展营造更好的法治环境。

一、以执法办案为第一要务，圆满完成审判任务

全年共受理一审知识产权案件263件，审结229件，全部实现在审限内结案，审结率为87.1%，调撤结案97件，调解率为42.4%。其中，受理著作权类案件95件，商标权类案件121件，专利权类案件37件，其他知识产权案件10件。受理二审知识产权案件44件，结案44件。知识产权案件二审上诉率仅为19.2%，大大低于普通民商事案件的上诉率。全省近年来知识产权案件受理数呈平稳发展态势。

二、创新庭审方式，确保案件审判质效

知识产权案件开庭审理一般遵循普通民商事案件的程序，对一些复杂疑难案件，都要求开好庭前准备会议，组织证据交换，认真总结庭审重点，充分发挥合议庭职能，运用集体智慧处理好案件。忻州中院在审理一起著作权权属纠纷案件中，原、被告双方为证明自己是《决战忻口》作品的著作权人，均提供的是该作品的电子文稿和电子打印件，文稿内容基本相同，而当事人对对方提供的证据又互不认可，由于双方提供证据的证明力相当，鉴于电子证据的可复制性和易修改性，真伪难以判断。考虑文学创作的一般规律，以历史事件为题材的小说，通常不会限于对历史事件的描述和再现，更多是结合了作者对情节、人物、事件的假设、虚构和想象性描写来表达其思想所形成。基于作品的这一属性，庭审时采用当庭提问作答的方式，要求双方当事人就涉案作品中部分章节的故事梗概、创作思路、主要人物刻画、关键情节描述等问题，在规定的时限内同时默写答案，当庭进行比对和质证，法院根据该比对结果作出驳回原告诉讼请求的判决，原告当庭服判。该庭审方式让案件当事人和参加旁听的群众很直观地感受到审判程序的公开和公正。

三、能动司法，抑制商业化诉讼，节约审判资源

知识产权审判领域中的商业化诉讼是一种常态，法院无法拒绝裁判，但该类诉讼又往往造成审判资源的极大浪费。近年来我省出现的著作权侵权案件就有从省会城市到地市、县城逐个起诉的态势，给知识产权审判工作带来很大压力。临汾中院今年受理的中国音著协同时起诉该市尧都区24家歌厅侵犯著作权案，法院在判定侵权过错和确定赔偿数额时，积极与版权部

门沟通，参照版权部门的收费标准进行处理，大大节省了审判时效。晋城中院结合该类情况创立提早协调解决机制办案模式，主动与市文化局等相关部门协商，在出现此类侵权时，共同配合把矛盾解决在诉讼之前，大大节约了司法资源，减少了当事人的诉累。

四、坚持发挥调解在知识产权案件审理中的独特作用

以调解方式结案在知识产权民事诉讼中始终占有很大比重，也是知识产权案件区别于其他民商事案件的一个显著特征。知识产权是权利人通过智力劳动所创造的价值，在知识产权侵权案件中，侵权认定容易，确定赔偿数额则始终是一个难题。虽然不断有指导案例和裁判标准的统一，但毕竟个案的差异因权利属性、当地经济、适用范围、市场价值的不同而呈现出较大的不同，所以通过调解的方式结案是在处理知识产权案件中应积极采用的一种方式。全省法院在审理知识产权侵权案件时，设法为双方创造调解的基础，正确分析当事人的权益诉求，找准矛盾切入点，努力做到既保护权利人的合法权益，又能让侵权人认识到自身侵权行为的危害并自愿承担相应的责任。全年知识产权一审案件调解率达 42.4% 就是很好的阐释。

五、多渠道宣传，提高全社会的知识产权保护意识

加强知识产权审判工作宣传，提高全社会的知识产权保护意识是法院知识产权审判的一项重要责职。2015 年的知识产权宣传周活动，两级法院采用发布典型案例、走上街头，走进企业等方式，宣传知识产权司法保护的重要性。同时，临汾中院等还大力推行邀请人民陪审员参加知识产权案件庭审合议。很多知识产权案件的侵权人被诉至法院都全然不知自己为何侵权，针对此类案件，精心挑选相关领域人民陪审员参加审判。人民陪审员参加知识产权案件的审理，可以通过其自身的传播效应达到向普通群众宣传知识产权司法保护重要作用的良好效果。人民陪审员参加案件审理，还有利于知识产权案件的妥善处理。这一有效经验正逐步在全省法院推广，既节约了审判力量，达到妥善处理案件的效果，又有利于知识产权司法保护的对外宣传。

内蒙古自治区法院 2015 年度知识产权司法保护工作总结

2015 年，我区法院知识产权审判庭以党的十八大及十八届三中、四中、五中全会精神和习近平总书记系列重要讲话精神为指导，在最高人民法院知识产权审判庭具体指导下，牢牢把握“司法为民、公正司法”主线，紧紧围绕“努力让人民群众在每一个司法案件中感受到公平正义”的目标，强化审判管理，努力提高司法能力和水平，坚持能动司法、阳光司法，以改革创新和求真务实的工作作风，持续提升知识产权审判业绩，为服务保障“一带一路”建设和自治区“8337”发展思路提供有力司法保障。

一、坚持公正司法，不断提升案件审理绩效

（一）基本情况

2015年我区受理知识产权纠纷案件464件，其中，知识产权民事案件440件，案件类型涉及商标专用权纠纷、著作权纠纷，专利权纠纷等；知识产权刑事案件28件，案件类型涉及销售假冒注册商标的商品罪、非法制造、销售非法制造的注册商标标识罪、侵犯著作权犯罪。知识产权民事案件审结378件，审限内结案率为100%；知识产权刑事案件审结24件，结案总标的为1904万元，审限内结案率为100%。

（二）突出特点

1. 案件数量与去年持平，但审理难度增加。2014年，中、高两级法院审理的关联案件和批量上诉的关联案件较多，但今年在受理的案件总数量未产生明显变化的前提下，知识产权关联案件数量显著减少，2015年审理案件的工作量增多，审理难度明显增加。

2. 刑事案件数量呈上升趋势，且共同犯罪的案件较多，审理难度增加。知识产权刑事案件中犯罪嫌疑人为二人以上共同犯罪的情况较多，案情较复杂。个别案件中，受害人（商标权利人）提出刑事附带民事诉讼，进一步增加了案件的审理难度。

3. 各中级法院的受理案件数量不均衡。内蒙古自治区地域广阔，东西跨度大，经济发展及地区差异较大，因此各中级法院受理的知识产权民事和刑事案件的数量差异很大。首府呼和浩特市中级法院审理的知识产权民事案件165件，占全区法院知识产权民事案件的43%；知识产权刑事案件6件，占全区法院知识产权刑事案件的21%。但阿拉善盟中级人民法院无知识产权案件；兴安盟中级人民法院和乌兰察布中级人民法院无知识产权刑事案件。

（三）主要举措

1. 着力提高裁判文书质量，提升案件质量。针对我区多数中级法院受理的知识产权案件偏少，审判经验缺乏的实际情况，为切实提高知识产权裁判文书质量，在全区法院开展知识产权裁判文书评选活动，评选出一批符合裁判文书格式要求，知识产权案件特点显著，说理充分，结论正确的优秀文书，通报嘉奖。同时，对入选文书的精华之处和不足问题书写点评，形成《全区法院知识产权优秀裁判文书汇编及点评》，指导各中院树立知识产权裁判文书精品意识，着力提高知识产权案件的审判质量。

2. 继续开展“三合一”审判工作，努力探索，总结经验，不断提升知识产权专业化审判能力。自治区高级法院指导呼和浩特市中级人民法院加强与公、检、法及行政机关的协同合作，专门召开知识产权刑事保护座谈会，总结“三合一”工作的开展情况，深入探讨新情况新问题，会后形成《呼和浩特市中级人民法院关于“三合一”试点工作开展工作总结报告》。

3. 加强审判公开，增加透明度，不断拓宽司法公开的广度和深度。自治区高级人民法院对上诉人北京都星酒业有限公司与被上诉人衡水张衡酿酒有限公司、孟庆玲侵害商标权纠纷一案庭审进行微博直播，实现自治区高级法院首例微博庭审直播。继续贯彻落实自治区高级法院于2011年下发的《内蒙古自治区高级人民法院关于在互联网公布知识产权案件裁判文书的实施办法》，指导全区各中级法院在互联网上公布知识产权案件裁判文书，目前，对于符合条件的知识产权案件的裁判文书全部予以登载，积极接受社会监督，增加司法工作的公开、透明度。

4. 延伸法律服务，提升法律服务的针对性。2015年，自治区高级法院与自治区科技厅、工商局、新闻出版广电局、文联、科协等单位联系，在广泛征求意见的基础上，续聘了25位知识产权审判科学技术咨询专家。借助技术专家的技术资源，有效解决知识产权案件专业技术性问题，确保公正、高效地处理每一起知识产权案件。

二、坚持为民司法，切实转变作风，不断提升司法公信力

（一）增强知识产权司法保护的主动性

切实增强知识产权审判工作服务的主动性与实效性，进一步落实自治区高级法院《关于强化企业知识产权司法保护工作的若干意见》，强化与科技名牌企业、知识产权试点企业、文化产业示范基地的联系。两级法院分别与蒙牛乳业集团等知识产权试点企业代表进行座谈，了解企业知识产权保护的总体情况及在知识产权创造、运用、保护和管理方面的经验和做法，探讨企业在知识产权保护中遇到的难题和困惑，听取企业在知识产权司法保护方面的建议和意见，对企业在知识产权司法保护方面存在的问题依法提出建议，得到企业高度赞誉，努力营造知识产权司法保护良好氛围。

（二）着力加强培训的针对性、实用性，不断提高法官素质

为了提高全区法院知识产权审判业务水平，2015年7月28日至8月1日，自治区高级法院知识产权审判庭在最高人民法院、北京、江苏等高院的大力支持下，举办了全区法院知识产权审判业务培训班。本次培训班的特点，一是参与人员广泛，包括全区各级法院知识产权审判部门业务骨干120余人。二是培训老师规格高，对法律的解读权威性强。最高人民法院、北京市高级法院、江苏省高级法院等专家型法官授课，讲授内容权威，实用性强。三是培训内容全面。内容既包括基础理论，又包括审判前沿问题。

（三）参与社会管理，高度重视司法建议工作

针对知识产权审判实务中发现的问题，及时形成司法建议，建议市场主体规范经营，有效避免知识产权诉讼风险。在包头市永盛成百货有限公司以及包百集团股份有限公司侵犯商标注册专用权纠纷案中，针对销售商出具的付款凭证记载的商品信息不准确、不完整的问题，分别向上述两家销售商提出司法建议。建议在出售商品过程中，注意避让他人已经注册，并具有较高知名度的商标文字、图形等，避免造成混淆、误认，以降低知识产权法律风险。其中一篇司法建议被评为优秀司法建议。

（四）指导全区法院知识产权审判庭开展知识产权宣传周系列活动

“4·26”知识产权宣传周活动期间，围绕“建设知识产权强国，支撑创新驱动发展”主题活动，主动走访科技名牌企业和知识产权试点企业，特别是与自治区“8337”发展思路相关的辖区内企业，主动征求意见，主动提供法律咨询，积极帮助他们解决在生产经营中遇到的实际问题。促进全区知识产权司法保护力度，增强服务针对性。指导全区法院公开开庭审理各类知识产权典型案件，开展“送法进企业、进学校、进社区等”活动，努力营造知识产权司法保护的氛围。

三、坚持推进阳光司法，回应人民群众司法公开的新需求和新期待

（一）将评选发布典型案例作为司法工作的新常态

自治区高院知识产权审判庭连续三年公开发布《内蒙古自治区高级人民法院知

识产权案件年度报告》。2015年4月24日，自治区高院知识产权庭会同本院研究室召开新闻发布会，向社会首次成批公布2012年至2014年全区法院知识产权典型案例，发挥司法的指引作用，为社会公众提供可预期的裁判指引，着力提高公众知识产权法律意识。同时指导下级法院准确把握知识产权裁判要旨，统一裁判标准，确保裁判质量。新闻发布会还通报了近年来全区知识产权司法保护的基本情况，收到很好的社会效果。

（二）积极回应人大代表对我庭工作的关切

自觉主动接受人大监督，认真做好人大代表议案建议的办理工作，针对2015年人大代表对知识产权审判工作中民事案件管辖权、刑事案件管辖权及民事案件的赔偿数额问题提出的意见和建议，自治区高院知识产权审判庭分别就三个问题予以详细答复，并形成书面报告及时予以回复。

（三）认真落实司法公开，扩大司法公开的影响力

尝试通过新闻媒体促进审判公开，回应人民群众对司法公开的新期待，保障人民群众的知情权和社会各界的监督权。主动邀请人大代表、政协委员、新闻媒体、社会公众和企业代表旁听案件的庭审，增加司法公开透明度，提升企业诚信守法意识，提高消费者识假辨假能力，形成自觉抵制假冒伪劣商品、重视知识产权保护的社会气氛，营造了知识产权保护的良好舆论环境。全区法院知识产权庭均把司法公开常态化，特别是邀请社会各界旁听庭审，是深化司法公开、主动接受监督的新举措，也是增强知识产权审判的透明度，进一步推进以审判公开促审判公正的新做法。充分协调媒体积极宣传全区知识产权审判新动态，2015年《人民法院报》登载关于我区知识产权审判相关内容的《知产司法保护 为创新而革新》专题报道。

辽宁法院2015年度知识产权司法保护工作总结

2015年是“十二五规划”的收官之年，在我国经济社会发展进入新常态、党中央提出创新驱动发展战略的背景下，面对知识产权司法的新形势新任务，辽宁法院继续努力提高知识产权司法能力、不断加大知识产权保护力度，为辽宁科技创新进步、市场经济健康运行提供有力司法保障。

一、我省知识产权案件审理总体情况

2015年我省受理知识产权一审民事案件1191件，审结990件，结案率为83.12%，调撤551件，调撤率为55.66%。受理二审民事案件158件，审结142件，结案率为89.87%，调撤54件，调撤率为38.03%。受理刑事一审案件109件，审结98件。受理行政一审案件0件。

二、我省知识产权案件的主要特点

1. 知识产权民事案件数量与去年持平，大量案件集中于沈阳、大连两个经济较发达城市。2015年沈阳、大连地区两级法院受理知识产权民事案件数占我省总受理案件数72.05%，可见，知识产权纠纷数

量与区域经济发展程度高低成正比。

2. 常见的传统侵权案件继续存在，同时新类型案件不断涌现。知识产权案件在我省除沈阳、大连以外的其他城市仍以传统的侵害商标权、著作权纠纷为主，其中以商标侵权为主要类型，著作权纠纷中多为中国音像著作权集体管理协会等诉本地KTV俱乐部等娱乐部门侵犯音乐作品著作权的案件。在沈阳、大连地区则出现一批诸如滥用市场支配地位的反垄断纠纷、信息网络传播权纠纷、网络域名权属纠纷、涉及商业诋毁、商业贿赂、低价倾销、侵害商业秘密的不正当竞争纠纷等新类型案件。

3. 知名企业集中维权的系列案件占较大比重。权利主体提起诉讼不仅以获得经济赔偿为目的，更是通过维权诉讼来扩大企业的社会影响力，增强市场竞争能力。以大连西岗区法院为例，2015 年该院受理的老凤祥股份有限公司、中粮集团有限公司、福建七匹狼实业有限公司、上海电影制片厂、安庆市高平老奶奶食品有限责任公司、彤德莱餐饮管理有限公司等企业集中维权系列案件占其全部知识产权案件的93%。

4. 合同类纠纷案件增加。侵权案件数量有所减少，而技术合同、特许经营合同、计算机软件开发合同、专利代理合同及植物新品种育种合同等合同类纠纷案件大幅上升。

三、加强我省知识产权司法保护的主要举措

（一）树立正确的知识产权司法理念

知识产权审判作为知识产权保护事业和国家发展战略的重要组成部分，担负着促进自主创新、维护当事人合法权益和社会公共利益的重要职责。随着振兴东北老工业基地战略的推进，辽宁科技革命和产业变革面临难得的历史机遇。我省法院知识产权审判人员不断加深对新形势下知识产权司法保护的重要意义和主导作用的认识，充分发挥知识产权司法保护激发创新动力、创造潜力和创业活力的特殊作用，始终坚持“加强保护、分门别类、宽严适度”的基本政策，合理界定知识产权权利边界和保护强度，维护市场竞争平等和公平，优化资源配置效率，助推我省经济快速健康发展。

（二）加强知识产权司法队伍建设

完成好知识产权审判任务的关键在人，影响司法公信力的核心因素是法官的司法能力。辽宁法院注重知识产权司法队伍建设，利用多种方式加强业务学习，提高业务水平。一是由省法院民三庭与大连中院、沈阳中院知识产权庭共同对上一年度发改案件进行评查，交流工作思路，查找不足。二是编辑印制《辽宁知识产权审判》专刊，刊载典型案例、先进经验和调研文章，为全省知识产权法官开阔视野、交流经验提供平台。三是对知识产权审判必备的法律及司法解释进行汇编，印制《知识产权法律手册》，成为我省知识产权法官审理案件的工具书。四是建立全省法院人才储备机制。积极选送知识产权法官参加最高人民法院组织的培训班、研讨会进行学习。五是与高等院校开展合作交流，邀请学者对知识产权审判的热点、难点问题进行授课。建立专家库，就案件技术事实的查明和判断咨询有关专家，缩短审理时间，增强知识产权司法公信力。例如大连市西岗区人民法院与大连理工大学共建知识产权司法保护研究基地，定期与技术专家就审理知识产权案件中所涉及的相关技术难题召开分析交流研讨会。六是注重培养锻炼年轻法官，知识产权审判庭的法官整体比较年轻，具有学历高、理论功底强的优势，但缺乏审判工作经验，对此主要发挥老法官的“传帮带”作用，侧重提高年轻法官的庭审驾驭和做调解工作等能力。

（三）依法裁判，发挥知识产权司法保护的示范作用

在审理具体案件中，全面认定事实，准确适用法律，通过依法裁判，起到震慑侵权、警示社会的作用。去年的司法实践主要在以下方面取得实际效果：一是在审理普拉达、香奈儿、长城干红等知名品牌维权诉讼中，坚持平等保护原则，树立我省知识产权司法保护的良好形象。二是面对知识产权案件普遍存在侵权证据难以收集的问题，我省法院做到依法采取证据保全措施，及时固定侵权证据。三是对于知识产权刑民交叉案件，作出有益探索。原告沈阳北方重矿机械有限公司（以下简称重矿公司）与被告湖南和昌机械制造有限公司（以下简称和昌公司）、山河智能装备股份有限公司（以下简称山河智能公司）、安徽山河矿业装备股份有限公司（以下简称矿业装备公司）、龚进等被告侵害技术秘密纠纷一案中，龚进等人因窃取重矿公司商业秘密而获刑，但刑事判决中并未涉及雇佣龚进等人的和昌公司及因此获益的矿业装备公司。沈阳中院经审理后认为，和昌公司和矿业装备公司对于龚进等人的行为，主观上存在过错，判决其承担民事侵权责任，及时有效保护了被侵权人的合法权益。四是充分维护权利人利益，进一步加大损害赔偿力度，正确把握法定赔偿和酌定赔偿的关系，提高损害赔偿计算的科学合理性。鉴于商标法、著作权法及有关司法解释对赔偿数额规定并不明确，合议庭评议时，集中大家智慧，从权利人享有权利商标、作品等的知名度、侵权行为性质、主观过错、被告的经营规模以及原告为制止侵权支出合理费用等具体因素，酌情确定赔偿数额。例如：本溪中院审理的“海底捞”商标系列维权案，五件案件中，因被告为个体工商户，法律意识淡薄，经营时间长短不一，盈利情况亦差别较大，不乏亏本经营现象，除一件调解结案，其余案件综合考量侵权行为的性质、期间、后果、地域经济情况等多种因素，在3万至10万元区间内予以判决，当事人均未上诉。

（四）精心调解，引导市场主体进入良性竞争轨道

全省法院在严格依法办案的前提下，加大调解工作力度，不仅降低了侵权人的赔偿数额，也减少了权利人的维权诉累，不仅化解矛盾更实现共赢，取得良好的法律效果和社会效果。我省各级法院的知识产权审判都建立了有效的调解机制，让调解贯穿整个诉讼过程。庭审前，做足双方当事人的沟通工作，向他们充分释明相关法律，力争在庭审前调撤结案。庭审过程中，在查清事实的基础上，继续开展调解工作，充分利用双方当事人到庭优势，整合合议庭力量，将调解工作做细、做实。庭审后，通过电话及约谈的方式，缩小双方差距，力争调解结案。

（五）阳光司法，拓宽知识产权司法公开渠道

一是全省法院继续推行网络直播和微博直播知识产权案件庭审。二是除具有法定不公开由的，其余生效裁判文书一律要求上网公开。三是对有指导意义和公众关注的典型案件，主动邀请人大代表、政协委员、新闻媒体等旁听庭审，自觉接受各界监督指导。四是开展内容丰富的“4·26”世界知识产权日主题宣传活动，召开新闻发布会，公布知识产权司法保护状况和典型案例，展示知识产权保护成果；设计制作知识产权保护宣传手册及宣传展板；

进校园开展知识产权巡回审判；大连西岗法院还定期在《大连日报》“说案道法”栏目中介绍典型知识产权案例。这一系列活动，让社会了解了知识产权司法保护工作，积极传播了知识产权司法保护的权威声音、法治精神，取得了社会的理解支持，增强了民众尊重知识、崇尚创新、诚信守法的意识。

（六）延伸服务，加强与政府、企业、行业协会的交流互动

一是积极开展“走访企业”活动。省法院民三庭与省国资委联合开展“国有企业法律风险防范”专项调研，走访省内多家国有企业，梳理国企当前面临的进出口贸易和知识产权法律难题，分析深层次原因，并结合近年来有关案例提出法律意见。各中院定期组织法官到大型企业进行调研，通过座谈会、专题授课，现场答疑、发放知识产权保护风险提示手册等形式，了解企业发展现状和法律需求，找准知识产权司法保护与经济社会发展的契合点，帮助企业解决在知识产权创新、管理、运用和保护方面遇到的法律问题，增强企业创新驱动意识、风险防范意识和司法保护意识。二是建立与政府主管部门、行业协会的联动机制，对案件审理中发现的突出问题，有针对性地提出完善管理制度、加强行业自律、规范生产经营行为的司法建议，并共同向相关市场经营者发出倡议书，形成参与社会管理创新、引导市场依法有序运行的合力。三是对重点案件实施回访，了解当事人对案件结果的感受，最大限度地保护当事人合法权益，不断改进工作方法。

（七）推进改革，优化审判运行机制

去年我省法院大力推进司法改革试点工作，辽宁高院民三庭作为院内第一批试点庭室，组建知识产权、涉外商事、海商海事和申诉复查四个专业化合议庭，人员固定，推行合议庭负责制，审批流程简化，由合议庭成员共同签发案件、共同对案件负责，法官工作积极性、责任心显著提高，更加认真地参加庭审、参与评议，充分发表意见，慎重表决，保证了案件质量，提高了审理效率。为加快推进知识产权民事、刑事、行政案件的“三审合一”审判机制，省法院在各级法院配合下对我省实施知识产权案件“三合一”审判机制的可行性进行调研，借鉴沈阳沈河区法院、大连西岗区法院经验，合理规划知识产权案件管辖布局，为进一步完成此项工作做好前期准备。

吉林法院2015年度知识产权司法保护工作总结

2015年，在最高人民法院的监督指导下，在地方各级党委的领导下，吉林省法院识产权审判始终将保护创新、维护公平摆在工作重心，全面落实党的十八大和十八届三中、四中、五中全会精神，深入贯彻习近平总书记系列重要讲话精神。在审判工作中，坚持围绕省委各项决策部署，主动适应经济发展新常态，立足长远，服务大局，加强知识产权审判领域改革创新，完善知识产权审判体制机制，审判质效得到明显提升。吉林省法院审理的相关案件，已连续四年入选最高人民法院发布的全国五十大知识产权典型案例。

一、知识产权案件审判基本情况

随着国家创新驱动战略的深入开展及我国社会主义法治建设进程的不断推进，各类知识产权在经济发展过程中的核心地位不断凸显同时，围绕着知识产权而产生的各类诉讼案件亦在逐年增加。

2015年，吉林省法院共新收各类知识产权案件620件，同比增长6.3%，旧存159件，合计收案779件，同比增长19.48%，审结610件，同比增长23.73%。年总体结案率为78.3%，提升了2.6个百分点，当年收结案率为98.38%，提升了13.81个百分点。其中，长春地区法院审结369件，结案占比60.49%，列全省第一位，吉林地区法院审结76件，结案占比12.45%，增幅明显，经济发展规模与知识产权案件数量的对比关系十分明显。

在全部已结案件中，涉及著作权纠纷案件324件，占比达53.16%；涉及商标权纠纷案件142件，占比23.29%；涉及专利权纠纷案件105件，占比17.29%。商标权、专利权纠纷案件占比有明显提升，体现出商业社会对知识产权保护诉求的日益增长。

我省法院在知识产权案件审理过程，牢固树立司法红线，积极应对社会发展需求，区分把握案件特点，贯彻落实司法政策，在加大司法保护力度的同时，坚持分门别类、宽严相济，从服务地方经济发展的大局角度出发，确保每一位当事人都在审判过程中感受到司法的公平正义。

五年来，我省法院审理的涉及专利权纠纷的案件共计105件，其中侵害发明专利权纠纷案件11件、侵害实用新型专利权纠纷案件38件、侵害外观设计专利权纠纷案件56件。高效地审结了一批涉及建筑工程、食品安全、医药卫生、文化教育的各类专利案件，为科学技术的进步创造了健康的司法保护环境。

在付某诉张某等侵害实用新型专利权纠纷案中，付某系某实用新型专利的专利权人，国务院专利行政部门出具的检索报告初步认定其部分权利要求不具有实质性特点，不具有专利法第二十二条第三款规定的创造性。法院在审理本案过程中，打破以检索报告来认定实用新型专利新颖性、创造性的惯性思维，认为专利行政部门将所选取的用来与涉案专利进行比对的技术方案作为与涉案专利最接近的现有技术并不恰当，法院不应当依据该检索报告认定原告的专利不具有专利法意义上的创造性，并据此对权利人的主张予以保护。

2015 年，吉林省法院审理的有关商标权纠纷案件共计 142 件，其中，侵害商标权纠纷案件 138 件，审理了涉及“三环”“中华”“长城”、奥飞动漫等一系列在全国有广泛影响的商标权纠纷案件，还审理了涉及“稻香村”“鼎丰真”“味道 85 度”等一批与人民群众日常生活密切相关的案件。有效地打击了违法侵权行为，维护了良性健康的市场竞争秩序。

在鼎丰真食品公司与丰迪食品公司侵害商标权纠纷案中，法院认定，商标注册人享有注册商标的专用权，但应当严格遵照注册的字形、构图等进行使用，不得随意变更。丰迪食品公司将注册的争议商标变形使用，与他人商标构成近似，且不能证明其变形使用的合理性及合法性，应当承担侵权责任。

2015 年，我省法院共审理涉及著作权纠纷案件 324 件，其中，侵害放映权纠纷案件 83 件，居首位；侵害发行权纠纷案件 71 件，列第二位；侵害复制权纠纷案件 52 件，列第三位；侵害信息网络传播权纠纷案件 47 件，列第四位；侵害广播权纠纷案件 44 件，列第五位。这些案件中，涉及音集协 KTV 作品放映权维权诉讼、长影频道播放广播权侵权诉讼、美国磊若公司计算机软件著作权维权诉讼等一大批与群众日常文化娱乐生活密切相关的知识产权案件。

自 2010 年以来，长影集团便饱受侵权诉讼的困扰，其因在长影频道播放未经授权的电影，屡屡被权利人诉至法院，不但给当事人造成了极大的诉累，而且占用了很多的审判资源。为此，法院一方面向其释法明理，引导其放弃计划经济思维，遵从市场竞争规则；另一方面，积极创新审判理念，引导纠纷双方化侵权为许可，达到减少当事人诉累、节约审判资源，实现各方共赢的社会效果。2015 年，在法院的努力下，双方最后一批诉讼案件已在两级法院分别撤诉，并且签订了授权许可使用协议，其涉诉和潜在的纠纷得到了彻底解决。

二、知识产权审判工作经验

（一）提升审判站位，裁判与宣传并重

与其他民商事案件的审判工作不同，很大一部分当事人对知识产权法律规则相对陌生，对自身的注意义务和侵权违法行为认识不足。因此，知识产权审判的过程，不但是一个定纷止争的过程，更是一个释法明理，向当事人及相关行业商事主体普及和宣传知识产权法律制度的过程。为此，我们坚持放大审判视野，提高审判工作站位，在审判工作中对案件的裁量不以个案标的为限，而以案件背后所关系的社会利益为确定审判思维的根本点，通过个案的审判工作，向相关市场主体昭示了人民法院坚决打击违法侵权行为的裁判规则。通过裁判的示范效应，不但涉案的主体认识到了违法行为的严重性，主动承担了侵权责任，更通过他们的口耳相传，使各个领域内潜在的侵权行为得到了有效的预防。

2015 年，全省法院共审结一审知识产权案件 519 件，其中，调解 58 件、撤诉 164 件，调撤率为 37.5%，在全部二审知识产权案件中，有 49 件以当事人调解和撤诉结案，调撤率高达 55.68%，创造历史新高。人民法院在审判过程当中的普法宣传作用及裁判的示范引导作用社会效果显著。

（二）注重研究学习，紧跟时代步伐

在“互联网 +”时代，随着信息技术的高度发达，科技发展和文化传播一日千里，知识产权相关案件中，不但客体发展变化较快，更加隐蔽的和更富有争议的新

的侵权方式更是层出不穷。为保持审判理念的先进性，提高审判队伍素质，吉林省法院始终坚持向先进地区兄弟法院学习先进经验，在辩证地借鉴外省审判经验的同时，因地制宜地发展具有吉林特色的知识产权审判工作。同时，我们坚持将知识产权审判与高校、科研院所等研究机构相对接，2015 年，在院领导的支持下，吉林省法院派员参加各类知识产权学术会议十余次、与科研机构组织座谈交流五次，并在各类学术会议中多次发表论文和作主旨发言，形成了关于中医药的知识产权保护、知识产权侵权赔偿数额考量因素、知识产权证据保全若干规则等一系列对审判实践极具指导意义的调研报告。

（三）创新审判方法，提升审判效率

随着商业维权行为的日益广泛，法院的知识产权审判工作面临着更多的数量上的压力。为此，我们总结商业维权案件的特点，对于事实清楚、争议不大的案件，不但广泛开展一、二审的诉前调解，在降低当事人诉讼成本的前提下促成各方达成和解，还就同一系列案件，通过集中开庭、多庭并审的方式，组织被诉侵权主体与维权方集中调解，在增强被诉侵权人的议价能力的同时，引导当事人及时履行，不但减少了各方当事人的诉累、极大地提升了审判效率，还最大限度降低了执行积案的可能性。

同时，为节约当事人诉讼成本，提高审判效率，我院在 2015 年通过电子法院，首次远程公开开庭审理了四起知识产权纠纷案件。上诉人通过电子法院系统，在千里之外参与了庭审，实现了以高技术含量的庭审方式审理高技术含量的案件，实现了“互联网 + 诉讼”的应有之义。

黑龙江法院 2015 年知识产权司法保护工作总结

2015 年，黑龙江省法院系统在最高人民法院、黑龙江省委的正确领导下，全面贯彻落实最高人民法院关于加强知识产权司法保护工作的各项要求和部署，围绕“努力让人民群众在每一个司法案件中感受到公平正义”的工作目标，结合审判工作实际，坚持以执法办案为中心，以审判管理为重点，精心抓好司法服务和调研指导，不断提升审判质量和司法能力，有力地推动知识产权审判的各项工作取得新的进展。

一、围绕依法履行职责，切实提高审判质效

2015 年，黑龙江省两级法院新收知识产权案件数量较往年有所上升，全年共受理各类知识产权民事案件 291 件（含旧存 3 件），同比 2014 年的 216 件上升 34.7%；结案 263 件，同比 2014 年的 177 件上升 48.6%；结案率达到了 90.4%，高于 2014 年 81.9% 的结案率 8.5 个百分点。全年两级法院共受理各类型知识产权民事一审案件 238 件，其中新收 235 件，与去年同期的 179 件相比上升 31.3%；审结 207 件，结案率 87%，高于去年的 80.3%。共调解和经调解撤诉 126 件，调撤率为 60.9%，高于去年 3.5 个百分点。在新收一审案件中，权属侵权纠纷案件 205 件，占知识产

权民事案件收案总数的 86.1%，合同纠纷案件 25 件、不正当竞争纠纷案件 8 件。在案件类型上，著作权纠纷案件、商标权纠纷案件、专利纠纷案件分别为 113 件、79 件和 20 件，分别占收案总数的 47.5%、33.2% 和 8.4%，其余为不正当竞争纠纷案件和技术合同纠纷案件。黑龙江高院民三庭共受理各类型知识产权民事二审案件 56 件，其中新收 56 件（著作权纠纷 2 件、商标权纠纷 19 件、专利权纠纷 27 件、其他 8 件），同比去年新收的 21 件上升 167%，审结 56 件，结案率为 100%，审结案件中共调解和经调解撤诉 28 件，调撤率为 50%。

2015 年，全省法院共审结生效假冒注册商标、销售假冒注册商标的商品、非法制造、销售非法制造的注册商标标识、侵犯著作权等侵犯知识产权犯罪案件 50 件 78 人，其中三年以上五年以下有期徒刑 6 人，三年以下有期徒刑 11 人，缓刑 37 人，单处罚金 41 人，并处罚金 55 人。

二、围绕推进服务大局，切实发挥审判职能

一是开展多种形式的知识产权宣传活动。在“4·26”世界知识产权日期间，召开全省法院知识产权审判工作情况新闻发布会，通报过去三年全省法院知识产权审判工作情况，发布上一年度全省知识产权司法保护十大典型案例，人民网、新华社、东北网等中央、省级媒体对此活动进行了解读报道，通过媒体引导社会公众对案例进行深度解读，进一步发挥了典型案例的规范引导作用；接受黑龙江法院网专访，积极宣传介绍我省知识产权司法保护成绩；连续第四年参加全省知识产权保护状况新闻发布会，介绍我省法院知识产权审判工作情况。

二是推进法官“五进”活动。与黑龙江大学联办第四届黑龙江知识产权司法保护论坛，选取审判实务中较具典型意义的案件由黑大师生进行模拟庭审，并以座谈研讨的方式对庭审的争议焦点问题及庭审情况进行点评、互动交流。与省知识产权法学研究会联合召开黑龙江知识产权司法保护研讨会暨省知识产权法学研究会换届会议，进一步扩大了我省知识产权司法保护的影响力。

三是积极推进司法公开。按照司法公开的要求，及时向社会公布立案、庭审、文书、送达等审判流程信息。坚持做好知识产权裁判文书上网工作，截至目前，省法院知识产权庭通过中国裁判文书网共发布裁判文书 54 篇，占依法可公开裁判文书的 100%。在对所有应当开庭审理的案件全部开庭审理的基础上，对社会影响较大和具有典型意义的案件，邀请人大代表、政协委员、新闻媒体等旁听庭审，征求对案件审理及法院工作的意见和建议。

三、围绕统一裁判尺度，切实强化调研指导

一是积极组织开展调研。充分调动干警参与调研工作的积极性，形成全庭资源共享、专兼职调研人员密切合作、人人参与的调研格局，形成了一批如《关于知识产权民事诉讼中公证证据的相关问题》《充分发挥知识产权保护与促进作用，推动我省“品牌战略”实施》《关于音乐著作权集体管理组织起诉我省卡拉 OK 经营者侵害著作权纠纷案件情况的调研报告》等具有较高决策参考价值的调研成果。完成最高人民法院布置的《第四次修改专利法征求意见》《关于知识产权审判工作中存在的疑难问题》《涉剧本抄袭侵害著作权调研》等一系列调研任务；对《全省深化科技体制改革实施方案》提出了贯彻意见；对省知识产权局开展的《全省知识战略实施推进计划》《2014 年全省知识产权白皮

书》等内容及时上报了意见和建议。

二是积极开展案例撰写工作。针对审判中遇到的新类型、疑难复杂案件，尤其是同一类型案件，积极组织干警撰写案例，及时提炼推广案件审理中的规律性经验，统一法律适用，提高审判质量。

三是积极拓展对下指导渠道。全年共编辑刊印四期《黑龙江知识产权、涉外民商事审判参考》，其中第二期以最高人民法院2014年知识产权案件年度报告专刊的形式编辑、刊印，及时有效地传达了最高人民法院的最新司法政策，积极促进本庭及系统业务素质提升。此外，还选取了全省法院近十年来所审结的、较具典型意义的知识产权案件50余件，编辑了《全省法院知识产权案例选》，供全省法院参考学习。

四是积极推进庭审规范化建设。为进一步规范全省法院民事诉讼庭审程序与法官庭审行为，结合我省审判实际，制定了《省法院民商事案件第二审普通程序庭审规则》，同时制作全省二审庭审规范化视频，供全省法院参考使用。

四、围绕抓好队伍建设，切实提高司法能力

一是加强廉政教育建设。二是继续举办法官讲坛。截至目前，共举办“商业标志权利的产生与限制”“关于专利纠纷案件适用法律问题的若干规定的修订解读”“新民事诉讼法司法解释修订解读”“商标权与商号权冲突的原因及解决途径”及“反垄断纠纷案件的审理思路”等为主题的六期法官讲坛活动，由审判人员按照人才培养计划确定的专业方向主讲各自领域的专题，有效地提高了干警的业务能力和理论水平。三是丰富学习内容。

上海法院2015年知识产权司法保护工作总结

2015年，是拼搏奋进的一年，也是深化改革的一年。在高院党组的领导下，上海知识产权法院正式履行职责，司法体制改革在知识产权审判工作中得到有效落实，知识产权司法保护体制进一步优化，审判队伍建设和精品案例工程实现新发展，中国法院知识产权司法保护国际交流（上海）基地有序运行，知识产权司法保护工作取得新成效，为促进上海建设具有全球影响力科技创新中心，深入实施创新驱动发展战略，加快经济发展转型升级提供了有力的司法保障。

一、狠抓执法办案，审判工作实现新跨越

1. 收结案总量再创新高。2015年，全市法院受理各类知识产权案件10095件（首次突破一万件）、审结9353件，同比分别增加29.01%、22.87%，增幅在全市法院各条线中位居前列。其中，受理一审知识产权民事案件8004件、审结7337件，同比分别增加30.19%、23.69%。知识产权行政、刑事案件总体继续呈下降趋势，受理一审知识产权行政案件11件，同比减少35.29%，审结13件，同比减少13.33%；受理一审知识产权刑事案件237

件、审结250件，同比分别减少了29.88%和30.36%。

2. 审判质效稳步提升。2015年，全市法院在收案总数继续保持大幅增长、办案力量严重不足的情况下，审判质效继续稳步提升。其中审限内结案率为99.47%，同比上升1.04个百分点；二审改判发回瑕疵率1.78%，继续保持低位运行。知识产权法院审理的一审案件取得零发回、零改判的优异成绩。

3. 大标的额和有影响力案件多。2015年，全市法院共受理标的额500万元以上1000万元以下的知识产权案件45件，标的额1000万元以上1亿元下案件30件，标的额1亿元以上案件3件；还审结或者受理了一批有重大影响的案件，如上海帕弗洛文化用品有限公司诉上海艺想文化用品有限公司等侵害著作权纠纷上诉案，探索解决了商标独占许可使用权“一标多许”问题，对于明晰商标许可交易的市场规则具有重要意义，有利于全国数十起关联案件的顺利审结；再如上海耀宇文化传媒有限公司诉广州斗鱼网络科技有限公司著作权侵权及不正当竞争纠纷案，是国内首例电子竞技游戏网络直播不正当竞争纠纷案件；北京搜狗科技发展有限公司诉北京百度网讯科技有限公司侵害发明专利权纠纷案，是一起知名企业间关于网络平台输入法的发明专利侵权诉讼，类型新颖，且诉讼标的额高达1亿元。

4. 精品案件成果丰硕。2015年，上海法院知识产权精品案例工作继续取得较好成绩，共有4件案件入选最高人民法院发布的2014年中国法院知识产权司法保护十大案件、十大创新性案件和五十件典型案件。其中：一中院一审高院二审的钜泉光电科技（上海）股份有限公司诉深圳市锐能微科技有限公司等侵害集成电路布图设计专有权纠纷案入选2014年中国法院知识产权司法保护十大案件，普陀法院审理的张俊雄侵犯著作权犯罪案入选2014年中国法院知识产权司法保护十大创新性案件，二中院审理的白先勇诉上海电影（集团）有限公司等著作权权属、侵权纠纷案以及浦东法院一审一中院二审的派诺特贸易（深圳）有限公司诉仇刚等侵害商标权及不正当竞争纠纷案入选2014年中国法院知识产权司法保护五十件典型案件。另外，知产法院审理的勃贝雷有限公司诉陈凯等侵害商标权纠纷案等4件案件入选最高人民法院公布的知识产权法院典型案例。2015年，上海法院审结了上海帕弗洛文化用品有限公司等诉毕加索国际企业股份有限公司商标使用许可合同纠纷上诉案、惠普发展公司诉上海胤嘉国际贸易有限公司发明专利侵权纠纷案、北京爱奇艺公司诉上海千杉公司不正当竞争案等若干重大、疑难和有影响的案件。

二、服务大局举措有力，司法体制改革稳步推进

1. 制定服务保障科技创新中心意见。为深入贯彻落实中央和习近平总书记对上海发展的新要求，2015年高院民三庭牵头会同其他八个部门起草了《上海市高级人民法院关于服务保障上海加快建设具有全球影响力科技创新中心的意见》，为上海法院司法服务保障科创中心建设确立了指导思想、体制机制保障、和具体工作要求，《意见》通稿被最高人民法院简报采纳并报送中央有关部门。同时，知产法院和浦东新区法院也立足各自审判实际，分别制定发布了《上海知识产权法院服务保障上海建设具有全球影响力的科技创新中心的意见》和《上海市浦东新区人民法院司法服务保障浦东新区科技创新建设的意见》，为司法服务科创中心建设凝心聚力、献计献策。2015年6月，“陈惠珍法官工作室”成立运行，与张江高新技术产业开发区就知识产权主题宣传、建立法官巡回工作机制、开展园区知产纠纷调解指导、搭建双向服务平台等工作开展合作。

2. 最高人民法院知识产权审判庭自贸区知识产权司法保护调研联系点顺利揭牌。4月9日，由最高人民法院民三庭主办，上海市高级人民法院和上海市浦东新区人民法院承办的上海市浦东新区人民法院自贸区知识产权法庭、最高人民法院知识产权审判庭自贸区知识产权司法保护调研联系点揭牌仪式以及自贸区知识产权司法保护座谈会在浦东新区法院顺利举行。

3. 有效落实和推进司法改革。2015年，全市知识产权条线在案件数量大幅增加、部分人员变动的情况下，司法改革工作落实有力，尤其是法官员额制、法官助理制度和院庭长办案机制得到有效推进，高院、知产法院、浦东法院、普陀法院等法院的分管院长均亲自担任审判长审理了相关案件，有的案件还进行了当庭判决。

4. 调研设立技术调查室。高院于11月召开了知产法院技术调查官制度研讨会，对技术调查官的人员组成、参与诉讼活动等相关问题进行探讨。知产法院随后出台了《上海知识产权法院技术调查官参与诉讼活动工作规则（试行）》和《上海知识产权法院技术调查官管理办法（试行）》等规定，为知产法院审理专利等技术类案件的查明机制提供了制度保障。

三、调研指导进一步加强，繁简分流和案件管辖工作取得实质性进展

2015年，高院就知识产权案件繁简分流，知识产权民事、刑事案件管辖调整以及办理知识产权刑事案件证据规定等方面进行了大量的调研，会同市检察院、市公安局、知产法院以及基层法院就相关问题进行充分讨论，发布了相关规范性文件，调研工作取得实质性的进展。

1. 知识产权案件繁简分流工作措施得力。高院民三庭起草并经审委会讨论通过了《上海市高级人民法院关于部分知识产权案件适用简易程序进行审理的意见》，积极探索繁简分流的审判新机制，尝试在基层法院对部分一审知识产权民事、刑事案件适用简易程序进行审理，努力化解案多人少的司法困境。

2. 刑事、民事案件管辖调整工作及时到位。一是知识产权刑事案件管辖实现有序过渡。高院会同市检察院、市公安局等单位发布了《关于跨行政区划人民法院、人民检察院刑事案件管辖的规定》，决定将在本市有重大影响的侵犯知识产权一审案件和二审上诉案件划归上海市第三中级人民法院管辖，为实现上海知产法院“2+1”知识产权案件审理模式提供了制度保障。二是知识产权民事案件管辖调整及时到位。面对静安闸北撤二建一、基层法院知产案件收案不均匀以及知识产权民事案件三级法院管辖不明的情况，高院就相关问题进行了调研，民三庭起草并经高院审委会讨论通过了《上海市高级人民法院关于调整本市法院知识产权民事案件管辖的规定》，对知识产权民事案件的管辖进行了明确分工和相应调整，努力实现案件管辖的均衡性、科学性。

3. 审判理论研究和审判规则确立有效推进。一是出台知识产权刑事证据办案标准。高院民三庭起草了《关于办理知识产权犯罪案件若干问题的意见》，会同市检察院金融检察处、市公安局经侦总队等单位以及知产法院、六家基层法院知产庭进行了多次讨论和修改。该意见已经高院审委会讨论通过，公检法三家联合发布，为规范知产犯罪案件证据标准和适法统一提供了依据。二是审判实务研究取得进展。2015年，高院民三庭完成了《侵犯商业秘密刑事与民事案件法律和程序问题研究》《上海法院设立技术调查官制度相关问题研究》等多项课题，最高人民法院关于知识产权法院以及“三合一”审判机制等相关问题研究的课题也进展顺利。另外，知产法院制定了《上海知识产权法院主审法官联席会议及专业法官会议工作规定》《技术咨询专家咨询办法》等规范性文件，浦东法院还就扩大知识产权刑事案件管辖范围进行了有益探索和尝试。截至2015年年底，全市基层法院知产庭共发表论文95篇。

四、对外交流持续推进，司法保护知识产权影响力日益扩大

1. 司法保护国际交流工作进一步发展。一是参与举办“知识产权与国际贸易论坛”。二是《最高人民法院知识产权案件年度报告》开始在交流基地翻译出版。三是接待了大批国际知识产权行业协会和政府官员代表的交流活动。高院、知产法院全年共20余次接待分别来自欧盟驻华使团贸易处、英国知识产权企业法院首席法官、美国联邦巡回上诉法院律师协会主席、美国驻上海总领事馆领事以及印度尼西亚、马来西亚、土耳其、埃及等20多个国家政府官员、行业协会和企业代表的来访，参加了中欧知识产权工作组第十六次会议并进行交流。

2. “4·26”系列专题活动影响力进一步扩大。在第十五个世界知识产权日活动期间，高院召开了知识产权司法保护新闻发布会，发布《2014年上海法院知识产权审判白皮书》和2014年上海法院知识产权司法保护十大案件，并回顾了2014年上海法院知识产权审判工作整体情况，介绍了知产法院的工作进展情况；新华社、人民日报等中央媒体驻沪记者，香港大公报、解放日报等香港媒体和本市媒体记者共50余人参加新闻发布会；美国商会、美中贸易协会、中国欧盟商会等外国非企业经济组织代表机构相关人员应邀出席新闻发布会。此外，高院和同济大学共同主办了“上海科技创新中心建设与知识产权司法保护”论坛。在“4·26”宣传周期间，知产法院举行首批18名特邀科学技术咨询专家聘任仪式，全市法院知产庭还开展了一系列丰富多彩的知识产权司法保护宣传活动，浦东法院与区知产局等签署《服务保障科技创新中心建设，共建张江园区知识产权司法和行政保护体系三方合作协议》，黄浦法院在华东政法大学知识产权学院进行“知识产权审判思维”讲座，闵行法院参加“紫竹国家高新区商标管理研讨会”，普陀法院与上海市测绘院召开地图类作品著作权侵权维权座谈会，徐汇法院举办“计算机软件的著作权保护”论坛，杨浦法院举办“企业知识产权纠纷案例分析”讲座等活动。

3. 知识产权司法保护平台建设进一步完善。为完善上海法院十大公开平台建设，高院民三庭制定了《上海法院知识产权司法公开平台建设实施细则》，在上海法院知识产权司法保护网站原有基础上提出9项具体改进措施，增加了知产法院和中国法院知识产权司法保护国际交流（上海）基地的相关内容。上海法院知识产权司法保护网得到了最高人民法院和社会各界的普遍认同，也为最高人民法院即将建设的中国法院知识产权司法保护英文网奠定了一定基础。截至2015年年底，上海法院知识产权司法保护网共上传裁判文书15071篇，中英文信息与案例447篇，庭审直播247次，经典案例223篇，媒体聚焦206篇，图片新闻597篇，学术研究97篇，网站各栏目内容更加丰富，资讯更加及时，司法公开与司法交流平台作用更加凸显。浦东法院也通过加强浦东知识产权司法保护网网站建设，定时公开开庭安排、审判及调研信息，回答群众提问，拓宽与社会公众的交流渠道，推动知产审判司法公开。截至2015年年底，浦东知识产权司法保护网点击量已达125万余次，成为全面展示浦东知产司法保护的专业窗口。2015年，全市基层法院知产庭共有新闻报道264篇，电视直播或者图文播报共46次。

五、加强队伍建设，政治素质和业务素质进一步提高

1. 加强思想政治建设，专题活动取得成效。2015年全市法院知产条线深入开展"向邹碧华同志学习活动"，知产审判人员忠诚敬业、锐意进取、勇于创新、乐于奉献的精神得以进一步提升，推进了知识产权审判工作的新发展；深入开展"三严三实"专题教育活动，加强思想作风建设，明确和夯实了上海知产法官的做人准则和政治品格；专题学习《中国共产党廉洁自律准则》和《中国共产党纪律处分条例》，帮助党员干部树立看得见够得着的高标准，划出了党组织和党员不可触碰的底线。

2. 知识产权审判专题培训顺利举行。8月24日至28日，高院举办"2015年全市法院知识产权审判业务专项培训班"，最高人民法院民三庭、市知识产权局主要领导，知名高校的专家学者以及世界著名跨国公司的多位法务高管分别为培训班进行授课。此外，还有部分法官前往最高人民法院、国家知识产权局专利复审委以及美国、德国、日本等国的法院进行深入交流和培训。

3. 多名知产法官、多家知产庭获得特别荣誉。2015年，部分知识产权法官和知产庭获得了荣誉称号。高院丁文联副庭长荣获"上海市优秀中青年法学家"称号；知产法院黎淑兰副院长、高院丁文联副庭长和知产法院知产二庭陈惠珍庭长受聘为最高人民法院知产司法保护研究中心首届研究员；浦东法院朱丹副院长、高院芮文彪庭长受聘成为上海市知识产权咨询专家。另外，浦东法院、闵行法院、杨浦法院知产庭被国家版权局评为查处侵权盗版案件有功单位二等奖，普陀法院知产庭被国家版权局评为查处侵权盗版案件有功单位三等奖；杨浦法院陈蔓莉法官被国家版权局授予查处侵权盗版案件有功个人一等奖。2015年，徐汇法院知产庭获上海法院集体一等功，知产法院知产一庭、闵行法院民三庭获上海法院集体二等功，知产法院陈惠珍庭长和浦东法院徐俊副庭长分获上海法院个人二等功，知产法院何渊法官获得上海法院"邹碧华式的好法官、好干部"称号，宗亮法官获上海法院调研标兵称号，知产法院陆凤玉法官、浦东法院叶菊芬法官、徐汇法院于是法官获得上海法院办案标兵称号。

江苏法院2015年知识产权司法保护工作总结

2015年，是全面推进依法治国的开局之年，也是加快实施创新驱动发展战略的关键之年，江苏法院认真贯彻落实党的十八大和十八届四中、五中全会以及中央政法工作会议精神，积极履行审判职能，紧紧围绕“努力让人民群众在每一个司法案件中感受到公平正义”的目标，充分发挥司法保护知识产权、规范市场竞争秩序的主导作用，通过司法裁判为知识产权战略和创新驱动发展战略实施提供有力保障。

一、加强知识产权司法保护，适应和服务经济发展新常态

一是依法审理大量知识产权案件。2015年，全省法院共受理知识产权民事案件10587件，其中新收一审案件9173件，同比增加38.71%；共审结8964件，同比增加42.11%。新收一审案件中，著作权纠纷案件4125件，占45%；商标权纠纷案件3593件，占39%；专利权纠纷案件824件，占9%；不正当竞争纠纷案件207件，占2.3%。技术合同类案件161件，占1.8%；其他类型案件263件，占2.9%；

二是继续大力推进知识产权审判精品战略。石鸿林诉泰州华仁电子资讯有限公司侵害计算机软件著作权纠纷案入选最高人民法院第49号指导性案例；南京宝庆银楼首饰有限公司等诉南京宝庆银楼连锁有限公司等特许经营合同纠纷、商标侵权纠纷案入选2014年中国法院十大知识产权案件；麦格昆磁（天津）有限公司诉夏某、苏州瑞泰新金属有限公司侵害技术秘密纠纷案入选2014年中国法院十大创新性知识产权案件；章曙祥诉江苏真慧影业有限公司导演聘用合同纠纷案、江苏祥和泰纤维科技有限公司诉江苏省工商行政管理局工商行政处罚纠纷案入选2014年中国法院五十件典型知识产权案例。谢放犯侵犯著作权罪案入选国家版权局发布的2014年度打击侵权盗版十大案件。中国北京同仁堂（集团）有限责任公司诉中华同仁堂生物科技有限公司侵害商标专用权及不正当竞争纠纷案等三起案件入选2014年度江苏省知识产权十大典型案例。射阳县大米协会诉滨海县以祝米厂等侵害商标专用权纠纷案入选江苏法院2015年典型案例。

三是明确和统一争议性、新类型问题的裁判理念与尺度。审结深圳市声影网络科技有限公司诉无锡市侨声娱乐有限公司侵害作品复制权、表演权纠纷案，认为非集体管理组织对涉案音乐电视作品进行集体管理，并以自己的名义提起诉讼，没有法律依据，这对于妥善解决卡拉OK音乐作品纠纷案件，促进集体管理规范发展具有积极意义。审结上海柴油机股份有限公司诉江苏常佳金峰动力机械有限公司侵害商标权纠纷案，确立并完善了涉外贴牌加工案件应当采用必要审查注意义务的裁判标准，同时提出根据不同情形个案认定涉外定牌加工行为是否构成商标侵权，更加符合我国经济社会发展的实际。审结磊若软件公司诉捷奥比电动车有限公司侵害计算机软件著作权纠纷案，从技术层面入手，

具体分析了通过 Telnet 远程取证的效力已经可以达到民事诉讼对证据高度盖然性的要求，举证责任应由提出例外情形的当事人承担。审结磊若软件公司诉江苏同昌电路科技公司侵害计算机软件著作权纠纷案，提出在全球化背景下，在无合理情形可导致巨大差价的情况下，其他地域的产品售价亦可作为确定产品市场价值以及赔偿额的参考因素。审结射阳县大米协会诉滨海县以祝米厂等侵害商标专用权纠纷案，通过界定“具体地名＋产品通用名称”地理标志商标专用权和禁用权的范围，对地理标志商标的权利边界保护范围做了有益的探索。审结江苏幸福公社企业管理公司诉南京市金江典当有限责任公司、南京江南小院餐饮管理有限公司、倪志成案外人执行异议之诉案，该案是江苏省范围内审理的首起涉及知识产权的案外人执行异议之诉案件，对今后有可能涉及的专利或著作权的案外人执行异议之诉起到一定的参考意义。

四是探索精细化裁判，不断加大知识产权司法保护力度。充分运用精细化裁判的理念和方式，区分不同案件类型与案情体现差异化裁判。审结美国美利肯公司诉吴江市敏捷通信器材有限公司等侵害发明专利权纠纷案，细化酌定赔偿的依据，依权利人申请就侵权人销售被控产品合同情况进行调查，并参考权利人的专利产品利润率，估算出侵权人依据法院调查核实确认的合同交易量所获的侵权获利，在此基础上酌定赔偿 310 万元。审结上海香思食品有限公司诉苏州徽思餐饮管理有限公司、叔叔的味道（中国）投资有限公司侵害商标权及不正当竞争纠纷案，判决两被告停止侵权、变更字号、赔礼道歉并赔偿经济损失人民币 100 万元，体现了对知名品牌加大保护力度的精神。审结郭明升等犯假冒“SAMSUNG”手机注册商标罪案，判处被告人郭明升犯假冒注册商标罪，判处有期徒刑五年，并处罚金人民币 160 万元，体现了我国法律对中外企业知识产权的平等保护和对侵犯知识产权犯罪的严厉打击。

五是切实加强司法调研。江苏高院完成《经济发展新常态下江苏知识产权司法保护的应对》《经济新常态下市场竞争秩序的司法规制与维护》调研课题，就知识产权司法保护如何适应经济新常态提出对策和建议。江苏高院还完成《地理标志法律问题研究——以江苏地理标志保护为视角》《知识产权刑事司法保护问题研究——兼与民事司法保护的比较法研究》等调研课题。泰州中院依托最高人民法院在该院设立的医药产业调研基地，走访了苏中药业、扬子江药业，深入调研中医药专利保护、药品技术转让、开发风险问题，形成年度调研报告。

六是进一步密切与相关部门的司法保护协作。江苏高院结合案件审判，与省文化厅联合进行卡拉 OK 音乐作品著作权保护的调研，深入研究涉集体管理案件的司法裁判导向与裁判尺度，推动音乐作品 KTV 纠纷案件的妥善解决和音乐作品付费使用制度的顺利实施。继续与江苏省工商局商标处联合举办全省第四届商标疑难案例研讨会，进一步促进商标类疑难复杂案件司法审判与行政执法尺度的统一。赴省律师协会座谈调研，听取律师界对如何加强知识产权司法保护的意见和建议，进一步改进审判工作。与苏州大学知识产权研究院联合举办第二届太湖知识产权论坛，加强与各界知识产权理论研究的学术交流。南通中院与市工商局依照《关于构建辖区内商品交易市场商标保护司法行政联动机制的意见》的精神，加大对辖区内商品交易市场商标保护的力度，从源头上扼制商标侵权行为的发生。徐州中院邀请市公安局、市检察院、市文广新局、市工商局、市知识产权局等相关司法及行政执法单位参加联席会议，就知识产权“三合一”审判工作规范化问题听取各相关单位的意见和建议。

二、继续稳步推进知识产权审判“三合一”改革试点工作

全省法院共受理知识产权“三合一”改革试点刑事案件269件，其中新收一审案件233件，审结224件；共受理知识产权“三合一”改革试点行政案件25件，其中新收一审案件19件，审结20件。

继续坚持“突出重点，区别对待，宽严相济”的刑事司法政策，加大对重点行业、重点领域的打击力度，加强与相关部门的沟通，准确把握刑事司法裁判尺度和刑法保护边界。江苏高院与省公安厅、检察院合作举办全省知识产权刑事审判业务研讨班，全省法院、公安、检察系统60余人就知识产权刑事司法保护的边界、司法政策掌握、证据规则适用、入罪标准的界定以及相关类案的具体法律适用等重要问题进行研讨，统一执法理念与执法尺度。常州中院围绕社会反映强烈、投诉较多的领域，尤其是在近年社会广泛关注的食品、药品安全领域，加大惩处力度，剥夺侵权人再犯罪的能力和条件，形成了一批典型案例。

继续加强知识产权行政审判，明确司法审查标准，充分发挥“双轨制”执法体系中司法保护的终局权威性作用。审结南京东赤商贸有限公司不服江苏省工商行政管理局工商行政处罚决定案，经审理认为工商机关认定南京东赤商贸有限公司构成商标侵权的证据明显不当，判决撤销了工商机关作出的行政处罚决定，依法行使行政诉讼的司法监督职能，有效促进行政机关依法行政。

三、全面深化司法改革，完善知识产权审判工作机制

一是继续推进以团队审判为核心的审判权运行机制改革。还权于合议庭，实现由审理者裁判，让裁判者负责，以审判长为中心的团队审判运行机制更加顺畅，管理模式更加成熟。庭长、副庭长带头重点审理一审和疑难复杂案件，对团队成员进行传帮带，审判质效均有明显提升。江苏高院全年提交审判长联席会议讨论的案件持续下降，审判团队讨论定案的案件比例达到95%左右。庭长、副庭长2015年主办案件数204件、担任审判长结案数648件，分别占全庭案件数的14.07%和62%。

二是继续推进专家诉讼辅助人制度在案件审理中的适用。江苏法院持续推进知识产权专家诉讼辅助人参与知识产权案件审判的改革。除技术专家参与技术类案件审判外，无锡中院在审理汪寅仙诉万达公司著作权侵权案件中，双方当事人聘请的专家证人和法庭指定的专家辅助人共同参加了法庭主持的圆桌会议，专家们围绕争点，根据法庭制定的相应程序规则，通过陈述专家意见、互相提问等方式就我国著作权是否提供从建筑物到实用工艺品之间复制权的跨界保护、著作权的侵权比对方法等问题进行了充分论证，最终促使双方当事人达成调解协议。连云港中院已经落实著作权专业陪审员参与相关案件审理，收到一定的效果，为全面落实知识产权案件人民陪审员的参审机制，实现人民法院知识产权司法保护的主导作用打下了坚实的基础。

三是自觉践行司法为民工作宗旨，不断完善司法便民利民举措。南通中院充分发挥家纺城巡回审判庭的功能，以简易、便捷方式审理涉家纺案件。根据《家纺知

识产权案件快速处理暂行办法》，建立涉家纺案件即时立案、就地开庭、随时调解的机制，方便当事人诉讼，尽快解决纠纷。宿迁中院在知识产权侵权纠纷多发地洋河新区组织典型知识产权案件巡回审判，公开巡回开庭审理苏酒集团贸易股份有限公司诉宿迁市洋河镇某白酒企业侵犯商标权及不正当竞争案，30余家白酒类企业负责人到庭旁听庭审。

四、进一步推动司法公开，不断延伸审判职能

一是适应信息网络社会发展的时代要求，积极采用新媒体形式宣传，不断增强司法公开的力度和广度。在江苏高院新浪微博、微信公众号平台开设“知产视野”栏目，2015年共刊发68期，总结并集中展示近年来江苏法院审理的重大、疑难知识产权案件审判及理论研究成果。建立全省知识产权法官微信群，加强业务交流，及时收集并研究解决审判实践中出现的各类问题。江苏高院还依托苏州大学知识产权学院，开设江苏省法学会微信公众号，集中展示江苏省法学会各会员单位的知识产权工作及研究成果，促进各会员单位相互借鉴和利用丰富的研究资源，促进理论界与实务界的互动交流。常州中院继续借知识产权保护QQ群的平台，邀请更多专利复审委审查员、部分大学教授和学者等相关人士加入，并向专利代理人事务所、律师事务所、企业及其他社会公众开放，扩大知识产权保护的影响力，随时为企业解答知识产权管理、保护中遇到的问题。苏州昆山法院走近新华网演播室，以微访谈的形式向网民介绍知识产权司法保护。

二是进一步做好司法公开与宣传工作，健全司法延伸服务机制，推进阳光司法。全省法院认真落实公开开庭、庭审网络直播、裁判文书上网等“阳光司法”措施。江苏高院连续七年向社会发布《2014年江苏法院知识产权司法保护蓝皮书》，继续发布2014年全省法院知识产权司法保护十大民事、刑事和行政典型案例，连续四年发布《江苏法院知识产权案件年度报告》，及时公布新类型案件的裁判尺度。“4·26”世界知识产权日期间，邀请人大代表、政协委员、特邀监督员、技术专家辅助人等参加公开开庭案件的旁听，开展法治讲座等活动。南京中院走访江苏省电信旗下的专业游戏研发企业炫彩互动网络科技有限公司，针对该公司在经营过程中遇到的游戏软件近似侵权、游戏软件名称侵害商标权、游戏人物形象侵害美术作品著作权等知识产权保护问题，结合司法实践，提供了相关的建议和帮助。镇江中院分别走进恒顺集团、醋业协会、丹阳眼镜协会，就如何加强对“镇江香（陈）醋”“丹阳眼镜”集体商标的司法保护进行专题调研。泰州高新区启动医药知识产权“123456”护航工程，构建宣传、调研、预防、保护、打击五项长效保护机制；建立服务平台，开通“医药知识产权司法保护李霖微信平台”，建立服务企业QQ群，全面提供法律咨询、个案指导、风险提示等；定制司法服务，根据企业需求，协同有关部门和组织，针对企业专利、商标、专有技术、商业秘密等门类知识产权保护情况，给予个性化建议，帮助企业制定保护措施提升知识产权保护能力。盐城中院勇于担当司法社会责任，主动为地方经济的发展大局建言献策。在审理北京中文在线诉东台唐洋中学侵犯著作财产权纠纷系列案件中，发现学校因数字图书馆建设不规范而涉嫌侵犯他人著作权的现象较为突出，若不及时采取措施加以预防，其他学校也会陷入侵权被诉的泥潭，势必会影响全市教育发展大局，故在充分调研论证的基础上向盐城市教育局发送了关于规范学校数字图书馆建设的司法建议，教育局高度重视，专门下发通知要求各区县教育局及所属学校对照司法建议进行整改，消除违法侵权隐患。

浙江法院2015年度知识产权司法保护工作总结

2015年，浙江法院在最高人民法院的有力指导下，认真学习十八大精神，贯彻实施创新驱动发展战略，知识产权民事审判工作取得显著成效。

一、坚持执法办案第一要务，提升司法公信力

2015年，全省法院共新收知识产权一审案件16999件，同比上升23.22%，审结15668件，同比上升14.73%，其中著作权案件新收11407件，上升17.45%；专利权案件新收2118件，上升46.07%；商标权案件新收3058件，上升34.42%；技术合同案件94件，下降17.54%；不正当竞争案件107件，上升33.75%。新收知识产权二审案件1348件，审结1378件。我省法院在知识产权案件收案量大幅度上升的情况下，狠抓办案质效，建立案件办理跟踪、督促和指导机制，注重审判长和审判长联席会议的审判功能，发挥主审法官的个性优势，保质保量地完成了审判工作。

我省法院充分发挥知识产权司法保护的主导作用，加大保护力度、促进自主创新，依法公正审结了一批具有较大社会影响的知识产权民事案件。华为公司诉中兴公司、阿里巴巴公司侵害发明专利权一案中，合议庭走访了多位专业技术人员，在深入分析涉案网络通信设备技术问题的基础上，以华为公司未能证明涉案产品在正常使用状态下会使用到涉案专利方法为由，判决驳回其诉请，该案入选全国律师协会知识产权委员会2015年年会十佳案例。威海嘉易考公司诉永康市金仕德公司、天猫公司侵害发明专利权一案涉及电商平台在收到知识产权人通知后应采取何种“必要措施”的问题，二审判决遵循利益平衡原则，综合考虑涉案具体因素，细化和扩充了侵权责任法第三十六条中“必要措施”的类型，认定向被投诉人转递投诉材料并通知其申辩属于天猫公司应采取的“必要措施”，引发学界热议。我省法院还一揽子调解了国内两大炊具及厨房小家电领导品牌——苏泊尔公司和九阳公司之间的36件侵害专利权纠纷，有效化解矛盾，杜绝了双方之间报复性诉讼的再次发生。此外，上蒋火腿厂诉雪舫工贸公司侵害商标权纠纷，杭州聚合公司诉中国移动浙江公司、浙江融创公司侵害计算机软件著作权纠纷两上诉案入选2014年中国法院十大创新型知识产权案件，我院成为全国地方法院中唯一有2个案件入选的法院，前一案件还在央视教育频道“法治天下”栏目播出。

二、重视实务调研，加强基础性审判指导工作

针对我省知识产权审判实际，通过专题调研、解答疑难问题、转化调研成果、召开片区座谈会、通报办案质量等多种形式，拓宽指导途径，加强对我省知识产权民事审判工作的基础性指导。

——开展重点调研。针对涉市场开办者知识产权纠纷频发、相关司法裁判规则不明晰的现状，由省高院牵头开展了2015年全省法院重点课题《关于市场开办者知识产权侵权责任》的调研，总结了涉市场开办者知识产权纠纷中存在的突出问题，明确了相应的司法理念和裁判规则，并提出了对策和建议。各地中院也针对本地区审判实践，主动开展调研活动并取得丰硕成果，比如宁波中院的《行为保全制度研究》、嘉兴中院的《关于当前企业专利保护问题的研究》、金华中院的《关于永康市知识产权侵权案件多发原因及对策》以及衢州中院的《关于巨化集团公司商标保护问题的调研》。

——解答疑难问题。针对新形势下全省法院知识产权审判中存在的新类型疑难问题，编发《知识产权审判疑难问题解答（二）》，逐题分析并提出解决思路，指导各级法院正确适用法律。

——遏制重复侵权。针对知识产权案件中存在的审执矛盾，与执行局、立案庭就妥善处理知识产权重复侵权行为中审判与执行程序衔接等方案进行专题讨论并达成共识，联合下发《关于妥善处理知识产权重复侵权行为若干问题的纪要》。

——转化调研成果。针对我省老字号企业知识产权保护意识淡薄的现象，在2014年重点调研课题《关于老字号知识产权保护的调研》的基础上，完成成果转化，制定并下发了《关于老字号知识产权保护的纪要》。

——放宽简易程序适用条件。在充分调研近三年适用简易程序审理知识产权案件试点工作情况的基础上，对原试行规定进行修订，正式下发《关于适用简易程序审理部分知识产权民事纠纷案件的规定》。新规定适当放宽了基层法院适用简易程序的条件，将原先的审批制改为备案制。2015年，在原有18家基层法院的基础上，吴兴和桐乡法院经备案开始适用简易程序审理知识产权案件。

此外，省高院还分别在杭州、宁波、温州、金华、丽水等地召开知识产权审判工作片区调研座谈会，听取下级法院及律师协会、行政执法部门、行业协会对知识产权审判工作的意见建议；分别对2014年全年和2015年上半年中院上报的和省高院审结的二审案件质量进行了通报，指出案件审理及裁判文书中存在的问题。

三、加强横向合作，实现与行政机关的优势互补

我省法院重视与知识产权行政执法部门的沟通交流，始终保持良性互动，力求实现优势互补。

——整合社会资源，打造纠纷多元化解决机制的升级版。为解决原有知识产权诉调对接机制中存在的对接分散、机制不畅、人员保障不够充分以及缺乏透明度、司法定位过于强势、行政色彩浓厚等问题，由省高院主导推出“打造专业的第三方独立司法公益平台”的改革思路，力求在强化知识产权司法保护主导作用的同时，重塑知识产权多元化纠纷解决机制。7月，联合省知识产权局、国家互联网协会等单位在义乌市开展了国内首家知识产权纠纷专业调解第三方独立公益平台的试点工作，包括《人民法院报》《法制日报》《中国知识产权报》等国内主流媒体及互联网主要媒体对此进行了深度报道，最高人民法院亦给予高度评价。自该平台运转以来，从行政主管部门、行业专家、资深律师等具有丰富知识产权从业经验的人员中遴选出来的23名调解员已化解了200余起知识产权纠纷，并推动了义乌市网吧软件的正版化工作，成效卓著。在此基础上，省高院于10月在宁波开展了“知识产权综合运用与保护第三方平台”的试点工作，此项工作得到省委常委、宁波市委刘奇书记等市委主要领导同志的高度重视，相关筹备工作正在紧锣密鼓地进行当中。此外，余杭法院继续开展与中国互联网协会调解中心驻余杭法院工作站的诉调对接工作，共委托该工作站处理诉前调解1288件，调解成功421件；诉中调解1645件，调解成功458件，成效显著。

——增补专业型人民陪审员。经省知识产权局、省工商局、省版权局推荐，我省法院于2010年选任了第一批116名专业型人民陪审员参与审理知识产权案件，这些陪审员充分发挥其专业优势，解决了大量知识产权审判中的疑难专业问题。现该批陪审员的任期已陆续届满，需在调整、增补原有人选的基础上选任第二批专业型人民陪审员。2015年，上述三个部门共向我院推荐人选160人，其中115人为新增人选，为专业型人民陪审员队伍充实了新生力量。

——邀请行政机关派员参加座谈会。为深入探讨涉外贴牌加工商标侵权问题，更好地统一司法审判与行政执法标准，省高院邀请省工商局、省经信委、杭州海关等部门领导出席“涉外贴牌加工商标侵权问题研讨会”，与会人员就涉外贴牌加工行为涉及的产业政策、海关审查原则、侵权责任承担等问题展开激烈讨论，为法院审理涉外贴牌加工案件提供了新的思路。

——向行政机关发送司法建议。2015年，全省法院共向行政机关、企事业单位等发送司法建议十余条。如：为解决KTV案件反复成讼的问题，诸暨法院向当地文广新局发出司法建议，建议该局加强对KTV行业的监管和法制宣传教育，引导建立自主管理与自律平台，建立诉前纠纷解决机制；针对公证取证中存在的问题，婺城法院和义乌法院分别向当地公证机构发出司法建议，并得到了公证机构的高度重视和积极反馈。

四、加强宣传交流，传播浙江知识产权司法保护正能量

——“浙江法院新闻网 · 知之汇”正式上线。为适应当前知识产权司法保护工作的新形势新任务，加强知识产权宣传和交流，提升知识产权司法保护水平，扩大知识产权司法保护影响，我省法院推出“浙江法院新闻网 · 知之汇”网站。该网站以“讲述浙江知识产权司法保护故事，传播浙江知识产权司法保护声音”为主题，以“公正、创新、开放、互动、便民”为理念，分设知之动态、知之交流、知之学术、知之案例、知之风采、知之专栏等子栏目。自网站正式上线以来，我省法院陆续通过该平台发布了多起具有典型意义和较大社会影响的案例，分享了多篇具有较高学术价值的文章，公开了我省法院近期知识产权审判动态和会议实录，受到社会各界的广泛好评。此外，温州中院开通了温州知识产权审判微信公众号，起到了较好的宣传效果。

——开展形式多样的知识产权宣传活动。自2009年以来，省法院已连续七年邀请境内外媒体、机构列席知识产权审判工作会议，成为浙江法院知识产权司法保护的一大品牌。各级法院也通过发布白皮书、公布典型案例、召开新闻发布会、举办知识产权成果展等活动，回应社会公众对知识产权司法保护工作的关注。如杭州中院在宣传周期间通过官方微博视频直播“嘀嘀商标侵权纠纷案”的庭审过程，开创我省法院微博视频直播庭审的先河，引发广泛关注。

——加强学术交流。与中国政法大学

学术团队、华东政法大学学术团队建立良好的学术交流合作机制，开展多项知识产权司法保护理论与实务交流研讨活动；与浙江省知识产权法学研究会合作，筹建知识产权审判实务委员会；与中国法学会知识产权法学研究会达成在浙江建立知识产权司法保护研究基地的初步意向；与浙江省知识产权局达成建立知识产权交流中心的初步意向。

此外，我省法院积极参与最高人民法院和兄弟法院召开的专业会议，派员参加中国互联网大会、中国全国律师协会年会、中国知识产权法学研究会专利法修改专家研讨会等大型学术会议，发表主题演讲，参与文件制定。

五、坚定信仰、转变学风，强化审判队伍自身建设

——恪守“严实作风”，践行“司法为民”。认真学习党的十八大、十八届三中、四中、五中全会精神，紧紧围绕“努力让人民群众在每一个司法案件中感受到公平正义”的目标，恪守“严实作风”，践行“司法为民”，不断探索诉讼便民利民途径。如三级法院共同推进庭审记录改革，提高审判效率；杭州中院、嘉兴中院、衢州中院、吴兴法院等因地制宜，在知识产权纠纷多发的交易市场、经济技术开发区等地新设巡回审判点，方便权利人维权；开展电子商务网上法庭建设，杭州中院、余杭法院、西湖法院和滨江法院等四家试点法院的网上法庭成功上线并顺利运行，实现“网上纠纷网上解、足不出户打官司”；其他非试点法院也充分利用互联网技术便利当事人诉讼，积极探索网上送达、网络调解、视频庭审等“互联网+审判”模式。

——改革庭务管理，强化合议庭审判与调研的主体地位。省高院改变以往审判与调研相对分离的工作格局，配备综合组实务、行政双内勤人员组合，裁减综合组其他成员充实审判一线，组建两大合议庭，将综合组工作中涉及审判实务调研性质的工作分解到合议庭，以“扁平化”管理模式强化法官团队在案件审理和审判调研中的主体作用，发挥合议庭成员的调研积极性。

——转变学风，营造我省知识产权学术氛围。知识产权法官作为知识产权审判创新的主体，必须具备较强的司法能力和学术功底。省高院联合研究室等部门与华东政法大学学术团队举行了“浙江法院知识产权司法保护理论与实务交流研讨会”，针对民三庭的审判、调研成果展开深入研讨；借助省法院和中国政法大学学术团队的学术交流机制，在全省法院遴选了20篇专业论文供合集出版并已通过初审；省高院民三庭法官团队在浙江省知识产权法学研究会年会上成功举办“浙江知识产权司法保护实务论坛”，效果显著。此外，充分运用专题培训、专题研讨等形式，加大学习力度，提高队伍素质。省高院将新进人员与审判业务骨干分为两期培训，根据不同培训对象设置相应培训课程。另新增一期人民陪审员培训班，对知识产权专业型人民陪审员以及经常参与知识产权审判的一般人民陪审员进行培训，提高其司法能力。

安徽法院2015年度知识产权司法保护工作总结

2015年，安徽法院努力适应知识产权审判工作新形势新任务，坚持问题导向，加强态势分析，妥善应对司法改革“最关键期”、干警思想“最活跃期”、案件增长“超常态期”三期叠加挑战，抓重点、攻难点、创亮点，倾力抓好执法办案，统筹推进各项工作，不断探索适应省情、凸显特色的知识产权司法保护之路。

一、狠抓执法办案，彰显服务大局新成效

2015年，全省法院共新收和审结知识产权民事一审案件2860件和2679件（含旧存），同比增长101.26%和83.36%；新收和审结知识产权民事二审案件262件和251件，同比增长158.76%和158.7%。一、二审收、结案指标均创新高。

（一）充分发挥审判职能作用

妥善审理技术类知识产权案件，推进科技攻坚与自主创新。以专利案件为代表的技术类案件受案数量延续多年上升势头，知识产权诉讼“瞄准”的利益“技术含金量”持续加大。正确运用专利侵权判定方法，省高院在审理的马鞍山利尔开元新材料有限公司与马鞍山市雨山冶金新材料有限公司侵害实用新型专利权纠纷上诉案中，结合说明书中载明的该专利所要解决的技术问题对涉案产品进行比对，从而作出被控侵权产品所采用的滑动摩擦接触方式与涉案专利请求保护的滚动摩擦接触方式不构成等同技术特征的认定结论，驳回专利权人不当诉请，体现利益平衡理念，规范市场主体竞争行为。

妥善审理商标权类案件，推动品牌建立、创新。商标权案件同比增长27.69%，且已超脱处于产业价值链低端的规模性、群体性商业维权等案件为主局面，呈现出企业间竞争向纵深发展、当事人对品牌的争夺日趋激烈的特点。省高院在浙江大光明眼镜有限公司与合肥市大光明眼镜有限责任公司商标侵权纠纷上诉案审理过程中，结合立法精神和法学原理，从使用在先、诚实信用、商誉积累、公平原则等多个角度进行说理论述，在厘清两者权利界限的同时寻找双方利益保护的平衡点。合肥中院审理的江西报恩堂药业公司诉江西樟都药业公司、杨武青、聂竹英侵害商标专用权案件，从历史上使用的先后顺序和商标注册的现状两方面着手，认定被控侵权人在先权利和通用名称抗辩不成立，避免合法商业标识的淡化和通用化。池州中院审理的深圳合纵文化有限公司诉池州市苏何娱乐有限公司侵害商标权纠纷案，既保护商标权人，也考虑市场竞争环境的合理平衡，积极推动市场规范。合肥经开区法院审理的吴某微信销售假冒“Nike”“adidas”“NB”运动鞋案，制止了通过信息网络实施的侵犯商标权的犯罪行为。

依法审理著作权案件，保障促进文化创意创新。著作权案件同比增长477.95%，新收案件中91%关系到计算机软件著作权及信息网络传播权，涉及的法律问题和技术问题日趋广泛深入。亳州中院审理乐视

网（天津）信息技术有限公司诉亳州市广播电视台侵害作品信息网络传播权纠纷案，通过分析“知道”这一主观要件，认定提供信息平台服务的网络服务提供者的间接侵权责任。

依法审理反不正当竞争类案件，着力维护公平竞争的市场经济秩序。省高院审理中粮集团有限公司与桐城市中粮福润肉业有限公司不正当竞争纠纷上诉案，在法律法规尚无明确规定的情况下，把握知识产权司法保护政策，结合中粮集团对“中粮”文字使用在先、“中”“粮”文字的渊源、“中粮”企业名称的形成历史等多方面因素，判令桐城市中粮福润肉业有限公司停止在企业名称中使用“中粮”文字等不正当竞争行为，体现了维护公平的市场竞争秩序、保护知名企业和驰名商标合法权益的精神。

（二）加大知识产权司法保护力度

多管齐下，降低知识产权维权成本，提高知识产权侵权代价。严格合法来源抗辩审查标准，在小商小贩进货时往往难以取得正规发票的情况下，综合考量销售合同、供货单、采购清单、被控侵权产品的购进价格、销售价格与正品价格差异等因素，避免合法来源认定失之于宽。贯彻全面赔偿原则。合肥经开区法院在杭州上岛咖啡食品有限公司诉巢湖市上岛咖啡人民路店等侵害商标权纠纷案中，首次参照商标许可使用费的倍数合理确定侵犯商标专用权的赔偿数额。滁州中院依法加重重复侵权、恶意侵权、以侵权为业的侵权人的赔偿责任。合肥中院对于生产者、制造者直接造成对开拓性发明创造、技术秘密、商业标识等权利侵权的案件，在有初步证据的情况下，充分运用证据规则的规定，作出对侵权人不利的推定，就高确定赔偿额，审结蔡继汉、商建忠依据其发明专利分别提起的侵权诉讼，并在审理的植物新品种权类案件中对生产商按照法定赔偿额的较高标准课以经济责任。亳州中院在审理侵害商标权纠纷案件中参照行政机关的行政处罚或刑事判决的罚金数额，确定赔偿数额。节约维权时间成本，在专利案件审理中，利害关系人向专利复审委提出申请宣告涉案专利无效的请求时，并不立即中止诉讼，而是通过公开审理的方式对当事人中止诉讼的理由进行审查后作出决定，合理限制中止诉讼程序的适用，提高审判效率。

（三）重视以调解手段化解矛盾

关口前移，节约诉讼成本。宿州中院在审理以小型商户为被告的系列知识产权案件时，针对被告流动性较强特点，采取直接送达方式，在送达诉状、传票等法律文书的同时进行法律释明工作，宣传知识产权保护法律知识，促成“九阳”商标侵权案件、“暴龙”眼镜商标侵权案及深圳华强数字动漫有限公司“熊大”著作权侵权案等系列案件部分被告在庭审前主动赔偿调解，节约了诉讼成本和司法资源。以判促调，发挥判决示范效应。省高院、安庆中院在上海家化联合股份有限公司、厦门雅瑞光学有限公司、上海红双喜股份有限公司商标权系列维权案件中，选择有代表性案件形成判决后，借此引导双方当事人形成合理预期，既敦促侵权者规范行为，强化其尊重知识产权、诚信守法的价值取向和心理认同，也引导权利人在其合理限度内行使权利，带动了其余案件以调解或撤诉结案。讲求实效，确保调解协议实际履行。池州中院在案件调解的过程中，注重从便于执行角度提出方案。亳州中院对当事人调解协议执行情况进行跟踪，实现了调解结案案件当事人全部及时主动地履行。全省法院知识产权民事一审案件调撤率达 74%。

二、落实目标任务，展现司法改革新作为

（一）推进专利案件分片集中管辖改革

随着我省创新型省份建设的加速推进，专利案件持续上升。为突破区划制约、合理配置资源、统一裁判标准，根据第二批司法体制改革试点工作的要求，省高院在充分调研论证的基础上，结合全省审判工作实际和南北狭长的地形特点，提出了专利案件分片跨行政区划管辖的改革方案，经省委政法委、最高人民法院批准后，于 2016 年 1 月 1 日正式实施。我省形成了合肥中院管辖安徽北片地区、芜湖中院管辖安徽南片地区的专利民事案件管辖格局。这种打破行政区划，划片集中管辖的做法，在全国具有开创性的意义。

（二）深入推进司法公开

首次发布知识产权案件年度报告。省高院从全省法院 2013、2014 年度审结的知识产权案件中选取典型案件，提炼判理摘要，撰写了《安徽省高级人民法院知识产权案件年度报告（2013—2014）》。内容涵盖专利、著作权、商标、植物新品种等七个领域，总结全省法院在知识产权领域处理新型、疑难、复杂案件的审判标准、裁判方法和导向，拓展了司法公开深度。

常态化发布白皮书和典型案件。在“4·26”世界知识产权日前夕，省高院再度召开新闻发布会，第三次发布知识产权审判白皮书、第九次发布年度典型案件，并继续向在皖的全国人大代表和政协委员以及 1400 多名省人大代表和省政协委员一一寄送了《安徽法院知识产权司法保护状况（2014 年）》（白皮书）和案件年度报告，白皮书和案件年度报告成为加强与代表、委员联络沟通、主动接受监督的新载体。合肥中院、蚌埠市禹会区法院也在世界知识产权日前夕公布了各自的年度典型案例。

借力信息化推进审判流程、裁判文书公开。实现“每庭必录”，并发挥科技法庭优势，为实现诉讼各方有证举在法庭、有理辩在法庭、法官心证形成在法庭提供技术支持。规范司法文书公开工作，按照信息化平台提示的案件特征确定文书是否符合上网要求，做到应上尽上的同时保护当事人隐私。

以重点案件为抓手提升审判透明度。省高院在山东法博赛尔生物科技有限公司与合肥法珀赛尔生物科技有限公司不正当竞争纠纷上诉案审理过程中，基于该案社会影响大、争议标的额大、所涉事实问题和法律问题新锐复杂、双方对抗情绪激烈等因素，主动邀请多名省人大代表、政协委员、特邀监督员旁听庭审，并通过腾讯微博、新浪微博@安徽法院对案件审理情况进行了同步“微”直播。宣城中院、蚌埠市禹会区法院也选取了具有代表性的知识产权案件通过网站、微博进行了图文同步直播。

（三）积极参与规范裁量权改革

蚌埠市禹会区法院利用其“三合一”试点法院优势，积极总结知识产权刑事审判经验，结合蚌埠地区审判实践，发布《知识产权犯罪量刑指导意见》，致力于解决知识产权刑事案件“同案不同判”问题，增强量刑的公开性，实现知识产权刑事案件在蚌埠地区裁量尺度的科学统一。

三、提升审判质效，形成执法办案新局面

（一）加强审判调研

省高院通过专题调研、支部共建活动等形式与下级法院对审判中热点、难点问题进行交流、探讨、总结，就相关问题形成统一认识。铜陵中院与铜陵学院、铜陵市律师协会共同发起成立铜陵市知识产权法研究会，针对司法实践中的新类型案件以及疑难、复杂问题开展法学研究，指导工作实践。芜湖经开区法院法官撰写的多篇知识产权论文被《芜湖日报》刊用，在该市青年法官论坛中获奖，编写的信息被最高人民法院简报采用。

（二）深入推进精品战略

在全省业务条线建立包括科学分案过滤、精细打磨关键环节、强化衍生开发等一整套精品培育机制，注重挖掘、审理类型新颖、规则意义突出的典型案件，打造法律效果和社会效果突出、对适法统一具有示范效应的精品案件。省高院、合肥中院、蚌埠市禹会区法院每年发布年度知识产权典型案例，省高院、蚌埠市禹会区法院还定期编发《民三庭重要案件信息》《知识产权审判动态》，以及时发现工作亮点，总结案件审理经验，树立标杆案件，固化审判成果。2015 年，我省法院一件案件入选最高人民法院公布的中国知识产权司法保护五十件典型案件，一起案件入选国家版权局公布的打击侵权盗版十大案件，全省知识产权案件精品战略步入从量变到质变的上升通道。

（四）持续推进知识产权审判“三合一”试点工作

召开合芜蚌知识产权审判“三合一”研讨会，引导参会人员集思广益、有的放矢，为破解实践难题提供了有益的意见和思路。形成深入推进知识产权“三合一”改革试点方案，努力将试点工作由合芜蚌三地基层法院向对应中院推进，实现知识产权民事、刑事、行政案件一、二审程序和三类案件之间的顺利对接。省高院与合肥高新区法院作为中西部法院代表，应邀出席最高人民法院召开的“三合一”改革试点工作调研座谈会，介绍我省法院试点经验，为最高人民法院完善顶层设计建言献策。

四、加快职能转变，开拓司法服务新境界

（一）对接企业知识产权实践，主动回应创新主体的司法需求

省高院走访我国首家登录创业板的种业公司——安徽荃银高科种业股份有限公司、安徽丰原集团，宣城中院走访当地知名企业中良枣业公司，芜湖市经开区法院先后走访安徽三只松鼠电子商务有限公司、安徽影星银幕有限责任公司，了解科技创新型企业意见建议。合肥中院联合召开“新常态下创新成果与品牌保护座谈会”，省知识产权局，相关检察、行政执法机关，律师协会以及 19 家省内知名企业到会，围绕知识产权维权等主题进行座谈，主动听取和回应市场创新主体的维权需求。蚌埠市禹会区法院联合高新区管委会、市科学技术和知识产权局共同成立全省首个知识产权维权援助工作站——蚌埠高新区知识产权维权援助工作站。

（二）联合其他执法力量，形成知识产权保护合力

亳州中院每月与知识产权行政执法部门互相交流案件审理查处工作简报，并定期召开通气会，实行与行政执法部门信息共享，形成积极保护、主动保护、全面保护知识产权工作机制。蚌埠市禹会区法院针对蚌埠市辖三县知识产权刑事案件未按规定移送的情况，深入到市经侦队和三县公安局进行专题调研走访，有效推进了知识产权刑事案件通畅流转。

（三）加强知识产权普法宣传，培护社会创新氛围

亳州中院通过法院网站、微信公众平台同步开设“知识产权审判”栏目，第一

时间发布审结的知识产权案件，公开知识产权司法保护的最新状况，提高社会公众对知识产权保护的关注度。宣城中院知识产权庭法官于世界知识产权日前夕在宣州区水东镇农贸市场集中宣讲知识产权法律知识。铜陵市法官协会会同铜陵市法学会、铜陵学院法学院联合举办“我身边的知识产权”主题征文活动，取得了良好的社会反响。

五、加强队伍建设，焕发团结奋进新气象

（一）反腐倡廉警钟长鸣

坚持签订年度党风廉政责任书的制度传承，以此为契机进行廉政专项教育，做到新年伊始廉政先行。省高院完善每月一次的“廉政教育日”制度和打破合议庭人员固定搭配、主审法官实行祖籍地和出生地回避的分案制度，在思想上引导干警坚持廉洁操守，在程序上减少不当干预的渗透空间；还新设岗前廉政谈话制度，为初任法官扣好公正司法“第一粒扣子”，从源头上防治司法腐败。

（二）强化队伍专业化建设

省高院将自身创立的法官讲坛制度影响力向全省法院辐射，多次通过视频会议、实地讲授等进行专题授课。全省法院坚持培训资源共享机制，积极输送法官参加国家法官学院培训，培训指标分配向一线倾斜、向基层倾斜，并要求参训人员结业后及时回院传达培训内容，使得更多同志得以及时掌握前沿观点和司法动态。新建内部微信交流群，通过群内信息分享、专题业务探讨等方式，打破时空限制，构建“八小时以外”的开放式互动式学习平台。

（三）常态化推进作风建设

将“三严三实”专题教育融入支部经常性学习教育，与“三会一课”、组织生活会、支部共建活动结合起来，深入查摆不严不实问题，列出问题清单逐项整改，让“严”的精神和“实”的品格根植于干警思想，见诸于实践。深入开展向邹碧华同志学习活动，大力弘扬邹碧华精神，将学习成果转化为爱岗敬业的工作动力。牢固树立纪律意识、规矩意识，引导知识产权审判人员自觉践行守纪律、讲规矩的基本要求，坚守干净的工作底线，扎紧筑牢思想防线，以更加严格的标准约束自己的行为，推进纪律作风建设的规范化、常态化和长效化。

福建法院2015年度知识产权司法保护工作总结

2015年，福建法院在福建省委领导、福建省人大监督和最高人民法院指导下，深入贯彻落实党的十八大、十八届三中、四中、五中全会精神和习近平总书记系列重要讲话精神，仅仅围绕“四个全面”战略布局，牢牢坚持司法工作目标主线，贯彻实施创新驱动发展战略，充分发挥司法保护知识产权主导作用，坚定不移推进知识产权审判体制改革，持续抓好过硬队伍建设和司法公信建设、司法品牌建设，充分发挥审判职能作用，知识产权司法保护工作取得新进展、新成效。

一、紧抓审判第一要务，加大知识产权司法保护力度

2015年，福建法院共受理知识产权民事、刑事、行政一、二审案件4367件（民事3823件；刑事526件；行政18件），同比增加220件，增长5.31%。其中新收3992件，同比增加155件，增长4.04%；结案3820件，增加96件，同比增长2.58%，结案率为87.47%，同比减少2.33%；调撤2172件，增加477件，同比增长28.14%，调撤率为56.86%，同比提升11.33%。

福建高院知识产权审判庭共受理各类案件706件，同比增加314件，增长80.1%。其中新收691件，同比增加310件，增长81.36%；结案575件，同比增加198件，增长52.52%，结案率为81.44%。调撤128件，调撤率22.26%。一线法官人均结案数57.5件，同比增加10.37件；全员人均结案数41.07件，同比增加9.87件。

一年来，福建法院依法界定知识产权侵权行为，加大民事司法保护力度，充分发挥诉讼保全、财产保全以及证据规则的作用，及时制止侵权行为，切实保护权利人合法权益；依法审理好知识产权行政案件，坚持合法性审查，依法保护公民、法人和其他组织的合法权益，监督和支持行政机关依法行政；贯彻宽严相济刑事政策，依法打击知识产权犯罪。一年来，审结了一大批类型新颖、法律关系复杂、社会影响广泛的知识产权案件。例如：备受国内外关注的环保领域重大专利案件——武汉晶源公司与华阳电厂专利侵权纠纷案的圆满调解，受到国台办和最高人民法院的高度赞扬；泉州特易通公司商业秘密纠纷案被评为中国法院五十件典型知识产权案例；“珍视明”商标侵权案入选福建法院消费者权益保护典型案例。“加大知识产权保护力度”入选2015年度福建法院司法为民十大举措榜单。

二、深化司法体制改革，完善知识产权审判机制

（一）探索建立知识产权法院

福建法院在多年知识产权审判民事、行政、刑事“三合一”试点的基础上，充分论证在福建建立知识产权法院的必要性和可行性，探索符合知识产权案件审判规律的专门程序、管辖制度和审理规则，并形成专门的调研报告。全国人大代表福建高院马新岚院长在福建设立知识产权法院的代表议案将在全国人大会议期间提交。

（二）首次设立试点合议庭

福建高院知识产权审判庭顺应司法改革新要求，认真开展司法责任制试点合议庭工作，设立三个试点合议庭，落实“让审理者裁判、由裁判者负责”，为合议庭运行机制、审判权与庭领导监督管理权划分、合议庭责任承担等问题积累经验。

三、服务社会发展，打造知识产权司法保护特色亮点

（一）加强版权司法保护，获评世界知识产权组织（WIPO）版权保护优秀案例示范点

为进一步加强陶瓷版权保护，福建高院于2013年报请最高人民法院批准同意指定福建省德化县人民法院管辖部分知识产权民事纠纷案件，陶瓷版权保护得以进一步加强，被评为全国版权保护示范单位以及联合国世界知识产权保护组织版权保护优秀案例示范点。2015年6月12日，世界知识产权组织（WIPO）副总干事王彬颖、驻中国办事处主任陈宏兵等一行亲临福建德化考察调研版权司法保护工作并给予充分肯定。

（二）深化多元化纠纷解决机制，加强知识产权司法保护合力

福建法院积极与当地政府特别是知识产权行政主管部门、行业协会等沟通协调，在已有诉调对接机制的基础上，2015 年进一步深化多元化纠纷解决机制，加强知识产权司法保护合力。创新“申请 + 介入”诉前简易调处模式；完善“委托 + 协助”诉中调解模式；建设“智慧服务站 + 法律驿站”强化诉后纠纷化解模式，借助各方力量，及时化解纠纷。形成政府 + 司法 + 协会“三位一体”保护网络，如上海盈扩实业有限公司诉利源陶瓷、唯艺陶瓷、华亿陶瓷三家电子商务企业侵犯其《爬缸仰望天空》《仰望星空》等系列 36 个作品著作权侵权纠纷，针对权利人先行起诉的 8 件案件，多方合力，采取“打包调解”的方式，诉前化解纠纷 108 件，避免了无休止的诉讼，节约司法资源。

（三）利用“4 · 26”宣传平台，扩大知识产权司法保护影响力

全省各级法院积极开展“4 · 26”知识产权宣传周活动，加强知识产权司法保护宣传工作。福建高院召开知识产权司法保护工作专题新闻发布会，公布 2014 年福建法院知识产权司法保护状况白皮书及十大典型案例，十几家主流新闻媒体对活动进行了采访报道，向人大代表、政协委员及社会各界寄送司法保护白皮书 1508 份，充分展示福建法院知识产权审判工作成果，受到社会各界赞誉。全省各级法院也开展不同形式的知识产权法律咨询及宣传活动。福州中院召开涉企业知识产权案件审判白皮书发布会、软件知识产权保护座谈，举办庭审直播、集中公开宣判活动。厦门中院召开新闻发布会，通报 2014 年度厦门两级法院知识产权司法保护状况，公布典型案例，走访厦门市软件园高新企业，邀请人大、政协、知识产权行政机关代表参加知识产权司法保护座谈会。漳州中院联合知识产权局深入台企、渔区、景区、高新科技园区开展法律宣传活动，制作知识产权司法保护宣传栏，借助门户网站、官方微信、微博、飞信平台等推送知识产权信息。泉州中院发布《2014 泉州法院知识产权司法保护白皮书》及十大典型案例，在《法制今报》等报刊开辟法治宣传专栏，召开品牌企业知识产权司法保护座谈会。南平中院建立完善司法鉴定、专家辅助人、专家陪审员等制度，走访辖区重点企业，联合工商、知识产权等部门进行专题调研，提出司法建议。龙岩中院选任专家人民陪审员，完善诉调对接机制，协助工商、知识产权、文化出版等部门执法培训。宁德中院走访茶叶、电机、食用菌等企业，召开座谈会、举办法治讲座，配合公安、工商、质检、行业协会等开展专项清理活动。

（四）增设管辖法院，加强自贸区知识产权司法保护

积极服务保障福建自贸区建设，认真分析和研判自贸区设立可能面临的知识产权审判新情况、新问题，组织专门审判力量进行重点课题调研；健全完善自贸区知识产权案件的集中管辖制度，报请最高人民院批复同意三个自贸片区所在地基层法院马尾法院、湖里法院和平潭法院管辖一审一般知识产权民事案件，切实为自贸区提供优良的知识产权司法环境。至此，福建共有 8 个基层法院具有一审一般知识产权民事案件的管辖权，进一步优化知识产权案件管辖布局。

四、加强队伍建设，提升知识产权司法能力

一年来，福建法院知识产权审判队伍建设成效显著。形成《关于福建省特许经营合同纠纷案件的调研报告》和《中国福

建自由贸易试验区建设中的知识产权司法保护问题研究》等多篇专题调研报告；多人次在全国性会议上作主题发言，获得全国法院知识产权精品案例一等奖、最高人民检察院保护知识产权十大典型案例等。在包括《人民司法》《中外知识产权评论》《电子知识产权》《人民法院报》在内的各类刊物发表理论调研文章、案例分析等等。

江西法院2015年度知识产权司法保护工作总结

江西知识产权审判工作在最高人民法院的指导下，认真贯彻落实党的十八届四中、五中全会精神，紧紧围绕“努力让人民群众在每一个司法案件中感受到公平正义”这一目标，坚持司法为民、公正司法，努力提高办案质效，充分发挥司法保护作用，较好地完成了各项工作目标、任务。

一、认真履职，较好地完成了执法办案第一要务

2015年全省法院共受理知识产权民事案件789件，审结466件。其中，受理知识产权民事一审案件744件，审结424件；其中调撤193件。受理知识产权民事二审案件45件，审结42件，其中调撤9件。2015年以来省院审结的二审案件没有出现在最高人民法院再审改判情况。有效地维护了企业合法权益，营造了良好的市场环境，促进了科技创新、品牌创新、文化繁荣。各地法院根据本地实际情况和案件特殊性，采取了一些卓有成效的做法，如萍乡中院2015年在受理8件涉及KTV侵犯著作权纠纷案件后立即与文化监察部门取得联系，由文化监察部门与法院共同召集涉案公司就KTV播放影视作品情况、侵权情况、外地诉讼等情况进行相应的沟通。统一送达法律文书，与文化监察部门一起开展法律释明工作，统一协商赔偿事宜，统一标准。

二、能动司法，有效服务大局

各级法院充分利用“4·26”世界知识产权日和“世界知识产权宣传周”开展内容丰富、形式多样的宣传活动。如省院开展知识产权宣传进校园活动，向法学院学生讲授知识产权案件审理过程中的审判理念、经验法则和裁判思路。对于社会关注度高的案件，省院以“全媒体”形式对案件审理进行全景展示，不断增强司法公开的力度和广度。如在审理江西江中食疗科技有限公司知名商品特有名称纠纷案时，主动邀请相关人员旁听庭审，赢得了社会各界的高度评价。九江中院特邀请“全市知识产权执法培训班”的学员于2015年4月10日来院观摩浙江康恩贝制药股份有限公司诉朱国祥（德安县好一生大药房经营业主）侵害商标专用权纠纷一案庭审，起到较好的法治宣传效果，该案后经调解结案。

三、坚持改革，各项措施扎实推进

进一步完善知识产权审判工作体制机制，稳步推进知识产权案件“三合一”审判方式改革，在省高院指导下，景德镇中院正积极与当地检察院沟通，解决知识产权刑事案件集中管辖问题。南昌高新法院建立专家陪审员制度，聘请南昌市专利局副局长担任人民陪审员，参与知识产权案件审理，优化合议庭对专业技术的认知能力。

四、夯实基础，队伍素质不断提升

我省法院始终坚持队伍建设，牢固树立以人为本、队伍为本的意识，在司法能力、司法作风和司法廉洁上狠下功夫。深入学习党的十八届三中、四中、五中全会和习近平总书记的系列重要讲话精神，坚守政治规矩、政治纪律。紧扣知识产权审判实践，全面加强能力建设。通过主动走访辖区企业与技术人员交流和学习、召开全省法院知识产权审判业务培训班、对外交流和案件质量评查、全省知识产权裁判文书评先等方式全面提升审判人员的业务素质。廉政监督、廉洁自律不断加强，未发生一起违法违纪行为。

山东法院2015年度知识产权司法保护工作总结

2015年，山东法院贯彻落实党的十八大和十八届三中、四中、五中全会精神，深入学习贯彻习近平总书记系列重要讲话精神，紧紧围绕“努力让人民群众在每一个司法案件中感受到公平正义”目标，忠实履行知识产权审判职责，积极发挥司法保护知识产权的主导作用，创新知识产权审判体制机制，服务经济社会发展大局，深化司法公开、提高司法公信，知识产权司法保护工作取得新成效，为推动创新驱动发展战略、加快建设创新型省份提供了有力的司法保障。

一、充分履行审判职责，全面加强知识产权司法保护

2015年，全省各级法院共新收各类知识产权民事一审案件6852件，同比增长35.8%。其中，新收著作权案件3805件，同比增长87.8%；专利案件504件，同比增长4.1%；技术合同案件114件，同比增长21.3%；商标案件2099件，同比下降10.5%；不正当竞争等其他知识产权案件330件，同比增长247%。共审结各类知识产权民事一审案件6644件，同比增长30.8%。

2015年全省知识产权案件审理工作总体呈现以下特点：

（一）案件数量大幅增长，审判质效不断提高

全省法院新收知识产权民事一、二审案件7249件，比2014年上升33.4%，比2013年上升45.4%，案件数量增幅为去年同期的3.7倍。其中，著作权一审案件收案增幅最为显著，达到87.8%；技术合同案件同比增长21.3%，也呈现了较快增长势头。在案件多、压力大的情况下，全省法院知识产权民事一审案件结案数同比上升30.8%，结案率达到97%，知识产权民事二审案件结案率达到99%，一审案件上诉率从2014年的7.2%下降到6%。高度重视知识产权案件调解工作，积极探寻知识产权纠纷的多元解决机制，知识产权民事一审案件共调撤结案4185件，调撤率达到63%，枣庄、济宁、泰安、威海、莱芜、滨州等中院知识产权案件调撤率均在70%

以上，其中莱芜中院调撤率高达92.9%，知识产权民事二审案件调撤率为31.6%，大量知识产权民事案件通过调撤方式解决纠纷，取得了良好的社会效果和法律效果。

（二）新类型、疑难复杂案件增多，审理难度加大

同往年相比，各类知识产权民事案件中，关联案件所占比例大幅缩减，涉及知名企业品牌利益保护、争夺品牌市场份额的商标纠纷案件，涉及著名影视文化作品互联网传播的著作权纠纷案件，涉及国际领先高精尖技术的专利侵权纠纷案件，涉及新技术合作开发、技术成果市场应用的技术合同案件以及涉及市场竞争秩序维护的不正当竞争案件等增多。随着网络强国战略和“互联网+”行动计划的实施，涉互联网知识产权侵权纠纷进入高发期，诸多新类型案件给法院案件审理带来一系列新问题，知识产权案件审理难度不断加大。如烟台张裕卡斯特酒庄有限公司诉上海卡斯特酒业有限公司确认不侵犯商标权纠纷案、“汇源”商标侵权纠纷案、《鬼吹灯2》信息网络传播权纠纷案、罗地亚集团专利侵权纠纷案以及奥图泰公司反垄断纠纷案等。

（三）精品案件审理成果显著

全省法院继续深入推行“精品案审判”工程，准确把握和贯彻“加强保护、分门别类、宽严适度”的知识产权司法保护政策，对新型疑难复杂案件重点关注，创新审判思路和保护方法，打造出一批具有指导意义和较大影响的精品案件。“鲁锦”商标纠纷案和百度搜索不正当竞争纠纷案入选最高人民法院发布的第十批指导性案例；美商NBA产物股份有限公司与特易购商业（青岛）有限公司侵害商标权纠纷上诉案、威尔德摩德公司与济南慧邦汉默实业有限公司等不正当竞争纠纷上诉案、拉芳家化股份有限公司与潍坊雨洁消毒用品有限公司侵害商标权纠纷案等3起案件入选2014年中国法院五十件典型知识产权案例；袁某诉山大出版社汇编作品著作权侵权案等两篇案例入选《人民司法案例》；另外还有4篇案例被《中国法院2015年度案例》采用。

二、发挥司法主导作用，助力创新驱动发展战略实施

（一）以保护创新为基点，服务经济社会发展大局

一是提出大量建设性司法建议和司法保护意见。枣庄中院研究制定《关于进一步加强知识产权审判工作为建设创新型城市提供司法保障的意见》《关于加大知识产权司法保护力度为全市文化建设提供司法保障的意见》及《关于进一步加强知识产权司法保护，服务企业转型振兴的若干意见》，并向市委、市政府提出的《关于尽快在金融系统推进知识产权质押贷款业务推动全市城市转型工作发展的司法建议》；东营中院围绕市委推动全市新一轮跨越发展重大部署，制定实施“知识产权司法保护十五条”；济南、青岛、淄博、济宁等中院均有针对性地向相关部门、企业主体提出司法建议，为当地经济社会发展建言献策。

二是加强与行政机关的联系协作。山东高院完成并向省委、省政府报送了《省法院关于贯彻落实〈中共山东省委、山东省人民政府关于深入实施创新驱动发展战略的意见〉情况的报告》，同时，针对省政府、省知识产权局、省科技厅的相关文件从司法角度提出了专业修改意见；淄博中院积极探索与文化市场执法局共同成立淄博市版权保护中心；莱芜中院与知识产权局、工商局、版权局、行政执法局等单位定期召开联席会议，实现司法审判与行

政执法优势互补。

三是多种形式服务区域经济发展。全省法院针对地方经济社会发展特色，创造性地开展司法服务工作。青岛西海岸新区建成后，青岛中院率先在青岛国际经济合作区中德生态园设立了知识产权巡回法庭，第一时间服务新区建设，加大对创新型企业的保护力度，全国打假办及最高人民法院对巡回法庭的工作经验予以简报转发，在全国推广；东营中院与当地经济技术开发区、胜利工业园建立协作沟通机制，把石油装备制造基地、生态谷、临港产业园区列为知识产权司法保护调研基地；济南、泰安、滨州、聊城等中院把具备自主创新能力的知识密集型企业、行业协会列为联系点，指导企业提高知识产权保护意识和创新能力。

（二）以加强保护为导向，创新知识产权审判体制机制

一是继续优化调整知识产权案件管辖布局。目前，山东法院知识产权审判已经形成了一个高级法院、十八个中级法院、五个基层法院的总体管辖布局，其中多个中院分别具有专利、植物新品种、驰名商标、集成电路布图设计案件管辖权。2015年7月山东高院又召开了“优化山东法院知识产权案件管辖布局”研讨会，为继续报请增加山东知识产权案件管辖基层法院以及专利、驰名商标管辖法院，进一步完善我省知识产权案件管辖布局规划了蓝图。

二是知识产权审判“三合一”改革试点稳步推进。在济南、青岛、东营三地试点法院，依据不同改革方案和案件情况，“三合一”审判工作有序开展。济南中院实现了知产民事、刑事、行政案件的“三合一”，知产案件统归民三庭审理，根据案件审判规律和实践需求，组建了知产行政和知产刑事两个专业合议庭。由于“三合一”审判机制改革成效突出，济南中院作为全国五个中院的代表之一，在全国知识产权审判工作座谈会上做典型发言。

三是诉调对接，推动知识产权纠纷多元化解。从司法资源的有限性、社会力量的可利用性出发，全省法院着力探索知识产权纠纷的多元解决机制，注重发挥科技专家和行业协会的独特作用，妥善化解知识产权纠纷。烟台中院探索建立了专利纠纷诉调对接机制，与烟台市知识产权局联合制定下发了《关于建立专利纠纷诉调对接机制的规定（试行）》，成立了专利纠纷调解委员会，明确了职责分工和具体工作方法、要求。枣庄中院坚持全程、全员调解，积极推动司法调解、委托调解、行业调解、专家调解等多元调解方式，加强与知识产权局、工商局、文广新局等部门协调，形成化解纠纷合力。

四是推进人民陪审制度改革，提高知识产权司法公信力。《最高人民法院、司法部人民陪审员制度改革试点工作实施办法》出台后，全省法院进一步深入推进人民陪审制度的改革创新，拓宽群众参与知识产权审判的渠道。2015年，东营、烟台、济宁、泰安、菏泽等中院知识产权案件人民陪审员参审率均达100%，有效提升了知识产权审判的公信力与透明度。

（三）以司法公开为契机，提升司法公信与权威

一是审判流程公开、庭审直播和裁判文书上网工作有条不紊。知识产权案件从立案开始各个审判流程节点信息全部实现网络可查询，当事人可以随时掌握审判流程、联系法官，充分保障诉权；全省法院知识产权裁判文书上网采取季度汇报、年度总结制度，专人监督、专人负责，2015年省法院知识产权裁判文书上网率达到100%，全省法院上网公开知识产权裁判文

书数量达到7856篇；网络庭审直播常态化，以直播促规范审判机制有序运行，青岛中院直播的“CK”商标侵权案、微博直播的齐国新侵犯商业秘密罪案以及菏泽中院微博视频直播的一起案件均取得了良好的社会效果。

二是积极开展“4·26”知识产权宣传周活动。“4·26”期间，山东高院召开新闻发布会，公布了《2015年山东法院知识产权司法保护报告》（白皮书）和2015年全省法院知识产权司法保护十大案件，同时邀请人大代表、政协委员和部分媒体观摩了一起知识产权案件庭审，并召开知识产权司法保护工作座谈会，邀请部分人大代表、政协委员参加座谈，听取对知识产权审判工作的意见和建议；全省各中院也于宣传周期间通过多种形式积极宣传知识产权审判工作。

三是拓宽渠道，加强知识产权法治宣传。全省法院借助传统媒体及网络新兴媒体等传播媒介，全方位向社会宣传知识产权知识，增强社会知识产权保护意识，提高知识产权司法保护影响力。济南中院采用微博、微信直播等方式向社会通报知识产权典型案件十余件，并在省市级平面媒体刊登多篇报道；青岛中院在《青岛财经日报》开辟知识产权专版，由办案法官结合具体案例进行评析；莱芜中院在莱芜电视台《以案说法》栏目开设知识产权司法保护专栏；菏泽中院在新浪微博建立了知识产权庭的官方微博账号。此外，全省各地法院均定期开展知识产权司法宣传活动，到街头、社区、企业、市场发放知识产权宣传手册、诉讼指南等，在全社会营造保护知识产权的良好氛围。

三、抓好审判监督指导调研，确保法律适用的准确统一

（一）研判结合加强审判监督管理

一是整体跟进把握全省知识产权审判工作质效。山东高院始终注重加强全省知识产权审判整体发展，完成了《2015年度全省法院知识产权审判工作绩效评估情况报告》，对全省三级法院的知识产权审判情况进行全面具体的比较分析，提出相关改进建议措施。

二是对全省案件审理情况进行重点观测研究，加强监督。通过撰写《全省法院知识产权一审案件情况及运行态势分析》《省法院二审知识产权案件改发情况及典型案件分析》，及时发现并分析全省知识产权审判的新动向、新问题，监督指导下级法院及时解决案件审理中存在的问题。

三是强化调度职能，加强大要案协调机制。在全省实行知识产权重大案件和关联案件每月报送制度，掌握审判动态，加强整体调控，统一司法标准，维护法律权威。

四是严格落实司法责任制。山东高院认真落实随机组成合议庭、随机分案，审判长签发文书、案件节点管控、审判长联系会等制度，确保案件责任落实到位，真正实现“让审理者裁判，由裁判者负责”。济南中院积极开展主审法官、合议庭办案责任制改革试点，界定岗位权力职责，细化合议庭评议规则，强化内部监督制约，探索新模式下的审判规律。

（二）拓宽渠道加强审判指导

一是及时明确工作要点，统筹全年工作。山东高院于年初制订公布《2015年知识产权审判工作要点》，部署全年知识产权审判工作的目标任务和工作重点，对全省全年知识产权审判工作作出统筹安排。

二是适时研讨座谈，加强对下指导。

举办全省“知识产权审判法律适用疑难问题”研讨会，针对知识产权疑难案件的法律适用问题澄清认识，统一裁判标准；召开全省知识产权审判庭庭长工作座谈会，对山东知识产权司法保护状况凝聚共识，共谋发展。

三是健全沟通协调机制，加强信息交流。通过法院系统内部网站、“山东知识产权审判微信群”等平台，及时发布知识产权相关政策、理论研究、审判动态，形成全省知识产权审判工作沟通交流的良性机制。

四是加强案例指导工作。通过《知识产权审判要情》季刊，及时刊发重点类型案例，发布全省法院知识产权司法保护十大案件，明确相关类型案件的审理要点和政策导向。

（三）多种形式加强司法调研

一是组建全省知识产权审判调研小组。从全省三级法院甄选18位办案骨干成立了我省首个专业审判调研小组。18位法官分组负责对专利、著作权、商标、不正当竞争等领域进行专题调研，提出并解决全省审判实践中遇到的疑难问题，调研小组成员多次在《人民司法》《法律适用》等核心期刊发表理论调研文章。

二是积极参与知识产权热点问题研讨交流。山东高院先后参加最高人民法院举办的“‘互联网+’时代知识产权保护热点问题研讨会”“ICT行业反垄断法实施研讨会”“创新驱动发展战略背景下的知识产权司法保护高端研讨会”等会议；分别参加了美国华盛顿大学、华东政法大学、清华大学举办的“中国知识产权典型案例论坛”“知识产权与竞争法问题研讨会”等会议。东营中院应邀参加第二届山东半岛蓝色经济区版权联盟年会，烟台中院出席2015半岛知识产权协同创新高峰论坛和第二届全国医药行业知识产权论坛，济宁中院受邀参加华中科技大学举办的“长江知识产权沙龙”，通过多方面交流研讨，充分提升审判水平，加强知识产权司法保护。

三是调研工作成果显著。省法院先后向最高人民法院报送了《关于涉剧本抄袭侵害著作权纠纷案件审理情况的调研报告》《关于〈最高人民法院关于审理侵犯专利权纠纷案件应用法律若干问题的解释（二）〉的修改建议》等报告。济南中院多篇调研文章被《人民司法》《中国知识产权审判研究》《证据科学》等刊物采用，多人在国家级、省级的调研成果评比中获奖，一篇学术论文荣获全国法院系统第二十六届学术讨论会二等奖。青岛中院作为全国知识产权司法保护调研基地，完成了近四万字的最高人民法院《信息网络传播权司法保护新情况》课题的调研工作，并应最高人民法院邀请在全国“互联网+时代知识产权保护热点问题研讨会”上作专题发言。淄博中院通过司法统计、实地考察、座谈研究等方式，形成了《关于淄博市涉文化领域知识产权司法保护状况的调研报告》，为党委政府决策、企业良性发展提供了有益参考。济宁中院参与了国家版权局与曲阜师范大学法学院组织的云存储著作权法律适用问题的调研。全省其他中院也均在知识产权审判业务调研和研讨中取得出色成绩，以调研促审判机制成效显著。

四、坚持提升司法能力，打造高素质知识产权审判队伍

（一）加强思想政治建设，坚定理想信念

全省法院深入贯彻落实党的十八大和十八届三中、四中、五中全会精神，认真学习贯彻习近平总书记系列重要讲话精神，扎实开展“三严三实”专题教育活动，深

入开展向邹碧华同志学习活动。引导知识产权审判法官充分认识全面推进依法治国战略的总目标、总原则，坚定建设法治中国的理想信念，切实增强政治意识、大局意识、核心意识、看齐意识，始终确保了知识产权审判工作的正确方向。

（二）加强司法能力建设，提升业务素养

知识产权审判领域新问题、新类型案件层出不穷，全省法院始终注重与时俱进，加大业务培训和学习力度，及时更新知识产权法官的知识储备，不断提升知识产权法官的司法能力。举办全省法院知识产权审判业务培训班，邀请最高人民法院和北京知识产权法院负责起草著作权法和司法解释的全国审判专家和资深法官讲解授课。济南中院与济南市律师协会联合举办了知识产权法律适用专题讲座，邀请最高人民法院法官进行专题授课。全省法院知识产权法官业务能力和素养得到显著提升，在学术和实务研究中取得不菲成绩，如济宁中院法官撰写的《网络环境下商标纠纷的司法界定》被《中国知识产权审判研究》2015 年度第五辑收录，菏泽中院法官在《人民司法》第 11 期发表了《商标共存背景下禁止混淆原则的检视》，在 2015 年 1 月 23 日的《中国知识产权报》发表了《如何认定加工承揽合同中的商标侵权行为》等研究文章。

（三）加强廉政作风建设，全心服务群众

全省法院严格落实最高法院“五个严禁”“十个不准”、惩治“六难三案”等制度要求，严守党章党规党纪，守好廉政防线；狠抓纪律作风，深入学习落实“四心工作法”，规范司法行为，努力做好司法便民利民工作，通过邮寄立案、送法下乡等制度机制方便群众诉讼、维护群众合法权益、赢得群众信任，打造了一支风清气正、干事创业的优秀知识产权审判队伍。

河南法院 2015 年度知识产权司法保护工作总结

2015 年度，河南省法院在最高人民法院的指导下，深入贯彻落实十八大三中、四中、五中全会精神，以及党中央、国务院关于“严格保护”知识产权的精神，围绕中心、服务大局，充分发挥知识产权审判的职能作用，不断加大知识产权司法保护力度，不断提高知识产权审判质量和效率，取得了较好的工作成效，知识产权司法保护的主导作用和指引功能不断增强，为河南省全面深化改革和实施创新驱动发展战略提供了有力司法保障。

一、狠抓审判“第一要务”，坚持公正司法，高质高效审结了一大批知识产权纠纷案件

2015 年度，河南法院坚守习近平总书记提出的“努力让人民群众在每一个司法案件中感受到公平正义”的办案目标，始终把执法办案作为第一要务，质效并重，实现了法律效果和社会效果的统一。一是有效应对知识产权案件数量高位运行的态势，不断提高审判效率。2015 年，全省法院共审结知识产权民事、刑事、行政案件

3501 件（其中二审审结 370 件），比 2014 年增长 7.6%，比 2013 年度增长 76.6%，为历年来结案数量最多的一年；审限内结案率达到 98%，全年无矛盾激化案件、无重大信访案事件发生。二是实施精品战略，不断提高审判质量。针对知识产权案件侵权认定标准不统一、酌定侵权赔偿数额依据不充分、著作权、商标权侵权等类型化案件同案不同判现象突出的问题，河南高院提出知识产权"精细化审判"的要求，紧紧围绕庭审中心，重点查明侵权事实、侵权人过错类型、侵权人因侵权获利情况、权利人因侵权遭受的损失等情况。通过典型案例的方式，规范侵权认定标准，统一类型案件的裁判尺度。全省法院在音乐作品著作权侵权、商标权侵权等易发常发案件的侵权认定尺度和赔偿数额等方面提出了裁判主要考量因素，裁判标准基本统一。三是加大公开审判力度，以过程公开促结果公正。坚持贯彻以公开促公正的司法理念，利用庭审网络直播平台和裁判文书网络平台，把案件审判的过程展示在"阳光"下，主动接受社会各界的监督。凡是有重大影响的案件，全部实行庭审网络直播，对不涉及国家秘密、商业秘密、个人隐私的裁判文书做到"应上网尽上网"。全省法院 2015 年度审结的知识产权案件没有出现一例被网民批评、围观等负面问题。

二、贯彻落实中共中央关于知识产权"严格保护"精神，不断加大知识产权司法保护力度

一是依法严惩侵犯知识产权刑事犯罪，加大刑事处罚的威慑力。对侵犯知识产权刑事犯罪尤其是涉及民生的知识产权刑事犯罪，依法在法律幅度内判处较重的刑罚。2015 年，对假冒"双汇""新华""美的"等知名商标，生产、销售与人民群众生命财产安全密切相关的食品、药品、家用电器的犯罪分子全部判处实刑，并处以较高的罚金。二是逐步调整民事侵权赔偿数额，提高侵权人违法成本。在区分侵权情节、侵权恶意、获利程度等不同情形的基础上，整体提高侵权赔偿数额，提高侵权人的违法成本。河南高院在审理"盼盼"食品集团公司起诉商标侵权纠纷案件中，调处侵权人停止使用"盼盼"商标，并赔偿 100 万元，该公司董事长、全国人大代表蔡金垵专门向张立勇院长写信表示感谢。三是探索实施惩罚性赔偿，遏制侵权动机。对侵权主观恶意较大、情节严重的侵权人，尝试处以惩罚性赔偿，使其丧失再侵权的经济能力。2015 年，对非法获取富士康公司及美国苹果公司计算机数据，将"水货"苹果手机刷机谋利的吴某等 16 人中的 9 人分别判处二至五年有期徒刑外，并处罚金 441 万元，且罚金全部执行到位。四是重视对创新产品的保护和创新环境的维护。对发明专利、知名商标侵权等诉讼加强审判指导，综合运用多种保护手段，充分维护权利人的合法利益，维护公平竞争的市场秩序。河南高院主管副院长史小红亲自审理了全国知名药企山东"新华"公司起诉的商标侵权、不正当竞争纠纷案件，除了责令侵权企业对权利人进行赔偿外，还要求侵权企业更换企业名称，对规范河南省医药产业竞争秩序，起到了良好的指引作用。调处了第四军医大学与某企业关于治疗前列腺癌新药的专利合同纠纷，专利权利人及时获得了专利使用费，受到清华大学、北京大学等高校知名专家的肯定。

三、持续推进改革创新，进一步优化知识产权审判体制机制

一是大力推进知识产权"三合一"试点工作。2015 年年初，河南高院召开了全省知识产权审判工作座谈会，对知识产权审判尤其是"三合一"试点工作中存在的问题进行了深入调研。针对调研中发现的知识产权刑事审判多头管辖、配合不畅等问题，下发了《关于配合郑州、洛阳中级人民法院做好知识产权“三合一”刑事审判工作有关要求的通知》，落实郑州、洛阳两个试点中院对知产刑事案件集中管辖的规定，加强各地法院在送达法律文书、提审被告人、安排庭审场所、安全保障等方面的配合，提高刑事审判效率，促进“三合一”试点工作有序开展。二是由河南高院牵头成立了河南省法学会知识产权法学研究会。为有效整合、充分发挥省内知识产权法学人才和学术资源优势，加强知识产权法学理论研究，提升知识产权整体保护水平，河南高院经过多方协调，联合省工商局、知产局、国家专利审查协作（河南）中心等行政执法部门，省检察院等司法部门，郑州大学等省域高校，以及省律协、专利代理公司等实务部门，在 2015 年 4 月 21 日召开了河南省法学会知识产权法学研究会成立大会。研究会为全省从事知识产权审判的法官提供了交流、研究、咨询、合作的平台，对新型、疑难、复杂知识产权法律问题展开了大量研究，为知识产权审判提供了强有力的理论支撑。

四、加大知识产权普法力度，不断提高知识产权的社会影响力

一是在“4・26”世界知识产权日到来之际，在全省法院开展了知识产权集中宣传活动。通过报纸、电视台、网络等媒介，以及展板、宣传车、咨询台等方式，大力宣传知识产权司法保护成果。河南高院从近两年来审结的数千件案件中选择了有代表性的十件知识产权典型案例向全社会发布，为全社会提供了知识产权的维权范本，营造了加强知识产权保护的社会氛围。二是大力开展巡回审判活动。全省法院坚持选择有代表性的知识产权案件，到高校、产业集聚区、侵权行为发生地巡回开庭，以案说法，普及知识产权法律常识，增强知识产权司法保护的社会影响力。三是注重典型案例的宣传报道。对有社会影响的知识产权纠纷案件，作出宣传预案，强化审判效果。中央电视台先后对河南高院审理的“澳门豆捞”“刘忠喜烧饼”等商标侵权典型案例进行采访报道。

五、大力加强队伍建设，不断提高知识产权审判队伍的政治素养和专业素养

一是在全省知识产权审判队伍中认真组织开展“三严三实”专题教育。2015 年度，全省 30 余位知识产权审判法官收到当事人送来的锦旗或感谢信。二是加大业务培训力度。2015 年 11 月份，河南高院举办了知识产权司法实务培训班，邀请吴汉东、刘春田等知名教授以及最高人民法院知识产权审判经验丰富的法官，对全省知识产权法官进行培训，进一步转变审判理念，统一知识产权审判执法尺度，努力提升知识产权审判执法水平。三是高度重视知识产权调研工作。针对审判中发现的疑难热点问题及时展开调研，用调研成果指导审判实践，服务经济社会发展大局。《河南省地理标志调研报告》被最高人民法院评为 2015 年度优秀调研报告，全省法官在《人民法院报》《中国知识产权报》等发表知识产权理论调研文章 30 余篇。

湖北法院2015年度知识产权司法保护工作总结

2015年，在最高人民法院的指导下，湖北法院按照“努力让人民群众在每一个司法案件中感受到公平正义”的目标，以司法为民公正司法为主线，充分发挥知识产权审判职能作用，着力服务国家创新驱动发展战略，较好完成了各项工作任务。

一、知识产权司法保护主导作用进一步发挥

1. 案件数量持续高位运行。全省法院充分发挥民事审判保护知识产权主渠道作用，知识产权民事案件数量大幅上升。2015年，全省法院共受理知识产权民事一审案件5859件（其中，新收5111件，旧存748件），结案5243件，结案率为89.5%；新收知识产权民事二审案件786件（其中，新收757件，旧存29件），结案761件，结案率达96.8%。与此同时，全省法院积极发挥知识产权刑事审判的惩治和震慑功能，加大对知识产权犯罪行为的惩处力度，共受理知识产权的刑事一审案件142件（其中，新收124件，旧存18件），结案173件，结案率为87.3%。全省法院还新收知识产权行政一审案件4件，依法履行对知识产权行政行为的审查职能，保护知识产权行政相对人的合法权益，规范知识产权行政管理秩序。

2. 审判质量不断提高。我省法院坚持引导法官树立精品意识，着力打造知识产权精品案件。2015年4月，我省法院审理的申请人深圳市腾讯计算机系统有限公司与被申请人广州网易计算机系统有限公司、中国联合网络通信有限公司湖北省分公司等侵害音乐作品信息网络传播权诉前禁令纠纷案入选最高人民法院评选的中国法院十大知识产权案件。覃德元与宜昌市知识产权局、葛文满不服专利侵权行政处理决定纠纷案、滚石国际音乐股份有限公司与武汉滚石娱乐有限公司不正当竞争纠纷案以及彭义霆、田晓辉与湖北工业大学职务技术成果完成人奖励、报酬纠纷案等三起件案件入选最高人民法院评选的中国法院五十件典型知识产权案例。

3. 保护力度持续增强。2015年，我省法院通过准确适用法律，严格规制各种侵权和不正当竞争行为，严厉惩处“搭便车”“傍名牌”等侵权行为，不断加大对侵权行为的打击力度。例如，微软公司与武汉银嘉信息技术有限公司侵害计算机软件著作权纠纷一案，终审判决被告赔偿610万元；武汉天龙黄鹤楼酒业有限公司与武汉市金黄鹤酒业有限公司等侵害注册商标专用权及不正当竞争纠纷一案，终审判决被告停止使用“黄鹤楼”商标并赔偿83万多元；清华大学与武汉市洪山区清华键教育培训学校侵害商标权及不正当竞争纠纷一案，终审判决被告停止使用“清华”商标、赔偿31万元并变更名称；武汉蔡林记商贸有限公司与熊克生侵害商标权纠纷一案，终审判决被告停止使用“老蔡林记”字样并赔偿17万余元。通过这些典型案例的判决，有力制止了侵权行为，保护了知识产权人的合法权益，维护了正常的市场

竞争秩序。

4. 化解矛盾效果明显。2015年度，我省受理的知识产权民事一审案件调解1417件、撤诉1443件，调解、撤诉率为54.5%；知识产权民事二审案件调解170件、撤诉424件，调解、撤诉率达75.6%。全省法院紧紧围绕“案结事了”工作目标，以调解促和谐、促合作、促发展，妥善化解了大量知识产权领域的矛盾纷争，为保护创新、促进和谐、维护社会稳定发挥了积极作用。例如，东星（天津）视讯科技有限公司与被上诉人荆州电视台侵害信息网络传播权纠纷系列案件，经过湖北高院和荆州中院两级法院共同做调解工作，不仅二审阶段的14起案件调解结案，一审审理中的86张涉案图片的案件也一并调解，有效地化解了社会矛盾纠纷。

二、技术事实查明方式进一步创新

湖北高院积极探索，建立了湖北法院知识产权审判咨询专家库，并同时出台了《湖北省高级人民法院知识产权审判咨询专家库运行办法》《关于建立湖北省高级人民法院知识产权审判咨询专家库的实施方案》，规范专家库的运行管理。2015年7月，湖北高院召开了专家聘任会，李静院长给中国工程院院士李培根、中南财经政法大学教授吴汉东等18位首批知识产权审判咨询专家颁发了聘书。审判咨询专家库建立以来，有关专家已为专业技术性很强的知识产权案件提供了权威、中立、客观的咨询意见，对于法院查明技术事实、分清是非责任起到了重要的智力支持作用。

三、知识产权司法公开进一步加强

1. 裁判文书及时公开。2015年，湖北高院上网知识产权裁判文书748篇，全省知识产权裁判文书上网达5307篇。

2. 典型案件公开开庭。2015年4月20日，湖北高院在国家知识产权局专利局专利审查协作湖北中心公开庭审一起侵害实用新型专利权纠纷案件，并邀请湖北中心、东湖新技术开发区企业代表及相关媒体旁听庭审。湖北高院知识产权审判庭徐翠副庭长在庭审后还给该中心近400名专利审查员作了“专利侵权判定与专利审查”的主题授课。

3. 创新司法公开方式。例如，武汉中院与湖北经视合作，选择典型知识产权案件进行庭审电视直播；又如，宜昌中院选择典型知识产权案件，进行庭审微博直播。

四、“三合一”审判机制改革进一步推广

1. 召开全省“三合一”调研会议。2015年，我省法院知识产权“三合一”审判工作机制改革的试点范围已经扩大到武汉中院、宜昌中院、襄阳中院、随州中院和武汉市江岸区法院。2015年5月，湖北高院在随州市中级人民法院召开了全省法院知识产权审判“三合一”改革试点调研工作座谈会，省法院党组副书记、副院长覃文萍出席会议并作重要讲话。

2. “三合一”案件审理成效显著。2015年，湖北高院、襄阳中院、随州中院等“三合一”试点法院，通过组建联合合议庭，吸纳刑事审判经验丰富的刑事法官参加合议的形式，依法公正审理知识产权刑事案件。

五、知识产权服务大局职能进一步拓展

1. 发布白皮书和典型案例。2015年“4·26”世界知识产权日宣传周期间，湖北高院召开湖北法院知识产权司法保护状况新闻发布会，公开发布《湖北法院知识产权司法保护状况及十大典型案例》（白皮书），并发放给全省人大代表，向社会公布我省知识产权司法保护取得的成绩及审理的典型案例。

2. 服务企业创新发展。宜昌中院倡议成立了企业知识产权与司法保护联谊会，全市 18 家重点企业签署了《知识产权企业与司法保护联谊倡议书》，共同承诺严格知识产权保护规范，在加强知识产权保护方面展开交流与合作。黄冈中院向企业发放知识产权维权资料，宣传知识产权保护的相关法律，帮助企业提高知识产权创新、管理、运用和保护能力。荆州中院、孝感中院、随州中院、鄂州中院等法院通过举办企业知识产权保护座谈会、开展“知识产权法官进企业”等方式，面对面听取企业对法院知识产权司法保护工作的意见和建议，向企业宣传如何运用法律手段保护知识产权，指导企业制定知识产权发展规划，建立与完善知识产权管理机构与制度。

3. 积极提出司法建议。随州中院在审理的一起知识产权刑事案件中，发现该市专业汽车改装行业存在大量侵犯知识产权行为及犯罪现象，为规范专业汽车市场秩序，加强知识产权司法保护，随州中院向主管单位随州市经济和信息化委员会提出司法建议，建议政府职能部门加大对专用汽车企业行业管理的力度，防止侵犯知识产权现象发生。

4. 开展普法宣传活动。襄阳中院与《襄阳晚报》合作，刊登《知识产权其实离你很近》专题报道，对知识产权审判工作进行了生动的宣传。襄阳中院还与襄阳市知识产权局、湖北文理学院共同举办了一次专利法培训班，取得了较好的效果。十堰中院为湖北汽车工业学院的学子们提供了知识产权司法保护相关法律知识的咨询服务，进一步引导师生们提高知识产权保护意识，自愿加入知识产权保护行列，赢得该校师生的一致好评。

六、知识产权法官司法能力进一步提高

1. 深入开展“三严三实”专题教育活动，争创先进基层党组织。全省法院知识产权审判庭通过深入开展“三严三实”专题教育活动，不断增强服务大局和廉洁司法的自觉性，审判队伍的政治素质、公正廉洁意识和司法为民意识进一步提升，呈现出比办案、办好案，团结和谐、无私奉献的良好风气，较好地完成了各项工作任务。2015 年，武汉中院知识产权审判庭李培民法官入选了全国知识产权人才工程百名高层次人才培养名单。

2. 集中举办了全省法院知识产权审判业务培训班。湖北高院于 2015 年 7 月举办了全省法院知识产权审判业务培训班，省法院知识产权审判庭、全省 14 个中院和 3 个有知识产权案件管辖权的基层法院共计 80 名知识产权法官参加了培训。

3. 积极参加专业培训与学术交流活动。2015 年，我省派出知识产权法官参加了国家法官学院组织的合同纠纷案件、欧洲大陆法系案例指导制度、民诉法司法解释及知识产权审判业务培训，最高人民法院知识产权司法保护研究中心举办的“创新驱动发展战略背景下的知识产权司法保护高端研讨会”、最高人民法院和人民日报社共同主办的“‘互联网 +’民商事案件热点难点问题高端论坛”、工业和信息化部电子知识产权中心举办的“ICT 行业反垄断法实施研讨会”等学术交流活动。

湖南法院2015年度知识产权司法保护工作总结

2015年，湖南法院认真贯彻实施国家知识产权战略，依法加大知识产权司法保护力度，司法保护知识产权主导作用进一步发挥，各项工作取得新的进步。全省法院共受理知识产权案件3675件，审结2465件，结案率为67.07%。其中，受理知识产权民事一审案件2882件，同比增长35.4%；民事二审案件193件，同比增长34.2%。受理的知识产权民事一审案件中，商标权纠纷案件1909件，占66.24%；专利权纠纷案件234件，占8.12%；著作权纠纷案件608件，占21.1%；其他知识产权案件131件，占4.54%。受理知识产权刑事案件293件，同比增长60.75%。受理知识产权行政案件9件。怀化正好制药有限公司与湖南方盛制药有限公司确认不侵害专利权纠纷案入选最高人民法院评选的中国法院十大创新性知识产权案件；完成湖南省知识产权软科学重点课题《湖南知识产权司法保护状况实证研究》；省法院民三庭入选全国法院巾帼文明岗候选单位并受到最高人民法院通报表彰。

一、认真履行知识产权审判职能，为创新型湖南建设提供司法保障

一是坚持提升审判质效，推进知识产权审判精品战略。怀化正好制药有限公司与湖南方盛制药股份有限公司确认不侵害专利权纠纷上诉案，因在侵权警告函的认定上的有益实践，入选中国法院十大创新性知识产权案件。索俪榕诉友谊阿波罗公司商标侵权案，在商标侵权认定标准中进行有益探索，被《人民司法》刊载。邵阳湘里人家饮食连锁文化发展有限公司诉长沙湘里人家投资管理有限责任公司不正当竞争纠纷案，在查明侵权人虚假宣传、诋毁竞争对手的不正当竞争行为，合理确定赔偿数额等方面进行审慎裁判，邵阳湘里人家饮食连锁文化发展有限公司申请再审，被最高人民法院裁定驳回，该案的正确处理对规范市场主体的经营行为起到很好导向作用。

二是坚持加大保护力度，维护公平有序的市场竞争环境。认真贯彻中共中央、国务院实行严格知识产权保护的政策，严格法定赔偿的适用，尽力查明侵权人的获利或权利人的损失，据实确定赔偿数额。在中国港中旅集团公司诉张家界中港国际旅行社有限公司侵害商标权及不正当竞争纠纷案中，将知识产权侵权判赔标准精准化，充分发挥司法保护主导作用，促使我省旅游市场竞争秩序进一步规范。对侵权事实明确的案件，尽快下判，维护权利人正当的市场利益。在程广森与岳阳智源化工设备有限公司涉及芦苇收割机技术的专利侵权案中，开庭认定侵权事实成立后，第二天即作出判决并送达，为专利权人从侵权人手中夺回芦苇收割市场提供了司法保障。

三是坚持能动司法，注重知识产权审判法律效果和社会效果的有机统一。全省法院全年调解和撤诉知识产权民事一审案件1328件，调撤率达到46.1%，高于普通民事案件同期水平。在上诉人周正（长沙市芙蓉区老杨明远眼镜店经营者）与被上诉人湖南省老杨明远眼镜有限公司侵犯企业名称（商号）权纠纷案中，周氏兄弟围绕“老杨明远”商标及字号在全国多个法院提起多起行政争议、行政诉讼和民事诉讼，纠纷持续二十五年之久，给该品牌的发展带来极为不利的影响。为促进“老杨明远”这一中华老字号发扬光大，省法院刘庆富副院长亲自担任该案审判长组成合议庭，引导当事人放弃争议，通过十余次调解，最终双方握手言和，合作成立专门的品牌管理公司，实现知识产权品牌优势和效益最大化。全省法院针对苏泊尔、金利来、美的、七匹狼等大企业大面积打假延伸至社区商铺、部分群众情绪激烈的客观情况，坚持做好调解和释法答疑工作，先后成功调解了一系列侵害商标权纠纷案，既保护了权利人的利益，又有效化解了矛盾纠纷，维护了社会和谐稳定。

二、深入开展调研指导，着力提升知识产权司法保护水平

一是紧密结合我省经济社会发展大局开展重点课题调研。省法院完成了 2014 年省知识产权软科学重点课题《湖南知识产权司法保护状况实证研究》结题工作。申报了 2015 年省知识产权软科学重点课题《专利纠纷案件技术事实查明机制研究》并完成初稿。指导岳麓区法院开展《关于专利纠纷调解救济机制的研究》并成功申报最高人民法院专利法第四次修改司法调研重大课题。指导株洲中院研究全省法院重点调研课题《地方特色产业的知识产权保护研究——以醴陵瓷器产业为样本》，加强我省特色优势资源品牌的保护，促进地方特色产业健康发展。长沙中院完成了长沙市知识产权局调研课题《近五年长沙知识产权诉讼状况及发展趋势研究》；完成了最高人民法院委托课题《涉外定牌加工法律问题研究》的结题工作。娄底中院法官撰写的论文在全国法院学术讨论会征文中获奖，并在《人民司法》上发表。

二是紧密结合我省知识产权司法保护存在的突出问题开展专题调研。今年上半年，省法院刘庆富副院长带队到株洲硬质合金集团和三一重工集团，就企业知识产权司法保护状况和企业外向型经济发展中面临的法律问题等进行调研。省法院李立新专委带队到长沙市、株洲市中级法院调研知识产权审判工作，听取刑庭、行政庭以及检察、公安等相关单位负责人的意见和建议。

三是深入开展案例指导。为了统一全省法院裁判理念和裁判标准，省法院实行案例指导制度，对典型的、具有普遍指导意义的案件以案例形式对下级法院进行指导，统一同类案件裁判标准。编撰《知识产权审判动态》，编写典型案例，就全省法院知识产权司法实践中存在的知识产权侵权判赔标准精准化、公证证据的审查和认定、对商标正当使用的理解和认定、在行政处罚程序中已被认定为侵权行为的司法审查和认定、诉讼时效中断的认定等问题进行深入分析和有针对性的指导，有效促进了全省法院知识产权审判实践，取得较好的指导效果。

四是多形式开展全面的对下业务指导。省法院通过到全省部分中基层法院开展实地指导、召开全省法院知识产权审判工作座谈会和庭长座谈会、创建全省法院知识产权审判微信群、指导岳阳中院积极向最高人民法院申请专利案件一审管辖权等形式。长沙中院加大对基层法院审理知识产权刑事案件的指导力度，最大限度地提升了知识产权刑事案件的审判质量。株洲中院以提高裁判文书的写作水平为抓手，指导天元区人民法院的知识产权审判工作，取得较好的指导效果。

三、探索推进机制创新，努力破解知识产权司法保护瓶颈问题

一是深入推进“三合一”改革试点工作。受最高人民法院委托，省法院于今年5月承办了全国部分法院知识产权审判“三合一”改革试点调研工作座谈会，研究推动试点工作，取得较好会议效果。省法院知识产权民事、行政审判“二合一”，长沙中院、岳麓区法院、株洲中院和天元区法院的“三合一”试点也日见成效，株洲市天元区法院已审结3起知识产权刑事案件，涉案金额135.8万元，全部审结，无一上诉。

二是积极合理开展证据保全。鼓励和引导权利人积极举证，对确有必要进行证据保全的，根据权利人的申请进行证据保全。对被告妨碍证据保全，或不提交其持有的有关侵权证据的，探索适用举证妨碍制度，或者对阻碍证据保全者采取制裁措施，严厉打击妨碍证据保全的违法行为。对符合民事诉讼法规定条件的，法院依职权调查取证或根据当事人的申请进行调查取证，多途径解决权利人取证难的问题。长沙中院指导岳麓区法院执行了5起知识产权证据保全案，保障了案件的顺利执行。株洲中院进一步规范证据保全的审批与执行，做好保全预案，以规范文明的执法获得了当事人的配合。

三是不断健全沟通协调机制。积极办理人大代表、党代表和政协委员的建议、提议，广泛听取意见，为知识产权和涉外商事审判工作创造良好环境。进一步完善知识产权纠纷诉与非诉相衔接的纠纷解决机制，继续深入推进国家级长沙经济技术开发区ADR中心建设，该中心自2011年成立以来截至2015年年底，共受理案件265件，成功调解案件224件，社会效果明显。长沙市岳麓区法院稳妥推进专利纠纷行政调解协议司法确认试点工作，自试点工作开展以来，受理专利纠纷行政调解协议司法确认案件22件，确认18件。娄底中院与市知识产权局、市工商局等单位建立知识产权保护行政司法衔接协作机制，完善相关沟通协调制度，探索形成加强知识产权司法保护的合力。

四、加强司法公开和宣传，着力提升知识产权司法保护公信力

一是深入开展“4·26”知识产权宣传活动。省法院召开新闻发布会，公布2014年湖南法院知识产权司法保护状况白皮书和十大典型案例，省内多家媒体予以报道，起到了较好的司法宣传效果。长沙中院在省内多家电视及网络媒体先后对知识产权典型案例、商业维权案件审理工作等开展专访、跟踪报道及重大案件庭审直播，向社会公众展示了法院坚决维护品牌利益、坚决打击制假售假的力度与决心。

二是开展知识产权宣传进校园、进社区、进企业活动。在湘潭大学公开开庭审理侵害“老杨明远”企业名称权纠纷案，两百多名师生及多家媒体记者旁听；省法院民三庭曾得志庭长围绕如何加强知识产权保护，给滩头坪社区广大群众开展“万众创新，大众创业”的讲课；省法院民三庭伍胜副庭长与中南大学法学院、岳麓区法院共同开设教授现场讲课、法官现场分析、大学生共同参与的“三师同堂”法学课，将庭审现场嵌入法学课堂，增进学生、教师及社会公众对知识产权司法的了解和认同，取得很好宣传效果。

三是拓宽宣传渠道，全面展示我省知识产权审判工作。省法院在湖南法院微信公众号开通“知产天地”栏目，推送知识产权审判动态，让社会公众及时便捷地了解我省知识产权司法保护情况。长沙中院通过开展法院开放日、法律讲座、网络直

播等多种形式开展知识产权法制宣传活动，为知识产权的保护工作营造良好的社会氛围。湘潭中院充分利用湘大知识产权学院等资源优势，积极协同市知识产权局、工商局、版权局等行政执法部门开展知产宣传和业务交流活动，取得较好的宣传交流效果。

五、加强队伍建设，着力打造高素质的知识产权审判队伍

一是举办全省培训班，提升业务能力。省法院于今年上半年组织了为期4天的全省法院知识产权审判业务培训班，邀请国内知名的知识产权审判专家就知识产权审判中的突出问题进行专业培训。

二是加强交流和培训，拓宽法官视野。积极派员参加最高人民法院组织的各类培训班和会议。与台湾中华法学会访问团、北京高院、江苏高院、上海高院开展学习交流。利用“双千计划”契机，与中南大学、湘潭大学等高校就知识产权审判理论研究、专业人才培养、案例发掘等问题进行经常性交流。2015年，省法院陈小珍副庭长、长沙中院伍峻民副庭长被聘为湖南省知识产权专家顾问团专家。

广东法院2015年度知识产权司法保护工作总结

2015年，广东法院按照党的十八届三中、四中全会对深化司法体制改革、全面推进依法治国作出的重大战略部署，以及全国法院知识产权审判工作座谈会精神，加强知识产权司法保护，依法履行民事、刑事和行政审判职能，公正高效审理各类知识产权案件，加强知识产权审判领域改革创新，完善知识产权审判体制机制，充分发挥知识产权审判的职能作用，为全面深化改革和实施创新驱动发展战略提供了有力的司法服务和司法保障。

一、积极履行审判职能，有效回应知识产权司法保护需求

民事审判在知识产权司法保护中的主渠道作用进一步发挥。2015年，全省新收知识产权民事一审案件23766件，同比减少0.56%；新收二审案件6132件，同比增长11.37%。全年共审结知识产权民事一审案件20215件，同比减少18.03%，结案率为75.04%，同比下降18.13个百分点；审结知识产权民事二审案件6272件，同比增长13.32%，结案率为93.63%，同比上升2.74个百分点；二审发改案件224件，发改率为3.57%，同比上升1.06个百分点。广东高院新收各类知识产权案件827件，审结982件。

刑事审判惩治和震慑知识产权犯罪的职能作用进一步加强。2015年，全省新收知识产权刑事一审案件6780件，同比增长65.20%，占全省新收一审刑事案件总数5.25%，同比上升1.30个百分点；全省审结知识产权刑事一审案件6621件，同比增长68.56%，占全省审结一审刑事案件总数5.49%，同比上升1.67个百分点。其中，审结生产、销售伪劣商品罪3255件3982人；假冒注册商标罪1047件2215人；销售假冒注册商标的商品罪649件1100人；非法制造、销售非法制造的注册商标标识罪192件319人；侵犯著作权罪248件275人；侵犯商业秘密罪11件20人。

行政审判对行政执法行为的审查监督职能进一步发挥。2015年，全省新收知识产权行政一审案件22件，审结22件，分别同比增长13.33%和10%；新收知识产权行政二审案件16件，审结18件，分别同比增长5.88%和28.57%。在有力地促进行政执法机关充分发挥职能作用、强化知识产权行政保护的同时，又依法有效地监督行政机关依法行政。

审结一大批新类型、复杂疑难和重大案件，较好发挥了司法的规范和导向作用。审结南京微盟电子有限公司诉泉芯电子技术（深圳）有限公司侵害集成电路布图设计专有权纠纷案，通过日常生活常理与行业经验的分析认定，探讨了《集成电路布图设计保护条例》第三十三条第一款不视为侵权的条件规定；审结广州医药集团有限公司诉广东加多宝饮料食品有限公司、彭碧娟虚假宣传纠纷案，准确把握了虚假宣传判断的要件与判断的时间点，划清了客观正当行使权利与不正当竞争的界限，发挥了规范市场秩序、引导正当竞争的判例导向作用；审结珠海格力电器股份有限公司诉广东美的制冷设备有限公司、珠海市泰锋电业有限公司侵害商标权及不正当竞争纠纷案，明确注册商标未实际使用的，商标权人无权请求侵权人承担损害赔偿责任；审结广东联塑科技实业有限公司诉江苏联塑高分子材料有限公司侵害商标权及不正当竞争纠纷案，厘清商标使用行为在侵害商标权与不正当竞争中的界限和成立要件，认定将他人注册商标登记为企业名称的行为构成不正当竞争；审结广州市格风服饰有限公司诉杭州娅品贸易公司、东莞市牛尊鞋业有限公司侵害商标权纠纷案，在判断商品是否类似时，坚持避免来源混淆的基本原则，综合考虑商品的功能、用途、生产部门、销售渠道、消费群体等是否相同或者具有较大的关联性；审结顾芳诉中国南方航空股份有限公司拒绝交易纠纷案，指出航空公司取消预定航班的行为并非为了达到排除或限制竞争的目的，且我国现行的法律法规也并不禁止该行为，消费者基于拒绝交易纠纷的相关规定来主张权利不符合反垄断法的立法宗旨。2015年，全省法院有1件案件入选最高人民法院公布的中国法院十大知识产权案件，1件案件入选中国法院十大创新性知识产权案件，7件入选中国法院五十件典型知识产权案例。

二、坚持体制机制创新，知识产权司法保护整体水平明显提升

深入推进“探索完善司法证据制度破解知识产权侵权损害赔偿难”试点工作。在总结前期试点工作经验的基础上，2015年3月30日，广东高院下发了《关于确定广东法院“探索完善司法证据制度破解知识产权侵权损害赔偿难”第二批试点法院的通知》，扩大了“赔偿难”试点法院的范围，增加了广州知识产权、珠海、惠州、江门、肇庆等5个中级法院和广州市越秀区等12个基层法院作为试点单位。

探索基层法院跨区域集中管辖，优化知识产权案件管辖布局。经最高人民法院同意，新增广州市黄埔区、阳江市江城区等2个法院管辖一般知识产权案件，至此我省有一般知识产权案件管辖权基层法院数量增加至35个。同时深入分析全省案件增长态势和审判力量等情况，进一步向最高人民法院申请调整广州市越秀区、天河区和萝岗区等3个基层法院跨区域管辖第一审一般知识产权民事案件的地域范围，申请佛山市禅城区、珠海市香洲区、惠州市惠城区、肇庆市端州区、清远市清城区

等5个基层法院跨区域集中管辖所在市第一审一般知识产权民事案件，并获得最高人民法院批复同意。基层法院跨区域集中管辖能够有效解决案多人少的矛盾，促进中级法院和基层法院知识产权审判队伍建设，集中中级法院、省法院的优质审判资源应对案情复杂、诉讼标的额较大、社会影响大的案件。

落实司法体制改革部署，探索推进知识产权法院建设工作。最高人民法院知识产权司法保护与市场价值研究（广东）基地在广州知识产权法院挂牌成立。针对广州知识产权法院在成立初期面临着许多问题和困难，广东高院根据最高人民法院的要求及广州知识产权法院的需求，积极建言献策，推进广州知识产权法院的建设工作。针对珠三角部分地市及部分人大代表、政协委员提出的设立广州知识产权法院派出法庭的意见和建议，广东高院会同广州知识产权法院进行了深入调研，认为从长远来看可对专门法院设立派出法庭问题进行研究论证并在适当的时候分阶段加以推进，但是现阶段设置广州知识产权法院派出法庭的条件尚不成熟。同时，为了落实诉讼“两便”原则，广州知识产权法院在中山市古镇设立全省首家远程诉讼服务处，提供包括立案咨询、指导调解、案件查询、远程答疑、远程接访、法治宣传等在内的一系列诉讼服务功能，作为广州知识产权法院立案窗口的延伸，并进一步探索推广远程视频开庭，把司法为民落在实处。针对广州知识产权法院干警待遇较低、吸引力有限的问题，广东高院起草了《关于提高广州知识产权法院干警待遇的报告》报省委，争取在省委和省委政法委领导的支持下予以协调解决。

深入推进司法公开，彰显司法保护的权威和公正。推动全省法院上网公布知识产权裁判文书，建立规范化、制度化和常态化的裁判文书发布机制，我省法院在中国知识产权裁判文书网发布裁判文书总量排名全国第1位。不断扩大庭审公开程度，邀请人大代表、政协委员、新闻媒体、专家学者、高校学生等社会各界人士旁听庭审。“新百伦”商标侵权纠纷、“奥的斯”商标侵权纠纷、“梦特娇”商标侵权纠纷、“达芙妮”商标侵权及不正当竞争纠纷等十余件社会关注度较高案件的公开开庭通过网络全程视频直播。2015年“4·26”知识产权宣传周期间，举行了广东省法院新闻发布会，发布了2014年度广东省知识产权司法保护状况白皮书和我省十大知识产权典型案例。邀请人大代表、政协委员、高校学生团体及十余家媒体单位到庭观摩旁听美的公司与格力公司侵害商标权纠纷上诉案公开开庭，并通过广东法院网、金羊网直播庭审全过程，在现场直播过程中还由法官进行实时解说，获得了社会各界一致肯定和好评。

加强业务沟通交流，提升知识产权保护合力。全省法院注重与行政管理部门、高等院校、行业协会和国外知识产权保护机构之间的沟通交流，介绍广东知识产权审判经验，深入交流探讨专利法、商标法、著作权法的热点难点问题，就专利法第四次修改的相关工作进行座谈，并提出相关的修改意见，共同促进知识产权保护水平的提高；与知识产权司法鉴定机构进行座谈，就开展知识产权鉴定工作的情况、华南地区知识产权侵权纠纷类型和特点、我省知识产权审判工作对司法鉴定的具体需求等内容开展交流。派出业务骨干百余人次参加最高人民法院、全国各法院、行政部门、高等院校及行业协会召开的高端学术研讨会和国际性交流活动，如“互联网+时代知识产权保护热点问题研讨会”

"互联网+民商事案件热点难点问题高端论坛"、第八届两岸专利论坛、第十四届互联网大会、"创新驱动发展战略背景下的知识产权司法保护高端研讨会""标准专利许可与反垄断规制"研讨会等。

三、强化监督指导工作，有效统一司法保护标准

健全和落实审判情况分析通报机制。运用审判情况分析通报、分类指导和沟通协调三项工作机制，依法加强审判监督指导。每季度对全省各项审判数据进行统计分析并印发《全省知识产权审判工作统计分析情况的通报》，加强对工作发展趋势的分析研判，以便提早谋划，积极应对，使监督指导工作更具科学性、前瞻性和有效性。针对广州、深圳等地存案数量较多的情况，及时进行分析并报告院党组，指导当地法院落实清理案件的工作。

建立健全沟通协调机制。随着广州知识产权法院挂牌成立，集中管辖全省（除深圳外）的专利等技术性较强的第一审知识产权民事和行政案件，广州知识产权法院在广东知识产权审判工作中的重要性凸显。加强广东高院与广州知识产权法院之间审判业务工作的沟通协调既是提升广东法院知识产权审判质效的迫切需要，也是司法改革新形势下解决全国知识产权法院乃至各专门法院上下级沟通协调的必然要求。为此，广东高院在既维护审级独立，又有利于上级法院加强监督指导的原则下，研究出台了《关于加强与广州知识产权法院审判业务工作沟通协调的若干意见》，对广东高院和广州知识产权法院审判业务工作的沟通协调进行了规范，保障该项工作能够依法依规、规范高效地运行。在此基础上，进一步制定了《关于加强全省法院知识产权审判业务工作沟通协调的若干意见》，加强对全省知识产权审判工作的监督指导。

做好典型案例收集整理发布工作。全省法院及时收集、整理已审结的重大、疑难、复杂和新类型知识产权案件，报送到广东高院进行分析汇总，分别形成了2015年第一批和第二批典型案例，报送给最高法院并通过广东高院自媒体向全社会公开发布，对于提高全省知识产权案件审判质量和统一裁判尺度具有积极意义。

四、强化审判队伍建设，保障公平正义的实现

加强作风建设，促进公正廉洁司法。继续巩固"党的群众路线教育实践活动"成果，践行"三严三实"的要求，开展主题教育活动，加强支部党组织建设，落实《中国共产党党和国家机关基层组织工作条例》和省委《贯彻意见》的规定。在作风建设和廉政建设中将用制度管人的要求，落实到审判管理流程各个环节和审判工作各个方面。进一步查摆和整改审判工作中存在的"四风"和"六难三案"等问题，注重边学边查、边查边改，认真分析各项工作存在的薄弱环节。坚持实行廉政监督卡制度和约见法官答疑释法制度，审判队伍的公正廉洁意识、服务大局意识和司法为民意识进一步提高，公正司法能力和拒腐防变能力进一步提升。

开展业务培训，提高审判业务水平。积极组织审判人员参与各种形式的业务培训，派出审判人员参与国家法官学院等组织的培训班。针对经审判长会议或主审法官联席会议讨论的典型案件，提炼审判规则供学习参考，提高裁判尺度的统一性。在审判中发挥法官团队作用以及审判业务骨干的传帮带作用。加强与兄弟省法院、国内外相关机构的业务交流，提高对知识产权法官大局观念、全球思维、国际视野以及专业水平的培养。

广西法院2015年度知识产权司法保护工作总结

2015年，广西法院知识产权庭认真贯彻落实十八大、十八届三中、四中、五中全会精神，深入贯彻习近平总书记系列重要讲话精神，认真开展“三严三实”专项教育活动，积极履行知识产权审判职能，不断探索完善符合广西边疆民族地区特点的知识产权司法保护工作机制，依法公正高效审理各类知识产权案件，维护公平竞争的社会主义市场经济秩序，司法保护知识产权的主导作用得到进一步加强，知识产权审判队伍整体能力有新的提高。

一、全年案件审理情况

2015年，广西各级法院按照国家和自治区知识产权发展战略的部署和要求，充分发挥知识产权审判职能作用，扎实认真做好案件审判工作，在案件类型、数量、复杂程度不断增长的情况下，不断提高审判质量和效率，实现了法律效果、社会效果和舆论效果的统一，维护了权利人的合法权益，同时对侵权者进行了惩罚，达到了双方利益平衡的目标。全年结案率91.67%，比去年（87.85%）提高3.8个百分点。所审结的案件质量、效率都比较高，无一超审限结案的情况，审限内结案率100%，也没有因处理不当引发群体上访和突发事件。

二、工作亮点

1. 深化改革，促进审判工作创新。为加强知识产权保护力度，促进广西双核驱动战略实施，自治区高级法院撰写了《广西法院加强知识产权保护服务创新驱动战略》，该政策建议被自治区党委信息专报采用；柳州市中级法院通过对当地螺蛳粉行业的生产经营和发展情况进行调研，形成题为《关于柳州市螺蛳粉餐饮行业发展特许经营模式的调研——以柳州市特许经营纠纷案件审理为视角》的调研报告及两份转化成果：《柳州市中级人民法院关于柳州市螺蛳粉餐饮行业发展特许经营的司法建议》《柳州市商业特许经营合同示范文本（建议稿）》，为进一步完善柳州螺蛳粉特色产业提供了详实的数据和中肯的法律意见，加大了当地特色产业的保护力度。自治区高级法院通过审理广西德保县金蛤蚧酒厂有限公司诉广西德保县德雄酒业有限公司、桂林市漓江酒业有限公司一案，发现蛤蚧酒作为德保县具有一定市场知名度的地方特色产品，存在生产厂家众多且产销行为不规范、无序竞争的情况，削弱了该特色产品的市场竞争力，案件主办人结合案件走访调研，向德保县政府提出整合地方资源、申请原产地地理标志对产品进行保护等司法建议，德保县政府予以积极回应，并根据司法建议制定了一系列规范发展德保地方特色产品的措施，有效服务地方特色经济发展。

2. 阳光司法，提升司法公信力。广西各级法院知识产权庭不断推进庭审公开和裁判文书上网，除当事人申请不公开或涉及商业秘密的案件外，知识产权案件都公开开庭、公开宣判，允许社会公众旁听，允许新闻媒体公开报道，一些案件还以网络直播形式公开庭审过程，裁判文书都上传至“中国知识产权裁判文书网”和“广西法院网”向社会公开。积极探索建立完善专家人民陪审员、专家证人、专家咨询等制度。

3. 攻坚克难，妥善审理新型案件。如由广西高院审结的桂林市某广告公司诉某画家地图著作的知识产权纠纷案，该案系我区乃至全国属首例关于地图著作的新型案件，国内无类似案例可以进行参考或借鉴，案件主办人经过多次调查走访，最终依法公正地作出判决，对今后类似案件的审理提供较高的参考价值。桂林首例涉及网游的计算机软件著作权属纠纷，至今尚在审理中。

4. 关注民生，维护社会和谐稳定。近年我区持续发生大量涉 KTV 音乐电视作品著作权纠纷、涉知名品牌商标侵权纠纷等系列案件，对相关行业的经营发展产生重大影响，知识产权权利人特别是“美的”“五粮液”“佛山照明”等知名品牌持有者，提起大批量维权诉讼，我区大批小商户涉诉，特别是南宁、贵港、梧州、桂林等地，权利人的维权触角从城区扩张至县、乡镇甚至村屯。鉴于诉讼波及范围较广、涉及人群较为特殊，我区通过类型化案件的审理研究，及时总结裁判规则，统一司法尺度，同时加大调解力度，妥善化解纠纷，在坚决维护权利人合法权益的同时，促进相关行业规范经营、健康发展，促进社会和谐。2015 年，我区调解审结案件达到 53.75%。

三、主要做法

1. 依法公正审理知识产权案件。在知识产权案件的审理中，严把案件质量关，注重建立健全审理知识产权案件的各种制度，强化知识产权司法保护意识，注重保护当事人的合法权益，加大对侵权违法行为的打击力度，确保涉及社会热点、难点的案件得到及时、公正的处理。2015 年审结了一些疑难复杂、社会关注度高、影响力大的案件，如诉讼标的达 6000 万元“朗科”发明专利侵权纠纷案件、“新华书店”确认商标不侵权纠纷案、涉及著名作曲家乔羽的“山歌好比春江水”署名权侵权纠纷案件等。其中，“朗科”发明专利侵权案是民三庭有史以来知识产权案判赔数额最高的案件，一审判赔 4000 万元；“新华书店”确认商标不侵权案是全区首例确认商标不侵权案件，也是全区首例涉集体商标案件。

2. 注重运用多种手段对基层法院知识产权审判工作的监督指导。一是要求基层法院在遇到新类型案件、系列案件、影响大的案件要加强沟通，慎重审理。同时，重视下级法院请示问题的研究，多次召开全区知识产权会议，共同讨论，集思广益，把每一次请示研究作为统一司法认识的重要方式，为全区法院正确理解和适用法律提供指导。二是对拟改判案件，坚持听取基层法院合议庭的意见，通过沟通指导下级法院。三是加强对类型化案件的研究指导。去年以来，全区各地法院受理涉及北京华捷盛公司自动伸缩门专利、五粮液商标等商业维权案件不断增多，对使用侵权产品的机关、事业单位的正常工作程序、乡村群众生活便利等有较大影响，为了妥善处理此类案件，统一全区类型化案件的裁量标准，广西高级法院开展对类型化案件的专题研究，形成相关的侵权认定和赔偿标准等指导意见，规范法官自由裁量权，统一裁判尺度，在此基础上，各级法院加大调解力度，使这几类案件无论是调解或是判决都取得良好的法律效果和社会效果。

3. 积极探索建立知识产权司法保护与行政保护联动协调工作机制。加强与工商、版权、专利、海关等行政主管部门在知识产权行政执法程序上的衔接配合与沟通协调。加强与行业组织、相关行政机关和仲裁机构的协调配合，发挥摄影协会、音乐著作权协会、网吧协会等行业协会保护知识产权、促进知识产权产业化、协调权利人利益的作用，主动邀请行业协会参与相关知识产权纠纷调解，加强非诉调解与司法调解的衔接，从源头上减少矛盾、消解冲突。广西高级法院民三庭总结提出了多种调解方式方法，做当事人的调解工作，有效化解了一大批影响大的知识产权案件，如滚石（台湾）国际音乐股份有限公司诉中国电信股份有限公司广西分公司侵犯信息网络传播权纠纷系列案。

4. 坚持调判结合、和谐司法，促进知识产权的有效应用。2014 年，全区 62.02% 的知识产权一审民事案件通过调解或经调解双方和解撤诉结案，调解结案自动履行率达 100%。全年仅有 2 件案件申请再审，实现了法律效果、政治效果、社会效果的有机统一，促进了广西经济社会、文化产业健康发展。

5. 2014 年 6 月自治区高级法院举办知识产权审判业务培训班，对全区三级法院分管知识产权审判业务院领导、知识产权审判庭法官和书记员进行全员培训，邀请最高人民法院具有深厚理论水平和丰富实践经验的知产审判资深法官和研究员为培训班上课，取得良好的学习效果。二是鼓励知识产权法官结合案件审理进行审判理论和实务研究。如“桂林豆腐乳花桥商标纠纷案”的主审法官总结办案心得提出注册商标公示法定性的判断规则并撰写成文，被中文核心期刊最高人民法院《人民司法》刊发，该案例入选全国法院知识产权五十件典型案例。三是开展专项调研，总结经验，有效应对知识产权审判新情况新问题。

海南法院 2015 年度知识产权司法保护工作总结

2015 年，是“十二五”规划的收关之年，海南法院在最高人民法院的指导和关心下，在院党组的正确领导下，在有关部门配合和省委、人大指导下，积极落实中央关于司法改革的重大部署，深入推进知识产权审判领域改革创新，充分发挥知识产权司法保护激发创新动力、创造潜力和创业活力的独特作用。坚持司法为民、公正司法的工作主线，不断提高知识产权案件审判质效，努力让人民群众在每一个司法案件中感受到公平正义。

一、公正司法促审判，高效审理树权威

2015 年，海南法院共受理涉及知识产权案件 160 件，按类型分，其中民事类 124 件，占 77.5%；刑事类 35 件，占 21.9%；行政类 1 件，占 0.6%。按审级分，一审 131 件，占 81.87%，二审 29 件，占 18.13%。收案数比去年增加 18 件，数量增幅虽不大，但案件类型有较大变化，尤其是实行知识产权审判“三合一”以来，刑事和行政案件的数量增长较快。二审案

件中，发回重审1件，改判2件。

法院	民事案件		刑事案件		行政案件	
省高院	10件	8%	6件	17.1%	1件	100%
一中院	17件	13.7%	5件	14.3%	0件	0
二中院	2件	1.6%	8件	22.9%	0件	0
海口中院	78件	62.9%	12件	34.3%	0件	0
三亚中院	17件	13.7%	4件	11.4%	0件	0
总计	124件	100%	35件	100%	1件	100%

1. 公正高效审理各类知识产权案件。适用修改后商标法关于诚信原则、驰名商标认定、法定赔偿额度变化等新条文，坚决遏制商标恶意抢注行为，合理把握商标近似、商标类似、混淆性原则等裁量性标准，对商标、专利进行合法性审查，准确判断“抢注商标”“垃圾专利”，在“双轨制”背景下促进商标司法保护与行政保护的协调运行。

2. 充分发挥典型案例指导作用。继续落实我省司法改革中提高案件质量的类案参考与法官会议制度，将2015年新收典型案例以“知识产权十大典型案例”的形式于“4·26”知识产权宣传周活动时推出，并作为类案参考知识产权卷第二辑的储备。对于案情重大复杂或存在法律适用疑难问题的知识产权案件启动庭务会、法官会议等制度予以讨论。

3. 实现均衡结案。继续推行我庭实施的每月工作计划表及每周工作汇报制度，每月末将次月的工作计划与安排报给内勤统计后制表张贴并实时更新，每周庭务会向庭长汇报案件进展，积极了解各中院知识产权收结案情况，努力实现全年均衡结案。

4. 不断提高庭审和裁判文书质量。积极落实2015年我院民事案件审理操作规范，做到庭前碰头，当庭认证，庭后三天内合议，并通过完善庭前准备工作、准确归纳案件事实争点与争议焦点，保障当事人诉讼权利的同时提高当庭宣判率。规范裁判文书格式、强化裁判文书说理、加强裁判文书校核、落实裁判文书上网，不断提高庭审效率和裁判文书质量。

二、积极发挥审判职能，依法审理各类案件

1. 明确和统一知识产权刑事案件的裁判尺度，打击制假售假犯罪分子，维护产品质量安全，净化市场环境。针对我省各类知识产权违法行为进行了排查和研究，及早统一了相关司法处理尺度。知识产权刑事案件的处理上，经过内部法官会议、庭长审核制以及审委会的决议，已建立相对统一明确的处罚标准，形成合理的打击和保护效应。如被告人柯维垣大量购入劣质电线贴上“68”牌及“威特”牌等名牌电线产品的商标标识，以低价销售，涉案金额达313006.3元，被依法判处有期徒刑三年，并处罚金15万元。在审理此类案件中，依法对被告人进行了刑事制裁，并通过庭审教育激发被告人的内心良知，促使其悔罪改正。如被告人袁光禄在庭审中对其以化工原料加工卤制品的行为非常后悔，当庭认罪服判；被告人陈爱琼因销售掺有

化学成分的性保健品被依法判处刑罚和罚金，陈爱琼在一审判决上诉期满当天主动表示认罪服判并当场缴纳罚金，以实际行动体现了其真诚的认罪悔罪态度。

2. 权利保护和教育引导相结合，加大对知识产权民事侵权纠纷案件调解力度，促进创新和公平竞争。针对个别普通民众对知识产权保护缺乏认知，法律意识淡薄，生产经营活动中有仿冒外省商标品牌的“傍名牌”“搭便车”行为，无意识中触碰“法律红线”侵犯了别人的知识产权。这类侵权行为散见于各个商户，容易引发商标权人的集中维权诉讼，加大了商标权人的维权成本。针对此情况，我省法院在依法维护商标权人合法权益的同时，加大对侵权人的知识产权法律宣传教育和引导，促使侵权人认识其行为的违法性，自行纠正错误。在侵权人认识错误的基础上，争取权利人的谅解减少赔偿额，从而快速解决纠纷，提高维权效率，减少权利人在维权诉讼中时间成本和人力资源成本。2015年，我省采取这种“维权和教育”的方式调解、调撤审结一批知识产权民事侵权纠纷，如暴龙眼镜商标侵权案、联想（北京）科技公司游戏软件侵权案、佛山照明电器商标侵权案等共计15宗，占知识产权民事案件收案的88%，知识产权案件调撤结案率为93.75%。

三、多措并举，积极宣传，扩大司法保护影响力

1. 进一步落实“阳光司法”，不断增强司法保护的透明度。我省法院认真落实公开开庭、裁判文书上网等“阳光司法”措施。对于所有知识产权案件依法公开开庭审理，严格按照《最高人民法院关于人民法院在互联网公布裁判文书的规定》的要求，上网率达100%。

2. 充分发挥媒体功能，加大宣传力度。为宣传知识产权保护，采取精选知产案例进行庭审录播、微博直播、悬挂宣传横幅标语、走进企业座谈交流等多种形式，积极开展知识产权保护宣传活动。如上述苏荷商标侵权案即邀请海南日报记者旁听庭审并做了专题采访报道。通过典型案例的庭审公开播报，既震慑了犯罪分子，也教育了普通民众，对提高广大普通民众的知识产权保护意识，起到了很好的宣传教育作用。

3. 主动司法，提高企业知识产权保护意识，增强企业核心竞争力。为了提高企业的知识产权保护意识，帮助企业梳理、查找知识产权方面的风险和隐患，我省还选取海南的一些民营企业开展知识产权法律宣传活动，解答了企业在知识产权保护方面的困惑，消除企业可能存在的知识产权侵权和被侵权风险，将知识产权保护意识进一步向企业延伸和扩展，增强企业核心竞争力。

4. 多部门沟通，形成知识产权保护合力。我省应邀对全省知识产权综合治理部门的工作人员进行授课，探讨交流知识产权综合保护的经验。经过摸索，本省知识产权审判在全省范围内已具有一定的影响力，省高院在相关的知识产权审判工作的调研、对外交流等事务中，也多次指定由本院组织和具体参与实施。

四、以改革为契机，打造专业化审判队伍

我省以知识产权“三合一”改革为契机，开展学习型审判庭建设，打造专业化审判队伍，妥善、慎重审理好各类知识产权重大案件。面临新形势带来的新挑战，在院党组的大力支持下，通过征订知识产权审判业务用书等为知识产权法官提升业务素养提供了硬件条件，通过定期学习的方式致力于建设学习型队伍，通过对外地

有关知识产权法院的考察、座谈借鉴审判经验，不断满足高质量审判的要求，做好做实每一宗知识产权案件审判工作，妥善、慎重审理好一批重大知识产权案件，统一知识产权侵权和违法案件的司法标准，构建统一、全面、立体型的知识产权审判机制，优化配置审判资源，全面提升知识产权司法保护效率和水平。

五、创新工作方式，充分利用双打联动平台，积极发挥法院审判职能

根据海南省打击侵权假冒工作领导小组办公室的要求，我省全面贯彻落实党的十八届三中全会精神，落实省政府有关工作部署。充分利用双打联动平台，完善行政执法与刑事司法的有效衔接，通过信息共享平台，就知识产权案件办理中的专业性问题接受相关单位咨询，学习交流工作经验，实现资源共享。通过信息共享平台发布法院工作动态、典型案例等，积极发挥法院的审判职能优势，积极加强与市知识产权局、商务局、工商局、文体局的联系和协调，建立长效的横向交流、沟通机制和平台，实现行政执法与司法信息共享，对知识产权行政保护和司法保护的分工与合作达成共识，共同提升全省知识产权保护水平。

六、队伍建设常抓不懈，公正廉洁常记心间

我省以“三严三实”作为干部修身做事的基本准则，根据司改要求，相对固定知识产权民事、刑事及行政案件合议庭，优化审判资源配置。加大业务培训力度，积极派员报名参加国家法官学院相关培训的同时，积极邀请知识产权专家为法官授课。同时，对内完善庭内业务学习制度。除对疑难个案以庭务会方式进行讨论外，定期开展知识产权审判业务学习交流会。出省参加最高人民法院、国家法官学院相关业务培训的同志在外应专心学习，将课件带回后放入庭室共享文件夹，如有必要应对所学内容进行授课和交流，分享学习成果。对外，加强对下指导。对知识产权案件审理过程中发现的问题进行梳理，及时与各中院进行反馈交流，召开知识产权发改案件座谈会，拟赴各中院逐个交流并听取意见建议。把落实中央八项规定精神、坚决反对“四风”贯彻审判工作始终。紧密结合知识产权审判工作的特点和实际，增强反腐倡廉的自觉性，避免“六难三案”问题，树立和维护人民法院公正、廉洁、为民的良好形象。

四川法院2015年度知识产权司法保护工作总结

2015年，四川法院深入贯彻落实党的十八大、十八届三中、四中、五中全会精神，坚持司法为民、公正司法，积极依法履职，坚持以改革创新精神推动知识产权司法事业发展，充分发挥司法保护知识产权的主导作用，着力打造裁判尺度统一、裁判标准明确的四川知识产权审判新模式，为创新驱动发展及“万众创业、大众创新”战略的实施提供了坚强有力的司法保障。

一、加大知识产权保护力度，进一步强化司法保护知识产权的主导作用

四川法院紧紧围绕党和国家工作大局，积极履行知识产权审判职能，深入贯彻“加强保护、分门别类、宽严适度”的知识产权司法保护基本政策，依法公正高效审理各类知识产权案件，突出加强知识产权的司法保护导向。2015 年，四川法院按照“三合一”审判模式，共受理各类知识产权案件 3531 件，审结 3196 件，结案率为 90.51%。其中受理民事知识产权案件 3367 件，审结 3057 件，结案率为 90.79%；受理知识产权刑事案件 143 件，审结 119 件，结案率为 83.21%；受理知识产权行政案件 21 件，审结 20 件，结案率为 95.24%。四川法院审理了一系列社会影响大、关注度高的知识产权案件，有力维护了知识产权人的合法权益，彰显了人民法院加强知识产权司法保护以及严厉打击侵权行为的力度与决心，维护了公平竞争的社会主义市场经济秩序，取得了良好的法律效果和社会效果。如泸州老窖股份有限公司诉四川省泸州宏窖酒业有限公司侵害商标权纠纷案、徐豪杰诉四川帝王洁具股份有限公司侵犯著作权纠纷案、成都松川雷博机械设备有限公司诉成都索拉泰克精密机械有限公司侵害实用新型专利权纠纷案，法院分别判决侵权人向知识产权权利人赔偿损失及合理开支 50 万元、24 万余元、21 万元。各级法院在保证判决协调性的基础上，普遍加大了对知识产权的侵权损害赔偿数额，有效增强了司法保护的力度，切实维护知识产权权利人的合法权益，司法保护知识产权的主导作用进一步发挥，有力促进了“万众创业，大众创新”战略实施。

二、扎实推进知识产权审判“三合一”改革试点工作，有效提升案件审判质效

四川法院自 2014 年 4 月在全省范围内开展知识产权审判“三合一”试点工作后，由知识产权庭统一审理知识产权民事、行政、刑事案件，明确了“侵权—违法—犯罪”界限的区分和衔接，有效避免了不同审判业务庭就同一法律关系或相同法律事实作出不同认定。四川高院通过强化条线监督指导、加强审判规范化建设，有效统一了知识产权案件裁判标准。如针对音像作品著作权商业维权案件中的新情况、新问题开展调研，及时制定下发了《关于确定音像作品著作权侵权损害赔偿数额的意见》，重新明确了该类案件的裁判标准，为全省法院统一裁判尺度、提高审判质效提供了有效指导。试点工作开展以来，全省各类知识产权案件一审服判息诉率平均提高 3.46 个百分点，审理周期平均缩短 11.5 天，“三合一”审判机制在整合审判资源、统一裁判规则、提高审判质效等方面的优势进一步显现。

三、充分发挥技术专家作用，不断提高法官在查明技术事实方面的能力和水平

四川法院充分发挥技术专家在技术咨询、技术调查等方面的作用，帮助法官有效解决专业技术难题，不断提高技术事实认定质量。一是提高陪审率。将具有专业技术特长和一定法律知识的专业人士选聘为人民陪审员，与法官共同组成合议庭，帮助法官解决知识产权案件审理中遇到的专业性技术问题。二是完善技术专家咨询制度。为积极推进技术专家参与知识产权审判工作机制改革，充分发挥技术专家为人民法院审理相关案件提供咨询等作用，四川高院制定了《知识产权审判技术专家管理办法（试行）》，进一步规范全省法院知识产权审判技术专家选任、使用和管理工作，推动建立全省法院知识产权审判技术专家库，有效发挥技术专家在案件审理、技术咨询、技术调查方面的积极作用，切实提高全省法院知识产权案件审判质量和

效率。三是充分发挥专家证人的作用。全省法院严格按照四川高院出台的《关于知识产权案件专家证人出庭作证的规定（试行)》的要求对专家证人的资格、出庭作证的程序、职责、专家证人意见采信等问题进行全面规范，在知识产权审判工作中充分运用专家证人帮助查明案件技术事实。2015 年，我省法院共引入技术专家参与或协助审理各类知识产权案件 36 件。

四、切实加强业务指导培训，努力提升知识产权法官的司法能力

为提高知识产权法官的司法能力和综合素质，四川高院与四川法官学院密切配合，开展全省知识产权法官的集中专业培训，邀请最高人民法院相关领导、资深法官、专家学者等对知识产权司法政策、裁判规则、司法解释的理解把握，新型、疑难案件的法律适用等问题进行专题培训，有效提升我省知识产权审判法官准确把握知识产权司法政策、理念，正确适用法律和运用裁判规则及解决实际问题的能力。四川高院知识产权审判法官及全省负责知识产权案件审理工作的中、基层法院相关院、庭领导及骨干法官共计 200 多人参加了培训。我省各级法院还分别就民事、行政、刑事案件组织部分知识产权法官参加庭审观摩，相互学习，共同提高，努力培养精通知识产权三类诉讼的审判人员，倾力打造一支知识结构合理、化解矛盾纠纷综合能力强、适应知识产权审判专业化需求的审判队伍。

五、努力拓展知识产权司法保护的宣传途径，提升全民知识产权保护意识

四川法院以“4·26”知识产权宣传周为抓手，结合全省知识产权司法保护的现状和特点，开展了一系列主题突出、形式多样、内容丰富的“知识产权宣传周”活动。省法院在发布《2014 年知识产权司法保护白皮书》、2014 年知识产权司法保护十大典型案例等规定动作之外，还牵头组织中、基层法院开展了知识产权审判进园区、进校园、进社区等巡回审判宣传活动。全省三级法院共精选 13 件知识产权典型案例进行公开开庭审理，并邀请人大代表、政协委员、行政管理部门代表、专家学者及高校师生、媒体记者等社会公众旁听案件庭审，取得了良好的法治宣传效果。全省法院积极创新宣传模式，将宣传工作与传统媒体、新兴通讯工具相结合，推动我省知识产权司法保护宣传工作再上新台阶。如开通“司法智慧助力创新”微信平台，通过“随案指导”“知产动态”等模块及时向社会公众提供个性化的意见和建议，提高人民群众参与知识产权诉讼及运用、保护、管理知识产权的能力，获得一致好评；有的法院知识产权庭与当地电视台录制“法在身边”“知识产权保护 法官与你相约”等主题访谈节目，选取与人民群众生活密切相关的知识产权真实案例宣传法治精神，使社会公众更加直观地了解什么是侵犯他人知识产权的行为，如何依法维护自己的知识产权，树立了正确的司法导向。有的法院前往当地创新型重点、骨干企业，开展以“商业秘密保护与竞业限制”等为主题的法律讲座，并就企业如何增强知识产权司法保护意识、提高知识产权保护能力进行座谈，及时帮助企业解决在知识产权创新、管理、运用、保护等方面遇到的法律问题，努力助推地方创建国家知识产权示范城市。

贵州法院2015年度知识产权司法保护工作总结

2015年，贵州省知识产权审判以党的十八大会议精神为指引，认真贯彻中央、省委和最高人民法院的要求，围绕省法院党组年初制定的工作要点，以“努力让人民群众在每一个司法案件中感受到公平正义”为目标，紧紧围绕“司法为民、公正司法”的主线，充分发挥审判职能，不断完善审判体制机制，在最高人民法院和省法院的领导和关心下，我省全年各项知识产权工作均取得显著成绩。

一、抓好执法办案第一要务，充分发挥审判职能

2015年，我省全年共新收各类知识产权案件256件（新收案件239件，旧存17件），审结215件，审结率为83.98%。其中，民事案件189件（含15件旧存），审结150件，审结率为79.37%；刑事案件66件（含2件旧存），审结64件，审结率为96.97%；行政案件1件，审结1件，审结率为100%。所结案件均在审限期内审结，各项审判质效指标完成情况良好。

1. 精益求精提高审判质效。我省知识产权审判坚持“以事实为依据、以法律为准绳”的审判原则和实体法与程序法并重的法治理念，公正高效地审理各类知识产权案件。在审判实践中切实把好案件事实关、证据关、法律关和文书关，强调不能就法论法，就案论案，要做好判前释法、庭审释明、裁判说理和判后答疑等工作，从源头上预防涉诉信访案件的发生，努力实现案件审判的法律效果和社会效果的统一。例如，贵阳中院受理的原告洪福远、邓春香因被告贵州某银行和贵州某食品有限公司著作权纠纷案件。由于该案是贵阳中院审理的首例涉及蜡染民间艺术著作权侵权纠纷案件，针对传统民间文学艺术作品的著作权保护法律没有明确规定，如何判断作品的保护对象和范围也没有统一的标准和裁判尺度，合议庭在开庭前查阅大量资料，对蜡染这一民间艺术作了深入了解。庭审中，合议庭清晰地梳理并归纳两案的争议焦点，充分听取双方当事人的陈述，引导他们围绕涉案美术作品是否能纳入著作权法保护范围，被告是否侵权等展开举证、质证、认证，给予原、被告充足的时间发表辩论意见，保障了原被告双方的诉讼权利，体现了法律的公平和正义。判决后，两案双方当事人均满意地接受了裁判结果，两案被告积极主动履行了判决书确定的法律义务，当事人双方握手言和。这是贵阳中院认真贯彻“庭审中心主义”的具体体现，也是贵阳中院积极探索运用司法保护民族民间文化艺术的一次生动实践，公正地维护了各方当事人的合法权益，取得了良好的法律效果和社会效果。

2. 加强审判监督管理。全省知识产权审判业务庭充分利用法院网上办公系统，加强审判管理信息化、规范化、制度化建设，严格案件审判流程管理，强化审判质效分析。通过建立长期未结案件督办机制，杜绝产生超审限案件、长期未结案件，力争实现全年均衡结案。

3. 加强诉讼调解工作。我省始终坚持贯彻“调解优先，调判结合”工作原则，当调则调，当判则判，统筹协调好调解与判决的关系。结合审判工作特点，积极探索上下级法院、法院与行政机关、法院与行业协会之间联动的调解方式，注意调解的成效，努力做到“调解一个，化解一片”。例如，省法院受理的金某某与某网络通信公司侵害作品信息网络传播权纠纷一案，因该案既涉及如何保护我省民间音乐创作人的创作积极性及创作成果，又涉及维护我国大型国有企业商业形象，更重要的是怎么促进民间音乐创作人与大型国有企业之间合作，给民间音乐创作人更广阔的发展空间，承办法官在深入了解双方当事人实际情况后，从长远利益与发展前景等多角度为当事人做耐心细致的思想工作，最终促成双方达成调解协议。由于本案的成功调解，原告放弃了与本案相关联的，仍在中院进行审理的 14 个案件的权利主张，彻底地化解了这起纠纷，并促成了原告与被告之间的合作，起到良好社会效果，为今后处理此类案件提供了有效的参考路径。

二、积极开展调研活动，不断丰富审判理论

1. 开展“黔茶知识产权保护问题”课题调研。品牌战略离不开知识产权的保驾护航，为了黔茶品牌发展稳步进行，助推《三年提升计划》的蓝图实现，省法院知识产权庭成立了课题组，对我省茶产业知识产权保护课题展开专项研究。课题组以我省“三绿一红”茶叶品牌为样本，走访了省和地方茶叶管理部门、行业协会、生产企业等，对我省茶产业的发展现状、品牌管理、保护模式和现实冲突等与知识产权保护相关的问题进行梳理、分析，试图为茶企业提供知识产权保护提供指引。并完成《黔茶知识产权保护问题研究——模式、问题及对策》的调研报告，为我省茶产业知识产权保护提供了重要的理论参考。

2. 注重培养年轻干部，推动审判理论创新。我省特别注重鼓励、培养知识产权审判人员的调查研究能力。其中，肖瑶、许文艳申请了省法院的青年课题，并完成了《贵州民族民间文化知识产权保护问题研究——民间文学艺术表达的传承与发展》一文。该课题的成果，有利于全省法院厘清民族民间文化类纠纷中著作权、商标权相关的法律适用问题；其次，有利于我省企业采取更高效有力的措施进行品牌管理，打通司法保护与民间保护之间的通道；再次，提升文化资源产业化发展在全省经济发展中的地位，推动我省文化产业的健康持续发展，为我省经济发展贡献力量，并提升我省普通民众保护民族民间文化资源的保护意识。该文现已被社会科学文献出版社出版的《法律人类学论丛（第四辑）》收录。

三、加大宣传力度，树立良好司法形象

1. 举办知识产权宣传月系列活动。“4·26”知识产权宣传月期间，省法院围绕“保护、运用、发展”的主题开展了编写《贵州法院知识产权司法保护状况（2010 年—2014 年）》白皮书以及贵州法院近五年知识产权司法保护十大典型案例，召开新闻发布会面向社会公开发布等形式多样的活动，这一系列的法治宣传活动不仅扩大了我省知识产权司法保护的社会影响力，同时也树立了人民法院依法保护知识产权的良好形象，受到社会各界广泛好评。

2. 延伸审判触角，宣传知识产权司法保护。2015 年 12 月中旬，贵阳中院精选了 2009 年至 2014 年已办结的 29 个典型知识产权案例，编辑成《辨法析理——贵阳中院知识产权案例采撷》一书。所选案例，涵盖刑事、民事两大诉讼，涉及著作权、专利权、商标权、商业秘密、高新技术领域知识产权、不正当竞争、市场垄断等多个领域，并将于近期出版。在该案例集中精选两件典型案件向社会公开发布，登载于2015年12月18日《贵阳日报》综合新闻版。

四、推进审判改革，完善审判工作机制

1. 继续深化知识产权案件“三审合一”试点工作。一是为充分体现知识产权“三合一”审判模式，满足知识产权审判机构专门化要求，方便对外开展工作，省法院民三庭成功申请挂牌“知识产权审判庭”；二是为深入推进知识产权审判“三合一”试点改革，合理规划知识产权案件管辖布局，省法院结合我省知识产权审判工作实际，积极开展了知识产权民事和行政案件集中管辖改革试点工作，印发《贵州省高级人民法院关于开展知识产权民事和行政案件集中管辖改革试点工作方案》，推动贯彻落实。

2. 加强兄弟单位之间的沟通，破解审判难题。贵阳中院主动牵头，由贵阳市公、检、法、司四家政法单位联合参加的“关于知识产权刑事案件审判专题座谈会”，于2015年4月24日在贵阳中院召开。会上，各参会单位准备充分，发言踊跃，亮点纷呈。四家单位分别就知识产权刑事案件的“诱惑侦查”、涉案货值的计算、证据的移送和比对、执行的衔接机制等问题发表了意见。

云南法院2015年度知识产权司法保护工作总结

一年来，在院党组的领导下，我省法院坚持以“三个代表”重要思想和科学发展观为指导，紧紧围绕“三严三实”和“忠诚干净担当”专题教育活动和法院“规范管理年”的要求，牢固树立“司法为民”的服务宗旨，依法办案，认真履行职责，圆满地完成了各项工作。现就一年来的工作总结如下。

一、加强学习，提高政治素质

只有坚持学习政治理论，才能使思想常新、精神充实、工作见成效。为了使“公正司法、一心为民”的理想信念转变为现实，我省法院认真学习邓小平理论和“三个代表”重要思想，深入学习科学发展观理论，真正学懂弄通，掌握精神实质。通过认真学习贯彻科学发展观以及党的十八大、十八届三中、四中全会精神，全面深入地掌握了科学发展观的精神实质和深刻内涵，把思想和行动统一到民事审判工作上来，自觉地用科学发展观理论武装头脑，强化法官为民的责任感。只有强化法官为民的责任感，才能发扬服务大局、情系百姓、勤奋工作的敬业精神，做好每一件哪怕是非常细小的工作，才能成为像邹碧华一样的新时期的人民好法官。而没有责任感的法官则远远不能称得上一名合格的法官。这就要求我们用中国特色社会主义理论体系武装头脑，深入学习领会社会主义法治理念，增强自身的政治意识、大局意识、国情意识和群众意识。在“人民法官为人民”宗旨的召唤下，一名合格的法官必须坚持人民利益至上，主动关注民生，保障民生，真正做到司法为了人民、司法依靠人民。

同时，为了使全体法官在思想政治方面也不放松学习，我省法院多次组织集中学习和要求个人自学党的各项理论政策，并通过邹碧华、高德荣、杨善洲同志的先进事迹，激励大家要坚定理想信念，坚守法治精神，忠诚敬业、乐于奉献。

二、依法履职，积极开展工作

今年，省高院民三庭在庭员的支持和配合下，主要完成了以下工作：第一，今年庭上案件旧存 11 件，新收 158 件，结案 138 件，结案率达 81.7%。第二，为了加大对知识产权权利人的保护力度，提高知识产权侵权案件处理的专业化和高效化，省高院民三庭主动与云南省知识产权局相关部门联系和协调，建立了专利纠纷司法审判与行政调处衔接机制。今年，实际经过法院办理的该机制下案件共有 19 件，其中诉调前移送案件 17 件，调解 12 件，撤案 3 件，由于找不到当事人退回昆明中院 2 件；诉中委托调解案件 2 件，退回昆明中院继续审理。总体而言，19 件案件的调撤率达 79%。第三，为了进一步提高涉外民商事案件的审判水平，省高院民三庭在最高人民法院要求报送典型案件的契机下，先在庭内开展优秀裁判文书点评活动，让各位审判人员学习借鉴好的审判思路和文书制作经验，提高裁判文书质量。同时，为了使涉外民商事审判工作保障和服务于党中央和国务院提出的“一带一路”建设，我还参加了最高人民法院“一带一路”司法研究中心成立的座谈会，与其他法院交流学习。第四，为了加大知识产权宣传力度，增强全社会知识产权的维权意识，省高院民三庭负责整理了 2014 年知识产权司法保护十大典型案例，并在知识产权宣传周向社会公布；并且，为了协助省高院民二庭关于民营企业法律保护的主题调研，民三庭也积极参与撰写了有关民营企业如何加强自身知识产权创新和保护、防范他人侵害或避免他人知识产权权利的有关案例。第五，加大与其他部门的沟通协调，统一知识产权案件裁判标准。今年由于卡拉 OK 侵权案件大批量出现，省高院民三庭与昆明中院知识产权庭通过座谈方式，对该批案件的证据采纳、判赔金额、合法来源等进行探讨，基本形成该批案件的处理思路和方式。同时，为了规范知识产权案件中采用频繁的公证取证行为，省高院民三庭与云南省司法厅、云南省公证协会就公证过程中的一些问题进行探讨，以便公证机关合法有效地开展工作。第六，为了贯彻落实省委、省政府扶贫攻坚战略部署，按照“挂包帮”“转走访”的工作要求，省高院民二庭法官身先士卒，率先进村入户开展遍访，了解摸清结对帮扶贫困户的有关情况，便于对症下药，精准扶贫。

三、廉洁自律，确保司法公正

加强法律职业道德建设，用“法官法”、最高人民法院的“四条禁令”“八个不准”“六个严禁”及相关规定严格自律。充分认识当前党风廉政建设的重要性及严峻形势。年初，民三庭法官签订《党风廉政责任书》。严格按照约定落实责任，时刻敲响廉政警钟。做到清正廉洁，严格执行审判纪律，不与当事人私自接触，管住自己的嘴，管住自己的手，管住自己的腿，养成良好的生活作风，自觉抵制社会的不正之气，守护住自己纯洁的心灵，守住我们廉洁的做人底线，坚持自警、自励、自省，在工作中刚正不阿，不受利诱，坚持以事实为依据，以法律为准绳，具备了一个人民法官应有的素质。在工作中努力学习，廉洁奉公、恪尽职守、努力实践科学发展观、人民法官为人民的理念，始终以一名共产党员的标准去严格要求自己，坚持以身作则，率先垂范。

西藏自治区法院2015年度知识产权司法保护工作总结

2015年，我区高、中两级法院在高院党组的正确领导下，在区党委的坚强领导和最高人民法院的正确指导下，深入贯彻党的十八届三中、四中全会精神和习近平总书记关于依法治国的重要讲话精神，尤其是中央第六次西藏工作座谈会精神，充分履行宪法和法律赋予的职能，紧紧围绕“努力让人民群众在每一个司法案件中感受到公平正义”目标，始终坚守以司法为民公正司法为主线，立足反分裂斗争主战场实际，狠抓审判工作，维护公平正义，提升能力素质，忠实履行司法职能，圆满完成了各项任务。现对全区高、中两级法院2015年的知识产权司法保护工作进行总结：

一、2015年工作完成情况

（一）参加政治理论学习情况

全区高、中两级法院能够认真贯彻落实党的路线、方针、政策和中央新时期西藏工作指导思想，按照区党委的决策部署，立场坚定、旗帜鲜明地反对分裂、维护稳定，做到服务大局不动摇，落实司法为民不放松。在始终坚持按时完成机关党委安排的学习任务以外，高院民三庭还自行安排了学习任务，要求每位干警认真做好每次的学习笔记和心得体会。与此同时，抓好对民三庭《工作目标管理责任书》的落实，切实做到有令必行、有禁必止，要求我庭所有人员都要严格遵守中央“八项规定”，区党委“约法十章”“九项要求”，最高法院“六项措施”“十个不准”等铁规和禁令，努力管好自己和家属子女。

（二）案件审理情况

从2014年10月至2015年12月期间，高级法院民三庭今年没有新收关于知识产权方面的民事案件。在上述期间，七个地（市）中院中只有拉萨市中院民三庭受理了一件涉及知识产权民事案件，案由为技术委托开发合同纠纷，诉讼标的为22万元，现已结案，结案方式为撤诉。其他六个地（市）中院均没有受理知识产权案件。

（三）积极宣传知识产权司法保护情况

1. 针对我区知识产权法律及知识产权案件的审判状况，都处于急需加强宣传的状态。高院民三庭积极加强宣传知识产权司法保护情况的工作，发挥主观能动性，编撰了一套知识产权法治宣传手册（共九册），在高院政治部宣教处的协助下，印刷成册。不仅利用“4·26”知识产权宣传日和“12·4”宪法宣传日这两个平台，把法治宣传材料发放给群众，而且利用调研的机会，送给各地（市）法院从事知识产权审判的同志，同时对知识产权的法治宣传工作进行指导。

2. 借助知识产权宣传周，由高级法院宣教处协调，通过西藏法制报、西藏日报、西藏新闻网等几家主流媒体，大力宣传了高院民三庭在知识产权审判工作方面取得的成效以及下一步工作的重点，将着力推进知识产权司法保护力度。此次宣传使群众更加了解了我区知识产权司法保护的情况以及强化了诉讼指导。

二、认真做好其他工作

2015 年，区法院民三庭在人员紧缺的情况下，能够克服困难，认真完成了院里的值班、学习、会议工作，最高人民法院知识产权庭及本院各部门安排的材料报送任务、网络培训、作为参与部门，协助其他部门完成要求报送材料的撰写工作。

区法院民三庭还规定每周一上午为庭务会的时间，总结上一周的工作，安排下一周的工作任务。每周二下午为业务学习时间，每位干警都认真进行业务学习并做好了相应的笔记，努力提高自己的业务水平和办案能力，使审判庭的工作更上一层楼。

重庆法院 2015 年度知识产权司法保护工作总结

2015 年，重庆法院深入学习贯彻党的十八届三中、四中、五中全会精神，努力践行“努力让人民群众在每一个司法案件中感受到公平正义”目标，同时将“三严三实”专题教育融入知识产权审判中，紧紧围绕全市工作大局，充分履行审判职能，扎实推进知识产权审判工作，为重庆实施创新驱动发展战略提供有力司法保障。

一、高效审理各类案件，确保司法公正

2015 年，重庆法院共受理一、二审知识产权案件 2956 件，与 2014 年案件受理数 2676 件相比，同比上升 10.46%；审结一、二审知识产权案件 2603 件，结案率 88.06%，与 2014 年审结数 2385 件相比，同比上升 9.14%。新收知识产权一、二审案件共 2592 件，同比增长 6.19%。从案件类型看，著作权侵权纠纷案件占 71.95%，商标权侵权纠纷案件占 9.17%，专利权侵权纠纷案件占 7.92%，技术合同和其他纠纷案件占 10.96%。与 2014 年相比，著作权侵权纠纷案件所占比例大幅下降，商标权侵权纠纷案件、专利权侵权纠纷案件及其他纠纷案件所占比例均有所上升，尤其是技术合同和其他纠纷案件所占比例大幅上升，增幅达 286%。

重庆法院依法审理了一批社会影响较大、关注度较高的典型案例，如广州王老吉大健康产业有限公司与加多宝（中国）饮料有限公司系列不正当竞争纠纷案件、中国嘉陵工业股份有限公司（集团）与重庆市沙坪坝区嘉陵摩托车配件有限责任公司侵害商标权及不正当竞争纠纷案、艾影（上海）商贸有限公司与重庆万州万达商业广场有限公司侵害著作权纠纷案、本田技研株式会社与重庆宗申机车工业制造公司侵害专利权纠纷。此外，成都同德福合川桃片有限公司诉重庆市合川区同德福桃片有限公司、余晓华侵害商标权及不正当竞争纠纷案入选重庆市法院第六批参考性案例，乔天富诉重庆华龙网新闻传媒有限公司侵害著作权纠纷案入选重庆市法院第八批参考性案例并被最高人民法院评为典型案例。

二、强化指导的针对性，重视调研的实务性

重庆高院着力强化审判管理，加强审判监督指导工作，积极拓展业务指导途径，强调案件质量，确保司法公正，提高审判效率，统一裁判尺度，切实提升案件审判的法律效果和社会效果。

（一）注重发挥二审形成裁判规则作用

重庆法院突出以审判为中心发挥上级法院指导作用，充分发挥二审在明确裁判规则方面的示范效果。如通过四川省古蔺郎酒厂有限公司与张晓莉侵害商标权纠纷，明确了《酒类流通随附单》在判断酒类销售商是否具有合法来源时的关键作用；通过重庆市淳辉阁拍卖有限公司与刘昌文著作权侵权纠纷，确立了拍卖公司在拍卖侵犯著作权作品时侵权行为的认定标准。另一方面，坚持改发案件沟通制度，与一审法院进行改判前的沟通，充分听取意见；同时，对改判案件及具有固化裁判规则的维持案件，通过撰写裁判要点，通过审判长联席会通报并及时将相关文书发布于部门园地等方式，指导全市法院类型案件的审判。

（二）重视疑难问题的研讨与解答

重庆法院在取消个案请示的同时，定期收集审判实务中的疑难问题，召开审判长联席会进行深入探讨，对案件审理中出现的疑难问题基本达成共识，对于指导下级法院办案起到了积极作用。在市四中法院召开“全市法院知识产权暨涉外商事法律适用问题研讨会”，围绕销售知名卡通形象衍生品纠纷案件中销售者提出合法来源抗辩是否需要审查其主观过错、委托方委托受托方生产侵犯知识产权的产品案件中侵权主体如何认定、侵权责任如何负担等疑难问题展开讨论，并于会后出台《关于知识产权和涉外商事审判实务问题解答（二）》，及时回应了审判中需要解决的问题。

（三）结合审判实务积极开展调研工作

重庆法院始终坚持围绕以审判为中心展开调研，突出调研的实务性，注重将审判中的典型案例转化为调研成果，撰写了《互联网背景下知识产权侵权案件的证据裁判规则》《商标侵权赔偿数额之立法模式研究——兼论新〈商标法〉第六十三条之解释与适用》《最高额抵押担保“最高限额”应以债权最高限额为认定标准》《我国专利权用尽规则的检审与重构——从最高人民法院指导案例20号展开》《新闻图片作品的认定》等案例分析；同时注重资料的整理与汇编，及时根据相关论坛、会议整理会议记录或会议综述，方便学习。2015年，完成了重庆市社会科学规划项目《“渝新欧”大通道国际贸易中的知识产权保护问题研究》，重庆法院重点调研课题《知识产权权利冲突问题研究》《无形产权对传统司法判定损害赔偿责任的挑战——知识产权归责、赔偿原则及量化标准》，基地课题《外观设计专利侵权判定中“三要素标准”的反思和修正》。全市法院在《人民司法》《中国知识产权案例评注》《中国知识产权审判研究》《人民法院报》等刊物上发表知识产权案例评析及学术理论文章十余篇。

三、创新工作机制，促进审判、指导工作再上台阶

重庆法院积极探索审判制度机制创新，

大胆采用多种司法手段保护当事人的合法权益，扩大宣传，进一步强化重庆法院知识产权司法保护力度。

（一）以庭审为中心，认真落实审判权运行机制改革的要求

审判工作中明确分管庭长与合议庭的职责，充分调动合议庭的能动性与积极性，充分体现“让审理者裁判”。对合议庭存在分歧、有重大影响的案件、需要明确裁判规则的案件，由全庭法官会议研究。强化庭长、审判长在文书签发中的把关作用，提高文书质量。庭长对审判工作的监督，更多地体现在对审判运行态势的把握，对审判流程节点的监督控制，及对交督办案件、有社会影响案件、需要统一裁判尺度案件的指导上。强调以庭审为中心，注重庭前准备，疑难案件要求庭前评议；充分发挥庭审查明案件事实的功能，提高审判效率。

（二）完善审判辅助机制建设

为提高审判效率、完善知识产权审判工作机制，规范技术咨询专家和专家辅助人的选任、使用和管理工作，重庆高院出台《关于设立知识产权审判技术咨询专家制度的意见》《关于知识产权审判专家辅助人参与诉讼活动的意见》，设立知识产权审判技术咨询专家库，充分发挥技术咨询专家和专家辅助人参与诉讼活动的积极作用，切实提高我市知识产权审判水平。

（三）重庆市两江新区知识产权法庭的窗口作用效果初显

两江法庭自2014年底开始受理部分专利案件，2015年共受理专利纠纷案件44件，审结42件，审判质量过硬，社会效果较好。两江法庭在全市率先推广知识产权案件适用简易程序，简化裁判文书格式，提高工作效率。2015年，两江法庭共有811件案件适用了简易程序，有56件著作权案件使用了简化文书格式。在三级法院的共同努力下，两江法庭以“司法为民公正司法”为工作主线，一步步向“打造重庆知识产权审判窗口”和“为两江新区发展提供优质司法服务”的目标稳步迈进。

（四）积极推进司法公开，着力提高司法公信力

一是着力开展主题宣传。积极开展“4·26”世界知识产权日系列宣传活动，向社会发布《2014年重庆法院知识产权司法保护状况》（白皮书），公布重庆法院知识产权十大典型案例，加强知识产权司法保护宣传，扩大知识产权司法保护影响。二是坚持“阳光司法”，严格按要求做好庭审公开、生效裁判文书上网制度，定期选择案件微博直播，通过以公开促进公正审判，提高全庭的司法能力及工作责任心。三是开展“庭审进校园”活动，通过人大代表及学校师生旁听开庭、庭后讨论交流的方式，展现知识产权司法保护的良好形象。四是以“法官在社区”活动为契机，举办专题讲座、接待法律咨询，开展形式多样化的普法活动。

四、充分利用专委会平台，不断扩大重庆知识产权审判对外影响

重庆法院始终将司法宣传作为推动审判工作跨越发展的重要抓手，有效依托中国审判理论研究会知识产权审判理论专业委员会平台，建立起立体化的知识产权司法保护宣传模式，扩大重庆知识产权审判对外影响。

（一）举办“知识产权司法保护重庆行”活动

4月20日，“知识产权司法保护重庆行”在重庆举行。重庆市委副书记、市长黄奇帆接受了中央媒体和重庆主要媒体的书面采访；最高人民法院陶凯元副院长通报了全国法院2014年知识产权司法保护的

情况；最高人民法院民三庭宋晓明庭长向中央媒体和重庆主要媒体发布了《中国法院知识产权司法保护（2014）》（白皮书）、2014年中国知识产权司法保护十大案例、十大创新案例和五十大典型案例。该活动系最高人民法院在中西部地区首次举办的全国法院知识产权宣传周相关活动，人民日报、光明日报、经济日报、法制日报、人民法院报等主流媒体进行了广泛、深入的报道。

（二）组织召开知识产权专委会年会

11月上旬，以“‘互联网+’时代知识产权保护热点问题”为主题，与西南政法大学联合举办了知识产权专业委员会2015年年会。最高人民法院和部分地方法院的知识产权法官，中国知识产权法学研究会、中国应用法学研究所、中国科学院、中国人民大学、中国政法大学等研究机构和高校的专家学者，国家工商总局商标评审委员会的代表以及中国互联网协会调解中心、腾讯科技（深圳）有限公司、阿里巴巴集团等知名企业的管理人员等共80余人参加了研讨会。会议代表就网络环境下著作权司法保护热点问题、跨境电商商标侵权问题、“互联网+”时代不正当竞争行为的司法规制和相关纠纷程序规则等问题展开了研讨。

（三）继续办好“中国知识产权法官讲坛”

重庆法院依托知识产权专委会与西南政法大学共同主办的“中国知识产权法官大讲坛”自2014年开办以来，在知识产权审判及实务界具有越来越大的影响力。2015年，先后邀请最高人民法院宋晓明庭长、王艳芳审判长，北京知识产权法院宋鱼水副院长等，举办了七期讲坛，分别就新形势下我国知识产权司法政策、商品化权的司法保护、涉外定牌加工中侵犯商标专用权的判案研究、商标使用行为的认定等主题进行了讨论。每次讲坛都组织三级法院法官参加，其中两期讲坛主持及主要的主讲、点评人均为重庆法院法官，展示了重庆法官良好的职业素养。讲坛在内容上紧贴审判，方式上更加强调理论与实务的互动、融合，同时通过微信直播，制作光盘、汇集成册等方式，不断扩大讲坛的实际效果。

五、注重学习，全方位加强队伍建设

重庆法院一贯坚持“司法为民、清正廉洁”的原则，不断加强队伍建设，提高队伍素质，努力培养造就一支政治坚定、业务精通、作风优良、公正廉洁的知识产权法官队伍。

（一）高度重视业务学习，不断提高业务能力

重庆法院为打造学习型庭室，培养专家型法官，开展了多种形式的业务学习。一是强调日常学习。针对新民事诉讼法司法解释的出台，采取审判人员轮流主讲的方式集中学习；对新颁布的立法、司法解释，重要会议、最高人民法院发布的指导案例与其他典型案例、最高人民法院司法解释征求意见稿及相关业务庭的问题解答等，进行认真学习讨论。二是继续组织办好“知识产权与涉外商事审判法官讲坛”。2015年，围绕涉外著作权纠纷的法律适用、商标使用的认定，举办了两期讲坛。每期讲坛都根据审判实务中反映出来的问题确定题目，组织条线法官参加。

（二）开展法官交流，努力提高审判人员素质

为切实锻炼知识产权法官的办案能力，重庆法院加大了上挂下派的力度，让有办案经验的同志到最高人民法院开阔视野，让刚办案的同志到基层法院充实审判经验，并从中基层法院选拔优秀干部到重庆高院

锻炼。通过多种方式培养干部、储备人才。同时，还与重庆大学、西南大学建立长期合作交流机制，由大学教授到法院挂职，充分发挥其学术底蕴扎实的优势，促进审判实务与理论的结合。

（三）扎实开展专题教育，不断增强队伍凝聚力

重庆法院认真落实党风廉政责任制度，做到防微杜渐、警钟长鸣。认真学习贯彻党的十八届三中、四中、五中全会重要精神，深入扎实开展“三严三实”专题教育活动，严格按照最高人民法院及市委部署要求，抓好关键动作，突出问题导向开展专题教育。通过专题教育资料、习总书记系列讲话、反面典型剖析材料等，结合工作实际查找实际工作中的不严不实问题，针对党员及领导干部模范作用发挥、公正司法中的担当精神、司法能力的提升及司法作风等方面存在的问题，进行了彻底的整改。重庆知识产权法官在审判工作中秉承“零违纪”的优良作风，始终坚持秉公执法，廉洁自律。

陕西法院2015年度知识产权司法保护工作总结

2015年，我省法院认真学习党的十八届四中全会、五中全会会议精神，积极开展党的群众路线教育实践活动，落实“三严三实”教育，从思想上根本转变工作作风，深入理解新时期司法为民群众路线新目标，积极化解社会矛盾、全力服务大局，促进社会创新、力争让人民群众在每一起案件中感受到公平和正义。认真学习、深入调研、转变作风、扎实工作，着力开展知识产权审判工作，并取得了较为明显的成效。根据《最高人民法院知识产权审判庭关于报送2015年知识产权司法保护有关材料的通知》要求，现将我省一年来知识产权审判工作主要做法和特点汇报如下。

一、工作成效

（一）案件数量大幅上升，审判任务圆满完成

2015年1月至12月，全省各级法院共受理知识产权民事纠纷一审案件1077件（含旧存234件），其中知识产权合同纠纷122件，知识产权权属、侵权纠纷929件，不正当竞争纠纷15件。侵害商业秘密纠纷10件，垄断纠纷1件。全年共审结案件1020件，其中调解、撤诉的案件141件，调撤率为13.8%。受理知识产权民事纠纷二审案件103件（含旧存14件）。其中知识产权合同纠纷18件，知识产权权属、侵权纠纷76件，不正当竞争纠纷9件。全年共审结案件98件，其中调解、撤诉的案件23件，调撤率为23.5%。2015相比2014年一审案件增幅为49.6%（2014年全年案件为720件）。

（二）调研工作不断深入，取得较为明显的成效

面对新形势、新问题，陕西省各级法院不断加大对新类型知识产权案件调查与研究。针对知识产权审判工作的特点，一方面我们要求审判人员学习相关知识并借鉴兄弟法院经验，另一方面对于既无法律明确规定又无先例可循的案件，在实践的

基础上大胆进行有益的探索。在调研为审判服务的方针指导下，今年全省十分重视对审判工作的调查研究。为了适应审判工作需要，省法院采取多种措施，鼓励全省知识产权审判人员结合工作实践撰写调研文章，多次派员参加最高人民法院举办的知识产权审判工作座谈会。通过学习和调研，为审判经验交流和疑难法律问题研究提供了平台，有力地促进了审判水平的提高。2015 年，《三秦审判》第一期刊登《该案是否构成商标侵权》。此外，完成 4 篇参阅案例。多篇工作信息在省法院内网、外网发表。

二、工作亮点

我省法院积极推进审判机制创新，提高知识产权司法保护水平。重点抓了两个方面：

（一）加强知识产权行政与司法工作衔接，加大知识产权保护力度

2015 年 2 月，省法院民三庭与省知识产权局就加强知识产权行政与司法工作衔接进行座谈，就密切加强双方执法协作，共同推进全省知识产权保护体系建设等事项达成一致意见。3 月，省法院张小燕副庭长带领部分法官与省知识产权局保护协调处一同前往铜川市耀州窑唐宋陶业有限公司、耀州窑盛源陶业有限公司两家企业进行知识产权相关法律政策宣传活动。在详细了解了耀州瓷传统手工工艺的相关商标、外观设计专利、实用新型专利等基本情况后，省法院民三庭及保护协调处共同对企业如何保护自身合法权益及如何维权等方面问题进行了详细解答，对相关法律问题进行了讲解，并对企业如何运用法律保护科技创新提出了建议，特别是对企业拓宽市场，走出省、走出国门，提升企业专利产品知名度，提升专利产品认可度等提出了相关建议。

（二）注重实效，实现法律效果和社会效果的统一

近年来，省法院民三庭针对知识产权社会关注度高的特点和审判公开要求，坚持通过“知识产权周”，积极探索庭审的电视、网络媒体宣传的新形式，秉承打造精品案件的理念，全方位打造高质量审判，发挥高质量审判对行业发展和社会的规范和引领作用。4 月 24 日，省法院民三庭对陕西万电电气制造有限公司与浙江中凯科技股份有限公司、西安市国美电器有限公司北大街商城与浙江苏泊尔股份有限公司、西安摩尔农产品有限责任公司与王中有等 3 起知识产权案件集中公开开庭宣判。4 月 29 日，在西安理工大学新校区，省法院民三庭对西安三林能源科技工程有限公司与王子颖专利申请权权属纠纷一案进行了公开开庭审理。部分省人大代表、省政协委员、省知识产权局领导及该校近百名师生到庭全程旁听了案件的审理，并对庭审全过程进行微博直播。庭审结束后，受邀的省人大代表、省政协委员对此次庭审给予了高度评价，认为活动效果显著，增强了学生崇尚科学和保护知识产权的意识，营造了鼓励科技创新和保护知识产权的人文环境。

西安中院成功组织召开“4·26”知识产权新闻发布会。发布了知识产权司法保护状况及十大民事案件。

甘肃法院2015年度知识产权司法保护工作总结

一、全省法院知识产权案件审理情况

2015年全省各级法院共受理知识产权案件211件，一审案件175件，二审案件36件。其中，专利权纠纷44件，占20.9%；著作权纠纷4件，占1.9%；商标权纠纷82件，占38.9%；植物新品种权纠纷49件，占23.2%；其他21件，占9.9%。技术合同纠纷11件，占5.2%。截至2015年12月底共审结169件，未结42件，结案率80%。2015年我省知识产权司法保护存在植物新品种纠纷、商标权纠纷、专利权纠纷等知识产权案件收案数大幅度上升，公民维权意识不断增加，知识产权司法保护领域日益拓展的新特点，今后我省面临知识产权审判任务将日益艰巨和繁重的形势。

二、主要做法

（一）紧抓执法办案，提高审判质效，努力适应知识产权审判发展的新要求

一是妥善审理大要案。2015年全省各级法院按照"加强保护，分门别类，宽严适度"的知识产权司法保护政策，集中精力成功审理了一大批具有典型性和代表性的案件：沈阳中铁与宁波中铁哈尔滨铁路局减速顶调速系统研究中心、哈尔滨铁路局侵害实用新型专利权纠纷案，判决宁波中铁赔偿沈阳中铁经济损失人民币4549200元，该案涉及专利技术成果国际领先，且是我省法院审理的赔偿额最大的专利纠纷案件，该案成功入选"2015年甘肃法院十大案件"；玉树藏族自治州三江源药业有限公司与兰州嘉伟商贸有限公司、兰州文利文化传播有限公司商标侵权纠纷一案，法院在两个经依法注册的商标之间发生商标权冲突，两商标构成近似情况下，充分考虑到利益平衡问题，判令禁止使用，被人民网等媒体广泛报道；郑银冕与刘录怀专利侵权纠纷上诉案中涉及的"现有技术抗辩"问题，二审对赔偿数额的改判较好地体现了建立在损害赔偿恢复填平原则基础之上的裁量性赔偿，实现了赔偿与真实市场价值的良性互动。

二是严控案件质量标准，强化裁判文书说理性。省法院民事审判第三庭积极开展"案件质量大评查"工作，切实增强法官责任心，制定了《民三庭案件评查表》，实行随机抽查"一案一表"，以便及时发现问题、反馈问题并提出整改方案，提升案件审判质量。

三是创新审判管理制度，确保司法公正透明高效。省法院民三庭先后制定了《合议庭工作规则》《审判流程权力清单》《司法审判权力运行流程图》《错案责任追究暂行规定》《法官办案责任制暂行办法》《办理案件审限超期责任追究办法》《法官办案相关事项登记制度》等33项审判管理制度，实现了用制度管人、管事、管案的科学化审判管理模式。

（二）坚持能动司法，潜心理论钻研，努力提升知识产权司法保护水平

一是建立健全常态联动机制。2015年4月，省法院民三庭牵头组织并邀请甘肃

省知识产权局、甘肃省版权局、甘肃省工商局等相关部门参加了“甘肃省知识产权司法保护工作座谈会”，积极探索如何在我省建立健全诉调对接机制、建立甘肃省知识产权司法保护专家库、进一步搞好多元化纠纷解决机制等问题，促进了法院与行政部门的交流与联系。2015 年 12 月份，组织省司法厅、省律师协会，我省 8 名律师代表以及本院部分民事法官、宣传、纪检部门人员召开“法官与律师沟通监督机制落实情况座谈会”，努力构建法官与律师相互独立、相互尊重、相互监督、相互学习的法律职业共同体，为我省知识产权司法保护搭建了全方位、多角度的沟通交流平台。

二是注重调研成果转化推动审判。省法院民三庭制定了《民三庭审判调研工作管理制度》，先后形成了《关于审理玉米新品种权案件的调研报告》《甘肃省涉互联网民事案件司法保护现状与思考》《甘肃省环境资源司法保护现状》《民三庭党风廉政建设新常态》等调研报告，同时努力把调研成果转化为推进工作、推进发展的办法和举措。针对近几年此类案件审判实践中出现的问题，在充分调研、广泛征求意见的基础上，邀请省政法委、种子行政管理及执法部门、人大代表以及部分具有此类案件管辖权的中级法院代表组织召开了《植物新品种司法保护座谈会》，于 2015 年 12 月经院审判委员会研究讨论通过《甘肃省高级人民法院关于审理侵犯植物新品种纠纷案件有关问题的通知》并下发全省贯彻落实，较好地解决了审理植物新品种案件的难点和热点问题，为促进我省制种产业的良性发展具有积极意义。

三是充分发挥司法建议在知识产权保护中的独特作用。天水市秦州区人民法院针对审理的网吧经营者播放影视作品、商场出售或赠送音像制品等侵犯知识产权案件，发现产生纠纷的主要原因是经营者知识产权权利意识淡薄，不具备相关的法律知识，因此，分别向文化局等相关部门发出司法建议，以通过规范网吧经营和酒店商铺管理，提高全民知识产权意识，加大知识产权保护力度，促进知识产权市场健康发展。

（三）推进司法公开，监督促进审判，不断提高知识产权司法公信力

一是充分运用现代信息技术，增强知识产权审判的透明度。按照省法院信息化建设要求，2015 年全面启用“案件审判流程管理系统”和“甘肃法院系统网络办公平台”两大信息网络技术平台，所有审理案件自动关联审判流程，告知当事人信息查询序列号并送达《司法公开告知书》，使其随时登录省法院司法公开网即可查询案件进程。依托甘肃法院微博官网、甘肃法院网推进当庭宣判和庭审视频网络直播进度。按照裁判文书上网公开的规定要求，严把裁判文书上网关，设立专人负责文书上网工作，对于应当上网的裁判文书实现 100% 全部上网公布，对于不上网的裁判文书进行一案一批。

二是有效发挥司法宣传作用，传播知识产权司法保护的正能量。采取多种方式，做好甘肃审判宣传，传播甘肃法治强音，在“4·26”世界知识产权日宣传周期间，召开了知识产权司法保护新闻发布会，通报 2014 年甘肃法院知识产权审判状况，《甘肃知识产权司法保护十大典型案例》，新华社、甘肃电视台、兰州电视台、甘肃法治报等十多家中央和地方媒体出席，在宣传法律知识、引领社会风尚、规范公众行为、树立正确导向上，为我省传递法治正能量起到积极促进作用。通过“法院开放日”，对具有指导意义、社会关注度高的

典型案件，邀请人大代表、政协委员、新闻媒体、高校企业和社会各界代表旁听庭审。

（四）大胆探索实践，筑牢精神底线，多措并举加强党风廉政建设

2015年6月，省直机关工委确定省法院民三庭为全省政法系统廉政风险防控试点部门，全省各级法院知识产权审判部门以此为契机，结合“三严三实”“四抓一保证”等专题教育活动，主动作为，精心谋划，全力推进，形成了制度化、科学化的党风廉政建设新常态。

一是树立廉政观念，自觉立根固本。省法院民三庭按照《省法院关于开展全省法院集中开展2015年度廉洁司法教育活动的实施意见》安排部署，将“三学三课一考”“三查一承诺”作为主要学习内容的常态化廉洁司法教育融入“三严三实”专题教育全过程，逢会必讲司法廉洁，每案必抓司法公正，办案都讲社会效果，始终把司法廉洁和司法公正辩证地统一起来。

二是落实先试先行，以预防促廉政。自省直机关工委和省法院党组确定省法院民三庭为开展廉政风险防控试点单位后，省法院民三庭党支部积极谋划作为，主动探索实践，强化落实力度，全力推进试点工作。

青海法院2015年度知识产权司法保护工作总结

2015年青海法院知识产权审判工作，紧紧围绕学习贯彻落实党的十八大和十八届四、五中全会精神，学习领会习近平总书记系列重要讲话，以科学发展观为指导，以公平正义目标，司法为民，忠实履行了宪法和法律赋予的职责，依法独立公正行使了审判权。紧紧围绕执法办案工作主题。

一、知识产权审判基本情况

根据近几年的审判情况，我省辖区知识产权案件呈现如下特点：一是案件数量增减幅度不明显，法院收案已趋于稳定。二是外地企业或者权利人起诉本地企业或侵权人的案件减少。三是发生的关联案件降低，以往集中起诉驰名商标侵权、网络著作权侵权案件的现象已不多见。四是本地企业及专利权人依法保护知识产权的意识持续增强，逐渐从被动应诉转变为积极保护知识产权，依法维权的主动性提高。从近几年案件审理情况看，虽然我省知识产权案件数量总体不多，但基本上都是本地企业之间、企业与权利人之间的侵权诉讼，可以说西部内陆地区经历了对知识产权从不重视到重视，从重视到自觉保护的良性发展过程。五是人民法院强化对知识产权的保护力度，加重了制止侵权的措施，提高了侵权赔偿的数额。与发达地区知识产权保护相比，我省发生的知识产权案件典型性不强，侵权判定较为容易，争议对抗性相对较弱，因此，一审案件调解率高，上诉率较低。民三庭在审理好知识产权案件的同时，将主要精力集中在其他民事案件的审理工作。

我省两级法院知识产权案件案由基本上是商标侵权、专利侵权、著作权权属案

件，还有一些技术委托合作开发合同、技术服务合同，案由并不复杂，数量不多。其制约原因主要有以下几个因素：一是青海省立足资源开发，企业科技含量不高，经济总量小，品牌意识不强；二是企业技术开发、科技创新能力与发达地区相比较弱，处在低水平阶段；三是企业维权意识不强，维权主体经验有限，尚处在摸索起步阶段。在这种情形下，法院知识产权案件受经济发展的制约，呈起伏状运行符合发展规律，属正常现象。

二、知识产权审判工作的主要做法和经验

（一）坚持“调解优先，调判结合”的司法原则，保证并提高了案件审判质量和效率，公正高效地审理各类案件

我们坚持把调解工作贯穿于诉讼全过程，主要做法是：（1）从主审法官阅卷开始，就认真分析双方矛盾的症结，认真分析一审裁判在认定事实和适用法律可能存在的问题及引起上诉的原因，努力寻找各方利益的契合点，充分运用法官释明权，在各个诉讼环节上有的放矢地进行调解，妥善化解了矛盾纠纷。（2）我们在审理案件过程中，注重灵活适用法律，更加侧重办案的社会效果。（3）我们还充分利用当事人与代理律师的信任关系，积极与代理律师进行沟通，邀请律师参与调解，即使当事人在庭审中表示不接受调解的，仍不放弃调解努力，通过协商，帮助各方当事人分析各自利弊，成功调解处理了多起涉知识产权案件。

（二）强化培训措施，加强上下级法院沟通，着力提高审判质效，规范审判行为

为进一步提高审判质效，结合我省知识产权及涉外商事审判案件相对集中，审判队伍素质与形势要求有相当差距，专业化水平相对不高的实际情况，我省两级法院重点加强对现有审判人员的业务培训，除组织人员参加院里组织的业务学习外，先后派出多名审判人员参加知识产权审判业务培训班，组织本庭与西宁中院民三庭全体干警进行业务座谈与交流，使同志们的业务能力和工作责任心有所增强。与此同时，对拟进行重大改判、发回重审的案件，下判前由合议庭通过适当方式与原审法院沟通情况、听取意见，增强一审法官的内心确信，增进上下级法院之间的互信与共识，提高法律适用的精确度，及时纠正了一审可能出现的偏差。

（三）坚持裁判文书上网，加强知识产权审判宣传工作，保证案件公开、公正

我省两级法院坚持并强化网上办案和裁判文书上网工作，审结的知识产权案件全部上网公布。通过裁判文书上网公开，使社会公众对知识产权司法保护工作有了进一步的了解，起到了很好的司法保护宣传效果。

（四）强化知识产权技术认证工作

由于专利案件、计算机网络侵权方面的案件，涉及专业、技术问题多，我们的做法是：聘请技术专家作为陪审员，对个别技术问题多方请教专家、学者，以解决技术、专业问题入手，然后适用法律对侵权行为等作出评判。为充分发挥技术专家的论证作用，我省两级法院也在不断探索、创新相关工作机制。

（五）审慎认定驰名商标，确保司法认定驰名商标的准确性和公信力

驰名商标在经济社会中具有显著影响力，驰名商标的认定受到有关行业和社会各界的高度关注。在驰名商标司法认定案件的审理中，坚持重证据、重标准，严格审查被告有无实际经营的侵权行为，严格把握驰名商标司法认定条件，采用证据审

核和实地考查相结合的审查方式，既实现了司法保护为经济发展保驾护航的目的，也保证了司法保护的严肃性。

（六）加强知识产权宣传教育，增强保护意识

侵权事实发生以后，企业往往要投入大量的精力、金钱和时间，不仅浪费司法资源和行政资源，也增加了企业承担。因此，加强知识产权宣传教育，增强知识产权保护意识，做好预防工作是首要问题。一是企业要加强维权机制建设。二是多宣传，提升权利人依法维权的意识。三是开展对大中型企业的走访工作。四是积极开展知识产权保护行动月活动。

（七）邀请各领域的技术专家担任人民陪审员，提供专业知识帮助

知识产权案件审判最大的难点在“缺乏技术背景”，这已普遍成为困扰法官的主要问题。随着专业技术类案件在法院受理的知识产权案件中的比例不断增加，审判难度不断增大，逐渐成为制约知识产权审判整体效率和质量的瓶颈。为解决好这一难题，西宁市积极探索借助技术专家解决技术难题的新途径新方法。即在案情涉及专业技术问题时，聘请各相关领域的专家作为人民陪审员参与审判，推行专业技术人员辅助审判，邀请专家参与调解等方式，对解决审判实践中的技术难题起到了很好的促进作用，也为法院准确查明事实提供参考意见。

宁夏回族自治区法院2015年度知识产权司法保护工作总结

2015年，为实现国家知识产权战略，在最高人民法院、宁夏高院院党组和主管院长的正确领导下，宁夏各级人民法院认真贯彻落实党的十八大、十八届三中、四中、五中全会和全国、全区法院院长会议精神，高度重视知识产权审判，充分发挥知识产权审判职能，增强社会公众对于知识产权保护的认同感，推动知识产权文化建设。在全区法院干警的共同努力下，不断提高知识产权审判工作质量和效率，为“四个宁夏”和最适宜银川建设向纵深推进提供了司法保障。现将主要工作总结如下。

一、妥善处理各类纠纷，为社会和谐保驾护航

（一）案件审理工作情况

2015年，宁夏法院受理各类民事一审知识产权案件125件，二审知识产权案件10件，共计135件。其中，审结119件，结案率88.15%。其中专利案件10件，结案7件；商标案件52件，结案49件；著作权案件45件，结案42件；技术合同案件25件，结案19件，其他知识产权纠纷案件3件，结案2件。

（二）审判态势分析

从上述数据分析，宁夏法院知识产权案件具有以下特点：

第一，案件类型较为传统。宁夏地处我国西北内陆，经济发展相对落后，受理

的案件均为传统的专利权纠纷、商标权纠纷、著作权纠纷等常见案件。

第二，案件数量呈上升趋势。2014年，宁夏法院受理的各类民事一、二审知识产权案件103件，2015年共受理135件，比2014年增加32件，同比上升31.07%。

第三，五市法院案件分布不平衡。一个地区经济、科技和文化的发展程度决定着知识产权案件数量的多少。银川市的经济较为活跃，受理的知识产权案件最多。2015年，在宁夏法院受理的各类民事一审知识产权案件中，银川中院受理102件，占全部受理案件的81.6%，石嘴山中院受理10件，固原中院受理5件，中卫中院受理4件，吴忠市中院受理4件。

第四，诉讼标的金额不大，且法院确定的赔偿额与当事人诉求的标的额相差很大。

（三）主要工作措施

第一，准确把握当前形势下知识产权司法政策和执法理念。紧密结合知识产权案件的特点，准确把握各类案件的司法原则和司法政策，强化审判人员的现代司法理念，牢固树立服务大局意识。在案件审理中，以公正司法为核心。切实贯彻执行"加强保护、分门别类、宽严适度"的知识产权司法保护基本政策。统筹兼顾处理好知识产权保护与利用的关系，正确处理依法保护和适度保护的关系，把处理知识产权案件置于经济发展大局中去考虑。

第二，坚持调解优先，调判结合，妥善化解矛盾纠纷。针对诉讼调解机制和纠纷起源规律，及时总结、不断创新，深入探索调解新机制和新方式，采取了促进调解、以合作双赢为目标引导调解、以标准化办案为基点强化调解等多种新的调解方式。特别是加强对疑难复杂案件、有重大社会影响案件、系列案件以及可能引发上访案件的调解工作。在审判实践中，始终坚持根据个案特点合理设计调解方案，努力追求社会稳定和谐、当事人双方共赢的最佳结局。2015年，宁夏法院共调解案件30件，撤诉案件55件，共计85件，调撤率达71.43%。

第三，加强涉及商业标识类案件的审理工作。随着市场品牌竞争的日益激烈，目前在涉及商业标识类的案件中，行为人"打擦边球"手段不断翻新，在侵权与否的认定上出现了较多存在一定争议的"模糊地带"。对此，通过对商业标识类案件进行集中审理，加强个案分析与类型化研究相结合，指导判决了在宁夏范围内具有典型意义的案件，进一步明晰了权利冲突、商标权保护范围及保护强度，以及商标权人和其他市场主体利益平衡等方面的审判理念和裁判尺度，进一步促进商业标识类案件审判水平的不断提高。

第四，图文并茂、加强分析对比。知识产权案件的审理，在判决侵犯专利权及商标权的案件中，在裁判文书的查明事实中，将当事人持有的专利图、注册商标、主要特征，与被控侵权专利、商标的图形附上，然后进行分析对比，判断是否构成侵权，图文并茂，使得案情与证据更加清晰确切，一目了然。

第五，拓宽审判监督指导途径，提高案件质量，促进裁判尺度的统一。2015年，进一步加强了案件的审判监督和业务指导工作，统一司法标准，提高审判水平。一是加强对下级法院的业务指导和审判监督，宁夏高院民三庭制定了《业务指导与审判监督制度》，对指导监督的范围、方式作出了进一步规范。二是深入调查研究。在五市中院针对立案由审查变为登记之后，知识产权案件受理的情况、知识产权庭法官的基本情况（包括从事知识产权审判的时间、参加培训的基本情况），知识产权庭受理其他案件的情况、司法能力提升中知识产权庭制定了哪些具体措施等新问题进行了调研。三是抓住重点案件加强协调指导。针对各中院受理的疑难、复杂、新型及同案不同判等案件，及时调研、指导、沟通、协调，促进了五市中院裁判尺度的统一，维护司法权威。四是建立发改案件座谈制度。对发现的个案问题，及时座谈、沟通、协调，以此促进全区法院裁判尺度的统一，整体提升全区法院的案件审判质量。

第六，加强涉文化类知识产权保护，依法促进文化体制创新。为了加强知识产权司法保护，促进文化体制发展与创新，在加强知识产权审判的基础上，宁夏高院民三庭起草了《关于充分发挥知识产权审判职能作用为宁夏民族文化强区建设提供司法保障的实施意见》，该《实施意见》已通过宁夏高院审委会讨论通过，并已印发全区各中级法院贯彻执行。

第七，注重宣传。一是加强与相关部门的沟通、交流。4月29日，民三庭开展了关注商标侵权的活动。就审理的一起关于“成辉”商标侵害商标权纠纷的案件，邀请区工商管理局的工作人员旁听案件庭审，并就核准注册商标、颁发广告登记证等问题进行了交流、探讨。二是组织参加银川中院的知识产权案件观摩庭活动。就知识产权案件审理中存在的问题与银川中院、自治区知识产权局、北方民族大学等进行交流座谈。三是开展“4·26”世界知识产权日的宣传活动。4月26日，民三庭利用周末时间，在银川市光明广场，通过现场解答群众法律问题、发放宣传资料，广泛宣传知识产权方面的知识，营造了良好的保护知识产权的社会环境。

第八，深化司法公开，提升司法公信力，积极接受社会各界监督。一是全面落实公开审判原则，对于依法能够公开的案件全部实行公开开庭审理；对一些有影响的案件，在开庭审理时，允许新闻媒体进行公开报道，提高审判工作的透明度；对每一起开庭审理的案件，都做到同步录音录像，并实现了庭审现场网上同步直播；二是高度重视裁判文书上网工作，将所有依法可以公开的生效知识产权裁判文书全部上传，主动接受社会各界的监督。通过不断增强审判活动的透明度，努力达到以公开促公正，以公正求公信的目的。

二、不断加强队伍建设，筑牢审判基础

始终高度重视法官队伍建设，紧密结合审判工作的特点和实际，多措并举、多管齐下，不断提升干警的职业素养和专业知识技能。

（一）加强知识产权法官的思想政治、司法作风与司法廉政建设，进一步促进司法公正

一是始终重视思想政治建设。采取个人自学、集中学习、干警自觉做好学习笔记、撰写学习心得等多种形式深入学习习近平总书记系列讲话和对法院工作重要批示精神、党的十八大、十八届三中、四中、五中全会精神，认真贯彻落实全国、全区政法工作会议、法院院长会议及其他会议提出的各项工作任务，引导干警牢固树立社会主义法治理念，坚定理想信念。同时，把“崇法厚德 致公为民 凝心聚力 务实卓越”的宁夏法院精神牢固树立在每位干警的心中，努力建设一支信念坚定、执法为民、敢于担当、清正廉洁的审判队伍。二是始终重视加强司法作风建设。坚决贯彻落实中共中央关于改进工作作风、密切联系群众的八项规定精神和《最高人民法院关于进一步改进司法作风的六项措施》，从

坚持司法为民、密切联系群众，推进司法公开、接受群众监督，加强民意沟通、扩大司法民主，精简会议活动、切实改进会风，精简文件简报、切实改进文风，改进调研工作、增强调研实效等六个方面着手，进一步改进司法作风。三是始终重视加强司法廉政建设。深入开展司法廉洁教育，坚持标本兼治、注重治本，引导全区干警加强自身修养，牢固树立“讲廉政就是给干警最大福利”的理念，自觉拒腐防变；认真查找廉政风险点，加强廉政风险防控机制建设；严格落实党风廉政建设责任制、最高人民法院“五个严禁”“一准则、两规范”“十个不准”、宁夏高院“八条高压线”等各项反腐倡廉制度，通过廉政监察员、法官任职回避、防止内部人员干扰办案、防止利益冲突等制度，不断强化对司法权运行的内部监督。

（二）加强学习，增强知识产权审判能力

知识产权案件具有创新和进步的特征，这就决定了知识产权案件的复杂性、专业性和新颖性。知识产权审判法官不但要熟悉普通民商事法律，更要精通知识产权部门法律，同时还要对案件所涉及的专业技术领域知识有所了解。一是结合工作实际，认真学习商标法、著作权法和专利法及其司法解释；二是积极参加最高人民法院和高院组织的知识产权审判热点、难点问题的经验交流学习会、专业培训班；三是充分利用全国法院信息化平台，共享审判信息，公开裁判文书上网等相同案例进行学习参考；四是通过召开典型案例分析会、讨论会等形式，解决学习、办案中存在的对法律适用的模糊认识。

新疆维吾尔自治区法院2015年度知识产权司法保护工作总结

新疆高院高度重视知识产权审判工作，紧紧围绕“努力让人民群众在每一个司法案件中感受到公平正义”的目标，认真落实《新疆维吾尔自治区知识产权战略纲要》，积极履行审判职能，充分发挥司法保护知识产权、规范市场竞争的主导作用，通过司法裁判为知识产权战略和创新驱动发展战略实施提供有力保障，积极履行知识产权审判职能，依法公正高效审理各类知识产权案件，努力确保每一起案件都能够依法公正及时裁判，增强知识产权司法保护的公信力和权威性，体现人民法院司法定分止争的终局作用。加大对创新主体及中小型企业知识产权的保护力度，切实维护知识产权权利人的合法利益。制止、制裁和打击各类知识产权侵权行为，维护公平竞争的社会主义市场经济秩序，进一步强化司法保护知识产权的主导作用。提高知识产权案件审判质量，着力打造精品案件。

一、抓好执法办案

2015年，全区法院立足审判职能，狠抓执法办案第一要务，妥善化解各类知识产权纠纷。高院民三庭新收知识产权案件加旧存共计收案89件，已全部审结。全区法院共审理知识产权一、二审案件600余件，比去年同期增长8%，结案率达98%。

在运用裁判方式审判案件的同时，特别注重知识产权案件的诉讼调解，调撤率仍保持较高水平，取得了很好的社会效果。而且，调解结案的案件呈现高执行率的特点，当事人当场或达成调解协议后迅速、主动地履行。继续保持了知识产权案件申诉信访为零的状况。如今年高院审理了烟台三环锁业集团有限公司系列上诉案件，虽然个案诉请赔偿金额不大，但涉及面广，当事人抵触情绪强，我院充分平衡双方当事人利益，为上诉人撤回上诉双方最终握手言和奠定基础，避免社会资源和司法资源的浪费，取得了很好的社会效果。

我区知识产权类案件以知识产权商业维权案件为主。知识产权商业维权案件特点是诉讼标的较小，事实较为清楚，被告多为个体工商户，涉及的侵权影响范围较小，案件多以调撤结案，以判决方式结案的案件上诉率较高。

1. 加强商标权保护。加大对驰名商标、著名商标等标识类权利的司法保护，加大对恶意侵权、重复侵权的制裁力度。通过商标侵权案件的审理，保护了“长城”“三环”“小米”等驰名商标的商标权人合法权益。通过对吐鲁番楼兰酒业公司、乌鲁木齐佰昱食品有限公司等企业商标案件的审理和裁判，充分保护了我区商标权人的合法权益，为我区知名品牌的培育和成长提供了良好的法治环境，促进了自主品牌经济的发展。公平公正保护知识产权，对国内外企业的知识产权一视同仁、同等保护。审结的普拉达公司商标案，对商标指示性使用的合理边界予以确认，充分保护了世界著名商标在我国境内的合法权益。

2. 加强著作权保护。在依法保护传统文化产业的同时，高度重视文化创意、动漫形象、网络、计算机软件等战略性新兴文化产业的著作权保护，推动文化繁荣和文化产业发展。审结姬某诉阿某等侵害作品署名权、复制权、改编权纠纷案，判决被告停止侵权，赔偿损失，体现了对高校教材著作权人的权利保护，敲响对教材抄袭者的警钟。审结新疆绢道映画影视有限公司诉某公司侵害作品复制权案，通过调解方式给予了上述作品著作权保护，提高本土企业文化的影响力。此外，通过审理“喜羊羊”动漫形象著作权纠纷以及涉及KTV、网吧的著作权纠纷等诸多案件，保护了文化创造者的合法权益。

3. 加强专利权保护。对批量起诉的商业维权案件，在同案同判的原则下，适时给予释明，充分考虑不同被告的主体性质、经营规模、经营时间、主观过错程度等，在维护专利权人合法权益的同时，也规范了小商户、市场管理公司的合法经营、特许经营。

4. 积极应对信息化发展和新的商业模式不断出现给知识产权保护带来的新挑战。2015年技术合同纠纷案件和特许经营合同纠纷案件较往年都有所增长，在汪某与荣某特许经营合同纠纷案中，我们认为快递行业的特许经营中，被特许人若对特许的相关权利及资源在签约前缺乏了解，将直接影响到合同目的的实现或合同效力的问题。

5. 充分发挥知识产权刑事和行政审判职能作用，依法打击知识产权犯罪，促进提高知识产权行政保护水平。加大刑事制裁力度，在依法适用主刑的同时，加大罚金等附加刑的适用与执行力度，制止侵权人重复犯罪；强化行政审判对涉知识产权行政行为的司法审查职责，妥善处理因行政机关查处知识产权侵权行为引发的行政纠纷，保障行政相对人的合法权益，监督和支持行政机关依法行政，促进知识产权行政保护水平的提高。

二、重视服务大局

1. 组织“4·26”知识产权宣传周各项活动。继续做好固定项目的宣传活动。召开新闻发布会，通报全区法院知识产权司法保护状况、公布我区十个知识产权典型案例、回答记者提出了热点、难点问题。以书面形式下发了我区法院知识产权宣传周活动实施方案，走进企业开展知识产权宣传活动，回应社会公众对知识产权司法保护工作的关注，组织知识产权案件庭审观摩等。从知识产权司法保护宏观、微观的角度，构建立体化的宣传内容和模式。

2. 服务知识产权战略大局。为配合自治区知识产权战略实施领导小组制定《自治区知识产权战略实施推进五年计划（2016—2020）》和《2016年度自治区知识产权战略实施推进计划》，根据新疆法院审判工作实际，制定了自治区高级人民法院《知识产权司法保护五年计划》和《2016年度推进计划》，已上报自治区知识产权战略实施领导小组。

3. 健全诉调对接机制，实现司法调解与社会调解的优势互补。全区法院院始终坚持依法、自愿、规范调解的原则，不断创新调解工作方法，拓宽调解渠道，取得了较好效果。在反复研究协商的基础上，新疆高院与自治区知识产权局联合制定了《专利民事纠纷司法审判与行政调处衔接机制的实施意见》和《诉调对接机制合作备忘录》，并召开新闻发布会，扩大宣传效果。形成了以司法途径为核心手段，“委托调解、调诉对接、司法审判”合一的知识产权纠纷处理新模式。该举措将有效整合知识产权保护领域的行政权和司法权力量，形成化解纠纷、保护智力成果的合力。

昌吉回族自治州中级人民法院为进一步强化商标专用权保护，化解商标侵权民事纠纷，进一步增强市场经营者合法经营意识，积极与昌吉回族自治州工商行政管理局建立《商标侵权类案件协调机制的实施意见》，并在昌吉回族自治州各县（市）工商局挂牌设立知识产权巡回法庭，组织工商行政执法人员和经营者旁听庭审。该实施意见的施行，提升了法院审判人员和工商执法人员解决现场问题的办案水平，扩大对市场经营者的法律宣传，进一步净化了昌吉回族自治州的市场秩序。

4. 加强与自治区知识产权保护职能部门之间的协调与配合。除了固定项目的联系协调外，高院民三庭根据知识产权司法保护的新形势新任务，积极服务大局，不断丰富宣传内容，开拓创新，因时因地制宜开展“新举措”。如今年与自治区知识产权局、商务厅等单位共同组织召开中小企业知识产权保护座谈会。按照中央和自治区统一部署，进一步加强对中小型企业知识产权保护，鼓励支持中小型企业创新。

三、强化调研工作和对下指导

1. 强化对下指导，统一案件裁判尺度。高院受理的二审知识产权类案件80%以上来源于乌鲁木齐市中院，以乌鲁木齐市中院开展业务培训为契机，以高院民三庭2014年发改案件为载体，发现开庭审理及裁判文书制作中存在的问题和不足，提出意见和建议，促进高院及中院开庭审理的进一步规范和裁判文书质量的进一步提高。积极组织乌鲁木齐市中院、昌吉中院知识产权法官参加业务研讨和交流活动，实现司法理念更新、司法保护政策明晰、审判实践难题破解，统一裁判尺度。

高院民三庭针对知识产权审判中存在的案件诉讼程序、法律适用、实体处理及裁判文书说理等方面存在的突出问题积极开展调研，拟就全区法院存在的普遍性问题下发指导意见。

2. 通过授课培训开展对下指导。2015

年9月期间，高院精心组织了全区法院知识产权和涉外民商事工作培训班，邀请最高人民法院民三庭业务骨干来疆授课，对全区法院从事知识产权审判工作的法官进行集中培训，促进了业务交流、提升了法官的综合能力，收到了很好的效果。

3. 调研工作进展顺利、相关研讨会顺利召开。通过调研，形成了既有理论高度，又有实践意义的成果。高院民三庭承担的重点调研课题《新疆法院知识产权商业维权诉讼案件调研报告》如期完成，已通过评审验收。还完成了最高人民法院下达的专利法修订草案修改意见和建议征集工作任务。积极撰写典型案例及调研文章，特别是撰写典型知识产权案例都在《新疆审判》上发表。9月召开的知识产权及涉外民事审判工作研讨会，调研成果丰富，已在《新疆审判》上专栏予以刊发。

新疆维吾尔自治区高级人民法院生产建设兵团分院 2015年度知识产权司法保护工作总结

一、兵团各级人民法院2015年审理知识产权案件情况

（一）兵团三级人民法院收结案情况

2015年，共受理知识产权案件54件，结案47件。其中：

各垦区、中级人民法院审理一审案件共46件，分院审理1件，结案40件，未结的7件因当事人对所涉专利效力问题向国家知识产权局提出申请而中止审理。所结案件中，判决15件，调撤24件，驳回起诉1件。调撤案件中有19件因双方达成和解协议当庭给付而调解或撤诉，另5件案件中，有因原告所诉主体不适格而撤诉，或因原告丧失专利权而撤诉等。案件类型为：侵害作品署名权纠纷1件；侵害作品放映权纠纷26件；侵害商标权纠纷2件；侵害发明专利权纠纷3件；侵害外观设计专利权纠纷1件；侵害实用新型专利权纠纷7件；侵害植物新品种权纠纷1件；技术咨询、服务合同纠纷3件；特许经营合同纠纷3件。

审理二审案件7件，分院审理4件，其中侵害作品署名权纠纷1件，特许经营权纠纷2件，技术咨询合同纠纷1件；第六师、第八师中院审理3件，其中著作权权属纠纷、侵害商标权纠纷以及技术服务合同纠纷各1件，均已结案。分院审理的4件中维持1件，改判2件，发回重审1件；中院审理的案件中维持2件，调解1件。

（二）2015年知识产权审判工作亮点

2015年9月6日，第八师中院受理19件同类型知识产权案件，即原告中国音像著作权集体管理协会诉石河子市19家KTV经营者侵害作品放映权纠纷案件，同年11月20日全部结案，17件案件经调解，双方当事人当庭签订《著作权许可使用及服务合同》，且缴纳了一年的著作权使用费，原告申请撤诉，法院予以准许；未达成协议的2件案件经一审判决后，当事人均未提出上诉。第八师中院知识产权庭的工作也获得了当事人的理解、尊重与支持。据了解，除涉案KTV经营者外，包括石河子市、沙湾县、玛纳斯县共有 25 家 KTV 娱乐场所与中国音像著作权集体管理协会达成和解。

另外，兵团第六师五家渠市人民法院 2015 年 8 月至 11 月 20 日审理了 5 件侵害作品放映权纠纷案件，也是以中国音像著作权集体管理协会为原告，五家渠美丽方量贩 KTV 欢唱城等 5 家经营者为被告，一审法院分别判决 5 家经营者从其卡拉 OK 点唱曲库中删除侵权作品，并赔偿部分经济损失及原告为制止侵权行为合理支出费用。一审判决后，双方当事人均未提出上诉。

通过案件的审理，对本地区 KTV 经营者使用音乐电视作品的法治化、市场化进行了指引，石河子、五家渠片区绝大部分 KTV 经营者使用音乐电视作品的行为被纳入了市场化、法治化的轨道。上述案件的审理，取得了良好的法律和社会效果。

二、2015 年知识产权司法宣传及保护工作

1. 第八师中院知识产权庭参加所在师、市 2015 年知识产权宣传周普法活动。根据第八师石河子市人民政府的统一布置，由师、市知识产权局牵头，党委宣传部（新闻出版局）、第八师中院、直属机关党工委等单位联合，于 2015 年 4 月 20 日至 4 月 26 日进行了为期一周的知识产权宣传活动。

2. 第八师中院知识产权庭深入辖区，对相关部门开展专利法适用解答活动，开展送法进基层工作。围绕 2015 年兵团知识产权工作年度主题，第八师中院知识产权庭针对第八师知识产权保护工作与有关单位沟通协调，2015 年 6 月 26 日上午，在新疆农垦科学院召开了以“提升知识产权转型升级，加强知识产权司法保护，激励科技创新，营造良好环境”为主题的座谈会。第八师中院、第八师石河子市知识产权局、新疆农垦科学院的三个企业和九个研究所的相关人员参加了此次座谈会。通过此次座谈会的召开，有力地拉近了第八师石河子市知识产权保护和创造单位之间的距离，使知识产权创造者们深刻感受到了知识产权保护单位的关切和努力，真正突出了“提升知识产权转型升级，加强知识产权司法保护，激励科技创新，营造良好环境”这一兵团知识产权工作的年度主题。

三、针对知识产权案件审理司法公开的新举措

根据最高人民法院知识产权审判庭在武汉市召开的《全国知识产权司法公开座谈会》的会议精神，兵团各级审理知识产权案件的法院对会议的内容进行了认真学习，积极做好知识产权司法公开工作的贯彻执行。

1. 在 2015 年公开开庭审理的知识产权案件中，积极组织辖区工商界代表和本地有关媒体旁听案件审理，主动与社会大众和媒体接触，扩大知识产权案件审理的透明度，积极接受社会监督。

2. 对于 2015 年审理的案件积极撰写新闻稿件，在兵团法院系统内网及新疆法制网、北疆晨报等多家媒体刊发，主动将案件向社会公众曝光，接受社会公众监督。

3. 选派“知识产权裁判文书网”信息员，知识产权裁判文书全部审核上网。

4. 积极与新疆维吾尔自治区高级人民法院伊犁州分院、乌鲁木齐市中级人民法院等审理知识产权的法院交流知识产权案件的审理工作，为全疆知识产权案件裁判尺度的标准问题等进行进行了沟通和联络，并积极建言献策，打开了兵地知识产权审判庭业务交流互动的新局面，为今后知识产权审判工作开创新局面奠定了基础。

2015年中国审判理论研究会知识产权审判理论专业委员会工作综述

2015年，中国审判理论研究会知识产权审判理论专业委员会（以下简称知识产权专委会）坚持“用创新的方法保护创新”，在中国审判理论研究会和最高人民法院民三庭的具体指导下，积极开展各项工作，切实担负起“加强组织协调、促进信息共享、扩大交流合作、创造优秀成果、提高司法水平”的职责，有力促进了知识产权应用理论创新和司法水平提高。

一、承办“知识产权司法保护重庆行”活动

4月20日，“知识产权司法保护重庆行”在重庆举行。重庆市委副书记、市长黄奇帆接受了中央媒体和重庆主要媒体的书面采访；最高人民法院副院长陶凯元通报了全国法院2014年知识产权司法保护的情况；最高人民法院民三庭庭长宋晓明向中央媒体和重庆主要媒体发布了《中国法院知识产权司法保护（2014）》（白皮书）、2014年中国知识产权司法保护十大案例、十大创新案例和五十大典型案例。该活动系最高人民法院在中西部地区首次举办的全国法院知识产权宣传周相关活动，人民日报、光明日报、经济日报、法制日报和人民法院报等主流媒体进行了广泛、深入的报道。

二、组织召开知识产权专委会年会

11月7日，以“‘互联网+’时代知识产权保护热点问题”为主题，知识产权专委会与西南政法大学等联合举办了知识产权专委会年会。最高人民法院和部分地方法院的知识产权法官，中国知识产权法学研究会、中国应用法学研究所、中国科学院、中国人民大学、中国政法大学等研究机构和高校的专家学者，国家工商总局商标评审委员会的代表以及中国互联网协会调解中心、腾讯科技（深圳）有限公司、阿里巴巴集团等知名企业的管理人员等共80余人参加了研讨会。会议代表就网络环境下著作权司法保护热点问题、跨境电商商标侵权问题、“互联网+”时代不正当竞争行为的司法规制和相关纠纷程序规则等问题展开了研讨。

三、办好“中国知识产权法官讲坛”

知识产权专委会与西南政法大学共同主办的“中国知识产权法官讲坛”自2014年开办以来，在知识产权审判及实务界的影响力越来越大。2015年，知识产权专委会在内容上紧贴审判，更加注重讲坛的实务性，针对知识产权司法保护的热点案件与问题确定选题；在讲坛方式上更加强调理论与实务的互动、融合，增强讨论性，促进不同观点的碰撞；同时通过微信直播、制作光盘、汇集成册等方式，不断扩大讲坛在业界的影响力。先后邀请最高人民法院民三庭庭长宋晓明、审判长王艳芳，北京知识产权法院副院长宋鱼水等举办了七期讲坛，分别就新形势下我国知识产权司法政策、商品化权的司法保护、涉外定牌加工中侵犯商标专用权的判案研究、商标

使用行为的认定等热点和难点问题进行了研讨。

四、编辑、出版《中国知识产权审判研究》，做好知识产权专委会日常工作

完成了《中国知识产权审判研究》第五辑的编辑、出版工作。在《中国知识产权审判研究》第六辑的征稿过程中，知识产权专委会共收到全国各地法官的稿件200余篇，还通过向最高人民法院等约稿的方式，在增加稿源的同时提升稿件质量。经过认真筛选和编辑，已完成第六辑稿件的组稿工作（共50余篇），并报最高人民法院民三庭核稿。在编辑、出版每一辑会刊时，都面临烦琐的编辑、文字校对、新书邮寄和稿酬发放等工作，知识产权专委会工作人员始终能按时优质地完成。同时，知识产权专委会还安排专门人员负责日常的事务性工作，如制订年度工作计划、筹备年会和撰写年度报告等，确保知识产权专委会各项工作统筹安排和有序推进，相关工作得到中国审判理论研究会和最高人民法院民三庭的高度评价。

中国法院知识产权司法保护状况（2016年）

前　　言

2016年，人民法院在以习近平同志为核心的党中央坚强领导下，在各级人民代表大会有力监督下，全面贯彻党的十八大和十八届三中、四中、五中、六中全会、中央政法工作会议和全国科技创新大会精神，深入学习贯彻习近平总书记系列重要讲话精神和治国理政新理念新思想新战略，牢固树立“四个意识”，切实贯彻实施国家知识产权战略和国家创新驱动发展战略，紧紧围绕“努力让人民群众在每一个司法案件中感受到公平正义”目标，忠实履行宪法和法律赋予的审判职责，全面实施“司法主导、严格保护、分类施策、比例协调”知识产权司法保护基本政策，以执法办案为重心，积极发挥司法保护知识产权主导作用，深化知识产权审判体制改革，加强审判监督指导，深入推进司法公开，着力打造审判队伍建设，充分展示人民法院知识产权司法保护的良好形象，为服务国家创新发展大局，建设知识产权强国和世界科技强国提供了有力的司法保障。

一、发挥审判职能，公正高效审理知识产权案件

习近平总书记在全国科技创新大会上提出到新中国成立100年时使我国成为世界科技强国的伟大目标。要实现这一目标，归根到底要依靠创新驱动，推动新技术、新产业、新业态蓬勃发展。完善的知识产权保护制度是激发创新原动力的基本保障，而司法一直都是保护知识产权最有效、最根本、最权威的手段。一年来，人民法院充分发挥司法保护知识产权的主导作用，以民事审判为基础，行政审判和刑事审判并行发展，公正高效地审理了大量知识产权案件。2016年，人民法院共新收一审、二审、申请再审等各类知识产权案件177705件，审结171708件（含旧存，下同），比 2015 年分别上升 19.07% 和 20.86%。

（一）妥善审理知识产权民事案件，维护权利人合法权益

一年来，人民法院加强知识产权民事审判工作，严格保护知识产权，给权利人提供充分的司法救济。2016 年，地方各级人民法院共新收和审结知识产权民事一审案件 136534 件和 131813 件，分别比 2015 年上升 24.82% 和 30.09%，一审结案率为 83.18%，同比上升 0.52%。其中，新收专利案件 12357 件，同比上升 6.46%；商标案件 27185 件，同比上升 12.48%；著作权案件 86989 件，同比上升 30.44%；技术合同案件 2401 件，同比上升 62.23%；竞争类案件 2286 件（含垄断民事案件 156 件），同比上升 4.81%；其他知识产权民事纠纷案件 5316 件，同比上升 71.87%。全年共审结涉外知识产权民事一审案件 1667 件，同比上升 25.62%；审结涉港澳台知识产权民事一审案件 1130 件，同比上升 291.99%。地方各级人民法院共新收和审结知识产权民事二审案件 20793 件和 20334 件，同比分别上升 37.57% 和 35.33%；共新收和审结知识产权民事再审案件 79 件和 85 件，同比分别下降 31.30% 和 25.44%。

2016 年，最高人民法院新收知识产权民事案件 369 件，审结 383 件，新收和审结与去年同比基本持平。其中，新收和审结二审案件 7 件和 11 件；新收和审结申请再审案件 319 件和 331 件；新收提审案件 32 件，审结 32 件。

一年来，人民法院审结的具有较大社会影响的知识产权民事案件有：礼来公司诉常州华生制药有限公司侵害发明专利权纠纷案；松下电器产业株式会社与珠海金稻电器有限公司、北京丽康富雅商贸有限公司侵害外观设计专利权纠纷案；上海晨光文具股份有限公司与得力集团有限公司、济南坤森商贸有限公司侵害外观设计专利权纠纷案；北京庆丰包子铺与山东庆丰餐饮管理有限公司侵害商标权与不正当竞争纠纷再审案；江苏省广播电视总台、深圳市珍爱网信息技术有限公司与金阿欢侵害商标权纠纷再审案；杭州大头儿子文化发展有限公司与央视动画有限公司侵害著作权纠纷案；河北省林业科学研究院、石家庄市绿缘达园林工程有限公司与九台市园林绿化管理处等侵害植物新品种权纠纷再审案等。

（二）妥善审理知识产权行政案件，发挥监督促进职能作用

人民法院按照建设社会主义法治国家的目标，严格适用新修订的行政诉讼法，充分发挥司法对知识产权授权确权和行政执法行为的监督作用，严格规范知识产权行政执法行为，积极促进行政机关依法行政。2016 年，地方各级人民法院共新收知识产权行政一审案件 7186 件，其中，专利案件 1123 件，商标案件 5990 件，著作权案件 37 件，其他行政案件 36 件。审结一审案件 6250 件，其中，涉外、涉港澳台案件 2394 件，占 38.30%。在审结的一审案件中，判决维持具体行政行为的 4241 件，判决撤销的 1263 件。地方各级人民法院新收知识产权行政二审案件 3233 件，审结 3069 件，同比分别上升 44% 和 31.77%。其中，维持原判 2560 件，改判 418 件，发回重审 7 件，撤诉 49 件，驳回 20 件，以其他方式结案 15 件。

2016 年，最高人民法院新收和审结知识产权行政案件 355 件和 352 件，与去年基本持平。其中，新收申请再审案件 282 件，审结 283 件。

一年来，人民法院审结的具有较大社会影响的知识产权行政案件有：迈克尔·

杰弗里·乔丹与国家工商行政管理总局商标评审委员会、乔丹体育股份有限公司商标争议行政纠纷再审案；国家知识产权局专利复审委员会、诺维信公司与江苏博立生物制品有限公司发明专利权无效行政纠纷再审案；拉菲罗斯柴尔德酒庄与国家工商行政管理总局商标评审委员会、南京金色希望酒业有限公司商标争议行政纠纷再审案等。

（三）妥善审理知识产权刑事案件，惩治侵犯知识产权犯罪

一年来，人民法院坚持宽严相济刑事政策，依法运用各种刑事制裁措施，严厉惩治和震慑侵犯知识产权犯罪，保护权利人合法权益，维护合法有序的社会经济秩序。2016 年，地方各级人民法院共新收涉知识产权刑事一审案件 8352 件，同比下降 23.9%。其中，侵犯知识产权罪案件 3799 件（侵犯注册商标犯罪案件 3565 件，侵犯著作权罪案件 195 件），同比下降 22.67%；涉及侵犯知识产权的生产、销售伪劣商品罪案件 2765 件，同比下降 29.55%；涉及侵犯知识产权的非法经营罪案件 1567 件，同比下降 18.51%；涉及侵犯知识产权的其他案件 221 件，同比上升 3.27%。

地方各级人民法院共审结涉知识产权刑事一审案件 8601 件，同比下降 20.43%，一审结案率为 89.06%，同比基本持平；生效判决人数 10431 人，同比下降 18.13%；给予刑事处罚 10334 人，同比下降 17.85%。其中，审结侵犯知识产权罪案件 3903 件，生效判决人数 5167 人；涉及侵犯知识产权的生产、销售伪劣商品罪案件 2855 件，生效判决人数 3032 人；涉及侵犯知识产权的非法经营罪案件 1551 件，生效判决人数 1790 人；涉及侵犯知识产权的其他罪名案件 292 件，生效判决人数 442 人。在审结的侵犯知识产权罪案件中，假冒注册商标罪案件 1793 件，生效判决人数 2604 人；销售假冒注册商标的商品罪案件 1543 件，生效判决人数 1823 人；非法制造、销售非法制造的注册商标标识罪案件 311 件，生效判决人数 420 人；假冒专利罪案件 5 件，生效判决人数 1 人；侵犯著作权罪案件 207 件，生效判决人数 274 人；销售侵权复制品罪案件 4 件，生效判决人数 2 人；侵犯商业秘密罪案件 40 件，生效判决人数 43 人。

地方各级人民法院共新收涉知识产权的刑事二审案件 787 件，同比基本持平；审结 812 件，同比上升 3.83%。

一年来，人民法院审结的具有较大社会影响的知识产权刑事案件有：汪紫平侵犯商业秘密犯罪案；沈靓等假冒注册商标等犯罪案；邓丰成、程先荣等假冒注册商标和销售假冒注册商标的商品犯罪案；彭梵侵犯商业秘密犯罪案。

2016 年，人民法院知识产权案件审判工作呈现出下列四个新特点：

案件数量再创新高。2016 年，人民法院新收知识产权民事、行政和刑事案件数量大幅增加，其中，一审案件 152072 件，比 2015 年上升 16.80%。知识产权民事一审案件上升幅度最为明显，达到 24.82%。北京、上海、江苏、浙江、广东五省市法院收案数量一直保持高位运行态势，新收各类知识产权案件数合计 107011 件，占全国法院的 70.37%。其中，广东法院收案数量同比上升 22.36%，上海法院收案数量同比上升 20.74%。山东、福建法院新收各类知识产权案件同比增幅也均在 20% 以上。其他一些省份法院也一改往年案件数量偏少的状况，如贵州法院随着工业强省、城镇化带动战略的推进，案件数量增长迅猛，同比上升了 58.20%。重庆法院的知识产权案件数量也大幅攀升，全年新收知识产权

案件同比上升57.85%。湖南、安徽法院知识产权一审案件数量也增长迅速，分别同比上升52.02%和45.4%。

审理难度逐步增大。知识产权案件尤其是技术类案件涉及复杂技术事实认定，案件审理难度大。一年来，涉及高精尖技术的专利案件，涉及新技术合作开发、技术成果应用纠纷等技术类案件明显增多，无疑增加了事实查明和分析判断的难度。2016年，山东法院技术合同案件收案同比上升119%；上海知识产权法院审结的一审案件中，涉及专利、计算机软件、技术秘密等技术类案件占95%以上。北京法院审结的“含核苷酸类似物的复合物或盐及其合成方法”发明专利权无效行政纠纷案涉及马库什权利要求等复杂的医药化学问题。除了技术类案件以外，一些商标纠纷案件由于涉及知名品牌利益保护，一些著作权纠纷案件涉及互联网新技术，一些垄断及不正当竞争纠纷涉及市场竞争秩序维护，社会关注度高，案件事实复杂难辨，法律适用新奇特殊，使知识产权审判不断面临新挑战。如北京法院审理的“枭龙”商标行政纠纷案涉及枭龙战机；腾讯公司“宫锁连城”作品纠纷案涉及信息网络传播权解释；奇虎诉百度不正当竞争纠纷案涉及robots协议；等等。

审判质效稳中向好。一是再审率大幅下降。2016年，地方各级人民法院审结的知识产权民事一审案件虽然同比上升30.09%，但是二审案件的改判发回重审率为5.94%，与上一年基本持平，再审率同比下降45%。知识产权行政二审案件的改判发回重审率为13.85%，同比下降1.56%。二是案件调撤率大幅上升。地方各级人民法院民事一审案件调解撤诉率达到64.21%，二审案件调解撤诉率达到27.44%，取得了良好的法律效果和社会效果。上海法院知识产权民事案件调撤率达到73.92%；山东法院知识产权民事一审案件调撤率达到69.70%。天津三级法院上下联动，积极发挥司法能动性，在查清案件事实的基础上，圆满调解了涉齐白石作品的数百起著作权纠纷案，使双方当事人历经十余年的纠纷全部得以化解。江西法院创新调解方式，引导20多家文化传媒公司与集体管理组织签订著作权许可使用合同，化解了社会矛盾，规范了版权市场秩序，降低了社会成本。三是结案数量大幅上升。重庆法院审结一、二审知识产权案件同比上升62.74%；湖南法院审结知识产权一审案件同比上升48.79%；广东法院审结知识产权民事案件同比上升42.82%；江苏法院审结知识产权民事一审案件同比上升30.8%。

赔偿力度有所提升。人民法院逐步探索将市场价值作为知识产权赔偿数额计算的参考，依法加大对关键核心技术和知名品牌的保护力度。通过对律师费等诉讼合理支出在赔偿额中单独计算和推进适用惩罚性赔偿等措施，使赔偿数额与知识产权市场价值相适应。北京市高级人民法院审结的松下电器产业株式会社与珠海金稻电器有限公司、北京丽康富雅商贸有限公司侵害外观设计专利权纠纷案，全额支持松下株式会社300万元的赔偿请求。北京知识产权法院在“紫玉”商标侵权上诉案、书生公司系列侵犯著作权上诉案中，也全额支持权利人的赔偿额请求。与此同时，严厉惩处诉讼不诚信行为，对提供伪证、虚假陈述、故意逾期举证、毁损证据、妨碍证人作证等不诚信诉讼行为，依法给予程序和实体制裁。北京市高级人民法院在青岛科尼乐机械公司专利侵权案中，对拒不履行法院生效保全裁定的当事人处以50万元的罚款。

二、推进司法改革，科学完善知识产权审判体系

2016年是“十三五”规划的开局之年，也是人民法院全面深化司法体制改革的攻坚之年。人民法院锐意改革、勇于创新、精准发力、定向施策，积极推进知识产权司法体制机制改革，推动知识产权司法保护体系和能力向现代化迈进。

（一）大力推进知识产权法院建设

2016年，北京、上海、广州知识产权法院各项工作有序开展，司法职能有效发挥，全体法官凝心聚力，依托司法科技创新和制度创新，努力推进专业化、精细化、法治化建设，改革成效和标杆作用逐步显现，司法公信力和国际影响力持续增强，展示了中国知识产权司法保护的新形象。知识产权法院率先进行司法改革，形成院、庭长办案常态化机制，转变审判委员会职能，探索审判委员会参加案件审理的方式，成效良好。2016年，三家知识产权法院共受理知识产权民事和行政案件17268件，审结14896件，结案率达86.26%。北京知识产权法院大力推进案例指导研究（北京）基地建设工作，上海知识产权法院积极服务上海科技创新中心建设，广州知识产权法院大力加强知识产权市场化研究，树立了中国法院知识产权审判的新形象。最高人民法院知识产权审判庭深入调查研究知识产权法院在改革发展中遇到的困难和问题，撰写完成《知识产权法院设立及工作情况》，积极推进“知识产权法院建立重大问题研究”课题项目的调研工作，为建立知识产权上诉机制提供实践指引。

（二）全面深入推进“三合一”改革工作

2016年，知识产权审判“三合一”工作取得重大进展与突破。除知识产权法院暂不执行“三合一”以外，“三合一”工作在全国法院全面推开。7月5日，《最高人民法院关于在全国法院推进知识产权民事、行政和刑事案件审判“三合一”工作的意见》印发。7月7日，最高人民法院在江苏省南京市召开全国法院知识产权审判工作会议暨全国法院推进知识产权审判“三合一”工作会议，全面部署推进“三合一”工作，“三合一”工作迈上新台阶。目前，最高人民法院正在与有关部门就知识产权刑事司法实施方案进行积极沟通，以期尽快会签相关文件，全面推进“三合一”工作，提高知识产权司法保护的整体效能。

（三）筹划设立知识产权专门审判机构

最高人民法院知识产权审判庭拟定在南京、苏州、武汉、成都等地设立知识产权专门审判机构及其案件管辖的具体方案。2017年年初，上述四个专门审判机构相继挂牌，开始受理案件。南京知识产权法庭、苏州知识产权法庭分别以南京中院和苏州中院知识产权庭为基础组建，按独立机构模式运行，在省内分别跨区域管辖专利等技术类知识产权一审民事案件等。武汉知识产权审判庭实行“三合一”，除管辖武汉市辖区知识产权民事、行政和刑事案件外，还跨区域管辖湖北全省有关专利等技术类一审知识产权民事和行政案件。成都知识产权审判庭跨区域管辖四川省内专利等技术类一审知识产权民事、行政案件。

（四）优化技术事实查明机制

完善的技术事实查明机制对知识产权案件公正裁判具有极其重要的作用。最高人民法院已经出台了《关于知识产权法院技术调查官参与诉讼活动若干问题的暂行规定》，正在抓紧制定知识产权法院技术调查官选任工作指导意见。上海市高级人民法院制定《关于知识产权民事诉讼中涉及

技术事实司法鉴定的操作指引》，完善多元化技术事实查明机制。北京知识产权法院成立技术调查室，制定《技术调查官管理办法》。该院2016年技术类案件收结比率同比上升27.5%。广州知识产权法院从行政机关、院校、科研机构等单位聘请29名专家，组成技术专家咨询委员会，为案件审理提供专业意见。该院2016年共有88件案件启用技术专家或技术调查官，案件调撤率达64.7%。贵州省高级人民法院与贵州省科技厅合作，聘请科学技术咨询专家，为案件中涉及的专门性技术问题提供咨询意见以查清技术事实。四川省高级人民法院遴选电子信息技术、机械制造、医药、植物新品种等领域的专家进入知识产权技术专家库，丰富技术事实认定体系。

（五）健全多元化纠纷解决机制

近年来，人民法院的知识产权案件呈现逐年增多的趋势，“案多人少”的矛盾日益突出。因此，健全和加强多元化纠纷解决机制建设，对提高知识产权司法质量和效率具有重要的现实意义。北京法院加强与北京市保护知识产权举报投诉服务中心、中国互联网协会调解中心等相关单位的对接，充分调动行政调解、行业调解、人民调解组织的力量，推进纠纷的和解解决。上海知识产权法院与中国互联网协会调解中心、上海市软件行业协会、上海市生物医药行业协会、上海市工商联民商事人民调解委员会、东方公证处等10家社会组织和机构建立诉讼与非诉讼相衔接的多元化纠纷解决合作机制，推进诉前调解、诉调对接，形成优势互补、资源共享的多元化纠纷解决机制。去年一年，该院经双方当事人同意进入诉前调解的案件有96件，调解成功23件。福建法院注重发挥行业协会和科技专家的专业技术优势，实施委托调解、行业调解、科技专家调解，发挥协同解决知识产权纠纷作用，公正、有效地解决了一大批案件。

三、强化监督指导，切实保障司法裁判标准统一

统一司法裁判标准是提升司法公信力，树立司法权威的重要手段。2016年，人民法院继续加强司法解释和司法政策的制定工作，完善审判监督和审判管理工作机制，不断提高知识产权审判工作水平，确保司法裁判标准的统一。

（一）加强司法解释和司法政策的制定工作

制定《最高人民法院关于审理侵害专利权纠纷案件应用法律若干问题的解释（二）》。该解释由最高人民法院审判委员会于2016年1月25日通过，自2016年4月1日起施行。该解释进一步完善了专利侵权判定规则，明确权利要求的选择、权利要求解释、近似外观设计、间接侵权、抵触申请抗辩、标准实施抗辩、生产经营目的、合法来源抗辩、赔偿数额的计算、专利法第四十七条的适用等法律应用问题，有效促进专利法的正确适用。

制定《最高人民法院关于审理商标授权确权行政案件若干问题的规定》。该规定由最高人民法院审判委员会于2016年12月12日通过，自2017年3月1日起施行。该规定针对司法实践中存在的突出问题，在2010年发布的《关于审理商标授权确权行政案件若干问题的意见》基础上制定，主要涉及审查范围、显著特征判断、驰名商标保护、著作权及姓名权等在先权利保护等实体内容，以及违反法定程序、一事不再理等程序内容，对商标授权确权行政案件所涉及的重要问题和审判实践中的难点问题进行了明确。该规定是最高人民法院总结审判实践经验、完善商标授权确权法律适用标准的重要举措，对倡导诚实信用理念、形成良好的商标申请和注册秩序、统一裁判标准具有重要意义。

制定《中国知识产权司法保护纲要2016—2020》。该纲要共分为前言、成就回顾、指导思想、基本原则、主要目标、重点措施和结束语七个部分，为未来五年人民法院知识产权司法保护明确指导思想和目标，确定保护原则和措施，规划发展路径和蓝图。该纲要着力补齐短板，提出了知识产权司法保护的努力方向和解决方案，从根本上破解司法保护良性发展的瓶颈问题。该纲要是最高人民法院第一次就专门审判领域制定发布保护纲要，是最高人民法院贯彻落实中央精神的具体举措，是加强产权保护和将经济发展新理念融入知识产权司法保护工作中的集中体现，是贯彻落实习近平总书记系列重要讲话精神和治国理政新理念新思路新战略，指导知识产权司法保护实践的重要成果。该纲要于2017年“4·26”期间发布。

此外，最高人民法院正在抓紧研究《最高人民法院关于审查知识产权与竞争纠纷行为保全案件适用法律若干问题的解释》《最高人民法院关于充分发挥司法保护知识产权主导作用加快知识产权强国建设若干问题的意见》，通过完善司法解释和司法政策更好地监督指导全国知识产权司法保护工作。

（二）加强审判指导和审判调研工作

推动法律编纂修订工作。积极参与民法典、专利法、著作权法、反不正当竞争法、种子法、商标法实施条例等法律法规的编纂修订工作，提出修改意见并建议将知识产权纳入民法典。最高人民法院专门成立跨部门专利法修改调研小组，积极开展调研，系统总结专利法实施30年来司法实践中积累的经验，深入研究专利审判中遇到的困难和问题，向国务院法制办提出了专利法修改的总体方案以及具体条文修改意见。

加强法律适用的专题研究。最高人民法院开展“商业模式等新形态创新成果的知识产权保护办法”专题调研工作，对审理电影作品和以类似摄制电影的方法创作的作品民事纠纷案件适用法律问题以及著作权集体管理制度的相关问题进行调研，配合全国工商联开展民营企业知识产权保护专题调研，参与“标题党”整治工作，为净化网络环境提供法律支持。北京市高级人民法院在调研的基础上形成并发布《北京市高级人民法院关于网络知识产权案件的审理指南》，针对商标、专利授权确权案件出台了审判参考问答。上海市高级人民法院就“商标多重许可中的法律问题”“涉深层链接的著作权侵权问题”“计算机软件专利权保护”开展调研。江苏省高级人民法院开展“供给侧结构性改革可能引发的法律问题及司法应对”调研，完成《关于侵犯商标权纠纷案件相关审理问题的调研报告》《技术创新背景下的专利案件裁判尺度》等调研报告。湖南省高级人民法院完成《知识产权案件技术事实查明机制研究》《知识产权行政保护与司法保护的冲突和协调研究》等课题。贵州省高级人民法院完成《黔茶知识产权保护问题研究——模式、问题及对策》调研报告及贵州省重点课题《非物质文化遗产保护》。吉林省高级人民法院积极开展朝医朝药调研，以推进中医药的知识产权保护。

重视与行政机关的沟通交流。最高人民法院知识产权审判庭与国家知识产权局专利复审委员会开展业务交流，进一步明确和统一专利授权确权纠纷解决的法律规则；与商标评审委员会开展业务交流，就商标保护相关法律适用问题进行深入沟通和研讨；与农业部种子局共同启动植物新品种保护司法解释修订的调研工作。北京市高级人民法院与国家工商行政管理总局商标局、商标评审委员以及国家知识产权局专利复审委员会多次召开专题研讨会，对具体法律适用问题进行研讨。内蒙古法院与文化市场行政管理部门沟通协调，尝试从源头解决涉卡拉 OK 经营者著作权纠纷系列案件，初步形成呼和浩特地区版权使用费的三级收费标准。

发挥案例指导作用。最高人民法院知识产权审判庭定期发布典型案例，编辑出版《知识产权审判指导》《中国知识产权指导案例评注》。筛选出北京奇虎科技有限公司诉腾讯科技（深圳）有限公司等滥用市场支配地位纠纷案等十个案例，作为最高人民法院发布的第 16 批指导性案例，该批案例已经于 2017 年 3 月 6 日发布。最高人民法院知识产权案例指导研究（北京）基地总结案例指导工作的经验，积极开展案例指导研究工作。

四、落实司法公开，营造良好司法保护法治环境

“正义不仅要实现，还要以看得见的方式实现。”2016 年，人民法院全面深化司法公开，着力构建开放、动态、透明、便民的阳光司法机制，实现司法公开的转型升级，让公开更规范、更实效、更贴心、更均衡。

（一）加强司法公开，促进司法公正

努力做好重大案件的庭审公开。最高人民法院在“4·26”期间公开审理“乔丹”商标争议行政纠纷案，陶凯元副院长担任审判长，通过全媒体对案件的审理和宣判进行了直播。来自美国、欧盟、日本、韩国等国家的驻华使节以及美国全国商会代表到庭旁听了案件的庭审。新华社、中央电视台和新加坡联合早报等 20 余家中外媒体记者全程旁听案件审理并进行现场报道，中国法院网、最高人民法院官方微博等对案件庭审全程无缝隙直播。仅新浪法院频道全程直播累计观看人数即超过 150 万，覆盖人数达 9800 万人次。该案的审理向国内外各界人士展现了中国法院公开透明、公正司法、平等保护中外双方当事人合法权益的良好风貌。

积极做好裁判文书公开。人民法院不断完善知识产权裁判文书公开上网管理机制，对于适宜公开的裁判文书，督促将裁判文书及时上网，接受全社会的监督，以公开促公正，让人民群众切实感受到司法的公平正义。

不断推进审判流程公开。在中国审判流程信息公开网及时推送知识产权案件流程信息，保障当事人和人民群众的知情权、监督权。

（二）加强交流与合作，提升司法形象

最高人民法院以“中国知识产权司法保护国际交流（上海）基地”为平台，健全知识产权司法保护的国际和区际交流，加强与国际组织、其他国家之间的交流合作。派员参加中美法治对话、中欧知识产权对话及工作组会议、自由贸易区知识产权章节谈判以及中瑞、中美、中澳、中俄知识产权工作组会议等各类对外工作会议并提交书面意见。派员赴美国及欧洲出访，参加越南河内召开的“UPOV 公约下植物育种者权利的执行”研讨会和在韩国召开的中国知识产权保护制度说明会。上海市高级人民法院成功举办“中欧法官论坛——创新驱动与知识产权司法保护”国际会议，全年接待来自十多个国家、地区及国际组织的官员、司法机构人员和企业代表。重庆市高级人民法院与西南政法大学知识产权学院共同举办多期“中国知识产权法官讲坛”。上海知识产权法院与华东政法大学、同济大学建立合作共建机制，与

上海对外经贸大学和上海政法学院建立法律服务志愿者机制。

（三）拓宽宣传渠道，实现宣传常态化

最高人民法院继续开展“4 · 26”世界知识产权日宣传周活动，形成知识产权司法宣传常态化。组织中央媒体“知识产权司法保护浙江行”，召开媒体见面会和新闻发布会，发布《中国法院知识产权司法保护状况（2015 年）》（中英文）、2015 年中国法院十大知识产权案件和五十件典型知识产权案例及《最高人民法院知识产权案件年度报告（2015）》。地方各级人民法院也积极拓宽宣传渠道，富有成效地开展工作。江苏省高级人民法院在其新浪微博、微信公众号同步开设“知产视野”栏目，交流总结全省重大疑难知识产权案件的裁判经验。浙江省高级人民法院成立“浙江法院新闻网 · 知之汇”子网，发布全省知识产权动态等信息，网站年点击量逾 19 万次。广东省高级人民法院规定参与评选优秀庭审的案件均应通过网络进行直播，快播公司著作权行政处罚纠纷、“非诚勿扰”商标侵权纠纷等受到社会广泛关注的重大案件庭审均通过广东法院网进行了视频直播。上海知识产权法院开通中英文版互联网站和官方微博、公共微信平台，接受媒体专访，在新华社、中央电视台等媒体刊发稿件 156 篇。陕西省高级人民法院在“4 · 26”期间通过网络视频直播对五起社会关注度高的新型疑难和重大典型知识产权案件进行了集中公开宣判，《西安日报》和《人民法院报》相继予以报道。

五、加强队伍建设，全面提升司法审判队伍素质

队伍建设是知识产权司法保护的基础和保障。必须深刻把握党和国家工作大局对知识产权审判队伍建设提出的新要求，坚持全面从严治党，按照党中央《关于新形势下加强政法队伍建设的意见》要求，努力打造一支信念坚定、司法为民、敢于担当、清正廉洁的知识产权审判队伍。

（一）加强思想政治建设，提升政治素养

知识产权审判队伍建设始终坚持党的领导，牢固树立“四个意识”，深入学习贯彻习近平总书记系列重要讲话精神，坚定不移走中国特色社会主义法治道路，在思想上政治上行动上始终同以习近平同志为核心的党中央保持高度一致。积极开展“两学一做”学习教育活动，注重从中华优秀传统文化中汲取道德人文素养，弘扬社会主义先进文化和人民司法优良传统，自觉践行并坚决捍卫社会主义核心价值观。

（二）加强履职能力建设，提高专业水平

提升履职能力，是知识产权司法队伍建设的重要目标。必须大力加强履职能力建设，不断提升审判专业水平，着力培养一批讲大局、懂法律、懂技术、具有国际视野的复合型知识产权法官队伍，以适应知识迅速更新、实践快速发展的新形势。最高人民法院组织全国法院知识产权法官业务培训，陶凯元副院长为学员作专题讲座。北京市高级人民法院将年度集中培训与专题讲座相结合，拓宽业务培训的渠道。北京知识产权法院发挥资深法官的传帮带作用，对青年法官进行形式多样、内容丰富的专业培训。上海市高级人民法院举办“法经济学高级研修班”“法经济学 · 反垄断高级研修班”，提升法官理论水平和业务能力。安徽省高级人民法院将新业务规范、新审判理念列入集体学习内容，利用部门微信群拓展“八小时”以外学习平台。海南省高级人民法院提出“一条主线、两个结合、三型党支部、四种意识、五大发展、六个原则”的工作方法，使各项工作整体推进。

（三）加强司法作风建设，树立良好形象

打铁还需自身硬，队伍强则事业兴，司法廉洁建设是队伍建设的重要环节。全国法院要坚持标本兼治，深入推进党风廉政建设和反腐败斗争，坚持从严教育、从严管理、从严监督，以零容忍态度惩治司法腐败，确保司法公正廉洁。大力加强自身建设，锤炼对党忠诚的政治品格，锻造严于律己的过硬作风，从违法违纪案件中汲取教训，及时发现和纠正不正当的苗头倾向，切实做到防微杜渐。注重家庭教育，形成廉洁家风，强化亲情助廉措施，让家人当好审判队伍的“守门员”。

结束语

2017 年是实施“十三五”规划的重要一年，也是深化司法体制改革的决战之年，更是知识产权司法保护大发展之年。人民法院知识产权司法保护将深入贯彻习近平总书记系列重要讲话精神和治国理政新理念新思路新战略，牢牢抓住新一轮科技革命的历史性机遇，积极主动适应国际形势新变化和经济发展新常态，牢固树立“四个意识”，按照“五位一体”总体布局和“四个全面”战略布局要求，遵循“创新、协调、绿色、开放、共享”发展理念，深入贯彻实施国家知识产权战略，积极完善产权保护制度，依法保护产权。紧紧围绕“努力让人民群众在每一个司法案件中感受到公平正义”目标，坚持司法为民、公正司法，充分发挥司法保护知识产权主导作用，加强知识产权司法保护力度，为推动国家创新驱动发展战略实施营造良好法治环境，为建设知识产权强国和世界科技强国提供坚强有力的司法保障，以优异成绩迎接中国共产党第十九次全国代表大会的胜利召开！

附件：

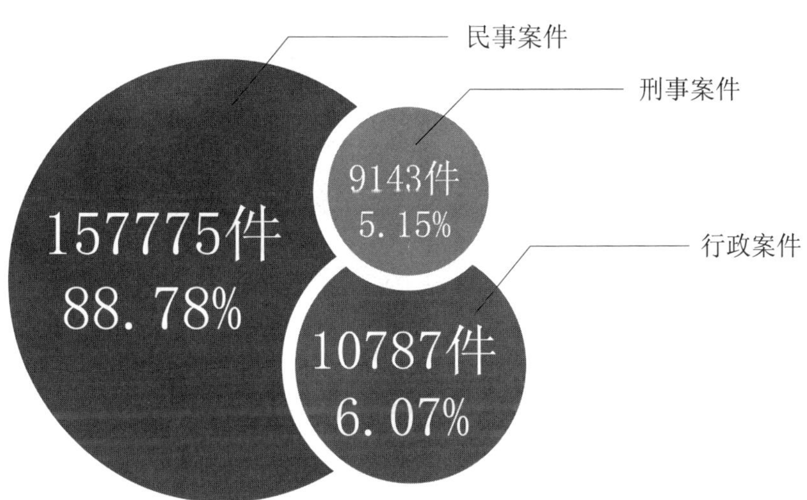

图 1　2016 年全国法院新收知识产权案件类型与数量图

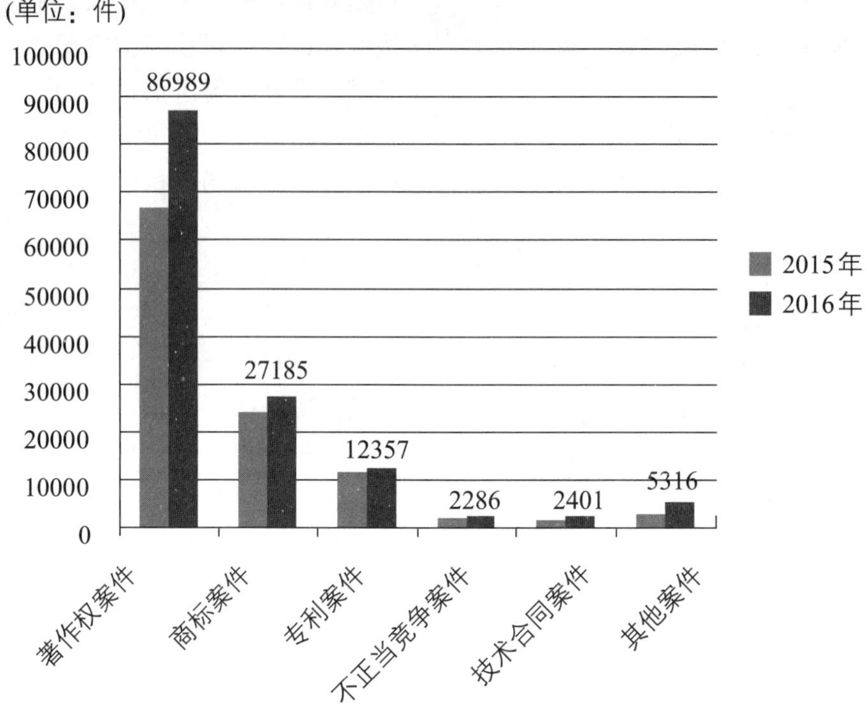

图 2　2016 年全国地方各级人民法院新收知识产权民事一审案件同比增幅图

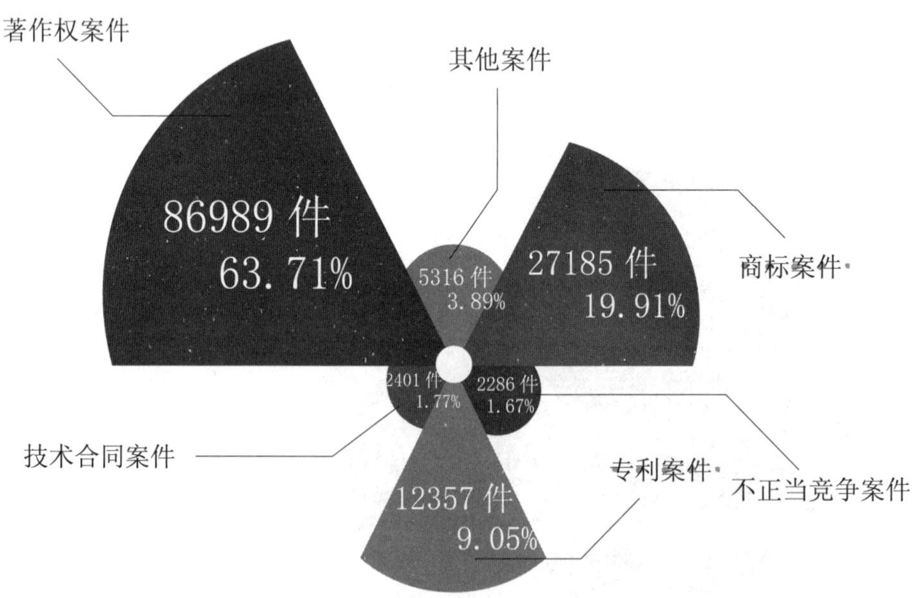

图 3　2016 年全国地方各级人民法院新收知识产权民事一审案件类型与数量图

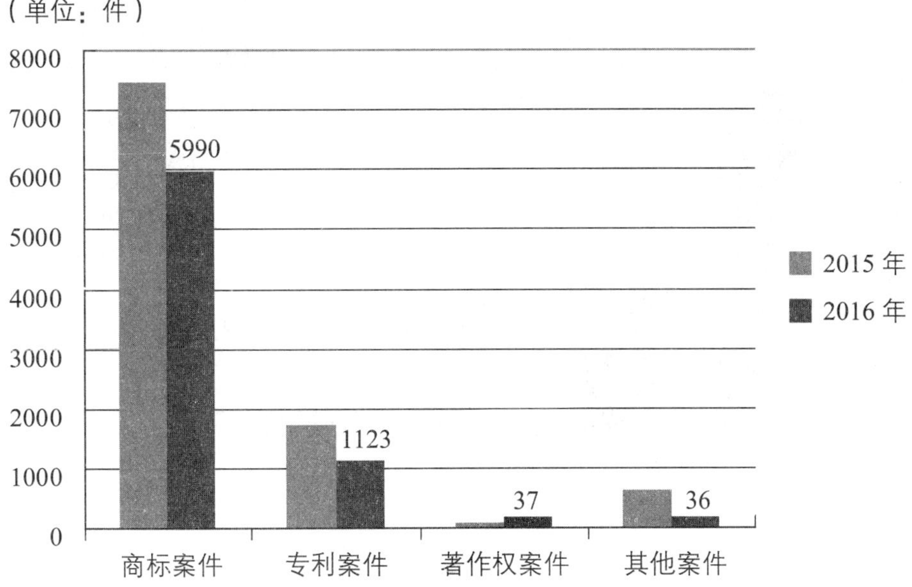

图4 2016 年全国地方各级人民法院新收知识产权行政一审案件同比增幅图

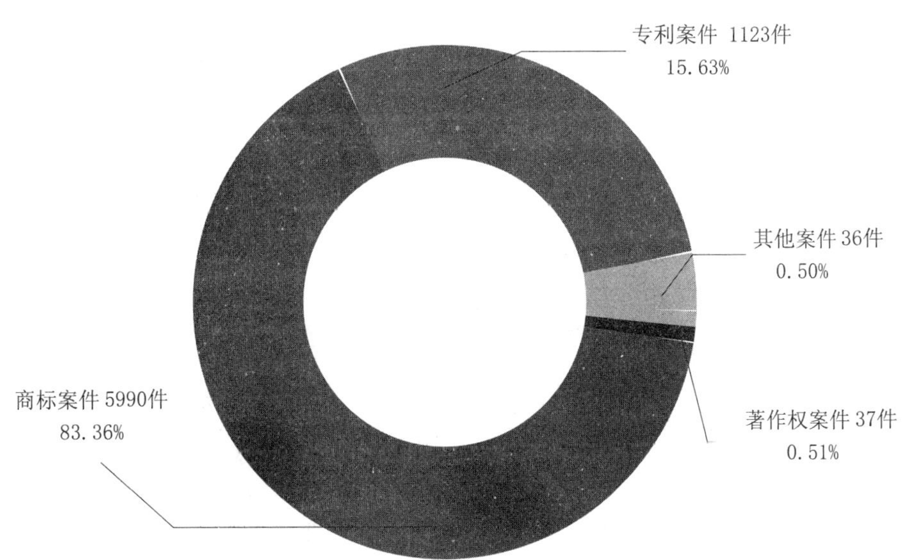

图5 2016 年全国地方各级人民法院新收知识产权行政一审案件类型与数量图

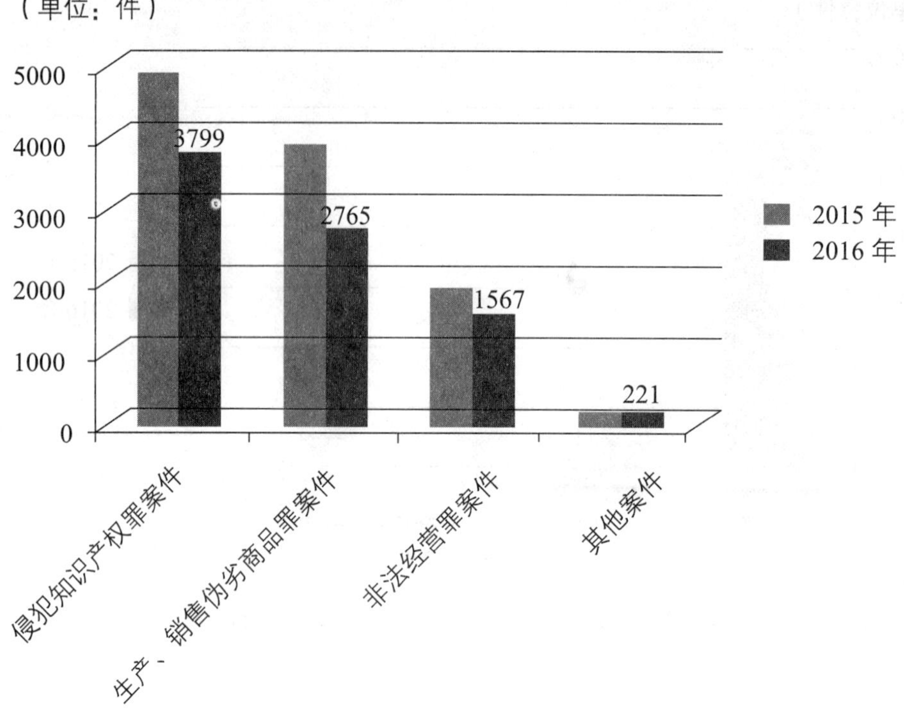

图 6　2016 年全国地方各级人民法院新收知识产权刑事一审案件同比增幅图

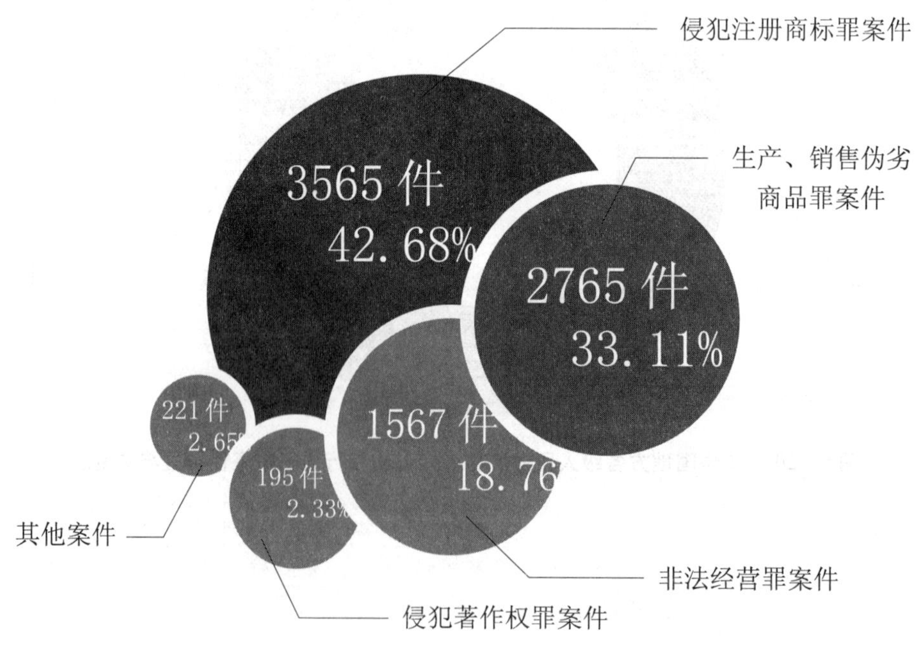

图 7　2016 年全国地方各级人民法院新收知识产权刑事一审案件类型与数量图

2016年人民法院知识产权刑事保护工作综述

2016年，全国各级人民法院全面贯彻党的十八大和十八届三中、四中、五中、六中全会精神，紧紧围绕“努力让人民群众在每一个司法案件中感受到公平正义”目标，做好各类知识产权刑事案件审判工作，充分发挥知识产权刑事审判职能，切实维护知识产权权利人的合法权益，各项工作取得新进展。

一、抓好执法办案，推进知识产权刑事审判工作

2016年，全国各级人民法院高度重视知识产权刑事审判工作，以执法办案为第一要务，严厉打击各类侵犯知识产权犯罪，严格依法办案，确保司法公正，彰显我国加强知识产权刑事司法保护的态度和决心。全年共新收知识产权刑事案件3799件，其中：假冒注册商标罪案件1746件，销售假冒注册商标的商品罪案件1526件，非法制造、销售非法制造的注册商标标识罪案件293件，假冒专利罪案件4件，侵犯著作权罪案件195件，销售侵权复制品罪案件2件，侵犯商业秘密罪案件33件。共审结侵犯知识产权罪案件3903件，生效判决人数5167人。其中，假冒注册商标罪案件1793件，生效判决人数2604人；销售假冒注册商标的商品罪案件1543件，生效判决人数1823人；非法制造、销售非法制造的注册商标标识罪案件311件，生效判决人数420人；假冒专利罪案件5件，生效判决人数1人；侵犯著作权罪案件207件，生效判决人数274人；销售侵权复制品罪案件4件，生效判决人数2人；侵犯商业秘密罪案件40件，生效判决人数43人。

二、强化调研指导，促进维护知识产权司法统一

最高人民法院和地方各级法院立足审判实际，突出问题导向，高度重视知识产权刑事调研工作，着力强化监督指导。最高人民法院刑一庭立足全国各级法院知识产权刑事审判工作实际，优化审判指导工作方式，指导办理重大、疑难、复杂案件，研究解决司法实践中的难点问题，履行对下指导、监督职责。深入调研知识产权刑事案件管辖问题，全面梳理侵犯著作权犯罪相关司法解释以及具体适用情况，积极探索对著作权刑事民事司法保护的界限。协助推进全国知识产权审判“三合一”工作。地方各级人民法院注重总结审判实践经验，深入研究知识产权刑事审判中的疑难、热点问题，积极开展知识产权刑事审判业务培训，效果良好。

三、加强沟通协作，健全知识产权刑事保护协作机制

最高人民法院重视加强与公安部、最高人民检察院的配合，并与商务部、国家工商总局、国家新闻出版广电总局等部门保持良好的沟通协作，形成较为完善的协作机制。参与商务部牵头的多轮涉外知识产权谈判工作，参与中日韩、中韩两个自贸区谈判以及中美商贸谈判等知识产权相关谈判工作。地方各级人民法院在打击知识产权刑事犯罪中注重与公安、检察机关

的配合，不断完善衔接协作工作机制，共同加强知识产权的刑事司法保护。

四、深化司法公开，发挥知识产权司法保护引导作用

最高人民法院和地方各级法院不断推进司法公开，健全审判流程、庭审活动、裁判文书公开平台，让人民群众看得见、感受到公平正义。通过对重大有影响的案件公开审理、庭审直播、邀请人大代表政协委员旁听庭审、裁判文书网上公开等多种方式，拓展司法公开的广度和深度，听取各界对法院知识产权刑事审判工作的意见和建议。通过各种形式的司法公开，有力震慑了违法犯罪分子，充分发挥刑事司法惩罚和预防侵犯知识产权犯罪的主导作用，引导全社会提升保护知识产权意识，保护和激发各类主体创新创业动力。

2016 年检察机关知识产权司法保护工作综述

2016 年，全国检察机关认真贯彻落实中央的决策部署，按照《深入实施国家知识产权战略行动计划（2014—2020）》的目标要求，加强对市场经济秩序的司法保护，依法履行各项检察职能，在打击侵犯知识产权犯罪、依法开展检察监督、推动行政执法与刑事司法衔接机制建立和完善等方面均取得显著成效。

一、充分履行批捕、起诉职能，依法惩治侵犯知识产权和制售假冒伪劣商品犯罪

2016 年，全国检察机关共批准逮捕侵犯知识产权犯罪案件（涉及知识产权犯罪案件是指包括刑法分则第三章第七节侵犯知识产权罪、数罪中含侵犯知识产权罪和他罪中含侵犯知识产权行为的案件）2251 件 3797 人，提起公诉 3863 件 7059 人。其中，批捕假冒注册商标罪 1037 件 1911 人，起诉 1684 件 3259 人；批捕销售假冒注册商标的商品罪 873 件 1330 人，起诉 1486 件 2470 人；批捕非法制造、销售非法制造的注册商标标识罪 167 件 264 人，起诉 294 件 556 人；批捕侵犯著作权罪 66 件 97 人，起诉 182 件 307 人；批捕销售侵权复制品罪 4 件 5 人，起诉 2 件 3 人；批捕侵犯商业秘密罪 22 件 36 人，起诉 25 件 57 人；批捕数罪中含侵犯知识产权罪 17 件 27 人，起诉 18 件 45 人；批捕他罪中含侵犯知识产权行为 65 件 127 人，起诉 170 件 360 人。

二、发挥诉讼监督职能，强化对行政执法机关移送涉嫌犯罪案件和公安机关立案活动的监督

检察机关充分发挥刑事立案监督职能，以打击侵犯知识产权为重点，依法履行对行政执法机关移送涉嫌犯罪案件和公安机关立案活动的监督，防止和纠正有案不移、有案不立和以罚代刑。2016 年，全国检察机关建议行政执法机关移送涉嫌侵犯知识产权犯罪案件 112 件 140 人，行政执法机关已移送 166 件 134 人；监督公安机关立案侵犯知识产权涉嫌犯罪案件 73 件 93 人。

三、深化重点领域突出问题专项治理

2016 年，全国检察机关持续深入开展“危害食品药品安全犯罪专项立案监督活动”，以消除监督空白院为重要目标，将打击食品药品领域的侵权假冒案件作为重点之一。2016 年，检察机关通过专项立案监督活动已经建议行政执法机关移送涉嫌危害食品药品安全犯罪案件 1591 件 1769 人，监督公安机关立案侦查 826 件 997 人。立案侦查相关领域失职渎职的行政执法人员涉嫌犯罪案件 14 件 23 人，促进严格执法、依法行政。经检察机关监督的案件，已有 845 件 994 人被提起公诉，同期有 800 件 940 人被法院作出有罪判决。

在专项活动中，为推进重大案件的办理，最高人民检察院还单独或者联合有关部门，对数十起危害食品药品安全领域的案件挂牌督办，取得了良好效果。

四、积极推进行政执法与刑事司法衔接工作

最高人民检察院积极推进建立健全“两法衔接”工作机制，进一步推动各地加强“两法衔接”信息共享平台的有效利用。积极参与推进“健全行政执法与刑事司法衔接机制”改革任务，对检察机关开展两法衔接工作状况、存在的主要问题进行了专题调研，向有关部门报送了《检察机关推进两法衔接工作评估报告》。与全国双打办密切联系配合，于 2016 年 11 月联合发布了《打击侵权假冒行政执法与刑事司法信息共享系统管理使用办法》。2016 年“两会”结束后，最高人民检察院相关部门承办了多份全国人大代表和政协委员提出的关于“完善行政执法与刑事司法衔接机制”的建议、议案答复工作，人大代表、政协委员对检察机关的办理工作、沟通及答复均给予了肯定。

五、健全完善制度机制，加大司法保护力度

2016 年 7 月，最高人民检察院发布了《关于充分发挥检察职能依法保障和促进科技创新的意见》（以下简称《意见》），并专门召开新闻发布会，进一步向社会公众释放检察机关加强对知识产权司法保护的信号。围绕服务和促进科技创新，检察机关重点通过依法惩治侵犯商标权、侵犯著作权、假冒专利、侵犯商业秘密的犯罪，会同有关部门完善法律法规、出台司法解释，依法履行批捕起诉职务来打击侵权假冒犯罪；重点通过强化对涉及知识产权案件的法律监督，加强对公安机关办理侵权假冒犯罪案件立案和侦查活动的监督、对人民法院刑事审判活动的监督、对涉及科技创新的民事、行政案件的审判和执行活动的监督等来为科技创新保驾护航；重点通过推进侵权假冒领域行政执法与刑事司法衔接机制建设，特别是建立完善侵权假冒信息共享平台，来实现行政执法与司法优势互补、有机衔接。

六、开展宣传交流，扩大司法保护影响力

全国检察机关组织开展各种宣传活动，产生了广泛而积极的社会影响。最高人民检察院在《检察日报》、正义网等开设专栏进行重点宣传知识产权的有关内容，并在 2016 年 5 月发布了 2015 年度中国检察机关保护知识产权十大典型案例。地方检察机关也积极开展知识产权的司法保护宣传活动，通过发布检察机关保护知识产权白皮书、年度典型案例等方式总结知识产权刑事司法保护的特点和规律，加强对保护理念、保护方法的宣传。

在知识产权司法保护的国际交流与合作方面，2 月派员赴西班牙参加了《中欧海关 2014—2017 年知识产权合作行动计划》，6 月赴俄罗斯参加了中俄检察机关圆桌会议，就知识产权的跨区域合作展开交流；我们与来访的英国版权执法司司长并就版权有关问题进行工作会谈，与美方开展了知识产权会谈交流；按照《中国—欧盟知识产权合作第三年度行动计划》，10月在上海、广州举办了以“中欧检察官知识产权刑事执法”为主题的交流活动。

2016年公安机关知识产权刑事保护工作综述

2016年，公安部坚持将打击侵权假冒犯罪作为一项重点工作，组织全国公安机关坚持打击主业，突出信息化建设主线，积极构建数据化实战攻坚格局，全力服务创新驱动发展战略。

一、持续高压严打

年初即研究下发《关于扎实推进2016年打击侵权假冒犯罪工作的通知》《2016年打击侵权假冒犯罪工作统计评估办法》，全面、科学部署常态化条件下的打防工作格局，准确引导各地工作方向，努力实现专项行动常态化、常态打击专业化。切实发挥部局统筹指挥督导职能，挂牌督办89起重大侵权盗版案件，明确专人予以全程督导，推动各地重点突破。据统计，2016年，全国公安机关共破获各类侵权假冒犯罪案件17225起，抓获犯罪嫌疑人22060名，涉案总价值46.26亿元。

二、推进战役攻坚

坚持将危害群众健康、威胁公共安全、妨碍创新发展的侵权假冒犯罪作为主攻方向，优化情报导侦机制下的集群战役主战模式，先后组织各地围绕190余个跨区域、产业化制假售假犯罪网络发起战役攻势，形成协同侦控、合成围剿的强大声势。其中，2016年8月，公安部经侦局指挥山东、广东、江苏、福建、辽宁、北京、安徽、甘肃、吉林、浙江、河南等11省市公安机关，联合侦破一起制售假冒品牌运动鞋服案，抓获23名主犯，打掉生产、仓储、销售窝点20处，现场缴获假冒“耐克”“阿迪达斯”“纽巴伦”等品牌运动鞋服21万余件，以不法分子平均销售价计算价值3000余万元，市场正品价值1.2亿余元。特别是2016年7月12日至15日、12月15日至20日，我部先后两次指挥26个省区市的161个城市公安机关开展数据化作战集约打击涉烟经济犯罪集中收网行动，共发起62起集群战役，破案755起，抓获嫌犯1815名；捣毁各类犯罪窝点893个，其中，假烟生产窝点106个、烟机拼装窝点13个、仓储窝点730个、原材料加工窝点44个；缴获烟机219台及电烫机等其他设备769台，假烟、走私烟238万余条，烟叶、丝束、盘纸等制假原料2682吨，涉案总价值15.5亿元，各项战果系历年打击涉烟经济犯罪之最。

三、强化部门协作

主动强化与各行政执法部门协作配合，先后与版权、烟草部门联合挂牌督办重大案件8起，其中，重庆“8·06”特大互联网侵犯著作权案等案件具有很强的典型示范意义。全力投入农村和城乡结合部市场假冒伪劣专项整治、防霾产品整治、车用燃油专项整治、清风行动，积极参与2016年度打击侵权假冒绩效现场考核等重点工作，切实发挥公安打假主力军作用，有效促进“两法衔接”。据统计，2016年以来，全国公安机关共受理行政移送涉嫌犯罪案件占公安机关受理案件总数18.4%，刑事司法、行政执法的协作效能稳步提升。

四、深化国际合作

坚持以合作促宣传、谋主动，先后与国际刑警组织、欧盟反欺诈办公室（O-LAF）等国际组织和欧盟机构，以及美国、英国、阿联酋、马来西亚、台湾、香港等24个国家和地区执法机构开展案件合作与执法交流，增进互利互信。积极参与第27届中美商贸联委会、第八轮中美战略与经济对话等高层对话机制，以及中美、中俄、中日、中欧等双多边知识产权工作组磋商对话，宣传我方主张。会同国际刑警组织在江苏连云港共同举办中国及中亚地区知识产权保护大会，推动与“一带一路”沿线国家执法合作。充分利用中美刑事执法联合联络小组（JLG）等平台，围绕21起重点案件深化、创新知识产权刑事执法合作，打造执法合作亮点，策应对外工作大局。2016年4月，会同柬埔寨警方，就浙江夏某贵等人跨境制售假冒注册商标农药案开展国际执法合作。在干拉省大金欧市成功抓获主犯夏某贵，并联合柬埔寨警方捣毁位于昂斯诺市的假农药生产、仓储窝点，一举摧毁这一跨境生产销售假农药的犯罪链条。

五、夯实工作基础

继续深化与阿里巴巴等电商企业协作机制，组织浙江经侦总队开发完善“淘数据”侵权假冒线索甄别、研判软件，2016年，主动发现并向各地公安机关输送涉假线索1175条，组织各地公安机关立案542起，破案487起，抓捕犯罪嫌疑人860名，捣毁各类涉假窝点1397个，涉案金额30.5亿元，大数据服务、支撑打假实战已初见雏形；组织遴选各地公安机关优秀打假技战法54件，总结推广基层经验；面向一线执法干警举办“知识产权刑事执法培训班”，就假冒专利案件办理、版权法律法规理解与适用、商标案件办理实务等结合重点案件邀请专家授课，多举措推动提升一线侦查办案能力和执法规范化水平。指导各地紧密结合执法办案实践，加强情报信息研判预警，各地先后报送犯罪形势调研文章等150余篇，为实战打击提供丰富理论指引。

六、教育宣传，营造良好社会氛围

选取节点，围绕“6·11”特大互联网假冒专利案、中美跨国假冒汽车安全气囊案、打击假烟犯罪“5·12”行动等重点案事件开展集中宣传，掀起舆论高潮。组织全国公安机关结合“3·15”消费者权益保护日、“4·26”知识产权宣传周、“5·15”防范和打击经济犯罪宣传日等，开展形式多样的宣传活动，剖析典型案例，讲解法律常识，征集案件线索，争取社会各界广泛参与。

2016年地方法院知识产权工作概况

北京法院2016年度知识产权司法保护工作总结

2016年，北京法院以司法为民、公正司法为主线，以确保高标准完成全年审判任务、确保司法改革顺利推进、确保审判队伍平稳发展为目标，充分发挥知识产权审判职能作用，努力让人民群众在每一个司法案件中感受到公平正义，为落实国家创新驱动发展战略，为建设法治中国首善之区和国际一流的和谐宜居之都作出了积极贡献。

一、高质高效完成审判任务，发挥司法保护主导作用

2016年，北京法院共新收一审知识产权案件24410件，其中：新收专利案件1739件，商标案件6784件，著作权案件14552件，技术合同案件221件，不正当竞争案件428件，其他案件686件。

市高、中级法院共新收二审及申诉知识产权民事案件4425件。其中：新收二审专利案件307件，商标案件3046件，著作权案件895件，技术合同案件32件，不正当竞争案件46件，其他案件99件。

面对案件大幅增长的压力，攻坚克难，结案再创新高。三级法院共审结一审案件22890件，审结二审案件4410件。市高院年结案率为82.34%，同比上升约0.24个百分点；全体法官人均结案126.7件，较去年增长了22.5%；办案法官人均结150.9件，较去年增长了23.5%。市一中院在市高院的业务指导和帮助下，克服人员减少、撤庭改组等困难，基本完成案件清理任务。北京知识产权法院全年共审结案件8111件，较2015年同比增长49.3%。各基层法院知识产权庭在立案登记制全面实施的背景下，进一步深挖内部潜力、克服案多人少的困难，优质高效地完成了案件审判任务。其中，朝阳区法院法官人均结案数达395.4件。

发挥司法保护引领示范作用，审理审结一大批有重大影响的知识产权案件，突出表现在：市高院审结了涉及马库什权利要求的“含核苷酸类似物的复合物或盐及其合成方法”发明专利权无效行政纠纷案、涉及枭龙战机的“枭龙”商标异议复审行政案、“红色娘子军”著作权纠纷申诉案等一系列有重大影响的知识产权案件，并促成了华为公司与中兴公司系列专利纠纷的全面和解。北京知识产权法院受理了涉及深圳大疆公司无人飞行器技术、诺华公司治疗胃肠基质肿瘤制药技术等多起高新技术案件，以及美国苹果公司诉北京市知识产权局专利侵权行政处罚案、国内首例图形用户界面外观设计专利侵权案、美国高通公司诉魅族公司确认不垄断纠纷案等一系列在国内外受到广泛关注的案件。海淀法院、朝阳法院、西城法院、石景山法院等基层法院分别审理或审结了全国首例网贷评级不正当竞争案、“脉脉”抓取使用新浪微博用户信息不正当竞争案、路虎“揽胜极光”汽车外观著作权及不正当竞争纠纷案、“电视猫聚合平台”著作权侵权案、电影《九层妖塔》著作权侵权案以及作曲家许镜清《西游记》音乐作品维权案等一系列知名案件。

积极探索知识产权临时保护措施、适用举证妨碍规则，加大司法保护力度。为提高知识产权司法保护的及时性、便利性和有效性，对当事人符合条件的申请积极采取措施，及时制止侵权行为。在“中国好声音”诉前行为保全案中，法院在严格审查申请人胜诉可能性及不立即采取保全措施将使申请人合法权益遭受难以弥补损害的基础上，作出诉前行为保全裁定；在涉及奥多比软件著作权侵权案件中，对被告经营场所内近500台电脑复制、安装涉案软件的情况及时进行证据保全。结合知识产权无形性、侵权行为隐蔽性等客观实际，适当降低举证难度，灵活运用举证转移、举证妨碍等证据规则，避免机械适用“谁主张，谁举证”原则，减轻权利人的举证负担。北京知识产权法院在U盾专利侵权案和“墙锢”商标侵权案中，均在被告经法院释明后仍拒不提供其侵权获利的关键证据构成举证妨碍时，结合在案证据全额支持了原告的赔偿请求，一审判决的赔偿数额分别达到5000万元和1000万元；在珠海政采公司诉国信公司等计算机软件著作权侵权案中，作出首例要求被告限期提交证据的民事裁定；在西电捷通诉索尼中国公司专利侵权纠纷中，被告依据原告的申请，提交了与侵权事实认定相关的测试数据。东城法院在“RIO”鸡尾酒知名商品特有包装、装潢不正当竞争案，探索适用举证妨碍制度，责令被告向法庭提交其相关财务账册，在被告未提交相关证据的情形下，法官依据证明妨碍规则，最终全额支持原告要求被告赔偿300万元的诉讼请求。

严惩不诚信诉讼行为，营造良好法治环境。对提供伪证、虚假陈述、故意逾期举证、毁损证据、妨碍证人作证等不诚信诉讼行为，依法给予程序和实体制裁。北京知识产权法院在“家家JIAJIA及图”商标行政案、“TKD”商标行政案中，对当事人提供虚假证据和虚假陈述的行为，均处以1万元的罚款；北京市高级人民法院在青岛科尼乐机械公司专利侵权案中，对拒不履行法院生效保全裁定的当事人处以50万元的罚款。

二、加强审判监督，统一裁判标准

市高院注重加强对全市知识产权审判的宏观业务指导。2016年年初，在全面走访各基层法院和中院的基础上，对全市法院知识产权审判工作作出部署，就知识产权审判工作中遇到的一些常见问题明确了裁判标准，确保裁判标准的统一。

为解决高中级法院案件数量占比较大的商标授权确权行政案件中存在的突出问题，市高院组织知产法院、市一中院一起同国家工商行政管理总局商标局、商标评审委员会召开了多次专题研讨会，在遏制商标抢注的具体法律适用、不良影响的认定、驰名商标的认定与保护、商标评审案件的审理范围、商标连续三年不使用的撤销、地理标志的认定与保护等多项问题达成了初步共识，形成了数十条的会议纪要。针对专利授权确权行政案件，市高院先后两次与国家知识产权局专利复审委员会召开座谈会，就案件中普遍涉及的创造性判断、说明书修改超范围、专利无效的审查程序等分歧较大的问题，达成了多项共识。通过这些交流座谈活动，法院和行政机关充分交换了各自的意见，促进了共识的形成，有效地提高了行政审查的质量，司法审判效率也有了大幅提升。商标局、商标评审委员会和专利复审委员会的主要领导不仅全程参加了上述交流座谈活动，而且对很多问题都现场作出部署，要求具体经办部门落实法院提出的相关意见。

为回应全市法院对数量大幅增长的涉及网络的知识产权纠纷案件的实际需求，市高院在调研的基础上形成了共58条、近6000字的《北京市高级人民法院关于网络知识产权案件的审理指南》并对外发布。针对商标授权确权案件，对于争议较大的“替他人推销”服务内容的确定、商品化权益的保护、商标共存协议的效力、服装鞋帽类商品的类似判断、商标法不同条款的转换适用等问题，制定并发布了5个有针对性的审判参考问答。针对专利授权确权案件，就权利要求是否得到说明书支持、制备目标产物过程中产生的“中间产物”是否构成现有技术、现有技术中“提及”的化学产品是否可以被视为已公开的技术、专利复审委员会在专利无效宣告请求审查程序中是否可以变更证据使用方式、公知常识的认定等复杂且极具争议的问题，也出台了审判参考问答。通过这些措施，全市法院的裁判标准更加细化，更具有可操作性，为各级法院公正、高效化解相关纠纷提供了有利指导，极大地提高了全市法院知识产权案件的审判质量。

三、统筹兼顾，全面推进、深化司法改革

2016年，根据中央部署，北京法院作为第三批试点单位，在三级法院全面推开司法改革。三级法院知识产权审判庭在市高院的指导和各院党组的领导下在确保队伍稳定的基础上顺利完成了法官入额等改革任务，妥善处理了司法改革与审判工作、队伍建设三方面的关系。

北京知识产权法院作为司法改革的排头兵，各项改革措施进一步深化，具体体现在：一是废除个案汇报制，建立专业咨询制。除重大敏感案件外，院、庭长不再听取个案汇报，裁判结果以合议庭多数意见为准。二是建立多元化专业咨询机制，专业问题由专业人士解决。法官可自行选择向调研小组、专家咨询委员会、技术调查官、专家学者和资深法官等进行咨询，咨询过程和意见全程留痕，供合议庭参考。三是转变院、庭长角色职能。一方面强化院、庭长的宏观审判管理监督职责以及事中监督权，确保去行政化后监督不缺位。一方面创新“院长开庭周”机制，实现院庭长办案常态化，发挥专家引领作用。四是完善当事人诉权保障机制，严格司法工作规范，保证“恰当的告知与听取”，做到“有问必答”，畅通举报监督渠道，以诉权制约审判权。五是加大司法公开力度。全面推行审判公开，实现从形式公开向实质公开的转变，将一切能够公开的信息及时、全面向社会公开，通过诉权制约审判权，依靠社会监督增进司法公正。六是推进知识产权法律共同体建设。借助首都区位优势和智力资源优势，组建起来源广泛的专家咨询委员会，认真对待来自立法部门、行政机关、行业协会、企事业单位、律师等多方面意见和建议，形成了开放、民主、透明的常态化案例研讨和意见反馈机制，有力促进了审判质效提升。

四、创新工作机制，有效开展工作

针对案件适当集中管辖带来的挑战，相关基层法院开拓工作思路，有针对性地采取创新措施解决送达难题。石景山法院在主管院长的带领下到昌平区实地调研，研究对策，采取不定期集中到外区送达的做法，全年共外出送达调查35次，保证了案件审理进度。丰台法院成立专门的送达小组，由资

深法官牵头，前置送达程序，提高送达效率，推动案件的高效流转。东城法院在发送起诉状时，创新性向远郊区当事人同时发送《跨行政区域管辖告知书》，有效减少了当事人提出管辖权异议案件的数量，提高了审判效率。

通过内部工作机制调整，最大化地提高审判队伍战斗力。朝阳法院创设速裁审判机制，设立速裁审判组，集中审理销售假冒商品侵权纠纷和网络传播影视、作品、摄影、文字作品侵权纠纷等类型化、批量化诉讼案件，通过采取推广电子送达、合并审理、一庭审结、制定类型化案件文书模板等工作方法，缩短案件审理周期，实现类案“速审速结”。海淀法院中关村法庭根据分组新老配合、类案集中审理、繁出精品、简出效率的指导思想，进行人员分组和案件搭配，最大限度地避免审书配合不畅、案件流转不畅等现象。西城法院通过严格落实《串案办理制度》来提升办案效率，对于串案指定串案领办人，统一送达、调解、开庭，减少法官与当事人的信息沟通成本，推进结案速度。海淀法院民五庭规范庭前会议制度，将证据交换及质证过程、调解等诉讼活动统一更名为庭前会议，在庭前会议过程中，摆放庭前会议标牌，向当事人释明诉讼阶段的法律依据和具体内容，增强了知识产权审判的规范化、专业化程度，有效提高了庭审的质效。

充分调动社会各方力量，完善多元化纠纷解决机制。在市高院的统筹协调下，各基层法院均重视进一步加强与北京市保护知识产权举报投诉服务中心（简称北京12330）、中国互联网协会调解中心等相关单位的对接，充分调动行政调解、行业调解、人民调解组织的力量，推进诉讼纠纷的和解解决。朝阳法院协调中国互联网协会调解中心派专人进驻民三庭开展调解工作，并制定专门的工作规范，明确案件交接、调解流程、调解时限、调解内容、卷宗管理、廉政风险防范等操作规范，成功调解案件近百件。西城法院委托工信部电子知识产权中心、北京茶叶企业商会知识产权纠纷人民调解委员会调解相关纠纷近80件。

五、提高调研活动的针对性和前瞻性，实现调研成果、审判经验的有效转化

2016年，市高院将“有关视听作品、制品的著作权法律问题研究”作为全市法院度重点调研课题，目前已进入最后的修改、定稿阶段。两项一般调研课题“商标行政案件裁判标准统一”“专利创造性判断研究”和庭内调研课题“专利说明书和权利要求合法性判断研究”，已取得阶段性成果。《最高人民法院关于审理侵犯专利权纠纷案件应用法律若干问题的解释（二）》出台后，市高院组织全市法院力量成立课题组，对2013年制定的《专利侵权判定指南》进行修订，目前该项已取得实质性进展。

各基层法院立足审判实践，开展了卓有成效的调研工作。朝阳法院召开电子证据法律问题座谈会、组织法官赴联合信任时间戳服务中心就“时间戳”问题进行调研座谈，形成《关于知识产权诉讼中电子证据相关问题的调研报告》。海淀法院民五庭探索总结类型化案件规范化审理实体要求和程序规则，形成《海淀法院知识产权案件诉讼要素举证指引》，对图片类、文字类、音乐类等案件中权属方面、侵权方面等要素的举证内容及规则进行了提炼；对外发布《关于网络不正当竞争纠纷案件的调研报告》，对近五年来审理的网络不正当竞争案件进行全面梳理，总结了审理经验。东城法院结合近五年来受理的涉互联网侵犯著作权类型化案件，与中国互联网协会调解中心共同发布《移动互联网环境下文字作品著作权保护问题调研报告》。西城法院召开“关注网购中的IP侵权——西城法院涉网络购物平台知识产权典型案例新闻通报会”，对网络购物领域容易引发的知识产权侵权问题向社会进行通报。石景山法院针对该区动漫游戏产业发展带来的相关案件激增的现状，专门成立课题组，对四年以来所有涉动漫游戏知产案件进行了全面分析，并深入走访调研，形成了近15000字的调研报告。

六、强化队伍建设，提高审判队伍素养

市高院和北京知识产权法院通过法官遴选，在一定程度上缓解了审判力量不足的问题；各基层法院通过各种渠道，健全知识产权审判队伍建设。目前，全市知识产权审判力量进一步加强，知识产权审判队伍建设基础更加牢固。高院将年度集中培训与专题讲座相结合，进一步拓宽业务培训的渠道。北京知识产权法院和各基层法院都结合自身特色和工作实际，通过“周五课堂”“知者说”“醒客学习会”、法官联席会制度、庭审实训“三步法”等形式开展内容丰富的专业培训，充分发挥资深法官对青年法官的传帮带作用，强化对青年法官的培养。

天津法院2016年度知识产权司法保护工作总结

2016年，天津法院深入贯彻党的十八大和十八届三中、四中、五中、六中全会及习近平总书记系列重要讲话精神，深入实施国家知识产权战略和创新驱动发展战略，认真贯彻“司法主导、严格保护、分类施策、比例协调”的基本司法政策，以坚持审判第一要务、健全司法标准、完善审判机制、加强队伍建设为着力点，充分发挥司法保护知识产权的主导作用，积极推动知识产权强市建设，为促进创新驱动发展、加快建设法治天津、美丽天津作出了贡献。

一、坚持审判第一要务，知识产权审判工作取得新进展

天津面临京津冀协同发展、自由贸易试验区建设、国家自主创新示范区建设、“一带一路”建设和滨海新区开发开放五大战略机遇叠加，《天津市知识产权“十三五”规划》明确提出到2020年，在全国率先建成知识产权强市，对人民法院知识产权审判工作提出新要求。面对新形势新任务，天津法院积极履行知识产权审判职能，依法公正高效审理各类知识产权案件，树立典型案件，确保案件质量，知识产权司法保护各项工作都取得了新进展，服务和保障创新型城市建设的作用进一步强化。2016年，上海星客特汽车销售有限公司与天津世之源汽车销售有限公司侵害外观设计专利权纠纷案、天津市宁河县泽安商贸有限公司与深圳市盟世奇商贸有限公司著作权侵权纠纷案入选2015年度中国法院五十件典型知识产权案例。天津市宁河县泽安商贸有限公司与深圳市盟世奇商贸有限公司著作权侵权纠纷案裁判文书获评2015

年全国法院精品裁判文书三等奖。

2016年，天津法院新收各类知识产权及不正当竞争案件2385件，审结2374件。

知识产权民事案件中，新收知识产权民事一审案件1524件，审结1524件，同比分别上升4.27%和3.74%；新收知识产权民事二审案件521件，审结518件，同比分别上升21.73%和20.47%。新收申请再审民事案件297件，审结297件。

依法保护专利权。专利权案件新收89件，占全部新收民事案件的3.8%。服务天津实现“一基地三区”功能地位，重点加强关键核心技术和基础前沿领域技术成果的保护，加大对创新程度高、研发投入大、对经济增长具有突破和带动作用的发明专利的保护力度，促进提高自主创新能力。

依法保护商标权。商标权案件新收370件，占全部新收案件的15.8%。服务天津自贸区发展，重点加强平行进口、贴牌加工等对外贸易中商标权的保护，加大故意侵犯商标权行为保护力度的同时，注意平衡商标权人与其他贸易经营者及消费者的合法权益。审结上海金易久大酒业股份有限公司与天津市边氏顺昌商贸有限公司侵害商标权纠纷案等审理难度大、社会影响广的案件。

依法保护著作权。著作权案件新收1761件，占全部新收案件的75.19%。服务天津文化繁荣，高度重视文化创意、动漫游戏、网络、软件、数据库等新兴文化产业和文化业态的著作权保护，积极推动非物质文化遗产的保护、传承和开发利用。在齐白石后人诉湖南美术出版社等侵犯著作权系列案件中，天津高院与一中院、和平法院上下联动，在查清案件事实的基础上，努力做双方当事人矛盾化解工作，圆满调解解决了627件案件，终于使文化传承者和文化传播者间历时十余载的矛盾纠纷圆满化解，提升了我市法院知识产权审判影响力。滨海新区法院高效审结侵害信息网络权传播权案件，全年收案576件，结案565件，结案率98.09%，乐事网专门将诉讼服务中心新设立在滨海新区。

依法审理技术合同案件。技术合同案件新收66件，占全部新收案件的2.82%。服务天津创新驱动发展，高度重视与科技成果流转、转化相关的案件审理，规范和引导技术开发、转让、咨询或者服务，积极推动科技与经济社会发展紧密结合。

依法审理不正当竞争纠纷案件。不正当竞争纠纷案件新收19件，占全部新收案件的0.81%。努力为天津营造诚实守信、公平有序的市场环境，重点打击虚假宣传、“搭便车”、侵犯商业秘密等不正当竞争行为。审结华微科技（苏州）有限公司、胡志成与天津市奥华食品有限公司、海赛（天津）特种材料有限公司等侵害技术秘密纠纷案。

刑事审判方面，天津法院新收知识产权刑事一审案件43件，审结34件。新收案件中，生产、销售伪劣商品罪11件，非法经营罪17件，侵犯知识产权犯罪15件。知识产权刑事审判惩治和震慑侵犯知识产权犯罪的职能作用进一步发挥。

行政审判方面，天津法院新收和审结知识产权行政一审案件1件，均与去年同期持平。知识产权行政审判继续发挥规范知识产权行政执法行为的职能作用。

二、坚持服务大局，助力推动知识产权强市建设

建设知识产权强市，要求具有完善的知识产权体制机制，良好的知识产权创造、运用、保护、管理和服务能力，实现知识产权治理体系和治理能力的现代化。知识产权司法是知识产权保护的核心环节，直接影响着知识产权的创造、运用、管理和服务水平。市委书记李鸿忠到市委政法委调研，讲到法院工作的时候，特别关心人民法院的知识产权审判工作，明确提出要大力加强知识产权保护。2016 年，天津法院知识产权审判工作紧紧围绕创新驱动发展和知识产权强市建设面临的新形势新任务，进一步增强责任感、使命感和紧迫感，多措并举，努力将天津法院打造成令人信赖的知识产权纠纷解决“优选地”。

1. 深化司法体制改革，服务京津冀协同发展。积极回应最高人民法院“探索知识产权案件集中管辖”的工作任务，形成《京津冀协同发展视角下的知识产权技术类案件集中管辖制度研究》的报告，在第二次全国知识产权审判工作会议上发言，为优化案件管辖布局建言献策。根据最高人民法院“推进知识产权民事、行政和刑事案件审判三合一工作”的改革创新要求，结合我市实际情况，制定《关于全面推进知识产权审判“三合一”工作的实施意见》。天津高院邀请部分人大代表、政协委员、知识产权审判技术咨询专家、天津市市场和质量监督管理委员会、市商委、市知识产权局、市文化市场行政执法总队等行政执法部门的负责同志，召开天津法院知识产权审判部门更名暨全面推进知识产权审判“三合一”工作座谈会，天津高院党组书记、院长高憬宏在会上做了重要讲话，对天津法院加强知识产权审判，全面推进知识产权审判“三合一”工作提出具体要求。

2. 坚持能动司法，服务自贸区建设。根据《加强知识产权保护服务天津自贸区建设》的调研成果，制定《服务保障中国（天津）自贸区知识产权保护的若干意见》，有效解决自贸区知识产权司法保护面临的疑难复杂问题。开展“自贸区平行贸易所涉知识产权法律问题的调研”工作，邀请市商委、自贸区企业代表进行座谈，对商标平行进口问题深入研究，形成专题调研报告。

3. 加强产权保护，服务保障供给侧结构性改革。天津高院知识产权庭起草了《天津市高级人民法院关于充分发挥审判职能作用依法保护产权的实施意见》，从十个方面推进产权保护法治化，专门强调加大对科技创新成果和商业经营成果的知识产权保护力度。天津高院知识产权庭还作为起草单位协助做好新闻发布会及会后的宣传工作。

4. 推进司法标准化建设，确保准确适用法律。2016 年天津高院起草了《侵犯信息网络传播权案件的审理标准》。一中院制定了《商标侵权案件的审理标准》。天津高院继续通过制定审判业务规范性文件实现对全市知识产权审判工作的指导，完成了《关于侵害发明、实用新型专利权纠纷案件的审判指南》并已下发执行。天津高院召开全市知识产权法官培训会，专门对 2015 年制定的《关于侵害商标权纠纷案件的审判指南》进行培训。天津高院以《天津知识产权审判》为交流平台，定期发布知识产权典型案例，公布疑难案件裁判文书，刊登知识产权审判最新研究成果，为全市法院法官及时掌握知识产权审判动态，充分交流知识产权审判经验提供便利。

5. 继续探索审判体制机制创新，有效解决司法难题。为有效解决知识产权审判中经常遇到的专业技术事实认定难题，天津高院于 2011 年建立了“全市法院知识产权审判技术咨询专家库”，2016 年对专家库进行更新，重新聘请新老 79 名科学技术专家作为知识产权审判中的技术咨询专家，拓宽了科学技术专家参与审判的途径。知识产权审判中人民陪审员的参审比例进一步扩大，许多具备专业技术知识技能的人员被纳入了人民陪审员队伍，在知识产权审判中发挥了积极作用。

6. 积极推动天津市知识产权战略的实施。天津高院作为天津市知识产权战略领导小组成员，积极参加天津市知识产权“十二五规划”“十三五规划”的编制工作。按照战略推进计划的部署，认真履行职责，积极推动天津市知识产权战略的实施。天津高院还从知识产权审判的角度，积极参与了天津自贸区制度创新工作实施方案和制度创新清单的制定和落实工作，助力天津自贸区的创新发展。

三、坚持司法公开，积极回应人民群众的新期待新要求

为了加大司法公开力度，进一步提升司法公信力，2016 年 4 月 7 日，天津高院知识产权庭组成由庭长咸胜强担任审判长的五人合议庭对齐白石继承人齐良末等与湖南美术出版社、天津市超越世纪图书商贸有限公司侵害著作权纠纷再审审查案进行公开听证，并邀请部分人大代表、政协委员旁听听证。在听证过程中，双方当事人均表达了调解意愿，并希望一并解决双方尚未审结的其他案件。天津高院、一中院和和平区法院上下联动，积极发挥司法能动性，在查清案件事实的基础上，圆满调解解决了数百起相关系列案件，并使双方当事人历经十余年的著作权纠纷全部得以化解，得到双方当事人的高度赞誉。

此外，“4·26”世界知识产权日活动期间，天津高院召开全市法院知识产权审判新闻发布会，发布 2015 年度知识产权司法保护状况白皮书和典型案例。全市其他法院也通过开展邀请人大代表和政协委员旁听知识产权案件庭审及座谈等活动，加大司法公开力度。知识产权法官继续为市知识产权局、科技创新企业、商业服务类企业开展依法保护知识产权的专题讲座，营造良好的知识产权法治氛围。

四、坚持协作配合，增强知识产权保护合力

天津法院与市科委、市知识产权局、工商局、版权局等知识产权部门加强沟通联系，建立和完善知识产权保护工作协作机制。为了加强自贸区知识产权司法保护，天津高院邀请市商委、自贸区企业代表进行座谈，对商标平行进口问题深入研究，形成专题调研报告，确保知识产权保护工作服务天津经济社会发展。天津高院完成最高人民法院 2015 年度审判理论自选课题《关于为天津自贸试验区建设提供司法保障的调研——创新知识产权司法保护模式服务（天津）自贸试验区建设》的调研工作。为完成最高人民法院审判理论重大课题《互联网与审判的关系研究》，天津高院课题组去上海、浙江、广东等地的法院及阿里巴巴、腾讯等互联网企业进行调研，课题顺利通过中期考核。通过调研，天津高院还顺利完成了法院系统重点调研课题《“互联网 +”背景下知识产权司法保护探析》调研报告，并通过验收。

五、坚持正规化、专业化、职业化建设，不断提升知识产权审判队伍的综合素质

队伍建设是知识产权事业发展的重要保障。天津法院认真学习贯彻习近平总书记关于政法队伍建设的重要指示，牢牢把握“五个过硬”的要求，深入推进思想政治、业务能力、纪律作风建设。始终把思想政治建设放在首位，切实增强政治意识、大局意识、核心意识、看齐意识，结合知识产权审判的特点和需要，深入推进知识产权法官队伍的正规化、专业化、职业化建设。多年来，天津法院知识产权法官一直保持了在廉政建设方面不出问题，无违法违纪的良好记录。

2016 年天津法院法官员额制改革基本

完成，目前全市法院专门从事知识产权审判的法官共28人，平均年龄43岁，半数以上为研究生学历，博士研究生学历2人，司法辅助人员19人，平均年龄28岁，68%以上为研究生学历。2011年天津高院两名知识产权法官获得全国审判业务专家称号；2012年一名知识产权法官被评为全国法院办案标兵；2015年一名知识产权法官获得天津市三八红旗手和天津市法院系统优秀法官称号。一中院知识产权法官被市级机关工委评选为市级机关党员先锋岗。天津法院知识产权法官获得系统嘉奖、荣立三等功、二等功的先后有10余人。多年来，天津知识产权审判人员撰写的学术论文在全国法院学术征文活动中获奖项的共12篇，撰写的调研报告获评天津法院优秀调研报告的3篇，2篇裁判文书获得全国优秀裁判文书一等奖。2015年，天津高院还成功申报了最高人民法院1项重大理论课题，1项重点调研课题。2016年天津高院与天津大学联合申报最高人民法院重大理论课题1项。

河北法院2016年度知识产权司法保护工作总结

2016年，河北法院知识产权审判部门全面贯彻落实党的十八大、十八届三中、四中、五中、六中全会及河北省第九次党代会的重大决策部署，认真学习领会习近平总书记系列重要讲话精神，充分发挥知识产权审判职能作用，积极服务保障经济强省、美丽河北建设，努力为创新驱动发展、“一带一路”、京津冀协同发展战略保驾护航，知识产权司法保护工作取得了新的进展。

一、狠抓执法办案“第一要务”，充分发挥知识产权司法保护主导作用

一是案件质效进一步提高。全省法院共受理一审知识产权民事案件1008件，审结808件，结案率80.16%。在审结的808件案件中，涉及专利权232件，商标权282件，著作权179件。省高院受理二审知识产权民事案件141件，结案137件，结案率97.16%。在审结的137件二审案件中，专利案件43件，商标案件38件，著作权案件22件。全省法院共受理知识产权一审刑事案件99件，审结84件；受理二审刑事案件12件，审结10件；共受理一审知识产权行政案件22件，审结21件；受理二审行政案件10件，审结10件。通过上述案件的公正审理，促进了科技成果的快速转化，提升了企业品牌意识，规范了版权产业的健康有序发展，有力打击了侵害知识产权犯罪行为，促进了行政机关依法行政。

二是不断加大损害赔偿力度。坚持以实现市场价值为指引，进一步加大知识产权案件的损害赔偿力度。特别是对重复侵权、故意侵权的，酌情确定适当高于市场价值的损害赔偿，有力遏制了知识产权侵权行为。石家庄寸方表业有限公司诉中电投石家庄供热有限公司不正当竞争案，依法判决赔偿150万元；上海联合制罐有限公司诉河北华糖传媒有限公司侵害商业秘密纠纷案，判赔55万元；河北养元智汇饮

品股份有限公司诉河北智尊智圣饮料有限公司等侵害商标权纠纷案，原告获赔30万元。

三是诉调对接效果明显。根据省高院与省知识产权局签订的《关于建立完善专利民事纠纷诉调对接机制的合作备忘录》，积极推进与知识产权行政管理部门的沟通联系，为充分发挥人民法院审判职能作用，及时有效化解知识产权纠纷，起到了较好的促进作用。石家庄中院成立专门诉调对接调解室，设立专人负责知识产权案件的诉调对接工作，2016年183件知识产权案件交由调解室调解，45件诉前调解成功，有效缓解了审判压力，减少了当事人的诉讼成本。

二、充分利用“世界知识产权日”等平台，不断延伸审判职能作用

一是积极服务创新河北建设。在“4·26”世界知识产权日前夕，省高院民三庭在甄树清副院长带领下，与石家庄中院张瑞明副院长等一行七人，到衡水市饶阳县、安平县就饶阳植物新品种保护、地理标志产品及丝网企业的品牌保护等问题进行实地调研，了解当地知识产权保护方面相关情况及存在问题，指导当地企业加强知识产权保护，取得良好效果。

二是召开知识产权保护座谈会。4月22日，为了解企业知识产权保护的具体情况，更好地维护企业知识产权方面的合法权益，省高院民三庭举办企业知识产权保护座谈会，向与会企业详细介绍了一年来知识产权司法保护的总体情况，听取了与会企业对知识产权保护的意见和建议，共同探讨了加强企业知识产权保护的相关问题。

三是举办新闻发布会。4月26日上午，省高院民三庭与新闻处共同组织召开知识产权司法保护新闻发布会，发布了我省知识产权司法保护状况白皮书及十件典型案例。省内外多家新闻媒体参加，新浪法院频道进行了全程直播，反响较大。

四是开展大型宣传咨询活动。省高院民三庭联合省知识产权局、省公安厅等单位于4月26日举办“4·26”保护知识产权大型广场宣传咨询活动，广泛宣传了党和国家关于知识产权工作的决策部署，展示了我省知识产权司法保护工作的最新进展，营造了尊重知识、崇尚科学、鼓励创新、保护知识产权的良好法律氛围。

五是集中公开审理案件。省高院民三庭及石家庄、秦皇岛、沧州等中院知识产权审判部门积极开展知识产权案件集中开庭、集中宣判活动。4月26日，省高院民三庭公开开庭审理并当庭调解一起知识产权案件，通过微博视频进行了直播。

据新浪法院频道与人民网舆情监测室联合作出的“阳光法院新媒体榜单”，4月26日，省高院知识产权司法保护新闻发布会视频直播观看量达到48690次，点播观看量达122310次，案件庭审直播观看量达18280次，点播视频观看量16010次。

三、大力加强监督指导，全面提升全省法院知识产权审判水平

为提高全省法院知识产权案件审判水平，省高院民三庭有针对性地加强了审判监督和业务指导。一是在全省法院知识产权审判培训班上，对全省法院知识产权审判提出新要求，对知识产权司法保护的四项基本政策进行了深入讲解；二是面对面地与石家庄、秦皇岛、衡水等有关中院进行沟通指导，增强对下业务指导的及时性、针对性和有效性；三是对社会影响较大的关联案件，加强工作协调，统一裁判标准，维护审判的权威性；四是总结审判经验，积极编写审判案例。两篇知识产权案例被收入《全省法院典型案例汇编》，在全省法院起到了很好的指导作用；五是积极利用裁判文书上网、信息化等手段，加强案例指导，最大限度统一裁判理念。

四、积极落实司法改革措施，大力推进知识产权案件“三合一”审判和跨区域管辖机制改革

一是积极参加员额制改革。进一步提高思想认识，深刻把握员额制改革的现实重要性，将落实员额制与司法责任制紧密结合，符合条件的审判人员积极参加员额法官的选拔。省高院民三庭符合条件的7名审判人员全部入额，入额法官办案积极性进一步提高，为全面落实“由审理者裁判，让裁判者负责”的司法责任制打下了坚实基础。

二是充分发挥陪审员作用。石家庄中院民五庭严格按照《人民陪审员管理与使用办法（试行）》的规定，于2016年4月首邀陪审员参与知识产权案件审理，全年陪审员共计参与审理案件186人次，取得了很好的法律效果和社会效果。

三是全力推进“三合一”审判。全国法院知识产权审判“三合一”推进会后，省高院民三庭及时向院党组汇报了会议精神，根据院党组的安排部署，初步研究制定了我省的具体实施方案，设立了相应协调机构。在全省法院知识产权培训班上，向全省法院传达了“三合一”审判的具体要求。“三合一”各项工作有序推进，研究确定了我省“三合一”审判集中管辖模式、案件管辖类型；与检察机关进行了初步联系沟通；审判机构对外更名工作已报省编办审批。

四是协助开展跨区域管辖。为贯彻落实北京知识产权法院跨区域管辖京津冀技术类知识产权案件试点工作，为顶层设计提供决策参考，省高院民三庭在认真调研的基础上，形成了《知识产权案件的跨区域管辖》的调研报告，在“第二次知识产权法院工作座谈会”上，进行了专题汇报，与知识产权法院进行了深层次的交流。

五、深入推进司法公开，司法公信力得到进一步提升

全省法院知识产权审判部门以信息化手段为依托，全面深入推进司法公开工作，司法公信力显著提升。

一是大力推进庭审公开。知识产权案件庭审网络直播力度不断加大，全省法院除涉及商业秘密等不宜直播的案件外，知识产权案件的庭审均通过河北法院网向社会公众直播。

二是大力推进文书公开。省高院民三庭加大对全省知识产权裁判文书上网公开的督导力度，全省法院坚持以公开为原则，不公开为例外，除涉及商业秘密及调解方式结案的裁判文书外，生效知识产权裁判文书及时上传中国裁判文书网向社会公开。

三是大力推进审判流程公开。全省法院以信息化建设为依托，积极试点知识产权案件“互联网＋”新模式，不断加大审判信息录入的完整性，方便当事人快捷登录互联网查询案件情况。

六、加强政治业务学习，着力抓好知识产权审判队伍建设

全省法院知识产权审判部门以全面落实从严治党为主线，扎实推进思想作风建设，大力加强政治业务学习，狠抓队伍建设，一手抓审判，一手抓党建，确保了党建和审判工作取得双丰收。

一是加强政治理论学习，进一步提高政治思想水平。认真学习党的十八大、十八届三中、四中、五中、六中全会精神，学习习近平总书记系列重要讲话精神，学习《中国共产党党章》《中国共产党廉洁自律准则》《中国共产党纪律处分条例》

等党章党规，学习李保国等先进模范事迹，坚定了理想信念，夯实理论功底，增强了“四个意识”，坚定了“四个自信”。

二是积极组织参加业务培训，不断提高司法能力。举办全省法院知识产权审判培训班，培训全省法院知识产权审判法官80余人。培训班特别邀请最高人民法院知识产权庭、北京知识产权法院、中国政法大学、中国知识产权研究会的专家学者，分别就司法保护基本政策、商标权、著作权等多方面知识产权司法保护实务问题进行了深度讲解。石家庄中院民五庭积极参加海外知识产权培训，进一步了解了海外知识产权保护现状、最新司法动态，拓宽了知识产权审判视野，提高了审判队伍的综合素质和司法能力。

三是深入推进纪律作风建设，确保廉洁司法。扎实开展“两学一做”学习教育活动，时刻把纪律规矩挺在前面，增强了争做“合格党员、合格法官”的自觉性；积极开展各项党建活动，不断增强知识产权审判队伍的凝聚力、战斗力；严格遵守“八项规定”等廉洁自律的各项规定，做到令行禁止，确保廉洁司法。

山西法院2016年度知识产权司法保护工作总结

2016年山西法院知识产权审判工作坚持司法为民、公正司法，积极依法履职，坚持以改革创新精神推动知识产权司法事业发展，充分发挥司法保护知识产权的主导作用，着力打造裁判尺度统一，优化审判资源配置，为创新驱动发展及“大众创业、万众创新”战略的实施提供了坚强有力的司法保障。

一、坚持审判第一要务，公正高效完成审判任务

2014年至2016年我省共受理知识产权民事案件1156件。在新收案件中，按照案件审理程序划分，共受理一审民事案件993件，二审民事案件160件，再审3件；按照案件所涉客体类型划分，共有专利案件172件，植物新品种案件17件，商标案件556件，著作权案件385件，商业秘密案件12件，其他不正当竞争、技术服务合同案件14件。三年共审结各类知识产权案件1059件，其他中审结一审案件902件，结案率为90.83%。审结二审案件157件，结案率为99.36%。

山西高院2016年共受理知识产权民事案件92件，其中二审民事案件89件，申请再审案件3件。涉及专利案件13件，植物新品种案件3件，商标案件41件，著作权案件29件，技术合同3件，商业秘密案件9件，其知识产权纠纷案件3件；审结二审案件142件，结案率为98.88%，调撤33件，调解4件，调撤率为41.57%。

近三年各市中院受理知识产权案件情况为：太原中院受理著作权纠纷案件154件，商标权纠纷案件304件，专利权纠纷案件118件，植物新品种纠纷案件12件，其他知产纠纷案件14件；大同中院受理著作权纠纷案件13件，商标权纠纷案件22件；阳泉中院受理著作权纠纷案件5件，商标权纠纷案件14件，其他知产纠纷案件

13 件；长治中院受理著作权纠纷案件 1 件，商标权纠纷案件 2 件，专利权纠纷案件 1 件，技术服务合同案件 2 件；晋城中院受理著作权纠纷案件 19 件，商标权纠纷案件 4 件，其他知产纠纷案件 4 件；朔州中院受理著作权纠纷案件 30 件，商标权纠纷案件 18 件；忻州中院受理著作权纠纷案件 8 件，商标权纠纷案件 8 件，技术服务合同案件 3 件，其他知产纠纷案件 1 件；吕梁中院受理著作权纠纷案件 8 件，商标权纠纷案件 21 件，技术服务合同案件 2 件，其他知产纠纷案件 1 件；晋中中院受理著作权纠纷案件 15 件，商标权纠纷案件 29 件，技术服务合同案件 2 件，其他知产纠纷案件 2 件；临汾中院受理著作权纠纷案件 23 件，商标权纠纷案件 42 件，技术服务合同案件 3 件；运城中院受理著作权纠纷案件 31 件，商标权纠纷案件 38 件，技术服务合同案件 6 件，其他知产纠纷案件 1 件。

全省知识产权案件总数量与往年大致持平，没有明显上涨趋势，与此同时，其他新类型、复杂、复合权利知识产权案件类型有所增多，审理难度不断加大。中、高两级法院审理的关联案件和批量上诉的关联案件较多，2016 年审理案件的工作量增多，审理难度明显增加。从各中级法院受理知识产权案件数量可以看出，知识产权纠纷数量与区域经济发展程度高低成正比，受理案件数量不均衡。由于山西地区近年经济发展缓慢及地区差异较大，因此各中级法院受理的知识产权民事案件差异很大。其中，太原地区、晋城地区、晋中地区、运城地区同期受理著作权纠纷、商标权纠纷明显高于其他地区受理案件数量。著作权纠纷中多为中国音像著作权集体管理协会等诉本地 KTV 歌厅等娱乐部门侵犯音乐作品著作权的关联案件。

二、充分发挥审判职能作用，不断提升产权司法保护的质量和水平

近年来，知识产权案件在我省其他城市仍以传统的侵害商标权、著作权纠纷为主，其中以商标侵权为主要类型，著作权纠纷中多为中国音像著作权集体管理协会等诉本地 KTV 歌厅等娱乐部门侵犯音乐作品著作权的案件。在太原地区则出现一批诸如信息网络传播权纠纷、计算机软件著作权纠纷、侵害商业秘密的不正当竞争纠纷等新类型案件。针对上述情况，山西高院坚持“加强保护、宽严适度”的基本政策，合理界定知识产权权利边界和保护力度，不断加强审判规范化建设，有效统一了知识产权案件裁判标准。如针对音像作品著作权商业维权案件中的新情况、新问题，为了公平合理平衡各方利益，促进版权使用费的规范收取，保障版权市场的健康发展，山西高院积极开展调研，通过组织地市版权局、KTV 歌厅经营业者召开座谈会，并与最高人民法院以及中国音像著作权集体管理协会协调沟通，重新明确了该类案件的裁判标准，为全省法院统一裁判尺度、提高审判质效提供了有效指导。通过努力，中国音像著作权集体管理协会与快乐迪 KTV 歌厅已达成和解协议，双方的著作权侵权纠纷已实现彻底解决。特别是在太原地区该类著作权侵权纠纷呈现出逐年递减的良好态势。

三、加强我省知识产权司法的主要举措

为贯彻落实好中共中央、国务院印发《关于完善产权保护制度依法保护产权的意见》的精神，对完善产权保护制度、推进产权保护法治化工作进行了全面部署，山西法院在知识产权审判工作中，采取了一些积极的做法。

一是树立正确的知识产权司法理念。

知识产权审判作为知识产权保护事业和国家发展战略的重要组成部分，担负着促进自主创新、维护当事人合法权益和社会公共利益的重要职责。随着山西转型综改示范区工作进入实质性推进阶段，为加快深化转型综改提供强有力的司法保障，我省法院知识产权审判人员不断加深对新形势下知识产权司法保护的重要意义和主导作用的认识，充分发挥知识产权司法保护激发创新动力、创造潜力和创业活力的特殊作用，坚持各种所有制经济权利平等、机会平等、规则平等，对各类产权主体的诉讼地位和法律适用一视同仁，妥善审理各类知识产权纠纷案件，平等保护各类知识产权主体的诉讼权利和实体权益，维护市场竞争平等和公平，有效推进我省综改的深入开展和经济快速健康发展。

二是加强业务指导，不断提升知识产权审判人员的司法能力。为提高知识产权法官的司法能力和综合素质，山西高院知识产权审判庭不定期地组织召开全省知识产权审判工作会，并且与法官协会积极配合，开展全省知识产权审判人员的集中专业培训，通过邀请最高人民法院资深法官、法学专家等对知识产权司法政策、裁判规则、司法解释的理解把握，新类型、疑难案件的法律适用等问题进行专题培训，有效提升了我省知识产权审判人员准确把握知识产权司法政策、正确适用法律的司法能力，也有效提高了审判人员化解矛盾纠纷，解决实际问题的综合能力。

三是为贯彻落实党的十八届四中全会确定的司法体制改革任务以及《国家知识产权战略纲要》《关于深化体制机制改革加快实施创新驱动发展战略的若干意见》《深化科技体制改革实施方案》提出的具体要求，同时结合2016年7月5日最高人民法院下发的法发〔2016〕17号《关于在全国法院推进知识产权民事、行政和刑事案件审判“三合一”工作的意见》的工作要求，充分发挥知识产权司法保护的主导作用，推进知识产权审判体制和工作机制改革，我省法院紧密联系实际，在借鉴兄弟单位先进经验的基础上，探索一条适合我省知识产权审判“三合一”的审判方式，逐步推进“三合一”工作。去年，山西高院经党组研究决定，将民三庭正式更名为知识产权审判庭，并成立推进“三合一”工作协调组，并向全省法院知识产权审判庭及时印发南京会议讲话和会议文件。在此基础上，结合我省实际及在太原中院开展知识产权审判“三合一”试点的经验总结，出台《关于在全省法院开展知识产权审判“三合一”工作的实施意见》，该意见对全省法院确定知识产权审判庭名称以及知识产权案件审理范围、审判组织、案号编制等作出了详细规定，在该意见讨论定稿后，拟在2017年将在全省法院全面开展“三合一”工作。

四是加强知识产权审判司法调研和法治宣传工作。通过对知识产权审判工作中的新情况、新问题的调研，及时总结司法审判经验，不断完善知识产权保护司法政策，统一司法尺度、裁判标准。通过对知识产权审判工作的法治宣传，特别是开展内容丰富的“4·26”世界知识产权日主题宣传活动，以及利用裁判文书上网、庭审直播等司法公开平台，推动形成保护知识产权的良好社会氛围，促使保护知识产权的观念深入人心，推动形成保护知识产权的良好社会氛围。

四是注重以调解手段化解纠纷。全省法院在严格依法办案的前提下，加大调解工作力度，不仅降低了侵权人的赔偿数额，也减少了权利人的维权诉累，不仅化解矛盾更实现共赢，取得良好的法律效果和社会效果。例如：我院审理的美国磊若软件公司（Rhino Software，Inc.）诉侵权人侵害计算机软件著作权纠纷系列案中，为化解权利人与侵权人双方的矛盾，彻底制止侵权人的侵权行为，我院做了大量的调解工作，使侵权人认识到自己行为的严重后果，主动停止了侵权行为并积极承担赔偿责任，从而有效地保护了权利人的合法权益。而在我院审理的中国音像著作权集体管理协会与快KTV歌厅经营业者侵害著作权纠纷系列案中，为了公平合理地平衡各方利益，我院采取双方当事人与当地行政管理部门进行座谈、同音集协总部进行沟通等工作方式，明确双方的权利义务，对双方当事人进行悉心调解，大大增加了该系列案的调撤率，2016年侵害著作权纠纷撤诉案件15件，调解4件。

内蒙古法院2016年度知识产权司法保护工作总结

2016年，内蒙古自治区法院以党的十八大及十八届三中、四中、五中、六中全会精神和习近平总书记系列重要讲话精神为指导，牢牢把握“司法为民、公正司法”主线，紧紧围绕“努力让人民群众在每一个司法案件中感受到公平正义”的目标，强化审判管理，努力提高司法能力和水平，坚持能动司法、阳光司法，以改革创新和求真务实的工作作风，持续提升知识产权审判业绩，为建设创新型内蒙古，服务保障“一带一路”建设提供有力知识产权司法保障。

一、抓审判，重质效

2016年我区受理知识产权纠纷案件503件，其中知识产权民事案件477件，案件类型涉及商标专用权纠纷、著作权纠纷，专利权纠纷等；知识产权刑事案件26件，案件类型涉及销售假冒注册商标的商品罪、非法制造、销售非法制造的注册商标标识罪、侵犯著作权犯罪。知识产权民事、刑事案件共审结497件，未结6件，审限内结案率为100%。

（二）突出特点

1. 案件数量略有上升，且案件类型呈多样化。随着我区科技创新水平和文化产业的发展加快，知识产权案件类型日益增多，已涵盖权属纠纷案件、侵权纠纷案件、许可合同纠纷案件，不正当竞争纠纷案件等类型。案件所涉及的技术领域也越来越来广，不仅包括外包装、农机具、路灯等与普通大众息息相关的技术，还涉及生物、制药等相对“高精尖”的技术领域。

2. 权利人系列维权的现象较普遍。全区各盟市中级人民法院虽然受理案件数量不均衡，但受理系列案件的情况较普遍。权利人往往选择在不同的地区同时取证，起诉同一类型的系列维权案件，其中涉卡拉ok经营者的侵犯著作权纠纷的系列案件数量比较突出。

3. 复杂疑难案件和新类型案件不断增多。既有（株）S. M. ENTERTAINMENT诉鹿晗及内蒙古伊利实业集团股份有限公司侵权责任纠纷案、CJ第一制糖株式会社诉内蒙古伊品生物科技有限公司侵害发明专利权纠纷案、北京四环制药有限公司诉齐鲁制药有限公司侵害发明专利权纠纷案等多起类型新、复杂程度高、涉诉标的大、社会影响力广的重大疑难案件，又有广州富可士数码科技有限公司诉内蒙古财经大学、内蒙古众志伟业科技有限公司、沧州冠杰电子设备有限公司侵害外观设计专利权纠纷案等涉及多个经营主体或多重法律关系的复杂案件。

4. 知识产权刑事案件的专业性问题判断难度增加。如侵犯著作权案件中涉及侵权软件与“正版软件”的比对问题以及“镜像”等计算机领域内的专业术语的了解，对审判人员的综合能力提出了更高的要求。

（三）主要举措及亮点

1. 坚持典型案例评选活动，继续发挥典型案例指导作用。编辑下发《知识产权典型案例汇编》指导各中院树立精品意识，着力提高知识产权案件的审判质量。

2. 与文化市场管理部门协调，尝试源头解决涉卡拉OK经营者著作权纠纷系列案件。呼和浩特市文化局根据呼和浩特市中级人民法院的司法建议组织全市卡拉OK经营者协会代表与中国音像著作权集体管理组织充分协商，共同探索卡拉OK经营者支付MTV作品的版权使用费的合理标准。双方经多次协商，共同确认依据卡拉OK经营者的经营规模将全市卡拉OK经营者分为三个等级，并酌情分级确定远低于全国收费标准的版权使用费标准。现双方已初步形成呼和浩特地区的三级收费标准，呼和浩特文化局正在督促双方积极履行，尝试从源头化解此类矛盾纠纷。

3. 向先进地区学习调研。自治区高院与北京高院联系，带领呼和浩特市中级人民法院到北京市高级人民法院学习知识产权审判相关的法律问题，学习先进理念、规范性意见、典型裁判，着力提升知识产权专业审判水平和能力。

4. 增强法院与律师的良性互动，促进知识产权审判工作。呼和浩特市中级人民法院对诉讼程序、诉权保障、调解和解、裁判文书等重要事项及相关进展情况，依法及时告知律师，实现与律师之间的良性互动，进一步发挥律师在案件调解、释法工作中的良好作用，着力提高知识产权审判的法律效果和社会效果。

二、抓调研，重指导

努力加强调研工作的开展，指导全区各中级法院对于审理案件过程中遇到的新类型、疑难案件和新问题，积极进行讨论、探索、总结、分析，对有些案件背后折射出来的重大理论问题、法律适用的空白进行挖掘和系统研究，尽量形成一定的研究成果，为审判工作提供重要的理论支撑。其中，呼和浩特市中级人民法院承担全区重点调研课题《知识产权审判专业化》，最终形成《关于审理侵害著作财产权纠纷案件适用法定赔偿的裁判指引》，并下发各中院学习借鉴。此外，召开全区法院知识产权审判工作座谈会，对当前和今后一个时期的知识产权审判工作进行了部署，庭长对近年来知识产权审判工作中集中反映的具体问题，提出指导意见。

三、服务大局，能动司法

（一）增强知识产权司法保护的主动性

为深入实施创新驱动发展战略，建设创新型内蒙古，充分发挥知识产权审判在推动创新发展中的职能作用，切实为自治区创新发展战略提供有力的知识产权司法保障，自治区高院制定《内蒙古自治区高级人民法院关于充分发挥知识产权审判职能作用为自治区创新驱动发展战略提供有力司法保障的意见》，切实把思想和行动统一到党中央和自治区党委的重大决策部署上来，为科技强区提供有力司法保障服务。

切实增强知识产权审判工作服务的主动性与实效性，进一步落实自治区高级法院《关于强化企业知识产权司法保护工作的若干意见》，强化与科技名牌企业、知识产权试点企业、文化产业示范基地的联系。两级法院前往蒙草抗旱公司等企业与相关企业进行座谈，了解企业知识产权保护的总体情况及在知识产权创造、运用、保护和管理方面的经验和做法，探讨企业在知识产权保护中遇到的难题和困惑，听取企业在知识产权司法保护方面的建议和意见，对企业在知识产权司法保护方面存在的问题依法提出建议，受到企业赞誉。

（二）参与社会管理，高度重视司法建议工作

针对全区法院涉及卡拉 OK 经营者著作权纠纷案件居高不下的情形，鉴于呼和浩特市中级法院探索的源头解决尝试，向包头市文化局发出司法建议，建议该局借鉴呼和浩特市文化局的做法，充分发挥该局职能作用，牵头组织该市卡拉 OK 经营者（协会）代表与中国音像著作权集体管理组织，共同协商确定具有可操作性的版权收费标准，以减少该市卡拉 OK 经营者和中国音像著作权集体管理组织之间的纠纷，促进包头地区的文化事业繁荣发展。

（三）指导全区法院开展知识产权宣传周系列活动

利用“4·26”世界知识产权日，部署全区法院在辖区范围内组织开展知识产权宣传周活动。

1. 集中公开审理、宣判案件。并对媒体开放，推进阳光司法，营造了以公开促公正的良好知识产权司法保护氛围。分管院长审理知识产权案件，落实院、庭长办案机制，发挥领导引领示范作用。

2. 开展送法进企业活动。分别走访所辖区域内知识产权试点企业和科技名牌企业，与企业法务人员座谈，了解经济新常态下企业知识产权法律需求，赠送法律资料，延伸司法服务，积极营造促进企业自主创新发展的司法保护环境。

3. 开展知识产权司法保护入校园活动。开展现场普法宣传和知识产权讲座，有针对性地宣讲国家知识产权发展战略、知识产权政策及知识产权法律、法规，激发新时代大学生的创新、创造、创业的热情。

4. 在公共场所开展知识产权宣传、咨询活动。布置宣传展板、发放宣传单、提供咨询活动，积极营造全社会“尊重知识、崇尚创新，诚实守信”的知识产权文化。

5. 配合其他司法、行政执法机关开展联合执法活动。与当地检察院、公安局、工商局等司法、行政执法机关联合执法，开展专项执法检查活动，并公开销毁一批假冒注册标识、假冒注册商标的商品及非法出版物等物品，有效震慑了知识产权违法、犯罪行为。

6. 利用传统媒体和新媒体，拓展宣传的深度和广度。通过报刊及电视，电台等多种媒介，集中宣传报道知识产权宣传周活动。其中，呼和浩特市中院专门召开新闻发布会，通报知识产权司法保护状况。做客内蒙古电台“法治直播间”栏目，以案说法，与听众积极互动，倡导市场主体提高知识产权法律意识，尊重知识产权，降低知识产权诉讼风险。利用微信平台，扫描二维码的方式发放《知识产权电子宣传单》，创新宣传方式，吸引公众参与，取得良好的宣传效果。

全区高、中两级法院在宣传周活动期间，通过开展形式多样的知识产权宣传活动，延伸能动司法职能，拓展知识产权、

环境资源宣传的深度和广度，在社会公众中营造鼓励尊重知识产权、保护环境资源的良好氛围，取得良好的法律效果和社会效果。

四、推进司法公开，回应群众需求

坚持以公开促公正，运用新闻媒体、微博等现代信息技术和方式，丰富司法公开的形式和内容，主动接受监督。从有利于强化社会对审判工作的监督，有利于提高审判工作的社会公信力出发，不断推进司法公开，坚持不懈地提高司法透明度。尝试通过新闻媒体促进审判公开，回应人民群众对司法公开的新期待，保证人民群众的知情权和社会各界的监督权。主动邀请人大代表、政协委员、新闻媒体、社会公众和企业代表旁听案件的庭审，增加司法公开透明度，提升企业诚信守法意识，提高消费者识假辨假能力，形成自觉抵制假冒伪劣商品、重视知识产权保护的社会气氛，营造了知识产权保护的良好舆论环境。

辽宁法院2016年度知识产权司法保护工作总结

2016年，辽宁法院系统认真贯彻实施国家知识产权保护战略，充分发挥知识产权司法保护的主导作用，坚持“司法主导、严格保护、分类施策、比例协调”的知识产权司法保护基本原则，大力加强知识产权审判工作力度，较好地完成了2016年的知识产权审判工作任务。

一、全省知识产权案件审理情况

2016年度知识产权案件一审案件新收1679件，同比增长50.45%，旧存201件，结案1610件，同比增长62.63%；二审案件新收191件，旧存16件，结案171件；再审案件新收1件，旧存1件，结案2件。

二、知识产权案件特点

（一）新类型和疑难复杂案件持续增多，审理难度加大

涉及新商业模式的新类型案件和疑难案件继续出现。滥用市场支配地位的反垄断纠纷、确认不侵害专利权纠纷、网络域名权属纠纷、涉及商业诋毁、商业贿赂、低价倾销、侵害商业秘密的不正当竞争纠纷、网络著作权案件、信息网络传播权、计算机软件著作权、技术合同、网络域名、特许经营、企业名称权、商业秘密及虚假宣传等新类型案件占比较高，增加较快。案件中相关的技术和法律问题日趋复杂，涉及的经济利益愈加重大，有的案件直接关系到企业的生存发展和行业的兴衰成败。

（二）涉及名企、名牌案件持续增多，请求赔偿额高

受理了微软公司、普拉达有限公司、保罗弗兰克、格林豪泰酒店（中国）有限公司、大连彤德莱餐饮管理集团有限公司、中粮集团、老凤祥股份有限公司、华强方特（深圳）动漫有限公司、安庆市高平老奶奶食品有限责任公司、上海英雄（集团）有限公司、康恩贝制药股份有限公司、北京三面向版权代理有限公司、上海美术电影制片厂有限公司、中文在线数字出版集团股份有限公司、和美酒店管理（上

海）有限公司等国内外知名企业提起的诉讼，涉及中华铅笔、老奶奶花生米、长城干红葡萄酒、康恩贝药品、格林豪泰酒店、彤德莱火锅、日丰管、如家酒店、时尚经典婚纱摄影、荟萃金店等名牌的商标侵权案件和大嘴猴、熊大、熊二、光头强、喜羊羊卡通形象等著作权侵权案件。还包括涉及本田、惠普的专利侵权诉讼、中国石油公司的商标维权诉讼、飞利浦公司的域名维权诉讼、3M与得力公司的商标侵权诉讼、侵犯植物新品种权纠纷案件以及请求赔偿额高达千万的侵犯商业秘密纠纷案件。与前些年中小企业维权、标的额在几万元的情况不同，今年涉及跨国企业、请求赔偿额超过百万的比比皆是。

（三）大连西岗区法院集中维权案件较多

受理安庆市高平老奶奶食品有限责任公司、老凤祥股份有限公司、中国音像著作权集体管理协会、华强方特（深圳）动漫有限公司、烟台三环锁业集团有限公司、锦州市神炭烧烤总汇、北京三面向版权代理有限公司、上海英雄（集团）有限公司、广东原创动力文化传播有限公司、中文在线数字出版集团股份有限公司等10余家企业集中维权案件，占全部知识产权案件的85%左右。

三、知识产权审判工作亮点

（一）遵循先例、同案同判、上下联动，确保裁判结果统一

对于在全省多地区受理的关联案件，为统一裁判尺度，我院尊重先例，通过上下级法院联动与参考其他法院先例的方式，确保裁判结果一致性。加强对典型案件的研究，重点针对知识产权批量案件较多的特点及存在的问题，进行了一些有益尝试，也取得了较好的效果。一是强化司法文书送达。合议庭除按照民诉法的相关规定依法送达外，强化文书送达准备工作、基层组织联动，送达过程固定，送达法律宣传。对于在外地的被告实行委托送达，提高送达效率，效果显著。二是采取集中开庭、合并审理的庭审操作模式，确保庭审质效和减轻当事人的诉累。三是规范审判管理，确保批量案件的“同案同判”，依照其侵权事实，统一判决赔偿标准。四是在强调保护的同时兼顾利益平衡，确保案件审理的社会效果。重视兼顾涉及行业发展生存、诉讼弱势群体案件当事人的利益平衡，注意克服诉讼市场化运作带来的负面影响，实现案件审理法律效果和社会效果的有机统一。五是建立适合知识产权批量案件特点的纠纷解决机制。强化诉前疏导、诉讼中调解，注重完善诉讼与非诉讼相衔接的矛盾纠纷解决机制，积极引导当事人根据自己的实际情况，合理选择纠纷解决方式，注意发挥各种行业协会出面协调解决、行政执法机关在作出行政处罚时进行行政调解等作用，形成化解矛盾纠纷的社会合力。

（二）坚持多措并举，努力打造知识产权审判工作的专业化水平

一是充分发挥知识产权技术专家库的作用，开拓知识产权审判思路。定期与省内大学知识产权司法保护基地知识产权技术专家和学者进行交流研讨，充分发挥知识产权审判技术咨询专家库的优势作用，为知识产权审判工作提供可靠的技术支持。二是坚持调解优先，促进和谐司法。在审判中注重鼓励创新技术发展，积极协调知识产权局、相关行业协会等各方力量，尽最大可能促使双方当事人从矛盾对抗走向合作发展；做好关联案件调解工作，引导当事人将侵权纠纷转化为正当经营、市场发展、社会和谐多方共赢。

黑龙江法院2016年度知识产权司法保护工作总结

2016年，黑龙江省法院系统全面贯彻落实最高人民法院关于加强知识产权司法保护工作的各项要求和部署，围绕“努力让人民群众在每一个司法案件中感受到公平正义”的工作目标，坚持司法为民、公正司法工作主线，抓住执法办案这一中心要务，积极推进服务大局、调研指导和队伍建设，知识产权审判工作取得了新进展。

一、围绕依法履行职责，切实提高审判质效

2016年，黑龙江省两级法院新收知识产权案件数量较往年有所上升，全年共受理各类知识产权民事案件338件（含旧存24件），同比2015年的291件上升16.2%；结案316件，同比2015年的263件上升20.2%；结案率93.5%，高于2015年3.1个百分点。全年共受理各类型知识产权民事一审案件290件，其中新收266件，与去年同期的235件相比上升13.2%；审结268件，结案率92.4%，高于去年5.4个百分点。全年共调解和经调解撤诉146件，调撤率为46.2%，低于去年14.7个百分点。

在新收一审案件中，权属侵权纠纷案件241件，占知识产权民事案件收案总数的83.1%，合同纠纷案件21件、不正当竞争纠纷案件4件。在案件类型上，著作权纠纷案件、商标权纠纷案件、专利纠纷案件分别为107件、102件和41件，分别占收案总数的36.9%、35.2%和14.1%，其余为不正当竞争纠纷案件和技术合同纠纷案件。黑龙江高院共受理各类型知识产权民事二审案件48件，其中新收48件（著作权纠纷15件、商标权纠纷18件、专利权纠纷8件、其他7件），同比去年新收的56件下降14.3%，审结48件，结案率为100%，审结案件中共调解和经调解撤诉15件，调撤率为31.3%。

针对今年全省收案数量大幅上升的实际情况，为确保顺利完成审判任务，全省法院积极采取各种有效措施，进一步提高办案质量和办案效果，依法及时维护当事人的诉讼权利。重点做了以下几项工作：

一是注重审判管理的同步性和实效性。完善与审判权运行机制改革相适应的审判管理模式，依托数字法院办案系统，运用常态的审判管理监管案件质效。全部案件由正、副庭长担任审判长，裁判文书由审判长审核签发，并以文书专人核查、审判流程专人负责的方式确保案件质量及录入信息准确，全年无一件超审限案件，实现了案件信息系统录入百分之百准确。按照院机关电子卷宗随案同步生成的有关规定，目前，全部案件已完成同步扫描，上传至数字法院系统。

二是以庭审规范化、文书精品化为目标，提升庭审和裁判文书质量。通过细化庭前合议、庭前会议和开庭、审理等程序性事项，将案件基本事实、争议焦点、相关法律政策吃准、吃透，确保每起案件“一次开庭”，全年所有案件做到一次开庭结案。继续抓好文书精品化，结合最高人民法院下发的最新裁判文书写作规范，改进文书写作，结合个案，当繁则繁，当简则简，强化论理。

三是切实提升办案的社会效果和法律效果。牢牢把握“调判结合、案结事了”的工作原则，注重提升裁判效果，全年调解及经调解撤诉的案件15件，均已即时履行完毕。其中有多起涉我省知名企业侵犯他人知识产权纠纷，经准确把握，多方协调，在依法保护权利人同时，积极促成当事人和解，减少了因侵权给企业造成的负面影响，使案件得到圆满解决。

四是进一步推进院、庭长办案。今年全部落实了由正、副庭长担任审判长参加合议审理案件的工作机制，已审结的48起案件全部由正、副庭长担任审判长，其中正、副庭长主审案件8件，充分发挥了庭领导经验能力的优势。

二、围绕推进服务大局，切实发挥审判职能

一是扩大司法宣传。在“4·26”世界知识产权日期间，召开全省法院知识产权审判工作新闻发布会，通报全省法院知识产权审判工作情况，发布十大典型案例，进一步发挥典型案例的示范引导作用；参加全省知识产权保护状况新闻发布会，介绍我省法院知识产权审判工作情况；参加省知识产权局举办的《黑龙江省关于新形势下加快知识产权强省建设的实施意见》新闻发布会，介绍全省法院服务保障经济发展环境所采取的主要措施。

二是加强司法公开。落实审判流程公开的要求，及时公开立案、庭审、裁判文书、送达等审判流程信息。积极开展庭审直播录播工作，全年庭审直播录播案件11起，占全年案件的22.9%，直播、录播效果突出。扎实推进裁判文书上网工作，全年通过中国裁判文书网共发布裁判文书44篇，占依法可公开裁判文书的100%。

三是加强司法交流。与黑龙江大学联办第五届黑龙江知识产权司法保护论坛，选取典型案件与黑大师生共同进行模拟庭审，座谈研讨，将课堂设在法庭。受省法学会知识产权法学研究会邀请，参加全省知识产权座谈会，研讨疑难问题并作主旨发言。受省工商局邀请，出席黑龙江省著名商标认定条例专家研讨会，并对该条例提供专家建议。

三、围绕统一裁判尺度，切实强化调研指导

一是总结类案审判规律。全面贯彻精品审判战略，分析总结案件审理的新情况、新问题，为全省法院审理类案提供借鉴和参考。哈尔滨中院审理的王丹阳诉北京百度网讯科技有限公司滥用市场支配地位纠纷案，是我省受理的第一起反垄断案件，省高院对该案在立案及审理过程中遇到的各类程序及实体问题及时给予指导，对反垄断案件的审理提供了依据。

二是加大对下指导力度。今年，省高院专门组织召开全省法院知识产权审判业务培训班，传达落实全国法院知识产权审判工作座谈会精神，并邀请最高人民法院民三庭同志及省高院审判业务骨干讲授知识产权审判实务，澄清模糊认识，统一执法尺度。为适应农、林、铁机制改革，为跨行政区集中管辖知识产权案件做好准备，我庭选派两名法官陆续到相关法院讲授全省知识产权案件审理的基本概况及审判实务问题。

三是完成相关调研任务。根据我院民商事战线统一部署，对绥化、伊春中院近年来民商事审判工作情况进行了调研；完成最高人民法院布置的关于植物新品种、著作权等一系列调研任务；对省知识产权局开展的《全省知识产权战略实施推进计划》《2015年全省知识产权白皮书》等内容及时上报了意见和建议。

四、围绕抓好队伍建设，切实提高司法能力

一是切实加强纪律教育和廉政教育。结合十八届六中全会精神、习近平总书记系列重要讲话及对黑龙江工作的重要指示，深入开展“三严三实”专题教育，“两学一做”学习教育，重点学习《关于新形势下党内政治生活的若干准则》《中国共产党党内监督条例》，加强作风建设，规范司法行为，不断增强干警服务大局和廉洁司法的自觉性。

二是以提升审判人员业务素质为目的，定期开展法官讲坛活动。全年共举办“知识产权司法政策解读”“商标案件裁判规则”等为主题的六期法官讲坛活动。“法官讲坛”激发了全庭法官的学习热情，通过学习交流，相互借鉴工作经验，切实提升司法能力和水平。

三是积极开展案例编写工作，提升调研指导能力。今年我庭编写的韩某诉哈尔滨报达家政侵害商标权纠纷案被最高人民法院评为2015年中国法院五十件典型知识产权案例，编写的3个案例入选全省审判指导案例，还有3起知识产权案件被《中国知识产权》杂志刊登。

上海法院2016年度知识产权司法保护工作总结

2016年，是司法体制改革进入攻坚阶段的一年，也是知产审判取得丰硕成果的一年。全市法院知产庭在高院党组和各法院党组的领导下，开拓进取，奋发有为，充分发挥司法保护知识产权的主导作用，不断完善知识产权审判体制机制，大力加强审判工作和队伍建设，知识产权司法保护取得新成效，为推动上海创新驱动发展，加快具有全球影响力的科技创新中心和亚太知识产权中心城市建设提供了有力的司法保障。

一、狠抓执法办案，较好完成审判工作任务

（一）收结案总量再创新高

2016年，全市法院受理和审结各类知识产权案件总量增幅明显，共受理12171件（含管辖、申诉、执行、他字号等案件）、审结12255件，同比分别增长20.74%和31.28%。受理一审知识产权案件10028件，首次突破1万件。其中，受理一审知产民事案件9844件、审结9907件，同比分别增长23%和35.03%；受理和审结的一审知产刑事案件和行政案件总量呈下降趋势，受理知产刑事一审案件178件、审结179件，同比分别下降24.89%和28.4%；受理知产行政一审案件6件、审结7件，同比分别下降45.45%和46.15%。浦东法院案件增幅较大，共受理案件4003，同比上升80.97%。

（二）审判质效稳步提升

全市法院在收案总数继续保持大幅增长、办案力量不足的情况下，审判质效继续稳步提升。知识产权条线同期结案率100.48%，同比上升9.51%；知识产权民事案件调解、撤诉率为73.92%，同比上升2.27%；申诉率0.2%，同比下降0.07%；

人均结案数75.03件，同比上升12.9%。一审案件服判息诉率为88.27%，审限内结案率为97.24%，与去年同期基本保持平衡。

（三）审理了一批有重大影响的案件

如广州斗鱼网络科技有限公司与上海耀宇文化传媒有限公司著作权侵权及不正当竞争纠纷案，该案系我国首例电子竞技游戏网络直播不正当竞争案件，获评《人民法院报》2016年度人民法院十大民事行政案件；上海壮游信息科技公司诉广州硕星信息科技有限公司等侵害著作权、商标权及不正当竞争纠纷案，该案系我国首例将角色扮演类网络游戏的整体画面认定为类电影作品进行整体保护的案件；又如上海汉涛信息咨询有限公司诉北京百度网讯科技有限公司等不正当竞争纠纷案，认定百度公司未经许可在百度地图大量使用大众点评中用户点评信息，构成不正当竞争；再如"拍拍贷"侵害商标权案入选2016年度中国法院年度案例，被告人刘一明等假冒注册商标罪案入选由最高人民检察院评选的依法保障和促进科技创新工作十大典型案例。还有被称为"规则制定者之争"的高通股份有限公司与珠海市魅族科技有限公司等侵权犯发明专利权纠纷案等案件。上述案件社会关注度较高，社会影响较大。

（四）精品案件成果丰硕

上海法院知识产权精品案例工作继续取得好成绩。北京爱奇艺科技有限公司诉深圳聚网视科技有限公司其他不正当竞争纠纷案，该案系我国首例视频聚合盗链行为构成不正当竞争案件，入选《最高人民法院公报》案例。上海帕弗洛文化用品有限公司诉上海艺想文化用品有限公司、毕加索国际企业股份有限公司商标使用许可合同纠纷案入选2015年中国法院知识产权司法保护十大案件；卡骆驰公司等诉厦门卡骆驰贸易有限公司等擅自使用知名商品特有名称、包装、装潢、虚假宣传、擅自使用他人企业名称纠纷系列案等4件案件入选2015年中国法院知识产权司法保护五十件典型案件。另外，杭州市西湖区龙井茶产业协会诉上海雨前春茶叶有限公司侵害商标权民事纠纷案等4件案件入选2015年上海保护知识产权十大典型案例；美国某著名软件公司申请计算机软件诉前证据保全案、小熊游乐行李车著作权侵权纠纷案等5件案件入选2015年上海版权十大案件。

二、充分发挥司法职能，服务保障大局成效明显

（一）制定实施《知识产权审判"十三五"规划》

为适应"十三五"期间上海经济社会发展对知识产权司法保护需求，高院在全国率先制定了《知识产权审判"十三五"规划》（以下简称《规划》），确定了"十三五"时期上海法院知产审判总体目标、发展战略和主要任务，并提出了把上海法院建设成为当事人信赖的国内乃至国际知识产权司法保护"优选地"的目标，为今后五年上海法院知识产权审判工作的发展提供方向指引、发展动力和决策依据。最高人民法院陶凯元副院长、上海市赵雯副市长、上海市政协高小玫副主席均对此予以专门批示、给予充分肯定。浦东法院在《规划》出台后，认真贯彻落实《规划》任务，结合工作实际提出四项贯彻措施，取得较好效果。

（二）积极服务保障科创中心建设

全市法院知产庭充分发挥司法保护知识产权的主导作用，加大知识产权保护司法力度，为上海科技创新中心建设提供优质的司法服务。加大科技类案件审理力度，总结技术类案件的审判规则和方法，提升技术类案件审理能力。完善服务保障工作体制机制，知产法院在2015年出台服务保障上海科创中心建设26条意见的基础上，细化推出20项具体措施，着力提升知识产权保护力度。该院陈惠珍法官工作室走出张江，辐射全市高新技术产业园区，提供法律咨询和服务；徐汇法院深入漕河泾开发区，了解产业格局及企业知识产权保护情况，服务企业创新发展；杨浦法院深入杨浦科技创业中心，为企业发放《企业如何经营管理知识产权手册》，并与科技园区确定知识产权保护共建项目，服务科技创新。

（三）全力服务保障自贸区建设

知产法院设立涉自贸区知识产权案件专项合议庭，出台《关于设立自贸区案件专项合议庭的意见》，明确跨庭设立涉自贸区案件专项合议庭，更好地回应自贸区知产保护需求。浦东法院向社会发布《加强知识产权司法保护、服务保障中国（上海）自由贸易试验区建设三年情况》（白皮书），最高人民法院陶凯元副院长和市政府赵雯副市长对此作出重要批示，对浦东法院知产审判服务保障自贸区建设工作予以充分肯定。

三、坚持开拓创新，知产审判体制机制不断优化

（一）完善知识产权法院专业化审判机制

制定《关于知识产权民事诉讼中涉及技术事实司法鉴定的操作指引》，进一步完善多元化技术事实查明机制，全面建立了制度化、规范化的技术调查、技术咨询、专家陪审和技术鉴定“四位一体”技术事实调查认定体系。起草《外观设计专利侵权纠纷审理指引》与《上海知识产权法院关于依法确定专利侵权损害赔偿数额的若干意见》，探索确立类案审判规则。2016年5月初，由同济大学法学院知识产权学院发布了首份司法公信力第三方评估报告，评估综合指数得分为89.05分（满分为100分），整体达到良好水平，同时也为相关工作的改进完善提供了有益参考。

（二）完善知识产权刑事案件证据制度

高院会同市检察院、市公安局联合发布《关于办理知识产权刑事案件若干问题的意见》，对知识产权犯罪中证据收集、犯罪金额认定、鉴定程序等问题进行了规范。为规范知产犯罪案件证据标准和适法统一提供了依据。

（三）完善知产案件管辖机制

高院制定《上海市高级人民法院关于调整本市法院知识产权民事案件管辖的规定》，结合地域、案件类型、标的等因素，对知识产权民事案件地域和级别管辖进行了调整。

（四）积极推进裁判文书改革

高院民三庭拟定侵害商标权纠纷和侵害信息网络传播权纠纷两个案由的简化裁判文书格式和适用说明，在全市基层法院知产庭试行，对简化裁判文书进行了初步探索。

四、深化宣传交流，知产审判影响力日益扩大

（一）知产司法保护国际交流工作进一步深入

一是成功举办中欧法官论坛。3月17日至18日，由最高人民法院知识产权司法保护研究中心、中国法院知识产权司法保护国际交流（上海）基地、欧盟驻华使团联合主办，同济大学、中欧知识产权合作项目协办的“中欧法官论坛——创新驱动与知识产权司法保护”在上海举行。来自最高人民法院和全国各地法院的知识产权法官，中国知识产权法学研究会、中国人

民大学、中南财经政法大学、同济大学等科研院所的专家学者以及欧盟企业代表等共计100余人参加。会后，最高人民法院知识产权庭专门写来感谢信，对上海法院举办国际会议的能力和水平予以肯定，对高院相关部门的通力合作、敬业精神表示予以赞扬。在7月初召开的全国法院知识产权审判工作座谈会上，最高人民法院知产庭再次对本次论坛的成功举办表示肯定与感谢。二是接待了大批外国政府官员，国际组织和企业代表来沪交流。高院、知产法院全年近20次接待来自美国、欧盟、日本、韩国、WIPO等10多个国家、地区及国际组织的官员、司法机构人员和企业代表的来访，开拓了法官的国际视野、增进了理解和沟通，充分展示了上海法院知识产权司法保护成效。

（二）司法宣传活动力度进一步加大

在第16个世界知识产权日期间，高院召开知识产权司法保护新闻发布会，发布《2015年上海法院知识产权审判白皮书》和2015年上海法院知识产权司法保护十大案件；知产法院召开新闻发布会，以中英文对照本形式发布该院首份审判工作白皮书，通报2015年该院知识产权司法保护状况，发布中英文版典型案例；浦东法院召开知识产权司法保护新闻通气会，发布该院2015年知识产权审判白皮书和十佳知识产权案例。此外，全市法院知产庭还开展了知识产权专题讲座、法律咨询和公众开放日等一系列丰富多彩的知识产权司法保护宣传活动，如“黄浦知产讲堂”走进老西门茶城和天山茶城，就地理标志证明商标的保护等问题进行交流宣讲；普陀法院以“游戏动漫知识产权的司法保护”为主题，集中向区互联网协会成员以及环球港业主代表授课交流，进一步加大了司法公开力度、扩大了宣传效果。

（三）知识产权司法保护平台建设进一步完善

高院民三庭认真落实《上海法院知识产权司法公开平台建设实施细则》，不断加强知识产权司法保护平台建设，上海知识产权司法保护网站各栏目内容更加丰富，资讯更加及时，司法公开与司法交流平台作用更加凸显，得到了最高人民法院和社会各界的普遍认同。截至2016年年底，上海法院知识产权司法保护网共上传裁判文书18044篇，中英文信息与案例411篇，庭审直播300次，典型案例224篇，媒体聚焦221篇，图片新闻2216篇，学术研究97篇。

五、强化调研指导，知产审判水平稳步提升

（一）加大学术研讨力度

建立常态化学术研讨机制，针对审判实务中遇到的新情况、新问题，三级法院联动进行具有针对性、实用性的专题研讨。高院会同闵行法院、黄浦法院、知产法院分别组织召开了“商标多重许可中的法律问题”“涉深层链接的著作权侵权问题”“计算机软件的专利权保护问题”三个研讨会，邀请资深法官、高校学者及技术专家出席，为案件审理提供了指引。此外，知产法院举办了“专利审判实务研讨会”，浦东法院举办了浦东法院召开纪念知识产权“三合一”审判工作二十周年座谈会、“打造高素质知识产权司法保护法律职业共同体，推动上海科创中心、自贸试验区建设”研讨会和迪士尼知识产权司法保护调研座谈会，闵行法院举办了“网络视听企业法律研讨会”，围绕知产审判难点问题进行了深入探索。

（二）推进课题调研及案例编撰工作

2016年，课题调研取得了丰硕成果。一是顺利完成最高人民法院课题和司法统计分析。高院民三庭会同知产法院、浦东法院完成最高人民法院课题《知识产权法院案件管辖问题研究》和《知识产权“三合一”审判机制研究》。高院民三庭完成的2016年最高人民法院司法大数据专题分析的司法统计——《知识产权民事侵权案件赔偿数额专题分析》获评人民法院司法大数据专题分析二等奖。二是认真完成上海法院重大和报批调研课题。高院民三庭顺利完成高院重点调研招标课题《软件相关专利法律规则研究》。知产法院《知识产权法院司法公信力评估与建设问题研究》课题被评为优秀重点调研课题。高院民三庭《深层链接行为侵犯著作权的法律规制》、浦东法院《上海自贸区扩区后知识产权纠纷情况及对策研究》课题被评为优秀报批课题。三是市级课题顺利结项。浦东法院上海市哲学社会科学“十二五”规划2015年度系列课题《上海推进科技创新法制保障研究》，闵行法院2015年度上海市民主法治建设课题《知识产权审判刑民衔接实务问题研究》均顺利结项。此外，高院民三庭还翻译出版了最高人民法院知识产权审判年度报告（2008—2015），出版《上海法院知识产权案例精选（2013—2014）》，知产法院受国家知识产权局委托，承担了《案说专利法》的编著工作。

（三）强化对基层的指导

为应对重大新型案件增多的情况，高院民三庭建立了调研联系工作制度，安排高院审判长定期走访基层法院，开展办案交流、学术调研、问题反馈等活动，及时分析梳理审判实践中遇到的疑难问题，取得较好效果。

六、加强队伍建设，法官能力素养不断提高

（一）深入开展“两学一做”学习教育

全市法院知产条线认真开展“两学一做”学习教育活动，深入贯彻落实学习教育“基础在学，关键在做”的要求，通过党课、座谈等形式，引导全体党员认真学习党章、廉洁自律准则和纪律处分条例等规章制度，认真学习习近平总书记系列重要讲话精神，深入开展向邹碧华同志学习活动，争做合格党员，争做合格法官。通过学习教育，使全体党员进一步坚定理想信念，增强党性观念，恪守职业道德，公正为民司法。

（二）举办法经济学系列高级研修班

12月5日至11日，高院民三庭组织举办了“法经济学高级研修班”和“法经济学·反垄断高级研修班”，邀请中美知名法经济学、反垄断领域专家来沪授课。全市法院各条线法官共计130余人和来自全国20个省、市、自治区的75名知识产权法官分别参加了两个研修班。这是中美合作首次对法官进行经济学专题培训，对进一步提升中国法官经济学理论水平和审判反垄断案件的司法能力具有重要意义。

（三）认真开展菜单式培训和条线业务培训

高院民三庭与干培处成立知产培训教研组，制定培训规划，将知识产权条线培训纳入菜单式培训。9月12至14日，高院民三庭邀请最高人民法院知识产权庭法官围绕专利法司法解释二、商标及著作权审判实务，对全市知产法官展开了为期三天的业务培训，进一步提升知产法官的专业审判能力。

（四）涌现一批先进集体和先进个人

在全市法院知产法官的辛勤工作和共

同努力下，2016 年全市法院知产条线很多集体和个人都获得了荣誉和表彰。其中，浦东法院、普陀法院、杨浦法院民三庭分别荣获国家版权局 2015 年度查处侵权盗版案件有功单位一、二、三等奖。知产法院知产一庭获全市法院集体一等功，高院、闵行法院、杨浦法院民三庭分别获集体二等功，普陀法院、徐汇法院民三庭分别获集体三等功。知产法院吴盈喆法官被评为全国法院办案标兵，高院民三庭马剑峰法官被授予上海法院优秀法官称号，知产法院胡宓法官被评为上海法院办案标兵；知产法院徐燕华法官荣获全市法院个人二等功，浦东法院杨捷法官、普陀法院张佳璐法官荣获全市法院个人三等功。知产法院吴盈喆法官、普陀法院鲁君庭长荣获“邹碧华式的好法官、好干部”称号。在“四个一百”评选中，全市法院知产条线共有 9 个精品案例、13 篇优秀裁判文书、9 个示范庭审、3 名办案标兵光荣入选。

江苏法院 2016 年度知识产权司法保护工作总结

2016 年，江苏法院认真贯彻落实党的十八大、十八届六中全会、中央及全省经济工作会议精神及《关于完善产权保护制度依法保护产权的意见》等系列文件精神，积极履行审判职能，紧紧围绕“努力让人民群众在每一个司法案件中感受到公平正义”的目标，围绕创新在发展全局中的核心位置，充分发挥司法保护知识产权、规范市场竞争秩序的主导作用，以维护统一透明、有序规范、公平竞争、充满活力的市场环境。

一、加强知识产权司法保护，营造有利创新的良好氛围

一是依法审理大量知识产权案件。2016 年，全省法院共受理知识产权民事案件 13449 件，其中新收一审案件 10058 件，同比增加 9.6%；共审结 11727 件，同比增加 30.8%。新收一审案件中，著作权纠纷案件 4542 件，占 45.2%；商标权纠纷案件 3592 件，占 35.7%；专利权纠纷案件 958 件，占 9.5%；不正当竞争纠纷案件 178 件，占 1.8%；技术合同类案件 253 件，占 2.5%；其他类型案件 535 件，占 5.3%。

二是继续大力推进知识产权审判精品战略，充分发挥审判对社会的规则治理作用。继续注重加强对新类型、疑难复杂案件的审理，难案精审，通过裁判明确划定权利边界和商事行为、竞争行为边界，为市场主体的创新行为和商事行为、竞争行为提供明确的规则指引，营造公平竞争的市场经济秩序。审结樱花卫厨（中国）股份有限公司诉苏州樱花科技发展有限公司等侵害商标权及不正当竞争纠纷案，判决认定法定代表人陆续成立公司实施重复侵权行为，公司成为其实施侵权行为的工具和载体，则法定代表人应与公司构成共同侵权。审结北京赤那思电气技术有限公司诉江苏赤那思电力科技有限公司、南通赤那思电力设备有限公司侵害商标权及不正当竞争纠纷案，重点探讨了企业知名度与其注册商标知名度的关系，分析了被告企业名称继续使用或停止使用的不同情形。

审结马奇公司、阿里斯顿中国公司诉嘉兴阿里斯顿公司商标侵权及不正当竞争纠纷案，对于准确理解驰名商标司法保护法律规定，准确把握驰名商标司法认定的条件，以及加强对驰名商标的司法保护力度，具有典型意义。审结好孩子儿童用品有限公司诉滕州市奥森家具有限公司等侵害外观设计专利权纠纷案，提出在外观设计专利侵权判定中，应尽量引入与外观设计专利产品相同或近似种类产品的现有设计作为侵权判断基准，规范了外观设计专利侵权判定的裁判方法。审理的上海柴油机股份有限公司诉江苏常佳金峰动力机械有限公司侵害商标权纠纷案、南京同舟知识产权事务所有限公司诉江苏省广播电视总台、长江龙新媒体有限公司侵害商标专用权纠纷案、傅敏诉吉林音像出版社有限责任公司、无锡当当网信息技术有限公司侵害著作权纠纷案及郭明升等假冒注册商标罪案入选2015年中国法院五十件典型知识产权案例。樱花卫厨（中国）股份有限公司诉苏州樱花科技发展有限公司等侵害商标权及不正当竞争纠纷案入选江苏法院2016年典型案例。徐州中院审理的“速酷影视”侵权案入选国家版权局十大典型案例。苏州昆山法院审理的邹某、上海墨龙印务有限公司等侵犯著作权罪案被评为2016年度江苏省文化厅知识产权保护十大精品案件。

三是充分发挥民事司法保护的主渠道作用，不断加大知识产权司法保护力度。通过合理运用证据规则和分配举证责任，适度加大被控侵权方的证据披露义务及举证妨碍制度的适用，适当从宽认定侵权证据和赔偿证据，降低权利人的举证难度。注重发挥证据保全和财产保全等司法措施的作用，及时制止侵权行为，减轻权利人举证负担。在类案审理中体现个案的差异，减少简单适用法定赔偿的案件比例。加大民事赔偿力度，明确和规范惩罚性赔偿的标准和尺度，加大对制假源头、重复侵权、恶意侵权及群体侵权的打击力度。审结樱花卫厨（中国）股份有限公司诉苏州樱花科技发展有限公司等侵害商标权及不正当竞争纠纷案，依法追究恶意实施侵权行为的法定代表人民事责任，充分体现了对重复侵权、恶意侵权加大惩治力度的司法裁判引导作用。审结北京赤那思电气技术有限公司诉江苏赤那思电力科技有限公司、南通赤那思电力设备有限公司侵害商标权及不正当竞争纠纷案，判令被告停止商标侵权行为和不正当竞争行为，变更企业字号，赔偿经济损失400万元，并在判决中对于双方代理律师在诉讼中的工作予以肯定，全额支持了原告15万元的合理开支请求。审结清华大学诉扬州清华太阳能科技有限公司侵害商标权及不正当竞争纠纷案，判决扬州清华太阳能公司停止商标侵权和不正当竞争行为，并赔偿经济损失300万元，有效遏制了故意攀附知名品牌、“搭便车”等不正当竞争行为，充分体现我国法律对知名主体及其知识产权权益严格保护的司法政策。

四是切实加强司法调研，进一步指导审判工作。为深入研究在推进供给侧结构性改革过程中可能引发的法律问题，切实加强司法应对，充分发挥司法引领示范、保障促进作用，江苏高院开展“供给侧结构性改革可能引发的法律问题及司法应对”专题调研，完成《关于侵犯商标权纠纷案件相关审理问题的调研报告》《技术创新背景下的专利案件裁判尺度》调研课题，就知识产权司法保护如何适应供给侧结构性改革提出对策和建议。常州中院针对知识产权侵权案件侵权主体多，审判实践中诉讼主体和民事责任确定争议大的特点，开展《知识产权侵权案件中共同侵权和分别侵权造成同一损害的认定及责任承担若干问题探析》课题调研并基本完成，相关意见在实践中得到贯彻。泰州中院深入开展“服务医药产业发展司法行”系列活动，调研企业面临的知识产权问题，为企业答疑解惑。在系列走访调研基础上完成年度调研报告《泰州医药产业现状及发展调研报告》。

五是进一步密切与相关部门的司法保护协作。江苏高院继续与江苏省工商局商标处联合举办全省商标疑难案例研讨会，进一步促进商标类疑难复杂案件司法审判与行政执法尺度的统一。举办江苏省法学会知识产权法学研究会2016年年会，这是江苏省法学会知识产权法学研究会于2013年成立以来召开的第三届年会。省内知识产权司法、行政执法机关、高等院校、研究机构律师事务所以及知名企业代表共计250余人参加会议。会议共收到论文123篇，评审选出25篇优秀论文。南京中院联合江苏省版权协会、中国电信江苏公司共同举办了“互联网新形势下版权保护论坛”，与南通市版权协会、苏州市版权协会等就我省当前版权实际保护中的经验、存在问题以及今后展望进行了理论和实践方面的探讨。无锡两级法院配合双打办及市工商局、市知识产权局等行政机关开展打击仿冒他人知名商品特有名称、包装、装潢专项整治、专项行动，每月及时报送全市范围打击侵权假冒案件审理情况，靠前审理，及时审结。盐城中院自2013年牵头工商局、知识产权局等九部门建立全市知识产权司法保护联席会议制度以来，每年定期召开会议，组织新类型和疑难案件研讨，开展知识产权保护专项行动，有力促进了行政执法与司法审判的信息共享、执法统一、协作配合。

二、继续深入推进知识产权审判“三合一”改革试点工作，积极推进建立科学高效的知识产权综合保护体系

全省法院新收知识产权“三合一”改革试点一审刑事案件297件，其中新收一审案件252件，审结204件；共受理知识产权“三合一”改革试点一审行政案件10件，其中新收一审案件8件，审结9件。

坚持“突出重点，区别对待，宽严相济”的刑事司法政策，加大对重点行业、重点领域的打击力度，泰州中院针对假冒食品药品注册商标等严重威胁人民群众切身利益的犯罪行为，结合被告人非法牟利的主观故意，在判处自由刑的同时，高度注重财产刑的适用，从经济上剥夺犯罪分子再次犯罪的能力和条件。以我国国情、发展阶段以及知识产权保护实际需求为基础，准确把握刑事司法裁判尺度和刑法保护边界。在注重发挥知识产权刑事打击威慑性作用的同时，坚持罪刑法定原则和刑法的谦抑性原则的适用，慎重把握入罪标准，维护当事人合法权益。孙明华犯假冒注册商标罪案、汪紫平犯侵犯商业秘密罪案均宣告被告人无罪。

继续加强知识产权行政审判，明晰司法审查标准，督促行政机关依法行政。审结涉“native”商标工商行政处罚决定案，切实维护行政相对人的合法权益，有效促进行政机关依法行政，充分发挥“双轨制”执法体系中司法保护的主导和终局权威性作用。

三、继续深化司法改革，不断完善知识产权审判工作机制

一是积极推进在南京、苏州设立知识产权法庭，合理配置知识产权管辖法院资源。经报请最高人民法院批准，2017年1月19日南京、苏州知识产权法庭在南京苏州两地正式挂牌成立。南京、苏州知识产权法庭分别以南京中院和苏州中院知识产权庭为基础组建，按独立机构模式运行，并实行跨区域管辖。其中南京知识产权法庭审理发生在南京、镇江、扬州、泰州、盐城、淮安、宿迁、徐州、连云港市辖区内的专利等技术类一审知识产权民事案件，苏州知识产权法庭审理发生在苏州、无锡、常州、南通市辖区内的专利等技术类一审知识产权民事案件，南京、苏州知识产权法庭还审理发生在以上各市辖区内诉讼标的额为300万元以上的一审普通知识产权民事案件以及发生在以上各市辖区内一审知识产权行政案件等。

二是整合审判资源，不断完善司法便民利民举措。镇江中院针对镇江地区知识产权保护的特殊需求，联合丹阳市知识产权局共同设立镇江市中级人民法院知识产权（丹阳）巡回审判庭。常州中院在中国以色列常州创新园设立知识产权巡回审判法庭。泰州专门成立医药产业、文化产业两个专业合议庭，审理涉医药产业、涉文化产业案件，切实维护医药企业正常生产经营秩序和合法权益，保障历史文化资源合理开发建设。盐城中院与盐都区政府联合在盐城国家高新技术开发区设立盐城市知识产权司法保护中心，以“专业审判、咨询服务、业务培训、诉调对接、法治宣传”五大平台全面开启知识产权保护通道，努力为高新区推进以科技创新为核心的全面创新提供优质司法服务，实现保护知识产权与促进技术创新、推动产业发展和谐统一。

三是继续推进专家诉讼辅助人制度在案件审理中的适用，丰富专家辅助人制度的内容，拓宽专家意见来源渠道。江苏法院持续推进知识产权专家诉讼辅助人参与知识产权案件审判的改革，充分利用专家辅助人制度，提高案件审判效率。常州中院与市知识产权维权中心合作，委托知识产权维权中心在其职能范围内召集专家并提供专家意见，在一定程度上提高了疑难案件的审理效率。

四、进一步做好司法宣传工作，不断延伸审判职能

一是适应信息网络社会发展的时代要求，积极采用新媒体形式宣传，不断增强司法公开的力度和广度。2015 年初，江苏高院知识产权庭在江苏高院新浪微博、微信公众号同步开设“知产视野”栏目，两年间共刊发 112 篇文章，总结了全省重大疑难知产案件的裁判经验，展示了紧密结合实践的理论研究成果，获得了业界人士的广泛关注和支持。2017 年初又在上述栏目的基础上开设江苏高院知识产权庭“江苏知产视野”官方微信公众号，今后在与江苏高院公众号同步刊发典型案例的同时，将更为及时传递江苏法院知识产权司法保护的最新资讯，全面介绍全省法院审结的新类型案件，充分展示司法调研的最新成果。江苏高院还与“知产力”合作，开设“苏法视野”栏目，定期公布江苏法院审结的疑难复杂案件。南京中院进一步发挥金陵法学论坛的平台作用，积极和科研院所、各大高校、高新企业紧密联系，有效整合产、学、研各家资源优势，为知识产权理论发展、司法保护水平提升以及保障经济创新发展作出应有的贡献。苏州虎丘法院在其官方网站上设立“知识产权司法保护服务平台”专栏，发布法院系统审结的新类型知识产权案件以及一线审判经验，并针对区内高科技企业编制并推送知识产权司法保护电子杂志。

二是进一步做好司法公开与宣传工作，健全司法延伸服务机制，推进阳光司法。做好司法公开工作，认真落实公开开庭、庭审网络直播、裁判文书上网等“阳光司法”措施。组织开展“4·26”世界知识产权日主题宣传活动，发布《2015年江苏法院知识产权司法保护蓝皮书》，这是江苏高院第八次向社会发布知识产权司法保护蓝皮书，主要内容包括江苏法院知识产权司法保护状况、江苏法院知识产权司法保护十大典型案例，同时也是第五次向社会发布江苏法院知识产权案件年度报告。邀请人大、政协、特邀人民陪审员旁听公开庭审、举行座谈。南京中院参加2016年南京市知识产权维权援助宣讲，走访多个高新开发区和科创园，先后与江苏省电信、晨光集团、金城集团、724研究所、熊猫电子、三胞集团、东华公司沁恒公司、青米公司等拥有自主知识产权企业进行座谈交流。苏州中院先后多次前往园区、高新区、常熟等地开展创新型孵化器集中调研，并通过将精心编纂的刊物《知识产权之窗》寄送给“千人计划”中在苏州落户的专家及创新企业的方式，将知识产权法律宣传的精准性进一步提高。常州中院继续与市知识产权局合作推进常州中院法治大讲堂暨知识产权大讲堂项目，今年共与知识产权局合作举办知识产权法治大讲堂三期，受到听讲的高新技术企业和知识产权事务所等单位的一致好评。南通中院在“4·26”活动期间参加由市知识产权联席会议办公室组织的联合执法行动，对文峰城市广场等商场、超市进行巡查，并于4月26日当天集中开庭审理了辖区内小商品市场八家商户共计16个案件并妥善调处。连云港中院在《连云港日报》以专刊的形式发布了《市中院知识产权审判规范市场秩序保障百姓民生典型类案案例》，专门搜集整理了连云港市中级法院2014年度以来审理的涉及酒水、灯具、日用品、淘宝网店等领域品牌保护和动漫形象领域著作权保护的侵权犯罪案例，以警示社会预防犯罪，也提醒广大消费者注意识别。宿迁中院对近年来该市法院审理的假冒侵权酒类商品商标及不正当竞争案件进行梳理、分析，并在洋河新区召开打击假冒侵权酒类商品专项活动通报会，向洋河地区40余家酒类生产企业通报白酒知识产权侵权案件审理有关情况及常见侵权形式、手段，提高相关企业知识产权法律意识，促进企业依法规范生产，从源头上减少和预防假冒侵权行为发生。扬州中院与司法行政部门联合对公证员开展培训，提升知识产权维权取证公证事项办理的规范性。

浙江法院2016年度知识产权司法保护工作总结

2016年，浙江法院深入贯彻国家知识产权战略和创新驱动发展战略，以执法办案为中心，以完善知识产权审判体制机制为基础，以加强知识产权保护为导向，逐步形成区域知识产权司法保护的全新格局。

一、执法办案方面

提升审判成效。2016年，全省法院共新收知识产权民事一审案件18710件，审结18536件，分别同比上升10.1%和18.3%；新收二审案件1062件，审结972件。共新收知识产权刑事一审案件415件，审结423件；新收和审结知识产权行政案件17件、17件，同时审查执结了一批涉知识产权的非诉行政执行案件。

打造精品案例。最高人民法院在今年知识产权宣传周发布的2015年中国法院十大知识产权案件和五十个典型知识产权案例中，浙江高院审理的威海嘉易烤生活家电有限公司与永康市金仕德工贸有限公司、浙江天猫网络有限公司侵害发明专利权纠纷上诉案入选十大知识产权案件，浙江法院审理的华为技术有限公司与中兴通讯股份有限公司、杭州阿里巴巴广告有限公司侵害发明专利权纠纷上诉案等四个案件入选五十个典型案例。此外，还有多起案件入选全国法院系统2016年度优秀案例分析、优质品牌保护委员会“知识产权保护最佳案例”等。

二、调研指导方面

有力组织调研指导。浙江高院实现了2015年全省法院重点调研课题《关于市场开办者知识产权侵权责任的调研》的成果转化，制定并下发了《关于市场开办者知识产权侵权责任的纪要》。完成了2016年全省法院重点调研课题《关于知识产权损害赔偿问题的调研》，在对全省知识产权损害赔偿信息进行大数据分析的基础上，厘清了基本理论争点，提出了制度重塑建议。此外，还采用开设培训班、编发《办案质量通报》《知识产权审判疑难问题解答》等方式进行调研指导。

落地大数据分析项目。2016年，浙江法院为深入挖掘区域知识产权案件中的信息资源，在最高人民法院的支持下，推出区域知识产权民事审判大数据分析改革，并成功落地。由浙江高院主要领导主编的《浙江省知识产权民事司法保护报告（2015年）》经由法律出版社出版发行，获得业界广泛好评。报告首次通过海量数据和图表从多侧面展现了浙江省2015年度知识产权司法保护状况，并进行细致的成因分析评价，全景式展示了区域内知识产权民事纠纷全貌，为区域性知识产权司法保护由以往的直觉和经验主导转向理性思维与决策，提供了坚实的大数据支撑，代表着区域性知识产权司法公开步入全面系统、丰富多元的大数据时代。

三、机制建设方面

第三方平台建设取得实质性进展。浙江高院与省知识产权局在义乌市、宁波市联合开展知识产权诉调对接机制工作试点，业已形成可复制推广的“义乌模式”“宁波模式”等机制模式，获得了最高人民法院、国家知识产权局和社会各界的高度肯定。同时，各地法院不断巩固完善符合当地审判实际的多元化纠纷解决模式，全省范围内的知识产权多元化纠纷解决机制平台推广工作也在积极筹备中。

有序推进“三合一”工作。浙江高院根据党的十八大四中全会确定的司法体制改革任务和最高人民法院的意见要求，及时出台了全省推进知识产权审判“三合一”工作的方案建议，并召开知识产权审判“三合一”工作推进会预备会，全力推进“三合一”工作。同时，积极推动跨区域管辖，助推杭州铁路运输法院的转型升级。根据最高人民法院的批复，杭州铁路运输法院自2016年7月1日起跨区域管辖杭州市江干区、上城区、下沙经济技术开发区、富阳区、临安市、建德市、淳安县、桐庐县辖区的一般知识产权民事案件。

四、宣传交流方面

参与承办最高人民法院“浙江行”活动。浙江高院参与承办了最高人民法院2016年“知识产权司法保护浙江行”媒体见面会，并成功推出“浙江经验”。与此同时，还召开了2016年浙江法院知识产权审判工作会议和浙江法院知识产权司法保护新闻发布会，公布了2015年全省十大知识产权保护案例和十大调解案例。

打造“知之汇”品牌。2016年2月成立了“浙江法院新闻网·知之汇”子网，发布全省知识产权动态、交流、案例、庭审等信息百余条，网站年点击量逾19万次，充分发挥了“讲述浙江知识产权司法保护故事，传播浙江知识产权司法保护声音”的功能，成为国内具有影响力的专业知识产权司法保护宣传平台。杭州中院通过官方微博视频直播嘀嘀商标侵权纠纷案的庭审过程，有63万网友关注了“微博嘀嘀案”这一热门话题；温州中院、西湖法院等也利用微信公众号发布知识产权审判信息和典型案例，起到了较好的宣传效果。

提升职业素质和司法能力。浙江法院在扎实推进队伍政治素质建设，强化队伍政治规矩，扎紧队伍廉政篱笆的同时，也注重提升审判业务素养。浙江高院立足知识产权司法保护的实证研究，聚焦知识产权司法保护实践中的热点问题，联合国内知名知识产权信息和数据平台，共同发起了知识产权专业、公益平台“三知论坛”，业已成为国内高端知识产权论坛品牌。首届论坛得到最高人民法院和中国知识产权法学研究会肯定和派员指导，并形成了《首届“三知论坛”纪要》。同时，浙江法院还组织了“知识产权司法保护论坛”等多场研讨会，派员参加“中国知识产权法官讲坛”等全国性学术研讨。一支政治素质过硬的专家型知识产权法官队伍业已形成。

安徽法院2016年度知识产权司法保护工作总结

2016年，安徽法院全面贯彻党的十八大和十八届三中、四中、五中、六中全会精神，紧紧围绕“努力让人民群众在每一个司法案件中感受到公平正义”目标，聚焦司法为民公正司法工作主线，积极践行新发展理念，明晰职能定位，狠抓执法办案，以改革的精神推进改革，以创新的方式保护创新，推动全省知识产权司法保护事业取得新进展。

一、强化政策指引，严格知识产权保护

2016年，全省法院共受理一审知识产权纠纷案件4314件，其中新收案件4027件，同比分别增长45.4%和40.8%，审结3974件，调撤2871件，调撤率为72.2%；受理二审知识产权纠纷案件311件，其中新收288件，同比分别增长13.5%和0.9%；审结267件，调撤101件，调撤率为37.8%。

知识产权审判工作呈现以下特点：一是各类知识产权案件数量持续上升，反映出社会公众对知识产权司法保护的强烈需求和充分信赖，司法在解决知识产权纠纷中的主导作用更加凸显。二是商标权诉讼成为企业争夺品牌商誉和市场份额的重要手段。如“刘鸿盛”“八宝春”等侵害商标权纠纷案，均涉及对老字号商业标识的使用，需要正确界定权利边界，促进公平

有序市场竞争格局形成。三是案件审理难度不断加大。如民权浩天公司所诉系列纠纷案关系到著作权集体管理组织这一传统制度能否突破；磊若软件公司侵害计算机软件著作权纠纷案涉及远程取证等问题。四是围绕具有核心竞争力的技术类成果以及原创性外观设计产生的纠纷有所增加。如中交第四公路工程局与南京路鼎搅拌桩公司等侵害发明专利权纠纷案，涉及芜湖长江公路二桥引桥等工程使用的双向搅拌桩的成桩操作方法是否构成侵权问题，技术性较强。

二、勇于改革创新，完善体制机制

立足省情实际，锐意改革创新，在全面推进知识产权审判"三合一"工作、优化知识产权案件管辖布局、加强队伍建设等方面迈出新步伐。

（一）全面推进知识产权审判"三合一"工作

认真贯彻全国法院知识产权审判"三合一"推进会精神，召开全省法院推进知识产权审判"三合一"工作座谈会，结合我省实际，形成推进知识产权审判"三合一"工作实施方案，要求全省法院高度重视，实事求是、因地制宜开展工作，主动与检察、公安机关和知识产权行政执法机关加强沟通协调，全面推进"三合一"，并以此为契机，推动知识产权民事纠纷案件管辖权全面下沉，培养锻炼审判队伍，提升专业化水平。目前，芜湖等地法院已全面实现中、基层两级法院知识产权审判"三合一"，亳州中院、合肥高新区法院等形成了与工商、版权等行政主管部门定期召开通气会、交流审判、查处工作简报等形式的的长效联络机制。

（二）推进知识产权案件集中管辖改革

合肥中院、芜湖中院分别受理皖北、皖南专利案件的专利案件分片跨行政区划管辖改革于2016年1月1日正式实施。6月，在安徽省人大常委会和安徽高院共同组织的驻皖全国人大代表、省人大代表"人大代表看法院（芜湖行）"活动中，代表旁听了管辖调整以来芜湖中级法院受理的一起跨行政区划专利案件，对我省法院加强知识产权司法保护、推进司法体制改革的成效予以高度肯定。一年来，省高院密切关注集中管辖改革实施情况，及时形成调研报告报送省委政法委。

（三）创新知识产权培训工作

省高院内部挖潜，面向三级法院打造教育培训新平台，开展"安徽法院大讲堂——法官教法官"视频培训，提升知识产权审判人员业务水平。铜陵中院引入外脑，举办"知识产权发展与司法保护"主题沙龙，邀请全国知名知识产权专家、高校学者授课，铜陵市政协、市委政法委、铜陵学院、市科技局、市文化和旅游委员会、市工商局及律师、企业代表近百人参与活动，共同了解知识产权法方面的相关前沿问题，形成浓厚学术氛围。

三、加强审判管理，优化司法质效

加强审判监督和业务指导，统一法律适用标准和尺度，提升审判质效，维护司法权威。

（一）规范自由裁量

每年"4·26"前夕发布全省法院知识产权司法保护典型案件和年度报告，总结全省法院处理新型、疑难、复杂知识产权案件的审判标准、裁判方法和司法导向。在全省法院民事商事审判工作会议上作知识产权法律适用问题报告，系统梳理、剖析知识产权案件审判共性问题和商标、著作权审判等领域的若干具体问题。

（二）强化审判管理

省高院每半年对全省知识产权案件数

量变化、特点及受理案件情况进行分析，通过研判工作运行态势，深挖问题根源、科学评估预测，有针对性地改进工作。推进案件繁简分流，实现裁判文书的繁简有度，铜陵中院针对知识产权系列案件同质化特点，推出知识产权裁判文书简化模式，在严格遵循基本体例结构要素前提下，突出审判要素，提高审判效率，便利当事人维权。发挥案件质量监督员作用，依托信息化应用系统，加强对审判工作流程监督管理，组织案件评查活动，对发现问题逐项分析原因，予以通报。推进庭审公开，对社会关注度较高的案件，通过邀请人大代表旁听、直播庭审等方式提升透明度；落实《最高人民法院关于人民法院在互联网公布裁判文书的规定》，做到应上尽上，并以此为契机强化裁判文书说理，提升裁判文书终局性、权威性。省高院知识产权庭制定合议庭案件评议、裁判文书制作联署规定，强化合议庭职责，规范司法行为。拓展司法公开广度。

（三）加强调查研究

坚持问题导向，结合审判实践，深化重点、难点问题研究，提升业务能力、促进司法统一。芜湖法院撰写的《知识产权审判“三合一”推广工作任重道远》《论商标侵权案件中的诉讼中止》等优秀调研文章刊载在《中国知识产权报》《中国工商报》等主流媒体。铜陵中院全年在《人民法院报》、中国法院网、《中国知识产权报》《安徽法制报》等各类媒体发表知识产权宣传、调研文章30多篇（次），并将调研文章与“我身边的知识产权”获奖征文结集，出版知识产权文集——《使命与责任》。

四、拓展司法职能，倾力服务大局

以审判工作为抓手，以宣传交流为着力点，不断加大司法公开力度，回应社会各界司法需求，塑造良好司法形象。

（一）服务创新主体

推动合芜蚌自主创新综合配套改革实验区建设工作，芜湖经开区法院联合芜湖高新技术创业服务中心、芜湖高新技术企业协会成立全省首个知识产权司法保护法官办公室，以保护企业知识产权合法使用为宗旨，实行驻点值班工作机制，主动走访企业了解司法需求，提出司法建议；联系相关行政主管部门合力开展知识产权司法和行政保护工作；联合高新技术企业协会、科创中心组织召开知识产权企业发展和保护研讨会，促进企业经验交流；开展涉知识产权法律宣传教育，帮助企业发掘和培养企业知识产权保护方面的人才。蚌埠禹会区法院依托与高新区管委会、市科学技术和知识产权局共同设立的高新区知识产权维权援助工作站，进一步实现知识产权司法与企业知识产权实践的深度对接，走进园区企业授课，受到蚌埠高新区管委会领导及园区企业的一致好评。淮北中院结合“百名法官进百企”活动，深入皖北煤电、辉克药业等企业调研。芜湖中院开展“知识产权宣传万里行”系列活动，走进“三只松鼠”“影星银幕”等知名企业，及时主动了解企业需求。铜陵中院与铜陵电视台、铜陵日报、铜陵新闻网联办知识产权专题节目、专版及在线交流活动，开展“知识产权日”公益短信宣传；并利用中科大铜陵科技园知识产权法律服务站工作，积极为企业提供法律咨询、法治讲座、以案释法、风险提示等法律服务，支持高新小微企业健康发展。省高院参加全国工商联民营企业知识产权保护状况调研座谈，就改善民营企业知识产权保护状况建言献策。作为省台商权益保障工作联席会议成员单位，省高院还积极参加省台办组织的贴心服务助台企行动，召开座谈会，听取台商台企意见建议。

（二）助力创新发展

省高院先后参与安徽省委、省政府《贯彻落实国家创新驱动发展战略纲要实施方案》、省政府《关于深化体制机制改革建立政策与制度创新体系》《关于加快建设知识产权强省的意见》《关于推进和保障科教大省建设的若干政》《关于完善产权保护制度依法保护产权的实施方案》等文件调研讨论，提出意见建议，为建设知识产权强省、实现创新发展贡献司法智慧。

（三）加强联络交流

2016年4月，马鞍山中院举办“推进长江经济带发展——知识产权司法保护研讨会”，上海、江苏等地9家法院与学者共聚马鞍山，共同交流审判工作服务保障区域经济对外开放、加强知识产权司法保护力度的经验、做法，共同探讨新的思路和举措。省高院参加中国科技大学知识产权学科建设研讨会，与全国部分高校专家交流，就加强知识产权学科建设、培养知识产权审判实务人才提出建议。省高院陪同驻皖全国人大代表、省人大代表赴芜湖法院视察知识产权司法保护工作，就司法更好保护创新、促进发展听取代表意见建议并及时办理回复。

五、学做结合，在清风正气中激发队伍活力

将抓队伍、抓党建与执法办案放在同等重要的位置，统筹兼顾，有机结合，相互促进。

（一）抓实“两学一做”学习教育

认真学习贯彻党的十八大、十八届三中、四中、五中、六中全会精神和习近平总书记系列重要讲话特别是视察安徽重要讲话精神，引导干警牢固树立“四个意识”特别是核心意识、看齐意识，坚定地维护以习近平同志为核心的党中央的权威，在思想上政治上行动上同党中央保持高度一致。在实践中体现学习教育成果，积极投身司法改革，在全省知识产权法官努力下，“三合一”工作与员额制改革同步推进，有条不紊。深入开展“讲看齐、见行动”学习讨论、审判纪律和司法作风专项整治活动。扎实开展“万堂党课下基层”、支部共建活动，省高院知识产权庭选取具有良好知识产权审判基础的基层法院——蚌埠禹会区法院作为支部共建联系点，通过下基层讲党课、开展座谈交流等形式，以支部共建为契机，树立知识产权审判服务创新发展理念，提高专业审判水平、建设高素质法官队伍，实现双方共进共赢。

（二）更高标杆定位司法能力

通过案件复议、扩大合议等形式，集思广益，深化对复杂疑难问题认识，尽可能统一裁判尺度。加强业务学习，主动适应专业审判领域法律体系更新快、专门法及司法解释不断丰富的形势，将新业务规范、新审判理念列入集体学习内容，聚焦热点难点，及时更新知识结构。创新学习形式，利用部门微信群拓展“八小时”以外学习平台，实现理论文章、司法案例的随时分享。

（三）“三个严格”引领反腐廉政

筑牢思想根基，发挥行为先导作用。省高院以邀请纪检监察负责人上专题教育课作为新年第一次例会内容的制度传承，做到新年伊始廉政先行。实现每月第一个周例会的“廉政教育日”常态化，通过学习警示教育案例、不定期发送廉政格言短信等形式，潜移默化涵养廉政意识。强化权力制衡，扎紧纪律笼子。省高院综合考虑法官专长、案件繁简、地域回避、均衡结案等因素，优化审判资源的配置，合理确定主审法官和合议庭组成人员，打破合议庭人员固定搭配，压缩不当干预的渗透空间。强化责任意识，切实履行一岗双责。

年初签订党风廉政建设责任书，形成压力逐级传递、责任层层落实的责任链条。全力支持廉政监察员履职，常态管理与动态管理并举，增强监督效果。坚持纪在法前，用好“四种形态”，让红脸出汗、批评警示成为常态，多敲打、勤提醒苗头性、倾向性问题。

福建法院2016年度知识产权司法保护工作总结

2016年，全省法院知识产权审判以党的十八大、十八届三中、四中、五中、六中全会和习近平总书记系列重要讲话精神为指引，把深入学习贯彻全国司法体制改革推进会和全国高院院长座谈会精神，与学习贯彻中央、省委、最高人民法院系列重要会议精神和各项决策部署结合起来，坚决维护以习近平同志为核心的党中央权威。紧紧围绕“五位一体”总体布局和“四个全面”战略布局，认真践行创新发展理念，切实贯彻中央、省委、最高人民法院重大决策部署和省法院党组关于审判执行、队伍建设、等系列部署要求，贯彻落实创新驱动发展战略，突出工作重点，创新工作方式，审判工作、队伍建设等工作取得了新成效。

一、充分发挥司法保护主导作用，服务新福建建设大局

2016年，全省法院共受理知识产权案件5346件，同比增长22.42%，审结4546件，同比增长19.01%。审结知识产权民事案件4033件，其中著作权纠纷案件1634件，商标权纠纷案件1414件，专利权纠纷案件648件，技术合同纠纷案件55件，不正当竞争纠纷案件60件，其他知识产权民事纠纷222件；审结知识产权刑事案件499件；审结知识产权行政案件14件。2016年省法院民三庭共受理各类知识产权案件367件，同比增加63件，增长20.72%。审结知识产权案件332件，同比增加72件，增长27.69%。结案率为90.46%，同比增加9.02个百分点。全省法院受理及审结案件数同比稳步提升，司法保护作用明显。

加强对重点领域知识产权保护。保障促进重点产业、优势产业、新兴产业的创新发展。加强对关键核心技术自主知识产权的司法保护。加强对福建名牌产品、农产品地理标志、驰名商标、老字号等“福建制造”品牌的保护。充分发挥知识产权司法保护主导作用，促进发挥“大众创业、万众创新”的乘数效应，为创新型国家建设和创新驱动发展战略实施提供有力司法保障。省法院民三庭受理的原告安德阿镆有限公司（UNDERARMOUR，INC.）诉被告安德玛（中国）有限公司、福建省廷飞体育用品有限公司侵害商标权纠纷案，该案社会影响大，涉及外资企业，社会关注度高；原告广州医药集团有限公司诉福建加多宝饮料有限公司擅自使用知名商品特有名称、包装、装潢纠纷案，该案涉及地域广，原告在多省起诉，社会影响大；原告厦门中药厂有限公司诉被告漳州片仔癀药业股份有限公司不正当竞争管辖异议案，为促使案件更加公平公正审理，指定由福州中院管辖该案。

二、完善知识产权审判体制机制，营造积极创新的竞争环境

稳步推进“三合一”工作。由知识产权庭统一审理知识产权民事、行政和刑事案件的“三合一”改革试点工作，是改革完善知识产权审判体制和工作机制的重要内容。我省福州、厦门两地开展这项工作以来取得了显著成效，创新丰富了经验做法，为在全省范围内推广这项工作打下了扎实基础。2016 年 11 月 25 日，组织召开全省知识产权审判工作座谈会，贯彻落实《最高人民法院关于在全国法院推进知识产权民事、行政、刑事案件审判“三合一”工作的意见》精神，认真谋划、积极推进，把思想和行动统一到中央和最高人民法院的精神和部署上，以勇于担当的精神全面推进“三合一”工作，力争 2017 年在全省推开。设立相应协调机构，组织协调辖区内“三合一”工作，负责辖区内知识产权案件的管辖布局和指导监督。积极建立与检察机关、公安机关及知识产权行政执法机关的沟通联络机制，努力做好知识产权刑事案件的审理工作。

完善优化案件管辖布局。持续完善知识产权案件管辖布局，对具备条件的基层法院受理知识产权案件加强可行性调研，创造条件，成熟一个，报批一个。最高人民法院批复同意我省三个自贸区所在地基层法院（马尾法院、湖里法院和平潭法院）管辖一审一般知识产权民事案件，服务保障自贸区建设，切实为自贸区提供优良的知识产权司法环境。目前福建具有一般知识产权民事案件管辖权的基层法院已达八个，在案件管辖布局的地域分布和绝对数量上有了长足进步，有力加强涉自贸区知识产权保护，促进经济社会发展。

健全完善多元化纠纷化解机制。积极创新知识产权纠纷解决方式，构建系统化的知识产权多元化纠纷解决机制，实现了司法调解、人民调解、行政调处、仲裁等有效整合。注重发挥行业协会和科技专家的专业技术优势，实施委托调解、行业调解、科技专家调解，发挥协同解决知识产权纠纷作用，使一大批案件得到了快速、便捷、公正、有效的解决，受到社会各界、行政部门以及当事人的欢迎。全省多个中级、基层法院与当地知识产权行政管理部门建立诉调对接工作机制，创设了符合当地实际的工作举措。如泉州中院贯彻《关于建立知识产权纠纷“诉调对接”工作机制的若干意见》，完善联络工作、诉前调解、委托调解和邀请调解等工作机制，定期交流知识产权纠纷化解信息、共同研讨疑难案件，努力增强知识产权司法保护的合力。德化法院联合该县文体新局、工商局、科技局、版权协会、陶瓷同业公会出台《诉调对接工作实施意见》，创新“申请 + 介入”诉前简易调处模式，形成政府 + 司法 + 协会“三位一体”保护网络，强化了行政管理与司法保护的良性互动。

探索建立适应知识产权审判的特色机制。建立知识产权调查令制度，解决权利人举证难问题。福州中院推广专家证人参与知识产权诉讼方式，帮助审判人员和诉讼当事人解决技术争议。泉州中院制定《知识产权诉讼案件指南》，以问答形式对泉州法院知识产权诉讼案件受理类型、案件管辖、证据准备、保全申请等作出详细说明。福州市鼓楼区法院通过推动公检法建立联席机制，统一证据适用标准、规范行政执法与刑事司法的对接、搭建平台建立沟通交流机制。

三、践行司法为民，固树公正形象。

注重宣传，扩大影响。“4·26”宣传周期间开展一系列活动，召开新闻发布会，公布2015年度福建法院知识产权司法保护状况白皮书及十大典型案例，并向人大代表、政协委员和社会各界及全国兄弟法院寄送司法保护白皮书，十几家主流新闻媒体对活动进行了采访报道。全省各级法院在各地也开展不同形式的知识产权法律咨询及宣传活动，充分展示了我省法院知识产权审判成绩，提升社会大众对法院的满意度。德化法院联合科技、文体、市场监管等部门发布《世界陶瓷之都 · 德化2015年陶瓷产业知识产权保护状况》（白皮书），系统梳理促进陶瓷产业创新发展的联动平台和司法举措，是福建省首份由基层法院联合行政部门共同发布的知识产权白皮书，得到社会各界的好评。

阳光司法，公开公正。全省法院坚持依法公开审理各类知识产权案件，充分保障当事人权利，均力争快审快结，提升审判时效；认真落实裁判文书上网，公开接受社会监督，提升司法公信力。

四、全面提升能力，打造高素质过硬队伍

提升专业素养，夯实审判能力。全省法院紧密结合知识产权审判工作实际，本着“能办案、快办案、办好案”的要求夯实专业理论基础，全方位提升素养；对专业领域的疑难、复杂问题，做到同交流、同进步，“老带新、先带后”。积极派员参加最高人民法院举办的各类培训及专业会议。配合最高人民法院做好在厦门召开的“全国法院著作权法修订研讨会”，组织召开全省法院知识产权审判工作会议，总结审判经验，对审判中出现的困难、问题深入研讨，统一裁判尺度和标准，进一步夯实我省知识产权审判队伍的审判能力。

严格开展“两学一做”学习教育活动。教育活动以个人自学、集中学习、专题学习讨论、微型党课、实践交流等方式相结合，紧紧围绕“党要管党、从严治党”主线，把开展好“两学一做”学习教育作为重大政治任务，切实增强责任感、使命感，尽好责、抓到位、见实效，不断提升党员干部的党性意识、宗旨意识、责任意识和纪律意识。坚定信仰信念，锤炼过硬党性。

严守廉政底线，深植纪律意识。深入学习《中国共产党廉洁自律准则》《中国共产党纪律处分条例》和《中国共产党问责条例》等党内法规，认真学习《关于新形势下党内政治生活的若干准则》《中国共产党党内监督条例》，深入开展纪律教育、司法廉洁教育、警示教育、“两学一做”学习教育活动，坚持高标准和守底线相结合，养成纪律自觉。全庭干警严格遵守“四个一律”“五个严禁”“十个不准”“七条禁令”等廉政纪律规定，做到不为“圈子”所累、不为奢靡所腐、不为小利所诱、不为权力所俘，廉洁用权、公正办案。始终把政治纪律和政治规矩挺在最前，坚持以《党章》为根本遵循，以《准则》和《条例》及“六项纪律”为戒尺，注重日常、防微杜渐、敢于较真，严管厚爱，用纪律管住管好全庭干警。

江西法院2016年度知识产权司法保护工作总结

2016年，江西法院认真贯彻落实党的十八届六中全会精神，紧紧围绕“努力让人民群众在每一个司法案件中感受到公平正义”这一目标，坚持司法为民、公正司法，努力提高办案质效，充分发挥司法保护作用，较好地完成了各项工作目标、任务。

一、认真履职，严格依法办案

2016年全省法院共受理知识产权民事案件1060件，审结1061件（含旧存）。其中，受理知识产权民事一审案件983件，审结985件（含旧存）；其中调撤347件。受理知识产权民事二审案件77件，审结76件（含旧存），其中调撤17件。2016年以来江西高院审结的二审案件没有出现在最高人民法院再审改判情况。有效地维护了合法权益，营造了创新创业良好的环境，促进了科技创新、品牌创新、文化繁荣。各地法院根据本地实际情况和案件特殊性，采取了一些卓有成效的做法，如江西省上饶中院强化庭审的针对性、准确性、透彻性，努力做到辨法析理、胜败皆明，实现服判息诉。该院在审理上海家化联合股份有限公司起诉各乡镇47家超市侵害“六神”商标案件过程中，选准该系列案中的一个，当庭判决被告上饶市信州区如家超市在判决生效之日起十日内赔偿原告上海家化联合股份有限公司经济损失12000元、合理费用1000元。旁听审理的超市经营者看到法院保护商标力度大，纷纷提出与原告和解，最终实现46件调解结案，较好地保护了商标权人的利益，强化了超市经营者的商标法意识。又如江西省赣州中院针对KTV经营时间与法官的工作时间完全颠倒的现状，利用被告住所地派出所有管理KTV经营场所社会治安、维护公共秩序等职能，掌控KTV经营者的住所、通讯等详细信息。寻求KTV经营地派出所民警帮助送达诉讼文书的措施取得了较好效果，一定程度上缓解了送达难。审案全程积极引导使用人与权利人订立许可使用协议，促使二十多家娱乐公司与中国音像著作权集体管理协会签订了著作权许可使用合同，彻底化解了双方矛盾，既保护了权利人的长期合法利益，又规范了本地KTV使用他人作品的市场秩序。再如九江中院在认定被诉侵权产品是否假冒、被诉侵权行为是否明知侵犯知识产权，探索由被诉侵权人承担主要的举证责任，并按照被诉侵权产品价格与正品市场价偏差是否很大，进而推定被告主观上是明知。

二、服务大局，积极工作争创一流

江西省人民政府印发《关于加快特色型知识产权强省建设的实施意见》，提出打造知识产权特色强省“江西样板”。2016年4月，江西高院积极参与由光明日报社、中央政法委宣教室、最高人民法院新闻局、最高人民检察院新闻办指导，光明网主办的检法系统新媒体经典案例评选活动，推选的江中食疗公司诉宝嘉达公司、唯一家公司等侵害特有名称、包装、装潢案宣传案例，荣获全国“十佳经典案例”称号。

努力营造了全社会尊重知识、保护知识产权的良好氛围，充分发挥了知识产权司法保护助推强省建设的独特作用。

江西省南昌中院围绕市委、市政府关于打造“南昌光谷”的重大工作部署，结合知识产权审判工作特点，通过与相关企业座谈等方式深入调研，出台了《关于为打造“南昌光谷”提供司法保障和服务的若干意见》，助推光电产业做大做强提供司法保障和服务。

三、深化司法公开

江西高院采取多种形式促进知识产权审判公开；注重庭审公开的示范效应，积极开展庭审直播活动；利用“4·26”知识产权宣传日作为契机，邀请泰豪公司、江中集团、奥克斯公司等企业代表进行座谈研讨，自觉接受各界的监督和指导，取得社会对知识产权司法保护的理解和支持。江西三级法院充分利用“4·26”世界知识产权日和“世界知识产权宣传周”开展内容丰富、形式多样的宣传活动。

四、扎实稳妥推进改革

一是认真落实《最高人民法院关于完善人民法院司法责任制的若干意见》，主动推行院庭长办案，所有案件都均由庭长副庭长担任审判长，重特大案件由分管院长亲自担任审判长进行审理。二是积极指导景德镇知识产权三合一审判工作改革。三是根据最高人民法院《在全国法院推进知识产权民事、行政和刑事案件审判“三合一”工作的意见》文件精神，对现有知识产权案件审理情况进行总结，提出将省内知识产权“三合一”一审案件统一归口南昌铁路运输中院管辖的初步设想。在分管院长的亲自协调下，此项工作已获得相关部门支持。南昌高新法院继续实施专家陪审员制度，聘请有知识产权专长的同志担任人民陪审员，方便解决知识产权案件专业技术问题。

五、严格管理，不断提升队伍素质

2016年初，江西高院党组决定在全省法院开展“坚持弘扬井冈山精神，争创一流工作业绩”活动。全省知识产权法官找准难题和短板，严格执行规章制度，从小事细节上规范言行，以崭新的状态投入到争创工作中。廉政监督、廉洁自律不断加强，未发生一起违法违纪行为。

山东法院2016年度知识产权司法保护工作总结

2016年，山东法院全面贯彻落实党的十八大和十八届三中、四中、五中、六中全会及中央政法工作会议精神，深入学习贯彻习近平总书记系列重要讲话精神，紧紧围绕“努力让人民群众在每一个司法案件中感受到公平正义”目标，主动适应形势任务的新变化和经济发展新常态，积极履行知识产权审判职责，知识产权司法保护工作取得新成效。

一、依法公正高效审理各类知识产权案件

2016年，全省各级法院共新收各类知识产权民事一审案件8261件，同比增长20.6%。其中，新收著作权案件4228件，同比增长 11.1%；专利案件 746 件，同比增长 48%；技术合同案件 250 件，同比增长 119%；商标案件 2722 件，同比增长 29.7%；不正当竞争等其他知识产权案件 315 件，同比下降 4.5%。共审结各类知识产权民事一审案件 7609 件，同比增长 14.5%。共新收各类知识产权民事二审案件 453 件，同比增长 35%。审结 453 件，同比也增长 35%。

2016 年全省知识产权案件审理工作总体呈现以下特点：

1. 案件数量大幅增长，审判质效不断提高。全省法院新收知识产权民事一、二审案件 8717 件，比 2015 年增长 20.3%。其中，技术合同一审案件收案增幅最为显著，达到 119%；专利案件同比增长 48%，也呈现了较快增长势头。在案件多压力大的情况下，全省法院知识产权民事一审案件结案数同比上升 14.5%，结案率达到 92.1%，一审案件上诉率 5.9%，知识产权民事二审案件结案率达到 100%。认真落实《山东省多元化解纠纷促进条例》，不断创新调解方式，知识产权民事一审案件共调撤结案 5306 件，调撤率达到 69.7%，同比上升近 7 个百分点，大量知识产权民事案件通过调撤方式解决纠纷，取得了良好的社会效果和法律效果。

2. 新类型、疑难复杂案件比例继续攀升。同往年相比，各类知识产权民事案件中，关联案件所占比例大幅缩减，与之相反的是，专利案件和技术合同案件增幅明显，新型疑难案件比例继续攀升。涉及发明专利、商业秘密、特许经营、民间文学艺术、地理标志、技术合同、互联网知识产权竞争等领域的新型疑难案件大量涌现，淄博中院全年更是基本未受理商业维权关联案件。这些案件有的需要借助专业技术人员参与，有的在法律适用上存在较大争议，有的需等待专利复审委员会和行政诉讼的结果。案件审理难度的加大，使知识产权法官面临着新的巨大考验。

3. 精品案件审理再结硕果。坚持推行“精品案审判”工程，创新审判思路和保护方法，打造出一批具有指导意义和较大影响的精品案件。张裕“卡斯特”确认不侵害商标权案、“消防排烟装置”专利侵权案等两起案件入选 2015 年中国法院知识产权司法保护五十件典型案件。国际棉花协会仲裁裁决案入选最高人民法院服务一带一路建设典型案件。“美人榆”植物新品种权纠纷案被中国教育电视台和最高人民法院合办的《法治天下》节目专题报道播出。因霍尼韦尔国际公司诉上海睿昕电子有限公司等侵害商标权纠纷一案的成功审理，山东省政府在中国欧盟商会主办的“中国知识产权友好奖”评选活动中获得了“最佳合作奖”。此外，审结了诸如“西湖龙井”、微软、诺和诺德等一系列具有较大影响的案件，还有多篇案例入选中国法院年度案例、人民司法案例、中国知识产权审判研究等。

二、发挥职能作用服务经济文化强省建设

围绕山东省创新驱动发展、科教兴鲁和人才强省战略的实施，山东法院采取多种途径服务经济社会发展大局。

1. 出台服务举措为科技创新保驾护航。为深入贯彻落实党的十八届五中全会和全国科技创新大会、山东省委十届十四次全会精神，充分发挥人民法院知识产权审判职能作用，依法保障和促进科技创新，山东高院在充分调研的基础上，形成了《关于知识产权司法保护有关情况的调研报告》，出台了《关于充分发挥知识产权审判职能、依法保障和促进科技创新的意见》，上述报告和意见得到了郭树清省长和

省委政法委张江汀书记的批示和肯定，并在全省范围内予以转发学习。

2. 多种形式助力企业创新与发展。一是继续完善知识产权保护企业联系点制度，主动邀请部分具有代表性的创新型企业召开知识产权司法保护工作座谈会，听取企业界对知识产权司法保护工作的意见和建议。二是受邀参加“民营企业知识产权保护工作座谈会”，介绍法院在保护企业知识产权方面的工作情况，对审判实践发现的企业知识产权保护中存在的问题进行了说明。三是继续在创新型企业密集区增设巡回法庭，为企业提供全方位知识产权司法保护，青岛中院继2015年在青岛中德生态园设立知识产权巡回法庭后，2016年12月又在蓝色硅谷核心区即墨创智新区设立了蓝谷知识产权巡回法庭。四是细化司法便民利民措施，济南中院专门向企业印发《知识产权诉讼指南》，并赠送该庭编写的《企业知识产权保护司法实务》，提高知识产权司法救济的便利性、针对性、有效性。

3. 加强与行政机关的联系协作形成保护合力。山东高院针对工商行政管理部门在企业名称登记、管理中的不规范问题，拟定了《关于加强企业名称工商登记管理工作的司法建议书》。与省科学技术厅、省知识产权局举办“知识产权司法保护工作座谈会”，征询对全省法院知识产权司法保护工作的意见和建议。对省商务厅《关于贯彻落实〈国务院关于促进外贸回稳向好的若干意见〉》提出具体落实措施。向省知识产权局通报了《2015年山东法院知识产权保护状况》，并对省知识产权局《2015年山东省知识产权发展状况》（白皮书）提出修改意见和建议。

4. 深化司法公开营造良好社会氛围。做好日常宣传工作，不断创新宣传方式，抓住宣传热点、重点和亮点，积极推动知识产权司法保护由幕后走向台前。山东高院多年来持续开展“4·26”世界知识产权日宣传周活动，召开新闻发布会介绍相关情况，公布山东法院知识产权司法保护十大典型案件，发布山东法院知识产权司法保护白皮书，邀请人大代表、政协委员、新闻媒体等观摩庭审、座谈交流，听取对知识产权司法保护的意见和建议。各中院纷纷利用电视台、报纸、网络等平台宣传知识产权司法保护成果，济南电视台《现在开庭》栏目对《熊出没》动漫形象维权案进行了专题报道，青岛中院在《青岛财经日报》开辟了知识产权专版，滨州中院联合当地电视台制作了法治宣传片《字号与商标冲突》，等等。积极利用司法公开“四大平台”，扎实推进知识产权裁判文书上网、庭审网络直播、审判流程公开工作，确保审判工作全程监管、全程留痕、全程可查，让司法权始终在阳光下运行。人民陪审员参审工作取得显著成效，济南、潍坊、泰安、莱芜等中院人民陪审员参审率均超过90%甚至达到100%。

三、加强审判指导提升知识产权司法水平

通过加强审判监督、业务指导和调研，全省知识产权司法行为，提升审判质量和效率，保障知识产权法律适用的准确统一，维护知识产权法律权威。

1. 拓宽渠道加强审判监督指导。山东高院于年初制定公布《2016年知识产权审判工作要点》，对全省全年知识产权审判工作作出统筹安排；通过撰写《知识产权一审案件情况及运行态势分析》和《二审知识产权案件改发情况及典型案件分析》，明确裁判尺度，完善法律统一适用机制，促进一审法院不断提高知识产权司法水平；通过“一网”（省院内网庭室园地）、“一刊”（《知识产权审判要情》）、“一群”

(法官微信群),及时向全省法院发布审判经验和典型案例;召开全省法院知识产权审判工作座谈会,总结工作经验,分析当前面临的审判形势,明确今后的工作任务和目标;举办全省知识产权审判业务培训班,邀请审判专家为知识产权法官授课解惑;组织首届山东法院知识产权审判优秀论文评选活动,对获奖法官进行了通报表彰和颁奖;召开全省法院知识产权审判"三合一"推进会,传达了最高人民法院会议精神,对推进知识产权审判民事、行政、刑事"三合一"工作作出规划和部署;召开部分法院知识产权司法保护工作座谈会,交流总结工作经验,分析审判工作中存在的问题,提出有针对性的解决方案。

2. 多种形式促进调研交流。充分发挥全省知识产权审判调研小组作用,调研小组成员多次在《中国知识产权审判研究》《人民司法》《法律适用》等核心期刊发表理论调研文章。召开全省知识产权审判调研及写作方法研讨会,交流知识产权审判调研报告和业务论文的写作经验与方法;结合审判实际开展专题调研,完成了《关于适用新商标法案件情况的调研报告》《关于知识产权民事诉讼证据规则适用问题的情况报告》《关于植物新品种权司法保护的调研报告》《关于著作权审判工作的调研报告》等。积极参加最高人民法院举办的"全国部分法院涉电影作品著作权纠纷案件法律适用问题座谈会""全国部分法院专利法修改征求意见座谈会""全国部分法院著作权法修订研讨会""商标法司法解释专题研讨会"等,就相关领域法律适用问题展开讨论并提出建议;参加了最高人民法院"中欧法官论坛"、浙江高院首届"三知论坛"等,就商业模式创新和知识产权保护、知识产权诉讼举证责任和损害赔偿、商业秘密的司法保护等议题进行交流研讨。济南中院多次到山东大学、山东政法学院、齐鲁工业大学、济南日报等单位进行业务交流。烟台中院为烟台大学知识产权专业的研究生和本科生开设专利法和知识产权司法实务课程,促进司法与实务的交流。

四、抓好队伍建设不松懈不断提升履职能力

队伍强则事业兴,打铁还需自身硬。山东法院始终坚持加强队伍建设,努力打造忠诚干净担当的知识产权审判队伍。

1. 加强思想政治建设。深入贯彻习近平总书记关于加强政法队伍建设的指示,以"两学一做"学习教育活动为契机,利用"三会一课"等组织形式,培养"四讲四有"合格党员,践行"四心工作法",树立知识产权法官的良好形象。

2. 加强司法能力建设。集体学习与个人学习相结合,提升业务水平。定期举办全省法院业务培训,及时对下级法院请示问题给予答复,积极参加最高人民法院专业培训及研讨交流,在知识产权法官微信群及时发布最新司法观点和典型案例,多渠道全方位提高知识产权司法能力。

3. 加强廉政作风建设。深入开展廉洁司法集中教育活动,认真学习中央纪委六次全会和省纪委七次全会精神,学习《廉洁自律准则》《纪律处分条例》《司法机关内部人员过问案件的记录和责任追究规定》等制度,自觉按照"三严三实"标准严格要求,切实将最高人民法院"五个严禁""十个不准"牢记于心。山东法院全年未发生违法违纪现象,维护了知识产权法官的廉洁形象。

河南法院2016年度知识产权司法保护工作总结

2016年，河南法院深入贯彻党的十八大以及十八届三中、四中、五中、六中全会精神，认真落实全国法院知识产权审判工作座谈会暨全国法院知识产权审判“三合一”推进会会议精神，以加强知识产权司法保护为导向，以执法办案为中心，以完善知识产权审判体制机制为基础，全面履行审判职责，不断加大知识产权司法保护力度，不断拓宽知识产权保护领域，不断完善知识产权司法保护体制机制，不断提升知识产权保护质效，为河南省创新驱动发展战略的实施提供了强有力的司法保障。

一、加强知识产权司法保护，依法公正高效审结大批知识产权纠纷案件

全省法院积极贯彻党中央、国务院“实行严格的知识产权保护制度”精神，不断加大知识产权司法保护力度；积极应对知识产权案件大幅攀升态势，努力克服案多人少矛盾，攻坚克难，知识产权审判质效不断提高，司法保护知识产权主渠道作用日益明显。

一是依法审结了大批知识产权纠纷案件。2016年，全省法院新收各类知识产权案件3418件，结案3061件，审结率89.56%。其中著作权类案件1140件；商标权类案件1008件；专利权类案件234件，其他知识产权纠纷679件。

二是有效缩短权利人的维权周期。针对知识产权权利人普遍反映的维权周期长问题，大力推行以审判为中心的诉讼制度改革，提高庭审查明案件事实的效率；加强对侵害音像作品、美术作品著作权、侵害商标权等类型化案件的调研，不断探索更加合理高效的审判流程；知识产权案件的审理周期不断缩短，全省法院一审知识产权案件的审理周期平均为90余天，二审案件的审理周期平均为50余天，均远远低于民事诉讼法规定的案件审理期限，一审裁判文书生效率超过90%。

三是对省内外、境内外权利人的合法权利平等保护。严格落实十八届四中全会“公正是法治的生命线”的精神，坚持“保护创新”的审判工作目标，克服地方保护主义，实现对省内外、境内外的知识产权权利人的平等保护。

四是维护了公平竞争的市场秩序。准确认定使用知名商标注册企业名称、假冒专利进行虚假宣传等不正当竞争行为，依法规范市场竞争秩序，营造公平、有序的市场竞争环境。如河南高院审理的金星啤酒集团有限公司与湖北津江啤酒有限公司、泌阳县徐家超市侵害商标权及不正当竞争纠纷一案，对虽然有自己的商标，但却使用与金星啤酒集团有限公司相似商标的湖北津江啤酒有限公司依法认定构成商标侵权，有效规范了市场竞争行为。

二、加大对知识产权侵权行为的制裁力度，充分发挥司法保护主导作用

一是依法严惩知识产权刑事犯罪，加大刑事处罚的威慑力。对假冒知名商标，生产、销售与人民群众生命财产安全密切相关的食品、种子、药品、农药、汽车配件、白酒、家用电器等犯罪分子全部判处

实刑；在法律规定幅度内加大财产刑的处罚力度，从经济上剥夺犯罪分子再次犯罪的能力和条件。

二是逐步提高民事侵权赔偿数额，提高侵权人违法成本。在确定赔偿数额时，全面考虑知识产权类型、侵权故意、侵权行为持续时间、侵权获利以及地域经济差别等情况，使司法保护力度紧密契合知识产权的市场价值，防止权利人赢了官司、丢了市场。如根据不同案件情况，对侵犯音乐作品著作权的案件，将赔偿标准从每首歌曲 50 元至 100 元调整为 300 元至 600 元；卡拉 OK 歌厅、酒店不经著作权人许可、无偿使用他人音像作品的侵权现象得到有效遏制，著作权侵权案件同比大幅度减少。

三是发挥司法审查和监督职能，规范行政行为。强化对知识产权行政行为合法性的全面审查，引导知识产权行政主管机关的调查取证、证据审查、侵权判定等标准向司法标准看齐，促进知识产权行政行为进一步规范化和法治化。

三、全力推进知识产权民事、行政和刑事案件审判“三合一”工作，努力实现知识产权审判模式全面优化

一是领导高度重视，推进全面彻底。为全面贯彻全国法院知识产权审判工作座谈会暨全国法院知识产权审判“三合一”推进会精神，2016 年 10 月 14 日，河南高院召开“全省法院知识产权审判工作座谈会暨全省法院知识产权审判‘三合一’推进会”，传达贯彻最高人民法院会议精神，总结河南法院近年来知识产权审判工作经验，对存在的问题进行分析和梳理，对下一步的知识产权审判工作作出安排；同时，结合河南法院实际情况，经过深入调研、多方征求意见，起草了《关于在全省法院推进知识产权民事、行政和刑事案件审判“三合一”工作的实施方案》，对知识产权案件管辖、审判管理、人员配备等进行统筹安排，拟作为今后一个时期河南法院知识产权审判工作的指导性文件。目前，该方案已按照要求报最高人民法院审批，全省中级、基层法院亦做好相应准备工作。

二是加强审判调研，及时完善案件管辖布局。为更好地发挥郑州航空港经济综合实验区的区位优势和特点，经过充分调研，并向最高人民法院请示，拟指定郑州航空港经济综合实验区人民法院作为管辖知识产权案件的基层法院。通过优化审判资源配置，为郑州航空港经济综合实验区建设提供公正、高效的司法保障。

三是整合审判资源，提高法官素养。全省法院根据审判任务需要积极配齐配好配强审判力量，严格选拔审判业务骨干，配置到知产庭从事知识产权审判，同时积极组织法官参与最高人民法院组织的专业培训，加强上下级法院的对口业务指导和监督，不断提高知识产权法官的综合素质。

四、突出知识产权保护重点，全力服务经济社会发展大局

一是加强对高新技术企业的知识产权司法保护。审结了一批专利权、技术服务合同纠纷案件，涉及农机、新型建材、节能设备、矿山机械等众多领域。在审理牛子杰等与开封慰农机械厂、尉氏县老利机械有限公司等侵害实用新型专利权纠纷案，河南凯农机械与长葛市农丰机械厂、嘉禾机械制造有限公司侵害实用新型专利权纠纷案时，充分考虑企业对知识产权的研发成本、知识产权的利润贡献率和侵权人的违法收益等因素，提高审判效率，加大赔偿力度，使高新技术企业有集中精力搞研发的信心和底气，促进知识产权密集型企业的发展。

二是着力维护知名食品加工企业品牌

和商誉。食品加工行业在河南经济中占据举足轻重的地位，河南法院主动融入地方特色经济，为河南实现“天下粮仓”向“国人厨房”跨越保驾护航。其中，“好想你”“杜康”“莲花”“金星”“南街村”“三全”“思念”等一批河南省知名品牌和“茅台”“五粮液”等全国知名商标得到了有效的保护，“傍名牌、搭便车”等不良市场竞争行为得到进一步遏制。

三是加强对传统文化的知识产权保护。对我省的传统艺术门类如戏曲、剪纸、版画、民间传说、陶瓷等，以及非物质文化遗产、中华老字号等，全省法院以保护民间艺术，传承民族文化为出发点，从著作权、外观设计专利权、商标权等不同角度进行保护；通过审理苗富华、马捷等戏曲作品著作权纠纷等案件，厘清了传统文化与商业使用之间的法律界限，增强了品牌的历史文化底蕴，在保护权利人合法权利与促进文化繁荣中掌握平衡，取得较好效果。

四是积极服务“一带一路”发展战略。强化知识产权平等保护，公正高效审理了一大批涉“一带一路”建设相关知识产权案件，增强外国企业在河南投资的信心，推进“一带一路”发展战略在河南的实施。河南高院审理的德国拜耳公司诉河南某公司、赵某侵犯注册商标专用权及不正当竞争纠纷一案于 2016 年 11 月入选最高人民法院《“一带一路”司法理论与实务纵览涉外商事案例精选（2015—2016 年度）》。

五、完善司法服务举措，提升全社会知识产权保护意识

一是大力开展巡回审判。全省法院积极选择有代表性的知识产权案件，到高校、郑州航空港经济综合实验区、各高新技术产业开发区、产业集聚区，以及侵权行为地开展巡回审判，以案说法，普及知识产权法律知识。2016 年 4 月 18 日，河南高院在郑州科技学院公开开庭审理香港周六福珠宝国际集团有限公司与河南幸福万家商贸有限公司大同路店、吴志华侵犯商标权纠纷一案，省内多家媒体予以报道。

二是主动提供司法服务。河南高院院长张立勇带头走访高科技企业，了解企业知识产权情况，帮助企业做好知识产权的布局和保护。4 月 19 日，邀请国家知产局、专家学者、高新企业代表，召开全省加强知识产权司法保护座谈会，河南高院院长张立勇、国家知识产权局副局长甘绍宁参加座谈，了解企业在知识产权方面的司法需求，征求对法院审判工作的意见和建议。全省各地市中级法院院长也都通过走访企业、召开座谈会、举办专题报告等形式，征求社会各界对知识产权司法保护的意见和建议，不断完善司法服务举措。

三是加强司法宣传。积极落实“谁执法，谁普法”责任制，大力普及知识产权法律知识。2016 年 4 月份，与河南电视台联合开办知识产权保护系列节目；从全省法院办结的 1 万余起知识产权案件中选取 20 起典型案例，在网络、微博、微信平台接受社会各界投票，根据投票结果选出十大典型案例向社会公布，为公众提供知识产权维权范本；对近三年的知识产权审判工作进行梳理，分析全省知识产权保护现状，总结知识产权保护经验，向全社会发布河南法院知识产权司法保护白皮书；白皮书和十大典型案例在电视、报纸、广播、网络得到广泛传播，新媒体 H5 在微信平台得到广泛转发，提升了河南法院知识产权审判工作的社会影响力和公众保护知识产权的意识。中央电视台先后对河南法院审理的多起知识产权典型案例进行采访报道，塑造了河南良好的知识产权保护形象。

六、大力加强队伍建设，不断提高知识产权法官队伍的政治素养和专业水平

一是持续加强思想政治建设。扎实开展“两学一做”学习教育，引导全体知识产权法官牢固树立政治意识、大局意识、核心意识、看齐意识，在思想上政治上行动上同以习近平同志为核心的党中央保持高度一致；进一步坚定理想信念，确保知识产权审判工作正确的政治方向。

二是持续加强纪律作风建设。严格落实全面从严治党主体责任，牢固树立党的纪律和规矩意识，进一步查摆和整改审判工作中存在的“四风”和“六难三案”等问题，切实增强依规依纪规范自身言行的自觉性和坚定性，增强反腐倡廉实际成效，确保队伍清廉、司法清明。

三是持续提升专业能力。输送多批次法官参加国家法官学院知识产权培训，使知识产权法官能够准确把握知识产权司法理念及发展趋势。在2016年4月、10月份，分别邀请国家知识产权局副局长甘绍宁、中南财经政法大学知识产权研究中心教授吴汉东等知名专家，为全省法官举办知识产权强国战略辅导报告，对知识产权保护政策进行深入解读，明晰知识产权保护司法理念，全省法院知识产权审判队伍的整体素质得到大幅提升。

湖北法院2016年度知识产权司法保护工作总结

2016年知识产权审判事业迎来蓬勃生机，国家实施知识产权强国战略，提出建设知识产权强国目标；最高人民法院要求在全国法院全面推开知识产权审判“三合一”模式；武汉经最高人民法院批复设立跨区域管辖案件的专门知识产权审判庭。

这一年，湖北法院的知识产权审判工作紧紧围绕“努力让人民群众在每一个司法案件中感受到公平正义”目标，积极服务于国家创新驱动发展战略和“五个湖北”建设，锐意进取、攻坚克难，取得了累累硕果。全省法院知识产权审判专家咨询机制规范运行，李培根院士、吴汉东教授等多名专家为知产审判提供智力支持；十堰中院、荆门中院继省法院、武汉中院等六家法院后实行知识产权审判“三合一”，试点法院范围进一步扩大；跨区域管辖知识产权案件的专门审判机构——武汉知识产权审判庭即将挂牌，知识产权审判步入新阶段；全省法院4件案件入选2015年中国法院十大知识产权案件和五十件典型案例。

这一年，全省法院知识产权案件受理数量再创新高。全省法院受理知识产权民事一审案件8405件，民事二审案件830件，刑事一审案件98件，行政一审案件8件，全部知识产权案件接近一万件。

一、高效履行审判职责，发挥司法保护知识产权主导作用

一是加大知识产权司法保护力度，维护权利人合法权益。加大知识产权保护力度，坚决打击恶意竞争行为，维护企业竞争优势，对于保障企业创新发展，服务经济转型升级作用重大。2016年，湖北法院始终注重发挥知识产权司法保护的主导作用，通过准确适用法律，严格规制各种不正当竞争行为，严厉惩处“搭便车”“傍名牌”等侵权行为，审理了安少康诉长江文艺出版社、海豚传媒公司侵害著作权纠纷案、广东加多宝公司诉广药集团不正当竞争纠纷案等多起在全国范围内有重大影响的新颖疑难案件，依法保护了权利人的合法权益。

二是充分发挥审判咨询专家库作用，准确查明技术事实。自专家库建立以来，有关专家已为专业技术性很强的知识产权案件提供了权威客观的咨询意见，对于法院查明技术事实、分清是非责任起到了重要的智力支持作用。例如，侵害磊若软件公司SERV-U计算机软件著作权纠纷系列案件，涉及网络在线使用SERV-U软件的技术原理、telnet网络取证的效力等专业技术问题，全国法院的认定标准和裁判结果大相径庭，我省法院共受理此类案件200余件。按照专家库运行规定，省法院的合议庭咨询了专家库的有关专家，准确查清了涉案技术事实，依法作出了最终的判决结果，统一了全省法院审理此类案件的认定标准。目前，全省法院已在145件技术类知识产权案件审理中参考专家咨询意见，有效发挥了专家库作用。

三是加强调解疏导工作，积极化解社会矛盾纠纷。湖北法院紧紧围绕“案结事了”工作目标，按照“调解优先，调判结合”原则，积极探索调解规律，创新调解思路，完善调解方式，以调解促和谐促发展，妥善化解了大量涉及知识产权侵权、使用等方面的矛盾纷争，为保护创新、维护社会稳定发挥了积极作用。例如，路易威登马利蒂诉武汉滨湖大厦酒店公司侵害商标权纠纷系列案，涉及国际著名品牌“LV”商标权保护，社会影响较大、关注度较高。经合议庭多次做工作，最终双方当事人达成庭外和解，全部系列案均以当事人撤回上诉结案，既有力保护了“LV”商标的合法权益，也依法惩戒了侵权行为，达到了法律效果和社会效果的统一。

二、主动拓展审判职能，服务知识产权强省建设

一是发布白皮书和典型案例，引导创新驱动发展。2016年“4·26”世界知识产权日宣传周期间，省法院召开湖北法院知识产权司法保护状况新闻发布会，公开发布我省《知识产权司法保护状况及十大典型案例》（白皮书）900册，并呈送省人大代表，向社会公布湖北法院2015年度知识产权司法保护取得的成绩及审理的典型案例，引导社会公众尊重知识产权，获得了社会各界好评。

二是加强与行政机关横向协作，凝聚知识产权保护合力。注重加强与省知产局、省工商局等行政管理机关沟通协作，通过不定期举办研讨会等形式，就专利权、商标权等知识产权保护问题进行磋商。2016年，受省知产局委托，省法院承担《知识产权行政执法与司法衔接》重点调研课题，按期高质量地完成调研成果，为实践中知识产权司法保护与行政执法加强协作指明了方向。

三是落实省“双打”办工作部署，积极开展“双打”工作。作为省“双打”办工作领导小组成员单位，省法院知识产权审判庭与刑三庭共同配合，积极落实全国“双打”会议精神和我省“双打”工作要点，协助完成各项工作目标。通过打击各类假冒知识产权行为，充分发挥知识产权司法保护主导作用，不断完善现行知识产权保护“双轨制”模式，推动形成保护知识产权、鼓励创新的良好氛围。

四是对外积极建言献策，着力提升知

识产权司法影响力。2016 年先后就省政府《关于加快知识产权强省建设的意见》《湖北省专利条例》《湖北省知识产权“十三五”发展规划》等近二十份征求意见稿提出书面修改建议；先后参加省政府召开的知识产权“十三五”发展规划汇报会、全国人大法工委关于《民法总则（草案)》修订工作调研会、省工商联组织的民营企业知识产权保护状况座谈会等并提交书面材料或发言；作为湖北自贸区工作小组成员单位，认真研究《自贸区总体方案》并提出修改意见，落实总体方案工作任务，发挥能动作用和桥梁作用。

三、坚持改革创新，进一步完善审判机制

一是全面推进“三合一”工作。2016 年 8 月，省法院召开全省法院知识产权审判工作座谈会，贯彻落实全国法院知识产权审判工作座谈会暨全国法院知识产权审判“三合一”推进会精神，并对全省法院当前和今后一段时期的知识产权审判工作进行部署，要求各中级法院及时成立“三合一”工作领导小组，加强组织领导。会后，十堰中院、荆门中院及时贯彻会议精神，与检察机关联合下文，对知识产权案件实行“三合一”审判模式。“三合一”试点范围的扩大，进一步提升了我省知识产权司法保护的整体效能。

二是顺应司改需求组建审判团队。为落实司法体制改革方案，充分发挥审判团队作用，省法院知识产权审判庭在完成法官入额工作的基础上，根据省法院《司法体制改革试点实施方案》，研究制定了《审判团队管理办法（试行)》，新建了专业化、精干化审判团队，并从团队建设、案件管理、裁判文书审签、法官联席会议等方面明确了具体管理办法。新的团队管理办法将有效激发审判活力，提高审判效率，促进审判队伍进一步专业化。

三是积极筹建武汉知识产权审判庭。经最高人民法院、省委省政府批准，武汉知识产权审判庭即将挂牌成立，并将跨区域管辖全省范围内专利、植物新品种等技术性较强知识产权案件。武汉知识产权审判庭的成立，标志着我省知识产权审判步入新阶段，也将进一步提升我省知识产权审判的水平和影响力。

四是深入推进司法公开。2016 年，全省法院按照“应上尽上”的原则，不断完善知识产权裁判文书上网管理机制，督促裁判文书及时上网。积极推行阳光、透明司法，除涉及商业秘密、个人隐私和庭前调解结案的案件以外，其他所有案件一律公开开庭审理。对于典型案件，主动邀请武汉大学、中南财经政法大学等高校师生旁听开庭，不断提高知识产权司法保护透明度。

四、加强队伍建设，进一步提升履职尽责能力

一是深入开展“两学一做”活动。全省法院知识产权审判庭通过深入开展“两学一做”专题教育活动，不断增强服务大局和廉洁司法的自觉性，审判队伍的政治素质、公正廉洁意识和司法为民意识进一步提升，呈现出比办案、办好案，团结和谐、无私奉献的良好风气，并保持多年人员无违法违纪记录。

二是围绕审判实践开展调研工作。省法院注重发挥调研工作对队伍业务建设的促进作用，针对知识产权审判中出现的新情况、新问题开展专题调研，先后就涉电影作品著作权纠纷案件适用法律问题、著作权法修改草案问题、知识产权民事诉讼证据规则适用问题等问题进行深入调研，培养了一批审判业务骨干。

三是积极参加专业培训与学术交流活

动。湖北法院十分注重知识产权法官的业务培训和对外交流，大力支持法官参加学习培训及对外学术交流活动，开阔眼界、增长见识，着力培养专家型学者型法官。2016年，湖北法院知识产权法官参加了国家法官学院组织的业务培训，最高人民法院组织的“涉电影作品著作权纠纷案件适用法律问题”座谈会、知识产权南湖论坛、自贸区知识产权司法保护研讨会、工信部举办的“ICT行业反垄断法实施研讨会”等十多项学术交流活动。

湖南法院2016年度知识产权司法保护工作总结

2016年，湖南三级法院紧紧围绕“努力让人民群众在每一个司法案件中感受到公平正义”的工作目标，牢牢抓住司法为民、公正司法的工作主线，认真贯彻实施国家知识产权战略，充分发挥知识产权审判职能作用，为全省经济社会发展作出了积极贡献。

一、抓好执法办案，审判质效跃上新台阶

一是审判质效稳步提高。2016年，在案件数量增加，审判力量不增反减的情况下，知识产权审判条线注重内部挖潜，优化审判资源配置，充分调动法官们的工作积极性和主观能动性。加快文书审批等程序流转，在确保质量的前提下，不断提高工作效率，收案数和结案数均大幅上升。2016年，全省法院共受理知识产权一审案件（含刑事、行政和民事）4518件，比上年增长52.02%。其中，知识产权刑事一审案件98件，知识产权行政一审案件25件，知识产权民事一审案件4395件（其中商标权纠纷案件1575件，专利权纠纷案件234件，著作权纠纷案件2357件，其他知识产权案件229件）。审结知识产权一审案件3379件，比上年增长48.79%。案件审理效果良好，没有案件被改判、发回，仅有1件案件进入再审。湖南富丽真金家纺有限公司诉湖南富丽真金家具有限公司不正当竞争纠纷案、北京东方雨虹防水技术股份有限公司诉长沙金雨伞防水工程有限责任公司不正当竞争纠纷案、湖南广播电视台卫视频道诉湖南卫视文化传播有限公司侵害商标权及不正当竞争纠纷案等疑难复杂、有较大影响案件成功审理，有力维护了知识产权人合法权益，彰显了司法公信和权威，受到社会好评。

二是严格保护落到实处。积极适用证据披露和妨碍制度。在深圳万向泰富环保科技有限公司诉湖南省岳阳市水利水电工程有限公司等侵害发明专利权纠纷案中，被诉侵权产品被填埋在河道两岸及道路两旁的护坡内，举证难问题尤为突出。在被告无法提出反证的情况下，法院依据工程尚未完工时公证保全的侵权产品照片直接认定侵权产品的技术特征，并在此基础上认定了侵权事实；基于被告拒不提交关于侵权产品数量、交易价格、利润的资料，法院根据设计图推算侵权产品用量，并引导原告提供专利产品价格评估报告等关于专利市场价值的证据，据此认定产品利润，以此确定赔偿数额。本案通过综合运用多项证据规则，突破了被告的举证妨碍和侵权产品填埋使用方式等主客观因素所造成的举证难瓶颈。高度重视知识产权保护的及时性。在湖南口味王集团有限责任公司诉益阳市口德福食品有限公司、益阳历辉包装有限公司侵害商标权纠纷案中，法院根据原告申请依法作出行为保全，发布临时禁令，责令被告停止生产销售被诉侵权商品，及时有效保护了原告的合法权益。强调法定赔偿尽可能接近损失和获利。适用法定赔偿时，尽可能查明原告权利的市场价值、被告经营规模、行业利润率等影响赔偿额的因素，使法官确定数额时的内心确认和自由裁量有理有据。

二、深化改革创新，审判机制日趋健全

一是深入推进知识产权审判“三合一”，为激励创新提供高效便捷的司法保障。下发贯彻《最高人民法院关于在全国法院推进知识产权民事、行政和刑事案件审理“三合一”工作的意见》几项具体要求的通知，推进长沙、株洲、岳阳、常德等地的“三合一”工作，确定10个基层法院申报一般知识产权案件管辖权，完善机构设置，并将从事知识产权审判业务的部门统一更名为知识产权审判庭，或加挂知识产权审判庭牌子。

二是进一步完善知识产权纠纷多元化解决机制，为技术型企业解决纠纷提供快速通道。继续指导岳麓区法院开展专利纠纷行政调解协议司法确认试点工作，促进知识产权行政保护和司法保护有效衔接和良性互动，目前已对19起专利纠纷行政调解协议进行司法确认。依托该项试点工作，指导岳麓区法院和中南大学共同完成最高人民法院司法调研重大课题《〈专利法〉第四次修改关于专利纠纷调解救济机制的研究》。

三、加强调研指导，审判公信力有新提升

一是积极开展调研工作。根据最高人民法院要求开展调研，报送新商标法实施情况、知识产权民事诉讼证据规则适用问题、涉剧本抄袭侵害著作权纠纷法律适用等调研报告。2015年省知识产权软科学研究重点课题《知识产权案件技术事实查明机制研究》结题并通过验收，2016年省知识产权软科学重点课题《知识产权行政保护与司法保护的冲突和协调研究》即将完稿。注重研究成果的转化，省法院将上述调研报告和课题报告发送给下级法院对口庭室，帮助解决司法实践中的突出问题。长沙市中级人民法院发布《知识产权民事案件损害赔偿额判定状况》，用数据正面回答社会对知识产权司法保护力度的质疑。

二是加强监督指导。编撰《知识产权审判动态》3期，刊登典型案例、案件发改分析等，统一全省法院裁判尺度；针对下级法院提出的法律适用方面的书面请示，及时进行研究并回复，今年共答复7件；严格执行驰名商标的判前审批制度，对中级法院拟认定驰名商标的案件认真把关，既充分保护有相当高知名度的商标，又防止当事人滥用驰名商标的司法认定制度，损害司法认定的权威性和公信力，今年对中级法院拟认定的1件驰名商标未予批准；坚持案例指导制度，收集、编写典型案例。中国港中旅集团公司诉张家界中港国际旅行社有限公司侵害商标权及不正当竞争纠纷案、法国皮尔法伯护肤化妆品股份有限公司诉长沙慧吉电子商务有限公司侵害商标权及不正当竞争纠纷案入选中国法院五十件典型知识产权案例，宜宾五粮液股份有限公司诉邵东县两市镇和天下名烟名酒店等侵害商标权纠纷案入选湖南省双打工作十大典型案例。

四、延伸审判职能，服务大局有新成效

一是积极回应企业司法需求。充分发挥司法保护和激励创新的独特作用，立足审判找准服务大局的结合点、着力点，提升服务大局针对性和实效性。省法院民三庭组织部分法官赴湘潭恒欣集团、酒鬼酒股份有限公司等企业和知识产权局等部门，实地了解企业知识产权管理、运营和保护情况，认真听取企业和行政部门对司法保护的意见和建议，从品牌维护管理、商业秘密的保护、维权方式等方面提出建议，把服务大局落到实处；针对KTV经营者、文化行政执法部门等反映比较突出的视听作品著作权保护问题，民三庭协调中国音像著作权集体管理协会、长沙市知识产权局、市文化市场综合执法局、行业协会等商讨著作权收费问题，促进文化市场的健康发展。

二是深入推进司法宣传和公开。“4·26”世界知识产权日宣传周期间，省法院召开知识产权司法保护状况新闻发布会，公开发布司法保护状况白皮书及十大典型案例，明晰法律规则，引导创新驱动发展，促进全社会知识产权保护意识的提升；按照“应上尽上”的原则，督促承办法官结案后及时将裁判文书上网，接受全社会的监督，以公开促公正；通过省法院微信公众号“知产天地”专栏推送知识产权审判动态，选取典型案件进行庭审直播，邀请人大代表、政协委员观摩庭审；办理人大代表建议、政协委员提案2件，对工作进行解释、宣传。通过深入的司法宣传和公开，使人民群众切实感受到司法的公平正义。

五、强化学习教育，队伍建设呈现新风貌

一是加强培训交流。在法官学院的支持下，省法院民三庭成功举办为期4天的全省法院知识产权审判工作座谈会暨培训班，全省14个中级法院、具有知识产权审判管辖权的6个基层法院院领导、庭领导、法官近180人参加。部署了当前和今后一个时期的知识产权审判工作，明确了工作总体思路、强化了业务学习、交流了审判经验、统一了理念认识，起到了提升司法能力、推进工作的良好效果；派人参加最高人民法院组织的培训和会议，接待重庆法院来湘调研知识产权司法保护情况；民三庭副庭长陈小珍交流到中南大学法学院挂职，利用“双千计划”契机，民三庭就知识产权审判理论研究、案例发掘等问题加强与中南大学、湘潭大学等高校的交流。

二是加强党风廉政建设。贯彻落实院党组关于“两学一做”学习教育的部署要求，认真开展“两学一做”专题学习讨论会，全体党员热烈讨论发言；党支部到平江起义纪念馆开展以“缅怀先烈、坚定信念、争创佳绩”为主题的党建活动，接受红色革命教育洗礼；根据院机关党委的要求，组织全庭同志参加“湖南省干部在线学习中心”学习；贯彻从严治党的伟大部署，组织学习《关于新形势下党内政治生活的若干准则》《中国共产党党内监督条例》等规章制度，强化干警的廉洁意识。通过开展学习教育，进一步激发了同志们的爱岗敬业精神，全庭的凝聚力、战斗力和执行力进一步提升，队伍风清气正，无一人违法违纪。

广东法院2016年度知识产权司法保护工作总结

2016年，广东高院民三庭以党的十八大、十八届三中、四中、五中、六中全会和习近平总书记系列重要讲话精神为指引，认真贯彻落实全国法院知识产权审判工作座谈会和全省中院院长会议精神，紧紧围绕“努力让人民群众在每一个司法案件中感受到公平正义”的目标，依法履行知识产权审判职能，扎实推进各项司法改革举措，不断加强对下级法院的监督指导，推动全省知识产权审判工作水平迈上新台阶，为我省实施创新驱动发展战略提供了有力的司法服务和司法保障。

一、强化管理，办案质效再上新台阶

一是审判质效提升明显。在全年新收案件增长63.24%，增幅位列全院第二的情况下，民三庭审结案件1369件，结案率91.21%，创近年新高，结案率提高了4.5个百分点，案件结收比达到1.01；存案数下降了约12.58%，为近年新低。审结的案件中92%为二审案件，占全院民事二审案件结案总数的65.04%。办案中，班子成员率先垂范，庭长王静半年审结案件35件，结案率97.22%，支委邓燕辉荣获全庭办案冠军。注意抓好长期未结案件清理，逐案确定办理时间表，由庭领导跟踪落实。截至年底，除六宗有客观障碍的案件外，2016年以前的存案全部审结。注重办案质量，圆满审结了“非诚勿扰”等一批有重大影响的案件，获得社会各界好评。调撤数和调撤率保持高水平，调撤案件488件，调撤率达35.65%，同比上升14.98个百分点。调撤数和调撤率在民事审判口中名列前茅。发改案件230件，发改率为16.80%，同比上升9.98个百分点。

二是重大敏感案件进展顺利。我庭始终高度重视重大敏感案件的审理工作。分管院领导、庭领导、资深法官带头办理重大敏感案件；制定重大敏感案件管理制度，由庭领导负责跟踪重大敏感案件的审理工作，并及时向分管院领导汇报案件进展情况。2016年，我庭审理的广药集团诉加多宝公司商标侵权纠纷一审案，诉讼标的额达29亿余元，快播公司诉深圳市场监督管理局行政纠纷二审案，涉及2.6亿元的“天价罚单”，均创造了全国法院同类型案件的纪录；成功审结的“新百伦”商标侵权纠纷案、“非诚勿扰”商标侵权纠纷案、“蒙娜丽莎”商标侵权纠纷案、迈瑞理邦侵害发明专利及技术秘密纠纷案、丹麦国立血清研究所诉北京万泰公司“用于免疫治疗和诊断结核病的化合物和方法”发明专利纠纷案、深圳海洋王公司与黄杰、马文波等人职务发明人奖励纠纷案、“樱花”商标侵权及不正当竞争纠纷案等重大、敏感、典型案件，在国内外知识产权界引起广泛关注，取得了良好的法律效果和社会效果。在今年“4·26”知识产权宣传周期间，我庭审结的3宗案件入选了最高人民法院公布的2015年中国法院五十件典型知识产权案例。

二、精心谋划，审判运行机制改革取得新突破

民三庭严格按照院党组的部署，精心组织，积极推进审判运行方式和审判责任制改革，建立了顺畅高效的审判运行机制。自从9月份组建审判团队后，在全庭办案法官人数减少45%情况下，四个月共审结案件688件，占全年结案总数50.25%；月均结案172件，比团队组建前增加了102%。

一是科学组建团队。根据不同法官、助理和书记员的特点，按照优势互补、合理搭配、力量均衡的原则，科学合理地组建四个审判团队，为高效开展审判工作奠定良好基础。

二是明确职责。制定《民三庭审判团队运行方案》，明确团队运行规则和各类人员职责。强调审判团队负责人一岗三职，既要抓好审判管理，也要搞好廉政建设和调研指导。规范了二次分案制度、案件审限管理和庭长的监督权等内容，逐步建立权责明晰、监督到位、管理有序的审判权运行机制。规定专业法官会议的职责、权限和议事程序，使专业法官会议制度的运行有章可循。

三是调动法官助理的积极性。民三庭未入额法官转任助理的共有10人，司改后不能独立承办案件。针对助理角色转换过程中产生的思想波动，注意加强教育引导，耐心细致地做好思想工作，帮助他们尽早融入新团队，适应新岗位。针对民三庭具体情况，制定出《法官助理职责和业绩考核办法》，将法官助理的职责明确为程序性、实体性和事务性3个大项20多个小项内容，并规定了具体的绩效考核细则，对法官助理完成的各项工作实行计分制，激发助理的活力。

四是及时总结。对于团队运行中的繁简分流等好经验、好做法，及时在全庭进行推广；对于个别团队磨合期间出现的审判效率低等问题，及时研究解决。四个审判团队组建后，结案数量逐月提高，审判机制运行渐入佳境。

五是建立裁判文书备案制度，解决审判权下放后裁判尺度不统一问题。结合本庭调研机制，规定案件签发后送负责相关领域调研任务的审判团队备案，由其审核把关。该审判团队认为案件裁判尺度与其他案件不一致的，提交专业法官会议讨论。既可使该团队全面掌握该类型案件的处理情况，便于开展调研工作，又可发挥其统一裁判尺度功能，避免同案不同判。

三、创新机制，调研指导工作打开新局面

一是搭建新平台。民三庭组建了专利、商标及不正当竞争、著作权等四个调研指导小组，作为调研指导工作的主要平台，由省法院和全省各级法院知识产权审判业务骨干参加，围绕各自审判领域中的重点难点问题展开调研，及时总结审判经验，并为各自领域内的重大疑难案件的审理提供咨询和指导。制定《调研指导小组运作规定》，明确调研小组任务职责，为调研工作开展提供组织和制度保障。

二是引入新力量。建立知识产权法律专家库，聘请国内知识产权领域专家学者担任专家顾问，定期邀请专家对重大疑难案件、审判实践热点难点问题和知识产权审判发展方向等问题建言献策，利用学术界资源，为我院开展调研工作、解决审判实践中的疑难问题提供智力支持。在“新百伦”商标侵权纠纷案的审理中，我庭就邀请了国内商标法领域的知名专家学者，召开了“商标侵权纠纷中知识产权市场价值评估”专题研讨会，与会人员围绕认定商标市场价值的核心和关键、认定商标侵

权获利在侵权人经营中的份额和比例、商标反向混淆中如何认定权利人损失或侵权人获利等三个问题展开热烈讨论，通过研讨厘清了一些模糊认识，进一步拓展了视野，为解决“赔偿难”问题提供了新的思路。

三是明确新方向。结合当前知识产权审判工作实际情况，将知识产权市场价值和破解侵权赔偿难问题作为调研工作重心和主攻方向。探索建立符合市场价值的知识产权侵权损害赔偿制度被列入广东省全面创新改革试验改革事项。依托最高人民法院知识产权司法保护与市场价值研究（广东）基地，积极统筹协调全省知识产权审判力量开展研究，为顺利推进基地各项工作，研究制定了基地启动工作方案，并召集部分行政机关、高等院校和科研机构、社会中介机构以及全省知识产权审判重点法院，召开了两次广东基地工作推进会，对基地各项工作的推进作了部署，明确了基地的研究方向和路径。年底我们又在广州和深圳召开了两场“破解侵权损害赔偿难，提高知识产权司法保护水平”座谈会，倾听华为、腾讯、网易等高新技术企业对提高知识产权保护水平的意见，吸收合理建议指导审判实践。

四是开拓新局面。9 月份我们召开了全省知识产权审判工作视频会，对当前和今后一段时间的全省工作进行了部署，整理审判工作中普遍存在的法律问题，在会上予以明确。龚稼立院长、徐春建副院长出席会议并作了重要讲话，为我省知识产权审判工作再上新台阶指明了方向。龚稼立院长在讲话中强调要充分发挥知识产权审判职能作用，为推动供给侧改革，实现结构调整、转型升级和更高水平的发展提供强有力的司法保障。徐春建副院长作了工作部署，要求将知识产权市场价值研究和运用证据规则破解侵权损害赔偿难，作为一条工作主线和寻求突破的主攻方向，尽快实现从知识产权市场价值理论研究和司法实践两张皮转向两者有机统一等五个方面的转变，带动做好各项知识产权审判工作，推动全省知识产权审判工作迈上新台阶。

五是解决新问题。我庭坚持每季度分析研判全省知产审判工作，并有针对性地提出指导意见。采取案例剖析和实地调研相结合的方式，全面分析广州知识产权法院一审案件中存在的问题，提出改进建议并与知识产权法院进行了交流，得到院领导肯定。建立重大敏感案件指导制度。指定专人对下级法院审理的重大敏感案件进行指导，确保华为诉三星标准必要专利纠纷等重大案件的顺利进行。组织专人对 2015 年审理的专利案件进行总结和分析，掌握我省专利审判工作的总体态势，发现个案中存在的共性问题和发掘法律适用方面的典型案例，形成了《2015 年广东省专利审判基本情况及典型案例分析》专题报告。全面分析民营企业知识产权保护中遇到的问题，并提出建议，得到全国工商联调研组的表扬。积极参与知识产权立法和司法解释制定相关调研，参与了与著作权法修订、商标法司法解释制定、技术调查官制度构建、新商业模式的规制、知识产权民事诉讼证据制度和中国知识产权司法保护纲要起草等相关的多项调研工作，取得了丰硕的调研成果。其中，《技术调查官制度的设计与运行》为最高人民法院重大调研课题。针对审判实践中出现的新问题，开展了电影作品著作权纠纷案件、涉网络交易平台知识产权案件、动漫及其衍生品知识产权司法保护、涉电影/电视节目名称案件等方面的调研工作。

四、扎实推进，司法公开工作彰显新成效

一是深入开展“4·26”知识产权宣传周活动。通过召开知识产权司法保护新闻发布会、发布白皮书及十大案例、开展公开宣判活动等形式多样的司法公开和司法宣传活动，提高了我省知识产权司法保护工作的影响力，为知识产权审判工作开展创造了良好的舆论环境。我庭公开宣判黎莲威、蔡素琴与被上诉人一插得公司、原审第三人安业公司返还专利权纠纷一案中，当事人黎莲威和安业公司串通伪造证据的行为分别罚款10万元和50万元，提升了对当事人伪造证据行为的震慑力度，该案被评选为我省法院弘扬社会主义核心价值观十大典型案例之首。

二是主动推进庭审直播和裁判文书上网。我庭将参与评选优秀庭审与庭审直播挂钩，规定参与评选我院优秀庭审的案件，其庭审活动均应当通过网络进行直播。我庭审理的快播公司著作权行政处罚纠纷、“非诚勿扰”商标侵权纠纷等5个受到社会广泛关注的重大案件，其庭审活动均通过广东法院网进行了视频直播。我庭建立了规范化、制度化和常态化的裁判文书发布机制，积极克服裁判文书上网系统的缺陷，提升裁判文书上网的质量和效率。据最高人民法院统计，截至2016年6月30日，我省法院在中国知识产权裁判文书网发布知识产权裁判文书24511份，总量排名全国第1位。

三是加强与人大代表、政协委员互动。我庭通过主动邀请人大代表、政协委员参与、观摩知识产权案件庭审等互动，使人大代表和政协委员能够切身体会到知识产权审判一线工作的实际情况，对我省知识产权司法保护工作有更加深刻的认识和理解，加大对知识产权司法保护工作的支持力度。对于涉及知识产权司法保护的人大代表建议、政协委员提案，我庭均认真、细致、及时地进行了办理和回复，受到有关代表和委员的好评。

五、围绕“两学一做”和结合司改抓队伍，队伍建设呈现新面貌

一是认真开展“两学一做”和廉洁司法教育活动。严格落实党风廉政建设主体责任，通过召开全庭干警会议、党支部会议和专题研讨会等形式，抓好党内经常性教育和“两学一做”学习教育。围绕“两学一做”学习教育要求召开专题组织生活会，特别是徐春建副院长以“坚定共产主义理想信念，做合格共产党员和人民法官”为主题，结合司法审判工作实际，给我庭全体党员干部上了一堂精彩的党课；组织全庭干警对照“两学一做”要求，开展廉政警示教育活动，切实做到以反面典型案例为戒，牢固树立不碰红线、不逾底线的决心；组织全庭干警学习党章、党的十八届六中全会精神和习近平总书记重要讲话精神，紧紧围绕政法队伍“五个过硬”要求，提高政治敏锐性和政治鉴别力，增强忠诚意识、责任意识和纪律意识，严守纪律底线；重点对照《关于新形势下党内政治生活的若干准则》和《中国共产党党内监督条例》，结合思想和工作实际，深入查找问题，进行党性分析，开展批评与自我批评，进一步强化党的观念、提高党性修养。2016年我庭没有发现廉政方面的投诉。

二是切实提高审判队伍业务素质。我庭充分利用最高人民法院、我院、兄弟法院、高等院校、研究机构和其他部门组织的知识产权领域培训和研讨的机会，积极组织审判人员参与各种形式的业务培训，切实提高法官的大局观念、全球思维、国际视野以及专业水平。努力建设学习型组织，规范学习制度，定期组织学习讲座，下半年由本庭或其他部门业务骨干专题授课六次，营造钻研业务氛围。我庭特邀行政庭林俊盛副庭长前来讲授行政审判业务，有效提高了全庭同志对行政审判业务的认识。2016年，我庭有5篇案例被最高人民法院《人民法院案例选》《中国知识产权指导案例评注》采用，2篇案例被《典型案例分析》采用，4篇案例被《法庭》采用。张苏柳同志撰写的《深圳市银星智能科技股份有限公司诉深圳市华欣智能电器有限公司侵害实用新型专利权纠纷一案》被最高法院评为“促公正·法官梦”青年法官优秀案例评选活动二等奖。郑英豪同志撰写的《证据失权制度在知识产权案件合法来源抗辩审查中的适用》在2016年“中国创新创业成果交易会暨知识产权战略实施论坛”征文中获优秀论文奖。

三是积极开展国际国内交流合作。我庭积极拓展国际国内交流合作渠道，加强对外交流，派员参加高层次研讨活动十多人次，以把握知识产权审判和学术研究最新动态，拓宽法官视野。我庭接待了美国知识产权专家代表团一行，双方就广东法院开展“赔偿难”试点工作情况、美国法院对侵权损害赔偿数额的认定方法以及美国知识产权司法和行政保护体系的相关情况展开座谈。王静庭长、邱永清副庭长参加了“法经济学—反垄断经济分析高级研修班”，听取了七位美国知名反垄断专家的授课。王晓明副庭长、张学军副庭长、邱永清副庭长及其他主审法官分别参与了“第一届南方商标品牌高端论坛”“知识产权司法保护研讨会”“涉动漫、游戏知识产权司法保护相关问题研究研讨会”“ICT行业反垄断法实施研讨会”“中欧法官论坛－创新驱动与知识产权司法保护会议”“首届中国互联网纠纷解决机制高峰论坛”等涉及商标法、著作权法、专利法、垄断及不正当竞争等前沿领域的业务研讨和座谈会。我庭部分业务骨干还应邀到华南理工大学、暨南大学等高校为知识产权领域相关研修班授课。叶丹法官受邀参加“中欧知识产权法律交流代表团”，赴比利时、西班牙进行访问交流。

广西法院2016年度知识产权司法保护工作总结

2016年，广西各级法院认真学习习近平总书记系列重要讲话精神，积极开展“两学一做”学习教育活动，强化“四个意识”，贯彻五大发展理念，扎实推进知识产权司法审判工作。充分发挥知识产权审判职能作用，审判质量效率进一步提升、司法宣传不断加强、指导基层工作扎实推进、各项工作全面发展。2个案件入选中国法院2015年知识产权案件五十件典型案例，在《人民司法》发表论文1篇，完成自治区高级法院2015招标课题《商标侵权案件的裁判方法及裁判规则研究》并通过验收。

一、加强审判管理，依法公正高效审理案件。

审判质效进一步提高，收结案数、人

均结案数均创历年新高。自治区高级法院知识产权庭共新收案件 200 件，其中知识产权二审案件 156 件，民事申请再审案件 39 件，行政提审案件 5 件；结案 239 件，其中知识产权二审案件 143 件，其他民事二审案件 2 件，申请再审（民事、行政）案件 89 件（知识产权民事申请再审案件 19 件），行政提审案件 5 件，调撤 102 件，调撤率为 42.68%。

二、积极服务经济发展大局，促进创新驱动战略实施

按照国家和自治区知识产权发展战略的部署和要求，全区法院知识产权庭认真学习贯彻十八届五中全会精神，以五大发展理念指导知识产权审判工作，坚持把知识产权审判工作与服务发展大局、促进科学创新、增强核心竞争力结合起来，通过发挥知识产权司法保护的主导作用，积极服务经济社会文化科技发展，促进广西民族文化强区建设，为广西双核驱动战略实施和加快实现“两个建成”目标提供司法保障。

一是服务企业创新发展，积极提供法律服务。广西日报传媒集团是我区较大的企业集团，近年来屡遭知识产权侵权，导致集团下属部分报纸的经营收入大幅度下降。为了促进广西文化产业健康、有序发展，落实黄克院长视察广西日报时重要讲话精神，6 月 12 日，高院民三庭与南宁市中院、青秀区法院三级法院知识产权法官到广西日报传媒集团就传统媒体和新媒体创新保护问题开展调研，加强新闻工作者版权保护意识，完善技术保护措施，提高创新意识，积极维权，推动报社行业自律。

二是服务县域经济发展，积极建言献策。县域经济发展是广西经济发展的重要组成部分，是促进农民增收、农业发展的重要支撑，更是实现区域性脱贫的重要抓手。县域经济的核心是把特色优势资源转化为现实特色优势产业，促进特色经济发展，增加当地就业岗位。德保县的蛤蚧酒是德保县工业经济的支柱，为了促进德保县蛤蚧酒产业健康发展，4 月 21 日，广西高院民三庭与德保县法院共同召开了“‘德保蛤蚧酒’地理标志使用及保护座谈会”，德保县政府、经贸局、食药监局、工商局、质监局等部门，以及德保县主要 8 家酒厂代表参加座谈，共同讨论德保蛤蚧酒产业的发展形势、存在问题以及申请地理标志保护的相关问题。这次座谈会对于提高地方企业的知识产权战略意识，引导地方特色传统资源转化为生产力，推进产业扶贫战略实施起到一定的促进作用。

三、加强调查研究和审判业务指导，提高指导针对性

积极开展知识产权审判理论和司法实务研究，加强知识产权审判队伍建设，创新完善审判业务指导机制，有效提升知识产权审判队伍整体司法能力，促进知识产权司法水平的不断提高。鼓励知识产权法官结合案件审理进行审判理论和实务研究、撰写学术论文、开展案例分析、开展专项调研，总结案件审理中具有普遍意义的审理规则，不断提高知识产权审判能力。全区三级法院完成了一批高质量的知识产权审判调研报告、学术论文、案例分析，2 个案例入选全国法院知识产权五十件典型案例。1 篇论文在《人民司法》发表，完成高院 2015 招标课题《商标侵权案件的裁判方法及裁判规则研究》并通过验收。

加强审判业务指导，采用多种指导方式，提高指导针对性。桂林市是全区唯一实现全部知识产权案件（专利案件除外）在中级法院二审的地级市，为了进一步加强对桂林市两级法院的指导，10 月 19 日至 21 日，自治区高级法院知识产权庭到桂林市中级法院、叠彩区法院进行专题调研，听取两级法院关于知识产权案件情况汇报，集中解决两级法院审理知识产权案件中存在的问题，研究解决疑难复杂案件，进一步了解了桂林市辖区知识产权案件审理情况。骆金盛庭长针对著作权相关法律实务在叠彩区法院对桂林两级法院主管院领导、法官、书记员进行了专题培训，回答了法官提出的问题，取得了良好效果。柳州中院审理专利、计算机软件纠纷案件时间较短，审理经验较少，11月30日，自治区高级法院知识产权庭调研组到柳州市中级法院指导知识产权审判工作，就计算机软件合同、雕塑著作权等问题进行交流，并对专家陪审员的地位、参与案件事实调查、案件审理等情况进行指导。针对南宁中院被发回重审、改判案件数量增长较快的情况，自治区高级法院知识产权庭多次与南宁中院知识产权庭法官召开案件情况分析会，就新类型案件审理思路、证据认定、裁判标准等进行指导，提高南宁中院知产案件审判质量和效率。

四、加强知识产权宣传力度，力促司法公正公开

一是积极参加“4·26”国际知识产权宣传活动。4月20日，广西高院民三庭法官到广西科技馆广场参加“首府知识产权宣传服务广场日”活动，设立知识产权宣传板报，展示“十二五”期间全区法院知识产权司法保护工作的成效及“十三五”新目标新举措；设置知识产权法律咨询台，在活动现场发放知识产权司法保护宣传资料，为公众解答知识产权保护方面的法律问题。

二是召开新闻发布会。4月25日，在广西高院召开“广西法院4·26国际知识产权日新闻发布会”，向新华社、人民日报、法制日报、广西电视台、广西日报、南国早报等十三家新闻媒体通报我区法院知识产权司法保护工作成果，公布广西法院2015年度知识产权十大典型案例，扩大知识产权司法宣传的覆盖面和社会影响力，加强对社会公众的知识产权法律教育。广西日报、南国早报等全文刊发了十大案例，人民网、凤凰网等知名网络媒体进行了转发。

五、认真开展“两学一做”学习教育活动

全区法院知识产权庭按照各级法院党组统一部署，结合知识产权工作实际，认真开展“两学一做”学习教育活动，认真学习习近平总书记系列重要讲话精神，支部书记带头手抄党章，组织法官回访案件当事人，以实际行动践行“做合格党员、做合格法官”。加强政治理论学习，严肃政治纪律和政治规矩，牢固树立政治意识、大局意识、核心意识、看齐意识。召开学习讨论会，支部和个人都有学习计划、学习笔记、学习心得。坚持集中学习和自学相结合的制度，坚持理论联系实际，做好集中讨论和中心发言，谈深谈透学习内容。借助丰富的网络视频课程资源，组织党员收看中央党校、国家行政学院、北京大学等党建专家的辅导报告。

海南法院2016年度知识产权司法保护工作总结

2016年，海南法院以党的十八大、十八届四中、五中、六中全会及习近平总书记系列重要讲话精神为指引，以司法改革为契机，深入贯彻落实党的十八大提出的“实施知识产权战略，加强知识产权保护”的要求，开拓创新、锐意进取、服务大局，充分发挥知识产权司法保护的主导作用，加大知识产权保护力度，审慎审理各类涉知识产权的民事、刑事及行政案件，严厉打击侵犯知识产权的犯罪分子，保护知识产权权利人的合法权益，不断改善知识产权司法保护机制，知识产权司法保护工作取得新成效，对外交流机制实现新突破，为促进海南经济社会发展及智慧岛建设提供了有力的司法保障。

一、抓审判管理，应对公开公正要求

2016年，海南法院共受理涉及知识产权案件180件，收案数比前一年增长12.5%。其中民事类149件，刑事类28件，行政类3件。按审级分，一审165件，二审15件。

一是公正高效审理各类案件。海南司改以来，全省知识产权审判庭切实落实庭领导带头办案制度，发挥示范作用，带动全体干警，确保圆满完成了各个阶段审判指标。高院民三庭以“三严三实”要求担当“司改”要求，紧密结合各项工作部署，立足审判职能，将创新、协调、绿色、开放、共享发展理念贯穿知识产权审判全过程。注重向科技要效率。庭领导充分利用审判管理系统，对案件流程进行全程动态监管，全面掌握每名法官、法官助理和书记员的收结案数、各案的审理阶段。在电脑随机分案的基础上，充分考虑干警的专业背景，确保均衡分案、科学分案，对接近审限的案件进行了解跟踪，确保案件公正高效审理。

二是不断提高庭审和裁判文书质量。积极落实高院制订的案件审理操作规范，做到庭前碰头，当庭质证，庭后三天内合议，并通过完善庭前准备工作、准确归纳案件事实争点与争议焦点，保障当事人诉讼权利的同时提高当庭宣判率。对于案情重大复杂或存在法律关系适用疑难问题的案件积极提请庭务会议予以讨论。规范裁判文书格式，强化裁判文书说理，加强裁判文书校核。落实裁判文书上网，不断提高庭审效率和裁判文书质量。

三是充分发挥典型案例指导作用。继续落实我省司法改革中提高案件质量的类案参考制度，将2015年新收典型案例以知识产权十大典型案例的形式于“4·26”知识产权宣传周活动时推出，并作为类案参考知识产权卷第二辑的储备。积极完成了本庭《中国法院年度案例2017》《中国审判案例要览2016》《人民法院案例选》的案例编报工作。

四是定期发布知产白皮书。在“4·26”世界知识产权日当天省高院组织召开了“海南法院知识产权司法保护新闻发布会”，并在会上发布了《2015年海南法院知识产权司法保护状况》（白皮书）和

《2015 年海南法院知识产权十大典型案例》（白皮书）。省双打办、省检察院、省公安厅等单位应邀参加，多家媒体进行了集中报道，取得了良好的社会效果。

五是继续落实对口包点指导工作要求。高院民三庭多次深入包点单位三亚中院民三庭，与有关人员进行座谈，征求意见，针对包点单位提出的亟需解决的有关问题制定具体方案，进行有针对性的指导。

六是积极推进诉调对接工作。在知识产权审判中，注重明确侵权主体责任，严格把握赔偿标准，合理确定赔偿数额，同时加大调解力度，通过调解使双方当事人达成和解。通过诉前调解方式，促成案件当事人自行和解，撤回十余件著作权侵权纠纷案件，迎来知识产权审判调解工作开门红。如三亚中院审理的陈某与三亚某旅游演艺有限公司著作权纠纷案，陈某系海南省工艺美术大师，几十年致力于黎族彩雕画研究和创作，作品具有鲜明独特的海南文化特质，拥有数十项画作、塑雕的著作权。2015 年 7 月份，陈某发现三亚某旅游演艺有限公司未经其同意，在景区所有黎族风格为主题的建筑物建造及装饰上擅自使用其作品，经过与三亚某旅游演艺有限公司多次交涉，未能得到积极回应，遂成诉，要求三亚某旅游演艺有限公司赔偿侵权损失共计 310 万元，并在《三亚日报》《海南日报》、南海网等媒体、网络上公开赔礼道歉，消除对陈某造成的不利影响。案件受理后，案件承办人得知被告为避免企业形象受损，有意调解，在了解了原告陈某的意愿后，立即进行诉前调解工作。承办人从著作权侵权构成要件、侵权损失计算等多方面入手，帮助当事人分析诉讼对双方的利弊，为当事人提供参考意见，最终促成原被告达成调解协议，握手言和，陈某获得了满意的赔偿，撤回起诉。

七是实施食药刑事案件报告制度。为落实省委政法委关于加强食品药品安全刑事案件审判工作的各项要求，自 2016 年 7 月 1 日起，实行全省法院食品药品安全刑事案件报告制度，承办法官要及时将案件的审理情况报告高院民三庭，该制度有效规范了我省涉食品药品安全刑事案件的定罪与量刑尺度，有力打击了食药安全犯罪，维护了我省正常的社会经济秩序。

八是依法履行“双打”工作职责。打击侵犯知识产权、假冒伪劣商品案件是知产审判中的一项重要工作。高院民三庭指定专人负责，密切与各有关单位联系，形成定期报告工作机制，拟定了《海南省食品药品行政执法与刑事司法衔接工作办法实施细则》（会签中），推进行政执法与刑事司法衔接。案件审理上，全部案件均在审限内结案，依法从重、从快打击相关侵权假冒违法犯罪行为，保持强大的司法威慑力。民三庭还于 4 月份完成了对 2014 至 2015 年度全省法院系统审理食品药品刑事案件的逐案评查，强化经验总结和对下指导，统一全省裁判尺度。同时查摆问题，分析成因，形成了《海南省高级人民法院关于食品药品安全刑事犯罪案件审理情况的报告》报送省政法委。

二、抓庭务管理，应对队伍建设要求

一是创新工作思路，整体推进各项工作。结合实际工作，进一步提出知识产权审判庭“一二三四五六”的工作方法，齐抓各项工作。即围绕“一条主线”。一切工作都紧紧围绕党组的重大决策和中心工作这条主线来开展。抓好“两个结合”。抓好党建工作与审判工作的结合、抓好党建工作与队伍建设的结合。建设“三型党支部”。建设学习型、服务型、创新型党支部。坚持“四种意识”（政治意识、大局意识、核心意识、看齐意识）回应人民群众期待要求，以“五大发展”（创新、协调、绿色、开放、共享发展理念）为引领统揽审判工作，以“六个原则”（“产权、契约、平等、诚信、权责一致、程序与实体并重”六原则）为指导推进司法公正公开。知识产权审判各项工作呈现出整体推进的良好态势。

二是明确权责清单，院、庭领导“放权不放任”。依据司法责任制职责清单，正确区分监督和干预的界限，依法正当行使审判管理职责。对久拖不决的案件、审理过程中被反映有问题的案件以及合议庭成员意见分歧很大的案件，院、庭领导予以过问监督。

三是加强监督管理，落实风险防控措施。坚持对照防控措施清单，加强对审判人员日常执行各项审判制度和党纪政纪情况的监督和管理，加大对审判各环节的风险控制，筑牢思想道德防线。进一步规范职务行为，增强对案件的保密意识，严禁泄露案情。严格按照合议庭规则组织合议、审限制度与延期审理报批制度，杜绝超审限案件。依法公正审理案件，不办“关系案”“人情案”。督促审判人员严格遵守审判工作纪律，履行好审判工作职责，确保风险防控措施取得良好效果。

四是拟定工作计划，考核全年工作实绩。年初各知识产权审判庭结合工作实际制订了工作要点，拟定了全年工作目标，确定了各项工作的负责人。目标是审判质效指标稳中有升、能动司法举措明显强化、队伍建设力度持续加大、工作管理机制优化落实。在工作过程中，还根据院党组的工作安排相应调整工作计划，确保各项工作能按时间节点顺利完成。通过此项举措给干警们明确了全年工作任务，尤其是给年轻法官压担子，促成长，促使全体干警凝心聚力。

五是依托科技平台，有效畅通交流渠道。建立了海南民三庭微信群，邀请本省从事知识产权审判工作的人员加入微信群，在相对独立的网络空间内交流审判心得、讨论典型案例、分享法律信息，取得了良好的效果。

六是加大宣传力度，传播司法正能量。高院民三庭根据案件类型及特点与海南电视台新闻频道《说法》栏目积极合作，拍摄《法庭内外》《庭审直播》《法官说法》等节目，参与制作海南广播电台《海南法治之声》栏目三期。还会同新闻宣传处通过庭审直播、在报刊上开辟专栏、邀请食药监局、公安机关、学生及市民旁听庭审、送法进街道、送法进社区等活动，加大司法宣传力度。三亚中院民三庭还通过微博直播开庭审理了张少龙销售假冒注册商标的商品罪一案。

四川法院2016年度知识产权司法保护工作总结

2016年，四川法院深入贯彻党的十八大、十八届五中、六中全会精神，积极落实《2016年四川省知识产权战略纲要实施推进计划》和《关于深入实施知识产权战略加快建设西部知识产权强省的意见》，围绕“努力让人民群众在每一个司法案件中感受到公平正义”的目标，积极推进实施国家知识产权战略，坚持以改革创新精神推动知识产权司法事业发展，充分发挥司法保护知识产权的主导作用，深化知识产权司法体制改革，着力打造裁判尺度统一、裁判标准明确的四川知识产权审判新模式，为创新驱动发展及“万众创业、大众创新”战略的实施提供了坚强有力的司法保障。

一、扎实抓好执法办案第一要务

四川法院积极发挥审判职能作用，深入贯彻“司法主导、严格保护、分类施策、比例协调”的知识产权司法保护基本政策，依法公正高效审理各类知识产权案件。2016 年，全省法院共受理知识产权案件 3607 件，审结 3145 件，结案率为 87.19%。其中受理知识产权民事案件 3464 件，审结 3017 件，结案率为 87.09%；受理知识产权刑事案件 136 件，审结 121 件，结案率为 88.97%；受理知识产权行政案件 7 件，审结 7 件，结案率为 100%。在知识产权民事案件的审理中，各级法院在保证判决协调性的基础上，普遍加大对知识产权的侵权损害赔偿数额，有效增强司法保护力度，切实维护知识产权权利人的合法权益，维护了公平竞争的社会主义市场经济秩序，司法保护知识产权的主导作用进一步发挥，有力促进了“万众创业，大众创新”战略实施。

二、全面推进知识产权审判“三合一”改革工作

四川高院高度重视知识产权审判“三合一”改革工作，成立了推进“三合一”工作协调小组，并于 2016 年 9 月召开全省法院知识产权审判“三合一”推进会，部署全省法院严格按照《最高人民法院关于在全国法院推进知识产权民事、行政和刑事审判“三合一”工作的意见》的要求，加快推进“三合一”改革工作，避免不同审判业务庭就同一法律关系或相同法律事实作出不同认定，逐步建立起“三级联动、三审合一、三位一体”的知识产权审判模式。改革工作开展以来，全省知识产权案件一审服判息诉率平均提高 3.56 个百分点，审理周期平均缩短 13.5 天，“三合一”审判机制在整合审判资源、统一裁判规则、提高审判质效等方面的优势进一步显现。

在“三合一”模式下，全省法院与公安机关、检察机关和知识产权行政执法部门建立了沟通协调机制，形成工作合力。省法院与省工商局共同出台了《关于建立商标专用权保护协作机制的意见》，确立了案件协调、信息交流、法律培训、学术研讨等多项制度；与国家专利局专利审查协作四川中心建立了配合协作机制，该中心为法院审理专利案件提供信息检索、技术咨询等便利和服务。同时，我省各级法院分别与文化、农业、新闻出版、知识产权、贸促会等相关部门建立了知识产权纠纷联动处理和委托调解机制，发挥各自优势，共同化解矛盾纠纷。2016 年，全省法院共调解结案 204 件，撤诉结案 1348 件，调解、撤诉率达到了 51.44%。

三、努力解决知识产权案件事实认定的难题

为准确查明知识产权案件中涉案技术事实，有效解决技术类案件事实认定的难题，四川法院充分发挥技术专家在技术咨询、技术调查等方面的作用，帮助法官有效解决专业技术难题。2016 年年初，四川高院按照《知识产权审判技术专家管理办法（试行）》的规定，遴选电子信息技术、机械制造、医药、植物新品种等领域的专家进入我省知识产权技术专家库，并于 6 月 2 日公布了首批《知识产权审判技术专家库专家名单》，于 9 月举行了技术专家聘

任仪式，逐步建立由技术鉴定、技术调查、技术咨询与专家陪审相结合的有机协调的“四位一体”技术事实认定新体系，确保案件审理中的专业技术事实查明的权威性、科学性和中立性，有效解决知识产权案件审理中技术事实“认定难”的问题。

四、及时制定指导意见服务知识产权强省建设

今年7月，在四川省科技创新大会召开后，四川高院迅速贯彻会议精神，出台了《关于审判工作服务保障知识产权强省建设的指导意见》，从充分发挥司法保护知识产权的主导作用、提高知识产权司法保护的及时性和有效性、切实保障当事人的胜诉权益、积极营造激励自主创新的司法环境等十个方面，指导全省法院开展好知识产权审判工作，服务好全省经济社会发展大局。该《指导意见》因紧扣中心工作、重点突出、针对性强、出台及时，获得最高人民法院院长周强、省委书记王东明、省长尹力和省委常委、政法委书记侍俊等领导的肯定性批示。

五、积极开展“知识产权宣传周”活动

四川高院以“4·26”世界知识产权日为契机，结合我省知识产权司法保护的现状和特点，积极组织全省法院开展了一系列主题突出、形式多样、内容丰富的“知识产权宣传周”活动。一是发布知识产权司法保护白皮书和典型案例。四川高院发布《2015年四川法院知识产权司法保护状况》和2015年四川法院知识产权司法保护十大典型案例，向社会全面公开全省法院知识产权案件审理情况，展示人民法院加大知识产权司法保护力度的成果，充分发挥知识产权典型案例的示范引导作用，为人民法院推进司法民主和司法公开、提升司法公信力发挥了积极作用。二是精选案件公开庭审。全省法院在宣传周期间，精心挑选知识产权典型案例进行公开开庭审理。如成都市郫县、高新、武侯区法院分别审理了涉及“中华香烟”“川消牌消防器材”“别克零配件”等知名品牌的销售假冒注册商标的商品罪案件，广泛邀请当地行政部门、行业协会、企业代表等人员参与旁听，并在庭后进行知识产权保护法律知识宣讲，取得较好反响。泸州市江阳区法院在知识产权宣传周期间，集中审理和宣判了一批侵犯知识产权案件，对侵权人进行了从严惩处，有力打击和遏制了知识产权侵权行为。三是主动为企业创新发展提供司法服务。四川高院组织本院及成都中院、德阳中院、绵阳中院和部分基层法院20余名知识产权法官到腾讯公司成都分公司开展“送法进企业”活动，有针对性地为互联网创新企业提高自主创新能力、自我保护能力、科技成果转化运用能力等方面提供了有益建议，深受企业欢迎。四是召开知识产权司法保护座谈会。四川高院邀请省人大代表、省政协委员、创新主体代表等，召开知识产权司法保护座谈会，向与会代表介绍四川省近年来知识产权司法保护状况，并征求与会代表对我省知识产权司法保护工作的意见和建议。座谈会既增进了社会公众对法院工作的了解，也为提升全省法院知识产权审判水平，加大知识产权保护宣传力度起到了助推作用。五是不断创新宣传模式。全省法院将宣传工作与传统媒体、新兴通讯工具相结合，不断扩大知识产权司法保护的影响力和宣传力度。如成都中院开通“司法智慧助力创新”微信平台，通过“随案指导”“知产动态”等模块及时向社会公众提供个性化的意见和建议，获得一致好评；泸州市江阳区法院与泸州人民广播电台共同举办“知识产权保护，法官与你相约”主题访谈节目，通过讲解真实案例与听众互动，得到广大市民的热情回应。

六、加强队伍建设，努力提升知识产权法官司法能力

扎实开展“三严三实”“两学一做”专题教育活动和向邹碧华、郭兴利同志学习活动，引导知识产权法官坚定理想信念，坚守法治信仰，进一步提高思想政治素质。通过开展专题培训、在职培养、交流挂职、庭审观摩等多种形式，不断加大知识产权法官培训力度，有效提升我省知识产权法官准确把握知识产权司法政策、理念，正确适用法律和运用裁判规则解决实际问题的能力，为规范有序推进我省知识产权审判“三合一”工作打下坚实基础。

贵州法院2016年度知识产权司法保护工作总结

2016年，贵州省知识产权审判围绕省法院党组年初制定的工作要点，准确把握知识产权司法保护的方针政策，以“努力让人民群众在每一个司法案件中感受到公平正义”为目标，紧紧围绕“司法为民、公正司法”的主线，充分发挥审判职能，不断完善审判体制机制，努力营造和谐稳定的社会环境和公正、高效的知识产权司法环境。

一、抓好执法办案第一要务，充分发挥审判职能

2016年，我省全年共新收各类知识产权案件405件（新收案件364件，旧存41件），与去年同比上升了58.20%，审结380件，与去年同比上升了76.74%，审结率为93.83%，与去年同比上升了9.85%。其中，民事案件338件（含39件旧存），审结316件，审结率为93.49%；刑事案件65件（含2件旧存），审结62件，审结率为95.38%；行政案件2件，审结2件，审结率为100%。所结案件均在审限期内审结，各项审判质效指标完成情况良好。

1. 精益求精提高审判质效。我省知识产权审判坚持“以事实为依据、以法律为准绳”的审判原则和实体法与程序法并重的法治理念，公正高效地审理各类知识产权案件。在审判实践中切实把好案件事实关、证据关、法律关和文书关，强调不能就法论法，就案论案，要做好判前释法、庭审释明、裁判说理和判后答疑等工作，从源头上预防涉诉信访案件的发生，努力实现案件审判的法律效果和社会效果的统一。

2. 加强审判监督管理。全省知识产权审判业务庭充分利用法院网上办公系统，加强审判管理信息化、规范化、制度化建设，严格案件审判流程管理，强化审判质效分析。通过建立长期未结案件督办机制，杜绝产生超审限案件、长期未结案件，力争实现全年均衡结案。

3. 加强诉讼调解工作。全省知识产权审判遵循“能调则调，当判则判，调判结合，案结事了”的指导思想，积极探索上下级法院、法院与行政机关、法院与行业协会之间联动的调解方式，注意调解的成效，并总结出了“一二三四五”的调解方法，即“强化一个理念，借助两个渠道，把握三个环节，找准四个侧重点，培育五心调解”。

4. 加强审判业务指导工作。加强对全省知识产权审判动态的分析与总结。省法院要求内勤人员要及时收集、整理案件审判信息，通过跟踪分析案件的审判动态，对案件法律适用等问题提出指导意见。

5. 提高裁判文书质量。一是积极推广在知识产权案件裁判文书中插入注册商标标识与被控侵权标识或外观设计专利与被控侵权产品的图样，使商标权案件与外观设计专利案件的裁判文书更直观，更具有说服力。二是要求裁判文书要做到“三通”，即法理通，要求事实清楚，说理充分，适用法律适当；文理通，要求把法言法语变成当事人听得懂的群众语言；情理通，判决在正确认识和把握群众心理、社会心态的基础上，注重法、理、情的融合，自觉把公正司法与案结事了、定纷止争有机结合起来，把法律效果与社会效果有机统一起来。经过不懈努力，当事人对我省知识产权审判工作的满意度明显提高，司法权威有所增强。三是做好知识产权裁判文书上网工作。不断完善该项工作，使裁判文书上网工作规范化、制度化，进一步提升了知识产权司法保护的透明度。

二、积极开展调研活动，不断丰富审判理论

1. 积极申报全省重点调研课题。贵州高院围绕贵州知识产权司法服务地方“白酒”“茶叶”“民族民间文化”产业发展的三张名片，积极申报了《非物质文化遗产保护》省重点课题，努力推动我省文化产业的健康持续发展。今年，结合本地工作实际，申请了全省法院重点调研课题《贵州省非物质文化遗产司法保护问题研究》，现已完成初稿。该课题的成果，有利于全省法院厘清民族民间文化类纠纷中著作权、商标权相关的法律适用问题；其次，有利于我省企业采取更高效有力的措施进行品牌管理，打通司法保护与民间保护之间的通道；再次，提升文化资源产业化发展在全省经济发展中的地位，推动我省文化产业的健康持续发展，为我省经济发展贡献力量，并提升我省普通民众保护民族民间文化资源的保护意识。

2. 注重培养年轻干部，推动审判理论创新。贵州高院注重鼓励、培养知识产权审判人员的调查研究能力，要求法官在办理好案件的同时多研究，深入了解法律的内涵，在实践中取得好的理论成果。白帆撰写的《浅析我国现行商标法第五十八条的适用实践》一文发表在《中国知识产权报》上。

三、加强调研成果的转化能力，扩大调研成果的使用范围

1. 贵州高院完成的《黔茶知识产权保护问题研究——模式、问题及对策》调研报告，被收录在《贵州法制蓝皮书》一书中，为我省茶产业知识产权保护提供了重要的理论参考。

2. 贵州高院办理并撰写的《昆明市万变窗墙有限责任公司与王欣实用新型专利纠纷案》被清华大学教科书《专利法原理与案例》收录。

3. 积极向最高人民法院报送案例，其中贵阳中院办理的叶某某、赵某某、宋某侵犯商业秘密罪案件，入选了中国法院五十起典型知识产权案例。

四、加大宣传力度，树立良好司法形象

1. 举办知识产权宣传月系列活动。4月26日知识产权宣传周期间，在全省掀起了宣传保护知识产权活动的高潮。贵州高院召开新闻发布会，向媒体介绍近年来贵

州高院知识产权司法服务地方经济社会发展相关工作情况，发布了相关的典型案例，回答了记者提问，并被贵州电视台、人民网、新华网、多彩贵州网等12家新闻媒体大力宣传，树立了我省人民法院依法保护知识产权的良好形象。遵义中院积极组织干警前往遵义市红花岗区老城纪念广场开展知识产权宣传日法律咨询活动，增强知识产权宣传普及，提高广大群众知识产权法律意识。

2. 延伸审判触角，宣传知识产权司法保护。2016年4月18日，在“4·26”世界知识产权日来临之际，遵义中院与遵义市知识产权局就遵义市知识产权保护的现状进行了交流座谈，就如何有效保护遵义市知识产权市场有序、繁荣发展提出了改进举措。

为进一步深入开展白酒知识产权保护工作，2016年6月1日，遵义中院刘力院长与茅台集团公司召开法律事务座谈会，就如何更好地服务国酒茅台进行了交流并提出相应的具体措施。遵义中院也将继续为全市白酒行业市场开拓、技术创新、品牌宣传、保知打假等方面提供强有力、全方位支持和保障。

云南法院2016年度知识产权司法保护工作总结

一、切实增强知识产权审判工作重要性的认识

知识产权审判，是人民法院以专利、商标、著作权、技术合同等案件为审理对象的司法活动，涉及人民法院民事、行政、刑事三大审判领域。加强知识产权审判，对于增强创新驱动发展新动力、推进社会主义文化强国建设、保障市场经济健康运行具有重要意义。近年来，随着我国经济社会学发展，知识产权审判的重要作用日益凸显，案件数量有较大增加，新型疑难案件增多，系列案件不断出现，矛盾化解难度加大。全省法院全面加强知识产权审判工作，在推动科技创新、经济发展、文化繁荣和对外关系等方面发挥了积极的作用。

二、坚定不移抓好执法办案第一要务，确保公正司法

1. 加强执法办案，努力发挥司法保护知识产权主导作用。全省法院立足审判职能，加强知识产权保护，激励自主创新，规范市场竞争，促进提升知识产权创造、运用和管理水平，共受理和审理了一批知识产权案件，有力地发挥了知识产权司法保护的主导作用。2016年全省法院共审结各类知识产权案件793件。

2. 坚持能动司法和改革创新，着力提升知识产权审判服务大局的有效性。坚持能动司法，积极回应经济社会文化发展新要求。坚持改革创新，积极回应国家知识产权战略和产业兴省战略新要求；坚持“调解优先、调判结合”，积极回应和谐社会建设新要求。

3. 坚持阳光司法，积极回应人民群众

对司法公开的新要求。坚持公开开庭审理，营造依法保护知识产权的良好社会氛围。结合阳光司法活动，选择典型案件，邀请人大代表、政协委员和案件相关行业业主、群众到庭观摩，并在庭审结束后开展以案释法活动，开展知识产权保护法治宣传，取得了良好的法律效果和社会效果。

4. 加强审判业务培训学习，切实提高知识产权审判水平。在工作中切实提高加强知识产权审判工作重要性的认识，加强对知识产权法律法规和司法解释的学习和应用，保证司法标准统一；拓宽监督指导途径，确保审判监督效果；加强调查研究，及时解决新型疑难法律适用问题。

三、积极调研，确保全省裁判标准统一

为加强对全省法院的指导，对知识案件的证据认定标准、裁判标准、赔偿范围和标准、裁判方式等进行了调研，形成统一意见后召开全省知识产权审判工作座谈会加以落实。同时根据最高人民法院的安排，结合云南实际，对知识产权审判“三合一”进行广泛调研，形成云南方案上报最高人民法院，

参与开展知识产权保护宣传活动周的相关活动。上报了楚雄彝族自治州中级人民法院 2016 年知识产权宣传周活动情况汇报。

四、加大知识产权审判宣传力度

一是积极参与知识产权宣传周活动。全省各中级法院结合自身实际积极参与当地的知识产权宣传周活动，以适合当地实际的方式宣传知识产权。省法院积极参与省政府组织的宣传活动，发布了云南省 2016 年知识产权审判情况和十大典型案例。

二是典型引路，以“全国模范法官”杜跃林为主角，进行四项宣传工作：

1. 今年 3 月，昆明中院知识产权庭杜跃林、杨越、王立等人员共同组成先进事迹报告团，在昆明市两级法院进行了四场报告。

2. 今年 5 月，昆明中院以杜跃林为主角，组织全庭约 10 名干警，用时一周，完成宣传片《坚守》的拍摄工作。

3. 今年 8 月，省高院以杜跃林主角，用时一周，完成宣传片《情暖人间》的拍摄工作。

4. 今年下半年，省高院组织全国模范法官杜跃林、邓兴、2015 年全国十大正义人物余华芬三个人，以及全国模范法院官渡区法院、楚雄市法院、玉龙县法院三个模范法院的代表组成报告团，到全省政法系统进行先进事迹巡回报告会。

五、积极参与多元化矛盾纠纷解决机制建设

2015 年上半年省法院与省知识产权局建立了专利纠纷诉调对接机制，2016 年该项工作得到加强，效果明显。各地法院结合自身实际积极参与本地多元化矛盾纠纷解决机制建设取得良好效果。

西藏法院2016年度知识产权司法保护工作总结

2016年，我区高、中两级法院深入贯彻党的十八届三中、四中、五中全会精神和习近平总书记关于依法治国的重要讲话精神，尤其是中央第六次西藏工作座谈会精神，充分履行宪法和法律赋予的职能，紧紧围绕“努力让人民群众在每一个司法案件中感受到公平正义”目标，始终以“司法为民、公正司法”为主线，立足反分裂斗争主战场实际，狠抓审判工作，维护公平正义，提升能力素质，忠实履行司法职能，圆满完成了各项任务。

一、政治理论学习情况

全区高、中两级法院能够认真贯彻落实党的路线、方针、政策和中央新时期西藏工作指导思想，按照区党委的决策部署，立场坚定、旗帜鲜明地反对分裂、维护稳定，做到服务大局不动摇，落实司法为民不放松。在始终坚持按时完成机关党委安排的学习任务以外，我庭还自行安排了学习任务，要求每位干警认真做好每次的学习笔记和心得体会。与此同时，抓好对我庭《工作目标管理责任书》的落实，切实做到有令必行、有禁必止，要求我庭所有人员都要严格遵守中央“八项规定”，区党委“约法十章”“九项要求”，最高人民法院“六项措施”“十个不准”等铁规和禁令，努力管好自己和家属子女。

二、案件审理情况

（一）受理知识产权民事案件情况

拉萨市中院民三庭从2005年开始受理知识产权民事案件，截至2016年11月，共受理知识产权民事案件89件，起诉标的总额约为（4件未报金额、1件无起诉金额）1347.485万元。其中专利纠纷案件57件、商标纠纷案件21件、著作权纠纷案件7件、反不正当竞争纠纷案件1件、技术委托合同纠纷2件。结案方式为：判决34件、撤诉41件、调解13件，未结1件。无申诉。

日喀则地区中院从1995年开始受理知识产权民事案件（民三庭自2002年8月成立），截至2016年11月，共受理知识产权案件14件，起诉总标的额总计为151.2万元，最高标的额为40万元、最低标的额为0.1万元（另1件无金额）。其中商标侵权案件10件、著作权侵权案件2件、计算机网络域名纠纷案件2件。结案方式为：判决8件、撤诉6件。无申诉。

山南地区中院民二庭从2007年开始受理知识产权民事案件，截至2016年11月，共受理知识产权案件5件，2件具有起诉标的案件总额为12.8万元，最高标的额为8万元、最低标的额为0.3万元。其中商标侵权纠纷案件3件、计算机网络域名纠纷案件2件，结案方式为：判决2件、撤诉3件。无上诉、申诉。

林芝地区中院民二庭从2006年开始受理知识产权民事案件，截至2016年11月，共受理知识产权案件3件，起诉标的总额为0.5万元，仅1件计算机网络域名纠纷案件有起诉金额0.5万元，其他2件商标侵权纠纷案件均无起诉金额。结案方式为：

判决 3 件。无上诉、申诉。

昌都地区中院从 2007 年开始受理知识产权民事案件（民三庭自 2010 年成立），截至 2016 年 11 月，共受理知识产权民事案件 2 件，起诉标的总额为 10.8 万元，最高标的额为 10 万元、最低标的额为 0.8 万元。其中商标侵权案件 1 件、计算机网络域名案件 1 件。结案方式为：判决 1 件，撤诉 1 件。无上诉、申诉。

那曲地区中院（民一、民二庭合署办公）从 2007 年开始受理知识产权民事案件，截至 2013 年 6 月，受理商标侵权纠纷 1 件，案件的起诉总标的额为 10 万元，结案方式为判决。无上诉、申诉。

阿里地区中院尚未受理知识产权民事、行政、刑事案件。

（二）受理知识产权刑事案件情况

全区法院只有拉萨市下属的林周县法院、城关区法院受理过知识产权刑事案件，截至 2016 年 11 月，共受理知识产权刑事案件 5 件，其中侵犯著作权罪 1 件，假冒注册商标罪 4 件。其他地区中院及其辖区基层法院均未受理过知识产权刑事案件。

（三）受理知识产权行政案件情况

全区三级法院至今未受理过知识产权行政案件。

（四）区高院历年来受理知识产权案件情况

高院民三庭从 1995 年开始受理知识产权民事案件，截至 2016 年 6 月，共受理知识产权民事案件 22 件，起诉标的额为 372.785 万元，最高标的额为 50 万元，最低标的额为 0.5 万元。已结案件中，判决 4 件、调解 12 件、撤诉 5 件，指令再审 1 件。

（五）已受理知识产权案件的特点

1. 受理案件类型多为传统案件，基本无新类型案件。传统案件中以专利侵权案件居多，如拉萨中院共受理 89 件案件，57 件为专利侵权案件。

2. 由于经济的发展和商品流通的扩大，商标案件呈上升趋势，其中，当事人主张认定驰名商标居多。

3. 案件的调撤率较高，无再审和申诉上访案件。

三、积极宣传知识产权司法保护情况

高院民三庭积极加强宣传知识产权司法保护情况的工作，发挥主观能动性，编撰了一套知识产权法治宣传手册（共九册），在高院政治部宣教处的协助下，印刷成册。不仅利用“4·26”世界知识产权日和“12·4”国家宪法日这两个平台，把法治宣传材料发放给群众，而且利用调研的机会，送给各地（市）法院从事知识产权审判的同志，同时对知识产权的法治宣传工作进行指导。

借助知识产权宣传周，由高级法院宣教处协调，通过西藏法制报、西藏日报、西藏新闻网等几家本地主流媒体，大力宣传了高院民三庭在知识产权审判工作方面取得的成效以及下一步工作的重点，着力推进知识产权司法保护力度。此次宣传使群众更加了解了我区知识产权司法保护的情况并强化了诉讼指导。

重庆法院2016年度知识产权司法保护工作总结

2016年，重庆法院深入学习贯彻党的十八届五中、六中全会精神，坚持以“五大发展理念”为引领，主动适应经济发展新常态，积极落实全国法院知识产权审判工作暨“三合一”工作推进会精神，充分履行审判职能，为全面推进创新驱动发展战略及重庆五大功能区域发展战略提供了更优质的司法服务和保障。

一、认真履行审判职能，服务经济社会发展

（一）收案数量大幅增长，结案率稳中有升

2016年，重庆法院共受理一、二审知识产权案件4666件，与2015年案件受理数2956件相比，同比上升57.85%。审结一、二审知识产权案件4236件，结案率90.78%，与2015年审结数2603件相比，同比上升62.74%。新收知识产权一、二审案件共4421件，同比增长70.56%。收案数量增幅尤以五中院和渝北法院（重庆两江知识产权法庭）最为突出，五中院新收一审案件964件，同比增加了101.3%；渝北区法院新收案件2240件，接近过去两年新收案件总和。从知识产权案件类型看，著作权侵权纠纷案件占85.32%，商标权侵权纠纷案件占5.55%，专利权侵权纠纷案件占3.79%，技术合同和其他纠纷案件占5.34%。

（二）培育指导性案例成效显著

2016年，成都同德福合川桃片有限公司诉重庆市合川区同德福桃片有限公司、余晓华侵害商标权及不正当竞争纠纷案入选最高人民法院第12批指导性案例，实现了重庆法院案例指导工作重大突破。重庆高院二审审理的四川省古蔺郎酒厂有限公司与张晓莉侵害商标权纠纷和两江知识产权法庭审理的重庆世茂科技有限公司诉重庆索鼎科技有限公司、吕晓波计算机软件著作权侵权纠纷两案入选全国法院五十件典型知识产权案例。市一中法院审理的重庆市磁器口陈麻花食品有限公司诉重庆市沙坪坝区互旺食品有限公司侵害商标权及不正当竞争纠纷案入选重庆高院第十批参考性案例。三级法院多层次典型案例格局逐渐形成，典型案例示范作用逐步显现。

此外，重庆高院二审审理的涉“海宁（中国）皮鞋城”侵犯商标权与不正当竞争纠纷中，根据原告的申请在二审程序作出诉中禁令，并最终判决被告赔偿300万元；市一中法院审理的北京美中互利医院管理咨询有限公司商标权纠纷，中国美国商会向法院赠送“知识产权保护之盾”铭牌；渝北法院受理的微软公司起诉的软件著作权纠纷，法院依法实施证据保全，当事人最终达成赔偿协议并推进软件正版化方案。

（三）助力创新驱动，服务区域发展

为贯彻落实市委四届九次全会精神，重庆高院出台了《关于为重庆加快实施创新驱动发展战略提供更加有力司法保障的意见》，要求全面履行人民法院司法职责，坚持严格保护司法理念，发挥效果导向作

用，为创新主体营造公平竞争的法治环境，并对服务创新驱动发展战略提出了明确要求。渝北区法院围绕两江新区和临空都市区发展要素，加大对辖区内仙桃数据谷等重点项目的司法保障与支持力度，协助仙桃数据谷智能样机中心制定完善知识产权保护体系。

二、强化调研和指导，提升司法能力

（一）法官会议指导咨询作用初步显现

司法责任制改革实施以来，积极探索“让审理者裁判，由裁判者负责”的审判权运行机制，对合议庭意见存在分歧的案件、对跨合议庭受理需要协调处理的案件、对类型化需要统一裁判尺度的案件、对中基层法院提出法律适用疑难问题、与外地法院判决认识有分歧的关联案件，及时组织法官集中讨论研究。并根据研究事项，依托业务条线法律问题解答机制，组织三级法院相关人员参加。2016 年，针对商标侵权纠纷中商标使用的认定、KTV 著作权侵权纠纷中作者的认定、网络著作权侵权纠纷中电子商务平台侵权责任的认定等问题，多次召开部门或三级法官会议。通过法官会议各抒己见、集思广益，对个案裁判提供咨询参考、对法律适用统一思想认识。

（二）全员实务调研成效显著

将调研工作作为一项重点工作来抓，强调全员调研、人人参与；突出实务性与针对性，围绕案件中的热点、疑难问题展开调研；注重将审判中的典型案例转化为案例分析。一年来，调研工作亮点纷呈，开创了调研成果发表人员更多、调研成果更丰富、发表渠道更广的新局面，使全市的调研工作迈上新台阶。2016 年，重庆法院完成了《商标许可使用中形成的商标增值利益的归属与分配研究》《关于互联网领域商业竞争法律规制问题的调研》等重点调研课题，撰写了《互联网背景下知识产权侵权案例的证据裁判规则》《假冒专利罪内涵界定应坚持严格解释原则》《酒类销售商不提供随附单应承担商标侵权赔偿责任》《超范围使用食品添加剂应适用十倍赔偿》《对不具区分功能的企业字号不应作为企业名称保护》《角色名称商品化权的保护》《论形象权与商标权冲突及解决规则》等二十余篇案例分析、调研文章，分别发表在《人民司法》《人民法院报》《科技管理研究》《知识产权》《中国知识产权审判研究》等全国各类期刊报刊上。

（三）案例指导取得新进展

一是充分发挥二审引领裁判规则的作用。注意及时总结审判经验，指导条线法官明确裁判规则。如通过涉“重庆松江”商标侵权纠纷，明确在包括有地理名称组成的组合商标情形下商标类似的判断；在涉“海宁皮革城”商标与不正当竞争纠纷中，明确诉中禁令的裁判因素。二是积极发掘和培育有典型意义的案例。对具有典型意义的案件，认真审理、精心裁判，并积极推荐典型案件。经过近年来的努力，逐步形成最高人民法院指导案例、典型案例到重庆法院参考性案例、典型案例的格局。三是强调典型案例的学习与适用。重庆法院两次组织三级法院法官，对最高人民法院发布的典型案例进行了分类学习、研讨；同时要求在案件审理中，注意参考适用典型案件，加强裁判文书的说理。

三、创新工作机制，树立公正司法形象

（一）进一步加大对两江知识产权法庭建设工作力度

两江知识产权法庭成立以来，得到了最高人民法院和市委主要领导的亲切关怀，

孙政才书记、周强院长先后到法庭视察工作并作出重要批示，两江知识产权法庭“一个窗口”“两项任务”的作用积极发挥。2016年9月，市委四届九次全委会对进一步加强两江知识产权法庭工作提出了明确要求；最高人民法院于2016年10月专门召开会议，要求重点区域法院学习重庆设立专业化知识产权法庭的做法。目前，重庆法院正积极落实市委和最高人民法院的要求，推进法庭的软硬件配置升级，扩大法庭的案件管辖范围，全面落实跨区域的“三审合一”，进一步探索完善专业化审判工作机制。

（二）全面落实司法责任制

根据年初全市法院落实司法责任制的要求，严格落实，既发挥合议庭办案主体作用，又加强指导与监督。一是按照“谁审理，谁裁判”的要求，完善案件评议与文书签发机制。除规定的情形外，案件由合议庭研究并由审判长签发文书，庭长不再参加合议庭评议并签发文书。二是落实院庭长办案。院庭长以身作则，担任审判长审理案件，并带头审理疑难案件。三是放权但不撒手。在还权合议庭的同时，充分发挥法官会议咨询作用，发挥庭长对疑难复杂且有较大社会影响案件的个案监督指导，强调院庭长指导的依法依规并全程留痕。

（三）进一步加强与行政机关及高校的合作

重庆法院在涉及KTV著作权侵权系列案件中，努力搭建司法机关与行政主管部门的沟通交流平台，通过召开多方协调会，利用诉前调解方式有效化解矛盾纠纷，逐步形成了涉KTV著作权侵权纠纷的长效解决机制。市五中法院自2014年以来不断深化与市知识产权局建立的专利纠纷诉调对接机制，研判我市知识产权保护形势，建立知识产权信息共享机制，在该局承办的“2016年全国专利行政执法业务提高培训班”上，为来自全国各地的专利行政执法人员讲授了专利权利司法保护的相关经验，受到好评。

重庆法院在与西南政法大学知识产权学院共同办好“中国知识产权法官讲坛”的同时，加强与重庆大学法学院、重庆邮电大学法学院、重庆理工大学的院校合作。建立实践导师制度，在知识产权审判条线选派优秀法官担任实践导师，加强对学生的实务指导；共建“双师课堂”，选派资深法官、优秀法官到大学“双师课堂”作讲座或授课；同时，还通过共同承担课题研究、研讨疑难问题、开展“庭审进校园”活动、成立学生自愿者团队等方式，加强双边合作交流。

（四）积极开展“4·26”世界知识产权日系列宣传活动

以“4·26”为契机，开展知识产权日专题活动，加大知识产权保护宣传力度，展示保护创新新形象。期间重庆法院开展了一系列宣传活动：4月13日，到重庆大学开展“庭审进校园”活动，通过公开开庭、庭后互动问答，展示司法保护的良好形象；4月20日，与市知识产权局、市企业知识产权保护促进会共同举办了知识产权维权专题座谈，围绕知识产权司法与行政保护的协调、侵权的防范与应对等问题进行了沟通和交流；4月26日，在两江知识产权法庭召开重庆法院知识产权司法保护新闻发布会，重庆高院陈彬副院长通报了重庆法院2015年知识产权司法保护的情况，民三庭喻志强庭长向重庆主要媒体发布了《重庆法院知识产权司法保护状况（2015）》（白皮书）、重庆法院2015年知识产权司法保护十大案例。同一天，渝中区法院也与渝中区版权局、文广新局等单位联合举办知识产权日活动，走上街头开展普法和宣传工作。

四、依托专委会平台，展示知识产权司法保护形象

（一）召开新商标法司法解释座谈会

7月14日，承办最高人民法院“新商标法司法解释座谈会”，最高人民法院、全国部分法院及重庆三级法院知识产权法官参加了座谈。会议围绕侵害商标权损害赔偿责任的构成要件、惩罚性损害赔偿的适用、销售者免除赔偿责任的理解与适用等新商标法司法解释起草中的问题展开热烈讨论。

（二）继续办好“中国知识产权法官讲坛”

知识产权专委会与西南政法大学共同主办的“中国知识产权法官大讲坛”开办三年来，在各界尤其是实务界的影响力越来越大。2016年在讲坛主题上紧贴热点、难点问题，加强理论与实践的互通；在讲坛方式上更加强调互动性和讨论性，促进不同观点的碰撞。去年先后邀请最高人民法院王闯副庭长及周翔、王艳芳、李剑审判长等，共举办了七期讲坛，分别就知识产权的权利边界与裁判方法、专利保护的逻辑与经验等主题进行了讨论。每次讲坛都组织三级法院法官参加，其中三期讲坛的主持及主要的主讲、点评人均为重庆法院法官，展示了重庆法官良好的职业素养。同时，通过及时微信直播推送、年底结集汇编的方式，扩大讲坛的影响力。

（三）积极做好《中国知识产权审判研究》编辑出版工作

《中国知识产权审判研究》是专委会会刊，是展现全国知识产权审判理论研究成果、扩大成果影响、促进成果运用、推动审判实践的重要载体。2016年编辑出版了《中国知识产权审判研究》第六辑，并对第七辑进行征稿、审稿等编辑出版前期工作。重庆法院自负责专委会秘书处工作以来，及时制定全年工作计划、撰写《知识产权专委会年度报告》，保证专委会工作统筹安排、有序推进，相关工作得到最高人民法院民三庭及中国审判理论研究会的高度评价。

五、注重学习培训，全方位加强队伍建设

（一）加大教育培训，促进内涵式发展

2016年7月，与市律师协会共同举办“知识产权与涉外商事司法实务培训班”，由最高人民法院李剑审判长、王艳芳审判长、西南政法大学邓宏光教授、重庆法院喻志强庭长、曹柯庭长主讲，就审判实务中的热点、难点问题进行了讲解，三级法院法官及律师、企业法务一百余人参加了培训。举办了两期“重庆法院知识产权暨涉外商事审判法官讲坛”，分别由李晓秋教授、市一中法院赵志强副庭长、市五中法院徐华副庭长等主讲，并创新形式，实行“多位主讲”或“主讲加点评”的方式，增强互动与讨论。同时，坚持日常例行学习，针对新出台的相关法律法规及司法解释、典型案例、规范性意见等，指定专人讲解或领学、引导全体法官讨论，营造积极“重学习、善钻研”的氛围，不断提高队伍的职业素养和专业水平。

同时，积极参加最高人民法院等组织的各种培训及研讨活动，交流、学习审判经验。先后组织三级法院数十人次参加“涉电影作品著作权纠纷案件法律适用问题座谈会”“法经济学·反垄断专题高级研修班”、全国知识产权审判业务培训和“全国法院著作权法修订研讨会”等业务学习、交流活动。

（二）开展上挂下派，促进法官交流

重庆法院注重审判人员素质提升，通

过多种方式培养干部、储备人才。纵向建立上、下多级法院知识产权审判业务对口交流、培训机制，既安排有办案经验的同志到最高人民法院开阔视野，也从中基层法院选拔优秀干部到重庆高院锻炼。同时，重庆大学李晓秋教授到重庆高院挂职，充分发挥其学术底蕴扎实的优势，促进了审判实务与理论的结合。

（三）扎实开展专题活动，不断增强队伍凝聚力

重庆法院始终把思想政治建设放在第一位，务实开展“两学一做”“四讲四有”专题学习活动。通过落实“三会一课”，加强支部建设；通过学原文、悟原理，不断提高党性认识；通过正反典型事例教育，敦促干警审慎用权；通过落实整改措施，不断改进司法作风。同时，做好日常的廉政教育，做到防微杜渐、警钟长鸣。一年来，重庆法院全体同志努力做到秉公执法、清正廉洁，杜绝吃拿卡要，未出现一例违法违纪事件。

陕西法院2016年度知识产权司法保护工作总结

一、努力提高知识产权案件的审判质量，为我省知识产权创新发展提供良好的司法保障

2016年度，全省法院共受理知识产权案件1934件，结案1820件。其中，省高院共受理知识产权案件共84件，审结80件，调撤17件。其中，省高院审理的北京搜狗信息服务有限公司、北京搜狗科技发展有限公司与北京奇虎科技有限公司、奇虎三六零软件（北京）有限公司不正当竞争纠纷一案，比登堡（北京）服饰有限公司与陕西省军区军人服务社侵害商标权纠纷一案，榆林市普惠酒业集团有限公司与榆林醉乡酒业集团有限公司、西安市新城区张小利烟酒店侵害商标权纠纷等案件，具有典型意义及较大社会影响力，达到了法律效果和社会效果的统一，为我省知识产权的创新发展提供良好的司法保障。

二、加强知识产权案件宣传，加大知识产权案件司法公开，优化司法保护环境

省高院继续加强知识产权案件的宣传，推进知识产权案件司法公开，以公开促公正，自觉接受社会各界监督。通过公开宣判、庭审直播、庭审进校园、裁判文书上网等活动，提高全社会知识产权保护意识，优化了司法保护环境。

省高院今年通过网络直播8个知识产权案件的庭审全过程，受到社会的广泛关注和一致好评。省高院依托信息化平台推进裁判文书上网，广泛收集反馈意见，依法保障社会公众的知情权、参与权和监督权。今年省高院上网公开的知识产权生效裁判文书，已达80份。

在“4·26”世界知识产权日期间，省高院通过网络视频直播对西安市雁塔区京御煌三汁焖锅店与北京黄记煌餐饮管理有限公司、西安黄记煌餐饮管理有限公司侵害商标权纠纷等五起社会关注度高的新型

疑难和重大典型知识产权案件进行了集中公开宣判。公开宣判信息被《西安日报》和《人民法院报》相继报道，取得了良好的社会效果和法律效果。

2016 年 10 月份，省高院开展了“知识产权案件庭审进校园活动”，在西北政法大学公开开庭审理了中健冶金科技有限公司与西安中健冶金设备科技发展有限公司侵害企业名称权纠纷一案，通过这次活动，在校学生了解了严格规范的庭审程序，深入了解了律师的辩论技巧和法官庭审驾驭能力。此次庭审教学活受到西北政法大学广大师生的好评。

三、加强对知识产权案件的调研，加强对下级法院的监督指导，通过开会、培训、带案指导等方式解决知识产权案件审理过程中出现的新情况、新问题，统一全省知识产权案件的裁判标准，推动完善知识产权法律制度

省高院向最高人民法院报送 2015 年知识产权总结、司法保护相关材料和 2016 年知识产权司法保护工作建议。并向最高人民法院推选 2015 年中国知识产权司法保护十大案件和五十件典型案例 3 件。向最高人民法院报送了《关于知识产权民事诉讼证据规则适用问题》《2015 年知识产权涉外案件工作》《〈中华人民共和国商标法〉(2013）实施情况》《植物新品种权司法保护调研》等调研报告。省高院还进行了设立知识产权法院相关调研工作，并向省办公厅和省人大分别汇报了设立西安知识产权法院的基本情况和意见建议。

2016 年 8 月份，省高院圆满召开了“全省法院商事和知识产权审判工作座谈会”，对全省知识产权案件情况进行了总结和讲评，并就涉及知识产权的新情况、新问题开展了研讨和培训，统一了全省知识产权案件审理标准和方法，提高了全省法院审理知识产权案件水平。

省高院坚持发挥司法裁判的引领作用，坚持对下指导工作，加强重大典型案件带案指导，全年共对下指导案件 8 件，有效帮助下级法院解决了疑难案件标准难统一的问题。

四、深化司法改革，完善审判体制机制

省高院继续推进知识产权司法审判体制改革，全力构建顺应时代潮流、符合省情特点的知识产权司法保护新模式。根据《最高人民法院关于在全国法院推进知识产权民事、行政和刑事案件审判“三合一”工作的意见》的要求，在总结他省试点经验的基础上，积极调查研究、沟通协调，于今年 12 月份完成了《陕西省高级人民法院关于在全省法院推进知识产权民事、行政和刑事案件审判“三审合一”工作方案》的制定工作并计划在近期全面推行。该工作方案的制定，为我省三级法院民事、行政和刑事案件审判“三审合一”工作提供了具体的指导。

甘肃法院2016年度知识产权司法保护工作总结

2016年，我省各级法院知识产权审判部门在最高人民法院的指导下，深入贯彻党的十八届三中、四中、五中、六中全会精神和习近平总书记系列重要讲话精神，特别是对政法工作的重要指示批示精神，按照周强院长工作指示要求，牢固树立"五大发展理念"，深入开展"两学一做"学习教育，紧紧围绕"努力让人民群众在每一个司法案件中感受到公平正义"司法工作主线，切实履行执法办案第一要务，坚定不移推进知识产权审判体制改革，充分发挥司法保护知识产权主导作用，不断提升司法公信力，各项工作取得了新进展。

一、全省法院知识产权案件审理情况

2016年全省各级法院共受理知识产权案件204件，一审案件175件，二审案件29件。其中，专利权纠纷45件，占22.1%；著作权纠纷8件，占3.9%；商标权纠纷93件，占45.6%；植物新品种权纠纷19件，占9.31%；技术合同纠纷16件，占7.8%；其他23件，占11.3%。截至2016年12月底共审结197件，未结7件，结案率97%。2016年我省著作权、商标权和专利权纠纷等知识产权案件收案数有所上升，呈现出公民维权意识不断增加，知识产权司法保护领域日益拓展的新特点，今后我省面临知识产权审判任务将日益艰巨和繁重的形势。同时随着我省对植物新品种侵权行为打击力度的增强，侵犯植物新品种案件数量有所减少。

二、主要做法

（一）强化审判管理，推动知识产权审判服务地方经济发展

随着国家"一带一路"建设的不断推进，我省倾力打造丝绸之路经济带甘肃黄金段，不断开创对外对内开放和经济社会发展的新局面。全省各级法院立足实际，突出重点，努力增强知识产权审判服务大局的针对性和有效性，为甘肃经济发展提供有力的司法服务和保障。

一是以积极落实司法政策为前提，着力提升审判质效。2016年，全省各级法院准确理解并贯彻落实最高人民法院知识产权司法保护政策，把推进庭审实质化和改革庭审方式结合起来，集中精力成功审理了一批具有典型性和代表性的案件。王黎清泉羊饭庄侵犯嘉峪关市清泉羊饭庄注册商标案，判决王黎清泉羊饭庄立即停止使用"王黎清泉羊"注册商标；王黎清泉羊饭庄按每月5000元数额赔偿嘉峪关市清泉羊饭庄经济损失；王黎清泉羊饭庄在《雄关周末》刊登声明，消除对嘉峪关市清泉羊饭庄的商标侵权影响。本案是我省法院首例按月判赔赔偿数额的案件，还是我省法院首例在商标权纠纷案件中适用登报刊登声明，消除影响的案件，本案的裁判为统一我省商标权案件裁判尺度，推进市场经济的健康发展，提供了强有力的司法保障。孔玮与江苏泓杰照明器材有限公司、庆阳市西峰区市政公用事业管理局、庆阳市环宇路业有限公司侵害外观设计专利权

纠纷一案，通过综合利用各种法律手段，加大了工业设计保护力度，从而对激发设计人员的创作热情，促进实用与美观兼具、创新与文化融合的工业设计不断涌现，提升外观设计的创作自由度，提高外观设计质量，推动产品设计多样化起到了积极的促进作用。

二是以严控案件质量标准为抓手，强化裁判文书说理性。我省各级法院积极开展案件评查活动，坚持对所办案件实行“一案一分析，一案一教育，一案一评估”的风险评查方式，对审理的案件卷宗进行交叉互查，重点评查存在的问题，并将评查结果及时反馈给合议庭和主办人，提出整改方案，提高审判质量。省法院民三庭制作了《律师干扰办案情况登记表》，对存在不端行为的律师予以登记。甘肃省武威市中级人民法院审理的武威金苹果农业股份有限公司与武威乐尚工贸有限公司侵犯商标权纠纷案，通过判决深刻细致辨法析理，原、被告收到判决后均表示服从判决且从该案中受到了深刻的法律教育，引起了良好的社会反响，起到了教育、引导市场主体的积极作用。

三是以制度建设为保障，确保司法公正透明高效。我省各级法院始终把建章立制贯穿于审判质量管理、效率管理、流程管理、层级管理和绩效管理等各个环节。省法院民三庭先后制定了《合议庭工作规则》《审判流程权力清单》《司法审判权力运行流程图》《错案责任追究暂行规定》《法官办案责任制暂行办法》《办理案件审限超期责任追究办法》《法官办案相关事项登记制度》等33项审判管理制度，实现了用制度管人、管事、管案的科学化审判管理模式。同时，省法院将有效管用的审判管理制度向全省各级法院知识产权审判部门进行推广，取得了较好的实践效果。

（二）加强宣传引导，努力为经济社会创新发展营造良好舆论环境

在做好知识产权审判工作的同时，我省各级法院采取多种方式，做好知识产权和环境资源保护法治宣传，传播甘肃法治强音。

一是精心谋划、周密部署。为迎接第16个世界知识产权日，推动以“尊重知识、崇尚创新、加强联动、诚信守法”为核心的知识产权文化建设，营造创新驱动、司法护权的法治环境，切实加强知识产权宣传，提升社会公众知识产权意识，全省法院开展了形式多样的宣传活动。省法院民三庭制订了《“4·26”世界知识产权宣传周活动方案》，从主要依据、意义内容、方法措施、时间步骤、总体要求等方面作出了具体安排，宣传内容丰富具体，更具操作性。二是以案释法、送法上门。为不断扩大法治宣传覆盖面，努力构建我省社会大普法格局，宣传周期间，发放宣传资料1000余份，走访了兰州兰石集团有限公司，为该企业职工送去知识产权法律服务，倡导企业注重环境保护和生态文明建设，促进企业健康持续发展；城关区法院民三庭将一起知识产权案件的庭审搬进了甘肃政法学院，为全校师生提供了一次生动的庭审观摩；针对专家、学者、教师、学生开展了知识产权保护签名、倡议等活动；积极与工商、专利、农牧等相关政府行政部门交换意见，宣传法律法规，深入“双联”联系点向当地群众宣讲法律条文，教育和引导广大群众养成“自觉守法、办事依法、遇事找法”的行为习惯。三是座谈交流、专家讲座。邀请了甘肃省工商行政管理局商标管理处副处长作了题为“新商标法框架下的商标知识产权保护”的专题讲座，对我省商标法商标知识产权保护概况、现阶段存在的问题等进行了深入浅出

的阐述。召开知识产权与行政保护座谈会，对我省知识产权司法保护与行政执法工作情况以及司法与行政共同协作推动知识产权保护进行座谈研讨，就确立《关于建立健全甘肃省知识产权司法保护与行政执法机关协作配合机制的实施意见》达成了共识。同时确定并建立了首批甘肃省知识产权审判咨询专家库，制定出相关专家库运行规则，为今后人民法院在审判实践中的重大疑难复杂案件和新类型案件提供了强有力的理论支撑和专业实务指导。四是新闻发布、出台意见。为发挥指导审判工作、宣传知识产权法律、引导权利行使、警示社会公众的作用，召开新闻发布会，发布2015年甘肃省知识产权司法保护十大典型案例和《甘肃法院知识产权司法保护状况（2015）》（白皮书）。印发《甘肃省高级人民法院关于加强知识产权司法保护服务和保障我省创新驱动发展战略的实施意见》，为“大众创业、万众创新”，建设幸福美好新甘肃提供强有力的司法保障。

（三）深入调查研究，积极探索适应新常态下的审判方法

全省各级法院积极推动个案审判与类案研究相结合，不断完善调研工作制度，确定调研主题，制定调研方案，集中精力选定静宁县、平凉市、西和县、陇南市四个地区的法院、行政管理部门重点围绕我省知名商标司法保护、规范我省知识产权案件审理程序及裁判方法等热点、难点问题开展实地调研。

一是开展实地调查。调研工作中，省法院民三庭深入到基层和矛盾纠纷的最前沿，从不同方面了解了我省商标权审判的工作状况、工作环境，审判队伍的工作方式、工作态度，并针对调研中发现的问题，认真分析成因、仔细研究解决办法，形成了《甘肃省高级人民法院关于审理商标权案件情况的调研报告》，在2016年全省法院优秀调研报告评比中荣获一等奖。武威市中级人民法院经过调研，根据企业实际需求，编印了知识产权维权资料，定期开展法律咨询，帮助企业提高产权意识，合法维护自身权益。

二是召开座谈研讨。酒泉中院与酒泉市种子管理部门、省法院司法技术处，就植物新品种侵权案件证据保全中扦样、检测等专业问题的进行了座谈交流。在审理的两起植物新品种案件中，与国家级权威鉴定机构顺利实现了业务对接，在证据保全、玉米检材扦样和品种检测过程中程序更加严谨规范。庆阳中院与相关行政部门重点对当前商标权司法、行政保护中所存在的问题和应对的措施进行了分析、讨论，并在联动机制建立方面达成了高度共识。

三是提出司法建议。在调研的基础上，省法院向省农牧厅、省工商局、省知识产权局、省版权局等部门发送了知识产权保护协作函。省知识产权局和省版权局等知识产权相关行政部门收到我院函件后，及时回复省法院，表示严格落实省法院等五部门联合出台的《关于建立全省知识产权司法保护与行政执法机关行政配合机制的实施意见》，建立司法与行政执法之间的诉调对接机制，共同推进市县一级的司法保护与行政执法机关配合机制的建立，加强市州“两法衔接”信息平台运用，建立健全联席会议、案件研讨、案件移送、信息共享等机制。

（四）创新党建工作法，不断加强知识产权审判队伍建设

全省各级法院认真践行“两学一做”学习教育有关要求，开展了一系列学习教育活动。省法院民三庭结合支部工作实际总结提炼并积极推行“1233”支部党建工作法，即坚守“抓党建、促审判”一个理

念，做好“规定和自选”两个动作，突出“教育、管理、落实”三个重点，实现“党员干部素质、审判质效、司法公信力”三个提升。

一是找准结合点。重点突出六个结合点：将“两学一做”与司法廉洁教育相结合；将“两学一做”与巩固廉政风险防控试点成果相结合；将“两学一做”与“三严三实”整改提高相结合；将“两学一做”与推进审判质效相结合；将“两学一做”与贯彻落实制度相结合；将“两学一做”与上级安排部署相结合。

二是牢固树立短板意识。按照规定召开了组织生活会，通过批评与自我批评、民主评议党员、谈心谈话等措施，突出问题导向，聚焦问题查、对照问题改，切实做到真抓实改、立说立行、边整边改，着力解决思想“亏电”、精神“缺钙”、作风“松散”、工学“矛盾”等问题。

三是全面落实保密工作会议精神。制订了《民三庭保密工作自查自评报告》《保密工作自查自评专项活动的工作方案》，提高干警对国家秘密和审判秘密的认识，牢固树立“涉密无小事，失密是大事”的保密意识。

青海法院2016年度知识产权司法保护工作总结

2016年，我省法院紧密结合“两学一做”学习教育，以保障自主创新，积极服务经济社会发展为宗旨，以提高办案质量和效率，推进“三审合一”审判模式改革为目标，以提升人员办案能力水平，构建专业化、科学化复合型人才队伍为抓手，知识产权审判工作有序开展，积极发挥司法保护知识产权主导作用，取得了较好的法律效果和社会效果。

一、基本情况

我省法院知识产权案件案由以商标、专利侵权、著作权权属纠纷、技术委托合作开发合同、技术服务合同为主，受我省科学、经济发展水平和人口数量等因素影响，我省知识产权案件数量较少。对比近几年的案件审理情况，我省辖区知识产权案件呈现如下特点：一是案件数量增减幅度不大；二是权利人知识产权保护意识有所增强，维权主动性提高；三是一审案件调解、撤诉率高，上诉率较低。

2016年，为切实发挥司法保护知识产权主导作用，积极推进知识产权审判人员专业化、科学化发展，落实全国法院知识产权审判“三合一”推进会议精神，省高级法院和西宁市中院分别先后将民三庭更名为知识产权审判庭，主要审理包括涉及著作权、商标权、专利权以及技术与转让等知识产权合同、权属、侵权等纠纷案件。2016年我省共审理知识产权案件49件，其中一审47件，二审2件。侵害专利权纠纷26件，占收案数的55.31%，侵害商标权纠纷13件，占收案数的25.53%，著作权、权属侵权纠纷7件，占收案数的14.89%，其他2件，占收案数的4.26%。知识产权案件共结案45件，结案率为95.75%，其中判决11件，占结案数的24.44%，调解、撤诉35件，调撤率高达75.55%。

二、知识产权审判工作的主要做法和经验

（一）坚持以审判为中心，多措并举，大力提高审判质效，发挥司法保护主导力量

我们始终将知识产权保护放在发展的战略高度，以国家知识产权战略总体部署为动力，充分发挥司法审判职能作用，探索完善知识产权审判实务方法，加大对知识产权权利人的保护力度。省高院结合知识产权审判业务特点，细化明确知识产权庭案件受理范围，深入开展案件审判调研研究，积极推进审判信息化建设，坚持两级法院案件质量通报座谈会制度，建立人民法院、检察机关和公安机关以及知识产权行政执法机关沟通联络机制，有力促进了知识产权审判工作有序开展；西宁市中院结合实际审判工作开展，积极完善规范审判程序，先后制订了《知识产权审判庭基础工作目录》《知识产权审判庭管理手册》及《知识产权审判庭岗位工作手册》。两级法院针对疑难复杂案件和关联案件，通过召开审判长联席会、专家论证会等多种方式，进行深入研究讨论，确保案件公正审理。在审判过程中注重"调解优先，调判结合"司法原则，把调解工作贯穿于诉讼全过程，办案人员认真梳理案件法律关系，分析双方矛盾症结，找准各方利益契合点，充分利用当事人与代理律师的信任关系，主动与代理律师进行沟通，邀请律师参与调解，帮助当事人分析利弊，积极争取以调解方式定纷止争，同时在审理案件过程中，注重灵活适用法律，侧重办案社会效果，全省共调解、撤诉结案34件，调撤率高达76%，实现了法律效果和社会效果的统一。

（二）贯彻"公正司法，一心为民"指导方针，紧扣知产案件特点，形成一套适合本省知产案件审判方式

知识产权案件具有专业性强，法律关系复杂等特点，为此，我省法院知识产权审判工作积极探索适合知识产权案件特点的审判方式。一是通过发送各类诉讼指导性材料，及时告知诉讼权利义务，进行诉讼风险提示，使当事人对诉讼程序有基本了解，为诉讼的顺利进行打下良好的基础。同时办案人员依法行使法律释明权，结合个案进行判后答疑，促使当事人服判息诉。二是强调当事人举证责任，指定举证期限，在开庭前进行证据交换或举证听证会，从而使案件争议焦点更明确，庭审重点更突出，庭审效率更高。三是坚持公开审判原则。除涉及国家秘密和商业秘密的案件，知产案件一律公开开庭审理，欢迎公众旁听、媒体客观报道。四是高度重视重视裁判文书质量。在要求裁判文书格式规范、繁简得当的前提下，加强论述的针对性和说理性，力争使当事人能够"胜败皆服"。五是审慎认定驰名商标，确保司法认定驰名商标的准确性和公信力。驰名商标在经济社会中具有显著影响力，驰名商标的认定受到有关行业和社会各界的高度关注。在驰名商标司法认定案件的审理中，坚持重证据，重标准，严格审查被告有无实际经营的侵权行为，严格把握驰名商标司法认定条件，采用证据审核和实地考查相结合的审查方式，既实现了司法保护为经济发展保驾护航的目的，也保证了司法保护的严肃性。六是积极推进信息化和司法办案的深度融合，智慧办案辅助系统广泛应用。依托我省法院数字法院业务应用系统、智能文书编写系统等软件，大力提倡审判数字化、信息化，实现案件办理全程网络化，利用该系统网络资源碎片化搜索、同

案推介、相关法律条文检索等功能，大幅缩减办案人员审判事务性工作耗时，使法官能够有足够的时间对案件实体问题进行思考，有力提升了办案质效。

（三）健全审判机构，加强队伍建设，着力提升法官队伍能力素质

为进一步提高审判质效，结合我省知识产权案件审理相对集中，审判队伍素质与形势要求有相当差距，专业化水平相对不高的实际情况，多措并举，积极打造高素质审判人才队伍。一是大力加强思想政治建设。以“两学一做”学习教育为契机，积极开展社会主义法治理论教育，认真学习贯彻党的十八届六中全会精神，使知识产权审判工作指导思想进一步端正。二是加强审判力量，配齐配强知识产权人才队伍。知识产权案件专业要求高，在配备人员力量时，立足长远发展，严格选拔程序，审判人员优先从具有相应的审判业务能力和经验的法官中选拔任命。三是为弥补法官专业知识不足，采取聘请法律咨询顾问、特邀具有专业知识背景人员为审判人员辅导授课；同时，除组织人员参加日常业务学习外，先后派出多名审判人员参加知识产权审判业务培训班。四是加强同地方政府工作交流，形成互帮互学工作机制。积极组织省、市两级知识产权庭全体干警同地方科技、知产等行政主管部门进行业务座谈与交流，使个人业务能力素质稳步提升。五是不断提升司法能力。依托法信、中国法律数字图书馆等网络平台积极开展业务学习，经常组织进行岗位练兵、裁判文书评比等活动，同时，全省两级知识产权审判人员及时更新审判理念、刻苦钻研理论，注重在审判实践中积累经验，增长才干；在案件审理中，注重在事实认定、调解、驾驭庭审、适用法律、文书制作等几个关键环节上下功夫，使知识产权审判始终充满浓厚的研讨氛围，有力提升了审判队伍的专业化能力素质。六是强化知识产权技术认证工作。由于专利案件、计算机网络侵权方面的案件，涉及专业、技术问题多，聘请技术专家作为陪审员，对个别技术问题多方请教专家、学者，以解决技术、专业问题入手，然后适用法律对侵权行为等作出评判，使审判人员在个案中既解决案件审理问题又能从中吸取养分、增长才干、拓展知识结构。

（四）注重普法宣传，提升公民依法维权意识，营造有利的知识产权保护良好氛围

加大对社会公众知识产权保护宣传力度，提升公民知识产权保护意识，采取多样化形式，努力营造良好社会氛围。一是积极开展普法宣传活动，提升权利人依法维权的意识。坚持开展法治宣传工作，严格落实“谁执法，谁普法”责任制，着力落实法官“以案释法”制度，始终注重知识产权法制宣传，提升公民维权意识。每年利用“知识产权宣传日”到广场、社区等人口密集地段设置宣传文化版报，传发宣传海报，设置法律疑问解答岗等活动。二是发挥新闻媒体舆论导向作用。通过微信公众号、青海广播电台经济广播《生活与法》栏目进行知识产权法治宣传；同时，注重对典型案件的宣传报道，撰写的《同业竞争抢注商标起诉禁用索赔被驳——王金兰诉湟中县可可山泉饮用水有限公司侵害商标权案》入选《中国法院年度案例》，撰写的《使用商品通用名称不构成侵权——青海龙的酒业有限公司诉互助县青稞酩馏酒业有限公司侵害注册商标专用权纠纷案》在《青海审判》刊登。三是实现庭审网络直播，加强裁判文书上网规范，保证案件公开、公正。强化网上办案能力，推进庭审直播、裁判文书上网工作落实，

庭审录像在网络同步播放，审结案件限期上网公布，使社会公众既能在个案中感受到司法的公平、公正，又能在案件庭审过程中学习了解相关知识产权保护有关知识，起到了很好的司法保护宣传效果。四是加强以案释法能力，重点加强特定行业知识产权保护意识。西宁中院通过审理厦门雅瑞光学有限公司诉西宁地区多家眼镜店商标侵权案件、中国音像著作权集体管理协会诉西宁地区六家娱乐公司著作权权属侵权纠纷案件等在当地有一定影响的案件，积极在所属行业进行普法宣传，在特定行业营造尊重知识产权良好氛围，为行业健康发展方面起到了示范和推进作用。

宁夏法院2016年度知识产权司法保护工作总结

2016年度，宁夏法院紧紧围绕司法改革，以审判业务、“创新突破年”“全区法院工作要点”“司法能力提升工程”“两学一做”等学习、工作为重点，不断加强审判业务工作，有序推进各项工作的落实，较好完成了知识产权司法保护工作任务。

一、充分发挥审判职能，化解矛盾纠纷、维护和谐稳定

1. 收案情况。2016年度，宁夏法院共受理各类民商事知识产权案件141件，其中一审案件125件，二审案件16件。

2. 结案情况。2016年度，宁夏法院共审结各类民商事知识产权案件96件，其中审结一审案件80件，二审案件16件。已审结案件中调撤案件63件，调撤率达65.625%。

3. 审判态势分析。经统计分析，宁夏法院知识产权案件具有以下显著特点。(1) 案件类型较为传统。宁夏地处我国西北内陆，经济发展相对落后，受理的案件主要为传统的专利权纠纷、商标权纠纷、著作权纠纷等常见案件。(2) 案件数量呈上升趋势。2014年，宁夏法院受理的各类知识产权民事一、二审案件103件，2015年共受理135件，比2014年增加32件，同比上升31.07%。2016年受理知识产权民事一、二审案件达141件，比2015年增加6件，同比上升4.44%。(3) 五市法院案件分布不平衡。一个地区经济、科技和文化的发展程度决定着知识产权案件数量的多少。宁夏首府银川市的经济较为活跃，受理的知识产权案件最多。在宁夏法院受理的各类民事一审知识产权案件中，银川中院受理的案件数往往占到总数的80%左右。由此，也导致了各地区审判水平的不均衡。(4) 涉诉绝大多数案件的被告是终端销售商，诉讼标的金额不大；法院裁判在知识产权损害赔偿的认定方式上以适用法定赔偿方式为主，损害赔偿数额计算偏低。

二、围绕主线，全面加强知识产权审判工作

宁夏法院以学习全国法院知识产权审判工作座谈会精神为契机，加强知识产权审判工作。

1. 深入贯彻学习全国法院知识产权审判工作座谈会精神，准确把握当前形势下知识产权司法政策和执法理念，深入贯彻落实新调整的“司法主导、严格保护、分类施策、比例协调”基本司法政策，以严格保护、深化改革、完善制度、统一规则为着力点，不断推进知识产权司法体系和司法能力现代化，为建设知识产权强国和世界科技强国提供坚强有力的司法保障。同时，将本次会议精神及时向院党组进行汇报并提出贯彻落实意见。

2. 着力强化政策指引，努力提升知识产权审判的权威性和公信力。一是积极探索从根本上遏制侵权行为的方法、途径，有针对性地解决突出问题，回应社会关切和需求。首先，增强赔偿方法的可选择性，积极运用市场假定法、可比价格法、行业平均法等经济分析方法，提高损害赔偿计算的科学性与合理性。其次，加强裁量性损害赔偿的适用，考虑知识产权举证难，实际证明的损害往往少于实际发生的损害等特殊性，适当强化法官对损害赔偿额的自由裁量。最后，合理运用惩罚性赔偿规则，对源头侵权、重复侵权、恶意侵权行为适用惩罚性赔偿，有力震慑侵权行为。二是积极应对知识产权案件新形势新特点，认真总结各类案件的疑点、难点和审理经验，做好对下级法院知识产权审判的指导工作。

3. 积极向下级法院传达会议相关精神，便于五市中院均能及时准确把握当前形势下新调整的知识产权司法政策和执法理念，统一全区法院的执法尺度。

4. 加强诉讼引导和法律宣传，开展知识产权普法宣传活动。积极开展法治宣传，结合审判工作实际，围绕宣传工作重点，创新宣传工作形式，充分发挥各类宣传媒介的作用，开展形式丰富的宣传活动，扩大知识产权审判、环境资源审判的社会影响力。一是组织参加银川中院的知识产权案件观摩庭活动，并就知识产权案件审理中存在的问题与银川中院知识产权法官进行交流座谈。二是积极开展“4·26”世界知识产权日的宣传活动。4月26日，宁夏高院、银川中院联合自治区知识产权局等单位，在银川市光明广场开展宣传活动，通过现场解答群众法律问题，发放宣传资料，广泛宣传知识产权方面的知识，营造良好的保护知识产权的社会环境。

三、围绕主线，突出重点，全面提升司法能力

1. 不断加强司法能力建设，提升审判技能水平。增强干警学习的紧迫感和责任感，加快知识更新步伐，在案多人少的情况下，依然争取并优先保障一线办案法官参加培训、学术研讨的机会。一是派知识产权审判人员参加了最高人民法院举办的培训班，对知识产权审判实务等进行学习；二是为弥补专业知识不强，审判经验不足短板，在现有条件下，创建了微信平台供干警学习、讨论，并及时发布一些最新的法律法规、典型案例或学习交流信息。

2. 抓庭审质量，切实提高案件质量。(1) 推进庭审实质化，防止走过场。全面落实公开审判原则，所有庭审案件均要做到同步录音录像。(2) 以评选、推荐优秀庭审为契机，对已结案件的庭审过程进行回顾，并对发现的问题进行梳理总结，对庭审程序、庭审语言、庭审礼仪、开庭着装及庭前准备中存在的普遍问题，作进一步明确的规定，通过细节上的不断改进与完善，全方位提升庭审质量与效果。

3. 抓法律文书制作，提高裁判文书质量。通过现有的资源，想方设法提高裁判文书的制作能力，确保裁判文书的质量，维护裁判文书的严肃性和权威性。(1) 对最高人民法院新发布的《人民法院民事裁判文书制作规范》《民事诉讼文书样式》反复学习，全面理解、掌握新的制作规范并严格遵守；（2）将评查的新疆建设兵团法院上网文书与自己制作的文书进行对比学习，借鉴其他法院裁判文书在证据认定及说理部分的优秀之处，以增强裁判文书的说理性。

4. 抓好群众工作，依法保障当事人诉讼权益。（1）认真贯彻新修订的民事诉讼法和新制定的司法解释，进一步强化程序意识、证据意识、公开意识、诉权意识、效率意识，着力解决举证期限、送达、二审开庭审理等方面的突出问题，依法保障当事人合法权益。（2）做好接待工作，认真、耐心对待每一位来访的当事人，并在受理案件之初向当事人送达《致诉讼参与人一封信》，告知当事人诉讼风险，引导其理性诉讼，并告知知识产权审判庭执法监督电话，畅通表达渠道，努力满足诉讼当事人及人民群众的知情权、监督权。

5. 坚持调解优先，调判结合，妥善化解矛盾纠纷。针对诉讼纠纷起源，以合作双赢为目标引导、促进调解。重点加强了对疑难复杂案件、有重大社会影响案件、系列案件以及可能引发上访案件的调解工作，使部分案件达成了庭外和解。同时，在注重改进对待当事人的方式与态度，对相关法律法规予以释明的基础上，依法适用民诉法司法解释第二百三十八条之规定，使得部分案件的当事人撤回了起诉。2016年度，宁夏法院已结知识产权案件的调撤率达65.625%。

6. 加强调研工作，促进审判水平提升。加强知识产权审判调研工作。对新商标法的实施情况、知识产权案件审理过程中的疑难问题、知识产权民事诉讼规则适用问题、著作权审判领域存在的问题等课题进行了调研。

7. 深化司法公开工作，增强透明度。（1）落实庭审公开、文书公开，保障人民群众对人民法院工作的知情权、参与权、表达权和监督权，以公开促公正、保廉洁、树公信。（2）做好裁判文书公开上网工作。实行无规定例外则一律上网公布的原则。

四、围绕主线，抓基层，加强对下级法院审判业务的监督与指导

1. 加强对下级法院审判业务的监督与指导。（1）对2015年的发改案件进行梳理，分别到一审法院座谈，对存在的共性和个案问题进行反馈，通过总结、交流提升办案质量。（2）以请示案件为依托，加强对下指导工作。认真研究案情，准确把握当前形势下的司法政策和执法理念，提出答复意见，及时给予回复指导。对各中院审理中存在的认识不统一的情况，及时调研、指导、沟通、协调，尽力避免同案不同判问题，确保裁判工作，维护司法权威。

2. 加强对下级法院法律和业务理论的培训。（1）及时传达和转发最高人民法院的相关文件和要求，及时掌握新政策、新规定、新要求。将具有指导意义的文件或案例发布在三级网上，供全区法官学习。（2）确保一线审判人员参加培训和研讨的机会。

五、统筹兼顾，全面加强知识产权审判队伍建设

1. 不断加强政治理论学习，提升党性修养。（1）深入贯彻学习党的十八大六中全会精神和习近平总书记系列重要讲话精神，坚定理想信念，从思想上、政治上、行动上同以习近平同志为总书记的党中央保持高度一致。（2）深入贯彻学习李彦凯院长在全区法院全面推进司法体制改革工作动员大会、上半年工作总结会议、纪念建党95周年暨七一表彰大会等会议上的重要讲话精神及院务会、党组会的会议精神和有关文件精神，并在各项工作中坚决贯彻执行院党组的各项决定。（3）深入学习邹碧华、詹红荔、孟宪来、王秉祥等优秀同志的先进事迹及无私奉献的精神，始终把促进社会公平正义作为核心价值追求，发挥典型引领带动作用，营造干事创业的良好氛围。（4）积极参加各类学习，把“崇法厚德、致公为民、凝心聚力、务实卓越”的宁夏法院精神牢固树立在每位干警的心中，努力提升全庭人员的思想境界和职业操守，增强庭室的凝聚力。

2. 不断加强业务学习，提升专业知识水平。把民事诉讼法及司法解释、第八次全国法院民事商事审判工作会议精神、全国法院知识产权审判工作座谈会暨全国法院知识产权审判“三合一”推进会的会议精神、《人民法院民事裁判文书制作规范》《民事诉讼文书样式》《知识产权司法解释理解与适用》《关于在全国法院推进知识产权民事、行政和刑事案件审判“三合一”工作的意见》等作为业务学习的重点，并对适用中存在的各种问题进行研讨，确保正确实施，为做好审判工作打牢基础。

3. 不断加强党建工作，积极创建星级党支部，提升队伍思想政治建设能力。坚持“抓党建、带队建、促审判”“党建工作永远在路上”的工作思路不动摇。（1）坚持每月两次党支部和民主生活会制度，深化社会主义法治理念、司法核心价值观和宁夏法院精神的培育。激发全庭党员遵守党章的自觉性，自觉加强党性修养，充分发挥先锋模范作用和党组织的战斗堡垒作用。（2）积极开展“两学一做”专题学习教育活动，并以“两学一做”学习教育为契机，把思想政治工作、党建工作贯穿到司法体制改革始终，教育引导干警正确对待改革。（3）结合审判工作实际，贯彻落实机关党委关于加强基层党组织建设的各项规定与制度建立台账，努力提升党建工作水平。（4）以党建工作为依托，加强庭室文化建设，在工作中相互支持、相互配合，在生活上相互关心、爱护，努力打造凝心聚力、负重拼搏的先进集体。

4. 不断加强作风纪律和反腐倡廉建设，筑牢拒腐防变的防线。把纪律和规矩挺在前面，坚持从严教育、从严管理、从严监督，引导干警加强自身修养，转变工作作风、自觉拒腐防变。组织干警认真学习《中国共产党廉洁自律准则》《中国共产党纪律处分条例》《中国共产党问责条例》，不断增强干警“讲廉政就是最大福利”的意识。同时，运用通报的反面典型案例进行警示教育，引导干警树立道德高线，守住纪律底线。严格执行廉政准则、防止干预过问案件等各项规定，自觉接受监督，严守廉洁底线红线，为宁夏法院营造风清气正的良好司法生态环境。

5. 明确司法责任制改革的要求、目标和方向，推进和完善司法责任制改革。围绕中央与最高人民法院发布的司改文件精神，在本院司法改革相关制度的基础上，按照“让审理者裁判，由裁判者负责”“主审法官、合议庭法官在各自职权范围内对案件质量终身负责”的要求，结合第一批入额法官的情况，推行主审法官、合议庭办案负责制等审判运行机制改革措施，探索建立符合知识产权审判规律的审判权运行机制，确保司法改革落到实处。

新疆法院2016年度知识产权司法保护工作总结

为切实落实自治区知识产权战略实施领导小组制定自治区《知识产权战略实施推进五年计划（2016—2020）年》和《2016年度自治区知识产权战略实施推进计划》内容，实现新疆社会稳定及长治久安的总目标，2016年新疆高院立足审判实际，不断加大知识产权司法保护力度，通过积极履行知识产权审判职能，打造精品案件，以点带面，增强知识产权司法保护的公信力和权威性，充分发挥司法保护知识产权、规范市场竞争的指引作用，通过司法裁判为创新发展战略以及加快经济建设提供了有力的司法保障。

一、立足审判，狠抓办案

2016年全区法院立足审判职能，办理各类知识产权一、二审案件案件共计600余件，与2015年办理的知识产权案件数量基本持平。2016年全区受理知识产权案件，地区分布不均衡明显，喀什、和田、克孜勒苏柯尔克孜自治州等地知识产权案件数量较少，乌鲁木齐市、昌吉回族自治州等地知识产权案件数量相对集中。全区受理知识产权案件中，知识产权民事侵权类案件数量最多，约有500余件，知识产权行政案件与知识产权刑事案件数量较少，收案数量均在两位数。受理的知识产权民事侵权类案件多集中在专利、著作权及商标权这三种传统类型，植物新品种、其他技术合同、反不正当竞争等类型案件较少，侵害经营秘密、侵害商业秘密等新类型知识产权案件开始零星出现。我区知识产权类案件以知识产权商业维权案件为主，由于案件涉案标的数额较小，事实较为清楚，涉及的侵权影响范围较小，法院在审判实践中，能够灵活掌握调判结合的原则，采用多种调解方式化解矛盾，是使得全区受理知识产权案件调撤率始终保持较高水平，同时，以调解结案的知识产权案件，又呈现高执行率的特点，当事人当场或达成调解协议后，能够迅速、主动地履行，取得很好的法律效果与社会效果，2016年继续保持了知识产权案件零申诉零信访的良好态势。

一是加强商标权保护。加大对驰名商标、著名商标等标识类权利的司法保护，加大对恶意侵权、重复侵权、规模化侵权和恶意违约的制裁力度。通过商标侵权案件的审理，保护了“长城”“美的”“暴龙”“哥伦比亚”等驰名商标的商标权人合法权益。通过对吐鲁番楼兰酒业公司、新疆古城酒业公司等企业商标案件的审理和裁判，充分保护了我区商标权人的合法权益，为我区知名品牌的培育和成长提供了良好的法治环境，促进了自主品牌经济的发展。二是加强著作权保护。在依法保护传统文化产业的同时，高度重视文化创意、动漫形象、网络、计算机软件等战略性新兴文化产业的著作权保护，推动文化繁荣和文化产业发展。通过审理“熊大”“熊二”动漫形象著作权纠纷以及涉及KTV、网吧的著作权纠纷等诸多案件，保护了文化创造者的合法权益，敲响对教材抄袭者的警钟。三是加强专利权保护。为加强对核心技术知识产权的保护力度，通过大力保护创新程度高的发明创造成果，促进高新技术产业发展，维护企业核心竞争力。运用权利要求解释、等同侵权等裁量标准，适度从严把握等同侵权的适用条件，正确适用现有技术抗辩，促进企业提高技术创新能力，推动技术突破和技术创新。同时结合当地实际，界定专利保护与民族传统工艺保护的界限，今年高院民三庭办理的“阿不都维力·巴拉提小花帽案件”体现尤其明显，做到了在保护专利外观设计的同时，又不限制维吾尔族传统花帽文化的传承与发展，取得了良好的社会效果。四是积极应对伴随信息化发展与新商业模式涌现带来的新挑战。2016 年技术合同纠纷案件和特许经营合同纠纷案件较往年都有所增长，侵害经营秘密、侵害商业秘密等新类型知识产权案件开始零星出现。法院办理了全疆范围内第一起侵害商业秘密纠纷案件即国环公司起诉他人侵犯商业秘密案件，通过对该案的审理正确界定了商业秘密的司法认定，对全区商业秘密的司法认定及保护具有典型意义。五是充分发挥知识产权刑事、行政审判职能作用，依法打击知识产权犯罪，促进提高知识产权行政保护水平。加大刑事制裁力度，在依法适用主刑的同时，加大罚金等附加刑的适用与执行力度，制止侵权人重复犯罪；强化行政审判对涉知识产权行政行为的司法审查职责，妥善处理因行政机关查处知识产权侵权行为引发的行政纠纷，保障行政相对人的合法权益，监督和支持行政机关依法行政，促进知识产权行政保护水平的提高。

二、重视宣传，服务大局

1. 组织“4·26”知识产权宣传周各项活动。以“4·26”知识产权宣传周为全年知识产权保护宣传的着眼点，由点到面，继续做好固定项目的宣传活动。召开新闻发布会，通报全区法院知识产权司法保护状况、公布我区十个知识产权典型案例、回答记者提出了热点、难点问题。以书面形式下发了我区法院知识产权宣传周活动实施方案，走进企业开展知识产权宣传活动，回应社会公众对知识产权司法保护工作的关注，组织知识产权案件庭审观摩等。从知识产权司法保护宏观、微观的角度，构建立体化的宣传内容和模式。乌鲁木齐中院通过座客调频 949《说法》栏目直播间，与主持人及听众畅谈我身边的知识产权讲座、担任兼职教学、采用“走出去、请进来”“线上线下”多种方式加大宣传力度，推进知识产权保护深入人心。

2. 服务知识产权战略大局。按照最高人民法院推动知识产权审判“三合一”的要求，根据新疆法院审判工作实际，提前准备、提前部署，以便推进。同时，积极落实自治区知识产权战略实施领导小组制订《自治区知识产权战略实施推进五年计划（2016—2020）》和《2016 年度自治区知识产权战略实施推进计划》的相关内容，制订实施计划，按部就班逐步完成。

3. 充分利用社会资源，发挥法院核心引导与社会其他部门的联动协调机制，为化解纠纷提供助力。全区法院院不断创新调解工作方法，拓宽调解渠道，积极与专利局、博物馆、大学、科研机构等关部门建立联动机制，通过制定实施意见，建立合作备忘录，灵活主动引入专家引导等方式，形成了以司法途径为核心手段，充分利用社会资源，社会多部门联动解决识产权纠纷处理新模式，形成化解纠纷、保护智力成果的合力。高院民三庭办理“阿不都维力·巴拉提小花帽案件”中民俗专家及自治区博物馆工作人员的研究成果，为案件的顺利解决提供了非常大的帮助。

三、强化调研工作和对下指导

1. 强化对下指导，统一案件裁判尺度。全区受理知识产权案件地域分布非常不均衡，高院受理的二审知识产权类案件中80%以上集中在乌鲁木齐市与昌吉回族自治州，2016高院民三庭选派业务骨干到昌吉中院进行调研与指导，发现开庭审理及裁判文书制作中存在的问题和不足，提出意见和建议，促进开庭审理的进一步规范，严格按照新的裁判文书格式规范制作法律文书。积极组织全区知识产权法官参加业务研讨和交流活动，通过网上交流，克服地域限制，通过开座谈会，个案讨论等形式有针对性地进行对下指导，破解审判实践难题，提供审理思路，统一裁判尺度。

2. 通过授课培训开展对下指导。组织民三庭业务骨干对乌鲁木齐市地区法官进行授课，对全区法院从事知识产权审判工作的法官进行集中培训，促进了业务交流、提升了法官的综合能力。

3. 调研工作进展顺利、相关研讨会顺利召开。通过调研，形成了既由理论高度，又有实践意义的成果。积极撰写典型案例及调研文章，特别是撰写典型知识产权案例都在《新疆审判》上发表。

2016年中国审判理论研究会知识产权审判理论专业委员会工作综述

2008年11月29日，中国法学会审判理论研究会（中国审判理论研究会前身）知识产权审判理论专业委员会成立大会在重庆召开。中国审判理论研究会依托重庆市高级人民法院成立了知识产权审判理论专业委员会，同时举行了以发挥司法保护知识产权主导作用为主题的知识产权审判理论专业委员会首届年会。专委会遵循《中国审判理论研究会章程》和《中国审判理论研究会专业委员会规则》，在中国审判理论研究会的领导下，独立组织开展知识产权审判理论研究活动，同时接受最高人民法院知识产权审判庭的指导。目前，委员会组成人员为主任1名、常务副主任1名、副主任6名、秘书长1名、副秘书长2名、秘书处工作人员4名。专委会围绕知识产权审判实践中反映出来的热点、难点等重大问题，就完善我国知识产权法律法规、健全知识产权司法体制、加强知识产权保护、防止知识产权滥用、提高知识产权司法水平等课题开展研究，为知识产权法律法规的制定和修订，知识产权司法解释的制定和完善，以及公正高效权威的知识产权司法保护理论体系的构建和完善，提供优秀的研究成果。积极组织知识产权法官与立法机关、行政机关、研究机构、法律服务、高科技行业企业的知识产权专家进行学术沟通与交流。积极开展国际和区际知识产权司法保护理论研究方面的交流与合作。汇编有关信息资料，编印专委会会刊出版有关研究成果，并及时向全体委员和中国法学会审判理论研究会发放和报送。截至2016年，专委会共编辑出版六辑会刊《中国知识产权审判研究》，共计400余万字；组织全国性会议20余场，参会人员1500余人次；举办“中国知识产权法官大讲坛”22期，邀请全国审判经验丰富的知识产权法官参加讲坛。

2016年知识产权专委会主要工作：继续推进知识产权专业委员会各项工作，并有效借助专委会平台优势，不断扩大重庆知识产权审判对外的影响力。

1. 召开新商标法司法解释座谈会。7月14日，承办最高人民法院“新商标法司法解释座谈会”，最高人民法院、全国部分法院及重庆三级法院知识产权法官参加了座谈。会议围绕侵害商标权损害赔偿责任的构成要件、惩罚性损害赔偿的适用、销售者免除赔偿责任的理解与适用等新商标法司法解释起草中的问题展开热烈讨论。

2. 继续办好“中国知识产权法官讲坛”知识产权专委会与西南政法大学共同主办的“中国知识产权法官大讲坛”开办三年来，在各界尤其是实务界的影响力越来越大。2016年在讲坛主题上紧贴热点、难点问题，加强理论与实践的互通；在讲坛方式上更加强调互动性和讨论性，促进不同观点的碰撞。去年先后邀请最高人民法院王闯副庭长及周翔、王艳芳、李剑审判长等，共举办了七期讲坛，分别就知识产权的权利边界与裁判方法、专利保护的逻辑与经验等主题进行了讨论。每次讲坛都组织三级法院法官参加，其中三期讲坛的主持及主要的主讲、点评人均为重庆法院法官，展示了重庆法官良好的职业素养。同时，通过及时微信直播推送、年底结集汇编的方式，扩大讲坛的影响力。

3. 积极做好《中国知识产权审判研究》编辑出版工作。《中国知识产权审判研究》是专委会会刊，是展现全国知识产权审判理论研究成果、扩大成果影响、促进成果运用、推动审判实践的重要载体。2016年编辑出版了《中国知识产权审判研究》第六辑，并对第七辑进行征稿、审稿等编辑出版前期工作。重庆法院自负责专委会秘书处工作以来，及时制定全年工作计划、撰写《知识产权专委会年度报告》，保证专委会工作统筹安排、有序推进，相关工作得到最高人民法院民三庭及中国审判理论研究会的高度评价。

第六部分　调 研 报 告

专利复审程序法律问题研究

北京市高级人民法院知识产权庭课题组

根据我国专利法第四十一条第一款的规定，专利申请人对专利局作出的驳回专利申请的决定不服的，可以向专利复审委员会请求复审。这是我国专利法确立的专利复审制度。但是，专利复审在程序构造上究竟如何定位？复审的客体是什么？复审的范围有多大？这些问题在最近几年的专利复审实践中，引起了较大的争议。其中，争议最大的是专利复审委员会依职权进行的“明显实质性缺陷”[①] 审查。例如，在赢创德固赛有限责任公司诉专利复审委员会“表面改性的沉淀二氧化硅”发明专利申请复审行政纠纷案[②]中，专利局驳回该发明专利申请的依据是其权利要求1—31的修改不符合专利法第三十三条的规定，但是在复审阶段，专利复审委员会认定该发明专利申请不符合专利法第二十三条第三款关于创造性的规定，并据此维持专利局作出的驳回决定（以下简称驳回决定）。赢创德固赛有限责任公司提起行政诉讼，认为专利复审委员会应当审查驳回决定是否正确，不应当审查驳回决定未提及的第二十三条第三款的问题。但是，专利复审委员会认为其依据2010年修正的《专利审查指南》（以下简称《专利审查指南》）的规定，可以依职权审查专利申请是否具有驳回决定未提及的“明显实质性缺陷”。该案历经一审、二审和最高人民法院申诉审查，反映出各方当事人在专利复审这一问题上的严重认识分歧。

最近几年来，上述类型的案件呈日益增长的趋势，在实务界引起了广泛的争议。这给我们提出了一个新的问题——我们应当如何认识专利复审的性质、程序价值，如何界定复审的审理范围，如何平衡专利复审中的公平和效率价值。这些问题，目前无论是学界还是实务界，均未给予深入的研究。为了统一司法实践中的认识和裁判标准，北京市高级人民法院民三庭在2015年成立了专门的课题组，对这一问题进行了深入的调查研究。

课题组广泛收集了近年来有代表性的案例（见下表），对专利复审程序中的一些典型问题进行了总结分析。课题组还先后召开了两次专家研讨会，邀请了最高人民法院、北京知识产权法院、国家知识产权局专利复审委员会、专利代理机构以及大专院校的专家学者进行了深入的研讨，充分地听取了各方面专家的意见。在此基础上，课题组形成了本调研报告。

一、专利复审的法律性质

关于专利复审的法律性质和功能定位，

---

① “明显实质性缺陷”是2010版《专利审查指南》明确提到的一个概念，意指专利申请中存在的明显不符合专利法及专利法实施细则规定的授权条件的缺陷。

② 参见北京市第一中级人民法院（2011）一中知行初字第2876号行政判决书、北京市高级人民法院（2012）高行终字第1486号行政判决书及最高人民法院（2014）知行字第2号行政裁定书。

专家学者的认识并不相同。一种观点认为复审是救济程序。[①] 另一种观点认为复审既有救济的性质，也有续审的性质。[②] 还有一种观点认为，复审是行政监督程序。[③]

法律研究区分解释论研究和立法论研究。解释论研究法律是什么及如何适用法律的问题。立法论研究法律应当如何的问题。[④] 讨论我国专利复审的法律性质，应当站在解释论的角度，从现行立法规定中总结、提炼。专利法第四十一条规定，“国务院专利行政部门设立专利复审委员会。专利申请人对国务院专利行政部门驳回申请的决定不服的，可以自收到通知之日起三个月内，向专利复审委员会请求复审。”据此，专利复审是专利申请人不服驳回决定而启动的审查程序，旨在对专利申请人可能受到驳回决定的不利影响提供救济。《专利法实施细则》第六十三条第一款规定，“专利复审委员会进行复审后，认为复审请求不符合专利法和本细则有关规定的，应当通知复审请求人，要求其在指定期限内陈述意见。期满未答复的，该复审请求视为撤回；经陈述意见或者进行修改后，专利复审委员会认为仍不符合专利法和本细则有关规定的，应当作出维持原驳回决定的复审决定。”第二款规定，“专利复审委员会进行复审后，认为原驳回决定不符合专利法和本细则有关规定的，或者认为经过修改的专利申请文件消除了原驳回决定指出的缺陷的，应当撤销原驳回决定，由原审查部门继续进行审查程序。”依据前述第一款规定，复审请求不成立的，应当维持原驳回决定；依据第二款规定，原驳回决定不成立或者修改后的专利申请文件消除了原驳回决定指出的缺陷的，应当撤销驳回决定，发回原审查部门重审。根据前述第一、二款的文义，可以确认专利复审的审查对象是驳回决定，专利复审委员会应当依据复审请求人的请求和理由，对驳回决定的事实认定、法律适用等进行审查。如果复审请求成立、驳回决定错误的，应当撤销驳回决定；如果复审请求不成立、驳回决定正确的，应当维持驳回决定。因此，依据专利法第四十一条及《专利法实施细则》第六十三条的规定，复审主要是一种救济程序，应属无疑。

《专利审查指南》第四部分第二章之“1. 引言”规定，“复审程序是因申请人对驳回决定不服而启动的救济程序，同时也是专利审批程序的延续。因此，一方面，专利复审委员会一般仅针对驳回决定所依据的理由和证据进行审查，不承担对专利申请全面审查的义务；另一方面，为了提高专利授权的质量，避免不合理地延长审批程序，专利复审委员会可以依职权对驳回决定未提及的明显实质性缺陷进行审查。”此项规定可被概括为“双重性质说”[⑤]，即专利复审具有救济和续审的双重性质。《专利审查指南》规定专利复审具有续审的性质，应当说具有一定的合理性。近年来，我国专利申请数量呈大幅增长的趋势，复审案件也相应地大幅攀升，[⑥] 如果专利复审委员会可以依职权审查驳回决定未提及的专利申请中的其他缺陷，而不退

---

① 参见尹新天：《中国专利法详解》，知识产权出版社 2011 年版，第 452 ~ 456 页；

② 参见汤宗舜：《专利法教程》，法律出版社 2003 年版，第 143 ~ 145 页；李扬：《知识产权法基本原理》，中国社会科学出版社 2010 年版，第 469 页。

③ 参见文希凯主编：《专利法教程》，知识产权出版社 2011 年版，第 205 ~ 206 页。

④ 参见李扬：《知识产权法基本原理》，中国社会科学出版社 2010 年版，第 169 页。

⑤ 参见李越：《专利复审程序中依职权审查的理解与典型适用》，载《中国知识产权报》2013 年 12 月 27 日。

⑥ 根据专利复审委员会审查员刘洋在 2015 年 1 月 9 日北京市高级人民法院组织的专利复审程序法律问题研讨会上的主题发言，2010 年我国的复审案件数为 12369 件，2011 年为 12946 件，2012 年为 17320 件，2013 年为 18829 件。

回专利局重新审查，在客观上确实可以避免程序拖延，提高专利授权程序的效率，具有合理性。但是，课题组不认同专利复审具有救济和续审的“双重性质说”的观点。课题组认为，依据专利法第四十一条及《专利法实施细则》第六十三条的规定，专利复审原则上是救济程序，只有在极其例外的情况下，为了提高专利审查效率，才允许专利复审委员会依职权对驳回决定未提及的明显实质性缺陷进行审查。也就是说，专利复审原则上是救济程序，例外情况下才是专利审批程序的延续。“双重性质说”容易让人误认为专利复审的救济和续审功能同等重要，因此，这一观点不可取。

二、专利复审实践中的主要问题

由于《专利审查指南》第四部分第二章明确规定，专利复审委员会可以依职权对驳回决定未提及的专利申请中的“明显实质性缺陷”进行审查，在目前的专利复审实践中出现了一个明显的趋势，专利复审委员会在很多复审案件中过于强调专利授权程序效率，强调依职权续审，而对复审的救济性质重视不够。在下文列举的诸多案件中，专利复审委员会均未针对复审请求人的请求和理由，审查驳回决定的事实认定及法律适用是否合理合法，就依职权审查驳回决定未提及的专利申请中的“明显实质性缺陷”。下表是笔者检索到的专利复审委员会依职权审理专利申请的“明显实质性缺陷”的典型案例。①

表 “明显实质性缺陷”审查的典型案例

复审决定号	驳回法条	复审法条	复审结论
第 30895 号	法 33	法 22.3	维持
第 19069 号	法 22.4	法 33	维持
第 22835 号	细则 20.1	细则 2.1	维持
第 35410 号	法 26.4	法 26.3	维持
第 12024 号	法 22.4	法 26.3	维持
第 16532 号	法 25.1.（2）	法 33	维持
第 22393 号	法 22.3	细则 20.1	维持
第 17826 号	法 25.1.（2）	细则 2.2	维持
第 33278 号	法 22.3	法 22.3	引入新证据维持
第 17592 号	法 22.3	法 26.4	维持
第 20532 号	法 22.3	细则 2.1	维持
第 32638 号	法 22.3	法 33	维持

从上表我们可以发现两点。第一，专利复审委员会引入了新的事实和理由维持驳回决定。例如，在第 30895 号驳回复审决定中，驳回决定依据的理由是专利申请的修改不符合专利法第三十三条的规定，而专利复审委员会未审查该驳回决定是否正确，就直接引入专利法第二十二条第三款关于创造性的规定进行审查，并以专利申请不符合该条规定为由（即变更了驳回决定的理由）维持驳回决定。这一做法有两点值得检讨。首先，专利复审委员会依职权引入驳回决定未提及的事实和理由对专利申请进行审查，虽然在《专利审查指南》中有依据，但是缺乏上位法依据。其次，即使专利复审委员会可以依职权进行审查，而且发现专利申请确实存在驳回决定未提及的“明显实质性缺陷”，亦不应当以驳回决定未提及的事实和理由维持驳

① “复审决定号”是指专利复审委员会作出的专利复审案件的决定号，“驳回法条”是指专利局审查并驳回专利申请所依据的法条，复审法条是指专利复审委员会审查并据以作出复审决定所依据的法条。例如，法 22.3 是指专利法第二十二条第三款，细则 20.1 是指专利法实施细则第二十条第一款，其他类推。

回决定，而应当驳回复审请求人的复审请求或专利申请。第二，专利复审委员会依职权进行“明显实质性缺陷”审查的范围相当宽泛。由于《专利审查指南》的“复审”部分未对“明显实质性缺陷”的范围进行明确界定，专利复审委员会在实践中对“明显实质性缺陷”的掌握相当宽松，如上表所示，几乎任何法条都属于“明显实质性缺陷”审查的范围。

总结最近几年来复审实践中的问题，突出表现为以下几个方面。

一是复审的法律定位问题。前文已述，专利复审原则上是行政救济程序，例外情况下才是专利审批程序的延续。但是，实践中，专利复审委员会往往直接依据《专利审查指南》的有关规定进行复审，在很多复审案件（如上表）中没有围绕复审请求人的请求和理由进行审查，而是直接依职权审查驳回决定未提及的专利申请的其他缺陷，忽视了复审的救济性质。

二是复审客体的问题。《专利审查指南》规定，专利复审请求的客体是驳回决定。[①] 由于复审请求的客体是驳回决定，复审是针对复审请求而言，因此，复审的客体也应当是驳回决定。依据《专利法实施细则》第六十三条进行解释，也能得出这一结论。对此，《专利审查指南》第四部分第二章之“1. 引言”也明确规定，“专利复审委员会一般仅针对驳回决定所依据的理由和证据进行审查”。但是，在很多复审案件中，专利复审委员会根本不审查驳回决定是否合理合法，而是变更审查客体，直接对驳回决定未提及的专利申请中的其他“明显实质性缺陷”进行审查，并以专利申请具有“明显实质性缺陷”为由，维持驳回决定。复审请求人对专利复审委员会的这种做法意见很大，近年来诉至法院的此类案件日益增多。这种做法应当检讨。复审请求人是对驳回决定不服提出复审的，其复审请求是撤销驳回决定，专利复审委员会应当根据《专利法实施细则》第六十三条的规定，对驳回决定是否合理合法进行审查。

三是复审范围的问题。根据《专利法实施细则》第六十三条的规定，复审范围原则上是驳回决定的事实认定及法律适用。对此，《专利审查指南》第四部分第二章之“4.1 理由和证据的审查”也规定，“在复审程序中，合议组一般仅针对驳回决定所依据的理由和证据进行审查。”只有在例外的情况下，专利复审委员会才可以对驳回决定未提及的专利申请中的其他“明显实质性缺陷”进行审查。但是，实践中，专利复审委员会往往忽略《专利法实施细则》第六十三条的规定，直接依据《专利审查指南》的前述规定，依职权引入相关理由进行审查。而且，由于《专利审查指南》的“复审”部分未对“明显实质性缺陷”的范围进行界定，专利复审委员会在实践中对“明显实质性缺陷”范围的掌握相当宽松。这种复审做法引起复审请求人的不满，引发了许多行政诉讼案件（如上表所示）。

四是复审决定主文的问题。根据《专利法实施细则》第六十三条的规定，驳回决定正确、复审请求不成立的，应当维持驳回决定；驳回决定错误、复审请求成立的，应当撤销驳回决定，发回专利局重新审查。专利局作出驳回决定是法律推理三段论过程，只有在驳回决定的事实认定、法律适用正确且专利审查程序合法时，才能维持驳回决定，而不得引入驳回决定未提及的事实和理由维持驳回决定。但是，

① 参见《专利审查指南》第四部分第二章之“2.1 复审请求客体”。

如上表所示，专利复审委员会在复审实践中经常引入驳回决定未提及的事实和理由维持驳回决定。这种做法显然偏离了《专利法实施细则》第六十三条的规定，也背离了专利复审的救济制度目标。

三、专利复审范围的确定

（一）确定复审范围的考量因素

复审范围的确定应当考量两个主要因素：第一是公平，第二是效率。公平是复审应当首先考虑的因素，这是由复审的救济属性决定的。复审是应复审请求人的请求所进行的监督和救济程序，旨在监督专利局依法行政，保护复审请求人可能受到损害的权益，因此公平是复审的首要价值。基于公平的考虑，复审的范围应当是专利局作出的驳回决定所依据事实和理由，否则就无法确定驳回决定是否正确，复审请求人的权益是否受到损害。但是，另一方面，复审毕竟是一个行政程序，还应当考虑效率的问题。有些时候，专利局的驳回决定可能存在错误，应当撤销并发回专利局重新作出决定。但是，由于专利申请存在驳回决定未指出的显而易见的缺陷，不可能获得授权，如果非得撤销专利局的驳回决定由专利局再次作出一个驳回决定，则可能过分注重了程序价值而牺牲了效率价值。在此种情况下，由专利复审委员会依职权审查驳回决定未指出的显而易见的缺陷更加合理。

（二）复审范围的具体界定

关于复审范围，《专利审查指南》明确规定，“一方面，专利复审委员会一般仅针对驳回决定所依据的理由和证据进行审查，不承担对专利申请全面审查的义务；另一方面，为了提高专利授权的质量，避免不合理地延长审批程序，专利复审委员会可以依职权对驳回决定未提及的明显实质性缺陷进行审查。”① 这一规定既考虑了公平因素，又考虑了效率因素，具有合理性。

课题组认为，结合上述规定，复审范围的确定应当根据复审请求人是否实质性修改了专利申请文件而有所不同。

第一，在复审请求人未修改专利申请文件或者虽然修改了专利申请文件但未被专利复审委员会接受的，专利复审委员会应当对驳回决定所依据的事实和理由作出认定，而不得径行依职权对驳回决定未指出的专利申请的其他缺陷进行认定并据此作出不利于复审请求人的复审决定。由于复审是救济程序，专利复审委员会依据复审请求人的请求和理由，对专利局的驳回决定所涉及的事实认定、法律适用及审查程序进行审查，是复审的应有之义。专利复审委员会如果不对此范围内的事项进行审查，就违背了请求原则，背离了专利复审的救济制度目标。但是，专利申请存在与驳回决定指出的缺陷相关联的实质性缺陷而无法对驳回决定所依据的事实和理由作出认定的，可以作为例外情形，允许专利复审委员会依职权对驳回决定未指出的专利申请的其他缺陷进行审查。在这种情况下，由于专利申请存在与驳回决定指出的缺陷相关联的实质性缺陷，如果不对该缺陷进行审查，就无法对驳回决定所依据的事实和理由作出认定，因此应当允许专利复审委员会依职权审查该缺陷。另外要指出，上文所称的“修改”，是指为了克服驳回决定指出的缺陷对专利申请文件所作的实质性修改，不包括文字、标点符号等简单错误的修正。

第二，为了克服驳回决定指出的缺陷，复审请求人实质性修改了专利申请文件且被专利复审委员会接受的，专利复审委员

① 《专利审查指南》2010 版第 367 页。

会可以依职权对驳回决定未指出的专利申请中的下列缺陷进行审查：（1）足以用在驳回决定作出前已告知过复审请求人的其他理由及其证据予以驳回的缺陷；（2）与驳回决定所指出缺陷性质相同的缺陷；（3）驳回决定未指出的明显实质性缺陷；（4）专利申请权利要求中增加的技术特征是公知常识，导致专利申请权利要求缺乏创造性的。其中，“足以用在驳回决定作出前已告知过复审请求人的其他理由及其证据予以驳回的缺陷”，是指专利申请中存在驳回决定所指出的缺陷外的其他依据《专利法实施细则》第五十三条规定的应予以驳回的缺陷，且国务院专利行政部门在驳回决定作出前已将该缺陷告知过复审请求人；“与驳回决定所指出缺陷性质相同的缺陷”，指与驳回决定依据的事实和理由相同但驳回决定未指出的缺陷；“驳回决定未指出的明显实质性缺陷”包括下列情形：（1）专利申请明显不属于专利保护客体、不具备实用性、公开不充分或者修改超范围的；（2）专利申请存在与驳回决定指出的缺陷相关联的实质性缺陷而无法对驳回决定所依据的事实和理由作出认定的；（3）驳回决定仅指出专利申请权利要求之间存在引用关系的某些权利要求存在缺陷，而未指出其他权利要求存在同样的缺陷，不引入对所述缺陷的审查将得出不合理结论的。

（三）“明显实质性缺陷”的审查

近年来，“明显实质性缺陷”的审查是一个突出的问题，有必要专门予以讨论。何谓“明显实质性缺陷”？依据《专利审查指南》的“初步审查”部分的有关规定，发明专利申请的“明显实质性缺陷”是指专利申请是否明显属于专利法第五条、第二十五条规定的情形，是否不符合专利法第十八条、第十九条第一款、第二十条第一款的规定，是否明显不符合专利法第二条第二款、第二十六条第五款、第三十一条第一款、第三十三条或者《专利法实施细则》第十七条、第十九条的规定。[①] 此外，《专利审查指南》的“初步审查”部分亦对实用新型专利申请和外观设计专利申请的“明显实质性缺陷”进行了界定。[②] 但是，《专利审查指南》复审部分未对“明显实质性缺陷”予以明确界定。一种观点认为，根据法律解释的一般原理，同一部法律中的同一概念，如无特别说明，原则上应作同一解释。[③]《专利审查指南》只在第一章的“初步审查”部分对“明显实质性缺陷”进行了明确界定，第四章的“复审”部分提到“明显实质性缺陷”，但没有专门予以界定，亦未指出其与“初步审查”部分中的“明显实质性缺陷”有何不同，故从法律解释学的角度，初审程序和复审程序中的“明显实质性缺陷”应当作相同界定。这种观点，既符合法律解释学的一般原理，也有利于控制复审范围，确保复审的稳定性，避免专利复审委员会随意扩大解释“明显实质性缺陷”的范围，具有一定道理。但其缺点是，对依职权审查的范围可能控制过严，不符合复审的实际情况。还有一种观点认为，由于复审程序不同于初审程序，两个程序中的“明显实质性缺陷”的范围应当有所不同。[④] 我们觉得，第二种观点更符合我国目前的复审实际情况，更具合理性。结合我国目前的复审实际情况，“驳回决定未指出的明显实质性缺陷”可以包括下列情形：

---

① 参见《专利审查指南》2010 版第 11～12 页。

② 分别参见《专利审查指南》2010 版第 49 页、第 69 页。

③ 参见梁慧星：《民法解释学》，中国政法大学出版社 1995 年版，第 215 页。

④ 参见北京市高级人民法院（2012）高行终字第 1486 号行政判决书。

（1）专利申请明显不属于专利保护客体、不具备实用性、公开不充分或者修改超范围的；（2）专利申请存在与驳回决定指出的缺陷相关联的实质性缺陷而无法对驳回决定所依据的事实和理由作出认定的；（3）驳回决定仅指出专利申请权利要求之间存在引用关系的某些权利要求存在缺陷，而未指出其他权利要求存在同样的缺陷，不引入对所述缺陷的审查将得出不合理结论的。

四、专利复审中的程序利益保障

《专利审查指南》之“实质审查”和“复审”部分关于程序利益的保障具有很大的区别。根据《专利审查指南》的规定，在实质审查程序阶段，审查员一般要向专利申请人发出两次“审查意见通知书”，专利申请人答复“第一次审查意见通知书”的期限为四个月，答复“再次审查意见通知书”的期限为两个月。[①] 而在复审程序阶段，审查员一般仅向复审请求人发出一次“复审通知书”，复审请求人的答复期限是一个月。[②] 由此可见，在实质审查程序和复审程序中，专利申请人能享受的程序利益是有极大差别的。目前专利复审实践中，专利复审委员会依职权进行续审，给予复审请求人的程序利益保障是一次“复审通知书”及一个月的答复期限。如果发回专利局审查，专利申请人就能享受更好的程序利益保障。程序利益保障的重大差别，是造成复审请求人反对专利复审委员会依职权续审的重要原因之一。

课题组认为，专利复审委员会在依职权审查程序中给予复审请求人的程序利益保障，不得低于专利申请人在专利申请被发回原审查部门继续进行的审查程序中应当享有的陈述意见的机会。

五、专利复审决定的主文类型

《专利审查指南》对复审决定的主文类型规定了三种情形：（1）复审请求不成立，维持驳回决定；（2）复审请求成立，撤销驳回决定；（3）专利申请文件经复审请求人修改，克服了驳回决定所指出的缺陷，在修改文本的基础上撤销驳回决定。上述第（2）种类型包括下列情形：驳回决定适用法律错误的；驳回理由缺少必要的证据支持的；审查违反法定程序的；驳回理由不成立的其他情形。

当前复审实践中存在的一个突出问题是，专利复审委员会改变了驳回决定的事实认定及法律适用，但认为驳回决定的结论正确，仍维持驳回决定。这种做法显然不妥。专利复审委员会如果改变了驳回决定的事实认定和（或）法律适用，就说明驳回决定在事实认定和（或）法律适用上存在错误，属于上述《专利审查指南》所列的第（2）类驳回决定包括的情形，应当予以撤销。对此，行政复议法也作了几乎相同的规定。行政复议法第二十八条第一款第（三）规定，“具体行政行为有下列情形之一的，决定撤销、变更或者确认该具体行政行为违法：1. 主要事实不清、证据不足的；2. 适用依据错误的；3. 违反法定程序的；4. 超越或者滥用职权的；5. 具体行政行为明显不当的。”根据上述规定，专利局的驳回决定作为一个具体行政行为可能存在的错误包括三个方面：事实认定、法律适用及审查程序，而第4、5方面的问题基本不存在。因此，只要驳回决定在事实认定、法律适用及审查程序任一方面存在重大错误，影响复审请求人的权益的，都应当予以撤销，而不能仅以驳回

① 参见《专利审查指南》第二部分第八章“实质审查程序”之“4.10 第一次审查意见通知书”及“4.11.3 再次审查意见通知书”。

② 参见《专利审查指南》第四部分第二章“复审请求的审查”之“4.3 审查方式”。

决定的结论正确予以维持。

复审实践证明，《专利审查指南》规定的复审决定类型并不周延，无法涵盖各类案型。也许正是由于这个原因，专利复审委员会有时不得不改变理由维持专利局的驳回决定。基于上述问题，课题组认为应当参考行政复议法第二十八条等有关规定，反思、重构《专利审查指南》中规定的复审决定类型，具体如下。

（1）维持驳回决定。专利局作出的驳回决定在事实认定、法律适用及审查程序上基本正确的，对驳回决定应当予以维持。

（2）撤销驳回决定，责令专利局重新作出决定。专利局作出的驳回决定在事实认定、法律适用或审查程序上存在重大错误，影响复审请求人的权益的，应当撤销驳回决定，责令专利局重新作出决定。

（3）专利申请文件经复审请求人修改，克服了驳回决定所指出的缺陷，在修改文本的基础上撤销驳回决定。

（4）撤销驳回决定，驳回复审请求人的专利申请。专利局作出的驳回决定在事实认定、法律适用上存在重大错误，但其驳回专利申请的结论正确的，撤销专利局作出的驳回决定，同时驳回复审请求人的专利申请。主要适用于以下两类情形。第一种类型，专利局作出的驳回决定在事实认定、法律适用上部分正确、部分错误，且正确认定的部分足以支持其驳回结论的，应当撤销驳回决定，同时驳回复审请求人的专利申请。第二种类型，驳回决定的全部事实认定及法律适用均存在严重错误，应当撤销，但是专利复审委员会进行依职权审查后认为专利申请存在驳回决定未指出的实质性缺陷而应当驳回的，应当撤销驳回决定，同时驳回复审请求人的专利申请。

关于审理涉网络知识产权案件的调查研究

北京市高级人民法院知识产权庭

一、调研背景

中国互联网络信息中心（CNNIC）发布的《第36次全国互联网发展统计报告》显示，“截至2015年6月，互联网普及率为48.8%，我国网民总数已达6.68亿人。”同时，根据国家统计局发布的《2014年全社会电子商务交易额突破16万亿》，“2014年我国全社会电子商务交易额达16.39万亿元，同比增长59.4%。”伴随“互联网+”经济模式的提出与发展，网络[①]日益深入到社会经济生活的各个层面，随之各类纠纷也不断涌现。特别是基于网络新技术、新模式、新事物产生了诸多有异于传统领域中的新现象，对以司法保护为主导的我国知识产权保护工作提出了新的挑战。不仅涉网络知识产权案件在全部知识

① 本报告所指“网络”包括但不限于以计算机、电视机、固定电话机、移动电话机等电子设备为终端的计算机互联网、广播电视网、固定通信网、移动通信网等以及向公众开放的局域网络。

产权案件中所占比例呈逐年上升的态势，而且诸多新类型案件也使法院面临诸多新的问题。为了妥善解决此类纠纷，破解难题、统一尺度、提升效率，北京市高级人民法院专门成立课题组针对在涉网络知识产权纠纷中高发的著作权纠纷、商标权纠纷、不正当竞争纠纷等三个类型案件进行了全面统计与系统调研。

课题组经过对2010年至2014年近五年全市此类案件审判情况的细致梳理，在总结、提炼以往裁判经验的基础上，提出了解决相关问题的司法建议。本调研报告从该类案件的基本情况入手，在分析其整体特点的基础上，以问题为导向，结合司法实践中的审理难点，提出具体的解决建议。

二、案件的基本情况

本报告的研究对象为2010年至2014年北京市法院以判决方式审结的一审著作权纠纷、商标权纠纷、不正当竞争纠纷民事案件。相关案件整体情况统计见图1至图3及表。①

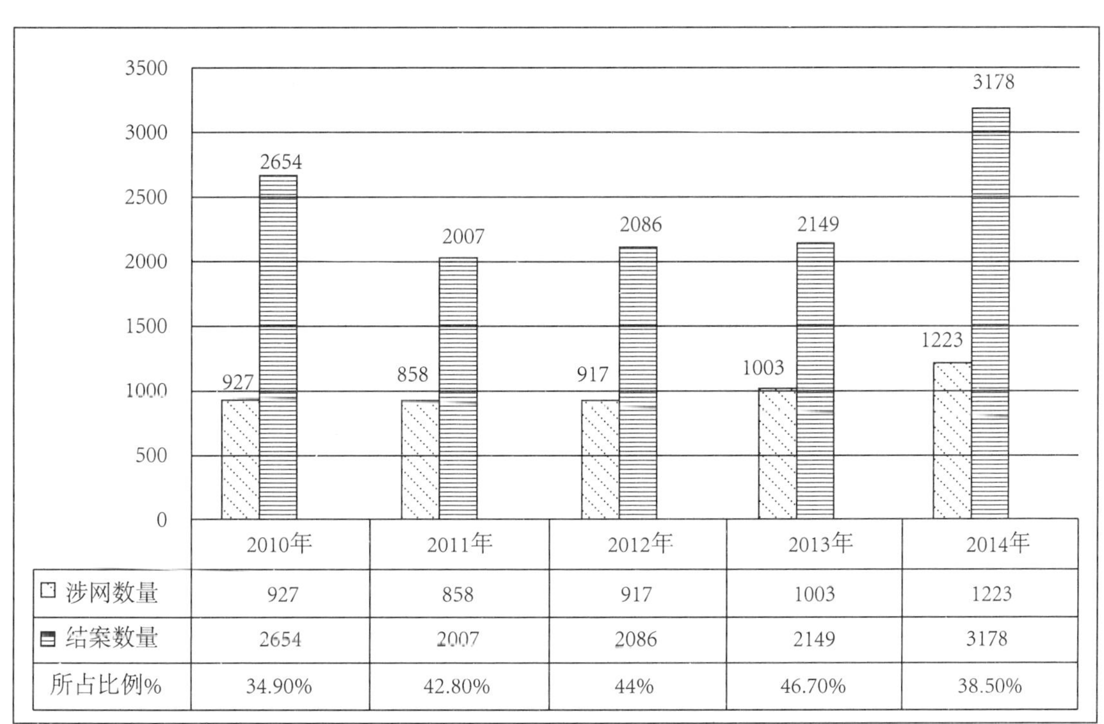

	2010年	2011年	2012年	2013年	2014年
涉网数量	927	858	917	1003	1223
结案数量	2654	2007	2086	2149	3178
所占比例%	34.90%	42.80%	44%	46.70%	38.50%

图1 涉网络著作权、商标权、不正当竞争案件数量占全部著作权、商标权、不正当竞争案件的比例②

① 因涉网络知识产权纠纷并非最高人民法院所规定的民事案由的一种，故对以非判决方式审结的此类案件数据无法进行准确统计，本文图表仅选取以判决方式审结的案件为例，虽不能全面掌握该类案件数据，但亦有助于了解相关情况。本文具体数据来源于北京知产宝网络科技发展有限公司，提供时间2015年12月。

② 图中“涉网数量”是指涉及网络著作权、商标权及不正当竞争纠纷民事案件判决的总数；“结案数量”是指具体年度中以判决方式审结的著作权、商标权及不正当竞争纠纷民事案件的总数量；“所占比例”是指“涉网数量”与“结案数量”的比值。

2014 年以判决方式审结的涉网络著作权、商标权、不正当竞争纠纷案件共计 1223 件，其中著作权纠纷 619 件，占 50.6%；商标权纠纷 428 件，占 35%；不正当竞争纠纷 176 件，占 14.4%（见图 2）。

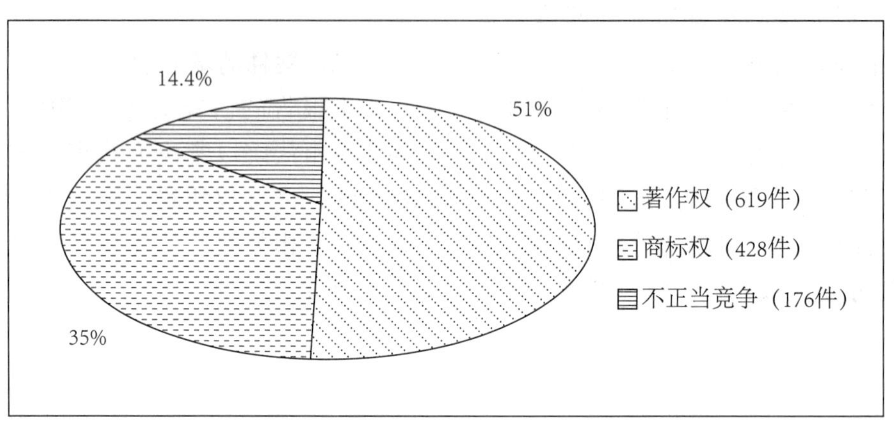

图 2　2014 年涉网络著作权、商标权、不正当竞争案件的比例

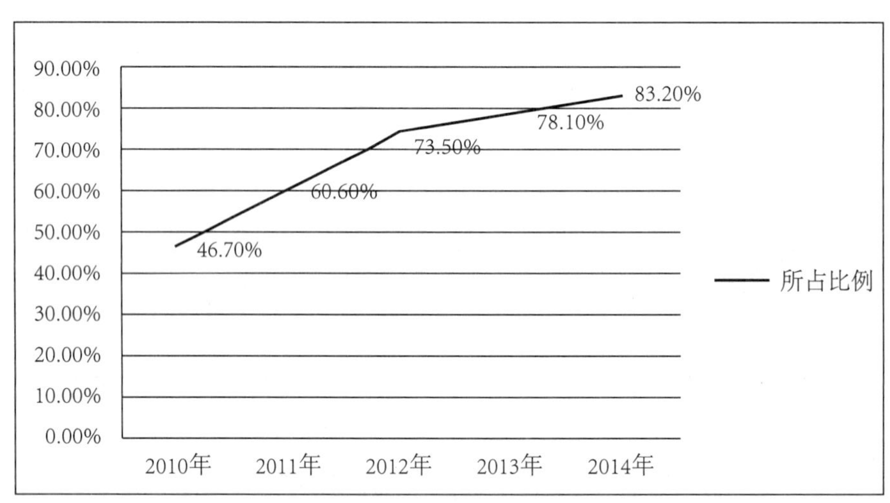

图 3　著作权案件中涉网络案件占全部著作权案件比例的趋势变化

表　涉网络知识产权案件中著作权、商标权、不正当竞争案件的具体数量及在该年度涉网络知识产权案件中所占比例

	2010 年		2011 年		2012 年		2013 年		2014 年	
	数量	比例（%）	数量	比例（%）	数量	比例（%）	数量	比例（%）	数量	比例（%）
著作权	400	43. 1	294	34. 3	144	15. 7	285	28. 4	619	50. 6
商标权	357	38. 6	371	43. 2	575	62. 7	521	51. 9	428	35. 0
不正当竞争	170	18. 3	193	22. 5	198	21. 6	197	19. 7	176	14. 4

根据以上图表所显示的数据，北京市法院所审理的涉网络知识产权案件总体呈现如下情况。

（一）涉网络知识产权案件所占相对比例和绝对数值均呈上升的总体态势

根据图1所显示的数据，涉网络知识产权案件在全部知识产权民事案件中所占的比例呈逐年上升趋势，2013年较2010年的比例增加了11.8%。虽然2014年所占比例较2013年有所下降，但因该年度商标民事案件的判决数量增幅明显，共审结各类商标民事案件1997件，同时商标民事案件中涉及网络的案件数量出现小幅回落，共计428件，故2014年的涉网络案件总体的比例有所下降。然而，2014年涉网络知识产权案件的绝对数值还是呈现上升态势，共计1223件，较2010年的绝对数值（927件）上升了31.9%。

（二）涉网络知识产权案件中著作权、商标权案件为主要类型

根据图2及表所显示的数据，2014年涉网络知识产权案件中著作权案件所占比例超过50%。同时纵观2010年至2014年五年的涉网络著作权、商标权及不正当竞争全部民事案件的判决总量，其中著作权案件和商标权案件均占到了较大比例。特别是在2012年，涉网络商标权案件数量占到全部涉网络知识产权案件的62.7%。相关数据在一定程度上反映出了行业发展与互联网之间的关联程度，特别是案件数量的变化体现了产业阶段性发展的特点。在新兴行业发展的初期，由于新事物对行业、产业的冲击与融合，导致了相关纠纷数量上升明显，所占比例也较高。

（三）涉网络著作权案件上升的趋势较为显著

根据图及上表所显示的数据，涉网络著作权案件的绝对数量从2010年的400件上升到2014年的619件，上升的比例达到了54.8%；而且涉网络著作权案件在著作权案件中所占比例也稳步上扬，近五个年度均呈增长之势，2014年更是占到了所有以判决方式审结的著作权民事案件总数的83.2%。究其原因，主要是伴随网络技术的发展与普及，网络用户数量也急速增长，直接导致作品、表演、录音录像制品的传播与推广方式从量变到质变的转化，即从过去的以磁带、光盘、图书、报刊等为载体的传统平台，向以PC、手机、PAD等终端设备为载体的网络平台转变，特别是产业发展的利益直接刺激了此类纠纷大量涌现，诸多行业规则有待进一步明确。

（四）涉网络不正当竞争案件数量相对稳定

根据上表所显示的数据，涉网络不正当竞争案件数量较为稳定，然而该类案件虽在数值上并未出现明显的上下波动情况，但是具体到不正当竞争的行为模式而言，却在从过去较为集中的竞价排名等仿冒行为，向我国反不正当竞争法第二章所列明的11种不正当竞争行为之外的行为模式演变。

三、案件特点

面对从软件到硬件，从行业到产业，从手段到模式等互联网经营中各类新生事物不断涌现的新常态，结合网络的跨界性、迭代性、聚合性等自身特性，依托该类型经济模式产生了与传统经济领域诸多显著差异，所引发的纠纷也呈现有别于以往的情形，各类新兴网络产业经营模式的评价机制尚未健全，网络经营者会主动寻求司法的评定，无论是积极或是消极的结论，都成为行业发展方向抉择的重要风向标。然而，由于法律天然的滞后性，导致了诸多纠纷的解决出现了法律适用的空白。为了弥补具体法律规定的不周延性，裁判者

更多地通过解读法律的原则性条款来实现对纠纷的有效解决，例如利益平衡原则的广泛适用就是一种具体的体现。有时，网络出现的新事物已经超出了裁判者的认知能力，特别是对新事物的准确认识需要相应的时间，因此容易出现因不同时间、地域、环境而导致的认知差异。在此情况下，裁判者也会选择从国际条约入手，打破地域限制，进行跨区域的横向借鉴，从而使裁判的论据更加翔实与充分。在调研中发现，涉网络知识产权案件因类型不同所体现的个性特征也极为鲜明。

（一）涉网络著作权案件的特点

1. 网络技术的发展使得作品保护与传播之间的冲突进一步深化。网络传播技术的发展与更新，在有益丰富了社会公众获取作品渠道的同时，也为著作权的保护提出了新的课题。“技术中立”与“行侵权之实”的区分成为各方争议的焦点，如何在鼓励技术创新、行业升级、产业更新与加强著作权保护中做到彼此兼顾，成为此类案件聚焦的重点，也是该类案件数量不断上升的重要原因之一。

2. 作品利益实现渠道的变化影响著作权保护范围的认定。网络时代下，经营者为了黏合更多的网络用户，实现其经营规模的迅速扩展，已经突破了过去单一地通过收费方式获得作品利益的经营方法，而不断尝试通过“免费传播 + 广告”等经营模式来实现自身经营目的，从而取得收益。特别是当网络经营者所投放广告的收益直接与网站访问量相关时，网络链接、快照、转播等经营方式的出现是否影响了网络经营者对著作权利益的实现，以及如何划定著作权保护的边界，成为了对该类案件新的思考。

3. 网络经营者的分工呈现专业化与聚合化的趋势。一方面，网络服务提供者为了能使自身进入“避风港”，通过网页内容介绍、签订协议等方式，明确自身仅为存储、链接、搜索等提供专业化服务，并不提供具体内容；但是另一方面，网络经营者为了能获取更多经营利益，在细化自身服务类型的同时，也在不断鼓励用户自行上传作品、增加链接内容、提供便捷搜索，以此聚合相关信息，使用户能够在其网站内实现各种内容的获取，最终实现增加网站访问量的目的。

4. 权利人直接主张网络经营者承担侵权责任的情况较多。一般情况下，权利人无法获知提供被控侵权作品主体的具体信息，但通过查询网站的 ICP 备案信息、网站所展现内容、域名名称等，容易获知网络经营者的相关情况，故后者成为被告的情形较为普遍。但网络经营者多数会以自身仅系网络服务提供者为由进行抗辩，故相关案件中判断网络经营者的具体属性及是否应直接承担侵权责任，成为司法实践中较为普遍的情况。

（二）涉网络商标权案件的特点

1. 网络平台服务商成为被诉主体的案件较为普遍。平台服务商从过去单一的经营模式发展到向混业经营模式的转变，即以往平台服务商仅从事自营或提供网络服务平台，在实际中逐渐过渡到将自营与提供服务平台相混同，从而满足网络用户需求的多样性。因此，在具体裁判中，多根据被诉行为的具体表现对被诉主体属性进行认定，而不是单一地根据被诉主体的经营属性进行判断。

2. 新型商业模式中的主体责任划分成为案件的审理焦点。无论是团购网站的兴起，还是众筹购买方式的出现，都突破了以往单一的电子商务模式。在新兴商业模式下，如何界定平台服务商的具体责任，也在具体的裁判中出现了一定分歧，特别是依据侵权责任法第九条规定的教唆、帮助侵权规则来进行认定，还是依据该法第三十六条规定的网络服务提供者之特殊规则来进行认定，或是依据该法第八条规定的共同侵权规则来进行认定，均存在不同的认识。

3. “通知+删除”规则在免责认定中得到普遍适用。虽然“通知+删除”规则最早源自《信息网络传播权保护条例》的相关规定，但自将其纳入于侵权责任法第三十六条之后，这一规则在侵害商标权案件中也被广泛适用，特别是在对平台服务商责任进行界定时，往往将其作为裁判考量的重要因素之一。

4. 利益平衡原则与合理预防原则并重。在认定平台服务商责任时，利益平衡原则强调法院的裁判应当兼顾权利人、平台服务商、网络卖家以及消费者各方的利益，在最优选择和总体利益最大化的基础上，作出相应认定，从而避免因保护利益的偏颇影响到行业的正常运营和发展。另一方面，合理预防原则是从避免不当加重平台服务商事前审查义务和经营成本的角度，确定平台服务商通常情况下不具有事先审查网络交易信息或交易行为合法性的义务，但其应当根据所在具体行业一般主体所提供服务的性质、方式、内容、规模以及应具备的信息管理和经营能力等，采取必要、合理、适当的措施，防止侵害商标权行为的发生。这也是在平衡各方利益的基础上，衍生出的另一项适用原则。

5. 网络平台服务商对被诉行为属性负有举证责任。在裁判中，只要权利人有初步证据证明被控侵权交易信息或者交易行为存在于平台上，就可初步推定被控侵权行为由平台服务商直接实施。若平台服务商对此予以否认，应当提供能够确定网络卖家主体身份、联系方式、网络地址等的相关信息，这样既有助于权利人准确定位实际侵权人，保障其合法权益，又能有效免除因举证责任分配不当所导致的不利后果，同时还可使平台服务商加强自身的品牌管理意识。上述做法已广为司法实践所接受。

（三）涉网络不正当竞争案件的特点

1. 该类案件所涉竞争模式整体呈现多样性。因网络经济总体规模不断扩张，网络已成为市场经营者激烈角逐的“战场”，各市场经营者为了保持竞争优势，采取的竞争方式也变化多样。相应的，诸多涉及新型竞争模式的纠纷被诉至法院，一旦予以否定评价，经营者随之会改变以往模式。因此，司法实践中，此类案件所涉及的竞争模式已从过去的相对固定性，发展至表现形式的多样性与不确定性。

2. 权利人同时主张不正当竞争和侵害商标权或著作权。宏观上，在市场经营过程中，所有侵害他人合法权益的行为实质上都具有不正当竞争的属性，网络环境下更是如此。在司法实践中，很多权利人会在一个案件中同时提出侵害商标权或侵害著作权与不正当竞争，从而导致对法定权利的保护与对不正当竞争行为的制止存在一定的竞合。面对这样的情形，法院首先要对被控侵权行为进行解析，对于一个行为能够确定所侵犯权利的，应当从权利的角度予以规制；对于各个行为侵犯不同权益的，则应当分别予以规制。因此，此类案件的审理难度陡然增加。

3. 一般条款成为司法救济的主要条款。网络经济的兴起与飞速发展导致许多新生的网络竞争模式无法纳入到反不正当竞争法第二章所列明的11种不正当竞争行为之中，故原告往往会选择主张该法第二条的一般条款，这既增加了该一般条款的弹性与适用空间，也提高了法律适用的难度。

4. 产业发展模式对司法评价的依赖性愈加突出。反不正当竞争法被称为行为法，因此它较商标法、著作权法等设权性法律具有更多的灵活性与不确定性。在涉网络的具体案件中，裁判的尺度与标准可能会不同于传统领域中的认定规则。传统经济领域的竞争模式因经过长期的市场运营，其评价标准相对稳定与明确，而反观涉网络领域中的产业与行业模式，则客观化的市场判断标准并未能及时形成，导致在裁判中更多地会选择对所涉领域的经营模式、运营方式、竞争标的进行充分论证后，再基于法律予以认定，案件的具体适用规则也在审理中不断探索与总结。也就是说，新兴网络产业发展模式的正当性判断，更多地依赖于司法的评价结论，而司法也在不断地对特定行业进行了解与熟悉。

5. 网络经营者“跨界”经营较为普遍。因网络是开放性的平台，其中的信息包罗万象，而其所对应的网络用户也难以确定，为了迎合网络用户即潜在消费者的选择与喜爱，网络经营者努力丰富着自身所实际经营商品或服务的种类，通过自营、联营、他人经营等方式，对经营内容实现“跨界”。无论是软件与硬件，还是内容提供与软件播放、或是杀毒软件与输入法软件等，都存在着诸多联系，裁判中也为了适应此种经营模式的特点，拓宽了“竞争关系”的认定范围，使反不正当竞争法的适用范围得以加大。

6. 赔偿数额普遍不高。网络经济的竞争瞬息万变，特别是由于网络用户的选择性较大，一旦网络经营者失去用户，可能其损失难以弥补，但是对这种情况权利人很难提供准确的损失数额，或者计算被控侵权人因损害所获得收益的具体依据，导致司法裁判赔偿数额往往过低，不能充分弥补权利人的损失。

四、审理涉网络知识产权案件所面临的难点问题

（一）涉网络著作权案件的问题

1. 被告以其仅提供网络技术服务为由进行抗辩，举证责任应当如何进行分配。原告在主张被告网站存在被控侵权作品时，被告多以其仅提供信息存储空间、搜索、链接等网络技术服务为由主张不应承担直接侵权责任，从而实现进入“避风港”的抗辩目的。在司法实践中，原告多是通过公证相关网页存在被控侵权作品的方式，主张被告行为构成直接侵权，然而在被告对直接侵权予以否认的情况下，法院应当如何对相关举证责任进行分配，直接关系到应由何方承担举证不能的法律后果，也直接影响对被告侵权责任的认定。

2. 深度链接能否被认定为直接侵犯他人著作权的行为。深度链接是指设链者通过链接技术将用户需要浏览的网页内容直接呈现于设链网站或客户端界面上，而无须跳转至被链网站的情形，具体包括两种形式：一种是在设链网站中明确标明被链网站的地址；另一种是在设链网站中并不显示被链网站的地址。深度链接的网络技术服务方式是否超出了技术中立原则下的服务范围，能否被适用实质性非侵权用途规则免责，设链网站应否承担直接侵权责任，在司法实践中的观点和做法都不统一。

3. 若原告在诉讼中仅主张被告侵害其著作权，但并未明确法律依据，即未明确主张被告行为构成直接侵权，或者还是被告基于侵权责任法第三十六条承担共同侵权[①]的连带责任。另外，还有在此情况下，

① 本文所言“共同侵权”实则是指按照侵权责任法第三十六条之规定，网络服务提供者在非直接侵权的情形下，连带承担责任的情形，在实践中也被称为“间接侵权”。

法院应当如何确定审理范围的问题。因为直接侵权责任的认定要件，与依据侵权责任法第三十六条所主张的共同侵权的连带责任的构成要件存在差异。若原告对此不予明确，甚至在法院释明后仍不予确定的情况下，法院是从纠纷的实际解决的视角进行全面审理，还是以诉讼主张不明确为由，而仅对直接侵权进行审理，在司法实践中存在不同的做法。

4. 如何认定网络环境下通过“分工合作”的方式共同提供作品也是司法中的一个难点。《最高人民法院关于审理侵害信息网络传播权民事纠纷案件适用法律若干问题的规定》（以下简称侵害信息网络传播权的若干规定）第四条规定，“有证据证明网络服务提供者与他人以分工合作等方式共同提供作品、表演、录音录像制品，构成共同侵权行为的，人民法院应当判令其承担连带责任。网络服务提供者能够证明其仅提供自动接入、自动传输、信息存储空间、搜索、链接、文件分享技术等网络服务，主张其不构成共同侵权行为的，人民法院应予支持。”该规定并未对何为“分工合作”以及如何判断加以规定，特别是在实践中出现相关纠纷时，应当如何正确进行认定，成为此类案件审理中的难题。

5. 网页快照案件中关于“实质性替代”“合理使用”的认定存在分歧。侵害信息网络传播权的若干规定第五条在规定网页快照如何认定提供以及不构成侵权的例外情形时，分别对“实质性替代”与“合理使用”进行了规定，然而对这两个名词术语应如何解读，司法认知不尽相同。

6. 网络实时转播行为的法律适用问题。网络实时转播行为可以理解为网站将广播电台、电视台等正在播出的载有作品的信号，通过技术手段实现在网络上同步向公众传播的行为。现实中，对诸多影视作品进行同步转播的情形不断出现，是基于著作权法第十条的广播权，还是信息网络传播权，或是其他兜底的权项予以保护，一直以来存在较大分歧。

（二）涉网络商标权案件的问题

1. 平台服务商是否属于网络服务提供者的认定问题。在涉网络的商标侵权案件中，因权利人通过网络服务平台发现被控交易信息或被控交易行为的，那么平台服务商与网络卖家实际为何种法律关系，作为权利人难以获知。在此情况下，绝大多数权利人会选择以平台服务商为被告主张相应权利。无论是直接侵权还是共同侵权，此时若从证据的初步判断，能够确定平台服务商存在直接侵权行为的可能性较大时，平台服务商需具体提供哪些证据才能证明其仅为网络服务提供者就成为案件裁判的关键。

2. 如何界定权利人发出通知的效力。侵权责任法第三十六条第二款规定，网络用户利用网络服务实施侵权行为的，被侵权人有权通知网络服务提供者采取删除、屏蔽、断开链接等必要措施。网络服务提供者接到通知后未及时采取必要措施的，对损害的扩大部分与该网络用户承担连带责任。然而，在实践中如何判断被侵权人发出通知的有效性，即通知应当具体包括哪些内容，是否平台服务商只要接到通知就必须立即采取必要措施，哪些情况下平台服务商未采取措施可免于承担连带责任，均应在实践中予以明确。

3. 权利人滥用通知应当如何进行规制。在调研过程中，根据“淘宝网”所提供的数据显示，目前权利人基于正当维权发送的通知仅占通知总数的55%，将近一半的通知存在权利人滥用权利，恶意打击竞争对手，或在节假日等特殊购物日不当影响网络卖家的正常销售，从而获得高额许可费用等情形。因此，有必要在兼顾权利人、网络卖家及平台服务商利益的基础上，对滥用通知的不当行为予以适当规制。

4. 如何判断平台服务商对被控侵权行为是否知道，应当包括哪些判断要素，以及平台服务商直接从交易行为中获取经济利益，是否与认定其知道侵权存在必然联系，对这些问题司法实践中做法并不统一。平台服务商是否知道网络用户利用其网络服务侵害他人合法权益是平台服务商是否需要承担相应责任的关键，但是对该主观状态的客观化判断要素不易归纳。因此有必要对相关判例中的认定要素进行筛选、归纳，确保裁判中对具体问题判断的标准化。

5. App 应用软件所使用的商标，如何界定其具体商品或服务类别，应采取何种标准予以判断。随着通过手机、PAD 等移动端上网人群不断扩大，各类应用软件也如雨后春笋，不断出现。然而，每款应用软件其在下载、安装、运行过程等环节中，均涉及了第 9 类的“软件”、第 38 类的“互联网通讯”、第 35 类的“广告服务”、第 42 类的“计算机硬件与软件的设计与开发”等多个类别。另外，如网上送餐、预约打车、在线医疗、金融理财等，还涉及相应的服务项目。如何在涉及 App 应用软件商标侵权的案件中准确界定类似商品或服务，成为准确处理此类案件的关键。

（三）涉网络不正当竞争案件的问题

1. “竞争关系”应当如何界定。虽然我国反不正当竞争法中并未明确对“竞争关系”予以界定，但是根据该法第二条关于“经营者”的规定以及司法实践中形成的统一认知，均将原、被告之间是否具有竞争关系作为适用该法的前提。然而，基于网络经济的跨界性、聚合性、扁平性等特点，同时互联网经济又被形象地称为“注意力经济”“眼球经济”，黏合网络用户成为网络经营者的重要战略目标，在这个背景下，如何在该领域中合理界定“竞争关系”，直接决定了反不正当竞争法在网络时代下的适用边界。

2. 一般条款的适用规则及其具体适用情形。我国反不正当竞争法第二条有效弥补了具体法律规定的不周延性与滞后性，为规制不正当竞争行为起到了重要作用。然而，在司法实践中部分案件出现对同一行为适用除该法第二条以外的其他法条予以规制的情形，容易引起公众对一般条款“被滥用”的顾虑，因此有必要从整体上准确界定一般条款的适用规则。同时，由于在司法实践中一般条款规制的具体行为模式比较分散，个体之间存在一定差异，如何提炼已经既定的裁判规则，为网络经营正当竞争指明方向，也是具有现实意义的。

3. “公认的商业道德”如何理解与适用。“公认的商业道德”作为反不正当竞争法第二条基本原则的重要组成部分，其内涵与外延一直困扰着理论与实务界，特别是该原则在具体案件中如何得以体现，当事人如何对相关内容予以举证，其具体的参考因素都包括哪些，判断方法又当如何界定等，都存在诸多疑问。因此，对“公认的商业道德”的准确理解与适用，不仅可以有助于理解市场竞争中的基本原则，也能为合理界定一般条款的适用提供帮助。

4. 虚假宣传与商业诋毁的具体认定情形。在调研过程中，经过对相关裁判案例的梳理，发现涉网络不正当竞争行为主要集中在一般违反诚信的行为、仿冒行为、虚假宣传及商业诋毁等四大类情形上，因此从既有的裁判案例中提炼出具体情形的行为模式，不仅可以提升准确法律适用的能力，而且也可以有效促进裁判的效率，故将虚假宣传与商业诋毁的行为模式具体化，可以为提高该类案件的司法质效作出贡献。

5. 竞价排名服务构成不正当竞争的判断规则。竞价排名服务，又称推广服务，是指经营者购买搜索关键词，当网络用户对这些关键词进行搜索时，相关搜索引擎服务商基于特定算法，将购买关键词的经营者所链接的网站信息优先推送的商业模式。目前，该商业模式已被各大搜索引擎服务商广泛应用。特别是因他人购买使用关键词而引发纠纷时，搜索引擎服务商也屡屡成为被告，在司法实践中出现了将这种服务定性为商标侵权与不正当竞争的不同结论。因此应对该问题进行准确分析，以促进相关商业模式的健康发展与合法运营。

6. 责任的承担方式与损害赔偿数额的计算方法。对于网络环境下的不正当竞争行为，既要从根源予以有效规制，也要在责任承担上予以准确界定。特别是反不正当竞争法对该类案件损害赔偿计算方式缺乏细致规定的情况下，更需要结合具体裁判的经验，归纳有益做法，从而形成司法的威慑，鼓励通过公平、合法、自由、有序的竞争方式获取市场的交易机会与竞争优势。

四、相关建议

（一）涉网络著作权案件的建议

在此应当明确的是，本文所述侵犯著作权之具体权项是指信息网络传播权，即用户可以在其选定的时间、地点获得作品，而根据著作权法的规定，也对表演、录音录像制品通过信息网络向公众传播的权利予以了规定。因著作权法第十条中所规定的不同权项的具体含义彼此存在差异，故应当首先明确所针对的具体权项，否则将会影响后续的论证过程，在此特别予以说明。

1. 合理分配举证责任，适当调整举证标准。在涉网络著作权案件中，权利人为了证明特定时间点被控网站存在侵权行为，多是采取公证的形式予以证明，同时法院在认定网络侵权事实时，对公证形式的证据采信程度及比例极高。然而，从适当减低权利人维权成本的角度出发，可以尝试采取多种形式的证据对侵权事实予以判定。目前实践中除了公证形式以外，还存在当事人自认、以时间戳确定网页内容等[①]方式，均可以作为证明侵权事实的有效证据形式。然而，在调研中也发现，部分证据形式上或程序上存在瑕疵，最终未被法院采纳。例如对上网设备未进行清洁、显示页面内容缺乏连续性、公证流程缺乏完整性等。[②] 因此，权利人在对网站相关网页内容进行举证时，应当确保网页的完整性以及操作流程的确定性。

在法律、法规并无明确规定“举证责任倒置”的前提下，根据“谁主张，谁举证”的民事证据规则，此类案件中原告仍然负有基础的举证责任，即应当举证证明被告网站上存在被控侵权信息以及被控网站的实际经营者情况。为了加大对权利人的保护力度，在原告完成前述举证且主张网站经营者为直接提供作品、表演、录音录像制品的侵权主体时，被告以其仅为提供信息存储空间、搜索、链接等网络技术服务为由进行抗辩的，其应当就被控侵权作品、表演、录音录像制品的实际提供者

① 参见北京市东城区人民法院（2015）东民初字第1915号民事判决，北京市石景山区人民法院（2015）石民初字第3577号民事判决。

② 参见北京市高级人民法院（2009）高民终字第1914号民事判决。

或彼此之间的关系承担举证责任，并且所出示证据应当足以使社会公众作出其仅为提供网络技术服务的判断。此时，因网站的经营者控制具体的后台数据，也实际运营、掌控着涉案网站，故所提交的证据应当是发生于侵权行为之前或之时的情况，而非诉讼审理过程中的事实状况。例如在相关案件中，根据在案证据，或者无法证明播放软件显示了所播放内容的著作权人；或者不能证明搜索结果直接指向唯一主体，同时并无 URL 地址，且可下载与离线阅读；或者播放设备自身经清洁后仍然存在被控信息等情形[①]，最终法院均未支持被告仅提供技术服务的抗辩主张。

2. 服务器标准与用户感知标准兼顾适用的规则。网络链接是网络中普遍使用的技术，该技术可以最快捷地实现用户与所需访问内容的对接，简化逐级对相关网页进行访问的烦琐流程，也被各国、各地区普遍接受。[②] 随着技术的发展，链接的方式也在实践中得到了丰富，特别是有别于“普通链接”的“深度链接”[③] 形式的出现，使用户可以直接在设链网站的页面或者自身的用户界面查阅所需内容。那么在该内容侵犯他人著作权的情况下，何人应当对此承担直接侵权责任，就会因判定标准的不同而有差异。

关于“深度链接”是否侵犯著作权，在理论上存在诸多判断标准，例如服务器标准、用户感知标准、实质呈现标准、法律标准、技术标准、链接不替代等，相关的裁判也曾出现过不同的认知。相对于前述多种类型的判断标准，当前司法裁判比较主流的认定规则还是集中在服务器标准和用户感知标准这两类上。服务器标准是指以作品的实际上传者为标准，谁将作品置于向公众开放的服务器中传播，谁就是作品的提供者，实施了信息网络传播行为；用户感知标准是指以普通用户的主观感受为标准，用户认为哪个网站提供了作品，就认定该网站是作品的提供者。[④] 本文认为，在确定应当采用何种标准进行选择适用前，首先需要对信息网络传播权的本质进行分析，问题的解读应当回归本源进行分析，才能有的放矢、更加准确。

由此，关于信息网络传播权本质内容的解读，可以从该权项的产生来源、行为表现、实质控制等三个方面进行分析。[⑤] 我国著作权法第十条第（十二）项所规定的

---

① 参见北京市东城区人民法院（2013）东民初字第4458号民事判决，北京市第二中级人民法院（2013）二中民终字第15257号民事判决，北京市石景山区人民法院（2014）石民初字第8807号民事判决，北京市东城区人民法院（2014）东民初字第8807号民事判决，北京市第一中级人民法院（2011）一中民终字第5144号民事判决，北京市海淀区人民法院（2015）海民初字第3877号民事判决。

② 相对于“深度链接”而言的“普通链接”，由于用户点击设链网站所提供的链接地址可以直接跳转至被链网站，并且该过程也是完整呈现于用户面前，故该种链接方式在实践中普遍被认为属于实质性非侵权用途，并不构成侵权。

③ 本报告中将加框链接、嵌入式链接以及内链接等均统称为“深度链接”。

④ 孔祥俊：《网络著作权保护法律理念与裁判方法》，中国法制出版社2015年版，第287~288页。

⑤ 在调研过程中，也曾试图对“保护客体”加以界定，因为从该权项所保护的权利客体分析，侵犯“信息网络传播权”的行为对象应当属于著作权法所保护的权利客体范畴，而被链网站的“传播利益”可能包含了广告投入、点击访问率、浏览量以及作品的传播等，而具体的利益客体并非全部是我国著作权法所保护的权利客体，至少并非“信息网络传播权”所保护的客体范畴，因此只有对“信息网络传播权”的保护客体进行准确界定后，才能有利于该条款的法律适用。我国著作权法第一条规定，该法旨在鼓励创作与传播，这恰恰与网络经济模式下特有的“互联互通”的基本精神存在部分的重合。因为网络环境下的作品传播形式、范围、地域都不同于传统领域，也必将会对著作权法在传统领域中所形成的认知产生一定冲击，所以网络下所谓“传播利益”到底是基于网络技术所产生，还是基于著作权保护客体而产生，应当进一步明确与厘清。而且所谓的“传播利益”是否能纳入到著作权法第十条第（十七）项所规定的其他权利范畴，也是值得商榷的。然而，若从正面对“信息网络传播权”的保护客体加以限定，确实存在认知的分歧，还有待进一步探讨与研究，故本文暂对此不予评述。

“信息网络传播权”是指以有线或者无线方式向公众提供作品，使公众可以在其个人选定的时间和地点获得作品的权利。

第一，从该权项产生来源分析，因该条款源自于1996年12月在日内瓦成功缔结的《世界知识产权组织版权条约》（WCT）第八条后半段的“提供权（right of making available）”①，因此一般将“提供”理解为初始或原始的行为，而“‘仅仅为传送或者信号的路由选择提供服务器空间、传播链接或者设施’不构成提供作品的行为”②。故相应的，我国著作权法中的“提供”亦应当理解为“初始或原始的行为”。

第二，从行为的表现形式上分析，侵害信息网络传播权的若干规定第三条第二款规定明确对何为“提供”行为进行了类型化的列举，即规定“通过上传到网络服务器、设置共享文件或者利用文件分享软件等方式，将作品、表演、录音录像制品置于信息网络中，使公众能够在个人选定的时间和地点以下载、浏览或者其他方式获得的，人民法院应当认定其实施了前款规定的提供行为”。从字面上，该司法解释突出了将作品、表演、录音录像制品置于信息网络中，实则也是对“提供”本质上为初始行为的确认。

第三，从传播客体的实质控制的角度分析，信息网络传播权中的被控侵权主体应当是能够依其主观意愿实现作品置于网络之中，或从网络中移除的控制效果，也就是被控侵权主体应当是对所提供之客体具有必要的控制能力，否则即使其具有主观的故意，但客观上也无法实现行为的表现。

正是基于以上三方面的考量，若根据在案证据能够确定被告仅系提供链接服务，则无论从行为的表现形式、权利保护客体、还是最终对侵害客体的控制而言，均不宜将此行为认定为直接侵权，这实质上也是对服务器标准的认可，而且此标准便于社会经营者对自身行为预判的界定，也利于裁判者对纠纷的法律适用，故在司法实践中也被广泛接受。③然而，正是由于深度链接的特殊性，权利人无法判断设链网站所提供内容是否置于被链网站之中。从出于平衡权利人、设链网站经营者、被链网站经营者以及公众等合法权益的角度出发，若原告基于初步的外在表征即根据用户感知标准主张设链网站承担直接侵权责任，从一定程度上应当予以确认，此时应由设链网站对自身仅系提供链接服务予以证明，这也是在保护创作与促进传播之间选择的“中间之路”。虽然在当前的司法实践中，仍然应当以服务器标准为基本规则，但也并非一味否定“用户感知标准”。可以通过合理分配举证责任及确定证明标准，防止设链网站以链接为名行侵权之实，综合运用相关判断规则，实现纠纷的有效解决。

3. 以全面审查为基本规则。因我国民事诉讼法并未采取强制代理制度，考虑到当前区域经济、教育等发展的不均衡性，若要求原告准确界定直接侵权还是共同侵权，可能超出了原告的基本知识水平，也不利于合法权益的保护。在此基础上，若

---

① ［德］约格·莱因伯特、西尔克·冯·莱温斯基：《WIPO因特网条约评注》，万勇、相靖译，中国人民大学出版社2008年版，第144页。“提供权（right of making available）一直被认为属于广义的向公众传播权的范围。”该书第149～150页写道：“关于WCT第8条的议定声明的第1句澄清了下述事实：‘仅仅为促成或进行传播提供实物设施’不构成WCT或《伯尔尼公约》意义下的传播。”

② ［德］约格·莱因伯特、西尔克·冯·莱温斯基：《WIPO因特网条约评注》，万勇、相靖译，中国人民大学出版社2008年版，第150页。

③ 参见北京市第一中级人民法院（2014）一中民终字第4852号民事判决，北京知识产权法院（2015）京知民终字第559号民事判决。

当事人并未明确侵权类型时，在裁判中仍然应当对涉案行为是否构成直接侵权或共同侵权进行全面审查，但是应当给予被告相应的陈述机会，即可以通过释明的方式询问被告相应的抗辩意见，保障被告有效行使程序权利。

4. 通过主、客观两方面对“分工合作”予以认定。关于分工合作的具体情形，按照表现形式可分为如下四个类型。第一，共建平台，视频播放软件商与影视资源提供方之间进行合作。例如播放平台通过与内容提供方订立协议，明确双方权利义务，优势互补，实现资源的有效利用，开发相关视频受众群体，进而扩大用户范围，或者通过提供优势技术方与内容提供方之间的合作，从而实现各自经济利益。[①] 第二，视频定向链接之间的合作，设链网站通过定向链接相关网站内容，向用户提供相应视频，使用户与设链、被链网站关系更加密切。例如仅与特定网站进行设链，以实现在设链网站页面即可观看相关内容，双方共享利益的模式。[②] 第三，通过团购平台等发布相关内容，实现共同行为目的。例如实际经营者通过与团购平台合作提供被控侵权内容，例如他人的摄影作品，并通过团购平台的推广方式将相关摄影作品置于首页等醒目位置，从而吸引网络用户的注意。[③] 第四，硬件设备商与软件提供商之间的分工合作。例如硬件设备商通过销售互联网电视机顶盒或互联网电视，引导用户安装特定播放软件，从而实现在线观看作品等行为。[④]

基于对前述司法判例的梳理，发现关于“分工合作”的认定并不应简单从是否存在“利益共享”的视角予以认定，因为网络时代下的商业模式千变万化，而且面对海量信息，有时看似表面的“利益共享”，实则为“免费服务”的利益实现之方式，有时甚至类似于线下的“柜台租赁”模式，因此不能以此进行“一刀切”的判断，而是应当回归到侵权责任法关于共同侵权的规定中对该问题予以考量。如果将著作权法看作特别法，那么侵权责任法就应当被视为一般法，在特别法对“分工合作”没有具体规定时，可以适用侵权责任法予以规制。[⑤] 从“分工合作”的基本含义分析，其行为主体应当是二人以上，且具有事前的合意，否则难言具体的“分工”；并且具有事中的具体行为，否则难言具体的“合作”；而事后则具有共同的利益归属。因此，“分工合作”的认定应当以被告之间具有共同提供涉案作品、表演、录音录像制品的主观意思联络，且为实现前述主观意思联络客观上实施了相应行为。因主观意思联络存在臆定性，不易对此进行判断，在裁判中可以根据被告之间体现合作意愿的协议、行为之间具有合作或利

---

① 参见北京市朝阳区人民法院（2013）朝民初字第16540号民事判决，北京知识产权法院（2015）京知民终字第89号民事判决。

② 参见北京市朝阳区人民法院（2014）朝民初字第40536号民事判决。然而，对定向链接是否能被认定为分工合作也存在不同认知，有的判决中认为定向链接仅为经营方式的限定，并不涉及权利的约定，不应认定为分工合作，具体可参见北京知识产权法院（2015）京知民终字第796号民事判决。

③ 参见北京市第一中级人民法院（2014）一中民终字第7765号民事判决。

④ 参见北京市第一中级人民法院（2014）一中民终字第2614号民事判决，北京市朝阳区人民法院（2014）朝民初字第41839号、第41838号民事判决。同时，关于硬件设备商与软件提供商之间的合作，亦有在先判例认为二者仅为共享利益，但并无具体的分工合作，因此是从侵权责任法第三十六条“知道”的视角对被诉行为予以规制，参见北京市第一中级人民法院（2014）一中民终字第7118号民事判决。

⑤ 侵权责任法第八条所规定的共同侵权行为模式包括“故意+故意”“故意+过失”“过失+过失”等三种模式，然而此处所探讨的“分工合作”应当是“故意+故意”，因为若引入“过失”情形，则有可能与侵权责任法中“网络服务提供者”在“知道”情形下的连带责任相混同，不利于厘清各法律规范之间的界限。

益分享等密切联系等，认定存在主观意思联络，但应当区别基于特定技术或商业模式等客观需求所确立的“形式上的合作”。

5. 网页快照中实质替代、合理使用判断标准的客观化。网页快照是搜索服务提供者为了方便用户提供的一种技术服务，即搜索引擎在收录网页时制作网页复制件并予以存储，当用户点击该快照，即可直接根据搜索引擎事先确立的策略显示网页内容，因此其本质上不同于搜索、链接或系统缓存。

根据侵害信息网络传播权的若干规定第五条的规定，其第一款系对何为“提供行为”的界定，其中明确了“网络服务提供者以提供网页快照、缩略图等方式实质替代其他网络服务提供者向公众提供相关作品的，人民法院应当认定其构成提供行为”，而该条第二款则是对在构成提供行为的基础上，不构成侵害信息网络传播权情形的特殊规定。

“实质替代”是判断“提供”行为的关键要素。关于“实质替代”含义的解读，从字面表述分析，“实质”具有实际、客观、本质的含义，而“替代”顾名思义是指相关内容能够直接代表、代替其来源内容，因此“实质替代”整体上应当解读为若网页快照的提供行为导致网络用户客观上无须对来源网页进行浏览即可获得所需查阅内容，则起到了代替来源网页之作用。在司法实践中，对网页快照的侵权认定也存在认知的转变过程，主要是从构成提供到并非提供变化的认知，究其原因就是对“实质替代”理解及表现形式存在的判断偏差。例如认定侵权的案件中多是认为网页快照已经构成了对来源网页内容的复制，构成实质替代，显然损害了他人合法权益[①]；在认定不侵权的判例中，则认为网页快照并不实际上构成对来源网页的代替。[②] 根据上述案例的不同认知，为了避免裁判结论的差异性，可以简化判断标准，即：（1）在来源网页和网页快照均可正常访问的情况下，若网页快照致使网络用户无须进入来源网页即可获得完整的网页内容时，则构成实质替代，反之则亦然；（2）在来源网页已经不可访问的情况下，若经过合理期限，网络用户仍能通过网页快照获得相关网页内容的，则构成实质替代。

“合理使用”是在法律明确规定的情况下，对未经著作权人许可无偿使用享有著作权作品的规定，该制度是对著作权人权利的限制，也是著作权人的利益与社会公共利益之间平衡的结果。著作权法第二十二条明确对“合理使用”进行了封闭式的列举性规定。侵害信息网络传播权的若干规定第五条第二款亦规定，“前款规定的提供行为不影响相关作品的正常使用，且未不合理损害权利人对该作品的合法权益，网络服务提供者主张其未侵害信息网络传播权的，人民法院应予支持。”关于“合理使用”的判断，目前多是采取源自《伯尔尼公约》第 9 条（2）规定的“三步检验法”，我国著作权法实施条例第二十一条亦予以了体现。[③] 具体归结起来“合理使用”应系在法律的明确规定下，对他人已发表作品，在不影响该作品正常使用和损害合法权益的情况下，法律所赋予的特殊权利，而反映至网页快照上也并不例外。

---

① 参见北京市海淀区人民法院（2013）海民初字第 11368 号民事判决，北京市朝阳区人民法院（2013）朝民初字第 21408 号民事判决。

② 参见北京市第一中级人民法院（2013）一中民终字第 12533 号民事判决，北京市第三中级人民法院（2013）三中民终字第 1229 号民事判决。

③ 然而美国版权法 107 条关于合理使用也规定了四要素判断规则，但是究其实质，与我国著作权法上的相关规定并无实质差异。

由此，网页快照中“合理使用”的判断难点是对“不影响相关作品的正常使用和不损害权利人对该作品合法权益”的认定。对此经过对以往判例的提炼，可以从提供的用途、来源网页的知晓程度、原告是否明确要求删除、被告是否采取了相应措施以及是否存在直接获利等因素予以综合分析，进而作出相应判断。

6. 网络实时转播行为的规制。对于网络实时转播行为如何适用著作权法予以规制是司法实践中的一个难题。

首先，该行为具有特殊性，是通过信息网络实现与广播电台、电视台等同步向公众传播作品，因为其并非是在公众选定的时间、地点获取作品，缺乏“交互性”，故不符合有关信息网络传播权规定的情形。

其次，该行为亦不应适用广播权予以规制。我国著作权法第十条第（十一）项所规定的广播权源自《伯尔尼公约》第11条之二，该条规定了三种行为模式，但是根据该公约所制定的时代背景予以考量，[①]广播权的接收信号实则为电磁波信号，与当今所述的数字信号显然不属同一客体，故也无法纳入到广播权的范畴之内予以考量。虽然有学者提出可以对广播权的适用客体进行扩张解释，但司法实践对此仍持审慎的态度。

最后，该行为不宜适用分类型判断的标准。在已有的判决中也提出了是否能够针对原始信号的属性差异，对“广播权”进行有条件的适用，主要是基于若原始信号是以电磁波发出的，则进行实时转播时则可以适用“广播权”。[②]然而若以此判断，势必会无形增加原告的举证负担，同时对其他原始信号源的保护又当如何，并未实质予以解决，反而容易引起更大分歧。

因此，基于上文对网络实时传播行为不同情形规制的分析，目前在法律使用上存在障碍，即该行为无法适用信息网络传播权与广播权，但此类问题在司法实践中却屡屡出现。为加大保护力度，避免对现行法律造成冲击，本文认为宜根据著作权法第十条第（十七）项规定情形对网络实时转播行为予以规制。[③]

（二）涉网络商标权案件的建议

1. 平台服务商负有提供网络卖家信息的举证责任。原告通过公证等方式，有初步证据能够证明涉案平台存在提供被控侵权交易信息或者从事交易行为的，平台服务商不仅应当对其平台的属性予以举证证明，同时还应当提供网络卖家的相关信息。对此，在调研中也有平台服务商提出不同意见，认为例如在论坛上，用户注册时并不提供真实信息，若存在商品的交易行为侵害他人商标权的，平台服务商无法提交网络卖家的主体身份、联系方式、网络地址等信息。对此，需要说明的是，此中所界定的平台服务商是指专门为交易信息和交易行为提供平台的网络服务主体，并不包括仅仅提供信息存储空间与一般交流性平台，因为不同的平台经营者其自身的经营、管理、控制能力是不同的。例如我们在商品交易市场、商场中要求管理者尽到监管责任，但是若实际销售者将交易地点移至小区或公共区域时，是否也能要求小区的物业、道路的监管者对商品的伪劣予

---

① 王迁：《网络环境中的著作权保护研究》，法律出版社2011年版，第126页。“《伯尔尼公约》的最后一次修改是在20世纪70年代，那时不但互联网没有出现，而且有线电视系统的作用和今天也完全不同。”

② 参见北京市第一中级人民法院（2013）一中民终字第3142号民事判决。

③ 国务院法制办2014年6月9日公开的《中华人民共和国著作权法（修订草案送审稿）》第十三条中明确规定了“播放权”，即以无线或者有线方式公开播放作品或者转播作品的播放，以及通过技术设备向公众传播该作品的播放的权利。若播放权得以确定，将有效解决对该行为法律适用上的分歧。

以审查？答案显然是否定的。就平台服务商而言，亦是应当根据其主体属性或经营的内容予以界定。由此，当平台服务商无法提供网络卖家的具体信息时，其将承担直接的侵权责任。这将有力引导平台服务商加强相应监管。

2. 有效“通知”应当具备一定的形式要件与实质要件。基于网络信息的海量性，平台服务商难以对其平台上成千上万种商品逐一甄别，而权利人若发现他人存在侵害商标权行为时，可以“通知”平台服务商，促使其采取必要措施。然而对于“通知”的形式，法律上却未予以进一步的规定。对此，可以从“通知”的最终目的和效果予以考量。权利人向平台服务商发送“通知”是为了使平台服务商知悉网络卖家存在侵权行为，从而通过采取相应措施，达到及时降低损失规模的效果。因此，权利人首先应当使平台服务商能够收到相关“通知”，并且能够使平台服务商确定发送“通知”的主体与商标之间存在法律上利害关系，而且足以确信发生侵权的可能性较大。而后，平台服务商根据“通知”对相应的网络卖家采取必要措施。需要注意的是，为了避免错误“通知”给网络卖家造成难以弥补的损失，发送“通知”的权利主体应当再提交一份自愿承担因错误通知承担赔偿责任的声明。这样也能有效防止恶意发送“通知”的现象，避免对合法经营者利益的损害。平台服务商在根据“通知”内容进行判断后，若其采取了合理措施，则应当免除侵权责任。[①]

3. 权利人滥用权利的赔偿责任。网络经营中商品包罗万象，而且客户的流动性极大，交易额也会因特殊节假日产生异动，因此存在部分权利人通过滥用“通知”权利，恶意使正规网络卖家的经营陷入困境，失去经营的优势地位，流失大量客户。若仅是根据权利人的错误“通知”，而依据侵权责任法的过错原则对滥用权利者进行规制，显然不能对其形成威慑。因此，在有效“通知”的形式要件中增加了自愿因错误“通知”而承担赔偿责任的声明，从而可以适当减轻实际受损网络卖家在损害赔偿方面的举证难度，也督促权利人发送“通知”应当审慎而为。

4. 平台服务商是否“知道”被控侵权行为的存在应当采取综合认定的标准。侵权责任法第三十六条所规定的知道包括了“明知”与“应知”，“明知”一般理解为平台服务商具有主观的故意，即实际上对侵权行为是知悉的；而“应知”则是根据客观情况对平台服务商的主观状态予以推定，此种包括了“过失”。在司法实践中，对于明知的情形难寻相关案例，几乎所有的裁判均是从“应知”的视角对平台服务商的主观状态作出的判断。例如基于团购商品的数量规模、运营模式等，认定平台服务商未尽审查义务，应推定为“应知”；[②] 或是根据商标知名度、行为的具体模式等，认为平台服务商主观上并不知道。[③]

关于平台服务商“知道”侵权行为的判断，实则存在两个层面的问题：一方面是知道交易信息或交易行为的存在，也就是平台服务商通过交易信息或交易行为的显著程度，能够获知相关内容存在于其平台之上；另一方面则是在获知相关交易信息或交易行为存在于其平台之后，平台服务商根据商标的知名程度、网络卖家的描

---

① 参见北京市第一中级人民法院（2012）一中民终字第3539号民事判决。

② 参见北京市高级人民法院（2012）高民终字第3969号民事判决。

③ 参见北京市朝阳区人民法院（2013）朝民初字第8367号民事判决，北京市第一中级人民法院（2012）一中民初字第3537号民事判决。

述内容等信息，足以知道交易信息或交易行为侵犯了他人的商标权。虽然在司法实践中并未对此分别予以论述，但是从逻辑层面上剖析，却是对事物认知的不同层面。

关于平台服务商主观上是否知道的判断，特别是“应知”的认知，实则为综合在案相关因素进行整体判断的过程，一般性、普遍性的侵权现象不是判断过错的依据，为此本文归纳了八个方面的因素，可以在具体裁判中予以借鉴与考量，具体为：平台服务商自身情况、被控行为的可见程度、平台服务商是否具有接触的可能、权利人通知的效力、是否存在重复侵权、网络卖家的自认、价格的合理性以及是否直接获益等。

5. “直接获益”的区分认定规则。关于网络服务提供者直接获得经济利益的法律后果，在侵害信息网络传播权的若干规定第十一条第一款中予以了规定，“网络服务提供者从网络用户提供的作品、表演、录音录像制品中直接获得经济利益的，人民法院应当认定其对该网络用户侵害信息网络传播权的行为负有较高的注意义务。”虽然侵害信息网络转播权与商标专用权存在一定差异，但是前述司法解释中的相关规定明确了网络服务提供者直接获取经济利益并非是“知道”的充分条件，而是对负有较高注意义务的认定要件。以此推论，在网络商标权案件中，平台服务商是否从被控侵权交易信息或交易行为中直接获取经济利益，亦是判断其是否应负有较高注意义务的判断要件，而是否能据此认定平台服务商构成“知道”，则应当综合在案其他因素予以判断。例如在实践中认定虽然平台服务商直接获益，但是在其进行了事先形式审查，并且未接到权利人有效通知的情形下，不应认定对被控侵权行为已然知道；[①] 但也存在因平台服务商从被控侵权行为中直接获益，而未尽注意义务，故推定其知道被控侵权行为存在的情形。[②]

在认定何种利益为平台服务商从被控侵权行为中“直接获益”时，应当注意此时获取的利益与特定被控侵权行为应具有唯一对应性，并且是平台服务商以事先约定的方式所取得。当前，为了吸引更多的网络卖家入驻平台，有时平台服务商可能会采用免费进驻的方式，再根据销售数额收取固定比例的费用。此种方式类似于线下市场所收取的租金，并非针对特定行为所取得的收益，故一般性的广告费、行业内通常标准的技术服务费、惯有的商业管理费等，均应予以排除，防止对既定商业惯例的不当干预。

6. 认定 App 应用软件的商品或服务类别应采取“实际获益来源”的认定规则。App 应用软件的名称多数会以具有特定化的“标志” + 具体的商品或服务名称构成，而其载体又是软件，在商标侵权判断中如何对应用软件的商品或服务进行准确界定，直接影响着最终是否会造成彼此商品或服务来源混淆的判断。对此，应当从准确界定 App 应用软件提供者实际获得经济利益的商品或服务来源入手，确定其所属商品或服务的类别，避免陷入多重商品或服务关联性的“陷阱”，而忽略了“互联网 + ”经济模式的特点，区分网络经济依托多项技术服务才能实现其商业正常运营的特性。例如在“滴滴打车”商标侵权案[③]中，即对应用软件的服务类别进行了详尽的论述，明确区分了外围技术服务与内

---

① 参见北京市第一中级人民法院（2013）一中民终字第 13985 号民事判决。

② 参见北京市房山区人民法院（2014）房民初字第 3642 号民事判决。

③ 参见北京市海淀区人民法院（2014）海民初字第 21033 号民事判决。

在实质服务的差异，这也符合本文所提出的“实际获益来源”的认定规则。

（三）涉网络不正当竞争案件的建议

1.“竞争关系”判定之“双轨制”规则的确立。在对网络竞争关系的具体判断过程中，应当从以下三个方面的因素予以考量。(1)基础性因素，即从立法宗旨进行考量，与立法目的相吻合。我国反不正当竞争法第一条明确了该法立法目的为“保护公平竞争”“保护经营者、消费者和社会公众的利益”，因此立法宗旨能否有效实现，是基础性因素。(2)主导性因素，即应当符合行业经营的特点，跨界性、眼球经济、注意力经济、用户、流量等都是互联网经济的特点与要素，不容忽视。(3)外在性因素，即与“国际发展”发展趋势相衔接，美国不以竞争关系的存在为前提，德、法、意、日等国也不以“狭义竞争关系”为限，互联网本身是无国界的，那么对相关问题的认定过程中，也应当考量这一因素。基于以上三个方面的因素，对涉网络竞争案件中“竞争关系”的判定可以采用“双轨制”规则予以确定，具体就是信息网络中经营者只要从事了足以造成他人交易机会和竞争优势变化的行为，即可以认定彼此具有竞争关系，但是若原告所主张的不正当竞争行为属于反不正当竞争法第二章所规定的具体情形时，则应当保持与线下行为判断规则的一致性。①

2.一般条款应当采取“谦抑性”的适用规则，细化具体适用情形。“谦抑性原则又称必要性原则，指立法机关只有在该规范确属必不可少——没有可以代替刑罚的其他适当方法存在的条件下，才能将某种违反法律秩序的行为设定成犯罪行为。”②该理论源自刑法，之所以在此处加以适用，因在调研过程中发现部分裁判在适用反不正当竞争法所规定的11种具体不正当竞争行为的同时，亦援引、适用了该法第二条规定的一般条款。反不正当竞争法所规定的11种具体不正当竞争行为的种类从属性上都是违背诚实信用原则与公认商业道德的，一般条款与该11种具体行为的种类是上下位概念的关系。因此一般性条款的适用应当审慎，不应被泛化。具体而言，若被控行为可以纳入到具体种类之中时，则应当排除一般条款的适用，发挥法律条文各自设置的意义，形成相互的补充，而不是相互交叠与重复。无论是从反不正当竞争法的体系解释或是法律条款的价值解释出发，都具有现实的合理性。

关于一般条款的具体适用情形，主要是在研究既有裁判的基础上，对相关情形进行归纳，然而因具体案件的情况有所差别，在适用所归纳情形时，仍然应当从足以损害原告合法权益、扰乱正常市场秩序、违背公平竞争原则且违反诚实信用原则和公认的商业道德的视角进行判断，从而对直接使用他人不享有著作权的网站内容③、滥用他人商业标识④、随意修改他人搜索工具⑤、恶意对他人网页植入广告、破坏他人经营活动进程⑥等行为予以规制。

3.“公认的商业道德”的判断应当采取综合判断的方式。“公认的商业道德”具有确定性与易变性的特点，认为其具有

---

① 参见北京市高级人民法院（2015）高民（知）终字第1071号民事判决，北京市第一中级人民院（2014）一中民终字第3283号民事判决，北京市第二中级人民法院（2010）二中民初字第16807号民事判决。

② 源自“百度知道”，2015年5月27日访问。

③ 参见北京市海淀区人民法院（2010）海民初字第24463号民事判决。

④ 参见北京市海淀区人民法院（2010）海民初字第23795号民事判决。

⑤ 参见北京市高级人民法院（2013）高民终字第2352号民事判决。

⑥ 参见北京市海淀区人民法院（2013）海民初字第13155号民事判决。

确定性主要是因为对其基本概念的解读应当是确定唯一的，这样才能形成司法裁判的内在一致性。同时认为其又具有易变性，主要是针对不同行业的特性，“公认的商业道德”的具体内容并非一成不变的，也是应适应行业发展的需要予以准确界定。

关于“公认的商业道德”的概念，应当从属性的界定、地域的界定、主体的界定、行业的界定、程度的界定、效力的界定等六个方面的因素进行考量。具体包括以下六个方面：（1）属性的界定，其所要解决的即“公认的商业道德”本质上是什么的问题；（2）地域的界定，其所要解决的是“公认的商业道德”地域的问题；（3）主体的界定，其所要解决的是“公认的商业道德”中需要考量何人利益的问题；（4）行业的界定，其所要解决的是“公认的商业道德”是否能成为所有行业普适性的规则，还是应当区分不同行业而予以设置，具体解决其效用范围的问题；（5）程度的界定，其所要解决的是“公认”的程度应当如何认定的问题；（6）效力的界定，其所要解决的是“公认的商业道德”其外化法律效力的问题。正是基于以上六方面因素的考量，关于在网络不正当竞争纠纷中，“公认的商业道德”的概念可以界定为，特定信息网络行业的经营者普遍认同的、符合消费者利益和社会公共利益的经营规范和道德准则。

既然公认的商业道德具有普遍认同性，在具体案件中则应对相关因素予以全面、综合考量，避免因过分偏重某一要素，而影响其“公认性”的基本特征，因此可以将信息网络行业的特定行业惯例、行业协会或自律组织所指定的自律公约、相关技术规范、消费者福利、特定行为所影响的经营者范围等五方面因素[①]作为判断“公认的商业道德”内容的参考。

4. 虚假宣传与商业诋毁的认定情形应当兼顾网络特有属性。网络时代是信息急速聚集与快速传播的时代，并且网络用户的不特定性，更需要经营者在对其他经营者信息进行转载过程中秉承客观、中立、诚信、公允的精神，避免通过自身行为促使、诱导用户发布具有明显倾向性的内容，否则该经营者将应当承担相应的法律责任。然而，在认定具体案件是否构成虚假宣传与商业诋毁时，仍然要根据我国反不正当竞争法第九条和第十四条的相关规定。本文对虚假宣传归纳了三种情形，即夸大功效、宣传自身产品[②]，使用国家级、最高级等词语进行宣传[③]，与他人产品进行比较时进行虚假、片面描述。关于商业诋毁则是归纳了四种具体情形，即披露被告负面信息时存在夸大与虚构情形[④]，披露被告负面信息时方式有悖中立，通过鼓励、诱导等方式促使网络用户对特定经营者作出负面评价，被告歪曲、捏造事实，误导消费者对原告产品作出负面评价[⑤]。

5. 竞价排名行为的正当性判断应当围绕五方面的因素予以考量认定。经营者从事购买竞价排名关键词是否具有正当性，应以该行为能否纳入商标法予以考量为前提。因为我国反不正当竞争法属于行为法，当知识产权其他设权性法律能够适用时，应当优先适用设权性法律，如果竞价排名

① 参见北京市第一中级人民法院（2014）一中民终字第3283号民事判决，北京市第一中级人民法院（2013）一中民初字第2668号民事判决，北京市海淀区人民法院（2013）海民初字第25224号民事判决。

② 参见北京市朝阳区人民法院（2011）朝民初字第7324号民事判决。

③ 参见北京市第二中级人民法院（2009）二中民初字第12482号民事判决。

④ 参见北京市海淀区人民法院（2010）海民初字第15755号民事判决。

⑤ 参见北京市第二中级人民院（2010）二中民初字第16807号民事判决。

本身的行为属性能够适用商标法予以调整时，则探讨反不正当竞争法的适用问题可能将失去意义。关于竞价排名能否适用商标法的问题，司法实践中既有持肯定态度的判决①，也存在予以否定的裁判②。对此问题，本文认为商标专用权实质是对商品来源的保护，避免混淆、误认，而不是对特定商标构成标志的垄断，因为从商标法本身而言，除驰名商标的保护外，都未禁止相同标志在不同类别商品或服务上的注册，故对特定标志的垄断显然不是我国商标法的初衷。同时，我国与美国的商标法及反不正当竞争法的整体体系不同。“售前混淆”的概念并不适用于我国的市场与司法环境，并且我国也单独对反不正当竞争行为予以立法，故竞价排名本身一般不应当适用商标法予以规制。

在此基础上，关于竞价排名五方面的考量因素主要是：（1）被告是否未经许可，擅自使用了他人的商标、企业名称或者字号、域名等能够标示商品或服务来源、品质、特性的商业标识，并将其作为竞价排名关键词予以使用；（2）被告使用他人商业标识作为关键词是否具有正当性；（3）在搜索结果显示的标题、网页内容介绍中是否标明了该关键词；（4）在搜索结果所指向的网站中，是否记载了该关键词；（5）该行为是否足以使原本归属于原告的交易机会或竞争优势减少。只有对前述五方面的因素进行全面判断后，并且根据反不正当竞争法的具体条款所规定情形，对具体行为是否属于法律所规定的具体情形才能予以认定。③

6. 赔偿数额的计算依据应当与网络经济模式特有之因素相匹配。根据我国反不正当竞争法第二十条以及该法司法解释第十七条的规定，赔偿数额的计算应当以原告的损失或者被告的获利进行计算，其中特别明确若属于仿冒、虚假宣传、商业诋毁的情形，可以参照商标法的规定；侵犯商业秘密行为的损害赔偿数额，则可以参照侵犯专利权的规定。然而并未对适用一般条款规制不正当竞争行为应当参照何规则计算赔偿数额进行规定。本文认为，对该情形下损害赔偿数额的确定应当依据反不正当竞争法第二十条，即以原告损失或者被告获利进行计算，而不能适用酌定赔偿，因为缺乏必要的法律依据。同时，在具体考量损失或获利时，不仅应从一般侵权的损害赔偿数额的计算因素予以认定，同时应当考虑网络信息产业中一般的盈利率、用户访问量、潜在用户的流失数量、投放相应网络广告或其他收益的市场公允价值等，从而与网络经济模式特有的属性相吻合，加大对不正当竞争行为的惩治力度。

① 参见北京市第一中级人民法院（2010）民终字第2779号民事判决。

② 参见北京市高级人民法院（2013）高民终字第1620号民事判决。

③ 参见北京市第一中级人民法院（2011）一中民终字第5190号民事判决，北京市海淀区人民法院（2014）海民初字第5754号民事判决，北京市丰台区人民法院（2011）丰民初字第21361号民事判决，北京市朝阳区人民法院（2011）朝民初字第2299号民事判决。

商标授权确权行政案件相关疑难问题的调研报告

北京市高级人民法院知识产权庭*

一、基本情况

自2013年至2016年11月，商标授权确权行政案件收案数量整体上升明显，成为北京高院和北京知识产权法院受理案件的主要类型之一。同时，随着国家创新驱动发展战略的实施，市场主体的培育品牌、发展品牌、保护品牌的意识进一步加强，社会对此类案件的司法需求与司法关注不断提升，司法裁判成为此类案件法律适用和规则明确的风向标。案件整体情况见图1至图4及表。

图1为2013年度至2016年11月期间北京法院所受理商标授权确权案件新收案件的整体数量。①其中此类案件一审收案数量整体上呈现增长态势，因2014年5月1日新修正的商标法正式实施，对国家工商行政管理总局商标评审委员会（以下简称商标评审委员会）新增了商标审查案件的审限规定，故自2013年8月30日修正商标法以来，商标评审委员会集中审查了大量商标授权确权行政案件，直接导致了2014年度北京法院所受理的此类案件数量呈现井喷态势，达到了历史最高的9109件。目前商标行政案件整体上升态势明显，总数量居高不下，各年度相对于2013年度都大幅增长。自2013年度至2016年11月期间，北京高院所受理的二审商标授权确权案件数量呈现持续上升态势，以2013年度的受理案件数为基数，2014年度增长92.2%、2015年度增长100.1%、2016年11月前增长176.9%。

图2为2013年度至2016年11月期间北京法院审结商标授权确权行政案件的总体数量。北京法院所审结的此类案件一、二审数量均呈现明显上升态势，其中一、二审结案数量均以2013年度为基数，一审结案2014年度增长104.9%、2015年度增长295.5%、2016年11月底增长108.9%；二审结案2014年度增长61.7%、2015年度增长97.8%、2016年11月底增长128%。

图3为2015年度北京知识产权法院和北京市一中院所受理的知识产权一审案件的具体类型数量分布，②在全部所受理的一审知识产权案件中，商标行政案件占到了整体的73.1%，专利行政案件占到了整体的16.2%。作为北京市法院辖区所特有的商标、专利行政案件，其总规模接近90%。

---

* 报告执笔人：陶钧；审批人：杨柏勇。

① 北京知识产权法院于2014年11月6日正式成立，根据《最高人民法院关于北京、上海、广州知识产权法院案件管辖的规定》，不服商标评审委员会作出的商标授权确权行政裁定或者决定的第一审行政案件应由北京知识产权法院管辖。

② 北京知识产权法院于2014年11月6日正式成立后，北京地区其他中级人民法院不再受理涉及知识产权的民事、行政一审案件，但是因北京一中院在2014年11月6日前还遗留部分知识产权民事、行政一审案件，故在2015年时该部分案件被正式受理，在统计相关数据时仍然将北京一中院的受理情况作为统计对象。

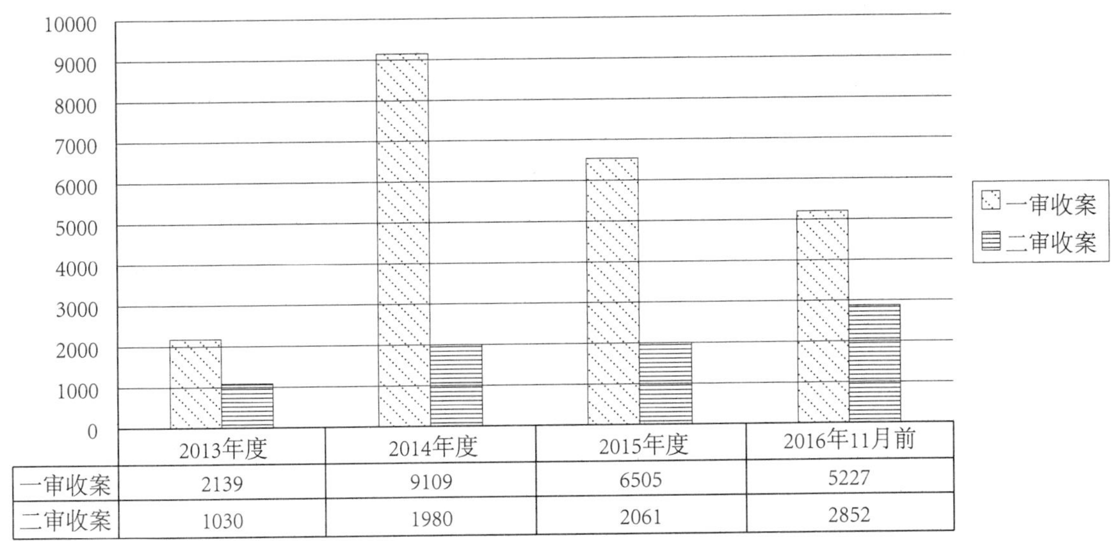

	2013年度	2014年度	2015年度	2016年11月前
一审收案	2139	9109	6505	5227
二审收案	1030	1980	2061	2852

图1　2013 年度至 2016 年 11 月收案汇总

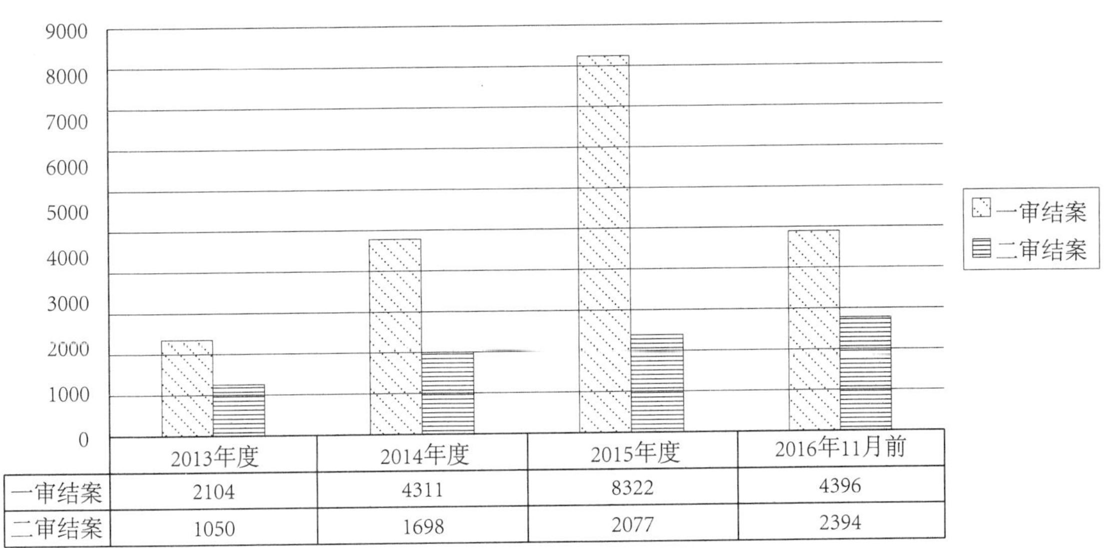

	2013年度	2014年度	2015年度	2016年11月前
一审结案	2104	4311	8322	4396
二审结案	1050	1698	2077	2394

图2　2013 年度至 2016 年 11 月结案汇总

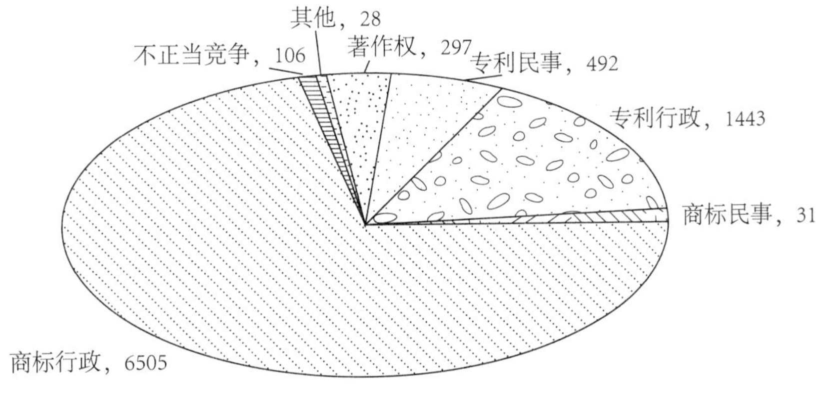

图3　2015 年度知产法院及一中院新收一审案件情况

图 4 为 2015 年度北京高院所受理的知识产权二审案件的具体类型数量分布，其中商标行政案件受理总数为 2061 件，占到总体的 89.5%，专利行政案件占到总体的 7.7%，商标、专利行政案件所占比例超过 97%，成为了受理案件的主要类型。

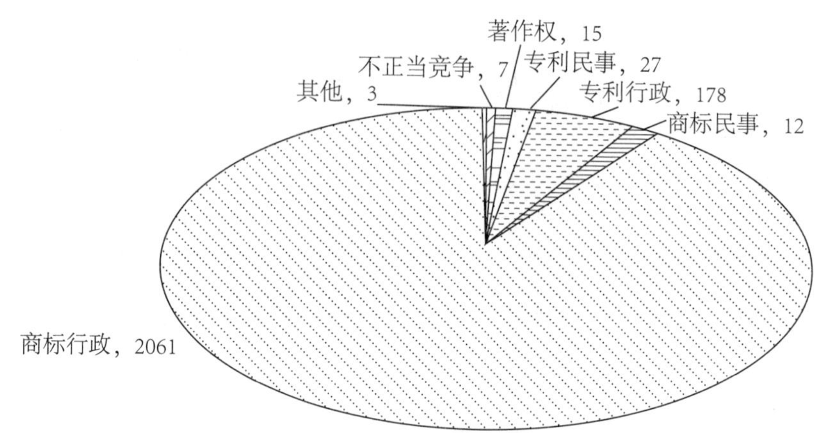

图 4　2015 年度北京高院二审新收案件情况

表　2015 年受理案件类型总体情况

	著作权	专利民事	专利行政	商标民事	商标行政	不正当竞争	其他
一审	297	492	1443	31	6505	106	28
二审	15	27	178	12	2061	7	3

上表为 2015 年度北京知识法院和北京一中院所受理知识产权一审案件类型以及北京高院所受理知识产权二审案件类型的总体分布情况。结合图 3 及图 4 可知知识产权行政案件在北京市中院、高院受理案件中所占比例或是数量的绝对值都较高。

二、案件特点

自 2001 年修正商标法以来，司法裁判终局制替代了原有的行政执法终局制，经过多年的审判经验积累与裁判规则的提炼、总结，对诸多问题形成了司法裁判的规则，并通过法院与行政机关的良性沟通对行政执法与司法审判的认知达成了初步共识。然而，因该类案件整体数量庞大、类型多样、问题繁多、案情多变，仍然在部分问题上存在较大的争议与分歧。据商标评审委员会所公布的数据，仅 2015 年商标评审委员会裁决的商标评审案件数量就达到 10.89 万件，因当事人不服提起行政诉讼，商标评审委员会收到的法院一审应诉通知达到 7632 件，与 2014 年的 7452 件相比增长了 2.4%，占商标评审案件裁决数量的 7%。[①] 因此，商标评审案件的总体规模相当庞大，社会主体对商标的需求保持高位。具体呈现如下特点。

1. 司法作为商标保护的主渠道作用更加显著。北京法院所受理的该类案件数量整体上呈增长态势，这反映了社会主体因经济发展战略的转变品牌意识得到加强，内在自生商业动力驱动不断提升，同时在

① 引自国家工商行政管理总局商标评审委员会《法务通讯》2016 年第 2 期，总第 68 期。

知识产权保护中司法的主导作用不断得到体现，已经得到社会的普遍认同，司法终局性的意识在纠纷处理中得到了不断强化。

2. 司法审判质效与社会效果稳步提升。北京法院面对逐年上升的审判压力，积极挖掘自身的内在潜力，探索案件审判的繁简分流机制，注重审判质量与审判效率兼顾。通过司法裁判对诸多疑难复杂的案件进行指引，明确法律标准和适用规则，对多发性、普遍性、争议性的问题进行研讨，通过典型案件的形式向社会公开司法文书，彰显司法权威与司法主导作用，有力地遏制抢注他人知名品牌的不正当注册行为，取得了良好的社会效果。

3. 行政执法与司法裁判的适用标准逐步形成共识。商标评审案件进入司法诉讼的比例相对稳定，并未因商标评审案件数量的上升导致诉讼比例的提升，对部分法律适用的标准，行政机关与司法机关经过交流与探讨，已经形成了初步共识，并成为诸多案件审查裁判的标准。例如关于商标法第十条第一款第（八）项“不良影响”的适用、商标法所规定的“以其他不正当手段”进行大规模抢注行为的规制等问题均形成了审理标准的一致化。

4. 新问题、新类型案件亟待形成司法规则。新修正的商标法自2014年5月1日施行以来，商标行政案件呈现了许多新情况、新问题、新类型，部分是因为法律条款的修正所产生，例如商标法第十条第一款第（七）项标志具有“欺骗性”的理解、第十五条第二款所规定的违反诚实信用原则所进行的抢注、第三十二条所规定“在先权利”的范畴、第四十五条所规定的恶意注册驰名商标的适用、第四十八条规定的“商标使用”的认定以及商标审查程序的违法性界定等问题，[①] 都成为此类案件所集中呈现的难点问题。在具体裁判中也出现了不同的适用规则和审查标准，增加了社会对司法结论预期的不确定性，也不利于司法裁判的稳定性，亟待通过调研归纳出相应的裁判标准与适用规则。

5. 司法案例的指引作用不断强化。司法案例是法律规范得以具体体现的载体，是裁判者向社会公众传递裁判规则的媒介。通过司法文书的及时公开，减少了对同一问题采用不同观点进行裁判现象的出现，也可以通过适当引用在先判例增强裁判结论的说理性与说服力，提升司法的可预期性。特别是面对商标行政案件整体的庞大数量，适当筛选出具有典型性、代表性、指引性的案例作为裁判规则的渊源，可以增加司法标准的统一与社会公众的信服度。

三、具体问题

经过对2014年以来所审理的商标授权确权行政案件进行总结、梳理，发现此类案件在程序及实体方面都存在诸多需要解决的问题，特别是在与商标评审委员会的业务交流中，北京高院总结了共计三十五个方面的问题，并经过充分讨论形成了部分共识。本次调研针对其中较为集中以及出现频率高的五方面问题进行了梳理，具体如下。

1. 在商标申请驳回复审案件中，第25类“服装、鞋、帽”商品中各类似群组商品之间的类型性应当如何进行判定？该类商品系日常生活必需品，而且经营主体数量巨大、消费群体广泛，并且商标申请驳回案件中仅为申请商标主体，无法对引证商标的知名度、显著性等使用、宣传情况作出判定。此时对该大类商品是否应当依照《类似商品和服务区分表》对具体商品

---

① 新修正的行政诉讼法自2015年5月1日起施行，关于行政程序违法与行政程序瑕疵的认定有待进一步明确，从而确保行政相对人的程序权利得以实现。

类似性作出认定，还是基于现实生产、生活市场的现状，不再对该类商品进行细化区分，而是认定全部商品之间构成类似，在行政执法审查和司法审判中存在一定分歧。因此，应当对此问题进行统一，确保市场经营主体在实际生产经营活动中不发生无谓的财产损失，提高商标申请的司法预期。例如在“大嘴猴”商标申请驳回复审案①中，法院就认为申请商标指定使用的第25类服装、皮衣、内衣、睡衣、童装、帽、鞋、袜、领带、腰带商品与引证商标指定使用的第25类服装、童装、游泳衣、防水服、化装舞会上穿的服装、鞋、帽、手套（服装）、浴帽、领带、足球鞋、婴儿全套衣等商品构成类似。在“KOHL'S”商标申请驳回复审案②中，国家工商行政管理总局商标局（简称商标局）决定：第一，初步审定在“领带、浴帽、婚纱、十字褡、服装绶带、修女头巾、神父左臂上佩戴的饰带、睡眠用眼罩、帽、围巾”上使用申请商标的注册申请，予以公告；第二，驳回在“服装、童装、游泳衣、雨衣、舞衣、体操鞋、鞋、袜、手套（服装）、腰带”（简称复审商品）上使用申请商标的注册申请。在“阁楼”商标申请驳回复审案③中，二审法院认为申请商标指定使用的体操鞋、滑雪靴、拖鞋、帽子（头套）、耳套（服装）、领带、围巾、服装带（衣服）、背带、婚纱、鞋（脚上穿着物）商品与引证商标一核定使用的化装舞会用服装、袜子、手套（服装）商品在《类似商品和服务区分表》中不在同一类似群组，在功能、用途、生产部门、销售渠道、消费群体等方面有一定区别，不构成类似商品，申请商标与引证商标一在上述商品上不构成类似商品上的近似商标。

因此，无论是在行政执法还是司法审判中，并未对第25类商品是否全部类似存在一致意见，仍然存在适用标准不一致的情形。

2. 商标法第三十条、第三十一条应当如何适用？商标法第三十条规定，申请注册的商标，凡不符合该法有关规定或者同他人在同一种商品或者类似商品上已经注册的或者初步审定的商标相同或者近似的，由商标局驳回申请，不予公告。该法第三十一条规定，两个或者两个以上的商标注册申请人，在同一种商品或者类似商品上，以相同或者近似的商标申请注册的，初步审定并公告申请在先的商标；同一天申请的，初步审定并公告使用在先的商标，驳回其他人的申请，不予公告。④ 2014年5月1日施行的商标法实施条例第五十二条第一款规定，商标评审委员会审理不服商标局驳回商标注册申请决定的复审案件，应当针对商标局的驳回决定和申请人申请复审的事实、理由、请求及评审时的事实状态进行审理。

若诉争商标申请注册时，引证商标尚未被核准注册或初步审定，但是在商标评审委员会进行复审时，却予以初步审定甚至核准注册，此时商标评审委员会应当适用商标法第三十条，还是该法第三十一条以近似性为由驳回诉争商标的申请，在司法实践中存在一定认识分歧。为了准确适用法律条文，应当针对商标法实施条例第五十二条第一款中所规定的“评审时的事实状态”所包括情形予以合理界定，避免出现援引法律条款不一致的现象。

---

① 参见北京市高级人民法院（2015）高行（知）终字第2544号行政判决。

② 参见北京市高级人民法院（2016）京行终1627号行政判决书。

③ 参见北京市高级人民法院（2016）京行终3599号行政判决书。

④ 2001年修正的商标法第二十八条和第二十九条与2013年商标法第三十条和第三十一条并无实质性不同。

在"安徒生 A 及图"商标申请驳回复审案件[①]中，二审法院认为"依据 2001 年商标法第二十八条、第二十九条的规定，引证商标应为申请在先的商标。由于本案引证商标在商标评审委员会作出被诉决定时尚未初步审定公告，而引证商标的申请日早于申请商标的申请日，因此，一审法院适用 2001 年商标法第二十九条的规定作出判决是正确的"。在第 8241328 号"图形"商标申请驳回复审案[②]中，二审法院认为由于引证商标二在申请商标提出注册申请时尚未核准注册或经初步审定，尚不构成 2001 年商标法第二十八条所规定的情形，对其与申请商标近似性的判断应当适用 2001 年商标法第二十九条的规定。

3. 在商标权撤销复审行政案件中如何认定"替他人推销"服务的商标使用情形？因我国目前并未准予除药用、兽医用、卫生用制剂和医疗用品的零售或批发服务之外的其他零售或批发服务项目的注册申请，故在第 3503 类似群组中的"替他人推销"服务可否等同于商场、超市等企业的批发、零售行为，应当对此类主体申请注册在"替他人推销"服务上如何认定是否构成商标法意义上的商标使用行为，在商标权撤销复审案件中出现了较大分歧。一种意见认为应当严格按照《类似商品和服务区分表》对服务内容的认定，将商场、超市等企业的经营活动直接排除在"替他人推销"服务外，若该类主体在此类服务上申请注册商标，在撤销复审案件中应当不宜认定为属于商标法意义上的商标使用；另一种意见认为，应当根据具体的在案证据进行区别认定，不宜依据商标权人的主体属性即对是否构成核定使用服务上的商标使用予以认定，并且应当考虑我国目前在零售商品、服务上并未予以放开的客观实际，不能简单地对该类情形一概予以否认，否则将会导致大量已注册商标被撤销情形的出现，造成对已有市场正常经营局面的负面影响。

在"格调 TASTE"商标撤销复审案[③]中，被诉决定认为，沈阳市沈河区格调皮具店在指定期间内在箱包批发零售的经营活动中将复审商标使用于店铺标识、商品包装袋上，据此认定，复审商标注册人在指定期间内在复审商标核定使用的推销（替他人）服务项目上对复审商标进行了公开、合法、真实的商业使用，因此，复审商标不属于连续三年停止使用的情形。一、二审法院均判决维持了被诉决定。在"中诺百佳 ZHONGNUO BAIJIA"商标撤销复审案[④]中，二审法院认为诉争商标核定使用在第 35 类推销（替他人）等服务上，百佳购物中心提交的报纸杂志等宣传材料中的"中诺百佳"均以企业名称形式出现，不能证明诉争商标的商业使用。信封、相关挂历、红包、传递单、工牌等均为自制材料或内部使用，不能认定为对诉争商标的商业使用。同时，《商标注册用商品和服务国际分类》第 35 类服务的主要目的在于"对商业企业的经营或管理进行帮助"，或者"对工商企业的业务活动或者商业职能的管理进行帮助"，"尤其不包括：其主要职能是销售商品的企业，即商业企业的活动"。因此，《商标注册用商品和服务国际分类》第 35 类的服务项目不包括"商品的批发、零售"，商场、超市的服务不属于该类的内容。该类"推销（替他人）"服务

---

① 参见北京市高级人民法院（2014）高行（知）终字第 3014 号行政判决书。

② 参见北京市第一中级人民法院（2013）一中知行初字第 684 号行政判决书。

③ 参见北京市高级人民法院（2012）高行终字 355 号行政判决书。

④ 参见北京市高级人民法院（2016）京行终 1915 号行政判决书。

的内容是为他人销售商品（服务）提供建议、策划、宣传、咨询等服务。故在案证据不足以证明诉争商标在核定使用的服务上进行了商标法意义的使用。

4. 在商标授权确权行政案件中，当事人主张“商品化”权（益）应如何适用？随着商业社会经营的繁荣与市场的扩张，诸多经过社会主体智力劳动创造的客体均存在被商业化利用的价值，但是该类客体自身又无法被纳入现有部门法所明确规定的保护客体，诸如电影、书籍的名称或者其中的人物名称等，若他人将该名称注册为商标，能否依据商标法第三十二条所规定的“损害在先权利”予以撤销，在理论与司法实践中产生了较大争议。一种观点认为此类客体并非民法通则、侵权责任法、著作权法、反不正当竞争法明确规定的权利（益）客体，若直接对其予以保护，由于法律规定的不明确性，导致其适用主体、保护范围、有效期限、适用要件等均存在较大的不确定性，可能会带来法律适用的不准确性。另一种观点认为，商标法第三十二条所规定的“在先权利”属于开放式条款，不应拘泥于条文本身进行字面的限缩解释，应当从市场经营中所形成的商业利益的视角出发，对明显存在“搭便车”的不正当抢注行为进行合理规制，避免消费者在选购商品时产生误认、误购的情形。

在“功夫熊猫 KUNG FU PANDA”商标异议复审行政案[①]中，二审法院认为梦工场公司主张的其对“功夫熊猫 KUNG FU PANDA”影片名称享有的“商品化权”确非我国现行法律所明确规定的民事权利或法定民事权益类型，但当电影名称或电影人物形象及其名称因具有一定知名度而不再单纯局限于电影作品本身，与特定商品或服务的商业主体或商业行为相结合，电影相关公众将其对于电影作品的认知与情感投射于电影名称或电影人物名称之上，并对与其结合的商品或服务产生移情作用，使权利人据此获得电影发行以外的商业价值与交易机会时，则该电影名称或电影人物形象及其名称可构成适用2001年商标法第三十一条“在先权利”予以保护的在先“商品化权”。如将上述知名电影名称或知名电影人物形象及其名称排斥在受法律保护的民事权益之外，允许其他经营者随意将他人知名电影名称作品、知名电影人物形象及其名称等作为自己商品或服务的标识注册为商标，借此快速占领市场，获取消费者认同，不仅助长其他经营者搭车抢注商标的行为，而且会损害正常的市场竞争秩序。这显然与商标法的立法目的相违背。因此，将知名电影作品名称、知名电影人物形象及其名称作为民事权益予以保护，将鼓励智慧成果的创作激情与财产投入，促进文化和科学事业的发展与繁荣，亦符合相关法律规定及知识产权司法保护的本意。“邦德 007 BOND”商标异议复审案[②]、“TEAM BEATLES 添·甲虫及图”商标异议复审案[③]法院均对“商品化”权（益）采取了接受的态度。

然而，在“南方特能 South Tarzan 及图”商标异议复审案[④]中，商标评审委员会认为，“Tarzan”仅是 Edgar Rice Burroughs 创作的一系列小说、电影与漫画作品的作品名称及其中角色名字，不属于我国著作权法保护的作品。加之被异议商标与“Tarzan”有较大差别，难以认定被异

① 参见北京市高级人民法院（2015）高行（知）终字第1968号行政判决书。

② 参见北京市高级人民法院（2011）高行终字第374号行政判决书。

③ 参见北京市高级人民法院（2015）高行（知）终字第752号行政判决书。

④ 参见北京市高级人民法院（2009）高行终字第515号行政判决书。

议商标系抄袭模仿而来，故被异议商标的注册未违反商标法第三十一条的规定。

5. “共存协议”在商标授权行政案件中应当如何认定？司法实践中对“共存协议”与“混淆之虞”因果关系的认定，存在截然相反的做法：一种做法是将“共存协议”当然作为排除“混淆之虞”的充分要件；另一种做法是将“共存协议”作为排除“混淆之虞”的参考因素，需结合在案其他因素综合予以认定。虽然根据我国商标法的规定，采取商标注册制度，但商标具有私权的属性亦被理论界与司法界所认同，这也与其他国家及地区对商标属性的界定并无实质性差异。然而，在商标注册制度之下，可能导致了另一个问题。按照商标法第一条所规定的，应当保障消费者及社会公众的利益，确保商品和服务的质量，然而商标权作为私权的属性，其本身亦为财产权，故对其处分权不应予以过分干涉与限制，除非系违反法律、法规的强制性规定。具体至“混淆之虞”的判断中，是否在先商标权人只要作出认可在后商标申请或维持注册的意思表示，即为在先商标权人的处分行为，他人（包括商标审查的行政机关及司法机关）都不应随意干涉，否则即是对他人私权合法处分的不当干预？若绝对强调商标的私权属性，则“共存协议”当然可以作为排除商标彼此“混淆之虞”的绝对要件；若商标审查应当具体考量除在先商标权人外消费者利益时，则“共存协议”应当作为排除“混淆之虞”的参考因素之一，并不能当然予以认定。

在“G RAW及图”商标申请驳回复审案[①]中，二审法院认为商标权作为一项私权，其权利人可依据意思自治原则对其商标权进行处分，除非涉及重大公共利益，商标授权行政机关或人民法院不得进行不合理干预。在申请商标与引证商标近似程度不高，且引证商标所有人出具《商标共存同意函》同意申请商标注册的情况下，引证商标所有人出具的《商标共存同意函》可以作为审查判断申请商标可否获准注册时应予考量的因素。具体到本案，引证商标一、二所有人出具了《商标共存同意函》，明确表示同意申请商标在指定商品上的注册，表明了引证商标一、二所有人对其商标权的处分，在无证据证明该《商标共存同意函》会对消费者权益和相关市场秩序等重大公共利益造成损害的情况下，应当充分尊重引证商标一、二所有人对引证商标的处分和对申请商标申请注册的态度。该《商标共存同意函》表明其认为申请商标与引证商标一、二共存于相同或类似商品上是可以区分的。故申请商标与引证商标一、二使用在相同或类似商品上，不会导致相关公众对商品的来源产生混淆或误认。

在“HUBER”商标申请驳回复审行政案[②]中，二审法院认为在商标授权行政案件中，在判断诉争商标与引证商标是否构成商标法意义上的近似商标时，同意书可以作为初步排除混淆的依据。但是，混淆可能性是商标近似判断的核心因素，混淆可能性的判断主体为相关公众，而不仅仅是经营者或生产者。同意书作为经营者或生产者之间的约定，如果直接将其效力及于商标申请注册制度和商标授权行政行为，与现行的商标制度并不吻合。因此，同意书的接受只是商标近似性审查的例外。本案中，两引证商标所有人出具的同意书明确同意诉争商标在第6类全部指定商品上

---

① 参见北京市高级人民法院（2016）高行终652号民事判决书。

② 参见北京市高级人民法院（2016）高行终3689号行政判决书。

在中国的注册申请。但是从商标标志看，诉争商标与引证商标一属于相同商标，相同商标若使用在类似商品上，不足以排除诉争商标与引证商标一的混淆可能性。因此，诉争商标与引证商标一构成使用在类似商品上的相同商标。

四、解决对策

基于上文对目前商标授权确权行政案件所归纳较为突出的五方面问题的梳理，经过调研，提出如下对策。

（一）在商标申请驳回复审行政案件中应当尊重《类似商品和服务区分表》对商品和服务的划定分类

商标申请驳回复审案件属于商标授权行政程序，当事人仅为商标评审委员会和诉争商标的申请注册人，故对是否构成商品或服务来源的混淆、误认，应当从商标标志及商品的基本属性出发进行判断，而通常无法考量商标的使用情况、知名度及主观意图等因素。同时，因《类似商品和服务区分表》是商标行政主管部门为了商标检索、审查、管理工作的需要，在总结多年的实践工作经验的基础上制定的，体现了行政执法的统一性和效率性，因此，在商标申请驳回复审行政纠纷案件中，一般应参照《类似商品和服务区分表》对商品或服务的划分，不宜随意突破，以免影响到公众对商品或服务基本属性的认知。然而，若在案证据足以证明根据商品的功能、用途、生产部门、消费渠道及消费群体等方面相同或存在特定联系的，可以突破《类似商品和服务区分表》对商品和服务类似性进行认定。

根据商标局发布的《2015 年各省、自治区、直辖市商标申请与注册统计表》所显示的数据，仅 2015 年我国商标总申请数量就达到了 265 万余件。2016 年前三季度商标注册申请量达到 264. 9 万件。在庞大的商标申请注册数量之下，若任意突破《类似商品和服务区分表》，将会对行政执法工作产生重大影响。因此司法机关对行政行为合法性的审查应当尊重既有行政执法标准，不宜在缺乏充分论证的基础上即任意改动，否则将大大增加社会公众对行政结论预期的成本。

基于上述理由，在涉及第 25 类的商品上，“服装、鞋、帽”不宜一概认定 13 个类似群组内容商品构成类似。

（二）在商标授权确权行政案件中，应当以诉争商标申请日为基准确定商标法第三十条、第三十一条的法律适用

根据我国立法法第六十五条第（一）项的规定，行政法规可以为执行法律的规定需要而制定。从效力的位阶上，行政法规应当是为执行法律所进行的明确细化，而且不应与法律本身的规定相冲突。显然商标法实施条例是应当以商标法为基准，为执行该法而制定的。因此，商标法是审理商标授权确权行政案件的基本法律依据，在案件审理过程中应当严格依据该法对商标评审委员会作出的行政行为进行合法性审查。虽然商标法实施条例第五十二条第一款规定，商标评审委员会审理不服商标局驳回商标注册申请决定的复审案件，应当针对商标局的驳回决定和申请人申请复审的事实、理由、请求及评审时的事实状态进行审理，但是该条款所规定的“评审时的事实状态”应当系仅针对在评审过程中引证商标效力消灭，进而导致诉争商标申请注册的在先权利障碍不存在的情形。因为我国采取商标注册制度，并基于申请在先原则，对因客观事实发生改变，足以影响诉争商标申请注册的情形，应当从保护诉争商标申请主体的利益出发，充分考虑相关事实的变化情况，这样也符合商标法的立法本意。同时，由于申请商标的审查需要经历一定时间，若孤立地对待各个审查阶段的事实状态，容易使当事人丧失先申请的客观状态，即若仅考虑被诉具体行政行为时的事实情况，对已经可能不会影响诉争商标申请注册的事实不予考虑，则诉争商标的申请人再次申请时，将丧失其原先的申请注册日，可能导致晚于其他主体申请注册情形的发生。因此，商标法实施条例从延续商标审查程序的视角，在充分保护行政相对人合法权益的考量下，规定评审时的事实状态应当仅限于对当事人实体权利造成实质影响的情形。

然而，因商标法第三十条和第三十一条在认定商标是否构成近似时并无实质性差异，相关条款是对诉争商标申请日时在先其他商标处于不同法律状态下，适用法律进行的规定，因此显然不属于上文所述对当事人实体权利造成实质影响的情形，故"评审时的事实状态"不应包括除对在先权利障碍消除以外的事实，对诉争商标的申请驳回复审案件的其他审查事实仍应当以该商标申请日为准。

基于上述理由，在审理商标授权确权行政案件中，应当依据诉争商标的申请日为基准，对引证商标是否被核准注册、初步审定或在先申请进行认定，进而分别依据商标法第三十条、第三十一条所规定情形适用法律。若引证商标申请日早于诉争商标，但在诉争商标申请日前，引证商标尚未被核准注册或初步审定，且在商标评审委员会评审裁决作出时，引证商标已被核准注册或初步审定的，关于引证商标与诉争商标是否构成近似商标的认定应适用商标法第三十一条的规定。

（三）在商标权撤销复审行政案件中应当不宜当然将商场、超市等经营主体排除在"替他人推销"服务之外

基于对第八至十版《类似商品和服务区分表》的查阅，对"替他人推销"服务的界定应作如下界定。

第八版的《类似商品和服务区分表》关于第35类服务类别的"注释"部分明确规定如下："第35类主要包括由个人或组织提供的服务，其主要目的在于：（1）对商业企业的经营或管理，进行帮助；（2）对工商企业的业务活动或者商业职能的管理进行帮助……本类尤其包括：为他人将各种商品（运输除外）归类，以便顾客看到和购买……本类尤其不包括：其主要职能是销售商品的企业，即商业企业的活动；与工商企业的经营或者管理无直接关系的估价和编写工程师报告的服务（查阅按字母排列的分类表）。"

按照上述规定，超市、百货商场等市场主体是销售商品的企业，其零售服务不属于第35类的服务，与该类中的"替他人推销"服务无关。

第九版《类似商品和服务区分表》关于第35类服务的注释，与第八版相比，一个重要的区别是，将第八版中的"本类尤其不包括：其主要职能是销售商品的企业，即商业企业的活动"删除了。

第十版《类似商品和服务区分表》关于第35类服务的注释，与第九版相比区别不大，但是放开了"药品、医疗用品零售或批发服务"。从另一方面亦可以确定3503类似群组的"替他人推销"不属于"商品零售或批发服务"，否则无须再新增3509类似群组。

因此，纵观各版《类似商品和服务区分表》，若商业主体仅是通过营销策略、规模、手段获取商品差价，从而取得利润的，不属于"替他人推销"服务的范畴。同时，商标局曾于2004年8月13日作出《关于国际分类第35类是否包括商场、超市服务问题的批复》（商标申字〔2004〕

第171号），其中指出："第35类的服务项目不包括'商品的批发、零售'，商场、超市的服务不属于该类的内容。该类'推销（替他人）'服务的内容是：为他人销售商品（服务）提供建议、策划、宣传、咨询等服务。"

综上，对"替他人推销"服务从其目的、内容、方式、对象等方面进行界定，应当明确该类服务目的是通过企业的促销方案使商品生产者赢得更大的市场及消费者青睐，而不是为了销售该类服务主体自身的商品；从服务对象分析，该类服务对象是"商品生产者"，而商品批发、零售的服务对象是"消费者"。

故此，在商标申请注册服务类别上行政机关并未放开的情况下，司法对行政行为合法性的审查不宜创设法律并未赋予的民事权利，故不应当然地将通过零售或批发直接向消费者出售商品（服务），以价格的差异获取商业利润的情形纳入到"替他人推销"服务类别之中。然而，司法判断亦不应故步自封、刻舟求剑，需要符合商业社会发展的基本规律，尊重经济模式变化情形，特别是在商标权撤销复审行政纠纷中应当遵循"替他人推销"服务的实质特点，考虑到目前商业模式、经营方式多元化的特点，应避免仅以复审商标注册权人为商场、超市等经营主体为由，即认定复审商标未在"替他人推销"服务上进行商标法意义上的使用。

在结合案件证据的基础上，若商场、超市等经营主体能够证明其通过提供场地等形式与商品（服务）的经销商（含提供者）进行商业合作，并且提供的促销活动海报、促销活动策划方案、报刊促销广告、咨询服务等证据，足以认定其为经销商（含提供者）销售商品（服务）提供建议、策划、宣传、咨询等服务，可以认定上述行为属于复审商标在"替他人推销"服务上进行了商标法意义上的使用，从具体行为客观表现与服务本质属性进行分析，确保司法判定的准确性。

（四）在商标授权确权行政案件中，对"在先权利"应当进行"开放式"认定，但不宜以"商品化"权（益）进行判定

伴随市场商业化程度的繁荣与发展，能够进行商业化利用并产生商业价值的客体已经不再局限于社会故有认知，这与社会经济内容不断充实和消费者喜好的多样性息息相关，其一方面为消费者带来了更多的体验，为经营者带来了更多元化的商业收益，但是另一方面也为司法保护提出了新的课题，特别是对于商标法第三十二条所规定的"在先权利"范畴如何界定提出了难题。

首先，"在先权利"应当进行开放性理解。关于应当如何理解商标法第三十二条所规定的"损害在先权利"的范畴，《最高人民法院关于审理商标授权确权行政案件若干问题的意见》第十七条第一款规定，要正确理解和适用商标法第三十一条关于"申请商标注册不得损害他人现有的在先权利"的概括性规定。人民法院审查判断诉争商标是否损害他人现有的在先权利时，对于商标法已有特别规定的在先权利，按照商标法的特别规定予以保护；商标法虽无特别规定，但根据民法通则和其他法律的规定属于应予保护的合法权益的，应当根据该概括性规定给予保护。因此，该条款所规定的"在先权利"除了法律明确规定的权利外，亦应当包括合法的民事利益，故应当在司法实践中对"在先权利"进行开放性的规定，以满足现实商业社会发展的需要。同时，"在实践中对于是否形成在先权利，应当综合当事人的主张

和证据，有专门法的，按照专门法的规定认定；没有专门法的，按照民法通则的一般规定进行认定。对于新情况、新问题，人民法院要尝试探索解决，对于法无规定，但确属需要保护的利益，可以适用本条予以保护，禁止他人不当注册行为”。[①] 从法律条文的纬度上进行分析，“在先权利”不应被部门法所规定的“有名”权益所限，应当对确需保护的合法利益予以采纳。

其次，从有效规制不正当抢注商标行为的视角予以考量。商标法第三十二条系对他人违反诚实信用原则，通过不正当抢注商标对他人在先合法权益造成损害进行的规定，因此从有效遏制不正当抢注，避免消费者因误认、误购造成损害的视角，对“在先权利”的理解与适用应符合商业社会的发展需要。同时，我国目前“搭便车”“傍名牌”的现象依然存在，并未得到有效控制，注册商标的闲置不仅浪费了大量社会资源，而且对确需进入市场经营的主体造成了严重影响，为此对“在先权利”的规定不宜过窄。

最后，从司法适用的法律解释功能出发。“权利以有形或无形之社会利益为其内容或目的，为此内容或目的之成立所必要之一定对象，为权利之客体”，[②] 社会利益是权利存在与保护的基础，而且无论是民法通则或是侵权责任法均未对所需保护的权利进行封闭性规定，反而是通过示例性规定的模式进行了开放式规定。因此司法机关在适用法律并进行解释时，在确存在社会保护的必要，且法律规定并未明确予以排除的情况下，更应当采取法律的论理性解释对条文本身予以理解与适用，满足社会客观性需求。

因此，通过上文分析，对商标法第三十二条所规定的“在先权利”的理解与适用不应限于部门法已经明确规定的“有名”权利和利益，应当采取适度、必需、审慎的原则对确需保护的经济利益予以考量。然而，若法律、法规对所需保护的权利和利益并未进行明确名称界定时，在司法适用中不宜任意创设“权利”称谓。关于所谓的“商品化”权（益），有学者将其称为“角色形象权”，也有学者认为应当引入美国所规定的“公开权”对其进行保护，但是在法律无明确规定的情况下，调研组仍然认为应当采取“谦抑性”的态度，对该类利益客体进行认定。通过对以往司法裁判案例的梳理与总结，特对此问题的解决提出如下具体意见。

1. 商标法第三十二条“在先权利”是指除商标法规定以外的，其他部门法明确规定的在先权利及合法民事利益；在我国法律尚未规定“商品化”权（益）的情况下，不宜直接在判决书中表述为“商品化”权（益）等名称。

2. 若当事人所主张的“商品化”权（益）的内容可作为姓名权、肖像权、著作权、知名商品（服务）特有名称权益等法律明确规定的权利或者利益予以保护的，则不应当对当事人所主张的“商品化”权（益）进行认定。

3. 若依据除商标法第三十二条“在先权利”之外的其他具体条款不足以对当事人提供救济，在符合特定条件时，可以依据当事人主张适用商标法第三十二条“在先权利”予以保护，但不宜直接援引反不正当竞争法第二条进行认定。

4. 关于上文所述特定条件，具体包括：①“保护对象”应当限定为作品中虚拟角色的人物名称等；②在诉争商标申请

---

① 孔祥俊主编：《最高人民法院知识产权司法解释理解与适用》，中国法制出版社2012年版，第167页。

② 史尚宽：《民法总论》，中国政法大学出版社2000年版，第248页。

目前，“保护对象”应具有一定知名度，且相关主体付出了智力创造和商业投入，并能为其带来商业价值、商业声誉、社会信誉等利益；但是如果“保护对象”在诉争商标核准注册时所包含的商业价值、商业声誉、社会信誉等利益要素在相关公众中已经不存在的，则不影响诉争商标的注册；③诉争商标的权利人主观上存在恶意；④诉争商标与“保护对象”相同或者相近似；⑤保护范围一般应仅局限于与“保护对象”所处领域相同或者类似的商品（服务），但是若诉争商标的申请注册足以影响相关公众对其指定使用的商品（服务）来源的识别、品质的认可、信誉的保证等进行判断的，可以根据知名度及实际的利益要素的影响范围进行保护。

5. 若当事人在评审阶段主张“商品化”权（益），请求适用商标法第三十二条“在先权利”进行保护的，商标评审委员会对此存在漏审的，则不宜在行政诉讼中直接进行认定。

6. 若当事人在评审阶段主张“商品化”权（益），请求适用商标法第三十二条“在先权利”进行保护的，无论商标评审委员会对此是否予以支持，人民法院经审理认为当事人所主张客体构成法律明确规定的权利或者利益的，可以在裁判文书中对此予以指引，由商标评审委员会重新作出行政行为，但不宜直接适用相关法律作出结论。

（五）“共存协议”仅能作为排除“混淆之虞”的初步证据

“共存协议”作为在先商标权人对在后商标与之发生“混淆之虞”否定性的意思表示，并非否定“混淆之虞”的充分条件，而是应属于在具体考量之中的重要因素。究其量化的效果，应当具有初步排除“混淆之虞”的功效，但当其他因素足以证明“混淆之虞”存在时，其效力不应被过分夸大。具体理由如下。第一，从法律规则的视角出发，既然我国采取的是注册制度，而非先使用制度，那么商标的行政管理机关即具有法定的行政职权，故商标的审核并非如其他财产权可以随意处分。第二，从立法本意的视角出发，如上文所述，我国商标制度本身是从促进商品和服务质量，维护商标信誉、消费者利益及经营者利益等多重利益角度进行的设定，因此在现实的裁决过程中亦不能忽视法定应当兼顾的各方利益，在先商标权益的处分行为也受到天然约束。第三，从“混淆之虞”的视角出发，既然相关公众是具有特定联系的群体，故特定主体的主观认知都存在一定的不确定性，当然部分国家以市场调查结论[①]替代个体的主观性判断，亦是体现普遍认同之意见，由此，在先商标权利人的意思表示也不能作为“相关公众”的普遍认知当然予以确定。第四，从商标法其他法律规定的视角出发，商标法第四十二条第二款规定，转让注册商标的，商标注册人对其在同一种商品上注册的近似的商标，或者在类似商品上注册的相同或者近似的商标，应当一并转让；该条第三款规定，对容易导致混淆或者有其他不良影响的转让，商标局不予核准，书面通知申请人并说明理由。关于前述法律的规定，可以理解为：“如果商标转让可能引起消费者对不同厂家的商品的来源产生混淆或导致商品质量的下降，或者商标转让有损于第三人或公众的利益，则应予禁止。这两项规定就是出于防止因注册商标转让导致消费者对商品来源产生混淆以及导致他人

---

① 《北京市高级人民法院关于商标授权确权行政案件的审理指南》第十三条规定，对于相关公众能否将诉争商标和引证商标相区分，当事人可以提供市场调查结论作为证据。

或者公共利益受到损害的考虑。"[①] 既然商标转让即处分行为尚且受到制约，那么商标的授权、确权更不能当然随意地处分，若仅凭在先商标权人的单方意思表示即否定"混淆之虞"，是否有可能与前述法律规定相冲突，或存在使用其他方式规避法律规定的情形，也是值得商榷的。第五，从在先商标权人利益的视角出发，商标的私权属性是毋庸置疑的，行政管理的干预不应过分影响私权自治的处分，如此可能会"空置"私权。"商标授权确权行为虽属于行政行为，但毕竟授予的是民事权利，其间难免涉及当事人之间的民事关系，意思自治的适用空间虽受限制，却仍有其适用余地。"[②] 因此，在先商标权利人对在后商标"混淆之虞"的否认亦是不能被忽视的。第六，从"混淆之虞"的其他判断因素的视角出发，"混淆之虞"是对在先商标与在后商标，从标志构成、商品类别、知名程度、主观意图、显著程度等多因素综合判断的结论，具体每个因素的改变都可能会对最终的结论产生从量到质的改变，在此逻辑下，在先商标权人的意思表示亦是可以被纳入考量因素的情形之一，而绝非必然会导致特定结论的产生。

对该问题的具体处理意见，可以从以下情形予以认定。

1. 引证商标权利人应以书面形式同意诉争商标注册，明确载明诉争商标的具体信息，如申请注册号、商品（服务）的名称等。

同意书应当真实、合法、有效且不存在损害公共利益、故意规避法律等情形；若同意书并未直接、清楚、毫无疑义地认可诉争商标注册的，则不应予以采纳。

2. 在判断诉争商标与引证商标是否构成商标法意义上的近似商标时，同意书可以作为初步排除混淆的依据。

若引证商标与诉争商标的商标标志相同或基本相同的，且使用在同一种或类似商品上，则不能仅以同意书为由，准予诉争商标注册。

若商标标志近似，使用在同一种或类似商品上，在无其他证据证明诉争商标与引证商标足以导致相关公众对商品（服务）来源发生混淆的情况下，可以准予诉争商标注册。

3. 上文所述的"足以导致相关公众对商品（服务）来源发生混淆"的判断，可以从指定使用商品（服务）相关公众的认知注意程度、标志的显著性、知名度、当事人的主观状态、市场的客观使用方式等方面进行综合认定。

---

① 郎胜主编：《中华人民共和国商标法释义》，法律出版社2013年版，第82页。

② 孔祥俊：《知识产权法律适用的基本问题——司法哲学、司法政策与裁判方法》，中国法制出版社2013年版，第295页。

关于审理综艺节目著作权案件的调查研究

北京市高级人民法院知识产权庭

1983年央视春节联欢晚会（简称“春晚”）的开播，开创了我国电视综艺节目的先河。电视综艺节目为满足节目受众不断发展变化的审美意识也日益多元化。近几年来，各大卫视为提高收视率不断推陈出新，形成了诸多在全国范围内具有知名度的综艺节目。与此同时，3G网络的普及和技术环境的进一步优化，各类新媒体正呈现出爆炸式的发展态势。大型互联网公司纷纷涉足网络自制综艺节目，与传统媒体竞争综艺节目的市场份额。自1999年开始，北京法院陆续受理了围绕综艺节目产生的著作权案件，并审结了一些新型的、有重大影响的涉及综艺节目的著作权案件。在上述案件的审判过程中，发现一些新问题亟待深入研究。为了能够更好地统一执法标准，鼓励原创，促进电视娱乐节目产业的发展，北京市高级人民法院知识产权庭对“综艺节目著作权法律问题”① 进行了专题研究，并形成了此调研报告。

一、综艺节目著作权案件情况

从数据统计来看，北京市法院受理的综艺节目知识产权案件绝对数量不大，自1999年至2014年共计受理综艺节目知识产权案件约600余件，除少量反不正当竞争案件②、商标侵权案件③外，绝大多数是著作权侵权案件，且上述案件主要由北京市海淀区人民法院和朝阳区人民法院审理。总体上，北京法院审理综艺节目著作权案件的基本情况如下。

（一）原告的类型

原告主要有两大类。一类是某作品作者或某节目的表演者，如陈佩斯、朱时茂起诉中国国际电视总公司侵犯著作权及表演者权案。④ 另一类是综艺节目的权利人。具体又包括三种情况。（1）原始权利人，即制作综艺节目的电视台或公司，如浙江广播电视集团、长江龙新媒体有限公司、浙江蓝巨星国际传媒有限公司。⑤ （2）继受权利人，即自综艺节目制作单位受让取得综艺节目著作权的主体，如湖南绿色创意公司受让取得选秀节目《花儿朵朵》的

---

① 本调研课题所研究的综艺节目，是指以娱乐性为主的综合性视听节目，包括但不限于婚恋交友类、文艺汇演类、才艺竞秀类等。

② 海淀法院受理了少量涉及综艺节目的不正当竞争纠纷案件，主要不正当竞争行为包括：利用技术手段同步直播权利人网站提供的节目、未经许可在综艺节目播放文件上加注权利人标识、未经许可在综艺节目海报和短片中使用他人作品进行虚假宣传。参见北京市海淀区人民法院（2012）海民初字第15076号、（2012）海民初字第15079号、（2013）海民初字第3144号民事判决书。

③ 参见北京市第一中级人民法院（2007）一中民初字第1747号民事判决书和北京市高级人民法院（2007）高民终字第1731号民事判决书。

④ 参见北京市第一中级人民法院（1999）一中知初字第108号民事判决书。

⑤ 三家单位分别是涉案综艺节目《中国梦想秀》《非诚勿扰》《王牌谍中谍》的制作单位，参见北京市海淀区人民法院（2013）海民初字第1188号民事判决书、北京市石景山区人民法院（2011）石民初字第4650号民事判决书和北京市海淀区人民法院（2013）海民初字第21078号民事判决书。

著作权。[①]（3）独占被许可人，即经综艺节目著作权人授权取得独家授权，如央视国际网络公司经中央电视台授权取得“春晚”节目独占的通过信息网络向公众传播、广播提供之权利，[②] 湖南快乐阳光互动娱乐传媒有限公司经湖南广播电视台许可成为《我们约会吧》节目的独家信息网络传播权人。[③]

（二）涉案综艺节目的类型

涉案综艺节目绝大部分是央视和多家地方卫视台具有较高的收视率和知名度的各类综艺节目。如晚会类的“春晚”和“元宵晚会”、相亲节目《非诚勿扰》和《我们约会吧》、娱乐节目《快乐大本营》和《百变大咖秀》、选秀节目《花儿朵朵》和《中国梦想秀》等。

（三）原告主张综艺节目的性质

绝大部分原告主张涉案综艺节目为以摄制电影或者以类似摄制电影的方法创作的作品（简称类电作品）。少数案件中，原告主张涉案综艺节目为录像制品。[④] 另外，也有个别原告主张涉案综艺节目的广播组织者权。[⑤]

（四）被告主要的侵权行为类型

从案件数量来看，网络侵权行为所占比例极高，主要包括提供在线播放、在线轮播、下载服务，或者为用户提供上传侵权视频的存储空间服务，或者通过技术手段在PC终端视频软件中同步直播综艺节目，或者通过拦截电视台信号同步直播综艺节目，或者通过手机终端应用软件同步直播综艺节目等行为。除网络侵权之外，其他被诉侵权行为还包括综艺节目模式抄袭[⑥]、未经许可出版发行收录综艺节目中单个作品或表演的VCD[⑦]、未经许可在电视台播放综艺节目[⑧]、未经许可复制综艺节目内容[⑨]等。

（五）损害赔偿数额情况

综艺节目著作权侵权案件中，调撤率较高，判决率较低。据统计，北京市法院综艺节目著作权案件的判决率不超过15%，判决损害赔偿额从900元至12万元不等。中央电视台制作的“春晚”类综艺节目的侵权赔偿数额较高，最高判赔额为12万，最低判赔额也达到4万元。涉及地方电视台制作的综艺节目多为数期，原告通常以其中一期节目或数期节目起诉，索赔数额最高为5万元，不同法院的判赔数额按照每期900元至8000元计算不等。

回顾北京市法院综艺节目著作权案件的审理情况，基本可以分为两个发展阶段。

第一个阶段是1999年至2008年。此阶段综艺节目著作权案件数量较少，主要涉及综艺节目权利人与节目中作品作者、表演者之间的纠纷。法院适用1990年9月7日通过的著作权法时多将综艺节目认定为电视作品或录像作品。比如，在陈佩斯、朱时茂诉中国国际电视总公司一案中，法院认为“春晚”为电视作品；在湖南经济

① 参见北京市海淀区人民法院（2011）海民初字第8931号民事判决书。

② 参见北京市西城区人民法院（2012）西民初字第16143号民事判决书。

③ 参见北京市朝阳区人民法院（2012）朝民初字第32521号民事判决书。

④ 参见北京市朝阳区人民法院（2013）朝民初字第40432号民事判决书，该案件中原告恒大音乐有限公司主张《我是歌手》为录像制品，其自录像制作者处取得该节目音频部分的独家信息网络传播权。

⑤ 参见北京市朝阳区人民法院（2011）朝民初字第01205号民事调解书。

⑥ 参见北京市海淀区人民法院（2005）海民初字第15050号民事判决书。

⑦ 即前文所提的陈佩斯、朱时茂案。

⑧ 参见北京市第二中级人民法院（2003）二中民初字第06279号民事判决书和北京市高级人民法院（2004）高民终字第00153号民事判决书。

⑨ 参见北京市朝阳区人民法院（2000）朝知初字第127号民事判决书和北京市第二中级人民法院（2001）二中知终字第87号民事判决书。

电视台诉音乐大观杂志社一案中，一审法院将涉案的《幸运1999》节目认定为电视作品，二审法院却将其认定为录像作品。[①]该阶段的侵权行为多是比较传统的著作权侵权行为，如未经许可在VCD、DVD中使用“春晚”中的作品和表演，涉及网络的综艺节目著作权侵权案件尚未出现。此外，该阶段已经出现了综艺节目模式抄袭的著作权侵权案件，如海淀法院审理的北京世熙传媒文化有限责任公司诉北京搜狐互联网信息服务有限公司《面罩》节目案[②]。

第二个阶段是2009年至今。此阶段综艺节目网络侵权案件开始出现，并成为综艺节目著作权侵权案件最主要的类型。央视国际网络公司诉北京风行在线技术有限公司提供2009年“春晚”在线点播和下载服务一案为本阶段的起点，之后央视国际网络公司每年对“春晚”的网络侵权均进行了维权。除央视之外，地方卫视也开始围绕知名综艺节目的网络侵权行为进行维权，如《非诚勿扰》《我们约会吧》《花儿朵朵》《平民英雄》《女人如歌》《百变大咖秀》等节目。除了提供在线播放、下载或提供存储空间之外，还出现了实时转播电视台的综艺节目新类型的网络侵权行为，特别是对“春晚”的实时转播。地方卫视的综艺节目通常按照每周一期的频率播出，权利人获得授权后按照每期分别提起诉讼，造成了大量关联性案件出现。[③] 2014年开始，部分权利人按照整个年度“打包”诉讼。[④] 权利人以一期或数期综艺节目诉至法院进行试水，经过法院审理或与被告达成若干期节目的一揽子和解协议；或协商未果后依据法院判决的酌定赔偿数额调解解决剩余节目的赔偿问题。此阶段，法院对综艺节目性质的认识出现分歧，有的法院认定构成作品，有的法院认定构成录像制品。

二、综艺节目著作权案件特点

根据调研，北京市法院综艺节目著作权案件数量的增加与信息网络技术的发展密切相关，整体来看有以下几个特点。

第一，综艺节目著作权案件数量呈现上升趋势。虽综艺节目著作权案件在全部著作权案件中的比例不大，但其数量在2012年之后大幅攀升。以海淀法院为例，2009年受理综艺节目著作权案件仅3件，2012年受理综艺节目著作权案件则上升至159件。案件增多的原因一方面是国内各家电视台为提高收视率，频繁推出多档综艺节目，计算机网络的迅猛发展，视频网站竞争激烈。为了降低经营成本、吸引网络用户，部分视频网站开始大量、频繁使用综艺节目充实网站内容，从而引发此类案件大幅上升。另一方面是电视台、视频网站等权利人的维权意识逐步提高。随着综艺节目投资制作成本的攀升，权利人为了最大程度保护自己的市场，越来越重视打击侵权问题。

第二，涉案综艺节目类型相对集中。根据原国家广播电视总局出台的相关意见，大体将综艺节目分为婚恋交友类、才艺竞秀类、情感故事类、游戏竞技类、综艺娱

① 参见北京市第二中级人民法院（2003）二中民初字第06279号民事判决书和北京市高级人民法院（2004）高民终字第00153号民事判决书。北京高院在二审判决中认为，“《幸运1999》是湖南经济电视台策划并创作的一台电视文艺节目。该台电视节目不是对现场演出的一种简单、机械的录制，而是经过节目策划人、导演及录音录像师等许多工作人员共同付出创造性劳动而创作完成的，符合我国1990年《著作权法》第三条第（五）项所规定的录像作品的特征。”

② 参见北京市海淀区人民法院（2005）海民初字第15050号民事判决书。

③ 例如，北京市朝阳区人民法院在2012年受理了一批《我们约会吧》综艺节目维权案件，原告按照每期节目分案诉讼，共计提起51起案件。

④ 参见北京市海淀区人民法院（2014）海民初字第9934、9935、9936、12445、12446、12447号民事调解书，原告将某一年度的综艺节目在一个案件中进行诉讼。

乐类、访谈脱口秀类、真人秀类等类型。其中综艺娱乐类、婚恋交友类、才艺竞秀类节目占综艺节目著作权案件的绝大部分，访谈类节目较少。

第三，网络成为综艺节目侵权的重灾区。互联网的发展使得传统媒体和网络媒体之间的竞争愈发激烈。视频网站积极网罗包括电视台综艺节目在内的视频内容吸引大量用户访问以增加网站获利。视频网站与视频内容权利人之间的利益冲突加剧，在二者利益分配尚未形成统一规则的情况下，涉及互联网的大量纠纷涌入法院是必然结果。

第四，综艺节目主管行政管理机关的调处遏制了部分诉讼的发生。综艺节目在我国的繁荣发展总体上受到欧美日韩等国家及港台地区综艺节目的影响，各大卫视纷纷效仿其成功的综艺节目，造成节目雷同现象较为严重。2010 年上半年，湖南卫视向原国家广播电影电视总局反映江苏卫视的《非诚勿扰》节目涉嫌抄袭其交友真人秀节目《我们约会吧》。[①] 上述纠纷经行政主管机关协调后未进入诉讼。

第五，主要争议问题均涉及综艺节目性质的认定。综艺节目著作权案件需要解决的首要问题是权利人主张的综艺节目到底是什么，是否构成著作权法意义上的作品。此问题是基础性问题，只有明确权利人主张保护的综艺节目的定性，才能理清单个节目作者、表演者、综艺节目制作者之间的关系，才能判断被诉侵权行为是否落入了综艺节目权利人的权利保护范围。

三、综艺节目著作权案件审理的难点问题

目前，综艺节目著作权案件的审理难点主要包括以下几个问题。

（一）综艺节目性质的认定观点不一

根据调研，司法实践对综艺节目的性质主要有三种观点。

一是类电作品。这是实践中的多数观点。该观点认为综艺节目从节目环节安排与策划、拍摄过程到剪辑制作完成，具有一定的独创性，系能以有形形式复制的智力成果，属于《著作权法》规定的类电作品。

二是汇编作品。实践中，针对“春晚”等晚会类综艺节目，有法院认为：“中央电视台在每年除夕夜播出的春节联欢晚会是一台由若干个文艺节目组成的大型综艺晚会。这些文艺节目由晚会导演从各地选送的众多节目中精选出来，并按照一定顺序编排、串联，同时对现场表演进行摄制和直播。组成晚会的各个节目涉及多种受著作权法保护的作品，如作为音乐作品的歌曲，作为戏剧作品的地方戏、小品，作为曲艺作品的相声，作为舞蹈作品的舞蹈，而作为节目呈现在舞台上的则是这些作品的表演。这些作品的作者、表演者并非中央电视台，且在晚会播出之前业已存在或基本确定，故中央电视台对于整台晚会的贡献主要体现在对报送节目的选择以及对节目顺序的安排上。从大量备选节目中挑选出形式新颖、内容精彩、符合观众欣赏口味的精品搬上‘春晚’舞台，这种选择明显具有独创性。而另一方面，对于节目演出顺序的编排同样体现独创性。春

---

① 湖南卫视称：其在 2009 年 12 月播出号称“中国第一档单身潮人交友真人秀节目”《我们约会吧》，而江苏卫视在 2010 年 1 月开播的《非诚勿扰》在节目理念、节目形式上都与《我们约会吧》极其相似，在舞美场景、人物设置、环节设定等方面有明显的抄袭嫌疑。而江苏卫视则称：《非诚勿扰》的创意是参考了国外十几个真人秀和相亲节目，但主要创意还是来自江苏卫视之前的《人间》节目和选秀节目《绝对唱响》的配对赛；《我们约会吧》是一档娱乐节目，而《非诚勿扰》是真人秀节目，两者的规则和呈现方式不一样，抄袭指责不实。原国家广电总局对其申诉答复双方协商解决。

节联欢晚会作为一个整体属于汇编作品。”[①] 有的法院在类似案件中亦有类似论述，但其认定的是“春晚”的现场表演属于汇编作品。中央电视台作为“春晚”的汇编人，对其汇编的作品“春晚”享有著作权。[②]

三是录像制品。这主要是对“春晚”等晚会类案件的另一种观点。该观点认为：“通常而言，电影和类似以摄制电影的方法创作的作品，是凝聚了剧本编写、演员表演、导演执导以及摄像、配音、配乐、剪辑等大量前期创作和后期处理的综合性智力成果，其对独创性具有较高的要求。不可否认的是，‘春晚’在表现形式上与电影作品相近，均由一系列有伴音或者无伴音的画面组成，并且在其摄制过程中，同样存在机位的设置、镜头的选择以及编导的参与，包含了大量的投入和辛勤的劳动，体现了一定的独创性。然而尽管如此，其作为以展现现场精彩表演为主要目的的电视节目，在创作方法上仍与电影作品存在着较大区别。特别是在对拍摄内容的选择、舞台表演的控制、相关节目的编排等方面，摄制者并非处于主导地位，而节目的编导、摄像等人员按照其意志所能作出的选择和表达也都非常有限。由此决定了‘春晚’所具有的独创性尚未达到电影作品所要求的高度，不足以构成电影作品，属于电影作品以外的有伴音或者无伴音的连续相关形象、图像的录制品，应当作为凝聚了一定智力创造的录像制品予以保护。”[③] 有的法院将晚会类综艺节目认定为录像制品，其理由除上述独创性未达到电影作品要求的高度外，还认为“电影作品的特征还体现在用连贯的画面表达思想感情，即用连贯的画面讲述故事，画面之间具有内在的联系，而涉案节目（元宵晚会）是由各个单独的节目组成，节目与节目之间并未形成连贯的故事情节，各个节目之间的画面无内在联系，不符合电影作品的特征”[④]。

由于对综艺节目性质的认定存有不同认识，有的法院在审理时回避了综艺节目定性问题，根据原告获得的授权内容笼统加以保护。

虽然从目前案件的审判结果来看，综艺节目性质认定的不统一并未导致裁判结果的实质性差异，综艺节目权利人起诉的案件也均获得了法院的支持，但是不解决此问题，所带来的不利影响是综艺节目权利人到底对综艺节目享有何种权利不够清晰。比如认定为作品和认定为制品使权利人获得著作权或邻接权不同的保护。同时也不利于综艺节目中单个节目权利人和综艺节目制作方之间关系的厘清。比如认定为类电作品和汇编作品，节目中单个作品的作者对于综艺节目摄制完成之后是否可以控制利用是完全不同的结论。

（二）综艺节目模式的法律保护尚待深入研究

综艺节目的跟风抄袭与综艺节目模式紧密相关。节目模式到底是什么，是属于思想还是属于表达，如果属于前者则不属于著作权法保护的范畴，如果属于后者则可以受到著作权法的保护。通说认为，包括综艺节目在内的电视节目模式属于思想的范畴，著作权法保护表达而不保护思想，因此节目模式不能成为著作权法的保护对象。海淀法院在情感访谈节目《面罩》一案中，表达了上述观点，认为：“对《面

---

① 参见北京市西城区人民法院（2012）西民初字第16143号民事判决书。

② 参见北京市海淀区人民法院（2012）海民初字第20573号民事判决书。

③ 参见北京市海淀区人民法院（2009）海民初字第9477号民事判决书。

④ 参见北京市朝阳区人民法院（2013）朝民初字第23448号民事判决书。

罩》节目的构思、创意，只有通过语言文字、符号、线条、色彩、声音、造型等客观形式将这种构思、创意表达出来，才能被人们所感知，才能以有形形式进行复制。同时，当这种表达是独创的且符合法律规定时，才构成著作权法保护的作品。故《面罩》节目构思、创意本身并不属于我国著作权法规定的作品保护范围。"① 国外对于节目模式是否受著作权法保护也有不同的观点。在大多数情况下，电视节目模式在美国不能得到版权法的保护，但是记载电视节目模式内容的载体可以获得版权保护。2003年7月26日，德国联邦最高法院判决认定电视节目模式不是德国版权法保护的作品。法国法院通过不正当竞争法来保护电视节目模式。荷兰最高法院的判决承认节目模式可以享有版权法的保护。②

与节目跟风抄袭密切相关的一个问题就是综艺节目的"版权"引进。各电视台近几年花费高额成本自国外引进综艺节目"版权"，但电视台引进的到底是否是"版权"？如果是版权，那么必然应当受到著作权法的保护，但是节目模式通常属于思想范畴，并不受到著作权法的保护。电视台引进的到底是什么？电视台和国外节目制作方之间的合同到底是什么性质的合同？这些问题直接影响到了我国综艺节目制作行业的健康发展，对已约定俗成的认识需要在法律上重新检讨。

综艺节目模式如果不能受到著作权法的保护，那综艺节目是否不存在抄袭的问题？而且现实中，综艺节目的模仿之风虽然盛行，但确实不存在完全相同的两台综艺节目。综艺节目如果构成作品，理论上确实存在抄袭的可能性，但如何进行比对，如何进行抄袭认定，还是在著作权法之外有更为合适的法律保护途径，上述问题需要进一步深入研究。

（三）综艺节目著作权侵权案件的酌定赔偿额高低不一

根据调研，北京市法院综艺节目著作权侵权案件的判赔数额基本上以法院酌定方式确定，考虑因素与影视作品案件所考虑的因素基本一致，如节目知名度、影响力，被告侵权行为的方式、侵权持续时间、过错程度等。目前适用酌定赔偿存在的主要问题如下。

1. 权利人怠于对主张的损害赔偿数额进行举证

部分原因在于当前法院对于权利人的举证多不予采信，比如某影视作品的商业许可使用合同，多数法院认为作为权利人自己提供的合同可能会存在价格虚高的问题，难以反映合理的市场价值，故不予采信。法院对证据采信率较低影响权利人举证的积极性。

2. 司法判决中笼统罗列多种因素酌定赔偿数额，未进行深入论理，且由于没有统一的参考赔偿标准，法院自由裁量尺度差别较大

不同案件中法官行使自由裁量权时如何考虑酌定赔偿的具体情节，不但与案件的客观情况紧密相关，而且受法官业务素质、价值取向等主观因素的影响也很大，因此甚至有类似案件在不同法院酌定赔偿数额差异较大的情况出现。

3. 调解数额和判赔数额差异巨大。有的法院统计，90%以上调解结案综艺节目案件，对于地方台综艺节目，权利人可接受的调解数额基本在1000元/期左右，少数案件被告愿意支付3000元/期以上的赔偿额。判赔数额在900元/期至8000元/期

---

① 参见北京市海淀区人民法院（2005）海民初字第15050号民事判决书。

② 参见黄世席：《电视节目模式法律保护之比较研究》，载《政治与法律》2011年第1期。

不等，判决与调解数额差异大，造成当事人对法院判赔数额不满，降低法院裁判的权威性。

四、审理综艺节目著作权案件的相关建议

针对综艺节目著作权案件审理中遇到的问题，应当加强研究，尽快制定指导意见，供各级法院审理此类案件时参考。我们认为，审理此类案件应当处理好以下几个问题。

（一）关于综艺节目的性质

对于综艺节目性质的认定应区分综艺节目现场活动和综艺节目拍摄完成的影像，前者简称为现场综艺活动，后者简称为综艺节目影像。之所以对综艺节目性质认定比较混乱，一个重要的原因在于混淆了现场综艺活动和综艺节目影像。作出上述区分之后，我们需要分析现场综艺活动和综艺节目影像是否属于著作权法上的作品。

1. 现场综艺活动

现场综艺活动，根据不同的综艺节目类型，表现形式比较多样：晚会类综艺节目的现场是歌舞、小品、相声、杂技、魔术等多种艺术形式，访谈类的现场主要是对话，竞技类的现场主要是一些体育活动。这其中争议最大的是以“春晚”为代表的晚会类综艺节目现场。对“春晚”现场性质的认定，主要的观点有三种。第一，作品。对于构成何种作品，又有不同的认识。有观点认为“春晚”现场构成汇编作品。有观点认为“春晚”现场也是法律意义上的作品，且是一个整体，不是作品的集合或所谓“汇编作品”。原因在于：“探讨法律意义上的作品不能离开社会常识。无论是在现场观众的眼里还是在电视屏幕前观众的眼里，‘春晚’都是一台戏，不会刻意把它切割成若干个作品来看待。为整台晚会而选取的舞台背景、服装道具、音乐声响、绘画影像，也包括小品、歌舞、曲艺、杂技等单个节目本身，都应视为一部作品的构成元素或片段。”[①] 第二，不构成作品。该观点认为，著作权法上的作品是那些可以用某种有形形式固定再现的智力劳动成果。晚会只是一个演艺活动的俗称，根本就不具有固定特征。即使可以用录像固定，用作品的著作权保护，对长期将此视为音像制品的权利人不公平。[②] 第三，邻接权保护。该观点认为可以赋予中央电视台演出组织者权进行保护。

由于“春晚”是典型的晚会类节目，艺术创作水准较高，将“春晚”现场认定为汇编作品或者整体构成一个作品进行保护未尝不是一种思路，但我们倾向于将“春晚”现场用演出组织者权进行保护。首先，晚会现场活动如果是汇编作品，根据著作权法第十四条汇编作品的定义，汇编作品是汇编若干作品、作品的片段或者不构成作品的数据或者其他材料，对其内容的选择或者编排体现独创性的作品。但“春晚”的现场是由一个一个的节目串联而成，节目是对作品的表演，是一个表演的集合，而不是作品或者作品片段或者数据、材料的集合，中央电视台是不可能对活的表演进行汇编的，其并不符合著作权法对汇编作品的定义。其次，将“春晚”现场整体认定为一部作品，既不是汇编作品，也不是合作作品，理论上虽然可以说得通，但是带来的问题是作者是谁及如何确定著作权的归属。最后，我们认为用表演活动组织者权来对“春晚”现场进行保

---

① 刘春田、熊文聪：《著作权抑或邻接权——综艺晚会网络直播版权的法理探析》，载《电视研究》2010 年第 4 期。

② 刘春田、熊文聪：《著作权抑或邻接权——综艺晚会网络直播版权的法理探析》，载《电视研究》2010 年第 4 期。

护是最合适的。中央电视台作为“春晚”的组织方，其享有表演活动组织者权，既能对中央电视台在组织“春晚”现场表演中付出的劳动予以保护，同时也能够契合现行著作权法的规定。

除晚会类综艺节目之外，其他类型的综艺节目，如选秀类、娱乐类等，均可以采用相同的思路进行保护。但是对于竞技类、相亲约会类、真人秀类，则现场活动通常并不是著作权法保护的作品或者表演。

综上，现场综艺活动通常是著作权法上的表演，可以通过表演活动组织者权进行保护。如果现场综艺活动不是著作权法上的表演，而是其他的行为活动，则不受著作权法的保护。

2. 综艺节目影像

综艺节目影像是指将现场综艺活动进行拍摄完成后固定在物质载体上的信息。综艺活动影像是综艺节目著作权案件所主要涉及的诉讼标的。待第三次修订著作权法的工作完成后，综艺节目影像性质的认定将不再是一个争议很大的问题。因为正在修订的著作权法取消了电影作品和录像制品的概念，统一为视听作品。但是在现行著作权法框架之下，还需要对综艺节目影像的性质进行区分。由于电影作品和录像制品的区分关键在于独创性的判断，所以不属于新问题。目前，争议比较大的是综艺节目影像是否构成汇编作品。

有观点认为综艺节目影像构成著作权法上的汇编作品。该种观点的主要理由在于三个方面。第一，以“春晚”为例，央视的摄影师对现场的个性化选择和判断是非常有限的，无法达到大陆法系对“独创性”所要求的智力创作高度。第二，“春晚”由单个节目构成，针对每个节目的录像不可能构成影视作品，而是比较典型的录像制品。基于“春晚”必须现场直播和如实反映现场表演情况的要求，对各个节目录像的衔接，也缺乏类似电影制作所涉及的后期处理手段，很难使“春晚”在整体上构成影视作品。第三，将央视摄制的“春晚”视为影视作品，将严重损害权利人的利益。单个节目内容的作者和表演者相当于编剧和演员，根据著作权法第十五条第一款的规定，只享有署名权和依据合同的获酬权，任何对“春晚”的利用，只需获得央视的许可，向央视支付费用，即使只利用单个节目，也无须向该节目内容作者和表演者付费。[①] 为了克服上述影视作品的弊端，因此宜将“春晚”认定为汇编作品。

上述理由中的第一、二个理由实质上是电影作品或者类电作品与录像制品之间的区别，如果基于第一、二个理由，“春晚”应当认定为录像制品，而非汇编作品。对于第三个理由，这是所有电影作品或类电作品均会遇到的问题，即可单独使用的作品的作者的权利与电影作品制片者之间的权利如何协调的问题，而不仅仅是“春晚”所要面临的问题。不能因为寻求保护某方利益的结果而逆向寻找合适的作品类型，这不符合认定作品性质的正常逻辑思路。并且，即使认定为汇编作品，在“春晚”的单个或者个别节目被他人未经许可使用的情况下，央视作为汇编者也无法主张权利，因为这种使用并未侵犯体现其独创性的“选择”和“编排”，只能又转回到以类电作品作者或者录像制品制作者的身份进行保护。这种既认定是汇编作品，又认定为是录像制品，实际上陷入了一种相互矛盾的论述状态。

我们认为，综艺节目影像不构成汇编

① 王迁：《论“春晚”在著作权法中的定性》，载《知识产权》2010 年第 4 期。

作品的理由有四点。第一，不符合汇编作品的定义。汇编作品是对已有作品、作品片段及事实、材料的选择编排。而综艺节目的影像是对现场综艺活动的拍摄，拍摄者对现场综艺活动并没有选择和编排，且其是一个连续的、完整的拍摄过程，并未对已有的单独的电影作品或类电作品进行选择编排。有的法院认为中央电视台对于整台晚会的贡献主要体现在对报送节目的选择以及对节目顺序的安排上，该种论述混淆了综艺节目现场活动和综艺节目影像的区分。第二，不符合著作权法上认定作品的通常方法。从汇编作品和电影作品的分类来看，电影作品属于著作权法第三条规定的具体的作品类型，汇编作品出现在著作权法第二章第二节著作权归属中，有观点认为汇编作品具有“兜底”作用。[①]也就是说，在著作权法第三条规定的作品类型确实不能涵盖的情况下才会选择汇编作品进行保护。如果可以认定为某具体的作品类型，则没有必要向“兜底”条款逃逸。从综艺节目影像的实质来看，其完全符合著作权法实施条例对电影作品和录像制品的定义。第三，不能反映出制作单位对综艺节目制作的巨大投入。以“春晚”为例，根据实地调研，中央电视台直播“春晚”，并非一个简单的节目的选择编排，其有整台节目的文字脚本、分镜头剧本，导播室有导播导演进行镜头的切换编辑，制作过程复杂程度不亚于电视剧的拍摄。其他婚恋交友类、选秀类均有类似的拍摄制作模式。对于投入大量制作成本的综艺节目若认定为汇编作品，虽然保护了单个作品的权利人，但是忽略了对节目的组织方或投资方付出劳动的尊重。第四，从著作权法的立法沿革来看，不宜认定为汇编作品。1990 年著作权法第三条第（五）项规定的作品类型为电影、电视、录像作品。2001 年著作权法修改为电影作品及类电作品。根据 1990 年著作权法，综艺节目影像应当属于电视作品或者录像作品。电视作品在修法之后统一划为类电作品，那么从作品类型的立法沿革来看，应当属于类电作品而非汇编作品。综上，综艺节目影像不属于汇编作品，而属于类电作品或者录像制品。

（二）关于综艺节目模式的法律保护

对于综艺节目模式是否受到著作权法的保护，主要有两种观点：一种观点认为综艺节目模式属于思想范畴，不受著作权法的保护；一种观点认为综艺节目模式属于表达，受到著作权法的保护。我们更倾向于第一种观点。

节目模式属于电视制作行业的概念，又称为电视节目模板、版式、节目形式。节目模板的商业交易虽然已经有成熟的商业规则，但节目模板至今没有一个公认准确而适当的定义。[②] 从节目模板的产生过程来看，需要经过一个过程。首先是有一个节目创意。其次是将节目创意固定化和形式化，形成“纸上模板”。这个阶段主要完成对于节目流程的设计，规定每个环节的游戏和游戏规则以及关于节目制作的技术规定，并将这些规定记录下来。最后是节目的制作和播放，也就是将“纸上模板”具体实现的过程。节目中主持人的主持风格，特定的口号、标语的使用等也会在这个时候融入到模板的整体之中。[③] 电视节目模板主要由节目的基本创意和一系列具体要素构成，具体包括流程、规则、技

① 王迁：《知识产权法教程》，中国人民大学出版社 2014 年版，第 182 页。

② 参见罗莉：《电视节目模板的法律保护》，载《法律科学》2006 年第 4 期。

③ 吴京、韩笑梅：《电视节目模板的著作权法保护困境和出路》，载《黑龙江省政法管理干部学院学报》2010 年第 2 期。

术规定、舞台设计、主持风格等。电视节目模板与文学作品的关系密切，所以往往首先会让人想到用著作权法对节目模板进行法律保护。但是迄今为止，在各国立法例中并未创立一个法律上的“模板权”。究其原因在于节目模板是由节目创意引发出来的系列元素的综合体，其核心在于节目创意，一个节目的成功与否关键在于节目创意，而创意属于思想范畴，如果对其予以著作权法上的保护，这种对思想的垄断将违背民主社会中思想自由的基本理念。节目模板中的其他具体元素，如节目规则、主持风格、节目流程等，也很难作为一种表达进行保护。当然，节目模板形成过程中形成的“纸上模板”或者说是文字脚本、舞美设计、音乐等可以构成作品的，可以受到著作权法保护，但这并不等同于节目模板作为一个整体可以受到著作权法的保护。

（三）关于综艺节目著作权侵权损害赔偿的问题

根据著作权法第四十九条的规定，著作权侵权损害赔偿遵循侵权受损、侵权获利、法定赔偿的适用次序。我们认为，对于综艺节目著作权侵权损害赔偿问题需要澄清两个问题。第一，法定赔偿的适用条件。法定赔偿制度是“权利人的实际损失或侵权人的违法所得不能确定”的情况下适用的，是“实际损失”计算办法的补充办法，是为了弥补前两种方法的缺陷，提高著作权诉讼案件的效率而设计的，这是法定赔偿的设计目的与意图。但是应当明确的是，法条中规定的“不能确定”并不意味着“不需要证明”，只是现有证据不足以认定准确的赔偿数额，或者现有证据所认定的赔偿数额明显有失公平，因此才适用法定赔偿。[1] 权利人目前通常的心态是考虑到或者举证成本过高，或者举证被采信的概率较小，直接选择适用法定赔偿反而更加省事的心态，怠于对所主张的损害赔偿数额进行举证。这造成了法定赔偿虽然在立法上处于补充适用的地位，但在司法中却成为首要和主要的判赔方式。第二，法定赔偿和酌定赔偿的关系。严格来说，法定赔偿不是侵权法中的一个概念，[2] 知识产权法中的“法定赔偿”是指在没有证据证明侵权损失和侵权获利或者虽有证据但不能准确证明侵权受损或侵权获利的具体数额的情况下，法院在法律规定的限额之内综合考虑各种因素裁量赔偿的数额，如著作权法第四十九条第二款规定的五十万元的赔偿限额，专利法第六十五条第二款规定的一万以上一百万以下的赔偿限额，商标法第六十三条第三款规定的三百万元的赔偿限额。“法定赔偿”准确地说应该是“法定定额赔偿”，其实质仍然是一种裁量性赔偿。酌定赔偿是在加大知识产权保护力度的背景之下，法官在事实和证据的基础上，根据案件具体情况和自由心证，酌情裁量能够给予权利人充分赔偿的损失数额。例如，有一定的事实和证据能够证明实际损失超过法定定额赔偿数额，但实际损失确实难以以一对一的证据精确证明时，可以在法定定额赔偿的最高额以上适当裁量赔偿数额。这种裁量不是适用法定定额赔偿，不能混同于法定定额赔偿的适用，而仍属于实际损失的确定，只不过其既依据一定的事实和证据，又依靠心证。[3] 最高人民法院在2009年出台的《关于当前经济形势下知识产权审判服务大局若干问

① 卫绪华：《论全部赔偿原则对著作权法定赔偿制度的指导价值》，载《广西大学学报（哲学社会科学版）》2012年第2期。

② 由于在知识产权法领域已经成为一个约定俗成的概念，本文仍然延续此用法。

③ 孔祥俊：《知识产权保护的新思维——知识产权司法前沿问题》，中国法制出版社2013年版，第101页。

题的意见》第十六条中明确提到，“积极引导当事人选用侵权受损或者侵权获利方法计算赔偿，尽可能避免简单适用法定赔偿方法。对于难以证明侵权受损或侵权获利的具体数额，但有证据证明前述数额明显超过法定赔偿最高限额的，应当综合全案的证据情况，在法定最高限额以上合理确定赔偿额。”因此，酌定赔偿通常是法定赔偿限额之上的裁量性赔偿，且酌定赔偿不是与权利人损失、侵权获利等具有序位关系的确定损失赔偿额的根据，而是法官在对权利人的损失相关证据进行自由裁量的基础上形成心证的结果。[①]

针对综艺节目著作权侵权损害赔偿整体偏低、高低不一的情况，避免当事人消极举证、法官随意心证，我们认为可以从鼓励引导举证、优势证据采信、探索量赔标准、加大赔偿力度这几个方面来做工作。（1）鼓励引导举证。当事人对于适用何种赔偿方法虽然有选择权，但是基于著作权法第四十九条的适用次序，仍应鼓励当事人选用侵权受损或侵权获利的方法确定赔偿数额。当事人选择适用著作权法定赔偿制度绝不意味着免除其举证责任。适用法定赔偿时，权利人负有证明法官自由裁量时应当考虑的因素的举证责任。（2）优势证据采信。著作权侵权案件，特别是网络侵权案件，维权成本较高，在权利人已经充分举证的情况下，比如原告提交了对外独家许可使用综艺节目合同及合同实际履行情况的证据，而被告对于其网站使用原告综艺节目的获利情况拒绝举证时，可以对原告提供的独家许可使用合同予以采信。法院应合理分配举证责任，运用民事诉讼优势证据的原则，适用“法定赔偿”时细化证据采信与考虑因素关系的论述，增强法定赔偿数额的合理可信度。（3）探索量赔标准。通过对适用法定赔偿时的各种考量因素进行区分的方法，确立一个相对统一的量赔标准。法院适用法定赔偿时主要的考量因素包括综艺节目的性质、综艺节目的知名度、综艺节目合理的许可使用费、侵权行为的时间、侵权行为的方式、侵权范围和规模、侵权人的主观过错等。参考专利法和商标法的相关规定，应当将作品合理的授权许可费用作为必要考量因素，以此为基准再进行裁量赔偿；将综艺节目性质、综艺节目的知名度、侵权行为的时间、方式、规模、后果、侵权人主观过错等作为一般考量因素，在合理许可使用费之上，根据案件中的上述一般考量因素酌情增加或者减少；将地区经济发展水平、行业发展影响等作为选择考量因素，由法官在具体案件中予以把握。（4）加大赔偿力度。加大知识产权保护力度是大势所趋。正在修订的著作权法（送审稿）第七十八条拟将法定赔偿限额调至 100 万，同时还可以在此之上进行 2 至 3 倍的赔偿。[②] 如果当事人的举证可以证明侵权受损或者侵权获利明显要高于法定赔偿限额，且被告侵权主观恶意明显、侵权行为恶劣、侵权后果严重的，即使不能准确认定侵权受损额或者侵权获利额，仍然可以超过五十万元的法定赔偿数额进行酌定赔偿。

---

① 张晓霞：《知识产权酌定赔偿立法之检讨》，载《科技与法律》2011 年第 6 期。

② 著作权法第三次修订（送审稿）第七十八条规定：侵犯著作权或者相关权的，侵权人应当按照权利人的实际损失给予赔偿；实际损失难以计算的，可以按照侵权人的违法所得给予赔偿。权利人的实际损失或者侵权人的违法所得难以确定的，参照通常的权利交易费用的合理倍数确定。赔偿数额应当包括权利人为制止侵权行为所支付的合理开支。权利人的实际损失、侵权人的违法所得和通常的权利交易费用均难以确定的，由人民法院根据侵权行为的情节，判决给予 100 万元以下的赔偿。对于两次以上故意侵权的，应当根据前述计算的赔偿数额的二至三倍确定赔偿数额。

有关网络商标侵权案件的调研报告

北京市海淀区人民法院课题组*

为进一步加大知识产权保护力度，解决围绕电子商务、“互联网+”而日益凸显的网络商标侵权问题，海淀法院开展此次调研。本次调研立足海淀区国家高新技术产业示范区、核心区的区位优势，着眼“大众创业、万众创新”背景下创业者商标侵权风险的预防，在对辖区内五年来涉网络商标侵权案件进行梳理的基础上，通过数据统计、资料分析、调查走访、专题研讨会等方法，意图总结网络商标侵权现状、特点、原因、发展趋势及类型化问题，以统一司法尺度，为健全网络法制环境、推进互联网产业健康发展、进一步提升核心区经济软实力提供有力的司法保障。

一、涉网商标侵权案件审理情况综述

（一）收结案情况

据统计，2010年12月21日至2015年12月20日五年[①]间，海淀法院新收商标侵权案件共计670件，其中涉网络商标侵权案件121件，占全部商标侵权案件的18.1%。从数量上看，该类案件总量并不大，但呈现出逐年上涨的趋势，特别自2015年以来，受立案登记制及国家推进“互联网+”战略的影响，该类案件数量增长明显。照此趋势，可以预见，在未来相当长的时期内，涉网商标侵权案件数量将继续保持持续增长的态势（见图1）。

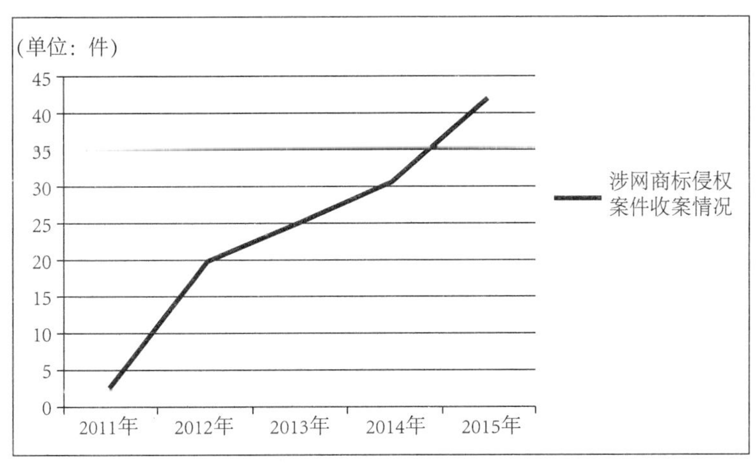

图1 2011—2015年海淀法院涉网商标侵权案件年收案情况统计图

* 主持人：鲁为；课题组成员：鲁为、李颖、姜琨琨；执笔人：李颖、姜琨琨。

① 本次调研以海淀法院电子案件信息管理系统数据为采集样本，数据采集期间为2010年12月21日至2015年12月20日。

在新收的121件案件中，截至2015年12月20日，已审结的案件达94件。其中，以判决方式结案41件，判决率为43.6%；撤诉31件，调解15件，调撤率48.9%；其他方式（包括裁定驳回起诉、移送等）结案7件。相较同期涉网著作权案件25.3%的判决率、69.2%的调撤率而言，涉网商标案件呈现判决率高、调撤率低的特点（见图2）。

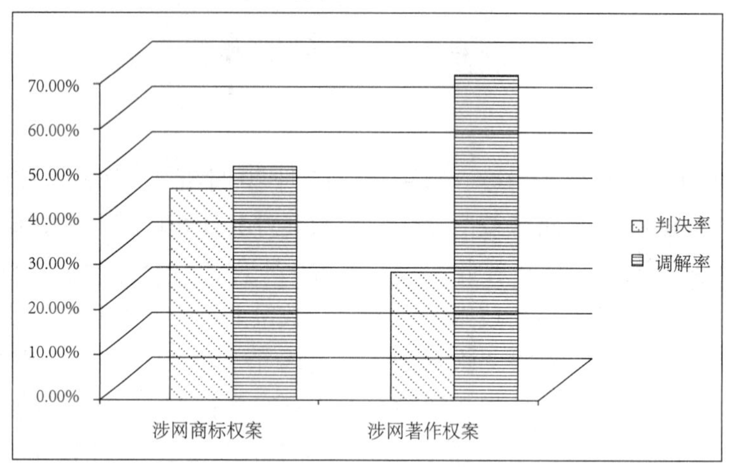

图2　涉网商标权案件及涉网著作权案件的判决率、调撤率比对图

（二）案件类型

依据客体的不同，涉网商标侵权案件可分为：网站及PC端软件产品使用他人商标①引发的侵权案件；以他人商标为关键词进行搜索引擎竞价排名②引发的侵权案件；App应用名称引发的侵权案件；电子商务平台中商家使用他人商标引发的侵权案件；5. 将他人商标作为手机游戏名称、游戏元素引发的侵权案件。五类商标侵权案件所占比例见图3。

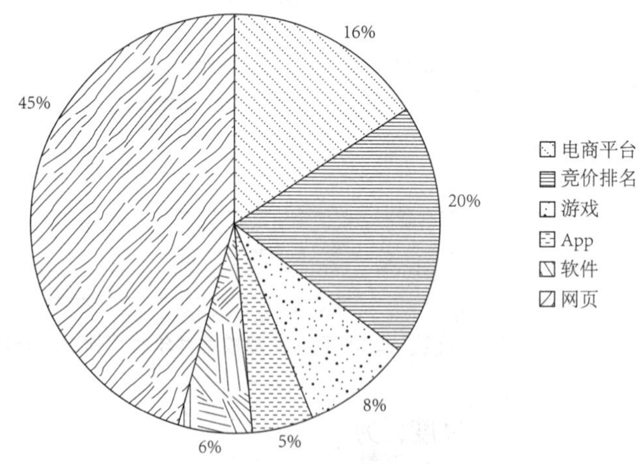

图3　案件类型分布图

① 网站使用他人商标的表现方式各异，包括将他人商标作为网站名称、在网站标题及网页描述中使用他人商标进行宣传、将他人商标注册作为域名进行使用等行为。而PC端软件使用他人商标的行为主要表现为软件产品使用了与他人商标相同或近似的名称。

② 搜索引擎竞价排名又称关键词推广，为搜索引擎服务商推出的通过人为改变自然搜索结果排序而使对关键词出价更高的经营者排在搜索界面更靠前位置的商业模式，如目前百度加V推广、搜狗推广等。

在上述案件中，网站、搜索引擎竞价排名、电子商务平台商标侵权案件占全部涉网商标侵权案件的81%，而涉及游戏、App软件等近年新出现的案件类型数量则相对较少。后者由于涉及软件类别与注册商标是否属于相同或类似商品或服务的判断、网络作为必要的手段等因素的考量，案件审理结果往往事关相关软件、App的前期投入和已有商誉的积累，能否继续使用商标将直接影响产品的市场占有率与消费者的认知情况，加之个案中又经常存在商标抢注等问题，因此该类案件对法官的法律适用水平要求较高，审理结果亦备受各界关注。海淀法院2014年审结的新浪拍客App被诉商标侵权案①及2015年的滴滴打车App被诉商标侵权案②即属此类情况。而同时期发生的为为网、陆金所、合拍等商标侵权案件，则凸显打着知名商标旗号仿冒、傍名牌的乱象，折射出App市场商标抢滩情况的严重性。2015年海淀法院受理的小米公司诉华忠公司小米e贷③、珙利金融公司小米贷④侵犯商标权两案，更折射出互联网金融时代的商标乱象。

（三）涉诉主体

统计发现，该类案件所涉被告不仅包括百度、搜狗、淘宝、京东、新浪等知名企业，不少新兴互联网企业如小桔公司、优个网、买啦网、窝窝团、糯米网等亦在其中，有的甚至数次成为被告。值得注意的是，一些互联网企业开始“反客为主”，作为原告发起针对其他互联网企业的商标侵权诉讼。如腾讯公司就萌我爱等多家公司仿冒“英雄联盟”“天龙八部”等数款游戏向海淀法院提起了商标侵权诉讼，而外资游戏巨头威尔乌公司也就DOTA游戏的商标侵权问题提起了批量诉讼。此外，随着企业的发展壮大及国内外知名度的提升，以“小米”为宣传噱头的手机App及P2P金融平台等商标侵权问题增多，小米公司也就此向法院提起了数个诉讼。

二、涉网商标侵权案件的突出特点及原因分析

（一）案件增长速度较快，商标资源争夺日益激烈

近年来，涉网商标侵权案件的数量正逐年递增，从目前来看，该类案件增长率已远超线下的传统商标侵权案件。其中，因网络域名引发的商标侵权纠纷时有发生，⑤而电子商务平台、搜索引擎关键词引发的商标侵权案件也不时出现，尤其目前，随着移动互联网的普及，App应用名称与他人注册商标之间的争议也日益多发，这些均凸显出互联网企业之间商标资源争夺的日趋白热化。我们认为原因主要有五个方面。

1. 互联网空前繁荣的背后，隐藏着巨大的商标侵权风险

2014年以来，移动互联网迅猛发展，网络用户对手机App的依赖程度逐渐加深，App网络化生活已成为都市年轻人的生活常态。在“大众创业，万众创新”的号召下，很多创业者认为，移动互联网时代创业最好的选择就是做一款好的App；在商业营销过程中，一款App能否站稳市场，关键一环就是给App取一个闪亮、抓人、令人过目不忘的名字。在一拥而上选取热门词汇命名的背景下，巧合重名、善意使

① 北京市海淀区人民法院（2014）海民初字第14715号民事判决书，二审生效。

② 北京市海淀区人民法院（2014）海民初（知）字第21033号民事判决书，一审生效。

③ 北京市海淀区人民法院（2015）海民（知）初字第36304号案件，尚在一审审理中。

④ 北京市海淀区人民法院（2015）海民（知）初字第36605号案件，尚在一审审理中。

⑤ 如北京市海淀区人民法院（2013）海民初字第7019号民事判决书，二审生效。

用、恶意攀附等情况都可能发生。在关键词搜索、电子商务大发展的背后，激烈的市场竞争也导致意在争抢市场份额的商标侵权行为屡见不鲜。

2. 商标固有的指示和宣传功能恰好符合互联网企业抓取眼球、扩大宣传的需求

随着“互联网 +”行动的推进，更多企业将业务从线下发展到线上，依托互联网开展经营的商业模式不断增多。而商标固有的指示和宣传功能恰好符合企业抓取用户眼球、扩大产品宣传的需求，在商业利益的巨大驱动下，网络环境下通过域名注册、电商仿冒、攀附商标等进行不正当竞争的侵权行为大幅增加。

3. 新兴企业法律意识淡薄，缺少品牌意识，为赚快钱不惜商标侵权

创业门槛的降低、互联网造富效应的吸引，使得越来越多的人加入到创业洪流之中，但这些处于新兴、草创阶段的中小企业普遍缺乏商标意识，导致自己的商标保护处于“裸奔”状态，侵权风险加大。同时，一些创业者为追求短期效益，抓取用户眼球、搭便车、赚快钱，不惜采用攀附、模仿他人商标等非法手段开拓市场，并因此陷入商标侵权的泥沼而不自知。这种商标品牌和法律意识的缺乏，也是造成该类纠纷数量普遍增多的重要原因。

4. 抢注商标、待价而沽的情况增多，“商标围猎者”动作频频

很多域名、商标投资者为了获取巨额经济利益而非自己使用，盯着热门、常用、高频词汇注册了不少商标或者与知名商标相同的域名，待价而沽，伺机提起侵权之诉，意图以商标侵权来围猎、勒索缺少法律经验的互联网企业，造成经过使用具有一定知名度但尚未注册商标的 App 应用名称，受到了更多要求撤销商标或起诉侵权的威胁。[①]

5. 商标侵权与否的界限不清晰，争议难以协商解决只能诉至法院

有的商标权利人秉持“符号的名教”[②]观点，误认为只要注册了商标，一旦他人的商品和服务上使用了与其相同的符号或标记就构成商标侵权，但事实并非如此，有些使用属于非商标意义上的使用，并不构成商标侵权。而有时，人们对商标近似或商品、服务类似的认定也会发生分歧，商标侵权与否的界限并不清晰，当事人难以自行协商解决而只能诉至法院，由此也导致网络商标侵权案件数量的增多。

（二）案件调解难度较大，通过判决确定权利边界的比例高

相较传统线下商标侵权案件，网络商标侵权案件的调解难度普遍较大，大部分案件需要以判决方式定纷止争，双方更希望通过刚性裁判而非柔性的调解来界定侵权与否的边界。之所以出现这种情况，原因主要有三个方面。

1. 涉网案件总体法律问题较为复杂，当事人难以对结果稳定预期

如关键词竞价是否构成商标性使用、App 应用名称的服务类别如何判断、团购网站是否尽到注意义务并及时采取必要措施等问题较为专业，对于是否构成侵权、侵权责任如何承担有重要影响，往往需要

---

① 如 2015 年“微信”商标异议复审一案广受社会关注。微信 App 虽然坐拥 11 亿用户，但创博亚太（山东）公司在 2010 年 11 月率先在第 38 类计算机终端通信服务类别上注册了“微信”商标，该案一审法院以社会公共利益为由驳回了创博亚太（山东）公司的起诉，目前仍在二审审理中。2014 年年底，陌陌科技公司在向美国证券交易委员会（SEC）递交 IPO 申请之际，杭州一家婚恋交友网站以其在第 45 类“社交陪伴、交友服务”上注册“陌陌”商标为由，将陌陌科技公司告上法庭。此外，以女性健康为主打的“西柚”App 也因接到他人主张商标侵权的律师函，而将应用名称改为了“美柚”。

② 李琛：《名教与商标保护》，载《电子知识产权》2005 年第 5 期。

运用专业司法技术来明确双方权利和行为边界，而双方对此又缺乏笃定的预期，为追求各自利益最大化，互不妥协，宁愿等待判决也不愿通过调解解决问题。

2. 商标指示商品和服务来源，对商业利益及经营策略影响巨大

在网络环境下，商品、服务在全球范围内广泛流通。商标的权属认定、侵权构成、损害赔偿等问题，不仅涉及前期商业投入能否收回、市场占有份额的变化，更涉及双方商业策略的安排及市场和相关公众对双方商誉的是非评价。因此，在巨额商业利益的诱惑下，即便发生纠纷，双方亦不会轻易放弃业已占有的商标资源，而更倾向于厮杀到底、背水一战。

3. 网络侵权成本低、收益高，经济计算使得当事人愿意“以时间换市场”

网络商标侵权行为的隐蔽性强、成本低，被发现并被追究责任的比例较低，而与之相反，侵权收益却很高。同时由于诉讼时间较长，较之调解后需立即停止侵权、赔偿损失而言，侵权者更希望通过时间上的拖延以获取更多的法外利益。这种情况在手机游戏、团购、App侵权等案件中表现尤其突出。[①] 较低的成本和高额的获利预期，使得侵权人不愿调解，更愿意经历一、二审而获取侵权红利。这更突显了网络商标侵权案件中，诉前、诉中行为保全的重要性。

（三）仿冒行为表现多样，C2C、O2O商业模式中纠纷多发

与传统线下交易在商品或服务包装上使用商标不同，网络商标使用行为呈现多样化、类型化特点，在网站、PC端软件、搜索引擎、电子商务平台、手机App、游戏中均有商标侵权案件的发生。近年来，涉及C2C[②]、O2O[③] 商业模式的案件数量增加明显，具体表现为第三方销售平台中的商标使用行为，如在淘宝和窝窝团等团购网站、App应用平台中的商标使用行为。而涉及B2C[④]、B2B[⑤] 模式的商标侵权案件则相对较少。其原因有两方面。一方面，网络商标使用形态与同一时期网络技术及网络产品的发展密不可分，某一新产品或服务的出现和上线运行，必然伴随着相应的商标使用行为，而某些商业模式本身的特点、参与主体、行为方式、信誉程度，决定了其商标侵权的风险相对较高，由此导致一定时期内该种商业模式中的商标侵权案件较为多发。另一方面，在C2C、O2O商业模式中，市场准入门槛较低，个人、小型企业多采用该种模式，而该类群体的商标意识、法律意识显然较差，商家众多而平台的注意义务有限，导致商标仿冒、销售假冒商标商品的纠纷多发。而在

---

① 游戏产业目前在我国发展迅速，据中国音像与数字出版协会游戏出版工作委员会发布的《中国游戏产业报告》显示，2015年上半年我国游戏市场的实际销售收入达496.2亿元，游戏用户达4亿。游戏的开发成本高，而山寨游戏成本则极低。据悉，研发团队开发一款游戏往往耗时费力，开发费用通常达千万，而山寨一款游戏的成本仅为开发成本的零头，得到的利润却可能是山寨成本的数倍之多。商标侵权行为多持续一天就意味着更多的收入，故涉及网络游戏的案件很少能调解。而对于团购中的商标侵权而言，具有时效性强、体量较大的特点，晚下线一天的收益就非常可观。

② C2C即个人与个人之间的电子商务模式，典型的如淘宝网、拍拍网、易趣网等，个人可以在其上开设店铺向其他个人消费者提供商品或服务。

③ O2O模式指将线下的商务机会与互联网结合，让互联网成为线下交易的平台。早期的O2O模式如团购网站，与B2C、C2C不同，O2O模式更侧重于服务性消费，如餐饮、电影、美容、旅游等，而B2C及C2C则更侧重于购物。此外，O2O的消费者到现场获得服务，涉及客流；而后者则等货上门，涉及物流。

④ B2C模式即“商对客”的电子商务模式，即企业直接面向消费者销售产品和服务的商业零售模式。这种形式的电子商务一般以网络零售业为主，主要借助于Internet开展在线销售活动。如京东商城、唯品会、苏宁易购、当当等即采用该种模式。

⑤ B2B是指进行电子商务交易的供需双方都是商家（或公司），它们使用互联网的技术或各种商务网络平台完成商务交易的过程。

B2C、B2B 模式下，商家准入的审核和日常监管则更为严格，商标侵权行为相比之下自然较少发生。

（四）新类型案件不断出现，执法尺度亟待统一

随着“互联网 +”战略的提出，大批创业者纷纷加入竞争本就激烈的互联网行业中。商业模式的线上“新玩法”，使得 App 名称、游戏侵权等新类型案件层出不穷，给法官提出了法律适用上的更多挑战。这类纠纷的妥善处理，要求法官不仅要遵循传统的商标侵权构成理论，还必须充分考虑“互联网 +”背景对传统商标分类制度的冲击，案件审理难度较大，司法裁判规则的确立对处理同类型案件也具有较强示范作用。而涉及搜索引擎竞价排名、电子商务平台商标侵权的案件，虽已争论多年，但学界和司法界对搜索引擎关键词推广服务的性质、初始混淆规则、间接侵权的认定标准等仍存在争议，导致实践中执法尺度不一的情况时有发生，亟待进一步研究和解决。

（五）牵涉领域广泛，游戏及网络金融领域侵权问题凸显

网络商标侵权案件所涉领域范围较广，不仅包括日常生活中的购物、娱乐、旅游、美食等领域，亦开始涉及理财、融资、信贷等金融领域。2015 年以来，海淀法院受理了多起涉及网络游戏仿冒、侵犯商标权及不正当竞争的案件，[①] 由此可以预测，游戏产业日后可能成为侵权案件的重灾区。而自 2014 年上海陆家嘴金融交易所被他人在苹果 App Store 中仿冒占坑引发商标纠纷以来，2015 年海淀法院也受理两起涉及互联网金融理财的 App 应用名称仿冒“小米”商标的案件。[②] 与生活类 App 不同，金融类 App 借助互联网互通互联、资金周转速度快、面向人群庞大等特点，短时间内可以迅速吸纳散户资金，一旦发生商标侵权仿冒，极易引发群体性纠纷和金融风险，必须加以重视。

（六）法定赔偿确定判赔数额比例较高，诉讼禁令适用率低

调研发现，在网络商标侵权案件中对被告侵权判赔数额的确定问题上，海淀法院有高达 97% 的案件是通过法定赔偿方式酌定的，且判赔数额普遍不高，多数为 5 万元以上 20 万元以下，少量案件仅判赔几千元。在这些案件中，有个别案件，因商标权人申请进行了证据保全，法院调取到了侵权人的支付宝交易数据、淘宝销售信息，确定了高达数百万元的损害赔偿额。[③] 这充分显示了网络商标侵权案件中，法院在损害赔偿数额上的确定方面存在一定的困难，而正是因为原告的举证不能或怠于举证，才导致法院不得不大量适用法定赔偿方法，这也凸显了原告在特定情况下申请法院进行调查取证的必要性。调研发现，在此类案件中，申请法院颁布诉讼禁令裁定被告先行停止商标侵权行为的案件数量仅为 2 件，法院颁发禁令的仅为 1 件，原告消极申请禁令的态度以及法官对禁令颁布的过于审慎，加上判赔数额较低而难于弥补权利人损失或惩戒侵权人，也在客观

---

① 如北京市海淀区人民法院（2013）海民初字第 27744 号民事判决书所涉“口袋梦幻”游戏侵害著作权、商标权及不正当竞争纠纷，正在一审审理中的（2015）海民（知）初字第 18558 号威尔乌集团起诉中清龙图公司、莉莉丝公司“刀塔传奇”游戏侵犯商标权及不正当竞争案等。

② 北京市海淀区人民法院（2015）海民（知）初字第 36304 号、第 36605 号案件，尚在一审审理中。

③ 通过对我院近五年来商标侵权案件判决的统计，我们发现仅有一起案件，法院因调取到了被告的支付宝交易数据，认为涉案侵权行为给被告带来的非法获利及给原告造成的经济损失应远超原告的索赔数额，全额支持原告的诉讼请求，判决被告赔偿经济损失及合理支出 200 万元。参见北京市海淀区人民法院（2010）海民初字第 1438 号民事判决书，二审维持原判。

上纵容了网络商标侵权的泛滥。

三、涉网商标侵权案件的突出法律问题

通过对涉网商标侵权案件的类型化研究和梳理，我们认为以下问题有待进一步研究和探讨。

（一）类型化侵权行为所涉法律问题

1. App 应用名称商标侵权问题

App 应用名称的商标侵权行为，主要表现为在相同或类似服务上使用与他人注册商标相同或近似的应用名称，并存在致使相关公众发生混淆的可能性。App 应用名称作为经营者意在区别商品或服务来源的标识，容易被不当利用而构成商标侵权。调研发现，目前此类案件所涉法律争议主要集中在以下方面。

（1）商标性使用问题

在 App 应用名称被诉商标侵权案件中，经营者对应用名称的使用是否属于商标性使用问题，往往成为双方的争议焦点。应用名称并非自始、当然具有区分服务来源的作用，因其含义不同，往往存在有无显著性及显著性强弱的不同差异，故并非每个被控侵权的应用名称均能构成商标性使用。通常认为，对商标性使用的认定必须考虑该商标是否起到了区别商品、服务来源的作用。这方面的典型案例当属新浪拍客 App 被诉侵犯他人商标权的案件。[①] 该案中，原告在第 9 类（包含计算机程序）商品上注册了“拍客”商标，被告将其作为应用名称用于新浪拍客 App 中。一、二审法院均认为，被告使用“拍客”一词的意图并不在于区别服务来源，真正发挥区分服务来源作用的系名称中的“新浪”一词，“拍客”在此所发挥的作用仅在于描述该款 App 的实际用途，指称该款 App 的功能在于供用户随时随地记录生活内容并将其上传至网络空间与他人进行交流分享，故被告对“拍客”一词的使用仅属于描述意义上的使用，其使用方式亦不会造成混淆，不构成商标侵权。

（2）App 应用所属服务类别的判断

手机 App 的开发过程集合了移动互联、网络通信、计算机程序开发等多种技术，尤其采用 O2O 经营模式的 App，其服务往往需要多方主体相互配合，才能实现客户终端的用户体验。由于完成用户体验所必不可少的一个环节就是网络计算机软件操作，因此与传统服务类别的区分不同，在判断 App 应用提供服务的类别时，经常会发生技术开发、中间环节、最终服务各环节中服务类别的交叉与重合。故对 App 服务类别的判断，需要在传统服务类别判断规则的基础上有所突破，充分考虑 App 提供服务的过程和特点。由于任何一款 App 的外在载体均为计算机应用程序，且每款 App 的运行均难以脱离网络、通信等技术服务，因此用户对两款 App 进行区分的标准，并不在于该 App 采用了何种开发技术，而在于其所提供的服务内容、服务对象、服务方式是否不同。故 App 应用名称并非均会构成对他人在第 9 类商品上商标专用权的侵犯。因此，对 App 服务类别的确定，应当以其提供的最终服务内容、服务目的、服务对象为判断依据，而不能将某项服务的使用者与提供者进行捆绑并混为一谈，同时必须考虑混淆的可能性。这里的典型案件是滴滴打车 App 被诉商标侵权案。[②] 该案原告先于被告在第 35 类、38 类上申请注册了“嘀嘀”“滴滴”文字商标，被告其后上线了名为“嘀嘀打车”的 App，而

---

① 参见北京市海淀区人民法院（2014）海民初字第 14715 号民事判决书、北京知识产权法院（2015）京知民终字第 00114 号民事判决书。

② 参见北京市海淀区人民法院（2014）海民（知）初字第 21033 号民事判决书，一审生效。

后更名为“滴滴打车”。法院在该案中明确了App服务类别的判断规则，并提出在互联网环境下，因传统行业开始借助移动互联和通信工具等开发移动应用程序，故在划分商品和服务类别时，不应仅因其形式上使用了基于互联网和移动通信业务产生的应用程序，就机械地将其归为此类服务，而应从服务的整体进行综合性判断。该案体现了法官对“互联网+”背景下线上与线下服务的密切结合给传统商标分类制度带来的冲击的思考，具有很好的借鉴和示范意义。

（3）App应用名称混淆可能性的判断

商标的本质是其区分功能，混淆可能性是判断是否构成商标侵权的落脚点。在判断对App应用名称是否造成了混淆可能时，除需要考虑商标与App名称的近似性、商品或服务类别的类似性，还需要考虑注册商标的显著性程度，注册商标的显著性越高，造成混淆的可能性就越大，反之亦然。另外，被诉侵权人对应用名称的使用意图及使用情况，也是需要着重考虑的因素。如果被诉侵权人在他人注册商标之后，抢先将商标作为应用名称进行使用，或明知他人已经注册了商标而执意使用，则可推断被诉侵权人存有混淆的主观故意。而在前述“滴滴打车”被诉商标侵权一案中，被告虽然在原告商标申请之后、核准之前上线运行了“滴滴打车”，但经过使用已获得较高的知名度和公众认可。而原告并未在其核准注册的服务类别上使用涉案商标，反而在被告App获得知名度后意图开展与其类似的车主通项目，故法院认定被告并不具备主观恶意，相关公众也不会发生混淆，不构成侵权。

（4）App平台的商标侵权注意义务

应用商店中的App名称侵犯他人商标权，应用商店在怎样的情况下承担间接侵权责任？2014年11月，平安集团旗下的互联网金融平台在美国起诉苹果公司侵犯商标权，[①] 起因是苹果应用商店拒绝下架假冒陆金所的App应用。我们认为，按照流程，新上线App必须通过苹果应用商店的审核后才能发布。对于苹果应用商店是否构成帮助侵权，必须考虑其控制能力、是否对App进行了编辑、整理和排名而当然“应知”、免责声明是否有效、收到投诉后是否及时下架处理等因素来综合判断，充分考虑利益均衡、合理预防原则。

2. 竞价排名关键词商标侵权问题

调研发现，有关竞价排名关键词商标侵权案件主要涉及以下问题。

（1）将他人商标作为搜索关键词是否属于商标性使用

①理论分歧。正如前文所述，是否属于商标性使用是判断商标侵权的前提条件。对将他人商标作为搜索关键词进行竞价排名是否属于商标意义上的使用，理论界和实务界存在不同认识。其中，理论界的观点可总结为交流工具说[②]、混淆说[③]、指示说[④]及肯定说[⑤]四种学说，又可归纳为否定说和肯定说两种。否定说完全否定了该种行为构成商标性使用的可能，认为将他人商标作为关键词，目的仅在于传递思想、表达观点或将自身信息通过搜索引擎传递给消费者，并非用于指示商品或服务来源。

---

① 《苹果应用商店出现假冒　App陆金所起诉苹果公司》，载《北京晨报》，2014年11月13日。

② 邓宏光、易健雄：《竞价排名的关键词何以侵害商标权——兼评我国竞价排名商标侵权案》，载《电子知识产权》2008年第8期。

③ 陈晓俊：《商标竞价排名侵权认定的新思路——商标间接侵权原则的应用》，载《电子知识产权》2009年第4期。

④ 凌宗亮：《仅将他人商标用作搜索关键词的行为性质分析》，载《中华商标》2015年第9期。

⑤ 刘姝琪：《竞价排名中的商标使用行为》，载《中华商标》2014年第7期。

肯定说分为完全肯定说和部分肯定说，完全肯定说认为搜索引擎关键词本身就是为了指示和定位某一特定信息，搜索某一商标的目的就是为了找寻其所标识的特定商品或服务，因此只要造成了相关公众的混淆，就构成商标性使用。而部分肯定说则将关键词的使用分为是否在网页标题、描述及链接中使用了关键词，并认为只有在标题和网页简介中显示了关键词的情况下，才能认定对关键词的使用构成商标性使用。

②实践共识。在司法实践中，因多数案件属于侵权人在以他人商标为关键词进行竞价的同时，在链接网页的标题、描述中亦使用了原告商标，故法院多认定为商标性使用，但对这一问题的认识仍需把握两个方面。第一，对相关公众的理解。在搜索引擎竞价排名案件中，因对商标的使用尚处于关键词推广阶段，尚未发生商品的营销或流通，故此处的相关公众并非指该商标核定使用商品或服务类别所对应的全部消费者或与营销有关系的经营者，亦非普通意义上的网络用户，而应是以该关键词实施搜索行为的该部分网络用户。故对关键词的使用是否发挥了商标区别商品或服务来源的作用，应以该部分群体为判断主体。第二，相关公众对该关键词的认知。对该关键词的使用是否构成商标性使用，取决于该关键词能否发挥区别商品或服务来源的作用，即使用关键词进行搜索的用户是否对该词有商标意义的认知。如网络用户对相关关键词进行搜索并非基于对该词属于商标的认知，而是将其作为其他含义进行搜索，则该关键词并未发挥商标作用，亦无从谈及商标性使用。另一种情况则是仅以他人商标为搜索后台选定的关键词，在搜索页面标题、介绍中均不出现，当用户点击该关键词对应的链接时，页面直接跳转到与被诉侵权人有关网站的情况。此时原告选择主张不正当竞争的情形较多，但在商标侵权案件中法院倾向于认定为不构成商标性使用。[①] 有的判决中法院认为，只要设置的推广链接对其商品来源和相关信息作出了清楚而不引人误解的描述，就不会造成相关公众混淆，不构成商标侵权。司法实践中，由于该种行为仍然符合不正当竞争行为的构成要件，因此多通过反不正当竞争法去解决。

（2）搜索引擎服务提供商提供服务的性质

目前绝大多数判决认为，搜索引擎服务商提供的是基于搜索引擎技术的网络推广服务，本质上仍为信息检索服务。[②] 因竞价排名不仅涉及商标侵权纠纷，随着推广范围的扩张和竞价主体的增多，在被推广网站系钓鱼网站、挂马网站的情况下，亦有可能发生侵犯他人人身、财产权利的情况，故在近年的判决中，有法院将搜索引擎服务商提供的服务定性为广告服务[③]，认为推广服务与纯粹基于信息定位服务的自然搜索服务存在区别。就此，我们认为，虽然参与竞价排名的网站链接确有介绍产

---

① 参见北京市第一中级人民法院（2011）一中民初字第9416号民事判决书、北京市高级人民法院（2013）高民终字第1620号民事判决书。法院认为，将相关文字设置为推广链接的关键词系在计算机系统内部操作，并未直接将该词作为商业标识向公众展示，不会使公众将其识别为区分商品来源的商标，不属于商标性使用。

② 在本次数据采集到的我院所有涉竞价排名案件的判决书，全部认定了搜索引擎服务提供者仅提供了信息检索技术服务。

③ 参见北京市第一中级人民法院（2013）一中民终字第9625号民事判决书。但也有判决认为百度公司的行为属于提供信息检索服务的网络服务提供者，“百度公司系百度网 www. baidu. com 的经营者，用户通过百度网进行网络推广服务时，自行注册并选定关键词进行推广服务，用户自行决定被链接网站的排名顺序及展现方式。对于被链接的网站信息亦由用户自行调整和控制，这一调整和控制的行为不受百度公司监督，事实上百度公司也不可能对为数庞大的推广网站进行逐一排查。”参见北京市第一中级人民法院（2014）一中民终字第3208号民事判决书。

品或服务的广告性质，[①] 但这些广告并非由竞价排名服务的提供商所发布，搜索引擎网站也不直接提供超出链接外的其他任何信息，被链接的参与竞价排名的网站上才有完整的广告内容，它们才是真正的广告发布者，故仍应认为竞价排名服务提供商的行为是基于网络搜索引擎技术的信息搜索服务。

（3）搜索引擎服务提供商的责任

通说认为，在谷歌、百度、搜狗搜索引擎服务提供商并未直接向竞价者提供关键词的情况下，仅存在其是否构成间接侵权的问题。[②] 司法实践中，对搜索引擎服务商如何承担责任问题确立了以下规则：第一，搜索引擎服务商对他人参与竞价的关键词不负有事先、主动审查义务，仅对违反法律规定的敏感词汇进行事先过滤；第二，搜索引擎服务商需要自行提供证据证明已尽到必要的提示、告知义务，如网站中是否有必要的知识产权条款、是否有畅通的侵权通知机制等；第三，在接到权利人通知后需及时删除涉嫌侵权信息，避免损害结果进一步扩大；第四，对于将具有很高知名度的商标作为竞价排名的关键词，搜索引擎服务商需承担更高的注意义务，若其未进行必要过滤，可能推定其应当知道涉案关键词构成侵权；第五，搜索引擎服务商不应为他人参与竞价进行关键词推荐，如存在主动推荐关键词的行为，可能推定搜索引擎服务商对侵权行为“明知”或“应知”。

3. 电子商务平台的商标侵权问题

近年来，以淘宝、天猫、京东、苏宁易购、唯品会等为代表的电商平台迅速发展，而其中的商标侵权现象也屡见不鲜。围绕电商平台的商标侵权问题，主要有以下难点。

（1）电商平台的侵权责任形态

电商平台应承担的责任形态由其提供服务的性质决定。电商平台的服务包括四种类型：一为自营服务，即由电商自行向消费者提供线上的商品和服务，并以快递方式送达消费者，由消费者直接向电商支付费用，如苏宁易购、国美在线均提供自营商品的销售服务；二为联营服务，表现为平台根据与第三方的线上协议，从第三方销售商品中获得利益分成，如唯品会、天猫；三为仅提供在线销售平台，即电商本身不参与销售，仅为第三方提供销售信息的发布、支付、物流等服务，如淘宝；四是混合服务，如京东商城，目前除京东自营服务外，还提供联营等服务。依据电商平台提供服务性质的不同，其应承担的责任亦有所差异。

第一，直接侵权责任。提供自营、联营服务的电商应承担直接侵权责任。电商平台提供自营服务在被诉商标侵权时，在其无法证明销售商品有合法来源且主观无过错的情况下，应当承担直接侵权责任。联营服务多指电商与第三方商家之间存在合作销售、利润分成等合作关系。如在高坤诉京东叁佰陆拾度公司、京东贸易公司、

---

① 有法院认为竞价排名本身构成商业广告，竞价排名帮助客户的网站扩大了被用户发现的潜在机会，也就等于扩大了客户的商品或服务的宣传力度。竞价排名是技术和商业共同作用的产物，已经不是单纯的搜索技术，因此不能以技术为由否定其广告的商业作用，参见李自柱：《搜索引擎服务商提供关键词竞价排名服务的侵权责任及法律基础》，载《电子知识产权》2011 年第 1 期。

② 有学者认为搜索引擎服务商应当援引技术中立原则而被豁免侵权。我们认为，技术中立原则并不适用于搜索引擎竞价排名的情况，因技术中立主要指向公众提供了主要用途为非侵权用途的商品，通常情况下，提供者无法控制他人是否利用该商品实施侵权行为。而搜索引擎竞价排名服务提供者在某些情况下显然能够判断或知晓他人是否利用搜索引擎竞价排名服务实施侵权行为，故不能援引技术中立原则对搜索引擎服务商的责任进行一概豁免。

中海云天公司侵犯商标权纠纷一案[①]中，京东贸易公司在提供配送、收款服务时，一并提供仓储服务并按照销售毛利一定比例向中海云天公司收取费用，而中海云天公司负责向京东贸易公司提供涉案婴儿服商品，双方就涉案商品的销售定期结算。法院据此认定二者存在合作关系，构成共同侵权。倘若平台仅提供代收货款、运输、仓储等服务而未参与商品销售，亦未从中获得利益分成，则不属于直接侵权。

第二，间接侵权责任。电商承担间接侵权责任，包括帮助侵权的连带赔偿责任、就损害扩大部分应承担的连带赔偿责任。在电商仅提供在线销售信息平台、不参与实际销售及利润分成的情况下，也可能因存在过错而承担侵权责任。前者需考虑电商是否"明知"或"应知"第三方商家利用其网络服务实施侵权行为而未采取合理措施，后者则要考虑在权利人发送有效通知后，电商是否及时采取删除、屏蔽等措施，否则需就损害扩大部分与第三方商家承担连带责任。

（2）电商平台间接侵权的主观过错判断

电商平台对平台经营者的资质应当进行必要的事先审查，但对其并未参与销售、分成的商品是否存在商标侵权行为并不负有事先的主动审查义务。但当有确切证据能够证明电商平台存在应知或明知他人利用其平台实施侵权行为时，其仍要承担责任。调研认为，电商平台的"明知"或"应知"应包括如下方面：①电商平台基于自身应具备的管理信息条件、经营能力及技术可能性，未采取任何预防侵权措施及相应合理措施；②被控侵权交易信息位于网站、栏目首页或网站页面明显可见位置；③电商平台通过人工或者自动方式对被控侵权交易信息采取了编辑、选择、整理、排名、推荐或修改等；④权利人的通知足以使电商平台知道被控侵权交易信息或交易行为通过其网络服务进行传播或者实施；⑤电商平台针对相同网络卖家的重复侵权行为或同一侵权信息并未采取相应合理措施；⑥被控侵权交易信息中存在明确表明未经商标权利人许可的网络卖家自认；⑦以明显不合理价格出售或提供知名商品、服务；⑧电商平台从被控侵权交易信息的网络传播或交易行为中直接获得经济利益；⑨电商平台知道被控侵权交易信息或交易行为侵害他人注册商标专用权的其他因素。如在呷哺呷哺公司诉窝窝团公司、石家庄呷哺公司侵犯商标权一案中，法院认为窝窝团公司作为团购网站，注意义务应限制在合理范围内，其对石家庄呷哺公司的经营资质、商品等进行了一定审核，并在收到起诉书后及时下线，已尽合理注意义务，不承担赔偿责任。[②]

（二）网络商标使用之免责、免赔情形

如前文所述，并非所有的商标使用都要承担商标侵权损害赔偿责任。司法实践中，常见的网络商标使用免责、免赔情形主要有以下三种。

1. 在先使用的判断标准

商标法第五十九条第三款规定了商标在先使用的问题，[③]即如使用人能够证明其在商标注册权利人之前已使用了商标，且该使用已具有一定影响，可豁免商标侵权责任。一般认为，使用人需要符合以下四

① 参见北京市朝阳区人民法院（2012）朝民初字第20257号民事判决书。

② 参见北京市海淀区人民法院（2013）海民初字第11362号民事判决书，二审维持原判。

③ 商标法第五十九条第三款规定，商标注册人申请商标注册前，他人已经在同一种商品或类似商品上先于注册商标人使用与注册商标相同或近似并有一定影响力的商标，注册商标专用权人无权禁止该使用人在原使用范围内继续使用该商标，但可要求其附加适当区别标识。

方面要件。①使用时间必须在权利人申请注册商标之前，而非商标核准注册之日。②构成商标意义上的使用。即该使用必须面向社会公众，与具体商品或服务相结合，起到区分商品或服务来源的作用。③具有一定影响力。即相关商标具有一定的持续使用时间、区域、销售量或广告宣传等，从而使一定范围内的公众知晓该商标，进而对商品来源加以区分。④附加适当标识。即便使用人使用他人注册商标，符合在先使用并具有一定影响力的法律要件而被豁免侵权，但基于防止混淆的立法目的，在权利人要求的情况下，使用人仍负有附加区分标识以防止混淆的法律义务。典型案例如海淀法院审理的李育武等诉欧莱雅公司、百度公司侵犯商标权案。该案中，原告抢注了契尔氏商标，欧莱雅公司在百度推广中使用契尔氏作为关键词，法院考虑到互联网互联互通的情况和欧莱雅公司在台、港以及大陆网上对契尔氏商标的使用情况，认定欧莱雅公司的使用属于在先使用，不会引起相关公众的混淆，并据此驳回了原告的诉讼请求。[①]

2. 正当使用的判断标准

商标法第五十九条[②]规定了商标的正当使用。正当使用需满足客观上属于描述性使用、主观上具有善意使用意图，且使用行为未超过合理限度的要件。具体包括三个方面。①描述性使用。即注册商标应当为商品的通用名称、图形、型号，或者用以描述商品的质量、主要原料、功能等特点或为地名。②善意使用。使用人的使用意图须为善意，若使用人虽意在描述其商品或服务特征，但存在明显搭便车、傍名牌、意图使公众对商品来源产生混淆的故意，则不构成正当使用。③使用方式合理。即使用人对商标的使用不能超过合理限度。是否具备合理性，可以从商标使用的具体方式上判断，如是否与自有商标一同使用，以将自有商标作为区别来源的标识；在使用地名时，是否明确标注了来源产地，而非以较大字号突出显示地名，以造成与他人的地名商标相混淆等。当然，网络商标使用方式的合理性问题，还需要考虑网络用户的消费习惯，以此判断是否存在混淆的可能性。如东阿阿胶公司曾起诉姿美堂公司在京东商城销售商品时使用“东阿阿胶”字样进行宣传侵犯了其商标权，一、二审法院均认为姿美堂公司在网站标题中对东阿阿胶文字的使用系对商标中描述性信息的正当使用，不会造成混淆，不构成商标侵权。[③]

3. 此前三年未实际使用的判断标准

为防止权利人注册商标后弃之不用导致商标资源长期闲置，商标法规定了连续三年停止使用撤销制度，同时亦增加了三年内未使用商标不予赔偿的制度。[④] 自商标法修正以来，该条已成为被控侵权人经常使用的抗辩理由之一。对此，我们认为，对该条规定的理解需把握以下几个要点。①被控侵权人需提出未使用的抗辩。②“此前三年”指权利人提起诉讼前的三年，起算点是自权利人向法院提起诉讼之日起向前推算三年。③在法院要求权利人

---

① 参见北京市海淀区人民法院（2013）海民初字第21683号民事判决书，北京市第一中级人民法院（2014）一中民终字第03262号民事判决书。

② 商标法第五十九条规定，注册商标中含有的本商品的通用名称、图形、型号，或者直接表示商品的质量、主要原料、功能、用途、重量、数量及其他特点，或者含有的地名，注册商标专用权人无权禁止他人正当使用。

③ 参见北京市海淀区人民法院（2014）海民（知）初字第26212号民事判决书，二审维持。

④ 商标法第六十四条规定，注册商标专用权人请求赔偿，被控侵权人以注册商标专用权人未使用注册商标提出抗辩的，人民法院可以要求注册商标专用权人提供此前三年内实际使用该注册商标的证据。注册商标专用权人不能证明此前三年内实际使用过该注册商标，也不能证明因侵权行为受到其他损失的，被控侵权人不承担赔偿责任。

提供证据的情况下，权利人需向法院提交其在此前三年内实际使用的证据，该实际使用行为需要满足公开、真实、合法使用的条件。④造成其他损失。在权利人无法证明三年内实际使用的情况下，如其无法证明被控侵权人的行为给其造成了其他经济损失，被控侵权人则无须进行赔偿。⑤仅限于对赔偿责任的豁免，被控侵权人无须赔偿权利人经济损失，但仍需承担停止侵权的责任。

四、涉网络商标侵权案件的风险预测与应对建议

目前，互联网经济的飞速发展及商业模式的加速转变，在给企业带来更多发展机遇的同时，也激发了更多的商标侵权行为。在“互联网+”的背景下，互联网技术与传统经济的日益结合、商业模式的推陈出新，导致网络环境下的商标纷争已不再是简单个案中的利益冲突，其背后隐藏着更深层次的商业逻辑与法律逻辑的碰撞。结合对本次调研中所涉案例的分析及对互联网发展趋势的把握，我们试对未来网络商标侵权案件可能的发展趋势、法律风险进行预测，以供广大互联网公司及创业者参考，并尝试提出法院的应对策略。

（一）App应用和微信公众号的假冒问题及其应对

随着各种服务类App应用及微信公众号的普及，这两类产品面临着被仿冒的极大风险。而目前两类产品的准入门槛较低、无须实质审核即可上线运行，而不少App、微信公众号上标注的经营者仅为拼音人名或英文简称，准确性、指向性很差。一般而言，对App和微信公众号经营者的确定有两种途径：产品中标注的经营者信息及平台中登记备案的信息。在目前产品标注信息模糊、平台对经营者信息审核备案不严的情况下，一旦发生侵权，法院首先面临的是经营者难以确定的问题。本文建议从以下方面加强监管及处置：①设置App及商业类微信公众号的登记备案制度；②平台要严格审核准入制度，事先审核经营者身份证件、工商材料等，只有用户上传的身份证明与相关政府机关的数据库核对一致的情况下，相关App、公众号才可上线运行；③对有商标侵权嫌疑的App及公众号及时作出下线、通知担保或反担保等处理。

（二）互联网金融平台的傍名牌问题及其应对

随着互联网金融的飞速发展，越来越多的金融平台对O2O运营模式青睐有加。[①]互联网金融产品的优势在于充分运用网络的融资便捷性，具有较高的投资回报率，但网贷征信体系的先天不足及信用认证的不完善所引发的产品信用风险不容忽视。而网络金融产品一旦搭上知名商标的便车，容易造成社会公众对服务来源的混淆或误认并基于对名牌的信任参与到融资之中，进而引发大范围的金融风险。因此我们建议对金融产品的上线，平台应具有更高的审核注意义务，不仅要严格进行开发者、运营者资质的审核，更要对金融App应用名称是否存在傍名牌的侵权可能性承担更大的注意义务，在接到通知后及时采取必要措施，同时，相关金融主管部门必须切实加大对此类App的监管力度。

（三）C2C模式下电子商务平台假冒商品泛滥问题及其应对

C2C模式下的电子商务平台上充斥假冒商标商品的情况一直屡禁不止，在大部

---

① 如2015年，中融民信除了在其旗下互联网金融P2P平台民信贷中采用O2O模式之外，还构建了互联网金融O2O模式的第二大业务——民信金融超市。该种模式使用P2P线上完成筹资，通过互联网获客优势引入投资人流量，线下完成借款人的开发以及信用审核。

分案件中，电子商务平台都未被判决承担赔偿责任，但也有平台曾因审查不严而受到惩处。[①] 不容忽视的是，有时平台对于恶意的商标侵权投诉难以有效识别，容易产生误伤合法经营者的情况。我们认为，虽然法院可在司法层面就个案来认定平台的过错及侵权责任，但仅靠个案诉讼的方式确实难以解决电商平台假冒商标泛滥的问题，C2C 模式的特点导致电商平台确实存在操作层面的极大困难。因此，本文建议尝试通过技术手段来促进问题的解决，如采取价格过滤机制、大数据分析诚信记录等方式来提高对商标侵权行为监控的准确性、及时性。虽然价格过滤机制的设立存在价格设定区间不好确定的困难和错杀的可能性，大数据分析诚信记录方式亦可能产生一定误判，但毕竟相关技术手段的探索和完善需要一个过程，而技术手段可能成为预防、制止商标侵权的有效方法和发展方向。同时，建议引入正品保险制度，即由电商平台与保险公司合作，引导商户参与投保，在商户因售假被投诉后，保险公司相应提高商户投保金额，以经济手段增强不诚信商户的经营成本。

（四）网络商标侵权判赔数额、诉讼禁令问题及其应对

前面我们提到，绝大多数网络商标侵权案件都是法官通过法定赔偿方式来酌定判赔数额的，且判赔数额不高，无法有效保护商标权人的利益。而这种现象的发生根源在于原告的举证不能，因此权利人必须增强举证意识、提高举证能力，在必要时申请法院调查取证。而法院对于原告提出的合乎条件的证据保全申请，应及时作出保全措施或履行调查取证职责。另外，通过法院颁发诉讼禁令的方式，可有效减少侵权人恶意拖延诉讼的现象，破坏其“以时间换市场”的策略，更好地保护商标权人。今后，法院需要在调查取证、证据保全、提高侵权判赔标准、颁发行为禁令方面迈出更大的步伐，以切实加强知识产权保护力度。

五、结语

互联网的发展带动了网络产品和商业模式的革新，也带来了网络环境下企业对知识产权的争夺和抢占。商标作为凝聚经营者商誉的重要知识产权资源，在互联网环境下更是成为企业竞争和防御的有力武器。在现有网络环境下树立商标品牌、防止商标侵权、减少商标纠纷，将是未来国内互联网企业竞争的不二法则。在“大众创业、万众创新”的背景下，无论是创业者还是司法者，都需要认识到商标侵权的法律风险——对权利人造成的损害，对消费者利益造成的损伤，对竞争秩序造成的破坏，更给创业者的投资埋下了巨大隐患。因此，广大互联网企业、创业者必须树立商标法律意识，健全商标战略，采取多种措施预防和避免网络商标侵权的发生。而作为司法者，法院亦需要通过判决合理界定商标侵权边界、适度提高侵权判赔标准、更多采取诉讼禁令以及就侵权风险发出司法建议等方式，在尊重、理解商业逻辑的同时，以法律逻辑规范商业逻辑，从而促进有序竞争，为互联网的繁荣发展提供更好的法律保障。

---

① 参见上海市浦东新区人民法院（2010）浦民三（知）初字第 426 号民事判决书、上海市第一中级人民法院（2011）沪一中民五（知）终字第 40 号民事判决书。

加强知识产权司法保护服务（天津）自贸区建设

——关于为天津自贸区提供司法保障的调研

天津市高级人民法院知识产权庭课题组*

中国（天津）自由贸易试验区（以下简称天津自贸区）[①]已于2015年4月21日挂牌成立。建立天津自贸区是党中央、国务院作出的重大决策。天津作为北方的国际航运中心、经济中心和新亚欧大陆桥东端起点，对“一带一路”的国内核心区域和相关国家具有较强的经济辐射与联动作用。虽然天津在20世纪90年代就建立了保税区，但在开放程度、功能设计以及监督管理等方面与自贸区存在着很大区别。故在自贸区如何营造国际化、法治化的环境，是法治建设一项重要内容，人民法院要为自贸区的建设和发展保驾护航，要为自贸区的改革和创新出谋划策。

目前知识产权已经成为和货物、服务贸易并列的世界贸易三大支柱，知识产权及其保护与国际贸易的关联日益紧密。由于自贸区独特的“境内关外”监管模式，对知识产权保护工作提出新要求，人民法院司法审判面临新挑战。故有必要调研天津自贸区知识产权案件面临的新形势和特点，深入分析其中存在的突出问题，研究解决之策。

一、自贸区知识产权保护概况

厘清自贸区的特定内涵，解析建立自贸区知识产权保护的国际国内背景，掌握自贸区知识产权保护历史使命是明确自贸区知识产权保护目标定位、服务自贸区健康发展的基础。

（一）自贸区的内涵

国际贸易规则中，自由贸易区的概念包括两层含义。一是Free Trade Area（FTA），是两个以上的主权国家或单独关税区通过签署协定，在世贸组织最惠国待遇基础上，相互进一步开放市场，分阶段取消绝大部分货物的关税和非关税壁垒，改善服务和投资的市场准入条件，从而形成的实现贸易和投资自由化的特定区域。其涵盖范围是全部关税领土。[②]另一种是Free Trade Zone（FTZ）[③]，即自由贸易园区，指在某一国家或地区境内设立的实行优惠税收和特殊监管政策的小块特定区域。其类似于海关合作理事会1973年订立的《京都公约》中的“自由区”，指缔约方境内的一部分，进入这一部分的任何货物，

---

* 课题主持人：原晓爽；课题组成员：黄砚丽、刘震岩、董声洋、张楠。

① 这里需要区分“自由贸易试验区”与世界贸易组织框架下“自由贸易区”的不同含义。参见本文第一部分关于自由贸易试验区的概念解读中的相关解释。

② 对于这一层含义的自由贸易区，迄今我国已与东盟、巴基斯坦、智利、新西兰、冰岛、瑞士等签署自由贸易协定，从而建立起了涵盖我方和对方全部关税领土（注：我方关税领土不含香港、澳门和台湾地区）的自由贸易区。

③ FTZ在国际层面并不是一种新现象，而是非常普遍的全球性实践。大概有135个以上的国家都设有各种形式的免税自由贸易区，形成了多达3500个FTZ。参见Susan Tiefenbrun：US Foreign Trade Zone，Tax－Free Trade Zones of the World，and Their Impact on the US Economy，Journal of International Business and Law，2013.

就进口税费而言，通常视为在关境之外，并免于实施通常的海关监管措施。[①]我国十八大之前伴随改革开放建立的经济特区、保税区、出口加工区、保税港、经济技术开发区等特殊经济功能区都具有自由贸易园区的某些特征，但并不完全对应。[②]2013年9月29日，中国（上海）自由贸易试验区正式挂牌成立，成为中国大陆成立的第一个实行特殊海关监管和贸易政策的自由贸易园区。2015年4月21日，天津、广东、福建自贸区挂牌成立。

（二）自贸区知识产权保护的国际背景

经济全球化背景下，以美国为首的发达国家总是希望通过国家贸易规则的构建实现发展本国经济的目的。发达国家已不满足于《与贸易有关的知识产权协议》要求的对知识产权保护和执法的最低标准，开始另辟道路构建国际知识产权保护新格局：一条道路是美国、日本和欧盟主导订立《反假冒贸易协定》（ACTA）[③]，全面提升国际知识产权保护水平；另一条道路是以美国为主导，通过建立《北美自由贸易协定》（NAFTA）、《跨太平洋伙伴关系协定》（TPP）、《跨大西洋贸易与投资伙伴协定》（TTIP）的双边和多边自由贸易区[④]，将ACTA规则纳入谈判内容，实现国际知识产权保护标准向《与贸易有关的知识产权协议》外转移的目的。

积极应对发达国家提高国际知识产权保护标准的体制转移[⑤]，为制定符合我国创新驱动发展战略的知识产权法律和政策当好改革领跑者，是自贸区知识产权保护肩负的历史使命。

（三）自贸区知识产权保护的国内背景

1. 创新驱动发展战略要求实行严格的知识产权保护制度

十八大明确提出“实施创新驱动发展

① 参见《商务部、海关总署关于规范“自由贸易区”表述的函》（商国际函〔2008〕15号）。

② 参见《商务部、海关总署关于规范“自由贸易区”表述的函》（商国际函〔2008〕15号）。

③ ACTA在序言部分明确制定该协议的前提是：有效的知识产权执法对于全球工业经济的持续增长是关键性的；假冒和盗版商品的激增以及分配侵权材料服务的激增，破坏了合法贸易和世界经济的可持续发展，导致了权利所有人和合法交易的重大的经济损失，并且在某些情况下，为严重威胁着消费者的有组织犯罪等提供了收入来源。因此，ACTA的目的主要包括三个方面：一是增强国际合作和更有效的国际执法打击假冒商标的商品和盗版商品的激增；二是补充《与贸易有关的知识产权协议》中关于知识产权执法措施而提供有效和适当的手段，同时考虑到缔约方各自法律制度和实践的差异，确保知识产权的执法措施和程序本身不会成为合法贸易的障碍；三是在解决侵犯知识产权问题的同时，包括发生在数字环境下的知识产权侵权，尤其是与版权与邻接权相关的，平衡相关权利所有人、服务提供商和最终用户的利益。参见衣书玲等译：《反假冒贸易协定》，载《电子知识产权》2010年第2期。

④ 随着美国在WTO中主导地位的逐渐丧失，美国开始在WTO外构建以北美自由贸易区为躯干，以TPP和TTIP为两翼的全球经济与政治布局，旨在继续主导新的国际贸易规则。而欧盟、日本等发达经济体因2008年国际金融危机，经济受到严重冲击，也希望通过外部市场环境的优化来促进内部矛盾的较快解决，并且试图通过区域一体化谈判，牢牢掌握科技迅猛发展、经济全球化不断增强为发达经济体带来的福利。TPP和TTIP等自由贸易区的秘密谈判和不断扩容，成为美欧等发达经济体重拾国际贸易谈判主导权，以《反假冒贸易协定》为蓝本，实现国际知识产权执法标准全方位提高的知识产权新战略。

⑤ 我国立法和司法实践与ACTA确定的国际贸易中知识产权保护的新标准还有不同之处，尤其是ACTA确定的超《与贸易有关的知识产权协议》的边境措施内容，是自贸区应当积极应对的新挑战。例如，2008年起，荷兰海关以侵犯专利权为由扣押、延误、遣返了多艘南非等国运输通用药品的船只。这些船只从印度装船，目的地是巴西、委内瑞拉、哥伦比亚、秘鲁、尼日利亚等国。运输的药品受欧盟专利法的保护，但是在起运国和目的国都没有取得专利权。根据欧盟专利权人申请，荷兰海关扣押了途经荷兰的大量药品，这些药品绝大部分被销毁或者遣返回印度，只有少量的经过长时间延误后到达了目的国。2010年5月，印度和巴西在世界贸易组织争端解决机构投诉了欧盟和荷兰，要求就扣押中转中的通用药品问题进行磋商。加拿大、中国、日本、厄瓜多尔和土耳其随后要求加入磋商。该案尚未解决。但是，ACTA中的中转货物包括海关中转和转运，相关定义来源于《简化和协调海关程序国际公约》（《京都公约》）的规定，中转是指商品在同一个海关控制下从进口运输工具转移到出口运输工具的海关程序。上述荷兰海关扣押中转的通用药品的情况，就属于同一海关管辖的范围内从进口到出口的中转。即便海关所在国是与货物起运国和目的国无关的第三国，该海关也可以对货物采取措施。参见薛虹：《十字路口的国际知识产权法》，法律出版社2012年版，第128页。

战略”。《中共中央、国务院关于深化体制机制改革加快实施创新驱动发展战略的若干意见》明确，到2020年，基本形成适应创新驱动发展要求的制度环境和政策法律体系，为进入创新型国家行列提供有力保障，并指出实施创新驱动发展战略，要营造激励创新的公平竞争环境，要实现严格的知识产权保护制度。

2. 天津自贸区的历史使命

我国作为世界上最大的发展中国家和第二大经济体，如何在新一轮的贸易谈判中，把握改革知识产权国际保护体制的历史机遇，将我国的知识产权战略，甚至全局经济战略推进到新的层次，天津自贸区肩负重任。对内，天津自贸区是中国经济发展新的试验田，肩负着加快政府职能转变、扩大投资领域的开放、推进贸易发展方式转变、深化金融领域的开放创新以及完善法制领域的制度保障等重任。对外，天津自贸区的政策、制度以及知识产权保护水平的把握和平衡，将体现中国政府对变化中的新的国际贸易形势的回应。国务院在批准《中国（天津）自由贸易试验区总体方案》时，明确要求天津自贸区要当好改革开放排头兵、创新发展先行者，以制度创新为核心，贯彻京津冀协同发展等国家战略，在构建开放型经济新体制、探索区域经济合作新模式、建设法治化营商环境等方面，率先挖掘改革潜力，破解改革难题。

二、自贸区知识产权司法现状及特点

（一）涉自贸区知识产权案件审理情况

1. 浦东法院涉自贸区知识产权案件收案情况

2013年9月，上海自贸区成立，浦东法院开始受理涉自贸区知识产权案件（见表1），为研究此类案件提供了实践参考。

表1　上海自贸区知识产权案件收案情况[①]

	民事案件							刑事案件
案件类型	著作权	商标侵权	确认不侵害商标权	不正当竞争	网络域名侵权	特许经营合同	技术开发合同	商标侵权类
收案量	14	26	3	2	1	1	1	6
合计	48							6

注：统计期间为2013年9月29日自贸区成立到2015年3月底。

2. 天津港保税区知识产权案件收案情况

2001年起，原天津经济技术开发区人民法院已开始审理涉天津港保税区知识产权案件（见表2及图1和图2），保税区作为海关特殊监管区，区内知识产权案件可反映天津自贸区将要面临的知识产权案件特点。

① 数据来源：2015年4月，上海市浦东新区人民法院在最高人民法院民三庭主办、上海市高级人民法院和上海市浦东新区人民法院承办的自贸区知识产权司法保护座谈会上的通报。

表 2　2001 年至今天津法院涉保税区知识产权一审案件收案及结案情况

	民事案件						行政案件①	刑事案件②
案件类型	著作权	商标侵权	专利	虚假宣传	商业秘密	其他	侵犯商标权案件的海关执法	—
收案量	1	21	2	1	1	1	1	1
结案方式	判决 18		调解 4		撤诉 5		—	—

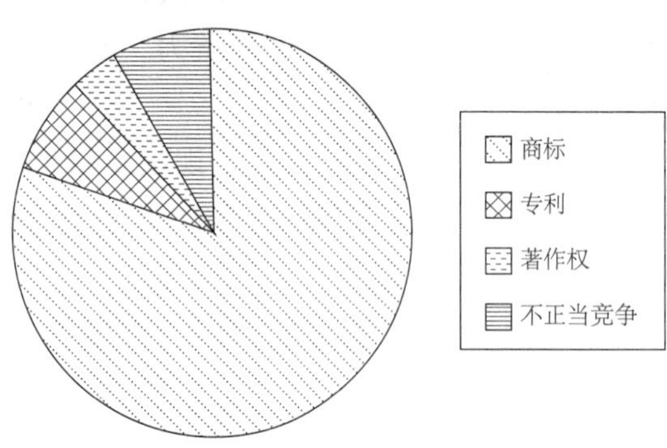

图 1　案件类型统计

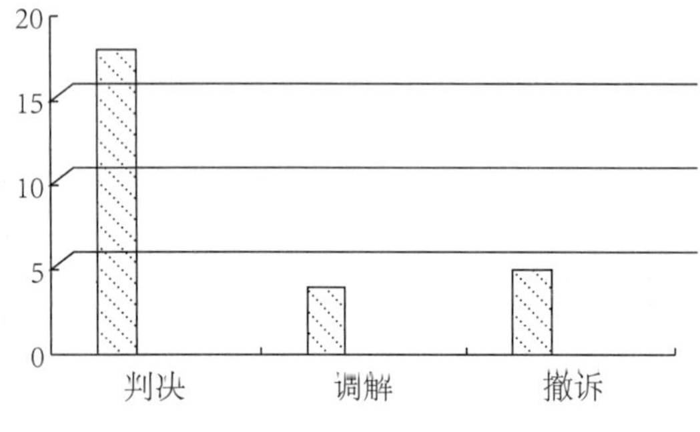

图 2　结案方式统计

（二）天津法院涉自贸区知识产权典型案例

案例一：深圳市诚捷尔贸易有限公司与耐克国际有限公司侵犯商标专用权案

该案系因侵犯商标专用权引发的行政诉讼和民事诉讼，是司法与海关执法合力保护知识产权的典型案例。天津海关依职权扣留涉嫌侵犯权利人在海关总署备案的"耐克钩（图形）"商标专用权的商品后，诚捷尔公司因认为海关扣留决定违法，向天津市第二中级人民法院提起行政诉讼，法院判决维持海关的扣留决定。后天津海关作出行政处罚决定，决定没收上述侵权货物并对诚捷尔公司处罚款人民币 20000 元。耐克公司在海关扣留涉嫌侵权货物后，向天津市第二中级人民法院提起侵犯商标权民事诉讼，法院判决侵权成立，并要求诚捷尔公司赔偿 20 万元经济损失。

案例二：法国大酒库股份公司与慕醍国际贸易（天津）有限公司侵害商标权纠纷案

该案是天津法院审理的第一起商标平行进口案件。法院经审理认为，因慕醍公司进口的涉案葡萄酒与大酒库公司在我国销售的葡萄酒在质量等级和品质上并无实质性差异，影响消费者作出购买决定的因素并未改变，该进口行为不足以导致相关消费者对商品来源产生混淆，亦不会破坏相关消费者对该产品品质的信任度，大酒库公司的商誉未因此受到影响，故大酒库公司关于慕醍公司未经其授权进口涉案葡萄酒构成商标侵权的主张不能成立。

该案的典型意义在于，对进口商未经进口地商标权人许可从境外进口带有相同

① 深圳市诚捷尔贸易有限公司与中华人民共和国天津海关海关行政强制案。

② 天津港保税区柏泰瑞康国际贸易有限公司出口侵犯"SKF"商标专用权案。

商标的同类商品的平行进口行为，我国商标法尚无明确的禁止性规定，理论界和司法实践亦有不同认识。对该类案件的审理，应根据商标法的宗旨和原则，并结合当事人的主张及具体事实等因素综合考量，平衡商标权人、进口商和消费者之间的利益以及保护商标权与保障商品自由流通之间的关系。该案的审理对自贸区商标平行进口案件的审理具有借鉴意义。

（三）自贸区知识产权案件的特点

通过分析上海自贸区知识产权案件的现状及天津法院的实践，可知自贸区知识产权案件呈现如下特点。（1）案件类型以商标侵权纠纷案件为主，且多发生在出口环节，海关知识产权执法是固定侵权证据、遏制侵权后果的重要环节。如天津涉保税区案件中，涉及出口环节的19件商标侵权纠纷均发生在货物出口环节，多是海关根据知识产权保护条例依职权采取检查措施发现侵权行为。（2）涉外案件比例高。天津保税区涉外知识产权案件19件，占知识产权民事案件总数的70.37%。（3）侵犯商标权案件多数涉及知名企业、知名品牌保护。天津市法院审理的案件涉及的知名企业有利惠公司、耐克国际有限公司、阿迪达斯有限公司等，涉及的知名品牌主要有耐克、彪马、阿迪达斯、保时捷、路易威登、GUCCI等。（4）被告多为国内加工、出口企业。侵害商标权纠纷的被告多为国内加工、出口企业，出口企业多以不知侵权为由进行抗辩，要求追加生产企业为共同被告。（5）涉及电子商务案件比例高。如上海自贸区受理了14件涉及电子商务案件，占全部知识产权民事案件的25.17%，主要是通过电商平台销售商品引发的侵犯商标权和版权纠纷。

三、自贸区知识产权保护存在的疑难问题

（一）自贸区海关知识产权执法机制问题

随着自贸区的设立，理论界对于知识产权海关保护是否应及于自贸区等问题存在一些争议。有一种观点认为自贸区属于“境内关外”，在自贸区内不应再实施海关的知识产权保护。海关的执法措施强调在“进出口”环节，自贸区内属于关境以外，故海关的知识产权保护措施不应适用。另外，根据自贸区“一线放开，二线管住”的要求，自贸区与境外之间进出的货物实行备案制管理即免于办理通常的报关手续，所以如果侵犯知识产权货物进入自贸区，但没有申报进口，自贸区海关也面临能否对其实行知识产权保护措施的问题。另一种观点认为，现行法律和行政法规虽然没有规定对自贸区内适用海关知识产权保护措施，但该区域系海关的特殊监管区域，海关的知识产权保护措施同样适用。货物从这个区域通过海关关口进入国内企业就视同进口，而国内企业的货物通过海关关口进入这个区域就视同出口。虽然自贸区鼓励贸易自由及投资便利性，但自贸区毕竟系国境线以内，应当适用海关保护条例。如果没有海关监管措施的介入，自贸区可能成为知识产权侵权的温床。海关的执法措施很大程度上影响着自贸区知识产权案件是否进入司法程序。权利人应充分认识到海关的知识产权保护措施是斩断侵权货物国际流通的有效措施。海关的知识产权保护措施分为主动保护和被动保护。主动保护系海关依据知识产权备案在发现疑似侵权进出口产品后通知权利人，被动保护系海关依权利人申请而采取的保护措施。由于权利人不具备监控每一批进出口货物是否侵害其知识产权的能力，故海关保护

中主动保护占到绝大多数。根据我们的调查，进入司法程序中的海关被动保护的案件仅有大酒库案一起。由于侵权货物出入关既是行政违法行为，也是民事侵权行为，海关采取措施后引起司法诉讼。海关执行什么样的知识产权执法机制直接关系到相关案件是否能进入司法诉讼。

（二）定牌加工中涉及的知识产权保护问题

定牌加工又称贴牌制造或委托加工，是指按照合同约定，加工方为定做方加工使用特定商标或品牌的商品并将该商品交付给定做方，定做方支付报酬的形式。自贸区系境内关外，在自贸区设立定牌加工企业在税收上具有天然优势。一方面加工需要的来料在自贸区适用保税政策，加工完成货物出口亦不需要缴纳关税，同时自贸区内加工贸易企业进口所需的机器、设备等亦实行免税；另一方面，鉴于自贸区实施“负面清单”政策，设立企业更加简便，这将进一步鼓励自贸区内定牌加工贸易的发展。但定牌加工引发的商标问题一直备受争议，不但理论界对此争论不休，我国商标法对于商标使用行为相关规定在一定程度上的不明确导致实践中司法部门对于定牌加工问题的认识也存在一定的分歧。

主张不侵权的观点认为，定牌加工系加工承揽行为，系提供劳务行为，如果侵权，也是定做人的责任，加工行为本身不侵权。同时，该加工行为全部用于出口，不会进入国内流通市场，不构成混淆，不会侵害国内商标权人的合法权益，不是商标法意义上的商标使用行为。我国商标权人只在国内享有商标权，鉴于商标权的地域性特点，在进口国流通的商品不涉及侵害国内商标权人的利益问题，故定牌加工不侵犯国内商标权人的商标权。主张构成侵权的观点认为，定牌加工侵犯的系国内权利人的商标权，系侵权行为。根据合同的相对性原则，即便定做方约定由其承担责任也不能免除加工方的侵权责任。任何因合同履行而侵犯第三人知识产权的行为都应当由合同当事人双方承担连带责任。关于是否系商标性使用问题，以定牌加工产品因不流入市场、未造成混淆为由，否定侵权行为的成立缺乏法理依据。

司法实践中对于定牌加工也存在分歧。2004 年北京高院认为定牌加工是基于有权使用商标的人的明确委托，并且受委托定牌加工的商品不在中国境内销售，不可能造成相关公众的混淆、误认，不应当认定构成侵权。上海法院亦持该观点。2006 年北京高院对该问题又作出不同理解，认为未尽到注意义务加工侵犯注册商标专用权的商品的，承揽人与定做人构成共同侵权，应当与定做人共同承担损害赔偿等责任。浙江高院认为，涉外贴牌生产只要在相同商品或服务上使用相同标记的，就应直接推定混淆成立，从而认定定做人和加工人构成侵权；如贴牌产品与国内商标权人核准使用的商品或服务不相同，因该产品不在国内销售，国内的消费者不会发生混淆的可能，从而不构成商标侵权。由此可以看出，司法实践中各地区法院对定牌加工问题存在不同认识。目前海关对于出口货物被查扣人以“涉外定牌加工”为申辩理由的涉嫌商标侵权案件未作出是否侵犯商标权的认定，将该问题留给司法解决。

（三）商标平行进口问题

所谓商标平行进口，是与授权经销渠道相比较而言的，是指进口商未经进口地商标权人许可，从境外进口带有相同商标的同类商品的行为。平行进口的产品有合法来源，是由商标权人自己或授权他人投放到境外市场的产品，也就是“真品”。

其产生主要是随着经济全球化、一体化的不断发展与加深，同种商品在不同国家价格差所引起。我国商标法及其实施条例等法律对商标平行进口并未作出明确规定，由于商标权的地域性，目前理论界和实务界比较有争议的是该原则是在一国范围内适用，还是在世界范围内适用。考虑到经济利益，各国对该问题的态度也各有不同。自贸区鼓励贸易便利与自由，加上关税上的免除，目前国内售价高于国外的商品将会逐渐流入自贸区，形成平行进口问题。另外，天津自贸区内汽车平行进口在全国占有重要地位，随着自贸区的建设和发展，必然会引起相关纠纷，司法应当未雨绸缪，尽早制定对策对此作出回应。

对平行进口，知识产权权利人一般是持否定态度的。特别是商标权人，往往强烈要求制止平行进口。这一方面是因为国际知名品牌通常都是严格划分地域进行生产和销售的，在不同地区实行不同的价格战略。如果任由相同品牌的商品在不同市场之间自由流动，就会破坏品牌所有人的全球营销策略。另一方面平行进口也会对品牌所有人在进口国的代理商或者分公司造成冲击。代理商或分公司每年需要投入大量的市场促销和广告费用。而平行进口的进口商则是在没有一分钱投入的情况下，在别人已经开发的市场上获利，这就是通常所说的“搭便车”行为。严格来说，“搭便车”行为具有不公平竞争的性质。此外，由于不同国家生产的相同品牌的商品，在配方和质量等方面或多或少地存在着一定差异，平行进口商品很可能还会造成消费者对商品来源的误认，给境内产品造成一定的不良影响。但是，有观点支持平行进口。该观点认为平行进口商品不是假冒商品，其来源是合法的。平行进口还可以促进贸易的自由化，鼓励竞争，打破垄断，合理地利用资源，同时平行进口带来的价格下降和来源增加，也使消费者有更多的选择消费的自由。司法实践中对平行进口并未形成定论，在相关案件的审判过程中，法官对于商标侵权的理解自然也就不尽相同。广州中院审理的“力士香皂案”中，被告提出平行进口抗辩，但该判决并未对平行进口问题作出正面的回答，而是绕开这一问题，从进口商不能证明进口货物系真品这一角度进行裁判，即按照进口假冒商标产品判决被告侵权。后来广西法院对两起自越南平行进口“OMO”牌洗衣粉案件作出侵权判决。由于平行进口与海关缉私密切相关，虽然在知识产权海关保护条例中规定了“凡侵犯中国法律、行政法规保护的知识产权的货物禁止进出口”，但该条例只是一部程序性法规，海关目前认定平行进口货物是否构成商标侵权还缺少法律依据。司法裁判的态度直接影响了海关的执法措施，故司法需对此作出研究。

（四）知识产权司法保护力度问题

设立自贸区是有特殊的国际国内背景的，自贸区肩负着多种试验田的重任。中国作为全球贸易中的一环，目前还被排斥在TPP和TTIP谈判之外，如不尽快采取对策，中国将失去制定未来国际贸易知识产权保护规则的话语权，在全球贸易中存在逐渐被边缘化的可能。从国内视角而言，上海自贸区是“境内关外”，其知识产权保护的法律依据与其他地方并无不同，但在加大司法保护力度上有探索的空间，这种探索可进可退，可提升中国适应新形势的能力。

加大司法保护力度，提高侵权赔偿数额是最有力的措施。但目前实践中存在诸多问题。第一，赔偿规则适用顺序不统一。按照法律的规定，知识产权侵权案件确定赔偿数额时，应按照以下顺序确定赔偿额：权利人的损失、侵权人因侵权行为的获利及法定赔偿。但从天津法院审理案件的统计和分析的数据来看，部分案件中对前两种方法审查不够全面，一定程度上有优先适用法定赔偿的倾向。第二，法定赔偿存在泛化趋势。确定侵权赔偿数额时，绝大多数的案件都是适用法定赔偿确定侵权赔偿数额。从相关资料看，不光天津市存在上述问题，各地法院确定知识产权侵权案件赔偿额时，绝大多数都适用法定赔偿。第三，确定赔偿数额时考虑的因素随意性强，缺乏明确的说理分析。适用法定赔偿时，法律规定了一些参考的因素。但实践中，裁判文书中很少有对各因素在确定赔偿数额时的作用力发表细致的论理。绝大多数判决书没有具体分析侵权行为的性质和影响、侵权时间长短、侵权行为人的主观过错程度等各个因素与最终确定的赔偿数额之间的具体关系，形成法定赔偿在适用和表述方式上的千案一面，未能体现个案确定法定赔偿数额的因素以及这些因素与赔偿数额之间的量化关系。第四，赔偿数额过低，且标准不统一。天津法院审理的案件中，除个别专利案件外，绝大多数案件的赔偿数额不超过十万元，而且包括当事人维权的合理费用。特别是对重复侵权行为和主观恶意明显的侵权行为认定的赔偿数额过低。这产生了两方面影响：一方面权利人耗费了大量人力、物力、财力，却最终获得数量有限的赔偿，再加之执行难等客观因素，导致了权利人赢了官司却损失更大的奇怪现象，难以实现“利益填平”的民事救济目标，容易导致权利人对判决不满；另一方面不利于惩治侵权行为，对于侵权人来说处罚无关痛痒，根本无法影响其既得利益，变相鼓励了其实施侵权。一正一反，无形中极大挫伤了权利人维权的积极性。

四、加强自贸区知识产权保护的对策建议

自贸区是我国领土内开辟的自由贸易园区，属于我国行政司法管辖范围，要按照国家创新驱动发展战略的要求，实行严格的知识产权保护制度，决不能使自贸区成为盗版假冒伪劣产品制造、流通的温床。为此我们认为应当加强自贸区知识产权保护，促进自贸区创新驱动发展，具体建议如下。①

（一）加强海关知识产权执法工作

首先，自由贸易试验区允许企业凭进口舱单将货物直接入区，再凭进境货物备案清单向主管海关办理申报手续，以简化进出境手续。从境外进入自贸区的货物，其实只是入境货物而不能被视为是进口货物。我国的法律可以适用于全部国土范围。因此，对于进入自贸区的所有伴随着知识产权的货物，无论其是否最后进入我国关境，如果其涉嫌侵犯了我国的知识产权，海关均可以根据我国的知识产权法律和法规予以规制和处罚。美国立法明确授权美国海关可以在对外贸易区内实施知识产权海关保护，保护环节适用于进口、出口和转口环节。《欧盟知识产权海关保护条例》也明确授权欧盟海关可以在自由区内实施知识产权海关保护。

其次，天津自贸区由三个海关特殊监

---

① 《天津法院服务保障中国（天津）自由贸易试验区建设的意见》（津高法发〔2015〕2号）明确要求：要充分发挥知识产权司法保护的主导作用，运用民事、行政和刑事司法保护措施，加大知识产权保护力度，激励与保障自主创新。加大知识产权侵权赔偿力度，提高损害赔偿的科学性、合理性。按照知识产权侵权纠纷规则标准，判定贴牌加工出口、平行进口、临时过境等是否构成侵权。合理运用民事诉讼法行为保全制度，提高自贸区知识产权司法救济的及时性、便利性与有效性。本研究报告将围绕上述要求，提出具体应对措施。

管区及非特殊监管区组成，身处于进出口贸易第一线的海关在知识产权执法中扮演着重要角色，"境内关外"只是针对进口关税而言的，并非指海关监管。有观点认为海关知识产权保护不适用自贸区系对"境内关外"的误读，该观点以为货物放在自贸区属于关外，海关就不会再对知识产权保护实施监管。这种误解可能来源于对世界海关组织《关于简化和协调海关制度的公约》自贸区定义的片面理解，其实公约关于自贸区的表述中非常明确地限定"境内关外"是仅针对进口关税而言，并非指没有海关监管。自贸区涉及货物进出口流转的问题，海关作为监管部门是企业在源头遏制侵权的最佳选择。

最后，海关对自贸区的监管理念会不同于常规海关监管理念，将建立以企业诚信管理为基础的高效监管模式，从自贸区的现行政策来看，以强调备案、弱化审批为倾向。自贸区试行"先进区、后报关"等一系列海关便利措施，部分环节企业采用备案清单向海关进行申报，申报要素与传统的报关单申报相比不尽相同。这需要我们及时调整在此类环节中的海关知识产权风险甄别手段和方法，构筑高效严密的监管网络。同时知识产权权利人依然可以依据我国现行知识产权海关保护条例的规定在海关总署备案，通过海关维护自己的知识产权。另一方面，需加强海关执法和司法诉讼之间的衔接。由于出口货物商标侵权纠纷案件较多的证据材料系在货物出口报关及被海关查扣时形成，故应建立法院与海关知识产权保护信息沟通共享系统，促进行政程序与司法程序的简便有效对接，同时双方互相沟通海关先期行政处理情况及司法程序后期处理结果，使自贸区知识产权保护机制更加完整。

（二）合理界定发展定牌加工企业与知识产权保护的边界

自贸区实施"境内关外"政策，税收的优惠无疑会吸引更多的加工类企业进入自贸区。在司法实践中，涉外定牌加工商标侵权问题不仅仅是单纯的法律问题，还涉及经济发展和社会稳定问题。最高人民法院对此持谨慎态度，认为法律规定不清或者有两种以上解释需要逐渐理清其内涵时或者法律滞后于社会发展的需要时，或者出现法律空白时，法院的判决有很强的实验性、常识性或者试错性，需要探索和创造。

从现状看，中国作为"世界工厂"的状况不可能在短期内根本改变。因此，在审理涉外定牌加工案件时，在判断涉外定牌加工是否侵犯商标专用权时，应当坚持立足商标法的立法宗旨，结合目前我国社会发展的实际情况，充分发挥利益平衡在知识产权审判工作中的作用，有效平衡商标权利人和其他各方的利益。

我们认为，认定定牌加工是否构成侵权应考虑以下三个因素。（1）加工方对定牌加工委托方的商标权等相关情况是否尽到合理审查义务。为了杜绝定牌加工中仿冒国际品牌，引发国际纠纷等现象，定牌加工委托方委托定牌加工的商标在注册国的真实性和有效性，对判断定牌加工的合法性有重要意义。如果加工方提交了委托方的主体资格证明、注册商标状况、委托加工合同等法律文件，可以确定加工方尽到了合理审查义务，主观上没有侵权故意。（2）加工的产品是否全部出口交付给境外的委托方，不在中国境内进行销售。注册商标权人最担心的就是定牌加工产品并未全部出口，部分流入国内市场。因此，如果注册商标权人提出涉外定牌加工方有出口行为之外的其他销售行为，不能免除其侵权责任。（3）加工方是否有逃避法律责任的情况。在实践中，有的加工方伪造定牌加工合同；有的委托方和加工方是同一企业，却有不同的法人身份；有的委托方为了逃避法律责任，往往注册为境外企业，当其侵权行为在我国内地被查处时，便把责任全部推给加工方。因此，在审理定牌加工案件时要非常审慎，不能一概而论。

当然，定牌加工产业发展初期对于促进我国经济发展、增加就业机会确实产生了积极的推动作用。但贴牌加工毕竟是“替他人做嫁衣裳”，我们不能一直处于国际产业链的最底部。因此，当经济发展到较高阶段，不能再仅仅以廉价的劳动力和生产资源为代价来推动经济发展，而是要靠自主创新来挖掘增长点。所以，未来审理定牌加工案件时，我们的价值导向是立足于促进自主品牌的培育和加工贸易产业的转型升级，加大对国内注册商标权的保护力度。

（三）依法处理涉平行进口案件

我国商标法的宗旨是既保护商标专用权、防止对商品或服务的来源产生混淆、维护公平竞争、促进经济发展，同时又维护消费者及社会公众的合法权益，以实现对商标权人和消费者的平衡保护。商标平行进口案件诉讼到法院的还不多见，处理结果往往也因个案而异。目前已有判决认定侵权的情况主要是进口商将进口商品投放市场时改变了商标或商品的某一要素，致商品间的差异足以导致消费者混淆时，构成侵权。

对于商标平行进口问题，我们认为，在现有法律没有明确规定情况下，即使外国产品与国内产品使用了相同的商标，对于未经商标权人许可的平行进口行为是否构成侵权，应根据商标法的宗旨和原则，并结合当事人的主张及具体事实等因素予以综合考量，合理平衡商标权人、进口商和消费者之间的利益以及保护商标权与保障商品自由流通之间的关系。

首先，商标最基本功能在于其识别性，即区分商品或服务的来源。从这一角度看，商标保护目的一方面是对商标权人的保护，即对商标权人的商业和身份识别的保护，另一方面也是对消费者的保护，以降低消费者的搜寻成本、防止交易中的混淆。因此，侵害商标权行为的本质特征是对商标识别功能的破坏，以致造成相关公众对商品或服务的来源产生误认或者认为其来源与注册商标的商品有特定的联系。

使用相同商标但来自于不同市场的同种商品之间可能并不完全相同，如果进口商品与商标权人在国内销售的商品在质量、包装等方面相同或不存在实质性差异，且进口商对该进口商品所作的标识是清楚的，这种情况下，特定商标与使用该商标的商品之间的联系未被破坏，消费者仍可通过商品的来源确定商品的身份而不致产生混淆，也利于公平竞争的市场秩序，则商标权人无权阻止产品的平行进口。

其次，商标不仅是指示商品来源的工具，也是商品品质的彰显和商誉的代表，而商标权的保障为经营者提供了商誉能够被有效识别且不会被他人滥用的合理预期。商标所有人，特别是跨国公司等商标所有人，往往既希望在世界范围内拥有统一的品牌、享有统一的商誉并由此扩大在世界市场上的声誉和占有的份额，同时针对不同区域特定消费群体的文化、需求和消费心理及风俗习惯等，会在市场定位、销售策略及产品风格、品质、规格与包装等方面有所不同，相同的商标在不同国家可能获得不尽相同的含义从而取得相对独立的商誉。虽然来自于同一商标所有人，由于平行进口的商品是在国外投放市场，有些情况下，国内商标权人在国内销售的相同商标产品在包装、品质等方面可能存在一定的差异，当这种差异达到一定程度时，就可能造成消费者对商品来源或商品质量的混淆，并导致商标权人的商誉受损，构成对商标权的侵害。当然，对商品“差异”的认定不应在于形式，而在于“实质”。

总的来说，如果进口商品与国内权利人销售的商品之间不存在足以导致消费者混淆从而有损商标权人商誉的“实质性差异”，则不构成对商标权的侵害。法国大酒库股份公司与慕醍国际贸易（天津）有限公司侵害商标权纠纷案的审理，是我们对商标平行进口做的有益探索，为理论界与实务界对此类案件的思考和判断提供有益的借鉴。

（四）加大知识产权司法保护力度

目前知识产权侵权案件赔偿数额较低，既有当事人举证的能力和态度问题，也存在赔偿规则在立法上的难于操作和司法适用的僵化问题。在现行立法条件下，需准确把握法律规定的多种方式加大赔偿数额。第一，严格执行权利人实际损失→侵权人获得利益→法定赔偿的顺序规则依次确定赔偿数额。无论权利人在诉讼中主张适用何种计算方式确定损失，法庭都应当对上述三种计算方式条件上成就的可能性进行具体的查明。在庭审和裁判书中应当体现适用赔偿规则的顺位。第二，积极贯彻证据保全制度，恰当行使法官释明权。证据保全不仅可以为权利人保护权利和制止侵权打下必要的基础，而且相关保全的证据亦可以成为被告承担侵权责任大小的依据，法官对应当采取保全措施的证据应积极保全。对当事人拒绝提供对其不利的证据的，应当行使释明权，告知其不利后果，充分发挥民事证据规则规定的举证妨碍制度在损害赔偿数额确定上的作用。第三，加大法定赔偿数额，适当引入惩罚性赔偿机制。目前，法官依据法定赔偿确定赔偿数额时过于保守，不利于激励权利人维权和惩戒侵权行为。故一方面要加大法定赔偿的数额，另一方面针对恶意侵权引入惩罚性赔偿。适用惩罚性赔偿责任应当具备以下条件：侵权人的过错形态为恶意、侵权行为情节严重（包括侵权行为持续时间较长，侵权行为跨越的地域范围较广、影响较大，损害结果较为严重或者重复侵权）。

（五）自贸区跨境电子商务中的知识产权保护问题

跨境电子商务是天津自贸区应予重点发展的领域，通过完善的选购、支付、通关、运输平台的构建，为国内消费者提供物美价廉、便利通常的海淘之路。但在重点发展跨境电子商务的同时，必须关注电子商务中的知识产权保护问题，防止自贸区的海淘平台成为投机者借以实施知识产权侵权行为的天堂。

对于自贸区跨境电子商务中的知识产权保护，首先应对电子商务平台的入驻商家产品知识产权情况、信用情况进行严格审核，建立完善的经营者实名登记制度，从源头上防范失信经营者进入电商平台。其次，应建立完善的信用管理系统，引导电商尊重知识产权、诚信经营。再次，应当注重网络执法工作，及时处理电子商务中的侵害知识产权行为，防止扩大损害结果。最后，应当在自贸区建立初步确权、维权、申诉、调解的快速维权和纠纷解决机制。让自贸区跨境电子商务平台真正成为自贸区的经济增长点、成为为国内消费者提供高品质海外产品的销售点。

（六）专业队伍与联动保护制度建设

1. 设立专门机构、配备专业队伍审理涉自贸区知识产权案件司法作为社会正义的最后一道防线，专业、权威的司法机构建设事关自贸区建设的整体法治形象，也是自贸区良性运转的重要保障。因自贸区属滨海新区人民法院受案辖区内，我们建议在滨海新区人民法院设立专门的知识产权庭实行“三审合一”审理涉自贸区知识产权案件。一方面最高人民法院法函〔2007〕90号已经指定原天津经济技术开发区人民法院审理除部分案件之外的诉讼标的额在50万元以下的第一审一般知识产权民事案件，原天津经济技术开发区人民法院管辖的知识产权案件已经由滨海新区法院承继并审理，因此滨海新区人民法院设立知识产权庭管辖一审知识产权民事、行政、刑事案件是对原经济技术开发区法院管辖案件范围的承继和发展。另一方面，随着滨海—中关村科技园、滨海新区未来科技城等区域合作项目的拓展，专利、商标、著作权、技术合同纠纷和竞争纠纷案件数量不断上升，自贸区挂牌后，因自贸区实行“先入区、后报关”、部分地区不封关运作等特殊政策，自贸区内发生的定牌加工、平行进口、临时过境等知识产权案件将呈现新的增长点及特点。应对这些新问题，加强对新问题的前瞻性研究，必须选配高素质、经验丰富、理论水平高的专业法官从事自贸区知产审判工作，以提升司法服务保障自贸区建设的能力。

2. 探索联动保护机制建设

首先，发挥仲裁解决知识产权纠纷的积极作用。仲裁是贸易和投资领域内专业高效的争端解决方式，仲裁具有专业、高效、周期短、技术性强的特点，体现了自愿、协调和自我约束的原则，仲裁可成为除诉讼外有效、公正解决知识产权争端的途径。同时，积极引导行业协会、社会调解组织参与知识产权纠纷争端解决，推行非诉讼专业机构调解，注重公平的同时便利当事人的权利救济和矛盾的快速解决，实现纠纷解决的高效益和高效率，使当事人双方实现“合作共赢”，达到纠纷解决方式的多元化和便利化。[①] 其次，探索与政府机构建立联动保护机制。积极延伸司法服务功能，与海关、商务委员会、知识产权局、工商局等机关建立合作机制和信息共享平台，加强业务信息的沟通联络，明确信息采集、加工、传递、应用、反馈等环节的工作职责，健全信息共享长效机制，促进司法与行政机关的互利互动。如前所述，涉自贸区知识产权案件往往先由海关查扣形成，故与相关机关建立联动机制，一方面可以充分了解各方对案件处理的进度、采取的措施，另一方面可以方便调取相关案件的证据和资料，缩短流程时间，大大提高工作效率，方便企业及知识产权权利人，满足自贸区贸易便利化的需求，从而形成司法、行政及市场主体共同营造优良的自贸区知识产权法治环境的局面。

附件：

服务天津自贸区建设的意见

为全面贯彻落实党的十八大和十八届二中、三中、四中全会精神，按照中共中央、国务院《关于深化体制机制改革加快实施创新驱动发展战略的若干意见》的决策部署，紧紧围绕《国家知识产权战略》和《深入实施国家知识产权战略行动计划（2014—2020年）》的目标要求，准确把握

---

① 如《天津法院服务保障中国（天津）自由贸易试验区建设的意见》（津高法发〔2015〕2号）强调：要发挥多元化纠纷解决机制作用，建立诉讼与非诉讼衔接的商事纠纷、知识产权纠纷调解机制，聘请业务专家、知名律师担任调解员，快速妥善化解矛盾。

建立自由贸易试验区和全国综合配套改革试验区、京津冀协同发展、国家自主创新示范区、“一带一路”建设等多重国家战略叠加对知识产权司法保护工作提出的新要求，全面提升知识产权司法保护水平，充分发挥知识产权司法保护主导作用，为天津自贸区实现创新驱动发展提供有力司法保障和服务，结合天津法院知识产权审判工作实际，制定本意见：

一、增强为天津自贸区建设提供知识产权司法保障和服务的意识

1. 充分认识加强自贸区知识产权司法保护和服务的重要意义，增强为天津自贸区建设营造激励创新的公平竞争环境的责任感和使命感。学习好、落实好创新驱动发展战略和建立天津自贸区战略是天津法院服务党和国家工作大局和中心工作的一项重要政治任务。建立天津自贸区是党中央、国务院作出的重大决策，是新形势下全面深化改革、扩大开放和加快推进京津冀协同发展战略的重大举措。天津自贸区建设的总体目标既强调国际一流自由贸易园区所应有的贸易自由、投资便利、高端产业集聚、金融服务完善，同时也强调现代法治国家应有的法制环境规范、监管高效便捷。天津自贸区是在我国境内设立的自由贸易园区，无论是实施“一线放开”“二线安全高效管住”的海关特殊监管区还是仍按照现行模式监管的非海关特殊监管区均属于我国知识产权司法管辖范围。要加强自贸区知识产权司法保护和服务，要执行严格的知识产权保护制度，要发挥市场竞争激励创新的根本性作用，营造公平、开放、透明的国际化、市场化、法治化营商环境。

2. 加强自贸区知识产权司法保护和服务，要充分发挥司法保护知识产权的主导作用。要坚持依法裁判，按照“让审理者裁判、让裁判者负责”的要求，深入开展审判权运行机制改革，公开、公平、公正、高效保护当事人的合法权益。要加大知识产权司法保护力度，完善权利人维权机制，合理分配举证责任，激励、保护创新，保障贸易自由，倡导自愿、平等、公平、诚实信用的价值取向。要坚决遏制侵犯知识产权和滥用知识产权的行为，要研究降低追究侵权行为刑事责任门槛，要加大知识产权侵权赔偿力度，调整损害赔偿标准，探索实施惩罚性赔偿制度，形成可复制、能推广的示范经验。要完善知识产权审判工作机制，推进天津自贸区内知识产权民事、刑事、行政案件的“三审合一”。要健全知识产权侵权查处机制，强化行政执法与司法衔接，将侵权行为信息纳入社会信用记录。

二、加强知识产权司法保护，坚持以事实为根据，以法律为准绳，统一法律适用标准，确保每一起案件经得起法律和历史检验

3. 依法加强著作权保护，激发文化产业创新能力和竞争力。充分利用著作权保护手段，加强对文化类知识产权的保护，尤其是对自贸区商贸、文化、社会等服务领域开放所涉及的文化创意、数字出版、移动多媒体、动漫、游戏、软件、数据库等战略性新兴文化产业的著作权保护力度，以充分激励和促进文化类产品的创作、引进、流转和利用。推动培育新型文化业态，助力文化产业发展新领域。加强涉传统文化领域的著作权保护，推动传统文化产业发展壮大。

4. 依法加强专利权保护，增强创新驱动发展动力。合理确定专利权的保护范围和保护强度，加大对自贸区各领域改革试验所带来的技术创新的保护力度。处理好保护发明创造与促进产业发展、推进技术实施与应用的关系，充分激发创新活力，促进技术信息的传播和利用，有效激励自贸区内自主创新和技术跨越。

5. 依法加强对商标权的保护，提升自主品牌整体形象和竞争实力。尊重商标的市场价值，重视对知名品牌的保护，依法制止恶意抢注、傍名牌等行为。科学界定商标权的权利范围，根据商标的显著程度、知名度、使用历史、实际使用情况、宣传力度等，科学认定商标近似、商品服务类似，合理定义混淆可能性，为自贸区内品牌的创设和发展、为维护自贸区经营者合法权益创造宽松、专业的法治环境。尤其重视对自贸区内因“贴牌加工”“货物转运”“平行进口”等贸易活动引发的商标侵权纠纷的公平、审慎审理。

6. 依法加强竞争保护，规范自贸区市场竞争秩序。按照反不正当竞争法的规定，有效制止自贸区内商业诋毁、虚假宣传、侵害商业秘密等不正当竞争行为，建立规范的竞争秩序。严格适用反不正当竞争法的原则性规定，科学解读诚实信用原则和商业道德，避免妨碍自由竞争、公平竞争。提高商业秘密保护水平，提升对商业秘密具体范围、载体、保密措施审查的科学性、专业性，充分发挥非公知性鉴定、同一性鉴定和专家辅助人对查明案件事实的作用，适当减轻商业秘密权利人的维权困难，同时注意防止经营者恶意干扰、打压竞争对手，妨碍劳动者正当就业及人才的合理流动。妥善处理商业秘密民事侵权诉讼程序与刑事诉讼程序的关系，探索适应商业秘密案件特点的“民刑合一”审理制度。

7. 加大知识产权侵权赔偿力度，提高侵权代价。公平、合理考量损害赔偿数额，统一司法尺度，促进自贸区知识产权的创造、运用、保护和管理。同时注意坚持宽严适度的司法政策，适应知识产权司法保护与经济发展、科技创新的规律性要求和平衡关系。

8. 重视对跨境电子商务引发的知识产权纠纷的审理，兼顾知识产权权利人、跨境电子商务平台经营者、网络卖家和网络买家的利益。对于利用电子商务平台销售侵害商标权、著作权、专利权产品的网络卖家，严格追究其侵权责任，保证电子商务合法、健康发展。合理界定电子商务平台经营者承担侵权赔偿责任的条件，为电子商务发展提供适度宽松的法律环境。

9. 降低知识产权维权成本，减轻当事人程序负担。加强和完善案件信息管理工作，运用信息化手段保证案件审理的重要流程、节点、进度均能及时、准确地向当事人公开。严格审限管理，缩短审理周期，根据个案灵活处理中止审理问题。通过网上立案、邮寄送达、电话调解、网上提交程序性申请和证据材料等方式减轻当事人负担，探索完善涉同一当事人纠纷集中开庭审理制度，努力实现当事人知识产权维权时间成本、经济成本最小化。

10. 探索完善专业技术事实查明机制，保障技术事实查明的科学性、专业性和中立性，提高技术类案件的审判质效。继续推行技术专家陪审员制度，弥补知识产权法官在专业技术知识方面的欠缺。坚持和完善法院聘请技术专家辅助查明技术事实制度，不断完善技术事实查明手段。建立广泛覆盖各技术领域的知识产权审判技术咨询专家库，探索完善个案中科学、公正的专家选取制度，完善技术专家庭外提供咨询意见以及出庭发表专业意见制度。通过技术专家参与专利、技术秘密等知识产权案件事实查明过程，为法官裁判提供技术性参考意见，保障公正高效审理技术类案件，提高自贸区知识产权司法公信力。

11. 坚持调判结合，妥善处理自贸区

知识产权纠纷。加强诉前和诉讼各阶段的调解工作，创新调解方式，发挥行业协会、科技专家的专业优势，逐步建立完善的行业调解、专家调解等多元调解方式。重视关联案件的协同调解，注重从源头上一揽子解决关联性纠纷。

12. 合理适用行为保全措施，发挥行为保全措施及时救济的功能。保持宽严适度的审查条件，对侵权可能性标准采取既积极又慎重的态度，对于事实清楚、侵权易于判定的案件，一般裁定采取诉权停止侵权措施；对于技术、工艺、方法等较为复杂的案件，应慎用责令诉前停止侵权措施。及时处理行为保全申请，严格在法定时限内做出裁定，合理确定担保数额，在条件、时间允许的情况下，尽量听取申请人与被申请人双方的意见。根据案件审理进展、事实查明情况，适时解除行为保全措施。重视在行为保全申请错误情况下对被申请人的救济。

13. 合理适用证据保全措施，有效减轻当事人举证负担；合理适用财产保全措施，保证当事人胜诉利益的实现。

14. 做好法院内部知识产权审判部门与执行部门的工作衔接，保证当事人胜诉利益的实现。探索科学、高效的执行方式，保证停止侵权、赔礼道歉等民事责任有效履行。

15. 坚持平等保护，公正裁决自贸区涉外知识产权纠纷。坚持公正、平等地保护本国与外国当事人利益，遵循国际公约、国际惯例及本国法律规范，维护国家经济安全，净化自贸区投资环境，增加外国资本在自贸区的投资信心，提高自贸区开发开放水平，树立知识产权司法机关专业、公正的国际形象。

16. 完善案例分享与疑难问题调研制度。加强调查研究与集体学习讨论，要以高度认真负责的精神、求真务实的作风，对自贸区知识产权审判工作中出现的新情况、新问题进行细致梳理，加强分析研究，逐项加以解决，促进知识产权审判工作不断取得新成效。要实现案例分享机制的规范化、制度化、长效化，对新型、典型、疑难的自贸区知识产权案件的处理经验要及时与上海、广东、福建自贸区交流共享。

17. 加强知识产权法治宣传，进一步深化司法公开，努力构建自贸区开放、动态、透明、便民的阳光司法机制，提高司法透明度，切实保障人民群众对知识产权审判工作的知情权、参与权、监督权，提升知识产权司法保护的公众影响力。对知识产权司法保护工作进行全方位、多角度的广泛宣传，并实现宣传工作的日常化、长期化，推进自贸区知识产权法治文化建设。充分利用报纸、电视台、互联网等传统与新兴媒介，宣传知识产权司法保护的重大意义与成就，培育知识产权理念，在自贸区内形成深厚的尊重和保护知识产权的氛围。

三、创新自贸区知识产权司法保护机制，实现自贸区知识产权案件的专业化审判

18. 在滨海新区人民法院设立知识产权审判庭，管辖滨海新区行政区域内，诉讼标的额在300万元以下的第一审一般知识产权民事案件（包括实用新型和外观设计专利纠纷案件），同时开展由知识产权审判庭统一受理知识产权民事、行政和刑事案件的试点工作。

四、加强知识产权司法服务，规范司法与行政执法衔接制度，建立多元化知识产权保护与纠纷解决机制，形成知识产权保护合力

19. 探索建立法院与商委、知识产权局、市场和质量监督管理委员会、海关、检验检疫局沟通协调机制，完善行政保护与司法保护衔接机制。重点加强与自贸区内海关等行政执法部门的工作机制衔接，理顺涉嫌侵权货物查封、执行生效判决确定侵权货物的处理等方面的工作关系。构建全方位、多格局的知识产权保护体系，充分发挥仲裁机构在解决纠纷中的作用。完善诉调对接机制，加强自贸区知识产权案件审理与行政调解、人民调解的配合和对接。

20. 探索建立与高校、科研机构交流合作机制。充分发挥高校、科研院校在知识产权法律研究、技术开发与进步中的中坚作用，建立长期、稳定、多元化沟通协作机制，共同研讨涉自贸区知识产权司法保护问题、案件技术疑难问题，使其成为知识产权司法保护理论研究基地。

21. 助力自贸区内企业创新发展与知识产权保护。建立联系创新主体的长效机制，推动知识产权司法保护关口前移，深入自贸区企业走访、座谈、授课，了解和回应创新主体尤其是中小企业在知识产权保护方面的困难和需求，为自贸区创新经济发展提供司法保障和服务。以深化司法公开为依托，定期邀请自贸区企业旁听知识产权案件庭审，以案释法，在具体案件中启蒙知识产权保护意识。

经济新常态下市场竞争秩序的司法规制与维护

江苏省高级人民法院课题组*

一、导论

习近平总书记在2014年5月考察河南时首次提出“新常态”概念[①]，并在11月召开的APEC工商领导人峰会开幕式上对中国经济新常态作了全面阐释[②]。市场经济的本质属性是经济竞争，以经济增速放缓、经济转型升级、强调要素驱动等为特征的经济新常态对市场竞争秩序必然带来新的冲击和影响，不正当竞争方式亦将出现新的变化、呈现新的样态，并以案件的形式进入司法领域。本调研课题旨在当前经济新常态背景下，重点围绕《中共中央关于全面深化改革若干重大问题的决定》提出的“市场在资源配置中起决定性作用”的要求和创新驱动、竞争优先的政策，就司法如何积极应对和有效维护市场竞争秩序展开调研，意在通过梳理、归纳、分析和展望，就司法如何调整和维护经济新常态下的市场竞争秩序，更好地发挥司法的指引作用，引导创新、规范竞争、促进优胜劣汰，维护公平、开放、透明、合理的市场竞争秩序，提供实证分析和解决方略。需要指出的是，狭义的不正当竞争仅指我国反不正当竞争法、反垄断法所规定

* 课题组成员：徐清宇、汤茂仁、孙晋、花玉军、刘莉、姜立、唐静。

① 新华社：《习近平河南考察时强调：深化改革发挥优势创新思路统筹兼顾　确保经济持续健康发展社会和谐稳定》，《人民日报》2014年5月11日。

② 刘华新、杜尚泽：《习近平出席亚太经合组织工商领导人峰会开幕式并发表主旨演讲》，《人民日报》2014年11月10日。

的相关内容，而广义的不正当竞争则还包括侵犯商标权、专利权、著作权等知识产权纠纷。本课题调研的重点是市场主体涉竞争类纠纷，主要立足于反不正当竞争法、反垄断法等竞争法的适用问题，对知识产权类纠纷虽有所涉猎，但并不作为本调研课题关注的重点。

调研过程中，调研组收集汇总了全省法院近三年来竞争类案件审理情况并对案件类型、特点、趋势和问题等作了简要梳理和分析，分别在省法院与南京、苏州、南通中院以及无锡市江阴法院召开了由工商、物价、发改、商务、文化、知产等行政执法机关，相关企业，律师以及法官等参加的座谈会，走访了省电信公司、南通家纺城等单位并召开座谈会，向全省46家中小企业及南京鼓楼科技园区的31家科技企业发出调查问卷，了解市场竞争主体对经济新常态的认知、应对情况以及相应的司法需求。

二、经济新常态影响市场竞争秩序的因素分析

按照2015年中央经济工作会议的说法，当前，“我国经济发展进入新常态，正从高速增长转向中高速增长，经济发展方式正从规模性速度型粗放增长转向质量效率型集约增长，经济结构正从增量扩能增长转向调整存量、做优增量并存的深度调整，经济发展动力正从传统增长点转向新的增长点”①。经济新常态的宏观大势以及让市场在资源配置中起决定性作用的决断和全面深化改革的市场化导向，使得公平竞争的市场秩序成为急需的公共品和必需品。同时，创新驱动战略的实施、新一轮产业革命的到来、互联网+时代的兴起，也将对市场竞争秩序带来广泛而深刻的影响。这种影响可以归纳为以下五方面。

（一）市场准入门槛降低导致市场主体呈井喷式增长

中共中央十八届三中全会公报指出“实行统一的市场准入制度，各类市场主体可依法平等进入”，全国范围内自2014年3月1日起全面实施注册资本登记制度改革，由先证后照改为先照后证，将注册资本实缴制逐步改为认缴登记制。此项改革措施大大降低了市场主体的市场准入门槛，充分释放和激发了市场活力。2014年我省新登记企业30.42万户，注册资本（金）14396.2亿元，分别比上年增长16.28%和47.38%，其中公司制企业和注册资本分别增长54.68%和74.05%。② 从问卷调查的情况来看，有74.3%的科技企业和62.8%的中小企业认为与其共同参与市场竞争的主体数量近期明显增多或有一定数量的增多。

工商注册登记制度的改革有力推动了大众创业、万众创新，市场主体的数量急剧增加、成分日趋多元。但也应该看到，良莠不齐的竞争主体进入市场后，将会在鱼龙混杂的市场竞争中引发更多的权利冲突和不正当竞争纠纷，如企业间相互争夺字号、商标、地理标志等资源，因趋利无视市场竞争规则的虚假宣传、商业诋毁等，势必带来诉讼案件的增多。

（二）互联网+时代的到来导致市场竞争领域更为宽泛

互联网经济是我国经济新的重要增长点。2015年是中国接入互联网21周年，截至4月20日，中国的移动电话用户达到12.9亿，普及率94.6%，移动互联网用户

① 《人民日报》记者：《中央经济工作在北京举行》，《人民日报》2014年12月12日。

② 参见2015年2月3日王元慧在全省工商行政管理暨全系统党风廉政建设工作会议上的讲话《适应新体制当好主力军 谱写全省工商行政管理改革转型新篇章》。

8.99亿，手机上网用户8.58亿。短短20年，我们可以看到，互联网从接入层面到应用层面都发生了翻天覆地的变化，其与实体经济的结合也越来越紧密。① 2014年中国基于经营互联网相关业务产生的企业收入规模之和达到8706.2亿元。其中，PC网络经济营收规模为6377.3亿元，移动网络经济营收规模为2228.9亿元，移动互联网对整体网络经济的营收贡献率进一步提升。② 而随着以云计算、物联网、大数据为代表的新一代信息技术即互联网+时代的到来，其与现代制造业、生产性服务业③的融合将更加紧密。创新日趋加速，互联网经济对市场竞争秩序的影响和作用力日益显现。如互联网经济不断向移动化、融合化和平台化方向发展；内容服务等信息消费成为带动快速更新的重要引擎；技术创新与商业模式的创新正在有力地推动着相关产业转型升级；互联网经济向传统经济的全面渗入带来电子商务应用的日益普及；互联网媒体正在并且加速度地全面超越电视、广播、印刷等传统媒体等。经济新常态下传统与现代的融合、互通、冲突、妥协所带来的市场竞争主体的升级、竞争理念的更新、竞争方式的转变和竞争秩序的重构，都需要司法的重新审视和积极应对。此外，互联网领域的一些法律规则的缺位，正当与不正当竞争的界限模糊也导致涉网络竞争纠纷更加频发。

（三）新型商业模式不断涌现导致市场竞争呈现新的样态

在国家加快实施创新驱动发展战略的大背景下，经济增长动力由要素驱动向创新驱动跃升已经成为经济新常态下的内在需求。伴随着新一轮产业革命和互联网+时代的到来，一些新技术、新产品、新业态、新商业模式已经或者将要大量涌现，传统商业模式中所采取的如利用价格优势、数量扩张、低端消费、人力成本、地域保护等竞争方式已不足以适应和满足当今市场竞争的需求，全新的商业模式将会不断出现，以多样性、质量型、差异化为主的竞争将成为主导。正如滴滴公司没有一辆出租车，却整合了广大的出租车市场；阿里巴巴公司没有一间商铺，却上演了令人叹为观止的商业奇迹。这些新型商业模式，将会随着时代的发展而颠覆人们以往对传统商业模式既有的认知。其市场主体法律地位的判断、竞争方式的认定、对市场秩序的影响以及游走的法律界限都需要司法的密切关注与研究。

（四）市场竞争的日趋激烈导致市场主体对健全完善的市场规则和公平、法治的市场环境的诉求更加迫切

从我们这次调研发放的调查问卷情况来看，有32.56%的中小企业和31.3%的科技企业认为当前市场竞争秩序已经出现新情况、新问题，亟待规范与解决。其中有55.3%的中小企业和48.3%的科技企业认为政府职能仍需进一步调整转变、行政因素仍大量存在；有48.9%的中小企业和67.7%的科技企业认为市场竞争主体素质鱼龙混杂，企业存在趋利性、法律意识不强等问题；有21.3%的中小企业和22.6%的科技企业认为立法过于陈旧，与当前市场竞争秩序的现状已有脱节以及认为行政执法尺度单一、力度不够；有21.3%的中

---

① 金永生：《升维与变革 互联网+从IT到DT》，中国电子商务研究中心：http://www.100ec.cn/detail--6248839.html。

② 陶钧：《涉网络不正当竞争纠纷的回顾与展望——近五年北京法院审判的总体概况》，http://www.zhichanli.com/article/8012，2015年5月15日。

③ 是指为保持工业生产过程中的连续性、促进工业技术进步、产业升级和提高生产效率提供保障的服务行业。它是与制造业直接相关的配套服务业，是从制造业内部生产服务部门独立发展起来的新兴产业，依附于制造业企业而存在。

小企业和25.8%的科技企业认为司法保护不够全面，企业维权成本过高，收效不大。经济新常态下的市场化主导必然需要公平合理的市场竞争规则，这不仅仅是良好规范的市场秩序的内生要求和自发动力，也应该是宏观经济决策者和市场秩序监管者的坚定决心和自觉行动。令人欣喜的是，十八届三中全会《中共中央关于全面深化改革若干重大问题的决定》中提出了推行负面清单制度，这不仅改变了以往因政府审批过多、过宽、过滥而导致效率低下、权力寻租、遏制市场活力的恶果，而且有利于规范和约束政府行为，将实实在在的市场天地留给市场主体，为企业创造一个公平、稳定、宽松、透明、可预期、法治化的营商环境。除了上述所提及的工商登记制度改革、负面清单制度改革之外，还有诸如改革市场监管体系，实行统一的市场监管，清理和废除妨碍全国统一市场和公平竞争的各种规定和做法，严禁和惩处各类违法实行优惠政策行为，反对地方保护，反对垄断和不正当竞争，建立健全社会征信体系，健全优胜劣汰市场化推出体系，完善企业破产制度。[①] 另外，在立法和司法层面，也需要清理和废除妨碍公平竞争的法律条款和做法，进一步厘清政府、市场、企业的关系与界限，维护市场主体平等参与的秩序与规则，充分保障每一个市场主体作用和活力的更好发挥。由此可以预见，市场主体对公平竞争环境的诉求将更为迫切，司法的职能作用在反不正当竞争以及反垄断方面将更加凸显。

（五）隐含行政性因素的垄断行为导致市场竞争的人为扭曲

为在市场竞争中谋求优势地位，近年来，一些具有行政主导因素和行业协会组织因素的价格垄断行为时有出现[②]，它们通过实施价格垄断行为，谋求垄断利润，破坏公平竞争的市场秩序，损害消费者的合法权益。也有企业经营者通过滥用市场支配地位来排除和限制竞争。典型的如云南省通信管理局行政垄断案。[③] 由于行政性垄断长期存在、积重难返，在经济新常态下对市场竞争的限制和对竞争秩序的破坏短时期内难以完全消除。虽然行政机关与行业协会全面脱钩的改革正在加快推进，但行业协会与行政机关的关系事实上难以彻底隔断，而一旦监管措施缺失和行业协会自律规则不到位，以往行政性因素主导的价格垄断极有可能转化为行业协会组织实施的价格垄断。调研中还发现，相关企业对由政府主导的企业合并而可能导致的垄断也存在一定的担忧，在问卷调查中，有不少企业认为当前市场上出现的垄断纠纷是由于国家经济体制改革或国家政策调整（见图1），并相应表达了对司法在反垄断领域发挥积极作用的期盼。较之于“行政执法机构可能受到某些不当利益因素的干扰，导致价值判断和政策导向偏离公共利益的要求，反垄断司法不仅在形式上更具平等、客观、民主、公平的外观，在实质上也比反垄断执法具有更强烈的法治理性”[④]，因而司法调控功能的发挥也将成为必然的选择。

---

① 参见《中共中央关于全面深化改革若干重大问题的决定》。

② 主要是相互竞争的企业在行政部门或行业协会主导下，通过协商一致达成价格协议，共同排除或限制竞争。

③ 2015年6月2日，国家发改委网站发布通报：云南省通信管理局牵头组织4家电信运营商达成协议，对赠送的范围、幅度、频次等进行约定，并通过下发整改通知书等手段强制执行，限制了电信运营商的竞争能力和手段。对此，云南省通信管理局进行了整改，并停止相关做法，中国移动、电信、联通、铁通四大电信运营商的云南分公司被处以罚款，共计1318万元。

④ 蒋岩波、喻玲：《反垄断司法制度》，商务印书馆2012年版，第41页。

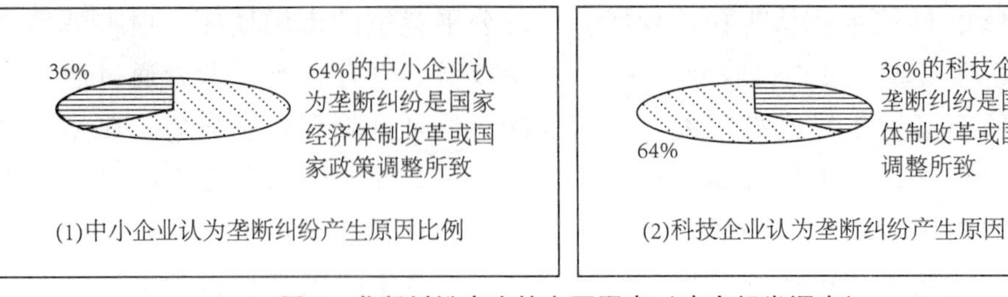

图1 垄断纠纷产生的主要因素（来自问卷调查）

三、经济新常态下我省法院涉竞争类纠纷案件的总体情况及发展态势

（一）近年来我省法院涉竞争类纠纷案件的总体情况①

据统计，2012年至2015年5月，我省法院共受理涉竞争类民事一审案件10384件。②其中，2012年受理3106件，包括单纯不正当竞争纠纷案件83件，侵害商标权纠纷案件3023件；2013年受理3312件，包括单纯不正当竞争纠纷案件94件，侵害商标权纠纷案件3218件；2014年受理2624件，包括单纯不正当竞争纠纷案件100件，侵害商标权纠纷案件2524件；2015年1—5月受理1342件，包括单纯不正当竞争纠纷案件45件，侵害商标权纠纷案件1297件（见图2）。其中，单纯不正当竞争类民事案件总数为322件。

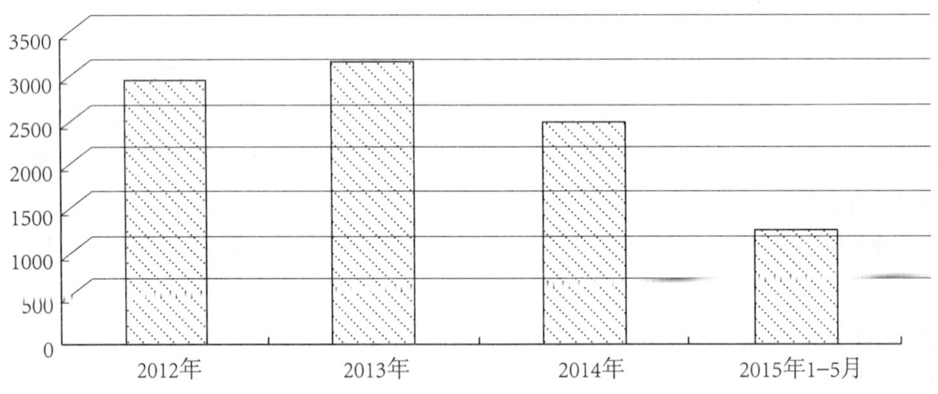

图2 涉竞争类民事案件数量（2012—2015.5）

① 数据来源于全省具有知识产权案件管辖权法院的统计与呈报。

② 涉竞争类民事案件包括侵害商标专用权纠纷和单纯的不正当竞争纠纷，其中绝大部分为侵害商标专用权纠纷。将侵犯商标专用权纠纷统计进来，主要是因为此类案件与竞争最为密切，同时其中有相当一部分案件当事人既起诉了侵害商标专用权，又起诉了不正当竞争。这些案件具有双重案由，在司法统计中归入侵害商标专用权纠纷中，而未统计入单纯不正当竞争纠纷。

2012年至2015年5月，我省法院共受理涉竞争类刑事一审案件939件。其中，2012年受理362件，2013年受理234件，2014年受理264件，2015年1—5月受理79件。

2012年至2015年5月，我省法院共受理涉竞争类行政一审案件38件。其中，2012年受理4件，2013年受理10件，2014年受理19件，2015年1—5月受理5件（见图3）。

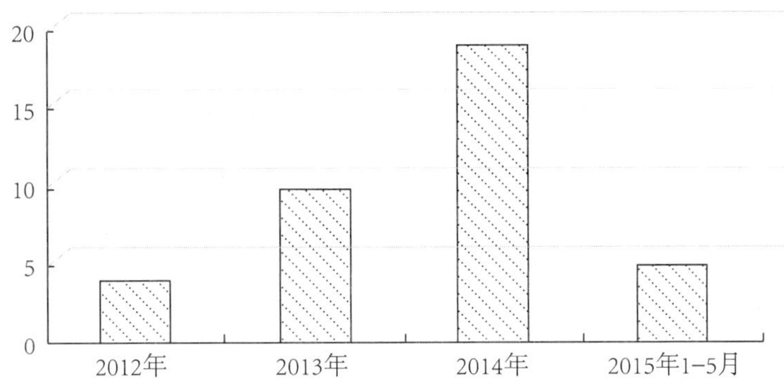

图3　涉竞争类行政案件数量（2012—2015.5）

从总量上看，涉竞争类案件中民事案件占绝对多数，占91.4%，刑事案件占8.3%，行政案件占0.3%（见图4）。

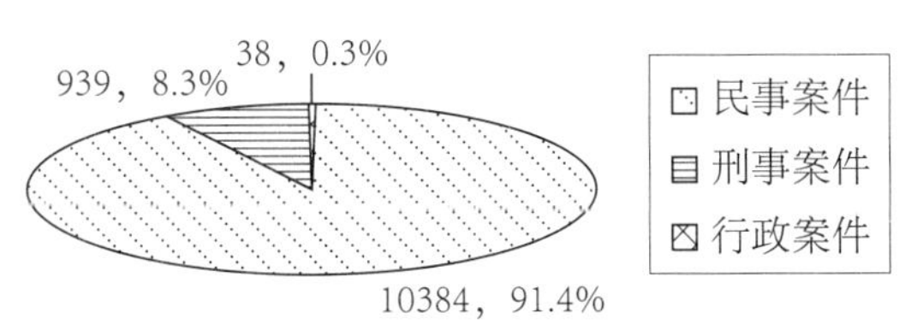

图4　单纯不正当竞争案件数量及比例（2012—2015.5）

从我省受理的涉竞争类民事案件来看，商标侵权案件的受理数量相对稳定，除了2014年由于商业维权类案件减少导致案件数下降之外，每年受理的商标侵权案件均在3000件左右。由于有相当一部分当事人既起诉商标侵权又起诉不正当竞争的案件被统计入商标侵权类纠纷，因此单纯不正当竞争案件总量并不多，仅为322件。但随着我省市场竞争的日趋激烈，单纯不正当竞争案件的总量也在逐年攀升，2012年、2013年、2014年收案数分别为83件、94件、100件，2015年1—5月份已经达到了45件（见下表）。

表　单纯不正当竞争民事纠纷数量（2012—2014）

年份 / 数量 / 类型	2012	2013	2014	总计
侵害企业名称权纠纷	19	33	32	84
侵害商业秘密纠纷	28	26	22	76
虚假宣传纠纷	10	21	22	53
擅自使用知名商品特有名称、包装、装潢纠纷	15	9	12	36
适用反不正当竞争法一般原则	5	2	4	11
商业诋毁纠纷	3	1	4	8
垄断纠纷	2		4	6
有奖销售纠纷	1			1
域名纠纷		1		1
冒用质量标志纠纷		1		1
总计	83	94	100	277

从我省法院受理涉竞争类刑事与行政案件的总体情况来看，主要是因侵害商标权、侵害商业秘密而发生的刑事犯罪案件及行政处罚案件。涉竞争类行政案件尽管数量很少，但逐年上升态势很明显。

（二）涉竞争类纠纷案件的发展态势及面临的挑战

一是仿冒知名商业标识及侵害商业秘密类纠纷仍是目前不正当竞争案件的主要形式。虽然这两类都属于传统不正当竞争纠纷，但对一些仿冒行为的定性以及侵害商业秘密的认定仍是难题。而且，一些新的仿冒和侵害商业秘密的形式也不断出现，给审理带来难度。据统计，仿冒知名商业标识及侵害商业秘密类纠纷已经占到单纯不正当竞争案件总量的70%以上（见图5）。2012—2014年间，擅自使用他人企业名称、擅自使用他人知名商品特有名称等仿冒知名商业标识的纠纷案件共120件，占单纯不正当竞争类纠纷的43.3%，且从2013年起已占当年单纯不正当竞争类纠纷总量的44%以上，而这其中还不含相当数量的被统计入商标侵权类案件中商标与字号冲突的案件。2012—2014年间，侵害商业秘密类纠纷案件占单纯不正当竞争类纠纷的27.4%，其与仿冒知名商业标识类纠纷案件共占单纯不正当竞争类纠纷的70.7%。

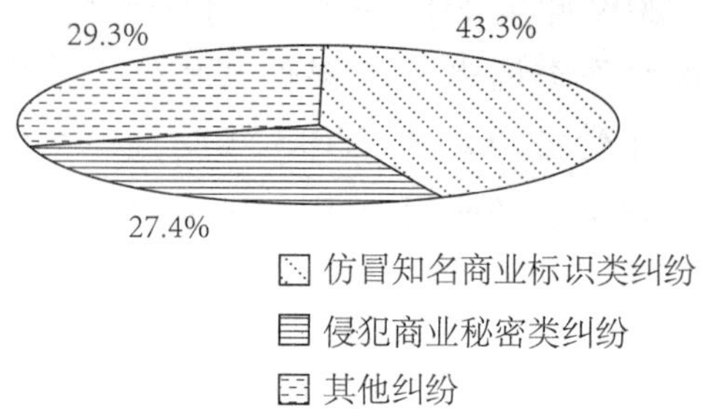

图5 仿冒知名商业标识以及侵犯商业秘密类案件受理情况（2012—2014）

一方面，由于知名商业标识具有较高的市场影响力，能够为权利人带来较高的商业价值，因此商事主体通过仿冒知名商业标识的途径从事不正当竞争行为，抢夺知名字号、商标、地理标志等商业资源，攫取他人商业信誉，不当提升自身竞争优势的案件一直占有较高比例。近年来，此类纠纷又有了新的侵权表现形式，引起司法实践的关注。如无锡法院审理的江苏申锡建筑机械有限公司与无锡吊蓝机械制造有限公司不正当竞争纠纷案中，作为“高处作业吊篮”行业中起步早、品质优、产量高的产品，“无锡吊篮”已然成为业界响当当的招牌，然而无锡吊蓝机械制造有限公司却以“篮”和“蓝”一字之差，将“无锡吊蓝”注册为企业名称，在宣传中夺人眼球、占尽先机，引起无锡地区其他吊篮企业的不满，再三协商无果后，由其中的江苏申锡建筑机械有限公司提起诉讼。本案的难点在于，“无锡吊篮”既不是商标也不是企业名称，因此对被告行为的定性缺乏明确的法律指引。审理法院最终认为应当在现有法律框架内，灵活运用法律规定以制止不正当竞争行为，保护地区行业的公共利益。在区域内全体经营者长期的经营及商誉积累下，“无锡吊篮”即地区与产品名称紧密结合，具有一定的市场知名度和较高的产品辨识度，在实际使用中被相关公众广泛认可，其名称所蕴含的商誉以及潜在交易机会，应当由该地区全体经营者共享。无锡吊蓝机械制造有限公司将与上述名称近似的“无锡吊蓝”登记为企业字号，易破坏商誉共存的均衡状态，不当获取更多交易机会及额外的竞争优势，从而损害其他同行的合法利益，属于不正当竞争行为。

另一方面，在实施创新驱动发展战略的过程中，各级政府、高校、科研院所和企业进一步加大前沿技术、核心技术的研发，通过委托研发或合作开发，形成了大批专利技术、技术秘密，而未申请专利的商业秘密成为市场主体竞争的一项重要法宝。同时，抢占技术、抢占市场、抢占人才也成为企业发展和获取竞争优势的重要策略，因此，技术人才的跳槽、辞职等人才频繁流动已经成为常态，势必会引发涉及商业秘密的不正当竞争诉讼。通过此次调研，我们还了解到，我省近年来还出现了涉及商业秘密侵权的新的侵权手段，如一些企业通过安排人员去竞争对手处应聘或者派出经济间谍获取竞争对手的商业秘密等。而在司法实践中，随着侵权手段的不断翻新，秘密成立的认定、侵权行为的界定、损害数额的确定以及双方当事人举证负担的平衡等都是需要解决的难点问题。

二是涉互联网不正当竞争纠纷暴发，给司法规制带来难题。我国互联网产业的发展已经进入新的时代，无论是从规模、数量、前景等方面，都已成为传统与新兴产业的发展方向。"互联网阵地"也必将成为各企业的必争之地。但"存在利益之处，必有纠纷之争"[①]，互联网经济的全面发展和庞大的经济利益为市场经营者提供了更多的发展机会，也使得市场经营者在拓展业务、提升市场关注度、吸引投资和客户过程中产生的纠纷不断涌现，互联网也成为不正当竞争纠纷的多发地带。在网络案件比较活跃的北京地区，2013 年受理的 138 件不正当竞争案件中有 40 件发生于网络领域，占 28.99%；2014 年受理的 183 件不正当竞争案件中有 75 件涉及网络，占 40.98%；2015 年前 4 个月，受理的 85 件不正当竞争案件中有 36 件为网络纠纷，占 42.35%。该地区涉网络不正当竞争纠纷的收案数量从 2013 年度开始出现了较大幅度增长，其中 2013 年度较 2012 年度上升了 150%，2014 年度较 2012 年度上升了 368.75%；涉网络不正当竞争纠纷在不正当竞争案件中所占比例出现逐年上升的趋势，特别是在 2014 年度以及 2015 年 1 月至 4 月期间，均超过了 40%（见图 6）。[②]在这些涉网络不正当竞争纠纷中，既有本来发生于传统领域现在开始利用互联网手段实施的网上虚假宣传等纠纷，也有因网络技术发展而带来的，涉及手机游戏规则的仿冒、App 平台侵权、推广链接、竞价排名、通过安全软件的"插标"及"流量劫持"等不正当竞争纠纷等。不断涌现的涉网络不正当竞争纠纷给司法带来了极大的挑战，对于管辖的确定、涉及 App 平台被诉侵权行为、非竞价排名、类似"插标"及"流量劫持"等新类型不正当竞争行为的认定，网络行为正当竞争与非正当竞争标准的界定，如何界定相关市场、如何提高网络领域中市场支配地位以及滥用市场支配地位认定的合理性，均成为审理的难点，成为法院面临的重大挑战。

三是商业诋毁案件出现新的态势。首先，随着互联网技术的发展，利用互联网手段实施的网上商业诋毁纠纷案件增多，且传播速度更快、传播范围更广。利用微信公众号传谣也呈现公司化运作趋势。北京市海淀区人民法院在 2014 年 2 月披露的一项调研结果显示，互联网企业间口水战等 4 类互联网不正当竞争案件正呈现高发态势，[③] 这其中以奇虎 360、腾讯公司、百度公司等公司之间的商业诋毁案件为多。

---

① 陶钧：《涉网络不正当竞争纠纷的回顾与展望——近五年北京法院审判的总体概况》，http：//www.zhichanli.com/article/8012，2015 年 5 月 15 日。

② 陶钧：《涉网络不正当竞争纠纷的回顾与展望——近五年北京法院审判的总体概况》，http：//www.zhichanli.com/article/8012，2015 年 5 月 15 日。

③ 云清风扬：《中国互联网不正当竞争现状概略》，http：//www.zhichanli.com/article/5717。

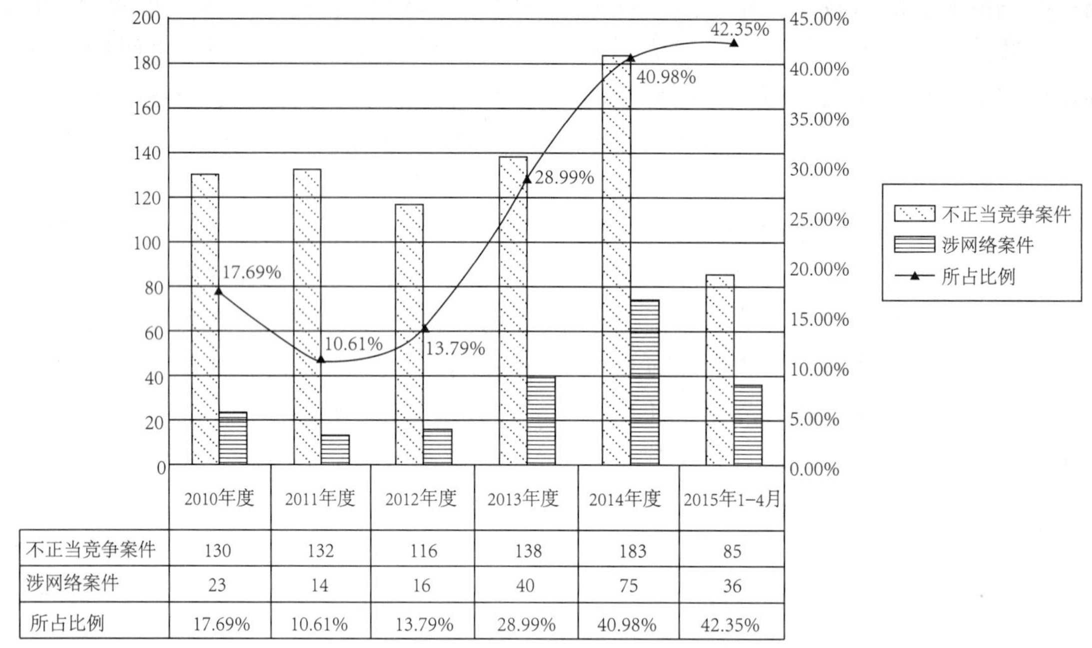

	2010年度	2011年度	2012年度	2013年度	2014年度	2015年1-4月
不正当竞争案件	130	132	116	138	183	85
涉网络案件	23	14	16	40	75	36
所占比例	17.69%	10.61%	13.79%	28.99%	40.98%	42.35%

图6　北京法院涉网络不正当竞争纠纷一审新收案件基本情况[①]

如北京市第二中级人民法院审理的“腾讯诉360隐私保护器”不正当竞争纠纷案，腾讯称奇虎360产品隐私保护器“非法监测腾讯QQ运行”“并利用虚假宣传手段误导和欺骗用户”，法院审理后认为奇虎360的行为构成不正当竞争。近期，神州专车主题为“beat U，我怕黑专车”直接针对竞争对手Uber的比较广告海报也在一夜之间火爆网络，成为热门话题。同时，微信上的一些自媒体，已经成为谣言和不实信息的“放大器”，如近百家微信公众号热门推送六翅肯德基怪鸡、康师傅地沟油、娃哈哈肉毒杆菌等食品谣言，面对流言的侵袭，康师傅、娃哈哈、肯德基等纷纷将涉嫌传谣微信号背后的运营公司告上法庭。其次，当事人以“私力救济”为借口实施商业诋毁行为的案件屡屡出现，私力救济与公力救济的界限如何划分值得研究。江苏高院审理的苏州净化设备有限公司与苏州安泰空气技术有限公司损害商业信誉、商品声誉纠纷一案中，净化设备公司主张安泰公司多次在全国性或区域性的订货会上散发告客户书及认定其行为不构成侵权的未生效判决书，诋毁、贬损净化设备公司的商业信誉和商品声誉，为此提起诉讼。法院审理后认为，净化设备公司实施了不正当竞争行为，应对本案负一定的责任，但安泰公司散发告客户书的行为已超出了私力救济的范围，损害了净化设备公司的商业信誉和商品声誉，构成侵权，应承担停止侵权、消除影响、赔偿损失的民事责任。再次，从调研中我们了解到，目前还出现了一种新的商业诋毁侵权模式，表现为侵权企业炮制行政机关的行政公文（如行政处罚决定书），指称被侵权企业曾受行政执法机关行政处罚，以此贬损该企业的商业信誉，削弱其竞争优势，误导相关客

① 陶钧：《涉网络不正当竞争纠纷的回顾与展望——近五年北京法院审判的总体概况》，http：//www. zhichanli. com/article/8012，2015年5月15日。

户。这种以虚假的公权力打压竞争对手的做法，应当引起司法实践的关注。

四是适用反不正当竞争法一般原则认定不正当竞争行为的案件逐渐增多。现行反不正当竞争法于1993年制定，距今已有20余年。随着各种新产品、新行业以及新商业模式的出现，当今发生的一些以不正当竞争为目的的行为和现象，已经无法被反不正当竞争法规定的一些具体不正当竞争行为所涵盖，尤其是惊人发展的互联网行业。因此，为了规制一些违反诚实信用原则与公认商业道德的新类型不正当竞争行为，司法实践中适用反不正当竞争法一般条款来认定不正当竞争行为的情形开始增多。据此次调研统计，在近三年我省法院审理的322件单纯不正当竞争纠纷中，适用一般条款裁判的有11起。而北京法院近五年来适用一般条款裁判网络不正当竞争纠纷的案件更达到37%，居于认定构成不正当竞争行为的首位。[①] 一般条款的大胆适用，因应了社会的发展，体现了司法的原则性与灵活性的结合，有效地规范了市场竞争秩序，达到了良好的社会效果。如南京法院审理的南京国资绿地金融中心有限公司与江苏紫峰绿洲酒店管理有限公司侵害著作权、商标权、不正当竞争纠纷案[②]中，原告南京国资绿地金融中心有限公司花费约人民币40亿元建造紫峰大厦，并陆续申请了“紫峰”“紫峰大厦”等注册商标，先后成立了紫峰购物广场、绿地洲际酒店两个分公司对紫峰大厦进行经营管理，紫峰品牌已具有广泛影响，在南京市民中享有较高的声誉。被告江苏紫峰绿洲酒店管理有限公司在企业名称中使用“紫峰绿洲”文字，经营场所模仿紫峰大厦的建筑外观，对外宣称是“南京市标志性建筑”“超五星级管理模式”。原告认为被告一系列行为造成社会公众对原、被告的市场主体产生混淆，构成违反诚实信用原则的不正当竞争行为，故起诉至法院请求判令紫峰绿洲公司停止侵权并赔偿损失等。法院审理后认为，我国现行的著作权法、商标法和反不正当竞争法等所规定的各种具体的侵权行为种类，均难以直接适用于紫峰绿洲公司的行为。然而，就所有被诉行为综合来看，可以清楚认定紫峰绿洲公司具有明显攀附紫峰大厦商誉的故意，其在企业名称、特别是招牌中使用“紫峰”字样具有不诚信、不正当性，且已对原告所具有的法律上值得保护的合法利益造成损害。因此，可以适用反不正当竞争法的一般条款来维护市场公平竞争，否则将无法制止紫峰绿洲公司的行为对国资绿地金融中心合法权益造成的侵害。法院遂适用反不正当竞争法一般条款认定被告的行为构成不正当竞争，判令其更改字号。特别需要说明的是，在调研中我们还了解到，出于严格依法和谨慎执法的考量，工商管理等行政执法机关在处理法无明文规定的不正当竞争行为时，原则上不直接适用该一般条款，由此造成行政执法的缺位，这在实践中需要司法与行政执法机关进一步沟通与衔接。

四、经济新常态下市场竞争秩序司法维护的思路与原则

通过调研，我们认为，为了充分发挥司法在确立竞争行为的规则，明晰商事行为的边界，维护统一、开放、公平、诚信、有序的市场竞争秩序方面的积极功能，当前应该对人民法院审理涉竞争类案件的理念、思路、原则、方法等进行必要而又适

① 陶钧：《涉网络不正当竞争纠纷的回顾与展望——近五年北京法院审判的总体概况》，http：//www. zhichanli. com/article/8012。

② 江苏省南京市中级人民法院（2012）宁知民终字第24号民事判决书。

度的调整。

（一）在裁判的理念上，应从谦抑温和保护调整为加强创新保护

不正当竞争纠纷的裁判政策与价值导向并非一成不变。过去，中国经济发展主要依赖原材料、廉价劳动力，创新动力不够足，活力不够强，模仿与复制现象比较多。其时，如采用高标准、强保护的裁判尺度，势必对一些企业甚至整个行业造成毁灭性打击，阻碍经济、社会的发展。因此，不正当竞争案件的审理执行着《与贸易有关的知识产权协议》最低保护标准，采取在法律限度内相对温和谦抑的裁判政策。不正当竞争行为的认定一般限于反不正当竞争法列举的具体不正当竞争行为类型。司法中很少适用反不正当竞争法第2条规定的一般条款这一原则性条款以及公共利益、诚实信用原则等抽象原则来认定某些实质上的不正当竞争行为。在责任承担上，裁判多适用补偿性赔偿原则确定相对温和的赔偿数额。同时，规制垄断行为方面的立法几乎是空白，执法和司法上对垄断行为的认定与制裁也鲜有案例发生。

当前，在经济新常态背景下，全社会上下普遍认识到创新对转变经济发展方式、调整经济结构、提升经济发展的质量以及拉动经济发展的重要作用，同时也普遍认识到要坚持市场导向，充分发挥市场在资源配置中的决定作用，营造更加有利于创新的公平竞争环境。为此，2015年3月，中共中央和国务院联合发布《关于深化体制机制改革加快实施创新驱动发展战略的若干意见》，明确提出要“加快实施创新驱动发展战略，就是要使市场在资源配置中起决定性作用和更好发挥政府作用，破除一切制约创新的思想障碍和制度藩篱，激发全社会创新活力和创造潜能”，“营造大众创业、万众创新的政策环境和制度环境”和“营造激励创新的公平竞争环境”，“发挥市场竞争激励创新的根本性作用，营造公平、开放、透明的市场环境”，“打破制约创新的行业垄断和市场分割”，“切实加强反垄断执法，及时发现和制止垄断协议和滥用市场支配地位等垄断行为，为中小企业创新发展拓宽空间”等多方面激励创新和促进市场竞争的要求，并将“实行严格的知识产权保护制度”作为“营造激励创新的公平竞争环境”的首要措施。不正当竞争案件的审理，就是要旗帜鲜明地以此作为裁判价值导向，加大保护力度尤其是加大对重大创新成果的保护力度，“责无旁贷地发挥保护创新和维护公平竞争的主导作用，更加注重保护知识产权，更加注重推动大众创业和万众创新，更加注重维护统一透明、有序规范、公平竞争、充满活力的市场环境”[①]。特别是要综合运用多种手段打击重复侵权以及职业侵权行为。

一是加强对创新程度高的科技类成果、独创性高的作品以及知名度、显著性高的商业标识的保护力度，有效制止任性的“傍名牌”“搭便车”和不当攫取他人商业信誉的不正当竞争行为。如江苏法院在一起侵害商业秘密案件中，加强对权利人技术秘密的保护力度，判决被告将其侵权获利11268285.30元赔偿给原告。[②] 我省法院还在涉及中华老字号“同仁堂”、知名地理标志“阳澄湖”的商标侵权及不正当竞争纠纷中，除责令不正当竞争者停止使用有关标识、字号外，均判决仿冒者赔偿100余万元。

二是运用好临时禁令措施加大对以严重不正当竞争行为的打击力度。法律与司

① 宋晓明：《新形势下我国的知识产权司法政策》，《人民法院报》2015年5月23日。

② 江苏省南京市鼓楼区人民法院（2015）鼓知民初字第47号民事判决书。

法解释虽然早就规定有临时禁令制度，但多年来法院对该项武器并未很好应用。在互联网领域，侵权案件暴发性增长，侵权行为快速蔓延，损害后果往往难以弥补。如3Q案件中扣扣保镖从发布到召回仅7天时间，但下载用户即超千万。[①] 因此，对网络不正当竞争行为要及时审查当事人的禁令申请，符合条件的要及时采取临时禁令措施，及时有效制止不正当竞争行为。调研中，我们了解到，一些法院在互联网不正当竞争案件中行为禁令的适用频率显著增加。仅在2014年5—8月间某中院就发出了3个行为禁令，均是针对竞争对手发布贬损360声誉的虚假消息而作出的。[②] 湖北武汉中院在深圳市腾讯计算机系统有限公司与广州网易计算机系统有限公司等侵害音乐作品信息网络传播权纠纷诉前禁令案[③]中，根据申请及时发布诉前禁令，并对违反禁令的行为予以处罚，为打击网络音乐盗版、规范网络音乐市场、整治网络环境提供了一种可行的保护模式，充分体现了知识产权司法保护的主导作用。

三是充分发挥赔偿的惩罚性功能。调研中，多数法院反映，长期以来，我国法院在包括竞争类纠纷审理在内的知识产权司法保护方面秉行补偿性原则，以填补受害人的损失为限，或将侵权人因侵权行为的获利返还给权利人。但是对于因侵权行为而受到损害或侵权人获利的证据，权利人往往难以举证，互联网环境下的不正当竞争行为更是如此。对此，权利人往往选择法定赔偿方式。法院为提高司法效率，节约司法资源，也乐于通过自由裁量方式酌定赔偿额。源于适用补偿性原则的裁判思维以及相对温和的司法保护尺度，裁判实际所确定的赔偿数额可能难以遏制不正当竞争行为的发生，侵权成本和代价偏低，“傍名牌”“搭便车”，攀附他人商业信誉的现象愈发严重，甚至出现了一些为了追求利益最大化而故意侵权、反复侵权的行为以及以侵权为业的职业侵权人。司法实践中一些案件被调解或判决后不久，又出现了相同侵权人再次侵权的关联案件，客观上反映了司法对不正当竞争行为惩处不力。调研中，一些权利人还反映，多头配合、一条龙地实施不正当竞争行为以及重复侵权行为时有发生。苏州某代理机构反映，有几个人专门设立企业刻意模仿“樱花”商标生产或经销与权利人相同或类似商品。在被判决承担侵权责任后，他们又设立其他企业从事相同的不正当竞争行为，形成了以侵权为业的职业侵权现象。两年来共形成涉及“樱花”商标的相关案件30余起。权利人苦不堪言，不断呼吁采取有效措施惩处这种职业侵权行为。2015年6月11日，国务院发布的《关于大力推进大众创业万众创新若干政策措施的意见》明确，“集中查处一批侵犯知识产权的大案要案，加大对反复侵权、恶意侵权等行为的处罚力度，探索实施惩罚性赔偿制度。”因此，为有效遏制这种严重不正当竞争行为，似有必要加强惩罚性赔偿方式的适用，在确定赔偿额时，充分考虑行为人从事不正当竞争的情节以及侵权人的主观恶性程度。对于故意侵权、反复侵权以及以侵权为业的职业侵权行为，可以根据案情，在法定赔偿额的幅度内确定较高的赔偿额，必要时可以顶格确定赔偿额。事实上，惩罚性赔偿原则已经在中国司法领域有所适用。据悉，2015年4月1日，国家知识产权局

---

① 云清风扬：《中国互联网不正当竞争现状概略》，http：//www. zhichanli. com/article/5717。

② 云清风扬：《中国互联网不正当竞争现状概略》，http：//www. zhichanli. com/article/5717。

③ 湖北省武汉市中级人民法院（2014）鄂武汉中知禁字第5号、5－1号、5－2号民事裁定书。

公布的《专利法修改草案（征求意见稿）》第六十五条第三款也规定了这项制度，“对于故意侵犯专利权的行为，人民法院可以根据侵权行为的情节、规模、损害后果等因素，将根据前两款所确定的赔偿数额提高至二到三倍。”对于不正当竞争行为一直持续至二审裁判期间，权利人上诉增加要求侵权人赔偿其一审裁判之后至二审生效为止的损失以及相应合理律师费用、调查及诉讼支出的，法院应当准允，以有效应对侵权人故意拖延诉讼，提高侵权成本，并防止出现权利人赢了官司赔了钱的现象。

四是适当调整贴牌加工行为商标侵权的认定。一段时间以来，贴牌加工行为在司法上均作为不侵权处理。这主要是考虑到我国贴牌加工产业的现状以及贴牌产品均销往国外这一现实。但随着我国从全球经济贸易价值链的低端向高端跃升，随着贴牌加工产品在国际上的流通，中国企业实施“走出去”战略，以及中国加工企业的转型升级，贴牌加工案件的裁判理念是否需要根据个案情况作适当调整值得研究。在2015年江苏高院审理的上海柴油机股份有限公司与江苏常佳金峰动力机械有限公司侵害商标权纠纷案①中，印尼企业涉嫌在印尼抢注原告的驰名商标“东风”，再委托被告即国内加工企业代其生产“东风”牌柴油机并出口印尼销售。如果该案的审理思路仍然坚持不侵权的司法理念，认为国内加工企业生产的产品全部出口印尼，不会使国内消费者产生混淆与误认，将会影响国内知名企业的海外竞争与国际市场，也不利于国内加工企业的转型升级。因此在经济新常态的背景下需要对该问题重新思考，考虑是否应当更新原先的司法保护理念，调整裁判尺度。

（二）在规制的维度上，应从传统不正当竞争行为延伸到适用原则条款调整的不正当竞争行为

近二十年来，中国社会发生了翻天覆地的变化，尤其是互联网领域的发展日新月异，由此引发的不正当竞争手段多样，情形更为纷繁复杂。因此，二十年前制定的反不正当竞争法已经远远不能适应调整和规制市场竞争秩序的社会需求。法院应当适应形势的发展变化，对不属于该法列明的不正当竞争行为类型，而以不正当竞争为目的，违反诚实信用原则和公认的商业道德的各类商业行为，大胆适用反不正当竞争法第二条的原则性条款来认定为不正当竞争行为，维护健康、有序、公平的市场竞争秩序。早在2004年，南京中院在南京雪中彩影婚纱摄影有限公司与上海雪中彩影婚纱摄影有限公司江宁分公司商标侵权及不正当竞争纠纷一案②中，适用反不正当竞争法的一般条款，对于故意在上海登记与南京雪中彩影婚纱摄影有限公司知名商标“雪中彩影”相同文字的企业名称，虽未突出使用企业名称中的字号，但有意在南京江宁区开设分支机构从事与权利人相同的婚纱摄影业务，客观上造成公众混淆与误认，无偿侵占权利人商业信誉，获取竞争利益的行为认定为不正当竞争行为。该案判决书被《最高人民法院公报》采用。商标法及最高法院司法解释仅规定，将他人注册商标中的文字注册为企业字号并突出使用造成混淆的为商标侵权行为，未规定未突出使用但造成混淆的情形。该案确立的将他人商标中的文字登记为企业字号，虽未突出使用但造成混淆的行为构

① 江苏省高级人民法院（2015）苏知民终字第00036号案件，未决。

② 江苏省南京市中级人民法院（2004）宁民三初字第312号民事判决书。

成不正当竞争的裁判规则为最高人民法院所肯定，成为处理此类案件，认定此类不正当竞争行为的指导规则。在前文涉及“无锡吊篮”案件①中，由于无锡吊篮产品在中国建筑行业具有较高知名度，涉案行为人将本属于无锡这一知名行业及产品的名称改成同音字“无锡吊蓝”登记为字号使用，从而掠夺了整个无锡吊篮行业共同投资与付出而积累的商业信誉，垄断该商业资源，造成了对本行业其他企业的不正当竞争。反不正当竞争法仅规定了仿冒他人企业名称的不正当竞争行为，并未规定某企业掠夺整个行业共有商业资源的情形。因此，无锡地区一、二审法院适用反不正当竞争法的一般条款认定被告的行为构成不正当竞争。上文述及的关于南京紫峰大厦的“紫峰”名称以及建筑物外装潢被仿冒的不正当竞争行为②，同样无法为反不正当竞争法所列具体不正当竞争行为涵盖，故南京地区一、二审法院适用反不正当竞争法的一般条款对被告的不正当竞争行为进行了规制。

适用反不正当竞争法抽象的一般条款处理不正当竞争纠纷，客观上能够明晰正当商事行为与不正当竞争之间的界限。但这不仅给案件的审理带来了难度，也给法官自由裁量留有空间。为了防止因适用原则性条款不适当地扩大不正当竞争范围而妨碍自由、公平竞争，需要明确适用该原则性条款的条件。我们认为，适用反不正当竞争法的一般条款认定不正当竞争行为，必须符合下列基本条件：（1）被诉行为不属于反不正当竞争法第2章第五条至第十五条列明的11种具体不正当竞争行为；（2）被告以侵占或攫取对手商业信誉、提升自身竞争优势为目的；（3）被告存在违反诚实信用原则和公认商业道德的不当行为；（4）被告的行为客观上产生了影响原告正常商业活动，可能损害其竞争利益，提升自身竞争优势的后果。上述条件会因案件具体案情的不同略有调整或增加。

在飞速发展的互联网领域，适用一般条款裁判不正当竞争行为具有更为充分的理由和天然的必要性。目前，司法适用该条款主要有以下种几种情况。

1. 因竞价排名或自然排名而产生的不正当竞争

所谓竞价排名，是指经营者通过向搜索服务商付费的方式，注册一定数量的关键词，搜索引擎按照付费最高排名靠前的原则，使同一关键词的网站或信息按照付费高低进行不同顺序的排名，出现在网民的搜索结果中。因此，在竞价排名方式下，按关键词搜索的结果排名的顺序是人为造成的，而在自然排名方式下，搜索结果排名顺序是搜索引擎按照一定算法规则和技术原理自然抓取的结果。有的经营者为了攀附他人商标、企业名称、域名等商业标识的知名度和商业信誉，通过竞价排名方式注册与这些商业标识相同的搜索关键词，并通过技术手段，使网民搜索该关键词后所获取的搜索结果指向该恶意竞争行为人的网站，并将搜索结果排名靠前。该行为的实质是利用他人知名标识作为关键词诱导公众搜索并指向被告网站，引导公众浏览被告网站上的宣传内容，起到为被告广告宣传的目的，同时可能引起公众对原、被告间商品或服务来源产生混淆，提升自己竞争优势。对被告上述恶意竞争行为，法院可以援引反不正当竞争法的一般条款认定为不正当竞争行为。如在无锡梅思泰

① 江苏省无锡市滨湖区人民法院（2013）锡滨知民初字第0124号民事判决书，江苏省无锡市中级人民法院（2014）锡知民终字第0012号民事判决书。

② 江苏省南京市中级人民法院（2012）宁知民终字第24号民事判决书。

克公司与安固斯公司侵犯注册商标专用权纠纷案[①]中，法院认为被告安固斯公司虽然未直接在其生产销售的商品上使用原告的“梅思泰克”商标，也未在其网站内使用“梅思泰克”进行宣传，但其将“梅思泰克”作为关键词，提供给“谷歌”并购买其相关服务，使相关公众在用“梅思泰克”进行搜索时，显示结果的网页置顶链接为被告安固斯公司网站，网址旁的内容介绍为“PHT 光氢离子空气净化装置”，与梅思泰克公司的项目名称完全一致，客观上会使相关公众误认为安固斯公司销售的商品与梅思泰克公司有特定联系，在选择商品时造成混淆。即使不认为二者有关联，因两公司销售同类商品，面临潜在的消费群体相同，有意愿购买“梅思泰克”商品的消费者在使用“梅思泰克”进行特定搜索时，却进入安固斯公司网站，安固斯公司的上述行为势必会抢占梅思泰克公司的市场份额，损害梅思泰克公司作为“梅思泰克”商标专用权人因创造、使用、维护该商标所应该享受到的权益。法院认为该行为是不正当竞争行为。

2. 经营者不顾网络提示，执意网上操作，覆盖他人网页的不当行为

良好社会秩序的形成需要有效的制度或规则来维系，没有规矩不成方圆。缺乏有效的制度、规则的约束或者虽制定了制度和规则，但不被遵守，社会将呈现无序状态。在网络空间，尽管人们可以自由遨游缤纷世界，但虚拟空间并非自由无度，不受规制。在网上进行上传、下载信息应当遵循业内的规则或惯例，否则会侵入他人空间，侵犯他人合法权益，严重的还会威胁到整个网络的安全。企业网站开通后，在其首次上传网页或其他信息时，应当使用 ISP 提供的用户名和密码或者使用其通过正当程序更改的密码，而不能随意使用用户名或密码，这是用户的基本守则。原因在于，用户有权使用的用户名和密码与其网络空间之间存在唯一对应关系，如果用户不使用 ISP 提供的或用户合法修改的用户名和密码，而任意使用一个与其空间不相对应的用户名和密码，极有可能会侵入他人的网络空间，侵犯他人的利益，严重的还可能会造成整个网络的瘫痪。在江苏法院审理的豪达公司与浩大公司不正当竞争纠纷案[②]中，被告浩大公司在制作完成自己网站的网页后，在未取得网络服务商提供的用户名和密码时即尝试使用与原告豪达公司服务器空间相对应的用户名和密码上传网页，而且不顾计算机上可能覆盖原告网页的提示以及可能给原告带来的不利后果，执意上传，从而发生了将网页错误上传至豪达公司网站，侵入豪达公司网络空间，覆盖豪达公司网页的严重后果。法院适用反不正当竞争法的一般条款认定被告的行为构成不正当竞争。本案裁判的思路是，尽管没有证据证明被告的行为客观上已经造成了原告网上交易失败的记录，但被告的行为使原告客户无法访问其网站，有可能丧失交易机会，削弱其竞争能力和竞争优势。相反，被告的不当行为却因此而增加了客户访问，扩大了对其经营的宣传，提升了竞争能力，增强了竞争优势。因此，被告因其侵权行为不当获取了利益，原告的竞争优势降低或受到抑制的后果是客观存在的。被告不顾网络提示，执意操作造成该损害后果具有法律上的可责性。本案裁判的社会价值在于重申和强调了网

① 江苏省无锡市中级人民法院（2010）锡知民初字第188号民事判决书，江苏省高级人民法院（2011）苏知民终字第0033号民事判决书。

② 江苏省南通市中级人民法院（2002）通中民三初字第17号民事判决书，江苏省高级人民法院（2003）苏民三终字第89号民事判决书。

络环境下商事主体的行为规则和业内惯例，其目的仍在于维护一种公平诚信的竞争秩序。

3. 竞争对手通过技术手段恶意干扰或破坏原告向公众提供的互联网服务

2014年年初由最高人民法院审结的3Q大战不正当竞争纠纷案曾轰动一时。① 该案中，奇虎公司针对QQ软件专门开发了扣扣保镖，对QQ软件进行深度干预，相关用户按照扣扣保镖提示进行相应操作后，将导致QQ软件全部或者部分功能无法使用。最高法院在再审判决中认定该行为破坏了QQ软件运行的完整性，认为奇虎公司为达到其商业目的，诱导并提供工具积极帮助用户改变QQ软件的运行方式，并同时引导用户安装其360安全卫士，替换QQ软件安全中心，破坏了QQ软件相关服务的安全性，其行为构成不正当竞争。同样在2013年的百度诉奇虎公司恶意插标一案中②，被告奇虎公司篡改百度搜索页面进行了恶意插标，在百度的搜索结果项上插上警告标识，警示用户该搜索结果对应的网站存在风险。用户点击被插标的搜索结果后会弹出“忽略警告、继续访问”与“我要安全上网”两个页面提示选项。若用户点击“我要安全上网”，即出现360安全浏览器的宣传介绍和下载页面，并引导用户点击安装360安全浏览器。同时，被告改变了原告经营的百度网站在其搜索框中的下拉提示词，引导用户访问与搜索结果无关的被告经营的影视、游戏等页面。一审法院认为，被告上述行为违反了诚实信用原则，构成不正当竞争。上述案件中，被告均有违反互联网领域的“丛林法则”，采取不正当手段谋取自身竞争优势的主观目的和客观行为，并干扰竞争对手正常的网络服务，不当地引导用户游览其网站或下载其软件。

4. 无法纳入反不正当竞争法规定的新型仿冒行为

通过走访企业，我们还发现其他一些可以适用一般条款进行调整的不正当竞争纠纷，如手机游戏软件的经营者故意仿冒他人知名游戏的名称、游戏规则、玩法的行为，擅自仿冒“微信”名称等行为。

综合上述情形，可以看出，情形2是被告通过技术手段主动干预竞争对手网络服务的行为，以诱导原告的网络用户或网民访问被告的网站。而在情形1、3、4中，被告实质上是利用了原告享有知名度的商业标识、游戏名称、知名社交平台名称及其形象标志等。这些内容凝结了原告相当数量的智力劳动和经济成本，不予保护对原告显失公平。而被告违背诚信的使用行为将直接给其带来不当利益，扰乱市场竞争秩序，欺骗了公众。因此，必须依法予以制止。因此，在情形2中，原告不需要证明其网络服务本身具有一定的知名度，只要证明符合上述四个要件就可以了。而在情形1、3、4中，除了上述四要件外，原告还需要证明对有关商业标识、游戏名称、知名社交平台名称及其形象标志等享有法定权益，该类标识具有一定知名度，其对应的文字并非公众可以自由使用的公共资源或财富。

运用反不正当竞争法第二条一般原则处理该法没有涵盖的不正当竞争行为，一些法院虽有尝试，但总体上数量不多。这主要囿于法官对该条的理解和把握尚有顾虑。与行政执法机关一概拒绝适用原则条款查处相关行为相比较而言，法院已经理

① 最高人民法院（2013）民三终字第5号民事判决书。

② 北京市第一中级人民法院（2012）一中民初字第5718号民事判决书，北京市高级人民法院（2013）高民终字第2352号民事判决书，最高人民法院（2014）民申字第873号民事判决书。

性地迈出了一步，但还需要在司法实践中进一步探索，尤其是在当下，反不正当竞争法尚未修改完善的情况下，更需要法官运用法律智慧，娴熟地适用原则条款审理越来越多的此类不正当竞争纠纷。即使将来相关法律修改后臻于完善，也不可能对所有不正当竞争纠纷概括无遗，仍然需要法官从法律原则和精神出发加以判断和处理。当然，审慎而稳妥地运用原则条款审理相关案件，这是法官应当注意和把握的，因为拒绝适用或过于宽泛地适用原则条款都有可能放任不正当竞争行为，或对正当竞争行为带来妨碍和影响。

（三）在裁判的思维上，应从传统竞争领域的裁判思维调整为互联网领域的裁判思维

在互联网+、移动互联网时代，涉互联网不正当竞争案件的不断出现，使司法裁判的规则和指引意义显得越来越深远。“由于缺乏明确的执法依据，行政执法机关难以及时对网络竞争行为予以查处。法院不可避免地被推到了解决网络竞争纠纷的前沿。”“司法在网络竞争领域明确规则、确立行为界限的功能和作用愈加突出。”① 我们认为，涉互联网的不正当竞争纠纷案件的审理，必须在现有法律、法规和司法解释的规范体系下，运用互联网思维，准确界定不正当竞争的法律关系，努力营造互联网公平、有序、开放、安全的竞争环境。司法裁判者应当紧跟时代步伐，从传统竞争领域的裁判思维调整为互联网领域的裁判思维。在审理涉互联网的不正当竞争案件时，要注意以下几点。

一是现有法律、法规、司法解释以及相关规则仍是处理此类案件的基本依据。在网络环境下发生的不正当竞争只是传统不正当竞争纠纷与网络技术、网络平台的结合。分析现有的司法裁判案例，可以发现，一些基本法律规则适用互联网环境并不过时，仍然有效。如民法通则、侵权责任法中的过错原则在大量涉网络案件的裁判中仍然适用。对于涉及 App 平台服务商不正当竞争行为及法律责任的认定，需要审查 App 平台提供者在平台内的商家、软件运营商等实施不正当竞争行为时主观上是否有过错。只有在其存在一定过错时，才构成不正当竞争并承担相应法律责任。如在权利人向平台服务商发出通知后，平台服务商采取了下架、下线等措施的，平台服务商可以不承担法律责任。在涉及搜索引擎和竞价排名的不正当竞争纠纷中，同样需要适用过错原则来解决纠纷。

二是竞争法理论在互联网环境下的调整与发展。适用于线下传统领域不正当竞争纠纷的一些竞争法理论，在处理互联网时代的不正当竞争时也应作适当调整。如竞争关系不再限于直接竞争者之间。认定不正当竞争行为并不以当事人之间具有直接的竞争关系为前提，这在司法实务中已经形成共识。在网络环境下，这方面的应用更加频繁。在百度公司诉联通青岛公司、奥商网络公司等不正当竞争纠纷案中，二审法院认为：“虽然联通青岛公司是互联网接入服务经营者，百度公司是搜索服务经营者，服务类别上不完全相同，但联通青岛公司实施的在百度搜索结果出现之前弹出广告的商业行为与百度公司的付费搜索模式存在竞争关系。”② 再如，公认商业道德和行业惯例呈现客观化趋势。反不正当竞争法原则条款规定，违反诚实信用原则和公认商业道德的行为构成不正当竞争。其中，抽象的商业道德本就难以界定，同

① 朱理：《互联网领域竞争行为的法律边界：挑战与司法回应》，载《竞争政策研究》2015 年第 1 期。

② 山东省高级人民法院（2010）鲁民三终字第 5－2 号民事判决。

时，随着互联网的创新和竞争的加剧，公认的商业道德也在变化之中。法院以商业道德作为评价竞争行为正当性的标准时，不得不寻求更具客观性的表现形式。在扣扣保镖案和 robots 协议案中，法院将互联网行业规范如《规范互联网信息服务市场秩序若干规定》、自律规范如《互联网终端软件服务行业自律公约》作为发现和认定行业惯常行为标准和公认商业道德的重要渊源。[①] 但指出，在需要判断互联网行业规范、自律规范的相关内容合法、公正和客观的基础上，才能将其作为认定互联网行业惯常行为标准和公认商业道德的参考依据。

三是利益衡量原则的运用。通过调研，我们认为，竞争类案件的审理，要综合考察被诉行为对竞争者利益（原告个体利益）、消费者利益（第三方利益）和社会公共利益（团体利益）的影响，不仅要对直接竞争者即原告利益是否受损进行审查，同时要考虑被诉行为是否有损消费者利益、社会公共利益，其对公平有序的市场竞争机制是否造成损害，认定不正当竞争行为的成立是否有利于维护消费者整体利益与社会公共利益等内容，在侵权者利益与权利人利益、消费者利益、社会公共利益之间进行恰当平衡。“由于经营者利益是反不正当竞争法保护的直接对象，分析竞争行为对经营者的损害成为判断的逻辑起点。几乎全部案例均考虑了经营者因竞争行为受到的影响。消费者是竞争行为的作用对象，是竞争结果和市场产品的承受者，提升消费者福利是法律追求的最终目标。考虑行为对消费者利益的影响，看其是否有利于提升消费者福利，是否使消费者从根本上得到实惠，成为判断竞争行为正当性不可缺少的组成部分。”“审理法院往往更加关注竞争行为对于消费者知情权和选择权的影响，损害该种消费者利益，认定构成不正当竞争的可能性较大。”[②] 如在东台市唐洋镇明东通讯器材经营部（以下简称明东经营部）诉中国移动通信集团江苏有限公司东台分公司（以下简称东台移动公司）不正当竞争纠纷一案[③]中，明东经营部依照协议授权在东台市唐洋中学进行联通电话通信卡的校园市场销售活动，期间销售了部分面额为 100 元的联通电话通信卡，该种电话通信卡需充值激活后才能使用。其后，被告东台移动公司于 2013 年 6 月 5 日组织工作人员来到唐洋中学开展移动电话通信卡的赠卡活动，期间以其赠送的移动通信卡从学生手中换取了部分原告先行销售的联通电话通信卡。法院认为，被告东台移动公司的换卡行为是一种违反公平、诚实信用原则和公认商业道德的不正当竞争行为。该行为的性质是阻碍了原告预期商业机会的获得，即被告通过换卡行为实质上将原告已经获得的交易机会加以剥夺，导致原本应由消费者自由选择使用何种电话卡的公平竞争机会发生了人为的倾斜。尽管消费者仍然有能力选择从其他途径再次购买和使用原告的产品，但实质上已经增加了消费者重新选择原告产品的成本，从而使得双方的公平竞争的基础不复存在。而这种换卡行为也具备了违反正常的市场交易公平、诚信原则的含义和公认的商业道德层面上的可归责性，并且客观上也确实给原告的合理市场经营预期收益造成了一定的损害。在反不正当竞争法对该种阻碍预期商业机会获得的不正当

---

① 最高人民法院（2013）民三终字第 5 号民事判决和北京市第一中级人民法院（2013）一中民初字第 2668 号民事判决。

② 朱理：《互联网领域竞争行为的法律边界：挑战与司法回应》，载《竞争政策研究》2015 年第 1 期。

③ 江苏省盐城市中级人民法院（2013）盐知民初字第 0086 号民事判决书。

竞争行为未作明确规定的情况下，应当适用反不正当竞争法第二条的一般性保护条款进行规范，并以此认定被告东台移动公司的这种换卡行为构成不正当竞争。在该案中，被告的行为不具有公共利益特性，是为自身商业利益的需要采取的不当行为，损害了公众的知情权与自由选择，需要加以规制。我省滨海法院在王国松诉中国时代酒业（北京）有限公司网络购物合同纠纷案[①]的裁判中，认定了商家在网络上虚构原价，欺诈消费者，损害消费者利益的行为及法律责任。该案值得关注的地方还在于原告及其代理人为职业打假人。法院通过判决实际上确认了职业打假人的合法诉讼主体资格，维护了其实体利益。

在其他一些案件中，法院还充分考量了公共利益因素。在上述百度诉奇虎公司恶意插标案的二审判决书[②]中，法院对具有公共利益因素的网络软件产品的运行限度，被告的个体不正当利益与公共利益的区分，被告软件产品运行对原告利益以及社会公共利益的损害等内容作了评判，以防止网络服务经营者借公共利益之名恶意干扰其他网络服务者正常的网络服务行为。在该案中，北京高院提出了正当干扰与不正当干扰的判断标准——“非公益必要不干扰”原则，即网络服务经营者只有出于保护公共利益的需要，才可以适当地干扰其他网络经营者的产品或服务，并认为这是互联网环境下正当行为与不正当竞争的界限，受到最高法院的肯定。法院认为，“根据反不正当竞争法第二条的规定，网络服务提供者在经营互联网产品或服务的过程中，应当遵守以下五项基本原则：第一，公平竞争原则；第二，和平共处原则；第三，自愿选择原则；第四，公益优先原则；第五，诚实信用原则。”“对于互联网产品或服务的竞争，应当确定以下基本竞争规则：互联网产品或服务应当和平共处，自由竞争，是否使用某种互联网产品或者服务，应当取决于网络用户的自愿选择。互联网产品或服务之间原则上不得相互干扰。确实出于保护网络用户等社会公众的利益的需要，网络服务经营者在特定情况下不经网络用户知情并主动选择，以及其他互联网产品或服务提供者同意，也可干扰他人互联网产品或服务的运行，但是，应当确保并证明干扰手段的必要性和合理性。”也就是说，网络服务经营者如果达到了“公益必要优先”的程度，在该特定情况下可以不经相关网络用户的知情与选择，也不经其他互联网产品或服务提供者同意，可以直接干扰他人互联网产品或服务的运行。同时，与“公共利益优先”规则以及“非公益必要不干扰”原则直接相关的还要协同适用“最小特权原则”，即“限定网络中每个主体所必需的最小特权，确保可能的事故、错误、网络部件的篡改等原因造成的损失最小。”[③] 最小特权原则已经成为互联网领域的行业惯例。最高法院在再审文书中强调，“面对复杂的互联网安全环境而负有独特功能的安全软件，应当赋予其为保护用户上网安全等‘实现其功能所必需为前提’的最小特权，安全软件提供方不能借此获得过度的、譬如在搜索引擎特定搜索结果中添加安全警示之‘插标’的不当特权。”[④] 因此，最高人民法院以及一些地方法院已经通过裁判，将“非

---

① 江苏省滨海县人民法院（2014）滨商初字第0146号民事判决书。

② 北京市第一中级人民法院（2012）一中民初字第5718号民事判决书，北京市高级人民法院（2013）高民终字第2352号民事判决书，最高人民法院（2014）民申字第873号民事判决书。

③ 陶鑫良：《非公益必要不干扰原则与反不正当竞争法一般条款的适用》，载《电子知识产权》2015年第3期。

④ 最高人民法院（2013）民三终字第5号民事判决书。

公益必要不干扰”原则与“最小特权”原则作为界定互联网领域正当行为与不正当竞争行为的界限以及认定网络不正当竞争行为的标准之一。

四是注意学习了解互联网技术、网络销售模式的相关知识。网络不正当竞争纠纷与网络技术密切相关，具有很强的专业性、技术性。审理者不仅需要深谙法律精神和规则，更需要深刻了解新技术、新模式，把握信息技术与商业模式发展和创新的需求，并通过妥当和创造性的法律适用予以回应。通过调研发现，目前有些法官尝试和创新的精神还不够，对于法律界限不清的案件不能及时作出裁判，遇到疑难案件总是极力调解，避免作出非此即彼的判断。同时，受到自身知识面的局限，对于一些由新技术、新商业模式等引发的案件也尚缺乏把控能力。因此，法官在案件审理中，要及时学习、研究相关的网络技术和新型商业模式的运行知识，必要时向专家咨询，埋解涉案网络技术运行原理及对案件审理的影响，在此基础上准确运用法律规范要件对涉案被诉行为进行分析与认定。有条件的法院应该招录兼具法律和计算机专业知识的人才进入法官队伍。

（四）在规制的对象上，应从直接侵权行为扩展到帮助侵权行为

从调研情况来看，仿冒知名、驰名甚至国际一线品牌的不正当竞争行为仍然是当前我省不正当竞争纠纷的主要类型。如从2012年以来，路易威登在我省集中维权，共提起民事诉讼56起，刑事诉讼15起，基本都是涉及我省一些商品交易市场内的商标侵权行为。在民事案件中，该公司维权的主要策略是在发现市场内的侵权行为后，即刻向市场管理者发出律师警告函，要求其对特定摊位或整个市场行使防范和阻止相关侵权的管理、监督职责。如其认为市场管理者未采取措施，未尽管理与监督职责，便直接将市场内的摊主与市场管理者作为共同被告，除了要求摊主承担侵权责任外，同时要求市场管理者对摊主的侵权行为承担共同侵权的连带责任。其所提供的法律依据主要有两个方面。一是《最高人民法院关于贯彻执行〈民法通则〉若干问题的意见（试行)》第一百四十八条以及侵权责任法第九条第一款规定，即教唆、帮助他人实施侵权行为的人，为共同侵权人，应当与行为人承担连带责任。二是商标法第五十七条以及商标法实施条例第七十五条规定，即故意为侵犯他人注册商标专用权行为提供仓储、运输、邮寄、隐匿等便利条件，帮助他人实施侵犯商标专用权的，属于侵犯注册商标专用权行为。在此类案件中，权利人并不是单纯追究直接侵权人的法律责任，还要求直接侵权人与帮助侵权的市场管理者共同承担连带责任。涉及其他品牌的商标侵权、不正当竞争案件中也存在此种情形。

对权利人要求共同承担连带责任的诉讼请求，我们认为应持积极的态度。这不仅因为这种请求具有相应的法律依据，更主要的是通过对市场经营者、管理者的责任追究，帮助其确立维护市场公平竞争的监管责任意识。调研发现，目前我省法院已有多起这方面的裁判案例，但在如何认定市场管理者的共同侵权行为及法律责任方面还存在争议。梳理和分析现有判决，主要有三种情况。一是通过有关证据认定市场管理者已尽管理和监督之职，主观上无过错，不构成侵权。如在路易威登马利蒂与王媚及南京淘淘巷商业管理有限公司

（以下简称淘淘巷公司）侵害商标权纠纷一案①中，法院认为，淘淘巷公司通过与王媚签订《淘淘巷管理服务合同》以及通过制定《淘淘巷商户经营手册》等尽到了引导、督促等前期管理义务。在路易威登马利蒂发函告知王媚的侵权行为后，淘淘巷公司召开了会议、发出了通知，参加会议的人员、通知的对象均包括王媚。在会议和通知中，淘淘巷公司均指出了相关商户存在销售假冒路易威登马利蒂注册商标商品的行为，重申禁止销售假冒注册商标商品的行为，相关商户也承诺不再销售假货。淘淘巷公司主观上没有放任侵权行为，客观上亦已尽到管理、监督、检查、批评等义务，不存在过错。淘淘巷公司在此时没有解除与王媚之间的租赁和管理合同，不能视为其为王媚持续的商标侵权行为提供帮助和便利条件。淘淘巷公司未侵犯路易威登马利蒂的注册商标专用权，路易威登马利蒂要求其停止侵权的诉讼请求不能成立。二是认为商业管理公司未尽管理和监督职责，属于为摊主实施侵权行为提供便利的共同侵权行为，应当与直接侵权的摊主承担连带责任。如在路易威登马利蒂与黄志青、南京时尚莱迪购物广场有限责任公司（以下简称莱迪公司）侵害商标权纠纷一案②中，法院认为，莱迪公司于2011年12月收到路易威登的警告函时，即已知道黄志青存在销售侵犯路易威登注册商标专用权商品的行为，但莱迪公司提供的证据不能证明其对黄志青的侵权行为采取了相应措施，故应认定莱迪公司在2011年12月收到路易威登警告函后，故意为黄志青的侵权行为提供经营场所及销售服务，属于侵犯路易威登注册商标专用权的行为，应就2011年12月收到路易威登警告函以后黄志青的侵权行为向路易威登承担连带赔偿责任。三是认定被诉的商业管理公司不是法律意义上的市场管理者，不承担防范和制止侵权的监管职责，判决驳回权利人对此类公司的诉讼请求。如在路易威登威登马利蒂与张正明、苏州市观前物业管理有限公司（以下简称观前物业公司）、苏州市观前建设开发有限公司（以下简称观前建设公司）侵害商标权纠纷一案③中，法院认为，所谓商品交易市场开办者，系指依法登记并领取营业执照，从事市场经营管理的企业法人、其他经济组织或者个体工商户。本案中，苏州观前小商品市场并不存在依法登记并领取市场经营管理营业执照的市场开办方，观前建设公司、观前物业公司只是观前小商品市场的产权单位及物业管理方，其经营项目中均不包含对观前小商品市场进行经营管理，该两公司对路易威登公司邮寄通告的涉案侵权向相关执法部门进行了反映，行为恰当。张正明系独立经营的个体工商户，观前建设公司将涉案商铺出租给张正明经营不能等同于故意为张正明的涉案侵权行为提供便利条件，本案中无其他证据可证明观前建设公司、观前物业公司为张正明涉案侵权行为提供了帮助，故路易威登公司请求观前建设公司、观前物业公司作为市场开办者应对张正明的侵权行为承担连带责任没有依据。

我们认为，此类案件的审理应当注意以下问题。

一是要正确认定市场管理者身份。认定被诉商业公司是否为法律意义上的市场管理者，应当依据该公司是否具有法定的或者事实上的市场监管职责来确定，而不

---

① 江苏省苏州市中级人民法院（2013）苏知民终字第0059号民事判决书。

② 江苏省高级人民法院（2013）苏知民终字第0082号民事判决书。

③ 江苏省苏州市中级人民法院（2014）苏中知民初字第00135号民事判决书。

是以该公司是经营场所的所有者还是物业公司，或者该市场是新建还是历史形成的为标准。不能简单认为经营场所的所有者不是市场管理者，不负有监督管理职责；也不能认为，由于历史形成的或者旧市场改造而来的商品交易市场的开办者不是市场管理者。

国家行政法规以及一些地方性法规明确规定市场开办者具有市场监督管理职责，疏于管理者要承担法律责任。如国家工商管理总局2013年发布的《关于加强商品交易市场规范管理的指导意见》第（三）项虽然规定“商品交易市场开办者，是指依法登记并领取营业执照，从事市场经营管理的企业法人、其他经济组织或者个体工商户”，但同时规定“鼓励、引导未单独登记并领取营业执照的商品交易市场开办者单独设立为企业法人。对历史形成的政府部门、乡镇、街道、村（居）委会等开办的市场，应由其承担市场开办者责任，并引导其专门设立企业法人进行经营管理”。也就是说，对于未经登记并领取商品交易市场经营执照的，或者历史形成的市场，要由未领取商品交易市场经营执照的开办者，或者有关部门作为开办者承担责任。至于“开办者”的责任义务，该意见第（四）项明确规定“各地要引导商品交易市场开办者落实维护市场经营秩序、保障消费者合法权益、保障商品质量等方面的义务责任”。同时规定了该方面职责的具体内容，包括审查入场经营者的资格，发现有违法行为的，向工商机关报告并及时采取措施制止；建立场内经营管理相关制度并以适当方式公布；与入场者签订协议，明确双方在市场进入和退出、商品和服务质量安全保障、不合格商品下架退市、经营规范以及消费者权益保护等方面的权利、义务和责任；建立消费纠纷和解及消费维权自律制度等消费者权益保护制度；接受工商行政管理部门的监督检查，积极协助查处市场内的违法经营行为，并提供违法经营者的相关信息；对经营者的信用情况客观、公正地进行采集与记录，建立信用评价体系、信用披露制度以警示交易风险等。2010年发布的《南京市商品交易市场管理条例》第十六条规定市场开办者（经营者）应当履行的义务包括：制定质量安全、环境卫生、消防安全、消费投诉处理、突发事件应急处置等市场管理制度；查看场内经营者的营业执照、许可证件和其他有关证明文件是否齐全；督促场内经营者守法经营，维护市场经营秩序等。2011年实施的《无锡市商品交易市场管理条例》第十六条规定市场开办者应当履行的义务包括：完善保障商品质量安全、保护知识产权、保护合法经营等市场管理制度，实施市场日常管理工作并承担市场管理和服务责任；督促场内经营者依法履行义务，不得为无照经营和销售假冒伪劣商品等违法经营提供场所、运输、保管、仓储等便利条件等。第十七条规定，市场开办者应当与场内经营者签订书面合同，就商品质量安全责任、知识产权保护、消费纠纷解决途径、市场环境卫生、消防安全、违法经营等事项作出具体约定。第十八条规定，消费品市场开办者应当建立完善维护消费者权益的保护制度，与场内经营者协商明确消费者权益保护方式。第十九条第一款规定，消费者在市场购买商品、接受服务，其合法权益受到损害的，场内经营者、市场开办者应当依法承担相应责任。从上述规定可以看出，市场开办者如果未建立专门的管理公司如物业公司的，负有法定的监督管理职责，属于市场管理者。建立市场管理公司的，应由市场管理公司承担监督管理职责。此外，认定市场开办者的管理职责也可以通过其与场内经营者签订合同约定的内容来确定。

二是市场管理者承担责任的主观要件。无论是民法通则、侵权责任法上的帮助、教唆侵权，还是商标法及其实施条例上的“故意为侵犯他人注册商标专用权行为”提供便利条件，都需要有“故意”这一主观要件，即市场管理者在明知不正当竞争等侵权行为存在的前提下，仍未采取有关措施预防或者制止侵权行为的才承担共同责任。由于目前一些侵权行为的隐蔽性以及市场管理者对侵权行为的识别能力有限等原因，市场管理者难以发现侵权行为，也无主动巡查、鉴别摊主商品是否侵权的职责和能力。只有在权利人发出警告函之后，市场管理者才知晓场内存在侵权行为。在收到警告函之前，市场管理者一般无法确定侵权行为，不能对其施加过高的力能不及的监管职责。法院不能从市场内存在不正当竞争行为的事实来推定市场管理者在收到警告函之前即已存在主观故意。在上述涉及淘淘巷公司的案件中，法院认为该公司通过场地租赁集中众多经营者在淘淘巷时尚购物街区独立进行商品交易，并且实施经营管理，有引导、督促场内经营者守法经营、维护市场经营秩序等法律、法规规定的法定义务。其与王媚签订的《淘淘巷管理服务合同》《淘淘巷商户经营手册》也明确了淘淘巷公司相应的管理权利与责任，对于承租商铺经营者的违法、违约行为，具有管理、监督、检查、批评、处以违约金直至解除合同的权利。王媚在路易威登马利蒂邮寄警告函前发生的侵权行为，系其独立违法经营的结果，淘淘巷公司不构成共同侵权，不承担连带责任。在涉及莱迪公司的案件中，法院认为，路易威登并未提供证据证明莱迪公司在2011年12月收到路易威登警告函以前，知道黄志青销售涉案侵权商品的事实，故对路易威登要求莱迪公司就黄志青全部赔偿数额承担连带责任的上诉理由不予支持。

三是采取措施的认定。市场管理者在收到警告函后，免于承担责任的条件是其已尽管理和监督职责，采取了相关措施。如召集有关摊主开会，指出问题，要求及时更正；针对侵权摊主专门教育，限期改正，否则解除合约；呈报工商等主管机关要求给予处罚等。需要说明的是，这种措施是管理者直接针对摊主采取的，而非仅仅向工商行政机关报告或反映一下就算尽到责任了。

（五）在举证责任的分配上，从强调权利人举证调整为适度加重侵权人的举证负担

最高人民法院在相关司法政策中多次提出，要积极探索运用推定方式转移赔偿数额的举证责任，充分发挥举证妨碍制度在损害赔偿确定中的作用，依法支持当事人有关侵权赔偿额计算方法的约定，促进当事人举证责任负担上的公平与诚信。但是，调研中，多数法院反映，实践中大多数案件还是严格适用“谁主张，谁举证”的证据规则。该种惯性的司法思维模式与操作方式导致权利人在许多不正当竞争纠纷中因未收集到不正当竞争行为发生与成立、侵权情节以及损害赔偿等方面的证据而承担败诉风险。尤其是在“互联网+”的经济新常态下，对于网络侵权、网络不正当竞争行为，传统损失或获利计算方法不能完全适用于网络不正当竞争情形，且网络侵权行为存在涉及地域广、侵权平台多、证据易删除、隐蔽性强等特点，权利人对涉及不正当竞争的电子证据的收集更为困难。国务院发布的《关于大力推进大众创业万众创新若干政策措施的意见》强调，要“完善权利人维权机制，合理划分

权利人举证责任，完善行政调解等非诉讼纠纷解决途径”。为此，要积极调整适用证据制度的惯性思维，本着加大对创新成果的保护力度，营造更加有利于创新的诚信、公平、统一、透明、有序的竞争环境的原则，在依法适用法律规定的举证证明责任的同时，从权利人获取证据的难易程度、电子证据的易逝性以及具体案情出发，适当平衡权利人与侵权人的举证负担。

一是积极大胆适用举证妨碍与证据披露制度。对该两项证据制度，《与贸易有关的知识产权协议》第四十三条第一款规定，如果一方当事人已经提供足够支持其权利主张的并能够合理取得的证据，同时指出另一方当事人控制着证明其权利主张的证据，则司法当局应有权在适当场合确保对秘密信息给予保护的条件下责令另一方当事人提供证据。该规定表明，一方当事人提出必须提交法院的对其有利的重要证据被另一方当事人所掌握，法院有权要求另一方当事人提供该证据。该条第二款规定，如果诉讼的一方当事人无正当理由主动拒绝接受必要的信息，或在合理期限内未提供必要的信息，或明显妨碍与知识产权之执法的诉讼有关的程序，则成员可以授权司法当局在为当事人对有关主张或证据提供陈述机会的前提下，就已经出示的信息（包括受拒绝接受信息之消极影响的当事人一方所提交的告诉或陈述），作出初步或最终确认或否认的决定。该款对当事人提出了举证时限的要求，当事人必须在合理期限内举证，否则法院将根据已有信息作出裁决。《与贸易有关的知识产权协议》第四十七条还对侵权人披露其掌握的第三人侵权的证据做了规定，即只要并非与侵权的严重程度不协调，司法当局均应有权责令侵权人将卷入制造和销售侵权商品或提供侵权服务的第三方的身份及销售渠道等信息提供给权利持有人。该条规定了权利人的获得信息权。这意味着权利人可以依靠司法当局从侵权人处获得必要信息，得知侵权商业链上的其他侵权人，如侵权商品提供者、销售者以及涉嫌侵权者，以从源头上制止侵权行为。2001 年《最高人民法院关于民事诉讼证据的若干规定》第七十五条规定：“有证据证明一方当事人持有证据无正当理由拒不提供，如果对方当事人主张该证据的内容不利于证据持有人，可以推定该主张成立。”2015 年实行的《最高人民法院关于适用〈中华人民共和国民事诉讼法〉的解释》第一百一十二条规定：“书证在对方当事人控制之下的，承担举证证明责任的当事人可以在举证期限届满前书面申请人民法院责令对方当事人提交。申请理由成立的，人民法院应当责令对方当事人提交，因提交书证所产生的费用，由申请人负担。对方当事人无正当理由拒不提交的，人民法院可以认定申请人所主张的书证内容为真实。”第一百一十三条规定：“持有书证的当事人以妨碍对方当事人使用为目的，毁灭有关书证或者实施其他致使书证不能使用行为的，人民法院可以依照民事诉讼法第一百一十一条规定，对其处以罚款、拘留。”可见，关于举证妨碍和证据披露制度，无论是国际协定还是我国民事诉讼法律均有规定。利用好这些法律制度，加大对不正当竞争纠纷中侵权人的举证证明责任，可以增强不正当竞争的裁判效果。因此，对于权利人有充分理由说明有关不正当竞争行为发生、情节轻重以及受到损害或侵权获利的证据由侵权人掌握的，法庭应当责令侵权人在规定期限内提供。侵权人在限期内拒绝提供的，在给各方当事人提供告知、陈述意见的机会后，可以综合案件现有证据作出裁决，必要时可以直接推定由侵权人掌握的证据认定事实的存在，或者支持权利人的主张。同时，法庭也可以应权利人请求责令侵权人提供其上游生产商或下游销售商的名称、合同等侵权证据或信息，侵权人拒绝提供的，可以适用惩罚性赔偿，加重侵权人的法律责任。如果侵权人提供了有关信息的，法庭可以追加其他侵权人参加诉讼，并在查清案情、分清责任的基础上，减轻本案现有不正当竞争行为人的责任。

二是适当降低侵犯商业秘密案件中权利人关于商业秘密存在以及侵权行为成立的证明标准。根据“谁主张，谁举证”规则，原告向法院主张保护其商业秘密的，首先必须提供证据证明其主张的秘密信息的内容以及该信息“不为公众所知悉”。《最高人民法院关于审理反不正当竞争民事案件应用法律若干问题的解释》第十四条规定：“当事人指称他人侵犯其商业秘密的，应当对其拥有的商业秘密符合法定条件、对方当事人的信息与其商业秘密相同或者实质相同以及对方当事人采取不正当手段的事实负举证责任。其中，商业秘密符合法定条件的证据，包括商业秘密的载体、具体内容、商业价值和对该项商业秘密所采取的具体保密措施等。”因此，原告应当提供证据证明有关信息“不为公众所知悉”、采取了保密措施等构成商业秘密的内容。这是司法解释分配给原告的举证证明责任。但“不为公众所知悉”是一消极事实，让原告举证该消极事实的存在十分困难。调研中，南京中院反映，因为原告的举证不能导致的商业秘密案件败诉率较高。近年来该院调整了证明标准和证明责任分担，权利人的胜诉率随之上升。因此，从有效保护权利人权利的角度出发，有必要适当减轻权利人的证明负担。具体说来，由原告提出初步证据后，转由被告提出原告主张保护的信息已为公众所知悉的反驳证据。原告因无法对“不为公众所知悉”这一消极事实直接证明，所以只能通过有关信息是否符合新颖性要求以及是否采取保密措施等来间接证明。具体说来，权利人需要提供其请求保护的商业秘密的信息内容，以及该信息与一般公知或现有信息之间差异的对比说明，以明确该信息是独特的、与众不同的；提供为开发其商业秘密所作的投入以证明该信息来源于自己的开发，包括最初的研发资料、开发投入等；提供采取保密措施的证据。在权利人或原告完成上述举证义务后，应当转由被告提供反驳证据证明原告所主张的信息已为公众所知悉。如通过对原告面市产品观察、拆卸等方法可以获得相关信息内容，或者通过其他公开渠道如网络、教科书、涉案产品的公开展览等公开渠道、公开的媒介可以很容易获得相关信息。同样地，就商业秘密侵权成立与否的证据，也可以适当加重被控侵权人的举证责任。权利人要想获知对方使用的产品生产方法、配方或工艺等信息是很困难的。在权利人提供了技术内容，原告的技术人员跳槽至被告公司，或者被告的法定代表人、投资人与原告技术人员之间存在亲属关系等被告有机会接触原告商业秘密，被告在很短时间内生产出与原告相同的产品等证据后，可以根据证据披露制度，责令被控侵权人提供其生产方法、配方或工艺的证据，以及双方技术信息不同，被告的信息来源于其他公开渠道等证据，以证明其与侵权行为无关。通过如此反复的举证、质证环节，使案件事实及责任愈加明晰。

三是对权利人因客观原因无法收集到的证据，应权利人的请求，法庭应当及时采取依职权调查、证据保全等方式固定有关证据，尤其是涉及网络不正当竞争的一些电子证据。实践中，一些法院采取冻结支付宝金额以及调取支付宝交易记录等方式获取被告实施不正当竞争行为及损害证据的做法值得推广。同时，个别法院在裁判中还肯定了当事人通过远程取证（Telenet）方式获取被告服务器中存在的与原告相同身份信息以及侵权的证据的效力，有力地保护了当事人的实体和诉讼权益。①

（六）在司法的价值取向上，从片面追求实体公正调整为实体公正与审判效率不可偏废

长期以来，追求案件实体公正、过分关注实体裁判质量以及维稳的政治需求成为民事诉讼的审判理念。这一惯性思维导致司法对程序以及效率的忽视。不正当竞争主要涉及商业利益与市场份额的竞争。然而知识产权具有先天保护期的限制，过了保护期，原先受保护的科技成果将向公众自由开放，成为公共财富。如作品的保护期为50年，专利的保护期为20年或10年，商标为10年，集成电路布图设计专有权为10年，植物新品种的保护期为20年或15年。一类新药的保护期最长，为12年。调研中，一些企业反映，一些特殊知识产权的保护周期还受市场规律的影响，存在着短暂的生命周期。如南通家纺市场上的印花布花型设计虽然也是作品或外观设计专利，但在市场上的竞争优势或价值周期一般为一季度。此类产品开发者花费了大量成本投资花型设计。如果审判周期过长，市场先机就会被抢占，权利人投资付诸东流，因知识产权而享有的竞争优势也会大大削弱。此时，即使有公正的判决，对权利人而言也无实际意义。互联网环境下，这种需求表现得更为突出。如在真假"开心网"案中，诉讼历经一年有余，开心人公司虽然最终获得胜诉并获得40万元的赔偿，但是其市场份额早已为竞争对手所侵蚀，其因此一蹶不振。司法救济功能在及时性和有效性方面还存在较大的不足，不能完全适应互联网领域竞争的需求。② 在司法实践中，甚至出现竞争对手故意提起诉讼并尽可能拖延诉讼来抢占市场竞争先机的案例。国务院发布的《关于大力推进大众创业万众创新若干政策措施的意见》强调，"完善知识产权快速维权与维权援助机制，缩短确权审查、侵权处理周期。"因此，为有效保护创新，促进有序竞争，提升司法公信力，法院在注重审判质量和实体公正的同时要更多关注并着力提升不正当竞争案件的司法效率。

一是对于权利人申请临时禁令保护、证据保全、证据调查、诉讼保全请求，符合条件的，及时采取措施。

二是要更加重视对创新程度高、社会影响大或者某些市场周期较短的竞争类案件的审理，要集中精力、优先审理，加快审判节奏，提高审判效率。我省南通通州法院在家纺市场设立巡回法庭的目的就是要实现快速立案、快速审理、快速采取措施、快速结案的效果。

三是提高质证和庭审效率。对于证据繁杂、争议较大的疑难复杂案件，要充分发挥律师及其他诉讼参加人在案件审理中的作用，积极引导双方当事人及其所聘请的代理人在规定的时间内自主质证，并在规定时间内向法院提交书面质证意见书。在正式庭审时一般不再对庭前已经质证过的证据重复质证，可以由审判长对庭前证据举证、证据交换、质证等情况简要归纳总结，将庭前质证意见直接复制进入庭审笔录中，或者将庭前质证意见作为庭审笔录的附件。

---

① 江苏省镇江市中级人民法院（2014）镇知民初字21号民事判决书。

② 朱理：《互联网领域竞争行为的法律边界：挑战与司法回应》，载《竞争政策研究》2015年第1期。

四是技术鉴定并非解决技术争议的唯一方式。技术鉴定耗时长，成本高，成为影响不正当竞争案件诉讼效率的主要因素之一。因此，可以引入专家辅助人和技术调查官制度，通过向技术专家咨询，或者在庭审前组织专家会议，召集双方当事人及其聘请的技术、法律专家来陈述、澄清有关技术问题和法律问题等方式解决技术难题。

（七）在司法的效果上，从机械适用法律规定调整为更加关注便民诉讼

随着移动互联网业的发展，通过淘宝等网络平台的网店销售与购物已经成为一种十分常见的商业模式与大众消费方式。手指轻触手机客户端，顷刻间完成消费购买行为，货物将按照指定地点送到消费者手中。因此，在新常态下，网售与网购已经形成了一种以消费者为中心的商业体系。“从消费者驱动概念出发，工业时代的商业模式是以厂商为中心的 B2C，而信息时代的商业模式是以消费者为中心的 C2B，这种从 B2C 向 C2B 的嬗变，体现出了工业时代一整套商业体系向信息时代系统化商业体系的变迁。”① 有观点指出，网络环境下的竞争还体现为用户为王的特征，即“为了提升用户体验，增强对用户的吸引力，网络经营者高度关注用户需求，基于用户需求不断推出升级产品或者服务，以此留住用户”②。“可以说，在网络环境下，用户决定存亡，创意决定发展”③ 因此，以消费者为中心，适应消费者的优质、公平、高效、便捷的消费需求，成为这种新型商业模式的价值理念。在此背景下，审判理念、司法程序等也要随之加以调整，而不能恪守常规。若依照传统的理论，严格依照法律规定机械司法，可能会对消费者或公众参与诉讼带来不便，与上述新常态下新型商业模式的价值理念相悖。通过调研，我们发现，在这方面，实践中最突出的表现与最大的法律争议是涉及网络不正当竞争纠纷的地域管辖以及协议管辖问题。

1. 关于地域管辖

当权利人发现通过网络购买的商品侵害了其知识产权，构成不正当竞争时，权利人是否必须要到网络平台或网店的服务器所在地即被告所在地法院，如淘宝等网络平台的服务器所在地杭州法院起诉？可否到网购物品邮寄目的地如权利人所在地法院起诉？

为适应以消费者为中心的网络销售和网购流行的移动互联网时代需求，2014 年《最高人民法院关于适用〈中华人民共和国民事诉讼法〉的解释》第二十条规定，“以信息网络方式订立的买卖合同，通过信息网络交付标的的，以买受人住所地为合同履行地；通过其他方式交付标的的，收货地为合同履行地。合同对履行地有约定的，从其约定。”该条已经将网购情形下的收货地作为合同履行地，从而使收货地法院对网购合同纠纷案件行使管辖权。该司法解释第二十五条还规定：“信息网络侵权行为实施地包括实施被诉侵权行为的计算机等信息设备所在地，侵权结果发生地包括被侵权人住所地。”该条已经将被侵权人住所地作为网络侵权纠纷的管辖依据之一。应该说，该司法解释已经针对移动互联网时代发生的一些特殊问题，对民事诉讼管辖作了适当调整，具有一定时代性。但需要说明的是，上述第二十条是针对网络交易的合同纠纷案件，并不适用于通过网络

① 金永生：《升维与变革 互联网 + 从 IT 到 DT》，中国电子商务研究中心：http：//www.100ec.cn/detail－－6248839.html。

② 朱理：《互联网领域竞争行为的法律边界：挑战与司法回应》，载《竞争政策研究》2015 年第 1 期。

③ 朱理：《互联网领域竞争行为的法律边界：挑战与司法回应》，载《竞争政策研究》2015 年第 1 期。

销售的侵权纠纷。第二十五条虽然针对网络侵权纠纷，但并不适用于以网络平台为媒介的网售产品侵害知识产权以及不正当竞争纠纷。网络侵权与网购货物涉嫌侵权是两个不同概念。网络侵权行为的侵权对象，如作品、商标、宣传内容等存在于网络环境下，因网络的下载、链接等信息网络行为而发生；而网络购物只是利用网络交易平台实施购货行为，所购侵权货物是由线下实体生产商生产。也就是说，网络购货的侵权只是利用了互联网的交易平台，与实体店的交易并无二致。也就是说，上述两条的规定对因网络销售、网购而引起的不正当竞争纠纷的地域管辖的调整还是有缺陷的。但值得肯定的是，上述司法解释已经在网络侵权以及网络交易合同纠纷的管辖问题上迈开了一大步。

我们认为，严格适用民事诉讼法以及相关司法解释的管辖标准，将使国内众多消费者赶赴网络平台、网店服务器所在地法院参加诉讼，对消费者带来诸多不便，不利于对消费者权益的保护，与新型商业模式下以消费者为中心的优质、高效、便捷、安全、公平的价值理念相背，同时也会加重杭州等地法院网络案件的审理负担，不利于纠纷的及时解决。因此，我们建议对于网购货物侵害知识产权或者不正当竞争纠纷，可以明确以网购货物的送货地、收货地即原告所在地作为管辖依据。目前，江苏法院在多起涉及网购货物侵害商标专用权、专利权纠纷中，都采用了该裁判标准。如在浙江淘宝网络有限公司（以下简称淘宝公司）、浙江朗汇科技有限公司（以下简称朗汇公司）上诉苏州诺雅电动车有限公司（以下简称诺雅公司）侵害发明专利权纠纷管辖权异议一案①中，法院认定，“诺雅公司诉称朗汇公司生产并在淘宝公司网站上销售、许诺销售的电动自行车侵害其涉案发明专利权，虽然诺雅公司和朗汇公司均不在苏州市，但朗汇公司通过淘宝公司的网络平台许诺销售、销售涉案专利产品，买卖双方采用通过网络以异地付款、交货的形式销售涉案专利产品，诺雅公司在苏州市收到朗汇公司销售的涉案专利产品，故苏州市系销售涉案侵权产品的侵权行为的结果发生地，一审法院对本案依法享有管辖权。据此，依照《中华人民共和国民事诉讼法》第二十八条、第一百七十条第一款第（一）项、第一百七十一条，《最高人民法院关于适用〈中华人民共和国民事诉讼法〉的解释》第二十四条，《最高人民法院关于审理专利纠纷案件适用法律问题的若干规定》第五条之规定”，裁定驳回淘宝公司、朗汇公司关于将本案移送浙江杭州中院的管辖权异议。由此可以发现，在移动互联网时代，不正当竞争等知识产权纠纷已经从强调严格司法向更加关注便民诉讼转变。调研中，也有法官提出，这种裁判标准的调整也会对知识产权保护带来不便，被控网络服务平台的设立者往往都提起管辖权诉讼，从而人为地延长诉讼周期。我们认为，管辖权异议是被告的一项权利，可以采取其他相关措施来提升审判效率，缩短审判周期以缓解这一问题。

2. 关于协议管辖的效力问题

消费者在网络购物平台初次消费时，必须同意电商公司事先拟定的服务协议，否则无法完成注册。这类服务协议对当事人之间可能产生纠纷的管辖法院进行了约定，如《携程旅行网服务条款》中约定“因用户通过携程网预定任何产品而导致的争议，将同意接受上海长宁区人民法院的

---

① 江苏省高级人民法院（2015）苏知民辖终字第00009号民事裁定书。

管辖”。这涉及网络平台服务商或网络商品经销商利用其网络服务提供者的优势身份而强制推出格式条款问题。对此，《最高人民法院关于适用〈中华人民共和国民事诉讼法〉的解释》第三十一条规定，“经营者适用格式条款与消费者订立管辖协议，未采取合理方式提请消费者注意，消费者主张管辖协议无效的，人民法院应予支持。”北京海淀法院在审理一起管辖权异议案件时，适用该解释内容对管辖的格式条款效力予以否定。① 该案中，天猫公司主张所有消费者在天猫购物都必须先注册淘宝账户，注册时网站会显示《淘宝服务协议》，消费者点击“同意协议并注册”后才能注册账户。而该协议中有一条约定内容为“您与淘宝平台的经营者均同意以被告住所地人民法院为第一审管辖法院”。海淀法院审理后认为，天猫公司提供的“同意协议并注册”选项直接默认原告对《淘宝服务协议》的内容予以认可，在点击该选项时，“协议管辖”内容未予明示，需另点击《淘宝服务协议》查阅，而《淘宝服务协议》内容繁多，“协议管辖”被夹杂在大量繁琐资讯中，未以明确且显而易见的方式使一般民事主体可以正常获悉与其权益密切相关的信息，最终驳回天猫公司的管辖权异议。

结合《最高人民法院关于适用〈中华人民共和国民事诉讼法〉的解释》的有关规定和外地法院已有的裁判案例，我们认为，对于电商单方拟定的服务协议中包含的纠纷管辖条款，不能不加辨别地一概认定或否定。对于这种协议，电商往往站在自身利益的角度加以设计，且内容繁杂冗长，其中的纠纷管辖条款在交易初始一般都被消费者所忽视。对此，法院应当严格审查电商有无就纠纷管辖条款尽到明示或提示义务，只有在电商举证证明消费者知晓该条款的情形下，才能认为双方就纠纷的管辖协议达成一致。同时，发生纠纷后，法院还需要审查该管辖协议或条款的内容是否有违权利义务分配的公平原则，是否存在排除或限制公众权利等情形。对于符合法律和司法解释关于格式条款和协议管辖规定的，可以从其约定。否则，对于消费者提出的管辖权异议，法院应予支持。

（八）在司法和行政执法的关系上，应从习惯于优先考虑支持行政执法调整为加强对行政执法的监督

在我国，无论是反不正当竞争法还是反垄断法，在实施中普遍存在这样一种情况，即行政执法大量存在，司法审判却不常见，而且司法审判中涉及行政机关的又往往较多表现为司法对行政机关的支持。这种情况在反垄断法的实施中表现得更为明显。自2008年反垄断法实施以来，尤其近几年来，为了有效打击垄断与限制竞争行为，国家发改委、国家工商总局、商务部以及省发改委、省市物价和工商等部门，加快了反垄断执法节奏，加大了反垄断执法力度，办理了一些在全国乃至全球有影响的垄断案件，如禁止可口可乐并购汇源，以及对奔驰公司、高通公司、茅台酒公司等企业限制竞争案件的查处。与大量的行政执法形成鲜明对比的是，法院受理的垄断纠纷案件并不多。在不多的案件中，影响最大的当属3Q大战这一重大垄断案件。涉及行政机关的案件则是少之又少，目前我省尚未有一起。较有影响的是广州中院审理的深圳斯维尔公司诉广东省教育厅限制竞争一案。应该承认，法院对之前涉及行政机关的反垄断民事诉讼有时采取了回避态度，尤其是国内四家防伪企业在2008

① 文海宣：《根据民诉法新司法解释，天猫管辖协议被认定无效》，《人民法院报》2015年3月19日。

年8月1日反垄断法实施首日起诉国家质检总局一案被北京一中院拒绝受理。这种片面维护行政机关权威或者支持行政执法机关的司法态度，与反垄断法的立法目的以及市场竞争秩序的司法需求是不相吻合的。

国务院发布的《关于大力推进大众创业万众创新若干政策措施的意见》也强调，“依法反垄断和反不正当竞争，消除不利于创业创新发展的垄断协议和滥用市场支配地位以及其他不正当竞争行为。”因此，可以预计反垄断的行政执法力度也将进一步加大。为此，我们认为以下几点值得注意。

一是对于反垄断纠纷，司法要敢于作为，勇于担当。在全面深化改革实现市场在资源配置中起决定性作用和全面推进依法治国的新趋势下，我国进入经济新常态，决定了司法机关在司法理念上，要转变传统的较为被动甚至消极的司法理念，在维护市场竞争秩序上，在促进依法治国和法治政府建设中，司法机关要加强对市场竞争秩序的规制和维护，有所作为、积极作为，敢于担当，勇于担当。该立案的一定要依法立案，实现反垄断法实施的司法和行政执法并重，加强和改进对行政性垄断以及其他垄断行为的司法审查，发挥司法的最终救济功能，实现对行政执法的监督和矫正。

二是要积累审判经验，加强对反垄断民事案件涉及法律问题的调查研究。如相关市场的界定、假定垄断者测试、价格欺诈中原价的界定、职业打假人法律地位的明确、反垄断民事赔偿、互联网垄断行为的认定等问题。不断提升审理反垄断案件的水平，最为关键的是司法机关要注意与反垄断执法机关统一认识。

三是建立法院和行政执法机关之间的信息披露与沟通机制。[①] 让重要案件事实和关键信息在行政执法机关和法院之间实现共享，形成法律实施合力。这样可以节约法律实施成本，提高法律实施效率。要借助行政诉讼制度的改革，通过加大反垄断审判工作力度，进一步加强对反垄断行政执法的监督，借力立案登记制改革改进涉行政性垄断案件的受理和审理工作，促进法治政府建设。

四是完善法院与行政执法机构证据调取的依据与限制的相关制度。我国民事诉讼法规定，人民法院有权向有关单位和个人调查取证，这里的“有关单位”应该包括反垄断执法机构，这为法院向行政执法机构调查取证提供了依据。执法机关如何配合、人民法院如何采信这些证据，都需要在司法实践中总结经验，进一步加以明确。

五、结语

经过30余年计划经济向市场经济艰难转型和市场经济渐进发展，当下中国已步入经济新常态。经济新常态下，市场竞争日趋激烈，不正当竞争与限制竞争并存，又反过来威胁到经济新常态下中国经济的转型升级和持续健康发展。与此同时，当下中国正在全面推进依法治国、加快推进国家治理现代化、加强法治政府建设，强调市场在资源配置中的主导地位，积极发挥司法对市场竞争秩序的调整、规制和维护作用，这是全面依法治国的体现，是实现国家治理现代化的路径，是加快法治政府建设的抓手，是使市场在资源配置中起决定性作用的重要保障。这既是经济新常态对政治上层建筑的制度需求，也是市场经济走向法治经济乃至实现健康、有序、稳定发展的必由之路。

---

① 孙晋：《竞争法原论》，武汉大学出版社2011年版，第238～240页。

地理标志法律问题研究
——以江苏地理标志保护为视角

江苏省高级人民法院知识产权庭课题组*

我国是农业大国，也是地理标志产品资源大国，承载着地域人文和自然环境禀赋的特色产品达数万件之多。但是，地理标志事业在我国才刚起步，地理标志经营粗放的局面依然存在，有关地理标志的法律法规也只有十几年的历史，法律制度尚不完善，地理标志的产权保护面临严峻考验。基于此，本调研课题将以我国的地理标志法律问题为主线，重点研究我省地理标志保护现状及其存在的突出问题，并对此提出相应建议。为此，课题组分别选取我省苏南、苏北、苏中三个地区，走访了无锡市、镇江市、淮安市三个地理标志保护具有特色的地方，并分别在当地召开了由工商、质检、农委行政执法机关、相关地理标志行业协会、企业以及法官等参加的座谈会，了解各地地理标志的发展情况及相应的立法、行政与司法需求。

一、地理标志概述及意义

（一）地理标志的起源与概述

阳澄湖大闸蟹、五常大米、金华火腿、龙口粉丝、西湖龙井、宜兴紫砂……这是一组消费者耳熟能详的产品名称。对于很多产品及其加工产品而言，生产地的气候、地质、土壤以及品种等自然因素和与之相适应的生产技术、加工工艺等人为因素决定了产品的质量及其特有风格，消费者也往往喜欢选择这种带有特定产地字样的产品，这种标识产品产地的地理名称，就是地理标志。

从历史上看，人类在很早以前就有在产品上标示地理来源的习惯。在古希腊，标明来自某些特定地区的葡萄酒就比其他葡萄酒的销量更好、售价更高。19世纪末期，随着经济贸易的全球一体化，一些欧洲国家开始意识到地理标志的重要性，并积极建立地理标志保护体系，加强地理标志保护力度。①

地理标志保护最早起源于法国，法国一开始主要利用该制度对其国内生产的香槟酒和其他一些酒类进行保护。②后来，法国为了本国产地名称国际保护的需要，积极倡导和推动其他国家在1883年签署了《保护工业产权巴黎公约》（以下简称《巴黎公约》），③该公约将“货源标记或原产地名称”列为知识产权的保护对象，在第1条第2款规定，“工业产权的保护对象有专利、实用新型工业品外观设计、商标、服务标记、厂商名称、货源标记或原产地名

* 课题主持人：刘嫒珍；课题组成员：宋健、顾韬、袁滔、刘莉、史乃兴。

① 曾德国：《地理标志理论与实务》，知识产权出版社2014年版，第1页。

② 孙志国、钟学斌、王树婷、张敏：《湘鄂渝赣民族地区地理标志知识产权保护进展》，载《安徽农学通报》2010年第23期，转引自杨永：《产业视域中的地理标志发展对策研究》，西北农林科技大学出版社2013年版，第1页。

③ 曾德国：《地理标志理论与实务》，知识产权出版社2014年版，第3页。

称和制止不正当竞争”。[①] 如前所述，《巴黎公约》并未提出“地理标志”的概念，而是提出“货源标记或原产地名称”，但并未对“货源标记或原产地名称”的含义作出明确界定，也缺乏关于保护措施的规定。其后，相关国家又相继共同制定了《制止商品来源虚假或欺骗性标记马德里协定》（以下简称《马德里协定》）和《保护原产地名称及其国际注册里斯本协定》（以下简称《里斯本协定》），分别使用了“货源标记”和“原产地名称”的概念。[②] 直至1994年通过的《与贸易有关的知识产权协议》（以下简称《TRIPS协议》）才第一次正式使用“地理标志”的概念。[③]

《TRIPS协议》第22条第1款规定，“就本协议而言，地理标志是识别一种原产于一成员国境内或境内某一区域或某一地区的商品的标志，而该商品特定的质量、声誉或其他特征基本上可归因于该地理来源。”[④] 我国现行商标法第十六条第二款规定：“地理标志，是指标示某商品来源于某地区，该商品的特定质量、信誉或者其他特征，主要由该地区的自然因素或人为因素所决定的标志。”[⑤] 上述“地理标志”的定义表明，地理标志指示商品来源于某一特定区域，该商品具有独特的品质与声誉，且该品质与声誉基本取决于该地理来源。

（二）地理标志的特征

1. 地理标志是一种相对特殊的商业标志

首先，地理标志由可识别的要素构成；其次，这种标志因为在市场上具有相当高的知名度，能够为消费者提供比较清晰的商品及商品提供者的有关信息。从这两个方面来看，地理标志与商标没有本质区别，但与商标不同的是，消费者根据地理标志只能了解该产品来自于哪个国家或哪个地区，但并不能具体确定该商品的生产经营者，即地理标志只能表明商品来源于何地，而不能表明商品来源于何人。

2. 地理标志所标识的商品的特定质量、声誉或其他特征基本上可归因于它的地理来源

地理标志所标识的商品应当有特定质量、信誉或其他特征，且这些商品的特定质量、信誉或其他特征基本上可归因于它的地理来源，一般包括生产加工地的自然因素和人文因素。例如，南京位于长江中下游，气候温和，空气湿润，年降水量在1100mm左右，年平均温度15.2℃，干湿度为70%左右，这给桑树的生长提供了极好的条件，同时这种特殊的地理、气候环境对云锦的织造非常有利，使桑蚕丝在织造中不起毛，不易断头。另外，南京城里秦淮河的水中包含有单宁酸成分，酸碱度为7.1度，能够在染色时起到天然的触媒

---

① 曾德国：《地理标志理论与实务》，知识产权出版社2014年版，第1页。

② 曾德国：《地理标志理论与实务》，知识产权出版社2014年版，第4页。

③ 曾德国：《地理标志理论与实务》，知识产权出版社2014年版，第5页。

④ 杨永：《产业视域中的地理标志发展对策研究》，西北农林科技大学出版社2013年版，第22页。

⑤ 在研究地理标志的法律问题时，对其如何界定是首先面临的前提问题。货源标记、原产地名称与地理标志是不同历史时期的概念，它们之间具有传承性，但又不完全等同。货源标记的定义最广，包括地理标志和原产地名称在内，它只要求使用它的产品产自某个特定的地区，因此，货源标记似乎不属于《TRIPS协议》中对地理标志的定义范畴之内，即产品使用货源标记并不代表此种产品具有某种特定质量、信誉或特征。地理标志的定义范畴比原产地名称广泛，地理标志指的是“标示某商品……的标志”，而“原产地名称”指的是“用于指示某项产品来源于该地，其质量和特征完全或主要取决于地理环境的某个国家、地区或地方的地理名称”，即其他不属于地理名称的标记，例如非地理名称或符号等，不属于“原产地名称”，却可以作为地理标志，因此所有的原产地名称都是地理标志，但并非所有的地理标志都是原产地名称。本调研课题研究的是《TRIPS协议》与我国商标法中的“地理标志”。

作用，使染色后的丝织物光泽丰润。[①]

3. 地理标志是一种特殊的专有权

地理标志不能由某个单位、企业或者个人独占和专用，而通常由该区域特定产品的生产者协会或者能够代表当地生产经营者的代表机构申请注册，所以地理标志属于集体所有的财产，只要该地域内的商品生产者的产品符合特定的条件，均可以使用该地理标志。

4. 地理标志具有不可转让性

地理标志表明该产品与产地有着天然的、紧密的联系，这种联系决定了地理标志的取得必然要受到地域性的限制，且产品的生产加工过程也须符合一定的标准，即获取地理标志的过程更类似获取一种认证的过程，因此，基于对地理标志产品质量稳定的需要及对消费者利益保护的考虑，任何使用地理标志的商品生产经营者都不可以转让地理标志。

（三）地理标志保护的意义

党的十七届三中全会指出要“加大农产品注册商标和地理标志保护力度”，《国家知识产权战略纲要》也提到要完善地理标志保护制度。我国幅员辽阔，物华天宝，地理标志资源非常丰富，地方名优特产数不胜数，积极发掘、保护这些宝贵资源，对于进一步推动品牌战略，推动我国农业经济发展，弘扬中华民族优秀的传统文化，将会发挥重要作用。2007 年 6 月，国务院副总理吴仪就指出，“近年来，中国的商标主管机关国家工商行政管理总局，在全国大力推进了运用地理标志保护和发展农产品，促进农产品的增值和规模经营，有效促进了农业增效、农民增收和农村发展，为中国解决‘三农’问题找到了一个很好的切入点”。[②]

1. 有助于推动品牌战略，促进区域经济发展

改革开放 30 多年，中国经济保持了高速增长，经济总量已达世界第二，“中国制造”遍布全球市场，但中国品牌在国际竞争中还处于弱势，2014 年全球企业最有价值的 100 个品牌中，美国有 59 个，日本有 7 个，韩国有 3 个，我国仅有华为入围，排在第 94 位。[③] 当前，我国的经济发展条件和环境正在发生深刻变化，传统比较优势趋于弱化，经济步入中高速增长新常态，这就需要我国加快转变经济发展方式，更加注重内涵式发展，而其中一个重要方面，就是大力实施品牌战略，把品牌经济作为新常态发展的重要支撑和进取方向。2014 年 5 月，习近平总书记在河南考察时就强调：“推动中国制造向中国创造转变、中国速度向中国质量转变、中国产品向中国品牌转变。”[④] 而地理标志产品保护本身就是推进我国品牌战略，促进国家及区域经济发展的一项重要举措。

品牌的核心是独一无二，而地理标志产品，基于当地独特优越的自然条件和悠久的人文环境或特色技术工艺，一般是很难移植和模仿的，具有品牌所要求的特色鲜明的特点。生产企业将地理标志印制在产品上，可以充分发挥地理标志具有的产品识别、质量信誉保证、广告促销等主要功能，大力创造名优效应，扩大产品的销

---

① 《江苏省质监局推进地理标志产品保护工作概括》，中国质量新闻网，http：//www. cqn. com. cn/news/zgzlb/diba/960313. html，2014 年 10 月 16 日。

② 《北京世界地理标志大会文函集》，中国工商出版社 2009 年版，第 2 页。

③ 《品牌经济：新常态发展的重要支撑》，http：//news. xinhuanet. com/fortune/2015 － 01/12/c _ 1113967721. htm，2015 年 1 月 12 日。

④ 新华社：《习近平河南考察时强调：深化改革发挥优势创新思路统筹兼顾　确保经济持续健康发展社会和谐稳定》，《人民日报》2014 年 5 月 11 日。

量和市场占有率，进一步提高产品的知名度与影响力，创造出消费者认同、市场认同、行业认同的品牌，实现品牌价值的飞跃，在此基础上也会形成本地化的产业氛围和产业综合竞争力，推动当地经济持续繁荣发展。我国宁德地区的“坦洋工夫”茶早在1915年就和贵州茅台酒一同荣获巴拿马万国博览会金奖，盛极一时，但从20世纪60年代后沉寂数十年。随着“坦洋工夫”地理标志证明商标的注册和著名、驰名商标的认定，宁德福安市茶产业重放异彩，“坦洋工夫”红茶从品牌打造前的每斤50～60元，上升到每斤1000～3000多元，最高达每斤6000元，短短3年间，迅速崛起为一个产值逾20亿元的阳光产业。

2. 有助于实现农业产业化，增加农民就业岗位，促进农民增收

在我国这样一个农业人口占总人数很大比重的国家，农业的基础地位显得尤为重要，不仅关系着国民经济的健康持久发展，也关系着社会的稳定和社会主义现代化进程，因此“三农问题”[①] 一直是国家致力于解决的主要问题。2001年，中共中央、国务院《关于做好2001年农业和农村工作的意见》就明确提出“各级党委和政府必须高度重视农业、农村和农民工作，把加强农业和增加农民收入摆在国民经济的首位”，[②] 而运用地理标志促进经济发展已经成为中国解决“三农问题”的一个切入点。

我国农业以农户单独生产为主，不具备组织规模生产和经营的条件，而地理标志具有很强的组织功能，可以将分散的农户聚集起来，以地理标志知识产权为纽带，并以龙头企业为通道连接到市场，按照统一的标准与标识进行生产，实现生产经营的产业化和规模化，形成一条以农产品生产基地为基础，农产品生产、加工、销售为一体的产业链条，大大增加农民的就业岗位，实现农民增收。根据我国国家工商行政管理总局（以下简称国家工商总局）的统计，已经获得地理标志注册的农产品收购价格普遍上涨了15%～20%。[③] 在江苏，无锡“阳山”水蜜桃种植带动了15000多农户，2014年销售额达4亿余元，农民种植水蜜桃人均收入2万多元，占其总收入的70%；洪泽湖大闸蟹养殖带动洪泽渔民增收12.3亿元，成为洪泽渔民增收的重要来源；东海县在获得东海水晶地理标志产品保护后，依托硅资源优势，已经形成一定规模的硅材料产业集群，并建立国家级硅材料产业集聚标准化示范区，东海水晶及相关产业产值多年超过300亿元，利税超30亿元；洞庭山碧螺春茶按照“延伸茶叶产业链，壮大发展茶经济”的思路，积极引导和扶持骨干企业成立茶叶股份合作社，开设专卖店，实施品牌连锁经营，已在全国10个城市有了33个代理商，设立了100多个网点销售碧螺春茶叶，每年的销售量有30%左右的提高，销售价格和规模也快速提升。

3. 有助于保护传统技艺、弘扬传统文化

一方面，一个地理标志产品，往往承载着一个地区的文化和历史，是一个地区对外宣传的“名片”，地理标志在体现地区文化的同时也对这种文化发挥了保护作用。众所周知，葡萄酒文化是法国文化的重要组成部分，法国的香槟酒在誉满全球的同时，不仅法国的酒文化得到了很好的宣传，法国的知名度及其文化影响力亦得

---

① “三农问题”是以农民为主体、以农村为地域、以农业为纽带，相互交织为一体的农民、农村、农业问题的总称。

② 《北京世界地理标志大会文函集》，中国工商出版社2009年版，第2页。

③ 曾德国：《地理标志理论与实务》，知识产权出版社2014年版，第22页。

到大幅度提升。我省苏州市吴中区以茶为媒，以节造势，先后通过举办炒茶能手擂台赛、“碧螺姑娘”评选、碧螺春茶拍卖会和“中国苏州洞庭山碧螺春茶文化旅游节”等活动，推动茶经济与旅游产业联动发展，成为弘扬茶文化和推动环太湖旅游经济的重要载体；我省“盱眙龙虾”的深入人心，也使得更多的人知道了盱眙这个苏北人口不足百万的小县，成功实现了政府营销。另一方面，相当一部分的地理标志产品，其特色并非仅仅来源于自然环境因素，同时还取决于传统知识在生产中的运用，因此对地理标志的保护不仅可以给地理标志的使用者带来可观的经济效益，还可以充分调动区域内生产者学习传统知识的积极性，通过合理利用传统技艺继承和发扬我国重要的人文资源。

4. 有助于提高我国农产品的国际竞争力

运用和保护地理标志是促进我国农产品走向产业化的需要，也是规范我国农产品市场竞争秩序的需要，更是推动我国农产品开辟国际市场、积极参与国际竞争的需要。在国际贸易中，含有地理标志的产品在欧盟出口贸易中占有非常重要的地位，而对于我国来说，地理标志更是发展本国优势产业，在国际贸易中实现本国经济效益最大化的有力政策措施。例如，“安溪铁观音”茶自从获得地理标志证明商标注册以来，市场知名度和消费信誉度空前提高，产品销往日本、东南亚、欧洲、美洲的60多个国家和地区，每年出口创汇6000多万美元，茶农人均收入达到2660元；江苏“镇江香醋”行销50多个国家和地区，占国内醋出口量的90%等。

二、我国地理标志保护现状

（一）我国地理标志保护的立法体系

《TRIPS协议》第24条（9）规定，“若地理标志的原属国没有对地理标志进行保护，或停止了保护，或地理标志已在原属国停止了使用，则本协议没有施与保护的义务。”依此条规定，我国的国内法应当首先对地理标志予以保护，否则我国的地理标志就无法得到其他成员国的保护。在这一背景以及国内品牌战略快速实施、农业经济迅速发展的推动之下，我国地理标志法律体系不断完善，初步形成了以商标法为主，反不正当竞争法、相关行政规章为补充的地理标志法律体系。

1. 商标法的规定

我国保护地理标志始于1985年加入《巴黎公约》，承诺履行公约第1条第2款保护货源标记或原产地名称的义务。其后一段时间，国内执法机关一般直接根据《巴黎公约》对货源标记或原产地名称进行保护，如国家工商总局曾为此多次下发函件，要求各地工商行政管理机关保护“丹麦牛油曲奇”“香槟”“龙口”等原产地名称。

随着世贸组织的成立及我国加入该组织，我国开始履行“入世”承诺，于2001年修正商标法，规定了证明商标、集体商标与地理标志。该法第三条规定，“本法所称集体商标，是指以团体、协会或者其他组织名义注册，供该组织成员在商事活动中使用，以表明使用者在该组织中的成员资格的标志。本法所称证明商标，是指由对某种商品或者服务具有监督能力的组织所控制，而由该组织以外的单位或者个人使用于其商品或者服务，用以证明该商品或者服务的原产地、原料、制造方法、质量或者其他特定品质的标志。”该法第十六条规定，“商标中有商品的地理标志，而该商品并非来源于该标志所标示的地区，误导公众的，不予注册并禁止使用；但是，已经善意取得注册的继续有效。前款所称地理标志，是指标示某商品来源于某地区，该商品的特定质量、信誉或者其他特征，主要由该地区的自然因素或者人文因素所决定的标志。”这使得我国的地理标志保护第一次有了国内法上的依据。此外，该法第十条第二款还明确规定了地理名称商标的注册条件及使用规范，“县级以上行政区划的地名或者公众知晓的外国地名，不得作为商标。但是，地名具有其他含义或者作为集体商标、证明商标组成部分的除外。”[①]

2. 反不正当竞争法及其他相关法律的规定

除了上述对地理标志专门的立法保护外，我国还有其他一些法律法规对地理标志提供法律保护。反不正当竞争法第五条第（四）项规定“经营者不得采用不正当手段从事市场交易，损害竞争对手”，其中“伪造产地”就属于应当被法律禁止的不正当竞争行为的一种；第九条第一款则规定禁止对商品的产地作引人误解的虚假宣传。消费者权益保护法和产品质量法也都规定了“禁止伪造产品产地”“提供产品原产地真实信息”。

3. 部门规章的规定

在通过商标法等法律保护体系为地理标志提供保护的同时，相关部门也制定了一系列的部门规章对地理标志加以保护和规范。2003 年，国家工商总局根据 2001 年商标法的相关规定，颁布了新的《集体商标、证明商标注册和管理办法》；2005 年，国家质量监督检验检疫总局（以下简称国家质检总局）颁布了《地理标志产品保护规定》；2007 年，农业部颁布了《农产品地理标志管理办法》。

（二）世界主要国家的地理标志保护模式

1. 商标法保护模式[②]

商标法保护模式是将地理标志纳入到商标法中进行保护。这种模式的优点是：运用商标法保护地理标志，可有效避免商标与地理标志多头管理带来的混乱，避免了同一产品既申请地理标志保护，又申请注册商标保护，减轻申请者的经济负担，而且有利于统一管理；运用商标法已有的法律资源及早就设置的商标管理机构对地理标志进行保护，无须增加其他社会资源投入。但是该种模式也有弊端：地理标志毕竟是一种具有一定公权性质的特殊的知识产权，既有商标属性，也有商品质量的控制要求，仅靠一部商标法很难挑起保护地理标志的重任；商标管理机构不是地理标志保护领域的专家，无法控制商品的质量和真实性，也很难审查申请的具体细节，如产品典型特征描述和相应的产品品质鉴定报告、产地环境条件、生产技术规范和产品质量安全技术规范等。[③]

2. 专门法保护模式[④]

专门法保护模式，是指通过专门立法的形式将地理标志作为一类独立的商业标志单列出来进行保护的一种方式。[⑤] 这种模式的优点是：将地理标志视为一种特殊的知识产权，突出地理标志的地位和作用，使保护的内容和形式清楚明了、便于掌握，但这种完全脱离商标法的保护方式不能兼顾地理标志与商标法中证明商标和集体商标的协调问题，分别的立法保护也带来两种不同知识产权制度的冲突。

---

① 新修订的商标法，对 2001 年商标法中关于集体商标、证明商标、地理标志等的规定并无修改。

② 以商标法保护地理标志的有美国、澳大利亚、英国、德国、新西兰等国家。

③ 农业部：《农产品地理标志管理办法》第八条。

④ 以专门法保护地理标志的有法国、意大利、西班牙、希腊、葡萄牙等国家。

⑤ 杨永：《产业视域中的地理标志发展对策研究》，西北农林科技大学出版社 2013 年版，第 45 页。

3. 反不正当竞争法保护模式①

反不正当竞争法保护模式是将使用虚假或使人误解的商品原产地的行为作为不正当竞争行为予以调整，达到保护地理标志的目的。② 这种模式的优点是：着重维护正常的市场秩序、保护消费者合法权益、立法简洁、包容性强，但缺点也很明显：反不正当竞争法只是依据诚实信用、公序良俗等商业伦理来评价竞争者行为的正当性，并没有赋予地理标志以知识产权或私权，带给地理标志权人的利益是有限的、相对的，且反不正当竞争法难以独自担当保护地理标志的重任，只能根据国内实际情况，作为补充性的保护模式。

虽然目前世界各国对地理标志的保护模式大致可分为上述商标法保护、专门法保护与反不正当竞争法保护等三种模式，但实际上，多数国家对地理标志并不仅仅采用一种保护模式，而是同时综合采取两种或两种以上保护方式。《TRIPS 协议》没有明确规定保护地理标志的具体方法，仅仅要求成员国对地理标志进行保护，所以各国在满足《TRIPS 协议》对地理标志保护的最低要求的前提下，完全可以根据本国实际情况，选择符合本国利益的地理标志保护模式。

（三）我国地理标志的行政管理模式

目前，我国地理标志采取由工商、质检、农业三家行政部门共同进行行政管理的模式：以国家工商总局商标局为主导的注册商标管理模式，主要是对地理标志产品的标志进行集体商标、证明商标注册管理；以国家质检总局为主导的地理标志产品保护制度，主要针对产品产地、标准、质量、工艺等方面进行注册管理；以农业部为主导的农产品地理标志登记制度，特别针对农产品地理标志进行登记与管理工作，在发布农产品地理标志公告的同时，发布农产品地理标志质量控制技术规范。

1. 国家工商总局商标局的注册管理制度

国家工商总局商标局作为地理标志的管理机关之一，其管理权限来自我国商标法的授权。商标法第二条明确指出：国务院工商行政管理部门商标局主管全国商标注册和管理的工作，因此当地理标志要注册为商标时就要接受商标局的管理。近年来，我国地理标志的商标注册工作进展显著。

其中，根据地理标志产品类别划分，主要包括以下 10 大类（见图 1）。③

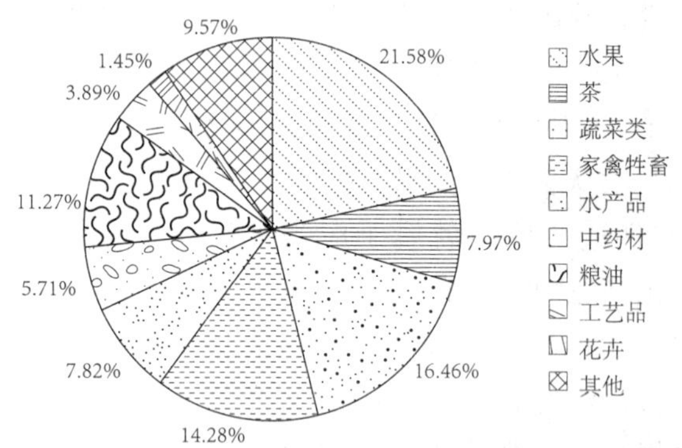

图 1　我国已注册和初步审定地理标志类别分布图

2. 农业部的登记管理制度

农业部负责全国农产品地理标志的登记工作，与商标局不同的是，农业部是认证后以专用标记形式保护。农业部在地理标志保护工作方面虽然起步较晚，但随着农产品的品牌建设日益受到重视，农产品地理标志推进工作也进展显著，目前，全国共有 1000 多件农产品地理标志获得农业

① 以不正当竞争法保护地理标志的主要是日本等国家。

② 杨永：《产业视域中的地理标志发展对策研究》，西北农林科技大学出版社 2013 年版，第 50 页。

③ 《我国已注册地理标志集体商标、证明商标 2697 件》，微信公众号知产库，2015 年 6 月 12 日。

部审核批准，产品覆盖了蔬菜、水果、粮食、茶叶等农产品，逐步健全了部、省、地、县四级农产品地理标志工作机构队伍。①

3. 国家质检总局的登记管理制度

国家质检总局地理标志工作的特色是致力于完善地理标志产品的技术标准，保证特色产品质量，目前已经组织制定完成了600多个地理标志产品的各类标准以及700多个质量技术要求，为组织生产出统一质量特色的产品创造了条件。② 截至2015年5月底，国家质检总局登记的地理标志总量达1900余件，还包括国外地理标志产品15个。③

4. 我国的地理标志保护标记④（见图2）

国家质检总局、农业部、国家工商总局对地理标志产品分别设有专门的地理标志保护标记。

国家质检总局的地理标志保护产品专用标志的轮廓为椭圆形，淡黄色外圈，绿色底色。椭圆内圈中均匀分布四条经线、五条纬线，椭圆中央为中华人民共和国地图。在外圈上部标注“中华人民共和国地理标志保护产品”字样，中华人民共和国地图中央标注“PGI”字样，在外圈下部标注“PEOPLE’S REPUBLIC OF CHINA”字样。在椭圆形第四条和第五条纬线之间中部标注受保护的地理标志产品名称。

农业部农产品地理标志实行公共标识与地域产品名称相结合的标注制度，公共标识基本图案由中华人民共和国农业部中英文字样、农产品地理标志中英文字样和麦穗、地球、日月图案等元素构成。

国家工商总局地理标志产品专用标志的基本图案由国家工商总局商标局中英文字样、“中国地理标志”字样、GI的变形字体、小麦和天坛图形构成，专用标志的基本组成颜色为绿色和黄色（见图2）。

图2　国家质检总局、农业部及国家工商总局的地理标志专用标记

（四）我国地理标志的行政与司法保护双轨制模式

目前，我国关于地理标志的保护实行的是行政保护与司法保护的双轨制，两种保护形式协调运作。

1. 行政保护模式

由于国家质检总局制定的《地理标志产品保护规定》以及农业部制定的《农产品地理标志管理办法》均没有关于行政保护措施的具体规定，因此我国主要是由工商行政管理机关对地理标志具体实施行政保护执法。工商行政管理机关除负责各项地理标志注册和登记工作之外，同时负责各类侵犯地理标志专用权的行政查处工作。国家工商总局就在2015年组织全国各省开展了“保护地理标志商标专项行动”，以地理标志产品生产集中地、销售集散地为重点整治地区，加大侵权案件查处力度，查处通过网络交易平台和团购网站等销售侵犯地理标志商标专用权的违法行为。

2. 司法保护模式

司法机关负责地理标志的司法保护工作，主要包括民事司法保护和刑事司法保护。其中，民事司法保护主要涉及两类

---

① 杨永：《产业视域中的地理标志发展对策研究》，西北农林科技大学出版社2013年版，第78页。

② 杨永：《产业视域中的地理标志发展对策研究》，西北农林科技大学出版社2013年版，第81页。

③ 《我国原产地地理标志总量达1900余件》，微信公众号地理标志会展中心，2015年6月23日。

④ 杨永：《产业视域中的地理标志发展对策研究》，西北农林科技大学出版社2013年版，第74～83页。

案件。

第一类是注册商标授权、确权争议纠纷，即地理标志商标的注册人认为他人申请注册的商标标识与地理标志商标构成近似，且两者核定使用的商品相同或类似，所引发的商标授权、确权争议。

【案例 1】

安徽省池州市自然人陈建华申请注册了“西山焦 xishanjiao”注册商标，安徽省池州市贵池西山富硒焦枣协会针对争议商标向商标评审委员会提出争议申请。其主要的争议理由为：西山焦枣是安徽省传统地方名产，其特定商品品质是由其生产区域的人文因素和特定自然因素决定的。争议商标在干枣商品上的注册构成商标法所指的商标包含地理标志而该商品并非来源于该标志所标示地区、误导公众的情形，应予撤销。后商标评审委员会撤销了争议商标，陈建华不服该决定而向北京法院提起了行政诉讼。

第二类是商标侵权纠纷。我国商标法、商标法实施条例和《最高人民法院关于审理商标民事纠纷案件适用法律若干问题的解释》规定的商标侵权行为，主要是地理标志商标的注册人起诉无权使用该地理标志的生产商、销售商的商标民事侵权案件，也就是俗称的农产品打假案。以“盱眙龙虾”为例，近年来，由于“盱眙龙虾”受到众多消费者的欢迎、知名度高，因此，每到龙虾上市的旺季，大街小巷都能见到打着“盱眙龙虾”招牌的店铺，但绝大多数的店铺并未获得江苏省盱眙龙虾协会的授权，因此江苏省盱眙龙虾协会从 2014 年在江苏省无锡市开启“全国打假”第一站，将无锡市二十多家店铺告上法院。“西湖龙井”“舟山带鱼”等知名农产品的注册人也纷纷在全国开展维权诉讼。

另外，涉及地理标志产品的商标侵权行为情节严重的，司法机关也应依法追究侵权人的刑事责任。我国刑法主要规定了三类侵犯商标权犯罪行为，分别是第二百一十三条规定的假冒注册商标罪，第二百一十四条规定的销售假冒注册商标的商品罪，第二百一十五条规定的非法制造、销售非法制造的注册商标标识罪。

（五）我国现行地理标志制度存在的问题

1. 法律制度建设方面

涉及地理标志的法律规范主要包括：商标法及其实施条例、国家工商总局《集体商标、证明商标注册和管理办法》、国家质检总局《地理标志产品保护规定》和农业部《农产品地理标志管理办法》。目前在法律制度建设层面主要存在以下三方面问题。一是缺乏专门性法规对地理标志的授权、管理、保护进行全面规定，地理标志主要涉及商标、农业经济、产品质量等三个不同领域，目前分属不同领域，由不同部门制定的法律规范尚不能形成统一完整的地理标志法律制度。二是现行法律规范之间协调性不够。《集体商标、证明商标注册和管理办法》、《地理标志产品保护规定》与《农产品地理标志管理办法》在地理标志保护标准、对象、内容等方面，存在交叉和矛盾，缺乏必要的协调统一。例如，我国商标法第二条规定，国务院工商行政管理部门商标局主管全国商标注册和管理的工作，国务院工商行政管理部门设立商标评审委员会，负责处理商标争议事宜，为此国家工商总局制定了《集体商标、证明商标注册和管理办法》，对集体商标和证明商标的注册和管理进行规定。但与此同时，《地理标志产品保护规定》第四条规定，国家质量监督检验检疫总局统一管理全国的地理标志产品保护工作，各地出入境检验检疫总局管理各地的地理标志产品保护工作。因此商标局与国家质检总局都有权对地理标志进行管理，这种规定上的交叉与矛盾造成了地理标志保护的混乱。三是重行政管理轻民事救济。现行法律制度对地理标志的授权和管理作了相对详尽的规定，但对民事救济方面规定不足，未能针对地理标志本身的特殊性制定全面完善的民事救济制度，司法实践中，也多是依靠商标侵权的一般性规定对涉地理标志的民事纠纷作出判定，在地理标志的权利范围划定、侵权判定规则以及具体保护措施等方面缺乏指引性规范。

2. 不同行政部门实行共同行政管理模式导致的问题

不可否认，由工商、质检、农业三个行政部门实行共同管理，在地理标志保护的初级阶段的确促进了地理标志的发展，使得我国地理标志产品从无到有迅速增长，但是当地理标志产业发展到一定规模后，由于不同行政部门的功能定位不同，共同管理模式也逐渐显示出相应弊端，容易形成各管一摊、各负其责及权力冲突和行政资源的浪费。实践中存在以下突出问题。

（1）权利冲突问题

目前，国家工商总局、农业部、国家质检总局对地理标志产品分别设有专门的地理标志保护标记，并实施分别登记管理制度。这一制度设定容易形成同一类地理标志产品上存在多种类似权利，造成不必要的权利重叠。在特定情形下，也可能存在不同主体通过不同渠道，采取商标注册、地理标志登记、农产品地理标志产品登记等不同方式，对同一类地理标志产品分别获得授权的情形，从而造成权利冲突。比如申报地理标志商标的权利人为相关行业协会，而申请地理标志产品保护时，申请人却可能为当地质监部门或者某个企业，容易在实际使用中产生冲突。

（2）标记过多易淡化地理标志的显著性

当一件商品上只标有一个标记时，一般情形下显著性较强，可是，若同时标上两个或多个标记时，那么各个标记的显著性都会因相互的影响而下降。在现行授权登记制度下，可能导致一件商品同时标注有集体商标（证明商标）、地理标志产品专用标志、农产品地理标志专用标志等多个标记，再加上生产商自身的注册商标，容易淡化地理标志的显著性及标识作用。实践中，也由于上述原因致使部分生产经营者在取得地理标志保护后却束之高阁，成为注而不用的知识产权。据调研了解，我省淮安地区生产茶馓的部分厂家就仅在其生产的产品上标注自身商标，以区分其他同类经营者，而不愿使用淮安市淮安区茶馓行业协会注册的“淮安茶馓”商标。

（3）企业基于成本考虑使得多重登记制度效能未能充分实现

在共同管理、多重登记的模式下，地理标志的申请主体面临多个行政部门对同一受保护客体的多种要求，需要经过多种程序，如果权利人只申请单个权利登记，其地理标志权利可能又受到限制。另一方面，市场主体往往基于时间、人力、财务成本等因素，对于同时申请集体商标（证明商标）、地理标志产品专用标志、农产品地理标志专用标志缺乏热情，使得现行的多重登记制度的预期效能未能充分实现。

三、江苏地理标志保护现状

江苏历史文化悠久，自然环境与人文环境丰富多样，农业精耕细作、物产富饶，以地理环境、自然条件、人文因素、传统工艺等形成的农产品很多。长期以来，全省各级政府、地理标志管理部门、各地理标志行业协会、企业及司法机关高度重视省内农产品地理标志的培育、注册、使用、管理和保护工作，在地理标志申请保护、产业发展、市场开拓、文化传承、宣传推广及国际交流与合作等方面都取得了长足发展。这些特色农产品的地理标志保护，在确保江苏省特色农产品的内在品质、提高产品知名度和美誉度、扩大产品销量、增加产品附加值等方面，起到了积极推动作用。

（一）取得的成绩

1. 地理标志品牌战略深入推进（见图 3）

包含了农产品和服装、工艺品。其中，截至 2015 年 10 月 22 日，淮安市地理标志商标已达 99 件，地理标志商标总数位居全省第一，全国地级市第一。我省“镇江香醋”“盱眙龙虾”“洞庭山碧螺春”等一批高知名度的地理标志商标享誉海内外。昆山市巴城镇阳澄湖蟹业协会充分运用地理标志品牌价值，通过质押“巴城阳澄湖大闸蟹”地理标志商标专用权获得 1 亿元贷款，解决后期发展的资金问题，这也是江苏省发放的首笔质押地理标志商标专用权贷款。①

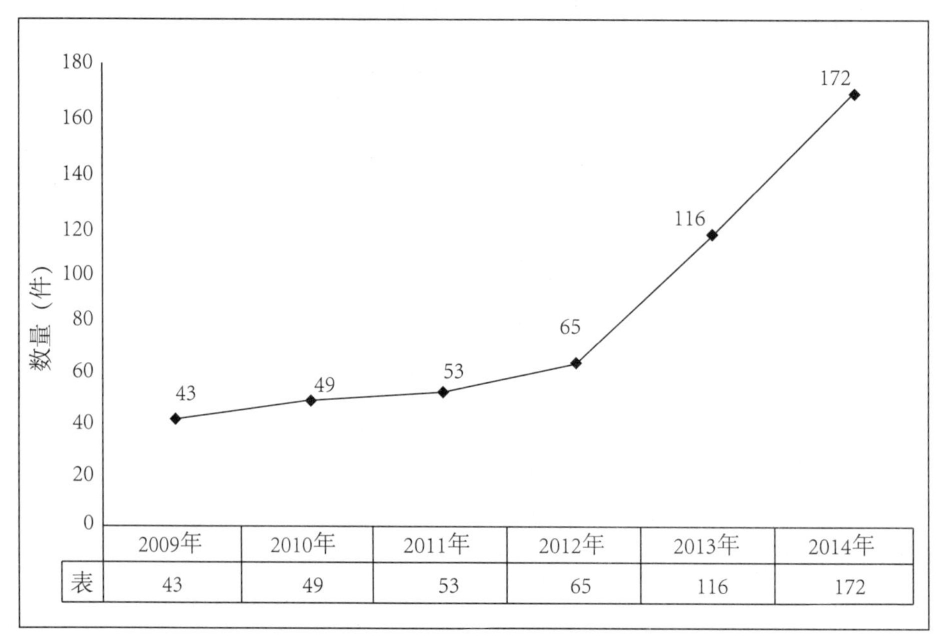

	2009年	2010年	2011年	2012年	2013年	2014年
表	43	49	53	65	116	172

图 3　2009 年以来全省地理标志商标注册曲线图

近年来，全省工商系统大力实施“商标富农工程”，推行“地理标志商标 + 协会（企业） + 农户”的产业化经营模式，加强对“名、特、优、新”农产品的调研，开展地理标志资源普查，建立目录库，引导农民、涉农企业及团体协会等组织注册农产品商标，指导农民、涉农企业运用农产品商标和地理标志发展特色农业，促进农业增效、农民增收和农村发展。截至目前，全省地理标志商标达 188 件，全省 13 个省辖市均拥有地理标志商标，注册类别

全省质监部门将标准化作为保护和发扬地理标志产品传统特色的重要手段，不仅指导企业在地理标志产品生产环境条件、生产设备安全、使用原料辅料、工艺工序要求、全程质量控制到产品质量要求、检验检测方法和包装、标志、贮存逐个环节均制定或采用相应标准，还积极帮扶企业

① 《江苏发放首笔地理标志证明商标权质押贷款》，引自微信公众号德州源家园，2015 年 6 月 2 日。

对照地理标志产品标准体系要求，进行必要技术改造，完善各道工序工艺，实施规范化操作、标准化管理、品牌化销售，将地理标志产品和生产要求细化到产前、产中和产后。[①] 目前，全省已经涌现出一大批经济效益好、带动辐射强的地理标志品牌，扬州漆器、南京云锦、阳澄湖大闸蟹、东海水晶、镇江香醋等40个产品获得国家地理标志产品保护，另有4个产品通过国家质检总局科技司组织的技术审查待批准。

2. 行业规则不断完善

地理标志产业健康发展的关键在于确保产品的品质质量，这一问题并不能完全依赖于制定法律规范予以保障，更多需要科学完善的行业标准和行业规则。近年来，各地行业协会陆续制定了一系列的行业标准和行业规则，加强自律管理，实现行业生产经营的规范有序。苏州市吴中区洞庭（山）碧螺春茶业协会制定了《洞庭山碧螺春地理标志证明商标使用管理规则》《洞庭山碧螺春中国驰名商标和统一包装管理办法》，严格规范准入标准，所有使用这一地理标志商标的茶叶企业均要实施"统一服务、收购、挑拣、炒制、商标和销售"的"六统一"管理体系。同时，从印制源头开始，协会规范了统一印制、统一领取与使用的规则，在进入销售季节时，协会统一向使用地理标志证明商标的农户发放商标标志和包装盒，依据当年的产量、包装的规格，确定相应数量商标标识和统一包装盒，严格控制领取，防止滥发商标标志和包装盒。淮安市粮食行业协会先后制定了《"淮安大米"（成品米）地理标志证明商标使用管理规则》《"淮安大米"地理标志证明商标（中国驰名商标）使用管理办法》，并对外公告，规定会员使用地理标志需要先递交证明商标使用申请书，经审查检测和实地考察后，协会作出书面审核意见，符合使用条件的，签订使用许可合同，发放准用证，同时对包装印刷实行许可制，先由使用企业统一申请，协会核准后再统一到指定印刷单位按核准数印刷。

3. 品牌意识不断增强

一是各级政府积极组织地理标志企业抱团参加各类知名展销会或博览会，提升农业品牌的市场知名度和美誉度。江苏省洪泽县大力推介"洪泽湖大闸蟹"品牌，自2005年连续8年办节宣传洪泽湖大闸蟹，为做大做强大闸蟹产业，该县建立起遍布全国、立体式的大闸蟹销售网络。[②] 无锡市选取地理标志参加"我喜爱的无锡商标"评选活动，组织"阳山水蜜桃""宜兴紫砂"参加国家工商总局、中华商标协会举办的历届中国国际商标（品牌）节。2014年，"江苏省评出2014农产品和地理标志商标巡礼"还被评为中国地理标志十大事件。[③]

二是全省工商系统及时组织执法力量与相关行业协会联手，开展"地理标志保护专项行动"，严厉打击侵犯地理标志证明商标、集体商标的行为，以维护良好的公平竞争秩序。无锡市工商局就根据不同时节，在元旦、春节前、3—4月、5—7月、国庆节至11月，分别开展保护"甘露青鱼""江阴河豚""阳山水蜜桃""宜兴大闸蟹"等专项行动。特别需要提及的是，在省、市两级工商机关的帮助下，镇江市醋业协会还打赢了"镇江香醋"商标韩国保卫战。2010年6月，韩国特许厅受理了

---

① 参考《江苏省质监局推进地理标志产品保护工作概括》，中国质量新闻网 http：//www.cqn.com.cn/news/zgzlb/diba/960313.html，2014年10月16日。

② 《江苏洪泽县借地理标志产品保护东风做大做强螃蟹产业》，中国水产养殖网 http：//shuaichan.cc/news_view-125442.html，2013年3月22日。

③ 《"明月镜片杯2014中国地理标志十大事件评选"结果揭晓》，微信公众号当代中国画报，2015年3月24日。

韩国某自然人向韩国特许厅提出的“镇江香醋”中文和韩文的商标注册申请，并予以公告，镇江市醋业协会立即提出异议材料。经过各方努力，韩国特许厅于 2010 年 10 月 26 日裁定，驳回韩国某自然人“镇江香醋”的商标申请，支持镇江市醋业协会的异议请求，随即镇江市醋业协会申请在韩国注册，最终注册成功。

（二）存在的不足

目前我省的地理标志产品仅占全国总量大约 6% 左右，与江苏经济大省、农业大省的地位远不相适应。据国家工商总局的统计，经济总量不如江苏的重庆市，已经拥有地理标志商标 198 件，超过江苏位列我国地理标志商标注册数的第四位。究其原因，除了因为重庆物产资源更为丰富，本身是一个大城市带动大农村的直辖市之外，还与地理标志机制建设、品牌保护意识等方面有关。经过调研，我们发现江苏在实施地理标志保护方面存在如下不足。

1. 市场主体地理标志品牌意识不强，部分权利人重注册而轻使用和保护

一是申请注册地理标志的意识相对淡薄。地理标志大部分是农产品，而大多数农户还停留在自给自足、自产自销的初级阶段，尚未充分意识到利用注册及使用地理标志来增加产品附加值，形成地方品牌。二是不注重使用和维护地理标志。相当一部分地方品牌在注册地理标志之后缺乏有效后续手段，不注重产品的品质管理和经营，导致地方特色产品品牌商誉日渐衰退，未能充分发挥地理标志产品促进经济发展的作用。究其原因，部分使用人认为地理标志的市场知名度还不如自己的品牌，而自身品牌培育已经花费很多，没有必要再花精力与其他人一起重新培育地理标志；有的使用人担心使用地理标志后，如果其他使用人存在违法经营行为，会对地理标志的品牌信誉造成影响，自己被牵连；还有的行业协会自身对地理标志商标也不够重视，只注重收加盟费，不注重质量管控，在如何使用商标上，没有进行全面的宣传策划或制定科学的使用办法，没有形成良好的注册、使用、管理、保护运作体系。

2. 部分职能部门对于地理标志的理解与认识仍不够全面，宣传与保护措施不到位

部分地理标志产品呈现规模不大、区域性明显的特征，因此仅仅依靠经营者及行业协会尚不能形成有效的市场竞争力。同时，部分职能部门在地理标志建设、宣传及产品监管机制建设等方面投入不足，缺乏完整明晰的工作思路，未能形成地理标志产品的整体品牌效应。比如，部分职能部门重视每年举办“河豚文化节”“葡萄节”等宣传活动，但忽视和缺乏后续品牌的培育和推广工作，致使社会公众认同度不足，未能实现预期工作效果。在国家知识产权局委托知识产权报社进行的“社会公众知识产权认识程度调查”中，公众对知识产权的认知是：专利占 96.6%，商标占 95%，作品占 85.5%，集成电路占 43.7%，而地理标志只占 29.9%，是全部 8 项调查中最低的一项。[①]

3. 地理标志产品标准模糊，质量监控工作不到位

根据调研情况，大部分地理标志产品的质量标准不清晰，缺乏统一的认定规则，造成质量管理与监督的困难。部分当地政府出于对农产品产销量及地方经济指标的追求，不当扩大地理标志的产区面积，人为降低地理标志产品质量门槛。比如“阳山水蜜桃”，当地政府部门将原先规划的水

① 蔡宝刚：《WTO 的 TRIPs 协议与地理标志的法律保护》，http：//www. cnki. net。

蜜桃种植区从3000亩扩大到30000亩，这虽然提升了“阳山水蜜桃”的整体产量，但也在一定程度上突破了水蜜桃当初的原产地要求，造成产品质量难以控制等在内的一系列问题。同时，地理标志产品认定标准不清晰也会造成鉴定“正品”困难，如无锡市锡山区鹅湖水产协会对无锡“甘露青鱼”的养殖区、饲料等都有严格要求，但是由于没有认定的统一标准，仅凭肉眼判断真假“青鱼”显然随意性过大，也无法界定“青鱼”的具体来源，给行政执法机关带来较大难度，影响无锡“甘露青鱼”的进一步发展与保护。

4. 经营者不注重地理标志产品的质量维护

鉴于地理标志产品拥有较大的市场潜力和良好的销路，部分经营者出于赚取高额利润的目的，粗制滥造、以次充好，造成产品质量下降及不稳定，甚至出现劣质产品。这一做法既使得其产品本身丧失竞争力，也严重损害了权利人的商业声誉，对地理标志产品的后续发展造成了较大损害。

四、地理标志法律适用中存在的问题

司法保护是地理标志制度建设的重要方面。司法实践中，对于地理标志的保护范围、举证责任分配、地理标志正当使用范围界定等诸多方面一直存在争议，课题组在对江苏本省及外地法院判例进行系统梳理的基础上，对涉及地理标志知识产权争议的相关法律适用问题进行了相应研究。

（一）地理标志商标禁用权范围的合理确定

证明商标、集体商标是地理标志商标权利的具体载体。与普通商标不同，证明商标、集体商标通常由“具体地名”+“产品名称”组成，比如，权利人集体商标为“王庄大米”。在此情形下，他人使用“王庄苹果”或者“郭镇大米”的商业标识是否构成侵权？被告往往会抗辩被控侵权行为系对上述地名和产品通用名称的合理使用，不构成商标侵权。原被告的争议实质集中于如何划定地理标志的商标禁用权范围，这也是审理此类侵权案件首先需要解决的问题。

我们认为，地理标志类商标的禁用权范围一般应限于“地名”+“产品名称”的组合使用方式，而不宜扩大为禁止他人单独使用地名或者产品名称等其中一项要素。主要理由在于：我国商标法第十条、第十一条规定，县级以上行政区划的地名与仅有本商品的通用名称、图形、型号的标志，不得作为商标加以注册，除非该地名是作为集体商标、证明商标的组成部分等情况。从上述规定可以看出，地理标志类商标是基于商标法的特殊规定获得商标注册，并在一定意义上将公用资源纳入其商标专用权范围。因此，在确定此类商标禁用权范围时，必须充分考虑公共利益和商标权利的平衡，不能不当剥夺他人合理使用“地名”“产品通用名称”的正当权利。换言之，“地名”+“产品名称”的整体组合属于此类商标的禁用权范围，而不能单独在其中的要素之一上设置禁用权。

（二）地理标志类商标侵权的判断规则

在商标侵权判断中，只要未经商标注册人的许可，在同一种商品上使用与其注册商标相同的商标，或者在同一种商品上使用与其注册商标近似的商标，或者在类似商品上使用与其注册商标相同或者近似的商标，容易导致混淆的，都属于侵犯注册商标专用权的行为。但是，由于地理标志类商标存在正当性使用等问题，因此侵权判定除满足上述构成要件外，还需满足被控侵权产品不符合使用该地理标志条件这一侵权构成要件。

【案例 2】盘锦市大米协会与徐州市人和居食品厂等侵害商标权纠纷案①

原告盘锦市大米协会（以下简称盘锦大米协会）是“盘锦大米 PANJINDAMI 及图”证明商标的注册人，核定服务项目为第 30 类大米。盘锦市人民政府 2004 年 12 月 22 日以盘政办发〔2004〕103 号文对该商标的使用发布了《盘锦大米证明商标管理实施细则》，对使用该证明商标的盘锦大米原产地域范围进行规定，同时对如何使用该证明商标也作出了相应的规定。2011 年 11 月 7 日，盘锦大米协会代理人以公证取证方式购买 5 公斤装“希美”牌“盘锦大米”一袋，该产品外包装袋上突出标注“盘锦大米”四字，同时有“希美 XIMEIR”标记，并在产品说明部分标明产品名称盘锦大米，原产地辽宁，制造商为徐州市人和居食品厂（以下简称人和居食品厂）。

法院认为：被告人和居食品厂未能提交证据证明所生产的涉案商品大米的原产地为辽宁省盘锦市，同时，其在涉案商品包装袋上标注使用“希美”商标，又使用“盘锦大米”文字，因该文字被以突出方式标注使用，已经起到标识大米来源的作用，具有商标性使用的效果，会使相关公众认为涉案商品大米原产于盘锦市。因此，在此情况下，其在涉案商品上突出标注“盘锦大米”文字的行为，不属于正当使用，而构成侵犯涉案商标专用权的行为，应当就此承担停止侵权、赔偿损失的法律责任。

我们认为，地理标志商标的实际价值就是为了让社会公众能够正确区分某一具有特定品质的商品或者服务的来源，从而保证相关消费者购买的商品、接受的服务与该地理标志商标所标示的特定产品、服务的质量相符，既维系地理标志商标所蕴含的商誉，也保证消费者的合法权益。地理标志类商标注册人的核心权利和义务是保有、管理、维持该商标，允许并监督其产品或者服务符合该商标所标示的特定品质的自然人、法人或其他组织正当使用该商标，当然也有权禁止各种侵害商标权利的行为。我国商标法第五十九条规定，“注册商标中含有的本商品的通用名称、图形、型号，或者直接表示商品的质量、主要原料、功能、用途、重量、数量及其他特点，或者含有的地名，注册商标专用权人无权禁止他人正当使用”，因此只要商品符合使用该证明商标、集体商标条件的个人、法人及其他组织，均有权正当使用上述商标。基于此，对于涉及地理标志类商标的侵权判定，除了需要满足普通商品商标或服务商标侵权构成要件以外，还应当考虑是否容易导致相关公众对商品的原产地等特定品质产生误认。在使用者不能证明其商品符合该地理标志使用条件且满足商标侵权其他要件的情况下，地理标志类商标注册人有权禁止侵害商标权的行为，并有权依法追究其侵权责任。

（三）正当使用的界限问题

地理标志是一项地区性、公有性的财产权，产地内所有符合条件的厂商和个人都有权使用，不允许垄断使用。对于地理标志证明商标来说，其商品符合使用该地理标志条件的自然人、法人或者其他组织均可以要求使用该证明商标，控制该证明商标的组织应当允许，这实际上限制了地理标志证明商标的注册人的许可权，目的是防止证明商标的注册人滥用其商标专用

① 江苏省徐州市中级人民法院（2012）徐知民初字第 232 号，江苏省高级人民法院（2013）苏知民终字第 0108 号。

权，阻碍那些符合使用条件的自然人、法人或者其他组织对地理标志的正当使用。对于地理标志集体商标来说，其商品符合地理标志条件的自然人、法人或者其他组织，要求参加该组织的，组织应当依照章程接纳其为会员，不愿加入的，也可以正当使用该地理标志，组织无权禁止。因此，在地理标志的保护及侵权诉讼中，正当使用是被告经常提出的抗辩，也是法院需要重点审查的问题。

【案例3】浙江省茶叶集团股份有限公司与杭州狮峰茶叶有限公司商标侵权纠纷[①]

西湖龙井被誉为中国十大名茶之一，产于西湖狮峰山地区的龙井茶因色泽嫩黄、香味持久，素有“龙井上品在狮峰”之说。而围绕着“狮峰龙井”4字，拥有“狮峰”注册商标的浙江省茶叶集团股份有限公司（以下简称浙江茶叶公司）与被告杭州狮峰茶叶有限公司（以下简称杭州狮峰公司）产生纠纷，该案即涉及是否属于正当使用的问题。

法院认为，狮子峰是西湖龙井茶的一个重要产地，而且“狮峰龙井”系西湖龙井茶的一类，代表西湖龙井茶产品的品质。可见，“狮峰”不仅表明茶叶产地，也表明了茶叶的品质，“狮峰龙井”实际上发挥着地理标志的作用，能够传达并表示商品的信誉与特定地理自然因素之间的关联性，属于可正当使用的词汇范畴。杭州狮峰公司使用“狮峰”对其生产、销售的龙井茶的产地、品质等特点作出必要的说明和描述，而未做区分商品来源的商标使用，使用行为主观上系善意，属于功能性描述使用，同时，在具体的使用中，杭州狮峰公司标注了自己的商标与企业名称，加之杭州狮峰公司自身包括其“狮”牌系列商标已取得一定荣誉，因此其使用行为不会造成相关公众的混淆、误认，浙江茶叶公司作为注册商标“狮峰”的专用权人无权予以禁止。据此判决驳回原告的诉讼请求。

从该案判决可以看出，即便是注册商标专用权人，其权利也具有行使的边界和限制。类似“狮峰”等可以表明商品产地、质量等信息的公有领域资源，不宜为某一个体所独占，从而排除或限制他人的使用，这是平衡公私利益的需要，也是知识产权保护制度的精髓之所在。在维护权利人专有权利的同时，公共利益和公有领域资源也应得到有效的保障及合理的使用，从而使知识产权保护制度发挥其最大的效用。我们认为，在地理标志商标侵权诉讼中，认定被告是否属于正当使用，应当重点考量以下几方面。[②]

①该产品确实来源于该地理标志特定区域内。地理标志申请注册为证明商标和集体商标时，根据规定需要提供《使用管理规则》，通常会对该地理标志的特定区域以经纬度的方式进行确定，因此只有生产于该特定区域范围内的产品才存在正当使用的可能性。对于虽然在地理标志行政区划内，但是并不在《使用管理规则》划定的特定区域内的，则不能正当使用该地理标志，但是可以以合理方式正当标注商品产地。②该产品应当具备《使用管理规则》中规定的特定品质。地理标志的知名度和美誉度取决于特定区域内特定商品的特定品质，这是地理标志的价值所在，因此，只有具备这种特定品质的产品，才可以正当使用地理标志。③该产品标注的使用方式应当正当，不能引起公众的混淆或

① 浙江省杭州市滨江区人民法院（2013）杭滨知初字第1089号，浙江省杭州市中级人民法院（2014）浙杭知终字第203号。

② 参考乔平：《地理标志商标注册和保护实践中的几个问题》，转引自微信公众号环球律师事务所，2015年4月13日。

误认。④使用者主观上应当出于善意，而非为了故意混淆或者出于“搭便车”的目的。如果是在包装的显著位置突出使用地名，其目的是为了借助地理标志的良好信誉和影响力，故意混淆、误导公众，那么该使用行为不属于正当。⑤对使用地名的客观形式进行审查。正当使用地名应以明示商品原产地、厂家信息等正当目的为限，即商品包装使用地名应当符合行业标准、行业惯例及预包装商品标签要求等，规范排版、严格设定文字字体及字号，在商品包装的标签位置予以客观标明。

实践中，被告正当使用的标注方式一般包括以下三种情况。①经地理标志集体商标和证明商标注册人许可的，可以使用地理标志集体商标和证明商标。②对于产品产自地理标志特定区域、具备特定品质的，生产者可以正当使用该地理标志，但使用方式上应当与使用地理标志集体商标和证明商标保持适当的距离，具体使用方式上可以采取描述性使用即“地名＋产品名称”的方式，但字体不能突出。③对于产品并非产自地理标志特定区域也不具备特定品质，但是产自地理标志地名区域范围内的，为避免导致公众混淆或误认，可以采取“产地．地名”的方式在产品背面标注，这样既能满足我国产品质量法对生产者应当标注商品产地的法律要求，也可以与使用地理标志保持足以避免混淆的距离。

（四）关于被控侵权产品是否来源于原产地的举证责任

在地理标志类商标侵权案中，被告通常以涉案产品来源于地理标志特定区域内，自己属于正当使用地理标志而进行抗辩。因此，判断是否侵犯地理标志商标的权利，应当首先查清被控侵权商品的原产地，以其是否容易导致相关公众对商品的特定品质产生误认作为判断标准，而涉案产品是否来源于地理标志特定区域成为影响被告抗辩是否成立的关键事实。实践中对这一问题尚存在一定争议。

【案例4】舟山带鱼案①

北京申马人食品销售有限公司（以下简称申马人公司）生产销售带鱼段，其产品外包装标注“舟山精选带鱼段”，同时有“小蛟龙及图 R”标记，原料产地为浙江舟山。“舟山带鱼”证明商标注册人舟山市水产加工与流通行业协会（以下简称舟山水产协会）认为申马人公司的产品侵犯其证明商标专用权，故提起诉讼。

一审法院认为：本案中，应当考虑申马人公司使用“舟山精选带鱼段”标志是否导致相关公众对商品的特定品质产生误认，其商品的原产地是否为舟山海域。根据《最高人民法院关于民事诉讼证据的若干规定》第二条规定，如果证明商标的权利人主张他人侵犯其涉案商标权利，就应当对侵权成立的要件，即他人使用地理标志的商品的原产地并非该地域承担举证责任。因此，舟山水产协会应当对侵权成立要件——申马人公司使用“舟山精选带鱼段”标志的商品的原产地并非舟山海域承担举证责任，而且舟山水产协会作为证明商标的注册人，属于对商品有监督能力的组织，亦应当有能力提供证据证明某带鱼产品是否属于舟山海域的带鱼。但是，舟山水产协会并未封存公证购买的产品，致使无法判断由申马人公司生产的带鱼的原产地。由此产生的不利后果应当由舟山水产协会自行承担。因此，根据现有证据，不能证明申马人公司使用“舟山精选带鱼段”标识容易导致相关公众对商品的原产

① 北京市第一中级人民法院（2011）一中民初字第9242号，北京市高级人民法院（2012）高民终字第58号。

地等特定品质产生误认，并据此判决驳回原告诉讼请求。

二审法院认为：申马人公司作为涉案商品的生产者，对于涉案商品是否产自浙江舟山海域应当负有举证责任。申马人公司提交的证据尚不足以证明涉案商品原产地为浙江舟山海域。在申马人公司不能证明其生产、销售的涉案商品原产地为浙江舟山海域的情况下，其在涉案商品上标注“舟山精选带鱼段”的行为，不属于正当使用，构成侵犯涉案商标专用权的行为，应当就此承担停止侵权、赔偿损失的法律责任。

在上述案件的一、二审审理中，虽然法院都是依据“谁主张谁举证”的原则来确定举证责任，但是结论却不相同。相比而言，我们更认可二审法院的观点。因为地理标志的权利人虽负有监督管理的责任，但其只是对所在地域特定自然或人文因素所决定的商品应具备的特定品质具有较强的识别力和判断力，并非意味着其能够对任意同类商品的产地等因素具有鉴别能力，因此，在地理标志商标权利人主张涉案商品不具有该区域的特定品质，进而否定商品源于本区域的情况下，应认为其已完成了初步举证责任。至于涉案商品的原产地等具体要素，应由生产者或销售者证明其产地即为该商标涵盖的特定区域。否则，其使用该证明商标中的地名构成商标侵权。而且从举证能力上看，涉案商品到底是不是来源于特定区域的事实，涉案商品的生产者更清楚、更接近相关证据，更有举证能力，将该事实的举证责任分配给涉案商品的生产者是合理的。

五、建议与对策

（一）法律及规则制定层面

由于在实践中已有大量的地理标志申请了商标注册，因此考虑到立法的稳定性等问题，建议将地理标志纳入商标法的体系进行统一管理和保护。

1. 完善商标法①

（1）细化完善地理标志类商标注册、保护规定

建议商标法将地理标志保护独立成章进行专门规定，保障其独立的法律地位，并对集体商标和证明商标的相关内容进行详细的规定，细化集体商标、证明商标的法律性质、构成要件、申请手续以及主体间的权利义务，并对侵害地理标志类商标权的违法行为进行明确规定，同时，还应特别要求注册人在商标注册申请书中说明该商品特定的“质量、信誉或其他特征”与地理来源所在地的自然因素或人文因素之间的关系。

（2）建立未注册地理标志保护制度

我国由于地理标志工作起步较晚，许多形成中的潜在地理标志或事实上已经使用的地理标志由于现存商标法对注册资格的限制过严而未能注册，对于客观上已经形成较高知名度的地理标志，可以考虑给予商标法中未注册商标同水平的保护强度，如赋予其在先权和撤销权。在商标和地理标志冲突时，要充分考虑地理标志存在的历史性、客观性和不可再生性的特质，遵从地理标志优先于商标的原则。

（3）对地名商标注册进行一般性排除，减少商标和地理标志的冲突

修正商标法的一般规定，将禁止地名商标注册的范围扩大到所有地名，即县级以下的地区也不可以申请注册商标，完善现有的商标注册审查标准。

2. 新设专门法

现阶段我国专门以地理标志为调整对

① 此部分参考曾德国：《地理标志理论与实务》，知识产权出版社 2014 年版，第 90～91 页。

象的《集体商标、证明商标注册和管理办法》、《地理标志产品保护规定》和《农产品地理标志管理办法》均为部门规章，立法层次较低，建议整合相关规定，统一制定一部地理标志专门法，并与商标法中的相关制度相协调，以弥补单一商标法保护模式存在的缺陷。

在我国完善商标法等相关法律规定之前，江苏省内相关部门或者司法机关可以通过制定省内规定或案例指导的方式，争取在省域范围内形成相对统一的地理标志使用规范和保护办法。

（二）行政管理层面

1. 整合当前地理标志行政监管和保护的多元模式

我国现行的地理标志保护与管理模式存在三个保护机构，相互之间职责不清、分工不明，因此建议首先明确各自的职能，即：工商管理部门可以侧重地理标志商标的市场运用，维护地理标志品牌市场权利；质监部门可以重点关注地理标志产品的品质监控，建立统一的地理标志产品质量标准，确保地理标志产品品质；农业部门则可以凭借对地理标志产品区域特性、品质特征与技术要求的详细掌控，推动农业产业发展及农产品竞争力提升。在此基础上，建立三机构统一的管理系统和信息系统，定期交流研讨，争取在保护地理标志的方式上能够协商一致。待条件成熟时，建议选择一个机构统一负责全国的地理标志注册登记、管理与保护工作。按照目前的管理实践，倾向于选择国家工商总局统一管理地理标志，而国家质检总局及农业部可以根据各自机构特点对地理标志进行协同保护。

在此之前，江苏省可以先行试点，由省工商局具体统一负责全省的地理标志保护工作，摸清本地区地理标志资源的状况，列出本地区已经注册和尚未注册的地理标志清单。在此基础上，对已经注册的地理标志进行跟踪服务，指导解决地理标志使用和保护中出现的问题，严格坚持产品质量标准，规范地理标志商标使用；对尚未注册的地理标志，帮助规范地理标志的使用与管理，指导申请注册地理标志，为发展地理标志产品提供良好的法律保护服务；同时，设立地理标志特色产业发展扶持基金，资助地理标志商标的注册、保护与宣传工作。

2. 提高政府及行政主管部门对地理标志的品牌化意识①

首先，要在观念认识上超越将地理标志限于知识产权保护的现状，以更宽广的视野和更高的层次平台对待地理标志保护的意义，推进地理标志品牌建设，带动地方特色农业发展。其次，注重原产地优势发挥，在地方农业发展规划及相关产业政策制定中，应基于区域农业竞争力形成与提升的需要，梳理地方特色，突出地理标志的品牌带动作用，推动区域特色农业发展。再次，推行“地理标志商业标记 + 企业品牌”双品牌体系运用，在依托地理标志市场声誉带动企业品牌族群发展的同时，借助企业品牌效力提升，推广地理标志品牌形象。最后，适应消费者多样化选择及同质农产品激烈竞争的市场现实，深入挖掘地理标志品质特性与文化特色，跨越以“地方土特产品”为核心的初级阶段地理标志品牌形象打造，构筑地理标志品牌独特内涵，引领地理标志产品产业特色发展。

3. 加强对地理标志的宣传并为地理标志营销搭建平台

政府及各级主管部门可以加大对江苏

---

① 参考《推进地理标志品牌建设提升区域特色农业竞争力》，西陆风网 http：//shizheng. xilu. com/20140323/1000150001362175. html，2014 年 3 月 23 日。

省农产品地理标志的宣传力度，通过举办各种培训班等宣传渠道，推广普及农产品地理标志保护与认证注册的有关知识。在宣传中，可以采取广大农民、中介组织和有关人士能够理解和接受的方式进行广泛宣传，发挥典型的力量使广大农民切实了解、真正懂得农产品地理标志保护与认证注册对于增加农民收入的重要作用，自觉主动地通过注册农产品地理标志来适应市场经济的新形势。同时，也应当充分运用电视、网络等媒体，通过举办产品巡回展等方式，建立地理标志产品营销渠道，将地理标志的生产与销售连接起来，逐步使消费者认知地理标志产品，提高人们对于地理标志保护的意识。

4. 加强对地理标志的行政执法保护

行政管理机关可以借鉴物联网的形式，建立官方“全程质量信息平台”，将地理标志产品从选种、种植到生产加工、市场销售的数据在平台上集中，形成完整的可溯源信息链，同时加强保护力度，规范处罚制度，严格对地理标志商业标记运用的资格审核与市场监管。比如，在各种媒体上发布保护公告，公布举报电话，建立举报奖励制度；开展印刷企业大检查，查处非法印刷行为；由政府牵头，由工商局、质监局、农业局、公安局等部门组成打假领导小组，查处侵权假冒行为；向侵权假冒严重地区的工商局发出协查函等。

（三）行业协会方面

1. 加强行业协会的监管

行业协会是拥有地理标志所有权的主要机构，是地理标志使用企业组成的用于维护地理标志形象的责任机构。在世界上一些发达国家、地区及知识产权强国，如欧盟、美国、印度等，行业协会在地理标志保护实践中起到不可替代的作用，不仅代表其成员企业申请并获得地理标志的所有权，而且肩负着保证地理标志正当使用的责任，引导地理标志产品走“名牌”发展战略。[①] 因此，我省各行业协会应当继续加强监管，严格认定条件，坚持地理标志的注册条件，严格管理和控制地理标志产品的质量，严格监督自身地理标志产业的发展，有效杜绝破坏自身产业发展的现象，出台相应措施应对市场出现的扰乱现象，对不合格的企业随时清理排除，并对地理标志产业的发展作出合理规划。

2. 制定地理标志产品的认定标准，建立地理标志产品质量控制制度

鉴于江苏省内大多数地理标志产品的认定标准不清，行业协会首先应当根据每个地理标志产品的不同特点，制定相对清晰的包括划定地域、种植或养殖条件、特殊的生产工艺等在内的认定标准。同时，为了保证地理标志产品的质量，行业协会需要对各个企业提出质量要求，建议行业协会建立地理标志产品质量控制制度，通过制定产品标准、技术规范、操作规程等，运用检验、检疫等手段对原材料生产、加工、制作到销售进行全方位、全过程的监督管理。

3. 积极维权，保护地理标志产品

一个地理标志的财产价值，不但要通过权利人自己的使用来维持，而且还需要通过权利人排除其他人未经许可的使用来维护。如果地区内的生产者不能有效地阻止地区外的生产者使用，就会使地理标志逐渐丧失其地理来源的指示功能，而演变为通用名称。因此，行业协会作为绝大多数地理标志商标的权利人，应当采取行政举报或司法诉讼的方式积极维护自己的权利，防止因该地理标志被滥用而导致该地

---

① 朱以林：《论欧盟地理标志的法律保护及对我国的启示》，载《法制与社会》2010 年第 32 期。

理标志的地理来源指示功能丧失。

（四）企业方面

1. 企业应加强知识产权意识，摈弃守旧心态

企业知识产权意识淡薄，生产加工者存有守旧心态，是当前江苏省地理标志保护工作中的一个弊病。许多农户认为，农产品只要能销售，有没有地理标志无所谓，花钱注册地理标志在经济上不划算，看不到地理标志的附加值能提高收入，特别是对一些诸如“高邮鸭蛋”等农产品地理标志，不少农民认为这些商标是当地几十年甚至几百年来约定俗成的习惯名称，是当地的共同财富，任何人都可以使用，对付费使用地理标志存在抵触情绪。因此，企业应当通过政府组织的多种宣传形式，了解农业产业化、规模化的经济意义，摒弃小农经济思想，积极创建、管理与保护好地理标志。

2. 企业应注重产品质量并积极改进技术，做到保护和发展相统一

地理标志的使用者即相关企业应该以长远眼光规划发展，不能只局限于短期利益，要相互监督，共同保证使用地理标志产品的特色和质量。同时，有许多地理标志产品传统久远，但是技术改进不够，满足不了健康发展，达不到卫生标准和市场准入标准，走不上餐桌，走不出国门。因此，企业也应当积极改进生产技术，适应时代的需要，主动融入市场经济的大潮，接受挑战，求得发展，或运用现代科技进行改良，或利用资本市场的力量做大做强，做到保护和发展的统一。

（五）加强对地理标志的研究

我国目前已经有一些关于地理标志的法律法规，但是由于立法的不完善、司法实践经验的缺乏，在地理标志的保护方面还存在不少问题，因此建议进一步加强对地理标志理论与实务的研究，不仅可以由司法机关牵头研究地理标志侵权案件中的新形式，提出新对策，还可以由政府、行政管理机关、行业协会等部门开展与其职能相关的调研课题项目，共同推进我省地理标志保护的发展。

经济发展新常态下知识产权司法保护的应对

江苏省高级人民法院知识产权庭课题组*

当前我国经济发展已进入新常态，实施创新驱动发展战略成为时代主题，也进入了关键时期。在国家创新政策体系中，知识产权为实现创新驱动发展战略提供了重要的制度支撑和法律保障。在一定意义上，经济发展的新常态有赖于知识产权事业同步进入新常态。在这一背景下，知识产权司法保护需要有效解决司法保护中存在的若干制约性因素和瓶颈问题，以进一步适应新形势和新挑战。课题组以现阶段江苏知识产权司法保护存在的突出问题为导向，先后数次组织召开法院座谈会、律师座谈会，走访部分企业，对近年来全省法院审结的知识产权案件进行了重点研究，联合省公安厅、省检察院共同举办全省13个省辖市、部分基层公检法三机关一线办案人员刑事保护研讨班，对当前江苏知识产权司法保护形势进行深入调研和分析，在此基础上形成本调研课题，尝试就知识产权司法保护理念、手段和成效以及未来发展方向进行探讨，期望能对江苏知识产权司法保护的发展有所裨益。

一、当前江苏知识产权司法保护基本状况

（一）有管辖权的法院数量全国最多

就全国法院而言，江苏有各类知识产权案件管辖权的法院数量最多。省法院1995年成立知识产权审判庭。全省13个中院和35个基层法院有知识产权案件管辖权，12个中院和4个基层法院有专利案件管辖权。南京中院为全国知识产权司法调研基地，连云港和泰州为全国医药知识产权司法专项调研基地。经过多年建设完善，全省已经初步构建完成与江苏经济强省地位大致相适应的知识产权案件管辖体系。

（二）案件数量位居全国前列

2008年至2012年期间，江苏法院知识产权案件数量增速显著，年均增幅为30%~50%，受理民事案件数量约占全国数量的1/10。尽管2013年、2014年连续两年全省案件受理数出现小幅下滑，但总量仍位居全国前列。2014年，全省法院共受理知识产权民事案件7733件，审结6308件，其中新收一审案件6613件。新收一审案件中，商标权纠纷案件2794件，占42.3%；著作权纠纷案件2509件，占37.9%；专利权纠纷案件821件，占12.4%；技术合同类案件132件，占2%；植物新品种纠纷案件4件；其他类型案件192件，占2.9%；不正当竞争纠纷案件161件，占2.4%。全省法院审理知识产权刑事案件364件，行政案件33件。2015年1—6月，全省受理一审知识产权民事案件4476件，比去年同期2707件增加65.3%。

（三）“三合一”审判进展最为迅速

江苏自2008年1月选择南京、苏州、

---

* 课题组组长：宋健（主要执笔人）；成员：顾韬、袁滔、史乃兴。

南通中院及其辖区内鼓楼、昆山、通州法院开展“三合一”改革试点，之后又增加常州中院参与试点。自2009年7月开始，在全省有管辖权的三级法院实行“三合一”审判，是最早在全国法院中实现省域范围内全面“三合一”的省份。自2009年7月至2014年12月，江苏法院在“三合一”框架下，除审理大量知识产权民事案件外，还审理一、二审知识产权刑事案件2284件，审理一、二审行政案件106件。省法院牵头联合省公安厅、省检察院先后在全国率先制定《关于办理知识产权刑事案件若干程序问题的意见》《关于知识产权刑事案件适用法律若干问题的讨论纪要》，强调准确把握“突出重点，区别对待，宽严相济”的刑事司法政策，在注重发挥知识产权刑事打击威慑性作用的同时，坚持罪刑法定原则和刑法谦抑性原则的适用，慎重把握刑事入罪标准，体现知识产权司法保护的层次性，先后有三件刑事、行政案件入选年度中国法院知识产权司法保护十大案件。

（四）案件类型具有经济强省的突点

江苏是全国经济大省，经济总量仅次于广东，位居全国第二。江苏法院受理的知识产权案件类型，体现了江苏作为工业大省、农业大省、文化大省和外向型经济大省的一些突出特点。一是与现代工业密切相关的知识产权案件突出。自2008年以来，全省法院共受理一审商标权纠纷案件12699件，专利权案件4671件，合计占比47.8%，这也从一个侧面反映出江苏经济发展以及创新发展的活跃度。二是植物新品种案件占有一定比例。江苏作为农业育种制种大省，科研力量雄厚，近年来，江苏法院受理了一批涉及杂交水稻制种的植物新品种纠纷，一方面丰富了江苏法院受理知识产权案件的类型，另一方面也积累了审理植物新品种案件的经验。三是涉外案件较多。2008年以来，全省法院新收一审涉外知识产权案件虽然绝对数不高，一般约占当年案件数量的4%左右，但增长幅度明显，平均年增长率近80%。所涉国家包括美国、德国、法国、澳大利亚、奥地利、荷兰、瑞典、丹麦、瑞士、日本、新加坡、以色列等，且多数涉及国际知名品牌、关键核心技术的争议等，这也从一个侧面反映出江苏外向型经济发达的特点。

（五）知识产权审判实力较强

从总体上看，涉及专利、商标、商业秘密等工业产权以及软件著作权的侵权判定、技术合同案件审判一直是江苏知识产权审判工作的强项，各地法院先后审理了确认不侵犯专利权、专利恶意诉讼反赔、财产保全错误反赔、判决保护集成电路布图设计、隐性反向假冒注册商标案件、标准必要专利行政诉讼等全国首例知识产权案件，探索了相应裁判规则，为相关立法及司法解释的发展贡献了司法智慧。在知识产权案件中，共有1篇案例入选《最高人民法院指导性案例》，19件典型案例被《最高人民法院公报》刊用，29件案件入选中国法院知识产权司法保护十大案件、十大创新性案件和50件典型案例，数量位居全国前列。全省近200名知识产权法官全部具有大学本科以上学历，其中硕士研究生以上学历超过80%，省法院专门引进机械工程学博士、计算机软件专业硕士，加强技术类案件的审理。全省有技术背景的知识产权法官达19人。

（六）司法保护力度相对温和谨慎

总体而言，江苏知识产权司法保护水平与江苏经济社会发展各个阶段的保护需求大致相适应，审理案件数量较多，审判质量和水平稳定，获得最高法院和全国同行的充分肯定。但与此同时，审判经验相对丰富也使得一些法官容易形成思维惯性，一些案件的审理思路不能适应当前实施创新战略发展的需求，在证据保全、赔偿额确定方面尤为突出。

二、当前江苏知识产权司法保护面临的突出问题与挑战

2015年是江苏法院知识产权专业化审判20周年。20年来，江苏知识产权司法保护事业伴随国家及江苏区域经济的飞速发展取得了长足进展，但存在的问题依然突出，不容忽视。

（一）保护状况的内外部评价差距较大

近年来，在实施创新驱动战略和经济转型升级的过程中，就国家政策层面而言，加强知识产权保护已成为重要的国家战略。知识产权正日益成为经济发展的战略性资源和国家竞争的核心要素。如果说前些年应对外部压力是我国知识产权保护的直接动因，而当前我国经济科技的巨大发展，一方面为知识产权保护提供了坚实的国内实力支撑，另一方面也使其成为实实在在的国内发展需求。当前知识产权保护的内在需求与外部压力已经形成对司法保护的双重压力与双重挑战，具体体现为不同区域、不同领域甚至不同类型的权利，在个案审判中表现出不同特点和不同保护需求。

自2008年《国家知识产权战略纲要》颁布以来，在最高法院指导下，江苏法院实施知识产权精品战略，在加强保护方面采取了一系列措施，审理了一批有影响力的案件，获得了国内外许多积极评价。但是，对于知识产权司法保护的成效，法院内部评价与有关方面的外部评价并不尽一致。2014年6月全国人大常委会专利法执法检查报告指出，各级法院在专利法保护方面存在的严重不足和问题，比较集中反映了所存在的问题。这些问题包括：专利维权存在“时间长、举证难、成本高、赔偿低”“赢了官司、丢了市场”以及判决执行不到位等状况，挫伤了企业开展技术创新和利用专利制度维护自身合法权益的积极性；专利审判队伍建设和专利司法执法能力还有待进一步提高；专利侵权诉讼中确权程序复杂，侵权举证难度大，而判决赔偿额往往无法弥补权利人遭受的损失。[①] 前述问题虽然反映在专利执法领域，但在整个知识产权领域具有普遍性。

（二）加强保护未能成为广泛共识

如前所述，总体而言，江苏法院的知识产权保护力度相对温和谨慎，这一评价在不同经济发展阶段具有不同的内涵。就当前强调促进创新发展而言，相对温和谨慎可能更多反映出司法保护理念相对保守，说明加强保护并未得到真正落实，更大程度上仍停留在口号层面。例如根据江苏律师行业在省法院组织的座谈会上的反馈，“在涉及KTV行业、电脑行业以及零售日用品行业等知识产权维权诉讼中，江苏地区法院的判决赔偿金额偏低，与浙江法院存在差距，与深圳、北京等城市差距更大，无法体现出一个经济较发达地区司法环境对知识产权保护应有的态度。”评价知识产权司法保护力度，大致有两个重要评估指标：一是赔偿额的高低，二是证据规则的适用。目前全国包括江苏法院适用法定赔偿的比例较高，大致达到95%以上，且对于权利人的诉请赔偿数额大多拦腰砍一半，最终支持的金额一般在诉请主张的50%以下，多数只有20%～30%。此外，部分案件对证据规则的适用特别是举证妨碍的适用掌握过于严苛，一些法官长期以来存在

---

① 详见全国人大常委会副委员长陈竺2014年6月23日在第十二届全国人民代表大会常务委员会第九次会议上所作的《全国人民代表大会常务委员会执法检查组关于检查〈中华人民共和国专利法〉实施情况的报告》。

司法不能成为权利人利用公权力保护私权主要手段的观点，即司法要居中裁判，不能帮助权利人找证据、打官司。基于这一理念，部分权利人请求法院证据保全以及调查取证的诉请有时很难得到满足。

（三）民刑保护体系不够协调

我国实施知识产权司法保护与行政保护并存的“双轨制”，司法保护具有民事、行政、刑事保护三种方式。知识产权本质上为私权，财产性损害最好用财产性方式解决，因此民事保护应当成为司法保护的主渠道。但近年来，刑事案件数量有不断上升趋势，且日益触及复杂的知识产权问题判断。正是由于“民事保护不力，在其固有的领域没有充分发挥应有的作用，自然就会激发人们努力寻求刑事保护。当前知识产权刑事保护不断有突破性进展，也折射了民事保护的不足和缺位。”①

（四）审判专业性正在不断弱化

近年来，知识产权审判专业性正在不断被弱化，表现形式是知识产权法官流动性过大。其主要原因有两点。一是案件量绝对数较小。近年来，全省法院受理和审结案件数早已双超百万件，2014 年更高达 140 万件和 120 万件。相比较全省每年七八十万件普通民商事案件，不足万件的知识产权案件足以淹没在庞大案件海洋之中。为应对普通民商事案件的巨大压力，各地法院在分配知识产权庭审理大量民商事案件的同时，还不断调整减少知识产权法官的配备。二是法院的内部管理要求。知识产权审判具有特殊专业性，除商业维权案件外，个案类型重复率低，审判经验积累慢，人才培养周期长。一般而言，培养一个能够在审判长把关下基本胜任的知识产权法官至少需要 3—4 年，培养一个基本胜任的专利法官需要 5—6 年以上，而培养一个完全能够驾驭各类疑难复杂案件且具有研究能力的法官至少需要十年以上。在北上广三地知识产权法院的压力下，目前省法院知识产权庭尚能保持一定社会认可度，与拥有一批高水平法官密切相关。省法院知识产权庭有法官 18 人，审判长以上法官 8 人，其中从事专业审判 11 年以上的 7 人，6 年以上的 1 人。正是由于在省法院党组的关心支持下，长期保持稳定的专业法官队伍，才确保江苏知识产权审判工作取得稳步进展。但值得关注的是，近年来各管辖法院对知识产权审判专业的重视程度正在不断下降，一些已经成熟的法官被以各种理由轮岗交流，当然一些优秀法官因职务晋升或需多岗位交流，也成为专业法官锐减的原因之一。前些年，为满足各地党委、政府营造创新经济法治环境的迫切要求，省法院大力支持一些法院向最高法院申请管辖权特别是专利管辖权，但取得管辖权后，一些法院之前承诺的配强专业法官并未兑现，而有些法院的审判水平因人员流动性大等原因不断呈现显性阶段性倒退。面对经济发展新常态对知识产权司法保护提出的更高要求，需要对全省知识产权审判资源配备进行重新评估，并适时进行必要调整。

（五）北上广知识产权法院成立形成冲击

2014 年年底，全国人大常委会通过决定，在北京、上海、广州三地成立知识产权法院，集中审理上述地区的专利、植物新品种、集成电路布图设计、技术秘密等技术性较强的知识产权民事和行政案件。这说明，一方面在所有知识产权案件中，技术类案件具有技术事实查明的特殊性，

① 孔祥俊：《当前我国知识产权司法保护几个问题的探讨——关于知识产权司法政策和走向的再思考》，载《知识产权》2015 年第 1 期。

而技术事实的认定及司法裁判，对于科技发展和经济转型升级具有重大影响；另一方面也表明北京、上海、广州三地在我国经济社会发展布局中具有特殊重要的地位。以上三地知识产权法院的成立，引起国内外广泛关注。尽管现在江苏在全国经济总量排名第二，2014 年全省 GDP 总值达 65088.32 亿元，仅次于排名第一的广东（67792.24 亿元），创新经济发展亦有较强的活力，但地理位置与上海过近，短期内成立知识产权法院的可能性较小。由于知识产权法院具有司法保护力度的高度象征性，从长远看，上海知识产权法院的吸聚效应，对于我省特别是苏南地区法院受理知识产权新类型案件和有较大影响力案件，持续提升整个江苏地区知识产权司法保护的影响力，明显不容乐观。

三、当前知识产权司法应当着力解决的几个重要问题

（一）切实促进司法保护理念的重要转变

当前中国经济发展新常态具有以下三方面特点。一是经济体量全球第二。2014 年中国经济 GDP 总量达到 10.4 万亿美元（美国 17.4 万亿）。二是经济发展速度下降，由过去 10% 以上的高速增长期进入 7% ~8% 的中高速增长期，2014 年 7.4% 的经济增速创中国 24 年来新低，传统的出口、投资、消费拉动经济发展的"三驾马车"正在失灵。三是发展方式由要素驱动转变为创新驱动，创新驱动战略与知识产权保护的重要性提升到比以往任何时候都更加重要的战略高度。在此情形下，承载促进创新发展职能的知识产权司法保护尤其需要作出积极回应，而首要问题是需要作出司法理念的重大调整。正如诺贝尔奖获得者哈耶克所说："观念的转变和人类意志的力量，塑造了今天的世界。"①

为适应 2001 年加入 WTO 的需要，整个中国知识产权法律体系根据 TRIPS 要求进行了全面修订，之后随着经济全球化及互联网技术的发展，专利、商标和著作权法又进行了数次修订。目前，我国知识产权司法保护的法律基础基本完备，且司法实践并不缺乏有效的保护经验和具体审判技术和方法，因而当前制约知识产权司法发展的关键，以及导致保护不利外部评价的主要原因，首先是思想观念和司法理念问题，只要我们能够尽快实现思想观念和保护理念的转变，就能够创造性地解决各种制约发展的问题。司法保护以观念转变和提高认识为抓手，才能准确判断当前知识产权司法保护的历史定位，推动知识产权司法保护尽快实现转变和发展。

回顾我国知识产权立法与司法发展的历史，在我国经济社会发展的不同阶段，对知识产权制度特别是对知识产权保护需求的认识与理解，呈现出明显的阶段性差异。如前所述，目前我国对于知识产权的保护，已经实现主要由外部压力转向外部压力与内生需求并存的转变，这一形势在我省尤为明显。当前我国经济社会发展有以下两个较为突出的特点：一是经济全球化的不断深化，二是互联网经济的快速增长。而与之密切相关的知识产权创造、管理、运用和保护与我国经济社会和科技发展的关联度，比历史上任何一个时期都更加紧密。由此可见，近年来最高法院司法保护政策反复强调加强保护是当前知识产权司法保护的主要矛盾、基本定位和政策取向，是完全符合当前及今后一个时期我国经济社会发展的整体要求的。

多年来，通过大量的知识产权审判实

① 弗雷德里希·奥古斯特·哈耶克：《通往奴役之路》，王明毅等译，中国社会科学出版社 1997 年版，第 19 页。

践，深化了我们对知识产权法律及保护政策本质的认识：一是知识产权在本质上依然是一国的公共政策，知识产权保护是一把双刃剑，一定要通过恰当运用来促进国家经济社会的发展；二是知识产权保护要与一国经济社会发展的阶段性相适应，司法保护不能盲目超越阶段性的发展要求，也不能明显落后于经济社会发展的需要；三是知识产权保护的司法理念与裁判尺度应当伴随经济社会的发展变化，不断进行适度调整，使之具有更强的适应性。目前，从江苏整体推进创新战略及经济结构转型升级看，开放与创新已经成为经济社会发展的最重要的动力，这说明与十多年前相比，江苏经济科技的发展水平已经基本达到需要对知识产权加强保护的发展阶段。因此，有必要尽快调整长期以来形成的过于温和谨慎的裁判思维定势，并将加强保护的裁判导向体现在个案裁判之中。

（二）继续坚持知识产权案件精细化裁判

当前我国知识产权司法保护主要体现为知识产权案件结构复杂和地区发展的极不平衡。从我省来看，由于各地经济发展依然差异明显，从案件类型上看，既有经济科技意义重大、疑难复杂和新类型的知识产权案件，部分争议涉及国际前沿尖端知识产权保护问题，如滥用知识产权的垄断争议、标准必要专利侵权争议、互联网领域的知识产权侵权和竞争争议等，同时又有大量涉及价值链低端、销售终端的规模性商业维权诉讼，以及其他法律问题相对简单的案件。从案件数量上看，各地数量亦极不平衡。

多年来，我们的具体做法和积累的经验是：一方面，高度重视前沿尖端和新难案件的审判，积极探索裁判规则，力争以精品意识作出能够体现江苏司法水平的代表性和引领方向性的裁判，打造我省知识产权司法保护高地的形象；另一方面，对于当前处于产业价值链低端的各类量大面广的商业维权等案件，在涉及诉讼程序、侵权判定和赔偿标准等方面，在确定总体裁判尺度的同时，强调根据各地及个案情形，作出合理的差异性判决，不搞“一刀切”的所谓“同案同判”。

根据个案特性和产业发展需求合理确定司法保护力度的强弱，该强保护的要突出体现，该适度弱保护的依然应当坚持，这是当前及今后一个阶段知识产权司法保护需要特别加以注意的方向性问题。今年上半年全省知识产权和竞争案件数量明显回升，尽管过去的两年里案件数量较前有所下降，但法官的普遍感觉是，一些个案的审理难度很大，特别是涉及集成电路等高新技术领域的案件，技术事实查明尤为复杂与困难。今年上半年苏州中院审理的一个专利侵权案件，由于案涉技术问题十分复杂，甚至两次委托司法技术鉴定没有鉴定单位能够接受，只好采取专家诉讼辅助人的方式解决技术争议。有些案件对于侵权与否的认定以及保护力度的确定较难把握，审理中裁判结论需要反复酌量与利益平衡。

分析其原因，这主要由知识产权和竞争案件的特性所决定。具体体现在两方面。一是知识产权主要是创新性权利。知识产权的创新不断带来新技术和新商业模式的创新，由此新类型和疑难复杂案件不断涌现。最具典型性和代表性的领域当属飞速发展的互联网和通信领域的知识产权和竞争问题。近十年来，互联网和通信领域的技术飞速发展，在极短的时间里实现了由PC机到移动智能终端的飞跃。互联网经济还是注意力经济，不仅体现人类科技发展的新高峰，而且以吸引眼球、增强体验和免费经济为特征，根本颠覆了延续人类数千年以收费为主的传统商业模式。近十年来，知识产权以及竞争争议所涉及的标准技术专利、反垄断及不正当竞争都主要集中于这个领域，不仅法律调整滞后，现有法律规定弹性空间较大，而且司法裁判经验不足，导致该领域技术挑战与法律挑战并重。可以预见的是，随着互联网 + 战略的实施，互联网与实体经济的结合，还将产生更多更复杂的技术与法律问题。二是知识产权是竞争性权利。全球化时代，知识产权集中体现一国的核心竞争力，涉及核心竞争力的问题，必然体现为最为复杂的政治、经济与法律问题，中外概莫能外。当前国内外围绕知识产权的市场竞争日趋激烈，有些领域的竞争已经达到白热化程度，竞争手段花样翻新，游离于侵权与否之间。正是由于涉案权利类型不同，被控侵权行为性质和方式不同，案件的裁判结果常常表现出很强的个案特性。

对此，最高法院司法政策在加强保护的总体基调下，越来越强调要根据不同知识产权的权利类型和特性，在具体案件的裁判结果上切实体现宽严适度保护的司法政策导向。这也从一个侧面表明，当前知识产权保护尤其是商标权的保护已经由之前的绝对保护进入了相对保护的阶段。因此，除大量法律边界明晰的商业性维权案件外，总体上看，知识产权和竞争案件已进入精细化审判的阶段，即对于那些疑难复杂的案件，要求法官根据立法目的、法律精神以及知识产权司法保护政策，结合个案权利特性和被控侵权行为的特点，综合各方面因素，作出恰当而公正的裁判，这些都对知识产权法官的法律及政策水平、司法能力和司法智慧提出了很高的要求。以江苏法院审理的徐斌诉南京名爵实业有限公司等侵害商标权纠纷案为例。[①] 原告的“名爵”商标一直未使用且因连续三年停止使用而被依法撤销，原告诉至法院主张商标有效期内的司法保护。根据最高法院的司法政策，对于未实际使用的商标，可以判决停止侵权，只赔偿合理开支，故对该案法院也可以作出如此最为保险的裁判。但一、二审均认为，根据商标法的立法目的和立法精神，商标受保护的原因不在于标识形式本身，而在于它所代表的商品或服务以及由商品或服务所体现出的商誉，如果注册商标已经因连续三年未实际使用而被撤销，则该权利在有效期内实际未能体现出任何商业价值，亦即没有可保护的实质性利益存在，故无须再给予追溯性的司法保护，据此判决驳回了原告的诉讼请求。由于裁判思路以及裁判结果完全符合商标法所确定的商标权保护的合目的性，该案入选 2012 年中国法院知识产权司法保护十大创新性案件。近些年来，江苏法院审理了许多较为完美体现精细化裁判思路与理念的案件，这既是对最高法院“加强保护、分门别类、宽严适度”司法保护政策的具体实践，也充分体现出江苏知识产权法官的司法智慧，这在今后的审判实践中应继续坚持。

（三）切实体现加大赔偿力度的司法态度

维权成本高和赔偿额低是当前反映知识产权保护不力的两大突出问题。知识产权具有无形性、价值弹性和侵权行为隐蔽性、举证难等特点。专利、商标、著作权法均明确规定，权利人因被侵权所受到的实际损失、侵权人因侵权所获得的利益、许可使用费难以确定的，由人民法院根据

---

① 江苏省南京市中级人民法院（2008）宁民三初字第 227 号民事判决书、江苏省高级人民法院（2012）苏知民终字第 0183 号民事判决书。

侵权行为的情节判决给予一定数额幅度内的赔偿。法定赔偿制度是针对知识产权权利难以估值、侵权损失或获利难以计算、知识产权许可并不普遍因而实际难有许可费可供参照，而特别设计的一种简化赔偿计算方式的重要制度。但由于以往法律规定的法定赔偿数额不高，加之各种因素导致实际判赔数额不高，导致这个原本充分体现加大保护力度的制度设计，反而饱受司法保护不力的诟病。而最高法院司法政策亦明确规定，可以在法定赔偿额幅度之外，根据一定的证据、损失的可能性和相关情况作出高于（或低于）法定赔偿幅度的裁量性赔偿。这仍然属于按照实际损失确定赔偿数额，无疑是突破损害赔偿瓶颈的重要途径，但实践中由于法官可能理念过于保守，实际适用的情况仍然较少。

值得关注的是，在2015年“4·26”世界知识产权日期间以及之后公布的各地司法案例中，中国法院通过司法判决切实体现加大保护力度的司法态度明显加大。就提高赔偿额有两个颇有意味的案例。案例一是美资权利人诉中国企业的案件。江苏法院审理的麦格昆磁（天津）有限公司诉夏某、苏州瑞泰新金属有限公司侵害技术秘密纠纷案①，一、二审认定被控侵权行为构成商业秘密侵权，经审计，销售侵权产品利润达1100余万元，判决全部赔偿给权利人，该案入选2014中国司法保护十大创新案例。而案例二则是中国权利人诉美资企业的案件。广州中院一审判决，因存在恶意“反向混淆”，侵犯了广东鞋企老板周某伦享有的“新百伦”商标权，著名运动品牌“NEW BALANCE”的销售商——新百伦贸易（中国）有限公司被判赔偿周某伦9800万元。这也是广州中院有史以来判赔侵权额度最高的案件。②

分析以往司法判决赔偿额较低的原因有两点。一是总体上高价值的知识产权数量相对较少。当今中国创新活动日趋活跃，尽管我国在航天、高铁技术、杂交水稻等领域已处于国际先进水平，但创新能力和水平总体上还不太高，许多产业在世界上还处于中低端，必须通过创新向中高端水平迈进。我国已成为知识产权大国，专利、商标等知识产权数量已跃居全球第一，但知识产权质量参差不齐。正如全国人大常委会执法检查组《关于检查〈中华人民共和国专利法〉实施情况的报告》所指出的，专利质量总体上还处在较低水平，不能适应经济和社会发展的需要。我国已拥有越来越多的关键核心技术和专利，但在关键产业和核心技术领域的专利占有比率低，在部分高新技术领域，我国专利创造能力与国外相比还有明显差距，拥有核心技术知识产权的企业比例仍然很低；作为衡量专利运用与市场化水平关键指标的专利维持时间明显偏短；面向国外的发明专利申请还较薄弱，作为世界第二大经济体，在国外申请发明专利的数量相对于国内申请所占比例非常小；专利转化率低和效益较差，一些不能付诸应用的专利也为科技经济发展埋下了隐患。③ 我国已拥有较多自主品牌，但与全球知名品牌相比差距很大，假冒侵权现象较为严重。著作权集体管理制度不完善，在许多以内容使用为主的行业，传统著作权保护问题尚未得到彻底解决，涉及互联网领域的著作权保护新问题

① 江苏省苏州市中级人民法院（2012）苏中知民初字第0009号民事判决书、江苏省高级人民法院（2013）苏知民终字第0159号民事判决书。

② 光明网：《NEW BALANCE输给“新百伦”被判赔9800万元》。

③ 详见全国人大常委会副委员长陈竺2014年6月23日第十二届全国人民代表大会常务委员会第九次会议上所作的《全国人民代表大会常务委员会执法检查组关于检查〈中华人民共和国专利法〉实施情况的报告》。

不断，需要在保护著作权的同时，不断进行新的利益平衡。二是实践中对知识产权的市场价值认识不足。以往司法实践中对于具体知识产权的实际市场价值认识不足，在很大程度上脱离市场交易实际。以专利为例，近年来，我国大力实施专利战略，以专利数量最终带动技术创新质的飞跃，全国专利申请量和授权量早已双超百万件，但是企业和科研院所所申请的大量专利中，据了解，高校专利的转化率大约只有10%，大量专利只是纸面上的权利躺在抽屉里“睡大觉”。从这个意义上看，市场上实际发生的专利侵权，在很大程度上足以说明具有较高的市场价值，否则不会出现以市场竞争获取超额利润为目标的侵权行为。但长期以来，对于专利的市场价值，法官习惯于根据自己的理解认定，常可以听到某专利“很垃圾”的说法。因此，无论是理论还是实践都需要重新构建适应当前加大知识产权保护需求的理论，明确知识产权案件合理且具有可操作性的赔偿额计算方式。

知识产权作为无体财产权，明显有别于物权等权利，在侵权行为的认定和损害赔偿的确定等方面要有相应的独特理论和理念，不能简单照搬物权等相应制度。当前损害赔偿计算较低，一方面体现了司法固有的保守性，另一方面也说明知识产权的计算在很大程度上受传统物权等法理观念的束缚，过于强调损失的确定性，而因知识产权的无体性和价值弹性等，恰恰不可能像有体物那样易于客观地确定损失数额。① 当今社会已进入知识经济时代，知识经济越来越居于现代经济中心位置，美国等发达国家已将知识产权对于经济的贡献率计算进GDP，这说明知识产权的市场价值越来越有客观基础和量化标准，用知识产权的市场价值来衡量赔偿额的高低，司法保护需要及时关注和反映这些新情况新动向，必须尽快完成观念转换。具体应注意以下几点。

一是确定赔偿额时要注意以市场价值作为参照。这是强化市场观念的应有之义，也是解决当前保护不力的重要突破口。损害赔偿不是在正常交易条件下以合同等方式确定交易价值，而是恢复和填平受到的损失。因此，损害赔偿不仅要尽可能以市场价值为参照，同时对于个案中的恶意侵权和重复侵权，还应当高于市场定价，以体现损害赔偿的惩罚性。

二是发挥司法判决参与市场定价的作用。例如在华为公司与美国交互数字公司（InterDigital Group，简称IDC）的标准必要专利反垄断案件中，广东法院根据FRAND原则（“fair，reasonable，and non-discriminatory terms”，即公平、合理、无歧视原则）通过判决方式直接确定争议的许可费率。② 这实际上体现出在当前争议最为激烈的通信领域，当当事人无法就许可费率达成协议从而导致专利大战硝烟弥漫的特殊情形下，司法完全可以判决方式直接裁决合理的市场定价，以平息纷争，既平衡双方利益，同时又维护公众利益。该案是知识产权和竞争领域我国法院参与全球司法裁判规则制定的首例案件，尽管有不同观点，但其后美国法院在其他标准必要专利案件中也作出同样判决。去年，华冠通讯（江苏）有限公司在江苏高院对美国IDC公司等提起标准必要专利反垄断一审诉讼，同期双方当事人在美国亦存在激烈争议，

---

① 孔祥俊：《当前我国知识产权司法保护几个问题的探讨——关于知识产权司法政策和走向的再思考》，载《知识产权》2015年第1期。

② 宗禾：《华为胜诉美国IDC公司——“中国标准专利第一案”首次适用FRAND原则》，http：//www.cgpnews.cn/articles/20350。

在本案管辖权争议阶段，最近原告以双方已就许可费率达成和解、起诉目的已经达到为由申请撤诉。[①] 再如，南京铁路运输法院审理的北京北大方正电子有限公司诉河北蓝亨啤酒有限公司、南京中央金城仓储超市有限责任公司侵害著作权纠纷案，法院认定涉案粗倩体计算机字库单字受著作权保护，同时认为此类案件的核心问题是促进“付费许可”，而非禁止使用，应付版权使用费与禁止使用造成的损失两相比较，前者属于较小利益，故最终判令侵权方赔偿三万元，相当于支付使用的版权费用，驳回原告禁止使用的诉讼请求。[②] 这说明，司法裁判已经越来越多地注意到，知识产权的根本价值在于使用，而使用是实现知识产权价值与权利人利益的主要方式，因此，在特殊个案中，法院就赔偿额作出裁判，事实上具有参与市场定价的作用，当然这也对法院认真研究并准确反映权利的市场价值，提出了很高审理和裁判能力的要求。

三是区分不同案件类型与案情，合理确定赔偿额的具体计算方式。具体而言有两方面。首先，就目前大量商业性维权案件而言，法定赔偿依然是今后确定赔偿额的主要方式，而对于侵权情节显著轻微的一些低层且贫困的小商贩，根据个案情形，甚至可以考虑在法定赔偿额的下限以下酌定赔偿额，以体现诉讼经济、效率与公平。其次，对于权利人主张高额乃至巨额赔偿的案件，应当加强赔偿举证的指导，要求权利人首先应当就赔偿额提供证据和具体计算方式以及可参考因素，并由被告在法庭上对此进行质证，如果被告仅作简单否认，不提供任何反证或有力的反驳理由，而原告提出的计算方式合理，法院可以采纳原告合理的诉请。加强赔偿额举证，才能使赔偿额的确定更具有可预见性和确定性，防止出现诉讼犹如菜场买菜，讨价还价。新修订的商标法将法定赔偿额上限提高到300万元，同时规定了惩罚性赔偿条款，即商标法第六十三条规定：“对恶意侵犯商标专用权，情节严重的，可以在按照上述方法确定数额的一倍以上三倍以下确定赔偿数额。赔偿数额应当包括权利人为制止侵权行为所支付的合理开支。”可以预见，正在修订中的专利法、著作权法也必将与商标法规定同步。法院应当注意选择合适的案件，针对市场价值高、侵权行为恶劣的案件，作出有影响力赔偿额的判决，形成保护知识产权，切实打击侵权的司法示范效应。

（四）证据规则的适用符合加强保护的要求

知识产权诉讼举证难是司法实践中长期存在突出问题，具体问题是：证据形式多体现为电子证据、生产方法证据以及各类大型机械设备证据，部分证据需要至被告生产经营场所采集，取证难度大；部分证据的表现形式为电子载体，在效力认定方面争议大；部分事实认定涉及专业知识较多，法官无法凭自身知识作出判断，如果一律采取司法鉴定方式，案件审理周期过长，不利于及时保护权利人利益，同时也易导致司法权过度依赖鉴定结论。在这一背景下，司法进一步创新和强化证据调查手段显得尤为必要，也是未来一段时期内知识产权证据制度的发展趋势。尤其应当关注以下三个方面。

一是创新查明技术事实的方法。近年来，对于技术事实的查明，江苏高院一直致力于研究适用当事人专家诉讼辅助人，

① 江苏省高级人民法院（2014）苏知民初字第2号民事裁定书。

② 南京铁路运输法院（2014）宁铁知民初字第101号民事判决书。

特别是法庭专家诉讼辅助人的制度实践。例如，入选2013年中国法院十大知识产权案件的爱蓝天高新技术材料（沈阳）有限公司与湖南科力远新能源股份有限公司、湖南凯丰新能源有限公司侵犯发明专利权纠纷一案。[①] 该案涉及复杂技术事实的认定，江苏高院在再审期间，并未采用司法技术鉴定的方式，而是采用双方当事人和法庭三方专家诉讼辅助人参与庭审的方式，经过一整天庭审活动，就五个争议的技术特征是否构成相同或等同，听取三方六名来自相关学科专家的意见，并在此基础上查明技术事实，并作出再审判决。该案已成为成功运用专家诉讼辅助人的经典案例。再如，针对电子证据的效力认定，司法往往过度强调电子证据的易篡改性，事实上网络环境下的侵权行为或者交易行为，电子证据本身即成为查明事实的直接证据和关键性证据，因此司法的态度应当根据网络技术的发展作出相应调整，合理并灵活运用经验法则进行判断，或实行举证责任的适度反转。

二是进一步加大证据保全和行为保全的力度。从整个民事诉讼的发展看，证据保全和行为保全制度目前呈不断加强趋势，如新民事诉讼法修改中，将原来主要适用于知识产权领域的诉前行为保全制度，扩展适用到全部民商事领域，而目前最高法院制定的知识产权行为保全司法解释正在网上公开征求意见。在知识产权诉讼中，只有一方面充分强调并要求权利人积极履行其举证义务，另一方面充分发挥人民法院证据保全或调查取证的职能作用，才能有效解决权利人举证难的问题。当然，准确把握保全措施的适用条件和程序十分重要，既要为权利人及时提供保护，同时又要防止权利滥用。

三是进一步运用好证据披露及举证妨碍制度。司法实践要切实转变理念。首先是要充分运用庭前及开庭证据交换及双方诉辩对抗的转换，合理增加被控侵权一方的反证及说明义务，以合理降低权利人的维权难度。其次是充分运用举证妨碍制度，加大被控侵权方的举证责任。《最高人民法院关于民事诉讼证据的若干规定》第七十五条规定："有证据证明一方当事人持有证据无正当理由拒不提供，如果对方当事人主张该证据的内容不利于证据持有人，可以推定该主张成立。"新商标法第六十三条第二款亦明确规定："人民法院为确定赔偿数额，在权利人已经尽力举证，而与侵权行为相关的账簿、资料主要由侵权人掌握的情况下，可以责令侵权人提供与侵权行为相关的账簿、资料；侵权人不提供或者提供虚假的账簿、资料的，人民法院可以参考权利人的主张和提供的证据判定赔偿数额。"可以预见，未来的司法实践中，举证妨碍制度的有效运用，对于切实加大保护力度将发挥重要作用。

（五）实现民刑司法保护体系更加协调

2015年3月23日，中共中央、国务院印发《关于深化体制机制改革加快实施创新驱动发展战略若干意见》再次明确提出"完善知识产权审判工作机制，推进知识产权民事、刑事、行政案件的三合一""完善知识产权保护相关法律，研究降低侵权行为追究刑事责任门槛"。近来社会各界对刑事司法的关注度明显增加，这是刑事保护的新动向。同时，行政与刑事执法的知识产权问题更加复杂。随着市场竞争的加

---

① 一审：湖南省长沙市中级人民法院（2008）长中民三初字第0502号民事判决书；二审：湖南省高级人民法院（2010）湘高法民三终字第2号民事判决书；再审：江苏省高级人民法院（2011）苏知民再终字第0002号民事判决书。

剧，在传统侵权行为之外，新类型、疑难复杂案件层出不穷，一些案件的民事侵权和刑事犯罪的边界并不清晰，因而需要对刑事保护的边界进行更加审慎思考。我国现行刑法约有 422 个罪名，其中知识产权犯罪只有七项罪名，相对于庞大的刑法体系只属于极小领域，但在知识产权领域却是重大司法问题。面对经济发展的 2.0 时代，一国知识产权刑事司法政策运用是否恰当，对经济社会发展与科技创新将产生重要影响。从国际知识产权保护看，知识产权保护在本质上是一国的公共政策，在很大程度上是各国为促进本国的经济社会发展而采取的政策性手段，因此，各国在经济社会发展的不同阶段，对知识产权保护有着不同的要求。在当前新形势下，应当积极推进建立符合我国经济发展新阶段要求的民事、行政和刑事保护层层递进的保护体系。即当发生侵权行为后，权利人首要考虑的应当是民事侵权救济；行政执法的强度应当以足以制止侵权行为为限，要限制公权力在保护民事权利时的不当或过度扩张；而刑法保护知识产权，应当侧重于维护公共利益和公共秩序，重点制裁知识产权严重违法行为。一方面，刑罚手段因涉及限制人身自由属于最为严厉的制裁手段，且刑罚手段需要动用公安和检察等刑事司法力量，是最为昂贵的制裁手段，因而保护范围不宜过宽；而另一方面，知识产权作为法定授权性权利，权利本身具有不稳定性，与有形财产有着根本差异，因而当刑事保护难以准确识别知识产权客体的特殊性和复杂性时，应当充分体现刑法罪刑法定原则与刑法谦抑性原则。当前，一是应当着重加强民事保护，充分发挥民事保护的主渠道作用，缓解目前已经显现的刑事保护的过度压力；二是应当积极推动最高法院层面实现知识产权民事、行政和刑事审判的“三合一”，为全国法院加强知识产权审判工作，形成综合保护合力，提供制度支持。

（六）切实提升区域司法公信力

需要高度关注的是，与普通民商事审判不同，知识产权诉讼机制是一种竞争性机制，权利人以销售地作为连接点，可在全国各地选择合适的管辖法院，选择标准主要看司法理念、审判水平和保护力度，而法官的知名度及其所体现的司法能力有时也会成为管辖法院的选择因素，这在专利、技术秘密、集成电路布图设计、软件著作权等专业性很强的案件中尤为明显。经济发展新常态，意味着国内区域竞争更加激烈，这种竞争不仅包括经济发展的竞争，同时当然也包括司法公信力的竞争，而司法能力本身是司法公信力的应有之义。就知识产权审判而言，从某种意义上看，权利人对管辖法院的选择，一定程度上体现出对该法院司法公信力的认可。事实上，近十年来，正是由于这种特殊的知识产权诉讼竞争机制，在很大程度上促进了各地知识产权审判工作的发展，司法竞争不仅客观存在，而且随着北上广知识产权法院的设立，这种区域司法竞争将更加激烈，其原因是不言自明的。江苏是经济大省，经济社会科技文化发展均位居全国前列，加快实施创新发展战略，加强知识产权创造、管理与运用，是江苏发展的必然选择。因此，江苏的知识产权审判，无论从总体定位还是发展方向看，都不能落后于江苏的整体发展。除仍需要积极努力争取设立知识产权法院外，还需要通过不断加强自身努力，特别是完善机制，切实加强保护，审理一些有影响力案件，不断提升司法公信力和扩大社会影响力，以真正赢得各方面对江苏司法公正高效保护的认可，从而获得更大的生存与发展空间。

结语：经济发展新常态是我国经济发展的新挑战和新机遇，当前发展形势下，知识产权司法保护的使命变得更为重要和复杂，需要赋予知识产权司法保护新的功能。我国已有的保护体系需要继续巩固，存在的问题需要重点解决，并注重司法保护新体制的创新。要推进以审判为中心的诉讼制度改革，探索建立更加合理高效的知识产权审判流程，进一步强化程序公正和实体公正，不断提升社会大众对知识产权司法的信任度，努力让人民群众在每一个司法案件中感受到公平正义。[①]

技术创新背景下的专利案件裁判尺度

江苏省高级人民法院知识产权庭课题组*

作为重要的制度工具，专利制度对于一国经济社会的发展具有重要意义。当今世界正孕育着新一轮科技创新竞争高潮，科技创新驱动国家经济发展、推动国际竞争力的作用日益显著。我国在加速创新发展步伐的过程中，必须充分发挥专利制度引领和支撑创新的功能，全面提高专利制度保护创新的效率。我国实施专利制度已有三十多年的历史，随着国家知识产权战略、创新驱动发展战略和经济转型升级的持续推进，我国专利申请量、授权量早已超过年百万件，持续多年全球第一。江苏在整个国家创新战略中的位置举足轻重。2015 年江苏创新经济对 GDP 的贡献率已超过 60%。根据江苏“十三五”规划，到 2020 年，江苏创新指标将达到创新型国家中等水平，科技进步贡献率将由 2015 年的 60% 提升至 65%，培育形成纳米科技、石墨烯等 10 个全球有影响、附加值高的产业创新集群。在供给侧结构性改革中，江苏创新发展理念突出体现在，既注重培育战略新兴产业，又提升传统优势产业。[①]供给侧结构性改革是当前经济领域的重大变革，而与科技创新密切相关的专利司法，无论是司法理念还是司法政策的调整，对创新经济发展都必然具有重大影响。因此，分析研究当前我省专利案件的裁判尺度，有助于客观评估司法裁判对我省专利制度实施产生的影响，准确把握专利司法政策调整的方向。此为本课题的研究重点。

一、江苏专利案件审判基本情况

据统计，2013—2015 年江苏全省知识产权案件数量稳步增长，2015 年全省一、二审知识产权案件总量首次突破万件，但专利案件数量年均仅 800 多件，始终维持大致平衡状态。2015 年江苏法院共受理一审民事商事案件 901254 件，其中专利案件占比几乎可以忽略不计（见表 1）。尽管专利案件数量不大，但专利案件审理难度却日益加大，这是科技飞速进步发展的必然结果，也是专利审判永远必须面对的技术

① 宋晓明：《新形势下我国的知识产权司法政策》，载《知识产权》2015 年第 5 期。

* 课题主持人：宋健（执笔人）；课题组成员：张晓阳（执笔人）。

① 《江苏发明专利授权量首次跃居全国第一》，载《江苏知识产权》2016 年第 2 期。

与法律双重挑战。专利制度对科技进步与创新经济发展具有重要作用，专利司法的重要性无论如何评价都不为过。

表 1　2013—2015 年江苏法院一审专利案件情况统计表

年份	新收	结案	判决	撤诉	调解	驳回起诉	其他
2013	818	776	175	429	142	7	23
2014	821	781	221	393	111	9	47
2015	824	776	207	393	120	14	42

当前专利案件的审判难度体现在以下几个方面。

（一）专利侵权判定的可预期性变差

需要进行专利权利要求解释以及等同侵权判定的案件越来越多，专利侵权判定变得愈加复杂，换言之，专利侵权判定的可预期性正在变差。这与我国专利的制度设计密切相关，因为除发明专利必须进行实质性审查外，实用新型专利和外观设计专利在授权时都只作形式审查。这意味着涉诉实用新型和外观设计专利本身权利稳定性较差，权利边界可能不清，这本身也是无形财产权的固有特征。据不完全统计，实用新型和外观设计专利被无效或部分无效的比例高达 40% ~50%，而即使是经过实审的发明专利，也有近 30% ~40% 左右最终被无效或部分无效。而另一方面，当前完全抄袭式的专利侵权越来越少，专利规避性设计越来越多，而专利规避性设计，在很多情况下其初衷是为了防止侵权。因此，专利诉讼的重要意义在于，通过司法作出专利侵权判定的同时，划清专利权利的边界。专利司法裁判“双重划定”的特点，表明专利司法是确定边界的极具重要性和指引性的裁判工作。

（二）专利权属纠纷案件明显增多

现行专利法就智力成果在企业和发明人之间的归属分配规则并不完善和明晰，而在“大众创业、万众创新”的新形势下，企业与发明人之间就智力劳动成果归属必将产生较多争议。准确把握专利权属争议的裁判尺度，关系到发明人权益与企业投资回报的重大利益平衡。2015 年 4 月，国务院法制办就《职务发明条例草案（送审稿）》向社会公开征求意见。该草案对于职务发明的权利归属、职务发明报告制度、职务发明人的奖励和报酬制度等，都进行了详细规定，并引发各方市场利益主体以及学界的高度关注和热议，反映出当前各方利益主体对此激烈博弈的程度。

（三）涉及前沿、高端复杂技术事实的专利案件数量增多

专利案件审判是技术性与法律性高度结合的裁判工作。据了解，我国拥有 39 个工业大类，191 个中类，525 个小类，是全世界唯一拥有联合国产业分类中全部工业门类的国家，从而形成了一个举世无双、行业齐全的工业体系，是除美国外拥有真正意义上完整工业体系的国家。近年来，随着科学技术飞速发展，例如大规模集成电路的运用极大促进通信产业的高速发展、医药产业的发展等，都导致涉及复杂技术事实的专利案件数量不断增加。技术事实的查明过程，是一个还原被诉侵权产品技

术方案的过程，是法院审理专利侵权案件作出侵权与否判定的事实依据，这是专利侵权诉讼相对于专利授权、无效行政程序及行政诉讼，最具特色的审理环节。技术事实查明难，是技术类案件审理中长期困扰司法实践的难题，其原因在于技术背景的法官较少、缺乏技术调查官、专家证人制度运用不成熟、司法技术鉴定周期长等。技术事实查明的质量，将直接影响侵权判定的结果，甚至直接影响某个产业的未来发展，一定程度上会对国家核心竞争力以及消费者福祉产生重要或重大影响。

（四）司法保护的满意度较低，损害赔偿额难以定量计算

统计数据显示，权利人对司法保护的满意度不高。2013 年对我国私营企业专利权人的调查结果显示，通过筛选得到的 4273 个有效样本中，私营企业专利权人对侵权现象严重程度、专利权益是否得到及时有效的保护、侵权损害的足额赔偿最为关注。其中，专利保护满意度为 66.73 分；专利权人对审判公正性的满意度为 67.13%，但对于司法保护中有关诉讼周期、举证责任负担、赔偿金合理性和诉讼成本等 4 项指标的满意度低于 60 分。① 当前社会各界对专利司法保护不力的诟病，更多针对的是适用法定赔偿比例过高，案均赔偿额偏低。专利案件赔偿额较低，有其复杂的历史形成原因，但在大力推动创新经济展、促进经济转型升级的今天，赔偿额较低已然成为制约司法保护力度与评价的主要因素。

二、专利案件裁判尺度对产业及创新经济发展的影响

从宏观意义上看，专利制度对科技或创新的影响建立在产权激励模型之上，而最终效用或量化效果，则只能直接体现在专利保护个案裁判中。由司法实践所划定的专利权保护范围，才是技术保护的起点与利益平衡的基点。由个案中所归纳总结并类型化的权利要求解释机制、规则或分界，并由此所体现出的解释政策，才使得专利制度得以最终实现。具体有以下几个方面。

（一）个案中权利要求解释的结果决定了专利价值

专利文件体系及权利要求是技术方案的文字表达，文字本身之局限与文件撰写过程之复杂，均会导致权利要求与技术发明实质之间存在着距离与隔阂。由此，在司法个案中以解释的方式划定专利权保护范围，是发明创造之技术实质被还原的过程，这一过程直接决定了科技创新最终在多大程度上获得保护。在权利要求解释过程中，文字表达的缺陷通过司法过程在或被弥补或被放大两者之间进行取舍，而解释结果则直接确定了技术创新最终所辐射的范围，以及对替代产品达到的排斥范围，这是衡量科技成果价值的基础。由法律规定所预设的相对固定的专利保护期限与创新的性质无关，但仍可以通过权利保护范围对专利价值加以微调。“一项专利不过是法庭邀请的一场诉讼而已。”②

（二）由类型化案件所总结或体现出的权利要求的解释规则直接决定了相关产业技术保护策略，进而作用于技术发展的方式和路径

专利保护范围与对科技创新必需保护程度之间的平衡，很大程度上影响着以不断改进形式持续发展的科学技术；对类型

① 管相杰：《我国专利保护的强度及其改进措施——以 2013 年数据中私营企业专利权人为视角》，载《科技与法律》2015 年第 3 期。

② 托马斯·爱迪生语。转引自：［美］苏珊娜·斯科奇姆：《创新与激励》，刘勇译，上海人民出版社 2010 年版，第 121 页。

化的权利要求解释规则的确定，影响着利润在连续发明者或关联发明之间的分配；上述规则的运用程度，则影响了相关创新主体对于技术保护策略的选择（在多大化程度上公开其创新实质）、市场化的时机，以及选择何种技术表达形式通过专利文件进行信息披露。强烈的字面解释或文义化保护倾向固然可以刺激对某一技术进行改进的研发投入，但也会由此导致发明主体对完整披露的保守态度；而对发明实质的过度扩张式保护，也会由于封锁效应而致使后续研发被更长期垄断。由此可见，对类型化的权利要求解释规则以及相关解释方法中所体现出的对创新技术或创新思想的保护政策，在一定程度上影响着研发资源配置、技术信息披露程度与分享机制的形成。

（三）对司法规则的适用尺度直接影响着相关产业技术保护强度或周期，并间接影响行业研发模式与利益分配模式

行业技术水平持续发展的诸多因素不断运转。以江苏恒瑞医药为例。近几年来，该公司先后承担了24项“国家重大新药创制”专项项目、23项国家级重点新产品项目及数十项省级科技攻关项目，申请了200余项发明专利，其中含105项国际专利申请，创新药艾瑞昔布和阿帕替尼已获批上市，1个创新药已申报生产，另有17个创新药正在临床开发。2015年专利申请和维持工作顺利开展，提交国内新申请62件，提交国际PCT新申请11件，获得国内授权17件，台湾授权12件，国外授权28件。2015年恒瑞医药全年实现营业收入93.16亿元，比去年同期增长了25.01%；归属于上市公司股东的净利润21.72亿元，比去年同期增长了43.28%。2015年公司累计投入研发资金8.92亿元，较去年增长36.76%，研发投入占营业收入的比重达到9.57%（见下图）。①

同时，如计算机、通信电子等新兴科

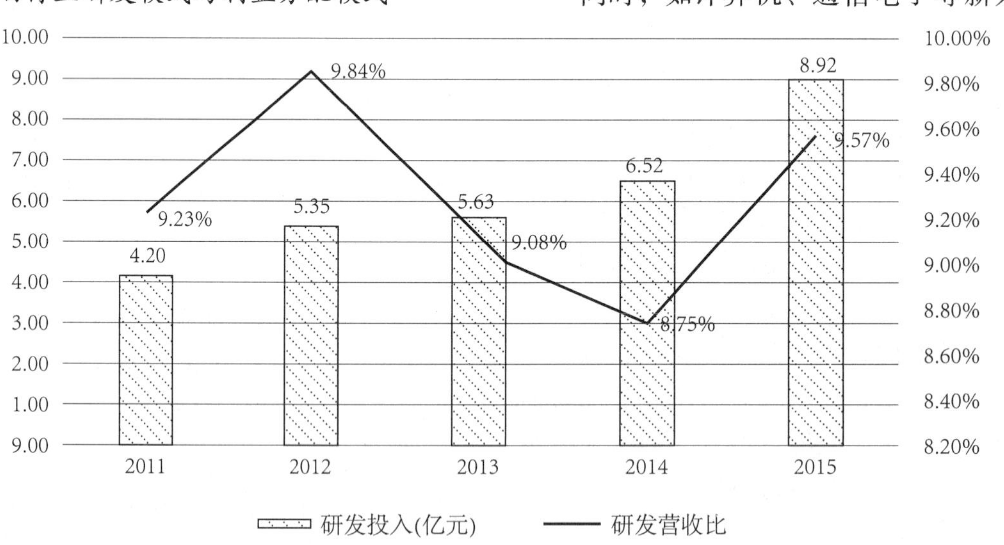

图 恒瑞近5年研发投入及研发营收比

巨额的研发投入是科技进步的必然代价，如传统的医药、化工行业，高昂的研发需要持续的相应回报才能维系那些激励

① 《恒瑞医药2015年研发概述及主要在研项目》，http：//www.xinyaohui.com/news/201604/16/8278.html，最后访问日期：2016年7月24日。

学领域中技术增速日益加快导致收益周期不断缩减，这也是影响发明主体科研行为的现实阻碍；此外，过度的技术垄断或专利竞赛也构成发明人或社会公众对专利制度之心理障碍。例如，在通信电子领域动辄引发的全球专利诉讼大战狼烟四起，其根本原因在于通信电子行业早已成为专利制度高度依赖性行业，企业核心竞争力几乎全部源于专利特别是标准必要专利拥有的数量与质量。与此相关的是通过对权利要求解释政策，依据行业现实状况与技术自身的客观规律，从发明实质角度遵循技术发展规则对不同类型发明之保护强度予以调整，考虑技术发展周期、发展规律等客观规则，才能最大化优化相关产业资金投入—科技研发之模式，并在符合专利制度激励机制的基本目的下，在优化技术竞争秩序的同时，以恰当的利益分配模式兼顾发明主体与行业其他主体乃至社会公众对于科技研发和创新保护的热情。

三、专利案件裁判尺度的几个特殊问题

（一）关于专利权利要求的解释

现代专利制度的基础是一套精密的文件体系，通过权利要求界定专利权保护范围是现代专利制度中的通行规则。从专利制度运转与最终实现的角度来看，从专利申请、审查授权到司法保护都围绕着专利权利要求进行。而侵权判定司法实践中通过权利要求解释为专利权划定保护范围，不仅为相关行业关注，且其中所确定的司法解释规则更会影响到从专利申请撰写起始的所有环节乃至相关产业策略调整。从某种意义上，专利法中没有比权利要求解释更为重要的问题，因为专利权利要求解释的结果，将决定企业技术研发及运用的法律边界，进而影响企业与行业的兴衰。专利权人是通过权利要求向公众公示其发明的技术方案，以及表明自己专利受保护的范围，而公众也是通过权利要求了解专利的技术方案，理解专利技术与公知技术的区别和界限，进而判断自己的行为是否构成侵权。因此，对权利要求含义的准确理解不仅涉及专利权人的专利保护范围，也涉及专利权人以外的社会公众利用技术的界限。科学准确地解释权利要求极为复杂，因为它涉及法律、技术等诸多方面的问题，需要对专利权利属性和相应法律条文立法本意有着深刻认识，妥善处理好专利司法程序正义与实体公平之间的关系。就专利权本质而言，专利权是一种完全依赖于法律强制性规定而产生的创设性权利，与物权、债权等自人类社会进入私有制阶段就形成的权利相比，只是在近代工业文明产生后才形成的制度，其本身并没有如物权等传统有形财产权那样以坚实的道德、社会公认习惯为基础，其更多体现出国家意志对专利权人与社会公众之间利益的取舍。随着社会发展和形势变化，国家需要不断地对专利法进行修改和调整，以维持专利权人和社会公共利益之间的利益平衡、本国与缔约国之间的利益平衡。例如我国1984年专利法基于当时国情考虑，对药品、化学物质等不予专利保护；后来随着我国化工制药工业的发展壮大，且为了实现与国际接轨，我国在1992年对专利法进行了修改，给予药品、化学物质专利保护。

专利权利要求解释原则包括专利权有效原则、公平原则、折中原则、整体原则等，但无论怎么解释，都不能脱离专利法推动发明创造应用和促进科技进步的立法宗旨。因此在解释专利权利要求时，应当以保护发明创造实质性贡献为基本原则。具体解释方式，则可以使用专利说明书及附图以及专利审查档案、专利复审、无效审查文件以及生效专利授权确权裁判文书

所记载的内容，在综合考虑发明创造所要解决的技术问题、预期要达到的技术效果的基础上合理确定专利权保护范围。无法实现发明目的以及无法解决发明所要克服技术问题的技术方案，不能纳入到专利权利要求的保护范围内。

例如，江苏高院审理浙江全能丰禾公司诉南京展博科技有限公、黄盛楼侵害实用新型专利权纠纷一案①，涉及对权利要求中的“管壁附近”这一词语进行解释。一审法院将“管壁附近”解释为“将嵌件的内端尽可能地靠近另一直管段的管壁，至少应超过过渡段位于两个直管及过渡段三者连接处”；而二审法院综合涉案专利权利要求、说明书和已生效的涉案专利的无效宣告请求审查决定书，认为“管壁附近”是指在结构上要求嵌件端头尽可能靠近另一直管段外壁位置，在技术效果上要求达到具有缩短管道安装槽体深度的效果。同时，对无效审查决定书中出现的“尽可能靠近”的含义作了进一步阐释，认为其并非是一个精确的绝对概念，而是一个相对概念，故应结合具体的应用场合和本领域技术人员的一般认知予以确定。在工程技术领域中，可以将两物件之间的距离与物件本身尺寸的相对比值作为“远”“近”判断标准，即如果在同一个数量级则可以认定为两物件“靠近”“接近”。如果前者比后者小1个数量级及以下，则可认定为“非常靠近”；如果前者比后者大1个数量级及以上，则可认定为“较远”。此外，还需结合涉案专利所属技术领域的加工制造所允许的偏差范围，判断是否已经“尽可能靠近”。在本案中，二审法院认为，根据当庭测量和计算结果，被诉产品嵌件端头与另一直管段外壁之间的距离为0.59mm；而直管段的外径为28mm，嵌件的轴向长度为21.39mm，取两者中较小的尺寸21.39mm作为物件本身尺寸。计算距离0.59mm与物件本身尺寸21.39mm的比值约为0.028，因此嵌件端头与另一直管段外壁之间的距离比另一直管段的尺寸小1个数量级（10^{-1}），接近小2个数量级（10^{-2}），故被诉产品的嵌件端头应为“非常靠近”直管段。虽然在理论上嵌件端头还可以再靠近直管段的外壁，但是对于被诉产品的嵌件、直管段这种厘米级别的“宏观”物件（相对于纳米材料、集成电路等微观物件），以及涉案专利所述领域制造工艺的允许偏差而言，0.59mm的距离已经是非常接近的距离了。如果再要求被诉产品的嵌件比0.59mm的距离更进一步地靠近直管段的外壁才算落入涉案专利权利要求1的保护范围，一则在涉案专利技术领域中难以实现，二则由于“一尺之棰，日取其半，万世不竭”的道理，总会存在一个比前一确定的距离更小的距离，从而导致涉案专利权利要求1保护的“嵌件的端头位于直管段（7）靠近直管段（3）一侧的管壁附近”这一技术方案实质上无法获得保护而处于空设状态。故根据涉案专利技术领域的一般认知，应当认定被诉产品嵌件端头已经尽可能地靠近直管段的外壁，并且，由于嵌件复合入直管段的端头深入位置较深，使得带嵌件的直管段长度可以缩短，需要埋入墙体的带嵌件的直管段的深度也就相应减小，故能够达到具有缩短管道安装槽体深度的效果。因此被诉产品具有涉案专利权利要求1的“嵌件（4）复合入直管段（3）的一端头（10）位于直管段（7）靠近直管段（3）一侧的管壁附近”这一技术特征。最终认定，全

① 一审：江苏省南京市中级人民法院（2014）宁知民初字第47号民事判决书；二审：江苏省高级人民法院（2015）苏知民终字第00105号民事判决书。

能丰禾公司关于一审法院就“管壁附近”作出的解释限缩了权利要求保护范围的主张成立，予以支持。最终二审法院判决：撤销一审判决，改判两被告停止制造、销售被诉产品的侵权行为，并由展博公司赔偿全能丰禾公司损失。

（二）关于专利等同特征的判定标准

根据司法解释规定，专利等同特征采取“三基本＋容易联想”标准。在专利侵权司法实践中，适用上述标准的主要问题是机械套用标准，缺乏从具体技术事实到等同特征法律认定之间的必要推理或论证过程，裁判理由说服力不强。其原因主要在于：裁判者往往对等同判定标准中“手段”“功能”和“效果”概念及其三者之间内在逻辑关系缺乏深入理解；“基本相同”和“容易联想”的认定，目前尚无相关法律法规和司法解释予以明确。其结果必然造成在不同审级以及不同法官之间，在个案认定等同特征时自由裁量空间过大，增加了等同判定结果的不可预见性。因此，有必要结合个案审理，进一步厘清等同特征判定标准中“手段”“功能”和“效果”基本概念的含义，探求“基本相同”“容易联想”判断的客观依据，这对于实现等同特征判定的精细化审理具有重要价值和意义。

关于等同判定标准中“手段”“功能”和“效果”概念及其三者之间内在逻辑关系的判断方法。第一种是技术分析法。即首先对手段进行技术分析，在此基础上判断手段是否基本相同，再进行功能和效果的判断，最后检验是否符合“容易联想”要件。这种方法的科学性在于，手段是否基本相同的判断（以下简称相似性判断）离不开对手段的技术分析，而该技术分析又可为后续的功能、效果以及“容易联想”的相似性判断提供充分的说理依据。并且，考虑到诉讼经济原则，法院在认定争议技术特征各自在涉案专利和被控侵权产品中具备什么样的功能、达到什么样的效果以及是否“容易联想”时，一般也就是依据对争议技术特征项下手段的技术分析，进而在该技术分析基础之上作出进一步的技术推导，并不苛求当事人提供相应的实验数据以证明涉案专利和被控侵权产品各自的实际功能和效果，除非在诉讼中被告能够提出充足的理由或者反证，证明上述技术分析或者技术推导过程存在错误。而事实上，在大部分专利侵权诉讼中，双方当事人对功能和效果基本相同的争议也不会很大，如果法院能够对技术特征项下的手段作出充分的技术分析与透彻论证，双方当事人一般也都会认可这种通过技术分析确定功能和效果的方法。第二种是反向排除法。由于手段的相似性判断涉及内在的工作原理和具体技术措施，相对而言较为复杂，而功能和效果具有外在、显性、客观的特点，故功能和效果不相同的举证和判断相对简单。因此，如果根据现有证据（一般为专利样机实验数据、被控侵权产品的使用测试数据）等能够证明被控侵权产品争议技术特征的功能和效果与涉案专利相应技术特征不相同，或者是功能和效果的不同属于显而易见且无须举证的情形，则无须再对手段和“容易联想”这两个构成要件进行判断，即能直接作出争议技术特征不构成等同的认定。

关于技术手段的含义及其相似性判断的客观考量因素。对于何为技术手段，目前专利法及其司法解释中并没有对此作出进一步的解释。江苏高院通过案件裁判尝试对技术手段的概念及其相似性判断需要考虑的因素进行分析。即等同特征判断标准中的“手段”，可理解成为解决某一技术问题而利用某一工作原理的工程化实施方式。工程化实施方式的具体内容需通过对手段的技术分析予以确定。例如在自动涂覆设备所属的机械领域中，工程化实施方式主要是由零部件形状、结构、装配关系、相对运动关系等基本技术单元组成。因此，技术手段相似性判断的比对要素可归纳为：构成技术手段的基本技术单元的组合（工程化实施方式）在整体上基本相同，且其所利用的工作原理相同。

关于“容易联想”要件判断的客观考量因素。虽然“容易联想”要件属于主观要件，且该主观要件的判断主体是“本领域普通技术人员”这一拟制的主体，但在专利侵权审判实践中可以通过一些客观要素来分析判断该主观要件能否成立，如：争议技术特征项下的技术手段之间是否存在简单的直接替换关系；是否属于同一或相近的技术类别；是否均为常见且并列可选的技术手段；是否需对该技术手段之外的其他部分作出适应性的调整和重新设计等。例如，在君合科技股份有限公司诉常州赢海防腐工程有限公司侵害实用新型专利权纠纷一案①中，涉及被诉产品的“销轴－U形铰支座结构”与涉案专利技术特征“分别固定在机架两侧臂上的翻转轴通过翻转轴承和翻转轴承座固定在固定座上”是否为等同的判断。一审判决认定两者构成等同技术特征、赢海公司构成专利侵权后，赢海公司不服向江苏省高级人民法院提起上诉。二审法院在审理中采用上述等同判断方法和标准，通过具体的技术分析和比对，最终认定被控侵权产品争议技术特征与涉案专利相应技术特征构成等同特征，据此判决驳回上诉，维持原判决。

上述关于等同特征的判断方法和标准对于今后审理专利侵权案件，尤其是涉及机械领域的专利侵权案件的审理具有重要的借鉴和指导意义。

（三）关于外观设计专利侵权的近似性判定

在创新经济中，发明、实用新型专利的价值是技术方案的不断创新，而外观设计专利的价值则体现为产品富于美感的工业新设计。工业品外观设计专利具有重要市场价值，一些与著名品牌相结合的外观设计更是价值巨大。外观设计专利的近似性判断，一直是法院审理外观设计专利侵权案件的重点和难点。虽然司法解释确立了外观设计专利侵权比对的“整体观察、综合判断”原则，但在司法实践中很难在“综合判断”中把握好整体外观与“对整体视觉效果更具有影响的”局部设计特征之间的关系，“综合判断”标准事实上给法官极大的裁量空间。由于侵权判定标准模糊不清，更多是面临侵权与否的两难抉择。因此，通过个案裁判的探索，有必要在现有法律框架下寻求一种既体现专利法立法宗旨和实质公平，又具备可操作性的外观设计侵权判定的标准和方法。即引入现有设计具有必要性和可行性，同时可在比较被诉产品规避性设计特征与借鉴性设计特征对整体视觉效果所产生影响大小的基础上，作出侵权判定。例如，江苏高院审理两起“好孩子”童车外观设计专利侵权纠纷案件。② 在诉讼中，两被告分别抗辩其行为不构成侵犯专利权，其系根据自身享有的外观设计专利权生产被控童车。同时，两被告还分别以“好孩子”童车外观设计专利作为现有设计，向国家专利复审委员会申请宣告其自身拥有的专利权无效。然而出乎意料的是，两被告的外观设计专

---

① 参见一审：江苏省常州市中级人民法院（2013）常知民初字第147号民事判决书；二审：江苏省高级人民法院（2015）苏知民终字第00065号民事判决。

② 参见江苏省高级人民法院（2015）苏知民终字第00264、00281号民事判决书。

利均被国家专利复审委员会维持涉案专利有效，这给司法判定侵权增加了难题。因此，在该两案审理中，以上述裁判尺度作为测试侵权与否的标准，在引入现有设计进行分析，并比较被诉产品规避性设计特征与借鉴性设计特征对整体视觉效果所产生影响大小的基础上，江苏高院最终二审分别作出一件构成侵权、另一件不构成侵权的判决。二审在裁判理由中，根据外观设计专利侵权判定的上述测试标准，重点阐述了对国家专利复审委员会作出维持两被告专利权有效的两份无效审查决定中，对“好孩子”童车外观设计专利对现有设计贡献是否作出评价的分析意见。

（四）关于专利权归属的判定

专利权属纠纷案件的增多，某种程度上是近年来专利申请量和授权量逐年大幅攀升的必然结果。引发专利权属纠纷的原因多样，但主要涉及职务发明认定、企业内部承包中形成专利归属的认定等。首先，有关职务发明的认定。“职务发明”专利权或专利申请权争议，核心问题是发明创造内容与发明人本职工作或单位任务之间关联性的确定。涉及关联性的举证责任由主张发明创造为职务发明的单位承担，这一原则体现了对发明人利益保护一定程度的倾斜。但最终的司法认定则需要裁判者在准确理解职务发明制度立法本意的基础上作出公平裁量，其中从发明人进入原单位工作前所具有的专业知识背景与其发明创造之间的匹配程度进行反向审查，是司法实践总结出的一条重要经验。其次，有关企业内部承包经营专利权归属的认定。企业内部承包经营是一种常见的企业经营模式。在企业内部承包经营关系中，承包人依照与企业签订的内部技术委托开发合同进行新产品研发，应视为企业自身的研发活动，由此产生的技术成果应当属于执行本单位任务而完成的发明创造，属于职务发明，专利权归企业所有。

（五）关于损害赔偿额的计算[①]

审理周期长、维权难、赔偿额低，是专利案件审判面临的最大诟病。赔偿额低的原因来自各个方面，具有历史形成的因素。根据2016年“4·26”世界知识产权日期间公布的南京地区法院实证分析报告，在近五年多判决专利侵权成立的163件案件中，权利人诉请赔偿额平均为41.1万元，法院判赔平均额为27.8万元，全部案件平均支持度为67.6%，适用法定赔偿确定赔偿额的专利侵权案件占全部专利侵权案件的93.86%，平均赔偿额为20.17万元。而2015年北京知识产权法院专利侵权案件平均诉请赔偿额96.8665万元，平均判赔额46.0148万元。由此可见，南京地区专利案件无论是诉请赔偿额还是平均判赔额均明显低于北京，这与江苏经济科技发展的地位不相适应。在现阶段，赔偿额低会严重影响专利产品市场价值的实现，制约专利激励机制作用的发挥，影响创新经济的发展。

解决赔偿额低，关键在于转变司法理念，同时要着力解决如何避免司法判赔的恶性循环：因为权利人怠于举证，司法判赔数额较低；而司法判赔数额较低，权利人不愿意积极举证。需解决以下几方面的问题。

1. 对于权利人主张较低赔偿额的案件，应当允许其直接诉请适用法定赔偿，且权利人的说明义务大于举证。在主张较低赔偿额案件的庭审中，权利人通常会重述“权利种类、侵权行为的性质、期间、

① 该部分内容详见宋健：《知识产权损害赔偿问题探讨——以实证分析为视角》，载《知识产权》2016年第5期。

后果……”等理由回应诉请赔偿额依据的询问。从经济学意义上看，即使最小单位的赔偿额也可进行市场价值计算，这并非不可能，但其实并无必要性。因为当计算成本过高，甚至超过司法最终确定的赔偿额时，这种计算显然不符合诉讼经济原则。因此，权利人如果能够合理说明诉请赔偿额的依据，例如在先相同案件的判赔额等可参照因素等，法官根据经验通常是可以作出较为合理恰当的裁判的。当然，就权利人诉请的支持情况定期作司法保护力度的实证分析具有重要意义，如南京地区的报告在比较分析本地商标、专利、著作权个案诉请平均支持度后，得出“初步表明南京法院对知识产权侵权案件的判决平均数额和支持力度确实较低或不高”的结论，这对于合理提高法定赔偿额，解决法定赔偿额低的问题提供了参照。

2. 对于诉请较高赔偿额的案件，应当加强权利人的举证责任以及被告的证据披露义务。就权利人而言，高赔偿额本身意味着较高的举证成本，即通过审计、鉴定等方式确定损失或者获利通常所需的较高经济成本和时间成本。同时权利人就其主张的赔偿额，还可以向法庭提供详细而具体的计算方式及其酌定因素，以供法庭参考。而就被告而言，亦应通过有效的证据开示程序合理加大其证据披露义务，以形成有效的庭审攻防抗辩。如果有证据证明被告持有证据拒不提供，应当根据证据规则直接作出对被告的不利推定；对于被告仅作简单否认而未提供任何反证或有力反驳理由，相反原告能够合理说明赔偿计算方式合理依据的，应当直接支持原告的合理诉求。唯有如此，才能切实提高双方当事人特别是权利人举证的积极性，避免落入司法判赔恶性循环的怪圈。南京地区的报告显示，在全部 1373 件判决案件中，“鲜有的几个依据‘实际损失’或‘违法所得’的判决中，其支持力度都达到诉讼请求数额的 80% 以上”，远超法定赔偿的平均支持度。在侵权诉讼中，司法根据证据规则，特别通过经济学方法精细计算赔偿额并不缺乏成功案例，关键是司法理念的调整。例如，江苏高院 2005 年审结的雅马哈株式会社诉浙江华田公司等商标侵权纠纷一案，原告请求按被告获利额来赔偿损失，但法院保全到的被告财务账册不完整，被告又当庭拒绝提供完整账册，而法院依据现有保全到的账册进行审计的结论为亏损。法院考虑到两点。首先，审计结论为亏损的原因和责任在于被告。三被告为关联公司，不排除浙江华田公司存在转移利润、负载成本的可能，而且被告拒绝提供证明其获利情况的完整财务资料，从而无法保证审计结论的完整性、科学性。其次，原告提供了真实有效的确定赔偿额的证据，提供了以侵权产品数量参照同类产品平均利润计算的被告侵权获利，并详细说明了计算方式的合理性。最终，法院既未以审计报告中的亏损结论为依据判决被告不予赔偿，也未简单适用法定赔偿的办法酌定赔偿额，而是结合《最高人民法院关于民事诉讼证据的若干规定》第七十五条关于“有证据证明一方当事人持有证据无正当理由拒不提供，如果对方当事人主张该证据的内容不利于证据持有人，可以推定该主张成立”的规定，依法直接支持了原告的合理诉请，判决被告承担 800 多万元的赔偿额，全面弥补了原告的损失。[①] 当然，在涉及反垄断诉讼等疑难复杂案件时，赔偿额的计算可能需要运用更为

---

① 参见一审：江苏省高级人民法院（2002）苏民三初字第006 号民事判决书；二审：最高人民法院（2006）民三终字第1 号民事判决书。

复杂精细的计算手段。有学者介绍，在国外一场好的专利侵权诉讼至少需要技术、法律和经济、会计或者统计三个专业团队参与，而最后一组就是进行损害赔偿的评估和精算。可预见的是，随着我国市场经济和高新技术的不断发展，高价值知识产权争议会日益增多，将有更多精细计算赔偿额并体现权利市场价值的典型案例可供参照。

3. 假定许可费以及研发费用的合理参照。采用假定许可使用费是解决赔偿额低的重要途径。假定许可费的含义是合理许可费。我国商标法、专利法均明确规定，侵权赔偿数额，按照权利人因被侵权所受到的实际损失确定；实际损失难以确定的，可以按照侵权人因侵权所获得的利益确定；权利人的损失或者侵权人获得的利益难以确定的，参照许可使用费的倍数合理确定。但司法实务中，依据许可使用费的倍数确定赔偿额的比例极低。南京地区法院报告显示，在专利侵权案件中，采用许可费用倍数标准的案件仅占1.23%。有学者根据国际专业咨询机构普华永道公布的《2014年美国专利诉讼研究报告》作出的分析报告显示，美国80%左右的专利案件使用合理许可费计算损害赔偿，其次是根据利润损失，再次是根据价格侵蚀进行计算。而之所以绝大多数案件使用合理许可费计算损害赔偿，原因在于：其一，对非专利实施主体而言，无法采用利润损失的计算方式，这部分案件大约占到统计数据的7%；其二，专利权人一般不乐意冒险披露用以计算利润损失的成本和利润信息；其三，竞争以及销售渠道为市场提供了大量替代产品，因此不容易计算利润损失与侵权行为之间的因果关系；其四，价格侵蚀的分析过于复杂及昂贵。依合理许可费计算损害赔偿取得了很好的效果：在1995—2013年美国法院在专利诉讼中支持的年度损害赔偿数额摇摆于210万美元和1670万美元之间。在过去19年间，法院在专利侵权案件中判赔的平均数额为550万美元，2013年的损害赔偿平均数为590万美元。[①]

分析我国法院极少使用合理许可费计算赔偿额的原因，主要是长期以来形成的认识问题，即我国法院通常要求权利人必须提交实际发生的许可合同以及许可费票据等相关证据，且采取甚为严格的证据审查原则。事实上，基于知识产权独占性的属性以及市场竞争优势的考虑，权利人极少通过发放许可在市场上获利（估计美国许可市场的情形亦大致相同），因而以实际发生许可费计算赔偿额案件的比例自然少之又少。但若以相同或同类产品的类似专利等假定许可费作为赔偿额参照，即假定被告获得权利人许可究竟需要支付多少许可费，则可以有效解决赔偿额计算难的问题。据了解，近年来我国专利许可平均合同金额大致为50万元左右。而南京地区法院报告显示，在判决专利侵权成立的163件案件中，权利人损害赔偿诉请平均金额为41.1万元，这已基本接近实际专利许可的平均合同金额，案均判赔额27.8万元、平均支持度为65.51%。而根据北京知识产权法院的统计数据，专利案均诉求额为968665元，案均判赔额460148元，平均诉求支持率为47.50%，该院的案均赔偿额也只接近市场专利许可的平均合同额。由此可见，我国专利案件判赔金额即使依法定赔偿亦有较大的提升空间。权利人应当重视对相同或同类产品类似专利许可费证据的提供，同时有关行业机构分析发布的相关统计数据亦可作为假定许可费的参照。

① 转引自张鹏：《知识产权强国建设基本问题初探》，载《科技与法律》2016年第1期。

例如，江苏高院审结的江苏固丰管桩集团有限公司诉宿迁华顺建筑预制构件有限公司侵害发明专利权纠纷一案，权利人固丰公司一审诉请赔偿额为 300 万元以及为制止侵权行为所支付的合理开支 4 万元，并明确其请求依据是参照固丰公司正在实施的另一相关实用新型专利许可使用费等因素计算赔偿额。经审理，涉案发明专利与权利人诉请参照的另一实用新型专利系同日申请且具有技术上的高度关联性，权利人与他人约定该实用新型专利实施许可使用费为“模具制造的许可实施使用费每米模具 6000 元”。法院认为，本案中华顺公司共制造被控侵权模具 100 条，每条模具长度为 15.8 米，如按照上述实用新型专利许可合同中的实施许可使用费的约定“模具制造的许可实施使用费每米模具 6000 元”计算，则制造被控侵权产品的许可使用费为 15.8 × 100 × 6000 = 9480000 元，考虑到涉案发明专利的技术方案仅为上述实用新型专利许可合同中的部分技术方案，以及固丰公司仅主张 300 万元的赔偿数额，最终根据被控侵权产品本身的市场销售价格、利润以及专利实施许可使用费等支持固丰公司 300 万元赔偿数额（包括为制止侵权所支出的合理费用）。[①] 当然，虽然美国司法实践积累了关于合理许可费的计算经验，在著名的 Georgia - Pacific 一案中总结归纳出 15 个用于判定合理许可费的因素，并在此案基础上引申归纳出其他组合因素，[②] 但如何结合我国司法实践，将这些酌定因素具体运用到个案审理中，使其成为损害赔偿计算的主要方式，并能够实质性替代法定赔偿的适用或降低法定赔偿适用的比例，还需要在司法实践中去摸索和总结。

4. 研发费用作为赔偿额参照的合理性。在确定赔偿额的诸多参考因素中，研发费用通常较少作为判赔的参考依据，原因一是缺乏明确的法律依据，二是研发成本的确定本身较为复杂。但有资料显示，“根据国家统计局发布的《2014 年全国科技经费投入统计公报》，2014 年我国共投入研究与试验发展经费达 13015.6 亿元。2014 年我国专利申请量为 236.1 万件。再根据 WIPO 的估计，世界上 80% 以上的技术披露在专利文献中。综合考虑以上数据，可以初步得出我国每件专利申请的技术研发成本平均为 44.1 万元。由此可见，我国专利侵权赔偿数额、专利价格均远远低于专利技术研发成本。”[③] 上述观点值得思考，假如专利侵权的成本远低于研发成本，则侵权发生的概率会大幅提升，而权利人的损失仅以填平为原则亦很难满足权利救济的实际需求。以此观察，如果专利案件平均赔偿额低于平均技术研发成本，亦可以反证当前“平均”判赔额可能过低。因此，在诉讼中，权利人可以提供研发费用等财务账册作为计算损失的证据，以反向证明被告因侵权而实际节省研发成本的消极获利，这对于解决赔偿计算难亦增加了一个重要参考因素。

5. 合理律师费应当体现“优质优价”。我国相关法律规定，知识产权侵权赔偿数额还应当包括权利人为制止侵权行为所支付的合理开支。合理开支主要包括：一是为制止侵权用于调查取证的差旅费、购买侵权产品费用、公证费等；二是律师费用。南京地区法院报告显示了三组数据。

---

① 参见一审：江苏省南京市中级人民法院（2014）宁知民初字第 00108 号民事判决书；二审：江苏省高级人民法院（2015）苏知民终字第 00038 号民事判决书。

② 黄武双、黄骥等：《美国商标案件金钱偿还数额的计算：原理与判例》，法律出版社 2014 年版，第 79 ~ 90 页。

③ 尹锋林：《研发成本应作为我国专利侵权赔偿数额的重要参考因素》，载《知识产权司法保护研讨会文集》（2014 年 4 月），第 49 页。

(1) 在著作权侵权案件中，原告明确诉请赔偿合理开支的434件，法院明确判赔合理开支的315件，判赔支持度72.58%；案均判决合理费用3147元，平均判赔支持度47.18%。(2) 在商标侵权案件中，原告明确诉请赔偿合理开支的331件，法院明确判赔合理开支的223件，判赔支持度67.37%；案均判决合理费用5836元，平均判赔支持度60.14%。(3) 在专利侵权案件中，原告明确诉请赔偿合理开支的116件，法院明确判赔合理开支的87件，判赔支持度75%；案均判决合理费用13861元，平均判赔支持度72.95%。目前对于公证、调查取证等费用，只要有相关证据，一般都能获得全额支持，而对律师费的判赔则存在较大不确定性。目前律师费用在合理开支中占比较高，故对合理开支的判赔，大致反映出司法裁判对律师费的支持情况。因法律明确规定判赔数额包括合理的律师费用，而权利人的最终收益需要扣除其实际支付的该部分成本，再加之批量案件收费中权利人与律师代理机构之间客观存在的各种商业维权模式，因此有关司法判赔额低的呼声亦部分来源于此，值得关注。报告显示，南京地区法院支持律师费的比例较高，但基本为部分支持，全额支持或完全不支持占比均较小。而法院完全不支持律师费的案件，大多数是法院认为原告缺乏证据证明；而对于部分支持律师费的案件，少数是因为原告举证不足，但更多的情形是即使原告提交了律师费用的证据，也很难得到法院的全额支持。法院常常以原告的经济损失诉请并未得到全额支持为由，以及纠纷案件的难易程度、律师工作量、同类地区律师收费标准等因素，判定酌情支持部分必要合理费用。法院全额支持律师费的案件所占比例很小，此种情况大多是由于原告提供的证据十分充分，且原告对律师费的诉请不高或较为合理。培育并支持知识产权中介服务机构的发展，是贯彻执行国家知识产权战略的重要组成部分，从国际知识产权创造、运营及保护实践看，优秀的知识产权服务机构对于提升知识产权附加值、增加知识产权的国际竞争力具有重要作用。因此，在知识产权诉讼中，一方面应当提供阳光公开的司法环境，充分发挥律师在诉讼中的重要作用；另一方面在个案裁判中，还应当合理考虑律师职业的特殊性包括律师执业成长的总体付出，通过律师费的合理判赔，充分体现对律师服务“优质优价”的肯定，吸引更多的优秀律师从事知识产权法律服务。

余 论

综上所述，专利案件审判对科技进步和创新经济发展具有非常重要的作用和影响，而培养高水平的专利法官是实现高水平裁判标准的重要保障。近年来，我省法院受理涉及化学、医药、电学、集成电路布图设计等领域的案件日益增多，在司法队伍建设方面要注意三点。一是应当重视招录并培养具有理工科专业背景的法官。具有技术背景的法官在审理专利等技术类案件时，其优势并不仅仅体现在其自身专业领域之内，还体现在对于相近领域或者完全不同的技术领域的涉案技术问题，其理解能力和查明技术事实的能力，亦具有高于纯法律背景法官的特殊优势。二是应当积极探索技术调查官制度在非知识产权专门法院的工作机制，为我省今后申请设立知识产权专门法院积累实践经验。根据《最高人民法院关于知识产权法院技术调查官参与诉讼活动若干问题的暂行规定》，目前仅知识产权法院配备技术调查官。但作为在全国专利侵权审判领域具有影响力的江苏法院，对于技术调查官的引入同样具有非常迫切的需求，根据江苏法院与专利复审委员会互派人员学习工作的经验，在我省法院引入技术调查官也具备一定实践基础。三是结合员额制改革，充分考虑专利案件审判的特殊性，鼓励法官坚定走专利审判专业化道路。同时在计算法官工作量时，考虑技术事实查明及法律适用的复杂性，应当适当加大专利等技术类案件的权重比例。而从长远来看，北上广三家知识产权法院集中管辖技术类案件的审判经验表明，专利案件集中管辖与集中审判对于提高专利案件审判质量和水平具有重要作用，是未来专利审判的必由之路，需要高度关注。

关于市场开办者知识产权侵权责任的调研

浙江省高级人民法院联合课题组*

前　言

改革开放以来，商品交易市场在全国各地兴起，通过为众多中小经营者提供共享式销售平台而获得飞速发展，已经成为我国国内商品流通的重要渠道之一。[①]我国成交额在亿元以上的商品交易市场数由2000年的3087个增至2013年的5089个，其成交总额由16359亿元增至98365亿元。浙江是民营经济大省，也是“市场大省”，商品交易市场为民营经济搭建了施展才能的舞台，市场年交易总额在全国名列前茅。2013年，浙江亿元以上市场数量及其成交总额在全国总量及总额中的比例均高达15%。[②]义乌的中国小商品市场、绍兴的中国轻纺城、海宁的中国皮革城等都是国际知名的专业市场。然而，在取得巨大发展成就的同时，商品交易市场特别是一些低端小商品市场逐渐成为假货的集散地和售假的重灾区，频频发生商户所售商品侵害他人知识产权的纠纷，严重影响了商品交易市场的品牌形象，引发了国内外的高度关注。并且，近年来，以路易威登（LV）、香奈儿（CHANEL）等国际知名品牌为代表的知识产权权利人为使自己的合法权益获得更为充分的救济，已逐渐将请求损害赔偿的对象从直接销售商品的商户扩展至提供交易场所及相关服务的市场开办者。由于市场开办者并非侵权商品的直接销售者，故无法适用现行知识产权法关于销售者侵权的相关规定，而目前，不管是法学理论界还是司法实务界，对于市场开办者是否应当承担知识产权管理义务以及如何承担该义务仍存在诸多争议，亟待进一步研究解决。

正确界定市场开办者的法律地位、厘

---

* 课题主持人：徐杰；课题组成员：周根才、应向健、程燕姬、何琼、王磊、陈为、邵景腾、秦善奎、潘才敏、蔡卓森、王献华、张凤姝。

① 参见吴意云：《中国商品交易市场发展：理论与实务》，浙江大学出版社2014年版，第2页。

② 2013年，浙江亿元以上市场数量及其成交总额分别为767个和14840亿元。详见国家统计局贸易外经统计司、中国商业联合会信息部编：《2014中国商品交易市场统计年鉴》，中国统计出版社2014年版。

清其所应承担的法律义务、确立明晰的司法裁判规则，不仅关系到知识产权权利人的合法权益能否切实获得保护，而且关系到整个商品交易市场的健康有序发展。一方面，要运用法治思维和法律手段净化市场环境、规范市场秩序、倡导诚信经营，在加强知识产权保护的同时推进商品交易市场的提档强质和转型升级。另一方面，要立足实际，防止将市场开办者的知识产权侵权责任与直接销售者混为一谈，甚至将市场开办者等同于知识产权行政执法机关，在其能力限度之外苛以重责，扼杀商品交易市场的发展活力。

今年浙江高院将“市场开办者知识产权侵权责任”列为全省法院重点调研课题，旨在通过实施本课题，为正确界定市场开办者的知识产权侵权责任提供理论支持和审判指导。课题组与我省知识产权行政管理部门及具有代表性的20余家市场开办企业负责人进行多次座谈，对近年来我省法院及兄弟省市法院审结的涉市场开办者知识产权侵权案件进行了梳理和总结，对其中涉及的主要法律问题进行了专题分析，同时考察了其他国家或地区的相关审判理论和实践，形成以下报告。

一、商品交易市场及市场开办者概述

（一）商品交易市场及市场开办者的概念、特点

本课题的研究对象是市场开办者的知识产权侵权责任，所谓市场开办者即商品交易市场的开办者。由于商品交易市场及其开办者并非明晰的法律概念，因此有必要首先对其作一界定。

商品交易市场有广义和狭义之分，广义的商品交易市场是指交换商品的场所、领域和交换关系的总和；狭义的商品交易市场则是随着商品经济的发展而出现的一种商品流通形态，根据《中国商品交易市场统计年鉴》的定义，是指众多买者和卖者在固定交易场所和设施内从事消费品以及生产资料等各类现货商品的经常性交易的市场。随着互联网的普及和电子商务的兴起，商品交易市场除了传统的线下交易市场外，还包括线上交易市场。本调研所称“商品交易市场”是指狭义的商品交易市场，并主要针对传统的线下交易市场展开，同时也兼顾述及线下、线上交易市场之间的异同之处。

在我国目前的法律法规及规范性文件中，国家工商总局2013年发布的《关于加强商品交易市场规范管理的指导意见》对商品交易市场及市场开办者的概念作了较为完整的界定。[①] 该意见所称商品交易市场及其开办者与本课题的研究对象基本一致，故本文借鉴该意见之规定，将商品交易市场界定为“由商品交易市场开办者提供固定商位和相应设施，提供物业服务，实施经营管理，并收取一定租金等收益，有多个经营者入场独立从事商品交易活动的经营场所”，商品交易市场开办者则是指“依法登记并领取营业执照，从事市场经营管理的企业法人、其他经济组织或者个体工商户”。

从上述定义来看，商品交易市场存在以下几个显著特点：

第一，商品交易市场是聚集诸多独立经营者（商户）和购买者进行集中、公开交易的现货市场；

第二，每个商户有各自的营业执照，市场开办者仅提供场地和服务，本身并非商品的销售者，既不直接参与商户的交易

---

① 此外，浙江、上海、广东等省也通过地方人大立法的形式对商品交易市场进行了界定，具体内容与国家工商总局的规定基本一致。详见《浙江省商品交易市场管理条例》、《广东省商品交易市场管理条例》以及《上海市商品交易市场管理办法》。

活动，也不直接与其进行利润分配；

第三，市场开办者除为商户提供交易场地之外，通常还提供（或委托其他主体提供）物业、结算乃至物流、金融等服务，其所获得的收益既包括场地租金，也包括提供综合性服务的对价。

商品交易市场的上述特点既将其与百货店区分开来，也将其与单纯的场地出租人区分开来。

与商品交易市场相比，百货店在外观上虽然也有诸多柜台，但柜台只是百货店的内设单元，没有独立的营业执照，百货店在对外营业过程中均统一以其自身名义进行销售并开具发票，因此是直接销售者。百货店在内部关系上又可分为自营与联营两种，自营是指百货店的开办者从供货方处购入货物后自行经营，其利润即购销商品所获收益；联营是指百货店出租柜台，柜台承租方自行购入货物并承担一定的经营管理职权，所获利润通过“联营扣点”方式在商场和承租方之间进行分配。

与商品交易市场相比，场地出租人与承租人之间的权利义务关系更为单一，出租人仅提供符合约定的场地并收取租金，除明知承租人的房屋用于违法犯罪活动之外，对于承租人的任何经营活动既无权利干预，也无职责进行管理。

（二）商品交易市场的发展沿革

20 世纪 80 年代以来，我国商品交易市场的经营管理经历了逐步演变发展的过程，大致可分为三个阶段。

一是发展初期“管办不分”阶段，商品交易市场一般直接由工商部门开办，并对场内商户进行行政管理。

二是 20 世纪 90 年代初开始的过渡阶段，各地工商部门按照国务院的统一要求，开始实施“管办分离”工作，逐步实现工商部门与所办市场在机构、职责、财务、人员等方面的分离。同时，根据国家工商行政管理局 1993 年发布的《商品交易市场登记管理暂行办法》（该办法后被 1996 年发布的《商品交易市场登记管理办法》取代），不仅企业，而且事业单位、社会团体和村（居）民委员会均可开办市场，但必须经过行政许可程序，获得市场登记证后方可开办。

三是 2004 年之后的规范化阶段，一方面，随着政府对商业活动管制的放松和行政许可法的颁布，《商品交易市场登记管理办法》也于 2004 年被废止，这意味着开办市场无须再经过行政审批手续。根据《关于加强商品交易市场规范管理的指导意见》，具有符合一定标准商业用房和基础配套设施的企业法人、其他经济组织或者个体工商户即有资格开办市场。另一方面，国家工商总局开始推进市场开办者企业法人登记，引导历史形成的政府部门、村（居）委会等开办的市场设立企业法人进行经营管理，由真正的市场主体来承担市场的商业运作和经营管理。

（三）商品交易市场的类型

对商品交易市场可以从多个角度进行分类：按照商品类别，可以分为综合市场和专业市场，其中专业市场又分为生产资料市场、农产品市场、食品饮料烟酒市场、纺织服装鞋帽市场、日用品及文化用品市场等；按照经营方式，可以分为批发市场、零售市场；按照经营环境，可以分为封闭式市场、露天式市场。

对于本课题而言，最有意义的分类方式是根据不同的产权模式进行归类，大致可归为以下几类。

一是所有权人出租模式，也是最为传统和常见的模式，即场地所有权人将内部摊位或商铺出租给商户经营，所有权人一般同时也是市场的开办者和管理者，比如义乌中国小商品城、绍兴中国轻纺城、海宁中国皮革城等都是这种模式。

二是开发商出售模式，即商业地块的开发商将商铺出售给业主后，由业主自己经营或出租给他人经营，开发商不参与商铺出售之后的任何经营事务，有些由另外的经营管理公司负责经营管理，有些仅由物业公司提供物业服务。比如好得利商厦系商住两用的商业地产，开发商嘉兴市好得利置业有限公司将商厦一楼的诸多商铺出售给业主开展小商品批发零售业务（一楼门头标有“好得利商厦 小商品批发零售”字样），自身不参与经营管理，仅由另外的物业公司提供物业服务。

三是返租模式，即商业地块的开发商将商铺销售给业主后，又统一从业主处返租商铺，然后再出租给商户经营。在这种模式中，开发商往往会委托专业的经营管理公司对市场进行招商和经营，本身并非直接的经营管理者。比如嘉兴市开盛小商品批发市场所在的商业地块系嘉兴市开盛置业有限公司开发，该公司出售商铺后，又作为受托方与业主（委托方）和嘉兴市开盛物业服务有限公司（执行方）签订《房屋委托经营管理协议》，协议约定该公司为签约业主唯一指定委托方并负责招聘和监督经营管理企业，嘉兴市开盛物业服务有限公司作为经营管理企业负责具体的商铺回租、再出租以及市场的经营管理及物业服务。

在上述三种模式中，第一种模式的法律关系最为简单，所有权人、市场开办者与具体的经营管理者通常是一个主体，市场开办者对商户的控制力强，对整体市场商业秩序及品牌的维护和培育一般也较为尽责。第二种模式中，如果开发商在出售商铺后不参与经营管理，而由其他公司进行经营管理或提供物业服务，那么开发商与市场开办者、管理者就发生了分离，实际上，由于所有权已经转移，开发商本身对商户的控制力很弱，培育整体市场的积极性也很低。第三种是近些年商业地产发展过程中新出现的、商业与房地产相结合的模式，因为开发商在依靠销售产权短期获利后，如果完全不顾及后续的商业运作，就会导致该商业地块萧条没落、丧失竞争力，从而影响其自身声誉和此后的销售业绩，因此越来越多的开发商已经认识到商业地产在运作上的延续性和复杂性，并通过专业的经营管理公司来经营和培育市场。这类模式中的主体更多样、法律关系也更复杂。

二、涉市场开办者知识产权侵权案件概况及法律问题

我省作为民营经济发达、民间资本充裕的经济大省，商品交易市场发展迅猛，也不可避免地面临了一些困境，其中市场开办者知识产权侵权的问题尤为突出。2012年1月至2014年12月，我省法院共受理市场开办者被诉要求承担知识产权侵权责任的案件181件，其中177件已结案。这仅是进入诉讼程序的纠纷，还有大量纠纷系权利人在公证保全侵权事实后与市场开办者或商户自行协商解决，或者在行政机关或群众性组织（如各类调解委员会）的主持协调之下达成和解。[①] 对于市场开办者存在的涉诉风险应引起高度重视。

（一）我省涉市场开办者知识产权案件的特点

从调研情况及数据分析来看，我省法院受理的涉市场开办者知识产权案件呈现出以下几个特点。

---

① 例如，2012—2014年浙江省海宁市家纺知识产权纠纷人民调解委员会共调处发生于海宁中国家纺城和海宁轻纺城市场内的著作权侵权案件384件。

1. 各地法院受理案件数量不均

2012 年至 2014 年，我省受理涉市场开办者知识产权案件 181 件，最多的地区依次为嘉兴地区 80 件，涉诉市场 6 个；杭州地区 61 件，涉诉市场 10 个；温州和金华地区均为 12 件，涉诉市场分别为 4 个和 1 个。而湖州、丽水、舟山地区则无此类案件（见图 1）。这与商品交易市场的分布情况具有相关性。商品交易市场数量较多的嘉兴、杭州地区，同时也是市场开办者涉诉较多的地区。而目前涉诉的商品交易市场大多为经营服装、箱包、护肤品等个人生活消费品的交易市场。

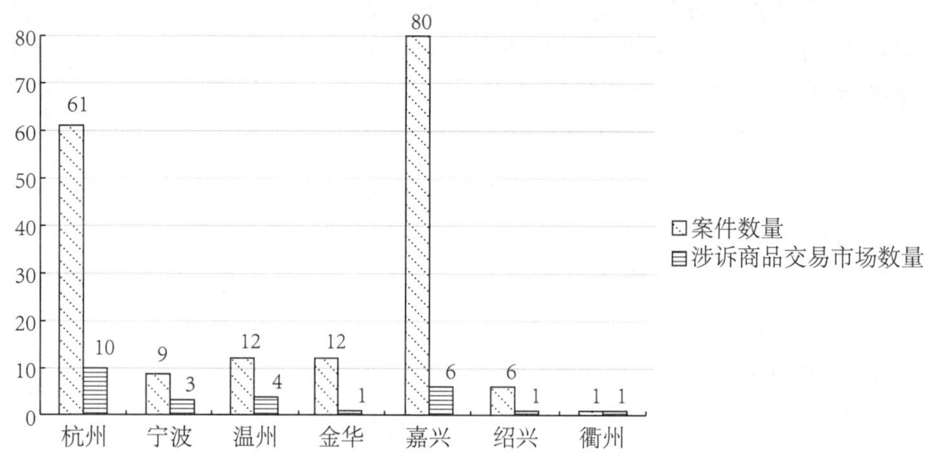

图 1　2012—2014 年各地区涉市场开办者知识产权案件及涉诉商品交易市场数量

2. 涉及商标的案件类型居多

在上述受理的 181 件案件中，商标案件达到 164 件，占全部案件数量的 90.6%，专利案件 14 件，著作权案件 2 件，不正当竞争案件 1 件（见图 2）。相对其他类型的案件，商标侵权案件的侵权行为隐蔽性较小，权利人取证简单便捷，故商标案件在市场开办者知识产权案件中占绝对多数，且其中不乏国外知名奢侈品牌持有人在国内进行的诉讼维权活动，比如普拉达有限公司（PRADA S. A.）对“PRADA”商标，路易威登马利蒂（LOUIS VUITTON MALLETIER）对“LOUIS VUITTON”等商标的维权，已造成不小的国际影响。

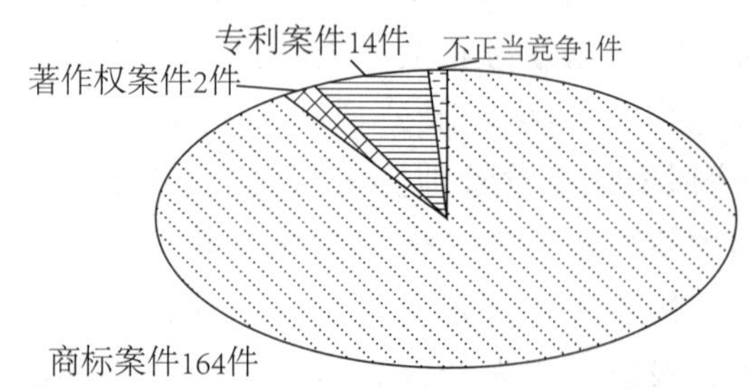

图 2　2012—2014 年市场开办者知识产权案件类型

3. 案件多为商业维权

我省受理的涉市场开办者知识产权案件大多为商业维权案件，具体表现为原告聘请律师对某一区域的侵权活动采取维权措施，通过批量公证降低维权费用、提高获赔金额，随即再批量提起诉讼，以快速高效地获取赔偿款为主要维权目的。商业维权能够降低权利人发现侵权和获得赔偿的时间成本和经济成本，有其积极的一面。但大规模的“钓鱼取证”方式往往让侵权人有上当受骗之感，很多商户还质疑权利人不追究侵权生产商而是紧盯小商户的动机，故侵权人普遍对商业维权诉讼存在抵触情绪。

4. 案件调撤率较高

在上述审结的177件案件中，以调解或撤诉方式结案的共166件，调撤率达93.8%，高于同期一般知识产权案件的调撤率。这主要是因为商品交易市场将零散的商户聚集在了一起，市场开办者对商户有一定的制约手段，因此通过其干预能更有效地督促商户达成调解。

5. 案件判赔数额不高

目前，我省判决结案的涉市场开办者知识产权案件中，大多涉诉侵权行为手段简单、侵权数量和价值较小、权利人维权合理支出不大，同时考虑到市场开办者对市场内商户销售侵权产品的主观恶意程度不大，判决市场开办者承担的赔偿数额不高，基本均在10万元以下。

6. 单独起诉市场开办者的案件呈增长态势

以往权利人起诉时，往往系将市场开办者与直接实施侵权行为的商户作为共同被告。但是市场内商户变更频繁、送达困难，且普遍缺乏赔偿能力，越来越多的权利人为使自己的合法权益获得更为便捷有效的救济，逐渐将请求损害赔偿的对象直接指向市场开办者，单独对市场开办者提起侵权诉讼（见图3）。故市场开办者的法律地位及其应承担的法律责任，已成为法院亟待研究解决的问题。

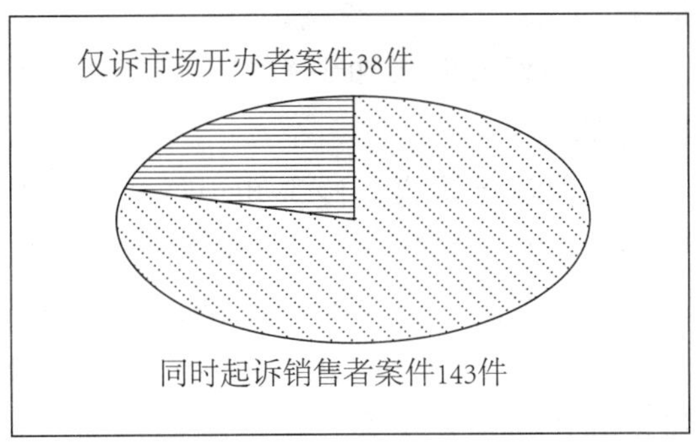

图3　2012—2014年知识产权案件中市场开办者被列被告情况

（二）市场开办者知识产权侵权责任案件中存在的法律问题

通过对我省法院审理的市场开办者知识产权侵权案件及全国范围内具有典型意义的市场开办者知识产权案件的调研分析，我们发现此类案件司法实践中主要存在以下几类法律问题。

1. 侵权责任主体身份难以确定

目前，我国在行政管理中对商品交易市场开办者已无强制性的审核批准程序或登记制度，导致商品交易市场开办者的身份难以确定。如上所述，商业实践中的市场产权模式多种多样，在不同模式之下存在场地所有人、房地产开发商、受托进行经营管理或提供物业服务的企业等多类主体，这些主体与市场的经营管理之间均存在或多或少的联系，在市场内发生知识产权侵权行为的情况下，究竟应由谁承担相应的法律责任，在司法实践中的认定标准尚不统一。

2. 市场开办者注意义务的范围不明

首先，对于市场开办者是否应当承担知识产权方面的注意义务，本身就是一个存在争议的问题。一种观点认为，市场开办者并非知识产权行政执法机构，对于市场内的知识产权侵权行为并无监管职责，权利人如果发现侵权，完全可以通过向行政机关举报或者提起诉讼的方式寻求救济。另一种观点认为，市场开办者通过经营市场获得利益，并且对场内商户有监督管理的职责和能力，因此除了安全保障、产品质量监督等方面的法定义务之外，知识产权管理同样也是其应尽义务，在其对侵权存在过错的情况下，应当承担相应法律责任。其次，如果市场开办者负有知识产权管理义务，则该义务的内容及范围亦不明确，需要在司法实践中进一步类型化和具体化。

3. 市场开办者知识产权侵权行为的性质模糊

一种观点认为，侵害知识产权的销售行为发生在市场开办者经营管理的市场内，市场开办者的行为是对商品销售的经营行为，构成直接侵权。另一种观点认为，如果市场开办者未实施直接的销售行为，则其从事的是为商户经营提供便利条件的辅助行为，属于间接侵权。后一种观点已为越来越多的司法判决所采纳。但由于间接侵权主要是来源于英美法系的概念，我国的民事法律法规中并无“间接侵权”的表述，对于教唆、帮助类的侵权行为系通过共同侵权制度予以规制，因此，间接侵权理论在我国司法实践中的地位一直存在争议，其与共同侵权之间的关系也有待厘清。并且，由于传统的共同侵权理论强调行为人之间需要具有共同的意思联络，而市场开办者与商户对于侵权事实往往并无意思上的关联，故对于能否适用共同侵权理论解决市场开办者的侵权责任问题也仍存在争议。

4. 过程判断标准不明确

市场开办者被判令承担侵权责任系因其行为具有可责性，即行为人在主观上存在过错。但是，判断市场开办者对侵权行为的发生是否存在故意或过失的标准并不明确。一般认为，市场开办者在收到权利人有效侵权通知的情况下，如果其仍不采取措施制止侵权行为，则应认定其在主观上存在故意。但是，如果市场开办者在收到通知后已经采取措施，却仍出现侵权行为的，能否以此反推市场开办者未采取有效措施，从而认定其在主观上存在故意？对主观过失的判断更为复杂，如果市场开办者未收到权利人通知，对特定侵权行为并不明知，但是其在商户入驻时未审查商户主体资质，或者在经营中未设置日常巡查等制度的，能否据此认定其在主观上存在过失？

5. 侵权责任形式不明确

市场开办者作为被诉侵权行为的责任主体，应该承担何种形式的责任，在我国知识产权和侵权责任领域尚未进行专门界定。在实践中，或有认为市场开办者对自身的行为单独承担责任；或有认为市场开办者因商户的直接侵权行为造成权利人损害的，可以参照侵权责任法第三十七条的“安全保障责任”承担补充责任；或有认为市场开办者与实施直接侵权行为的商户构成共同侵权，依照侵权责任法第九条承担连带责任。责任形态关系到知识产权人的正当权益是否能够得到充分救济以及市场开办者与直接侵权人之间的责任分配，但目前对市场开办者的知识产权侵权责任形态的意见并不统一。

6. 举证责任分配存在分歧

市场开办者知识产权案件中，权利人或同时起诉市场内商户和市场开办者，或仅起诉市场开办者。在同时起诉商户和市场开办者时，对市场开办者的主体资格、主观状态及损害扩大部分具体数额的举证，是否可以根据“谁主张谁举证”的原则直接分配给知识产权人；在仅起诉市场开办者时，权利人对上述事实的举证更加存在一定的难度，此时是否应为查明事实而追加商户为被告，同时举证责任应如何分配，在实践中也不明确。

7. 与电子商务平台管理者之间的区别

近年来，实体市场和电子商务平台的发展呈现出了互相竞争与互补、互助同时存在的状态，线上线下整体融合的趋势愈加明显。如在义乌市国际商贸城经营的所有商户均开设了义乌购网店，一些经营户还同时在阿里巴巴上开设店铺。2014 年 11

月份，李克强总理在义乌考察时评论义乌的市场经营模式符合“互联网 +”概念的发展理念。从本文调研的知识产权法律领域看，实体市场和电子商务平台均是形成买卖关系的交易场所，两者存在很多的共性，但两者的经营模式毕竟存在先天的不同，故两者在法律地位、侵权行为性质、行为责任原则、责任形态上是否一致有待研究。

三、法律问题的分析及解决

（一）市场开办者主体的界定

由于目前开办市场无须经过行政审批，很多市场亦未进行市场名称及开办者登记，而实践中，存在场地所有人、房地产开发商、受托进行经营管理或提供物业服务的企业等多个与市场的经营管理存在一定关联的主体，因此认定市场开办者主体本身就是一个存在争议的问题。

首先，浙江省规定市场开办者可以自愿向工商部门申请市场名称登记，登记事项包括市场名称、市场举办者、市场地址、营业面积、商品种类和布局、市场服务管理机构负责人。[①] 截至 2015 年 6 月底，浙江省共登记实体市场 4334 家。我们认为，对于浙江省内已经登记的商品交易市场，可以直接按照登记中所载的“市场举办者”来认定负有知识产权注意义务的主体。实践中，登记所载的“市场举办者”可能以其已委托他人经营管理市场为由提出抗辩，但是，既然其已在申请市场名称登记时将自己公示为市场举办者，就应当知道所要承担的法律责任。即使其确已委托他人经营管理市场，也应对受托人经营管理不善所导致的后果承担相应法律责任。在这种情况下，权利人可以对登记所载的“市场举办者”和实际的经营管理者一并提起诉讼。

其次，对于未实施市场名称登记制度地区的市场以及省内未经名称登记的市场，在知识产权侵权案件中应将直接进行日常经营管理的主体作为适格被告。比如，在路易威登马利蒂诉秀水街房地产公司等侵害商标权纠纷案[②]中，法院认为：秀水街房地产公司作为秀水街市场经营场所的房屋所有权人，其委托秀水街市场公司出租并管理秀水街市场，秀水街市场公司向商户收取摊位租金。虽然秀水街房地产公司曾发出过清退商户的通知，但秀水街市场的商户均与秀水街市场公司签订租赁合同，且秀水街市场的日常管理也均是以秀水街市场公司的名义进行的，故不能据此证明秀水街房地产公司参与了秀水街市场的经营和管理，其并非对整个市场进行经营管理的市场主体，不应对商户的商标侵权行为承担连带责任。又如，在开发商出售模式的市场中，如果开发商出售商铺后就不再参与市场的后续商业运作，另有他人对市场进行经营管理的，则应由后者承担知识产权侵权责任。

再次，现实中还存在一些经营极不规范的市场，既未进行市场名称登记，也没有主体对市场进行实际的经营管理，在这种情况下，房屋所有权人是否应当承担知识产权侵权责任呢？我们认为，在所有权人出租模式中，如果所有权人自己未实施经营管理，也未委托他人进行经营管理，就应当对商户的知识产权侵权行为承担法律责任。因为所有权人因其出租商铺的行为成为了事实上的市场开办者，并且能够因市场的形成获取高于一般房屋出租者的

---

① 详见《浙江省商品交易市场管理条例》《浙江省商品交易市场名称登记管理办法》。

② 原告路易威登马利蒂公司诉被告北京宏利达成商贸有限公司、被告北京秀水街市场有限公司、被告北京秀水街房地产开发有限责任公司侵害商标权纠纷，参见北京市第二中级人民法院（2012）二中民初字第 02853 号民事判决书。

收益，故应对市场的后续经营管理承担相应责任，至少应当选任一个合适的主体对市场进行经营管理。但在开发商返租模式中，虽然开发商因其开发的商业地产而聚集形成了一个商品交易市场，但由于其在出售商铺后对该商铺就不享有任何权利，既没有责任也没有能力对市场内的经营活动进行管理，因此也无须对业主的知识产权侵权行为承担法律责任。

最后，对于仅为市场提供物业服务，没有证据表明其有义务承担其他日常经营管理职责的主体，无须就市场内的知识产权侵权行为承担责任。比如在路易威登马利蒂诉董党伟、安徽白马商业经营管理有限公司、合肥盛装物业管理有限公司侵害商标权纠纷一案[①]中，被告一系直接销售者，被告二系经营管理者，被告三系为涉案商城提供物业服务的公司，法院认为，“物业服务不属于管理范畴，其对涉案商城内商户的侵权行为，既无权力也无义务制止，不应承担责任。”

（二）市场开办者知识产权注意义务的界定

1. 市场开办者知识产权注意义务的正当性分析

民事注意义务是指民事主体对自己行为可能给他人造成损害的情形，应当尽量采取措施加以避免的义务。民事行为人在可以预见其行为后果可能造成损害，并且有条件加以避免的情况下，未预见或未采取措施，而导致他人合法权益受损，应承担相应的侵权民事责任。民事注意义务通常包括法定注意义务和契约注意义务。

根据前文的定义，市场开办者实质就是从事市场经营管理活动的主体，因此也被称为市场经营管理者[②]。正因为市场开办者负有维护市场安全及经营秩序、保障消费者权益等方面的经营管理职责，才引发了关于其对市场内的知识产权状况是否亦应承担注意义务的探讨。我们认为，由市场开办者承担知识产权注意义务具有正当性，理由如下。

（1）实施国家知识产权战略的客观需要

《国家知识产权战略纲要》实施以来，知识产权日益成为国家发展的战略性资源和国际竞争的核心要素。商品交易市场是商品流通的重要平台，也是我国加强流通领域知识产权保护的重要环节。市场开办者对于推进知识产权战略的实施亦应承担必要的社会责任，即加强商品交易市场这一流通领域的知识产权保护，需要市场开办者履行相应的管理职责和承担必要的注意义务，以预先防范和及时制止市场内的知识产权侵权行为。如果市场开办者放任市场内的知识产权侵权行为，则商品交易市场就可能会成为各类假冒商品的集散地，严重影响流通领域知识产权的保护状况。

（2）市场开办者是市场内知识产权侵权风险的开启者

侵权责任法上安全注意义务产生的原因在于，工业革命后危险活动大量增加，而这种危险又是社会发展所必需的、“被允许的危险”，然而由受害人自负损害后果，对受害人亦同样有失公平，故基于“分配正义”的要求，责令危险的控制者承担损害赔偿责任。[③] 对于市场开办者而言，其开办商品交易市场后，客观上为市场内的知识产权侵权行为提供了平台，开启了市场

---

① 安徽省合肥市中级人民法院（2014）合民三初字第203号。

② 袁秀挺、荣学磊：《市场经营管理者未尽管理义务构成侵权》，载《人民司法·案例》2010年第14期；胡瑜：《市场经营管理方因市场内商铺销售假冒商品的责任承担》，载《人民司法·案例》2011年第8期。

③ 熊进光：《侵权行为法上的安全注意义务》，法律出版社2007年版，第201页。

内潜在的知识产权侵权风险的源头，“危险的开启或维持者，需对危险负责，承担必要的注意义务”[①]，显然应当对于场内经营者的知识产权侵权行为亦应承担一定的注意义务。

（3）市场开办者是场内知识产权侵权风险的受益者

一般来说，从危险中获得收益的人，必须要控制好风险。[②] 市场开办者不仅是场内知识产权侵权危险源的开启者，而且从危险源中获取了利益。虽然本文所研究的市场开办者并不从商品交易中直接获得经济利益，但在所有权人出租模式和返租后出租模式中，市场开办者是向场内经营者收取租金，在开发商出售模式中，市场开办者是向场内经营者收取管理费用。而场内经营者所支付的租金或管理费用，系以其在市场商品交易中获得收益作为回报。依据权利义务对等的原则，市场开办者从商品交易中间接获益的同时，也应当履行相应的管理职责，维护良好的市场经营秩序。此外，即使市场开办者并未向商户收取费用，而是能够获得其他实际利益的，仍应承担与其收益相适应的注意义务。[③]

（4）市场开办者具有相应的注意能力

行为人具有注意义务（应注意），并不表示行为人当然可以注意及之（能注意），[④] 故评判行为人是否承担注意义务，还应分析其是否具有注意能力。“在属于不作为责任原始形态的对他人侵权行为之责任领域，（倘若未规定严格责任）监督者控制潜在危险的义务通常来源于他对危险源的控制力。”[⑤] 对市场开办者而言，其对于场内经营者的部分知识产权侵权行为，是可以采取一定措施予以事先预防或事后制止的。

2. 市场开办者知识产权注意义务的考量因素

市场开办者知识产权注意义务内容的范围界定应综合考量促进市场产业健康发展与保护知识产权权利人合法权益之间的利益平衡，不能失之过宽，亦不可苛之过严。如何判断市场开办者的注意义务，本文认为需要考虑如下因素。

第一，法律规范层面对市场开办者注意义务的要求。在法律层面，民法通则、侵权责任法等对市场开办者的注意义务未作专门规定，但侵权责任法第三十七条[⑥]对于包括商场在内的公共场所管理人的安全保障义务作出了规定，食品安全法第五十二条则规定了“集中交易市场的开办者、柜台出租者和展销会举办者”的相关食品安全义务，上述规定对于如何界定市场开办者的注意义务均具有借鉴意义。此外，部分行政条例和文件中对市场开办者的注意义务有所规定，如《国务院关于进一步做好打击侵犯知识产权和制售假冒伪劣商

---

① 周友军：《交往安全义务理论研究》，中国人民大学出版社2008年版，第82页。

② 周友军：《交往安全义务理论研究》，中国人民大学出版社2008年版，第89页。

③ 比如在路易威登马利蒂诉董党伟、安徽白马商业经营管理有限公司（简称白马管理公司）、合肥盛装物业管理有限公司侵害商标权纠纷案［一审案号：安徽省合肥市中级人民法院（2014）合民三初字第00203号］中，作为市场开办者的白马管理公司抗辩称其未向涉案商城内商户收取任何费用，法院认为，即使白马管理公司不从商户收取费用，其仍然能够获得广告收益等实际利益，有义务对商户的经营活动进行监督和管理。

④ 曾世雄：《损害赔偿法原理》，中国政法大学出版社2001年版，第79页。

⑤ ［德］冯·巴尔：《欧洲比较侵权行为法》（下卷），焦美华译，法律出版社2001年版，第269页。

⑥ 侵权责任法第三十七条规定：“宾馆、商场、银行、车站、娱乐场所等公共场所的管理人或者群众性活动的组织者，未尽到安全保障义务，造成他人损害的，应当承担侵权责任。因第三人的行为造成他人损害的，由第三人承担侵权责任；管理人或者组织者未尽到安全保障义务的，承担相应的补充责任。”

品工作的意见》明确规定“市场开办者、网络交易平台经营者要承担相应的管理责任，引导和督促商户规范经营”。《国家工商总局关于加强商品交易市场规范管理的指导意见》[①]、《上海市商品交易市场管理办法》[②]、《浙江省商品交易市场管理条例》[③] 也都规定了市场开办者的督促和管理职责，在界定市场开办者注意义务时，应当参照上述规定。

第二，场内经营者侵权行为的显著程度。场内经营者侵权行为的明显程度，与市场开办者的注意义务密切相关。美国和欧盟版权领域存在著名的“红旗标准”，即指如果侵权行为非常明显，像一面鲜亮的红色旗帜在网络服务提供商面前公然地飘扬，以至于一个相同情况下合理的人都能够意识到侵权行为的存在，则即使受害人没有就侵权的事实通知网络服务提供商，网络服务提供商也可能因过失没有发现和制止侵权行为而承担责任；该规定并不意味着网络服务提供商有义务积极地监控网络，主动发现和制止侵权行为，而是要求网络服务提供商尽到合理的注意义务，不能对非常明显的侵权行为采取不闻不问的“鸵鸟政策”。[④] 界定市场开办者的注意义务时，也可以借鉴“红旗标准”，即场内经营者侵权行为的显著程度越高，则市场开办者的相应注意义务也就越高，如果场内经营者的侵权行为已像飘扬的红旗一样明显时，市场开办者采取不闻不问的“鸵鸟政策”，则可以认定其未尽到合理的注意义务。评判场内经营者侵权行为的显著程度，应结合市场内是否长期、大规模地存在被诉侵权行为，销售行为的显著性，被侵犯知识产权的类型等因素。

第三，市场开办者预防控制风险的成本与效益。评判市场开办者是否承担以及承担何种程度的注意义务时，应当考虑其预防与控制风险或损失的成本。如果预防成本小于损失金额乘以损失发生概率，而市场开办者未采取相应的预防措施，则可以判定其具有过失；反之，则应认定市场开办者尽到了合理的注意义务。通常而言，市场开办者接到权利人的侵权通知后，由于侵权行为较为明确，故市场开办者采取必要措施制止侵权的成本不会过高，如果其未采取必要措施可以认定具有过错。在未收到权利人侵权通知的情形下，市场开办者采取合同约定违约条款、日常巡查等措施预防侵权的成本也并非明显过高，可以纳入市场开办者应承担的注意义务范畴。但要求市场开办者审查市场内所有商品是否系侵权产品，则显然成本过高，故不宜简单依据市场开办者未对场内经营者的侵权行为予以审查即推定其具有过错。

第四，市场开办者对场内经营者的管理控制能力和盈利模式。不同类型的市场开办者对场内经营者的管理控制能力和盈利模式不同，相应的注意义务也应有所区别。在所有权人出租模式中，市场开办者作为市场内商铺的所有权人，其对场内经营者的控制力较强，对于场内经营者销售

---

① 《国家工商总局关于加强商品交易市场规范管理的指导意见》规定了商品交易市场开办者的七项义务责任。

② 《上海市商品交易市场管理办法》第十九条规定：“市场经营管理者应当核验场内经营者的营业执照、税务登记证和各类经营许可证。市场经营管理者应当督促场内经营者履行有关法律规定和市场管理制度，增强诚信服务、文明经商的服务意识，倡导良好的经营作风和商业道德。”第二十四条规定：“市场经营管理者不得为从事非法交易的场内经营者提供场地、保管、仓储、运输等条件。场内经营者有违反法律、法规、规章规定行为的，市场经营管理者应当立即制止和督促改正，并向有关行政监督管理部门报告，配合行政监督管理部门的调查处理。”

③ 《浙江省商品交易市场管理条例》第十九条第（六）项规定，市场开办者应当接受有关行政管理部门监督，并协助有关行政管理部门制止场内经营者制售假冒伪劣商品及其他扰乱市场经营秩序的行为。

④ 王迁：《网络版权法》，中国人民大学出版社2008年版，第140页。

侵犯知识产权产品的行为，可以通过扣除保证金、收回店铺等方式进行管理和规制；同时，其所收取的租金收入，与场内经营者的销售收入的相关性比较强。因此，与其管理控制能力和盈利模式相适应，其应承担较高的注意义务。而开发商出售模式的市场开办者，由于并非市场内商铺的所有权人，在个别情形下仅提供物业服务，则该类市场开办者对场内经营者控制力也就比较弱，其收取的物业费用，与场内经营者的销售收入的相关性也不强，故不应要求该类市场开办者承担过高的注意义务。

第五，知识产权保护与市场产业良性发展的利益平衡。“价值判断的问题是民法问题的核心。”① 市场开办者的注意义务评判问题，既要考虑受害人的充分救济得以实现，亦应当考虑对加害人施加的损害赔偿责任不应过于严苛而影响商品交易市场产业的发展，特别是要考虑各类商品交易市场是日常消费的重要场所，是产品销售与原材料采购的重要渠道，在引导消费、促进生产、活跃流通、优化配置、方便生活、扩大就业、拉动内需等方面发挥着重要作用。如果要求市场开办者承担过于严苛的注意义务，将可能使市场开办者的运营成本过高，严重制约商品交易市场自身的发展，也难以满足人民群众不断增长的消费需求。因此，必须秉持利益平衡的理念，合理界定市场开办者的注意义务。

3. 市场开办者知识产权注意义务的范围界定

结合上述考量因素，我们认为市场开办者应承担的注意义务包括市场准入前的审查义务和日常管理中的巡查义务。

其一，市场准入前的审查义务。市场开办者在场内经营者入场时，进行必要的准入审查，可以将场内经营者侵权风险控制在萌芽状态，督促场内经营者规范经营，同时该义务不会使市场开办者负担过高的经营成本，故应当作为市场开办者需承担的注意义务内容。具体而言，市场准入前的审查义务包括以下内容。首先，应当审查商户的经营主体资格情况，包括营业执照、经营许可证等，建立经营者档案并定期核实更新，以保证其主体身份的真实性、合法性。其次，应当与场内经营者签订相应的经营合同，经营合同中应当载明场内经营者不得销售侵犯他人知识产权的商品的内容，并设置相应的违约条款，如没收押金、收回商铺、解除合同等。如杭州龙翔公司在与场内经营者签订的《杭州龙翔服饰城营业房（摊位）租赁合同》（格式合同）中就明确约定，对市场内违反市场管理制度的商户，可以处以违约金、赔偿金，对出售假冒伪劣商品的商户，杭州龙翔公司有权收回商铺。综上，如果市场开办者对场内经营者的身份情况未予核实或者未在经营合同中设置场内经营者的相关义务条款，则可认定市场开办者违反市场准入前的审查义务。

其二，日常管理中的巡查义务。市场开办者应建立场内经营者的销售商品销售活动的检查监控制度，以尽可能发现市场内侵犯他人商标权的行为并及时采取必要措施予以制止。《浙江省商品交易市场管理条例》第十九条第（六）项规定，市场举办者应当接受有关行政管理部门监督，并协助有关行政管理部门制止场内经营者制售假冒伪劣商品及其他扰乱市场经营秩序的行为。市场开办者的巡查义务不应仅限于在协助行政机关制止侵权行为，还应当设置相应的机制对市场中的侵权行为进行

① 王轶：《民法价值判断问题的实体性论证规则——以中国民法学的学术实践为背景》，载《中国社会科学》2004 年第 6 期。

日常巡查。巡查人员通常应系专设人员，并应对市场内的知识产权侵权行为具备基本的辨识能力。巡查人员在巡查过程中，既要对场内经营者可能存在的侵权风险给予必要的提示，又要及时制止“像飘扬的红旗”一样明显的侵权行为，以提高场内经营者的侵权风险意识，规范市场的经营秩序。结合审判实践，本文认为市场开办者的巡查义务应结合市场开办者的类型、侵权行为的显著性、是否具有行政机关的相关通知等因素予以确定。

（1）市场开办者的类型

在所有权人出租模式中，市场开办者对场内经营者的控制力较强，从商品交易中的获益较大，对其巡查义务的要求也应较高，而开发商出售模式下的市场开办者对场内经营者控制力比较弱，从商品交易中获益较小，对其巡查义务的要求则不应过高。

（2）侵权行为的显著性

被诉侵权产品是否系在店铺显著位置陈列，决定了市场开办者能否在日常巡查过程中发现侵权产品，市场开办者的巡查注意义务应当存在区别。同时，针对不同的知识产权权利类型，其侵权行为的显著性亦有所不同。商标系区分商品来源的标识，商标侵权的判定较为直观，特别是在同一种商品上使用与注册商标相同的商标的行为，市场开办者应当具有一定的辨识能力。被侵权商标的知名度越高，也就意味着侵权显著程度越高，市场开办者应承担较强的巡查注意义务；反之，对于较低知名度的商标，市场开办者的巡查注意义务也应较低。而对于专利权、著作权而言，判断是否构成专利侵权或著作权侵权，需要较为严格的技术比对或作品比对，除非专利或作品的知名度极高，通常不应认定市场管理者应承担相应的巡查注意义务。如在“秦智渊诉上海亦隆小商品市场经营管理有限公司侵犯著作权纠纷案”[①] 中，被诉侵权摄影作品系作为数码信息历的背景进行使用，法院认为市场管理公司涉案摄影作品并非十分知名，市场管理公司也并非专业的摄影师，没有能力判断涉案产品使用的作品是否侵权，故认定亦隆公司并没有违反其注意义务，无须承担相应的民事责任。在“汪恩光诉周小青、浙江中国小商品城集团股份有限公司（以下简称商城集团公司）侵害实用新型专利权纠纷”[②] 一案中，法院认为，权利人所拥有的涉案专利权并不十分知名，社会公众对侵权产品是否拥有专利权以及专利权人也没有形成普遍的认知，故对权利人要求作为市场开办者的商城集团公司承担连带责任的诉请不予支持。

（3）行政机关的相关通知

如果行政管理机关发出了禁止销售某些商标商品的通知，则市场开办者对销售相关商品的情形就应当更加注意，如在“路易威登马利蒂与杭州龙翔服饰城有限公司（以下简称杭州龙翔公司）、浙江龙翔大厦有限公司侵害商标权纠纷案”[③] 中，杭州市工商行政管理局《关于保护“路易威登”“LV”“VUITTON”等七件商标标志的通告》申明“市场开办单位应维护市场秩序，将屡次经销‘路易威登’‘LV’‘Louis Vuitton’等七商标假冒商标的商户清除出市场”，要求杭州龙翔公司等对市场进行管理。此种情形下，杭州龙翔公司对其市场内销售“路易威登”商标的商品的

① 载《最高人民法院公报》2014 年第 12 期。

② 一审案号：浙江省义乌市人民法院（2015）金义知民初字第 169 号。

③ 一审案号：浙江省杭州市中级人民法院（2012）浙杭知初字第 439 号；二审案号：浙江省高级人民法院（2013）浙知终字第 269 号。

行为，即负有较高的注意义务。综上，结合市场开办者的类型、侵权行为的显著程度等因素，市场开办者未及时采取必要措施制止侵权行为的，则可以认定市场开办者违反日常管理中的巡查义务。

需要注意的是，“法律并不要求被告不惜一切代价采取各种有效的措施，只要求被告在行为时采取合理的措施，防止第三人对原告实施侵权行为或犯罪行为。法律之所以不要求被告采取一切有效的措施确保原告的人身或财产安全，主要是因为行为人承担的安全保障义务是合理的注意义务，而不是绝对注意义务，被告违反该种义务承担的是过错责任而不是严格责任。”[①] 在评判市场开办者是否构成过失时，不应对市场开办者苛以一般性的审查义务，即仅仅依据市场内存在侵犯知识产权的行为即推定市场开办者具有过错。因为市场中往往存在数量众多的场内经营者，市场开办者难以做到全面掌握、辨别场内经营者的侵权行为，且会使市场开办者承担过重的法律责任，影响正常商业活动的开展。[②] 在前述“香奈儿公司诉杭州龙翔公司、浙江龙翔大厦有限公司侵害商标权纠纷案”中关于市场开办者注意义务的界定即遵循了该思路，二审法院认为，在香奈儿公司未能举证证明杭州龙翔公司对商户的初次售假行为系明知或应知的情况下，不能因为商户存在售假行为即以市场开办者未尽到注意义务为由来要求市场开办者对此承担连带责任，这不利于市场经营活动的有序开展，亦不利于平衡各方的权利义务。同时，以上两项注意义务类型也只是指引性的考量因素，在认定市场开办者是否应知场内经营者的侵权行为时，不应机械地进行适用，而应当根据个案的具体情况进行综合认定。一般而言，仅仅违反市场准入前的审查义务，则认定其具有过失的难度比较高，而未尽到日常巡查义务，则通常可以认定具有过失。如果市场开办者能够证明已进行了合理、有效的准入审查及日常巡查，仍难以发现场内经营者的侵权行为的，应当认定其不具有过错。

市场交易的要素除去交易主体和交易行为之外，还包括交易客体即商品。市场知识产权侵权行为的物质载体即为侵权商品，因此，市场开办者知识产权注意义务的范围是否还应包括对于商品的准入审查，对此存在较大的争议。质疑者认为市场交易的商品种类繁多，数量庞大，市场开办者不可能对于市场内的交易商品进行实质性的逐一审查。我们赞同这种质疑。但是，采取日常的市场巡查方式巡查人员难以有效制止侵权商品的流通，而对场内交易的商品采取一概放任的态度，显然并不可取。因此，根据市场的实际情况，对于场内交易的商品在形式上设立相应的商品准入制度有其积极的意义。比如，市场开办者建立商户交易商品的信息备案制度；对于专业商品交易市场，市场开办者在商品准入信息上应该施以高于普通商品交易市场的注意义务等。建立商品准入的形式审查机制一方面有利于减少侵权商品的流入，另一方面可以为市场开办者的日常巡查行为提供巡查依据。更为重要的是在纠纷发生时为甄别各方当事人的过错提供相应的事实依据。

（三）市场开办者知识产权侵权行为的归责基础

构成一般民事侵权行为必须同时具备有加害行为、有损害事实的存在、加害行

---

① 张民安：《安全保障义务理论的比较研究》，载张民安主编：《侵权法报告》（第1卷），中信出版社2005年版，第106页。

② 王迁、王凌红：《知识产权间接侵权研究》，中国人民大学出版社2008年版，第123页。

为与损害事实之间有因果关系、行为人主观上有过错四个方面。

1. 市场开办者知识产权侵权行为的性质分析

由于市场开办者本身未直接实施销售行为，只是在经营管理的过程中未尽到注意义务，因此主流观点认为，市场开办者的知识产权侵权行为系一种间接侵权行为，在我国法律体系下则应适用与帮助侵权相关的法律条文。间接侵权行为主要来源于英美法系的侵权法理论，并被我国学界乃至司法实务界[①]广泛运用于对知识产权侵权行为的分类研究，对于我们分析理解不同责任主体的侵权形态具有很强的借鉴意义。故本部分将在梳理英美法间接侵权理论的基础上，对我国市场开办者知识产权侵权责任的性质进行分析。

（1）比较法梳理——以间接侵权理论为进路

间接侵权理论所要解决的关键问题，在于除了那些直接侵权行为人，还有哪些行为人应当受到法律的规制，承担知识产权侵权责任。总结各国立法与判例，可以将“间接侵权”概括为：没有实施受知识产权“专有权利”控制的行为，但故意引诱他人实施“直接侵权”，或在明知或应知他人即将或正在实施“间接侵权”时为其提供实质性的帮助，以及特定情形下“直接侵权”的准备和扩大其侵权后果的行为。[②] 鉴于知识产权侵权的特殊性，区分直接侵权与间接侵权具有特别重要的意义。因为鉴于知识产权“专有权利”的绝对权性质，除非法律有例外规定，只要未经许可实施受“专有权利”控制的行为即构成直接侵权，主观过错并非构成直接侵权的必要条件，只影响赔偿责任的承担；而构成间接侵权的各种行为都不在知识产权“专有权利”的控制范围内，在判断行为人是否应当承担间接侵权责任时，应当对立法条文及精神、知识产权保护政策及相关行为的可责性等进行考量。

间接侵权主要有以下几种类型。第一种是教唆、引诱侵权，即行为人通过教唆等方式促成他人侵权行为的发生。引诱的构成，需要鼓励了他人侵权的恶意行为的证据，而不仅仅限于引诱者知道直接侵权者的行为。[③] 第二种是帮助侵权。在帮助侵权中，帮助侵权者的主观要件为“知道”（acknowledge），而不需要达到引诱侵权者“鼓励”这样的恶意程度。第三种是替代责任，是指在特定的知识产权侵权案件中，让获得利益的第三人为直接侵权人的行为承担责任，英美法系中的替代责任根植于代理法上的“归责于上”原则，即本人对代理人在授权范围内的所有行为都要承担法律责任，因此替代责任是一种严格责任。美国的替代责任理论首先出现于版权法领域，在1963年夏皮罗案[④]中，美国法院提出了判定版权侵权中替代责任的两个测试标准：一是替代责任承担者对侵权行为有控制能力，二是替代责任承担者由他人的侵权活动获得了直接的经济收益。

在美国，曾有市场开办者提出美国商标法只规定那些“使用、复制、伪造、抄袭或仿冒”他人商标的侵权者应承担责任，并没有规定市场开办者也要承担责任，而美国法院则驳斥了这一说法。在 Fonovisa

① 北京市高级人民法院在《关于专利侵权判定若干问题的意见（试行）》（2001）中使用了“间接侵权”的概念；2010年在洛阳召开的全国法院知识产权审判工作座谈会的文件中，最高人民法院也使用了直接侵权和间接侵权的说法。

② 王迁、王凌红：《知识产权间接侵权研究》，中国人民大学出版社2008年版，第3页。

③ 李明德：《美国知识产权法（第二版）》，法律出版社2014年版，第107页。

④ Shapiro, Bernstein and Co. v. H. L. Green Co., 316F 2d 304（2d Cir. 1963）.

Inc. v. Cheery Auction Inc. 案中，一家二手货市场中有一些摊位大量出售假冒他人商标的唱片，商标权人曾经向市场开办者发出警告函，告之其市场中发生的侵权行为，而市场开办者却未能采取措施。法院发现市场开办者在明知部分摊位从事侵权行为的情况下，还通过继续提供摊位、设施、停车位、广告、水管维修和顾客等方式对其进行实质性帮助。法院因此认定“一个无视其中贩卖者肆无忌惮的商标侵权行为的二手市场是不能不受惩罚的”，并判决该市场开办者构成“间接侵权”。①

在著名的 Hard Rock Café v. Concession Services 案中，法院详细分析了市场管理人的商标侵权责任。原告拥有“hard rock”商标。被告经营了一家商品交易市场，出租场内摊位并收取租金、保证金和商品存储费。② 1989 年，原告发现第三人在该市场上销售假冒的“hard rock”汗衫。地区法院以两点理由判决被告知晓其商户的侵权行为：①被告“故意对在其市场有假货出售的行为视而不见”；②被告没有采取合理的措施在其市场发现或阻止出售假货的行为。③ 但上诉法院并不同意第二点理由，其指出：“间接侵权中‘有理由知晓’的标准要求像一个理性人那样行事，但并没有施加任何寻找并阻止侵权行为的义务。”这就意味着场所提供者即使没有事先采取预防措施阻止商户们出售假冒商品，也不能仅就此推定其实际知晓或应当知晓有商户出售假冒商品的事实。虽然上诉法院认同“对侵权行为视而不见（willful blindness）”就等于“实际知晓”的结论，但强调它的构成要件是“在强烈怀疑存在侵权行为的情况下，故意不进行调查”。④ 由于地区法院的判决将注意力集中在被告没有采取合理的预防措施，而没有讨论被告是否应当像理性人那样应当发现侵权事实，或者故意对侵权事实视而不见，上诉法院将该案发回重审。

在这个案件中，上诉法院同时讨论了商标法上的替代责任问题，认为替代责任理论所要求的是被告与侵权者必须要有明晰的或事实上的同伙关系，有权在买卖过程中约束侵权人与第三人之间的交易行为，或者共同拥有或能够共同控制侵权产品。本案被告与侵权人之间不存在上述关系，不符合这类共同侵权的模式。上诉法院还指出，商标权与著作权是两种不同的知识产权，商标法中的替代责任与版权法相比要狭窄得多。

（2）侵权行为的性质——以共同侵权理论为进路

对于教唆、引诱或者帮助他人实施侵权行为的，在大陆法系国家同样构成侵权，只是大陆法系一般是在共同侵权理论的框架下进行规定和分析。共同侵权行为，广义的理解，是指两个或者两个以上加害人实施的导致同一损害结果的行为。具体分为四种类型：①主观的共同侵权，或称有意思联络的共同侵权，目前主流观点认为此处的“意思联络”既可以是共同故意，也可以是共同过失；②客观的共同侵权，或称行为关联的共同侵权，即数行为客观上相互结合发生同一不可分的损害结果；③准共同侵权，或称共同危险行为；④拟

---

① Fonovisa, Inc. v. Cherry Auction, Inc., 76F. 3d 259, at 264 – 265 (9th Cir. 1996).

② 具体事实还包括：被告在市场中张贴了禁止出售“违法商品”的告示，编写了《销售商行为守则》等文件，还聘了两个退休警察，在维持秩序的同时查看商户们是否遵守了自己的要求。被告的经理一天会在市场中来回巡视 5 次。如果商户有出售违法商品的行为，被告有权将其清退出市场。

③ Hard Rock Café Licensing Corporation. v. Parvez, 1990 U. S. Dist. LEXIS12146, at 1 – 6 (N. D. Ill., 1990).

④ Hard Rock Café Licensing Corporation v. Concession Services, 955 F. 2d 1143, at 1148 – 1149 (7th Cir. 1992).

制的共同侵权，即教唆、帮助行为。[①] 我国侵权责任法第八条至第十二条以五个不同的具体条文对广义共同侵权的几种类型进行了规定，其中第九条就是关于教唆、帮助行为侵权责任的规定。[②]

所谓帮助行为，是指通过提供工具、指示目标或以言语激励等方式从物质上或精神上帮助实施加害行为的人。[③] 帮助侵权行为的成立要件包括三个。①帮助人实施了帮助行为，帮助行为通常是积极的行为，只有在不作为者具有作为义务时，其消极的不作为才有可能成为帮助行为。如在市场开办者负有知识产权注意义务的情况下，如果其明知特定侵权行为的存在却消极不作为的，就有可能构成帮助侵权行为。②被帮助人实施了侵权行为，且帮助行为与侵权行为造成的损害后果之间具有因果关系。不作为之成立侵权行为同样须与损害他人权利之间具有因果关系。换言之，倘若有所作为即得防止结果之发生，因其不作为乃至他人权利受侵害时则不作为与权利受侵害之间有因果关系。[④] ③帮助人对侵权行为的发生存在过错。

对于过错要件中，帮助人是否须与加害人存在意思联络的问题，存在不同观点。有观点认为，成立共同侵权的前提是行为人之间有共同的意思联络，而在市场开办者与商户对销售侵权产品没有意思联络的情况下，就不符合帮助侵权行为的构成要件。我们认为，为充分保护受害人权益，目前共同侵权理论通说已经接受了无意思联络的客观共同侵权行为，对拟制的共同侵权行为的主观要件，也不应作过高要求。帮助人与加害人之间在主观上虽无意思联络，但只要帮助人对侵权行为的发生存在过错，就具有主观上的可责性，应当构成帮助侵权。比如市场开办者与商户之间对于实施侵权行为虽无意思联络，但市场开办者明知侵权行为的存在却不采取相应措施，放纵侵权行为发生的，其在主观上显然存在故意（间接故意），应承担帮助侵权责任。

（3）间接侵权理论的启示

间接侵权理论与广义共同侵权之下的帮助侵权理论相比，在行为类型、侵权要件等方面均存在差异，具有其特有的优势，对我们分析相关法律问题具有借鉴意义。

首先，间接侵权行为与直接侵权行为的分类突出了侵权责任的主次，明晰了具有关联性而责任又不同的相关侵权责任的关系，在使用上便于分析、理解和把握不同的责任形态，具有其便利性。[⑤] 比如间接侵权行为人的责任相对较轻，往往还有特殊的免责事由，能够体现不同领域的政策考量。

其次，间接侵权的构成不以行为人之间存在意思联络为前提，其中帮助侵权的主观构成要件系行为人明知或应知他人行为构成侵权但仍然给予实质性帮助，避免了大陆法系关于意思联络问题的各种争论。

最后，大陆法系及我国也有关于替代责任的理论研究和立法规定，但仅局限于雇主责任等有限领域，并未延及知识产权侵权责任。虽然目前我国尚无必要在知识产权领域引入替代责任，但英美法关于替代责任要件（包括控制要件及直接经济利益要件）的分析，与我们在认定不同主体

---

① 最高人民法院侵权责任法研究小组：《中华人民共和国侵权责任法条文理解与适用》，人民法院出版社2010年版，第58页。

② 侵权责任法第九条第一款规定："教唆、帮助他人实施侵权行为的，应当与行为人承担连带责任。"

③ 王利明：《民商法研究》，法律出版社1999年版，第168页。

④ 王泽鉴：《侵权行为》，北京大学出版社2009年版，第182页。

⑤ 孔祥俊：《知识产权保护的新思维——知识产权司法前沿问题》，中国法制出版社2013年版，第171页。

注意义务时的考量因素之间存在共通之处，有着积极的借鉴意义。

2. 市场开办者的过错判断标准

在过错责任原则中，过错是评判行为人是否承担侵权责任的核心要件。过错分为故意和过失两种基本形态。其中，故意是行为人预见自己行为的结果，仍然希望它发生或者听任它发生的主观心理状态。过失系指未尽能注意之注意义务，也即“应预见损害之发生、能避免损害之发生、未避免损害之发生”。同时，“过错”总是与行为人是否“明知”他人的直接侵权行为以及是否根据其应尽的“合理注意义务”而和“应知”联系在一起的。市场开办者的过错也应包括故意和过失。

（1）市场开办者构成故意的认定

市场开办者在已经明知市场内存在侵犯他人知识产权的情况下，包括收到权利人发出确有侵权证据的通知、工商行政管理部门的处罚通知、消费者的投诉等，应当及时采取必要措施以避免侵权后果的进一步扩大，否则应认定市场开办者构成故意。评判市场开办者是否构成故意，应从市场开办者采取措施的及时性和必要性两方面予以考量。

一是措施的及时性。市场开办者在接到相应的投诉通知后，应立即采取措施制止侵权行为，而不能放任侵权行为持续，否则应认定市场开办者对扩大的损失具有过错。例如在“路易威登马利蒂公司（以下简称路易威登公司）与温州南亚箱包服装商城有限公司（以下简称南亚公司）侵害商标权纠纷案”[①] 中，法院认为，作为市场开办者的南亚公司在收到路易威登公司的警告函，知晓销售侵权商品的商户的具体信息后，未采取相应措施制止商户侵权行为，导致在发出警告函后三个月，该商户仍在销售侵权商品，据此足以证明南亚公司具有明显的主观过错。市场开办者在收到权利人的投诉通知后，未及时采取必要措施制止侵权行为，系第一种市场开办者侵权类型。

二是措施的必要性。市场开办者所采取的措施应足以制止侵权行为继续发生，如收取违约金、要求场内经营者停业整顿及收回商铺等，而不能仅采取简单的侵权风险提示等措施，否则可以认定市场开办者具有过错。市场开办者在收到权利人的投诉通知后，虽采取了措施，但相应措施不能有效制止侵权行为，则系第二种市场开办者侵权类型。例如在“香奈儿股份有限公司（以下简称香奈儿公司）诉杭州龙翔服饰城有限公司（以下简称杭州龙翔公司）、浙江龙翔大厦有限公司侵害商标权纠纷案”[②] 中，作为市场开办者的杭州龙翔公司在接到商标权人香奈儿公司的投诉函后，在召集出售侵权商品的商户进行警示性的简单告知，由商户出具不再售假的承诺书后，继续为相关商户提供物业服务，导致部分商户重复发生售假行为。二审法院即认为，杭州龙翔公司并未依约采取诸如收取违约金、停业整顿及收回营业房（摊位）等更为严格有效的措施，致使部分商户重复发生售假行为，应认定杭州龙翔公司具有过错。

需要说明的是，由于市场开办者并不是维护公共安全的警察角色，不能无限度地加重其负担。审判实践中，对于市场开办者是否构成故意的认定标准，既要具有充分性，即以足以保护权利人的知识产权为原则，又要具有现实性，将市场开办者

① 一审案号：浙江省温州市中级人民法院（2012）浙温知初字第129号。

② 一审案号：浙江省杭州市中级人民法院（2012）浙杭知初字第509号；二审案号：浙江省高级人民法院（2014）浙知终字第35号。

的义务限定在合理的限度内，不能仅依据场内经营者发生重复侵权即应推定市场开办者构成故意，而应结合市场开办者与场内经营者所约定的违约条款及不同侵权情形综合评判具体措施的及时性与必要性，即是否能够达到阻止侵权行为继续或者进一步扩大的效果。

（2）过失评判标准的客观化

过失是最常见的过错形态，其判断标准历经主观向客观之转化过程。早期侵权法判断行为人是否有过失，主要考察行为人的主观心理状态，即采主观标准。这需要综合考虑该特定行为人的能力、知识、经验等主观因素及其当时所处的外界环境、时间以及行为的类型等因素，从其意志活动过程来确定过失，其弊端在于使得受害人证明行为人的过错很困难，不利于保护其利益。[①]《德国民法典》开始对过失评判采用客观标准，该法典第276条规定："欠缺社会交往中必要之注意，为有过失。"即该法典对过失的判断不再根据行为人个人的认识和能力，不再探究行为人的主观心理状态，而是根据一个客观的标准，通常被称为善良管理人或善良家父标准。[②] 英美法系关于侵权法上过失的判断标准，值得重视的是经济分析的思考方法，具有代表性的即为美国侵权法上的汉德公式（Learned Hand Formula of Negligence）。该公式系美国著名法官汉德在 United States v. Carroll Towing Co. 一案[③]中提出：若发生损失概率为 P，损失金额为 L，并用 B 标识预防成本，则在 $B < P \times L$（即预防成本小于损失金额乘以发生损失概率）时，加害人具有过失。后经 Richard Posner 积极阐扬以后，不仅对过失评判标准产生重大影响，也成为美国侵权行为法的核心概念。[④] 我国侵权责任法起草部门在对侵权责任法条文的权威解释中，也认为过失的认定标准逐渐客观化，应当主要依据客观标准判断行为人有无过失。[⑤] 在评判市场开办者是否具有过失时，也应当依据客观标准合理界定市场开办者应当承担的注意义务。市场开办者虽未收到权利人的侵权通知，但违反了相应的注意义务，导致市场内侵权行为长期大规模存在的，即属于第三种市场开办者侵权类型。

3. 市场开办者知识产权侵权责任的性质

司法实践中，已经判决的司法案例大多数都是采用让市场开办者承担连带责任的责任方式。比如最高人民法院在2015年9月9日发布的14起北上广知识产权法院审结的典型案例中，其中的香奈儿股份有限公司诉文大香、凯旋大酒店、华美达酒店等侵害商标权纠纷案即属于涉市场开办者案件，一审法院广州市越秀区人民法院认为经营者文大香构成侵权，凯旋大酒店、华美达酒店不构成侵权。二审广州知识产权法院认为，综合考虑涉案商标的知名度、华美达酒店的高档星级酒店身份、合同显示的酒店与商铺的特殊关系以及文大香长期反复侵权等因素，华美达酒店对涉案售假商铺应具有较高注意义务，且文大香的售假行为明显，华美达酒店只要稍加注意就能发现。华美达酒店对文大香侵犯涉案商标的行为视而不见，放任侵权行为的发生，构成帮助侵权，应与文大香承担连带

---

① 程啸：《侵权责任法》，法律出版社2011年版，第205页。

② 王永霞：《共同侵权行为制度新论》，法律出版社2014年版，第166页。

③ Circuit Court of Appeals, Second Circuit, 1947, 159F, 2d. 169.

④ 王泽鉴：《侵权行为》，北京大学出版社2009年版，第244～245页。

⑤ 王胜明主编：《中华人民共和国侵权责任法释义》，法律出版社2010年版，第196页。

赔偿责任，二审法院遂作了改判。[①]

市场开办者承担连带责任符合现行法律的规定。知识产权源于民法，民法的基本原则和规则对知识产权领域仍然适用，只不过知识产权领域有自身的特殊规则。《最高人民法院关于贯彻执行〈中华人民共和国民法通则〉若干问题的意见》第一百七十条规定，教唆、帮助他人实施侵权行为的人，为共同侵权人，应当承担连带民事责任。侵权责任法第九条规定，教唆、帮助他人实施侵权行为的，应当与行为人承担连带责任。可见，对帮助等行为承担连带责任是民法侵权责任判定的一项基本规则。在具体的知识产权法律和司法实践中，也基本体现了这一规则。侵权责任法第三十六条规定："网络用户利用网络服务实施侵权行为的，被侵权人有权通知网络服务提供者采取删除、屏蔽、断开链接等必要措施。网络服务提供者接到通知后未及时采取必要措施的，对损害的扩大部分与该网络用户承担连带责任。网络服务提供者知道网络用户利用其网络服务侵害他人民事权益，未采取必要措施的，与该网络用户承担连带责任。"该规定明确了网络服务提供者的连带责任。让市场开办者承担连带责任有利于实现网络经营者与实体经营者知识产权侵权制度的基本统一。我国专利法没有明确规定帮助行为的连带责任，但司法实践中，有部分高院已经以内部规定的形式明确了帮助等侵权行为的连带责任。比如北京高院2013年发布的《专利侵权判定指南》第一百零六条就规定教唆、帮助他人实施专利法第十一条规定的行为的，构成共同侵权。

此外，市场开办者对于其帮助侵权行为承担连带责任符合利益平衡原则。市场开办者侵权行为的认定必须考虑权利人的利益、经营者的行为和市场开办者的行为。就权利人而言，应当尊重其知识产权，保护创新成果和商誉，发挥其创新积极性，不能让其维权无门。就经营者言，应当对其侵权行为承担不利后果，不能让其从违法行为中获益。就市场开办者而言，既要让其切实履行监管职责，又不能苛求其甄别市场中难以识别的知识产权侵权行为。让市场开办者承担连带责任，表面上似乎加重了市场开办者的责任，实则不然。首先，市场开办者对市场中的经营者往往比较熟悉，可以及时发现侵权行为。很多开办者还通过押金、收回租赁场地等约定责任方式，对经营者的行为进行约束。比如上诉人余姚市飞达商贸有限责任公司（以下简称飞达公司）与被上诉人红豆集团有限公司、朱洪来侵害商标权纠纷一案中，飞达公司作为市场开办者，与经营户朱洪来签订的租赁经营协议约定："甲方（飞达公司）对乙方（朱洪来）违反本协议、甲方管理制度及其他违法违规的行为有权予以制止；对乙方（朱洪来）违反本协议、甲方管理制度及其他违法违规的商品和有关物品有权予以收缴。"[②] 让市场开办者对经营者的行为承担连带责任，有利于促进市场开办者履行监管职责，更好地制止侵权，维护权利人利益。对经营者而言，尊重他人知识产权是一项法定义务，市场开办者加强管理不会增加其额外负担。对市场开办者而言，虽面临连带责任风险，但通过对其主观过错要件的设置，只要其不懈怠履行管理职责，就能够避免承担责任。短期而言，其可能会流失部分经营者，但以侵权产品为盈利手段的开办者只会让市场失去声誉，从长期来说，制止侵权行

① www. legaldaily. com. cn，2015年9月10日访问。

② 参见浙江省宁波市中级人民法院（2011）浙甬知终字第13号民事判决书。

为，提高市场声誉对市场开办者而言可能是其提高市场知名度的重要手段，对市场开办者并无不利。其次，让市场开办者承担连带责任，但不一定要求市场开办者对经营者的全部侵权行为和损害后果承担连带责任，侵权责任法第三十六条已经出现了部分连带的规定，“网络用户利用网络服务实施侵权行为的，被侵权人有权通知网络服务提供者采取删除、屏蔽、断开链接等必要措施。网络服务提供者接到通知后未及时采取必要措施的对损害的扩大部分与被管理者承担连带责任。”

但是，市场开办者知识产权侵权行为具有不同于一般侵权行为的行为特征。其中侵权行为的不作为性尤为明显。如前所述的第三种市场开办者侵权类型，即市场开办者虽未收到权利人的侵权通知，但违反了相应的注意义务，导致市场内侵权行为长期大规模存在。

在路易威登马利蒂诉宁波莱迪丹顿商贸有限公司侵害商标权纠纷一案[①]中，涉及的侵权商户多达近20家，其中8家商户未领取经营执照，10家商户为初次侵权商户，部分商户重复侵权，仅公证证据反映的侵权时间跨度就达2年，全案并无有效证据证明宁波莱迪丹顿商贸有限公司作为市场开办者履行了必要的注意义务和监管行为。

市场开办者不履行其基本的知识产权监管义务，对市场内部已经存在或即将发生的知识产权侵权行为采用“视而不见”的不作为的放纵，而传统的连带责任对于此类行为缺乏相应的适用基础，司法实践中对于市场商户的初次侵权行为也往往以权利人未能举证证明市场开办者未尽到监管义务为由而一概否定权利人对于市场开办者的侵权指控，一定程度上助长了市场开办者的“放纵”。市场开办者不作为的知识产权侵权行为是长期困扰市场经营模式下知识产权保护的瓶颈所在。如何合理界定市场开办者知识产权注意义务和与之相应的市场监管义务并制定相应的归责原则迫切需要立法与司法给予回应。

我国侵权责任法第六条规定行为人因过错侵害他人民事权益，应当承担侵权责任。全国人大常委会法工委民法室将其中的“行为”明确解释为：“这里的行为包括作为和不作为”。[②] 知识产权侵权行为同样可以区分为作为侵权行为和不作为侵权行为两类并承担相应的作为责任和不作为责任的法律后果。其中，作为侵权行为是行为人因故意或过失违反不作为义务而致他人知识产权损害的行为，而不作为侵权行为则是行为人违反对他人负有的某种作为义务，未实施或未正确实施该义务所要求的行为而致他人知识产权损害的行为。

市场开办者知识产权侵权行为大量存在着不作为的侵权行为。前述例案中的宁波莱迪丹顿商贸有限公司侵权行为即为典型案例。

通常认为，不作为的侵权行为的认定存在于以下情形：法律规定行为人应当积极作为，因不作为而致人产生损害，负有作为义务的主体应承担侵权责任；不作为人与受害人存在特殊关系而产生的义务，因未履行义务致人产生损害，负有作为义务的主体应承担侵权责任；行为人负有特定的安全保障义务，因未履行义务致人产生损害，负有作为义务的主体应承担侵权责任；基于其他特定义务的不作为情形。

---

① 一审案号：浙江省宁波市中级人民法院（2014）浙甬知初字第135号；二审案号：浙江省高级人民法院（2015）浙知终字第184号。

② 全国人大常委会法工委民法室：《中华人民共和国侵权责任法：条文说明、立法理由及相关规定》，北京大学出版社2010年版，第20页。

相比于作为的知识产权侵权行为，不作为侵权行为人所负有的注意义务程度较高，其不仅需要实施某种作为义务所要求的行为，而且需要适当地实施该行为，其负担的注意义务的内容主要是对权利人施以救助和保护。而且不作为侵权行为往往是由于第三人直接实施导致损害发生的行为故而不作为与损害之间存在事实上的因果关系的确定又有别于作为的侵权行为而更为复杂。所以在立法上通常会对不作为的侵权行为作出明确的规制。我国侵权责任法所设定的作为义务包括安全保障义务、教育义务、管理义务、救助义务、告知义务（或说明义务）等类型，如涉及安全保障义务第三十七条，但承担主体和适用范围限定为“宾馆、商场、银行、车站、娱乐场所等公共场所的管理人或者群众性活动的组织者”，而第三十六条、第三十八条和第三十九条、第五十五条则分别规定了网络服务提供者、教育机构和医院的作为义务。由于现行立法并没有就市场开办者知识产权保障义务进行明确的规定，由此造成法律适用上的障碍。但诚如施瓦布指出的：“如果过于拔高注意要求，则人的行为自由就将受到限缩，社会交往的动力将会受到阻碍。但是如果把交往中必要的注意定得太低，则又会使受保护的法律地位贬值，使合法取得的财产遭受不安全的风险。这种在行为自由、法治国家式的保护和社会国家式的约束之间的紧张关系揭示出侵权法评判问题的特征。”①

市场经营模式在我国商品交易模式中占据了较大的比重，市场交易中存在相当数量的知识产权侵权商品并成为侵权链条中仅次于生产制造商的次源头之一，对此也应客观正视。市场开办者不作为的知识产权侵权行为是长期困扰市场经营模式下知识产权保护的瓶颈所在。在我国实施知识产权国家战略的大背景下，如何合理界定市场开办者知识产权注意义务，依法规制市场开办者相应的不作为侵权行为的责任承担，迫切需要立法与司法的回应。尤其是在“市场开办者虽未收到权利人的侵权通知，但违反了相应的注意义务，导致市场内侵权行为长期大规模存在”的情形下，参照侵权责任法第三十七条的规定，以市场开办者未尽到合理的知识产权注意义务，对所致的损害结果承担相应的补充责任实为必要。前述宁波莱迪丹顿商贸有限公司侵权一案，一、二审法院均确信该公司违反了相应的注意义务，导致市场内侵权行为长期大规模存在，但缘于立法的空白，对于市场内合法持有个体经营户证照商户的初次侵害行为，以权利人未能举证证明宁波莱迪丹顿商贸有限公司对前述店铺未在合理的注意范围内加以审查并进行日常监管为由，驳回权利人对于宁波莱迪丹顿商贸有限公司相关诉讼主张实属无奈之举。

（四）市场开办者知识产权侵权行为类型分析

司法实践中对于市场开办者知识产权侵权行为通常按照直接侵权和间接侵权加以区分。但实际上这种区分虽然具有法理分析价值，但并不能形象地呈现市场开办者侵害知识产权行为的全貌，而且在判断上存在相当的难度。而将市场开办者侵害知识产权行为按作为与不作为的侵权行为加以区分则能清晰地反映出市场模式下特定主体知识产权侵权行为的形态特征。

1. 作为的侵权行为

司法实践中，市场开办者作为的知识产权侵权行为主要有以下几种情形。

---

① ［德］迪特尔·施瓦布：《民法导论》，郑冲译，法律出版社2006年版，第201页。

（1）市场开办者直接实施销售侵权产品行为

市场开办者直接实施销售侵权产品行为应承担直接侵权的民事责任，对此并无争议存在。司法实践中还存在以下情形。

一是销售侵权商品的发票系以市场开办者名义开具的情况。在多数情况下，开具发票的主体就是直接销售者，但也存在例外情形，如市场开办者与商户之间存在代征税款的关系。在拉科斯特股份有限公司诉上海龙华服饰礼品市场经营管理有限公司侵害商标权纠纷一案①中，原告购买侵权商品时，是由被告出具发票，原告据此主张被告是销售者。但法院经审理认为，根据被告与徐汇区税务局签订的《委托代征税款协议》的规定，被告是根据税务部门的要求，为场内承租商铺的经营者统一代为缴税，代开发票，而场内承租商铺的经营者均为独立的经营主体，并非被告的销售部门或者分支机构，故对原告关于被告系侵权商品销售者的主张不予支持。

二是市场开办者出借营业执照给商户的情况。市场开办者出借经营执照给商户，意味着商户系经市场开办者同意以后者名义对外经营。根据《最高人民法院关于适用中华人民共和国民事诉讼法若干问题的意见》第四十六条之规定："营业执照上登记的业主与实际经营者不一致的，以业主和实际经营者为共同诉讼人。"据此，商户的侵权行为应当视为市场开办者的侵权行为，权利人既可以向商户主张权利，也可以向市场开办者主张权利。

三是市场开办者以市场的名义组织的有商户共同参与的有奖促销、折扣促销等活动。虽然在此类促销活动中，真正进行商品销售的依然是具体的商户个体，但是，由于市场开办者以市场的名义组织促销活动，其行为已然超出其市场监管行为的范畴，理应对促销指向的商品负有商品销售者同等的注意义务，应该视同为具体的销售行为，权利人既可以向商户主张权利，也可以向市场开办者主张权利。

（2）市场开办者教唆市场商户实施侵权行为

市场开办者的教唆行为是指市场开办者对商户通过刺激、利诱、怂恿或进行开导、说服等方法使该商户从事知识产权侵权行为。民法上所指向的教唆行为可以通过口头、书面或其他形式加以表达，可以公开进行也可以秘密进行，可以当面教唆也可以通过别人传信的方式间接教唆。由于教唆行为只能以积极的作为方式作出，消极的不作为不能成立教唆行为，因此在司法实践中鲜有市场开办者教唆侵权的个案情形存在，即使存在，举证亦极为困难。

（3）市场开办者以作为的方式帮助市场商户实施侵权行为

市场开办者以作为的方式实施帮助行为是指给予市场商户以主动帮助，如提供交易场地、交易便利或者指导方法等，以便使市场商户易于实施侵权行为。市场开办者的帮助侵权行为可以在市场商户实施侵权行为前，也可以在实施过程中。市场开办者的帮助行为主要是对市场商户的具体侵权行为产生促进作用。

2. 不作为的侵权行为

司法实践中，市场开办者不作为的知识产权侵权行为典型表现是指市场开办者明知市场商户即将实施或正在实施侵权行为而拒不履行市场监管义务，使得市场商户的侵权行为得以实施或继续实施。市场开办者不作为的知识产权侵权行为可以在市场商户实施侵权行为前，也可以在实施过程中，该行为主要是对市场商户的具体

① 刊载于《最高人民法院公报》2010年第10期。

侵权行为采取“视而不见”的放纵从而对市场商户的侵权行为的实施产生促进作用。司法实践中经常遇见的个案主要是指市场开办者在接到权利人的侵权警告后，在应当知悉特定商户存在侵权行为的情形下，未采取合理有效的措施制止侵权行为的再次发生，拒不履行市场监管义务，构成不作为的帮助侵权。应该指出的是，在此类帮助侵权情形中，往往既包括了为市场商户实施侵权行为继续提供交易场地、交易便利等作为的帮助侵权，也包括了市场开办者因其具有市场监管的作为义务而故意不作为所构成的帮助侵权。

此外，广泛存在的市场开办者不作为侵权行为还体现在市场开办者虽未收到权利人的侵权通知，但违反了相应的注意义务，导致市场内侵权行为长期大规模存在。此类行为缘于立法的空白，司法实践中难以作出裁判加以有效的规制。

（五）市场开办者知识产权侵权责任方式

侵权责任方式，是指侵权人依据侵权法就自己实施的侵权行为应当承担的具体民事责任形式。[①] 侵权责任法第十五条规定了八种侵权责任方式。其中市场开办者就其知识产权侵权行为可能承担的侵权责任方式包括停止侵害、赔偿损失、赔礼道歉、消除影响等。其中审判实践中最为核心也是最具争议的问题就是损害赔偿的范围及计算问题。

1. 市场开办者知识产权侵权赔偿的范围

知识产权损害赔偿的范围是指侵权行为损害发生后，侵权人对于权利人所应承担的赔偿损害的具体内容界定。传统民法通常将财产损害赔偿范围界定为直接损失和间接损失两部分。其中，直接损失是指权利人现有财产的减少，间接损失就是可得利益的减少。[②] 对传统物权而言，损害赔偿的范围相对容易界定，但知识产权则不然。知识产权作为智慧财产，其权利本身价值有待于在实际转化和运用中得到体现，而由于运用与转化的过程中各种主客观因素呈现出极大的不确定性，传统民法界定损害赔偿范围的规则难以用于界定知识产权损害赔偿范围。由于知识产权是无形财产权，知识产权侵权行为给权利人所带来的损失绝不仅限于短期销售量减少所造成的直接损失，还包括商誉贬损、市场占有率下降所导致的间接损失，该种损害范围明显具有较强的不确定性。因此，确定知识产权损害赔偿范围要打破原有民法传统的单一逻辑推理式的法学研究方法，在综合权利的具体状态、权利人和侵权人的主体因素、侵权行为与损害的因果关系、损害事实的客观面貌的基础上，充分考量利益平衡，合理界定损害赔偿的范围。

如前所述，市场开办者的知识产权侵权行为类型包括三种：第一种是市场开办者以作为之方式直接实施知识产权侵权行为，第二种是市场开办者在明知市场内存在知识产权侵权行为的情形下，未及时采取必要措施以避免侵权后果进一步扩大的不作为侵权行为，第三种是市场开办者未尽到合理注意义务的不作为侵权行为。对于这三种侵权情形下的损害赔偿范围问题，本文结合前述典型案例“路易威登马利蒂诉宁波莱迪丹顿商贸有限公司侵害商标权纠纷案”予以分析。该案中，宁波莱迪丹顿商贸有限公司所开办的市场内存在三类销售侵犯路易威登马利蒂注册商标专用权商品的行为，宁波莱迪丹顿商贸有限公司

---

① 杨立新：《侵权责任法》，法律出版社 2010 年版，第 118 页。

② 杨立新：《侵权责任法》，法律出版社 2010 年版，第 74 页。

就三种侵权行为所应承担的赔偿范围也有所差异。

第一种是针对未领取个体工商户营业执照的店铺的侵权行为，宁波莱迪丹顿商贸有限公司作为涉案市场的开办者，对市场内前述商户的准入资格未依法加以准入审查，前述商户在涉案市场内所实施的提供商品与服务的行为，应视为其与具有相应权利并提供场所的宁波莱迪丹顿商贸有限公司的共同行为。宁波莱迪丹顿商贸有限公司的涉案行为符合侵权责任法第六条第一款关于“行为人因过错侵害他人民事权益，应当承担侵权责任”所规定的情形，应就无证商户的涉案侵权行为对路易威登马利蒂承担全部侵权责任。

第二种是针对路易威登马利蒂明确函告后，市场内店铺的重复侵权行为，宁波莱迪丹顿商贸有限公司应当知悉该店铺存在侵权行为的事实并能够预见侵权行为所产生的相应后果，理应加强监管，并及时采取合理有效的措施制止侵权行为的再次发生。但宁波莱迪丹顿商贸有限公司并未依照相关法律、法规以及其与商户的合同约定采取相应管理措施，放任该店铺侵权行为重复发生。宁波莱迪丹顿商贸有限公司的前述行为符合商标法第五十七条第（六）项关于“故意为侵犯他人商标专用权行为提供便利条件，帮助他人实施侵犯商标专用权行为的”属侵犯注册商标专用权的行为，以及侵权责任法第九条第一款关于“教唆、帮助他人实施侵权行为的，应当与行为人承担连带责任”规定的情形，宁波莱迪丹顿商贸有限公司应当就损失的扩大部分承担连带责任。

第三种对于合法持有个体经营户证照的店铺的初次侵害的情形。由于宁波莱迪丹顿商贸有限公司未在合理的注意范围内加以审查并进行日常监管，而导致市场内店铺的初次侵权行为，则应认定其未尽到合理的注意义务。对于市场开办者未尽到合理注意义务的情形下，其应在其过错范围内承担按份责任还是补充责任，侵权责任法未作明确规定，成为审判实践中亟待明确的法律问题。

2. 市场开办者知识产权侵权赔偿额的计算

知识产权损害赔偿的计算往往被曲解为纯数学问题，或者是完全依靠裁判者自由裁量权的单一途径得以解决。其实，知识产权损害赔偿的计算有赖于损害赔偿范围正确界定，故而首先属于事实问题。同时，损害赔偿的计算又必须按照知识产权部门法所设定的相应规则确定，因此又属于法律问题。数学计算只是其中的方法论问题。传统民法损害赔偿的计算在知识产权领域几乎无能为力。有学者以损害事故是否存在因被害人而异的因素将损害构成因素区分为普通因素和特别因素，继而将损害赔偿的计算方法区分为客观计算方式和主观计算方式。[①] 其实，在知识产权损害赔偿的计算方式问题中，前述客观计算方法并无实质性意义。因为上述制度的设计均在于对传统的民事权利的损害赔偿可以通过上述计算方式加以填平以达到全部赔偿的制度设计目的。

传统民法理论认为，填补损害系侵权责任法的基本机能，其主要目的在于使被害人的损害能获得实质、完整、迅速的填补，对加害人而言，仅是要求其就侵权行为所产生的损害负赔偿责任，而非惩罚，因为损害赔偿原则上不审酌加害人的动机、目的等，其赔偿数额不因加害人过意或过

① 曾世雄：《损害赔偿法原理》，中国政法大学出版社 2001 年版，第 161 ~ 164 页。

失的轻重而有所不同。[1] 这一填平原则适用于知识产权法领域，即体现为侵权人应就权利人的直接损失进行赔偿，也就是因侵权行为所导致减少的销售量和利润进行赔偿。审判实践中却存在填平原则的适用流于形式的问题。知识产权损害赔偿的计算不仅要考量受损权利及权利人、侵权人状况，侵权行为状态及其与损害的因果关系，同时还要顾及制度本身的功能性设计和社会公共利益平衡，其方法必然是一种主观计算方法。而这种计算还会受制于权利人的诉讼主张、举证能力，并受到裁判者自由裁量权的影响。从这个意义上讲，确定知识产权损害赔偿范围和损害赔偿数额的法律规则和裁判标准是统一可循的，但个案中具体范围的界定和最终赔偿额的确定却会有所不同，这是在坚持侵权责任法填平原则的基础上，对“加强保护”“分门别类”“宽严适度”和比例保护等司法政策的贯彻。

在确定市场开办者的知识产权损害赔偿时，也应当以填平原则为基础，区分不同的侵权情形，使损害赔偿数额尽可能符合市场规律和满足权利保护要求。适用法定赔偿必须分析案件具体情况，尽可能细化和具体说明各种实际考虑的因素，建议结合以下考量因素展开论证。①知识产权客体的价值、权利类型等因素。不同类型的知识产权价值不同，同一类型中不同知识产权价值也不同，如驰名商标的价值一般要大于著名商标的价值，发明专利的价值一般要大于外观设计专利和实用新型专利的价值等。②侵权行为性质、持续时间、范围等。关于侵权的方式，应区分是作为侵权还是不作为侵权，同时还要结合市场的经营规模以及当地的经济发展水平，以确定不同的赔偿数额。③侵权人的过错。在确定知识产权侵权损害赔偿额时，可以考虑当事人的主观过错程度确定相应的赔偿责任，尤其是在需要酌定具体计算标准的情况，应当考虑当事人主观过错程度。④合理开支。在审查合理费用时，应当加强对关联性和合理性的审查，但总体而言，对于合理开支的认定标准不宜过高，应从宽把握。此外，将合理开支在赔偿数额之外另行计算，可以保障合理开支部分既不会被忽略，也不会脱离合理的区间范畴，值得提倡。

在“路易威登马利蒂诉宁波莱迪丹顿商贸有限公司侵害商标权纠纷案”中，一审法院虽然在确定赔偿数额时已经考虑到路易威登马利蒂涉案权利商标的知名度、涉案侵权行为的主观恶意、具体侵权的形态、被控侵权商品的价格等因素，但由于一审法院未认定宁波莱迪丹顿商贸有限公司应就无证经营店铺的涉案侵权行为对路易威登马利蒂承担全部侵权责任，加之对路易威登马利蒂的涉案维权费用未作全面平衡考量，故一审法院确定的8万元的赔偿额显然不足以填平路易威登马利蒂的涉案损失，二审改判宁波莱迪丹顿商贸有限公司赔偿其经济损失及维权费用共计18万元。

（六）其他相关法律问题

1. 关于是否追加被告的程序问题

在原告仅对市场开办者提起诉讼的情况下，市场开办者申请追加直接实施销售行为的商户为被告的，司法实践中有三种做法：一种认为构成必要共同诉讼，应追加商户作为共同被告参加诉讼；第二种认为对于是否追加被告的问题，应尊重原告的处分权，如果原告同意追加的则予以追加，原告不同意追加的则不予追加；第三

---

① 王泽鉴：《侵权行为》，北京大学出版社2014年版，第10页。

种做法是从是否有利于案件事实查明的角度出发，如果案件事实清楚的就不予追加，如果不追加被告将导致案件事实不清的，则予以追加。

我们认为，如前所述，在目前的法律框架下，如果市场开办者的教唆、帮助侵权行为成立，则应承担连带赔偿责任。侵权责任法第十三条明确规定："法律规定承担连带责任的，被侵权人有权请求部分或者全部连带责任人承担责任。"该规定同样适用于解决教唆、帮助之类的拟制共同侵权责任问题。因此，在市场开办者申请追加商户为共同被告时，法院应当尊重原告的处分权，如果原告同意追加的，则予以追加；如果原告不同意追加的，则不予追加，但法院应当向原告释明，对于因不追加商户导致案件事实不明的，应由原告承担举证不能的不利后果。

2. 关于举证责任的分配

（1）关于市场开办者主体资格的举证责任

在涉市场开办者知识产权侵权纠纷中，原告应就商户实施侵权行为以及市场开办者与发生被诉侵权行为的"市场"存在关联提供初步证据。而如前文所述，市场根据不同的产权模式可以分为所有权人出租模式、开发商出售模式、返租模式三类。在不同的模式下，尤其在市场开办者与市场的所有权人或者实际管理人分离的情况下，对于权利人而言，究竟谁是应当承担知识产权管理义务的主体往往难以辨别，此时，如果被告认为自己并非适格被告，则应由其提供相关反证。

（2）关于市场开办者主观状态的举证责任

知识产权人主张市场开办者应承担侵权责任，必须证明其主观过错，即其在知道特定商户侵权行为的情况下，要么积极提供便利，要么消极不加干涉（未采取有效措施制止侵权行为）。此处的"知道"包括"明知"以及"应当知道"。从司法实践看，法院认定市场开办者"知道"侵权行为主要有三种情况：①市场开办者在收到权利人的有效侵权通知后未采取或者未及时采取措施制止侵权的；②市场开办者在收到通知后虽然采取了相关措施，但是该措施不足以制止侵权行为再次发生的；③市场开办者对其市场上长期存在的侵权行为完全放任不管的。根据"谁主张，谁举证"的举证规则，该部分事实的举证责任应当由权利人承担。

（3）关于侵权行为成立的举证责任

依据民事诉讼法"谁主张、谁举证"的基本原则，关于侵权成立的举证责任应当由知识产权权利人承担。但在知识产权相关法律中也规定了一些举证责任倒置的特殊情形。如专利法第六十二条规定，专利侵权纠纷涉及新产品制造方法的发明专利的，制造同样产品的单位或者个人应当提供其产品制造方法不同于专利方法的证明。因此，关于在举证责任倒置的情况下市场开办者是否应当承担相应的举证责任法律界存在一定的争议。我们认为，市场开办者应当不承担任何关于侵权成立的举证责任，理由如下：①市场开办者不是产品的制造者；②市场开办者并不参与实际经营，其本身不是相关行业人员，并没有的举证能力；③在知识产权人只起诉市场开办者的案件中，有利于促使知识产权人将市场经营者追加进侵权诉讼当中。

（4）关于损害扩大部分具体数额的举证责任

在市场开办者违反明知侵权后履行补救义务的情况下，不宜将其责任笼统表述为"共同（连带）赔偿"，因为市场开办者仅对因其不作为而导致损害的扩大部分承担赔偿责任，该赔偿数额往往小于市场经营户应承担的赔偿责任数额，市场开办者的责任应当是对市场经营户承担赔偿责任中的扩大部分承担连带责任，而非共同赔偿责任。至于市场开办者所应当承担的“损害扩大部分”的具体数额的认定，原则上应由知识产权人承担举证责任，如知识产权人的证据不足以证明该部分数额的，法院应当结合市场开办者过失大小、市场规模、影响力等因素酌定。

3. 市场开办者与电商平台帮助侵权责任之异同

市场与电子商务平台均为买家和卖家提供了交易的场所，在知识产权侵权责任中均有可能由于为侵权活动提供便利条件从而使其管理者构成帮助侵权责任。电子商务平台实质上是互联网 + 传统交易市场，两者都应受制于市场秩序的规制。作为互联网与传统交易模式融合的电子商务平台而言，其是市场管理者的一种特殊形式，当然负有作为开启或者持续特定危险的人所应承担的注意义务，其应当根据具体情况采取必要、适当的技术防范措施，以保护第三人免受损害的义务。因此，两者无论从侵权行为的性质、归责原则还是责任的承担方式上都是相同的。

市场是有形物品的集散地，而电子商务平台从本质意义上只是信息的集散地，它所处理和接触的是“信息流”而非“物流”。电子商务平台的本质特征或者说其区别于传统交易的根本优势就是卖家与买家不用见面就可以完成交易，买家是根据商品信息而非商品实物来作出交易判断。因此，电子商务平台上的侵权行为与实体市场中的侵权行为相比往往具有侵权主体的匿名性、传播的快捷性、影响的广泛性和不可逆转性以及造成损害后果的严重性等特征。虽然自始至终电子商务平台都没有机会接触到实体货品，但随着信息技术的发展，电子商务平台提供了第三方支付工具、商品分类排名、推广等服务从而使得其与交易的结合较传统的市场更为紧密，其侵权行为亦更趋复杂。另外，商品数量和虚拟的上架方式也是电子商务平台与市场的区别所在，传统的市场即使再大，也不过几千家商户数万件商品，但电子商务平台则可在虚拟空间提供无限的柜台和货架。因此，电子商务平台在注意义务的具体履行方面与市场管理者是有区别的。

具体而言，有别于实体市场经营者的管理义务与注意义务，电子商务平台的义务是以其提供的具体技术服务行为而作出的技术层面的考量，主要考量因素包括主体准入把关、商品信息审查、销售行为管理等。电商平台的管理义务与注意义务不能定位在事前的逐个信息的实质性审查，而应定位在技术性的形式审查。在电商平台未尽到合理的技术形式审查义务的情形下，借鉴国外的“安全关照义务”“注意义务”“保安义务”，将侵权责任法第三十七条第二款即“因第三人的行为造成他人损害的，由第三人承担侵权责任；宾馆、商场、银行、车站、娱乐场所等公共场所的管理人或者群众性活动的组织者管理人或者组织者未尽到安全保障义务的，承担相应的补充责任。”延伸至互联网无疑对权利人的救济是有益的，同时也可以避免因立法缺陷对无侵权故意的电商平台苛以过重的连带责任。电子商务平台的知识产权侵权审查与注意义务界定必须充分考量此种商业模式的固有特性并作出事前、事中和事后的合理制度安排。

四、对策和建议

市场开办者知识产权侵权责任的界定既是一个法律问题，更是一个社会问题。要进一步净化商品交易市场环境、促进市场的健康有序发展，仅仅依靠司法机关对疑难法律问题的分析显然是不够的。立法机关、行政执法部门乃至市场开办者本身也应当多管齐下、对症下药，共同探索和完善商品交易市场法律责任的规制途径。为此，我们提出以下几个方面的对策和建议。

（一）立法层面

直至1987年，我国的社会主义法律体系才初步形成，改革开放所带来的社会环境的改变及对外国法律的移植借鉴，导致法律理念与规则的剧烈变化，但作为基本法的民法通则自颁布以来未作大的修改，其关于侵权责任的规定较为粗疏，某种程度上造成各部门法自行其是的现象。知识产权侵权责任虽为2010年施行的侵权责任法所涵盖，但同时在专利法、商标法、著作权法中亦有零散规定，彼此之间在理念和规则上不尽统一，内容上也主要针对直接侵权。商品市场虽然在社会销售业态中占据重要份额，但其销售形态和法律关系相对固定，所涉法律部门较少，故无须通过制定专门法予以规范，更宜通过体系化地协调上下位阶、一般与特别法之间关系的方式，达成法律适用上的统一。

1. 加紧民法总则编撰，消除部门法的冲突

世界各国均不能依据一部法典解决所有的社会问题，而应通过具有梯次的基本法与部门法来实现，这其中民法总则总制各编，起着提纲挈领的作用，尤其对于单行法的立法体例和内容协调起着不可或缺的作用，因此应当对侵权行为各情形有总则性的规定。例如，现有民法通则第一百三十条所规定的共同侵权仅仅是狭义共同侵权，未涉及准共同侵权和拟制的共同侵权，适用范围过窄，已不能适应社会的发展需要，在未来的民法总则中应明确广义共同侵权的概念及连带责任的适用范围。此外，建议在立法中纳入间接侵权概念，以确立对过失帮助侵权等不典型侵权行为的法律调整依据。

2. 在侵权责任法框架下完善现行法律体系

侵权责任法的任务在于提供侵权行为构成的法律依据。侵权责任法第八条规定“二人以上共同实施侵权行为，造成他人损害的，应当承担连带责任”，这是狭义共同侵权条款，是对民法通则第一百三十条的承继。而第九条第一款规定“教唆、帮助他人实施侵权行为的，应当与行为人承担连带责任”，则将教唆、帮助侵权作为一种拟制的共同侵权，与狭义共同侵权并举，突破了民法通则的规定。故当前已不应适用狭义共同侵权规范作为调整帮助侵权行为的法律依据。但是，侵权责任法对于教唆、帮助侵权行为的主观构成要件未作明确规定，实践中的认识并不统一。在行为人明知侵权仍实施帮助的情况下，因其在主观上存在故意，故对其行为构成侵权并应承担连带责任并无争议。如修订后的商标法第五十七条第（六）项将故意为商标侵权行为提供便利的帮助行为直接确定为侵权行为并与直接侵权人承担连带责任，即将故意帮助行为作为拟制的共同侵权予以规范。但在涉市场开办者案件中，开办者在主观上往往并不明知侵权行为的存在，而是因其未尽到合理的注意义务而未发现并制止该侵权行为，此时对于其是否构成帮助侵权行为则存在争议，有待立法的进一步明确。

3. 知识产权部门法的补充规定

民法体系应保持形式体系性和价值体系性两方面的统一，在前述民法总则和侵权责任法从理论上解决侵权责任依据的基础上，知识产权法各部门法可以对非直接

侵权的侵权判定和责任情形作出补充规定。在各部门法中明确市场开办者等社会主体对于他人知识产权的注意义务，并尽可能对注意义务进行类型化，使法官在确定开办者注意义务的具体内容时有更明确的法律依据。建议将上述商标法第五十七条第（六）项中的“故意”修改为“故意或过失”，并按照主观过错的不同承担不同的责任，故意帮助侵权的承担连带责任，过失帮助侵权的承担补充责任。

（二）多元化管理层面

在简政放权的大背景下，行政机关对于市场的管理仍不可或缺，基于我国当前的经济环境和国民法律素质，适当的行政监管具有相当大的示范作用。同时，应发挥行业组织的自治作用，加强市场开办者自律，实现市场秩序的多元化管理。

1. 协调行政监管体系

就制止知识产权侵权行为而言，最快速直接的方式是由工商行政部门、知识产权局、文广新局等具有知识产权管理职权的部门进行查处。现实中存在的问题是各部门之间案件受理与侵权判定职权的不协调，建议确立分别受理、协调处理的原则，三者对于权利人的投诉或其在日常管理中发现的侵权行为，在自己的职权范围内予以规制，对于超出职权的部分则予以主动转交或约定协同并案处理，联名下达处罚决定，形成整体联动的监督管理体系。

2. 市场信用的司法反馈

法院对案件的处理是个案审查，除非权利人提供相关证据，否则法院对于市场整体的运作状况及知识产权管理措施并不知情。显而易见的是，如果当事人可以证明其平时对于知识产权具有明确的保护意识和措施，且有多起成功管理的先例，则对于其个案中的过错程度的判断会起到相当大的作用；考虑市场的平时表现，综合、纵向审查其对注意义务的贯彻程度，也是司法更加科学化的表现。鉴于大量的不当行为受到行政规制，市场开办者在行政机关有年检的义务，故建议行政机关尤其是工商行政部门记录并保存对市场开办者的行政档案，在诉讼时应法院要求予以提供，在不增加企业负担和监管成本的基础上，更加有利于惩恶扬善，便利法院精准化、区别化司法裁判，营造良好的市场竞争秩序，从而有利于保护知识产权的社会氛围的形成。

3. 规范和提升公证行为

公证是公证机构依照法定程序对民事法律行为、事实和文书的真实性、合法性予以证明的活动，具有准司法效力，在很多案件中是用于证明侵权事实的主要证据。受限于公证人员的素质以及工作目标不同等因素，部分用于证明侵权事实的公证书并未全面记载购买被诉侵权产品的整个过程，导致影响案件审理结果的一些关键细节的缺失。比如记载在市场中购买被诉侵权产品的公证，对于产品是公开摆售还是隐蔽销售的细节往往不予记载，但该细节却与市场开办者是否尽到注意义务密切相关。我们认为，公证行为应当从申请目的出发，从便利法院判断侵权性质和事实的角度，客观、全面、详细记载事实。如知识产权人本可通过公证证明的侵权事实，因公证书的瑕疵而无法认定的，不利后果应由权利人自行承担。

4. 推进行业协会自治管理

行业协会作为民间组织，是构筑社会经济秩序的自我调控机制，某些情况下在会员单位中享有不亚于国家机关的权威性。由行业协会对会员进行自治管理，通过行业规则实行行业自律，往往能够达到公权力所不具备的效果。

（1）日常经营的管理与纠纷解决

行业协会的妥善经营可为其会员回馈商业信誉，而单个市场开办者对于自身的管理往往趋于懈怠，行业协会统一制定经营规范并由会员之间相互监督，有助于市场开办者经营行为的改善；同时对于侵权纠纷，也可通过向行业协会这一第三方机构直接投诉，在纠纷的第一线化解争议，节省司法和行政资源。现有的行业协会尚限于各会员单位对于自身的管理，比如义乌小商品市场、杭州建华集团等市场本身的管理均较规范，如其管理经验能够推开，无疑有助于提升整个协会的经营水平。

（2）与知识产权相关的牌照管理

在放开市场经营牌照申领的同时，建议由市场协会主要依据司法机关的裁判文书和行政机关的处罚记录，在达到约定条件的情况下，对会员单位的牌照予以吊销，并予公告。丧失牌照的市场开办者并未丧失经营权利与自由，但其被剥夺附属于会员资格的商誉，如其未在一定时间内通过整改重新申领牌照，则说明其经营管理意识和水平均未达到合理程度，在日益重视知识产权权益的今天，必将遭到消费者的抛弃。

（三）市场开办者层面

市场开办者不仅应当具有基础配套设施，承担安全保障义务和商品质量管理义务，而且还应承担一定的知识产权管理义务。从调研情况来看，有知识产权保护意识并采取了积极的知识产权保护措施的市场，发生侵权行为的比例就会大大降低，而具有良好知识产权保护氛围的市场更能够树立品牌效应，实现市场的长远健康发展。

市场开办者对知识产权的管理应以“积极行动”为准则。这首先要求市场开办者在经营过程中就知识产权保护进行有效管理；其次，对于权利人的侵权投诉应进行及时回应并作出实质性的行动，确认侵权的按照合同约定进行管理，如其无法按照约定履行管理职责或其有理由相信采取的措施不足以制止侵权的，应向有权机关进行反映，并将管理措施和效果告知权利人。在前文注意义务的界定部分，已经列举了市场开办者应当承担的具体义务类型，此处不再赘述。此外，我们对于市场开办者的知识产权管理，还有以下几点建议：一是建立知识产权档案，对于商户所涉诉讼、权利人提交的侵权通知等进行有效管理；二是在日常经营中，通过告示、广播等方式提高商户的知识产权保护意识或提示知识产权侵权风险；三是配合权利人维权和法院的审理工作，比如在权利人提起有效的投诉后向其提供商户的主体资料等证据，以及要求商户签署有效的送达地址确认书作为法院送达裁判文书的依据。

泉州品牌企业知识产权司法保护需求调研报告

福建省泉州市中级人民法院知识产权庭课题组*

泉州作为福建省经济大市，经济常年稳居福建省首位，民营经济等多种经济成分更是发展迅猛。经过改革开放三十多年的发展，泉州也培育了诸多享誉国内、国际的本地品牌企业，形成了泉州特有的品牌经济。自2003年集中管辖知识产权纠纷案件以来，泉州市中级人民法院知识产权审判庭成立已逾十年。为响应国家知识产权战略，更好服务、保障海峡西岸经济区发展，促进泉州创新型城市建设，泉州市中级人民法院知识产权审判庭开展了关于本地品牌企业知识产权司法保护需求的一系列调研活动，旨在了解经济新常态背景下泉州市品牌企业知识产权司法保护现状，找准泉州品牌企业知识产权司法保护方面的需求，以便更有针对性、更有效地为泉州品牌企业提供司法服务，进一步探索知识产权司法保护的有效途径。

一、泉州品牌企业知识产权司法保护现状

泉州本地经济的发展，离不开本地品牌企业的带动。随着经济的发展，在强调创新驱动发展的当下，商标、专利、著作权等知识产权的价值得到了空前的发展，随之而来就是知识产权纠纷的大量产生。通过梳理近年来与泉州本地品牌企业相关的知识产权诉讼案件，我们了解了当下泉州品牌企业知识产权司法保护现状。

1. 涉本地品牌企业案件数量稳步增长，地域、行业分布相对集中

分析近三年的数据，泉州中院受理的涉本地品牌企业案件数量呈稳步增长的趋势，每年大概以10%左右的速度在增长。从地域分布看，案件数量也相对集中，涉晋江的企业最多，石狮、南安次之，其余地区呈零散分布（见图1）。这与泉州本地经济发展形势是相匹配的，晋江作为泉州本地经济最发达地区，品牌企业相对集中，与其作为“中国品牌之都”的称号亦相符。从行业分布看，鞋业、服装两个行业案件数量最多，卫浴、建材行业次之，食品、汽配、陶瓷等行业案件数量亦不在少数。以上涉品牌企业案件行业分布与泉州整体经济结构的特征同样是相吻合的，鞋业、服装等作为泉州本地传统产业，产业积淀深厚，行业产值较大，培育的品牌企业数量较多，由此反映到司法诉讼案件中，相关类型案件占比高，正好是经济发展特征的体现。

2. 案件纠纷多样化又趋向类型化

分析近三年的数据，泉州中院受理的涉本地品牌企业案件纠纷呈多样化，涵盖了知识产权案件专利、商标、著作权、特许经营合同、商业秘密、不正当竞争等各大案由。这其中，又以涉及商标、专利及

* 课题指导：沈毅青；课题组成员：杨金顺、林玮珊、赖世耀（执笔人）。

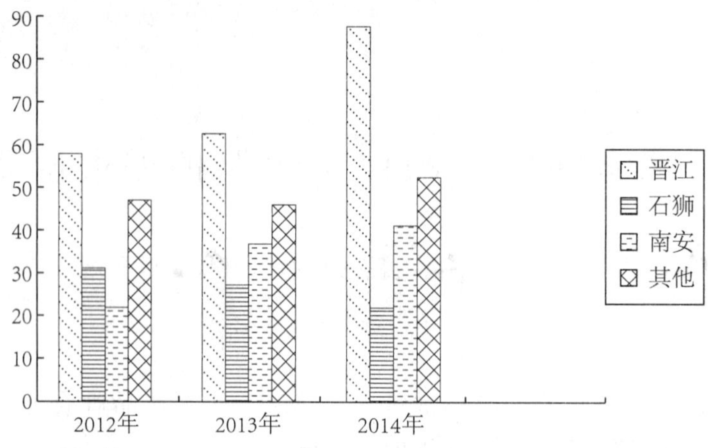

图 1　2012—2014 年涉泉州品牌企业案件数量（地域分布）情况

特许经营相关案由的案件数量占多数。同时，虽然本地品牌企业所涉案件纠纷呈现多样化，但具体的纠纷形式又趋向于类型化。首先，特许经营合同纠纷案件以追偿货款为主要诉求。在品牌企业所涉及的特许经营合同纠纷案件中，绝大多数是品牌企业以特许人的身份作为原告，起诉被特许人拖欠货款不予支付。因此，确定欠款的具体金额也成为此类案件审理重点。其次，品牌企业所涉商标案件多为侵害商标权案件，即通称的制假售假案件，这类案件以本地知名鞋服品牌企业如安踏、特步等为主，这类企业因其品牌知名度和市场认同度高，制假售假利润空间大，故而较易引起制假者的仿冒。最后，专利纠纷案件较多发生于同地域互有竞争性的企业间。品牌企业通常较为注重知识产权研发投入，其技术创新上的成果转化为产品一旦上市，因地处同一区域，产业链配套较为完整，在生产条件满足的情况下，很容易遭受本地区同行业小规模企业的复制，出现权利侵害现象。

3. 特许经营合同案件多发，案件审理难度不断增大

特许经营合同纠纷案件多发是泉州品牌企业司法保护的一大特征。近三年来，泉州中院受理的特许经营合同纠纷案件呈逐年递增的趋势，2012 年至 2014 年共受理 177 件，其中，2012 年 35 件，2013 年 57 件，2014 年 85 件，增长趋势明显。特别是自 2014 年实体经济形势开始下挫，经济增长放缓呈常态化，特许经营合同纠纷案件就呈现大幅增长之势。2015 年上半年以来，泉州中院已受理特许经营纠纷案件 65 件，同比增长了 71%。

特许经营合同纠纷案件与泉州品牌企业的发展脉络息息相关。特许经营，这是绝大多数泉州品牌企业发展都无法回避的问题。泉州本地许多品牌企业从当年家庭作坊式的生产规模发展至如今蜚声内外，依靠的就是特许经营这一特殊经营模式快速占有市场，从而带动企业步入发展快车道。而当经济形势急转直下，此种经营模式的弊端不断显现出来，也给此类纠纷案件的审理带来了不少难度。一是送达难。此类特许经营案件基本都约定本地法院管辖，而被特许人较多的是外地企业或外地人员，一旦被特许人拒不配合签收法院送达的法律文书甚至故意隐匿自身行踪，容易造成送达困难。二是库存处理难。特许经营合同纠纷案件中，被特许人处一般都会存在价值不等的库存产品，在具体结算

双方往来货款时，被特许人要求库存产品应准许退回，而特许人大多倾向于回笼资金，对于此类要求普遍拒绝。一方要退，一方不要，如何处理库存问题，防止损失进一步扩大，也是法院审理此类案件的一个难题。三是案件调解难度大。此类特许经营合同纠纷案件，双方争议的焦点基本都离不开货款金额的结算，双方对于结算金额均有各自主张的计算方式或依据，造成认知上差距较大，加之库存处理问题没有解决，各方争执不下，法院很难有效促成双方达成调解。

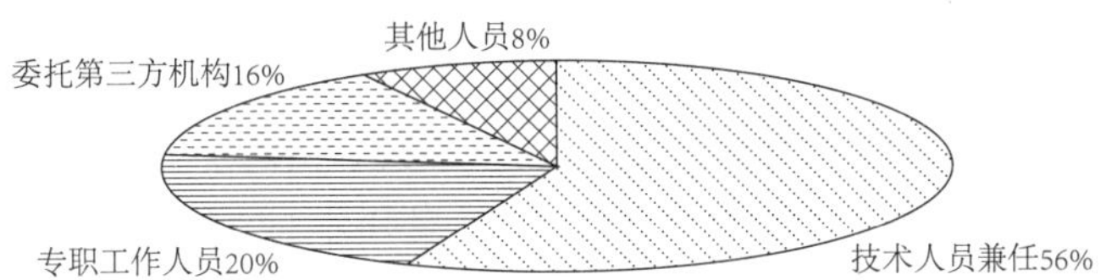

图2 25家泉州品牌企业知识产权管理人员构成

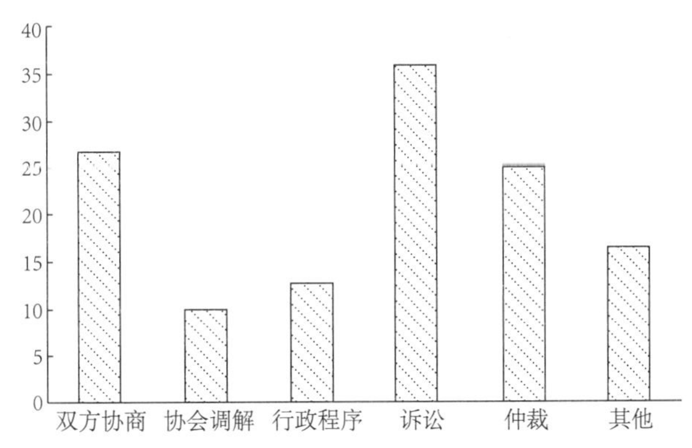

图3 泉州品牌企业知识产权纠纷解决途径

二、泉州品牌企业知识产权司法保护存在的问题

知识产权保护现状反映的是一个地区知识产权保护水平，分析本地知识产权司法保护中存在的问题，一方面可以客观地发现作为市场主体的企业在自身管理方面的痼疾，另一方面也是司法保护机关提升知识产权保护水平，改善知识产权保护环境的重要依据。通过本次调研，我们分析和梳理了当前泉州本地品牌企业知识产权司法保护存在的问题。

1. 企业知识产权风险意识高，但诉讼能力不强

企业作为市场主体，其自身在知识产权方面的管理机制建设关系到企业自身发展创新的长远规划，企业对于知识产权重视与否，最主要的就体现在对于知识产权的投入与相关管理制度的建设方面。在实地走访及问卷调查的25家企业当中，全部企业均表示拥有包括商标、著作权、专利等不同类型的知识产权，为应对知识产权方面可能面临的风险，都已设置了相应的知识产权管理人员，但类别各有不同（见图2），反映了企业重视与投入程度的不同。可见本地各品牌企业对于知识产权的风险意识是有充分预见性的。

调查问卷的反馈数据显示接受调查的25家企业均产生过知识产权纠纷，只是具

体解决纠纷途径有所不同（见图 3）。在选择诉讼方式解决纠纷时，大多企业表示企业自己缺乏相应的专业诉讼人员，对于知识产权诉讼不了解，都是外包给相应的第三方服务机构（律师、专利代理人）负责。而采取外包方式往往是事后介入，此时对于很多一手证据已丧失了固定的最佳时机，最终导致企业维权诉讼的效果不如预期。而这一现象也与问卷调查的另一结果相吻合，此类企业在被问及相关的知识产权管理机制中是否有完备的知识产权跟踪、监控机制时，除了少数几家本地规模较大的企业外，大部分企业均没有相应的制度设置。因此，本地品牌企业虽然明知可能面临的知识产权风险，但缺乏相应的跟踪、监控等事前预报机制，导致绝大多数情况是待纠纷实际发生，对企业市场造成明显冲击、损失已不可避免时才事后应对，错过了通过采取诉前保全、诉讼禁令等诉讼方式减少损失、避免冲击的绝佳时机，也在无形中增加了诉讼成本。

2. 行业协会监管服务功能缺失

行业协会作为企业意思自治的体现，一方面，其在促进企业信息共享、增进企业协同作用、监督行业自律等方面具有积极的效应；另一方面，作为相关公权机关与企业联系的纽带，行业协会在提供政策咨询、进行集体协商、带动政企联运等方面也发挥着重要的作用。于泉州本地，在相关龙头企业或行业监管机构的引导下，各品牌企业已成立了诸多行业协会。但从其作用看，行业协会的监督服务功能并未得到有效发挥，未能真正做到服务于企业。知识产权司法保护作为政策性较强的司法领域，相关行业协会作为中间纽带，应及时将最新的政策取向传导给企业，引导企业正当开展生产经营，避免不必要的知识产权风险；同时对于本行业内企业可能面临的大规模诉讼进行集体协商，降低企业诉讼风险，节约诉讼成本。以泉州本地汽配行业同业公会为例，在相关权利人主张其享有“一种车用防旋轮毂螺栓”实用新型专利及外观设计专利并据此大肆起诉本地汽配企业时，该协会除前期介入协商且协商不成即退出外，未再组织本行业企业共同应对权利人的诉讼，抑或发布相关警示信息，以致由各个企业单独应对诉讼，由此也衍生了大量同类案件。这类案件自 2011 年开始迄今已达 110 件，既影响了整个行业的健康发展，也浪费了大量的司法资源。

同时，行业协会在倡导企业公平竞争，杜绝恶意作为方面的监督作用也有待加强。以泉州本地传统的鞋服行业为例，不同地域范围、不同层级均有相关行业协会存在，但这些协会在发挥行业监督作用方面并不明显，一些同行业恶性竞争行为时有发生。如一部分研发实力较强、注重知识产权投入的企业研发出一种新产品，往往刚上市就面临着本地同行业的抄袭、复制等简单粗暴恶性竞争行为，导致企业不得不诉诸法律以维权，此类现象与行业协会在监督行业自律方面的作用缺失不无关联。

3. 司法机关知识产权审判机制保护功效未能有效发挥

作为司法保护的最终执行机构，司法机关的作为决定了司法保护的水平。综合我们召开的座谈会、开展的问卷调查可以看出，泉州两级法院作为本地知识产权司法保护机构，审判服务职能尚有待提升，体现在以下几个方面。首先，知识产权诉讼成本高、取证难，反映在诉讼中，即权利人的举证责任较重，而相应的申请法院调查取证又有时效及程序限制。特别是证据保全，绝大多数受访企业均表示在知识产权纠纷中向法院申请过证据保全，但对于证据保全的具体受理标准没有明确，是否能够采取证据保全很大程度上影响权利人的维权积极性。其次，知识产权案件赔偿额度偏低。许多权利人为维权花费了大量成本，最终得到的经济赔偿却远远低于实际支出，严重挫伤了权利人的积极性，也降低了司法公信力。同时，案件审理过程中，对于权利人已经支出的合理费用与实际经济损失不加区分，机械套用定额赔偿法，忽略权利人在损失或获利方面的举证，从反面助长了当事人的举证惰性。最后，对于知识产权犯罪案件，刑罚处罚力度不够。参与座谈会的品牌企业普遍表示本企业遭受过制假售假者扰乱市场。特别是近几年来，网络售假的兴起，给本地品牌企业维权带来了很大的困扰，真正发现了制假售假源头，又因其经营数额等犯罪情节难以认定，最终导致许多犯罪分子所受刑责与其犯罪行为不匹配，有的甚至免于刑事处罚。

三、泉州品牌企业知识产权司法保护需求

在总结了泉州品牌企业知识产权司法保护现状并分析了其存在的问题后，我们据此试图探寻在当前形势下泉州品牌企业对于知识产权司法保护方面的需求。而品牌企业对于知识产权司法保护的需求，即是司法机关今后开展知识产权司法保护工作尚需改善的着力点。据此，我们提出如下几点对策与建议，以期能够契合泉州品牌企业知识产权的司法保护需求，更高效地为泉州品牌企业提供司法服务。

1. 注重知识产权司法保护宣传，营造良好社会氛围

作为知识产权司法保护机构，法院应当注重知识产权司法保护的法制宣传，不断创新宣传的手段与载体，加强对品牌企业相关知识产权司法保护知识的宣传力度。一是扩大与新闻媒体合作，开设专栏专题，定期采取典型案例报道形式，及时宣传最新司法政策，使各品牌企业能够掌握最新司法动向，合理正当开展生产经营活动。二是巩固每年“4·26”世界知识产权日的宣传平台，继续坚持通过召开知识产权司法保护新闻发布会、开办宣传栏、将每年已审结知识产权典型案件以白皮书形式向社会公布，着力打造在辖区内具有广泛影响力的特色宣传月活动。三是借助新兴媒体，扩大宣传渠道。结合法院文书上网机制，通过网络、微信、微博、微电影等新兴媒介，不断扩大知识产权司法保护宣传渠道，构建多层次的知识产权审判宣传网络。通过广泛宣传、扩大影响，一方面规范市场主体行为，更好地促进、保护品牌企业自主创新成果；另一方面增加品牌企业参加诉讼的热情，让企业熟悉诉讼基本知识，使知识产权权利观念日益深入人心，为知识产权司法保护营造良好的社会氛围。

2. 构建知识司法保护联动机制，发挥企业协会主体作用

企业作为市场主体，在知识产权司法保护中居于主体地位，其自身对于知识产权保护的重视与否，关系到企业自身发展创新的长远规划。针对本地品牌企业知识产权风险意识足，但企业制度建设缺乏的问题，应积极延伸法院的司法服务，引导企业加强知识产权管控制度建设。通过创新各类司法服务形式，了解企业在知识产权司法保护方面的需求及存在的具体问题，明确服务企业的具体目标和方向，制定针对性强的具体服务内容，进行“订单式”的司法服务，及时对企业在经营、管理活动中存在的问题提出改进建议，弥补企业诉讼知识欠缺等诉讼能力方面的缺陷。同时，如前所述，泉州品牌企业各行业各区域均存在诸多行业协会，但其作用均未得

到有效发挥，因此，作为司法保护机关，应积极引导行业协会摆正自身定位，唤醒其纽带作用，在信息共享、集体协商等方面给予本行业企业必要的协助，分担企业诉讼成本，降低企业单独诉讼风险；对于本行业同业内的恶性竞争行为进行实时监督，鼓励行业协会探索建立不良企业相关信息的强制披露制度和公开查询系统，以营造同行业内公平合理的竞争环境，促进行业健康发展。此外，司法保护是知识产权保护的最终阶段，法院应积极探索与知识产权相关的专利、著作权、商标等行政部门构建本地品牌企业知识产权保护联动机制，通过司法建议等方式将案件审理中反映出来的问题及时反馈到行政部门，促使其更好地发挥自己的职能；积极进行沟通协作，深化行政司法诉调对接机制，给予品牌企业知识产权以全方位的保护。

3. 完善审判服务机制，强化知识产权司法保护

作为知识产权司法保护的审判机构，法院应对本地品牌企业在调研、座谈中反馈的司法保护问题予以积极回应。通过不断完善审判服务机制，强化知识产权司法保护。当前，针对品牌企业反映集中的问题，至少应在以下几方面进行完善。一是强化审判队伍建设，从机构设置、工作机制入手，进一步理顺法院内部组织和业务分工，优化审判资源配置，减少不同部门之间的轮岗交换，增进知识产权审判法官专业化程度。同时，进一步优化人才结构，根据需要适当充实知识产权审判队伍，加强知识产权审判人才储备，鼓励上下级法院知识产权审判专业人员交流轮训，确保知识产权司法保护裁量尺度的统一，努力打造一支业务精良的知识产权审判队伍。二是探索如何提高赔偿额度，合理适用法定赔偿。针对调研中品牌企业普通反映知识产权诉讼成本高、赔偿低的问题，在确定案件赔偿金额时，应适时结合案件证据情况，尊重当事人举证权利，在可初步证明当事人损失或获得的情况下，应积极采信当事人有关赔偿的待证事实，限制使用法定赔偿方法。即使适用法定赔偿法，也应充分考虑各品牌企业商标、专利等市场价值及其实际维权支出，酌情裁量给予权利人充分的赔偿额度。三是明确保全措施标准，细化诉讼服务指南。针对调研中品牌企业提出的诉讼保全标准不明确，企业无所适从的问题，应在相关法律司法解释的基础上，结合我市两级法院已推出的知识产权诉讼指南，进一步明确诉讼保全申请标准，并细化于诉讼服务指南中，使品牌企业能够充分有效地运用诉讼保全等措施，维护自身合法权益。

关于淄博市涉文化领域知识产权司法保护状况的调研报告

山东省淄博市中级人民法院知识产权庭

前 言

文化是一个城市的精神和灵魂，是城市发展和壮大的强大力量。2015年以来，淄博市委市政府提出建设“工业强市、文化名城、生态淄博”的发展目标，将建设文化名城以推动老工业城市转型发展、提升城市核心竞争力作为全市工作的重点。

知识产权是文化传承与发展的核心动力，文化的发展繁荣，离不开对文化的知识产权保护。“文化名城”的建设也必然要求加强涉文化领域知识产权的司法保护。近年来，随着文化创作者保护意识的不断增强，我市涉文化领域知识产权案件呈现逐年增长趋势，已成为知识产权诉讼领域的重要案件类型。但在该类案件的审理过程中，也反映出我市涉文化领域知识产权司法保护中存在的相关问题。

为了考察我市涉文化领域知识产权司法保护的相关状况，淄博市中级人民法院组织课题组对我市涉文化领域知识产权司法保护的相关问题进行了调研。因涉文化领域知识产权所涵盖的范围极广，故课题组选择文化业态的突出领域，以及与涉文化类知识产权最密切的类型，如著作权及邻接权等作为研究对象。在调研过程中，课题组坚持理论联系实际原则，通过司法统计、走访调研、座谈研究等方式进行调查研究，并对我市近七年来涉文化类知识产权案件的审理情况、司法保护中存在的相关问题等进行了认真梳理和分析，结合审判工作实际，提出了加强涉文化类知识产权案件审判助力我市“文化名城”建设的意见和建议，以期通过本调研报告充分发挥知识产权审判对文化建设的规范、引导、促进和保障作用。

一、涉文化类知识产权案件的基本情况及主要特点

（一）案件数量多、增幅较快，在知识产权案件中占比例较大

以著作权及邻接权为例，2009年淄博中院受理民事一审著作权及邻接权案件共计48件，约占全部知识产权民事一审案件的33.8%。之后，案件数量一路攀升。至2012年，淄博中院受理民事一审著作权及邻接权案件数量达到208件，同比增长333.3%，成为知识产权民事纠纷案件的主要类型。2013年案件数量有所下降，但仍维持在51件（见图1）。

与同时期的其他知识产权案件相比较，著作权类案件的增幅也明显超过其他类型知识产权案件。如2010年淄博中院受理的一审著作权民事案件数量同比增长62.5%，增长率分别高出专利权案件33.34个百分点、商标权案件62个百分点。2012年淄博

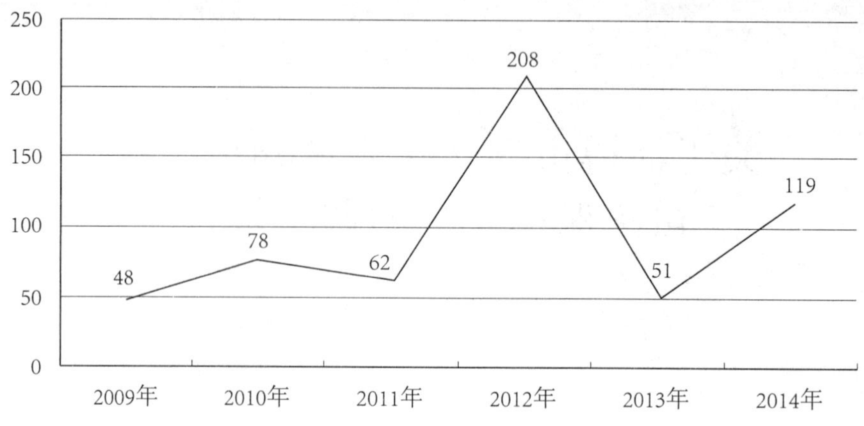

图 1　2009—2014 年淄博市著作权类知识产权案件数量表

中院受理著作权类案件数量同比增长333.3%，增长率高出商标权案件 328 个百分点。同时，著作权类案件在所有知识产权案件类型中占比超过 30%，已成为知识产权案件的主要类型之一。

（二）新兴文化领域案件不断增多，传统文化领域案件呈现新特点

2009 年至 2015 年 8 月，淄博中院受理涉文化类知识产权案件共计 682 件，[①] 主要的案件类型集中在计算机软件著作权纠纷案件、音乐作品放映权纠纷案件和动漫衍生品复制权纠纷案件。具体案件类型及数量见图 2。

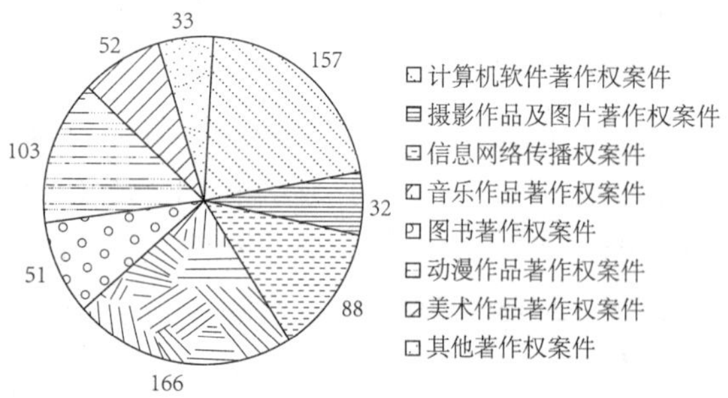

图 2　2009—2015 年 8 月淄博市文化类知识产权案件类型及数量

1. 网吧、KTV 等休闲娱乐行业成为案件高发区，维权主体开拓市场诉讼目的明确。网吧、KTV 行业成为文化类知识产权纠纷的高发区。近七年来，我市法院共受理此类纠纷多达 380 件，占全部著作权纠纷案件的 55.7%。以 2012 年为例，软件、影视、音乐类著作权人或集体管理组织提起大量知识产权诉讼，指控网吧向客户提供未经授权的影视平台、安装盗版单机游戏软件，或 KTV 经营业主向客户提供未经授权的歌曲和 MTV 点唱服务。尤其以 KTV 为被告的著作权纠纷案件在全省呈日渐增长趋势，这表明音乐作品的收费使用问题已成为困扰 KTV 行业发展的突出问题。同时，音乐作品集体管理组织开拓市场的诉讼目的越来越明确，即提起诉讼的目的在于与 KTV 经营者达成长期许可使用协议。

2. 与网络相关的案件数量及类型增多。随着科学技术的不断发展和网络对社会生活的广泛渗透，与新技术应用密切相关的文化类案件成为知识产权案件的主要类型。特别是自 2009 年开始，网络著作权

① 为了考察淄博市涉文化领域知识产权案件的案件类型、案件特点和存在的问题，淄博市中级人民法院课题组以“著作权及著作邻接权”民事纠纷案件为考察对象，调取了 2009 年至 2015 年 8 月淄博中院受理的著作权类案件共计 682 件，其中 2009 年度 48 件、2010 年度 78 件、2011 年度 62 件、2012 年度 208 件、2013 年度 51 件、2014 年度 119 件、2015 年 1—8 月 116 件。

案件快速增长，近七年网络著作权案件已超过239件，成为主要的著作权案件类型。涉文化类的网络知识产权案件又集中在域名权属、动漫游戏、数字出版、制图和操作软件、网络图片视频等新兴文化领域，且大多与社会公众已经习惯并有所依赖的网络数字生活密切相关。

3. 针对动漫作品衍生品的侵权案件不断增多。随着动漫产业的不断发展，知名动漫作品权利人通过生产、经营衍生品进行营利的情况较为普遍，涉及动漫形象、动漫作品衍生品的著作权侵权案件也不断增多。我市法院受理的美术类作品复制权侵权案件中，多为生产、销售企业未经授权，在玩具、文具、服装鞋类等儿童用品上使用知名动漫形象的侵权案件。涉及的动漫作品权利人包括“哆啦A梦”“喜羊羊”“腾讯QQ”“熊大”等动漫作品的权利人。在课题组统计的682件涉文化类知识产权案件中，就有103件涉及动漫作品衍生品的著作权侵权。

4. 传统文化媒体所涉案件呈现新特点。传统文化媒体，如报刊、书籍等，所涉的著作权纠纷案件较少。在课题组调研的682件涉文化类知识产权案件中，仅有32件为侵害摄影作品或图片著作权纠纷案件，主要涉及报刊等未经授权，擅自使用他人享有著作权的摄影作品、图片等。近年来，以沈阳治图、北京全景等为主的图片制作公司和部分个人，在我市提起一系列侵权诉讼，主张部分出版社、报社等在出版的图书、报刊中，未经著作权人许可直接从网络下载或者从图册中复制图片、摄影作品等作为配图，侵犯其著作权。此类案件的增多，反映出我市出版发行领域对司法保护和司法宣传的需求加大。

5. 盗版图书类型更加集中。涉及图书出版的侵权案件在文化类知识产权案件中仍占一定比例，在课题组调研的682件涉文化类知识产权案件中，有51件为侵害图书著作权纠纷案件。近年来盗版图书类型更集中于教辅类、专业技能考试类图书，如英语资格考试类、司法考试类等。在受理的案件中，先后有人民教育出版社、人民法院出版社等在我市就盗版教辅类、考试类图书提起民事诉讼，此类诉讼增多表明我省特定图书领域的司法需求增大。

6. 案件标的额不断攀升。近年来，涉文化类知识产权案件的诉讼标的额从低于1万元的小额诉讼标的，不断攀升超过法定最高赔偿额。如微软公司（Microsoft Corporation）诉山东英科环保再生资源股份有限公司、淄博英科医疗制品有限公司侵害计算机软件著作权纠纷一案，诉请标的额高达500余万元；艾影（上海）商贸有限公司诉黄移在、厦门豪客来餐饮管理有限公司侵害作品复制权纠纷一案，诉请标的额超过125万元。另有多起电视台被诉影视作品侵权纠纷标的额超过法定赔偿最高限额。

（三）商业维权案件及维权创新主体增多

商业维权是近年来知识产权民事诉讼领域出现的普遍现象，部分知识产权权利人为维护自己的合法权益，以协议形式授权知识产权专业组织通过市场调查、公证取证等手段发现侵权行为，委托诉讼代理人依法向人民法院提起民事诉讼，由此获取经济赔偿利益并依照授权协议进行分配。涉文化类知识产权案件中商业维权案件也占较大比例。在我市近七年来审理的682起著作权纠纷案件中，有647件案件属于商业维权的关联案件，占整个著作权纠纷案件的94.86%。与此同时，越来越多的文化创新主体参与到司法维权队伍中来。以2014年度为例，我市文化类知识产权案件维权主体的数量增至14个。集体管理组织，如中国音像著作权集体管理协会，个体维权主体如动漫设计公司、计算机软件著作权人等多个创作者也参与到维权队伍中来。

二、涉文化领域知识产权司法保护中存在的问题及成因

（一）本地文化产业请求保护的案件较少、被诉案件较多

课题组调研了近七年来，在我市法院诉请保护的涉文化类知识产权权利主体，发现在我市法院受理的涉文化类知识产权案件中，涉及本地企业或个人作为原告的案件不超过10%，其余均为本地企业或个人被诉侵权的案件。课题组认为，出现这一问题的原因有以下几个方面。

一是本地文化产业创新程度较低，部分产业仍以模仿为主，容易被诉。本地文化产业或个人的创新能力仍不强，部分企业还处于简单模仿和"模仿＋改进"的阶段，如动漫类、软件类、图书类、广告类等，易受权利人维权诉讼的影响。

二是本地文化产业知识产权申请数量少，权属证明困难。淄博市虽文化资源丰富，但本地文化产业申请知识产权保护的总量较低。以版权为例，淄博市版权作品登记的情况如下表所示。[①]

表　山东省及淄博市近四年版权登记数量及类型

年　度	山东省登记作品数量及类型	淄博市登记作品数量及类型
2011年	超过2万件：文字作品、美术作品、计算机软件、工程设计、美术艺术创意、文化创意产品、影视动漫新产品、图书音像原创作品等	54件：音乐作品、美术作品和文字作品
2012年	超过2万件：文字作品、美术作品、计算机软件、工程设计、美术艺术创意、文化创意产品、影视动漫新产品、图书音像原创作品等	18件：美术作品、文字作品、音乐作品、图形
2013年	超过3万件：文字作品、美术作品、计算机软件、工程设计、美术艺术创意、文化创意产品、影视动漫新产品、图书音像原创作品等	32件：音乐作品、文字作品、美术作品、戏剧
2014年	超过2万件：文字作品、美术作品、计算机软件、工程设计、美术艺术创意、文化创意产品、影视动漫新产品、图书音像原创作品等	15件：文字作品、美术作品、音乐作品

从上述统计数据来看，山东省文化类版权作品登记数量总体较多，但淄博市版权作品登记数量较少，且作品类型单一，涉地域文化特色的作品，如陶瓷、琉璃、内画、家纺等利用版权登记进行产业保护的数量极少。而工业设计、文化创意、软件设计、动漫影视类几乎没有版权登记作品。因此，上述文化产业在发生知识产权纠纷时，难以证明其权利归属，为其维权诉讼带来障碍，也阻碍其产业发展。

① 相关数据来源于山东省新闻出版广电局、淄博市文化广电新闻出版局及淄博市文化市场执法局。

三是部分企业法律意识淡薄，不注重知识产权侵权审查。企业在生产、经营过程中应当注重保护自身知识产权，并避免侵犯他人知识产权。但我市部分企业在进行生产、销售或使用他人产品进行生产性活动时，不注重审查知识产权的权属情况。如各大商场在销售商品时，仅审查产品来源、质量等，但对商品的商标、形象权属却不进行审查，导致多起纠纷发生。另有企业在购买电脑进行商业性使用时，对相关软件的授权情况未予审查，而直接进行使用，引发侵权纠纷。

四是涉文化类知识产权案件举证困难，证据不足难以成诉。由于知识产权案件证据具有隐蔽性、易失性和不稳定性等特点，较之普通民事诉讼证据更难以取得和容易灭失，且当事人自行取证的难度较大，证据可采信度人民法院亦难以认定，致使很多案件因难以举证而无法请求司法保护。

（二）版权登记及保护服务平台建设滞后，制约了文化创意产业的发展

文化的发展离不开知识产权的保护，而版权保护是文化相关产业进行知识产权保护的基本方式。但如前所述，我市年均版权作品登记数量不超过20件，所涉的文化领域也有限，与我市“文化名城”建设的需求极为不符。版权作品登记数量及质量的不足，除了相关文化产业缺乏创意作品，不注重版权登记以外，还与我市版权登记及保护服务平台建设滞后有关。目前，我市缺乏从事版权管理与保护的专门机构，相关文化产业也缺乏对版权保护重要性和必要性的认识。对版权登记程序、作品要求及保护范围等，更加缺乏了解。因此，建立完善版权管理与保护机制，加大版权保护知识的宣传，是“文化名城”建设的内在需要。

（三）司法理念不适应技术和商业形态的快速发展

随着当前社会科技发展的日新月异，新的技术领域接连涌现、技术手段不断更新，引领新的商业模式不断发展。涉文化领域知识产权是经济文化发展以及文化创新商品化的产物。文化类知识产权作为文化产业要素的资源配置功能和文化市场调整功能越发凸显。以著作权纠纷为例，新媒体和信息交流平台快速发展，涉及动漫设计、计算机软件以及网络环境下的新型著作权纠纷持续增多，对于著作权的保护已超越了传统意义上的文学、艺术和科学作品的创作，而直接与促进经济发展和科技创新相关联。如网络的普及与发展使得网购成为重要的商品交易方式，而对于C2C电子商务模式下如何确定知识产权侵权事实、电子证据如何进行固定与采信、在网络服务交易平台上网络服务平台提供商的责任边界在哪里等问题，部分司法理念仍停留在传统商业模式下侵权事实的认定，而未能从促进技术创新和商业发展的角度来进行认定。同时，在判断新技术的适用是否会对现有技术或消费者相关权益造成影响时，过多地加大了技术提供者的责任，可能导致抑制技术的创新与发展，阻碍新型商业模式的发展。

（四）知识产权司法保护促进文化发展的职能作用发挥不足

司法保护是知识产权保护的主导保护方式。近年来，我市法院采取多种措施不断提升司法水平，以促进地区文化产业发展，但与我市文化产业发展的需求还存在差距。具体表现在以下几个方面。

一是涉文化领域新型、疑难复杂案件增多，审理难度增大。随着文化产业和新型文化业态的不断发展，各类新型、疑难复杂文化类知识产权案件不断增多，对知

识产权审判工作提出了更高的要求。虽然我国已形成了以著作权法、非物质文化遗产法、计算机软件保护条例、信息网络传播权保护条例等法律法规为主干的文化保护法律体系，但由于涉文化类知识产权保护的立法起步较晚，相关规定不够完善；且随着信息技术与商业形态的迅速发展，新类型的疑难复杂案件逐渐增多，现行法律规定已不能适应新类型案件的审理需要。因此，需要知识产权法官不断提升研判案件审判难点、综合运用法律理论、明确法律适用规则的能力。

二是司法保护宣传力度不够。调研过程中我们发现，我市大部分涉文化产业对于知识产权申请和保护的需求较大，但对于如何进行申报和保护，发生纠纷后如何诉请保护，却并不了解。部分行政管理部门对涉文化领域的知识产权保护也未引起足够重视，不了解运用法治方式促进文化产业发展的重要性。这与我市法院对涉文化领域知识产权司法保护的宣传力度不够有关，在此次调研过程中，我市法院除调研涉文化类知识产权保护问题外，还对各企业进行了涉文化知识产权司法保护的宣讲和解惑。

三是涉文化领域知识产权行政保护和司法保护之间缺乏协作。由于目前对知识产权侵权案件实行行政机关和司法机关平行管辖制度，两者的管辖存在重叠之处，而在执法标准、证据采信、侵权构成等方面存在法律适用不统一的情况。同时，因缺乏信息交流，对相关案件缺少预警、协作等，可能产生不同的处理结果，导致执法标准不一、效率低下。

四是司法诉讼时间较长，影响了司法保护的实际效果。由于涉文化领域知识产权案件的社会性、时效性很强，大部分案件代表了新技术的发展方向和文化的社会价值取向，因此，对司法保护的及时性提出了更高的要求。如果不能及时裁量，制定出规则，可能影响相关产业的发展和相关文化业态的形成。同时，由于司法审限较长，部分企业或个人对司法程序无法形成确定的预期，导致部分知识产权纠纷未进入司法领域，企业往往在实践上更倾向于自行解决发生的纠纷，有的企业甚至容忍侵权的发生而不进行维权。

五是保护措施力度不够，不利于促进文化相关产业发展。著作权是相关文化产业的基本知识产权类型，是文化创造者智力成果的体现，其被模仿或抄袭后所产生的损失是难以估量的。但在司法实践中，侵害著作权纠纷案件的赔偿数额却通常较低，远低于商标权纠纷及专利权纠纷。判决赔偿数额过低，不利于遏制侵权，更不利于激励文化创造者的不断创新。

上述问题的存在，表明我市在文化创意产业发展、版权登记保护平台建设、司法理念转变、审判职能发挥、司法服务延伸上还存在较多问题，无法适应当前文化建设的发展需求，需要我们切实促进文化产业发展，更新司法审判理念，积极延伸审判职能，协力共建版权保护服务平台，增强保障全市文化建设的司法能力。

三、加强涉文化领域知识产权司法保护的对策与建议

（一）更新司法理念，用发展的思维保护文化创新

我市法院需进一步强化加强文化类知识产权保护的观念，切实降低维权成本和加大制裁力度。在涉文化类知识产权案件审理过程中，积极贯彻“强化利益平衡，强度与高度协调统一，妥善处理权利保护、产业发展和信息传播关系和加强非物质文化遗产保护”的司法保护基本政策，通过科学界定不同类型文化领域知识产权的保

护范围和合理确定保护强度，既防止文化创造者滥用知识产权，又促进文化作品的传播和运用。充分发挥司法保护文化类知识产权的优势作用，重视裁判的引领和导向功能，通过正确审理新类型和疑难复杂案件，明晰法律标准，划定行为界限，规范行业发展。在侵权赔偿数额确定方面，坚持全面赔偿原则，切实加大侵权惩罚的力度，努力降低维权成本，尤其是对侵犯具有重大影响和有较高经济效益文化权益的案件，加大判赔力度，加重对盗版、仿制、重复侵权和恶意侵权等行为人的赔偿责任。同时，积极探索法定赔偿的适用规则，准确确定法定赔偿的考量因素，如参考版权类型、版权许可费、行业一般利润率、侵权行为的性质等因素，公平合理地确定赔偿数额。

（二）加强涉文化类知识产权案件的审判工作

随着文化产业的蓬勃发展和文化领域立法进程的加快，加强版权保护与促进新商业模式发展的利益平衡空前重要，涉文化类知识产权案件已经成为知识产权审判的重要方面。我市法院需认真贯彻市委市政府关于加快发展文化事业、文化产业的政策措施，既加强对传统文化产业的保护，又高度重视对战略性新兴文化产业的保护，推动文化优势资源的保护、传承和商业利用，促进提高我市整体文化实力和竞争力。

1. 通过案件审理实现规范指引。通过正确审理涉文化领域新类型和疑难复杂案件，不断明晰法律标准，划定行为界限，规范行业发展，最大限度地保护文化创新、激励文化创新和引领文化创新。在案件审理中，坚持独创性高度与保护强度的一致性，根据各类作品的不同特点，综合考虑作品属性、创作空间、产业政策等因素，合理确定保护强度，促进文化创意、动漫游戏、数字出版、移动多媒体等新兴文化业态的发展。同时，加强网络环境下的著作权保护，准确把握权利人、网络服务提供者和社会公众之间的利益平衡；坚持传承与创新、保护与利用并重的原则，积极保护民间文学艺术、传统知识、遗传资源等非物质文化遗产，公平合理地协调和平衡在发掘、整理、传承、保护、开发和利用中各方主体的利益关系。

2. 有效发挥诉前临时措施的独特作用，切实减轻当事人的举证负担。针对涉文化类知识产权权利人取证、举证难的问题，加大证据保全和依职权调取证据的力度。对于当事人在诉前或诉中提出的证据保全、财产保全等申请，积极受理、迅速审查并及时执行。对于不及时制止侵权行为就可能造成无法挽回的损失的，只要权利人符合诉前禁令的程序条件和实质条件的，人民法院应及时采取诉前禁令措施，及时维护权利人的合法权益。同时，加强诉讼指引，引导文化类案件权利人探索通过刑事、民事和行政等手段获取侵权及获利证据。

3. 建立和完善司法鉴定、专家证人、技术调查等相关诉讼制度。涉文化类知识产权案件技术性强，为解决案件审判中的技术问题，应当选择各技术领域的业务专家，建立淄博市技术专家库，充分发挥技术专家在提供案件技术问题智力支持和协调解决知识产权纠纷中的作用。同时，结合人民陪审员“倍增计划”，在知识产权案件审理中推广适用人民陪审员制度，探索完善专家陪审技术事实查明机制。建立文化类知识产权审判的保密令制度，解决诉讼中商业秘密的保护问题，解除当事人维权的后顾之忧。

4. 依法规范商业维权，有效平衡各方权益。商业维权的发展为涉文化类知识产权保护带来了新生力量，商业维权行为也促进了文化类知识产权案件的专业化和模式化。但因商业维权个体的资质参差不齐，维权目的的趋利性太强，故需对其进行理性引导，以促使其对涉文化领域知识产权保护发挥良性作用。一是对商业维权案件应严格进行证据审查。主要包括对原被告的主体资格和权利范围进行严格审查、对侵权证据的形式要件和取证过程的合法性进行审查。二是合理分配商业维权案件中的举证责任。对于商业维权人主张按照法定赔偿确定赔偿数额的，应责令其提供相关证据。而“在被告提出合法来源抗辩时，应考虑被告的举证能力、行业经营习惯等，适时在原被告之间转移举证责任”。三是在商业维权案件中应充分考虑个案平衡。商业维权通常是批量诉讼，但每一个被诉侵权人的具体情况是不相同的，法官应注意考量个案情形。

5. 严格审限管理，提升审判质效。对于涉文化领域知识产权权利人的维权而言，时效极为重要。为避免“案件未审理完毕，新作品已淘汰出局”的尴尬局面，需严格控制案件的审限管理，尽量提升审判效率。在案件审理中，严格限制技术鉴定的程序启动，对新兴文化产业中涉及的技术问题，需因案制宜，采取专家咨询、专家论证或者专家辅助人说明等多种方式解决。同时，严把专利侵权诉讼的中止条件，对外观设计、实用新型专利侵权案件，应以不中止为原则。对于需要及时明确法律标准，划定行为界限的案件，依法及时审理，缩短审判期限，提高审判效率，充分发挥司法保护促进相关产业发展的作用。

6. 贯彻调判结合原则，不断创新调解工作方法，实现纠纷实质性解决。在审理涉文化类知识产权案件中，应贯彻“调解优先、调判结合”的原则，通过庭前调解、诉讼中调解等多种方式，促进文化创造者与使用者的合作共赢。健全完善版权纠纷调解中心和非诉讼纠纷解决机制。充分发挥专家调解员、人民陪审员、行业协会、诉讼代理人等社会资源参与调解的作用，构筑大调解格局。在处理涉文化类知识产权侵权纠纷时，尽量通过支付转让费、版权使用费等方式促成调解，化侵权为许可，在制止侵权的同时，实现社会效益最大化。同时，处理好调解和判决的关系，当事人或相关行业对判明是非期待高，或者对明确规则要求强烈，尽可能选择以判决方式解决纠纷，充分发挥司法裁判的指引和导向功能。

（三）积极延伸司法服务，提升服务地方特色文化产业的司法能力

结合文化类知识产权审判工作实际，找准服务经济社会发展大局的切入点，推动我市“文化名城”建设，是知识产权审判发挥服务保障经济文化发展职能作用的重要方式。

1. 不断延伸知识产权审判职能，推动我市“文化名城”建设。积极服务我市重点文化企业、文化项目、文化园区建设，针对重点文化企业发展、重点文化项目推进和重点文化园区建设中的司法需求进行充分调研，积极提供法律咨询、信息交流、诉前调解、法制宣传、纠纷预警和等司法服务；在淄博经济开发区建立知识产权巡回法庭，通过现场开庭、远程诉讼服务等形式开展庭审、法律咨询、诉讼指导、代收立案材料、进行调解等工作，实现涉文化知识产权纠纷的排查、预警、化解和分流；在重点文化创新企业建立知识产权司法保护工作联系点，不断创新知识产权司法服务方式，努力构建“法官主导、企业参与、双重职能、责任到位”的司法服务多方联动工作机制；制定为文化产业发展

提供知识产权司法保障与服务的具体实施办法，加强对传统文化资源和新兴文化产业的保护力度；积极开展富有地方特色的调研工作，了解企业在文化创新发展过程中对司法保护的内在需求，探索结合地方文化产业发展特点的文化类知识产权保护路径，促进企业创新能力的提高。

2. 协调执法与司法，建立版权保护中心，形成文化领域行政保护和司法保护合力。由于我市版权登记和保护服务平台建设的滞后，影响了文化相关产业的升级发展。而对于文化类知识产权保护，文化、版权等行政部门与人民法院各司其职，适用不同的保护方式。在文化类案件的执法手段、执法标准、运作程序、证据采信等问题上，行政部门与司法部门还存在标准不一的情形。因此，建议由版权登记部门、文化执法部门和市法院共同成立淄博市版权保护中心。版权保护中心以“服务及时、执法到位、司法便民”为目的，对淄博市辖区内各企业、组织或个人的版权作品进行登记、保护和服务，并进行相关纠纷的处理。通过版权保护中心及时确定版权权属，加强版权保护，激励自主创新，促进本地区文化产业向设计、研发、文化高端跃升。市法院在版权保护中心设立便民工作站，受理版权纠纷，对涉版权行政调解案件进行司法确认，及时保护文化创造者权益，助力我市“文化名城”建设。同时，在版权保护中心建立信息共享平台，积极推进知识产权保护联动机制建设，拓展涉文化类知识产权纠纷解决新途径。

3. 积极开展文化类知识产权保护的司法建议工作。充分发挥司法建议的指引、导向功能，对在开展文化类知识产权司法保护工作中发现的突出问题、共性问题、高发问题等，积极向相关部门发出司法建议，促进问题的实质解决。如针对网吧、KTV 等著作权侵权纠纷，向各企业、工商局、版权局、文化局等部门发出司法建议，引导知识产权使用者合法、规范经营，促进行业健康有序发展。针对我市具有地域文化特色的陶瓷、琉璃、家纺等相关企业，建议其树立版权保护意识，加大版权保护力度，促进地方特色文化产业发展。

4. 发挥知识产权典型案例的示范效应，加大司法宣传力度。及时发布知识产权典型案例，对有较大社会影响的关联和类似案件，通过报纸、电视、网络等媒体平台，及时向社会公众公开，发挥典型案例的宣传、示范作用。坚持“阳光司法”，加大司法公开力度。继续完善知识产权裁判文书网络公开制度，全面客观地公开案件事实、定案证据、诉辩观点及判决理由，增进群众对司法裁判的理解，树立正确社会导向，传递法治正能量。依托新闻发布会、法院开放日活动、庭审网络直播等多元化载体，进一步提升文化类知识产权案件审判工作的透明度。依法实行案件深度公开制度，针对社会关注度较高的文化类知识产权热点案件，以“全媒体”形式全景展示案件审理过程，不断提升司法公信力。

（四）引导涉文化领域相关企业加强知识产权保护，催生文化发展内生动力

企业是文化创新与发展的主体力量，需加大对涉文化领域相关企业的知识产权保护宣传工作，以激励相关企业文化创新与保护的内在动力。一是引导相关企业重视版权登记工作。版权是保护文化创意、设计创新的有效方式。版权登记快捷便利，保护期限长，且为免费登记，在版权保护期内亦无须支付维护费用，较之商标保护和专利保护更具有独特的优势，更符合文化相关产业的权利保护需求。各企业应高度重视版权登记工作，将版权登记作为文

化创造、设计创新的基本保护方式。二是引导企业建立健全知识产权保护战略机制。各企业应切实提高对知识产权保护工作重要性的认识，将知识产权保护提升到关系企业发展全局的战略高度。不断加大对自主创新项目的资金投入，积极培养和引进文化创新创造的专门人才，通过自主创新形成一批具有自主版权和产业竞争力的核心技术和主要产品，并将其转化为产业优势和市场竞争优势。充分运用知识产权相关法律制度，将创新成果通过知识产权形式加以确认和保护，并将知识产权制度的运用贯穿于经营决策、技术创新、生产营销的全过程，形成系统、规范化的知识产权运行机制。三是引导企业增强法律意识，有效规避法律风险。引导企业加强产品研发阶段的知识产权管理。在产品研发前，应当注意收集同行业相同领域知识产权信息，一方面避免重复开发、浪费成本，另一方面避免侵犯他人的在先权利。如发生知识产权纠纷，要及时固定证据，在自身取证困难的情况下，可以通过申请人民法院、行政部门或公证机构进行证据保全、采取行政强制措施或公证等方式，及时收集、固定侵权证据。在处理知识产权纠纷过程中，各企业要力促争端的实质性化解，尽量通过支付转让费、许可使用费等方式达成和解协议。确保在制止侵权的同时，实现知识产权成果社会效益的最大化，达到互利共赢，共同促进我市文化产业的升级发展。

结　语

知识产权是文化事业和产业发展的生命线，加强涉文化领域知识产权司法保护是推动我市“文化名城”建设的必经之路，亦是司法发挥服务地方经济、为文化建设保驾护航作用的使命所在。我们相信通过更新司法理念、加强涉文化类知识产权案件的审判工作、积极延伸司法服务、引导文化领域相关企业加强知识产权保护，必能充分发挥知识产权审判对文化建设的规范、引导、促进和保障作用，促进增强我市整体文化实力和核心竞争力，助力我市“文化名城”建设。

关于知识产权诉讼担当问题的调研报告

湖北省高级人民法院课题组*

诉讼担当，是指本来不是民事权利或民事法律关系主体的第三人，对他人的权利或法律关系有管理权，以当事人的地位，就该法律关系所产生的纠纷行使诉讼实施权，所受判决的效力及于原民事法律关系的主体。[①]民事诉讼通常只能由实体权利主体提起诉讼，但在诉讼担当的情形下，实体权利主体与诉权实施主体相分离，诉争权利或法律关系主体以外的第三人可以以自己的名义提起诉讼，这在一定程度上是

* 课题主持人：覃文萍；课题组成员：文利红、徐翠、童海超（执笔人）。

① 江伟、肖建国：《民事诉讼法》，中国人民大学出版社2008年版，第136页。

对当事人适格理论的突破。在传统的民事诉讼中，诉讼担当的主要类型有工会诉讼、遗嘱执行人诉讼、债权人代为诉讼、遗产管理人诉讼、股东代表诉讼、破产管理人诉讼、合伙人诉讼、业主委员会诉讼和身份权诉讼等。随着知识产权集体管理和商业化运用的发展，知识产权民事诉讼中的诉讼担当现象日益增多，由于法学理论界和审判实务界对于知识产权诉讼担当问题的研究比较缺乏，审判实践中出现了一些知识产权诉讼担当不规范的现象，并由此引发了当事人主体资格争议、诉讼权利垄断和滥用、诉讼行为不规范、权利主体与担当主体利益失衡等问题，从而形成了一系列法律问题和社会问题。为应对知识产权诉讼担当带来的新挑战，本课题组结合审判工作，综合运用数据统计、案例分析、座谈调研等方法，探寻目前知识产权诉讼担当领域存在的突出问题，分析其成因，提出对策和建议。现将研究情况报告如下。

一、知识产权诉讼担当的案件类型

在司法实践中，知识产权诉讼担当案件有以下四种类型：集体管理型诉讼担当、使用许可型诉讼担当、公益诉讼型诉讼担当和权利继承型诉讼担当。

（一）集体管理型诉讼担当

著作权集体管理是保护和行使著作权的重要制度。“先许可、后使用”是使用作品的基本原则，但是，处于高度分散状态的作品使用者，如果要自行寻找数以万计的作者，逐一取得其作品授权并支付报酬，不仅极其困难，而且交易成本过高。于是，著作权集体管理组织应运而生，集体管理组织在获得著作权人授权后，集中许可使用者使用作品并收取版权费，再将收取的版权费按比例返还给著作权人，从而有效解决著作权市场供求关系脱节的问题。我国著作权法第八条第一款规定：“著作权人和与著作权有关的权利人可以授权著作权集体管理组织行使著作权或者与著作权有关的权利。著作权集体管理组织被授权后，可以以自己的名义为著作权人和与著作权有关的权利人主张权利，并可以作为当事人进行涉及著作权或者与著作权有关的权利的诉讼、仲裁活动。”根据著作权法赋予的职能，著作权集体管理组织可以以自己的名义将加入集体管理组织的会员的作品许可给他人使用，并向使用者收取许可使用费，并且，著作权集体管理组织可以以原告的身份进行诉讼，起诉他人侵犯其会员著作权或相关权利的行为。近年来，随着管理音乐作品的中国音乐著作权协会和管理音乐电视作品/制品的中国音像著作权集体管理协会针对 KTV 等行业的广泛维权，集体管理型诉讼担当的案件占有相当比例。据统计，2012 年至 2014 年，湖北省法院受理知识产权纠纷一审案件数量分别为 4758 件、5982 件和 7767 件；其中，著作权纠纷一审案件数量分别为 3920 件、4096 件和 6762 件；在著作权纠纷案件中，著作权集体管理组织以自己名义参加诉讼的案件分别为 2603 件、1844 件和 6377 件，分别占著作权案件的 66.40%、45.02% 和 94.31%（见下图）。

（二）使用许可型诉讼担当

根据我国知识产权专门法的规定，商标权、植物新品种权和商业秘密等知识产权的权利人可以通过许可的方式，将其知识产权在一定的期限和地域范围内授权给他人使用。我国的使用许可型诉讼担当由相关司法解释作出规定，主要有以下几种情形。

1. 商标权的使用许可型诉讼担当

《最高人民法院关于审理商标民事纠纷案件适用法律若干问题的解释》第四条规定：“普通使用许可合同的被许可人经商标

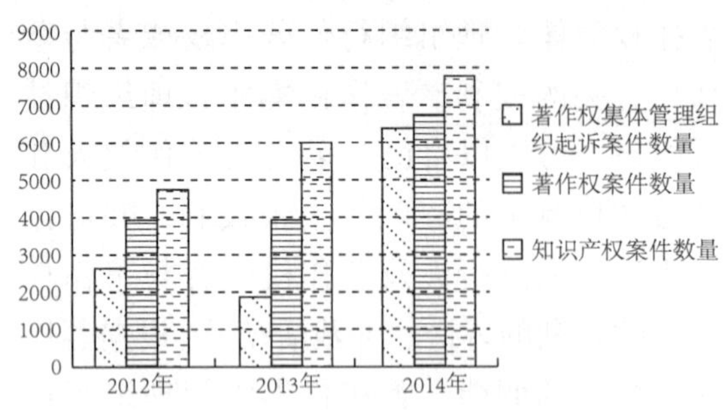

图　2012—2014 年湖北省法院受理的知识产权纠纷一审案件

注册人明确授权，可以提起诉讼。”

2. 植物新品种权的使用许可型诉讼担当

《最高人民法院关于审理侵犯植物新品种权纠纷案件具体应用法律问题的若干规定》第一条规定：“普通实施许可合同的被许可人经品种权人明确授权，可以提起诉讼。”

3. 商业秘密的使用许可型诉讼担当

《最高人民法院关于审理不正当竞争民事案件应用法律若干问题的解释》第十五条规定，对于侵犯商业秘密行为，“普通使用许可合同的被许可人和权利人共同提起诉讼，或者经权利人书面授权，单独提起诉讼的，人民法院应当依法受理。”

商标权、植物新品种权和商业秘密的使用许可可以分为独占使用许可、排他使用许可和普通使用许可三种方式。在被许可人的权利遭到侵害时，独占使用许可的被许可人可以向人民法院提起诉讼；排他使用许可的被许可人可以和权利人共同提起诉讼，也可以在权利人不起诉的情况下自行提起诉讼；普通使用许可的被许可人经权利人明确授权，可以提起诉讼。一般认为，独占使用许可的被许可人作为唯一的权利使用人，在其获得授权的期限和地域范围内，享有专有性的实体权利，因而是有实体权利的适格当事人；排他使用许可的被许可人是权利人之外的唯一实体权利人，相当于排他使用许可的被许可人与权利人共同享有权利，因而在法律规定的起诉条件成就时，同样是有实体权利的适格当事人，以上两种情形的诉讼，仍然属于民事权利主体为维护自身权利的诉讼活动。

与此不同的是，普通使用许可的被许可人并不享有任何专有性的权利，权利人可以将其知识产权随时许可给第三方使用，因此，普通使用许可的被许可人并不是民事权利的主体，普通使用许可的被许可人经权利人明确授权获得诉权，在本质上是一种使用许可型诉讼担当。正如有学者指出的那样，独占使用许可的被许可人、排他使用许可的被许可人基于实体管理权、处分权成为适格的实体当事人，而普通使用许可的被许可人则是基于诉讼担当制度的适用成为适格当事人。①

需要指出的是，我国现行专利法及相关司法解释并没有规定专利权的普通使用许可合同的被许可人可以成为诉讼担当的主体。例如，专利法第六十六条第一款规定：“专利权人或者利害关系人有证据证明他人正在实施或者即将实施侵犯专利权的行为，如不及时制止将会使其合法权益受到难以弥补的损害的，可以在起诉前向人民法院申请采取责令停止有关行为的措施。”《最高人民法院关于对诉前停止侵犯专利权行为适用法律问题的若干规定》第一条对有权向法院申请诉前行为保全的“利害关系人”的范围作出了明确规定：“专利权人或者利害关系人可以向人民法院

① 肖建国、黄忠顺：《任意诉讼担当的类型化分析》，载《北京科技大学学报（社会科学版）》2009 年第 1 期。

提出诉前责令被申请人停止侵犯专利权行为的申请。提出申请的利害关系人，包括专利实施许可合同的被许可人、专利财产权利的合法继承人等。专利实施许可合同被许可人中，独占实施许可合同的被许可人可以单独向人民法院提出申请；排他实施许可合同的被许可人在专利权人不申请的情况下，可以提出申请。”按照该司法解释的规定，有权提起诉前行为保全的“利害关系人”只有两类：一类是“独占实施许可合同的被许可人”，其可以单独向法院申请行为保全；另一类是“排他实施许可合同的被许可人”，其可以在权利人不申请的情况下向法院申请行为保全。与商标权、植物新品种权和商业秘密的普通使用许可的被许可人不同的是，专利权的普通使用许可的被许可人不能基于诉讼担当成为适格当事人。究其原因，在于专利权更加强调对于享有专有性实体权利的原始权利人的保护，专利权的普通使用许可的被许可人只有权依照合同约定实施专利权，而不能据此成为诉讼的适格主体。

（三）公益诉讼型诉讼担当

【案例1】《乌苏里船歌》案

《想情郎》是一首世代流传在乌苏里江流域赫哲族中的民间曲调。1962年，郭颂等到乌苏里江流域的赫哲族聚居区采风，收集到了包括《想情郎》等在内的赫哲族民间曲调，在此基础上，郭颂等共同创作完成了《乌苏里船歌》音乐作品。2000年，中央电视台发行的刊载有《乌苏里船歌》音乐作品的出版物上，《乌苏里船歌》的署名为“作曲：汪云才、郭颂”。原告黑龙江省饶河县四排赫哲族乡人民政府认为，被告郭颂、中央电视台的行为侵犯了其著作权，伤害了赫哲族人的自尊心和民族感情，请求判令：被告在中央电视台说明其为赫哲族民歌，对侵犯著作权之事作出道歉并赔偿经济损失和精神损失。北京市第二中级人民法院经审理认为，原告作为民族乡政府，可以以自己的名义提起诉讼，《乌苏里船歌》系在赫哲族民间曲调的基础上改编完成的作品，郭颂等人使用音乐作品《乌苏里船歌》不当，构成了侵权。据此判决：郭颂、中央电视台以任何方式再使用音乐作品《乌苏里船歌》时，应当注明“根据赫哲族民间曲调改编”；郭颂、中央电视台在《法制日报》上发表音乐作品《乌苏里船歌》系根据赫哲族民间曲调改编的声明；郭颂、中央电视台各给付赫哲族乡政府因本案诉讼而支出的合理费用1500元等。[①] 被告郭颂、中央电视台不服，提起上诉。北京市高级人民法院终审判决：驳回上诉，维持原判。

本案是全国首例侵犯民间文学艺术作品著作权纠纷的案件，在当时立法缺失的情况下，对知识产权的公益诉讼作出了有益尝试，引起社会各界的广泛关注。[②]《想情郎》是在乌苏里江流域的赫哲族世代流

---

① 参见北京市第二中级人民法院（2001）二中知初字第00223号民事判决书。

② 说明：有学者将张平等五教授为提起人向国家知识产权局专利复审委员会提出的DVD专利权无效公益申请案称为中国知识产权公益诉讼“第一案”。该案的基本案情是：2005年12月，北京大学教授张平向国家知识产权局专利复审委员会提出公益无效申请，希望认定飞利浦在DVD领域名为“编码数据的发送和接收方法以及发射机和接收机”的专利在中国范围内无效。随后国内四位知识产权专家陶鑫良、徐家力、单晓光、朱雪忠教授陆续提出相同公益无效申请。五教授分别以个人名义，自费向专利复审委员会提交了针对同一项属于3C“DVD专利池”之发明专利的专利权无效宣告请求。2006年12月10日，五教授与飞利浦知识产权部的代表在北京大学共同签署了一项联合声明。飞利浦最终决定将被诉的发明专利从DVD专利许可协议之专利清单中撤出，并表示对此项中国专利不再主张权利，五教授则向国家知识产权局专利复审委员会撤回对这一项中国发明专利的无效宣告请求。参见刘友华：《我国知识产权公益诉讼制度之构建——从知识产权公益诉讼“第一案”谈起》，载《电子知识产权》2007年第3期。本课题组认为，该案虽具有公益性质，但其属于专利复审程序中的案件，与我国民事诉讼法意义上的公益诉讼并不相同。

传的民间文学作品，其著作权应当由创作和传承该作品的少数民族群体共同享有，换言之，该作品的民事权利主体是赫哲族群体。在赫哲族群体没有提起诉讼的情况下，赫哲族乡政府为维护本区域内的赫哲族公众的权益，代表赫哲族群体作为原告提起诉讼，具有公益诉讼的性质，且符合诉讼担当的形式要件，可以称为公益诉讼型诉讼担当。

（四）权利继承型诉讼担当

我国侵权责任法第十八条第一款规定："被侵权人死亡的，其近亲属有权请求侵权人承担侵权责任。被侵权人为单位，该单位分立、合并的，承继权利的单位有权请求侵权人承担侵权责任。"该款即为基于身份权引发的一般的诉讼担当，按照该规定，自然人死亡后，其人格权等身份权（如死者的名誉权）受到侵害的，由其继承人作为担当人提起诉讼。我国著作权法第二十条规定："作者的署名权、修改权、保护作品完整权的保护期限不受限制。"著作权法实施条例（2013 年修订）第十五条第一款进一步规定："作者死亡后，其著作权中的署名权、修改权和保护作品完整权由作者的继承人或者受遗赠人保护。"该款即是我国著作权领域基于身份权引发的诉讼担当的特别规定，署名权、修改权和保护作品完整权是作者专有的著作人身权，作者在世时，只有作者本人才是适格的民事权利主体。在作者死亡后，继承人或受遗赠人虽然不能享有死者的著作人身权，但继承人或受遗赠人可以以当事人的地位起诉维权，保护死者的上述权利。这种情形即是权利继承型诉讼担当。当然，在司法实践中，此类诉讼担当的案例比较少见。

二、知识产权诉讼担当的问题及分析

（一）著作权集体管理组织的会员自行行使权利的问题

著作权集体管理组织本身不是著作权人，该组织基于对会员作品的管理权，作为当事人进行诉讼的活动，即是一种最为常见的知识产权诉讼担当。在著作权集体管理组织管理、行使会员的著作权并开展诉讼维权活动的同时，一些加入集体管理组织的会员也在自行行使诉讼权利或自行行使实体权利，从而形成了法律争议和问题。

1. 会员自行提起诉讼主张权利的主体资格问题

【案例 2】叶佳修案

台湾音乐人叶佳修是《外婆的澎湖湾》《乡间的小路》《思念总在分手后》等歌曲的词曲作者。我国台湾地区"社团法人中华音乐著作权仲介协会"出具证明，证实叶佳修是该协会的会员。叶佳修于 2008 年 7 月 10 日授权吴锡坚就其音乐著作权遭受不法侵害事宜，在大陆地区进行调查取证、起诉等维权活动，并授权其可再委托大陆各当地维权公司、律师事务所或个人执行相关维权事宜。在原告叶佳修诉被告张江防等侵害著作权纠纷案中，张江防辩称，我国台湾地区"社团法人中华音乐著作权仲介协会"与中国音乐著作权协会签订了相互代表协议，相互授权对方在其所在国或者地区进行集体管理活动，叶佳修已将部分著作权委托集体管理组织进行管理，其在中国大陆地区无权再以个人名义起诉，故请求法院驳回叶佳修的诉讼请求。湖北省黄冈市中级人民法院一审判决：张江防于判决生效之日起立即停止涉案歌曲向公众播送的行为，立即删除播放设备中涉案歌曲，并赔偿经济损失和支付合理开支。张江防不服，提起上诉。湖北省高级人民法院终审判决：驳回上诉，维持原判。

关于已经加入著作权集体管理组织，并将部分著作权委托著作权集体管理组织管理和行使的著作权人，其作为集体管理组织的会员是否有权自行提起诉讼主张权利的问题，在知识产权法学界的争议较大。一种观点认为，加入著作权集体管理组织的著作权人无权再自行起诉维权。持该观点的法律依据是，2004 年颁布施行的我国《著作权集体管理条例》第二十条规定："权利人与著作权集体管理组织订立著作权集体管理合同后，不得在合同约定期限内自己行使或者许可他人行使合同约定的由著作权集体管理组织行使的权利。"据此，有学者认为："存在任意的诉讼担当时，即著作权集体管理组织根据授权而成为诉讼担当人时，则适格的当事人应当是著作权集体管理组织，而非著作权人本人。"[①] 也就是说，著作权人在加入著作权集体管理组织成为会员后，既不能许可他人行使著作权集体管理合同约定权利，也不能自行行使该合同约定由集体管理组织行使的权利，而且还不得自己起诉主张权利。与此截然相反的是，另一种观点认为，加入著作权集体管理组织的著作权人仍然有权自行起诉维权。早在 1993 年，最高人民法院民事审判庭在《关于中国音乐著作权协会与音乐著作权人之间几个法律问题的复函》中就曾指出："音乐著作权人在其著作权受到侵害而音乐著作权协会未提起诉讼或者权利人认为有必要等情况下，依法仍有权提起诉讼。"持会员有权起诉观点的意见认为，虽然该复函在《著作权集体管理条例》之前发布，但如果在著作权集体管理组织不积极维护会员权利的情况下，如果不允许作为会员的著作权人自行起诉维权，将无法保护著作权人的合法权益。

2. 会员未经集体管理组织授权使用自己作品的问题

【案例 3】"2010 仟吉中秋演唱会"案

音乐作品《狼》由台湾歌手齐秦作词、作曲。1999 年，中国音乐著作权协会与我国台湾地区"中华音乐著作权仲介协会"签订了音乐著作权集管组织相互代表合同。2004 年，涉案音乐作品词曲作者、表演者齐秦加入中华音乐著作权仲介协会，并与该协会签署《音乐著作财产权管理契约》，将其创作的音乐作品包括作品表演权在内的著作权授予"中华音乐著作权仲介协会"托管。2010 年，武汉新健演出有限公司与案外人荣格公司合作主办"2010 仟吉中秋演唱会"，台湾歌手齐秦受邀请参加了该演唱会并现场演唱了涉案音乐作品《狼》。中国音乐著作权协会诉至法院，请求判令：武汉新健演出有限公司赔偿其经济损失并承担诉讼费用。湖北省武汉市中级人民法院经审理认为，尽管涉案音乐作品《狼》源于台湾，但基于大陆、台湾两地集体管理组织签订的对各自管辖地域内的会员作品相互授权的事实，中国音乐著作权协会有权代表该会员作品的权利人对本案被控行为提出侵权指控，该演唱会中受邀歌手演唱该作品的行为构成对涉案作品词曲作者表演权的侵犯，应认定为侵权行为。据此判决：武汉新健演出有限公司赔偿中国音乐著作权协会经济损失 1 万元。武汉新健演出有限公司不服，提起上诉。二审期间，在湖北省高级人民法院主持下，双方当事人达成调解协议。[②]

本案中，台湾歌手齐秦是音乐作品

① 刘学在：《著作权集体管理组织之当事人适格问题研究》，载《法学评论》2007 年第 6 期。

② 参见湖北省武汉市中级人民法院（2012）鄂武汉中知民初字第 02097 号民事判决书，湖北省高级人民法院（2013）鄂民三终字第 00008 号民事调解书。

《狼》的词曲作者，齐秦应邀在演唱会上演唱了自己创作的歌曲，但一审法院认定齐秦未经中国音乐著作权协会授权演唱自己作品的行为构成了对该音乐作品词曲作者表演权的侵犯，并判令演唱会的主办方向中国音乐著作权协会赔偿经济损失。也就是说，在著作权人加入集体管理组织成为其会员的情况下，会员未经集体管理组织授权使用自己作品的行为仍然属于侵权。在司法实践中，会员自行提起诉讼主张权利已经得到了人民法院的认可，如前述案例2中的词曲作者叶佳修已经持续多年以自己的名义开展了广泛的诉讼维权。但是，会员未经著作权集体管理组织授权使用自己作品的行为是否应当认定为侵权，需要进一步研究。案例3中，一审法院认为，在未经过著作权集体管理组织授权的情况下，会员在演唱会中演唱自己作品的行为构成侵权，由于本案中国音乐著作权协会只起诉了演唱会主办单位，没有起诉会员歌手齐秦，因而只判令未缴纳版权许可使用费的演唱会主办单位承担赔偿责任。

但在现实生活中，情况更加复杂。例如，应演唱会的现场观众强烈要求，歌手加唱歌曲，而且加唱的歌曲往往是众多观众现场临时点唱的，难以提前预判并向著作权集体管理组织取得授权。在此情况下，涉及音乐著作权人、音乐著作权集体管理组织和社会公众三方面的利益平衡，如何能够既维护著作权集体管理的秩序，又促进优秀作品的传播并保障社会公众享用优秀作品的利益，需要在裁判中实现利益平衡。

（二）使用许可型诉讼担当的合法授权问题

使用许可型诉讼担当成立的前提是权利人对诉讼担当人进行了合法授权。按照诉讼担当的定义，诉讼担当人应当对权利人的“权利或法律关系有管理权”，因此，在使用许可型诉讼担当中，诉讼担当人获得的授权应当是既有使用许可权，又有诉讼实施权，二者缺一不可，否则不能认定诉讼担当人获得了合法授权。下面通过两个案例的比较，分析使用许可型诉讼担当的合法授权问题。

1. 有合法授权的使用许可型诉讼担当

【案例4】東威利案

1998年，经我国国家工商行政管理局商标局核准，“東威利”中文文字商标获准注册。2008年，关文宝将其合法持有的“東威利”注册商标许可给东莞宏利木品厂有限公司使用，并与该公司签订商标使用授权协议书约定：关文宝同意东莞宏利木品厂有限公司在中国大陆区域内制造、使用、销售关文宝商标“東威利”产品，若发现他人非法使用、假冒“東威利”商标的商标侵权或不正当竞争行为，关文宝授权东莞宏利木品厂有限公司依法展开维权工作。2009年，东莞宏利木品厂有限公司发现浙江武义宇亨门业有限公司等生产、销售的“东威利”门与“東威利”商标构成近似，为此，关文宝和东莞宏利木品厂有限公司共同提起诉讼，请求判令被告立即停止生产、销售涉案商标“東威利”品牌门的不正当竞争和商标侵权行为并赔偿经济损失和合理费用等。湖北省武汉市中级人民法院判决被告停止侵权、赔偿经济损失和合理费用等。浙江武义宇亨门业有限公司不服，提起上诉。湖北省高级人民法院终审判决：驳回上诉，维持原判。

本案是一起典型的使用许可型诉讼担当的案例。在涉案商标使用授权协议书没有明确约定独占使用许可或排他使用许可“東威利”商标的情况下，该授权应当认定为普通使用许可。“東威利”商标的权利人关文宝授权该商标的普通许可人东莞宏利木品厂有限公司进行维权，按照《最高人民法院关于审理商标民事纠纷案件适用法律若干问题的解释》第四条“普通使用许可合同的被许可人经商标注册人明确授权，可以提起诉讼”的规定，普通使用许可的被许可人东莞宏利木品厂有限公司有权提起诉讼。本案中，“東威利”商标的权利人关文宝和被许可人东莞宏利木品厂有限公司共同提起诉讼，但两者的权利基础并不一致。其中，关文宝起诉的权利基础是商标专用权，东莞宏利木品厂有限公司起诉的权利基础是普通使用许可的使用权利和诉讼实施权，两者都是适格的当事人。并且，根据上述司法解释的规定，即便是普通使用许可的被许可人东莞宏利木品厂有限公司单独提起诉讼，该公司也是适格的原告。

2. 无合法授权的使用许可型诉讼担当

【案例5】派克笔案

“派克”“PARKER”“P”商标系经国家工商行政管理总局商标局核准注册的商标，注册人为派克笔产品公司。2011 年，派克笔产品公司出具授权委托书，委托上海派克笔有限公司在中国境内以受托人自己名义对任何涉嫌实施侵犯委托人知识产权（包含但不限于商标、专利及版权、商号/厂名）或其他针对委托人的不正当竞争行为的个人、公司或其他组织提起诉讼或启动行政程序，并处理与前述程序有关的一切必要事务。

据此，上海派克笔有限公司起诉湖北省宜昌市伍家岗区满意文化用品商行的经营者陈能飞，指控其销售的印有“PARKER”标识的笔侵犯其商标权，请求法院判令陈能飞立即停止销售并销毁侵犯上海派克笔有限公司注册商标专用权的商品，赔偿上海派克笔有限公司经济损失和合理费用，并在省级以上报纸上刊登道歉声明等。湖北省宜昌市中级人民法院判决：陈能飞立即停止销售并销毁侵犯“PARKER”“P”注册商标专用权的产品，赔偿经济损失和合理费用等。陈能飞不服，提起上诉。

二审期间，上海派克笔有限公司于庭审后补充提交《商标特许权协议》，证明派克笔产品公司授予上海派克笔有限公司一般许可使用涉案商标。本案在湖北省高级人民法院主持下，双方当事人达成调解协议。①

本案中，“PARKER”“P”注册商标的商标权人是派克笔产品公司，而起诉的原告是上海派克笔有限公司，两者并不是同一主体。从原告上海派克笔有限公司一审提交的证据来看，本案并无证据证明派克笔产品公司许可上海派克笔有限公司使用涉案“PARKER”“P”注册商标，而只是授权其进行诉讼维权。在未获得普通使用许可权利的情况下，单独授予诉讼的权利，其本质上是一种诉权转让的诉讼行为，不仅不符合使用许可型诉讼担当的构成要件，而且有违我国诉权法定的民事诉讼制度。在涉及权利使用许可的诉讼维权活动中，诉讼维权的实际主体有时只关注诉权的授予，而忽视了权利本身的许可，或者是在诉讼过程中遗漏了对于权利证据的举证。在审判实践中，部分知识产权法官对知识产权诉讼担当的条件缺乏了解和研究，在判决中支持了诉权转让的诉讼行为，这需要引起人民法院的高度重视。

（三）知识产权公益诉讼型诉讼担当的法律依据问题

《乌苏里船歌》案的程序问题的争议焦点在于原告的主体适格问题。在涉及民

① 参见湖北省宜昌市中级人民法院（2012）鄂宜昌中知民初字第 00185 号民事判决书，湖北省高级人民法院（2013）鄂民三终字第 00149 号民事调解书。

间文学艺术作品的知识产权纠纷中，民间文学艺术作品体现了所属群体的公共利益，利益主体具有群体性、共有性与不确定性等特点，其著作权的权利主体在我国现行著作权法中是缺位的。对此，北京市高级人民法院认为：涉案的赫哲族民间音乐曲调形式作为赫哲族民间文学艺术作品，是赫哲族成员共同创作并拥有的精神文化财富。它不归属于赫哲族某一成员，但又与每一个赫哲族成员的权益有关。该民族中的任何群体、任何成员都有维护本民族民间文学艺术作品不受侵害的权利。赫哲族乡政府作为一个民族乡政府是依据我国宪法和法律的规定在少数民族聚居区内设立的乡级地方国家政权，可以作为赫哲族部分群体公共利益的代表。故在符合我国宪法规定的基本原则、不违反法律禁止性规定的前提下，赫哲族乡政府为维护本区域内的赫哲族公众的权益，可以自己的名义对侵犯赫哲族民间文学艺术作品合法权益的行为提起诉讼。应当说，《乌苏里船歌》案对于推动我国知识产权公益诉讼型诉讼担当具有里程碑的意义，该案将公共知识产权纳入公益诉讼制度的保护范畴，不仅解决了权利主体难以确定的争议，还有效维护了民族传统文化知识的公共利益。

虽然司法实践对知识产权的公益诉讼作了探索和突破，但是，知识产权的公益诉讼仍然存在较大争议。即便在《乌苏里船歌》案判决十几年后，我国对于公益诉讼的关注仍然主要集中在环境污染、消费者权益保护等方面，而对知识产权的公益诉讼一直罕有关注。2013 年修订的民事诉讼法增加了有关公益诉讼的条款，即民事诉讼法第五十五条规定：“对污染环境、侵害众多消费者合法权益等损害社会公共利益的行为，法律规定的机关和有关组织可以向人民法院提起诉讼。”该条正式确立了我国的公益诉讼制度，但从条文列举的公益诉讼的类型来看，立法者显然对于知识产权的公益诉讼持有审慎的态度，知识产权的公益诉讼型诉讼担当至今仍然面临着缺乏法律依据的障碍。

三、知识产权诉讼担当的规制之策

（一）合理平衡集体管理组织与会员及非会员的利益

有日本学者以诉讼目的为标准，将诉讼担当划分为两类：为了诉讼担当人利益的诉讼担当和为了权利主体利益的诉讼担当。① 按照我国《著作权集体管理条例》第一条的规定，国家设立著作权集体管理组织的本意是“为了规范著作权集体管理活动，便于著作权人和与著作权有关的权利人行使权利和使用者使用作品”，但在著作权集体管理组织以诉讼担当形式维权的过程中，存在著作权集体管理组织的利益优先还是会员的利益优先的问题。申言之，著作权集体管理组织为保护会员的著作权，会对侵权人开展诉讼维权，这就是典型的为了权利主体（即加入集体管理组织的会员）利益的诉讼担当。此外，著作权集体管理组织为维护集体管理的秩序，会限制会员对其著作权的行使，这就是典型的为了诉讼担当人（即集体管理组织）利益的诉讼担当。

本课题组经研究认为，我国应从以下三个方面着手，促进著作权集体管理组织和会员及非会员之间的利益平衡，促使诉讼担当人更多地体现权利人的利益。

第一，以著作权集体管理组织诉讼维权为主体，以会员自行诉讼维权为补充。我国的音乐著作权集体管理的行政色彩过浓，不仅被纳入到行政管理体系中，而且

① ［日］高桥宏志：《民事诉讼法：制度与理论的深层分析》，林剑锋译，法律出版社 2003 年版，第 254 页。

参照行政机关定级定编，容易滋生官僚作风和运营效率不高的问题。面对互联网快速发展、卡拉 OK 经营场所普及和其他文化消费市场发展引发的侵权现象，我国的音乐著作权集体管理组织有时鞭长莫及，难以及时有效地提起诉讼制止侵权行为。因此，在著作权集体管理组织不积极、不主动地维护会员权利，或者是凭借著作权集体管理组织的力量难以及时有效维权的情况下，允许会员自己起诉维权，有利于保护著作权人的合法权益。由此可见，建立以著作权集体管理组织诉讼维权为主体，以会员自行诉讼维权为补充的诉讼制度，是符合我国现阶段国情的选择，人民法院审理集体管理型知识产权诉讼担当案件，应当维护好该诉讼制度。

第二，尊重著作权集体管理组织和会员的意思自治，合理确定诉讼主体资格。按照我国著作权法第八条第一款的规定，著作权集体管理组织被授权后，可以作为当事人开展诉讼活动。该规定表明，集体管理组织的权利来源于权利人的授权，只有经过授权才能取得提起诉讼的权利。申言之，集体管理型诉讼担当成立的前提是集体管理组织获得了会员授予的诉权。本课题组认为，对于著作权集体管理组织和会员的诉讼主体资格的确定，应当充分尊重著作权集体管理合同的意思自治，根据集体管理合同的授权约定确定诉讼主体资格。具体而言，如果集体管理合同约定权利人授权集体管理组织起诉，并且权利人再无权自行起诉，则作为会员的权利人一般不再享有诉权，会员只有在集体管理组织怠于起诉维权或明确表示不起诉的情况下才可以起诉；如果集体管理合同约定集体管理组织有权起诉，并且同时约定权利人保留起诉的权利，则作为会员的权利人仍然有权起诉；如果集体管理合同没有约定集体管理组织有权起诉，则作为会员的权利人不因加入集体管理组织而丧失起诉的权利，会员仍然可以自行起诉维权。

第三，通过著作权集体管理组织和非会员之间的适度竞争，促进集体管理组织完善集体管理型诉讼担当。近年来，中国音乐著作权协会和中国音像著作权集体管理协会的收费机制不透明、会员分配版权使用费比例低的问题十分突出、饱受诟病。我国的音乐著作权集体管理采取的是垄断型的模式，只有中国音乐著作权协会和中国音像著作权集体管理协会两家协会分工负责且不存在竞争关系。显然，著作权集体管理组织的垄断性过强是其运作管理不善、运营成本过高的重要原因。当前，因为加入著作权集体管理组织的分配收益过低，有一部分音乐著作权人选择了不加入集体管理组织并且自行诉讼维权，这些非会员权利人主要有北京华夏金马文化传播有限公司、北京天语同声信息技术有限公司、重庆金盾知识产权代理有限公司和北京帝豪星辰文化传媒有限责任公司等。在著作权审判中，平等保护著作权集体管理组织和非会员权利人的合法权益，形成著作权集体管理组织和非会员之间的适度竞争局面，可以促进集体管理组织完善集体管理型诉讼担当，改进日常管理工作，降低运营成本，为会员权利人分配更多的版权许可收益。

（二）规范使用许可型诉讼担当的诉讼活动

在许可使用型诉讼担当的诉讼活动中，权利主体和诉讼担当人是原始权利人与继受权利人的关系，也就是说，有权提起诉讼的诉讼担当人的权利来源是基于权利主体授予的使用许可权和诉讼实施权。人民法院审理许可使用型诉讼担当的案件，应当高度重视诉讼担当人的主体适格问题，诉讼担当人必须按照法律或司法解释规定，从权利主体处取得使用许可性质的授权。

我国信托法第十一条第（四）项规定，专以诉讼或者讨债为目的设立的信托无效。对于权利人只授权被许可人诉讼维权而未授权被许可人以普通使用许可方式使用权利的情形，并不符合诉讼担当的构成要件，此类授权行为属于诉权转让性质的诉讼活动，与我国信托法第十一条第（四）项明文禁止的“诉讼信托”行为没有本质差异，人民法院应当不予支持。

（三）加强公共知识产权公益诉讼的立法

从诉讼担当的角度来看，更加能够发现知识产权领域公益诉讼型诉讼担当问题的症结所在。按照日本学者的观点，诉讼担当可以分为法定的诉讼担当和任意的诉讼担当。“按照法律规定当然发生的诉讼担当就是法定的诉讼担当”①，“基于本来权利义务主体之意思进行的诉讼担当就被称为任意的诉讼担当”②。根据诉讼担当的理论，任意的诉讼担当必须基于本来权利义务主体的意思而发生，也就是说，只有本来权利主体将纠纷的诉讼实施权授权给第三人，才能发生任意的诉讼担当。但在知识产权的公益诉讼中，公共利益主体的不确定性决定了知识产权权利主体的不确定性，这就无法通过授权发生任意的诉讼担当。另一方面，在缺乏法律明文规定的情况下，法定的诉讼担当也缺乏法律依据。

对此，本课题组认为，我国应当加强知识产权公益诉讼的法定诉讼担当的立法工作和司法解释工作，确立公共知识产权的公益诉讼制度。知识产权既是一种私权，也体现了人类智力成果的公共利益，尤其是民间文学艺术等传统知识产权，其成果属于世代相传的特定群体共同享有。实现私人权利与公共利益之间利益平衡是知识产权保护的重要原则，知识产权诉讼兼有保护私权和维护公益的双重职能，在积极保护智力成果创造者享有的私权的同时，也要保证社会公众依法分享知识产权。但是，传统的知识产权诉讼遵循的是谁享有知识产权谁就享有诉讼权利的规则，当公共知识产权被垄断滥用或遭受不法侵害时，因公共知识产权的权利主体不具有特定性，难以获得有效的司法救济。建立知识产权公益诉讼制度，是保护公共知识产权的重要途径。民事诉讼法第五十五条规定：“对污染环境、侵害众多消费者合法权益等损害社会公共利益的行为，法律规定的机关和有关组织可以向人民法院提起诉讼。”在民事诉讼法确立的公益诉讼制度的立法框架内，人民法院可以以司法解释的形式对上述法律规定中的“等”字作出扩大解释，涵盖公共知识产权的公益诉讼。

另外，公共利益必须有明确的主体予以代表和维护，确定适格的起诉主体是开展公益诉讼的关键。《中共中央关于全面推进依法治国若干重大问题的决定》明确提出“探索建立检察机关提起公益诉讼制度”，本课题组认为，检察机关作为国家利益和公共利益的代表，当然是知识产权公益诉讼的适格主体。除此之外，结合知识产权诉讼专业性强的特点，知识产权行业协会、有关社会团体和民族区域政府在专业知识、举证能力等方面有着明显的优势，也可以成为知识产权公益诉讼的适格主体。

四、结语

知识产权诉讼担当在当前的知识产权案件中广泛存在，但知识产权诉讼担当的问题是知识产权审判中亟待研究的新课题。

---

① ［日］高桥宏志：《民事诉讼法：制度与理论的深层分析》，林剑锋译，法律出版社2003年版，第216页。

② ［日］高桥宏志：《民事诉讼法：制度与理论的深层分析》，林剑锋译，法律出版社2003年版，第251页。

加强知识产权诉讼担当的研究，具有十分重要的现实意义，可以促使诉讼担当人以权利主体的利益为核心进行诉讼，规范和引导知识产权的行使和诉讼维权行为，指导人民法院在知识产权审判实践中对当事人适格的判定，为促进我国知识产权司法保护制度的完善发展和国家创新驱动发展战略的实施提供有力的司法保障。

关于《中华人民共和国商标法》（2013）实施情况的调研报告

广东省高级人民法院知识产权庭

一、新商标法修改以来广东法院审理商标案件的总体情况

2013年8月30日，十二届全国人大常委会第四次会议审议通过了《全国人民代表大会常务委员会关于修改〈中华人民共和国商标法〉的决定》，并于2014年5月1日起施行。2014年4月29日国务院发布《中华人民共和国商标法实施条例》（以下简称商标法实施条例），亦于2014年5月1日起施行。两年多来，广东法院知识产权审判部门全面理解和把握新商标法修改的主要内容及精神，明晰商标法律标准，总结创新商标审判理论，不断强化商标权益保护，围绕国家知识产权战略实施，以突出加强保护为导向，依法公正审理了一大批商标案件。广东法院依法作出停止侵权、销毁侵权产品、赔偿权利人损失的判决，彰显了对商标权利人、社会公众和市场秩序的司法保护力度。广东法院通过开展“探索完善司法证据制度破解知识产权侵权损害赔偿难”试点工作、完善民事诉讼证据制度、加强驰名商标司法保护、互联网环境下的商标侵权及不正当竞争行为认定等专题研究，对侵权损害赔偿数额认定、商标混淆标准、驰名商标认定标准等热点和难点问题进行分析梳理，提出创新性的法律适用原则，为有效解决商标纠纷探明路径。广东法院通过开展“三合一”审判方式改革、科学调整知识产权管辖布局和推动设立知识产权法院，不断提高商标司法保护水平，有效回应权利人的需求和期望；坚持平等保护国内外当事人合法权益的基本审判原则，依法保护一大批国际知名企业拥有的创新程度、知名度、显著性高的品牌。

从近几年来广东商标案件审判的情况看，总体呈现以下几个特点。

（一）品牌价值在企业利润中所占的权重日益增加，企业争夺品牌市场份额的博弈持续升级

近三年来，广东法院受理商标案件11857件，审结11524件，占知识产权案件的16.53%。2013年、2014年、2015年审结商标案件分别为4551件、3857件、3116件。新商标法实施以来，即2014年5月1日至2016年，广东法院受理商标一审案件6844件，审结6272件，占知识产权案件的15.28%。总体上看，商标案件审判呈平稳

发展态势。

随着品牌经济时代的来临，越来越多的市场主体将品牌视为企业最有价值的资产之一。如在美孚公司诉桂林埃索公司、米其林集团总公司诉宝骏汽车公司、邓禄普（马来西亚）公司诉佛山市邓禄普寝具公司侵害商标权等一系列纠纷中，跨国公司娴熟运用品牌优势和诉讼策略，在石油、汽车、家具等众多行业通过强势品牌争夺中国市场，从而主导消费者的选择。国内各行业的龙头企业也在积极通过品牌战略进行市场扩张。广药集团与加多宝公司之间的侵害商标权及不正当竞争系列纠纷愈演愈烈，诉请赔偿数额达二十几亿元的巨额。好又多（上海）公司与张家港好又多连锁超市双方围绕商标、企业名称在内的商业标识发生激烈的市场份额争夺。

（二）侵害商标权行为与不正当竞争行为往往交织在一起，使商标侵权行为的界定变得更加复杂

侵权人通过抢注他人在先使用的知名商业标识、将他人作品注册为自己的商标或将他人商标注册为自己的企业名称等手段，以达到侵害他人注册商标以及进行不正当竞争的目的。如嘉顿有限公司诉中山市嘉顿食品有限公司等侵害商标权及不正当竞争纠纷、汤臣倍健股份有限公司诉福建汤臣倍健医疗器械有限公司不正当竞争纠纷等。这些案件需要司法最大限度划清商业标志之间的边界，坚决制止假冒商标、恶意抢注、“搭便车”模仿等商业标识侵权行为，为知名品牌的培育和成长提供良好的法律环境。

（三）围绕实现商标真实的市场价值的目标，对证据规则的探讨和适用不断深入

2011 年广东高院成立“以制度创新破解知识产权侵权诉讼赔偿难”调研小组，经过对全省知识产权侵权诉讼案件的分类梳理，以及对民事诉讼法、《最高人民法院关于民事诉讼证据的若干规定》和知识产权侵权赔偿问题指导性文件的深入研究，形成《广东法院探索完善司法证据制度破解知识产权侵权损害赔偿难》调研报告。2013 年广东高院决定加快对调研报告的成果转化，选取广州市、深圳市、汕头市、佛山市、东莞市、中山市等六个中级人民法院，以及广州市南沙区、天河区，深圳市宝安区、龙岗区，佛山市南海区法院，东莞市第一人民法院，中山市第一人民法院、中山市第二人民法院等八个基层法院，开展“探索完善司法证据制度破解知识产权侵权损害赔偿难”试点工作，形成《广东法院“探索完善司法证据制度破解知识产权侵权损害赔偿难”试点工作座谈会纪要》（以下简称座谈会纪要），并在试点法院中施行。一是把握运用证据披露制度。针对证明侵权获利的财务账册等证据往往掌握在侵权人手中而权利人无法取得的情形，基于民事诉讼的诚实信用原则和法院的查证、认证职责，确立了与“谁主张谁举证”原则相辅相成的证据披露制度。不管持有人是案件当事人还是案外人，也不论该证据对持有人是否有利，诉讼当事人都可以申请法院责令证据持有人披露相关证据。二是把握运用举证妨碍制度。针对那些持有证据无正当理由拒不提供，而对方当事人主张该证据的内容可以证明自己主张的侵权损害赔偿数额成立的，结合有关情况推定该主张成立。三是把握运用优势证据标准。对于不能准确计算侵权受损或侵权获利的具体数额，但有证据证明这些数额明显超过法定赔偿最高限额的，综合全案的证据情况，在法定最高限额以上合理确定权利人的实际损失或侵权人的侵权获利数额。四是探索和实行专家辅助人

制度。针对法官往往对财务账册、审计报告等金融、财会专业知识不够熟悉的情况，大力提倡专家辅助人制度。批准或要求当事人委托审计、会计等相关专业领域的专家人士出庭，对销售数额、行业利润率、同类产品单价及财务报表等作出评价和说明。

在两年多的试点工作中，试点法院适用座谈会纪要中确立的证据制度和规则，成功办结了一批较好查明侵权损害的实际损失或侵权获利的典型商标案件。如在内蒙古小肥羊公司诉深圳周一品小肥羊公司侵害商标权及不正当竞争纠纷中，权利人通过提交侵权人在网站的宣传性自述、特许经营的许可加盟费用以及纳税金额等证据，使自己主张的损害赔偿数额 90 万元、合理费用 10 万元真实接近侵权人的侵权获利，法院对权利人证据的科学采信使权利人所受损失得到最大限度的补偿。东莞第二法院在美宜佳侵害商标权案①中，根据被告经营场所开设在权利人正规加盟店隔壁，侵权恶意明显，在接到律师函后仍未停止侵权的情况，认定被告情节严重而对其适用惩罚性赔偿。佛山市名仕实业有限公司诉郭志辉、广州市金志箱包有限公司、广州市壮志工贸有限公司等侵害商标权两案②中，南海区法院根据原告申请，在证据保全措施过程中要求被告提供其财务账册等证据，被告以财务人员不在本地为由称不能马上提供。法院根据证据披露制度再次通知限其在一定时间内提供，被告在法院规定的时间内提供了相关账册。

近期，在座谈会纪要的基础上，我院结合审判实践中相关的试点案例以及存在的问题，进行了认真研讨，起草了《广东省高级人民法院关于在知识产权侵权诉讼中认定赔偿数额的办案指引》（草稿），拟于修改完善后在全省法院试行，通过总结试行过程中的实践经验促进知识产权司法保护与市场价值研究不断深入，同时，以研究成果不断推进知识产权市场价值的实现。

（四）商标权纠纷从传统领域向电子商务领域蔓延，互联网成为知识产权司法保护的重要“战场”

信息网络技术的迅猛发展给社会带来的影响日益加深，广东法院涉互联网案件数量持续大幅增长，重大疑难复杂案件集中涌现。一些经营者为获取市场优势和强化自身竞争力，不断推出新的商业模式，各种花样的商标侵权行为也相继出现，侵权诉讼从传统领域向电子商务等领域蔓延。如完美（中国）公司诉紫星公司侵害商标权纠纷，美心食品公司诉梁嘉超、美糕餐饮公司侵害商标权和虚假宣传纠纷，分别涉及网络环境下的宣传代购行为、团购服务是否构成侵害商标权以及不正当竞争等。

二、广东法院在贯彻新商标法中面临的新情况和新问题

在调研中我们发现，在贯彻新商标法的司法实践中，适用较多的条款为第四十八条、第五十七条、第六十三条和第六十四条。其中第四十八条是关于商标使用的含义的规定，该条款在 2002 年 8 月 3 日国务院公布的商标法实施条例中有对应条款，新商标法将原来的行政法规规定上升为法律，加强了商标专用权保护力度。第五十七条是关于侵犯注册商标专用权行为的规定，是对原商标法第五十二条进行修改后形成的，主要涉及两个方面：一是将商标侵权行为中的“相同”和“近似”“类似”等情况分别规定，单列出来表述，以便于

---

① 广东省东莞市第二人民法院（2014）东二法知民初字第 356 号。

② 广东省佛山市南海区人民法院（2013）佛南法民四初字第 150、151 号。

认定和掌握；二是增加规定“故意为侵犯他人商标专用权行为提供便利条件，帮助他人实施侵犯商标专用权行为的”也属于侵犯注册商标专用权行为。第六十三条为侵犯商标专用权赔偿数额确定方法的规定，针对实践中权利人维权成本高、往往得不偿失的现象，增加惩罚性赔偿的规定，将法定赔偿额的上限从五十万元提高到三百万元，切实保障权利人的合法权益。第六十四条是关于“注册商标三年未使用，被控侵权人不承担赔偿责任”的条款，最高人民法院2009年印发的《关于当前经济形势下知识产权审判服务大局若干问题的意见》有相应规定，新商标法在此基础上予以明确。

在适用新商标法的过程中，主要面临以下几个问题。

（一）关于商标侵权行为认定的问题

1. 关于新商标法第五十七条第（一）项“未经商标注册人的许可，在同一种商品上使用与其注册商标相同的商标”的理解和适用问题

本项规定即“同种商品，相同商标”假冒行为，这是最为明显的商标侵权行为，也是执法和司法实践中发现较多的侵犯注册商标专用权的行为。

有的法院提出，该条款规定的相同商标的定义不明确。在大部分案件中，被控侵权商标往往与权利商标整体外观基本相同，但又存在细微差别。因缺乏进一步细化的标准，应认定二者构成相同商标还是近似商标存在争议。该认定在刑事案件中涉及罪与非罪的认定，希望司法解释对相同商标的判断标准予以明确。我们认为，旧商标法司法解释第九条界定了商标相同和商标近似的标准，将基本相同的商标纳入相同商标的范围，有利于加强注册商标保护，但是在实践中，对于视觉上基本无差别的商标的把握，仍有认定上的灵活性。因刑事案件涉及罪与非罪的问题，刑事案件与民事案件对于相同商标的把握是否应确定不同的标准，有研究的必要。

有的法院提出，该条款未规定“双相同”情形下的推定混淆要求，我们认为该条款属于绝对保护，在侵权构成中并无混淆的要求，但实践中有的被控侵权人以其标识的使用系作为商品名称的使用而非商标性使用作为不侵权的抗辩理由（如格力美的“五谷丰登”案），成为对抗新商标法关于“双相同”侵权规定的利器，客观上加重了权利人的举证责任。

有的法院亦提出，对于将注册商标用于商品名称或者商品装潢使用是否一概定性为商标性使用存在不同看法。商品名称是指为了区别于其他商品而使用，主要描述该商品的特征和材质，具有通用性，并不具备区分商品来源的功能。商品装潢是为了说明或美化商品，吸引消费者购买而对商品包装进行的装饰，商品装潢必须是整体的装饰产生吸引消费者的魅力，在商品装潢上使用商标标识有时仅为作为装潢构成要素之一，其发挥的作用也是为装潢服务，即吸引消费者，因而其作为区分来源的功能并不显著。因此，对于将他人注册商标标识在商品名称或商品装潢中使用是否一概定性为商标性使用的问题认识不一。对于该问题的把握涉及新商标法五十七条第（一）项与商标法实施条例第七十六条规定的关系问题，可能导致裁判不统一，我们建议在新商标法司法解释中予以明确。

2. 关于新商标法第五十七条第（二）项“未经商标注册人的许可，在同一种商品上使用与其注册商标近似的商标，或者在类似的商品上使用与其注册商标相同或者近似的商标，容易导致混淆的行为”的

理解和适用问题

本项规定是我国首次在商标法中明确将混淆理论作为判断商标侵权的标准。混淆并非商标侵权的一般要件，但在判断商标近似、商品类似时，旧司法解释采用的标准是混淆性近似，即能够构成商标侵权的商标近似，是一种符合混淆要求的近似，能够构成商标侵权的商品类似，同样是符合混淆要求的商品类似，在综合比对考虑商标和商品本身的情况下，倘若商标近似和商品类似达到了足以产生市场混淆的程度，即可以认定构成侵权，即在新商标法第五十七条第（二）项中，混淆是认定侵权的条件。然而，是否构成混淆需要根据客观条件作出主观判断，具有不确定性。

有的法院提出，对认定商品或服务是否相同或类似应采取主观标准还是客观标准，司法实践中存在一定争议，造成裁判尺度不统一。如“非诚勿扰”一案中，一审法院认定被告所使用的服务类别系“电视节目”，属第41类；与金阿欢注册商标核定使用的45类并不相同，也不会导致公众混淆，故认定不构成侵权，驳回原告诉讼请求。二审法院认为，江苏电视台的《非诚勿扰》节目，从服务的目的、内容、方式、对象等判定，其均是提供征婚、相亲、交友的服务，与上诉人第7199523号“非诚勿扰”商标注册证上核定的服务项目“交友、婚姻介绍”相同，而珍爱网与江苏电视台存在合作关系，参与了参加节目的嘉宾招募、举办活动、宣传等，属于共同侵权，最终认定两被告对“非诚勿扰”的使用构成对原告注册商标的反向混淆，构成商标侵权。

有的法院提出如何准确界定驰名商标禁用权的范围以及商标共存的问题。如广东蒙娜丽莎新型材料集团有限公司诉广州蒙娜丽莎建材有限公司、佛山市贝佳斯洁具有限公司侵害商标权纠纷一案①中，广东蒙娜丽莎新型材料集团有限公司系第19类第1476867号“M＋蒙娜丽莎＋MONALISA＋图形”商标、第1765162号“MONALISA”英文商标、第19类第3263410号蒙娜丽莎头像商标和第19类第3406138号“蒙娜丽莎”中文商标的商标权人。除第1765162号“MONALISA”英文商标外，其他三个商标系驰名商标。广州蒙娜丽莎建材有限公司系第11类第1558842号“蒙娜丽莎 Mona Lisa”商标权人。广东蒙娜丽莎新型材料集团有限公司以广州蒙娜丽莎建材有限公司使用“蒙娜丽莎”系列商标与字号，侵害其商标权为由提起诉讼。广州蒙娜丽莎建材有限公司认为其使用的是自己所有的注册商标，而企业字号来源于其投资企业，并未侵害广东蒙娜丽莎新型材料集团有限公司的商标权。原被告均拥有“蒙娜丽莎”注册商标，在不同类别上使用，原告的“蒙娜丽莎”被认定为驰名商标，被控侵权行为是否导致相关公众的混淆，两个商标能否共存，如何确保注册商标专用权的正常行使，如何准确界定驰名商标禁用权的范围？对于这些问题一二审法院存在不同意见，从而得出不同的结论。建议新司法解释进一步予以明确。

有的法院提出，在某些案件中，原告分别是一文字商标和图形商标的商标权人，但原告没有就该文字商标和图形商标的组合注册为商标。在被告擅自将该文字商标和图形商标在同类商品上组合起来使用时，以组合商标作为被控侵权商标，还是分别以两个商标作为被控侵权商标，存在争议。此区分涉及在商标比对时适用新商标法第

① 一审：广东省佛山市中级人民法院（2012）佛中法知民初字第515号；二审：广东省高级人民法院（2015）粤高法民三终字第143号。

五十七条第（一）项还是第（二）项的问题，即是否需要对混淆、误认可能性作进一步判断。如果将被控的组合商标整体与原告注册商标相比，二者因外观差异较大，是否构成近似也存在较大争议。

在广东高院审理的嘉顿有限公司诉中山市嘉顿食品有限公司等侵害商标权及不正当竞争纠纷案①中，被诉侵权商品上使用了“嘉顿文字＋厨师头图形”标识，而权利人享有“嘉顿”文字商标、“嘉顿文字＋厨师头图形”“厨师头”图形商标，一审法院认为被控侵权商品上仅仅使用了“嘉顿文字＋厨师头图形”商标，并没有使用“嘉顿”文字商标，而二审法院认为被诉侵权商品对“嘉顿”文字的使用，已经构成具有识别商品来源意义的商标使用，这里的“嘉顿”文字已经脱离其与厨师头图案的组合，而独立成为商标标识，因此也侵犯了权利人“嘉顿”文字商标。

有的法院提出，在证明商标上，由于证明商标是用以证明商品或者服务的原产地、原料、制造方法、质量或者其他特定品质的标志，与商品或服务商标存在一定的区别，对涉及证明商标的侵权案件如何适用混淆标准，需要司法解释进一步明确。

3. 关于新商标法第五十七条第（六）项“故意为侵犯商标专用权行为提供便利条件的，帮助他人实施侵犯商标专用权行为”的理解和适用问题

上述规定是关于商标侵权中帮助侵权的规定，有的法院提出，实践中对于如何认定帮助侵权、帮助侵权行为如何承担民事侵权责任以及帮助侵权人是否可以单独作为被告等问题存在不同的认识和做法，有必要予以具体化。同时，根据法理，故意的主观认识因素是明知，在实践中涉及构成帮助侵权的主体通常是实体市场开办方或者网络市场中的网络销售平台提供方，而如何认定市场开办方或者网络市场中的网络销售平台对于商户直接侵权行为主观上是明知，在取证、举证方面存在一定的难度，故如何把握明知的证明标准和如何推定明知在司法解释中亦应予以明确。

如广东高院正在审理的古乔古希股份公司与珠海正邦房地产开发有限公司、珠海市华绪投资有限公司、珠海摩尔百货有限公司、珠海市淘铺商业物业顾问有限公司侵害商标权纠纷一案中，摩尔商场的商铺销售广告中宣称摩尔商场将实签入驻“GUCCI”专营店，在摩尔商场开设的“GUCCI”店铺的招牌、店铺内部的宣传海报及摩尔商场内部的墙面广告突出使用“GUCCI”商标，古乔古希公司认为四名被告未经许可，恶意突出使用“GUCCI”注册商标，使人误认为“GUCCI”与被告存在授权合作关系，共同侵犯其注册商标专用权。在本案中，正邦公司为摩尔商场的开发商和产权人，为购买商铺的小业主办理过户手续，华绪公司为摩尔商场的投资人，淘铺公司为销售中介，它们是否构成帮助侵权，是否明知侵权，因没有具体的法律和司法解释可以适用，司法认定存在一定难度。

有的法院提出，目前法律及司法解释对部分共同商标权人可否单独提起侵害商标权诉讼，以及商标侵权诉讼中商品销售者申请追加其上级经销商为被告或第三人参加诉讼，或者权利人将品牌加盟店的品牌许可方列为案件的共同被告的情况应如何把握，在司法实践中操作不统一，建议在商标法司法解释中予以明确。

4. 关于新商标法第五十七条第（七）

① 一审：广东省佛山市中级人民法院（2012）佛中法知民初字第515号；二审：广东省高级人民法院（2015）粤高法民三终字第143号。

项“给他人注册商标专用权造成其他损害的行为”的理解和适用问题

该条款是概括性“兜底”规定，由于现实生活中新事物不断出现，商标侵权形式复杂多样，有必要将未列举的、给他人的注册商标专用权造成其他损害的行为认定为商标侵权行为，违法者应当依法承担相应的赔偿责任。有的法院提出，旧商标法司法解释第一条明确列举了造成其他损害所指向的几种行为，其中第一种行为系“将与他人注册商标相同或者相近似的文字作为企业的字号在相同或者类似商品上突出使用，容易使相关公众产生误认”。新商标法第五十八条规定“将他人注册商标、未注册的驰名商标作为企业名称中的字号使用，误导公众，构成不正当竞争行为的，依照《中华人民共和国反不正当竞争法》处理”。这就产生了企业名称与注册商标的权利冲突问题，在何种情况下应认定商标侵权行为或者不正当竞争行为，如果适用新商标法，应当依据反不正当竞争法中哪一条规定来认定被告的侵权行为。

（二）关于商标使用行为的认定问题

新商标法第四十八条对商标使用的含义作出规定，对于该条款的把握是准确认定商标侵权行为的前提和基础。该条规定吸收了原商标法实施条例第三条的基本内容，增加了“用于识别商品来源”的目的和性质要求，也就是说被控侵权标识的使用必须是将该标识作为区分商品来源的商标来使用。在适用过程中，主要存在以下几个问题。

1. 关于商标性使用的问题

有的法院提出，如何理解在服务领域使用商业标识是否构成商标性使用的问题，实践中存在一定争议。如原告金阿欢诉被告江苏省广播电视总台、深圳市珍爱网信息技术有限公司侵害商标权纠纷案①，江苏电视台的“非诚勿扰”是否为商标性使用，引发热议，观点不一。二审判决认定“非诚勿扰”既是被告江苏台电视节目的名称，也是一种商标，一种服务商标。如果仅仅将“非诚勿扰”定性为节目名称，而不承认其具有标识服务来源的功能，与大量节目名称注册为商标（包括被告江苏电视台也将电视节目名称注册为商标）的客观事实不符，与被告江苏电视台在该电视节目中反复突出使用“非诚勿扰”并且进行广告招商等客观事实不符。因此，被告江苏电视台使用“非诚勿扰”是商标性使用。二审法院的上述观点存在一定争议，该案在此稿撰写时仍在广东高院再审审查之中。此类问题如何把握，有必要通过司法解释予以明确。

2. 关于涉外定牌加工商标侵权的认定问题

有的法院提出，关于涉外定牌加工中商标使用的定性问题，立法上没有明确规定。目前司法和理论界普遍的观点是若被告有境外权利人的合法授权且产品全部出口不在国内销售，则不认定为侵权。但是在有的案件中，被告在同类商品上使用了原告的注册商标，产品全部用于出口，但是被告没有获得境外的相关权利人的授权，是否构成侵权争议较大。《最高人民法院关于当前经济形势下知识产权审判服务大局若干问题的意见》中指出：“妥善处理当前外贸‘贴牌加工’中多发的商标侵权纠纷，对于构成商标侵权的情形，应当结合加工方是否尽到必要的审查注意义务，合理确定侵权责任的承担。”如何准确理解和把握该意见？有的观点认为从商标的地域

---

① 一审：广东省深圳市南山区人民法院（2013）深南法知民初字第208号；二审：广东省深圳市中级人民法院（2015）深中法知民终字第927号；申请再审：广东省高级人民法院（2016）粤民申69号。

性来看，即使被告使用商标无合法授权，但只要被控侵权产品全部出口，被控商标标识就不会在我国境内与原告的注册商标造成混淆，因而不会侵犯原告的商标权。有的观点则认为，该行为虽然发生在境外，但客观上已导致境内商标权人利益之实质损害。在我国商品贸易全球化蓬勃发展的今天，不能简单适用商标的地域性标准，而应对加工方规定一定的审查注意义务。建议新司法解释对此类问题予以明确。

3. 关于涉案商标三年内未实际使用，被控侵权人不承担赔偿责任的问题

（1）法院能否主动适用该条款审查权利人三年内实际使用涉案商标的情况，如何分配举证责任。根据该规定，被控侵权人提出抗辩后，人民法院可以要求权利人提供相关证据，但被控侵权人没有提出该抗辩的情况下，法院是否可以主动适用该条款进行审查，举证责任如何分配，实践中不统一。有的被控侵权人法律意识弱，因不了解法律而未能行使该项抗辩权利，而广州部分基层法院的做法是，根据民事举证原则，谁主张谁举证，权利人若主张被控侵权人承担赔偿责任，其应举证证明被控侵权人依法须承担赔偿责任，法院在审理中若发现权利人有三年未使用注册商标的可能，应主动要求权利人举证证明涉案注册商标过去三年内有使用过的证据，否则将承担举证不能的后果。东莞部分基层法院认为，对于被控侵权人提出的未使用抗辩应有所判断，不能因被控侵权人在没有任何事实依据的基础上随便提出一个未使用抗辩，即要求商标权利人补充证据，从而导致被控侵权人滥用该项抗辩，增加商标权利人的举证负担。如东莞第二法院在 YN 密封胶侵害商标权案①中，被控侵权人当庭提出未使用抗辩，虽然商标权利人没有在举证期间内提交商标实际使用的证据，但因被控侵权人未能提出相关的事实依据或说明理由，且商标权利人确因被告的侵权行为受到损失，而对被控侵权人的抗辩意见不予采纳。广州有的基层法院则通过行使释明权，在释明后由被控侵权人自行决定是否提出该抗辩。惠州法院认为应从严把握该条规定，权利人不能举证证明其商标近三年使用情况的，判定侵权人不承担赔偿责任。中山中院认为，对于不具有实际使用商标的意图，而是以牟利为目的，恶意抢注商标，并以胁迫实际使用有关商标的企业用高价购买为目的而恶意进行诉讼的商标权人，因其行为违反诚实信用原则和一般商业道德，也违背了商标法的基本原则的要求和价值取向，建议在商标法司法解释中明确对该类当事人提起的有关诉讼请求不予支持。

（2）如何界定“实际使用”。有的法院提出对实际使用证明标准如何把握的问题。如权利人针对被控侵权人抗辩仅提出标有涉案商标图案的商品包装袋、当庭出示的并无证据已投入市场流通的商品，或者仅提交商标宣传资料或商标许可使用合同等是否足以证明其实际使用？对于权利人为应诉而实施的“紧急使用”是否属于实际使用？注册商标是国际商标，仅在国外有实际使用是否属于该条款规定的实际使用？实际使用抗辩，在实践中也存在诉权滥用的问题，有的被告明知涉案商标如著名商标并不存在未实际使用问题，仍将其作为诉讼技巧以拖延诉讼时间，增加诉讼难度。

（3）如何理解和把握“新注册未满三年的商标如何适用连续三年未使用的规定”。有的观点认为，未满三年的注册商标

---

① 广东省东莞市第二人民法院（2015）东二法知民初字第 197 号。

不存在连续三年的时间周期，因此对于新注册未满三年的商标不应适用连续三年未使用的规定。有的观点认为，虽然新注册商标未满三年，如果注册商标未在商业活动中使用，消费者便无从将该商标与注册人及其商品（服务）的特定质量相联系，混淆、误认也就无从产生。也就是说，未使用的注册商标因为没有使用，也就没有区分商品来源的功能，所谓侵害商标权不会造成消费者混淆，也不会给商标权人造成损失；未使用的注册商标也不是商誉的载体，侵害人无从借用其商誉推销自己的产品，无从通过侵害行为获得利益，所以未使用的注册商标的商标权人没有因侵害行为受到损害，其侵权损害赔偿请求权也就不成立。但是，在商标权人拥有注册商标而且该注册商标未被撤销或者被宣告无效的情形下，就应当拥有该商标完整的权利，商标权人享有在核定使用的商品上使用核准注册的商标的专有使用权和在相同或类似商品上禁止他人使用相同或近似商标的排斥权，即使商标权人未实际使用其注册商标，但他人的使用行为会妨碍商标权人对其商标权的行使，妨碍商标权人拓展市场的空间。因此，商标权人有权依照法律的规定制止他人的侵权行为，由此所支付的合理开支可以作为因侵害行为所受的损失，商标权人有权请求侵害人予以赔偿，即商标权人享有以“合理开支”为内容的损害赔偿请求权。这也与新商标法的精神和司法政策相一致。

在珠海格力电器股份有限公司诉广东美的制冷设备有限公司、珠海市泰锋电业有限公司侵害商标权及不正当竞争纠纷案①中，格力公司于2011年4月21日经国家商标局核准注册了第8059133号“五谷丰登”商标。格力公司分别于2011年11月8日、2013年1月16日两次以公证的方式购买了被诉侵权产品，并于2013年11月8日向原审法院提起本案诉讼。根据格力公司提供的证据，只能证明其于2013年11月15日与他人签订合同销售标有格力公司本案注册商标的空调器产品，于2013年11月19日委托他人印制标有本案注册商标的空调器的宣传折页，上述证据均形成在提起诉讼之后。格力公司并未提交证据证明在美的公司实施被控侵权行为之前已经实际使用其注册商标，格力公司本案注册商标因为没有实际使用，从而没有起到区分商品来源的功能，虽然美的公司侵害了格力公司注册商标专用权，但不会给格力公司造成实际损失，而且美的公司无从借用格力公司本案注册商标尚未建立起来的商誉来推销自己的产品并因此而获得利益，同时格力公司没有提供证据证明美的公司使用被诉侵权标识的行为给格力公司本案注册商标造成不良影响，从而损害该商标可能承载的商誉。因此，格力公司侵权损害赔偿请求权不能成立，其请求以美的公司因侵权所获得的利益作为计算赔偿损失的依据，不应得到支持。但是，格力公司为制止美的公司的侵权行为所支付的合理开支，可以请求美的公司予以赔偿。

（三）关于商标侵权行为损害赔偿认定的相关问题

在知识产权侵权诉讼中如何确定损害赔偿额，一直是知识产权审判工作的一个突出瓶颈问题。在“探索完善司法证据制度破解知识产权侵权损害赔偿难”试点工作过程中，我们面临以下问题。一是大部分案件的被告是个体经营者，被告是公司的案件较少，而其中经营规模较大、财务

① 广东省珠海市中级人民法院（2013）珠中法知民初字第1498号，广东省高级人民法院（2015）粤高法民三终字第145号。

制度较为健全的公司数量非常少。由于个体工商户和很多小企业往往不具备完善的财务制度，一人公司的财产和股东的个人财产混同的情况也很常见，适合查明实际损失和侵权获利的案件数量不多。二是当事人特别是原告对证据规则不熟悉，又囿于诉讼成本考虑，请求认定实际损失的积极性不高。适用证据披露的前提是依当事人申请，但是受到权利人法律意识不强、法律宣传不到位等因素影响，特别是原告不愿付出查明实际损失的诉讼成本，当经办法官在一些可以进行试点的案件中向原告行使释明权时，很多原告担心在财务制度不健全的现实情况下举证难度大，举证获得的赔偿金额与法院适用法定赔偿酌定的金额差距不大甚至更少，与花费的时间和精力相比意义不大。因此，原告出于节约诉讼成本、加快案件审理速度等因素的考虑怠于在赔偿金额方面进行举证，也不申请被告进行证据披露，反而要求法院径行适用法定赔偿酌定赔偿金额。三是在运用证据披露制度保全侵权人财务资料的案件中，一般需要委托专业机构对保全取得的财务账册、财务数据进行审计，从而导致案件审理周期延长，承办法官面临审限等压力。四是当事人在案件中申请启动专家辅助人程序的情况较少，该项程序对查明事实的辅助作用尚未很好发挥。目前只有广东高院、东莞市第一人民法院尝试专家辅助人制度。

在适用新商标法认定赔偿数额的过程中，部分法院还提出以下具体问题。

一是关于如何正确认定请求保护的知识产权对侵权产品利润的贡献率的问题，有的法院提出权利人依据不同权利就同一被控侵权产品起诉侵权的问题。被控侵权产品上可能同时使用了多个商标标识，原告分别以多个注册商标就同一被控侵权产品起诉被告，其损失赔偿如何分配？如果原告在一个案件判决生效后再以其他注册商标对同一侵权产品主张侵权，请求赔偿，赔偿数额如何确定？有的法院提出，如何合理确定商标对于产品附加值的贡献比重，目前法律和司法解释没有相应规定，是司法实践中的一个难题。如广东高院正在审理的周乐伦诉被告广州市盛世长运商贸连锁有限公司、新百伦贸易（中国）有限公司侵害商标权纠纷二审案[①]，一审法院曾到新百伦公司进行证据保全，取得的 2011 年年检报告显示净利润为 -2222 万元，2012 年净利润为 6198 万元，2013 年 1—11 月净利润为 1.5 亿元。一审法院认定新百伦公司存在恶意“反向混淆”行为，构成侵犯他人注册商标专用权，判决其停止侵权；关于赔偿数额方面，周乐伦明确其以新百伦公司的获利来确定赔偿数额，根据法院保全的证据材料中记载新百伦公司财务数据及利润数据的情况来看，新百伦公司在周乐伦所主张的侵权期间的获利共约 1.958 亿元。一审法院综合考虑本案中新百伦公司所销售的产品本身没有使用“新百伦”标识，其仅是在销售过程中使用“新百伦”来介绍和宣传其产品，新百伦公司属于销售行为侵权，故一审法院酌情确定新百伦公司向周乐伦赔偿的数额应占其获利总额的二分之一，即 9800 万元（含合理支出），超出部分不予支持。一审法院计算赔偿数额的方式是否科学合理，存在一定争议。

二是关于合法来源抗辩的问题。有的法院提出，销售商合法取得商品并能说明提供者的，不承担赔偿责任，但如果原告

① 一审：广东省广州市中级人民法院（2013）穗中法知民初字第 547 号；二审：广东省高级人民法院（2015）粤高法民三终第 444 号。

另案起诉提供者的，销售商是否承担原告的合理开支？目前法律及司法解释对销售者有无合法来源的判断问题无明确规定，也没有规定若有合法来源销售者应否承担制止侵权的合理费用问题，在司法实践中不统一，建议在新司法解释中予以明确。

（四）其他问题

（1）关于权利人同时主张多项权利的问题。侵害商标权行为与不正当竞争行为往往交织在一起，有的权利人同时主张商标专用权、企业名称权和知名商品（服务）特有名称、包装装潢权等多项权利，给法律适用带来难题。如凯悦国际酒店集团与广东名冠集团有限公司、广东金凯悦酒店集团有限公司、东莞市名冠金凯悦酒店管理有限公司、东莞市石龙名冠金凯悦大酒店有限公司侵害商标专用权及不正当竞争纠纷一案[①]中，原告主张其享有“HYATT”“凯悦”注册商标专用权、企业名称权及知名服务特有名称权，法院认定其依法享有“HYATT”“凯悦”注册商标专用权、企业名称权。对原告“凯悦”“HYATT”企业名称、商标的合法权益已经予以了保护的情况下，原告请求保护其知名商品特有名称权利的诉讼请求是否仍应支持？二审法院认为原告“凯悦”“HYATT”未注册商标的知名度可由其在后获得核准注册的“凯悦”“HYATT”商标承继，两者一脉相承，具有一定的知名度，但由于其服务名称和原告企业字号、商标文字部分完全相同，事实上原告获得的商誉已经与其企业字号、商标承载的商誉密不可分，形成一个整体并由该企业字号、商标承载的商誉整体体现出来，难以在企业名称权、商标权之外再独立构成知名服务的特有名称民事权益。根据商标法和反不正当竞争法系专门法和特别法的关系，凡是知识产权专门法已经保护的领域，一般情况下，反不正当竞争法不再给予其重合保护。鉴于此，二审法院对原告请求保护其知名商品特有名称权利的诉讼请求不予支持。

（2）已注册的商标违反新商标法相关规定的，司法实践中是否仍予以保护？新商标法第十三条第二款规定，就相同或者类似商品申请注册的商标是复制、摹仿或者翻译他人未在中国注册的驰名商标，容易导致混淆的，不予注册并禁止使用。第十五条第二款规定，就同一种商品或者类似商品申请注册的商标与他人在先使用的未注册商标相同或者近似，申请人与该他人具有前款规定以外的合同、业务往来关系或者其他关系而明知该他人商标存在，该他人提出异议的，不予注册。第四十五条第一款规定，已经注册的商标，违反本法第十三条第二款和第三款、第十五条、第十六条第一款、第三十条、第三十一条、第三十二条规定的，自商标注册之日起五年内，在先权利人或者利害关系人可以请求商标评审委员会宣告该注册商标无效。对恶意注册的，驰名商标所有人不受五年的时间限制。若权利人已经注册且驰名商标所有人暂未请求宣告无效或正在申请中，如佛山市顺德区达丰制衣有限公司于2003年1月6日注册了第3425933号“爱馬仕”商标，且爱马仕国际尚未申请宣告无效或正在申请中，该注册商标是否仍受法律保护？该注册商标权利人是否能诉请禁止爱马仕国际在中国境内在同类别商品上禁止使用？

（3）宣告注册商标无效的程序并未完成的，司法保护程序是否应当中止？新商

---

① 一审：广东省东莞市中级人民法院（2012）东中法民三初字第339号；二审：广东省高级人民法院（2014）民三终字第1070号。

标法第四十七条第二款规定，宣告注册商标无效的决定或者裁定，对宣告无效前人民法院作出并已执行的商标侵权案件的判决、裁定、调解书和工商行政管理部门作出并已执行的商标侵权案件的处理决定以及已经履行的商标转让或者使用许可合同不具有追溯力。但是，因商标注册人的恶意给他人造成的损失，应当给予赔偿。若人民法院尚未作出商标侵权案件的裁判文书，或尚未执行的，被控侵权方提出该注册商标已经申请宣告注册商标无效，只是宣告程序并未完成的，是否应当中止案件的审理或执行？

（4）在单位犯罪案件中，直接责任人员在受到刑事制裁后，在民事案件中是否应当承担连带赔偿责任？

（5）关于权利存在瑕疵的商标权的转让是否应适用物权法中的善意取得制度的问题，建议商标法司法解释予以明确。

（6）我国目前对于平行进口的处理没有明确的指导意见，法官在处理该类案件时存在较大的困惑，建议在商标法司法解释中予以明确。

关于知识产权民事诉讼证据规则适用问题的调研报告

广东省高级人民法院知识产权庭

一、关于举证责任

（一）关于适用“证据披露—举证妨碍”规则以解决知识产权案件侵权损害赔偿难的问题

知识产权相对于其他大部分民事权利，是随着科技和社会的发展新出现的权利，它与之前已有的民事权利相比具有显著不同之处。相应地，相对于一般民事诉讼证据而言，知识产权民事诉讼证据具有无形性、技术性、时间性、隐蔽性等特点，这些特点导致运用现有法律规定的民事诉讼举证责任规则不能完全平衡知识产权诉讼案件中双方当事人的利益，权利人的举证负担过重。例如，由于知识产权民事诉讼证据具有隐蔽性的特点，所以权利人往往不易取得证明侵权人构成侵权的证据，侵权人极其容易隐匿侵权证据，法院很难客观全面地了解侵权的真相，以致具体应当赔偿的数额往往难以查清，最终权利人也只能请求法院依法酌情判决。

针对上述困境，部分法院有条件地试行证据披露制度，采取优势证据标准认定损害赔偿事实。在知识产权侵权诉讼中，若权利人请求法院对被控侵权人的财务账册、电脑硬盘中的财务数据、产品库存量等进行证据保全，而被控侵权人阻扰、抗拒、破坏法院的调查或者保全行动的，可以视为被控侵权人持有不利于自己的证据但拒绝提供，则推定权利人主张的赔偿数额成立。同时，若有证据证明被控侵权人向法院提交残缺、虚假的财务账册的，也应视为被控侵权人隐匿了对自己不利的真实证据，构成举证妨碍，推定权利人主张的赔偿数额成立。例如，在珠海中院审理的珠海格力电器股份有限公司诉广东美的制冷设备有限公司等侵害发明专利权纠纷案[①]中，该院在责令被告提供被控侵权产品相关生产、销售数据时，被告仅向该院提供了一款被控侵权产品销售利润为 47 万元的相关数据，在该院释明相关法律后果的情况下，仍拒不提供生产销售其他型号空调器的相关数据。该院依法推定被告生产、销售的其他三款空调器产品的利润均不少于 47 万元，并据此判决侵权人赔偿原告 200 万元经济损失。有的法院则认为，在上述问题上，由于没有统一的标准，现实中由法官自由裁决举证责任的分配，极易导致相似情况的案件判决结果不同的现实境况。

我们建议，在法律中规定可以适用“证据披露—举证妨碍”规则认定知识产权侵权损害赔偿数额，并具体规定披露义务的启动程序和条件、负有证据披露义务的主体、证据披露的范围、举证妨碍的构成要件、举证妨碍的法律后果等。

另外，有一种应当特别指出的具体情况是关于网络服务提供商对平台卖家真实信息披露义务的问题。该类案件中，权利人认为，网络服务提供商怠于向权利人提供卖家真实信息的，应当承担直接侵权的民事责任，网络服务提供商自行制定的投诉披露流程对权利人没有约束力，权利人并没有举证证明另存在交易主体的责任。网络服务提供商认为，权利人从交易中应当知晓交易的并非网络服务提供商，应当遵循网络交易提供商的流程进行投诉并获取卖家的真实信息，在权利人没有按流程提出投诉及要求披露信息也没有向人民法院提出调查取证时，网络服务提供商没有义务也没有必要提供卖家的真实信息。我们建议规定网络服务提供商在收到应诉通知后或者当事人持有法院受理通知书提出要求后，应当主动提供卖家的真实身份信息。不能因为权利人没有向法院申请调查取证而不提供，也不应以权利人没有按网络上所列的流程进行投诉而拒绝提供。[②]

（二）商业秘密纠纷案件中“不为公众所知悉”的举证责任分配问题

调研过程中，有的法院提出，对商业秘密纠纷案件中“不为公众所知悉”的举证责任应当如何分配存在疑问。《最高人民法院关于审理不正当竞争民事案件应用法律若干问题的解释》中规定“当事人应当对其拥有的商业秘密符合法定条件”负举证责任。这里，商业秘密的构成要求中不为公众所知悉是其法定构成要求之一，但这是一个否定性的事实，司法实践中，权利人应当如何举证证明其主张的经营信息或者技术信息不为公众所知悉，很难掌握。故对该构成要求，有的法院在审判实践中多借用专利法中的现有技术抗辩的举证责任规则，要求由被告承担举证责任，即被告举证证明其经营信息或者技术信息是可以从公众渠道取得。这种做法似乎与《最高人民法院关于审理不正当竞争民事案件应用法律若干问题的解释》的规定相矛盾。

（三）专利案件中的举证责任问题

调研中，部分法院提出，如果被告确认被控侵权产品落入本专利权利要求的保护范围，那么原告是否需要对被控侵权产品是否落入本专利权利要求的保护范围进行举证，以及法院还有无必要进一步查明的问题。

根据《最高人民法院关于民事诉讼证

---

① 广东省珠海市中级人民法院（2009）民三初字第 5 号。

② 相关案例有广州知识产权法院（2015）粤知法专民初字第 2156 号原告东莞怡信磁碟有限公司诉被告浙江淘宝网络有限公司侵害实用新型专利权纠纷、广州知识产权法院（2015）粤知法专民初字第 2217 号原告叶炳辉诉被告浙江淘宝网络有限公司侵害外观设计专利权纠纷。

据的若干规定》第七十四条规定："诉讼过程中，当事人在起诉状、答辩状、陈述及其委托代理人的代理词中承认的对己方不利的事实和认可的证据，人民法院应当予以确认，但当事人反悔并有相反证据足以推翻的除外。"而在专利案件里证明被控侵权产品落入本专利权利要求的保护范围这一问题中，上述规定是否同样适用？有的法院提出，如果被告确认被控侵权产品落入本专利权利要求的保护范围，那么原告是否需要对被控侵权产品落入本专利权利要求的保护范围进行举证，以及法院还有没有进一步查明的必要？如2014东中法知名初字第260号案件中，被告当庭确认被控侵权产品落入原告专利权利要求的保护范围，该院认为法院没有进一步审查的必要，直接可以认定被控侵权产品落入原告专利权利要求的保护范围；同时，该院还认为如果经审查明显没有落入保护范围的，可以要求原告进行举证。

（四）著作权纠纷案件中著作权权属的举证责任分配问题

近年来，随着互联网技术的不断发展，信息网络的交互性、虚拟性和数字化使得图像著作权侵权案件日益增多，现时司法实践中图像著作权权属认定方式的缺陷也逐渐凸显，具体如下。（1）原告举证责任低。原告不需提交著作权登记证书及相片底片、原始文档等，仅仅是证明其网站上展示有该图像，并已在网站上作出相应版权声明，就以此证明其拥有涉案图像著作权，但因原告可对其自身网站上的内容随时进行调整更新，据此认定著作权权属存在重大缺陷。（2）被告提出反证难度大。在互联网高度发达的时代，图像往往在各个网站间相互流通，被告从其中一个网站下载来使用，其也很难对著作权情况提出反证。对此，有的法院提出以下建议。（1）加强原告举证责任。加强原告对涉案作品著作权权属的举证责任，除了证明其在网站上对涉案作品进行了版权公示外，还应要求原告提供作品的底稿、原始文档等。（2）建立著作权公示网站。可由相关行政主管部门建立一个著作权公示网站，由著作权权属人自行登录该网站，按类别上传其作品并登记权属人情况、作品完成时间等相关信息，以加强对涉案作品著作权权属情况的证明力。在原告华盖创意（北京）图像技术有限公司诉广州童年美术设计有限公司著作权纠纷一案①中，被告在其微博上使用了原告主张著作权的图片，而原告提交的证明著作权的公证书显示，从盖帝公司的网站可进入 http://www.gettyimages.cn，该网站可以展示盖帝公司的图片，登录该网站后可见盖帝公司和原告的版权声明，并可见涉案图片，法院据此认定了原告对涉案图片享有著作权。

二、关于举证期限方面存在的问题及建议

在举证期限方面，存在的主要问题是对逾期提供的证据具体应当如何处理。《最高人民法院关于适用〈中华人民共和国民事诉讼法〉的解释》第一百零二条规定，"当事人故意或者重大过失逾期提供的证据，人民法院不予采纳。但该证据与案件基本事实有关的，人民法院应当采纳，并依照民事诉讼法第六十五条、第一百一十五条第一款予以训诫、罚款。当事人非因故意或重大过失逾期提供的证据，人民法院应当采纳，并对当事人予以训诫。"虽然司法解释在充分保护当事人合法诉权的同时，对滥用诉权者也予以相应制裁，最大程度体现了民事诉讼法关于鼓励诚信诉讼

① 广东省广州市荔湾区人民法院（2014）穗荔法知民初字第58号。

的价值导向，但在实践中如何平衡当事人利益关系、有效控制审判流程和审限规定，具体什么情况下应认定为“故意或重大过失”，没有较具体的规定，也没有列举一些较常见的情形作为例子进行说明，让审判人员难以操作。例如在审理广东省珠海市中级人民法院（2015）珠中法知民初字第21号案件时，原告在开庭前仅提交2份合同作为证据，却在开庭时当庭提交10份证据，被告当庭提出异议，认为需要时间分析、辨别原告当庭提交的证据材料才能发表质证意见，并当庭表示保留进一步补充提交证据的权利。合议庭合议后认为为平衡双方当事人利益，只好休庭择期另行安排庭审。审判实践中举证时限对于当事人越来越形同虚设，而且当事人逾期提交证据往往会有冠冕堂皇的理由，如何具体认定其逾期提交证据属于上述司法解释规定的“故意或重大过失”在民事诉讼中往往难以把握，建议出台统一的司法解释予以明确。

三、关于证据保全方面存在的问题及建议

由于知识产权案件具有隐蔽性高、技术性强等特点，较之普通诉讼证据更难以取得和容易灭失，法院证据保全工作一定程度上可以解决当事人举证难的难题，确保案件得以公正审理，更好地保护知识产权。但证据保全在一定程度上体现为司法权力对私权益的干预，在知识产权审判实践中如何把握证据保全的度，没有统一的标准。同时证据保全是否一定要求提供担保财产、担保数额如何确定、担保形式如何等方面也没有可供参照的标准。针对以上问题，我们建议对知识产权证据保全的适用条件、担保财产、具体执行、不配合的后果等问题等出台指引性文件或者司法解释。

（一）证据保全的适用条件

关于该问题现没有统一且具体的可操作性规定，大部分法院审查证据保全申请的实践做法是：除了当事人是否适格、是否在符合法律规定的期限内提出申请和证据保全书面申请是否明确请求保全的具体内容、范围、地点等程序性审查之外，在实体标准上审查如下内容。（1）申请人是否提交有关侵权的初步证据。申请人提交初步证据本是立案的基本要求，在这里强调申请人提交侵权的初步证据，是针对如今的立案审查并不严格，当事人可能未提交任何侵权证据就得到立案受理的情形，目的是避免当事人完全无证据而依靠法院取证。（2）所请求保全证据与本案的关联性。即审查请求保全的证据是否属于诉讼请求范围内，是否有助于证明侵权事实的存在、侵权状态的情况和侵权的确定等。如与本案的处理在表面上不存在关联，则不予采纳。（3）证据是否可能灭失或者难以取得。对这一问题的审查难以一概而论，而只能依据个案具体情况具体分析。我们认为，基于知识产权证据特色，这种“证据可能灭失或者以后难以取得”的可能性的存在概率还是比较高，只要当事人能对该条件作出合理说明，法院在这一问题的审查上还是不宜过于苛刻。（4）当事人及其诉讼代理人是否因客观原因不能自行收集。这一条件的审查并非普遍存在，而是因案件类型的不同而有所不同。对于商标纠纷的证据保全申请，因《最高人民法院关于诉前停止侵犯注册商标专用权行为和保全证据适用法律问题的解释》第三条第二款已经明确将该条件作为证据保全申请的条件之一，故对于该类型的证据保全申请，我们的审查标准亦附加了这一条件，要求当事人提供初步证据或者具体说明，以表明他们有自行收集证据并且收集不到

的事实存在。但对于其他类型的知识产权民事案件的证据保全申请，是否必须进行这一条件的审查，由于目前尚缺乏法律依据，则不明确是否应当将“因客观原因不能自行收集”列入审查标准中。我们建议立法能尽快统一，以消除司法实践中对于不同类型的知识产权纠纷审查标准不同的现状。

（二）证据保全的担保财产

目前没有统一且具体的法律规定证据保全的担保财产标准应当如何确定、证据保全解除后担保财产如何处理，建议出台相关规定，以便在实践中对该问题进行指引。

（三）证据保全的执行

被保全的证据常常需要专业知识进行辨识及操作，但法官并不一定知晓相关专业知识及技术性操作的知识，因此要做到及时、全面地保全证据而不遗漏，并采取措施保证证据不变质、不损坏、不丢失，以充分发挥其证明效力在操作上具有相当难度，目前立法方面对此亦缺乏具体的操作指引。例如，对于证据保全内容是财务账册时，由于财务账册与案件的关联性，需要专业人员方可辨识，目前部分法院在实践中的做法是会要求当事人同时提出审计申请，保全时带审计人员一并执行。

（四）不配合证据保全应承担的后果

证据保全常常因被控申请人一方故意不配合而无法实际保全成功，法律应当规定此种情形下被控侵权人应承担不利的诉讼后果。例如，原告佛山市顺德区合捷电器实业有限公司诉被告中山市百分百厨房电器有限公司侵害实用新型专利权纠纷①，法院根据法律规定，有证据证明一方当事人持有证据无正当理由拒不提供，如果对方当事人主张该证据的内容不利于证据持有人，可以推定该主张成立。该案根据其他证据认定的事实，被告在2015年4月20日验货当日应当持有EA6产品。而且，被告的证据也显示，颂力公司于2015年3月13日已向其第一次交付EA6产品的电动推杆。故在法院保全当日，被告是持有EA6产品的。但在法院出示相关证据并再三释明后，被告仍以没有该产品为由拒绝提交，属于无正当理由拒不提供的情形。虽然被告之后提交了颂力公司第二次交付的电动推杆，但其也承认该电动推杆对第一次的电动推杆作了修改。故被告之后提交的EA6产品，不是法院保全时的EA6产品。即便被告提交的EA6产品与原告涉案专利比对存在区别，也不能证明法院保全时其应提交的EA6产品不构成侵权。由于原告没有放弃指控法院保全时的EA6产品构成侵权，而被告在持有该产品的情况下无正当理据拒不提供，故法院推定该产品落入原告专利权保护范围。

四、关于司法鉴定及专家辅助人制度存在的问题及建议

（一）司法鉴定制度

鉴定制度对于查明技术问题起着重要作用，但鉴定往往程序烦琐漫长、费用高昂，且现实生活中鉴定机构和鉴定人员良莠不齐，鉴定意见不一定权威可信，导致鉴定制度在实践中存在一些问题，亟待司法解释予以进一步明确。

1. 关于鉴定的启动和费用预交的问题

在征求意见中，不少法院提出，司法实践中常常出现不通过鉴定无法查清案件关键事实，但双方当事人都不申请鉴定，对鉴定费用也不同意预交的情形。有的法院认为，在案件必须通过鉴定才能查清关键事实的情况下，法院可根据“谁主张，

① 广州知识产权法院（2015）粤知法专民初字第670号。

谁举证”的举证责任规则确定对此负举证证明责任的一方，在负举证证明责任一方未主动申请鉴定的情况下可由法院向其释明由其提出申请，在当事人不申请的情况下法院也可依职权启动鉴定，并释明由对此负举证证明责任的当事人预交鉴定费。在该方当事人既不申请鉴定，也不预交鉴定费用的情况下，根据相关证据规则由其承担不利后果。

我们认为，鉴定只是辅助查明事实的方法之一。为了避免不必要的诉讼拖延及减轻当事人诉讼成本负担，必须坚持鉴定对象的有限性和必要性原则，只有在当事人对于相关问题存在争议，且穷尽其他方法均难以查明的情况下，方可进行鉴定。鉴定事项属于待证事实的一种，属于当事人举证责任范畴。因此，对于鉴定程序的启动，一般应由负有举证责任的当事人来申请启动，若其未申请，法院应向其释明相关的后果。如其仍不提出鉴定申请，导致相关事实无法查明的，则人民法院可以适用举证责任分配规则确定由该当事人承担相应后果。同时应指出，即使在当事人申请鉴定作为启动鉴定程序基本模式的情况下，人民法院对于是否启动鉴定程序仍应慎重审查，不仅要考虑有关鉴定的必要性问题，还要考虑相关案件的标的额和重要性、诉争事项的复杂度、诉讼成本等问题。

2. 关于鉴定机构的选定问题

在鉴定过程中，经常出现当事人双方对鉴定机构的选择争议较大的问题。有的法院提出，当事人申请鉴定的，可以要求双方当事人在指定时间内各自在有鉴定资质的鉴定机构名单内选定数家备选鉴定机构。如当事人双方提交名单中有相同的鉴定机构，则确定该鉴定机构为鉴定单位。如一方当事人没有法定理由未在指定时间内选出鉴定机构或者双方名单中没有相同的鉴定机构，则由法院直接指定或抽签确定。对于某些特殊的鉴定事项，在司法鉴定名录内的鉴定机构并不一定具备相应的鉴定技术手段，申请鉴定一方通常会提出由不在司法鉴定名录内但具备相应鉴定技术手段的机构进行鉴定，对方当事人为了避免得出对其不利的鉴定结论，通常不会主动申请有资质的鉴定机构，对申请鉴定方选择的机构也一概不同意，宁愿由法院指定，由此导致部分案件难以通过鉴定得出准确的鉴定意见。有的法院亦提出，当前知识产权鉴定机构较少，某些鉴定机构的操作不够规范。如广州新莱福磁电有限公司诉宁波麦格泰新材料科技有限公司、广州赞扬贸易有限公司侵害实用新型专利权纠纷一案[①]，原告对涉案磁纸产品申请鉴定，但省法院发布的鉴定机构名录中涉及知识产权鉴定的机构很少，本案最终只能在两家机构中进行摇号，确定鉴定机构后，原告对鉴定机构的操作流程和要求存在异议，导致鉴定时间过长。

鉴于知识产权民事诉讼的特殊性，对涉及特殊鉴定技术的鉴定能否选择名录外的鉴定机构的问题，建议最高法院予以明确。

3. 关于技术秘密案件的鉴定问题

在征求意见中，有的法院指出，关于涉案技术秘密是否为公众所知悉如何鉴定的问题，相关法律并未明确应当如何鉴定，由什么机构鉴定。有的法院认为，技术秘密案件中，涉及相关技术问题是否不为公众所知悉时，该举证责任应由权利人承担，如果权利人不愿意预先垫付鉴定费用，可以其不履行举证责任为由直接驳回其诉讼

① 广州知识产权法院（2015）粤知法专民初字第1135号。

请求。

我们认为，对于复杂的技术信息，目前实践中通行的做法是通过司法鉴定的方式对涉案信息是否为公众所知悉、是否具有实用性以及被告的信息与原告的信息是否相同或者实质相同进行判别，但当因技术手段限制导致司法鉴定无法作出明确的结论，或涉案标的额不高、技术不复杂，而技术司法鉴定成本过高、鉴定周期过长致鉴定无实际意义时，则不一定要进行鉴定，而应由法官根据举证责任的分配原则予以判断。应注意的是，权利人不愿意鉴定或不预交鉴定费时，不一定直接驳回其诉讼请求，法官仍应根据案件的具体情况，对涉案信息是否属于商业秘密作整体判断。即使存在鉴定结论，法官也应当在质证的基础上，对鉴定程序的合法性及鉴定内容的可采性予以分析认定，而不能盲目接受。

（二）专家辅助人制度

专家辅助人，是指在科学、技术以及其他专业知识方面具有特殊的专门知识或经验的人员，他们接受当事人的聘请委托，在诉讼过程中帮助当事人分析技术问题、评价鉴定结论，必要时经法庭准许出庭，以辅助当事人对案件事实所涉专门性问题进行说明，或发表专业意见和评论。

在知识产权司法实践中，建立专家辅助制度的必要性主要体现在知识产权诉讼中的技术问题上。这些问题可能包括：涉及化学成分、化学反应过程的鉴别，电子线路的结构、走向、原理、功能的认定，机械结构、运用原理的阐述，计算机软件源代码真实性判断，两种软件的相似性对比等。这些问题均难以用肉眼、用感觉、用知觉直接感知，问题的解决只能依靠该领域内拥有专业知识的人士。这就决定了知识产权案件审理过程中专家参与诉讼的重要性。虽然在实践中专家辅助人制度开始发挥越来越重要的作用，但是由于专家辅助人制度是民事诉讼法修改时新增加的内容，当前相关法律规定并不完善，专家辅助人制度尚未充分发挥其重要作用。实践中存在的问题主要有以下几个方面。

1. 专家辅助人的资格及选任

专家辅助制度要解决的不仅仅是尖端的技术问题（此类问题更多地出现在专利诉讼中），还要解决在著作权中关于作品原创性和商业秘密案件中公知性问题。相关法律法规并未对“有专门知识的人”的资格提出特别要求，专家辅助人是否具备相应的资格和能力，取决于当事人的认识。我们认为，为了更好发挥专家辅助人制度的功能，可要求当事人在申请专家辅助人出庭时提交该专家辅助人的专业教育、研究资历、专业实践经验等材料，并明确当事人和鉴定人可以在庭审中对专家辅助人的资格和能力进行质证。这样一方面便于对方当事人庭前对专家辅助人有一定的了解，对专家辅助人的资格和能力进行监督，另一方面也有利于帮助法官对专家辅助人意见形成内心确信。

2. 专家辅助人程序的启动

专家辅助人程序的启动应由当事人提出。必要时应由法庭向承担举证责任一方当事人阐明其举证责任。

启动的首要原则是程序性原则。这里面包括两方面的内容。一是提出申请的时间必须在庭审结束之前，技术争点无法解决导致诉讼无法进行之时，具体时限应由法院酌情决定。二是申请的分配应按照举证责任来承担。诉讼中技术问题的解决必然要被置于法律框架下。在一方无法向法庭说明、举证证明其主张时，应由其承担举证不能的后果。所以，申请专家辅助人的一方应该是承担举证责任的一方，若在法庭认为其有必要聘请专家而不采纳法庭的建议时，其可能承担败诉的后果。

其次是必要性原则，即专家辅助人要解决的技术问题是导致诉讼无法进展下去的唯一原因，只有解决了该技术问题，诉讼才能得以继续。典型的问题是专利诉讼中被控侵权产品技术特征问题，作品中的原创性判断问题，只有对这些问题作出认定，诉讼才得以推进至终结。

最后是专业性原则，即专家辅助人在诉讼中的作用只能被限定于解决诉讼中的专业性问题，与该专业性问题无关的申请一律驳回。

法庭在按照上述三项原则考虑当事人的申请后，决定对其申请是否采纳。

在实践中当事人往往申请其技术人员作为专家辅助人参与庭审，该专家辅助人实际上成为当事人的“第三个诉讼代理人”。如果人民法院认为该申请并无必要，能否驳回当事人的申请，驳回申请是口头形式还是书面形式，目前法律及司法解释均无规定，建议最高法院予以明确。

3. 专家辅助人的法律责任

对专家辅助人法律责任问题，目前法律缺乏相关规定。由于专家辅助人受聘于一方当事人，其定位为当事人的诉讼辅助人，其在法庭上的活动视为当事人的活动，其对专门性问题进行的陈述视为当事人的陈述，因此，专家辅助人的中立性和客观性受到一定质疑，导致专家辅助人制度在知识产权诉讼中的重要作用无法得到充分发挥。因此，我们建议司法解释对专家辅助人的法律责任问题予以明确。对专家辅助人滥用其专家地位，明显违背科学公理作出与事实不符的专家意见的，应出台相应的惩戒措施，如列入不诚信名单并予以公示等。

五、关于证据交换方面存在的问题及建议

证据交换是指于诉讼答辩期届满之后，开庭审理之前，在法院的主持下，当事人之间相互明示其持有证据的行为或过程。证据交换制度对于提高庭审效率具有重要意义，目前证据交换制度主要存在以下问题。

（一）关于商业秘密案件的证据交换问题

在商业秘密侵权案件中，一方当事人对其向法院提供的资料或者被法院证据保全的材料往往以涉及商业秘密为由，要求不向对方出示。对涉案商业秘密的证据是否向对方出示，如何避免因证据交换而导致“二次泄密”，这些问题都是商业秘密侵权案件证据交换时面临的突出问题。有的法院认为，可以尝试以下做法。一是各方当事人应当在举证期限内将有关证据材料全部提交法院，而法院可以根据当事人的申请，暂不将证据交换至对方当事人。如果当事人要求保密具有合理理由，应根据案件的不同类型，确定商业秘密的交换程度，根据案情确定原告在举证商业秘密材料时向被告展示到什么程度，被告也应该向原告展示到什么程度。同时，在对比当事人技术是否相同或相近似时，按照对等原则从外围技术到核心技术层层展开，然后依照对比结果确定被告是否侵犯原告的商业秘密，展开的层次以足以认定被告侵权与否为限。二是在证据交换的方式上，应尽量不在当事人之间交换核心技术资料，而应要求各方当事人到法院阅卷，在法庭组织下进行证据开示并质证，避免原告提前根据保全资料调整自己所谓的秘密内容。三是强化涉密人员的保密意识，严格控制参与诉讼的涉密人员，并要求涉密人员签署保密承诺书，保证不对有关信息作任何

形式的扩散、披露、使用或者允许他人使用。保密义务不因诉讼终结而解除，应一直延续到有关信息被公开为止，否则应承担相应的法律责任。

（二）关于缺席证据交换的法律后果问题

有的法院提出，目前法律和司法解释对缺席证据交换的当事人没有规定任何法律后果。法院安排了证据交换，部分当事人出于各种原因不参加法院组织的证据交换，不仅使证据交换的目的难以实现，而且导致案件审理反而因此而拖沓、对方当事人发生无谓的诉讼开销、法院的权威性也因此受到质疑，建议最高法院对缺席证据交换的当事人所承担的法律后果和诉讼责任予以明确。

（三）关于主持证据交换的“审判人员”的问题

《最高人民法院关于民事诉讼证据的若干规定》第三十九条规定：“证据交换应当在审判人员的主持下进行。”在我省的实践中，迫于案多人少的压力，有的法官指派法官助理或者书记员主持证据交换，因上述规定未对“审判人员”的范畴予以明确，实践中的这种做法是否完全符合法律的规定有待明确。因此建议最高法院对《最高人民法院关于民事诉讼证据的若干规定》第三十九条中的“审判人员”的范畴进行进一步明确。

六、关于证据认证方面存在的问题及建议

证据认证是指法官对证据的证据资格和证明力的判断，是证据规则中关键的一环。由于知识产权具有无形性、时间性、隐蔽性等特点，知识产权民事诉讼的证据形式与其他民事诉讼相比具有一定的特殊性，如在其他民事诉讼中较少出现的用于证明知识产权权属、现有技术（设计）抗辩的电子证据、公证证据，在知识产权民事诉讼中广泛存在，这些证据通常是当事人争议的焦点。实践中对证据认证的突出问题也主要集中在对电子证据、公证证据的审查认定方面。

（一）对电子证据的审查认定

电子证据在知识产权诉讼中的作用非常突出，常见的电子证据有以下类型：（1）网页信息，包括互联网网页信息、局域网网页信息等；（2）储存数据，包括服务器储存数据、计算机储存数据等；（3）邮件，包括Outlook Express、126、Foxmail、公司内部邮箱中的邮件等；（4）聊天记录，包括QQ、微信、手机短信等；（5）网上交易记录，包括网上邀约、网上支付、物流信息等。

1. 关于电子证据“三性”的审查认定问题

电子证据的“真实性、合法性和关联性”问题，也就是电子证据的证据资格问题，是证据认证的首要问题。目前司法实践中对电子证据“三性”存在的主要问题集中在对证据的真实性的审查方面，即电子证据是否完整、未被修改以及生成、传播、存储及复制该数据的系统是否真实可靠。因没有相关司法解释可以适用，实践中认识不一。

在专利案件中，被诉侵权人往往以网络上传的照片、数据等作现有技术（设计）抗辩。如我院审理的麦健雄诉郭丽坚侵害外观设计专利权纠纷一案①，被告提出以下证据作为现有设计抗辩的依据：一个是弘慧宗教用品网对相关产品的参展情况以及实物图片的公开报道，为证明该报道网页的真实性，被告还提交了弘慧宗教用品网的经营者弘慧公司出具的说明函（原

① 广东省高级人民法院（2014）粤高法民三终字第1047号。

件），展览会会刊（原件）、被告参展费发票（复印件）、参展申请回执表（复印件）等予以佐证，反映该展会的时间内容与网页一致，另一份证据是网易邮箱的邮件。一审法院认为，因网页信息具有不稳定性和可改动的特点，无法排除通过计算机技术，变更图片内容的可能性，故根据现有证据，被告的现有设计抗辩不能成立。二审法院认为，弘慧公司是一家具有一定规模和行业影响力的企业，具有较高的诚信度，而且结合其他证据，足以证明该报道网页内容的确定性和真实性；网易邮件记录的收发时间由网易邮件服务器系统实时记录、自动生成且用户不可修改，在邮件发送或接收后，用户无法对其内容进行编辑修改，且网易邮箱在国内具有一定的知名度，其邮件系统较为可靠和稳定。因此，二审法院对该两份证据的真实性都予以认可。

为更好地查明事实，我们在实践中常应当事人的申请发函相关网站平台，请网站平台协助调查相关数据，目前该做法取得了较好的法律效果和社会效果。

在著作权案件中，实践中时常遇到电子作品原件的认证问题。一般来说，如果原告提交了作品的底稿或原件，在无相反证据情况下可认定原告为作品的著作权人。但是，由于电子作品具有易复制性和易传播性，他人可以通过拷贝的方式取得与原稿完全相同的复制件。当被告提交电子作品的文件，主张其才是作品的著作权人时，如何判断作品的著作权人，实践中存在一定的困难。在审判实践中，出现此争议最多的是涉及电子相片的案件。当作者把电子相片上传到网络后，网络用户可以通过网络下载的方式取得该电子相片。该电子相片的复制件与原件的图像内容基本相同，难以判断哪个为原稿。有的法院建议，对于电子相片底稿的审查认定可以从以下几个方面进行考虑。（1）从电子相片的格式判断。电子相片具有多种格式，图像内容相同的相片，其格式不一定相同。在双方当事人同时提交电子相片主张其为相片作者时，可以从双方提交的相片的格式初步判断哪方所持的电子相片为原稿。（2）从电子相片的属性判断。电子相片的原件由于是直接由电子相机拍摄而得，所以相片属性中会记载相片拍摄的相机型号、所使用的摄影参数等。图像经过处理后，有可能使上述信息丢失。因此，如果被告提供的电子相片不具有上述信息，而原告的相片具有上述信息，则可以初步判断原告提供的是原件。（3）从图像的细节判断。通过对比两张相片细节的清晰度来判断哪个是经过处理后得到的相片，从而判断哪个为原稿。（4）从相片的拍摄或处理过程进行判断。询问当事人如拍摄的地点和场所、拍摄模特、拍摄物品的来源等拍摄照片可能发生的具体信息和细节，通过双方当事人各自陈述情况与相片具体情况的吻合度来判断哪个为原稿。如果照片是经过图像处理软件编辑，而双方均声称其为编辑者，则可进一步要求双方各自阐述图片的处理过程，分析其合理性，从而判断相片作者的归属。

对电子证据的“真实性、合法性、关联性”如何判断，目前法律和司法解释没有具体规定，建议最高法院出台细则进一步予以明确。

2. 对电子证据证明力的审查认定

证据证明力的审查认定是证据规则适用的核心问题。我们认为，判断电子证据的证明力应遵循以下步骤。首先，该证据必须是具有证据资格的证据，即达到“真实性、合法性和关联性”的要求。其次，法官对证明力的评价须达到法定的证明标准，如民事诉讼法规定的“高度可能性”的标准。最后，法官依据经验法则和逻辑法则，根据个案的具体情况判定。在理解经验法则时应注意，有的经验属于普通的一般社会成员的共同生活知识的体现，而有的经验属于一种专门的知识，是基于特别知识或经验基础上获得的知识，必须由专门的人员协助裁判者。

比如我院审理的叶细乖诉深圳市卡乐斯家具有限公司侵害外观设计专利权纠纷一案[①]，被告提出了QQ空间的图片作为现有设计抗辩的证据。一审法院认为，QQ空间及QQ聊天记录等网络信息具有易修改复制的特点，在未对上述信息进行技术鉴定的情况下，难以判断其内容的真实性。被告提出上诉并委托计算机司法鉴定所对该证据进行证据固定。二审法院认为，QQ空间系第三方公司腾讯公司开发，用户上传相片的时间由腾讯公司服务器系统实时记录、自动生成，用户难以对其修改，且腾讯公司在国内具有一定的知名度，其QQ空间较为可靠和稳定，故在没有相反证据证明的情况下，可依法推定该证据的真实性、合法性和关联性。但二审法院同时指出，用户必须在注册有QQ账户的前提下才能访问他人的QQ空间，或者已知他人QQ号的前提下才能在搜索引擎网站进行搜索，而且这两种访问他人QQ空间的方式还需要被访问的QQ空间设定对外开放权限，因此，QQ空间具有一定的私密性。现有证据没有显示所涉及的QQ空间在涉案专利申请日以前的开放权限，因此无法确认该QQ空间所显示照片当时为公众所知或处于公众想得知即可得知的状态，因此，该现有设计抗辩的主张依据不足，不予支持。

在计算机软件著作权纠纷中，司法实践对远程取证的证据认证问题存在较大争议。如我院审理的磊若软件公司诉深圳市朗科科技股份有限公司侵害计算机软件著作权纠纷一案[②]，原告（Serv - U系列服务器软件著作权人）通过远程命令登录访问涉嫌侵权网站服务器，得到反馈信息“220 Serv - U FTP Server 6.3 for Winsock ready”，该信息是否足以证明被告安装、使用了相关计算机软件？有的法院认为，虽然原告获得的反馈信息是涉案软件的文件名，且该信息在理论上存在可以人为设置和更改的可能，但该信息显示被告安装的FTP软件为Serv - U软件的盖然性较高，足以推定被告安装了涉案Serv - U软件。被告软件的安装细节掌握在被告手中，原告几乎没有能力进一步举证，若被告无法举证其使用的不是Serv - U软件，且无法提出其软件源代码进行比对，则将承担举证不能的法律后果。我院再审判决认为：首先，《最高人民法院关于适用〈中华人民共和国民事诉讼法〉的解释》第一百零八条第一款规定：“对负有举证证明责任的当事人提供的证据，人民法院经审查并结合相关事实，确信待证事实的存在具有高度可能性的，应当认定该事实存在。”该款规定的“高度可能性”必须使法官达到内心确信的程度。从现有证据看，原告的举证还无法使法官达到内心确信的程度，被告提供的反证证明了待证事实不具有确定性、唯一性，进一步动摇了法官对原告本证的内心确信。其次，原告未穷尽举证责任。原告可以将通过Telnet命令取证获得的反馈信息作为初步证据，向法院申请证据保全，还可以通过解析服务器的IP地址查询到服务器托管的第三方公司并据此申请法院到

① 广东省高级人民法院（2015）粤高法民三终字第594号。

② 广东省高级人民法院（2015）粤高法民三提字第2号。

该第三方公司进行证据保全。原告亦可以将通过 Telnet 命令取证获得的反馈信息作为初步证据，向涉嫌侵权人发出侵权警告函，请求其立即停止侵权或者购买正版软件，此后在合理期限内仍发现被告使用盗版软件的，可以据此向法院提起诉讼。法院并不能由于有可能加重原告的举证责任和法院的工作量，因而免除本应由原告负担的举证责任。最后，在判断是否构成侵权时，仍然要遵循传统著作权纠纷的"接触+实质性相似"原则，本案无法将被诉侵权计算机软件与原告请求保护的涉案计算机软件的目标程序和源程序是否相同或者实质性相似进行比对、判断，因此，不能仅凭远程取证所获取的软件文件名信息就认定被告侵犯了原告的计算机软件著作权。

对于上述问题，目前司法实践认识不一，亟待最高法院出台相关规定予以明确。

（二）关于公证证据的认证

在知识产权诉讼中，公证证据是权利人常用的举证方式，特别是随着商业性维权的发展，公证保全的证据往往是认定涉案侵权行为成立的关键证据，重要性不言而喻。公证机构受理的公证数量大幅增加，与此同时也暴露出不少问题，主要集中在异地公证、公证书内容存在瑕疵、公证过程表述不完整等，建议最高法院予以明确。

1. 异地公证

审判实践中，有不少公证证据属于异地公证证据，即公证机构既不在当事人住所地或经常居住地，也不在公证行为地或事实发生地。被告往往以该公证属于跨地域的公证，违反了公证法的相关规定而主张对该公证书不予采信。

在征求意见中，多数法院认为，在审判实践中，对异地公证的公证书的效力不能一概予以否认。首先，从公证法的相关规定看，公证机构执业区域仅是司法行政机关对公证机关受理公证业务的管理性规范，无论是公证法还是《公证程序规则》均无违反此规定作出的公证书不具有法律效力的规定。结合《公证机构执业管理办法》第三十六条的规定来看，跨执业区域受理公证业务的后果是由所在地或设区的市司法行政机关予以制止并责令改正。由此可见，异地公证的法律后果也仅为行政管理方面的处分，并不涉及公证书的效力。其次，从违反该规范的实际后果来看，公证机构跨执业区域受理公证业务，不会发生损害国家利益、社会公共利益或他人合法利益的后果，损害的主要是公证机构的业务分工和司法行政机关的管理秩序，并不会对其公证事项的真实性产生实质性影响。最后，从公证书的证明效力看，公证书的证明力，主要在于公证人员对相关行为、事实等的见证，即使公证的地域违反了公证法的规定，但是这并不影响公证人员对相关行为、事实等的见证，即公证人员的见证并不因此而无效，故公证书所载的内容并不直接因公证跨地域而无效。因此，从证据审查角度出发，即使公证书存在跨区域执业的情况，但在无相反证据的情况下，法院对公证书所公证的事实一般可予以采信。

2. 公证书内容存在瑕疵

公证书内容存在瑕疵通常有以下几种情况：一是公证书所附的单据原件与产品实物之间存在矛盾，二是公证书记载的内容与所附单据原件或产品实物之间存在矛盾，三是公证书出现笔误。在征求意见中，多数法院认为，一般而言，如果公证书明确记载了在公证购买时所取得的单据或产品即为所附的单据原件或产品实物，那么公证的过程是真实、合法的，即使单据记载内容与产品存在矛盾也是一般因销售者的经营行为不规范造成的，不能以此否定公证书的真实性和合法性。但如果公证书记载的单据或产品与公证书所附的单据原件或产品实物不同，则该公证购买行为所取得的单据或实物的真实性难以确认，除非原告能作出合理的解释，否则对公证书应不予采信。对公证书中存在笔误的情形，我们认为，对于个别字句属于明显笔误，且能辨别其真实含义的，人民法院可以直接根据其真实含义来理解公证书中的表述，一般不影响公证书的证据效力。但公证书内容涉及关键事实，从文字表述本身不能明显判断是笔误，且无工作记录等其他证据加以佐证的，一般不宜认定是笔误。

3. 公证过程表述不完整

表述不完整则是指公证员在公证书制作过程中，对于已经审查或见证过的内容未进行完整表述。表述不完整，在一定程度上影响到公证证据的证明力。在征求意见中，多数法院认为，影响程度的高低则要具体情况具体分析。如果未表述内容不影响对公证行为真实性的判断的，可认定公证书的证明力。但如果未表述内容影响到公证的真实性或程序的合法性，在原告或公证机构未能作合理的解释，也不能合理推定未表述内容真实存在的情况下，则对证据的效力应不予确认。

4. 关于权利人采取律师见证书形式作为被告实施侵权行为的证据能否采信的问题

有的法院提出，近期，由于公证处受理证据保全公证范围受到极大限制，权利人对侵权行为的取证遭遇困境，不少律师向法院询问关于采取律师见证方式作为被告实施侵权行为的证据是否有效的问题，且我省法院在审理的商标侵权案件中亦有权利人采取此种方式举证。目前，囿于我国相关的法律规定并未赋予律师见证行为公信力，对于仅有此种证据，且被告否认的案件，部分法院持不予采信的态度。但考虑到今后可能会大量出现以该种形式证明侵权行为存在的证据，建议最高法院对此予以明确。

（三）对合法来源抗辩证据的认证

合法来源抗辩作为被告提出的抗辩，原则上被告对此负有举证责任。由于市场交易不规范，交易时间与诉讼时间相隔较远，被告提交的合法来源证据通常存在一定问题，导致法院对合法来源证据的认证存在较大的困难和争议。

在审判实践中，被告通常通过提交被诉侵权产品的购买凭证以证明其产品具有合法来源。当被告提交了购买被诉侵权产品的发票、支付凭证、合同等时，认定被诉侵权产品具有合法来源争议不大。但在多数案件中，被告往往只能提交送货单、出仓单、收据等单方出具的证据来证明被诉侵权产品的合法来源。在此情况下是否能认定被诉侵权产品有合法来源争议较大。目前我省法院对这些证据进行审查时，主要从证据的真实性与关联性两个方面进行审查。

1. 对证据真实性的审查

被告提交的送货单、出仓单等属于单方出具的证据，不能因为证据容易被伪造就机械地认为所有的此类证据均为伪造证据，应结合实际情况予以分析，主要从签章的真实性以及证据出具时间两方面进行审查。对签章真实性的审查在于确定单据是否由真实存在的经营者出具。对证据出具时间真实性的审查在于确定单据是否是被告在诉讼期间为应付诉讼而伪造的。多数法院认为，如果能够确定该证据是在诉讼前由真实存在的第三方出具的，则证据的真实性一般可以确认，否则，证据的真实性不能确认。

2. 对证据关联性的审查

对证据关联性审查的核心，是审查被告的合法来源证据上所载的产品是否为被诉侵权产品，是否能证明其产品的来源具有合法性以及被告是否已尽合理的审查义务。如果被诉侵权产品是从非法的渠道、以非法的方式取得，被告的合法来源抗辩不成立并无争议。审判实践中，被告取得被诉侵权产品一般都是合法的，而对证据所载的产品是否为被诉侵权产品的认定也较为明确，争议最大的是对是否被告已尽合理审查义务的认定。

对被告审查义务的要求会因被告经营的专业性及经营规模等不同而不同。经营的专业性越高、经营规模越大，被告的审查义务越高。对某一类商品的专门经营者而言，由于其经营的专门性，决定其必然对所销售的商品的相关情况有较深了解，故其应对所经营的商品的正常进货渠道、合理价格甚至产品是否涉嫌侵权等有足够的辨识能力，对其审查义务应采取较高的标准。对于经营规模较大的经营者，如大型超市，由于其通常具有专门的采购部门负责产品的采购，规范的经营模式、较严格的监督管理体系也要求其一般从合法的渠道采购商品，故对其审查义务的要求也相对较为高。相比之下，虽然大型超市经营规模较大、管理和经营模式较规范，但由于其涉及采购的商品种类繁多决定了其不可能如某类产品的专业经营者对产品有充分的了解，故对其注意义务的要求应较专门经营某一产品的经营者要低。个体经营者是经营规模最小的一类经营者，其经营的规模和成本决定了其更追求较低的进货价格，经营者的知识水平决定了其通常对产品是否涉嫌侵权不具备充分的判断能力，故对其审查义务的要求应较低。

具体而言，对被告是否已尽合理的审查义务，我们主要通过以下几个方面进行判断。

一是对被诉侵权产品销售主体的合法性审查。如果被告从显然不具有经营主体资格的第三方或销售相关产品资质的经营者处购买被诉侵权产品，则可认定被告未尽合理的审查义务。

二是对进货价格的审查。由于侵权产品的价格通常比正品要低得多，如果被告以明显不合理的低价购进被诉侵权产品，则结合具体案情可认为被告主观上应知或明知其购买的产品为侵权产品，被告未尽合理的审查义务。但是，并非被告购买被诉侵权产品的价格低于正常产品的价格就可认定其主观有过错。以价格作为认定被告是否已履行合理审查义务的参考因素，产品的价格必须符合以下两个条件。首先，被告进行了合理说明且从日常生活经验可判断或被告提交证据证明该类产品的价格范围相对确定且具有稳定性，典型的产品如音像制品等。如果同类产品之间的价格差异较大，或同一产品的价格波动较大，或该类产品经常有较大的折扣，则被告在购买此类产品时难以有合理价格的预期。其次，被告购买被诉侵权产品的价格必须是明显不合理的低价。

三是对交易形式的审查。一般来说，正常的买卖交易应当签订相应的合同，并开具相应的销售发票。如果被告能够提交了购买被诉侵权产品的合同及发票，其合法性自不待言。但是，如果被告购买被诉侵权产品未签订销售合同，未取得销售发票，也不能直接认定其交易不合法或被告未尽合理的注意义务，应区分不同的产品予以判断。价值较高的产品，如大型的机械设备等，根据一般的交易习惯，交易双方一般都会签订合同并开具发票，如果被告不能提供相应的合同或发票，其交易难谓具有合法性，被告的审查义务有所欠缺。对于价值较低的产品，如果能提供证据证明被诉侵权产品是支付了相应的对价取得的，一般也可认为被诉侵权产品是通过合法的交易形式取得的。值得注意的是，对未能提供发票的被诉侵权产品的采购，法院在审查过程中要注意对被告购买被诉侵权产品的过程进行询问。如在佛山中院审理的一起案件中，承办法官询问被告是如何购买被诉侵权产品的，被告称被诉侵权产品当时没有放在销售者的柜台公开销售，销售者是听说被告要买此类商品，才从店里面取出被诉侵权产品销售给被告，由此反映了被诉侵权产品不是该产品销售者放在柜台上公开销售，产品的来源存疑，再结合该案中产品的销售价格等其他因素，佛山中院认定被告在购买该产品时未尽合理的注意义务，对其合法来源抗辩不予采信。

动漫及其衍生品知识产权司法保护相关问题的调研报告

广东省高级人民法院知识产权庭

一、广东涉动漫及其衍生品知识产权案件发展趋势

近年来，广东涉动漫及其衍生品知识产权案件数量和类型都不断增多，其中涉及网络游戏，尤其是涉及手机网络游戏领域的案件所占比重开始加大。一方面由于目前立法方面尚存在不完善的地方，动漫及其衍生品知识产权尚不能得到全面保护，而另一方面动漫知识产权权利人规模化商业性维权现象突出，呈现出滥用权利的趋势。以汕头中院为例，其审理的知识产权案件中，因电商平台侵犯了动漫衍生品权利的占了70%，该类案件多为商业维权案件。如广州市锐视文化传播有限公司诉汕头市澄海区意骅玩具厂、浙江淘宝网络有限公司一案中，原告以其拥有的《咸蛋超人》系列作品著作权为依据，通过淘宝网络或者阿里巴巴网络搜索涉嫌侵权商品，针对每一个淘宝个人卖家购买数量极少的被控侵权产品，规模化地发起商业性维权。在起诉时，提出高额赔偿，在与被告达成和解后，向法院申请撤诉并申请减少诉讼请求数额，要求法院准许其减少诉讼请求数额并退还诉讼费用。广州市锐视文化传播有限公司商业维权故意明显。

二、我国动漫产业知识产权保护存在的问题

（一）法律滞后

动漫产业是一种智力密集型的新兴产业，如果运用传统的知识产权法来管理这种新型产业，往往会遇到一系列新问题而难以界定。如手机游戏的性质如何界定目前尚有分歧，有人认为是计算机软件，有人主张是类电作品，还有人主张是美术作品。手机游戏的性质划分不明晰，将直接导致发生侵权时，适用法律的不明确。此

外还有很多创造性的成果很难归入传统知识产权法的保护范围。例如动漫形象包含的一些个性化因素达不到著作权法的“可版权性”和商标法的“可区别性”要求而无法得到保护。

（二）法律分散

目前，我国还没有针对动漫产业知识产权的专门性法规，对动漫产业领域的知识产权保护主要依据著作权法、商标法、专利权法等基础性法律法规，现有的法律制度基本上可以涵盖动漫产业涉及的主要知识产权领域，但各制度之间相互独立，无法进行整体保护，因此对于抑制侵权行为显得有些力不从心。

1. 对动漫作品的著作权保护

著作权法中所称作品是指在文化、艺术和科学范围创作的，有一定表现形式并能固定在某种有形物上的智力成果。从这种意义上，动漫作品无疑是构成作品的。电影是一种独立的作品形式，制片人是影视作品的著作权人，享有该影视作品的著作权，该电影作品中的摄影、编剧等单独对其创作完成的作品享有著作权。而对于动漫作品，由于其没有像美术作品、剧本、影视作品等作为一种独立的作品形式被著作权法所规定，因此不能对其从整体上予以保护，只能将其分割为剧本、小说、美术作品等单独寻求保护，这无疑是不利于对动漫作品的保护的。同时也会有权利冲突，对于动漫作品中的某个图片，主张以美术作品寻求保护时，权利人到底是在该动漫作品上署名的人，还是该幅图片的创作者呢？例如在上海美术电影制片厂诉广州网易计算机系统有限公司著作权侵权纠纷案件中，广州市天河区法院认为虽然上海美术电影制片厂是涉案作品《葫芦兄弟》的著作权人，但由于该《葫芦兄弟》系类电作品，因此其作品中的剧本、音乐等可以单独使用的作品的作者有权单独行使其著作权。据此天河法院认为上海美术电影制片厂对电影中的音乐作品没有著作权。与此相反，在上海市第二人民法院判决的（2011）沪二中民五（知）终字第62号民事判决中则认定上海美术制片厂对葫芦娃角色造型美术作品享有除署名权以外的其他著作权。上述两个案件中，权利客体前者是动漫作品中的音乐，后者是动漫作品中的角色造型美术作品。二者实际上都是动漫作品的重要组成部分，之所以不同判决对其著作权权属认定不同，归其原因是对动漫作品的定性不统一。前者将动漫作品认定为类电，后者则没有。

通过著作权保护，还有一个问题，就是要保护的客体必须要成为作品，才能受到保护，但是单个动漫作品的名称、人物形象及其名称、标志性的话语能否被认定为作品，继而受到著作权法的保护，存在不确定性。例如“五朵金花”一词，经过作者的创作并广为流传后无疑已具有了特殊的价值。将“五朵金花”用于商业领域，先天地就可以获得很高的声誉，能刺激消费者的购买欲望，这无疑让商家平白地获得很大利益，即使其后商家为了推广其产品也进行了大量的商业投入，也不能抹杀“五朵金花”原有的特殊价值。但这种特殊价值的内涵以及对这种特殊价值的法律保护似乎并没有充分的法律依据。从著作权法角度上看，我国对作品名称并没有明确予以保护，而要将一个简单的名称认为具有独创性的作品而加以保护，则更是难上加难。

2. 通过外观设计保护动漫知识产权

这种保护方式主要是在动漫的衍生产品上，例如通过对动漫作品中的人物造型申请外观设计专利，从而获得排他性、独占性的权利。但通过外观设计专利保护又有其局限性，因为该保护时间短（保护期限为10年），保护范围狭窄（只保护确定的产品），在周期长、涵盖面广的动漫产业知识产权保护中，显得力不从心。

3. 通过商标法进行保护

商标法只能保护其核准注册的商品类别，要跨类保护要求该商标达成驰名的程度。若采取多类别注册的方式达到扩大保护的范围，权利人需要投入更多的人力物力，变相提高了维权成本。

为解决上述问题，提出以下建议。一是要从立法上对动漫知识产权侵权行为进行明确规定。主要分两种类型：第一，仿冒、非法使用，这种类型的核心要素是侵权人以与权利人同样的方式利用相同的权利客体；第二，非法演绎、商业淡化、非法抢注等情形。二是要将商品化权纳入立法范围。商品化权是现在很多学者提倡的一种方式，即通过赋予动漫作品创作者"商品化权"来克服上述问题，将动漫作品中可商业化应用的某一构成内容作为著作权的一种，他人为商业目的使用动漫角色需经过动漫作者的同意。此处的商业使用范围包括将动漫角色、作品名称等用于广告宣传、商品包装、装潢、形象改编、注册商标等商业化活动中。动漫作品商业化权的转让和许可使用依照著作权法的相关规定执行。

三、审判实践中相关探索和成果

动漫知识产权较传统知识产权有其特殊性，因此在司法实践中，法院也往往会充分考虑其特点在现有法律框架内给予其必要的倾向性保护。

（一）知名商品的认定在动漫知识产权保护中的应用

目前很多动漫产业知识产权的权利人以反不正当竞争法中关于"知名商品特有名称、包装、装潢的规定"和"商业秘密"的规定作为其维权的法律依据。例如广东奥飞动漫股份有限公司（以下简称奥飞动漫公司）诉陈永煌不正当竞争案中，奥飞动漫公司就主张陈永煌生产的"奇博魔方"系列魔方产品与奥飞动漫公司的包装装潢相近似，构成不正当竞争。在这类案件中，知名商品的认定成为案件审理的关键问题。在一般的反不正当竞争案件中，认定知名商品一般都是对该商品的销售时间、销售区域、销售额和销售对象以及进行宣传的持续时间、程度和地域范围进行综合考虑。如果按照一般的反不正当竞争案件中认定知名商品的标准，很多新投入市场不久的动漫衍生产品就无法达到知名商品的程度。

动漫产业属于文化产业，从生产到销售、再到与各个行业的结合，包括了品牌授权、形象授权、衍生品开发等，动漫作品从创作之初就需要全面考虑市场，进行整体营销，因此动漫玩具等动漫衍生品往往会在短时间内迅速推广并占领市场获得较高知名度。故在认定动漫衍生品是否构成知名商品时，法院一般会结合动漫产业链以及动漫产品特有的营销模式等进行综合判断，不仅考虑涉案商品的情况，还考虑相关动漫作品（如相关的动画片、漫画）等的知名情况，以确保对动漫衍生品的保护。

（二）行为保全制度在网络游戏知识产权案件中的应用

网络游戏具有生命周期短和传播速度快、范围广的特点，给权利人造成的损害也难以计算和量化。所以在涉网游案件中，原告往往会申请诉中禁令。我们法院一般认为，一款成功的网络游戏往往能给权利人带来巨大的经济利益，包括直接的经济利益如游戏销售收入，以及可能更为重要的间接利益，即该网络游戏所依赖的基础知识产权长期商业价值的持续提升。侵害他人知识产权的被诉游戏产品没有进行长期的研发和知识产权培育，却通过侵权或者不正当竞争行为获得他人知识产权的商业价值收益，是明显的侵权和“搭便车”的行为；同时侵权游戏产品往往比较粗糙，其上线的另一后果将会使得所涉知识产权的质量水平遭受质疑，损害其长期商业价值，造成的损害往往无法弥补且难以计算。基于此，在权利人有初步证据证明被诉游戏产品侵权并将造成难以弥补的损害时，法院往往会支持原告的申请采取行为保全。但在执行时会充分考虑其风险，要求原告提供担保，并充分考虑、照顾游戏玩家利益等公共利益。例如暴雪娱乐有限公司、上海网之易网络科技有限公司诉成都七游科技有限公司、北京分播时代网络科技有限公司等著作权侵权及不正当竞争纠纷案中，法院支持了暴雪娱乐和网易公司的申请，颁发了诉中禁令。

（三）根据案件具体情况认定作品的基本内容

改编权是改变作品，创作出具有独创性的新作品的权利。所谓改编作品，一般是指在不改变作品内容的前提下，将作品由一种类型改变成另一种类型。因此，确定作品基本内容不变，是判断是否构成改编的第一步。在确定作品的基本内容时，不同案件可能确定基本内容的要求不同。假如改编是从小说到剧本的，这种改编除了名称、角色名称相同，基本的人物关系、故事梗概都应当大致相同。但从小说到游戏，由于游戏故事发展往往跟玩家的实际操作有关，无法具体确定，因此在网游侵犯小说改编权之诉中，对于小说的基本内容的确定不能像传统的改编权之诉那样要求故事的发展梗概都一致。例如在成都泽洪品牌营销策划有限公司（以下简称泽洪公司）、在成都页游科技股份有限公司（以下简称页游公司）等诉广州菲音信息科技有限公司（以下简称菲音公司）、广州维动网络科技有限公司（以下简称维动公司）著作权侵权及不正当竞争纠纷一案中，泽洪公司是涉案作品《斗破苍穹》的著作权人，2013 年 1 月 18 日，菲音公司开发了《斗破乾坤》网页游戏。洪泽公司认为菲音公司、维动公司开发运营的游戏侵犯了其作品改编权，并不正当地搭乘其努力创作而获得的作品知名度，扰乱了市场竞争秩序，因而构成不正当竞争。广州中院认为，菲音公司开发的《斗破乾坤》与小说《斗破苍穹》名称均有“斗破”二字，且“乾坤”与“苍穹”意思相近；而网页游戏的角色名称、争夺的目标物品、境界名称均与小说中的相同。而这些名称均为作者独创性的文字表达，且构成了小说的基本内容，因此菲音公司的行为属于对涉案小说的改编，侵害了该小说著作权人的改编权。

关于民营企业知识产权保护状况的调研报告

广东省高级人民法院知识产权庭

一、关于近年来涉企知识产权纠纷的主要案由、占比和处理情况

2013年至2016年上半年，广东全省法院新收知识产权民事一审案件88341件，其中著作权、商标权、专利权案件分别占收案总量的65.70%、16.09%、14.35%。这些案件中，90%以上为涉企案件。著作权案件中，著作权权属、侵权纠纷和侵害作品信息网络传播权纠纷居多，占著作权案件总量的70.84%；商标权案件以侵害商标专用权纠纷为主，占商标权案件总量的61.10%；专利权案件中，侵害外观设计专利权纠纷居多，占专利权案件总量的48.81%。

上述案件中，以判决方式结案的有38146件，占结案总量的43.18%；以调撤方式结案的有48210件，占结案总量的54.57%；以其他方式结案的占结案总量的2.25%。

二、广东法院知识产权审判的主要做法、成功经验和遇到的困难

近年来，广东法院围绕“让人民群众在每一个司法案件中感受到公平正义”总目标，不断加大知识产权司法保护力度，依法履行民事、刑事和行政审判职能，公正高效审理各类知识产权案件，加强知识产权审判领域改革创新，完善知识产权审判体制机制，较好发挥了知识产权审判职能作用，为全面深化改革和实施创新驱动发展战略提供了有力的司法服务和司法保障，在全国法院中处于先进地位。

广东法院知识产权审判的主要做法和成功经验如下。

一是积极履行审判职能，有效回应知识产权司法保护需求。2014年和2015年，全省法院分别新收知识产权民事一审案件23900件、23766件，约占全国的四分之一，审结24662件、20215件；新收知识产权刑事一审案件4195件、6780件，审结3936件、6621件，同比均持续大幅提升；新收知识产权行政一审案件19件、22件，审结20件、22件，行政审判对行政执法行为的审查监督职能进一步加强。今年1—6月，全省法院新收一审知识产权民事案件15832件，同比增长44.20%；审结一审知识产权民事案件10275件，同比增长80.64%，审判效率和审判质量不断提升。依法审结了一大批新类型、复杂疑难和重大案件，较好发挥了司法的规范和导向作用。2014年和2015年，广东法院共有4件案件入选最高法院公布的中国法院知识产权司法保护10大案件，2件案件入选中国法院知识产权司法保护10大创新性案件，11件入选中国法院50件典型知识产权案例。

二是坚持体制创新，知识产权司法保护的整体效能进一步提高。积极落实司法体制改革部署，探索推进知识产权法院建

设工作。根据全省知识产权案件管辖的新格局，省法院协调广州知识产权法院及全省各级法院及时调整应对审判工作重心、审判质效优化、审判力量配备等新情况新问题，确保全省知识产权审判工作顺利运行。在知识产权审判领域探索完善审判权运行机制和审判责任制。省法院以充分实现知识产权的市场价值为目标和统领，进一步加大对知识产权侵权损害赔偿数额司法认定办法的研究，在全省法院开展“探索完善司法证据制度破解知识产权侵权损害赔偿难”试点工作，取得了初步成效。2015年9月18日，最高人民法院知识产权司法保护与市场价值研究（广东）基地在广州知识产权法院挂牌成立，将围绕在司法保护中实现知识产权的市场价值展开理论和实践探索研究，为提高全国知识产权司法保护水平起带动作用。

三是强化监督指导工作，有效统一司法保护标准。运用审判情况分析通报、分类指导和沟通协调三项工作机制，依法加强审判监督指导。通过每季度印发《全省知识产权审判工作统计分析情况的通报》，加强对工作发展趋势的分析研判，提高监督指导工作的科学性、前瞻性和有效性。研究出台《关于加强与广州知识产权法院审判业务工作沟通协调的若干意见》《关于加强全省法院知识产权审判业务工作沟通协调的若干意见》，加强对全省知识产权审判工作的监督指导。及时收集整理、分析汇总、公开发布已审结的重大、疑难、复杂和新类型知识产权案件，提高全省知识产权案件审判质量和统一裁判尺度。出版了《广东法院知识产权经典案例集》，集中展现了广东法院知识产权司法前沿问题的研究成果。

四是深入推进司法公开，彰显司法保护的权威和公正。推动全省法院上网公布知识产权裁判文书，建立规范化、制度化和常态化的裁判文书发布机制。截至2015年，我省法院在中国知识产权裁判文书网发布知识产权裁判文书近2万份，总量排名全国第1位。不断扩大庭审公开程度，邀请人大代表、政协委员、新闻媒体、专家学者、高校学生等社会各界人士旁听庭审，并通过网络视频直播社会关注度较高案件的庭审过程。司法宣传形式更加多样，在每年“4·26”知识产权宣传周期间举办新闻发布会，发布知识产权司法保护白皮书并公布我省十大知识产权典型案例。2014年，广东法院精心组织开展特色鲜明、内容丰富的“4·26中央媒体知识产权司法保护广东行”活动，协助筹办最高法院媒体见面会和新闻通气会，邀请广东省省长朱小丹接受媒体集体采访，国内外反响热烈。

在当前国际国内形式发生新变化、知识产权审判面临新形势新任务的背景下，广东法院知识产权审判工作面临着一些困难和挑战。一是知识产权纠纷类型持续多样化，重大、疑难、新类型以及涉外涉港澳台的知识产权纠纷持续涌现，对我省知识产权审判队伍的司法能力提出了新的要求和挑战。二是广东法院要继续创新查明案件技术事实、权利人实际损失或侵权人侵权获利的方式方法，以实现市场价值为指引，进一步加大损害赔偿力度，满足社会各界对加大知识产权司法保护力度的要求，需要破解司法前沿领域的诸多难题。三是在知识产权案件管辖新格局下，全省法院知识产权审判机构和队伍专业性受到冲击，专业审判人才出现流失，技术调查官等审判辅助人才队伍尚未建立，对审判质量产生负面影响。四是司法改革后对法官的绩效考核主要以办案为主，影响了法官参与调研指导工作的积极性，省法院及全省各中院调研指导功能面临弱化的问题。五是知识产权审判“三合一”工作的推进仍受到诸多主客观因素的限制，沟通协调机制不畅，需要下大力气加以解决。

三、关于法定赔偿的适用情况、存在问题和对策

（一）法定赔偿的适用情况

受知识产权无形性影响，同时受权利人取证困难和知识产权评估体系不健全等因素制约，在侵权诉讼中如何确定损害赔偿额，一直是知识产权审判工作的一个突出瓶颈问题。从我国关于知识产权侵权损害赔偿的法律规定的立法设计来看，知识产权侵权损害赔偿的认定应以实际损失为主，以法定赔偿为辅。法定赔偿的本义在于：当权利人既无法证明所受损害数额，也无法确定侵权人的违法所得时，法律明确规定侵权人给予权利人一定数额的赔偿。[①] 法定赔偿是在在传统计算方法无法发挥作用时，基于公平和效率的考虑，法律创造出的一种兜底的计算方式，即赋予法官较大的自由裁量权，根据自由心证来计算出一个赔偿数额。法定赔偿应该是在穷尽了其他方法后的最后之选，但实际上司法实践中普遍以法定赔偿数额的认定替代实际损失或侵权获利数额的查明，法定赔偿方式成为侵权赔偿的主要救济方式。

（二）法定赔偿制度存在的问题

在权利人的实际损失或侵权人的侵权获利难以查明的情况下，法院依法适用法定赔偿制度，使大量知识产权侵权纠纷案件得以及时作出判决，对制止不法侵害行为，保护当事人合法权益，起到了积极作用，但客观上也存在三种不利后果。

一是制约侵权损害赔偿力度。无论实际损失的真实情况为何，只要难以查明的，权利人就只能在法定额度内获得赔偿。对于相当一部分侵权行为给权利人造成的损失来说，权利人获得的赔偿与其受到的损失明显不相称，不利于对权利人的保护。

二是难以充分体现知识产权智力成果的市场价值。高附加值产品具有技术知识密集度高、市场需求度高、品牌知名度高、品质优异以及经济效益好等特征。[②] 通过对知识产权的开发和运用，可以生产出投入产出比较高的高附加值产品。因此，作为智力成果的知识产权不同于一般有形财产，其评估值更多地集中在其可为权利人带来的具有实际意义的未来巨大收益上。法定赔偿额的普遍适用，不但无法弥补权利人的开发成本，也无法提高侵权代价，与国家创新驱动发展战略不相符合。

三是不利于提振权利人寻求知识产权司法保护的信心和有力遏制知识产权侵权行为。由于实际损失举证困难，法定赔偿变为主要的救济途径，权利人实际获得的赔偿数额往往低于其合理期望，客观上挫损了权利人维权的决心和信心，而有些窃取他人成果者却仍能得到高额回报。例如，广东从20世纪80年代直至2007年一直是全国音像制品的主要产出地、集散地，是全国音像作品创作中心、生产复制加工中心和物流发送中心。在2007—2009年期间，广东音像协会多次赴广东省法院反映广东省音像业界在维权中所遭遇的赔偿额不足、盗版行为无法得到有效遏制的困境。同一时期，中国版权协会、国内一些主要的音像企业、国际八大唱片业公司也派人或来函向我们反映类似问题。再如，2009年广东动漫协会也开始呼吁提高侵权赔偿额，有效打击侵权，以免动漫业再重蹈音像业在光碟盗版和网络盗版的双重打击下

---

① 夏一峰：《知识产权法定赔偿的价值选择与制度定位》，载《法制博览》2012年第10期。

② 参见孙月平：《论高附加值》，载《企业活力》1997年第5期。

式微的结局。其中拥有全国最著名的系列动漫美术作品《喜羊羊与灰太狼》著作权的广东原创动力文化传播有限公司反映，全国各省市区几乎都有喜羊羊的盗版产品，尤其是广东、浙江、福建等地。在铺天盖地的盗版面前，司法对于侵犯著作权的判决赔偿额普遍较低，这让维权者有“赢了官司输了钱”的顾虑。在喜羊羊的著作权案件中，法院判决的赔偿金额很多都是1万～5万元，甚至只有几千元钱，这样低的赔偿对造假者难有足够的威慑力。该公司曾起诉国内一家知名品牌侵权，后来因为赔偿额实在太低，只得不情愿地授权给这家企业。[①]

（三）法定赔偿适用比例高的原因

法定赔偿在司法实践中存在泛化的倾向，主要有以下几个方面的原因。

1. 知识产权本身的无形性导致权利价值和收益难以评估

与有形财产不同，知识产权的客体是一种极易脱离其所有者掌控的无形智力成果。它可以同时被多个主体占有使用，一般不会因这种同时使用而使该项知识产权自身遭受损耗或者灭失。知识产权受到侵害所造成的财产损失往往表现为市场份额、许可费收益的减少或丧失。在社会经济生活中，市场份额减少所导致的经济损失数额，又或者侵害发生之前双方有可能协商一致的许可使用费应为多少等，本身就具有难以计算和评估的特点，对其查明没有、也不可能有一个固定的模式和计算方法。任何关于确定一个简单的数学公式，希望将相关数据填入就能得出损失结果的设想，都是不切实际的。因为它低估了知识产权权利运用商业模式的复杂性、案件事实的多样化。

2. 社会商业道德和诚信体系缺失，企业财务账册和评估结果往往难以采信

企业财务账册是支持实际损失查明的最基础和最重要的证据。深圳中院曾经尝试聘请会计师等共同参与对财务账册等的证据保全。但在原告申请启动保全程序后，查封到的账册普遍存在残缺、虚假的情况，不能直接反映侵权产品的销售数量和侵权利润。权利人在此情形下也只能无奈放弃以被告的财务账册作为赔偿损失的依据。[②]专业评估机构对实际损失进行的评估，是支持实际损失的另一项重要证据。目前国内专业无形资产（含知识产权）评估事务所的业务主要是企业为获取行政登记、资质、许可、证明等单方申请进行的小型评估，一般不涉及技术分析，层次较浅。部分评估结论互相矛盾，缺乏权威，难以成为定案依据。

3. 现行诉讼制度和证据制度在确定知识产权实际损失上存在诸多制约

根据现行民事诉讼法第六十四条[③]和《最高人民法院关于民事诉讼证据的若干规定》第二条[④]的规定，权利人若主张侵权人造成其市场份额减少或者许可使用费收入减少而请求赔偿的，必须证明该损失数额具体为多少，否则就要承担相应的不利后果。然而，由于知识产权实际损失客观上难以评估，再加上企业财务账册虚假、评估结果缺乏权威等因素作用，如果机械、

① 参见《80%喜羊羊商品都是盗版灰太狼被代言不孕不育》，载《南方都市报》2009年11月30日。

② 参见广东省深圳市中级人民法院（2007）深中法民三初字第214号、215号民事判决及（2006）深中法民三初字第165－1号民事裁定。

③ 《中华人民共和国民事诉讼法》第六十四条：“当事人对自己提出的主张，有责任提供证据。当事人及其诉讼代理人因客观原因不能自行收集的证据，或者人民法院认为审理案件需要的证据，人民法院应当调查收集。人民法院应当按照法定程序，全面地、客观地审查核实证据。”

④ 《最高人民法院关于民事诉讼证据的若干规定》第二条：“当事人对自己提出的诉讼请求所依据的事实或者反驳对方诉讼请求所依据的事实有责任提供证据加以证明。没有证据或者证据不足以证明当事人的事实主张的，由负有举证责任的当事人承担不利后果。”

片面、无条件地以“谁主张，谁举证”来分担举证责任，将权利人遭遇侵权后企业的经济盈亏，侵权人侵权收入和利润，涉案知识产权的使用费、转让费和单位价格等的标准、惯例和行情等，这些用以确定实际损失事实的证明责任全部归于权利人，不但使权利人的维权成本过高，而且有些证据是权利人客观上根本无法收集的。

在目前的社会环境和执法环境下，法院行使调查权或者依权利人申请进行诉讼保全时，时常遭遇侵权人诸如关门、拉电闸、撤走工作人员等各种阻挠、拖延甚至暴力抗拒。在这种情况下，仅仅依靠法院的力量强行替原告收集证据，会导致被告对执法的负面过激情绪，不利于社会安定和矛盾化解。而在法院“适当减少”依职权调查和证据保全措施的情况下，对于隐匿证据、阻挠负有证明责任的人举证这类行为，又缺乏追究法律责任和法律后果的措施，无疑是将权利人置于一个弱势、无法得到有效保护的法律制度中。

实际损失查明很多时候需要依赖财务和技术专业人员，目前诉讼中确定经济损失的举证、质证、认证主要依靠专业无形资产（含知识产权）评估事务所的评估，手段单一，而鉴定和评估耗时漫长，手续繁复，费用极高。而评估机构和评估人员在诉讼中应该承担何种诉讼义务，违反该义务应承担何种责任，以及因故意或重大过失而出具虚假、错误报告给其委托人及其他相关人造成经济损失应承担何种民事责任等，在民事诉讼法及相关司法解释的规定上语焉不详。由于缺乏明确的对评估机构及其评估人员的诉讼义务和民事责任规定，当该等主体出现怠慢疏忽、违反诚信义务，妨碍审判秩序和司法公正，损害其委托人及其他相关人的民事权益的行为时，法庭难以正确认定其责任，当事人也无法向其追偿损失。

（四）广东法院解决“赔偿难”问题的对策

2011年广东高院成立“以制度创新破解知识产权侵权诉讼赔偿难”调研小组，经过对全省知识产权侵权诉讼案件的分类梳理，以及对民事诉讼法、《最高人民法院关于民事诉讼证据的若干规定》和知识产权侵权赔偿问题指导性文件的深入研究，形成《广东法院探索完善司法证据制度破解知识产权侵权损害赔偿难》调研报告。2013年广东高院决定加快对调研报告的成果转化，选取广州市、深圳市、汕头市、佛山市、东莞市、中山市等六个中级人民法院，以及广州市南沙区、天河区，深圳市宝安区、龙岗区，佛山市南海区法院，东莞市第一人民法院，中山市第一人民法院、中山市第二人民法院等八个基层法院，开展“探索完善司法证据制度破解知识产权侵权损害赔偿难”试点工作，形成《广东法院“探索完善司法证据制度破解知识产权侵权损害赔偿难”试点工作座谈会纪要》（以下简称座谈会纪要），并在试点法院中施行。一是把握运用证据披露制度。针对证明侵权获利的财务账册等证据往往掌握在侵权人手中而权利人无法取得的情形，基于民事诉讼的诚实信用原则和法院的查证、认证职责，确立了与“谁主张谁举证”原则相辅相成的证据披露制度。不管持有人是案件当事人还是案外人，也不论该证据对持有人是否有利，诉讼当事人都可以申请法院责令证据持有人披露相关证据。二是把握运用举证妨碍制度。针对那些持有证据无正当理由拒不提供，而对方当事人主张该证据的内容可以证明自己主张的侵权损害赔偿数额成立的，结合有关情况推定该主张成立。三是把握运用优势证据标准。对于不能准确计算侵权受损或侵权获利的具体数额，但有证据证明这些数额明显超过法定赔偿最高限额的，综合全案的证据情况，在法定最高限额以上合理确定权利人的实际损失或侵权人的侵权获利数额。四是探索和实行专家辅助人制度。针对法官往往对财务账册、审计报告等金融、财会专业知识不够熟悉的情况，大力提倡专家辅助人制度。批准或要求当事人委托审计、会计等相关专业领域的专家人士出庭，对销售数额、行业利润率、同类产品单价及财务报表等作出评价和说明。

在近三年的试点工作中，试点法院适用座谈会纪要中确立的证据制度和规则，成功办结了一批知识产权侵权损害赔偿的典型案件。例如在珠海格力电器股份有限公司诉广东美的制冷设备有限公司、珠海市泰锋电业有限公司侵害发明专利权纠纷案[①]中，侵权人无正当理由拒不提交被诉侵权产品的销售数量、售价和利润等相关数据，不履行证据披露义务，应承担举证妨碍的法律后果。现有证据证明侵权损失或侵权获利明显超过法定赔偿100万元的最高限额，法院综合考虑涉案专利的类型、市场价值、侵权主观过错程度、侵权情节、行业参考利润、维权成本等因素，以优势证据规则酌定权利人实际损失数额。

四、关于商标侵权案件中惩罚性赔偿制度的问题

（一）惩罚性赔偿制度的作用

惩罚性赔偿制度在世界上不少国家和地区的知识产权立法和司法实践中已得到广泛认可。例如，美国统一商业秘密法第3条第2款规定，如果存在故意或恶意侵占，法院可责令被告支付法律条款规定的赔偿额2倍的附加赔偿。美国专利法第284条规定对于故意行为“法院可以将损害赔偿金增到原决定或估定的数额的3倍”。[②]香港特别行政区版权法亦规定法院在审理侵权诉讼时，可根据案件需要增加一种额外损害赔偿，它既是对侵权人的惩罚，亦是对权利人受害的救助。[③] 这些规定发挥了知识产权侵权赔偿的救济作用，促进了知识产权保护。我们认为，在知识产权领域内，对于非故意的侵权宜适用补偿性原则，而对于故意的侵权则应采用惩罚性原则。因为在非故意的侵权中，如果采用惩罚性赔偿，无疑会加重侵害方的预防成本，限制经营行为发展。而对于故意侵权采用惩罚性原则，则可以提高潜在侵权人的侵权成本，遏制侵权行为的泛滥。如美国法律和我国台湾地区的“法律”都对故意侵权行为规定了可以采用远远高于非故意侵权的赔偿额度。这种将故意侵权与非故意侵权设定不同标准的法定赔偿金额的做法，无疑体现了惩罚性原则的精神，弥补了单一补偿性原则的不足。[④] 因此，设立惩罚性赔偿制度，有利于发挥法定赔偿金补偿性与惩罚性相互结合的优势。在决定法定赔偿金时应首先查明侵权人的主观心态是故意还是过失，是重复侵权、性质恶劣还是在经营中未尽注意义务导致侵权等，从而对前者判定较高数额的金额而对后者判定较低数额的金额，做到宽严适当。

（二）商标案件惩罚性赔偿适用的现状

我国新商标法第六十三条第一款规定，对恶意侵犯商标专用权，情节严重的，可

---

① 广东省高级人民法院（2011）粤高法民三终字第326号。

② 参见王岩云《知识产权侵权损害赔偿原则探析》，载《河北师范大学学报（哲学社会科学版）》2009年第6期。

③ 参见庄秀峰《保护知识产权应增设惩罚性赔偿》，载《法学》2002年第5期。

④ 参见王岩云《知识产权法定赔偿制度研究》，载《河北师范大学学报（哲学社会科学版）》2007年第1期。

以在一倍以上三倍以下确定赔偿数额。在广东法院的试点工作中，不少法院探索适用惩罚性赔偿，加大侵权损害赔偿力度，取得了较好的效果。

如周乐伦诉广州市盛世长运商贸连锁有限公司、新百伦贸易（中国）有限公司侵害商标权纠纷二审案①，新百伦公司提供的其委托第三方评估公司出具的资产评估报告中显示新百伦公司在被诉侵权期间因侵权所获得的利益最少在 145 万元以上。法院具体确定赔偿数额时，着重考虑了新百伦公司的侵权主观因素，认为新百伦公司在其关联公司新平衡公司对“新百伦”商标提出的异议被国家商标局裁定不成立的情况下，明知周乐伦对“百伦”“新百伦”商标享有权利，但仍在标识及宣传产品时持续地、广泛地使用“新百伦”字样，无视他人商标权的存在和中国商标法的相关规定，侵权主观故意明显。综合其他因素，法院最终确定新百伦公司赔偿周乐伦经济损失及为制止侵权行为所支付的合理开支共计 500 万元。在美宜佳侵害商标权一案②中，法院根据被告经营场所开设在权利人正规加盟店隔壁，侵权恶意明显，在接到律师函后仍未停止侵权的情况，认定被告侵权情节严重而对其适用惩罚性赔偿。

（三）完善商标案件惩罚性赔偿制度的建议

在目前司法实践中，商标案件适用惩罚性赔偿的比例偏低，未能充分发挥提高侵权成本、遏制侵权行为的作用。主要原因在于权利人的实际损失难以确定，对“恶意”的理解以及侵权行为情节严重的标准未能统一。

首先，建议明确“恶意”和“情节严重”的内涵。在考虑侵权人是否恶意侵权时，应考虑侵权人是否具有明知的故意以及侵权行为持续时间、影响范围、侵权性质等因素；在考虑“情节严重”时，应考虑涉案商标是否涉及重大安全生产、医疗领域及给商标权人的商誉带来难以弥补的恶劣负面影响等。

其次，引导商标权人增强举证能力。可在立案阶段通过行使释明权，引导权利人根据诉讼请求，提供注册商标许可使用费、涉案商标的非法使用范围、当事人是否存在转让合同、双方销售差价、自身市场占有率亏损对比账目报表等证据，帮助法院查明实际损失或侵权获利，为适用惩罚性赔偿提供必要的证据支持。

最后，明确惩罚性赔偿与行政罚款、刑事罚金的关系。惩罚性赔偿的民事责任与行政责任、刑事责任之间是何种关系，在行政机关已经对侵权人课以行政罚款或侵权人已承担刑事责任的情况下，民事案件中能否再让侵权人承担惩罚性赔偿的民事责任，目前仍未明确，建议予以明确。

五、对民营企业加强知识产权保护的建议

（一）增强知识产权保护意识

目前我国不少民营企业知识产权保护意识淡薄，既不重视保护自己的知识产权，也不尊重他人的知识产权。不少企业在研发、生产和销售过程中没有建立知识产权的保护机制，如对创新成果不及时申请专利，失去了申请专利的大好时机，对企业客户名单等经营信息缺乏足够重视，导致商业秘密的泄露等。民营企业应提高知识产权保护意识，认识到知识产权最终体现为市场上的优势竞争力，保护知识产权本

① 一审：广东省广州市中级人民法院（2013）穗中法知民初字第 547 号；二审：广东省高级人民法院（2015）粤高法民三终第 444 号。

② 广东省东莞市第二人民法院（2014）东二法知民初字第 356 号。

质上就是保护权利人对于知识产权超额利润的正当利益。企业想获得超额利润，必须要走创新驱动之路，用好知识产权制度这一利器。

（二）运用知识产权制度，保护创新成果

民营企业应深入学习和运用知识产权制度保护自身已有的创新成果。对于专利和商标等权利应及时申请，争取获得授权或注册以获得保护；对于技术秘密和经营信息，应完善保密制度，与相关人员签订保密协议，保护企业商业秘密；在委托生产时，注意审查受托方的知识产权文件，避免侵犯第三人知识产权。

（三）积极维权，妥善处理纠纷

企业发现自身知识产权被侵犯时，应及时取证，积极维权。对于取证难的问题，被侵权人可以向知识产权行政执法部门、当地知识产权维权中心等投诉，请求行政机关对侵权行为进行查处，涉及刑事犯罪的，及时向公安机关报案，由公安机关进行刑事侦查；要注重公证取证，选择有资质的公证机构，特别是对容易被篡改的网络证据等证据，及时进行证据保全；做好知识产权诉讼的必要准备，提供确定侵权损害赔偿数额的相关证据，争取较高的赔偿数额。

企业被起诉时，应积极应诉，争取主动。首先应查明对方的知识产权权利的情况，以及这些权利是否在有效的保护期内；其次，积极举证，对于专利权侵权，应深入了解对方的技术或设计，仔细比对，充分利用现有技术或现有设计抗辩、先用权抗辩、合法来源抗辩等制度，维护自身的合法权益；在生产和交易过程中，注重保存研发记录、购销发票等证据；在诉讼过程中，也可以积极寻求和解，避免高昂的诉讼成本。

六、我省法院与行政执法的衔接情况

一是注重与行政执法衔接，加强多元化纠纷解决力度。广东法院邀请行政机关、行业协会、中介机构等组织的代表参与全省法院知识产权案件的调解工作，与当地知识产权快速维权中心等机构建立良好合作，实现诉调对接，多措并举创新调解方法，提高诉讼效率。2014 年 9 月 17 日，广东高院与中国互联网协会签订委托调解涉及互联网纠纷案件协议。广东全省三级法院受理的一审涉互联网知识产权民事案件，在当事人自愿的情况下，均可委托中国互联网协会调解中心进行调解。2011 年中山市中级人民法院在中山市古镇镇知识产权快速维权中心设置知识产权巡回审判庭，通过诉调对接、巡回审理等措施，做到行政执法和司法保护的有效衔接，将专利行政执法和司法审判都搬到企业的“家门口”，为企业提供知识产权维权保护一站式服务。广州知识产权法院成立后，于 2015 年 10 月成立中山诉讼服务处，提供包括立案咨询、指导调解、案件查询、远程答疑、远程接访、法治宣传等在内的一系列远程诉讼服务，实现便民司法，降低诉讼成本，也对知识产权侵权行为起到震慑作用。

二是注重与行政管理部门的沟通交流。广东法院一向注重与行政管理部门、高等院校、行业协会和国外知识产权保护机构之间的沟通交流，介绍广东知识产权审判经验，共同促进知识产权保护水平的提高。近年来，广东高院联合广东省发展改革委员会、广东省知识产权局、广东省新闻出版广电局共同开展“推进软件领域反垄断工作”的调研，与省发改委协商建立司法与行政反垄断合作机制；与工业和信息化部电信研究院知识产权中心就“建立 ICT 产业知识产权联系预警防御体系”进行座谈研讨；多次参加国家专利局等单位关于专利法修改工作的座谈会议，并提出相关的修改意见；与知识产权司法鉴定机构就华南地区知识产权侵权纠纷类型和特点、全省知识产权审判工作对司法鉴定的具体需求等内容开展交流。广东法院多次派出业务骨干参加行政部门、行业协会等召开的高端学术研讨会和国际性交流活动，如“互联网＋时代知识产权保护热点问题”研讨会、“互联网＋民商事案件热点难点问题高端论坛”、第八届两岸专利论坛、第十四届互联网大会等。

七、对完善我国知识产权制度、改革创新体制机制的建议

（一）完善知识产权法律规范

关于知识产权侵权诉讼赔偿难的问题，建议完善知识产权侵权诉讼的证据规则，完善专家辅助人制度和鉴定人出庭制度，注重建立知识产权侵权损害评估鉴定的专家库，更好地查明权利人的实际损失或侵权人的侵权获利。其次，在“互联网＋”时代，知识产权保护面临的新问题层出不穷，应着力解决好互联网环境下知识产权相关的法律问题：如关于平衡各网络应用主体权益的法律制度设计、关于制止利用他人商标攫取他人商业机会的相关规定、关于制止网络不正当竞争的相关规定、关于广播组织、体育组织相关信息网络传播权的立法问题等，对相关互联网的行为是否构成侵权予以明确。

（二）加强政府治理和服务职能

建议成立省一级政府牵头的互联网知识产权办公会议办公室，加强对互联网行政管理的综合协调和联合执法；利用微博、微信公众号等应用平台，建立更加便捷的互联网领域侵权举报渠道，集中公布权利人或公众的投诉和处理情况，增加行政机关监管行为的透明度和行政查处的威慑力；建立企业诚信公示体系，引导民营企业诚信经营；扶持民营企业建立知识产权管理和风险防范机制，指导企业做好针对新经济的知识产权战略布局；加强人才培养，为企业知识产权保护提供人才保障。

（三）发展行业协会和市场配套服务机构

引导行业协会充分发挥自身优势加强行业自律管理；借鉴和推行新浪、淘宝网等设立网络公民自治委员会进行网民自治的做法，建立由权利人、网络服务提供者、网络用户共同组建的行业自治组织，对互联网环境下发生的商业、侵权等各类纠纷进行调解和处理，以防止大规模爆发群体诉讼。

知识产权权利冲突问题研究

重庆市高级人民法院知识产权庭课题组

近年来，随着中国改革事业不断发展，法治中国建设也在向纵深推进，但伴随这种深刻发展变化，各种利益的冲突日益激烈，而作为利益直接体现方式的权利之间，发生冲突矛盾的机会也逐渐增加，表现形式也越来越多样。这种冲突广泛存在于立法、执法、司法等领域，并影响着社会生活的方方面面，造成了实践中的许多矛盾和冲突，而知识产权权利冲突现象在整个权利冲突问题中日益彰显，典型案例包括从20世纪80年代末的杨沫名誉侵权纠纷案开始，到前些年的三毛美术作品著作权案、武松打虎图案、老干妈案，再到之后发生的梅家坞案、张小泉案、立邦案、松本案、杜邦案等。上述案件表明，知识产权权利冲突已日益具有广泛性和普遍性，而在普遍存在的社会现象和法律现象背后，总有一些需要我们关注的深层问题，知识产权权利冲突自不例外，同样需要我们关注其中的理论和实务问题。

一、知识产权权利冲突概述

财产权的排他性决定了各项财产权之间不得有冲突，即同一项财产的权利不能由多个主体所有，除非有法律的特别规定或者有合同的约定。在知识产权领域，人们对知识产品的占有并非像物权等一样是一种实在而具体的控制，而是表现为认知和利用。知识产权由许多权利构成，而这些权利由于其产生来源、归属不同，因此一项知识产品可以为若干不同的权利主体同时占有，为多人所利用，这种特性使得无形财产权比有形财产权更易发生权利冲突。

（一）知识产权权利冲突的概念

所谓知识产权权利冲突，是指基于同一智力成果或商业标识而依法衍生的两项或两项以上相互矛盾或抵触的权利并存的现象，即同一智力成果或商业标识在某种条件下归属于多个主体的法律形态。[①] 权利冲突现象在知识产权领域相当普遍，几乎触及知识产权的所有角落。对于这一概念的内涵，几乎没有学者提出不同意见，但对权利冲突的范围，仍存在广义冲突与狭义冲突的争论。

1. 广义冲突说。[②] 一些学者认为，只要由同一智力成果或商业标识所衍生的分属于不同主体的两项或两项以上相互矛盾或抵触的权利，在取得上有相应的法律依据，即可构成权利冲突，而权利人在主观上是否出于善意，在取得权利时有无过错或者其所取得的权利的原权利有无瑕疵，则无须考虑。如知识产权权利冲突的典型案例三毛美术作品著作权案、武松打虎图商标权与著作权冲突案中，尽管商标权的

① 陶鑫良、袁真富：《知识产权法总论》，知识产权出版社2005年版，第264页。

② 郑成思：《知识产权论》，法律出版社1998年版，第348页。

取得均未经著作权人的许可，但都经法定程序取得了商标注册，符合权利取得的程序要求，具备了商标权的公示要件，依商标法享有商标专用权。因此，在先著作权与在后商标权属于知识产权权利冲突关系。

2. 狭义冲突说。[①] 另一些学者则认为，真正的权利冲突不应包括未经在先知识产权或其他民事权利人的许可，在恶意或存在过失的情况下取得的“在后权”与已受保护的“在先权”的抵触，因为此种“在后权”并不真正具有合法性，虽然其在形式上具有法律依据，但它是在侵权基础上产生的虚拟的、假象的权利。因此，知识产权权利冲突是两个或两个以上实质合法的权利的冲突。依此观点，前面提到的三毛美术作品著作权案和武松打虎图案，都不是真正意义上的权利冲突，而是权利人与侵权人的冲突，是一种侵权法律关系，按照侵权法处理即可。

本文认为，知识产权权利冲突的范围应当采用广义冲突说。因为从形式上看，广义冲突说以冲突权利的现存状态（权利外观合法与否）为分析问题的逻辑起点，也就是说只要冲突是由两种或两种以上由法律认可的权利相互抵触而造成的，就可将其归为权利冲突，不再进一步探究发生冲突的各项权利的取得原因在法律上是否正当。而狭义冲突说则以权利冲突的各项权利的取得原因在法律上是否正当为分析问题的逻辑起点，权利的取得如果是基于先前的侵权行为，则正当的权利不能来源于不正当的行为，不正当取得的权利就不再是权利，而是前者对后者的侵权，就不存在所谓的权利冲突。[②] 而从实质上看，法律权利是指社会主体享有的，被法律确认和保障的，并以某种正当利益为追求的行为自由。法律确认是法律权利取得的必要要件，否则离开了法律认可意义上的权利，将只是伦理上或道德上的权利，并不能称为法律权利。可见，法律确认是对“法律权利”定性的实质要件，而非形式要件。[③] 因此，建立在侵害他人合法权利基础上的“权利”，只要符合法律规定的程序要求，受法律认可即是权利，而不管授予或认可它的法律属于法律体系中的何种层面。否则，经过法律程序取得，甚至还经过公示的权利尚不能被称为权利，法律就失去了权威。况且，相互冲突的权利如果从实质上都是合法的，那么其中一个权利又有什么理由否定和限制另一个权利。我们讨论权利冲突的目的，就是要透过权利冲突这种普遍存在的现象，去寻找协调和解决权利冲突的办法，去否定或者限制仅仅在形式上合法的权利，从而保护在实质上合法的权利。如果直接把权利冲突定性为实质上的合法权利之间的冲突，那么现实中大量的权利冲突问题将依然得不到解决。

（二）知识产权权利冲突的构成

知识产权权利冲突的构成，是指形成权利冲突应当具备的条件。本文认为，构成知识产权权利冲突应具备以下条件。

1. 相互冲突的多项权利的客体是同一智力成果或商业标识。一项权利不可能产生冲突，冲突产生的前提条件是要有多项权利存在，是多项权利之间的冲突。而且，这些权利之间彼此独立而又有所关联，使这些权利彼此相关联的“连接因素”是作为客体的智力成果或商业标识。

2. 相互冲突的多项权利分别属于不同的主体是以权利竞合为前提的，但权利竞

---

① 王钦、王晋阶：《我国知识产权权利冲突研究》，载《重庆广播电视大学学报》2004 年第 3 期。

② 周详：《知识产权权利冲突若干问题研究》，载《电子知识产权》2004 年第 7 期。

③ 杨玉熹：《商号与商标：权利冲突与解决》，载《现代法学》1999 年第 4 期。

合并不会必然导致权利冲突，只有当基于同一智力成果或商业标识之上的不同知识产权由不同的主体分别享有时，才可能产生权利冲突。[①]

3. 相互冲突的多项权利均依法产生（“在后权利”至少具备形式上的合法性），且有其法律依据。这一特点，实际上是对知识产权权利冲突的外延作了一个限定。从这里可以看出，形式上的合法性不是来自于法律本身，而是来自于行政主管机关的授权行为。

4. 相互冲突的多项权利存在利益矛盾或权利抵触。由于知识产权具有无形性、知识产品天然的稀缺性等原因，导致知识产权权利冲突难以避免，且冲突表现形式异常复杂，但利益才是权利人获得权利以及行使权利的最终目的，知识产权只是实现利益的一种手段。

（三）知识产权权利冲突的原因

探究知识产权权利冲突产生的原因要从不同层面加以分析，这样才能比较全面地揭示权利发生冲突的真正原因。本文认为，知识产权权利冲突主要由以下原因导致。

1. 知识产权本身的特殊性是导致知识产权权利冲突的内部根源。知识产权是一种无形财产，即智力成果，独立于传统意义上的物，智力成果本身尽管具有价值和使用价值，但它不占空间，不具有物质形态，人们对它的占有不是一种实在而具体的占有，而是表现为认知和感受。别人对它的使用也不会发生有形的消耗，且可以同时被多个人使用而丝毫不被权利人所察觉。正因为如此，知识产权领域完全可以出现“一物多权、一物多用”的情形，从而导致知识产权领域利益冲突和权利抵触的现象比较突出。

2. 现行知识产权的分散立法模式与分头执法的执法模式是知识产权权利冲突的法律根源。从知识产权的立法模式来看，绝大多数国家采用的是分散型单行立法体例，我国也不例外。这导致对同一智力成果或商业标识从不同的侧面、不同的视角和不同的切入点，规定为不同的知识产权。因此，为了避免权利发生冲突，法律应从全方位、多视觉加以规范，建立起权利的协调机制。然而，我国知识产权的立法极其分散，商标法、专利法、著作权法等单行法律各自为营，无法整体把握法律的协调性。我国的商标法、专利法、著作权法分别由国家工商行政管理局、国家知识产权局、国家版权局负责提出草案。尽管各部门在单行法的制定与修改过程中也会或多或少地考虑与相邻知识产权单行法律之间的关系，但考虑的广度与深度都是非常有限的。而这种条块分割的立法结构，显然不能顾及整个知识产权法的逻辑性和体系化，由此引发了受不同单行法律保护的权利之间的冲突。从知识产权执法来看，知识产权的分散立法模式必然导致不同部门分头执法的模式。由于缺乏统一执法，各执法机关往往从本部门的角度出发，片面执行本部门的规定而排除解决知识产权权利冲突的基本原则的适用，这既为知识产权权利冲突的产生提供了土壤，也不利于知识产权权利冲突在实践中的解决。

3. 经济利益的驱动是知识产权权利冲突的外部动因。[②] 在知识经济时代，知识产权已经成为独立的、不可替代的、价值巨大的生产力因素，直接进入生产过程创造价值，决定一个社会整体生产力水平的高

① 李永明、张振杰：《知识产权权利竞合研究》，载《法学研究》2001年第2期。

② 陈智伦、韩运浦、严跃：《论与注册商标有关的在先权利》，载《四川大学学报（哲学社会科学版）》2011年第1期。

低。随着市场经济的发展，企业对知识产权的重要性有了更深刻的认识，大部分企业都能遵守市场竞争规则，通过争创名牌、开发新的产品等正当的竞争行为，获得更多的知识产权，以期在激烈的市场竞争中立于不败之地。但是，某些企业在市场竞争中，不遵守竞争规则，假冒他人的商标、专利，盗用他人的劳动成果，利用他人的商业信誉获得巨额的非法利益。因此，经济利益的驱动是知识产权权利冲突的重要外部因素。

二、知识产权权利冲突的类型

知识产权权利冲突的类型，是指依据一定的标准对知识产权权利冲突所作的分类。本文基于知识产权的对象不同，将知识产权权利冲突分为两大类。一类是知识产权之间的冲突。知识产权之间的冲突，主要特点在于不同主体对同一对象即特定智力产品本身的控制、支配和利用所产生的财产利益冲突。知识产权是由众多子权利构成的权利体系，因此知识产权内部的权利冲突亦相当复杂，根据其性质还可以具体分为两类：同一类别知识产权的权利冲突与不同类别知识产权的权利冲突。前者如商标权与商标权、专利权与专利权、商号权与商号权之间的冲突等，后者如商标权与著作权、商标权与专利权、著作权与专利权之间的冲突等。另一类是知识产权与其他民事权利的冲突，如知识产权和姓名权、肖像权之间的冲突。

知识产权是由众多子权利构成的权利体系，在对权利冲突的类型进行划分的同时，为了尽可能直观地体现各种具体权利之间的权利冲突，本文将以某个知识产权（以商标权、专利权和著作权为代表）为中心，列举该权利与其他在先权利的冲突，以说明不同类别知识产权的权利冲突。

（一）商标权与在先权利的冲突

商标权与在先权利的冲突主要有以下十种：与在先商标权的冲突，与商标先用权的冲突，与在先著作权的冲突，与在先商号权的冲突，在先外观设计专利权的冲突，与在先地理标志权的冲突，与在先域名权的冲突，与在先知名商品的特有名称、包装装潢权的冲突，与他人姓名权的冲突，与他人肖像权的冲突等。

（二）专利权与在先权利的冲突

专利权与在先权利的冲突主要有以下十种：与在先专利权的冲突包括由于国家专利局的重复授权而产生的“权利”冲突和前后两个专利在技术上存在从属关系、在后专利的实施依赖于在先专利而引起的权利冲突两种情况，与在先使用权的冲突，与在先商标权的冲突，与在先著作权的冲突，与在先商号权的冲突，与在先知名商品的特有名称、包装装潢权的冲突，与在先商业秘密权的冲突，与在先集成电路布图设计权的冲突，与他人姓名权的冲突，与他人肖像权的冲突等。

（三）著作权与在先权利的冲突

根据著作权法第二条规定，著作权是自动产生的一类知识产权，所以它不太可能作为在后权利与其他在先的知识产权发生冲突，而只能作为在先权利与其他知识产权发生权利冲突。因此，著作权与其他在先权利发生的冲突只存在于以下两种情形：一是与在先著作权的冲突，二是与他人肖像权的冲突。

知识产权的权利体系中除了商标权、专利权和著作权外，还包括商号权、地理标志权、域名权、布图设计权、植物新品种权等，这些权利虽然理论上存在与在先权利冲突的可能，但实践中几乎没有相关案例，故本文不再分析。

三、解决知识产权权利冲突的基本原则

法律是分配利益的社会工具，是调节社会利益的平衡器。因此，当出现知识产权权利冲突后，法律应尽最大努力进行权利协调，以求得个案的妥当性，实现正义。[①] 如何确定权利冲突的解决原则，则是法律调整权利冲突问题时的一个首要的、基本的方法论问题，是进行权利协调的重中之重。本文尝试提出一些思路，希望能够对问题的解决有所裨益。

（一）保护在先权利原则

尊重和保护在先权利，是解决知识产权权利冲突纠纷的基本原则和首要原则。[②] 我国商标法第九条第一款规定："申请注册的商标，应当具有显著特征，便于识别，并不得与他人在先取得的合法的权利相冲突。"第三十二条规定："申请商标注册不得损害他人现有的在先权利，也不得以不正当手段抢先注册他人已经使用并有一定影响的商标。"专利法第二十三条在外观设计授权条件中，增加了"不得与他人在先取得的合法权利相冲突"的规定。《企业名称登记管理办法》第一条规定："已经登记注册的企业名称，在使用中对公众造成欺骗或者误解的，或者损害他人合法权益的，应当认定为不适宜的企业名称予以纠正。"这些都为解决权利冲突作出了很好的示范。但是，保护在先权利就必须撤销在后权利，这固然有其法律上的依据及法理上的合理性，然而是否是最佳选择，却值得商榷。[③] 例如，在著名的"三毛案"中，一、二审法院均认为，被告未经许可使用原告三毛漫画形象作品，侵犯了原告的著作权，判决被告停止在产品、企业形象上使用三毛漫画形象作品，并赔偿原告10万元。这样的处理方式，固然很好地保护了在先权利人，但简单地判定侵权并停止使用，对被控侵权人带来的损失无疑是巨大的，而且缺乏对公平、效率等价值的考量，并不能从根本上解决权利冲突。因此，过分关注在先权利的保护，确立在先权利无限地、绝对地对抗在后权利的"特权"，一味地否定在后权利存在的现实性，有悖利益平衡原则，也有悖经济理性与社会公平。[④]

（二）诚实信用原则

诚实信用本是道德条款，作为一项法律化的道德原则，诚实信用原则已演变成市场经济的基本法律原则，且被奉为民法的最高原则，有"帝王条款"之称。[⑤] 梁慧星先生认为，诚实信用原则将道德规则与法律规则融合为一体，因而同时具有法律调节和道德调节的双重功能，使法律获得更大的弹性，法官因而享有较大的公平裁量权，能够排除当事人意思自治而直接调整当事人之间的权利义务关系。该原则具有解释和补充法律的功能。因此，诚实信用原则可以作为法院裁判案件中的司法原则加以适用。[⑥] 当然，诚实信用原则并非能随意运用于知识产权权利冲突的司法裁决中，该原则的适用必须注意两方面的问题。第一，诚实信用原则的适用须有前提

---

① 黄明耀：《民法适用基本问题研究》，中国法制出版社2004年版，第99页。

② 孔祥俊：《WTO知识产权协定及其国内适用》，法律出版社2002年版，第353页。

③ 蒋万来：《我国知识产权冲突的成因以及解决》，载《浙江学刊》2004年第2期。

④ 冯晓青主编：《知识产权法前沿问题研究》，中国人民公安大学出版社2004年版，第171页。

⑤ 张新宝：《民事活动基本原则》，法律出版社1986年版，第26页。

⑥ 黄明耀：《民法适用基本问题研究》，中国法制出版社2004年版，第122页。重庆市高级人民法院黄明耀副院长认为，不应将诚实信用原则作为民法适用的基本原则。因为如果民法"适用被广泛恣意滥用于一般条款（诚实信用），加上其技能领域扩大化之效果，却大大地危害了法的安定性，致使原本为民事法最高指导原则之精灵，反而转成法规及契约滥加解释适用之借口"。

条件，即只有在法律没有明文规定或者法律规定不明确的情况下，才能适用诚实信用原则。第二，对可以通过类推适用等方法弥补法律漏洞的情况，不得适用诚实信用原则解决纠纷。[①] 即使通过类推所得结果与适用诚实信用所得的结论并不相同，也应依类推适用等方法处理。例如，在著作权法修改之前，对未经许可在网络上传播他人作品的行为是否属于侵犯著作权的问题，法院就根据当时著作权法关于“复制”“发行”的解释，认定该行为属于侵权行为，而没有直接适用诚实信用原则处理。

（三）利益平衡原则

法律作为社会利益的调节器，应兼顾众多的社会利益。知识产权法领域一向非常强调衡平，知识产权制度本身就是平衡知识产权人个人利益与社会公共利益的调节器。权利冲突源于对利益的争夺，其实质是利益冲突，因此，解决权利冲突，事实上是寻找各权利人之间的利益平衡，同时也是寻求权利人与社会之间的利益平衡。所以，解决权利冲突除了适用保护在先权利原则以外，还要充分考虑到效益最大原则、正面效应原则和综合评价原则等，要充分考虑到合法、公平原则，使各权利人之间及权利人与社会之间达到利益平衡，从而避免绝对适用保护在先权利原则可能引起的不适当的经济后果。对权利冲突的处理，美国联邦第九巡回上诉法院 1988 年审理的 Abend vs MCA Inc 电影公司侵犯著作权纠纷案提供了很好的示范。[②] 原告 Abend 是小说《这是谋杀》的版权被许可使用人。MCA 是一家电影公司，它在《这是谋杀》的基础上拍摄了由希区柯克执导的电影《后窗》（*Rear Window*）。法院认为，在提供适当的救济时，必须考虑公平因素，影片的巨大成功主要取决于演员的精湛表演、希区柯克的杰出执导以及全体演职人员的努力，而不是小说的作者，禁令的同时也将禁止被告继续享有新创作的演绎作品的利用而产生的合法利润。因为被告不可能将其新创作的作品从基础作品（小说）中分离出来，其对新创作演绎作品所享有的权利将会由于禁令的颁发而变得毫无意义。同时禁令将会对公众的利益造成损害，因为今后他们将不可能再欣赏到这部经典影片。该案的处理，法院并未固守绝对的保护在先权利原则，而是考虑了衡平因素，没有因为被告侵犯了原告的著作权就简单判定停止侵权，而是采取了让被告向原告支付足够补偿费的方式许可被告继续放映其电影，从而使当事人各方利益兼顾，各得其所。利益平衡原则在我国 2013 年修正的商标法第四十五条等法律条文中均有体现。因此，在立法和司法中引入利益平衡，对实现民法目的和司法公正具有重要意义。[③]

（四）当事人协商解决原则

当事人协商解决原则，又叫意思自治原则，是指由权利冲突的双方主体在平等自愿的基础上，通过契约的方式自由决定解决冲突的方案。当事人作为具有独立意志的理性人，只有他们才是自己权利的最佳“看门人”，是自己利益的最佳判断者。[④] 立法者只能在当事人没有约定或者达不成协议的情况下，提供最终解决纠纷的方案，但一般而言，该方案比当事人的选择是次优的。因此，赋予当事人意思自治，

---

① 李开国：《民法总则研究》，法律出版社 2003 年版，第 74 页。

② 刘红：《基于衡平理念探悉知识产权权利冲突》，载《中华商标》2004 年第 7 期。

③ 黄明耀：《民法适用基本问题研究》，中国法制出版社 2004 年版，第 99 页。

④ 杨才然：《与知识产权有关的权利冲突协调原则之理论基础》，载《电子知识产权》2005 年第 11 期。

由其自由协商解决冲突并达成和解，将更能体现效率。

四、完善知识产权权利冲突解决机制的思考

要充分发挥基本原则在解决知识产权权利冲突的中的作用，需要在立法、执法、司法等具体环节中进行实践。只有这样才能实现先期预防在前、司法救济在后，二者互为补充、相得益彰的良好局面。

（一）立法方面

面对日益增加的权利冲突纠纷，立法机关在制定和修改分散、单一的知识产权法规时，应建立知识产权法之间的权利协调机制，减少权利冲突的发生。但由于单独立法缺乏系统性和完整性，很难做到立法的协调。如专利法及专利法实施细则只就外观设计与其他权利的冲突作出保护在先权利的规定，商标法及商标法实施条例则就商标专用权与企业名称权、著作权等权利的冲突做了规定。而商标与域名、著作权与肖像权等人格权的冲突，现行立法并未涉及。因此，应进一步修改和完善知识产权法，对各类知识产权的权利冲突予以明确。一是立法明确在先权利的含义及范围。在先权利在知识产权权利冲突中广泛存在，然而仅《最高人民法院关于审理专利纠纷案件适用法律问题的若干规定》第十六条对专利法第二十三条所称的在先权利的范围做了规定，商标法只是作了“申请商标注册不得损害他人现有的在先权利”的原则性规定，其他如商号权、域名权、地理标志权等在先权利均没有规定。因此，立法机关应进一步完善在先权利的范围，可借鉴国外经验，采取列举加概括的方式加以规定。二是制定统一的知识产权法典。[①] 法国于 1992 年在全世界率先制定统一的《知识产权法典》。这种模式能够减少由于立法技术原因导致的各个单项知识产权之间发生权利冲突的可能，同时使各个单项知识产权法律处于同一部法典的统领下，形成统一的权利冲突的协调机制与协调原则。

（二）行政保护方面

在知识产权的权利冲突中，在后取得的知识产权一般是经过申请程序，由行政机关授权而产生形式上的合法性，从而与他人实质上合法的在先权利发生冲突。因此，发生权利冲突的一方当事人，为保护其实质上合法的在先权利（少数情形下也可能是在后权利），往往首先考虑通过行政程序，否定或消灭另一方当事人在形式上具有合法性的知识产权，以达到解决知识产权权利冲突的目的。但由于受各单行知识产权法中某些行政程序的制度设计的操作性差、行政机关多头管理以及地方保护主义等综合因素的影响，知识产权的行政解决存在一些问题。因此，应对商标注册和撤销、企业名称登记、专利授权和无效、域名注册、行政执法等程序建立交叉检索制度，实现数据库的实时共享，以最大限度避免发生权利冲突的可能性。

（三）司法保护方面

对涉及知识产权权利冲突的诉讼，法院一般都按照“行政程序 + 司法程序”的原则处理，但这种模式有不合理之处：一是行政前置程序违背“程序法定”的法律原则，背离了现代司法理念；二是司法救济是权利保护的最后一道屏障，应当为一切权利的救济提供机会，在法律未明文禁止的情况下，行政前置程序就是对当事人诉讼权利的无理限制，属于行政权的不当扩张和滥用；三是行政前置程序导致一些行政机关对知识产权权利冲突纠纷拖延不

① 陶鑫良、袁真富：《知识产权法总论》，知识产权出版社 2005 年版，第 268 页。

决，严重影响效率。因此，应取消行政前置程序，由当事人自愿选择是否先经由行政程序解决权利冲突。如果当事人不选择行政前置程序，法院就应按照正常的诉讼程序直接处理，并对在后权利的效力作出认定，而不经过行政程序处理。当然，要实现法院在审理知识产权案件时直接对在后权利效力的认定，目前还缺乏法律依据，需要通过立法逐步加以确立。

黔茶知识产权保护问题研究

——模式、问题及对策

贵州省高级人民法院

引　言

贵州茶叶种类齐全，品牌繁多，有不发酵的绿茶、半发酵的乌龙茶、全发酵的红茶、后发酵的黑茶等，现有品牌包括都匀毛尖、湄潭翠芽、遵义红、正安白茶、石阡苔茶等省内知名品牌。在省内黔茶虽有少数知名品牌，但扩大到全国甚至是全球，黔茶的知名度与安溪铁观音、西湖龙井等品牌相比，就相去甚远。面对贵州省茶叶品牌杂、多、散的现状，政府试图通过大力度整合公共品牌，打造黔茶品牌，以促进茶产业的转型升级。2014 年，省委、省政府出台的《贵州省茶产业提升三年行动计划（2014—2016）》提出，要打造 2 个以上全国知名品牌，培育 5 个以上有一定知名度的品牌，着力打造“三绿一红”品牌，以品牌为引领，助推计划蓝图的实现。贵州众多茶叶品牌中，都匀毛尖、湄潭翠芽、绿宝石和遵义红（以下简称“三绿一红”）有着良好的历史发展基础和产业资源：都匀毛尖是中国十大名茶之一，是贵州茶叶品牌中起步最早、知名度最高的茶叶；湄潭翠芽出自贵州茶叶第一县湄潭县，无论茶园面积、产值情况、茶叶品质，湄潭翠芽都能为品牌发展提供良好的资源；绿宝石则是以企业模式进行全力打造的绿茶，其通过 400 多项农残与重金属指标的检测，出口欧盟；从市场竞争力来看，红茶有着不可估量的发展潜力，遵义红在省内凭借其自身优良的品质被消费者广为知晓，在产量和品质均有保障的前提下，遵义红必然成为贵州红茶的代表。

品牌战略离不开知识产权的保驾护航，为了黔茶品牌发展稳步进行，助推《贵州省茶产业提升三年行动计划（2014—2016）》的蓝图实现，贵州省高级人民法院民三庭成立了课题组，对我省茶产业知识产权保护课题展开专项研究。课题组以我省“三绿一红”茶叶品牌为样本，走访了省和地方茶叶管理部门、行业协会、生产企业等，对我省茶产业的发展现状、品牌管理、保护模式和现实冲突等与知识产权保护相关的问题进行梳理、分析，试图为茶企业知识产权保护提供指引。

一、贵州茶产业发展及保护概况

(一)贵州茶产业发展概况

截至2015年上半年，贵州全省茶园总面积达689万亩，投产茶园面积397万亩。现有注册茶叶企业（含合作社）共计2879家，在北京、上海、广州、深圳、山东等大中型城市建立销售网点及专卖店、专柜共3000余个，进入沃尔玛、大润发、家乐福等大型商超系统2000余个，在淘宝、天猫、京东、1号店、阿里巴巴、黔茶商城等电商平台销售贵州茶叶的店铺1094家。

2015年上半年我省茶叶出口企业共7家，其中4家为茶叶外贸转型升级示范基地龙头企业，2家正在申请茶叶外贸基地，基地获批后范围将覆盖贵阳市、遵义市、铜仁市和黔西南州。随着外贸基地工作的稳步推进，公共服务平台的效用发挥，茶叶出口也呈现新的亮点。原来主要以约315美元/吨的低品质茶叶出口为主，2015年上半年高品质茶叶出口首次超过低端茶叶，占茶叶出口总额的53.7%。贵州高品质茶叶逐渐被国际市场认可。

(二)贵州茶产业保护现状

在产业发展蒸蒸日上的同时，我省茶产业知识产权保护的成绩却并不喜人。调研中，我们发现尽管政府管理部门、行业协会、茶企都清楚地知道知识产权保护对于品牌发展的重要性，但实际处理茶业在生产、销售、推广宣传等各环节中遇到的知识产权问题时，就显得一筹莫展，不知从何处着手。目前，我省茶业品牌发展过程中，都存在商标显著性不强、地理标志管理不严、主体空缺、使用地理标志的企业标准无法统一、商标通用化现象严重等问题。

1. 立法保护

目前，针对全省的茶产业保护立法并没有产生，仅黔南州于2014年率先通过立法推进茶产业发展，发布《黔南布依族苗族自治州促进茶产业发展条例》，强调当地政府对茶产业的重视，拔高了对茶产业肯定和引导的高度。同时，还颁布了《都匀毛尖证明商标使用管理办法（暂行)》，使都匀毛尖证明商标使用规范化。可见，我省在立法方面的空白已经被抹去，对知识产权保护的意识正在逐渐增强，通过立法手段保障茶产业健康有序发展正在摸索中前行。

2. 知识产权保护

知识产权的保护与黔茶品牌建立推广是相辅相成的，知识产权中的商标制度、专利制度、著作权制度、反不正当竞争及商业秘密可以为黔茶品牌发展提供立体的全方位保护。2014年，安顺茶城被正式确认为第一批国家级知识产权保护规范化市场单位，以强化专业市场的知识产权保护工作，有效防范和控制商品在生产、销售中的知识产权侵权问题，净化市场、维护企业品牌健康发展。重视知识产权保护，不仅从意识上需要提高，还需要拓宽知识产权保护路径，增加保护手段，提高保护效率。我省企业商标注册率在全国范围处于中下水平，专利申请量偏低，在已申请的专利中，整体创新程度不高，科技含量有待挖掘。企业极少会选择以商业秘密形式对制茶技艺等企业秘密进行保护，以湄潭县重点企业贵州阳春白雪茶叶有限公司为例，在调研中，企业代表人告诉我们，阳春白雪公司湄潭翠芽的制茶工艺已有上百年历史，他们不仅不会采用商业秘密进行保护，反而会通过招收技艺传承人、培养传承人和建立茶叶制作工艺流程图及展览馆的方式将阳春白雪关于湄潭翠芽的制作工艺发扬光大。阳春白雪公司的社会公益心和无私奉献精神是值得认可的，但是这与分毫必争的市场经济规律却是矛盾的。

在企业品牌发展中，制茶工艺是影响茶叶品质的关键因素，是企业对外竞争力的核心体现，弘扬制茶工艺的同时，又不给予其有力的私权保护，无论在国内还是国际竞争市场，都可能会因我们自身的过度宽容而损害企业利益。

二、“三绿一红”样本研究

（一）都匀毛尖茶

贵州都匀毛尖茶集团有限公司分别于2002年和2010年申请了两个证明商标。一个是“都匀毛尖”地理标志证明商标，2005年注册成功；注册号3214853，注册类别为第30类（茶）。另一个是“都匀毛尖茶 Duyun Maojian Tea”证明商标，2010年注册成功；注册号8872040，注册类别为第30类。

都匀毛尖茶是贵州实施黔茶品牌战略的首推品牌，该茶产于黔南布依族苗族自治州都匀市，由毛主席亲自命名。1915年巴拿马万国博览会上，都匀毛尖茶与贵州茅台酒同获金奖；之后，又于1982年与西湖龙井、君山银针等同获“中国十大名茶”殊荣。都匀毛尖茶的产地黔南州是我省茶叶的重要输出供给地，根据黔南州产业发展数据统计显示的结果，截至2015年3月底，黔南州茶园总面积达126.85万亩，其中投产茶园51.88万亩，占全省13.68%；涉茶企业达876家，其中，茶叶加工企业263家、茶叶专业合作社180家；茶叶产量580.66吨，产值39172万元。

1. 保护模式

品牌保护是权利人对品牌实行经营保护、法律保护和社会保护的一个系统工程，以防范来自各方面的侵害和侵权行为。其中，法律保护是核心。都匀毛尖茶的品牌保护模式可以总结为政府主导型。在该模式下，都匀毛尖知识产权的权利人和使用人是分离的。作为权利人的政府，不仅负责商标、专利等知识产权的申请、管理，对于部分侵权行为也可以依职权对侵权者进行行政处罚。而使用人则是该地区（包括黔南州大部分地区）的茶企、农民合作社或者做茶叶的散户。

（1）知识产权保护

知识产权方面，政府利用商标、地理标志及专利进行保护。2005年，由都匀市人民政府管理的都匀毛尖集团有限公司向国家工商行政管理总局商标局申请获得“都匀毛尖”证明商标，成为了贵州省内首个茶叶品牌区域证明商标。2010年11月23日经国家质检总局第133号公告批准，对都匀毛尖茶实施地理标志产品保护。其产地范围包括都匀市、福泉市、瓮安县、龙里县、惠水县、长顺县、独山县、三都县、荔波县、平塘县、罗甸县、都匀经济开发区现辖行政区域。同时，对都匀毛尖茶的手工加工工艺申请了专利保护。

（2）机构管理保护

都匀毛尖茶的商标和地理标志及专利等知识产权由黔南州政府所有，政府设立都匀毛尖品牌管理委员会作为领导小组，对都匀毛尖品牌发展及管理中出现的重大事项进行讨论和协商，设立黔南州茶叶产业发展管理办公室对都匀毛尖品牌进行统一管理；黔南州茶叶协会作为非盈利的行业协会由黔南州茶叶产业发展管理办公室主管，茶叶协会主要由当地企业、银行及高等院校组成，协会会长通常由茶叶产业发展管理办公室的领导兼任，但为了使茶企业在发展中拥有更多的自主权，以适应市场发展需要，2015年茶叶协会的会长已经改由参与协会的企业自主选任，但秘书长等职务仍然由黔南州茶叶产业发展管理办公室的工作人员兼任。在市一级，成立都匀市茶叶局对市一级的品牌管理具体事务进行执行，市工商局、质量技术监督管理局、食品药品监督管理局对具体事务进行配合管理。

（3）立法保护

2013年，黔南州出台了《关于进一步加快推进茶产业发展的意见》（黔南党发〔2013〕13号），将茶产业确定为四大农业产业之首；2014年3月，贵州省政府出台《贵州省茶产业提升三年行动计划（2014—2016）》（黔府办发〔2014〕19号），将都匀毛尖品牌确定为大力实施黔茶品牌战略的首推品牌。2014年7月1日《黔南布依族苗族自治州促进茶产业发展条例》正式颁布实施，黔南州成为全国第一个为茶产业立法的少数民族地区。同时，还颁布了《都匀毛尖证明商标使用管理办法（暂行）》，规范全州关于都匀毛尖茶证明商标的使用。黔南州茶叶产业化发展管理办公室、黔南州质量技术监督局、黔南州食品药品监督管理局和黔南州工商行政管理局等4个部门7个单位联合编制《地理标志产品都匀毛尖茶综合标准体系》，对《都匀毛尖茶综合标准体系》（DB522700/T015—2010）进行了全面修订。

2. 存在的问题

都匀毛尖茶发展较为成熟，国内外知名度较高。作为政府主导型的保护模式，黔南州政府非常重视对都匀毛尖品牌的管理，在机构设置、立法保护及知识产权保护方面都采取了一定的措施，但是，由于权利人（管理者）和使用者的分离，两者间不同的利益导向使得对都匀毛尖茶进行管理时，政府部门专注产量的提高，对知识产权的保护无暇顾及，而具体的管理部门由于机构繁杂、职权不明，在实务中对侵权行为显得力不从心。知识产权的法律保护，使用者是直接的受益人，侵权行为造成的利益损害会促使使用者对侵权者进行制止和追责。但在政府主导模式下，无论是权利人（管理者）还是使用者，都对侵权行为显得无能为力，从而产生很多问题。

（1）品牌滥用

据统计，截至目前仅有27家企业获得政府的批准使用都匀毛尖品牌。然而市场上使用都匀毛尖证明商标的却远不止27家，包括很多小型企业及农民合作社，都在包装上使用"都匀毛尖"的证明商标。在调研中了解到，黔南州产地范围内的生产者如果使用"都匀毛尖"地理标志产品专用标志，需要向当地的质量技术监督局提起申请，同时还需符合以下条件：①具有食品生产许可证及合法有效的营业执照；②生产茶叶鲜叶全部来自于保护区域范围内；③按照《地理标志产品都匀毛尖茶综合标准体系》组织生产，能保持正常生产活动，并建立有完整、可追溯的产品质量档案；④建立起质量管理体系，3年内无重大质量违法记录。但没有获得批准就使用都匀毛尖证明商标及地理标志的企业和农户，无法保证其生产的茶叶达到政府要求的各项标准。这样的现状造成了出现在市场的都匀毛尖茶质量不统一，混淆严重，消费者无法辨认都匀毛尖茶的真假与好坏，降低了对都匀毛尖茶的整体认同感。

（2）仿冒严重

除了产地的企业或农户不按规定申请使用证明商标和地理标志，造成证明商标和地理标志滥用之外，为提高产量，扩大销售额，有些企业和农户甚至会使用非产地的茶冒充都匀毛尖茶，而一些外地的企业由于都匀毛尖茶在贵州省内的超高知名度，为获取高额利润，也会用劣质的散茶或其他产区的茶冒充都匀毛尖茶，这样更加剧了都匀毛尖茶质量的参差不齐，被仿冒现象日益严重。

（3）维权困难

如上所述，都匀毛尖茶的知识产权权利人、管理者和使用者是分离的，这使得市场上出现侵权行为时，无论是权利人、管理者还是使用者都会对制止侵权行为显得力不从心。都匀毛尖的注册人是都匀毛尖集团有限公司，该公司由都匀市政府管理，现管理权已移交黔南州人民政府，即现在都匀毛尖品牌权利人是黔南州人民政府，黔南州茶叶产业发展管理办公室是管理者，州工商局、质量技术监督管理局、食品药品监督管理局协助管理，而使用者则是获批使用的茶叶企业。作为权利人和管理者，政府部门会利用先天的职权优势，用行政手段对侵权者进行工商处罚等，但行政处罚的形式和手段总是有限的，侵权者往往能通过各种手段规避和逃避行政处罚。而且，政府各个管理部门职权划分不明，虽然都有进行制止的意识，但由于侵权行为未能触及政府的核心利益，侵权行为对于政府部门并没有达到不可容忍的地步，在采取行政处罚之后，没有考虑进一步维权。在利用行政处罚进行打击时，政府各部门也会因沟通协调机制未能有效建立，而降低打击的效率和速度。作为受侵权行为影响最为直接的使用者，茶企希望政府能够采用多种手段对侵权行为进行制止，但由于茶叶企业在诉讼中不具备主体资格，必须有黔南州人民政府的授权委托，才能进行相关起诉。这里我们可以看到有两方面的问题。

（1）政府作为品牌所有者，其所有者的职能不清晰

对于维权等事宜，政府部门意识淡薄，因为其不是直接的利益受损者，对于市场上出现的假冒都匀毛尖茶，政府可以通过行政手段，由工商部门对假冒产品进行查处，但面对如此多的假冒产品，工商查处的力度自然不够，手段单一无法达到维权的良好效果。

（2）政府作为品牌管理者，与知识产权的私有性质矛盾

根据商标基础理论，商标作为企业在市场发展的私有利器，其具有绝对的独占权、使用权、管理权。虽然证明商标是指由对某种商品或者服务具有监督能力的组织所控制，而由该组织以外的单位或者个人使用于其商品或者服务，用以证明该商品或者服务的原产地、原料、制造方法、质量或者其他特定品质的标志。

（二）湄潭翠芽茶和遵义红

2014 年，湄潭全县茶叶产量达 3.57 万吨，产值 25.4 亿元，茶业综合产值达到 45.2 亿元，分别占全省的 19.7%、15.4%、16.8%；投产茶园亩均产值近 6300 元，茶产业综合效益位居全国茶业百强县第二位。湄潭茶产业正经历着从小到大，由单一绿茶到红茶、黑茶及茶叶衍生产品开发，从特色农业到绿色工业，再到茶旅一体化全面发展的路径。

湄潭发展茶叶有很多优势。一是地理条件优势。无论从海拔、纬度、日照、生态、降雨量，还是从土壤所含的微量元素，湄潭都是非常适宜种茶的地区。二是茶文化优势。早在清代，湄潭眉尖茶就是贡茶。此外尚有民国中央实验茶场及浙江大学与湄潭的合作，以及湄潭茶叶出口与抗战的特殊背景。三是加工优势。目前湄潭茶叶加工企业达 478 家，其中国家级龙头企业 4 家、省级龙头企业 19 家、市级龙头企业 13 家，企业拥有固定资产 25.5 亿元，年生产能力达 5.2 万吨。四是规模优势。湄潭茶叶面积已达 56 万亩，茶园遍布全县 15 个镇 118 个村。到 2015 年年初，全县茶园面积突破 60 万亩大关，超过福建安溪，成为茶园规模上的“中国第一大县”。五是品

牌优势。湄潭现有“湄潭翠芽”“遵义红”两大公共品牌，占全省“三绿一红”重点推介品牌的半壁江山；有“湄潭翠芽”和“兰馨”两个中国驰名商标，“遵义红”获得了“全国十大红茶”称号。

1. 保护模式

（1）知识产权保护

贵州省湄潭县茶业协会先后申请了“湄潭翠芽”“遵义红”两个地理标志证明商标和“湄潭翠芽”农产品地理标志。

“湄潭翠芽”地理标志证明商标系2005年申请，2008年注册成功；注册号4928703，注册类别为第3002类（茶）。

“湄潭翠芽”国家农产品地理标志于2014年11月18日登记公告。该农产品地理标志划定的地域保护范围为湄潭县所辖15个乡镇，质量控制技术规范编号为AGI2014－02－1571。

根据注册商标所附的《“湄潭翠芽”证明商标使用管理规则》所示，该商标用于证明“湄潭翠芽”特定品质，并对使用证明商标产品的生产地域范围、品质特征和加工制造标准进行了规定。贵州省为此专门制定了“湄潭翠芽茶”地方标准（DB52/478—2005）。此外，当地茶叶协会还专门制定有《湄潭翠芽管理办法》《贵州省湄潭县茶业协会关于使用“湄潭翠芽”证明商标的条件》等规定，并对兰馨、栗香、盛兴公司等首批获准使用“湄潭翠芽”地理标志证明商标的10家企业进行了公示。

“遵义红”地理标志证明商标系2010年申请，2011年注册成功；注册号7989698，注册类别为第3002类（茶）。

根据注册商标所附的《“遵义红”证明商标使用管理规则》所示，该商标用于证明“遵义红”的原产地域和特定品质，并对使用商标产品的生产地域范围和特定品质进行了规定。

（2）机构管理保护

湄潭县虽是贵州最大的茶区，但由于其茶产业发展起步较晚，通过立法确定茶产业管理原则及具体措施仍在探索中。机构设置上，湄潭县于2000年组建了茶产业管理机构——茶桑局，后更名为茶产业发展中心。湄潭县茶叶协会成立于2003年，接受茶产业发展中心的业务指导和监督管理，茶叶协会负责行业协会的协调和管理工作，制定行规行约，协调企业之间的关系，规范企业的商业市场行为，促进企业间的良性竞争。而实际上，茶叶协会与茶产业发展中心是一套人马，两块牌子，人员设置和任命都是一致的，茶叶协会会长由产业发展中心领导兼任。

2. 存在的问题

（1）维权意识淡薄

调研中我们发现，湄潭茶企业发展多处于初级加工阶段，市场竞争尚不激烈。由于该特殊背景，知识产权保护多成为企业宣传的噱头，未能发挥知识产权应当具备的作用。企业对知识产权的忽视导致企业没有制定短期或者长期的知识产权发展战略，初级加工阶段致使企业从知识产权保护中可以获得的利益微乎其微，甚至企业根本没有意识到知识产权战略发展的重要性。部分企业虽然有初步意识申请外观设计专利或者注册商标，但没有相配套的企业知识产权维权措施，对维权方式和路径不甚明了。维权路径单一，过于依靠行政处罚的手段对侵权行为的打击，而很少通过诉讼解决。

（2）公共品牌管理不力

贵州省茶产业发展联席会议办公室在2014年总结报告中认为，“三绿一红”等公共品牌虽然有了一定的知名度，但在品牌的管理上却严重滞后，受益或使用的企业虽有标准但缺乏监督、虽有品牌但产品良莠不齐，导致消费者辨识难度增大，给销售和品牌的发展带来较大阻力。这与我们在湄潭调研中发现的问题一致，湄潭翠芽与遵义红作为公共品牌在被大力推广的同时，企业却忽略了发展自有品牌，淡化了企业自身产品的商誉和差异。另外，公共品牌管理与自有品牌管理的界限模糊不清，由此引发纠纷，造成资源浪费。例如贵州湄潭盛兴茶业有限公司申请了遵义红外观设计专利，于2013年获得外观设计专利证书，并用于公司的茶叶产品外包装。在产品推广过程中，盛兴公司发现其他公司使用的“遵义红”外包装与其外观设计专利相似，故引发纠纷。在遵义红公共品牌下，如何建立有效的利益分配机制，如何在公有品牌之下加大企业对自有品牌的投入与创新程度，如何遏制企业间的不正当竞争行为发生是管理的核心。该纠纷的发生引发了各界对公共品牌管理制度的深入思考。

（三）绿宝石茶

“绿宝石”商标系2010年申请，2012年注册成功；注册号8933463，注册类别为第30类。

除了“绿宝石”商标，贵茶公司还注册了“热绿宝石”“冷绿宝石”“温绿宝石”等系列与绿宝石相关的商标。

绿宝石茶是贵州十大名茶之一，是由贵州著名制茶专家牟应书、牟春林父子研制，于2003年成功出品的优质绿茶品种。“绿宝石”以有机方式生产，通过了400多项出口欧盟的检测标准，是目前贵州唯一卖到德国超市的成品茶，是国家质量监督检验检疫总局认证的生态原产地保护产品。该品牌由贵州贵茶有限公司所有，该企业是国家级农业产业化重点龙头企业，全资拥有贵州凤冈黔风有机茶业有限公司、贵州凤冈贵茶有限公司、贵州久安古茶树茶业有限公司等子公司。贵茶公司是一家鲜有活力的企业，不仅从事“绿宝石”“红宝石”等传统茶品的生产制作，还从事茶叶周边产品的开发和制作，其首家茶馆“Be My Tea 吾茶白”在广州开业，以类似星巴克咖啡馆的方式做中国人自己的茶馆，使喝茶成为一种新的文化定义，成为一种时尚。同时，该公司注重电子商务的发展，与多家网络商家合作，包括京东、天猫等。在茶企当中，贵茶企业的模式相对来说定位清晰，创造能力较强。

1. 保护模式

（1）知识产权保护

贵茶公司旗下共有包括“绿宝石”“久安千年红”“久安千年绿”“贵茶红宝石”等在内的92件商标，“绿宝石的加工和造型方法”1个专利。公司对知识产权保护相当重视，除了加强企业原有商标专利的保护，还尝试扩大知识产权保护的方法，增加著作权登记、外观专利申请、商号名称和知名商品名称保护。然而从总体情况来看，贵茶公司拥有的知识产权数量并不多，且多是商标，专利数量非常少。

（2）机构管理保护

贵茶公司作为国有控股企业，有别于都匀模式和湄潭翠芽模式，绿宝石商标及专利的所有权并不属于政府，而是企业自有的财产，因此，具体的知识产权品牌管理及运营也由企业自身负责。贵茶公司成立了一个专门进行知识产权管理及保护的部门对本公司项下的知识产权进行维护，对企业的品牌运营等具体事宜负责。同时，企业意欲将该部门发展成为专业的法律服务所，吸纳更多优秀的专业人才为公司知识产权管理维护服务。

2. 存在的问题

由企业自身进行知识产权的管理和维

护，使绿宝石茶叶的发展有着天然的优势，其有别于都匀毛尖或湄潭翠芽，权利人既是知识产权直接的使用人，也是管理人，可以根据需要随时调整知识产权的管理模式和服务方向。但是，贵茶公司在对"绿宝石"商标进行管理的时候，也出现了如下问题。

（1）"绿宝石"商标通用化

"绿宝石"是合法注册的商标，也是贵茶公司全力打造的一个品牌，在从商标提升至品牌的这个过程中，"绿宝石"知名度增强，被公众知悉的范围扩大，随之而来的却是"绿宝石"商标可能被通用化。商标的通用化，通俗一点理解就是商标的显著性特征在减弱，逐渐演变为特定商品的通用名称。诸如曾经闻名一时的吉普、优盘、PAD、木糖醇、阿司匹林等商标，最后都因为通用而被商标评审委员会裁定撤销，沦为公共资源。贵茶公司的"绿宝石"商标，常被公众认为是一种绿茶类别的代名词。如果商标被通用化后，可能面临的一个危机就是其他企业也可以自由地使用"绿宝石"，不会违反法律规定，而贵茶公司也将会失去商标法的保护。究其原因，商标通用化的原因主要是以下两个。首先，商标本身的显著性不强。"绿宝石"中的"绿"是指绿茶，即该款产品是绿茶，而"宝石"则是该种茶叶的外观像一颗圆润的宝石一般，"绿宝石"描述了像宝石一样的绿茶。可以看出，"绿宝石"商标本身的显著性就不强，很容易成为外观为原型绿茶的代名词。其次，企业的错误使用。贵茶公司在对外进行宣传和使用"绿宝石"商标时，均没有将"绿宝石"商标与产品名称进行区分，导致消费者认为绿宝石就是产品名称。贵茶公司认为其新创了产品"绿宝石"，并将其作为商标进行注册及使用，尽管这样的做法为贵茶公司带来不少便利，但却使得很难从商标的标识中区分出商品的来源，企业甚至在使用时就已经将"绿宝石"作为商品的通用名称进行宣传。

（2）侵权现象严重

作为贵州省知名的茶叶，"绿宝石"被侵权现象严重。但是，作为权利人，贵茶公司在选择维权路径和方式的时候却显得有些迷惑和局促。面对市场上各种冒名"绿宝石"的散茶或者是直接使用"绿宝石"包装的茶叶，贵茶公司没有运用任何的维权手段进行追究，仅仅是通过向消费者发布声明，说明市场上所有的散装"绿宝石"皆为仿冒产品，却没有利用工商查处打击、民事侵权诉讼等手段进行维权。另外，贵茶公司也没有采用防伪标识等手段进行自身产品形象的维护。

三、"三绿一红"保护模式分析

从上文分析得出，以"三绿一红"为代表的黔茶保护模式可以分为政府主导型和企业自主型。政府主导型为都匀毛尖、湄潭翠芽、遵义红企业自主型为绿宝石茶叶。

（一）政府主导型保护模式

政府主导型保护模式的特点如下：一是政府是知识产权权利人，组建专门的部门对知识产权工作进行管理和指导；二是行业协会与政府组建部门共同对知识产权的使用和授权进行管理，名为两个部门，实为一体；三是企业对知识产权的管理没有话语权。湄潭和都匀选择这种模式发展茶产业，有其深厚的政治背景和历史原因，与立法体制也不无关系。贵州茶产业尚处于新兴阶段，企业自身的创新意识和品牌意识不强，如果任由企业自行建立和发展品牌，品牌杂、散、多的现象将会越演越烈。因此，在政府强有力的主导下，狠抓品牌管理，树立大品牌意识，不仅可以集群力发展产业，还能充分利用政府所掌握的公共资源。但是在该模式下，必须划清政府、行业协会与企业的职责和权利，尤其是行业协会，应当将其从政府的羽翼下抽离出来，真正成为茶企业的代表，而不仅仅是政府主管部门的附属，以充分发挥行业协会在知识产权管理及维权方面的积极作用。

调研中我们发现，在我省茶叶发展和管理模式中，行业协会发挥着积极作用。一方面，行业协会正逐步实现去行政化，协会负责人正由政府官员改选为企业负责人，协会职能由管理转向协调、服务，行业协会开展各项工作的积极性、主动性都进一步增加；另一方面，在地理标志的管理和使用中，行业协会等政府和企业以外的第三方机构的作用更为凸显，其往往作为地理标志的权利人而对标志的许可和使用进行管理。但在目前，行业协会的主要精力还是放在规范行业生产上，而在法律服务和维权等方面较为欠缺，因此不但无法为会员单位维权提供帮助，甚至对自己享有权利的地理标志也无力进行清理和维权。

我们认为，行业协会在法律领域、尤其是在知识产权保护方面，还有很大的潜力可以发挥。最为明显的，作为地理标志的权利人，行业协会理应承担起对未经许可使用地理标志的清理和维权工作，其既可以向人民法院起诉，也可以请求工商行政管理部门处理，这在上文已有详细介绍，在此不再赘述。除此之外，行业协会还可以设立专门的法务部门或者聘请专门的法律顾问如律师等，为会员提供法律咨询和服务，甚至可在会员授权的情况下代表各会员集中开展市场清理和维权行动。这样既可提高维权效率，又能降低单个企业的维权成本。可供参考的是目前已逐步成熟的著作权集体管理制度，其便是由著作权人集中授权集体管理组织代其进行权利许可和维权的。总之，行业协会不仅应在管理、协调、沟通等方面发挥职能，更应在维护企业合法权益方面发挥凝聚力，充当“领头羊”。

（二）企业自主型保护模式

与政府主导型保护模式不同的是，企业自主型保护模式最显著的特征是知识产权权利人为企业自身，对知识产权进行投入的回报完全由企业获得，对知识产权进行管理也是企业自身商业行为的体现，企业可以自由地根据自身发展需要制定企业发展所需的知识产权战略。以绿宝石茶叶为代表的该模式，在贵州茶产业中属于少数，尽管贵茶公司的发展模式尚在摸索，我们却已经从中看到其企业发展的潜力。值得注意的是，企业在发展自身品牌时，首要问题是为品牌定位清晰，其次才是根据企业的品牌定位制定短期、长期的品牌发展战略。如果企业对自身定位有海外市场的开拓，就必须制定海外知识产权战略，不仅需要考虑海外商标、专利等知识产权的申请与注册，还需要考虑加大商标、专利等的新颖度和科技含量，防止海外企业的恶意抢注及以不正当竞争行为恶意淡化企业商标。

四、突出法律问题分析及措施

（一）商标权与企业名称权冲突的处理

在调研中我们发现，随着企业日益发展，生产规模逐步扩大，产品的销售范围也随之扩张，很可能在新的市场地域范围内与其他企业的商业标识发生冲突，较为常见的是注册商标与企业名称、尤其是企业字号间的冲突。下面分四种情况讨论商标权与企业名称权冲突的处理。

1. 突出使用字号侵犯商标权

《最高人民法院关于审理商标民事纠纷案件适用法律若干问题的解释》第一条规定:"下列行为属于商标法第五十二条第(五)项规定的给他人注册商标专用权造成其他损害的行为:(一)将与他人注册商标相同或者相近似的文字作为企业的字号在相同或者类似商品上突出使用,容易使相关公众产生误认的……"这一条的规定说明,如果企业的字号与他人注册商标相同或者相近似,则将此字号在与该注册商标所使用的商品相同或者类似商品上突出使用,容易使相关公众产生误认的,属于对他人注册商标专用权的侵犯。这也提醒生产企业,在使用企业字号时一定要注意使用方式,做好事先检索与风险评估。

同时,商标法也设置有例外规定,该法第五十九条第三款规定:"商标注册人申请商标注册前,他人已经在同一种商品或者类似商品上先于商标注册人使用与注册商标相同或者近似并有一定影响的商标的,注册商标专用权人无权禁止该使用人在原使用范围内继续使用该商标,但可以要求其附加适当区别标识。"而现实生活中,被突出使用的字号往往也可以被认为是未注册商标,自然存在适用此条的余地。

2. 未突出使用也可能构成不正当竞争

商标法第五十八条规定:"将他人注册商标、未注册的驰名商标作为企业名称中的字号使用,误导公众,构成不正当竞争行为的,依照《中华人民共和国反不正当竞争法》处理。"同时,《最高人民法院关于审理涉及驰名商标保护的民事纠纷案件应用法律若干问题的解释》第十条也规定:"原告请求禁止被告在不相类似商品上使用与原告驰名的注册商标相同或者近似的商标或者企业名称的,人民法院应当根据案件具体情况,综合考虑以下因素后作出裁判:……"因此,企业即使未突出使用企业名称中的字号,在正常使用企业名称时也有可能构成不正当竞争。在王将饺子案中,最高人民法院便认为,如果不正当地将他人具有较高知名度的在先注册商标作为字号注册登记为企业名称,注册使用企业名称本身即是违法,不论是否突出使用均难以避免产生市场混淆的,可以根据当事人的请求判决停止使用或者变更该企业名称。

3. 注册商标侵犯企业名称权

《最高人民法院关于审理注册商标、企业名称与在先权利冲突的民事纠纷案件若干问题的规定》第一条第一款肯定了注册商标侵犯企业名称权的可能:"原告以他人注册商标使用的文字、图形等侵犯其著作权、外观设计专利权、企业名称权等在先权利为由提起诉讼,符合民事诉讼法第一百零八条规定的,人民法院应当受理。"商标法第三十二条规定:"申请商标注册不得损害他人现有的在先权利,也不得以不正当手段抢先注册他人已经使用并有一定影响的商标。"

现实生活中,存在将知名企业名称中的字号恶意抢注为注册商标的情况。对此,企业应树立品牌意识、法律意识,做好自身商业标识的商标注册工作。同时,根据商标法第四十五条的规定,自商标注册之日起五年内,在先权利人或者利害关系人可以请求商标评审委员会宣告该注册商标无效。因此,企业也应注意进行商标检索,在发现恶意抢注时积极应对,以免错过法律规定的时效。

4. 企业名称侵犯企业名称权

《最高人民法院关于审理注册商标、企业名称与在先权利冲突的民事纠纷案件若干问题的规定》第二条规定:"原告以他人企业名称与其在先的企业名称相同或者近似，足以使相关公众对其商品的来源产生混淆，违反反不正当竞争法第五条第（三）项的规定为由提起诉讼，符合民事诉讼法第一百零八条规定的，人民法院应当受理。”而反不正当竞争法第五条第（三）项则规定：“经营者不得采用下列不正当手段从事市场交易，损害竞争对手：擅自使用他人的企业名称或者姓名，引人误认为是他人的商品。”因此，恶意攀附、以与他人在先企业名称相同或者近似的名称作为自己企业名称的行为，可能构成不正当竞争。同时，国家工商行政管理总局《企业名称登记管理实施办法》（2004年修改）第四十一条也规定到：“已经登记注册的企业名称，在使用中对公众造成欺骗或者误解的，或者损害他人合法权益的，应当认定为不适宜的企业名称予以纠正。”

（二）地理标志的管理与使用

地理标志是用地理名称来指明原产于某地的产品，产品的质量特征完全或主要取决于某地的自然环境和人文因素，是反映产品质量和产地来源的一种重要的商业标记，具有很大的经济和商业价值。目前在我国，对地理标志产品的保护是三个部门、三种体制、三套模式，分别为国家质检总局依据《地理标志产品保护规定》建立的地理标志产品保护制度、国家工商总局依据商标法建立的地理标志商标保护制度和农业部施行的农产品地理标志登记保护制度。国家质检总局的地理标志产品侧重于产品质量，农业部的农产品地理标志侧重于未经加工的农产品，对于茶叶产品来说，就商标意义上而言，运用较多的是国家工商总局的地理标志商标保护，这类标志在国际上的认可度也比较高。目前，我省主要有“湄潭翠芽”“都匀毛尖”“遵义红”三个较为知名的地理标志证明商标。

1. 地理标志的误用

在调研中我们发现，地方政府等地理标志的持有者和管理者都十分注重标志的推广和使用，有的还要求产品工艺、产品必须统一。对地理标志证明商标的错误理解和使用表现为将证明商标混同为普通的商品商标，既无法发挥商标本应具有的证明标志作用，也是对该标志的不当垄断，会使消费者在证明商标与特定产品间建立错误联系，而在产品名称与商标相同时，更加剧了消费者的误解，淡化了商标的作用。这一错误理解和使用地理标志证明商标的行为应引起重视并加以改正。

在使用地理标志等“公共品牌”时，如何突出自身产品特色，在市场竞争中差异化经营，这是生产企业所需要考虑的；而是否应强制标志使用者的产品名称、包装装潢等全部统一，则是地理标志管理者更应深思的。

2. 未经授权使用地理标志

在调研中，地理标志管理者和使用者均反映，目前存在很多生产厂商未经地理标志权利人许可而擅自使用该标志的情况，但权利人对如何开展清理和维权活动并不清楚。

对这一问题，首先需要明确，在符合法律规定的条件下，生产厂商使用地理标志商标可以不经权利人许可。根据商标法实施条例第四条的规定，“商标法第十六条规定的地理标志，可以依照商标法和本条例的规定，作为证明商标或者集体商标申请注册。以地理标志作为证明商标注册的，其商品符合使用该地理标志条件的自然人、法人或者其他组织可以要求使用该证明商标，控制该证明商标的组织应当允许。以地理标志作为集体商标注册的，其商品符合使用该地理标志条件的自然人、法人或者其他组织，可以要求参加以该地理标志作为集体商标注册的团体、协会或者其他组织，该团体、协会或者其他组织应当依据其章程接纳为会员；不要求参加以该地理标志作为集体商标注册的团体、协会或者其他组织的，也可以正当使用该地理标志，该团体、协会或者其他组织无权禁止。”应注意的是，该规定的核心要件是“商品符合使用地理标志条件”，这一点需要使用标志的企业举证证明。

而在商品不符合这一要件时，根据商标法第五十七条第一款的规定，未经商标注册人的许可，在同一种商品上使用与其注册商标相同的商标的，属于最典型的一种侵犯注册商标专用权的行为。同时根据该法第六十条第一款的规定，侵犯注册商标专用权引起纠纷的，由当事人协商解决；不愿协商或者协商不成的，商标注册人或者利害关系人可以向人民法院起诉，也可以请求工商行政管理部门处理。可见，在发生商标侵权纠纷时，商标注册人自然是有权进行维权的。同时，根据《最高人民法院关于审理商标民事纠纷案件适用法律若干问题的解释》第四条的规定，商标法第五十三条规定的利害关系人，包括注册商标使用许可合同的被许可人、注册商标财产权利的合法继承人等；其中，普通使用许可合同的被许可人经商标注册人明确授权，可以提起诉讼。而获准使用地理标志商标的企业一般获得的都是普通使用许可，因此企业只有在经商标注册人明确授权后方可向人民法院提起诉讼，进行地理标志的维权。

第七部分　地 方 经 验

北京市高级人民法院
关于涉及网络知识产权案件的审理指南

（2016年3月29日）

一、涉及网络著作权部分

1. 原告主张被告单独或者与他人共同实施了提供涉案作品、表演、录音录像制品行为的，应承担举证证明责任。

原告举证证明通过被告网站能够播放、下载或者以其他方式获得涉案作品、表演、录音录像制品，被告仍主张其未实施提供行为的，由被告承担相应的举证证明责任。

2. 原告可以采取公证等方式举证证明被告网站内容，但应保证其取证步骤及相关网页的完整性。

3. 对网络服务提供者实施具体行为性质的认定，可以通过现场勘验的方式，并结合原告、被告双方的证据，依照法律规定，运用逻辑推理和经验法则，综合进行判断。

4. 原告在起诉时未明确主张被告行为是构成信息网络传播行为，还是构成为他人的信息网络传播行为提供教唆、帮助，且在法庭辩论终结前仍未明确的，应结合原告、被告双方诉辩意见、在案证据等，对被告实施的行为性质进行全面审查。

5. 被告主张其仅提供信息存储空间、搜索、链接等网络技术服务的，应承担举证证明责任。

被告应当就涉案作品、表演、录音录像制品的提供主体或者其与提供主体之间的关系提供相应证据，否则可以认定其并非仅提供网络技术服务。

被告未提供证据或者提供的证据不足以证明其系仅提供信息存储空间、搜索、链接等网络技术服务的，可以认定被告实施了提供作品、表演、录音录像制品的行为。

6. 被告主张提供信息存储空间服务的，可以综合下列因素予以认定：

（1）被告提供的证据可以证明其网站具备为服务对象提供信息存储空间服务的功能；

（2）被告网站中的相关内容明确标示了为服务对象提供信息存储空间服务；

（3）被告能够提供上传者的用户名、注册IP地址、注册时间、上传IP地址、联系方式以及上传时间、上传信息等证据；

（4）其他能够证明被告提供信息存储空间服务的因素。

7. 被告能够举证证明存在以下情形之一的，可以认定其提供的是链接服务：

（1）涉案作品、表演、录音录像制品的播放是自被告网站跳转至第三方网站进行的；

（2）涉案作品、表演、录音录像制品的播放虽在被告网站进行，但其提供的证据足以证明涉案作品、表演、录音录像制品置于第三方网站的；

（3）可以认定被告提供的是链接服务

的其他情形。

8. 未经许可以分工合作方式共同提供作品、表演、录音录像制品的行为，属于直接侵犯信息网络传播权的行为。

各被告之间或者被告与他人之间具有共同提供涉案作品、表演、录音录像制品的主观意思联络，且为实现前述主观意思联络客观上实施了相应行为的，可以认定构成前款所规定情形。

9. 各被告之间或者被告与他人之间存在体现合作意愿的协议等证据，或者基于在案证据能够证明各方在内容合作、利益分享等方面紧密相连的，可以认定各方具有共同提供涉案作品、表演、录音录像制品的主观意思联络，但被告能够证明其根据技术或者商业模式的客观需求，仅系提供技术服务的除外。

10. 单独或者以分工合作等方式共同提供作品、表演、录音录像制品的行为，不适用有关网络服务提供者的免责条款。

11. 侵权责任法第三十六条属于侵权责任构成要件条款。

信息网络传播权保护条例第二十条、第二十一条、第二十二条、第二十三条属于网络服务提供者侵权损害赔偿责任免责条款。

不符合前述免责条件的，应根据侵权责任法第三十六条判断网络服务提供者是否应当承担损害赔偿责任。

12. 网页“快照”服务提供者以搜索、链接或者系统缓存为由提出不侵权抗辩的，不予支持。

13. 网页“快照”服务提供行为侵权的认定，与“快照”来源网页内容是否侵权无关。

14. 判断网页“快照”提供行为是否属于不影响相关作品的正常使用，且未不合理损害权利人对该作品合法权益情形的，可以综合考虑以下因素：

（1）提供网页“快照”的主要用途；

（2）原告是否能够通过通知删除等方法，最大限度地缩小损害范围；

（3）原告是否已明确通知被告删除网页“快照”；

（4）被告是否在知道涉嫌侵权的情况下，仍未及时采取任何措施；

（5）被告是否从网页“快照”提供行为中直接获取利益；

（6）其他因素。

15. 被告未经许可实施网络实时转播行为，原告依据著作权法第十条第一款第（十七）项主张追究被告侵权责任的，应予支持。

16. 利用手机、平板电脑等移动终端，通过信息网络侵害他人著作权的行为，适用本部分的规定。

二、涉及网络商标权部分

17. 平台服务商是指为交易信息和交易行为提供网络平台服务的主体。

18. 在认定平台服务商是否应承担侵害商标权的法律责任时，要兼顾权利人、平台服务商、网络卖家、社会公众的利益。

19. 平台服务商通常情况下不具有事先审查网络交易信息或者交易行为合法性的义务，但应根据其所属行业提供服务的性质、方式、内容以及通常应具备的信息管理能力和经营能力等，采取必要的、合理的、适当的措施防止侵害商标权行为的发生。

20. 原告有初步证据证明平台服务商提供被控侵权交易信息或者实施交易行为侵害其商标权，但平台服务商能够证明该交易信息或者交易行为系由网络卖家提供或者实施，平台服务商无过错的，不应认定平台服务商承担侵权责任。

平台服务商提供能够确定网络卖家的

主体身份、联系方式、网络地址等证据的，可以初步认定被控侵权交易信息或者交易行为系由网络卖家提供或者实施。

平台服务商不提供证据或者无法举证证明，被控侵权交易信息或者交易行为系由网络卖家提供或者实施的，可以认定其直接提供了被控侵权交易信息或者实施了交易行为。

21. 平台服务商在提供网络服务时，教唆或者帮助网络卖家实施侵害商标权行为的，应当与网络卖家承担连带责任。

平台服务商故意以言语、推介技术支持、奖励积分、提供优惠服务等方式诱导、鼓励网络卖家实施侵害商标权行为的，可以认定其构成教唆网络卖家实施侵权行为。

平台服务商知道网络卖家利用网络服务侵害他人商标权，未采取删除、屏蔽、断开链接等必要措施，或者仍提供技术、服务支持等帮助行为的，可以认定其构成帮助网络卖家实施侵权行为。

22. 权利人通知平台服务商采取删除、屏蔽、断开链接等必要措施阻止网络卖家侵害其商标权的，应以书面形式或者平台服务商公示的方式向平台服务商发出通知。

前款通知的内容应当能够使平台服务商确定被控侵权的具体情况且有理由相信存在侵害商标权的可能性较大。通知应包含以下内容：

（1）权利人的姓名、有效联系方式等具体情况；

（2）能够准确定位被控侵权内容的相关信息；

（3）商标权权属证明及所主张的侵权事实；

（4）权利人对通知内容真实性负责的声明。

23. 平台服务商根据权利人发送的通知，知道网络卖家利用其网络服务实施侵害商标权行为的，应当及时采取删除、屏蔽、断开链接等必要措施。

必要措施是否及时、合理、适当，应当根据网络服务的性质、通知的形式和内容、侵害商标权的情节、技术条件等因素综合判断。

24. 平台服务商在采取必要措施后，应当在合理期限内将采取措施的情况明确告知网络卖家。超过合理期限，且平台服务商存在过错，导致网络卖家产生损失的，应当承担赔偿责任。

25. 因权利人错误通知导致平台服务商采取删除、屏蔽、断开链接等必要措施，致使网络卖家发生损失的，网络卖家有权要求权利人承担赔偿责任。

26. 平台服务商“知道”网络卖家利用其网络服务实施侵害商标权行为，包括“明知”和“应知”。

认定平台服务商知道网络卖家利用网络服务侵害他人商标权，可以综合考虑以下因素：

（1）被控侵权交易信息位于网站首页、栏目首页或其他明显可见位置；

（2）平台服务商主动对被控侵权交易信息进行了编辑、选择、整理、排名、推荐或修改等；

（3）权利人的通知足以使平台服务商知道被控侵权交易信息或者交易行为通过其网络服务进行传播或者实施；

（4）平台服务商针对相同网络卖家就同一权利的重复侵权行为未采取相应的合理措施；

（5）被控侵权交易信息中存在网络卖家的侵权自认；

（6）以明显不合理的价格出售或者提供知名商品或者服务；

（7）平台服务商从被控侵权交易信息的网络传播或者被控侵权交易行为中直接

获得经济利益；

（8）平台服务商知道被控侵权交易信息或者交易行为侵害他人商标权的其他因素。

27. 平台服务商从被控侵权交易信息的网络传播或者被控侵权交易行为中直接获得经济利益，是指平台服务商针对该特定交易信息或者交易行为投放广告，提取相应比例收入，或者获取与该特定交易信息或者交易行为存在其他直接联系的经济利益。

平台服务商因提供网络服务而收取一般性广告费、行业内通常标准的技术服务费、行业内惯有商业模式的服务费、管理费等，不属于前款规定的情形。

28. 认定利用信息网络通过应用软件提供的商品或者服务，与他人注册商标核定使用的商品或者服务是否构成相同或者类似，应结合应用软件具体提供服务的目的、内容、方式、对象等方面综合进行确定，不应当然认定其与计算机软件商品或者互联网服务构成类似商品或者服务。

三、涉及网络不正当竞争部分

29. 涉及网络不正当竞争纠纷，是指经营者直接或者间接通过信息网络实施不正当竞争行为而引起的纠纷。

30. 审理涉及网络不正当竞争纠纷，应依法行使裁量权，兼顾经营者、消费者、社会公众的利益，鼓励商业模式创新，确保市场公平和自由竞争。

经营者的被控行为系仅属于侵害他人著作权、商标权、专利权等法律明文规定的权利情形的，不应再适用反不正当竞争法进行调整。

31. 经营者之间具有下列关系之一，可能损害原告合法权益，造成交易机会和竞争优势变化的，可以认定具有竞争关系：

（1）经营的商品或者服务具有直接或者间接的替代关系；

（2）经营活动存在相互交叉、依存或者其他关联的关系。

32. 被告通过信息网络实施的被控不正当竞争行为，属于反不正当竞争法第二章所规定的具体情形的，则不应再适用该法第二条的规定进行调整。

33. 在涉及网络不正当竞争纠纷中，公认的商业道德是指特定行业的经营者普遍认同的、符合消费者利益和社会公共利益的经营规范和道德准则。

在对公认的商业道德进行认定时，应当以特定行业普遍认同和接受的经济人伦理标准为尺度，且应当符合反不正当竞争法第一条所规定的立法目的。

34. 可以综合参考下列内容对公认的商业道德进行认定：

（1）信息网络行业的特定行业惯例；

（2）行业协会或者自律组织根据行业特点、竞争需求所制定的从业规范或者自律公约；

（3）信息网络行业的技术规范；

（4）对公认的商业道德进行认定时可以参考的其他内容。

35. 被告通过信息网络实施下列行为之一，足以损害原告合法权益、扰乱正常的市场经营秩序、违背公平竞争原则、且违反诚实信用原则和公认的商业道德的，可以认定为反不正当竞争法第二条规定的不正当竞争行为：

（1）未经许可且无正当理由，使用能够为原告增加交易机会和竞争优势的网站内容，并足以替代消费者访问内容来源网站的；

（2）未经许可且无正当理由，使用反不正当竞争法第五条所规定之外的原告商业标识，导致消费者误认的；

（3）未经许可且无正当理由，修改原

告搜索栏中的下拉提示词，直接影响原告交易机会的；

（4）未经许可且无正当理由，利用原告网站的访问量，在其界面插入广告的；

（5）无正当理由，中断、阻止或者以其他方式破坏原告经营活动的；

（6）其他构成反不正当竞争法第二条规定的情形。

36. 被告通过信息网络实施下列行为之一，足以造成相关公众误解的，可以认定为反不正当竞争法第九条第一款规定的引人误解的虚假宣传行为：

（1）在宣传自身及其相关产品或者服务时，明显违背客观事实的；

（2）在宣传自身及其相关产品或者服务时，使用“国家级”“最高级”“最佳”等用语的；

（3）将自身及其产品或者服务与原告及其相关产品或者服务进行对比介绍，使用片面、虚假描述的；

（4）在宣传、介绍自身及其产品或者服务时，所引述的相关内容系由他人提供，但该内容明显缺乏依据的；

（5）其他构成虚假宣传的情形。

37. 被告通过信息网络实施下列行为之一，足以损害原告商业信誉、商品声誉的，可以认定为反不正当竞争法第十四条规定的商业诋毁行为：

（1）披露原告负面信息时，存在虚构、歪曲、夸大等情形，误导相关公众对原告作出负面评价的；

（2）披露原告负面信息时，虽能举证证明该信息属客观、真实，但披露方式显属不当，且足以误导相关公众从而产生错误评价的；

（3）以言语、奖励积分、提供奖品或者优惠服务等方式，鼓励、诱导网络用户对原告做出负面评价的；

（4）其他构成商业诋毁的情形。

38. 认定被告购买、使用竞价排名服务的行为是否构成不正当竞争时，可以综合考虑以下因素：

（1）是否未经许可使用了原告或者其利害关系人的能够标示商品或者服务品质、来源的商业标识，作为竞价排名关键词；

（2）使用他人商业标识作为竞价排名关键词是否具有正当理由；

（3）在搜索结果列表中所显示的标题、网页内容介绍中是否包含该关键词；

（4）通过搜索结果进入的被告网页是否包含该关键词；

（5）是否足以导致归属于原告的交易机会或者竞争优势变化，致使原告合法权益受到损害。

39. 搜索引擎服务提供者提供的竞价排名服务，属信息检索服务。

40. 在提供竞价排名服务的过程中，搜索引擎服务提供者未实施选择、整理、推荐、编辑关键词等行为的，其对竞价排名服务中所使用的关键词等不负有全面、主动审查的义务，但明显违背法律、法规规定的除外。

对于利用竞价排名服务实施的不正当竞争行为，原告有权通知搜索引擎服务提供者采取删除、屏蔽、断开链接等必要措施。搜索引擎服务提供者接到通知后未及时采取必要措施的，对损害的扩大部分与实施不正当竞争行为的经营者承担连带责任。

搜索引擎服务提供者知道他人利用竞价排名服务实施不正当竞争行为，未采取必要措施的，应当与其承担连带责任。

41. 根据反不正当竞争法第二条确定被告承担损害赔偿责任的，应按照原告的实际损失确定赔偿数额；实际损失难以确定的，可以按照被告所获得的利润确定。

依据前款规定，原告因不正当竞争行为所受到的实际损失难以确定的，应当要求其对被告所获得的利润进行举证；在原告已经提供被告所获得利润的初步证据，而与不正当竞争行为相关的账簿、资料、后台数据主要由被告掌握的情况下，可以责令被告提供与不正当竞争行为相关的账簿、资料、后台数据；被告无正当理由拒不提供或者提供虚假的账簿、资料、后台数据的，可以根据原告的主张和提供的证据认定被告所获得的利润。

被告所获得的利润可以依据不正当竞争行为持续时间、范围、用户访问量、相关广告或者其他形式的收益等综合予以确定。

42. 被告通过信息网络实施的不正当竞争行为给原告商业信誉、商品声誉造成负面影响的，可以责令实施侵权的经营者消除影响。

消除影响的责任承担方式，应当与不正当竞争行为的情节和方式、持续时间、危害后果的影响范围等相适应。

天津市高级人民法院
关于侵害外观设计专利权纠纷案件的审判指南

津高法〔2015〕52 号

一、侵害外观设计专利权纠纷案件审理思路

（一）审查原告的主体资格及权利状态。即：原告是否为专利权人或专利实施许可合同中的被许可人，原告主张的外观设计专利权是否处于有效状态。

（二）确定外观设计专利权的保护范围。外观设计专利权保护范围以表示在图片或者照片中的产品的外观设计为准。外观设计的简要说明及其设计要点、专利权人在无效程序及其行政诉讼程序中的意见陈述、应国务院专利行政部门的要求在专利申请程序中提交的样品或者模型等，可以用于解释外观设计专利权的保护范围。

（三）审查被诉侵权设计是否落入外观设计专利权的保护范围。其判断方法为：整体观察、综合判断。即被诉侵权设计采用了与专利外观设计相同或者相近似的外观设计时，应当认定被诉侵权设计落入外观设计专利权保护范围。

（四）审查被告是否实施了原告主张的侵权行为。即：被告是否为生产经营目的制造、许诺销售、销售和进口外观设计专利产品。

（五）审查被告抗辩理由是否成立。被告在抗辩时，提出的不侵权抗辩、不视为侵权抗辩、现有设计[①]抗辩、合法来源抗辩如果成立，则其抗辩理由成立。

（六）确定被告应承担的民事责任。侵害外观设计专利权的民事责任承担方式主要是停止侵权和赔偿损失。

① 现有设计是指申请日（有优先权的，指优先权日）以前在国内外为公众所知的设计。

（七）被告向国家知识产权局专利复审委员会请求宣告外观设计专利权无效的，人民法院应当依照法律及司法解释的规定，根据具体案情决定是否中止案件的审理。

二、原告诉讼主体资格和外观设计专利权状态的审查

（一）原告的诉讼主体资格

1. 除专利权的共有人之间明确约定由部分专利权共有人提起诉讼外，专利权的全部共有人应当共同向人民法院提起侵害外观设计专利权诉讼。

2. 专利实施许可合同中的被许可人作为利害关系人，可以向人民法院提起外观设计专利权侵权诉讼。其中，独占实施许可合同的被许可人可以单独向人民法院提起诉讼；排他实施许可合同的被许可人在专利权人不起诉的情况下，可以向人民法院提起诉讼；普通实施许可合同的被许可人在取得专利权人明确授权的情况下，可以向人民法院提起诉讼。

上述利害关系人提起诉讼时，应当提供专利实施许可合同。

3. 专利权人的继承人或受让人、受赠人在提起诉讼时，应当提交记载上述权利转移事项的专利登记簿副本。

4. 专利权人为公司的，在公司分立、合并、更名后提起诉讼时，应当提交记载上述权利转移事项的专利登记簿副本。

（二）外观设计专利权基本信息和权利状态

1. 专利权的基本信息和权利状态一般记载在专利证书中，如果专利证书与专利登记簿不一致的，以专利登记簿为准。

2. 在案件审理中，如果外观设计专利权发生了权利主体变更或者被告、第三人对专利权主体、权利有效状态提出异议，人民法院应当要求原告提交专利登记簿副本。

3. 外观设计专利权的期限为十年，自申请日起计算。外观设计专利权因期限届满而终止。

三、外观设计专利权侵权判定

（一）外观设计专利权保护范围的确定

1. 外观设计专利权的保护范围以表示在图片或者照片中的该产品的外观设计为准，简要说明可以用于解释图片或者照片所表示的该产品的外观设计，简要说明应当包括外观设计的设计要点。外观设计专利公告授权文本中没有设计要点①的，专利权人可以提交书面材料，说明外观设计的独创部位及其设计内容。

2. （1）对于同一产品多项相似外观设计的合案申请被授权后，简要说明中应指定基本外观设计，该产品基本外观设计与其他相似外观设计均可以作为确定该产品外观设计专利权保护范围的依据。例如画有脸谱的扇面、带录音功能的签字笔。

（2）成套产品是指由两件以上（含两件）属于同一大类、各自独立的产品组成，各产品的构思相同，其中一件产品具有独立的使用价值，而各件产品组合在一起又能体现出其组合的使用价值的产品。成套产品外观设计的合案申请被授权后，该产品外观设计专利权保护范围可以由组成该成套产品的每一件产品的外观设计确定，也可以由该成套产品的整体外观设计确定。例如由咖啡杯、咖啡壶、牛奶壶和糖罐组成的咖啡器具。

（3）组件产品是指由多个构件相结合构成的一件产品。对于组装关系唯一的组件产品，应当以该组件产品组合状态下的整体外观设计确定保护范围。例如由熨斗

① 设计要点是指与现有设计相区别的产品的形状、图案及其结合，或者色彩与形状、图案的结合，或者部位。

与底座组成的电熨斗。

对于组装关系不唯一的组件产品，应当以插接与拼接组件的所有单个构件的外观设计确定保护范围。例如积木、七巧板。

对于各构件之间无组装关系的组件产品，应当以所有单个构件的外观设计确定保护范围。例如扑克牌、国际象棋。

（4）变化状态产品是指在销售和使用时呈现不同状态的产品。变化状态产品以该专利产品变化状态图中的各种使用状态所示的外观设计作为确定该产品外观设计保护范围的依据。例翻盖手机。

（二）外观设计专利权侵权判断的规则

1. 判断主体

判定被诉侵权设计与专利外观设计是否相同或近似，应当基于一般消费者的知识水平和认知能力进行评价，一般消费者是指外观设计产品的直接购买者。

作为外观设计产品的一般消费者应当具备：（1）对外观设计专利申请日之前相同种类或者相近种类产品的外观设计及其常用设计手法具有常识性了解；（2）对外观设计产品之间在形状、图案以及色彩上的区别具有一定的分辨力，但不会注意到产品的形状、图案以及色彩的微小变化。

2. 判断客体

与专利外观设计进行比较的对象称为被诉侵权设计。在案件审理中，应当用被诉侵权设计与图片或者照片所示的专利外观设计进行比较，不能用外观设计专利产品与被诉侵权设计进行比较。

3. 判断规则

（1）确定类别。确定被诉侵权产品与外观设计专利产品是否属于相同或者相近的种类，是判断被诉侵权产品是否落入外观设计专利权保护范围的前提。确定产品种类时，应当遵循用途原则。确定产品用途时，可以参考外观设计的简要说明、国际外观设计分类表、产品的功能以及产品销售、实际使用的情况等因素。

（2）对比方法。在判定外观设计是否相同或者近似时，应当以整体观察、综合判断为原则，从一般消费者的角度观察专利外观设计和被诉侵权设计的全部可视设计特征，对影响整体视觉效果的设计特征进行综合判断。

①被诉侵权设计与专利外观设计在整体视觉效果上无差异的，应当认定两者相同。

②在整体视觉效果上虽有差异，但并无实质性差异的，应当认定两者构成近似。

被诉侵权设计与专利外观设计的差异属于惯常设计[①]或主要由技术功能决定的设计特征，应当认定两者构成近似。

下列情形，属于无实质性差异：

A. 以一般注意力不易察觉的细微差异；

B. 使用时不容易看到或者看不到的部位，但有证据表明在不容易看到部位的特定设计对于一般消费者能够产生引人瞩目的视觉效果的情况除外；

C. 互为镜像对称的外观设计。

③下列情形，通常对外观设计的整体视觉效果更具有影响：

A. 产品正常使用时容易被直接观察到的部位相对于其他部位；

B. 专利外观设计区别于现有设计的设计特征相对于专利外观设计的其他设计特征，但是当事人提出反证的除外。

专利外观设计产品的设计空间是指设计者在创作特定产品外观设计时的自由度。如果专利外观设计的设计空间较大，其与

---

① 惯常设计是指现有设计中一般消费者所熟知的、只要提到产品名称就能想到的相应设计。

被诉侵权设计之间的较小区别通常不容易引起一般消费者注意；如果专利外观设计的设计空间较小，其与被诉侵权设计之间的较小区别通常容易引起一般消费者注意。

④对于主要由技术功能决定的设计特征以及对整体视觉效果不产生影响的产品的材料、内部结构等特征，应当不作对视觉效果有影响的考虑。

⑤对于成套产品的外观设计，被诉侵权设计与专利外观设计中一项外观设计相同或者近似，即应当认定被诉侵权设计落入成套产品的外观设计专利权保护范围。

⑥对于组装关系唯一的组件产品的外观设计，被诉侵权设计与组件产品在组合状态下的整体外观设计相同或者近似，应当认定被诉侵权设计落入组件产品的外观设计专利权保护范围。

对于组装关系不唯一或者各构件之间无组装关系的组件产品的专利外观设计，如果被诉侵权设计与全部单个构件的外观设计相同或者近似，应当认定被诉侵权设计落入组件产品的外观设计专利权保护范围；被诉侵权设计缺少部分单个构件外观设计或者与部分单个构件外观设计不相同也不近似，应当认定被诉侵权设计未落入组件产品的外观设计专利权保护范围，但是缺少的该部分单个构件的外观设计相对于全部单个构件的外观设计整体视觉效果未产生显著影响的，可以在与被诉侵权设计对比时不予考虑。

（三）侵权行为的认定

1. 根据专利法第十一条第二款规定，外观设计专利权被授予后，任何单位或者个人未经专利权人许可，都不得实施其专利，即不得为生产经营目的的制造、许诺销售、销售、进口其外观设计专利产品。

2. 制造是指制作出与图片或者照片中所示的外观设计相同或相似的产品。

3. 许诺销售是指被诉侵权人以广告宣传等方式作出销售侵害外观设计专利权产品的意思表示，包括制作发布广告、在商店橱窗中陈列、在展销会上展出、或者参与竞标等。

4. 销售是指以买卖、搭售或以其他方式转让侵害外观设计专利权产品所有权获取商业利益的行为。包括侵害外观设计专利权产品的所有权虽未转移，但有关销售合同已经依法成立。

将侵害外观设计专利权产品作为零部件，制造另一产品并销售的，属于销售行为；如果该零部件在该另一产品的正常使用中仅具有技术功能，应不认定为销售行为。

5. 进口是指将侵害外观设计专利权产品从境外转移至境内的行为。

（四）抗辩事由

1. 不侵权抗辩

（1）如果被诉侵权设计与专利外观设计相同或者近似，但产品类别不相同也不相近；或者产品的类别虽然相同或者相近，但被诉侵权设计与专利外观设计不相同也不近似，则不构成侵犯外观设计专利权。

（2）任何单位或者个人非为生产经营目的的制造、进口外观设计专利产品，不构成侵犯外观设计专利权。

2. 不视为侵权抗辩

（1）外观设计专利产品由权利人或者经其许可的单位、个人售出后，许诺销售、销售、进口该产品的，不视为侵犯外观设计专利权。

（2）在外观设计专利申请日前已经制造相同产品，并且仅在原有范围内继续制造的，不视为侵害外观设计专利权。许诺销售、销售上述情形下制造的外观设计专利产品的，也不视为侵犯外观设计专利权。先用权人在专利申请日后将其已经实施或作好实施必要准备的设计转让或者许可他人实施，被诉侵权人主张该实施行为属于在原有范围内继续实施的，不应予以支持，但该设计与原有企业一并转让或者继承的除外。

原有范围包括专利申请日前已有的生产规模以及利用已有的生产设备或者根据已有的生产准备可以达到的生产规模。

3. 现有设计抗辩

被诉侵权设计与被诉侵权人援引的一项现有设计相同或者无实质性差异的，应当认定被诉侵权人实施的设计属于现有设计。被诉侵权人一般只能援引一项现有设计主张现有设计抗辩。

4. 合法来源抗辩

（1）为生产经营目的，许诺销售或者销售是不知道未经权利人许可而制造并销售的被诉侵权产品，且能证明该产品合法来源的，被诉侵权人不承担赔偿责任。

（2）合法来源是指通过合法的交易行为购买被诉侵权产品。对于合法来源，被诉侵权产品的许诺销售者或者销售者应当提供符合交易习惯的相关证据，包括合法的进货渠道、合法的买卖合同、合理的对价、交易单证等。仅以合同中的权利瑕疵担保条款证明合法来源的，不应予以支持。

天津市高级人民法院
关于查明知识产权案件技术事实的解答

津高法〔2015〕53号

为了明确技术事实查明的方式、程序及其具体内容，统一执法尺度和标准，保障案件公正审理，依据民事诉讼法律、司法解释的规定，在总结全市法院知识产权审判中技术事实查明的工作经验，特别是《天津市高级人民法院知识产权审判技术咨询专家库运行办法（试行）》施行以来一些有效做法的基础上，现就技术事实查明相关问题作如下解答：

一、什么是技术事实？

技术事实是知识产权民事案件审理中需要查明的涉及专业技术内容的案件事实。

二、技术事实的查明方式主要有哪些？

在知识产权案件审理中涉及的技术事实，审判人员可以直接作出认定；也可以通过专家咨询、专家论证、委托专门机构进行鉴定、专家辅助人出庭发表意见等方式，查明后作出认定。

三、技术事实查明方式应当如何运用？

案件审理中的相关技术事实需要向某领域专家咨询的，审理案件的人民法院可以按照《天津市高级人民法院知识产权审判技术咨询专家库运行办法（试行）》的规定，向该专业领域技术专家咨询。

对于案件涉及的相关技术事实仅以专家咨询的方式不能得出唯一的咨询结果的，或者涉案技术事实疑难复杂的，审理案件的人民法院可以按照《天津市高级人民法院知识产权审判技术咨询专家库运行办法（试行）》的规定，组织专家论证会查明相关技术事实。

案件涉及的相关技术事实需要借助专业技术设备检测、检验的，受理案件的人民法院可以委托有资质的鉴定机构对该技术事实进行鉴定。

对于当事人申请相关专家辅助人出庭对相关技术事实做出说明，或对鉴定人提出质询、对鉴定意见发表意见的，人民法院应当准许。

四、如何进行专家咨询？

根据《天津市高级人民法院知识产权审判技术咨询专家库运行办法（试行）》的规定，人民法院在采用专家咨询时应注意以下问题：

一是根据专业的具体类别，在技术咨询专家库名册中选择相关的技术专家；在与技术专家联系后，应将有关材料送交技术专家。

二是相关案件需向技术专家咨询的，应填写《技术咨询申请表》，报庭长审核批准后，入卷备查。

三是根据案件审理的需要，审判人员可以向技术专家当面咨询，也可以通过向技术专家发出书面咨询函或电子邮件等方式进行咨询。

当面咨询应当制作咨询笔录，并由相关人员签字确认。书面咨询应当制作咨询函，技术专家应就咨询问题作出书面答复意见，并签字确认。

咨询笔录、咨询函、咨询答复意见、电子邮件打印件入副卷保存。

五、如何组织专家论证？

专家论证是专家咨询的特殊方式，应按照《天津市高级人民法院知识产权审判技术咨询专家库运行办法（试行）》的规定执行。一般应根据专家咨询库名录选择涉案技术领域3名以上技术专家。组织专家论证，并注意以下问题：

一是召开专家论证会前，审判人员应向技术专家发出邀请函，并附当事人争议的技术事实问题及相关技术资料。

二是专家论证会上，由审判人员介绍案件基本情况及需要解决的专业技术问题，然后由专家对相关技术问题发表意见。

三是论证会应当制作纪要（或记录），由专家签字确认后入副卷保存。

六、如何使用咨询意见？

根据《天津市高级人民法院知识产权审判技术咨询专家库运行办法（试行）》的规定，技术专家同意就咨询意见出庭接受当事人询问的，人民法院可以按照最高人民法院《关于民事诉讼证据的若干规定》，结合案件其他证据情况，将专家咨询意见作为认定案件技术事实的证据。

技术咨询专家未出庭接受当事人询问的，专家咨询意见、专家论证会意见可以作为人民法院查明案件技术事实的参考，审判人员应当综合已经查明的案件事实，对技术事实作出认定。

七、技术鉴定应当注意哪些问题？

案件涉及的专业技术问题需要进行技术鉴定，但该技术领域没有司法鉴定机构的，经双方当事人同意可以委托具有相应的认证资质或专业设备及相应职称技术人员的机构进行鉴定。

当事人对上述鉴定机构的选择不能达成一致意见的，人民法院可以决定委托鉴定的机构。

鉴定意见应当按照法律规定进行质证。

八、如何申请专家辅助人出庭？

当事人申请专家辅助人出庭的，应当在开庭前提出申请。提出申请的一方当事人应当提供专家辅助人对涉案技术问题相关专业或领域具有的特长、具体的工作经验等。

当事人聘请、委托专家辅助人参与诉

讼的，有关费用由该当事人自行负担。

九、专家辅助人如何参与庭审？

专家辅助人可以代表当事人对案件涉及的技术问题发表意见，也可以对鉴定结论发表意见。对于鉴定意见和技术问题之外的其他问题，专家辅助人不能发表意见。

专家辅助人应当回答审判人员的询问。

双方当事人均申请专家辅助人出庭的，可以由一方的专家辅助人对另一方专家辅助人的观点发表意见。当事人及其代理人经法庭许可，可以询问专家辅助人。

十、专家辅助人的意见应如何对待？

专家辅助人对涉案技术事实发表的意见，应当视为一方当事人的陈述，审判人员应将专家辅助人的意见作为一方当事人对相关专业技术问题提出的意见对待。

天津市高级人民法院
侵犯商标权纠纷案件审理指南

津高法〔2016〕3号

一、审理思路

（一）审查原告的主体资格；

（二）审查涉案注册商标专用权的内容；

（三）审查涉案注册商标的知名度和使用情况；

（四）审查被告是否实施了侵权行为；

（五）审查被告的抗辩事由是否成立；

（六）确定被告的侵权责任。

二、原告诉讼主体资格

原告包括商标注册人、利害关系人、转让合同的受让人。

1. 商标注册人

是在商标注册证上载明的权利人。

2. 利害关系人

包括注册商标使用许可合同的被许可人和注册商标财产权利的合法继承人等。在发生注册商标专用权被侵害时，独占使用许可合同的被许可人可以向人民法院提起诉讼；排他使用许可合同的被许可人可以和商标注册人共同起诉，也可以在商标注册人不起诉的情况下，自行提起诉讼；普通使用许可合同的被许可人经商标注册人明确授权，可以提起诉讼。

3. 转让合同的受让人

转让注册商标的，转让人和受让人应当签订转让协议，并共同向商标局提出申请，转让注册商标核准并予以公告后，受让人自公告之日起享有注册商标专用权。被控侵权行为持续到注册商标转让核准公告之日后，受让人有权对公告之日以后的被控侵权行为向人民法院提起诉讼。

三、商标权权利范围及状态

（一）权利范围

注册商标专用权是指注册商标权人在核定使用的商品上使用核准注册的商标的权利；禁止他人未经许可在相同或类似商品上使用相同或近似商标以及其他侵犯注册商标权行为的权利。

（二）权利状态

1. 受保护的注册商标标志以商标注册证上载明的商标标志为准；

2. 核定使用商品的类别以商标注册证上载明的类别和项目为准；

3. 受保护的注册商标应在有效期内，商标注册人和利害关系人应提供商标注册证、续展证明。

四、商标侵权判定

人民法院在判定是否构成商标侵权时，一般应主要审查被控侵权标志的使用是否属于商标使用行为，是否在与注册商标核定使用同一种或者类似商品或者服务上使用了与注册商标标志相同或者近似的标志，是否容易导致相关公众混淆。

（一）商标使用判定

商标使用是指将商标用于商品、商品包装或者容器以及商品交易文书上，或者将商标用于广告宣传、展览以及其他商业活动中，用于识别商品来源的行为。

1. 商品商标的使用包括：

（1）将商标用于商品、商品包装或者容器以及商品交易文书上的；

（2）将商标用于广告宣传、展览的；

（3）在报纸、杂志、电视、网络等媒体上使用商标，用于识别商品来源的；

（4）其他使用商标用于识别商品来源的。

2. 服务商标的使用包括：

（1）在服务场所内外标明服务商标的；

（2）在为提供服务所使用的物品上标明其服务商标的；

（3）在和服务有联系的文件资料上标明其服务商标的；

（4）在报纸、杂志、电视、网络等媒体上标明其服务商标的；

（5）其他在商业活动中标明其服务商标的行为。

（二）同一种或者类似商品或服务判定

1. 同一种商品或者服务是指注册商标核定使用的商品或者服务类别与被控侵权标志使用的商品或者服务类别相同。

2. 类似商品是指在商品的功能、用途、生产部门、销售渠道、消费对象等方面相同，或者相关公众一般认为其存在特定联系的商品。

类似服务是指在服务的目的、内容、方式、对象等方面相同，或者相关公众一般认为存在特定联系的服务。

类似商品与服务是指商品和服务之间存在特定联系。

3. 类似商品或服务判定方法。

认定商品或者服务是否类似，应当以侵权行为发生时相关公众对商品或者服务的一般认识水平，从功能、用途、生产部门、销售渠道、消费对象以及服务目的、内容、方式、对象等因素综合判断商品或服务之间存在的特定联系，《商标注册用商品和服务国际分类表》《类似商品和服务区分表》可以作为判断类似商品或者服务的参考。

（三）相同或者近似商标标志判定

1. 相同商标标志

相同商标标志是指被控侵权商标标志与注册商标标志相比较，二者在视觉效果上基本无差别。

相同文字商标标志是指商标标志使用的语种相同，且文字构成、排列顺序完全相同，或字体、字母大小写或者文字排列方式仅使两个标志存在细微差别。

相同图形商标标志是指商标标志图形在视觉效果上基本无差别。

相同组合商标标志是指商标标志的文字构成、图形外观及其排列组合方式相同，使商标标志在呼叫和整体视觉效果上基本无差别。

2. 近似商标标志

近似商标标志是指被控侵权商标标志与注册商标标志相比较，其文字的字形、读音、含义或者图形的构图及颜色或者其各要素组合后的整体结构无实质差别，或者其立体形状、颜色组合近似。

3. 相同或者近似商标标志判定

（1）判定主体

相关公众是指与使用注册商标标志的商品或服务有关的消费者和与前述商品或服务的营销有密切关系的经营者。

（2）判定标准

认定商标标志相同或者近似，应当以相关公众的一般注意力为标准进行判断，一般注意力即大多数相关公众通常的、普通的、一般的注意力。

（3）判定方法

判定商标标志相同或者近似，既要对商标标志的整体进行对比，又要对商标标志的主要部分进行对比，对比应当在对比对象隔离的状态下分别进行。

隔离对比又称为隔离观察比较，是指将注册商标标志与被控侵权的商标标志放置于不同地点在不同时间进行观察对比。隔离对比是一种基本的对比方法，无论进行整体对比还是要部对比，都应该采用隔离对比的方法。

整体对比又称为整体观察比较，是指将商标标志作为一个整体来进行观察，而不是将商标标志的各个构成要素分别进行对比。

要部对比又称为主要部分观察比较，是指将商标标志中发挥主要识别作用的部分抽出来进行重点比较和对照，是整体对比的补充。

（4）近似判定

①文字商标标志的近似判定

文字商标标志的近似判定，应当将文字的读音、含义和由文字构成的形状外观作为认定要素整体对比。

符合下列情形之一，通常可以认定构成文字商标标志近似：

A. 文字字形近似且读音相同或近似的；

B. 文字构成相同，仅字体、读音、排列顺序不同的；

C. 文字由三个或三个以上排列顺序相同的汉字构成，整体无含义或两者含义无明显区别，但个别汉字不同的；

D. 文字含义相同或近似的；

E. 文字由字、词重叠而成的；

F. 仅加入表示商品质量、主要原料、功能、用途、重量、数量及其他特点或者生产、销售或使用场所或者核定使用商品的通用名称、型号的；

G. 仅是在商标标志中加入或删除显著性较弱的文字，且显著性较强的要部相同或近似的。

②图形商标标志的近似判定

图形商标标志的近似判定，应当将图形的外观作为认定要素整体对比，图形的外观对比应从图形的构图、设计方面进行，整体视觉效果无实质性差别，通常可以认定为近似。

符合下列情形之一，通常可以认定构成图形商标标志近似：

A. 图形的构图和整体外观在视觉效果上没有实质性差异，构成近似的；

B. 完整包含具有一定知名度或者显著性较强的图形商标的。

③组合商标标志的近似判定

组合商标标志的近似判定，应当将组成商标标志的文字、图形、字母、数字、三维标志或颜色组合中的两种或两种以上要素，作为一个整体进行对比，既要整体观察，又要注意到各个组成部分，观察后的整体视觉效果如无实质性差别，通常可以认定为近似。

（四）混淆的判定

1. 混淆可能性

根据《商标法》第五十七条第（二）项的规定，未经商标注册人的许可，在同一种商品上使用与其注册商标标志近似的商标标志，或者在类似商品上使用与其注册商标标志相同或者近似的商标标志，容易导致混淆的，属于侵犯注册商标专用权的行为。

容易导致混淆是指混淆可能性，而不是实际混淆，指相关公众容易对商品的来源产生误认或者认为其来源与原告注册商标的商品有特定的联系，包括来源混淆和关联关系混淆。

来源混淆是指被告在同一种或者类似的商品和服务上，使用与原告注册商标相同或者近似的商标标志，足以使相关公众相信该商品或者服务来源于原告注册商标所标识的商品或者服务。

关联关系混淆是指被告在同一种或者类似的商品和服务上，使用与原告注册商标相同或者近似的商标标志，足以使相关公众相信原告与被告具有密切的商业关系。

2. 判定方法

判定是否混淆可以考虑下列因素：

（1）注册商标的显著性和知名度；

（2）被控侵权人的主观意图；

（3）涉案商品的功能、用途、价格、质量等；

（4）被控侵权商标标志的实际使用情况；

（5）实际混淆的证据；

（6）其他容易导致混淆的情形。

五、商标侵权行为

（一）未经商标注册人的许可，在同一种商品上使用与其注册商标相同的商标的；

（二）未经商标注册人许可，在同一种商品上使用与其注册商标近似的商标，或者在类似商品上使用与其注册商标相同或者近似的商标，容易导致混淆的；

（三）未经商标注册人同意，更换其注册商标并将该更换商标的商品又投入市场的；

（四）将与他人注册商标相同或者相近似的文字作为企业的字号在相同或者类似的商品上突出使用，容易使相关公众产生误认的；

（五）复制、摹仿、翻译他人注册的驰名商标或其主要部分在不相同或者不相类似商品上作为商标使用，误导公众的，致使该驰名商标注册人的利益可能受到损害的；

（六）将与他人注册商标相同或者相近似的文字注册为域名，并且通过该域名进行相关商品交易的电子商务，容易使相关公众产生误认的；

（七）销售侵犯注册商标专用权的商品的；

（八）伪造、擅自制造他人注册商标标志或者销售伪造、擅自制造的注册商标标志的；

（九）故意为侵犯他人商标专用权行为提供便利条件，帮助他人实施侵犯商标专用权行为的。为侵犯他人商标专用权提供仓储、运输、邮寄、印制、隐匿、经营场所、网络商品交易平台等属于提供便利条件。

六、商业标识的权利冲突

商业标识是指在商业活动中能够识别或区分商品、经营主体或经营活动的标识，包括商标、商号和域名。

（一）解决商业标识权利冲突的基本原则

1. 诚实信用原则；

2. 保护在先权利原则；

3. 防止市场混淆原则。

（二）注册商标专用权与企业名称权的冲突

1. 将与他人注册商标相同或者相近似的文字作为企业字号在相同或者类似商品、服务上突出使用，容易使相关公众产生误认的，属于侵犯注册商标专用权的行为。

2. 将他人注册商标、未注册的驰名商标作为企业名称中的字号使用误导公众，构成不正当竞争行为的，依照反不正当竞争法处理。

（三）注册商标专用权与域名的冲突

将与他人注册商标相同或者相近似的文字注册为域名，并且通过该域名进行相关商品交易的电子商务，容易使相关公众产生误认的，属于侵犯注册商标专用权的行为。

（四）历史原因造成的权利冲突

对于涉及有特定历史渊源的注册商标与企业名称冲突的案件，应当根据案件的具体情况，综合考虑该商标和企业名称的历史形成背景、产生冲突的原因，当事人各自对商标和企业名称的贡献、使用的主观意图和状况等因素，根据诚实信用原则、保护在先权利原则、防止市场混淆原则做出公平合理的认定。

七、抗辩事由

（一）正当使用抗辩

1. 注册商标中含有的本商品的通用名称、图形、型号或者直接表示商品的质量、主要原料、功能、用途、重量、数量及其他特点，或者含有的地名，注册商标专用权人无权禁止他人正当使用。

2. 三维标志注册商标中含有的商品自身的性质产生的形状、为获得技术效果而需要的商品形状或使商品具有实质性价值的形状，注册商标专用权人无权禁止他人正当使用。

3. 商标注册人申请商标前，他人已经在同一种商品或者类似商品上先于商标注册人使用与注册商标相同或者近似并有一定影响的商标的，注册商标专用权人无权禁止该使用人在原使用范围内继续使用该商标，但可以要求其附加适当区别标识。

（二）侵权不赔偿抗辩

1. 注册商标未使用抗辩

注册商标专用权人请求赔偿，被诉侵权人以注册商标专用权人未使用注册商标提出抗辩的，人民法院可以要求注册商标专用权人提供此前三年内实际使用该注册商标的证据。注册商标专用权人不能证明此前三年内实际使用过该注册商标，也不能证明因侵权行为受到其他损失的，被诉侵权人不承担赔偿责任。

2. 合法来源抗辩

销售不知道是侵犯注册商标专用权的商品，能证明该商品是自己合法取得并说明提供者的，不承担赔偿责任。

销售商合法来源抗辩的构成条件：

（1）认定是否知道自己销售的商品为侵犯注册商标专用权的商品，可以考虑以下因素：

①注册商标的知名度；

②销售商的经营规模；

③销售商品的进货和销售价格。

（2）认定是否合法取得，可以考虑以下因素：

①有供销双方签订的进货合同且经查证已真实履行的；

②有合法进货发票且发票记载事项与涉案商品对应的；

③有供货单位合法签章的供货清单和货款收据且经查证属实或供货单位认可的；

④以合理的对价取得商品；

⑤其他能够证明合法取得涉案商品的情形。

（3）说明提供者。

销售商应当说明提供者的姓名或企业名称、地址、联系方式等能够查实的信息。

八、民事责任

人民法院在审理侵犯注册商标专用权纠纷案件中，依据法律规定和案件具体情况，可以判决侵权人承担停止侵害、赔偿损失、消除影响等民事责任，还可以作出罚款，收缴侵权商品、伪造的商标标志和专门用于生产侵权商品的材料、工具、设备等财物的民事制裁决定。罚款数额可以参照《中华人民共和国商标法实施条例》的有关规定确定。

（一）停止侵害

1. 一般情况下法院判决的具体责任方式包括：

（1）停止侵害原告注册商标专用权的行为；

（2）如果因在企业名称中突出使用注册商标而构成侵权，判决规范使用企业名称足以制止侵权行为的，可以判决不得突出使用注册商标或者规范使用企业名称。

2. 例外情况：

如果判决停止侵害会损害社会公共利益，或者造成双方当事人之间的重大利益失衡，或者实际上已无法执行，可以不判决停止侵害，适当加大民事赔偿数额。

（二）赔偿损失

商标法第六十三条第一款规定：侵犯商标专用权的赔偿数额，按照权利人因被侵权所受到的实际损失确定；实际损失难以确定的，可以按照侵权人因侵权所获得的利益确定；权利人的损失或者侵权人获得的利益难以确定的，参照该商标许可使用费的倍数合理确定。对恶意侵犯商标专用权，情节严重的，可以在按照上述方法确定数额的一倍以上三倍以下确定赔偿数额。赔偿数额应当包括权利人为制止侵权行为所支付的合理开支。

1. 权利人的损失

权利人的损失，可以根据权利人因侵权所造成商品销售减少量或者侵权商品销售量与该注册商标商品的单位利润乘积计算。

2. 侵权人的获利

侵权人的获利，可以根据侵权商品销售量与该商品单位利润乘积计算；该商品单位利润无法查明的，按照注册商标商品的单位利润计算。

3. 注册商标许可使用费认定

可以根据原告提交的在商标局备案并经过公告的商标使用许可合同记载的许可使用费认定。

4. 惩罚性赔偿

对恶意侵犯商标专用权，情节严重的，可以按照权利人损失或侵权获利的计算方法确定的数额的一倍以上三倍以下，确定赔偿数额。

5. 法定赔偿

权利人因被侵权所受到的实际损失、侵权人因侵权所获得的利益、注册商标许可使用费均难以确定的，人民法院可以适用法定赔偿，根据侵权行为的情节判决三百万元以下的赔偿。

适用法定赔偿时，应考虑以下因素：

（1）侵权行为的性质、期间、后果；

（2）商标的声誉；

（3）商标使用许可费的数额；

（4）商标使用许可的种类、时间、范围；

（5）制止侵权行为的合理开支。

人民法院在确定法定赔偿数额后，当事人按照法定赔偿数额的规定达成调解协议的，应当准许。

6. 合理开支

为制止侵权行为所支付的合理开支包括：

（1）公证费；

（2）调查、取证费用包括档案查询费、书面资料印刷费；

（3）交通费、住宿费、伙食费等；

（4）翻译费；

（5）合理的律师费。

7. 侵权人妨害举证适用法定赔偿

人民法院为确定赔偿数额，在权利人已经尽力举证，而与侵权行为相关的账簿、资料主要由侵权人掌握的情况下，可以责令侵权人提供与侵权行为相关的账簿、资料；侵权人不提供或者提供虚假的账簿、资料的，人民法院可以参考权利人的主张和提供的证据酌情判定赔偿数额。

九、驰名商标

为相关公众所熟知的商标，持有人认为其权利受到侵害时，可以依照商标法规定请求驰名商标保护。

（一）保护原则

就不相同或者不相类似商品申请注册的商标是复制、摹仿或者翻译他人已经在中国注册的驰名商标，误导公众，致使该驰名商标注册人的利益可能受到损害的，不予注册并禁止使用。

就相同或者类似商品申请注册的商标是复制、摹仿或者翻译他人未在中国注册的驰名商标，容易导致混淆的，不予注册并禁止使用。

（二）认定原则

1. 被动认定原则；

2. 个案认定原则；

3. 事实认定原则；

4. 按需认定原则。

（三）在案件审理时，当事人主张商标驰名的，应当根据案件具体情况，可以考虑下列因素，证明被诉侵犯商标权或者不正当竞争行为发生时，其商标已为相关公众所熟知：

（1）使用该商标的商品的市场份额、销售区域、利税等；

（2）该商标的持续使用时间；

（3）该商标的宣传或者促销活动的方式、持续时间、程度、资金投入和地域范围；

（4）该商标曾被作为驰名商标受保护的记录；

（5）该商标享有的市场声誉；

（6）证明该商标已为相关公众所熟知的其他因素。

河北省高级人民法院 河北省知识产权局
关于建立完善专利民事纠纷诉调对接机制的合作协议

（2015年6月5日）

为进一步贯彻实施创新驱动发展战略，实现河北经济绿色快速发展，充分发挥人民法院审判职能作用及知识产权行政管理部门在专利民事纠纷化解中的重要作用，实现专利民事纠纷诉调对接工作新机制，经河北省高级人民法院、河北省知识产权局友好协商，达成共识，形成合作协议如下：

第一条 双方决定依法建立知识产权诉讼与行政调解相互衔接的诉调对接机制，指派专门部门和人员负责诉调对接工作。诉调对接工作按照当事人自愿、有利于矛盾纠纷化解的原则依法开展，坚持调解优先、调判结合。

第二条 河北省及相关设区市人民政府专利行政管理部门依职权开展专利民事纠纷案件的行政调解工作或接受人民法院委托、邀请开展专利民事纠纷案件的调解工作。人民法院知识产权庭等相关审判庭负责人民法院诉调对接工作。

第三条 专利民事纠纷当事人可以直接向专利行政管理部门申请调处，专利行政管理部门也可依职权主动对专利民事纠纷进行调解。当事人经专利行政管理部门调解达成协议的，由专利行政管理部门制作调解协议书，加盖其公章，并由双方当事人签名或者盖章；未能达成协议的，专利行政管理部门以撤销案件方式结案，并及时通知双方当事人。

第四条 当事人直接到人民法院起诉的，人民法院在征得当事人同意后，可以在正式立案前将纠纷委派给专利行政管理部门进行诉前调解，当事人不同意的，人民法院应当及时立案受理。

第五条 人民法院委派专利行政管理部门进行诉前调解的，应当出具委派书并将起诉状副本及其他必要文件的复印件转交进行调解。

第六条 专利行政管理部门应根据案件的具体情况选派有利于纠纷解决的调解员，调解一般至少由两名调解员共同进行，必要时可以邀请相关人民法院提供指导和帮助，涉及技术问题的，可以邀请河北省知识产权审判技术咨询专家参与调解。

第七条 经专利行政管理部门组织调解达成诉前调解协议的，该调解协议经当事人签字或者盖章后，具有民事合同性质。专利行政管理部门可以引导当事人在三十日内共同向有管辖权的人民法院申请司法确认。

人民法院收到司法确认的申请后，应及时进行审查，经审查，符合法律规定的，裁定调解协议有效。不符合法律规定的，裁定驳回申请，并向相关部门说明具体事实及理由，当事人可以要求重新调解或者选择向人民法院提起诉讼。

第八条 人民法院对已经立案的专利民事纠纷案件，认为有必要进行调解的，在征得双方当事人同意后，可以委托或邀请专利行政管理部门进行调解或协助调解。

人民法院委托专利行政管理部门进行诉中调解的，应当出具委托书并将起诉状副本或其他必要文件的复印件转交专利行政管理部门。

人民法院也可以邀请专利行政管理部门共同对案件进行调解。调解可以在人民法院的法庭或其他办公场所进行，也可以在专利行政管理部门办公场所进行。

第九条 专利行政管理部门接受人民法院委托或邀请开展调解工作，当事人达成调解协议的，调解员可以根据当事人的意愿制作调解协议，并及时将调解情况书面反馈给人民法院。

第十条 专利行政管理部门接受人民法院委托进行诉讼中调解的，一般应当在接受委托后30日内完成，经双方当事人同意，可以适当延长。如在规定期间内不能调解结案的，应当终止调解，并将终止调解的事由书面告知人民法院。

第十一条 诉讼中委托调解，经专利行政管理部门主持调解达成书面调解协议的，当事人可申请撤诉、或者由有管辖权的人民法院制作调解书。未能达成调解协议的，专利行政管理部门应及时将载明调解不成的结案报告送交受理案件的人民法院，由该人民法院对案件依法进行审理。

诉讼中邀请调解，当事人达成调解协议的，可申请撤诉，或者由有管辖权的人民法院经过审查后制作调解书。

第十二条 河北省高级人民法院、河北省知识产权局商定在专利民事案件理论与实务交流、培训等方面保持合作，指派专人负责联系工作，保持信息联络畅通，共同做好专利民事纠纷诉调对接工作，妥善解决专利民事纠纷。

第十三条 本协议未尽事宜，依照《中华人民共和国民事诉讼法》、《中华人民共和国专利法》、《最高人民法院关于人民法院民事调解工作若干问题的规定》、《最高人民法院关于建立健全诉讼与非诉讼相衔接的矛盾纠纷解决机制的若干意见》、《专利行政执法办法》等有关规定执行。

第十四条 本协议自发布之日起施行。

内蒙古自治区高级人民法院
关于充分发挥知识产权审判职能作用 为自治区创新驱动发展战略提供有力司法保障的意见

为全面贯彻党的十八大和十八届三中、四中、五中、六中全会精神，落实全国法院知识产权审判工作座谈会和自治区第十次党代会、全区科技创新大会精神，深入实施创新驱动发展战略，建设创新型内蒙古，充分发挥知识产权审判在推动创新发展中的职能作用，切实为自治区创新发展战略提供有力的知识产权司法保障，制定如下意见：

一、充分认识知识产权审判在推动自治区创新发展中的重要地位和作用，不断增强为推进自治区创新驱动发展战略提供知识产权司法保障的责任感和使命感

全区法院在开展知识产权审判工作中，要努力提升知识产权审判权威性和公信力，体现时代特色，勇于担当时代责任，充分发挥好对科技创新的规范、引导、促进和保障作用，找准知识产权审判工作与创新发展的结合点和着力点，进一步加大知识产权司法保护力度，充分运用知识产权司法手段妥善处理并有效化解创新发展中出现的各类知识产权纠纷，为自治区创新发展营造更加有利的发展环境，大力激发全社会的创新热情和创造活力，使知识产权司法保护作为创新驱动发展战略的“助推器”，确保为自治区实施创新发展战略提供公正高效的知识产权司法保障。

二、坚持“司法主导、严格保护、分类施策、比例协调”知识产权司法保护基本政策，切实加大涉及创新发展知识产权的司法保护力度

司法主导是对司法保护知识产权职能作用的基本要求。严格保护是对知识产权司法保护强度的基本定位。分类施策是实现严格保护的基本方法，比例协调是严格保护的统筹原则和目标追求。

全区各级法院在知识产权审判工作中要践行四项司法政策的要求，充分发挥知识产权司法主导作用，切实推动行政执法标准向司法标准看齐。要以实现市场价值为指引，努力通过进一步加大损害赔偿力度，强化临时措施保护、推进诉讼诚信建设的手段和途径实现严格保护。要根据知识产权的不同类型和领域对症下药、量体裁衣，使保护方式、手段、标准与其特质、需求相适应。要合理确定不同领域知识产权的保护范围和保护强度，合理平衡各方利益，实现保护知识产权与促进技术创新、推动产业发展和谐统一。

（一）加大科技成果的保护力度，积极推动科技进步与创新。要根据科技进步的新趋势和经济发展的新需求，加强对关键核心技术、基础前沿领域和战略性新兴产业的知识产权保护，推动技术突破和技术创新。强化重点领域知识产权保护，对我区的乳业、稀土、装备制造、煤化工、新能源、农畜产品加工、沙产业等优势特色产业要加强保护力度。依法加强专利、植物新品种等科技类知识产权，积极推动科技进步和科技创新。加强具有自主知识产权的重大农业科技成果和植物新品种的保护力度，推进农牧业科技进步。

（二）加强商标权的保护，促进市场经济的竞争性、创新性和包容性增长。加强对创新企业品牌建设的支持和引导。坚决制止混淆和不当攀附他人品牌声誉的行为，重点加大对显著性强、知名度高的商品标识知识产权的保护力度。根据商标法关于惩罚性赔偿的规定，明确和规范惩罚性赔偿的标准和尺度，坚决遏制恶意侵权行为。对于直接故意侵害商标权，具有重复侵权、假冒商标或者其他严重情节的，可以依法适用惩罚性赔偿。要准确把握驰名商标的保护范围，坚决制止假冒驰名商标、恶意抢注等商业标识侵权行为。

（三）加强涉文化创新类知识产权案件的审判，积极推动文化领域创新。在审理该领域知识产权案件时，要强化利益平衡观念，妥善处理作品的独创性与独创高度的关系，使知识产权保护的范围和强度与其创新的贡献程度相协调。要深入研究和大力加强文化创意、数字出版、移动多媒体、动漫游戏、软件、数据库等战略性新兴文化产业的著作权保护，为自治区培育新型文化业态、扩展文化产业发展新领域，提升整体文化实力和竞争力，提供有力的司法保障。

（四）加大侵权打击力度，有效保护创新收益。要充分考虑知识产权市场价值的客观性和不确定性双重特点，在确定知识产权损害赔偿数额时，既要力求准确反映被侵害的知识产权的相应市场价值，又要适当考虑侵权行为人的主观状态，实现以补偿为主、以惩罚为辅的双重效果。对于重复侵权、故意侵权，可以酌情确定适当高于市场价值的损害赔偿。要善于运用根据具体证据酌定实际损失或侵权所得的裁量性赔偿方法，引导当事人对于损害赔偿问题积极举证，进一步提高损害赔偿计算的合理性。权利人提供了用以证明其实际损失或者侵权人违法所得的部分证据，足以认定计算赔偿所需的部分数据的，应当尽量选择运用酌定赔偿方法确定损害赔偿数额。加大对合理开支的支持力度，除法律另有规定外，在适用法定或者酌定赔偿时，应另行计算合理的维权成本。建立程序规范、保护有力的司法临时保护措施，合理发挥行为保全、财产保全、证据保全的制度效能，提高知识产权司法救济的及时性、便利性和有效性。积极探索知识产权审判专业技术事实查明的有效方式，建立和完善专家辅助人、专家咨询、专家陪审、知识产权行政执法部门专业人员陪审等多元化技术事实查明制度，提高技术事实查明的客观性，增强说服力。

（五）依法惩治侵犯知识产权犯罪活动，维护社会主义市场经济秩序。发挥知识产权刑事审判惩治和教育功能，坚持罪刑法定原则，全面落实宽严相济的刑事政策。加大侵害知识产权犯罪的打击力度。依法从严惩处假冒商标和盗版侵权等犯罪活动，对民商事案件审理过程中发现构成刑事犯罪嫌疑的，及时移送公安机关处理。要充分发挥刑事审判打击知识产权犯罪的职能，加大对知识产权单位犯罪、有组织犯罪、药品食品等重点领域犯罪以及侵害商业秘密等犯罪的打击力度，加强罚金刑的适用，要使被告人丧失再次犯罪的能力和条件。对应当判处实刑的坚决判处实刑，应当重判的坚决重判，增强刑罚惩治和预防犯罪的功效。

三、紧密结合自治区实际，切实加强地方特色知识产权的司法保护力度

自治区科技创新大会提出了“深入实施创新驱动发展战略，扎实推进创新型内蒙古建设”的奋斗目标，全区各级法院要加大为创新发展提供司法保障的工作力度，依法妥善审理与创新发展相关的各类知识产权案件。

（一）根据内蒙古自治区人民政府提出的打造呼包鄂自治区知识产权创新改革示范区的要求，服务重点区域创新发展。按照推动呼包鄂成为我区知识产权运用的先导区、知识产权保护的示范区、知识产权优质服务的引领区的目标，根据“三合一”审判机制改革精神，进一步发挥呼包鄂知识产权审判服务创新驱动发展的辐射作用。发挥好呼包鄂地区知识产权集中审判优势，统一裁判尺度，明晰创新规则，加强对于技术创新成果的保护，为推进我区重点区域创新提供有力的司法支撑。

（二）加大对自治区非物质文化遗产、遗传资源、传统知识、传统工艺、蒙医药等传统产业、民间文学艺术作品的知识产权司法保护力度。我区的非物质文化遗产极其丰富，在非物质文化遗产知识产权案件审理中，坚持传承与创新，保护与利用并重的原则，依法禁止将非物质文化遗产的名称、标志等作为商标使用，依法制裁对非物质文化遗产的歪曲、贬损、误导等不正当利用行为，保护特定民族、特定区域群体的精神权益。对传统产业的知识产权要注重公平合理地协调、平衡在发掘、整理、传承、保护、开发和利用过程中各方主体的利益关系，保护提供者、持有者知情同意和惠益分享的权益，推进传统产业优化升级。要加强对蒙古族、“三少”民族（鄂温克、鄂伦春、达斡尔）音乐、舞蹈等自治区特有的民族民间文艺的保护，弘扬自治区民族文化产业优势和地区特色文化产业优势。对民间文学艺术作品的著作权保护，既要有利于民间文学艺术的传承，发挥其凝聚民族精神和维系民族精神家园的作用，又要有利于创新和利用，提高自治区民族文化的影响力。

（三）充分发挥审判职能作用，服务大众创业万众创新。要加强新业态、新领域创新成果的知识产权保护，加强对科技小企业升级发展的服务保障，既注重保护有形资产，又注重保护无形资产。要加强对科技小企业商标、现代服务业商标权的保护。针对科技小企业、小微企业经营策略灵活、要素流动密集的特点，坚持保护权益与促进创新要素流动并重，高质高效解决民营企业涉诉纠纷，进一步提高审判效率，减轻企业诉讼负担。对于可能出现的企业员工“兼职兼薪”过程中，因职务成果应用等引发的权益纠纷，要具备前瞻性的审判理念。加强对技术创新、改造、开发、转让中发生的各类合同纠纷的审理，促进高等院校和科研院所的创新要素向产业化聚集。

四、完善为服务创新发展提供司法保障的工作机制，延伸司法服务

（一）坚持以服务创新驱动发展为着眼点和着力点，采取多项措施，延伸审判职能。积极开展审务进园区、进企业、进科研院所活动，通过司法预警、司法指引、司法咨询、司法公开等多种方式，拓展司法服务的广度与深度。对重点领域的新技术、新业态，要提前做好知识产权司法政策和裁判规则的分析研判，实现知识产权保护制度创新与科技创新协同运转。针对审判过程中发现的政府相关部门、企业和科研机构在管理、经营及知识产权创造、保护中存在的漏洞和问题，及时提出司法建议；通过与知识产权行政管理部门及行业协会等的沟通、交流，构建互联互通的知识产权多元化纠纷解决机制。为进一步发挥知识产权司法保护主导作用，积极推动健全司法诉讼、行政执法、纠纷调解、仲裁“四位一体”的知识产权保护协调机制。

（二）完善知识产权审判体制机制，充分发挥知识产权司法保护的综合效能。按照国家知识产权战略的要求，我区已形成知识产权审判庭集中审理知识产权民事、刑事和行政案件的试点工作，全区法院要进一步优化知识产权审判模式，发挥整体保护效能，努力构建资源优化、科学运行、高效权威的知识产权审判体系。要加强与行政机关、公安机关、检察机关的协调配合，形成依法保护知识产权的合力，充分发挥知识产权司法保护的综合效能。

（三）加强司法为民，完善便民、利民、护民诉讼措施，通过编制科技创新类知识产权诉讼指南，全面实行当事人权利义务告知制度和诉讼风险提示制度；通过依法高质高效的审判，树立诚实守信的法律理念，依法保障诉讼参与人诉讼权利；加大司法救助力度，对经济确有困难的科技创新类企业和其他当事人，要依法缓、减、免交诉讼费用，切实体现司法的人文关怀。

（四）加强知识产权诉讼制度建设，完善审判工作机制。充分发挥诉讼服务中心的功能作用，加强知识产权案件的立案受理工作，通过网上立案、知识产权案件立案材料清单提示等方法提高立案效率，更大限度地保护创新企业、微小企业诉权，维护经济社会发展大局。要强化初次裁判正确观念，高度重视提高第一审初次裁判的正确率，使当事人及早获得司法公正，提高服判息诉率和减少上诉率，促进社会和谐稳定。要根据知识产权案件专业技术性强的特点，注重充分发挥科技专家在解决知识产权纠纷中的作用，完善知识产权案件专业技术问题解决机制，积极引导当事人选择委托调解、专家调解、行业调解等多元化方式解决知识产权纠纷，努力从根本上化解矛盾，促进自治区创新发展。

（五）加强知识产权司法保护的宣传力度，提升全社会尊重知识、崇尚创新、诚信守法的知识产权法治文化。要充分利用“4·26”世界知识产权日积极开展知识产权宣传活动，大力宣传自治区各级法院涉创新发展知识产权司法保护成果。坚持审判公开和透明原则，将已生效的涉创新类知识产权裁判文书及时在互联网上公布，定期发布典型案例，并结合全区法院知识产权审判工作实际，选择有影响的案件，邀请各级人大代表、政协委员、专家学者、行业协会和有关部门的代表和社会公众旁听庭审，增进司法工作的公开、透明，接受广大人民群众的监督，从而进一步扩大涉创新发展类知识产权司法保护的社会影响，为创新型内蒙古建设提供有力司法保障。

内蒙古自治区呼和浩特市中级人民法院
关于审理侵害著作财产权纠纷案件适用法定赔偿的裁判指引

根据《中华人民共和国著作权法》第四十九条第二款规定，“权利人的实际损失或者侵权人的违法所得不能确定的，由人民法院根据侵权行为的情节，判决给予五十万元以下的赔偿。”在司法实践中，由于权利人的实际损失以及侵权人的违法所得均不能确定，权利人一般请求人民法院适用法定赔偿标准确定赔偿数额。根据《最高人民法院关于审理著作权民事纠纷案件适用法律若干问题的解释》第二十五条第二款规定，“人民法院在确定赔偿数额时，应当考虑作品类型、合理使用费、侵权行为性质、后果等情节综合确定。”法定赔偿标准的立法本意是保证赔偿数额要尽可能与权利人的实际损失或侵权人的违法所得相当。但如果仅依据上述情节确定很难保证这一目的的实现。因此，为了使得法定赔偿标准更能契合立法本意，同时更具备可操作性，我院在总结近些年审理的侵害著作财产权纠纷案件经验的基础上，结合最高人民法院发布的指导性案例中使用的相关标准，特制定如下裁判指引。

第一条　适用法定赔偿标准时，应当根据以下因素综合确定赔偿数额：

（一）通常情况下，权利人可能的损失或侵权人可能的获利；

（二）作品的类型，合理许可使用费，作品的知名度和市场价值，权利人的知名度，作品的独创性程度等；

（三）侵权人的主观过错、侵权方式、时间、范围、后果等。

第二条　适用法定赔偿标准时，人民法院可以要求各方当事人提供相应的证据，主要包括：权利人作品的市场价格、利润；侵权产品的市场价格、利润；侵权产品的销售状况；侵权期间；侵权范围；侵权人主观过错等影响法定赔偿数额的各种因素。

第三条　适用法定赔偿标准应当以每件作品作为计算单位。

第四条　侵权人因侵害著作权，曾经两次以上被追究刑事、行政或民事责任的，人民法院应当在依据本裁判指引确定的赔偿数额的限度内，酌情提高赔偿数额。

第五条　在网络上传播文字、美术、摄影等作品的，可以参照国家有关稿酬规定确定赔偿数额。

第六条　以广告方式使用文字、美术、摄影等作品，包括用于报刊广告、户外广告、网络广告、店面广告、产品说明书等，可以根据广告主的广告投入、广告制作者收取的制作费、广告发布者收取的广告费，以及作品的知名度、在广告中的作用、侵权人的经营规模、侵权方式和范围等因素综合确定赔偿数额。

权利人如证明类似情况下的合理许可使用费，应予考虑。

第七条　商业用途使用文字、美术、摄影等作品，如用于商品包装装潢、商品图案、有价票证、邮品等，可以根据作品的知名度、在产品中的显著性、侵权人的经营规模、侵权方式、范围、获利等因素综合确定赔偿数额。

第八条 侵害音乐电视作品著作权的，可以按照以下方法确定赔偿数额：

（一）权利人合理的许可使用费；

（二）著作权集体管理组织提起诉讼的，参照其许可费标准。

若上述标准均不能适用，仍按本裁判指引第一条确定。

第九条 网络经营者被诉侵害著作权，在适用法定赔偿标准确定赔偿数额时，应当考虑涉案作品的票房收益、知名度、上映档期、侵权人的经营规模、服务价格、主观过错程度以及侵权行为的持续时间、对侵权作品的点击或下载次数、当地经济文化发展状况等因素进行酌定。

第十条 侵权人赔偿权利人为制止侵权行为所支付的合理开支，应在赔偿数额之外单独计算。虽无直接证明合理开支的相应票据，但权利人调查取证必然需要支出的合理费用，应当予以支持；对于不违反法律法规的强制性规定，与代理服务质量相称的合理律师费，亦应予以支持。

上海市高级人民法院
关于印发《关于部分知识产权案件适用简易程序进行审理的意见（试行）》的通知

（2015 年 9 月 23 日）

第一、第二中级人民法院、第三中级人民法院（知识产权法院、铁路运输中级法院），海事法院，各区、县人民法院及铁路运输法院，本院各部门：

为进一步提高知识产权案件审判效率，探索在基层法院知产庭适用简易程序审理部分知识产权案件，结合上海法院知识产权审判工作实际，高院研究制定了《关于部分知识产权案件适用简易程序进行审理的意见（试行）》。现印发给你们，望认真贯彻执行。

特此通知。

关于部分知识产权案件适用简易程序进行审理的意见（试行）

为进一步提高知识产权案件审判效率，根据《中华人民共和国刑事诉讼法》、《中华人民共和国民事诉讼法》及相关司法解释的规定，结合上海知识产权审判工作实际，对基层法院适用简易程序审理部分一审知识产权案件规定如下：

第一条（基本要求） 设立知识产权庭三年以上的基层法院，在知识产权案件审理中可以适用简易程序，但应遵循谨慎、适度、有序的原则。

第二条（审判资格） 对适用简易程序审理的一审知识产权案件，原则上由从事知识产权审判工作满三年以上的具有较强审判经验的法官独任审理。

第三条（程序决定） 试行期内，具体案件是否适用简易程序审理，原则上由庭长决定。

第四条（适用范围） 下列一审知识产权案件可以适用简易程序审理：

（一）事实清楚、当事人认罪并同意适用简易程序审理且应当在有期徒刑三年以下判处刑罚的知识产权刑事案件；

（二）事实清楚、权利义务关系明确、争议不大的简单知识产权民事案件，包括：

1. 诉讼标的额在20万元以下的侵害作品信息网络传播权、复制权、发行权、录音录像制作者权的著作权类案件；

2. 诉讼标的额在20万元以下的销售侵权商品的商标权类案件；

3. 同一原告集中就同一被告或不同被告同时起诉的批量维权的著作权类或商标权类案件。

第五条（不适用范围） 下列一审知识产权案件不应适用简易程序审理：

（一）涉及侵犯商业秘密罪、侵犯著作权罪的知识产权刑事案件；

（二）涉及对在先行政行为进行评价的知识产权民事案件；

（三）涉及在先刑事判决的知识产权民事案件；

（四）涉及著作权、商标、企业名称、知名商品特有名称包装装潢、外观设计、域名等权利之间存在冲突的知识产权民事案件；

（五）有关联案件在外省市法院审理的知识产权案件；

（六）作为精品案件或列为大、要案审理的知识产权案件；

（七）其他依法不适用简易程序审理的知识产权案件。

第六条（特别规定） 本意见规定的适用简易程序审理的知识产权案件，不适用小额诉讼程序审理。

第七条（裁判文书） 适用简易程序审理的知识产权案件，判决书依法对认定事实或者裁判理由部分可以适当简写。

第八条（程序延展） 适用简易程序审理的知识产权案件，审理期限到期后，经双方当事人同意继续适用简易程序的，由本院院长批准，可以延长审理期限。延长后的审理期限累计不得超过六个月。

第九条（程序转换） 适用简易程序

审理的知识产权案件，在规定期限内不能审结的或发现不宜适用简易程序审理的，应当依法转为普通程序。

第十条（生效时间） 本意见自2015年10月1日起试行。

上海市高级人民法院
关于服务保障上海加快建设具有全球影响力科技创新中心的意见

2015年8月5日　　沪高法〔2015〕第252号

为深入贯彻落实中央和习近平总书记对上海发展的新要求，进一步发挥司法审判的职能作用，更好地服务和保障上海加快具有全球影响力的科技创新中心（以下简称“科创中心”）建设，根据上海市委《关于加快建设具有全球影响力的科技创新中心的意见》，结合上海法院工作实际，制定本意见。

一、深刻认识科创中心建设的战略意义，明确人民法院服务保障科创中心建设的目标和主要任务

1. 深刻认识科创中心建设的战略意义。全球新一轮科技革命和产业变革正在孕育兴起，我国经济社会发展已进入新常态。要深刻认识上海建设科创中心在国家战略决策布局中的关键地位，深刻认识上海建设科创中心的紧迫性，深刻认识推动以科技创新为核心的全面创新对于上海建设“四个中心”和社会主义现代化国际大都市的决定性作用，从全局的高度准确把握上海建设科创中心建设的重要战略意义。

2. 明确人民法院服务保障科创中心建设的目标。上海法院服务保障科创中心建设的目标是：充分发挥审判职能作用，促进市场创新和公平竞争，促进大众创业、万众创新，促进与科创中心相适应的金融、投资、人才和行政管理体系建设，保护人民群众合法权益，创造优良的法治环境，激发城市创新活力，为上海科创中心建设提供优质的司法服务和保障。

3. 全面把握人民法院服务保障科创中心建设的主要任务。坚持问题导向和需求导向，全面把握科创中心建设对人民法院工作提出的新要求，全面加强知识产权司法保护，加强金融、商事、劳动、行政等各类涉科创中心建设案件的审理与执行，让人民群众在每一个案件中感受到公平正义；积极推进司法体制改革，进一步完善审判体制机制建设，推动实现审判体制和审判能力现代化，立足国际化水准和国际影响力，着力建设一支具有全球视野、适应现代科技发展的高素质、专业化审判队伍，全面提升上海法院的司法能力和水平。

二、深化司法改革，完善服务科创中心建设的审判体制机制

4. 深入推进司法体制改革。紧紧围绕加快建设公正高效权威的社会主义司法制度，维护人民权益，让人民群众在每一个司法案件中都感受到公平正义的总目标，着力解决影响司法公正、制约司法效率和能力的深层次问题，破解体制性、机制性、保障性难题，进一步深化审判权力运行机制和人员分类管理等改革，努力实现上海法院审判体制和审判能力的现代化。

5. 推进跨行政区划法院建设。进一步完善三中院、知识产权法院、铁路中院“三院合一”的体制机制，积极研究和推进案件管辖制度改革，努力形成普通案件在行政区划法院审理，特殊案件在跨行政区划法院审理的特殊诉讼格局。积极探索严格精简人员机构、优化司法资源配置，建立符合办理跨行政区划案件特点的司法管理体制，履行好平等保护当事人合法权益、监督支持行政机关依法行政、促进法律正确实施的职责使命。

6. 深化知识产权法院建设。充分发挥高级法院对上海知识产权法院建设的指导和推动作用，建立和完善知识产权案件管辖制度、审理规则和审判辅助工作机制，健全知识产权专业化审判机制，对科创技术类案件实行专项管理。在中央统一部署下，探索跨地区知识产权案件异地审理机制。

7. 完善知识产权“三合一”审判机制。进一步完善知识产权民事、行政和刑事案件“三合一”审判机制，提高司法效率，统一司法标准，发挥整体保护效能。加强与相关行政执法部门的工作协调，妥善处理与公安、检察机关在刑事执法中的工作配合和相互制约，促进知识产权民事、行政、刑事审判程序的有效衔接，努力构建资源优化、运行科学、高效权威的知识产权审判机制。

8. 全面推进司法公开。全面加强上海法院十大司法公开服务平台建设，及时全面公开审判流程、裁判文书、执行信息，通过举办新闻发布会、知识产权宣传周、网络庭审直播、发布典型案例信息等方式，增进公众对科创中心建设相关案件审判工作的了解、信赖和监督。依托“中国法院知识产权司法保护国际交流（上海）基地”，畅通对外交流合作渠道，展示我国知识产权司法保护成果，增强司法保障上海科创中心建设的国际影响力。

9. 大力推动科技领域知识产权多元纠纷解决机制建设。积极引导当事人选择委托调解、专家调解、行业调解、仲裁等方式解决科技领域的各类知识产权纠纷，进一步完善非诉解决纠纷机制与诉讼的有机衔接，依法促进当事人矛盾和解，尽快解决知识产权争议，推动科技成果转化和利用。

三、加强知识产权司法保护，建设优质的具有国际影响力的知识产权法治环境

10. 依法审理涉科创中心建设发生的知识产权民事案件。依法采用诉前或诉中临时司法措施，对于当事人诉前或者诉中提出的行为保全、财产保全、证据保全或者先予执行等申请，坚持积极受理、迅速审查、依法裁定、立即执行的原则，准确把握采取临时措施的司法标准，及时有效保护权利人的合法权益。精心审理涉科技创新的专利权、著作权、商标权、不正当竞争、技术合同等各类民事纠纷，梳理总结各类知识产权案件的审理思路及裁判方法，规范统一知识产权侵权判定标准，准确认定知识产权合同效力和责任承担，依法保护创新成果，依法促进创新成果转化。

11. 依法打击科创中心建设中发生的侵犯知识产权犯罪行为。坚持宽严相济的刑事政策，依法审理涉科技创新的知识产权刑事犯罪案件，积极探索侵犯知识产权轻微刑事案件和解机制，从严规范缓刑适用标准，切实保障被害人的刑事自诉权利。

统一知识产权犯罪的证据标准和量刑标准，推动形成规范化的量刑机制，加大知识产权刑事犯罪的打击力度，发挥刑罚惩治和预防知识产权犯罪的功能。

12. 加大科技类案件侵权损害赔偿力度，充分体现知识产权市场价值。引导权利人对实际损失和侵权人实际获利进行举证，当有证据证明实际损失或侵权获利超出法定赔偿最高限额时，可以在最高限额以上酌定赔偿，充分实现知识产权的实际市场价值。对恶意侵害知识产权，情节严重的，应当正确适用惩罚性赔偿，加大对侵权行为的打击力度和威慑力，预防恶意侵权的再次发生。

13. 加强知识产权诉讼证据审查与运用，强化诚信诉讼环境建设。在涉及科技类知识产权案件的审理中，综合运用证据披露、举证妨碍、证明标准等证据规则，加大释明力度，强化当事人举证，推动并引导当事人在提交证据、质证以及庭审中最大限度呈现知识产权的市场价值，切实解决举证难和事实认定难问题。加大对诉讼失信行为的惩戒力度，对抗拒证据保全、故意逾期举证、毁损证据、隐匿证据、提交虚假证据、进行虚假陈述的当事人，依法加以制裁，营造诚实守信的诉讼环境。

14. 推进知识产权信用管理制度建设。推动健全知识产权信用管理制度，将符合条件的知识产权民事、行政、刑事侵权假冒案件的裁判、仲裁以及执行信息纳入本市社会信用联合征信系统，强化对恶意侵犯知识产权等失信行为的惩戒，实现全市知识产权信用管理制度的一体化。

15. 依法引导科技中介服务健康发展。引导和规范知识产权、科技咨询、科技金融等中介服务，促进复合型科技服务中介人才的引进和培养，推进技术评估、知识产权服务、第三方检验检测认证等机构改革，促进科技服务产业集群化建设，促进市场化新型研发组织、研发中介和研发服务外包新业态的培育和发展。

16. 加强知识产权法官队伍建设，建立符合科创中心建设需要的高素质法官队伍。以正规化、专业化、职业化为方向，重点加强审理技术类知识产权案件法官的培养，努力建设一支既懂法律又懂技术的专家型、复合型、国际化的法官队伍，全面提升法官优质高效审理涉科创中心建设各类案件的司法能力。

四、充分发挥和延伸各项审判职能，促进与科创中心相适应的金融、投资、人才与行政管理体系建设

17. 依法保障涉科创中心建设案件当事人的诉权。认真贯彻落实立案登记制，完善分类立案材料清单制度，对人民法院依法应当受理的科技创新纠纷案件做到有案必立、有诉必理，依法保障当事人的诉权。健全和完善便捷、高效的网上立案工作机制，进一步促进科技创新纠纷案件的诉讼便捷和审判效率提升。

18. 依法审理涉科创中心建设发生的金融案件。依法审理涉科技企业向民间融资、向金融机构融资、通过互联网融资的纠纷案件，涉科技企业创业投资的案件，涉科技企业融资担保的案件，涉科技企业上市、股权众筹和在股权托管交易中心交易的案件，涉科技企业相关科技保险的案件以及知识产权证券化的案件，促进、维护和规制金融市场的金融创新，衡平保护各方当事人的合法权益，完善金融市场的交易规则，规范金融市场的交易秩序。

19. 依法审理涉科创中心建设发生的投资纠纷案件。充分认识和尊重市场配置创新资源的决定性作用，按照市场导向的创新型体制机制要求，依法审理涉科创企业公司设立、股权期权激励、公司治理、股权转让以及资产交易等纠纷案件，充分保护科技创新人员和企业的合法权利，依法保护科技类无形资产入股和科技产权股权转让行为，促进和维护有利于行业创新创业和科技成果产业化有效经营的法治化环境。

20. 依法审理涉科创中心建设发生的劳动争议案件。依法审理涉及高新技术企业的劳动争议案件，切实保障科研院所、高等院校等单位的科研人才在订立、履行、变更、解除或者终止劳动合同、聘用合同过程中的合法权益，保障科研人才的合理流动，推动建立开放、竞争、流动的单位用人机制，依法保护外国专家、外籍高层次人才在我国的合法劳动权益，营造良好的创新发展和科技人才高地建设的法治环境，实现劳动者权益保护与促进企业创新发展的互利双赢。

21. 依法监督和支持科创中心建设中发生的行政行为。依法受理、审理知识产权行政案件，审慎处理与科创中心建设中创新人才引进相关的户籍登记管理、土地征收补偿以及建设规划许可、清理取消非行政审批事项和放宽新兴行业市场准入管制、专利质押登记和检测检验服务审批等行政案件。对与科创中心建设相关的新类型行政案件，加强法律适用前瞻性研究，探索并确立司法合法性审查标准，依法保护公民、法人和其他组织合法权益，依法支持政府加快职能转变和政策创新。

22. 依法加大涉科创中心建设案件执行力度。依法、规范、高效执行涉科技创新建设执行案件。针对涉科技创新建设执行案件所具有的金钱给付义务和行为给付义务并存、执行专业知识和知识产权专业知识交织特点，探索建立专业化执行组织，综合运用强制执行措施和执行惩戒措施，切实维护申请执行人合法权益，制裁被执行人规避逃避执行行为，确保生效法律文书的权威性和促进社会诚信体系的建设。

23. 强化专门服务科创中心建设的司法建议和预警制度。加强涉科创中心建设案件的司法统计分析，建立相关纠纷动向和潜在风险提示机制，运用审判白皮书、司法建议、为高新技术企业进行法律培训等方式，为企业“走出去”提供知识产权预警、海外维权资讯等帮助，积极为科创中心的产业发展、制度创新、政府决策、立法完善建言献策。

上海市高级人民法院
关于印发《关于调整本市法院知识产权民事案件管辖的规定》的通知

（2016年1月26日）

第一、第二中级人民法院、第三中级人民法院（知识产权法院、铁路运输中级法院），海事法院，各区、县人民法院及铁路运输法院，本院各部门：

《关于调整本市法院知识产权民事案件管辖的规定》已于2016年1月21日经上海市高级人民法院审判委员会2016年第1次会议讨论通过。现印发给你们，望认真贯彻执行。

特此通知。

关于调整本市法院知识产权民事案件管辖的规定

为进一步完善上海法院知识产权案件的管辖机制，根据《最高人民法院关于北京、上海、广州知识产权法院案件管辖的规定》、《最高人民法院关于知识产权法院案件管辖等有关问题的通知》，结合上海法院实际，对本市知识产权民事案件的管辖作如下规定：

一、（基层法院管辖）基层人民法院管辖著作权、商标、不正当竞争、技术合同、特许经营合同等第一审知识产权民事案件，但法律和司法解释规定应由知识产权法院管辖的除外。

基层人民法院管辖上述案件，不受诉讼标的额限制。

二、（知产法院管辖）知识产权法院管辖下列知识产权民事案件：

（一）诉讼标的额在1亿元以下且当事人一方住所地不在本市或者涉外、涉港澳台的，以及诉讼标的额在2亿元以下且当事人住所地均在本市的专利、植物新品种、集成电路布图设计、技术秘密、计算机软件、垄断等第一审民事案件，以及涉及驰名商标认定的第一审民事案件；

（二）对基层人民法院作出的第一审知识产权民事判决、裁定提起上诉的案件；

（三）对基层人民法院已经发生法律效力的知识产权民事判决、裁定、调解书申请再审的案件。

三、（高级法院管辖）市高级人民法院管辖下列知识产权民事案件：

（一）诉讼标的额在2亿元以上的，以及诉讼标的额在1亿元以上且当事人一方住所地不在本市或者涉外、涉港澳台的专利、植物新品种、集成电路布图设计、技术秘密、计算机软件、垄断等第一审民事案件；

（二）对知识产权法院作出的第一审民事判决、裁定提起上诉的案件；

（三）对知识产权法院已经发生法律效力的民事判决、裁定、调解书申请再审的案件。

四、（跨区划片集中管辖）浦东新区人民法院管辖浦东新区辖区的第一审知识产权案件；黄浦区人民法院管辖黄浦区、长宁区辖区内的第一审知识产权案件；杨浦区人民法院管辖杨浦区、虹口区、宝山区、崇明县辖区内的第一审知识产权案件；徐汇区人民法院管辖徐汇区、松江区、金山区辖区内的第一审知识产权案件；闵行区人民法院管辖闵行区、奉贤区辖区内的第一审知识产权案件；普陀区人民法院管辖普陀区、静安区、嘉定区、青浦区辖区内的第一审知识产权案件。

五、（解释）本规定由上海市高级人民法院审判委员会负责解释。

六、（施行）本规定自2016年3月1日起施行，上海市高级人民法院审判委员会2011年第8次会议讨论通过的《上海市高级人民法院关于一审知识产权案件管辖的规定》［沪高法（审）〔2011〕6号］同时废止。

镇江市中级人民法院　镇江市版权局

关于建立著作权类知识产权纠纷案件诉调对接机制的规定

镇中法〔2016〕55号

各辖市区文广新（体）局，新区社发局，江苏省丹阳市人民法院，镇江经济开发区人民法院，镇江市中级人民法院立案一庭、研究室：

为健全多元化纠纷解决机制，加强诉讼与非诉讼矛盾纠纷解决方式的有效衔接，更好地化解著作权类知识产权纠纷，充分发挥特邀调解在处理知识产权纠纷中的独特作用，促进我市知识产权纠纷灵活、高效、低成本解决，及时依法维护知识产权权利人的合法权益，根据《中华人民共和国著作权法》、《中华人民共和国民事诉讼法》、《中华人民共和国人民调解法》和《最高人民法院关于建立健全诉讼与非诉讼相衔接的矛盾纠纷解决机制的若干意见》、《最高人民法院关于人民法院特邀调解的规定》以及《最高人民法院关于人民法院民事调解工作若干问题的规定》，结合我市审判工作实际，现就在全市开展著作权类知识产权纠纷诉调对接工作作出以下规定：

一、一般规定

第一条　人民法院可以对著作权纠纷

案件在正式立案前委派著作权行政管理部门（下称著作权部门）进行调解，也可以在案件审理过程中委托著作权部门进行调解。

第二条 委派或者委托著作权部门进行调解的著作权纠纷案件，包括当事人一方或者双方为自然人、法人以及其他组织的著作权纠纷案件。具体包括：

（一）著作权权属纠纷案件；

（二）侵害著作权纠纷案件；

（三）侵害其他著作财产权纠纷案件；

（四）著作权合同纠纷案件。

第三条 人民法院委派或者委托著作权部门调解著作权纠纷案件，应当遵循以下原则：

（一）当事人平等自愿；

（二）不违反法律、法规的禁止性规定；

（三）不损害国家利益、社会公共利益和他人合法权益。

著作权部门调解工作，应当坚持公开、公平、公正原则，利用本身的专业优势与人民法院密切配合，化解矛盾。著作权部门组织诉前、诉中调解，应当依法规范制作调解笔录和书面工作报告，制作调解协议书和建立调解工作档案，真实完整反映调解过程及其结果。

二、调解员的选任和回避

第四条 调解员名册由著作权部门自行确定、管理，并报人民法院备案。调解员由著作权部门工作人员担任，也可以由其推荐的其他代表担任。

调解员应当符合下列条件：

（一）遵纪守法、品德良好、责任心强；

（二）具备一定的著作权法律知识和调解经验。

第五条 著作权部门应当建立调解员业绩档案，定期组织开展调解评估工作，并及时更新名册信息。

第六条 著作权部门应当在接到人民法院出具的委派函或者委托函后三个工作日内确定调解员名单，并书面通报人民法院。

第七条 调解员有下列情形之一的，当事人有权以口头或者书面形式申请回避：

（一）是本案当事人或者当事人、诉讼代理人近亲属的；

（二）与本案当事人有利害关系的；

（三）与本案当事人有其他关系，可能影响案件公正处理的；

（四）有其他违反职业道德准则的行为，可能影响案件公正处理的。

调解员有上述情形的，应当自行回避，但双方当事人同意由该调解员调解的除外。

调解员是否回避由人民法院决定。人民法院作出决定前，调解员应当暂停参与案件调解工作。人民法院决定调解员回避的，著作权部门应当在接到通知后三个工作日内重新确定调解员，并及时通报人民法院和双方当事人；人民法院经审查决定不予回避的，应当将决定及理由告知当事人，当事人对该决定不服的，应当终止调解程序。案件处诉前调解阶段的，应当将相关材料移送至人民法院立案部门立案审查；案件处诉中调解阶段的，应当恢复审理程序。

第八条 调解员不得在后续的诉讼程序中担任该案的人民陪审员、诉讼代理人、证人、鉴定人以及翻译人员。

第九条 调解员不得有下列行为：

1. 强迫调解；
2. 违法调解；
3. 接受当事人请托或者收受财物；
4. 其他违反调解员职业道德的行为。

当事人发现存在上述情形的，可以向

人民法院或者著作权部门投诉。经审查属实的，人民法院或者著作权部门应当予以纠正并作出警告、通报、除名等相应处理。

三、调解的一般程序

第十条 调解一般应当在人民法院或者著作权部门所在地进行，经双方当事人协商同意，可以选择其他地点进行调解。

调解程序开始前，著作权部门应告知双方当事人调解员姓名、年龄、工作单位、专业背景等情况，并告知双方当事人权利义务、调解规则、调解程序、调解协议效力、司法确认申请等事项。

第十一条 调解一般由一名调解员进行。对于重大、疑难、复杂或者当事人要求由两名以上调解员共同调解的案件，可以由两名以上调解员调解，并由人民法院或者著作权部门指定一名调解员主持。当事人有正当理由的，可以申请更换调解员。

第十二条 调解员在调解过程中有权查阅可以公开的相关案件材料。审判人员应当向调解员介绍案件基本情况及相关法律知识，调解员也可以随时向审判人员了解案件情况及相关法律知识。

调解员对于人民法院或者当事人要求保密的涉案信息，应当履行保密义务。

第十三条 调解员应当根据案件具体情况采用适当的方法进行调解，可以提出解决争议的方案建议。调解员为促成当事人达成调解协议，可以邀请对达成调解协议有帮助的人员参与调解。

第十四条 在调解过程中，当事人为达成调解协议作出妥协而认可的事实，不得在诉讼程序中作为对其不利的根据，但当事人均同意的除外。

第十五条 调解员发现双方当事人存在虚假调解可能的，应当中止调解，并向人民法院或者著作权部门报告。

人民法院或者著作权部门接到报告后，应当及时审查，并依据相关规定作出处理。

第十六条 有下列情形之一的，调解员应当终止调解：（一）当事人达成调解协议的；

（二）一方当事人撤回申请调解请求或者明确表示不接受调解的；

（三）调解员认为双方分歧较大且难以达成调解协议的；

（四）其他导致调解难以进行的情形。

调解员终止调解的，应当向人民法院书面报告，并移送相关材料。

四、诉前委派调解

第十七条 尚处于立案审查阶段的著作权纠纷案件，双方当事人愿意接受著作权部门诉前调解的，人民法院可以暂时不予立案，并委派著作权部门进行调解。当事人明确表示不接受调解的，人民法院应当依法及时立案。

第十八条 委派著作权部门进行诉前调解的，由人民法院诉调对接工作办公室登记、编立专门案号，并填写委派函，将委派函及相关诉讼材料一并移送至著作权部门。

第十九条 诉前调解期限为三十日，自著作权部门签字接收法院移交材料之日起计算。

第二十条 经著作权部门组织诉前调解达成调解协议的，双方当事人应当签订书面调解协议，并经双方当事人签名、盖章或者捺印确认。

第二十一条 经著作权部门组织诉前调解，当事人达成调解协议且不申请确认调解协议效力的，著作权部门应将调解协议原件及有关材料移送至人民法院诉调对接工作办公室登记备案；当事人向人民法院申请确认调解协议效力的，著作权部门应当将调解协议原件及有关材料移送至人民法院诉调对接工作办公室立案后移送审查。

第二十二条 人民法院审理确认调解协议效力的案件，应当坚持简便、快捷的原则。

人民法院依法确认调解协议有效，一方当事人拒绝履行或者未全部履行的，对方当事人可以向人民法院申请强制执行。

人民法院依法确认调解协议无效的，当事人可以通过人民调解方式变更原调解协议或者达成新的调解协议，也可以向人民法院提起诉讼。

第二十三条 经著作权部门组织诉前调解达成调解协议后，当事人就调解协议的履行或者调解协议的内容发生争议的，可以向人民法院提起诉讼，人民法院应当受理。一方当事人以原纠纷向人民法院起诉，对方当事人以调解协议提出抗辩的，应当提供调解协议书。

第二十四条 调解期间未达成调解协议，双方当事人均同意延长调解期限的，可以由著作权部门继续组织调解并履行手续。

经著作权部门组织诉前调解未能达成调解协议的，应当在三个工作日内将有关材料移送至人民法院诉调对接工作办公室登记备案，由其移送至立案部门立案审理。

五、诉中委托调解

第二十五条 在审理著作权纠纷案件过程中，有下列情形之一的，人民法院可以在征得双方当事人同意的情况下，委托著作权部门进行调解：

（一）案情相对特殊、复杂或者当事人之间矛盾激化的；

（二）当事人具有调解意愿或者申请人民法院委托著作权部门调解的；

（三）其他人民法院认为需要委托著作权部门调解的。

第二十六条 委托著作权部门调解的，人民法院审判业务部门应当出具委托函，连同必要的案件材料一并移送著作权部门并填具回单。

第二十七条 委托著作权部门调解的案件，调解期限为十五日，自著作权部门签字接收法院移交材料之日起计算。

第二十八条 经著作权部门组织调解达成调解协议的案件，双方当事人应当签订书面调解协议，并由双方当事人签名、盖章或者捺印确认。

著作权部门应当将调解协议原件、调解笔录、工作报告等有关材料于三个工作日内移送至人民法院。

第二十九条 当事人经著作权部门组织调解达成调解协议并向人民法院申请撤诉或者请求以调解结案的，由人民法院审判业务部门审查决定是否出具裁定书或者调解书。

人民法院审判业务部门经审查对调解协议效力不予确认，当事人同意著作权部门继续调解的，由其继续调解并履行手续；当事人不同意著作权部门继续调解的，转入审判程序审理。

第三十条 调解期间未达成调解协议，但双方当事人均同意延长调解期限的，由当事人协商确定继续调解的期限并履行手续后，可以由著作权部门继续组织调解。延长的调解期限不计入审理期限。

著作权部门未能在规定期限内促成当事人达成调解协议的，应当制作调解终结书，并将调解终结书、调解笔录、调解工作报告于三个工作日内移送人民法院诉调对接工作办公室登记备案，由其将有关材料及时移送审判业务部门。

第三十一条 委托调解不成，人民法院应当依法及时开庭审理，并将裁判结果通报著作权部门，共同做好当事人矛盾化解和息诉罢访工作。

第三十二条 委托著作权部门调解的，案件审理期限按照人民法院有关案件审理期限的管理规定予以扣除。

六、其他

第三十三条 人民法院和著作权部门建立沟通协调机制，及时协调化解各类著作权纠纷。

第三十四条 对于在参与调解活动中有显著成绩或者有其他突出事迹的调解员，由人民法院会同著作权部门给予表彰和奖励。对于符合人民陪审员选任条件的优秀调解员，人民法院可以依法定程序提请人民代表大会常务委员会任命为人民陪审员。

第三十五条 本规定由镇江市中级人民法院会同镇江市版权局负责解释。

第三十六条 本规定自公布之日起施行。

镇江市中级人民法院 镇江市工商行政管理局 关于建立商标类知识产权纠纷案件诉调对接机制的规定

2016年9月8日　　镇中法〔2016〕56号

江苏省丹阳市人民法院，镇江经济开发区人民法院，镇江市中级人民法院立案一庭、研究室：

为健全多元化纠纷解决机制，加强诉讼与非诉讼矛盾纠纷解决方式的有效衔接，更好地化解商标类知识产权纠纷，充分发挥特邀调解在处理知识产权纠纷中的独特作用，促进我市知识产权纠纷灵活、高效、低成本解决，及时依法维护知识产权权利人的合法权益，根据《中华人民共和国商标法》《中华人民共和国民事诉讼法》《中华人民共和国人民调解法》和《最高人民法院关于建立健全诉讼与非诉讼相衔接的矛盾纠纷解决机制的若干意见》《最高人民法院关于人民法院特邀调解的规定》以及《最高人民法院关于人民法院民事调解工作若干问题的规定》，结合我市审判工作实际，现就在全市开展商标类知识产权纠纷诉调对接工作作出以下规定：

一、一般规定

第一条 人民法院可以对商标纠纷案件在正式立案前委派工商行政管理部门和履行工商行政管理职能的县（市）、区市场监督管理部门（下称工商履职部门）进行调解，也可以在案件审理过程中委托工商履职部门进行调解。

第二条 委派或者委托工商履职部门进行调解的商标纠纷案件，包括当事人一方或者双方为自然人、法人以及其他组织的商标纠纷案件。具体包括：

（一）商标权权属纠纷案件；

（二）侵害商标权纠纷案件；

（三）商标权转让合同纠纷案件；

（四）商标使用许可合同纠纷案件；

（五）商标代理合同纠纷案件。

第三条 人民法院委派或者委托工商

履职部门调解商标纠纷案件，应当遵循以下原则：

（一）当事人平等自愿；

（二）不违反法律、法规的禁止性规定；

（三）不损害国家利益、社会公共利益和他人合法权益。

工商履职部门调解工作，应当坚持公开、公平、公正原则，利用本身的专业优势与人民法院密切配合，化解矛盾。工商履职部门组织诉前、诉中调解，应当依法规范制作调解笔录、书面工作报告，制作调解协议书和建立调解工作档案，真实完整反映调解过程及其结果。

二、调解员的选任和回避

第四条 调解员名册由工商履职部门自行确定、管理，并报人民法院备案。调解员由工商履职部门工作人员担任，也可以由其推荐的其他代表担任。

调解员应当符合下列条件：

（一）遵纪守法、品德良好、责任心强；

（二）具备一定的商标法律知识和调解经验。

第五条 工商履职部门应当建立调解员业绩档案，定期组织开展调解评估工作，并及时更新名册信息。

第六条 工商履职部门应当在接到人民法院出具的委派函或者委托函后三个工作日内确定调解员名单，并书面通报人民法院。

第七条 调解员有下列情形之一的，当事人有权以口头或者书面形式申请回避：

（一）是本案当事人或者当事人、诉讼代理人近亲属的；

（二）与本案当事人有利害关系的；

（三）与本案当事人有其他关系，可能影响案件公正处理的；

（四）有其他违反职业道德准则的行为，可能影响案件公正处理的。

调解员有上述情形的，应当自行回避，但双方当事人同意由该调解员调解的除外。

调解员是否回避由人民法院决定。人民法院作出决定前，调解员应当暂停参与案件调解工作。人民法院决定调解员回避的，工商履职部门应当在接到通知后三个工作日内重新确定调解员，并及时通报人民法院和双方当事人；人民法院经审查决定不予回避的，应当将决定及理由告知当事人，当事人对该决定不服的，应当终止调解程序。案件处诉前调解阶段的，应当将相关材料移送至人民法院立案部门立案审查；案件处诉中调解阶段的，应当恢复审理程序。

第八条 调解员不得在后续的诉讼程序中担任该案的人民陪审员、诉讼代理人、证人、鉴定人以及翻译人员。

第九条 调解员不得有下列行为：

1. 强迫调解；
2. 违法调解；
3. 接受当事人请托或者收受财物；
4. 其他违反调解员职业道德的行为。

当事人发现存在上述情形的，可以向人民法院或者工商履职部门投诉。经审查属实的，人民法院或者工商履职部门应当予以纠正并作出警告、通报、除名等相应处理。

三、调解的一般程序

第十条 调解一般应当在人民法院或者工商履职部门所在地进行，经双方当事人协商同意，可以选择其他地点进行调解。

调解程序开始前，工商履职部门应告知双方当事人调解员姓名、年龄、工作单位、专业背景等情况，并告知双方当事人权利义务、调解规则、调解程序、调解协议效力、司法确认申请等事项。

第十一条　调解一般由一名调解员进行。对于重大、疑难、复杂或者当事人要求由两名以上调解员共同调解的案件，可以由两名以上调解员调解，并由人民法院或者工商履职部门指定一名调解员主持。当事人有正当理由的，可以申请更换调解员。

第十二条　调解员在调解过程中有权查阅可以公开的相关案件材料。审判人员应当向调解员介绍案件基本情况及相关法律知识，调解员也可以随时向审判人员了解案件情况及相关法律知识。

调解员对于人民法院或者当事人要求保密的涉案信息，应当履行保密义务。

第十三条　调解员应当根据案件具体情况采用适当的方法进行调解，可以提出解决争议的方案建议。调解员为促成当事人达成调解协议，可以邀请对达成调解协议有帮助的人员参与调解。

第十四条　在调解过程中，当事人为达成调解协议作出妥协而认可的事实，不得在诉讼程序中作为对其不利的根据，但当事人均同意的除外。

第十五条　调解员发现双方当事人存在虚假调解可能的，应当中止调解，并向人民法院或者工商履职部门报告。

人民法院或者工商履职部门接到报告后，应当及时审查，并依据相关规定作出处理。

第十六条　有下列情形之一的，调解员应当终止调解：

（一）当事人达成调解协议的；

（二）一方当事人撤回申请调解请求或者明确表示不接受调解的；

（三）调解员认为双方分歧较大且难以达成调解协议的；

（四）其他导致调解难以进行的情形。

调解员终止调解的，应当向人民法院书面报告，并移送相关材料。

四、诉前委派调解

第十七条　尚处于立案审查阶段的商标纠纷案件，双方当事人愿意接受工商履职部门诉前调解的，人民法院可以暂时不予立案，并委派工商履职部门进行调解。当事人明确表示不接受调解的，人民法院应当依法及时立案。

第十八条　委派工商履职部门进行诉前调解的，由人民法院诉调对接工作办公室登记、编立专门案号，并填写委派函，将委派函及相关诉讼材料一并移送至工商履职部门。

第十九条　诉前调解期限为三十日，自工商履职部门签字接收法院移交材料之日起计算。

第二十条　经工商履职部门组织诉前调解达成调解协议的，双方当事人应当签订书面调解协议，并经双方当事人签名、盖章或者捺印确认。

第二十一条　经工商履职部门组织诉前调解，当事人达成调解协议且不申请确认调解协议效力的，工商履职部门应将调解协议原件及有关材料移送至人民法院诉调对接工作办公室登记备案；当事人向人民法院申请确认调解协议效力的，工商履职部门应当将调解协议原件及有关材料移送至人民法院诉调对接工作办公室立案后移送审查。

第二十二条　人民法院审理确认调解协议效力的案件，应当坚持简便、快捷的原则。

人民法院依法确认调解协议有效，一方当事人拒绝履行或者未全部履行的，对方当事人可以向人民法院申请强制执行。

人民法院依法确认调解协议无效的，当事人可以通过人民调解方式变更原调解协议或者达成新的调解协议，也可以向人民法院提起诉讼。

第二十三条 经工商履职部门组织诉前调解达成调解协议后，当事人就调解协议的履行或者调解协议的内容发生争议的，可以向人民法院提起诉讼，人民法院应当受理。一方当事人以原纠纷向人民法院起诉，对方当事人以调解协议提出抗辩的，应当提供调解协议书。

第二十四条 调解期间未达成调解协议，双方当事人均同意延长调解期限的，可以由工商履职部门继续组织调解并履行手续。

经工商履职部门组织诉前调解未能达成调解协议的，应当在三个工作日内将有关材料移送至人民法院诉调对接工作办公室登记备案，由其移送至立案部门立案审理。

五、诉中委托调解

第二十五条 在审理商标纠纷案件过程中，有下列情形之一的，人民法院可以在征得双方当事人同意的情况下，委托工商履职部门进行调解：

（一）案情相对特殊、复杂或者当事人之间矛盾激化的；

（二）当事人具有调解意愿或者申请人民法院委托工商履职部门调解的；

（三）其他人民法院认为需要委托工商履职部门调解的。

第二十六条 委托工商履职部门调解的，人民法院审判业务部门应当出具委托函，连同必要的案件材料一并移送工商履职部门并填具回单。

第二十七条 委托工商履职部门调解的案件，调解期限为十五日，自工商履职部门签字接收法院移交材料之日起计算。

第二十八条 经工商履职部门组织调解达成调解协议的案件，双方当事人应当签订书面调解协议，并由双方当事人签名、盖章或者捺印确认。

工商履职部门应当将调解协议原件、调解笔录、工作报告等有关材料于三个工作日内移送至人民法院。

第二十九条 当事人经工商履职部门组织调解达成调解协议并向人民法院申请撤诉或者请求以调解结案的，由人民法院审判业务部门审查决定是否出具裁定书或者调解书。

人民法院审判业务部门经审查对调解协议效力不予确认，当事人同意工商履职部门继续调解的，由其继续调解并履行手续；当事人不同意工商履职部门继续调解的，转入审判程序审理。

第三十条 调解期间未达成调解协议，但双方当事人均同意延长调解期限的，由当事人协商确定继续调解的期限并履行手续后，可以由工商履职部门继续组织调解。延长的调解期限不计入审理期限。

工商履职部门未能在规定期限内促成当事人达成调解协议的，应当制作调解终结书，并将调解终结书、调解笔录、调解工作报告于三个工作日内移送人民法院诉调对接工作办公室登记备案，由其将有关材料及时移送审判业务部门。

第三十一条 委托调解不成，人民法院应当依法及时开庭审理，并将裁判结果通报工商履职部门，共同做好当事人矛盾化解和息诉罢访工作。

第三十二条 委托工商履职部门调解的，案件审理期限按照人民法院有关案件审理期限的管理规定予以扣除。

六、其他

第三十三条 人民法院和工商履职部门建立沟通协调机制，及时协调化解各类商标纠纷。

第三十四条 对于在参与调解活动中有显著成绩或者有其他突出事迹的调解员，

由人民法院会同工商履职部门给予表彰和奖励。对于符合人民陪审员选任条件的优秀调解员，人民法院可以依法定程序提请人民代表大会常务委员会任命为人民陪审员。

第三十五条 本规定由镇江市中级人民法院会同镇江市工商行政管理局负责解释。

第三十六条 本规定自公布之日起施行。

浙江省高级人民法院
印发《关于适用简易程序审理部分知识产权民事纠纷案件的规定》的通知

2015年6月17日　　浙高法〔2015〕90号

本省各级人民法院：

为进一步优化我省知识产权审判资源配置，提高诉讼效率，结合当前审判工作实际，在充分调研论证的基础上，对2012年制定的《关于适用简易程序审理部分知识产权民事纠纷案件的规定（试行）》进行了修订，现予印发，请认真贯彻执行。执行中如有问题，请及时报告我院民三庭。

特此通知。

关于适用简易程序审理部分知识产权民事纠纷案件的规定

为进一步优化我省知识产权审判资源配置，提高案件审判质量和效率，根据《中华人民共和国民事诉讼法》《最高人民法院关于适用〈中华人民共和国民事诉讼法〉的解释》《最高人民法院关于适用简易程序审理民事案件的若干规定》的规定，结合我省基层人民法院知识产权民事审判工作实际，制定本规定。

一、具有一般知识产权民事案件管辖权的基层人民法院，经中级人民法院批准并报省高级人民法院备案，可以适用简易程序审理部分知识产权民事纠纷案件。

二、适用简易程序审理部分知识产权民事纠纷案件的审判人员应当具有一定的知识产权案件审判经验。

三、事实清楚、权利义务关系明确、争议不大且争议标的额在100万元以下的知识产权民事纠纷案件可以适用简易程序审理。

以下案件不得适用简易程序进行审理：

1. 实用新型和外观设计专利纠纷案件；

2. 计算机软件著作权纠纷案件；

3. 侵害商业秘密纠纷案件；

4. 涉外、涉港澳台知识产权案件；

5. 在本辖区有重大影响的案件；

6. 群体性纠纷并可能引发矛盾激化、集体上访的案件；

7. 其他不宜适用简易程序的案件。

四、具体案件是否适用简易程序审理，由所在法院视案件实际情况及审判资源配置自行决定。

五、适用简易程序审理的案件，可以采取电话、短信、传真、电子邮件等简便方式传唤双方当事人、通知证人和送达裁判文书以外的诉讼文书。

适用简易程序审理的案件，经当事人双方同意，可以采用视听传输技术等方式开庭。

适用简易程序审理的案件，以采用录音录像为主要方式进行庭审记录。

适用简易程序审理的案件，可以视案件实际情况制作相应的简式裁判文书。

六、在审理过程中，发现案件不宜适用简易程序的，应立即裁定转为普通程序。

七、本规定自2015年6月17日起实行。

浙江省高级人民法院民三庭
关于印发《关于老字号知识产权保护的纪要》的通知

2015年12月24日　　浙高法民三〔2015〕5号

本省各中级人民法院及具有一般知识产权案件管辖权的基层人民法院：

为明晰老字号知识产权纠纷裁判规则，提高对老字号知识产权的司法保护水平，我庭在对老字号知识产权保护问题进行充分调研的基础上，形成本纪要。现予以印发，请参照执行。执行中如有问题，请及时报告我庭。

关于老字号知识产权保护的纪要

为加强老字号知识产权保护，明晰老字号知识产权纠纷裁判规则，根据相关法律法规、司法解释的规定，结合我省审判工作实际，形成以下纪要：

第一条 本纪要所称老字号，是指创办已有一定时期，拥有世代传承的产品、技艺或服务，具有鲜明的中华民族传统文化背景和深厚的文化底蕴，具有较高知名度和良好信誉的经营主体名称。

本纪要所称老字号知识产权，是以字号为基础，包括商标、知名商品特有名称、包装、装潢以及域名等商业标识在内的知识产权。

第二条 老字号知识产权与非物质文化遗产所保护的客体存在重叠交叉，但两种保护的侧重点不同。知识产权强调从民事权利角度进行保护；非物质文化遗产则由政府主管部门、遗产项目保护单位、遗产项目代表性传承人等从人类文明传承的角度进行保护。

被纳入非物质文化遗产项目名录并非老字号获得知识产权保护的前提，但该事实可以用于证明相关老字号具有较高知名度。

第三条 审理老字号权属纠纷案件应在明确老字号知识产权权利内容的基础上，重点审查老字号企业的历史沿革、家族传承渊源、商业标识的存续流转及实际使用等情况，查明其权利归属。

第四条 对当事人提交的证明其历史传承的公开出版物等证据材料，应当结合出版物本身对真实性的要求、不同出版物之间能否相互印证等情况予以综合认定。

一般而言，人物宣传类文章不宜单独作为认定案件事实的依据；对新闻报道类文章内容的真实性，需根据具体情况加以甄别；地方志类图书、专业学科历史类图书对真实性的要求较高，证明力较强；不同出版物对相同事项的描述能够相互印证的，证明力较强。

第五条 审理老字号权利冲突案件应遵循保护在先权利原则、防止市场混淆原则、尊重历史因素原则和延伸保护范围原则。

第六条 保护在先权利原则是指在同一客体上存在的多个权利发生冲突时，根据权利取得的时间先后顺序，优先保护在先取得的权利，在后权利的设立、行使不得侵害他人的在先权利。

第七条 防止市场混淆原则是指行为人不得使用与他人在先商业标识相同或近似的标识，攀附他人商业信誉，导致相关公众混淆。

判断是否造成相关公众混淆误认，应以相关公众的一般注意力为标准，结合商业标识的显著性和知名度、行为人是否具有攀附或者损害他人商誉的主观过错、商业标识的具体使用形态等因素进行综合判断。

第八条 尊重历史因素原则是指对于因历史原因造成的老字号知识产权之间的冲突，当事人不具有恶意的，应当视案件具体情况，在考虑历史因素和使用现状的基础上，公平合理地解决冲突，不宜简单地认定构成商标侵权或者不正当竞争；对于权属已经清晰的老字号知识产权纠纷，要本着善意共存和包容发展的原则，尊重历史和维护已形成的法律秩序。

第九条 延伸保护范围原则是指老字号保护的地域范围，不应仅限于企业名称登记主管机关的辖区范围内，而应当根据该老字号的知名度，决定其延伸保护的范围。

第十条 判断老字号是否已弱化为通用名称，应当审查其是否已构成法定的或者约定俗成的商品名称或商品简称。

约定俗成的通用名称一般以全国范围内相关公众的通常认识为判断标准。但对于因历史传统、风土人情、地理环境等原因形成的相关市场较为固定的商品，在该相关市场内通用的称谓，亦可认定为通用名称。

第十一条 人民法院要注重与知识产权行政执法部门及相关行业协会之间的良性互动，形成对老字号知识产权的保护合力。

浙江省高级人民法院民三庭
知识产权审判疑难问题解答（二）

著作权部分

1. 书号的性质是什么？如果他人出版图书的内容与正版图书完全不同，但使用了与正版图书相同的书号，是否侵害正版图书著作权人的权利？

答：目前我国正版图书统一使用的国际标准书号（简称 ISBN）由 13 位数字组成，其中包含了国家代码、出版社代码、书序码、校验码等信息。它是国家新闻出版广电总局分配给出版者的、用于识别出版物的标识，也是合法出版物的证明。但书号并不属于著作权法保护的作品范畴，故仅使用正版图书的书号，被诉图书的内容与正版图书不同的，不构成侵害图书作者著作权的行为。

2. 计算机软件用户未经软件著作权人许可，对计算机软件进行复制并商业使用，是否应承担停止侵害的民事责任？

答：首先应当区分对计算机软件的复制行为和使用行为。复制行为一般是指对软件的拷贝或安装，使用行为则是安装之后对软件的功能性使用。复制行为是《著作权法》明确规定的侵害著作权的行为，但是复制一旦完成，该侵权行为即告结束，故无需再判令软件用户承担停止复制的民事责任。对于使用行为，虽然《著作权法》未明确将其列为受著作权权项控制的行为，但根据《计算机软件保护条例》第三十条的规定，“软件的复制品持有人不知道也没有合理理由应当知道该软件是侵权复制品的，不承担赔偿责任；但是，应当停止使用、销毁该侵权复制品”。善意的软件用户尚且要停止使用，非善意的软件用户更是如此，据此，未经许可的软件用户应当承担停止使用的民事责任。

3. 在一些侵害软件著作权案件中，原

告使用 telnet 命令登陆对方服务器后所反馈的字符中包含涉案软件名称，能否据此认定该服务器上安装有涉案软件？

答：telnet 命令是一种远程登录目标服务器的计算机语言。虽然对方服务器在接收 telnet 命令后所反馈的字符中包含涉案软件名称，但由于反馈字符可以由控制该服务器的一方出于某些原因人为设置或修改，因此从证明标准的角度而言，原告提交的上述证据尚未达到高度盖然性标准，不足以证明对方服务器上安装有涉案软件。但在原告进一步提交有效补充证据的情况下（如在某些涉及邮箱软件的案件中，原告还提供了使用浏览器进入被告邮箱网址后所显示的登陆页面截图，上面标有涉案软件名称），应当由被告对未安装涉案软件的事实承担举证责任，被告不能提交相关证据的，可以根据具体案情认定被告侵权的事实。

4. 原告提供了著作权登记证书等证据证明其系一款计算机软件某版本（如 7.0 版）的著作权人，而被告使用的是该软件的升级版本（如 7.1 版或 8.0 版），能否认定原告系升级版本的权利人？

答：对于名称相同但版本不同的计算机软件，其著作权人并不必然同一，故一般应当要求原告补充证据证明其系升级版本的权利人，比如原告可以提供升级版本的软件安装盘，在软件的安装及运行界面中一般会显示著作权权属信息。即使原告未提供补充证据，在软件升级版本与基础版本之间变化不大，著作权权属变化可能性很小的情况下，也可以结合具体案情及内心心证，将举证责任分配给被告，在被告无法提供反证的情况下认定原告为升级版本的权利人。

5. 计算机中文字库及其运行后产生的单个汉字是否受著作权法保护？

答：计算机中文字库是为了得到可在计算机及相关电子设备的输出装置中显示相关字体字型而制作的、由计算机执行的代码化指令序列，故应作为计算机软件而不是美术作品受到著作权法的保护。单个字型能否构成美术作品，需要具体分析其是否具有著作权法意义上的独创性。但考虑到汉字本身具有表达思想、传递信息的功能，故对其独创性标准应予严格把握，保护强度不宜过高。

商标及不正当竞争部分

6. 原告在 A 地享有涉案注册商标的独占许可使用权，被告一在 B 地享有涉案注册商标的非独占许可使用权并生产了被诉侵权产品，被告二从 B 地购进被诉侵权产品并在 A 地销售。被告一在 B 地区的制造、销售行为和被告二在 A 地的销售行为是否构成商标侵权？

答：被告一在 B 地制造、销售商品具有合法授权，其行为不构成商标侵权。被告二从 B 地购进被诉侵权产品销售至 A 地的行为亦不构成商标侵权。因为经商标权人或其同意的被许可人以合法方式售出商品后，根据商标权利用尽原则，商标权人即无权禁止他人在市场上依法转售该商品。

7. 注册商标指定颜色对商标近似判断的影响？

答：与未指定颜色的注册商标相比，在判断指定颜色的注册商标与被诉侵权标识是否近似时，需要额外考虑颜色在整个注册商标显著性中所起到的作用。当颜色是注册商标中的显著特征，能够对区分商品来源起到主要或重要识别作用的情况下，如果被诉侵权标识与注册商标的颜色相同或基本相同，那么即使在形状上存在一定差异，也易构成近似。反之，在颜色的显著性较弱，而形状起到主要识别作用的情况下，即使两者的颜色相同，但如果形状有所不同，那么也不易构成近似。

8. 被告以包工包料形式承建案外人的工程项目，合同约定使用某品牌铝型材，但被告购买并在工程中使用了假冒该品牌的铝型材，是否侵害了商标权人的权利？

答：虽然被告与案外人（发包人）之间签订的是包工包料形式的建筑承包合同，但实质上包含了销售关系。因为被告以自己的名义购入侵权商品后，其最终目的并非自己使用，而是将所购得的侵权商品与其劳务等一起提供给发包人，并由发包人支付相应对价，该对价同时包含了建筑材料、劳务等的价格，故该侵权行为具备“出卖人转移标的物的所有权于买受人，买受人支付价款”的买卖法律关系的实质性特征，应当认定为销售行为。且被告在施工中使用侵权商品，会导致发包人误认为该商品来源于商标权人，从而造成商品来源的混淆，因此构成商标侵权。

9. 新修订的《商标法》第六十四条规定被告可以以原告三年内未实际使用注册商标为由提出不予赔偿的抗辩。问题（1）如果被告没有提出抗辩，法院是否应主动审查原告的商标使用情况？（2）经审查，原告实际使用的商标形态与其注册商标存在一定差别（比如中文字体不同），此时能否认定原告已实际使用该注册商标？（3）原告提交的证据要达到何种程度才能认定其已实际使用注册商标？（4）如果原告商标的核准注册时间未满三年且未实际使用的，在侵权成立的情况下，被告是否应承担赔偿责任？

答：（1）商标的价值在于其具有识别商品来源的功能，这也是商标获得法律保护的根据和基础，而这种识别功能需要通过实际使用才能发挥其实际效用。审判实践中，注册商标的实际使用情况与商标知名度、显著性的认定，商标近似、商品类似的判断，以及赔偿数额的确定均密切相关，因此即使被告未提出商标未实际使用的抗辩，法院也应当主动审查原告商标的使用情况。

（2）《最高人民法院关于审理商标授权确权行政案件若干问题的意见》第二十条规定：“商标权利人自行使用，许可他人使用以及其他不违背商标权利人意志的使用，均可认定属于实际使用的行为。实际使用的商标与核准注册的商标虽有细微差别，但未改变其显著特征的，可以视为注册商标的使用。没有实际使用注册商标，仅有转让或许可行为，或者仅有商标注册信息的公布或者对其注册商标享有专有权的声明等的，不宜认定为商标使用。”上述规定虽然是法院在审理商标授权确权行政案件时应予适用的条款，但在商标侵权民事案件中，法院认定商标实际使用的标准与行政案件在实质上并无区别，因此可以参照适用。

（3）《商标法》规定未使用抗辩的主要目的在于鼓励、督促商标所有人积极行使商标权利，遏制实践中商标囤积、诉讼牟利等不正当行为。基于上述立法精神，法院在适用《商标法》第六十四条时，可以结合原告是否具有实际使用意图来认定是否存在实际使用行为，对证明标准的要求不宜过高。比如原告提交的使用注册商标的产品、宣传册、合同等能够形成较为完整的证据链，且没有证据或事实显示其存在囤积、抢注等无实际使用意图的行为，则即使原告未提交正规发票等支付凭证，也可以认定其构成实际使用。

（4）《商标法》第六十四条仅涉及三年内未实际使用商标的情况，对于其他未使用情形，可以适用《关于当前经济形势下知识产权审判服务大局若干问题的意见》中的相关司法政策："请求保护的注册商标未实际投入商业使用的，确定民事责任时可将责令停止侵权行为作为主要方式，在确定赔偿责任时可以酌情考虑未实际使用的事实，除为维权而支出的合理费用外，如果确无实际损失和其他损害，一般不根据被控侵权人的获利确定赔偿；注册人或者受让人并无实际使用意图，仅将注册商标作为索赔工具的，可以不予赔偿。"因此，对于虽然注册商标未满三年也未实际使用，但有真实使用意图并进行了必要准备的商标权人，在损害赔偿方面还是应结合案件的实际情况给予相应救济。

10. 生产企业将与他人在先注册商标相同或近似的标识作为字号，突出使用于其厂房门口，在该企业经营的产品与涉案商标核定使用类别相同或类似的情况下，是否构成商标侵权？

答：根据《商标法》第四十八条之规定，商标的使用，是指将商标用于商品、商品包装或者容器以及商品交易文书上，或者将商标用于广告宣传、展览以及其他商业活动中，用于识别商品来源的行为。因此，商标使用是一种广义的商业活动中的使用，不仅仅局限于商品或服务上的使用行为，其核心在于发挥商标基本的识别功能。厂房作为生产企业的主要经营地，无疑是商业活动的主要场所，在厂房门口使用与他人注册商标相同或相似的字号，属于突出使用企业名称的行为，在客观上已经起到了标示商品来源的作用，属于商标法意义上的使用，并容易使相关公众产生混淆误认，构成商标侵权行为。

11. 在商标权人仅起诉市场管理者，未起诉直接实施销售行为的商户的情况下，法院能否直接对市场管理者作出间接侵权的认定？

答：权利人仅起诉市场管理者的，在直接侵权事实清楚的情况下，法院无需追加商户，可以在市场管理者存在过错的情况下，直接对其作出间接侵权的认定。如果不追加商户导致直接侵权事实无法查明的，法院可以向原告释明，要求其追加，原告坚持不予追加的，法院可以根据举证责任分配规则驳回其诉讼请求。

12. 在侵害商业秘密案件中，现有证据仅能证明被告使用原告商业秘密生产了产品，尚无证据证明其已销售该产品，被告是否应当承担损害赔偿责任？

答：被告使用原告的商业秘密进行生产，虽然相关产品尚未进入市场销售环节，但侵权行为和损害后果实际都已产生。损害后果既包括被告未经许可使用商业秘密造成原告可得利益的损失，也包括因非法获取和使用商业秘密导致商业秘密知晓范围的扩大及商业价值的降低。如果原告的商业秘密因被告的使用而公开，则应依据《最高人民法院关于审理不正当竞争民事案件应用法律若干问题的解释》第十七条第二款的规定，根据该项商业秘密的商业价值确定损害赔偿额。此外，被告因使用原告商业秘密进行生产而节省生产研发成本，为被告带来竞争优势，亦构成被告获利。因此，即使被告尚无销售行为，也应承担损害赔偿责任。

13. 如果被告的虚假宣传行为没有对原告造成直接损害，原告能否提起不正当竞争之诉，并要求被告承担民事责任？

答：根据《民事诉讼法》第一百一十九条的规定，原告与本案有直接利害关系是起诉的条件之一。就虚假宣传纠纷而言，从促进公平竞争、鼓励原告通过司法途径制止不正当竞争行为的角度出发，对于原告与虚假宣传行为之间的利害关系应作广义理解，即只要原、被告之间存在竞争关系（该竞争关系不限于同一行业），被告一旦实施引人误解的虚假宣传行为，就会增强自身竞争优势，进而直接或间接侵害其他竞争者的合法利益。因此，即使虚假宣传行为没有直接导致原告损失，原告也有权提起诉讼并要求被告停止侵害。对于情节严重的虚假宣传行为，法院还可以另行制作民事决定书予以制裁。

但是，对于原告请求损害赔偿的诉讼请求，应当以“造成直接损害”为要件。具体而言，只有在具备经营者之间存在竞争关系、有关宣传内容足以造成相关公众误解以及对经营者造成直接损害这三个基本条件的前提下，原告才有权获得损害赔偿。需要注意的是，不能简单地以对相关公众可能产生的误导性后果来替代原告对自身受到损害的证明责任。

14. **在认定楼盘名称构成商标侵权的案件中，如何适用停止侵害的民事责任？**

答：责令停止侵害是制止侵权行为继续实施的一种民事责任。在一审判决时侵权行为仍在继续的，一般应当判决停止侵害，并应尽可能在主文中明确停止侵害的具体方式和内容。认定楼盘名称构成商标侵权的案件也同样如此，如果构成侵权，原则上应当判决停止使用楼盘名称，若还有其他侵权形态的，也应一并判决停止侵害。

在特殊情况下，考虑到楼盘名称具有商业标识和地理名称的双重含义，并与楼盘业主的房产证、身份证等重要文件息息相关，如果涉案楼盘大部分业主已经入住，更改楼盘名称牵涉到诸多业主权益的，可以考虑不判决停止使用楼盘名称，而采取更充分的赔偿或者经济补偿等替代性措施解决纠纷。

15. **已经超过商标撤销期间的注册商标侵害了他人的在先著作权，在先著作权人要求商标权人停止侵害的诉讼请求是否应予支持？**

答：一般情况下，在先权利人在诉讼时效期间内均可正当行使其权利，要求商标权人停止侵权并赔偿损失。但是，当注册商标超过法定撤销期间后，在先权利人已经丧失了撤销请求权。如果在其寻求民事救济时，法院仍然按照一般做法禁止商标权人使用超过撤销期间的注册商标，就会与商标法关于撤销期间的立法目的相悖。因此，为了协调注册商标撤销期间与权利人诉讼时效之间的关系，一般情况下，对于停止侵害的诉讼请求不予支持，但可以通过加大损害赔偿等方式给予权利人相应救济。

16. **注册商标在侵权诉讼过程中被无效或者被撤销的，法院应如何处理？**

答：新修订的《商标法》根据事由的不同对注册商标的无效和撤销制度作了明确区分。商标因注册不当被无效的，该商标专用权视为自始即不存在。因此，如果注册商标在诉讼过程中被宣告无效的，法院应裁定驳回原告起诉。商标因使用不当被撤销的，该商标专用权自商标局公告撤销之日起终止。由于商标撤销决定不具有溯及力，因此对发生于商标被撤销之前的侵权行为，商标权人仍有权主张权利。在侵权成立的前提下，因商标已被撤销，故法院无需判令停止侵权。对于赔偿数额，应结合具体撤销原因予以认定，比如因三年未使用原因导致商标被撤销的，可以根据个案情况适当降低赔偿数额或仅赔偿维权费用。

专利部分

17. **在专利侵权诉讼中，如果当事人提交的专利权评价报告显示所有权利要求**

均无创造性，则法院应如何处理？

答：在专利权评价报告认为涉案专利存在无效事由的情况下，法院可以向被告释明，告知其可在一定期间内向专利复审委员会提出无效宣告申请。如果被告提出申请，则法院可以中止诉讼；如果被告在指定期间内不申请，则法院应当继续审理。

18. 在专利侵权诉讼中，生效行政判决撤销了之前专利复审委员会关于宣告涉案专利权利要求无效的决定并责令其重作，权利人是否可以直接另行起诉？

答：行政判决撤销专利复审委员会无效决定，专利权自然恢复有效，权利人可据此另行起诉。但是，当程序违法或者主要证据不足时，行政判决会同时判令专利复审委员会重新作出决定，且该重作程序可能引入新的无效事由，专利效力仍处于待定状态。因此有证据证明专利复审委员会宣告权利要求无效的决定被生效行政判决撤销的，权利人可以另行起诉；该行政判决同时判令专利复审委员会重新作出决定的，权利人可以在生效的行政判决或者行政决定认定上述权利要求有效后另行起诉。

19. 原告就同一专利同时对多个被告分别提起诉讼，其中一个案件的被告在答辩期内请求宣告该专利权无效并要求中止诉讼，法院决定该案中止诉讼后，其他案件是否也应中止诉讼？

答：根据《最高人民法院关于审理专利纠纷案件适用法律问题的若干规定》第九十六条，涉及依职权追加当事人、中止诉讼、终结诉讼、回避等程序性事项的，属于民事诉讼法规定的“人民法院认为审理案件需要的证据”，人民法院应当调查收集并予以查实。因此，在上述情况下，如果法院根据其中一案的证据认为需要中止诉讼的，则另外三案也可以依职权中止诉讼。

20. 专利侵权诉讼中，原告明确以从属权利要求确定其保护范围，法院经审理认为，被诉侵权技术方案不落入从属权利要求保护范围，但落入独立权利要求保护范围，此时法院是否应当向原告释明？原告在其诉讼请求被驳回后，又以独立权利要求为依据起诉的，是否属于重复起诉？

答：原告明确以从属权利要求作为权利基础的，法院应以从属权利要求确定专利保护范围，做出是否构成侵权的认定。如果法院在法庭辩论终结前发现被诉侵权技术方案很可能仅落入独立权利要求保护范围的，可以向原告释明其选择从属权利要求作为权利基础存在的风险。

专利权利要求书中的每一项权利要求均构成一个独立的技术方案，虽然被诉侵权技术方案未落入从属权利要求，但仍有可能落入独立权利要求的保护范围。原告在以从属权利为依据提出的诉请被驳回后，又以独立权利要求起诉的，由于后案所主张的权利基础及其保护范围与前案不同，故不构成重复起诉。

21. 外观设计专利侵权认定中的一般消费者如何界定？

答：一般消费者是一个抽象的主体。就知识水平而言，其对外观设计专利申请日之前同类或者相近种类产品的外观设计及其常用设计手法具有常识性了解；就认知能力而言，其对不同外观设计之间在形状、图案、色彩上的差别具有一定的分辨力，但不会注意到形状、图案、色彩的微小变化。一般消费者既不是偶尔购买相关产品、对相关产品外观设计不甚了解的消费者，也不是专业的设计人员。鉴于不同类别产品的消费群体各有不同，故应当根据产品的实际购买、使用等情况进行判断，比如残疾人专用品的消费群体比较特定，而日常生活用品的消费群体则很广泛。一般消费者多为该类产品的直接购买者，比如对于型材类产品，可以从型材购买者或者安装者的视角进行比对，而不是从房屋业主等最终使用者的视角进行比对。

22. **如何准确界定退休、调离原单位后或者劳动、人事关系终止后1年内作出的，与其在原单位承担的本职工作或者原单位分配的任务有关的发明创造？**

答：《专利法实施细则》第十二条规定了职务发明创造的三种情形：（1）在本职工作中作出的发明创造；（2）履行本单位交付的本职工作之外的任务所作出的发明创造；（3）退休、调离原单位后或者劳动、人事关系终止后1年内作出的，与其在原单位承担的本职工作或者原单位分配的任务有关的发明创造。从上述规定的逻辑关系来看，第三种情形中“有关的发明创造”与第一、二种情形中的发明创造并无本质区别，只是存在时间上的延展关系，其意义主要在于明确发明人在符合前两种情形的情况下轻易地进行后续工作所取得的发明创造属于原单位的职务发明。对“有关”的理解不应过于宽泛，否则就会产生相同的发明创造在离职一年后作出被认定为职务发明，而在职时反而不被认定为职务发明的情况。换言之，如果不具备在原单位承担的本职工作或者原单位分配的任务这一前提，则发明人在离职后1年内完成的发明创造就不应属于原单位的职务发明。在判断是否“有关”时，主要应当考量员工的本职工作或单位交付的其他任务中是否包含了与涉案专利发明目的、技术方案相同或密切相关的研发工作任务，在审理中需要将涉案专利技术方案与原本职工作或分配任务进行比较，确定两者是否相同或者密切相关。

23. **原告就同一专利、同一被诉侵权设备提起多个专利侵权诉讼，被诉的生产者相同，但使用者不同，原告在庭审中明确其在每个案件中主张的赔偿范围仅限于涉及该案使用者的被诉侵权设备，法院应如何处理？**

答：在原告明确赔偿范围仅限于该案使用者所用设备的情况下，如果具备计算原告损失或者被告获利的可行性，则法院应当依据原告损失或被告获利确定赔偿数额，否则应适用法定赔偿方式确定赔偿数额，法定赔偿的范围仅限于该案使用者的设备。

24. **签订产品销售合同但尚未实际交付产品的，是否构成专利法第十一条所称的销售？**

答：产品销售合同依法成立的，应当认定已构成专利法第十一条所称的销售。未实际交付产品的，对损害赔偿数额的计算存在一定影响，但不影响已构成销售行为的定性。

25. **专利侵权纠纷中，因被诉侵权产品已固定于某工程，故原告仅提供了被诉侵权产品的图片，此时法院是否需要进行勘验？**

答：专利诉讼中的勘验一般包括两种情形，一种属于调查取证或证据保全的方法，如《最高人民法院关于民事诉讼证据的若干规定》第二十四条规定，进行证据保全可以根据具体情况采取查封、扣押、勘验等方法。另一种是对生产线、大型设备、生产方法等无法移动的设施前往现场查明相关事实的手段。根据《民事诉讼法》第六十四条第三款的规定：“人民法院应当按照法定程序，全面地、客观地审查核实证据。”在原告仅提供专利产品侵权图片的情况下，法院应先向原告释明，符合调查取证条件的可向法院申请调查取证，符合证据保全条件的可向法院申请证据保全。即使原告未提出相关申请，法院也可以根据查明事实的必要性，依职权决定是否进行勘验。

26. **一方委托个人开发某款产品并签订委托合同，但并未约定专利申请权的归属，在产品开发完成后委托人申请专利并获授权，法院在确定涉案专利属于技术开发成果的情况下，能否直接根据当事人诉请判定涉案专利权归研究开发人所有？**

答：《合同法》第三百三十九条规定："委托开发完成的发明创造，除当事人另有约定的以外，申请专利的权利属于研究开发人。研究开发人取得专利权的，委托人可以免费实施该专利。研究开发人转让专利申请权的，委托人享有以同等条件优先受让的权利。"如果在合同没有约定的情况下，委托人申请专利并获授权，实际上侵害了研究开发人申请专利的权利，法院在认定涉案专利属于技术开发合同成果的情况下，可以判决涉案专利权归研究开发人所有。

共性部分

27. **原告通过公证保全了从被告网店购物的过程，并在原告住所地收到被诉侵权产品，原告遂以侵权结果发生于该地为由向该地法院起诉，该院对本案是否具有管辖权？**

答：根据《民事诉讼法》的相关规定，侵权纠纷由侵权行为地和被告住所地法院管辖，侵权行为地包括侵权行为实施地和侵权结果发生地。但对于侵害商标权纠纷和侵害著作权纠纷而言，由于《最高人民法院关于审理商标民事纠纷案件适用法律若干问题的解释》第六条及《最高人民法院关于审理著作权民事纠纷案件适用法律若干问题的解释》第四条已经将侵权结果发生地排除在上述两类侵权纠纷的管辖连结点之外，因此不应再适用《民事诉讼法》的一般规定。对于侵害专利权纠纷而言，虽然相关司法解释未作除外规定，但也不宜将被诉侵权产品的收货地认定为侵权结果发生地。因为在当前商品流通便捷的情况下，快递商品的收货地可由原告任意选择，若将收货地视为侵权结果发生地，将导致管辖连接点的随意化和分散化，容易形成"被告就原告"的管辖状态。因此，网购收货地法院对本案没有管辖权。

28. **如何区分裁定驳回起诉和判决驳回诉讼请求？**

答：驳回起诉是指法院立案后发现原告的起诉不符合法律规定，故从程序上驳回原告起诉权利的情形；驳回诉讼请求则是法院立案后经审理认定原告的诉讼请求缺乏事实或者法律依据，从实体上对其权利不予保护的情形。《民事诉讼法》第一百一十九条规定的起诉条件要求"原告与本案有直接利害关系"以及"有明确的被告"（而非"正确的被告"）。审判实践中，如果原告因专利被宣告无效或者商标被无效、撤销等原因导致丧失权利基础的，应裁定驳回起诉；如果原告提供的证据无法显示被告与本案存在任何关联，或者被告姓名或名称错误，以及因住所地不明导致无法判明姓名或名称真假时，也应裁定驳回起诉；如果原告虽提供初步证据证明被告与本案具有一定关联，但经审理认定相关证据不足以证明某种事实，或者被告并非实体法律关系中的义务承担者，则应判决驳回诉讼请求。

29. **在原告购买被诉侵权产品的过程中，如果所涉商店营业执照或者销售发票公章上的主体，与实际经营者不一致的，应以何者作为被告提起诉讼？**

答：在实际经营者挂靠经营或者借用

他人公章的情形中，一般应将实际经营者与被挂靠主体或公章主体作为共同被告提起诉讼。如果原告仅将其中之一作为被告提起诉讼，且可能导致案件事实难以查明的，法院应向原告释明追加被告的必要性，如果原告不同意追加导致案件事实无法查清的，法院可以依照举证证明责任分配规则驳回原告诉讼请求。

30. **在先刑事判决认定某公司构成单位犯罪，其法定代表人被一并处以刑罚，此后知识产权权利人在民事案件中又主张双方构成共同侵权的，法院是否应予支持？在刑事判决已经认定该公司销售侵权产品的数量和期间的情况下，民事判决能否对上述事实作出不同认定？**

答：在民事案件中，基于公司人格独立的原则，以公司名义生产、销售侵权产品的，一般应当由公司承担相应的侵权责任，法定代表人无需承担连带责任。但是，也存在例外情形，比如：法定代表人系以侵权为目的注册成立公司，公司的主要活动即生产、销售侵权产品；法定代表人在职务行为之外实施了其他侵权行为，与公司在主观上存在共同侵权的意思联络，在客观上具有通力合作的外在表现。在上述情形中，法定代表人与公司构成共同侵权，应承担连带责任。虽然在先刑事判决对法定代表人一并处以刑罚，但该定罪标准与民事案件中认定连带责任的标准并不相同，法院在民事案件审理过程中还是应当按照相应的民事认定标准进行裁判。

关于事实认定问题。由于刑事案件中的事实证明标准高于民事案件，因此，在先刑事判决中认定的事实在民事案件中一般应予认定，除非存在明显错误或者出现相反证据；在先刑事判决因相关证据证明力不足而未予认定的事实，在达到"高度盖然性"标准的情况下，民事判决也可予以认定。

.31. **法院曾判决某生产者停止生产、销售并赔偿损失，但该判决生效后，权利人又在市场上公证购买到该生产者的侵权产品（与曾被确认侵权的一致），遂再次提起诉讼。问题（1）法院判决生产者停止生产、销售是否包含收回市场上所有侵权产品的义务？（2）如果该生产者辩称市场上流通的侵权产品系其在前案判决停止侵权之前生产、销售，则对于证明该产品生产时间的责任应如何分配？**

答：（1）一般而言，判决生产者停止生产、销售不包含收回流通渠道中所有侵权产品的义务，如果市场上仍存在销售侵权产品的商户，权利人可以对该商户另行提起诉讼。在特殊情况下，如果侵权产品的销售渠道较为集中和固定（如存在地区总经销、特许经营关系），收回侵权产品对生产者而言负担不重的，则法院在原告提出相关诉请的前提下可以判决生产者从相关销售商处收回侵权产品。（2）对于被诉侵权产品生产时间的举证证明责任，法律未作明确规定，在审判实践中应当根据公平原则和诚实信用原则，根据个案具体情况认定相关事实。主要应当考虑前案判决与再次发现侵权产品的间隔时间、侵权产品的性质是否适宜长期保存、本案中的销售者规模及其库存流转速度、本案中查明的侵权产品数量及相关销售者数量等。

32. **在两被告构成共同侵权、应当承担连带责任的情况下，原告放弃了对其中一被告的损害赔偿请求，则另一被告对放弃部分的请求是否仍应承担连带责任？**

答：在原告放弃对其中一被告赔偿请求的情况下，如果还允许其要求另一被告承担所有损害赔偿责任，显然额外加重了后者的义务，因此，另一被告无须对放弃部分承担责任。《最高人民法院关于审理人身损害赔偿案件适用法律若干问题的解释》第五条的规定与上述观点相同："赔偿权利人在诉讼中放弃对部分共同侵权人的诉讼请求的，其他共同侵权人对被放弃诉讼请求的被告应当承担的赔偿份额不承担连带责任。责任范围难以确定的，推定各共同侵权人承担同等责任。人民法院应当将放弃诉讼请求的法律后果告知赔偿权利人，并将放弃诉讼请求的情况在法律文书中叙明。"上述规定可以类推适用于知识产权案件中。需要注意的是，如果原告仅仅是撤回对其中一被告的起诉，而非放弃实体权利，则另一被告仍应就全部损害承担连带赔偿责任。

33. **二审案件的审理范围是否仅限于当事人的上诉请求？如原告起诉被告的三项行为构成侵权，一审认定其中一项侵权行为成立，原告提起上诉要求认定另两项行为侵权，但二审审查后认为，被诉三项行为实际上均不构成侵权，此时应维持原判，还是改判驳回原告全部诉讼请求？**

答：根据新颁布的《最高人民法院关于适用〈中华人民共和国民事诉讼法〉的解释》第三百二十三条的规定："第二审人民法院应当围绕当事人的上诉请求进行审理。当事人没有提出请求的，不予审查。但一审判决违反法律禁止性规定，或者损害国家利益、社会公共利益、他人合法权益的除外。"因此，在一般情况下，二审案件的审理范围仅限于上诉请求。但如果一审判决存在上述例外情形时，二审法院应当对上诉请求之外的相关判项直接予以改判。

34. **当事人之间约定了侵权的赔偿数额，一旦发生侵权，法院能否直接按照该约定确定赔偿数额。如果被告以该数额明显过高、显失公平为由提出抗辩，法院是否应对赔偿数额进行调整？**

答：当事人之间约定首次侵权或者再次侵权的赔偿数额或者赔偿计算方式，权利人在侵权诉讼中主张按照该约定确定赔偿数额的，法院应予支持。此类约定是法院在侵权之诉中确定损害赔偿数额的依据，侵权人应当支付的系损害赔偿而非违约金，故不应适用违约金过高时应予调整的规则。当然，侵权人可以《合同法》第五十四条"在订立合同时显失公平"为由要求变更或者撤销合同的，但是，考虑到当事人关于侵权赔偿数额的约定具有惩罚性质，并且往往以权利人对既有侵权行为赔偿数额的妥协为前提，因此对于"显失公平"的成立要件应当严格把握，不能仅以约定数额过高导致显失公平为由变更或撤销该约定。

35. **投资人以其个人独资企业名义生产、销售侵权产品，权利人在起诉时应当将投资人作为被告，还是将个人独资企业作为被告，或者将两者列为共同被告？**

答：个人独资企业虽然不是法人，但属于法律规定的"其他组织"，具有诉讼主体资格，因此权利人可以单独以个人独资企业为被告提起诉讼。同时，由于投资人对个人独资企业的债务承担无限连带责任，在个人独资企业财产不足以清偿债务时，应以其个人的其他财产予以清偿，因此，权利人也可以将投资人与个人独资企业作为共同被告提起诉讼。法院应当判令在个人独资企业财产不足以清偿债务时，由投资人对不足部分予以清偿。如果权利人仅起诉投资人的，法院应当向其释明，要求其变更或者追加被告。

36. **原告通过网络进行公证保全，但相关公证书中未明确公证使用的电脑来源，如何认定该公证书的证据效力？**

答：在公证书上记载电脑来源是为了排除"假链接"的可能性，确保公证事实真实发生于互联网环境之下。如果公证时已对所使用的电脑进行了必要的清洁性检查，或者对方当事人并未对该公证事实确系发生于互联网环境提出异议，则即使未载明电脑来源，亦可认定该公证书的真实性和关联性。否则，公证书的证明力尚存在缺陷，法院应当要求原告补充提交证据说明电脑来源，如原告可以要求公证机关出具一份关于电脑来源的补充说明。如果原告经法院释明后仍不提交，且无其他证据印证相关事实确系发生于互联网环境的，一般对该公证书的证明力不予认定。

浙江省高级人民法院民三庭
关于印发《关于市场开办者知识产权侵权责任的纪要》的通知

2016 年 6 月 30 日　　　　浙高法民三〔2016〕4 号

本省各中级人民法院及具有一般知识产权案件管辖权的基层人民法院：

为明晰市场开办者知识产权侵权责任，促进商品交易市场健康有序发展，我庭在对市场开办者知识产权侵权责任问题进行充分调研的基础上，形成本纪要。现予以印发，请参照执行。执行中如有问题，请及时报告我庭。

关于市场开办者知识产权侵权责任的纪要

为加强知识产权保护，明晰市场开办者知识产权侵权责任，促进商品交易市场健康有序发展，根据相关法律法规、司法解释的规定，结合我省审判工作实际，形成以下纪要：

一、商品交易市场及市场开办者的界定

1. 本纪要所称商品交易市场，是指由商品交易市场开办者提供固定商位和相应设施，提供物业服务，实施经营管理，并收取一定租金等收益，有多个商户入场独立从事商品交易活动的实体经营场所。

2. 根据不同的产权模式，商品交易市场主要分为以下三类：

（1）所有权人出租模式，即场地所有权人将商铺出租给商户经营，所有权人一般同时也是市场的开办者和管理者。

（2）开发商返租模式，即商业地块的开发商将商铺出售给业主后，再统一从业主处租回商铺，然后出租给商户经营。开发商一般会委托专业的经营管理公司对市场进行招商和经营，本身并不实施经营管理行为。

（3）开发商出售模式，即商业地块的开发商将商铺出售给业主后，由业主自己经营或出租给其他商户经营。开发商一般不参与商铺出售之后的经营事务，而由另外的经营管理公司负责经营管理。

3. 本纪要所称商品交易市场开办者，是指依法登记并领取营业执照，从事市场经营管理的企业法人、其他经济组织或者个体工商户。

4. 对于已根据《浙江省商品交易市场名称登记管理办法》进行名称登记的商品交易市场，登记中所载的“市场举办者”属于本纪要所称的市场开办者，负有知识产权管理义务。

5. 对于未进行上述名称登记的商品交易市场，由进行日常经营管理的主体承担知识产权管理义务。

场地所有权人或开发商委托他人对市场进行经营管理的，由受托进行经营管理的企业承担知识产权管理义务。

6. 对于既未进行上述名称登记，也没有明确主体进行实际经营管理的商品交易市场，应根据不同情况认定负有知识产权管理义务的主体：

（1）在所有权人出租模式中，应由所有权人承担知识产权管理义务；

（2）在开发商返租模式中，应由开发商承担知识产权管理义务。

较为特殊的是，在开发商出售模式中，如果开发商在出售商铺后未参与经营管理，也无其他主体对该商业地产进行后续经营管理，则该商业地产中不存在本纪要所称的市场开办者，开发商亦无需承担知识产权管理义务。

7. 对于仅为市场提供物业服务，没有证据表明其有义务承担其他经营管理职责的主体，不属于本纪要所称的市场开办者，不需要承担知识产权管理义务。

二、市场开办者的直接侵权行为

8. 市场开办者在经营管理行为之外，如果还实施了销售侵权产品的行为，则应对该行为造成的损害后果承担直接侵权责任。

9. 判断市场开办者是否系销售主体，应结合销售合同的签订主体、发票收据等结算凭证记载的开具主体以及商户是否有独立营业执照等情节进行综合判断。

10. 场内商户没有独立营业执照，系挂靠市场开办者开展经营活动的，市场开办者可视为销售主体。

11. 发票的开具主体虽系市场开办者，但如果其系根据税务机关要求，统一为场内商户代开发票、代缴税款的，不能仅据此认定其为销售主体。

三、市场开办者的共同侵权行为

12. 市场开办者在经营管理市场时，教唆或者帮助商户实施知识产权侵权行为的，构成《侵权责任法》第九条规定的共同侵权行为。

13. 市场开办者明知或者应知商户实施知识产权侵权行为，却仍为其提供场地、设施、服务等便利条件的，构成帮助侵权行为。

14. 市场开办者收到权利人的侵权通知之后，应及时采取必要措施，阻止侵权行为的继续和侵害后果的扩大。

15. 权利人的侵权通知应包含证明其享有相关知识产权的凭证，且通知指向的涉嫌侵权商户及商品应当明确。

16. 认定是否构成“必要措施”，应结合商户侵权行为的明显程度和严重程度、是否系重复侵权以及市场开办者对商户的制约能力等进行综合判断。

在上述通知指向的商品明显侵害他人知识产权的情况下，市场开办者应根据法律法规或依据其与商户之间的合同约定采取收取违约金、停业整顿、收回商铺等有效措施。仅向商户进行告知、警示或要求其出具保证书的，一般不能认定为“必要措施”。

在商户行为是否构成侵权确难判断的情况下，市场开办者将权利人通知转送商户并告知权利人向公权力机关寻求救济的，可以视为其已采取必要措施。

市场开办者应对其已采取必要措施的事实承担举证证明责任。

17. 市场开办者对商户销售的商品不具有事先审查知识产权合法性的义务，但应根据其产权模式、服务内容、管理能力等，合理地履行知识产权管理义务或采取防范措施防止侵权行为的发生。

市场开办者违反上述注意义务，导致场内商户明显侵权的行为长期大规模存在的，即使其未收到权利人通知，也应认定构成帮助侵权行为。

18. 知识产权管理义务及防范措施主要包括：

（1）在商户入场前审查营业执照、经营许可证等经营主体资格情况，建立商户档案并定期核实更新；

（2）与商户签订规范的经营合同，明确约定侵害他人知识产权应承担的责任；

（3）建立场内经营活动的日常巡查监控机制，及时提示侵权风险、制止侵权行为；

（4）对于有条件的市场开办者，应鼓励其建立市场交易商品的备案制度。

四、共同侵权责任

19. 市场开办者教唆或者帮助商户实施知识产权侵权行为的，与商户承担连带责任。

20. 权利人仅对市场开办者提起诉讼，市场开办者申请追加实施销售行为的商户为被告的，如原告同意追加，则应予以追加；如原告不同意追加，则不予追加，但法院应向原告释明，对于因不追加商户导致案件相关事实不明的，应由其承担举证不能的不利后果。

21. 市场开办者接到权利人通知后未及时采取必要措施的，对损害的扩大部分与商户承担连带责任。

22. 市场开办者对扩大部分的责任中因商户直接侵权导致的赔偿部分可以向商户追偿，对市场开办者本身的责任部分，不能向商户追偿。

23. 在适用法定赔偿方式认定损害赔偿数额时，应根据个案具体情况细化考量因素，包括但不限于：

（1）不同知识产权的权利类型及其创新程度、市场价值；

（2）侵权行为的性质、持续时间、范围及后果；

（3）商品交易市场的规模、客流量及管理模式；

（4）市场开办者的主观过错，包括其管理能力、侵权行为的明显程度、是否系重复侵权、收到通知后有无采取措施等；

（5）维权的合理开支。

浙江省高级人民法院民三庭
知识产权审判疑难问题解答（三）

共性部分

1. 如何理解《最高人民法院关于适用〈中华人民共和国民事诉讼法〉的解释》（以下简称《民诉法解释》）第二十五条规定的“信息网络侵权行为”的含义？

答：《民诉法解释》第二十五条规定，信息网络侵权行为的侵权结果发生地包括被侵权人住所地。但“信息网络侵权行为”的内涵和外延并不明确。侵害信息网络传播权的行为和利用信息网络侵害他人人身权益的行为属于典型的信息网络侵权行为，在实践中并无异议。而通过网络销售或者许诺销售侵害他人知识产权的产品是否属于信息网络侵权行为，目前观点尚不统一。我们认为，此类行为同样发生于网络领域，具体的侵权行为地往往难以确定，而被侵权人住所地往往也是原告公证购买被诉侵权产品的收货地，从便于权利人维权和便于确定管辖法院的角度出发，可以在解释法条时将网络销售、许诺销售行为纳入信息网络侵权行为的范围。

2. 监事会或者不设监事会的有限责任公司的监事能否以自己的名义对公司其他股东以及案外人提起知识产权权属之诉，主张该公司系某项知识产权的权利人？如果可以，法院是否应当追加该公司为第三人？

答：根据《公司法》第五十三条第六项、第一百四十九条、第一百五十一条第一款的相关规定，董事、高级管理人员执行公司职务时违反法律、行政法规或者公司章程的规定，给公司造成损失的，监事会或者不设监事会的有限责任公司的监事可以依照法定程序向人民法院提起诉讼。上述规定的立法目的在于当董事或高管损害公司利益时，监事（会）能够及时提起诉讼，追究其法律责任，以维护公司的合法权益。由于董事或高管往往在实际上控制着公司公章和经营活动，在监事（会）无法通过公司决议并以公司名义对其提起诉讼的情形下，赋予监事（会）直接提起诉讼的主体资格，系维护公司合法利益之必要，亦符合保护公司利益的立法本意。

对于法院是否应当追加公司为第三人的问题，由于上述纠纷的诉讼利益直接归于公司，公司与诉讼结果之间存在密切的法律上的利害关系，因此法院应当追加公司为第三人参加诉讼。

3. 对于以个体工商户为被告的案件，法院判令其承担责任的，在判决主文的表述中应以营业执照上登记的字号为责任主体，还是以登记的经营者为责任主体？

答：《民诉法解释》第五十九条第一款规定：“在诉讼中，个体工商户以营业执照上登记的经营者为当事人。有字号的，以营业执照上登记的字号为当事人，但应同时注明该字号经营者的基本信息。”据此，判决主文中表述的主体，应与该判决中的当事人信息一致，即无字号的，以经营者为主体；有字号的，以字号所指称的个体工商户为主体，在字号后可同时注明经营者的姓名。

4. 权利人对一幅图案既享有著作权又享有商标权，行为人实施的同一行为同时侵害上述两项权利，权利人分别以该两种权利为基础对行为人提起诉讼，法院应如何处理?

答：当一个行为同时违反两个或两个以上的法律规范，且按不同法律规范的规定，行为人均应承担法律责任的，对于权利人而言，就出现了请求权竞合或者请求权规范竞合的情形。此时，权利人有权自行选择对其有利的法律规范主张权利，这在理论和实践中并无异议。但是，对于权利人能否同时以两个或两个以上法律规范主张权利的问题，目前尚存争议。就法律规定而言，《民诉法解释》第二百四十七条规定了“重复起诉”应符合“当事人相同、诉讼标的相同、诉讼请求相同”这三个要件，而本题所涉两起纠纷的诉讼标的不同，一为侵害著作权，一为侵害商标权，因此不属于重复起诉，法院无权以此为由驳回起诉。但是，由于被告实际上仅实施了一个行为，若同时按照各个法律规范追究其损害赔偿责任对其明显不公，因此，法院宜合并审理，并在两个案件中选择对权利人较为有利的损害赔偿数额予以支持，在另一案件中，可在认定侵权行为成立的前提下，驳回权利人的损害赔偿请求。

5. 在原告同时起诉生产者和销售者的案件中，如果销售者所售商品确系该生产者制造，则销售者的合法来源抗辩是否即可成立?

答：最高人民法院在《知识产权案件年度报告（2014)》中明确指出：“侵权产品的使用者、销售者与制造者就各自的行为分别承担法律责任，不能因查明或认定了侵权产品的制造者就当然推定使用者、销售者的合法来源抗辩成立，免除其举证责任。也不能因为制造者已经承担了侵权责任，就免除合法来源抗辩不成立的使用者、销售者的赔偿责任。”合法来源抗辩是法律赋予善意的、已尽到合理注意义务的使用者、销售者的一项权利。审查合法来源抗辩是否成立，仍应从使用者、销售者有无主观过错，以及被诉侵权产品是否具有合法来源这两个要件着手进行判断。对于后一要件，应当由使用者、销售者举证证明被诉侵权产品具有合法的购货渠道、合理的价格和直接的供货方，该项举证责任并不因为发现了真正的制造者而得以免除或减轻。

6. 在知识产权侵权案件中，侵权产品的销售者向法院提供的证据能够证明该产品系来源于案外生产者，但侵权产品系三无产品，销售者的合法来源抗辩能否成立?

答：根据《产品质量法》第二十七条的规定，产品或者其包装上应有产品质量检验合格证明、中文标明的产品名称、生产厂厂名和厂址等标识，但这主要是从保障产品质量和消费者知情权的角度对生产者和销售者提出的要求，与知识产权法律法规要求销售者履行的义务并不完全相同。我们认为，在知识产权案件中，应当根据不同的产品类型、产品标识缺失的严重程度以及产品本身的质量等因素综合判断合法来源抗辩成立与否。例如，对于相关法律法规对产品生产资质和产品认证有严格规定的特殊商品，如药品、食品、烟花爆竹等，若缺少相关产品标识，即应否定其来源的合法性；而对于一般的日常消费品、小手工艺品等，即使缺少相关产品标识，也不能仅据此即否定该产品来源的合法性。

7. 原告通过公证方式向被告购买被诉

侵权产品，并将之作为证据提交法院，同时要求被告赔偿的合理费用部分应包含购买公证实物的费用。如果法院判决被告侵权成立，则对公证实物应如何处置？如果将公证实物退还原告，则相应的购买费是否还需支持？

答：原告购买被诉侵权产品系出于诉讼维权之需要，故在侵权成立的情况下，物证购买费应作为其维权的合理支出予以支持。原告将该被诉侵权产品作为证据向法院提交后，应由法院依法保管并按照相关规定处理。对于一些体积过大、难以移动或者容易腐烂、难以保存的证物，法院可以通过拍照、录像等方式固定后退还当事人。一般而言，法院应将证物退还提交证物的一方，但在证物价值较高，且在去除侵权标识或特征后仍可利用的情况下，鉴于被告已向原告赔偿了购买费，故从公平角度考虑，可将证物在去除侵权标识或特征之后退还被告。

8. **原告同时对某生产者的生产行为和两个不同销售者的销售行为提起诉讼的，可否将其作为一个案件进行审理？**

答：诉讼标的是指当事人之间因发生争议而请求法院作出裁判的法律关系，它是区分此案与彼案的重要标准。一般而言，一个案件仅有一个诉讼标的，在特殊情况下，一个案件也可能有相互关联的多个诉讼标的。如果两个销售者之间就被诉侵权产品存在直接的买卖关系，或者两者之间虽另有其他销售环节，但仍处于同一销售链条的，则两者有可能构成共同侵权，即使不存在共同侵权的情形，两者分别与权利人形成的侵权关系之间也存在事实上的紧密关联，因此可以将两个销售者与生产者列为同一个案件的被告进行审理。如果两个销售者处于不同的销售链条，两者的行为亦无其他关联的，则被诉的两个销售者之间不存在法律上或事实上的关联关系，不宜将两者列为同一个案件的被告。此时，法院应向原告释明，告知其就两个销售者分别提起诉讼，但在审理时可以视情合并审理。

9. **各方当事人均上诉的，应如何预交二审案件受理费？**

答：根据《民诉法解释》第二百零二条之规定："原告、被告、第三人分别上诉的，按照上诉请求分别预交二审案件受理费。同一方多人共同上诉的，只预交一份二审案件受理费；分别上诉的，按照上诉请求分别预交二审案件受理费。"此外，判断是否系同一方多人上诉，应当以诉讼地位、诉讼请求、诉讼利益是否相同作为判断标准，如一审判决判令多个被告承担连带赔偿责任，此后上述被告共同提出上诉的，只需预交一份上诉费即可。

10. **知识产权案件中，既有权属诉讼请求，又有损害赔偿诉讼请求的，诉讼费应如何计算？**

答：《民诉法解释》第二百零一条明确规定："既有财产性诉讼请求，又有非财产性诉讼请求的，按照财产性诉讼请求的标准交纳诉讼费。有多个财产性诉讼请求的，合并计算交纳诉讼费；诉讼请求中有多个非财产性诉讼请求的，按一件交纳诉讼费。"

11. **权利人曾就某款侵权产品的生产者及不同销售者在全国各地提起多起诉讼，生产者已被判令承担侵权责任，现权利人又单独以生产者为被告提起诉讼，是否构成重复起诉？**

答：判断是否构成重复起诉，关键在于后案中的被诉侵权事实是否已为前案所涵盖。如果后案与前案的原告相同、主张的权利相同，且生产者被诉侵权行为的期间和范围已为前案所涵盖的，则后案构成重复起诉。如果后案中生产者的被诉侵权行为未纳入前案审理范围，例如后案行为发生于前案判决之后，或者与前案地域范围不同的，则不构成重复起诉。需要注意的是，在每个案件尤其是系列案件的审理过程中，法院均应要求原告明确其起诉的侵权行为的范围，避免出现审理范围不明的情况。

著作权部分

12. **被告生产、销售的服装上使用的花型侵害了原告的著作权，而该服装的面料系来源于第三方，则被告系复制品的制作者还是发行者？其能否以面料有合法来源为由不承担侵权责任？**

答：作品的复制品是将作品相对持久稳定地复制在有形载体上而形成，原告的涉案作品是服装面料上的花型，而复制有相应花型的面料即属于涉案作品的复制品。原告并未制作花型作品的复制品，而是在销售服装时发行了花型作品的复制品，应认定为复制品的发行者。

依据《著作权法》第五十二条之规定，复制品的发行者不能证明其发行的复制品有合法来源的，应当承担法律责任。反之，如果被告能够证明其复制品有合法来源的，则无需承担赔偿损失责任，但仍应承担停止侵害的法律责任。

13. **原告主张被告实施了侵害其多项著作权的多个侵权行为，对于不同的侵权行为是否应当分案处理？**

答：如问题8所述，诉讼标的是区分此案与彼案的重要标准。在被告多个侵权行为侵害原告多幅作品著作权的情况下，由于原告对每个作品享有独立、完整的著作权，不同被诉行为分别构成对不同作品著作权的侵害，构成多个不同的诉讼标的，故应分别立案。但由于这些案件的原、被告相同，诉讼标的属于同一类型，故出于便利诉讼、提高效率的目的，法院可以视情合并审理。如果被告多个侵权行为侵害的是原告同一幅作品的多个著作权权项（如复制权和发行权），则诉讼标的仍为一个，应立为一案进行审理。

14. **原告系一家美国软件公司，起诉主张被告侵害其计算机软件著作权，涉案软件在其美国官网上能够直接购买，售价不到中国市场售价的十分之一。法院在酌定赔偿数额时，是否应考虑涉案软件在美国官网上的售价？**

答：依据损害赔偿填平原则，在确定损害赔偿数额时，应首先考量权利人因侵权所受到的损失。考虑到企业在不同市场的经营成本、定价策略等方面存有差异，直接按照涉案软件在原告美国官网的销售价格确定赔偿数额并不可取。但如果国内用户可以直接在原告美国官网购得涉案软件，则涉案软件美国官网的销售价格会影响侵权人的违法所得，故涉案软件在原告美国官网的销售价格可以作为确定赔偿数额的考量因素之一。

15. **著作权人因某报刊转载其作品而未支付报酬向法院起诉，案由应为法定许可合同纠纷还是著作权侵权纠纷？**

答：《著作权法》第四十七条第（七）项规定，使用他人作品，应当支付报酬而未支付的，应当根据情况，承担停止侵害、消除影响、赔礼道歉、赔偿损失等民事责任。且《民事案件案由规定》并未规定法定许可合同纠纷案由，故涉案纠纷应定为著作权侵权纠纷。

商标及不正当竞争部分

16. **原告在国内注册了A商标，某美**

国公司在美国也注册了A商标。国外被告在美国网站上销售该美国公司生产的A商标产品，并将我国消费者在线下单购买的A商标产品邮寄至我国，该行为是否侵害原告的商标权?

答：该案系涉外知识产权侵权纠纷，由于受到侵害的系当事人在我国获得的知识产权，故根据《民事诉讼法》第二百六十五条之规定，我国法院有权管辖。另根据《涉外民事关系法律适用法》第五十条之规定，除当事人协议选择之外，知识产权的侵权责任，适用被请求保护地法律。故根据我国《商标法》第五十七条第（二）项之规定，应认定被告侵害了原告在我国的商标权。虽然美国公司在美国注册有A商标，但鉴于知识产权保护的地域性原则，该商标并不受我国法律保护，故不能以此作为被告不构成侵权的理由。

17. 被告一许可被告二在其制造的产品上使用被告一的企业名称，若该企业名称侵害了原告的知识产权，能否认定被告一与被告二共同实施了侵权行为?

答：首先，《国家工商行政管理总局关于对企业名称许可使用有关问题的答复》认为，鉴于《民法通则》将企业名称权列在人身权范畴，企业不得许可他人使用自己的企业名称，更不得许可他人使用第三方的企业名称或未经核准登记的企业名称。因此，被告一许可被告二使用企业名称的行为本身并不合法。其次，即使在涉及允许许可他人使用的其他商业标识的情况下，许可人亦应确保被许可标识本身的合法性。现被告一授权被告二使用侵害他人知识产权的商业标识，即使被告一未实际实施生产行为，但由于其与被告二在主观上存在共同侵权的过错，在客观上实施了共同侵权的行为，故应与被告二承担共同侵权的责任。

18. 在商标侵权案件中，原告起诉生产商和销售商，要求两者就损害赔偿承担连带责任。在销售商明知或应知生产商制造侵权产品，且生产商与销售商系关联企业的情形下，能否判令销售商与生产商承担连带责任?

答：《侵权责任法》第八条规定，二人以上共同实施侵权行为，造成他人损害的，应当承担连带责任。原告要求销售商与生产商承担连带责任，需证明两者之间存在分工合作、共同侵权的意思联络。仅依据销售商知道生产商制造侵权产品的事实，而两者在分别实施生产、销售行为时不存在意思联络的，尚不足以认定两者构成共同侵权。但如果原告能够证明两者系关联企业，并且存在组织机构、财产、业务混同等情形的，可以认定两者存在意思联络，构成共同侵权并承担连带责任。

19. 民事纠纷案由中，在二级案由“知识产权权属、侵权纠纷”下有三级案由“侵害企业名称（商号）权纠纷”，而在二级案由“不正当竞争纠纷”下的三级案由“仿冒纠纷”下有四级案由“擅自使用他人企业名称、姓名纠纷”。如原告起诉被告侵害其企业名称，构成不正当竞争，应如何确定案由?

答：最高人民法院民事案件案由规定课题组编著的《民事案件案由规定理解与适用》对上述问题进行了说明。我国对于企业名称权（商号）的保护，《民法通则》第九十九条第二款、《反不正当竞争法》第五条第三项以及《企业名称登记管理规定》等均有涉及。其中，以《反不正当竞争法》第五条第三项为依据提起的不正当竞争诉讼应确定案由为“擅自使用他人企业名称、姓名纠纷”。除此之外，对其他侵害企业名称（商号）权的行为提起的诉讼，确定案由为“侵害企业名称（商号）

权纠纷”。

20. **原告公司成立时间晚于被告公司，而原告的母公司或关联公司字号与其相同，且成立时间早于被告，原告能否以享有在先母公司或关联公司字号中的商誉为由起诉？**

答：最高人民法院在《知识产权案件年度报告（2010）》“正野案”中指出：“受反不正当竞争法保护的企业名称，特别是字号，本质上属于一种财产权益，字号所产生的相关权益可以承继。”但此处的承继是指前一企业主体注销后，由其他企业合法承继相关权利义务的情形。在母公司或关联公司仍然存续的情况下，其作为在先字号的权利人有权提起诉讼维护字号权益，故一般而言，不应再赋予后成立的公司起诉的权利，除非母公司或关联公司明确授权或同意后成立公司提起诉讼，并放弃其对该字号权益再次起诉的权利。

专利权部分

21. **在专利侵权案件中，原告通过网络交易平台购买被诉侵权产品，但仅对被告的网络销售页面进行了公证，未对整个购买过程进行公证，另向法院提交了订单、快递单、物流清单及已拆封的被诉侵权产品（与公证网页的实物照片相同）。在被告否认的情况下，原告的上述证据能否证明被诉侵权产品系被告销售？**

答：该问题涉及个案的证据认定问题。如果网络销售页面的公证书能够反映被告所售产品的全貌，则能够证明被告实施了许诺销售相关产品的行为。而在网络销售页面上的产品照片与原告提交的被诉侵权产品实物一致的情况下，如果原告提交的订单、快递单、物流清单等证据能够形成完整的证据链，则即使原告未对整个购买过程进行公证，也可以证明被告销售被诉侵权产品的事实。题设所称的快递包裹是否被拆封仅是对证据的证明力进行综合判定的一项考量因素，但并非决定性因素。

22. **如何进行抵触申请抗辩的审查，在审查时能否适用等同原则？在案外专利有可能构成对原告专利的抵触申请，且被告已就涉案专利提出无效宣告请求并已被专利复审委受理的情况下，法院是否需要中止诉讼？**

答：最高人民法院在2011年《关于充分发挥知识产权审判职能作用推动社会主义文化大发展大繁荣和促进经济自主协调发展若干问题的意见》中指出，被诉侵权人以实施抵触申请中的技术方案或者外观设计主张其不构成专利侵权的，可以参照现有技术或者现有设计抗辩的审查判断标准予以评判。此后，最高人民法院在《知识产权案件年度报告（2015）》中进一步明确，由于抵触申请与现有技术的含义和性质存在一定差异，故抵触申请抗辩的审查判断标准应与抵触申请的性质相适应。即抵触申请仅可以被用来单独评价涉案专利的新颖性，既不能与现有技术或者公知常识结合，更不能用于评价涉案专利的创造性。且只有在被诉侵权技术方案的各项技术特征均已被抵触申请单独、完整地公开，相对于抵触申请不具有新颖性时，才能够认定抵触申请抗辩成立。据此，法院在审查抵触申请抗辩时不能适用等同原则。

一般而言，为提高审理效率，促进纠纷的实质性解决，法院应在民事案件审理过程中对被告提出的抵触申请抗辩进行判定，无需中止诉讼。特殊情况下，如果确实存在案件影响重大、抵触申请抗辩是否成立难以把握的情形，也可中止诉讼等待行政程序的结果。

23. **职务发明创造发明人、设计人奖**

励、报酬纠纷中，如果涉案专利有多个发明人或设计人，但仅有部分发明人或设计人起诉的，法院是否应追加其他发明人或设计人作为共同原告参加诉讼？

答：应根据不同情况区别对待。如果其他发明人或设计人已取得其奖励、报酬的，则不应再追加其作为共同原告。如果其他发明人或设计人未取得奖励、报酬，但已起诉的原告与被告之间就其奖励、报酬已作明确约定，或不追加其他发明人、设计人亦能查明原告奖励、报酬数额的，则无需追加共同原告；如果原告与其他发明人、设计人之间对专利的贡献比例不明，不追加其他发明人、设计人难以查明相关事实的，则一般应追加共同原告。

24. **职务发明创造发明人、设计人奖励、报酬纠纷中，被告单位虽已许可案外人使用涉案专利，但未约定许可费用，原告遂主张评估营业利润。（1）如果原告证据不能证明专利产品已进入市场的，法院能否直接驳回原告就奖励、报酬所提的诉讼请求？（2）原告在能够初步证明案外人经被告许可正在使用涉案专利的情况下，能否申请法院对案外人的产品和财务账册进行证据保全？是否需要追加案外人为第三人？**

答：（1）对奖励和报酬应加以区分。按照专利法第十六条之规定，被授予专利权的单位应当对职务发明创造的发明人或者设计人给予奖励；发明创造专利实施后，根据其推广应用的范围和取得的经济效益，对发明人或者设计人给予合理的报酬。也就是说，在职务发明创造被授予专利权后，无论单位是否实际实施或许可他人实施专利，发明人或设计人均有权获得单位奖励。如果单位虽已许可他人使用专利，但既未约定、也未实际收取许可费用，且专利产品亦未进入市场产生经济收益的，法院一般应驳回原告就专利报酬所提的诉讼请求。但是，如果原告有证据证明单位虽未收取许可费用，但以其他方式获得经济利益的，法院仍应支持原告相应诉讼请求。

（2）若单位许可案外人实施涉案专利，则相关经济效益应为单位向案外人收取的许可使用费，该许可使用费可以根据单位财务账册中关于专利许可使用费的收益情况加以确定。而案外人实施专利的实际获益与职务发明创造的发明人或设计人应获得的报酬之间没有直接关联，故对案外人实施证据保全并无必要。当然，如果原告自己能够获得案外人专利产品获利情况并作为证据提交，法院可在许可使用费难以查明的情况下将上述证据作为认定合理报酬的参考因素之一。至于是否应当追加案外人为第三人的问题，由于案外人在原告主张报酬这一法律关系中既不享有权利又不承担义务，不符合法律规定的第三人的条件，故不应作为第三人参加诉讼。

25. **被告是一家专业制造门花管的企业，其委托他人制造了一扇金属门参加门业展览会，以推广自己的门花管产品。该金属门的外形落入了涉案外观设计专利权的保护范围。被告这种利用被诉侵权产品推广其门花管产品的行为，是否应当认定为专利法上“为生产经营目的”的制造行为？**

答：专利法第十一条第二款规定，外观设计专利权被授予后，任何单位或者个人未经专利权人许可，都不得实施其专利，即不得为生产经营目的制造、许诺销售、销售、进口其外观设计专利产品。被告委托他人制造金属门的行为应视为其实施了被诉侵权产品的制造行为，且其制造目的亦出于商业目的。由于该金属门落入了涉案专利权的保护范围，故被告应就其制造行为承担相应的专利侵权责任。

26. **原告提供了被告在展览会上许诺销售被诉侵权产品的证据，但没有证据证明被告存在销售、生产行为，而从工商登记的情况看，被告是一家生产被诉侵权产品的企业，且成立多年，法院能否据此推定被告存在生产、销售行为？**

答：许诺销售行为虽与制造、销售行为存在密切关联，但并不能根据被告实施许诺销售的事实直接推定其必然实施了制造及销售行为。如果原告提供的证据在证明许诺销售的事实之外，还能证明许诺销售的产品上标注了被告的商标或企业名称，且被告存在生产能力和资质的，可推定被告实施了生产行为。此外，也可结合展览会的性质或被告的其他表述对被告的行为加以判定，如该展销会仅限制造商参与或者产品上虽未生产者信息，但被告对其生产该产品的行为加以宣传等情形，据此亦可推定被告存在制造被诉侵权产品的行为。同样，认定存在销售行为，也需要有相应证据予以证明，不能简单推定了事。

27. **在侵害实用新型专利权纠纷案件中，专利产品系机器设备。原告认为被告一在A地使用该机器设备生产产品，被告二在B地销售由该设备生产的产品。被告一在答辩期内提出管辖权异议，认为依据专利法第十一条规定，被告二的行为明显不侵权，故本案应当移送A地法院管辖。原告认为，被告二是否侵权应当经过实体审理才能查清，所以被告二所在地B地法院具有管辖权。在该情况下，法院是否应当移送本案？**

答：依据专利法第十一条的规定，产品专利的专项控制权仅指向为生产经营目的制造、使用、许诺销售、销售、进口其专利产品，而销售利用侵权设备所生产的产品并不在侵权之列，故被告二的行为显然并非专利权所控制的行为，被告二与本案并无实际关联，法院应认定B地法院不具有管辖权，并将本案移送A地法院管辖。

28. **根据专利法及相关司法解释的规定，专利权属纠纷主要分为三类：一是委托技术开发产生的权属纠纷；二是合作技术开发产生的权属纠纷；三是职务发明创造产生的权属纠纷。如果争议双方在不存在委托、合作或者职务关系，而是基于双方之间的曾经的销售合作等关系，导致一方通过客户培训或信息共享等获得另一方在先研发的技术进而进行专利申请并授权。在这种情况下，技术的在先开发一方是否有权提起专利权权属纠纷？此类纠纷是否与我国的专利申请在先原则相违背？这类纠纷是否属于专利复审委专利无效审查职权而不属于法院审理范围？如果双方在交流技术信息之前已经明确订立了技术秘密保护协议是否结论会有所不同？**

答：依据专利法之立法精神，专利权真正保护的是发明创造，是对行为人所付出的创造性劳动的嘉奖，并因此赋予垄断性的权利，非法获取他人发明创造的行为有违诚实信用原则，专利法亦不予保护。因此，对于我国专利法第九条第二款规定的“申请在先”原则，不应机械地理解为“谁先申请，谁就受到保护”，“申请在先”原则隐含的前提条件，是申请人请求保护的专利应当是其通过创造性劳动或其他合法手段取得的技术成果，如果申请人取得技术成果的行为本身就是违法的，那就不存在适用“申请在先”原则的余地。据此，题设中的在先开发方有权向法院提起专利权权属纠纷。若其与被告在交流技术信息之前已订立技术秘密保护协议，则对在先开发方的举证更为有利，更利于其得到司法保护，以维护自身的合法权益。

其他纠纷

29. 网络域名合同纠纷案件中，原告与被告签订中文域名注册合同，委托被告为其注册“新浪网.商城”等包含知名网站名称的域名，而“新浪网”系案外人的驰名商标。现原告主张合同无效，则原、被告的行为是属于恶意串通，损害第三人利益的行为还是损害公共利益的行为？

答：原告委托被告将他人在先使用并具有很高知名度的商标注册为域名，主观过错明显，既会损害特定第三人的商标权，也会导致网络域名标识秩序的混乱，损害社会公共利益。在本案当事人过错及损害后果显而易见的情形下，应认定合同无效。

30. “因申请海关知识产权保护措施损害责任纠纷”与“因恶意提起知识产权诉讼损害责任纠纷”存在哪些区别？“因恶意提起知识产权诉讼损害责任纠纷”中，对“恶意”情形如何把握？“因申请海关知识产权保护措施损害责任纠纷”中，由于海关保全措施引起的损失是否包括被申请人可以获得的利益如退税和货款利息等？

答：（1）“因申请海关知识产权保护措施损害责任纠纷”属于因采取保全措施不当所引发的损害赔偿纠纷，申请人对于其申请保全措施的行为是否应承担赔偿责任，应以申请人在侵权诉讼中的主张最终是否得到法院支持为标准。而“因恶意提起知识产权诉讼损害责任纠纷”则需要结合当事人的具体行为和相关请求等因素，评判当事人提起知识产权诉讼是否存在恶意，以决定当事人是否承担损害赔偿责任。

（2）“因恶意提起知识产权诉讼损害责任纠纷”中，恶意是指提起诉讼的一方当事人明知其请求缺乏正当理由，却仍以有悖于权利设置目的的方式，不正当地行使诉权，意图使另一方受到财产或信誉的损害。在判断当事人主观意图时，应结合当事人的具体行为和相关请求，判定其是否具有恶意，以区分当事人是正当维权，还是滥用诉权。比如当事人通过不正当手段获取他人知识产权，或者明知其主张的知识产权被无效或存有明显瑕疵，仍提起诉讼的，一般可认定具有恶意。

（3）“因申请海关知识产权保护措施损害责任纠纷”的赔偿范围应与因保全申请错误给被申请人造成的财产损失相适应，通常包括因扣押导致的货物价值的减损、因扣押产生的货物仓储费用、因扣押导致被申请人向案外交易人支付的违约金损失等。

安徽省高级人民法院
关于调整第一审专利民事案件管辖权的通知

2015 年 12 月 21 日　　皖高法〔2015〕500 号

各市中级人民法院，广德、宿松县人民法院：

根据《最高人民法院关于同意安徽省高级人民法院调整第一审专利民事案件管辖权的批复》（法〔2015〕329 号），经本院审判委员会讨论通过，现对我省第一审专利民事案件管辖权调整如下：

一、合肥市中级人民法院管辖发生在合肥市、淮北市、亳州市、宿州市、蚌埠市、阜阳市、淮南市、六安市的第一审专利民事案件。

二、芜湖市中级人民法院管辖发生在滁州市、马鞍山市、芜湖市、宣城市、铜陵市、池州市、安庆市、黄山市的第一审专利民事案件。

三、本通知自 2016 年 1 月 1 日起执行。原我院有关规定与本通知不一致的，以本通知为准。

本通知执行过程中遇到的问题，请及时报告我院。

泉州市中级人民法院　泉州市版权局　泉州市知识产权局
关于印发《关于建立知识产权纠纷“诉调对接”工作机制的若干意见》的通知

2015 年 6 月 25 日　　泉中法〔2015〕59 号

各基层人民法院、各县市版权局、各县市知识产权局：

现将《关于建立知识产权纠纷“诉调对接”工作机制的若干意见》印发给你们，请结合实际，认真贯彻执行。

关于建立知识产权纠纷“诉调对接”工作机制的若干意见

近年来，我市知识产权行政、司法部门受理的知识产权纠纷案件数量不断增加，为加大对知识产权的保护力度，维护和谐稳定的社会局面，实现知识产权权利人与社会公众的利益平衡，需要形成知识产权行政、司法保护的合力，创新社会治理机制，构建知识产权纠纷“诉调对接”工作机制。

根据《中华人民共和国民事诉讼法》《最高人民法院关于建立健全诉讼与非诉讼相衔接的矛盾纠纷解决机制的若干意见》《关于进一步贯彻“调解优先、调判结合”工作原则的若干意见》《关于人民法院推行立案登记制改革的意见》、中共福建省委办公厅、福建省人民政府办公厅《关于全面构建“大调解”工作体系 有效预防化解社会矛盾纠纷的意见》、福建省高级人民法院《关于充分发挥司法职能作用 积极参与全面构建“大调解”工作体系的意见》等有关规定，为提升知识产权保护能力，营造促进产业转型升级、健康发展的知识产权保护环境，经泉州市中级人民法院和泉州市版权局、泉州市知识产权局（以下简称行政部门）会商，共同研究制定本意见。

一、工作联络

1. 建立定期联系工作机制。泉州市中级人民法院和泉州市版权局、泉州市知识产权局建立工作联络小组，由各单位相应部门的负责人作为联络小组成员，并确定具体的联络人。联络小组的工作采取日常联络与联席会议相结合的机制，除日常沟通联系外，每半年召开一次联席会议，通报化解知识产权纠纷的情况，研究疑难案件、交流信息，总结经验。

2. 建立重大案件通报预警机制。对于因知识产权权利人进行大面积维权，可能引发群体性纠纷的案件，受理单位可通过联络小组成员向主管单位进行通报，迅速启动诉前、庭前调解程序。

3. 完善调研工作机制。各单位可针对知识产权纠纷矛盾化解工作中存在的突出问题展开联合调研，可采取走访企业、召开座谈会、定期交流工作信息等方式，人民法院可选择典型案例定期邀请相关人员旁听庭审。

4. 建立专家陪审员工作机制。泉州市中级人民法院在审理知识产权案件中，涉及相关专业知识或技能中争议较大的案件，可由人民法院选任的专家陪审员参与案件审理。专家陪审员由泉州市版权局、泉州市知识产权局等各单位推荐的相关人员及各行业专家组成。各单位应协力配合、确保专家陪审员深度参审，充分发挥专家陪审员在知识产权案件审理中的专业特长和专业优势。

5. 搭建知识产权诚信平台，建立诉讼诚信信息库。及时将两级法院当事人及其他诉讼参与人的诉讼失信行为信息、未履行判决、裁定确定义务的有关信息、行政处罚记录以及多次侵权信息录入信息库，建立“部门数据库”，实现“点对点”对接，共同做好信息的采集与应用，形成惩处侵权的信息平台。

二、诉前调解

1. 知识产权民事纠纷发生后，当事人可以向知识产权行政部门申请调解；行政部门也可以主动参与知识产权民事纠纷的调解。当事人直接向人民法院起诉的，在案件立案登记之前，人民法院可以引导当事人通过行政部门调处纠纷。在征得各方当事人同意后，人民法院可暂缓立案，将案件移送至行政部门。当事人不同意诉前调解或者在商定、指定时间内不能达成调解协议的，人民法院应当及时立案受理。

2. 行政部门组织调解时，可以邀请人民陪审员、行政执法人员、行业专家、知识产权审判技术咨询专家等参与调解。

3. 经行政部门调解达成诉前调解协议的，当事人可以自调解协议生效之日起三十日内，共同向有管辖权的人民法院申请司法确认。人民法院应当及时立案依法审查调解协议的效力，经审查，符合法律规定的，裁定调解协议有效；不符合法律规定的，裁定驳回申请，当事人可以要求行政部门重新调解，也可以向人民法院提起诉讼。

4. 行政部门对于经过调解不能达成和解协议，在依法做出行政处理决定后，当事人不服提起行政诉讼的，可以在行政诉讼过程中向法院说明诉前调解的有关情况，法院可以根据有关情况继续针对当事人之间的民事争议组织调解。调解不成的，当事人可以另行提起民事诉讼。

三、诉中委托、邀请调解

1. 人民法院对于进入诉讼程序的知识产权民事纠纷案件，在征得双方当事人同意后，可以委托或邀请行政部门对案件进行调解或者协助调解。

2. 人民法院委托行政部门调解的，应当出具委托调解函，并附送案件相关材料。人民法院邀请行政部门调解的，应当出具邀请调解函。行政部门收到邀请调解函后，应当在五日内指派相关人员协助人民法院做好调解工作。

3. 委托调解期限为三十日，自行政部门接受委托调解之日起计算。经各方当事人同意，调解期限可以适当延长。

4. 人民法院委托行政部门调解达成调解协议的，行政部门应当及时向人民法院反馈案件调解情况，同时将相关案件材料送交人民法院。当事人可以向人民法院申请撤诉，也可以请求人民法院制作民事调解书。未达成调解协议的，行政部门应当及时将案件相关材料送交人民法院。人民法院应当及时审理并做出裁判。

5. 行政部门接受人民法院委托，对知识产权民事纠纷组织的调解活动，是以中立立场引导平等民事主体化解矛盾纠纷、履行社会职责的服务行为，不属于具体行政行为。当事人以行政部门在组织调解过程中的具体举措不当为由，向人民法院提起行政诉讼的，人民法院不予受理。

6. 行政部门在接受人民法院的委托组织调解时，发现被控侵权行为涉嫌构成刑事犯罪，可以立即终止调解，并向人民法院提出移送刑事处理的建议。

四、其他事项

1. 对于已经受过行政处罚或被生效的民事判决判令承担侵权责任，又重复侵犯他人知识产权的组织或个人，除权利人同意外，原则上不再组织调解，人民法院及行政部门应依法加大制裁力度。

2. 各单位应共同搭建知识产权保护支撑平台。完善创新知识产权检索和咨询服务工作模式，建立健全知识产权信息服务、价值评估平台，加强知识产权信息传播和利用。

3. 加强宣传教育工作，各单位可以通

过电视、报刊、互联网络等媒体对知识产权保护、化解矛盾纠纷工作中取得的成绩进行宣传报道，营造尊重知识产权、诚信市场竞争、理性应对纠纷的良好社会氛围，积极支持开展知识产权维权打假活动。

本意见自印发之日起施行。

泉州市中级人民法院
印发《关于依法履行职责有效服务保障我市产业转型升级和泉州制造的实施意见》的通知

2015 年 8 月 18 日　　泉中法〔2015〕89 号

各基层法院、本院各部门：

现将《关于依法履行职责有效服务保障我市产业转型升级和泉州制造的实施意见》予以印发，请结合法院工作实际，抓好贯彻落实，积极为我市产业转型升级和“泉州制造 2025”战略部署实施提供有效的法律服务和司法保障。

关于依法履行职责有效服务保障我市产业转型升级和泉州制造的实施意见

为认真贯彻落实泉州市委、市政府《关于进一步加快推动产业转型升级的实施意见》和《关于加快实施〈泉州制造 2025 发展纲要〉的若干意见》的要求，充分发挥司法审判职能作用，切实保障增强创新驱动发展新动力，服务我市产业转型升级和“泉州制造 2025”战略部署（下统称为转型升级和泉州制造），服务全市经济社会全面协调可持续发展，结合全市法院工作实际，制定如下实施意见：

一、深刻认识转型升级和泉州制造的战略意义，明确人民法院服务保障转型升级和泉州制造的指导思想、目标和主要任务

1. 深刻认识转型升级和泉州制造的战略意义。全球新一轮科技革命和产业变革正在孕育兴起，我国经济社会发展已进入新常态。要深刻认识泉州制造在中国制造乃至国家战略决策布局中的关键地位，深刻领会加快产业转型升级的重要性、紧迫性，深刻领会省委关于泉州要“带个头、走前面、作榜样、探索经验”的期待要求；深刻认识加快产业转型升级是泉州自身发展的内在要求，坚持问题导向，深入查找差距和不足，抓紧行动起来，集智聚力推动产业转型升级。

2. 明确为转型升级和泉州制造提供司法服务的指导思想和基本原则。指导思想是：以十八大、十八届三中、四中全会精神为统领，以中央、省委、市委决策部署为指引，坚持公正司法为民司法，围绕泉州“三大战略”，充分发挥审判职能作用，切实提高司法服务水平，大力构建司法联动机制，全面加强法院自身建设，为转型升级和泉州制造提供优质高效的司法服务。

基本原则是：坚持党的领导，确保正确的政治方向，充分发挥社会主义司法制度的优越性；积极营造敢闯敢试、鼓励创新的环境，实现服务科学发展与法院自身科学发展的有机结合；坚持司法的人民性、能动性与和谐性，丰富司法功能的内涵，实现审判、执行工作法律效果、社会效果和政治效果的有机统一。

3. 明确人民法院服务保障转型升级和泉州制造的目标。泉州法院服务保障转型升级和泉州制造的目标是：深入贯彻习近平总书记系列重要讲话和来闽考察重要讲话精神、省委九届十四次全会精神，认真落实福建智能制造暨创业创新现场推进会要求，切实把思想和行动自觉统一到创业创新的分析研判和转型升级的决策部署上来，进一步增强提供司法服务和保障的积极性和主动性，围绕“泉州制造 2025”规划的智能制造，质量品牌提升和服务型制造三大重点，采取切实有效的司法保护措施，提升和促进创新驱动和经济发展方式的转型升级，创造优良的法治环境，激发城市创新活力。

4. 全面把握人民法院服务保障转型升级和泉州制造的主要任务。坚持问题导向和需求导向，全面把握转型升级和泉州制造对人民法院工作提出的新要求。全面加强知识产权司法保护，在加大对科技成果权的保护力度、制止对科技成果的侵权行为、激励企业自主创新、促进品牌创新、维护商业道德以及促进科技成果流转和转化等方面提供有力的司法保障。

二、深化司法改革，完善服务转型升级和泉州制造的审判体制机制

5. 深入推进司法体制改革。紧紧围绕加快建设公正高效权威的社会主义司法制度，维护人民权益，让人民群众在每一个司法案件中感受到公平正义的总目标，着力解决影响司法公正、制约司法效率和能力的深层次问题，破解体制性、机制性、保障性难题，进一步深化审判权力运行机制和人员分类管理等改革，推动实现审判体制和审判能力现代化，着力建设一支具有全球视野、适应现代科技发展的高素质、专业化审判队伍，全面提升泉州法院的司法能力和水平。

6. 推进“跨域·连锁·直通”式诉讼服务平台建设。依法保障涉转型升级和泉州制造案件当事人的诉权，认真贯彻落实立案登记制，对人民法院依法应当受理的涉转型升级和泉州制造案件做到有案必立、有诉必理。健全和完善便捷、高效的“跨域·连锁·直通”式诉讼服务平台建设，进一步促进科技创新纠纷案件的诉讼便捷和审判效率提升。

7. 大力推动多元纠纷解决机制建设。积极引导当事人选择委托调解、专家调解、行业调解、仲裁等方式解决涉转型升级和泉州制造的各类纠纷，进一步完善非诉解决纠纷机制与诉讼的有机衔接，依法促进当事人矛盾和解，尽快解决争议，推动科技成果转化和利用。建立健全“审判技术专家库”制度，继续探索专家咨询、专家陪审机制，尝试在技术比对方面引入专家咨询制度。加强与相关行政执法部门的工作协调，妥善处理与公安、检察机关在刑事执法中的工作配合和相互制约，促进民事、行政、刑事审判程序的有效衔接，努力构建资源优化、运行科学、高效权威的审判机制。

三、加强知识产权司法保护，建设优质的知识产权法治环境

8. 依法审理涉转型升级和泉州制造的知识产权民事案件。精心审理涉转型升级和泉州制造的专利权、著作权、商标权、不正当竞争、技术合同等各类民事纠纷。依法审理涉及发明、实用新型、外观设计等各类科技成果权的纠纷案件，积极推进自主创新能力的提升。加强涉转型升级和泉州制造的商标权司法保护，促进企业提高品牌战略的创新能力。贯彻落实品牌带动战略，为我市知名品牌、驰名商标的创立和发展提供公平正义的法治环境。注重支持和引导企业实施商标战略，促进自主品牌的形成和品牌经济的发展。加大涉转型升级和泉州制造案件的著作权保护力度，积极促进文化创新、商业模式创新和文化创意产业发展。依法制止涉转型升级和泉州制造的不正当竞争和垄断行为，营造公平有序的创新环境。加强商业秘密司法保护，维护合法正当的创新秩序。梳理总结各类知识产权案件的审理思路及裁判方法，规范统一知识产权侵权判定标准，准确认定知识产权合同效力和责任承担，依法保护创新成果，依法促进创新成果转化。

9. 依法打击转型升级和泉州制造发展中发生的侵犯知识产权犯罪行为。坚持宽严相济的刑事政策，依法审理涉科技创新的知识产权刑事犯罪案件，积极探索侵犯知识产权轻微刑事案件和解机制，从严规范缓刑适用标准，切实保障被害人的刑事自诉权利。统一知识产权犯罪的证据标准和量刑标准，推动形成规范化的量刑机制，加大知识产权刑事犯罪的打击力度，发挥刑罚惩治和预防知识产权犯罪的功能。

10. 加大侵权损害赔偿力度，充分体现知识产权市场价值。在具体审理中更加注重正确适用损害赔偿确定规则，努力降低维权成本，注重发挥损害赔偿制度对于知识产权权利人的救济功能，探索完善加大赔偿力度的具体实现方式，尊重权利人对于损害赔偿方法的选择权。引导权利人对实际损失和侵权人实际获利进行举证，当有证据证明实际损失或侵权获利超出法定赔偿最高限额时，可以在最高限额以上酌定赔偿，充分实现知识产权的实际市场价值。强化举证妨碍制度的运用。对恶意侵害知识产权，情节严重的，适度引入惩罚性赔偿，加大对侵权行为的打击力度和威慑力，切实保护创业创新。

11. 加强知识产权诉讼证据审查与运用，强化诚信诉讼环境建设。在涉转型升级和泉州制造知识产权案件的审理中，综合运用证据披露、举证妨碍、证明标准等证据规则，加大释明力度，强化当事人举证，推动并引导当事人在提交证据、质证以及庭审中最大限度呈现知识产权的市场价值，切实解决举证难和事实认定难问题。加大对诉讼失信行为的惩戒力度，对抗拒证据保全、故意逾期举证、毁损证据、隐匿证据、提交虚假证据、进行虚假陈述的当事人，依法加以制裁，营造诚实守信的诉讼环境。

12. 推进知识产权信用管理制度建设。推动健全知识产权诚信平台，协调工商、知识产权局、文广新局等有关职能部门建立“部门数据库”，将符合条件的知识产权民事、行政、刑事侵权假冒案件的裁判、仲裁以及执行信息纳入本市社会信用联合征信系统，强化对恶意侵犯知识产权等失信行为的惩戒，实现全市知识产权信用管理制度的一体化。

13. 依法引导科技中介服务健康发展，打造知识产权保护综合服务平台。引导和规范知识产权、科技咨询、科技金融等中介服务，促进复合型科技服务中介人才的引进和培养，推进技术评估、知识产权服务、第三方检验检测认证等机构改革，促进科技服务产业集群化建设，促进市场化新型研发组织、研发中介和研发服务外包新业态的培育和发展。整合知识产权保护相关职能部门资源，将知识产权行政执法、司法保护、行业协会自律纳入统一平台，积极引导和充分发挥行业协会在知识产权创新和维权中的代表作用和集体优势。

四、充分发挥和延伸各项审判职能，促进与转型升级和泉州制造相适应的金融、投资、人才与行政管理体系建设

14. 依法审理涉转型升级和泉州制造的金融案件。依法审理相关企业向民间融资、向金融机构融资、通过互联网融资的纠纷案件，企业创业投资的案件，企业融资担保的案件，企业上市、股权众筹和在股权托管交易中心交易的案件，企业相关科技保险的案件以及知识产权证券化的案件，促进、维护和规制金融市场的金融创新，衡平保护各方当事人的合法权益，完善金融市场的交易规则，规范金融市场的交易秩序。

15. 依法审理涉转型升级和泉州制造的投资纠纷案件。充分认识和尊重市场配置创新资源的决定性作用，按照市场导向的创新型体制机制要求，依法审理涉转型升级和泉州制造公司设立、股权期权激励、公司治理、股权转让以及资产交易等纠纷案件，充分保护科技创新人员和企业的合法权利，依法保护科技类无形资产入股和科技产权股权转让行为，促进和维护有利于行业创新创业和科技成果产业化有效经营的法治化环境。

16. 依法审理涉转型升级和泉州制造的劳动争议案件。依法审理涉及高新技术企业的劳动争议案件，切实保障科研院所、高等院校等单位的科研人才在订立、履行、变更、解除或者终止劳动合同、聘用合同过程中的合法权益，保障科研人才的合理流动，推动建立开放、竞争、流动的单位用人机制，依法保护外国专家、外籍高层次人才在我国的合法劳动权益，营造良好的创新发展和科技人才高地建设的法治环境，实现劳动者权益保护与促进企业创新发展的互利双赢。

17. 依法监督和支持涉转型升级和泉州制造的行政行为。审慎处理与转型升级和泉州制造中创新人才引进相关的户籍登记管理、土地征收补偿以及建设规划许可、清理取消非行政审批事项和放宽新兴行业市场准入管制、专利质押登记和检测检验服务审批等行政案件。对与转型升级和泉州制造相关的新类型行政案件，加强法律适用前瞻性研究，探索并确立司法合法性审查标准，依法保护公民、法人和其他组织合法权益，依法支持政府加快职能转变和政策创新。

18. 依法加大涉转型升级和泉州制造案件执行力度。依法、规范、高效执行涉转型升级和泉州制造执行案件。对被执行人拒不履行停止侵权的生效裁判内容继续其原侵权行为的，除支持权利人依法追究其民事责任以外，积极协调公安、检察机关以拒不执行判决、裁定罪追究其刑事责任。综合运用强制执行措施和执行惩戒措施，切实维护申请执行人合法权益，制裁被执行人规避逃避执行行为，确保生效法律文书的权威性和促进社会诚信体系的建设。

19. 强化专门服务转型升级和泉州制造的司法建议和预警制度。加强涉转型升级和泉州制造案件的司法统计分析，建立相关纠纷动向和潜在风险提示机制，运用审判白皮书、司法建议、为高新技术企业进行法律培训等方式，为企业“走出去”提供知识产权预警、海外维权资讯等帮助，抓住本次《立法法》修改契机向泉州市人大提出针对我市非物质文化遗产保护等立法建议，积极为转型升级和泉州制造的产业发展、制度创新、政府决策、立法完善建言献策。同时，加强破产审判工作，正视破产制度对规范市场退出机制、淘汰过剩产能的正面意义，综合运用重整、和解、破产清算等手段，有效发挥对社会秩序和市场经济的调节作用，推动产业转型升级。

江西省南昌市中级人民法院

关于为打造“南昌光谷”提供司法保障和服务的若干意见

为认真贯彻党的十八届五中全会精神，全面落实习近平总书记在江西考察时的重要讲话精神，深入实施工业强省战略，以打造南昌光谷、建设江西 LED 产业基地为目标，加强技术协同创新，科学规划产业布局，促进产业集聚发展，推动 LED 产业迅速做大做强。根据《中共南昌市委、南昌市人民政府关于打造“南昌光谷”的决定》精神，结合法院工作实际，现就我市法院为打造“南昌光谷”提供司法保障和服务，提出以下指导意见。

一、提高思想认识，切实增强依法打造“南昌光谷”的责任感和使命感

1. 充分认识打造“南昌光谷”的重要意义。打造“南昌光谷”是贯彻落实省委、省政府重大战略部署的客观要求，是我市作为省会城市，抢抓机遇，加快发展光电产业，成为引领全省光电产业发展先行区的政治担当。打造“南昌光谷”是南昌实现“产业强起来”的迫切需要，有利于促进我市产业结构转型升级，培育新的经济增长点，保持经济较高速度增长，加强进位赶超，切实推动南昌“产业强起来”。打造“南昌光谷”是提升南昌产业核心竞争力的必然选择，有利于充分发挥光电产业龙头企业的技术优势，提升整个光电产业的技术创新能力，带动产业链上下游企业创新发展和集聚发展，迅速做大全市光电产业规模。建设“南昌光谷”是打造我市核心增长极的重要支撑，全市各级法院要紧紧围绕市委市政府的决策部署，努力提供强有力的司法保障和服务。

2. 深刻理解人民法院在打造“南昌光谷”中的重要作用。人民法院承担着化解社会矛盾、维护社会稳定、服务经济发展的重要职能，全市法院在打造“南昌光谷”，激发企业活力和创造力，加快我市光电产业发展中责任重大。要认真提升司法工作能力，积极主动开展司法服务，准确把握人民法院在优化我市法治环境和打造“南昌光谷”中的重要职责，在实现人民法院工作科学发展的同时，努力为打造

“南昌光谷”提供强有力的司法保障和法律服务。

3. 牢固树立助力打造“南昌光谷”的指导思想。全市法院要以高度的政治责任感和使命感，将贯彻落实十八大、十八届三中、四中、五中全会、习近平总书记系列讲话重要精神和省、市委决策精神作为实现人民法院工作科学发展的重要结合点，改进人民法院工作的着力点，服务我市全局工作的切入点，始终坚持能动司法理念，始终捍卫社会公平正义，始终牢记司法为民宗旨，准确把握人民法院打造“南昌光谷”的工作重心，为助推我市光电产业发展、做强做大产业规模提供更加有力的司法保障。

二、切实履行审判职责，助力打造“南昌光谷”

4. 公正高效审理各类知识产权案件，推动企业自主创新。加强对LED产业、光电显示和移动通讯终端产业、光伏产业、光电子器件产业等重点领域知识产权的司法保护。支持和引导企业实施商标战略，促使其在经营中积极、规范使用自主商标，促进企业自主品牌的形成和品牌经济的发展。加大对关键核心技术的保护力度，维护企业的核心竞争力。积极慎重采取诉前停止侵权措施，及时制止侵权行为，防止侵权后果扩大。不断加大知识产权损害赔偿力度，注重发挥损害赔偿责任在制裁侵权和救济权利中的作用，通过提高侵害知识产权损害赔偿数额，实现企业知识产权的市场价值。严惩知识产权恶意侵权行为，加大对重复侵权、不履行生效判决等恶意侵权的惩戒力度，有效遏制、威慑侵权行为。积极推动我市形成一批拥有自主知识产权和知名品牌、竞争力较强的高技术产业集群、企业集团、骨干企业和产品。

5. 依法审理反不正当竞争案件，营造企业公平竞争环境。以诚信竞争和公平竞争为导向，重点打击虚假宣传、商业诋毁、侵犯商业秘密等不正当竞争行为，妥善处理保护商业秘密与自由择业、涉密者竞业限制和人才合理流动的关系，营造诚实守信、公平有序的市场环境。

6. 规范技术交易市场秩序，促进技术成果的引进和转化利用。妥善审理技术改造、技术开发、技术转让、技术服务等纠纷案件，依法维护合同效力，促进科技成果的流转、应用和传播，减少知识产权交易成本，引导和支持创新要素向企业集聚，促进科技成果向现实生产力转化。

7. 妥善处理相关企业破产、强制清算案件，实现产业转型升级。依法受理企业破产案件和强制清算案件，积极引导市场主体依法有序退出市场；依法受理符合条件的企业重整、和解申请，运用企业重整、和解制度，帮助和支持那些资金周转遇到暂时困难但符合经济和产业结构调整要求、有发展前景的企业恢复生机重返市场。

8. 维护创新型人才的合法权益，培育创业主体。审理好人才资源培养、使用、流动过程中发生的劳动争议，既维护用人单位的正当利益，又保障人才的合法权益，努力营造保护自主创新、保障合理流动的人才环境；严格执行法律法规政策的规定，通过公正审判、执行案件，支持创业者，保护改革者，惩治违法者，为创新型人才提供想干事、敢干事、能干事的法治环境。

9. 认真履行司法审查职能，助力企业发展壮大。审理好涉及工商、税务、土地、城建、环保、劳动保障、技术监督等方面的行政案件，对涉及乱收费、乱处罚、乱摊派、乱许可、强迫代理、违法查封、扣押、吊销营业执照、违法设定义务等滥用职权的行政行为，依法予以纠正；对侵犯投资商合法权益、影响投资环境的行政不作为行为，依法责令其履行法定职责；通过监督和支持依法行政，为光电产业发展营造务实高效的司法服务环境。

三、主动延伸审判职能，增强司法保障的针对性

10. 依法采取各种诉讼措施，为企业提供充分程序保障。丰富诉讼保全担保形式，拓宽申请人诉讼财产担保渠道，降低企业诉讼成本，提高诉讼效率。依法审查权利人提出的证据保全和调查取证申请，符合条件的及时采取措施，固定证据，切实解决权利人举证难问题，减轻权利人的讼累。按照积极、慎重的原则，根据当事人的申请依法采取临时禁令措施，有效制止侵权行为。

11. 深入推进司法公开，充分发挥司法导向作用。不断加大审判公开力度，以公开促公正、以公开树公信。推进裁判文书公开，提高裁判文书的公布范围和公布效率；推进审判流程公开，保障当事人的知情权、监督权，提高审判质量和效率；推进庭审公开，加强对知识产权裁判案件的深度公开，发挥个案的示范和引导功能。

12. 不断优化执行环境，帮助企业实现合法权益。强制执行注重保护债权人的合法权益和保障企业正常生产经营相统一，兼顾企业生存发展和权益维护。对以相关产业企业为被执行人的各类案件，慎用强制措施，讲究方式方法，注重社会效果，坚决杜绝因适用强制措施不当而造成影响企业发展的现象。加强执行和解，灵活运用闲置资产处置、债权转股权、执行到期债权等方式，保护企业的良性发展。

13. 积极化解涉及光电产业企业的涉诉信访案件。充分认识做好涉及光电产业企业及员工的涉诉信访工作的重要性。要加大思想疏导力度，对案件尚在审理过程中的上访人员，应当告知其继续参加诉讼，并督促相关人民法院依法及时审理。对不服生效裁判上访的人员，应当告知其通过再审程序进行救济。进入再审程序后，应当依法及时审结。要多方协调，解决涉诉信访企业所反应的实际问题，加大调解力度、法律释明力度，促使信访人息诉服判。

14. 树立平等保护意识，推动混合所有制经济健康发展。非公经济是社会主义市场经济的重要组成部分，要依法保障非公经济平等使用生产要素，公开公平参与市场竞争。要统一适用法律规则，优化非公经济投资的司法环境，促进公平、竞争、自由的市场环境形成。保护各种所有制企业在投融资、税收、土地使用和对外贸易等方面享受同等待遇，提升非公经济参与国有企业混合所有制兼并重组的动力。要充分尊重企业的经营自主权，反对各种形式的强制交易，最大限度地激发非公经济的活力和创造力。

四、不断完善审判工作机制，提升司法服务水平

15. 着力推进多元化纠纷解决机制。合理配置纠纷解决的社会资源，完善和解、调解、仲裁、公证、行政裁决、行政复议与诉讼有机衔接、相互协调的多元化纠纷解决机制。充分发挥人民法院在建设多元化纠纷解决机制中的引领、推动和保障作用，以点带面，总结经验，形成解决矛盾纠纷的合力，对企业股权调整、破产兼并重组、知识产权、劳动争议、社会保障等案件，寻找双方最佳利益平衡点，尽力将矛盾化解在基层、化解在萌芽状态，避免因处置不当引发群体性事件。

16. 不断完善便民措施。继续落实司法为民各项举措，建立法院和企业的对口联络制度，巩固与企业建立的法律服务联系成果，从大处着眼小处着手，提供诉讼指南，告知诉讼风险，认真落实便民措施，彰显司法的人文关怀。要积极做好相关企业的风险提示、举证指导、法律释明等工作，对诉讼请求不当、超过诉讼时效、超过举证时限、拒不执行等方面的法律风险做出提示，帮助民营企业避免一些常见的诉讼风险，减少损失。

17. 深入开展前瞻性调查研究。密切关注光电产业相关法律、法规、政策，加强与企业的联系和沟通，及时了解相关企业对司法工作的新要求和新期待，牢牢把握为光电产业提供司法保障和服务的前瞻性和主动性，切实加强相关司法调研工作，努力为领导决策和审判工作做好服务。总结和推广审判工作经验，提炼成功经验和有效方法，不断提高法律适用能力和政策理论水平。对群体性案件、集团诉讼案件等可能存在影响社会和谐稳定因素的案件，要及时研究、依法妥善处置，努力提高业务监督和指导能力。

18. 充分发挥司法建议作用。司法建议是人民法院延伸审判职能、化解矛盾纠纷、提高社会管理水平和司法服务水平的重要手段之一，应密切关注司法审判领域中反映出的企业在合同制定、货物交接、证据留存、财务管理、知识产权保护等方面存在的问题，及时提出司法建议，促进企业建立长效管理体系、健全各项规章制度、堵塞工作中的漏洞，帮助企业降低经营中的风险，实现审判工作与经济社会的良性互动。

19. 建立大要案通报制度，制定必要的风险处置预案。对于涉及光电产业相关企业提起的系列诉讼案件、企业破产清算案件、群体性案件等可能存在影响企业健康稳定发展的案件，要及时启动大要案工作机制，特别重大的案件要及时向地方党委和上级人民法院报告。上级人民法院要及时指导下级人民法院开展工作，对各方矛盾突出、社会关注度高的案件要作出必要的预判和预案，增强司法处置的前瞻性和针对性。

20. 积极开展法制宣传。加强与企业之间的沟通、交流，坚持送法进企业，采取与企业座谈、定期进行专项调研、举办专业研讨会、开展法律讲座等方式，零距离开展普法宣传活动，增进企业管理者和企业员工对法律知识的了解，有针对性地帮助企业完善规章制度，协助企业解决在签订合同中遇到的实际问题，增强企业知识产权保护的意识，把企业的需要与法院的工作联系起来，促进企业健康平衡发展，助力我市经济社会发展。

山东省烟台市中级人民法院　烟台市知识产权局
关于建立专利纠纷诉调对接机制的规定（试行）

（2015 年 12 月 1 日）

为深入贯彻落实党的十八届四中全会提出的“健全社会矛盾纠纷预防化解机制，完善调解、仲裁、行政裁决、行政复议、诉讼等有机衔接、相互协调的多元化纠纷解决机制”的战略部署，充分发挥诉讼与非诉讼纠纷解决主体的作用，及时有效化解各类社会矛盾纠纷，推进多层次多领域依法治理，维护公平正义、促进社会和谐，根据《中华人民共和国人民调解法》《最高人民法院关于建立健全诉讼与非诉讼相衔接的矛盾纠纷解决机制的若干意见》《关于进一步贯彻调解优先、调判结合工作原则的若干意见》《山东省知识产权局、山东省高级人民法院关于建立专利纠纷诉调对接机制的若干意见》、烟台市委办公室烟台市政府办公室《关于进一步健全多元化纠纷解决机制的意见》，制定本规定。

第一条　诉调对接机制是指行业调解与法院审判相衔接，共同化解社会矛盾纠纷的机制，包括诉前行业自主调解、诉前法院委派调解、诉中法院委托调解、诉中联合调解。

第二条　调解工作应坚持以下原则：

（一）调解优先。能调则调，最大限度将矛盾纠纷化解在成诉之前。

（二）调解自愿。调解须以双方当事人自愿为前提，不得违背当事人意愿强行调解。

（三）调解合法。调解协议不得违反法律、法规和国家政策。

（四）便民利民。减轻当事人诉累，从根本上化解矛盾，促进和谐稳定，实现安居乐业。

（五）公正高效。促使当事人尽快达成调解协议，不能久调不决，调解不成的及时转入诉讼。

第三条　符合下列条件的纠纷或诉讼案件，应纳入专利纠纷诉调对接范围：

（1）专利申请权转让合同纠纷；

（2）专利权转让合同纠纷；

（3）发明专利实施许可合同纠纷；

（4）实用新型专利实施许可合同纠纷；

（5）外观设计专利实施许可合同纠纷；

（6）专利代理合同纠纷；

（7）专利申请权权属纠纷；

（8）专利权权属纠纷；

（9）侵害发明犯专利权纠纷；

（10）侵害实用新型专利权纠纷；

（11）侵害外观设计专利权纠纷；

（12）假冒他人专利纠纷；

（13）发明专利临时保护期使用费纠纷；

（14）职务发明创造发明人、设计人奖励、报酬纠纷；

（15）发明创造发明人、设计人署名权纠纷；

（16）专利权宣告无效后返还费用纠纷。

第四条　市知识产权局设立专利纠纷调解委员会，配备行业调解员若干，兼任市人民法院特邀调解员。特邀调解员名单及联系方式报市人民法院备案。

第五条　专利纠纷调解委员会履行以下的职责：

（一）依照《中华人民共和国人民调解法》等相关法律法规制订本部门、本行业调解工作制度、调解公约等；

（二）通过主动排查和要求辖属单位主动上报，及时发现、调解本部门、本行业出现的各类矛盾纠纷，最大限度将矛盾纠纷化解在基层和初发状态；

（三）受理人民法院诉前委派调解、诉中委托调解，协助人民法院联合调解；

（四）负责业内调解员的选聘、解聘、日常管理和业务培训；

（五）建立调解案件档案，进行数据统计分析；

（六）负责与人民法院立案庭（诉调对接中心）、相关审判庭日常工作联络协调。

第六条 人民法院诉调对接中心和案件承办法官要主动告知当事人非诉调解的优势，积极引导当事人尽量选择非诉调解的方式解决纠纷，实行诉调分流。

第七条 人民法院诉调对接中心（或立案庭）对专利纠纷正式登记立案前，或者相关审判庭收到已立案的案件后，在征得双方当事人书面同意诉前委派调解或诉中委托调解的情况下，应当于三日内制作委派（托）调解函、委派（托）调解材料清单，连同当事人提交的起诉状、答辩状、相关证据等材料复印件交专利纠纷调解委员会签收。由当事人持《委派调解函》或《委托调解函》和相关证据材料，向专利调解委员会申请调解。

人民法院诉调对接中心对当事人同意诉前委派调解的纠纷，应当进行案件预登记，暂缓立案，中断诉讼时效。

第八条 专利纠纷调解委员会收到人民法院委派或委托调解材料后，应在五日内指定1至2名调解员，及时组织当事人进行调解。人民法院相关审判庭应适时对调解工作予以指导。

第九条 调解人员应当对当事人进行深入细致的疏导说服工作，依法积极引导当事人达成调解协议，或者提出合理的指导性方案供当事人协商选择。在征得当事人同意的情况下，一次调解不成的，可多次调解，或邀请与当事人有特定关系、有利于调解纠纷的相关人员共同调解。

第十条 专利纠纷调解委员会调解纠纷应在接受法院移交材料后三十日内调解结案，也可由各方当事人协商一致后适当延长。纠纷确有调解成功可能或者需要调查取证的，经各方当事人同意可以适当延长的调解期限不得超过十五日。

第十一条 专利纠纷调解委员会在上述期限内仍未达成调解协议的，应立即书面告知当事人终结调解、转入诉讼程序，并于最后一次调解结束之日起五日内制作调解终结书，注明调解方案和双方主要分歧，随案卷移交人民法院，由人民法院立案或者继续审理。

调解委员会调解期间不计入法院审理期限。

第十二条 诉前调解达成的书面调解协议具有民事合同性质。当事人未申请司法确认诉前调解协议，一方当事不按协议履行义务的，对方当事人可依协议向有管辖权的人民法院起诉。

第十三条 双方当事人请求对诉前调解协议进行司法确认的，调解人员可告知当事人依照《中华人民共和国民事诉讼法》第一百九十四条的规定，由双方当事人自调解协议生效之日起三十日内，共同向调解组织所在地的基层人民法院提出。有关基层人民法院应当及时依法审查调解协议的效力，经审查，符合法律规定的，裁定调解协议有效；不符合法律规定的，裁定驳回申请，当事人可以要求专利行政部门或维权援助中心重新调解，也可以向人民法院提起诉讼。

第十四条 当事人达成诉前调解协议的，调解人员应当于调解协议约定的履行期限届满之日起五个工作日内，对当事人进行电话回访，询问履行情况。义务人未按期履行的，由专利纠纷调解委员会按照调解自律公约、行业内部相关管理规定等对其进行违约处理，并可向违约义务人所在单位或上级主管部门通报情况，由相关单位督促履行。

第十五条 专利纠纷调解委员会调解成功的，应于调解协议达成之日起三日内，向人民法院诉调对接中心或相关审判庭出具书面调解意见函，同时移交相关案件材料。

诉中委托调解达成调解协议，双方当事人请求人民法院出具民事调解书或者原告申请撤诉的，由人民法院相关审判庭依法审查处理。

第十六条　专利纠纷调解委员会在办理人民法院委派或委托调解案件过程中，应及时向人民法院通报重要进展情况。人民法院对可能因判决造成当事人矛盾激化或对整个行业造成不良影响的纠纷案件，应告知专利纠纷调解委员会，以便共同做好矛盾纠纷疏导化解工作。

第十七条　对于专利纠纷案件，人民法院在开庭前、庭审中、庭审后宣判前的整个审理过程中，可以邀请专利纠纷调解员联合调解，专利纠纷调解委员会应当及时派人协助。

第十八条　专利纠纷调解委员会应于每季度或根据统计工作要求随时向同级人民法院报送工作情况和数据报表。人民法院应适时向专利纠纷调解委员会提出司法建议、通报典型案例、邀请调解员旁听庭审、对调解员集中授课。双方可召开联合研讨会、互相通报相关领域最新法律法规，共同提高调解工作规范化管理水平。

市中级人民法院民事审判庭第三庭与市知识产权局法政科具体负责专利纠纷案件诉调对接工作。

第十九条　市中级人民法院和市知识产权局每年对诉调对接工作进行考核，对工作成绩突出的集体和个人给予表彰或奖励。

第二十条　本规定由市中级人民法院和市知识产权局负责解释。

第二十一条　本规定自印发之日起试行。

山东省烟台市中级人民法院

关于为加快推进中韩（烟台）产业园建设提供司法服务和保障的意见

2015年12月7日　　　　烟中法〔2015〕83号

各县市区人民法院、本院各部门：

为充分发挥人民法院审判职能作用，积极服务中韩（烟台）产业园建设，全面打造国际化、市场化、法治化的发展环境，根据省委办公厅、省政府办公厅《关于支持中韩（烟台）产业园建设的若干意见》和市委、市政府关于加快推进中韩（烟台）产业园建设的部署要求，结合全市法院工作实际，制定本意见。

一、认清服务使命，切实增强依法保障产业园建设的自觉性

1. 深刻理解加快推进中韩（烟台）产业园建设工作部署的重要意义。中韩产业园是中韩两国元首达成的共识，已纳入中韩自贸协定。烟台是我国与韩国区位优势最明显、交通往来最便捷、经贸合作最紧密、人文交流最活跃的城市之一。加快推进中韩（烟台）产业园建设是我市抓抢中

韩自贸区建设重大机遇，积极对接“一带一路”战略的重要成果，有利于引领和带动区域经济发展再上新水平；有利于加快产业转型升级和质量效益提升；有利于深化对韩全方位合作，拓展全市经济发展空间；有利于建设以开放促改革、促创新、促发展的示范载体和发展模式。全市法院要深刻认识加快推进中韩（烟台）产业园建设的重要意义，积极调整司法理念，切实履行司法职能，努力为产业园建设提供公平、公正、高效的司法服务与保障。

2. 科学定位全市法院在加快推进中韩（烟台）产业园建设中的任务要求。按照市委、市政府“中韩自贸区产业合作示范区、东北亚综合国家物流枢纽、‘一带一路’战略合作平台和韩国元素突出的智慧型宜居新区”的产业园功能定位和“韩国企业投资中国最佳目的地、韩国商品进军中国市场最大集散地和韩国医疗、美容等优势产业国际转移最优承接地、韩国人在国外最大聚居地”的任务目标，全市法院要始终牢固树立创新、协调、绿色、开放、共享的发展理念，全面把握产业园建设对法院工作提出的新要求和新任务，切实增强进取意识、机遇意识和责任意识，创新审判机制、发挥审判职能、拓展司法服务、深化司法公开、提升司法公信，为产业园建设营造良好营商环境。

二、把握服务原则，切实增强依法保障产业园建设的科学性

3. 坚持法治先行原则。根据产业园建设的政策定位和区位优势，大胆探索、改革创新，充分发挥体制机制优势，通过公正、独立、透明的司法审判和高效便捷的司法服务，促进产业园在经济体制、文化体制、行政体制、社会体制和生态文明体制等方面的先行先试。

4. 坚持依法审判原则。牢固树立法律意识和法治权威，科学厘清各级法律规范在产业园范围内的适用条件和适用范围，坚守法律底线，立足执法办案，通过合法的审判程序、公正的裁判结果、规范的法律文书，努力让当事人在每一个司法案件中都感受到公平正义，维护产业园良好信誉。

5. 坚持意思自治原则。加强对市场经济规律的认识和把握，以保护产权、维护契约、统一市场、平等交换、公平竞争、有效监管为司法基本导向，遵循和维护市场在资源配置中所起的决定性作用，保障市场主体意思自治，尊重商业惯例及当事人的约定，尊重交易惯例，以司法手段促进公平开放透明市场规则的形成。

6. 坚持平等保护原则。对于产业园建设过程中的各类纠纷，严格遵循司法规律，依法平等保护国内外市场主体的合法权益。对中外企业之间、园区企业与非园区企业之间，一律平等适用法律，促进市场主体的公平、自由竞争。全面发挥司法评价、示范和导向作用，以公正高效裁判，明晰市场交易规则，依法维护交易行为效力，规范市场交易秩序，引导市场预期，促进诚实守信。

7. 坚持主动创新原则。积极主动研究与产业园建设相关的法律、法规和政策调整中出现的新情况、新问题，科学准确适用法律、国际条约、国际惯例等，实现国际、国内法律规则对接。对产业园建设中出现的新类型案件，注意新型业态的行业惯例和自治性规范，依法适用国际条约，尊重国际惯例，形成合理的审判规则，引导市场秩序的建立。

三、明确服务内容，切实增强依法保障产业园建设的针对性

立足执法办案第一要务，全面发挥审判职能作用，妥善审理涉及产业园建设的各类案件，依法保障产业园建设稳步推进。

8. 依法保障产业园国际投资和贸易便利化。围绕打造中韩跨境电子商务交易中心和结算中心、中韩两国商品集散地和中转地目标，公正高效审理产业园建设中涉港口、保税、保险、仓储物流、大宗商品交易、跨境电子商务及跨境电子结算等方面的案件，维护中外投资者、经营者的合法权益，促进产业园投资领域扩大开放与贸易转型升级。根据国际贸易功能集成要求，认真研究离岸贸易、保税展示交易、融资租赁、仓单质押融资、跨境电子商务等国际贸易新业态产生的法律问题。

9. 依法保障金融保险产业发展。积极推动产业园新型金融服务平台建设，以交易支付便利化和金融服务便利化为目标，依法公正高效审理产业园金融借款、融资租赁、金融衍生品交易等金融类案件，进一步推动和规范中韩双方银行金融服务方式，保障和支持本外币结算产品、贸易融资产品、汇率避险工具等的创新和开发，依法保障跨境金融资本合作，支持实体经济跨境发展，促进金融改革创新，有效防范金融风险。依法保障各级政府、金融机构、大企业发起成立中韩产业投资基金，发展离岸金融业务，支撑产业园基础设施建设和区内企业发展，促进两国产业整合。着力提高识别重大金融风险的司法能力，支持建立产业园金融风险防控体系，维护金融市场的安全与效率。

10. 依法服务保障高端装备制造、新能源等战略新兴产业和生命科学、文化创意等现代服务业发展。深入研究战略新兴产业和现代服务业发展过程中的矛盾纠纷及法律适用问题，依法公正高效审理高端装备制造、新能源与节能环保、电子信息、海洋工程及海洋技术等新兴产业，物流、商贸、电子商务、文化创意、健康服务、养生养老等现代服务业建设过程中发生的纠纷案件，推动战略新兴产业和现代服务业深度开放合作。

11. 依法服务保障产业园公司治理结构完善。正确理解公司自治与司法介入的界限，深入研究因公司治理结构矛盾产生的各类纠纷，运用司法手段，公正高效地审理产业园建设中发生的并购收购、参股控股、合资合作、股权转让、股东损害公司债权人利益责任纠纷等与中外投资企业、公司有关的案件，促进企业与公司在鼓励投资方面发挥重要作用，不断完善法人治理结构与风险防控机制。

12. 全面提升产业园知识产权司法保护力度。高度关注高端装备制造、新能源、电子信息等高新技术领域和文化创意产业等领域发生的纠纷案件，发挥知识产权司法保护主导作用，运用民事、行政和刑事司法保护措施，提高侵权代价，推动和保护技术创新。充分保护知识产权人的合法权益，发挥知识产权激励创新的重要作用，形成尊重知识、崇尚创新、诚信守法、公平竞争的良好市场环境，保障创新驱动发展战略。建立知识产权快速维权机制，公正高效审理知识产权案件，降低维权成本，合理运用司法保全制度，提高产业园知识产权司法救济的及时性、便利性与有效性。

13. 依法服务保障产业园用工制度健康发展。妥善处理维护劳动者合法权益与保障产业园企业生存发展的关系，注重平衡劳资双方利益，推动构建和谐稳定的劳动关系，促进企业与劳动者的互利共存，共赢发展。认真研究产业园外籍高层次人才就业及劳动保障问题，正确认定境外人士的劳动者身份，依法保护中外劳动者的合法利益，促进劳动力要素在产业园自由、有序、便捷流动。对恶意欠薪企业，用足用好司法手段，加大财产保全力度，切实保障劳动者合法权益。对破产企业，优先保护职工工资、社保等债权，并协助相关部门做好职工安置工作。

14. 加大涉产业园案件的执行力度。依法运用各类执行措施，严格防止规避执行行为，努力提高执行效率和效果。加强执行信息化工作，规范执行行为，推动执行现场同步录音录像，重大、关键执行信息通过信息平台推送执行当事人，让当事人及时掌握执行进度。强化司法网络查控，拓展案件执行联动成员单位，实现信息共享、联动协作。充分发挥失信被执行人名单制度效能，将失信被执行人名单与产业园主管部门共享共用，将被执行人信用与其经济利益、商业信誉、交易机会等直接关联，增强失信惩戒威慑力，促进诚信体系建设。

15. 加强对行政管理体制创新的司法保障。公正高效审理行政许可、政府信息公开、行政处罚、行政收费等行政争议，监督政府依法行政，推动政府职能转变和改革创新政府管理方式，促进与国际高标准投资和贸易规则体系相适应的行政管理体系的建立。积极应对行政审批模式转变带来的法律问题，厘清政府行为的合法界限，切实保护行政相对人合法权益。支持市场监管部门创新服务模式，建立涉产业园行政诉讼案件的联调机制，促进法治政府和服务型政府建设。

16. 严厉打击涉产业园建设的违法犯罪行为。依法严厉惩处生产、销售伪劣商品、商业贿赂、侵犯知识产权、侵犯财产权等犯罪活动，加强与相关职能部门的沟通协作，维护产业园经济秩序和社会稳定。依法严格审理走私、破坏金融管理秩序、妨害公司企业管理秩序、扰乱市场秩序的刑事案件，准确区分虚报注册资本、虚假出资及抽逃出资行为罪与非罪的界限，审慎处理非法经营、逃汇与骗购外汇等案件，贯彻刑事宽严相济政策。

四、丰富服务方式，切实增强依法保障产业园建设的有效性

17. 实现涉产业园案件审理专业化。在中院组建涉产业园案件审判工作小组，研究推行与产业园相关的投资、贸易、金融、知识产权、环境资源等案件相对集中管辖机制，在刑事、民事、商事、知识产权、行政、执行等业务庭室成立专门合议庭或指定审判经验丰富的法官，负责审理特色金融、高端制造、现代服务业等涉产业园的各类纠纷，分工开展对口领域法律问题研究，为类型案件研究、前沿问题探索提供有力支持，打造产业园案件审判的专业品牌。建立涉产业园案件信息报告分析、分级指导监督等制度，全力提升审判专业化水平。

18. 实现涉产业园案件审理便利化。建立以市法院、县市区法院、派出人民法庭、专业巡回法庭和法官工作室为载体的司法服务网络，推进涵盖诉讼服务大厅、诉讼服务网和12368热线的一站式、综合性诉讼服务中心建设，开通律师服务平台，制定中韩双语导诉手册，有针对性地开展上门立案、预约立案，选取有典型性和代表性的案件，进行巡回审判，现场办案，提供优质高效便捷的司法服务。建立涉产业园案件快立快审快执机制，全面落实立案登记制要求，按照“一二五”工作法“一经接手、马上就办，研究合议、五日为限”的要求，对涉及产业园的案件，开通绿色通道，在法律允许的范围内，一律优先审查、快速立案，及时审理、高效执行，努力缩短诉讼周期，使当事人合法权益尽快得到实现。

19. 实现涉产业园案件审理公开化。充分发挥“互联网+”的优化集成作用，升级公正烟台“两微两网”品牌，开设产业园司法服务专栏，构建开放、动态、透明、便民的阳光司法模式。全面推进司法公开三大平台建设，利用短信、邮件等方式，主动提示案件审判执行关键节点，积极组织法制宣传，通过自媒体、报纸、电台、新闻发布会等形式，发布涉中韩产业园案件审判信息，加强与区内企业及个人的良性互动，倡导符合诚实信用与有约必守精神的价值取向。建立健全工作报告、案件旁听、法院开放、征求意见等工作机制，自觉接受人大代表、政协委员和社会各界的监督，广泛收集意见和建议，不断提升服务产业园的能力水平。

20. 实现涉产业园纠纷化解多元化。建立诉讼与非诉讼相衔接的产业园民商事纠纷解决机制，加强与工会、知识产权局、交警、卫生、妇联等部门，保险协会、消费者协会等行业协会，韩国商会及其他合法民商事调解组织的工作衔接，推动创建产业园矛盾纠纷多元化解决机制。聘请业务专家、知名律师担任调解员，快速妥善化解矛盾。深化涉韩案件商会协调机制，以韩国商会为纽带，通过诉前信息共享、诉中联动调解和诉后执行协调等制度，搭建涉韩纠纷立体化解平台。创新人民陪审机制，在涉金融、投资、贸易、知识产权等案件审判中引入专家陪审机制，增强裁判专业性、权威性。重视、支持仲裁在纠纷解决中的作用，加强与仲裁机构的联系合作，注重回应仲裁新规则，充分发挥调解、仲裁等多元纠纷解决方式的分流作用，有效化解矛盾纠纷。

21. 实现涉产业园建设服务能动化。结合审判实践，总结审判经验，特别关注涉韩法律法规、外国法及国际惯例的研究，成立以骨干法官为主体的专家组，为产业园政府决策和企业运作提供法律与政策咨询，加强智力支持，推动完善产业园法治化环境。加强涉产业园案件司法统计分析，深入调研涉产业园的各类问题纠纷，及时发布审判白皮书、典型案例、司法建议，积极为产业园平稳运行提供司法信息参考。建立风险预警、防范机制，针对案件审理过程中发现的问题，及时提供法律风险评估和法律咨询意见，对有可能引发全局性、系统性风险的情况，及时向公安、检察、金融监管等部门通报。

五、落实服务责任，切实增强依法保障产业园建设的有效性

22. 建立工作领导机制。全市法院要把服务产业园建设列入党组重要议事日程，摆到更加突出的位置，研究制定保障和服务措施。成立为加快推动产业园建设提供司法保障和服务的领导小组，由各单位“一把手”任组长。市法院由党组书记、院长尹佐海任组长，党组副书记、副院长张跃华为副组长，各党组成员任领导小组成员，按照党组分工负责抓好涉及到的各项工作。领导小组要加强日常工作调度、指导、协调，形成科学决策、协调推进的强大合力。要把保障和服务产业园建设的工作情况，纳入对法院领导班子和领导干部考核评价范围，加强督促检查，推动工作落实。

23. 提升审判队伍专业化水平。加强人才储备，优化人才结构，通过专项培训、“法官导师”培养机制等多种手段，培养和储备熟悉中国法律和相关国际条约、国际惯例，熟悉金融、财会、保险等相关领域知识，具有国际的视野和丰富的民商事、行政、刑事审判经验，具有高尚的职业素养、职业操守及司法能力的高素质、复合型法官，有效担当起产业园案件的审判重任。探索专家咨询与论证机制。针对涉产业园案件专业性、涉外性强的特点，积极借助外部资源，探索建立专家咨询、专家论证、专家调解、专家陪审等机制，邀请相关专家联合开展产业园重点课题调研，对疑难复杂和新类型案件审理中涉及的专业技术问题等提供咨询意见，拓宽中外专家协助查明外国法渠道，充分发挥专家在推动司法公开、确保裁判公正高效、增强司法公信等方面的积极作用。

24. 完善人才交流培训机制。注重培训的实用性和针对性，根据审理产业园案件业务需要，探索设立类型案件理论知识库、法律库、案例库，加大外贸、金融、保险等专项培训，优化知识结构。加强与相关机构的合作与资源共享，邀请高校与科研机构的专家进行专题授课、理论研讨，分阶段、分步骤地开展涉产业园案件法律问题调研，以前瞻性理论研究指导审判实践。探索法官多岗位、跨部门学习锻炼机制，切实培养适应产业园建设司法需求的审判人才队伍。

山东省高级人民法院
关于印发充分发挥知识产权审判职能依法保障和促进科技创新的意见的通知

2016 年 8 月 12 日　　　　鲁高法〔2016〕65 号

各市中级人民法院、济南铁路运输中级法院，济南市历下区人民法院、青岛市市南区人民法院、青岛市黄岛区人民法院、烟台市芝果区人民法院、曲阜市人民法院：

山东省高级人民法院制定了《关于充分发挥知识产权审判职能依法保障和促进科技创新的意见》，现印发你们。望结合工作实际，认真抓好落实。执行中如有问题，请及时报告省法院。

关于充分发挥知识产权审判职能
依法保障和促进科技创新的意见

为深入贯彻落实党的十八届五中全会和全国科技创新大会、省委十届十四次全会精神，充分发挥人民法院知识产权审判职能作用，依法保障和促进科技创新，根据有关法律、法规和司法解释规定，结合全省法院工作实际，制定本意见。

一、提高思想认识，切实增强为科技创新保驾护航的责任感和使命感

1. 深刻认识科技创新的重大意义和人民法院的职责使命。创新是引领发展的第一动力，在国家发展全局中处于核心位置。习近平总书记在全国科技创新大会上强调，要把科技创新摆在更加重要的位置，到新中国成立100年时使我国成为世界科技强国，并对全面贯彻创新发展理念和实施创新驱动发展战略作出了总部署。省委十届十四次全会要求着力实施创新驱动发展、科教兴鲁和人才强省战略，全面提升创新实力，推动创新型省份建设走在前列。全省各级法院要切实把思想和行动统一到中央、省委关于科技创新的战略部署上来，找准知识产权审判保障、促进和服务科技创新的定位和着力点，全面提升知识产权司法保护水平，努力为科技创新和知识产权强省建设提供有力司法保障。

2. 准确把握知识产权司法保护基本政策和司法理念。坚持“司法主导、严格保护、分类施策、比例协调”的司法保护政策，通过依法审理各类知识产权案件，明晰法律标准，划定行为界限，最大限度地保护创新、激励创新、引领创新。强化知识产权司法保护的终局性、权威性，既要保障知识产权法律体系的有效实施，又要准确把握不同类型知识产权的保护需求和特点，合理确定不同领域知识产权的保护范围和保护强度。

二、突出服务重点，努力为科技创新营造良好的法治环境

3. 加强专利权保护，激励自主创新。围绕科技创新发展格局布置，加大对关键领域和核心技术的保护力度，特别是对于创新程度高、对技术革新具有突破和带动作用的首创发明，给予相对较高的保护强度和较宽的保护范围，促进原始创新能力的提高。强化专利权利要求的公示作用，增强专利权保护范围的确定性，为社会公众提供明确的法律预期。

4. 加强商标权保护，服务品牌战略。依法审理商标权纠纷案件，划清商业标识之间的边界，遏制恶意抢注他人知名商业标识及“傍名牌”行为，为企业培育知名品牌和提升企业综合竞争力提供助力，推动我省品牌强省战略目标实现。加强驰名商标保护，准确把握驰名商标的保护范围，维护知名品牌市场价值，发挥知名品牌凝聚创新要素和整合创新资源的品牌效应，促使拥有知名品牌的企业发挥骨干创新主体的引领作用。

5. 加强著作权保护，推进文化创新。加强文化创意、数字出版、移动与多媒体、动漫游戏、软件、数据库等战略性新兴文化产业的著作权保护，培育新型文化业态，扩展文化创新发展领域，促进提升我省整体文化实力和竞争力。积极应对数字化、网络化、智能化带来的著作权保护新问题，准确把握新科技环境下著作权司法标准，妥当运用著作权的限制和例外规定，促进商业和技术创新。

6. 规制不正当竞争和垄断行为，营造创新环境。针对不正当竞争行为频发的新情况新特点，既充分利用反不正当竞争法原则性条款的灵活性和适应性，有效制止各类不正当竞争行为，又防止原则规定适用的随意性，避免妨碍市场自由公平竞争，阻碍技术进步和创新。及时有效制止垄断行为，增强市场活力，保障创新空间，使各类企业能够公平获得创新资源，实现创新资源的合理配置和高效利用，促进技术创新和产业发展。

7. 加强商业秘密保护，维护创新秩序。依法制止侵犯商业秘密的行为，准确把握秘密性和不正当手段的证明标准，合理分配当事人的举证责任，适度减轻商业秘密权利人的维权难度。依法明晰商业秘密构成要件，促使企业增强对商业秘密的保护意识，规范和完善保密措施。妥善处

理保护商业秘密与自由择业、涉密者竞业限制和人才合理流动的关系，依法维护劳动者、科技人才正当的就业、创业以及合理流动的权利。

8. 加强农业科技成果保护，促进农业创新。加大对具有自主知识产权的重大农业科技成果和植物新品种的保护力度，推进农业科技进步。依法保障品种权人利益，促进品种培育和创新成果转化，依靠先进技术提高农业综合生产能力和效益。加大对侵犯植物新品种权行为打击力度，对于擅自生产、繁殖、销售授权品种繁殖材料或者为商业目的将授权品种繁殖材料重复使用于生产另一品种繁殖材料等侵权行为，及时依法予以制止。

9. 妥善化解技术合同纠纷，鼓励成果转化。准确把握技术合同纠纷特点，充分借助专业鉴定机构、专家型人民陪审员、特邀科技咨询专家等力量，有效提高技术合同中有关技术成果及服务的认定质量，促进科学技术成果开发、流转、转化和利用。合理界定技术合同当事人之间的利益分配和责任承担，引导企业加大技术投入和技术研发力度，推动科技成果迅速转化为现实生产力和市场竞争力。

三、完善体制机制，不断满足科技创新对司法保护的新需求

10. 优化知识产权审判管辖布局。适应科技创新对知识产权专业化审判的新要求，全面推进知识产权民事、行政和刑事审判“三合一”工作，为科技创新提供全方位和系统有效的保护。根据各地科技创新实际需求，适当增加具有专利、驰名商标、植物新品种、集成电路布图设计等案件管辖权的第一审法院以及具有一般知识产权案件管辖权的基层法院。在山东半岛自主创新示范区、黄河三角洲农业高新技术产业示范区等区域，探索设立知识产权巡回法庭，及时解决区域内的知识产权纠纷。

11. 健全临时措施保护机制。凡是符合证据保全、财产保全、行为保全条件的，均应及时采取相关措施，充分发挥诉讼保全的制度效能，提高知识产权司法救济的及时性、便利性和有效性。把握行为保全条件，既注重措施的时效性，又防止权利滥用，评估难以弥补的损害时，将被申请人的行为对申请人市场声誉的不利影响、市场先发优势的破坏、正当经营行为被排挤出市场的可能性等，均纳入考量。

12. 构建知识产权市场价值司法认定体系。在确定损害赔偿数额时，既力求准确反映被侵害科技成果的相应市场价值，又适当考虑侵权人主观状态，实现以补偿为主、惩罚为辅的双重效果。对于重复侵权、故意侵权的行为人，可根据案情确定适当高于市场价值的损害赔偿。积极运用根据具体证据酌定实际损失或侵权所得的裁量性赔偿方法，引导当事人对于损害赔偿问题积极举证，提高损害赔偿计算的合理性。加大对合理开支的支持力度，确定赔偿金额时，可以根据当事人的诉讼请求，另行计算合理的维权成本。

13. 开展知识产权审判提速工程。充分保障科技创新主体的合法诉权，开通知识产权司法保护绿色通道，对涉及创新型企业或自主创新成果的知识产权案件做到快立、快审、快结。全面实行审判提速，着力解决专利纠纷“周期长、举证难、赔偿低”等突出问题，确保专利权人利益得到及时实现。重视知识产权纠纷的实质性解决，努力追求案结事了人和的效果，积极促成科技成果的有偿利用和分享。落实大要案汇报制度，妥善处理好涉重点企业和涉重大科技创新成果的知识产权案件。

14. 搭建化解知识产权纠纷诉调对接

平台。认真落实《山东省多元化解纠纷促进条例》，积极引导当事人选择委托调解、行业调解、专家调解、行政调解等方式解决各类知识产权纠纷。从有利于科技成果转化出发，尽量通过支付转让费、许可费的方式促成调解，在制止侵权的同时，实现社会效益最大化。当事人或相关行业对判明是非期待高，或者对明确规则要求强烈的，尽可能选择以判决方式解决纠纷，促进知识产权纠纷实质性解决，避免循环诉讼和程序空转，充分发挥司法裁判指引和导向功能。

15. 推进诉讼诚信体系建设。适度强化诉讼当事人的真实义务与协力义务，建立激励当事人积极提供证据的诉讼机制。对当事人已经尽力举证仍无法提供相关证据，有证据证明对方当事人持有该证据但无正当理由拒不提供的，可以推定当事人主张的事实为真实。当事人故意毁损、隐匿、伪造证据，阻碍和抗拒证据保全或者妨碍证人作证的，可以推定该证据或证人所证明的事实不利于该方当事人。对于严重违反诚信原则，毁损、隐匿和伪造证据，阻碍和抗拒证据保全，妨碍证人作证等不诚信诉讼行为，依法予以制裁。加大对虚假诉讼行为的惩处力度，严格依照法律规定追究虚假诉讼、恶意诉讼等行为人的法律责任。

16. 延伸知识产权审判职能。密切关注司法保护过程中发现的影响和制约科技创新的普遍性、苗头性问题，及时向党委、政府、企业、科研机构等提出司法建议。加强与公安、工商、知识产权行政部门等的横向联动，形成知识产权保护合力。加强与企业联系点的沟通交流，及时了解和解决企业在创新发展过程中遇到的知识产权难题。加强宣传和舆论引导，充分发挥司法的导向和引领作用，不断增强全社会的创新意识，促进形成尊重劳动、尊重知识、尊重人才、尊重创造的社会氛围。以“精品案审判”为指引，重视挖掘和打造具有典型指导意义的精品案件，充分发挥典型案例对科技创新的引领示范作用。

重庆市高级人民法院
印发《关于知识产权审判专家辅助人参与诉讼活动的意见》的通知

2015 年 4 月 1 日　　　　渝高法〔2015〕79 号

各中级人民法院，渝中区、沙坪坝区、渝北区人民法院，本院各部门：

《关于知识产权审判专家辅助人参与诉讼活动的意见》经本院审判委员会 2015 年第 6 次会议讨论通过，现予以印发，请认真组织学习，切实贯彻执行。执行中如有问题，请及时报告本院民三庭。

关于知识产权审判专家辅助人参与诉讼活动的意见

为完善知识产权审判工作机制，充分发挥专家辅助人参与诉讼活动的积极作用，切实提高我市知识产权审判水平，根据《中华人民共和国民事诉讼法》《中华人民共和国刑事诉讼法》《最高人民法院关于行政诉讼证据若干问题的规定》等相关规定，结合全市法院审判实践，制定本意见。

1. 本意见所称的专家辅助人是指在知识产权案件审理中，受当事人或者人民法院委托，运用其知识、经验、技能对鉴定意见或者专业问题提出意见，并出庭进行说明、接受询问的具有专门知识的人。

2. 本意见所指的专门知识，是除法律知识和经验法则外，只有自然科学、社会科学领域的专业人员才能熟知、掌握的知识和技术。

3. 当事人或者人民法院委托专家辅助人，应当在重庆法院知识产权审判技术咨询专家库中遴选。技术咨询专家库中不能遴选的，可以在符合下列条件的人员中遴选：（1）具有案件涉及专业中级以上技术职称，或具有案件涉及专业十年以上从业经验；（2）具有丰富的经验和娴熟的技能；（3）品行良好，工作严谨认真。

4. 有以下情形之一的，当事人可以申请1～2名专家辅助人出庭：（1）需要专家辅助人出庭对鉴定意见进行质证的；（2）需要专家辅助人出庭对案件涉及的专门性问题提出意见的。

5. 当事人申请专家辅助人出庭，应当在开庭审理2日前向人民法院书面提出。

6. 当事人向人民法院提出的书面申请时，应同时提交以下材料：（1）专家辅助人的个人基本信息以及能够证明其具备专家辅助人资格的证明材料，如职称、从业经验等；（2）申请专家辅助人出庭参与诉讼的目的。

人民法院可根据案件审理需要，要求申请人补充有关专家辅助人的其他材料。

7. 人民法院在收到当事人申请后，应当及时进行审查，并在开庭前决定是否同意当事人的申请。同意当事人申请的，应通知当事人、专家辅助人。

8. 经人民法院通知，当事人申请的专家辅助人无正当理由未到庭参加诉讼的，视为当事人自动撤回申请。

9. 当事人申请专家辅助人出庭并经人民法院准许后，不得申请更换，但有以下情形之一的除外：（1）专家辅助人因健康原因不能出庭的；（2）专家辅助人因不可抗力等正当理由不能出庭的。

10. 人民法院认为有必要委托专家辅助人出庭协助查清案件专门问题的，可以依职权委托专家辅助人，并通知当事人、专家辅助人。

11. 专家辅助人接受人民法院委托后，发现具有以下情形之一的，应当主动申请变更，当事人也有权以口头或者书面形式申请变更：（1）是本案当事人或者当事人近亲属的；（2）本人或者其近亲属与本案有利害关系的；（3）担任过本案的证人、鉴定人、辩护人、诉讼代理人、翻译人员的；（4）是本案诉讼代理人近亲属的；（5）本人或者其近亲属持有本案非上市公司当事人的股份或者股权的；（6）与本案当事人或者诉讼代理人有其他利害关系，可能影响客观发表意见的。

是否变更专家辅助人由独任审判员或合议庭决定。

12. 专家辅助人享有以下权利：（1）查阅鉴定意见或者案件所涉专门问题的案卷材料；（2）对鉴定意见或者案件所涉专门问题独立、客观地发表意见；（3）经过法庭允许可以询问对方当事人、诉讼代理人、其他专家辅助人、鉴定人以及其他诉讼参与人；（4）对方当事人、诉讼代理人、专家辅助人、鉴定人以及其他诉讼参与人的询问超出鉴定意见或者案件所涉专门问题范围的，可以拒绝回答。

13. 专家辅助人应承担下列义务：（1）仅对鉴定意见或者案件所涉专门问题独立、客观地发表意见；（2）应当接受法官、双方当事人、诉讼代理人、鉴定人以及其他专家辅助人就鉴定意见或者案件所涉专门问题的询问，并如实回答；（3）不得在同一案件中同时担任双方当事人的专家辅助人，也不得在同一案件中同时担任人民法院指定的和一方当事人申请的专家辅助人；（4）不得泄露咨询中知悉的国家秘密、商业秘密、个人隐私以及其他审判工作秘密。

14. 专家辅助人不得参与专业问题之外的法庭审理活动，但经人民法院邀请可以在调解过程中进行解释疏导，促进当事人依法自愿达成调解协议。

15. 专家辅助人提交书面意见的，应当庭或者在法庭指定期限内提交。书面意见应就鉴定意见或者案件所涉专门问题提出明确意见并说明理由。

书面意见的观点及理由应当与当庭发表的言词意见保持一致。如出现不一致的，应以专家辅助人在法庭上发表的意见为准。

16. 专家辅助人的意见经出庭接受双方当事人询问的，人民法院应根据该意见所依据的理论在所属领域认可的程度，结合案件其他证据综合认定。

17. 专家辅助人因出庭而产生的合理费用，由申请该专家辅助人出庭的当事人负担，但当事人对费用另有约定的除外。人民法院委托的专家辅助人的费用由委托法院负担。

18. 本意见自印发之日起施行。本意见由重庆市高级人民法院审判委员会负责解释。

重庆市高级人民法院
印发《关于设立知识产权审判技术咨询专家的意见》的通知

2015 年 4 月 1 日　　渝高法〔2015〕80 号

各中级人民法院，渝中区、沙坪坝区、渝北区人民法院，本院各部门：

《关于设立知识产权审判技术咨询专家的意见》经本院审判委员会 2015 年第 6 次会议讨论通过，现予以印发，请认真组织学习，切实贯彻执行。执行中如有问题，请及时报告本院民三庭。

关于设立知识产权审判技术咨询专家的意见

为完善知识产权审判工作机制，规范技术咨询专家选任、使用和管理工作，充分发挥技术咨询专家在知识产权审判中的积极作用，切实提高我市知识产权审判水平，结合全市法院审判实践，制定本意见。

1. 重庆市高级人民法院（以下简称市高法院）根据知识产权审判工作实际需要，审核、聘任重庆市法院知识产权审判技术咨询专家。技术咨询专家的审核、聘任由市高法院司法技术鉴定处负责。技术咨询专家的日常联系工作由市高法院民事审判第三庭负责。

2. 技术咨询专家任期为五年。任期届满的，可以由市高法院重新审核聘任。市高法院应当根据知识产权审判工作需要，适时聘任科学技术新领域的技术咨询专家，并根据技术咨询专家的增补、变更情况及时更新重庆市法院知识产权审判技术咨询专家库。专家库名册通过重庆法院网向社会公开。

3. 符合下列条件的，可以入选重庆市法院知识产权审判技术咨询专家库：（1）在教学、科研机构或者相关专业技术领域具有高级职称，或者在相关技术领域具有专业特长；（2）品行良好，工作严谨认真；（3）自愿从事知识产权技术咨询工作，并经重庆市科学技术协会推荐。

4. 技术咨询专家有下列情形之一的，应当解除聘任：（1）无正当理由，拒绝履行技术咨询职责，影响审判工作正常开展的；（2）在技术咨询过程中，徇私舞弊影响案件审理的；（3）重庆市科学技术协会撤销推荐的；（4）本人提出解除聘任申请的。

5. 技术咨询专家主要承担以下工作：（1）对知识产权案件所涉及的技术事实认定问题，提出技术咨询意见；（2）以专家辅助人的身份出庭，协助查清知识产权案件的技术事实；（3）协助进行证据保全和现场勘验；（4）在司法技术鉴定程序中参与鉴定材料的筛选、确定；（5）受人民法院邀请，以其专业身份参与调解；（6）对知识产权审判人员开展技术培训；（7）其他需要技术咨询专家参与的工作。

6. 技术咨询专家有权查阅相关案件所涉技术问题的案卷材料、旁听案件审理、对案件所涉技术问题独立发表意见和陈述理由。

7. 技术咨询专家应当对案件所涉技术问题提出科学客观的咨询意见；仅对案件所涉技术问题发表意见，对所涉法律问题不作评价；不得泄露咨询中知悉的国家秘密、商业秘密、个人隐私以及其他审判工作秘密。

8. 技术咨询专家有下列情形之一的，人民法院不得向其提出咨询请求或者采纳其提出的技术咨询意见：（1）是本案当事人或者当事人近亲属的；（2）本人或者其近亲属与本案有利害关系的；（3）担任过本案的证人、鉴定人、辩护人、诉讼代理人、翻译人员的；（4）是本案诉讼代理人近亲属的；（5）本人或者其近亲属持有本案非上市公司当事人的股份或者股权的；（6）与本案当事人或者诉讼代理人有其他利害关系，可能影响客观发表咨询意见的。

9. 在知识产权案件审理中，不需要启动技术鉴定程序，但需要对技术问题进行查明的，或者存在确有必要咨询的其他情形时，人民法院可以向技术咨询专家咨询。

10. 全市各级人民法院在审理知识产权案件中，需要对相关技术领域专业问题进行咨询，以查清相关技术事实的，应当在技术咨询专家库名册内选择并确定技术咨询专家。在技术咨询专家库名册内没有可供选择的情况下，可以通过其他途径选择技术咨询专家。

11. 审判人员认为需要向技术咨询专家咨询的，由独任审判员或合议庭决定。

12. 人民法院向技术咨询专家进行咨询，可采取当面咨询、书面咨询等方式。采取当面咨询的，应当由2名以上审判人员、书记员参加，并制作咨询笔录，由技术咨询专家、审判人员、书记员签字确认。采取书面咨询的，审判人员与技术咨询专家联系后，应当及时将咨询函和有关材料送达技术咨询专家，并在咨询函中列明需要咨询的技术问题。技术咨询专家应当就咨询问题制作书面答复意见，并签字确认。

除上述咨询方式外，审判人员还可以采取召开专家论证会、视频会议、电子邮件等咨询方式。采取专家论证会咨询的，应当制作笔录，并由技术咨询专家、审判人员共同签字确认。采取视频会议、电子邮件咨询的，应当由两名以上审判人员、书记员共同制作咨询笔录，并签字确认。

13. 技术咨询专家就咨询意见出庭接受当事人询问的，其地位视为人民法院指定的专家辅助人。

技术咨询专家未出庭接受当事人询问的，专家咨询意见仅作为审判人员了解相关技术问题的参考。

14. 人民法院向技术咨询专家进行咨询或者邀请其作为专家辅助人参加案件审理的，应当根据技术咨询专家所承担工作的实际情况支付相应的报酬。

15. 各相关中、基层人民法院应及时向市高法院报告技术咨询专家制度运行的具体情况。市高法院适时向市科协通报技术咨询专家制度运行情况。

16. 本意见自印发之日起施行。本意见由重庆市高级人民法院审判委员会负责解释。

重庆市高级人民法院民三庭
知识产权和涉外商事审判实务问题解答（二）

（2015年9月18日）

一、在知识产权侵权纠纷案中，法院应如何确定权利人为制止侵权行为所支付的合理开支？

答：权利人为制止侵权行为所支付的合理开支包括：（1）公证费、认证费；（2）律师费；（3）调查、取证费；（4）翻译费；（5）其他为制止侵权行为所支付的合理费用。法院应在审查上述费用相关证据的真实性、合法性和关联性的基础上，进一步审查相关费用的合理性，以确定权利人为制止侵权行为所支付的合理开支数额。

相关合理开支在其他关联案件中已获得赔偿的，不再重复计算。权利人主张律师费用的，法院可以综合司法行政部门规定的律师收费标准、实际判赔额与请求赔偿额、案件的复杂程度等因素合理酌定。

二、在卡通形象衍生品著作权纠纷案件中，销售者提出合法来源抗辩以免除其赔偿责任的，法院是否需要审查销售者的主观过错？

答：有证据证明销售者在销售卡通形象衍生品时，知道或者应当知道涉案卡通形象可能侵犯他人著作权的，销售者即使提出合法来源抗辩，也不能免除其赔偿责任。法院在判断销售者"知道或者应当知道"的主观过错时，可以结合卡通形象的知名程度、销售者的经营能力、进货渠道是否正规、进货票据是否合法等因素综合判断。

三、权利人对整车和零部件都拥有专利权，其分别起诉被告生产销售的整车侵犯了两个专利权时，是否属于重复起诉？权利人是否可以分别要求赔偿？被告提出整车对零部件产生抵触申请的抗辩时，法院应否予以支持？

答：不属于重复起诉，但赔偿金额不得重复计算。如果整车专利披露了零部件专利的技术特征或设计要点，从而使零部件专利丧失新颖性的，被告因此向法院提出抵触申请抗辩的，法院应予以支持。

四、一方当事人不经通知而直接以诉讼方式行使任意解除权的，合同解除时间应如何确定？

答：通过释明的方式明确诉讼解除纠纷的性质（确认之诉抑或形成之诉），包括告知当事人两种诉讼不同的法律效果。确定为确认之诉的，要求当事人证明解除通知到达对方的时间，判决中注明解除合同的通知到达对方的具体时间为合同解除时间。确定为形成之诉的，查明事实后判令解除合同即可，判决生效之日为合同解除日。

五、双方当事人在特许经营合同的履行过程中都存在违约行为并致使合同解除，但特许经营合同中约定“特许经营费一经收取不予退还”的，被许可方起诉要求许可方退还特许经营费的，法院应否予以支持?

答：被许可方支付的特许经营费应当视为合同期内的全部对价。此种情形下，可以综合考虑合同的订立和履行情况、实际经营期限、双方当事人的过错程度等因素，酌情予以支持。

六、委托方委托受托方生产侵犯知识产权的产品的，侵权主体如何认定，侵权责任如何负担?（仅限侵权内容来源于委托人的情况）

答：对于侵权主体的认定应针对当事人的诉请有所区分：

1. 对原告诉请中属物权请求权范围的诉求，如“停止侵权”，则委托方和受托方均应作为责任主体，并承担停止侵权的责任。

2. 对原告诉请中属于债权请求权范围的诉求，如“赔偿损失”，首先要确定责任承担主体。此时应采过错推定原则来确定主体，委托方和受托方须举证推翻其过错推定。受托方的举证主要围绕其是否尽到必要的审查注意义务来进行，受托方不能仅凭其与委托方的合同来对抗权利人的损害赔偿请求。委托方与受托方应当承担连带责任。因为既然受托方无法举证推翻对其的过错推定，则应认定受托方具有主观过错即“知道或应当知道侵权”，在委托方也有主观过错的情况下，两者构成意思联络的共同侵权或者帮助侵权行为。

七、在技术服务合同中，提供技术服务的守约方能否向导致合同解除的违约方主张可得利益赔偿？赔偿数额如何计算?

答：守约方可以主张可得利益赔偿。在计算赔偿数额时，既要综合运用可预见规则、减损规则、损益相抵规则以及过失相抵规则，又要充分考虑技术服务合同标的的无形性与可复制性，充分保障提供技术服务守约方的合法权益。

八、一方当事人要求继续履行合同，另一方当事人反诉解除合同，而原诉方未针对反诉提出解除合同后的可得利益损失的抗辩。如法院判决解除合同后，原诉方另行起诉要求赔偿可得利益损失的，是否违反一事不再理原则?

答：不违反一事不再理原则，法院应予审理。

重庆市高级人民法院
印发《关于为重庆加快实施创新驱动发展战略提供更加有力司法保障的意见》的通知

2016年9月13日 渝高法〔2016〕221号

各中、基层人民法院，本院相关部门：

《关于为重庆加快实施创新驱动发展战略提供更加有力司法保障的意见》经市高法院党组2016年第25次会议审议通过，现印发给你们。请认真组织学习，严格遵照执行。

特此通知

关于为重庆加快实施创新驱动发展战略提供更加有力司法保障的意见

坚持创新、协调、绿色、开放、共享发展理念，以全国科技创新大会和全国法院知识产权审判工作座谈会暨知识产权审判“三合一”推进会精神为指引，深入学习领会市委四届九次全会精神，充分认识创新在重庆发展全局中的核心位置，依法加大知识产权司法保护力度，不断优化创新生态，为重庆加快实施创新驱动发展战略提供更加有力的司法保障。

一、坚持司法推动创新发展，营造良好创新生态

实施创新驱动发展战略是重庆把握经济发展新常态大逻辑、加快发展动力转换的重大抉择，司法保护是营造良好创新生态的重要方面。要充分认识加快实施创新驱动发展战略的重大意义，全面履行人民法院司法职责，以法律、行政法规、地方性法规为依据，参照规章和政策，公正高效地审理因知识产权、科技型企业股权、科技型企业投融资、科技成果转化收入分配、科技成果转移转化中介服务、引进人才权利义务等引发的各类诉讼案件，为创新主体营造公平竞争的法治环境。

二、坚持严格保护司法理念，发挥效果导向作用

严格保护知识产权是实施创新驱动发展战略的必然要求，必须毫不动摇、旗帜鲜明地予以落实。要坚持平等保护原则，在本地和外来知识产权保护上做到适用法律一律平等；继续贯彻权利保护的比例原则，避免过高或过低的保护。正确运用利益平衡原则，实现知识产权的创造者、技术创新者、商业经营者、社会公众等各方利益的共同增长和均衡发展。注意协调法定性与开放性关系，既要恪守知识产权法定原则，又要在不违反立法精神前提下，善于运用原则性条款、法律兜底性规定及时提供司法保护。在司法裁判中，要注重法律效果与社会效果的有机统一，充分考量适宜于创新的社会效果，作出符合立法目的、促进创新驱动发展的法律选择。

三、积极推进“三合一”改革，优化知识产权审判模式

认真落实市委四届九次全会精神，在全市法院范围内扎实推进知识产权民事、行政和刑事“三合一”审判机制改革，建立“三级联动、三审合一”的知识产权审判模式。为方便当事人诉讼，有利于知识产权司法保护，将知识产权民事、行政和刑事案件调整由知识产权案件审判部门集中审理。积极做好统筹协调，建立与检察机关、公安机关以及知识产权行政执法机关的沟通联络机制，确保“三合一”改革尽快落地成型。进一步充实知识产权审判力量，根据审判任务需要配齐配好配强审判力量，严格选拔审判业务骨干，确保参与知识产权审判的法官具有相应的审判业务能力和经验。加强培训，加快建设一支复合型、专门化的知识产权审判队伍。依托“三合一”改革，提高审判质量，完善知识产权司法保护制度，提高知识产权司法保护的整体效能，实现知识产权的全方位救济。

四、加大侵权打击力度，有效保护创新收益

要充分考虑知识产权市场价值的客观性和不确定性双重特点，在确定知识产权损害赔偿数额时，既要力求准确反映被侵害的知识产权的相应市场价值，又要适当考虑侵权行为人的主观状态，实现以补偿为主、以惩罚为辅的双重效果。对于重复侵权、故意侵权，可以酌情确定适当高于市场价值的损害赔偿。要善于运用根据具体证据酌定实际损失或侵权所得的裁量性赔偿方法，引导当事人对于损害赔偿问题积极举证，进一步提高损害赔偿计算的合理性。权利人提供了用以证明其实际损失或者侵权人违法所得的部分证据，足以认定计算赔偿所需的部分数据的，应当尽量选择运用酌定赔偿方法确定损害赔偿数额。加大对合理开支的支持力度，除法律另有规定外，在适用法定或者酌定赔偿时，应另行计算合理的维权成本。建立程序规范、保护有力的司法临时保护措施，合理发挥行为保全、财产保全、证据保全的制度效能，提高知识产权司法救济的及时性、便利性和有效性。积极探索知识产权审判专业技术事实查明的有效方式，建立和完善专家辅助人、专家咨询、专家陪审等多元化技术事实查明制度，提高技术事实查明的客观性，增强说服力。

五、加强两江新区知识产权法庭建设，服务重点区域创新发展

按照“用创新的方法保护创新”的总要求，围绕“打造重庆知识产权审判窗口”这一目标和“为两江新区发展提供优质司法服务”“为深化司法改革积累经验”两项任务，继续支持两江知识产权法庭各项建设，按照高标准严要求建设好两江知识产权法庭。根据“三合一”审判机制改革精神，将市一中法院辖区内，原由各基层法院管辖的一审知识产权民事、刑事、行政案件，调整由两江知识产权法庭集中管辖，进一步发挥两江知识产权法庭服务创新驱动发展的辐射作用。继续升级两江知识产权法庭软硬件配置，适当增加法庭办公场所面积和为法庭补充部分审判人员，以适应案件数量增长的新形势，满足“三合一”工作的新要求。利用好两江知识产权法庭集中审判优势，统一裁判尺度，明晰创新规则，加强对于技术创新成果的保护，为推进我市重点区域创新提供有力的司法支撑。

六、延伸司法服务，推动知识产权纠纷多元化解

坚持以服务创新驱动发展为着眼点和着力点，采取多项措施，积极延伸审判职能，不断深化知识产权司法保护工作。积极开展审务进园区、进企业、进科研院所活动，通过司法预警、司法指引、司法咨询、司法公开等多种方式，拓展司法服务的广度与深度。对智能制造、新一代信息技术、精准医疗、先进汽车等重点领域的新技术、新业态，要提前做好知识产权司法政策和裁判规则的分析研判，实现知识产权保护制度创新与科技创新“两个轮子”协同运转。通过与知识产权行政管理部门及行业协会等的沟通、交流，构建互联互通的知识产权多元化纠纷解决机制。根据知识产权纠纷的不同类型搭建诉调对接平台，努力构建形式多样、运行规范、高效运作的诉调对接机制，以不断满足创新主体多元化的纠纷解决需求。

四川省高级人民法院
关于印发《知识产权审判技术专家管理办法（试行）》的通知

2015 年 12 月 11 日　　川高法〔2015〕386 号

全省各中级人民法院、成都铁路运输中级法院、本院各部门：

四川省高级人民法院《知识产权审判技术专家管理办法（试行）》已于 2015 年 11 月 11 日经本院审判委员会讨论通过，现印发你们，请认真贯彻执行。执行中遇到的情况和问题，请及时报告省法院。

知识产权审判技术专家管理办法（试行）

为进一步贯彻落实《国家知识产权战略纲要》，推进技术专家参与知识产权审判工作机制改革，充分发挥技术专家为人民法院审理相关案件提供咨询等作用，规范全省法院知识产权审判技术专家选任、使用和管理工作，切实提高我省法院知识产权案件审判质量和效率，根据相关法律规定，结合审判实际，制定本办法。

第一条 本办法所称的技术专家，是指入选全省法院知识产权审判技术专家库，接受省内各级法院委托或者根据有关当事人申请，为有关知识产权案件审理涉及的技术、专业问题提供咨询意见的具有较强的专业知识和丰富实践经验的人员。

第二条 符合下列条件的技术专业人员，可以入选全省法院知识产权审判技术专家库：

（一）道德品行良好，工作认真负责；

（二）在教学、科研机构或者相关专业技术领域具有副高以上职称，或具有同等专业技术水平和特长；

（三）身体健康，有准确、清晰的表达能力。

第三条 下列人员不得担任技术专家：

（一）因违法犯罪行为受过刑事处罚的；

（二）被开除公职的；

（三）在科技、学术活动中有不良记录的。

第四条 行业协会、科研院校、企业单位、科技主管部门等可以向省法院和各中级法院推荐相关领域专家，省法院和各中级法院根据本办法规定的选任条件以及审判工作实际需要，确定知识产权审判技术专家名单。

有知识产权案件管辖权的基层法院可以根据审判工作实际需要，视情确定部分知识产权审判技术专家。

各地法院应将所确定的知识产权审判技术专家名单上报省法院登记备案，纳入全省法院知识产权审判技术专家库统一管理。

技术专家实行聘任制，由省法院向入选专家颁发聘书。

技术专家审核、聘任等工作由省法院技术室牵头，省法院知识产权庭参与配合，具体案件中技术专家的选用，由省法院技术室根据知识产权庭提出的需要确定。

第五条 技术专家主要享有如下权利：

（一）查阅案件相关证据材料；

（二）参与询问、听证、庭审等活动；

（三）可以列席合议庭就案件所涉技术问题的评议并发表意见。

第六条 技术专家需履行下列义务：

（一）对案件所涉技术问题进行认真分析和论证，并根据自己的认知能力、学术水平提出专业咨询意见；

（二）仅就案件所涉技术问题发表意见，对技术问题所引发的法律问题不作评价；

（三）对当事人及人民法院要求保密的涉案资料承担保密义务。

第七条 技术专家接受人民法院委托后，发现具有以下情形的，应当主动申请回避，当事人也有权以口头或者书面形式申请回避，并说明理由：

（一）是本案当事人或者当事人、诉讼代理人的近亲属的；

（二）与本案当事人有利害关系的；

（三）与本案当事人、诉讼代理人有其他关系，可能影响案件公正审理的；

（四）有其他违反职业道德准则的行为，可能影响案件公正审理的。

技术专家是否回避，由审判长决定。

第八条 案件审理涉及复杂技术事实认定问题的，经人民法院准许并征得技术专家同意，当事人可以从全省法院知识产权审判技术专家库名册内选择确定1～2名技术专家作为专家辅助人，进行技术咨询，所需费用由当事人负责。人民法院也可以根据案件情况和审判工作实际需要，按照相关规则在专家库中选技术专家，主动进行技术咨询。

审判人员认为需要向技术专家进行技术咨询的，应当提请合议庭讨论后决定。

第九条 人民法院向技术专家进行技术咨询，可采取以下方式：

（一）口头咨询。采取口头咨询的，应当由审判人员（含书记员）两人以上参加，并制作咨询笔录，由技术专家、审判人员、书记员共同签字确认。

（二）书面咨询。采取书面咨询的，审判人员应当将咨询函和有关材料送达技术专家，并在咨询函中列明需要咨询的技术问题。技术专家应当及时就咨询问题制作书面答复意见，并签字确认。

（三）除上述咨询方式外，审判人员还可以根据案件审理需要，采取召开专家论证会、电话、电子邮件、网络即时通讯等其他咨询方式。

第十条 当事人对技术专家出具的咨询意见有异议，或有其他合法理由，可以申请对技术专家进行直接询问。法院根据案件需要，亦可主动要求技术专家到庭接受当事人询问。

技术专家同意就咨询意见接受当事人询问的，人民法院可以将专家咨询意见作为证据使用。

技术专家不同意就咨询意见出庭接受当事人询问的，专家咨询意见仅作为审判人员了解相关技术问题的辅助性依据，可以不向当事人出示，但应当装入副卷保存。

对技术专家出具的咨询意见，法官应根据案件具体情况，结合案件其他证据材料，综合予以认定。

第十一条 人民法院向技术专家进行技术咨询，应当根据技术专家所承担工作的实际情况支付相应的报酬，具体标准由各地人民法院酌情确定。专家咨询费用应纳入法院预算管理。

第十二条 省法院对知识产权审判技术专家库入库专家实行动态管理，可以根据审判工作实际需要，适时增、减相关人员。

存在下列情形之一的，不得继续担任技术专家：

（一）无正当理由，拒绝履行技术咨询职责，影响审判工作正常开展的；

（二）在技术咨询中，徇私舞弊影响案件审理的；

（三）本人不愿意继续担任技术专家的；

（四）其他不宜继续担任技术专家的情形。

第十三条 技术专家任期为五年。任期届满后由省法院统一安排各地法院重新审核确定。

第十四条 技术专家因故意或重大过失造成案件技术事实认定错误，妨碍司法公正的，应当依法追究法律责任。

第十五条 本办法自公布之日起施行。

四川省高级人民法院民事审判第三庭
关于印发《关于确定音像作品著作权侵权损害赔偿数额的意见》的通知

2015年4月13日　　川高法民三〔2015〕5号

全省各中级人民法院及成都市武侯区人民法院、锦江区人民法院、高新区人民法院、郫县人民法院，泸州市江阳区人民法院，绵阳市高新区人民法院知识产权审判庭（相关商事审判庭）：

为规范侵犯音像作品著作权纠纷案件的审理，统一案件裁判标准，我庭制定了《关于确定音像作品著作权侵权损害赔偿数额的意见》，现印发给你们，供你们在审判工作中参考。案件审理中遇到的情况和问题，请及时反馈我庭。

关于确定音像作品著作权侵权损害赔偿数额的意见

为统一裁判标准，提高审判质量，切实维护音像作品著作权权利人的合法权益，有效制裁侵权行为，促进文化产业繁荣发展，根据《中华人民共和国著作权法》及《最高人民法院关于审理著作权民事纠纷案件适用法律若干问题的解释》的规定，结合我省审判工作实际，就确定音像作品著作权侵权损害赔偿数额的问题提出如下意见：

一、音像作品是指根据音乐内容，运用技术手段将音乐与背景画面相结合创作的、摄制在一定介质上的作品。

二、权利人以因侵权所受到的损失或者侵权人因侵权所获得的利益要求损害赔偿，但未提供充分证据证明其所受到的损失或侵权人所获得的利益，导致权利人的实际损失或侵权人的违法所得不能确定的，人民法院可以适用法定赔偿确定赔偿数额。

对权利人的实际损失或侵权人的违法所得可以查清，能够确定赔偿数额的，不应适用法定赔偿。

三、侵犯音像作品权利人权利的，在适用法定赔偿确定赔偿数额时应考虑以下因素：

（一）权利人可能的损失或侵权人可能的获利；

（二）作品的独创性程度、创作成本、知名度、点播率、著作权集体管理组织的许可使用费等；

（三）侵权人的主观过错、侵权方式、侵权持续时间、范围和后果；

（四）被侵权音像作品的数量；

（五）权利人因调查、制止侵权行为所支付的合理费用；

（六）其他可能影响权利人损失或侵权人获利的因素。

四、权利人要求根据被侵权音像作品的数量确定赔偿数额的，人民法院可结合当地的经济发展水平酌情确定，但每部音像作品著作权的侵权损害赔偿数额不应低于150元。

五、权利人向人民法院主张其为制止侵权行为而支出的费用的，人民法院应对该费用的真实性、合法性、关联性、必要性进行审查，属于合理费用的，应予支持。

六、为制止侵权行为所支付的“合理费用”，一般包括律师代理费中的合理部分，被判决采信的证据的保全费、公证费，为调查取证而产生的必要的交通费、住宿费、档案查询费等相关费用。

七、权利人主张律师代理费作为合理费用的，应符合国家司法行政部门规定的律师收费标准，并提供律师事务所已实际收取律师代理费的正规发票。

八、权利人为制止侵权行为而支付的合理费用在其他关联案件中已获人民法院支持的，不再重复计算。

九、在适用法定赔偿确定赔偿数额时，一般应当在法定赔偿的最高限额内加以考虑。如确有证据证明权利人的损失或侵权人的获利已经超过法定赔偿最高限额，只是具体数额难以确定的，人民法院可以在法定最高限额以上合理确定赔偿数额。

十、人民法院确定法定赔偿数额的参考因素应当在判决书中予以表述。

十一、侵权人因侵犯他人著作权曾被追究民事、行政或刑事责任，再次侵犯他人著作权的，应适当提高赔偿数额。

十二、本意见自下发之日起实施。

附：关于《关于确定音像作品著作权侵权损害赔偿数额的意见》的理解

关于《关于确定音像作品著作权侵权损害赔偿数额的意见》的理解

《中华人民共和国著作权法》第四十九条规定：“侵犯著作权或者与著作权有关的权利的，侵权人应当按照权利人的实际损失给予赔偿；实际损失难以计算的，可以按照侵权人的违法所得给予赔偿。赔偿数额还应当包括权利人为制止侵权行为所支付的合理开支。权利人的实际损失或者侵权人的违法所得不能确定的，由人民法院根据侵权行为的情节，判决给予五十万元以下的赔偿”。鉴于知识产权权利的无形性，权利人难以证明其实际损失，而侵权人又拒绝提供证明其违法所得的证据，故在著作权侵权纠纷案件中，人民法院大多数是以法定赔偿的方式来确定侵权损害赔偿数额，即在0～50万元的区间范围内进行自由裁量。我庭从全省法院随机抽取了

100 份知识产权民事侵权案件的裁判文书进行分析，发现所有案件的赔偿数额均是适用法定赔偿予以确定，并存在法定赔偿启动方式不规范、权利人不重视对所主张的赔偿数额进行举证、赔偿数额差异较大、赔偿数额的计算依据不明确等问题，在一定程度上影响了法院判决的权威性、稳定性和可预测性。鉴于近年来我省侵犯音像作品著作权纠纷案件数量较多，且大部分当事人上诉的原因以不服原审法院判决的赔偿数额为主，故我庭为统一裁判标准，规范法官自由裁量权，切实维护音像作品著作权权利人的合法权益，根据《中华人民共和国著作权法》（以下简称著作权法）及《最高人民法院关于审理著作权民事纠纷案件适用法律若干问题的解释》的规定，结合我省审判工作实际，制定了《关于确定音像作品著作权侵权损害赔偿数额的意见》。

本意见共十二条，主要针对侵犯音像作品著作权纠纷案件中法定赔偿的适用范围、确定侵权损害赔偿数额应考虑的因素、单部音像作品著作权侵权损害赔偿数额的最低值、为制止侵权行为而支出的合理费用的认定、确定法定赔偿数额依据的表述等多个方面进行了规范。

一、第一条是对音像作品的界定。著作权法第三条第六项规定，电影作品和以类似摄制电影的方法创作的作品属于著作权法所保护的作品范围。音像作品属于以类似摄制电影的方法创作的作品的一种形式，属于著作权法保护的作品范围，本意见对音像作品的定义为“根据音乐内容，运用技术手段将音乐与背景画面相结合创作的、摄制在一定介质上的作品”。

二、第二条规定了法定赔偿的适用范围。鉴于目前全省法院在音像作品著作权侵权案件中存在过度适用法定赔偿的情况，本意见对法定赔偿的适用范围进行了规定，即“权利人以因侵权所受到的损失或者侵权人因侵权所获得的利益要求损害赔偿，但未提供充分证据证明其所受到的损失或侵权人所获得的利益，导致权利人的实际损失或侵权人的违法所得不能确定的，人民法院可以适用法定赔偿确定赔偿数额”，但“对权利人的实际损失或侵权人的违法所得可以查清，能够确定赔偿数额的，不应适用法定赔偿”。

三、第三条规定了适用法定赔偿确定侵权损害赔偿数额时应考虑的因素。在确定赔偿数额时，应根据音像作品著作权的特点，综合考虑如下因素来确定侵权损害赔偿数额：（一）权利人可能的损失或侵权人可能的获利；（二）作品的独创性程度、创作成本、知名度、点播率、著作权集体管理组织的许可使用费等；（三）侵权人的主观过错、侵权方式、侵权持续时间、范围和后果；（四）被侵权音像作品的数量；（五）权利人因调查、制止侵权行为所支付的合理费用；（六）其他可能影响权利人损失或侵权人获利的因素。

四、第四条规定了单部音像作品著作权侵权损害赔偿数额的最低值。由于法官在确定音像作品著作权的侵权损害赔偿数额时有较大的自由裁量权，因此我省各地法院判决单部音像作品著作权的侵权损害赔偿数额差异较大，从几十元至几千元不等，在一定程度上影响了案件裁判的统一性。鉴于各地经济发展水平不同且总体呈上升趋势，难以对赔偿数额的幅度作出规定，故本意见仅对单部音像作品著作权的侵权损害赔偿数额的最低值作出规定。在综合比较了沿海地区及我省周边地区法院的判赔数额后，本意见将单部音像作品著作权的侵权损害赔偿数额最低值定为150 元。

五、第五条至第八条规定了如何确定权利人为制止侵权行为而支付的合理费用。著作权法第四十九条第一款规定“侵犯著作权或者与著作权有关的权利的，侵权人应当按照权利人的实际损失给予赔偿；实际损失难以计算的，可以按照侵权人的违法所得给予赔偿。赔偿数额还应当包括权利人为制止侵权行为所支付的合理开支”，因此，在确定侵权损害赔偿数额时还应当考虑权利人为制止侵权行为所支付的合理费用。针对目前各地法院对合理开支认定的范围和标准不统一的现象，本意见在第五条规定了“权利人向人民法院主张其为制止侵权行为而支出的费用的，人民法院应对该费用的真实性、合法性、关联性、必要性进行审查，属于合理费用的，应予支持”；在第六条对合理费用的范围作出规定，即合理费用“包括律师代理费中的合理部分，被判决采信的证据的保全费、公证费，为调查取证而产生的必要的交通费、住宿费、档案查询费等相关费用”；在第七条对争议较大的“律师费中的合理部分”如何认定进行了规范，即“权利人主张律师代理费作为合理费用的，应符合国家司法行政部门规定的律师收费标准，并提供律师事务所已实际收取律师代理费的正规发票”；在第八条对权利人在多个关联案件中重复主张合理费用的情况作出规定，即“权利人为制止侵权行为而支付的合理费用在其他关联案件中已获人民法院支持的，不再重复计算”。

六、第九条对在法定最高限额以上合理确定赔偿数额的情况作出规定。虽然著作权法第四十九条规定，适用法定赔偿确定侵犯著作权赔偿数额的最高限额为50万元，但最高人民法院在《关于当前经济形势下知识产权审判服务大局若干问题的意见》中规定，对于难以证明侵权受损或侵权获利的具体数额，但有证据证明侵权受损或者侵权获利明显超过法定赔偿最高限额的，应当综合全案的证据情况，在法定最高限额以上合理确定赔偿额。鉴于司法实践中确实存在上述情况，故本意见在第十条规定“在适用法定赔偿确定赔偿数额时，一般应当在法定赔偿的最高限额内加以考虑。如确有证据证明权利人的损失或侵权人的获利已经超过法定赔偿最高限额，只是具体数额难以确定的，人民法院可以在法定最高限额以上合理确定赔偿数额”。

七、第十条是对确定赔偿数额的依据是否在判决书中予以表述进行规范。目前我省部分裁判文书存在对确定赔偿数额的依据不予表述的情况，在一定程度上影响了裁判文书的说服力，因此，本意见在第十条规定“人民法院确定法定赔偿数额的参考因素应当在判决书中予以表述”，明确法院确定赔偿数额的依据，增强裁判文书的说理性及当事人对法院裁判的理解和接受程度。

八、第十一条规定了对重复侵犯他人音像作品著作权的侵权人应适当提高赔偿数额。由于重复侵犯他人音像作品著作权的行为主观过错程度高，社会影响大，为进一步提高侵权代价，增强侵权损害赔偿的补偿、惩罚和威慑效果，有效制止、制裁和打击知识产权侵权行为，对重复侵犯他人音像作品著作权的行为应适用“惩罚性原则”确定赔偿数额，故本意见在第十一条规定“侵权人因侵犯他人著作权曾被追究民事、行政或刑事责任，再次侵犯他人著作权的，应适当提高赔偿数额”。

四川省高级人民法院
关于审判工作服务保障知识产权强省建设的指导意见

（2016年7月）

为深入贯彻中共中央、国务院《关于深化体制机制改革 加快实施创新驱动发展战略的若干意见》，国务院《关于新形势下加快知识产权强国建设的若干意见》，省委《关于全面创新改革驱动转型发展的决定》，省政府《关于全面推进大众创业、万众创新的意见》和《关于深入实施知识产权战略加快建设西部知识产权强省的意见》，进一步发挥我省法院知识产权审判工作服务保障创新驱动发展、建设知识产权强省的职能作用，制定本指导意见。

1. 充分发挥司法保护知识产权的主导作用。全面创新改革是我省引领发展的“一号工程”。知识产权审判工作对保护激发创新动力、创造潜力和创业活力具有重要作用，直接关系到我省工作大局。全省法院要牢固树立大局意识、责任意识，充分发挥司法保护知识产权的主导作用，实行严格的知识产权司法保护，严格确定知识产权的权利范围，明晰知识产权权利边界，丰富知识产权保护手段，严厉打击各类侵害知识产权行为，有效遏制侵权行为。强化知识产权司法保护的导向性、实效性、全面性，为我省知识产权强省建设提供有力的司法保障和服务。

2. 提高知识产权司法保护的及时性和有效性。要为权利人提供便捷高效的诉讼服务，要进一步完善拓展网上立案、网上咨询、审判信息公开、电子送达等信息化诉讼服务，让权利人参与诉讼更加便捷高效。要依法运用司法临时保护措施，对于知识产权权利人为要求停止侵权或实现权利保护在诉前或诉中提出的行为保全、财产保全、证据保全等申请，要积极受理、迅速审查、慎重裁定、立即执行，依法满足权利人迅速保护权利、获取证据的正当需求。对于权利人难以取得的维权证据，凡符合证据保全条件的，应当及时采取保全措施，切实解决权利人举证难的问题。要依法合理分配举证责任，结合知识产权诉讼特点，灵活运用举证责任转移、优势证据规则和举证妨碍制度，引导当事人积极、全面、诚实地提交证据。对抗拒证据保全、毁损隐匿证据、提交虚假证据的单位和个人，要依法予以制裁。

3. 加大知识产权损害赔偿力度。要依法提高侵权代价，坚决遏制恶意侵权行为。对恶意侵权、反复侵权、规模化侵权、侵权行为持续时间长、地域广、手段恶劣、造成严重后果等情节严重的侵权行为，要依法适用惩罚性赔偿，并根据具体情节依法采取没收违法所得、收缴侵权工具等制裁措施，根除侵权人再次侵权的经济和物质基础。坚持全面赔偿原则，促进形成符合市场规律和满足权利保护要求的损害赔偿计算机制，确保权利人获得足够充分的损害赔偿。对于当事人提出申请、人民法院经审查认为符合条件的，可通过委托会计师事务所、知识产权评估事务所等中介机构对知识产权的市场价值进行鉴定，提高损害赔偿计算的科学性和合理性。对权利人因调查、制止侵权行为所支付的合理费用，应在赔偿数额之外依法予以支持。

4. 进一步完善技术事实查明机制。建立多元化的技术事实查明机制，要按照省法院制定的《知识产权审判技术专家管理办法（试行）》，规范全省法院知识产权审判技术专家选任、使用和管理工作，逐步建立由技术鉴定、技术调查、技术咨询与专家陪审相结合的有机协调的“四位一体”技术事实认定新体系，确保案件审理中专业技术事实查明的权威性、科学性和中立性。

5. 提高知识产权侵权案件审判效率。合理强化特定情形下民事程序对纠纷解决的优先和决定地位，促进民行交织的知识产权民事纠纷的实质性解决，保障当事人及早获得公正裁判。对经专利复审委员会审查维持专利权有效的侵犯专利权纠纷案件，被告在诉讼期间提起行政诉讼的，人民法院可以不中止案件审理。权利人在专利侵权诉讼中主张的权利要求被专利复审委员会宣告无效的，审理侵犯专利权纠纷案件的人民法院可以裁定驳回权利人基于该无效权利要求的起诉，可不等待行政诉讼的最终结果。

6. 确保知识产权裁判的依法执行。探索适合知识产权案件特点的执行机制，加强审判与执行的联动，提高行为保全裁定的执行效率和准确性，完善停止侵权、消除影响、赔礼道歉等民事责任的执行方式，充分实现当事人的胜诉权益。利用知识产权信用管理制度和公共信用信息服务平台，强化对拒绝履行、逃避履行知识产权生效判决、裁定等失信行为的惩戒力度。

7. 加强知识产权案件的审判工作指导。要继续深入推进知识产权审判“三合一”改革工作，不断增强工作的系统性、整体性和协同性。要重视知识产权法官的能力提升和专业化培养，进一步增强“三合一”审判机制在整合审判资源、统一裁判标准、提高审判质效、减轻当事人诉累等方面的优势作用。要围绕知识产权审判热点、疑难问题及新情况、新问题开展专题与重点调研，重视将调研成果转化为审判疑难问题解答、规范性指导性文件，对知识产权审判工作中存在的突出问题、难点问题进行规范和指引。深入开展知识产权改判和发回重审案件指导工作，建立改判和发回重审案件分析通报制度，提高审判指导的针对性和有效性，促进裁判标准统一。

8. 积极形成知识产权保护合力。建立人民法院与检察机关、公安机关和知识产权行政执法机关之间的沟通联络机制，实现资源共享，形成工作合力。协调公安机关、检察机关做好刑事案件的侦查和移送起诉工作，严厉打击侵犯知识产权的犯罪行为。加强对行政不作为案件的受理和审查，促进行政机关依法积极作为。积极与行政机关、社会团体、行业协会等相关部门建立知识产权纠纷联动处理和委托调解机制，健全知识产权多元化纠纷解决机制，发挥各自优势，共同化解知识产权矛盾纠纷。

9. 主动延伸司法服务促进创新和知识产权保护。切实发挥科技领域知识产权行政案件的司法审查和监督职能，加强涉知识产权行政案件规范性文件的司法审查，推动对制约创新的政府规范性文件的及时清理、修订和废止。高度重视通过审判工作发现影响和制约创新驱动发展的问题，及时提出建议，促进健全完善制度。加强对知识产权案件的诉讼态势分析，有针对性地发出司法建议，积极为党委、政府制定相关政策提供决策参考。加强与市场创新主体的联系与沟通，及时改进审判工作，服务创新发展。

10. 积极营造激励自主创新的司法环境。要通过发布知识产权司法保护白皮书、典型案例，发挥司法裁判对知识产权保护的引领、示范作用，增进创新主体和社会公众对知识产权司法保护的了解和理解，增强对司法保护创新的信心，积极营造“尊重知识、崇尚创新、诚信守法”的良好法治氛围，促进全省的创新发展。

四川省高级人民法院　四川省工商行政管理局
关于建立商标专用权保护协作机制的意见

2016年5月3日　　川高法〔2016〕175号

为更好地开展商标专用权保护工作，进一步加强商标专用权行政保护与司法保护衔接，切实增强打击商标侵权假冒违法犯罪行为的合力，共同维护公平竞争的社会主义市场经济秩序，推进完善执法协作机制程序化、信息资源共享化、力量互补常态化，按照“依法行政、紧密协作”的原则，现就四川省法院系统、四川省工商行政管理机关建立商标保护协作机制提出如下意见：

一、建立商标专用权保护协作机制的必要性

（一）建立商标专用权保护协作机制是切实贯彻落实国务院打击侵权假冒工作的重要举措

自2010年，国务院部署全国打击侵权假冒工作以来，全省法院系统、工商系统按要求，扎实推进各项工作，取得了较好成绩，对树立我省法院、工商良好对外形象，创造公平发展环境，维护社会稳定，保障人民安全和生命健康起到了积极推动作用。面对不断发展的经济形势，建立商标专用权保护协作机制，提供强有力的司法保障，是推动我省打击侵权假冒工作再上一个新台阶，切实贯彻落实国务院打击侵权假冒工作部署的重要举措，对于进一步维护国家和人民利益，推进社会信用体系建设，完善社会主义市场经济体制，规范市场秩序具有重要意义。

（二）建立商标专用权保护协作机制是切实加强商标监管的迫切需要

近年来，随着全国打击侵权假冒工作的深入开展，工商行政执法力度的加大，商标监管长效机制建设正在逐步完善，商标专用权保护取得了一定成绩。但是打击商标侵权假冒等经济违法犯罪行为仍面临挑战，违法犯罪领域不断扩展，手段更加隐蔽，案件定性更加复杂，给商标专用权保护工作带来了新的问题。建立商标专用权保护协作机制，加强工商、法院合作，有利于完善商标专用权监管执法机制建设，进一步提升工商行政执法的有效性，切实形成打击商标侵权假冒违法犯罪合力。

（三）建立商标专用权保护协作机制是落实创新驱动发展战略的必然要求

党的十八大报告提出“实施创新驱动

发展战略”重大部署，强调“实施知识产权战略，加强知识产权保护。促进创新资源高效配置和综合集成，把全社会智慧和力量凝聚到创新发展上来。”这既是对知识产权战略支撑创新驱动发展战略作用的明确定位，也标志着战略实施开始转入攻坚阶段。商标专用权作为一种重要的知识产权，既是推进科技创新的一种重要的战略资源，同时也是推进知识产权战略、落实创新驱动发展战略的核心要素。建立商标专用权保护协作机制，加强商标行政保护与司法保护衔接工作，能有效保障创新者商标专用权的合法权益，进一步激发社会创新活力，并促进创新活力和创新成果有效转化为生产力和核心竞争力。

二、通力协作，建立商标专用权保护协作机制

（一）建立商标专用权保护案件会商制度

年度会商工作召集人由工商行政管理局分管副局长和人民法院分管副院长按年度轮流担任。年度会商工作主要有年度会议和临时会商会议两种形式。

1. 年度会议制度。从2016年起，每年度适时召开年度商标专用权保护协作会议，会议由两家单位轮流承办。会议主要任务是围绕商标保护工作及协作情况进行年度总结，交流工作信息，研究讨论执法中的问题。会议结束后，承办方负责形成会议纪要抄送对方。

2. 临时会商制度。根据工作需要，需要商讨交流工作信息，可由协作单位一方提出建议，召开“商标专用权保护临时会商会议”，会议由提议方承办，主要研究解决当前执法工作中遇到的急要、重大问题。

（二）建立商标专用权保护案件协助制度

按照相关法律法规和文件精神，双方应充分发挥职能优势，加强联系，密切配合，在办理案件时需要对方单位协助执行的，应当按照生效法律文书和协助执行通知书办理协助执行事项。

（三）建立商标专用权保护信息交流制度

在商标专用权保护工作中，双方要加强信息的沟通与互享，共同建立商标专用权保护信息交流制度。

1. 情况通报制度。双方在执法检查或司法审判时，对社会影响大、涉及民生和舆论关注的重大商标违法案件、民事审判案件，应及时相互通报，对各自安排的重大专项行动等，应及时相互通报。

2. 信息共享制度。双方应通过电子邮件、传真、信函等方式，相互通报商标专用权保护工作情况、案件信息、研究成果、政策措施等信息资料，适时建立商标专用权保护协作信息平台，开展信息共享和数据交换，逐步实现商标专用权保护协作信息化。

（四）建立商标专用权保护“大调解”制度

商标行政保护和司法保护过程中，逐步推进完善商标专用权保护“大调解”工作体系和衔接机制，通过分流机制和邀请调解等方式，做好诉前、诉中商标专用权保护调解工作，有效化解矛盾纠纷，促进地方经济和谐发展。

（五）建立商标专用权保护法律培训制度

根据《四川省依法治省纲要》（川委发〔2013〕26号）文件精神，从2016年起，加强商标专用权保护法律培训协作工作，通过双方派员参加对方举办的关于商标专用权保护相关领域的培训学习；根据工作需要，双方不定期联合举行商标专用权保护法律培训；邀请省高院法官对工商执法人员培训授课等方式，对双方办案人员开展商标法律、法规、规章等规范性文件及《行政处罚法》《行政诉讼法》《国家赔偿法》及《行政复议法》等行政法律法规的培训。特别注重对法理解析、执法程序和新颁布商标法律、法规、规章适用的培训。

（六）建立商标专用权保护学术研讨制度

根据商标专用权保护社会热点、案情难点等，适时举办商标专用权保护学术研讨会，通过知识讲座、以案说法等方式，对商标保护的法律适用、个案定性、疑难问题等开展学术研讨，切实提高执法队伍素质。

三、强化商标专用权保护协作机制的组织领导

（一）加强领导，强化培训

全省法院、工商系统要高度重视商标专用权保护协作机制建设，落实责任部门和责任人。要强化业务培训，除利用年度会议开展交流外，要积极相互派员参加商标保护、学术研讨等形式的培训学习，重点加强案件调查取证、移送办理及有关商标法律、法规适用知识等方面培训学习，提升打击商标侵权假冒案件的办理水平。

（二）加大宣传，营造氛围

全省工商、法院系统要积极宣传商标专用权保护协作机制情况，充分利用电视、报纸、网络等媒体宣传工商、法院商标保护协作工作的成果，积极引导企业主动开展维权保护，倡导消费者主动举报商标侵权假冒行为，有效震慑违法犯罪分子。

（三）积极探索，不断完善

全省工商、法院系统要深入推进商标行政保护和司法保护的衔接，积极探索，完善机制，深入推动双方商标专用权保护协作工作的开展，切实保障商标权利人合法权益和人民群众切身利益。

甘肃省高级人民法院
关于审理侵害植物新品种权纠纷案件有关问题的通知

（2015年12月11日）

各市、州中级人民法院，兰州铁路运输中级法院，甘肃省林区中级法院，甘肃矿区人民法院：

为进一步规范我省审理有关侵犯植物新品种权纠纷案件的工作，保障制种产业良性发展，根据《中华人民共和国种子法》《中华人民共和国植物新品种保护条例》《最高人民法院关于审理侵犯植物新品种权纠纷案件具体应用法律问题的若干规定》等法律法规和司法解释的规定，结合我省实际，现就规范审理侵犯植物新品种权纠纷案件有关问题通知如下：

一、关于规范、明确管辖权和追偿权问题

1. 凡因侵犯植物新品种权纠纷提起的诉讼，侵权行为地在张掖、武威、酒泉三市辖区的，分别由该辖区中级人民法院管辖。在其他地区的，由兰州市中级人民法院管辖。

2. 品种权人对于授权品种自初审公告至获得授权期间发现他人未经许可，为商业目的生产或者销售该授权品种繁殖材料的行为享有追偿权。

利害关系人在获得合法授权的前提下，可依法承继追偿权。

植物新品种追偿权案件中的补偿数额可参照涉案品种许可使用费的标准予以酌定。

二、关于村民委员会、种子行政管理及行政执法部门与法院配合问题

3. 村民委员会、种子行政管理部门及种子行政执法部门等单位出具的证明文件等材料除须加盖公章外，还应当由其负责人及出具人签名或者盖章。人民法院可以向上述部门及其制作人员进行调查核实。必要时可要求材料出具人出庭作证。

村民委员会、种子行政管理和执法部门及其材料出具人拒绝调查核实或无正当理由拒绝出庭作证的，该证明材料不得作为认定案件事实的依据。

4. 种子行政管理部门、种子行政执法部门等在其职权范围内制作的文书所记载的事实推定为真实，但有相反证据足以推翻的除外。必要时人民法院可以要求制作文书的单位对文书的真实性予以说明。

5. 人民法院因审理案件的需要，有权向村民委员会、制种公司、种子行政管理部门等单位调取《委托制种合同》、制种备案材料等证据。有关单位拒绝提供的，人民法院责令其履行义务，并可予以罚款，情节严重的，可对其主要负责人或者直接责任人员依法追究法律责任。

6. 证人、村民委员会违反诚信义务，出具虚假文书、陈述虚假事实或以其他方式妨害民事诉讼的，人民法院可以根据情节轻重对该证人或村民委员会的主要负责人、直接责任人员依法追究法律责任。

三、关于诉前保全的问题

7. 人民法院依申请进行诉前证据保全，可根据案件具体情况，邀请扦样员依照《农作物种子检验（扦样）规程》协助取证，同时还可邀请当地种子行政管理部门或基层组织派员见证。

现场取样后，应由审判人员、当事人或扦样员、见证人等当场签名封存，由人民法院或公证部门保管，样品不得由当事人自行保管。

人民法院应做好现场询问、调查笔录，重点核实制种区域、面积、品种及制种单位等。诉前证据保全过程可采用录像或拍照等形式全程记录。

当事人申请公证部门自行取样保全证据的，除按照前述规定进行外，还应将现场提取的样品交由公证部门保管，不得自行保管。

四、关于鉴定及差异位点认定的问题

8. 对涉及的专门性问题人民法院认为需要鉴定，或当事人申请人民法院进行鉴定并经人民法院同意的，由当事人在鉴定机构名册中协商确定，协商不成的由人民法院指定。人民法院应全面审查作出鉴定意见的鉴定机构、鉴定人员是否具有合法资质，鉴定方法是否明确，样品送检、标准比对样提取等是否符合法定程序。

鉴定意见应当明确、唯一。

9. 在使用DNA指纹方法鉴定时，待测样品与标准比对样差异位点数为1时，尚不足以证明不是同一品种，可采取扩大检测位点进行加测等方法再行鉴定。若被控侵权方有相反证据证明被诉侵权品种的特征、特性通过扩大引物再鉴定等方法与授权品种的特征、特性不同，可不认定侵权。

五、关于侵权面积确定赔偿标准问题

10. 在侵权面积能够确定时，对于侵权赔偿数额的认定可综合考量涉案品种种类、市场推广度、维权成本及侵权行为性质、情节等因素，原则上以每亩1000元以上为基准确定赔偿数额。

本通知涉及种子行政执法协调配合工作系与省农牧厅协商确定。本通知与相关法律法规、司法解释不一致时，以相关法律法规、司法解释为准。本通知系规范工作的文件，各级法院不得在法律文书中援引。本通知自下发之日起实施。

第八部分　域外动态

宋淑华法官随中国知识产权公务员代表团访问韩国情况报告

宋淑华*

受韩国驻华大使馆的邀请，并经外事局和我庭领导批准，我于2014年10月20日至24日随第七届中国知识产权公务员代表团出访韩国。访韩期间，我们走访了韩国特许厅、特许法院、关税厅等司法和行政机关，并访问了大韩贸易投资振兴公社、韩国广播电视公社（KBS）、LG电子等韩国企业，听取了有关部门对于韩国知识产权保护情况的介绍，交流了中韩两国在知识产权司法和行政保护方面的制度建设，行程涉及首尔和大田。此次随团出访活动，不仅使我对韩国的基本情况有了一个感性的认识，也使我对韩国知识产权保护的体制和机制有了一个基本的了解，现将此次出访情况总结报告如下：

一、出访活动基本情况

1. 出访活动目的和主办单位

中国知识产权公务员访韩知识产权交流活动始于2008年，至今已持续七届。交流活动的主要目的是：增进中韩两国知识产权领域的交流，加深相互理解与合作，为中韩两国知识产权交流构筑良好渠道。

本届活动的主办单位为韩国国家知识产权局（也称韩国特许厅，Korean Intellectual Property Office）、大韩贸易投资振兴公社（Korean Trade – Investment Promotion Agency）、韩国知识财产百户协会（KIPRA）。

2. 出访交流活动内容

本届出访交流活动内容包括：访问韩国特许厅、特许法院等知识产权有关政府机构；参加相关研讨会、座谈会等各种交流会议，交流中韩两国在知识产权行政和司法保护方面的实践现状和相关信息；访问韩国企业，了解和沟通韩国企业在中国知识产权保护现状和需求等。

3. 代表团组成

本届代表团由27人组成，分别来自国家工商行政管理总局、国家知识产权局、地方工商行政管理局、知识产权局、海关、法院和高等院校等多个部门。法院系统有6人，包括了我院、上海高院、广东深圳、佛山、中山中院以及佛山市顺德区法院的四级法院代表。

二、访问韩国行政和企业部门的基本情况

（一）韩国国家知识产权局（KIPO）

韩国国家知识产权局，也称韩国特许厅，是负责知识产权（专利、商标等）事宜的韩国国家政府机构。从业务范围上看，韩国国家知识产权局相当于我国国家知识产权局和商标局；从政府机构编制上看，韩国国家知识产权局隶属于韩国知识经济部，但韩国国家知识产权局在人事和预算

* 作者单位：最高人民法院民三庭。

的运用上是完全独立的。

1. 韩国国家知识产权局的主要职能

（1）对发明、实用新型、外观设计和商标申请等，实行审查、授权和注册；制定反不正当竞争和保护商业秘密的政策；对半导体集成电路布图设计进行注册；（2）对专利和商标相关纠纷，进行行政复议、评审和裁定；（3）打击假冒活动；（4）管理并公布知识产权文献与信息；（5）鼓励发明创新活动；（6）开展知识产权领域人力资源建设。

2. 韩国国家知识产权局的机构设置

韩国国家知识产权局总部设在大田市。韩国国家知识产权局下设有：对外合作司、企划调整司、知识产权政策司、信息企划司、5 个领域（商标与外观设计、机械与金属材料、化学与生命技术、电器电子、信息通信）的审查司、专利商标审判院（相当于专利复审委员会和商标评审委员会）、知识产权培训学院以及首尔分局等下属机构。除此以外，韩国国家知识产权局下设的企事业团体有：韩国知识产权保护协会、韩国发明协会、知识产权研究院、专利商标信息院等。

3. 韩国国家知识产权局的人员编制

韩国国家知识产权局总人数为 1568 人。其中，审查员 893 人、审判员 97 人、政策行政人员 542 人。韩国国家知识产权局特许厅长的级别为副部级，下设有副厅长、专利商标审判院长以及 9 各部门的司长等。

（二）大韩贸易投资振兴公社（KOTRA）

1. 大韩贸易投资振兴公社基本情况

大韩贸易投资振兴公社作为贸易促进机构，是韩国知识经济部下属的非营利事业单位，负责开展对外经贸交流活动、促进韩国与各国的经贸往来。大韩贸易投资振兴公社始建于 1962 年，旨在促进韩国与海外地区的经贸交流，通过开展贸易信息传递、市场调研服务、跨国投资、技术合作和商务联系等多种贸易促进活动，大力帮助韩国的对外经济发展。

大韩贸易投资振兴公社建立了一个外延至世界范围的韩国海外贸易工作网，至今已在海外 79 个国家地区设有 114 个韩国贸易馆。中国设有 17 个代表处，分别是北京、上海、广州、郑州、青岛、大连、沈阳、杭州、成都、香港、武汉、西安、重庆、长沙、南京、厦门、台湾。大韩贸易投资振兴公社代表韩国政府大力促进中韩两国贸易的健康蓬勃发展，无偿向中韩两国企业提供咨询、信息联络发布、贸易投资、协助参加各种展览等优质服务。

2. 大韩贸易投资振兴公社知识产权中国咨询中心

大韩贸易投资振兴公社受韩国国家知识产权局之托，在中国设立知识产权中国咨询中心，以协助韩国企业在中国的知识产权相关服务事宜。大韩贸易投资振兴公社知识产权中国咨询中心 至今已在中国北京、上海、青岛、广州、沈阳设立 5 个办事处，分别配有中心主任、大韩贸易投资振兴公社韩国本部职员、中国专职职员和辅助职员等，为韩国企业提供知识产权相关服务。

大韩贸易投资振兴公社知识产权中国咨询中心业务内容：（1）知识产权咨询，采用电子邮件、面谈、访问和巡回咨询方式为已经或打算在中国发展的韩国企业提供针对中国知识产权相关的申请程序、运用、保护及解决方案，2006 年 ~ 2012 年 8 月，提供咨询量达 5159 次。（2）举办知识产权说明会、研讨会，以中国地方政府公务员为对象，已经举办 6 届韩国商标说明会；以中国专利审查员为对象，举办新技术说明会3届；以在中国发展的韩国企业为对象，举办知识产权说明会120次，中、韩、日联合举办知识产权研讨会2届。(3)提供中国知识产权制度相关信息，向韩国企业提供中国知识产权相关的新的法律和政策信息449个，刊印中国知识产权制度相关的书籍20余本，并发放给韩国企业。(4)帮助韩国企业在华商标、专利申请及知识产权保护，指导申请程序、联系代理人、资助所需费用（总费用的50%～70%)，2009年～2012年8月，共计1063件。(5)增进中韩两国政府及企业间知识产权领域相互交流，邀请中国公务员赴韩访问知识产权相关部门和企业，同时组织韩国官民联合代表团访问中国知识产权相关部门。

大韩贸易投资振兴公社知识产权中国咨询中心的发展方向：(1)扩展知识产权中国咨询中心的业务范围，由知识产权申请保护扩展到促进知识产权运用和交易，发展拥有市场潜力知识产权中小企业，并支援在华营销。(2)鼓励韩国企业知识产权的最大化运用，选定“专利明星企业”，支援其在中国创业和发展，支援知识产权的转化和商品化。(3)加强与中国知识产权有关部门的交流合作，扩展与中国中央及地方政府知识产权相关部门、中国外商投资企业协会优质品牌保护委员会（QBPC）等非政府机构的交流领域，共同举办知识产权有关各种说明会、研讨会和座谈会，加强双方合作。

（三）知识财产保护协会（KIPRA）

知识财产保护协会属于会员制的行业协会组织，其主要任务是制裁假冒产品；进行公益咨询；国际专利纠纷预防；专利法律援助以及为会议服务和提高知识产权保护意识。

三、韩国特许法院基本情况

（一）特许法院的设立背景

韩国特许审判制度起源于1908年颁布的《韩国特许令》。根据《1946年特许法》，特许审判制度是一种特别行政争讼体系，即经过特许厅的审判所和抗告审批所两个阶段的行政审判之后，由大法院做终审判决。在这样的体系下，只有当申请人认为抗告审判所的审判违背法律时，才能以对该审决不服为由向大法院上诉。

但随着知识经济的大发展，有关特许纠纷由法院来审判，已经成为发达国家的主流制度设计。因此，在韩国建立近代司法制度100周年之际，掀起了司法制度改革风潮，有人主张作为司法制度改革的一环，应将从1984年甲午改革时开始的“审判与行政分开”这一近代司法的基础原则体现在工业产权领域。

1993年8月，韩国大法院表示，特许法第186条第一款违背宪法，并向宪法裁判所提请违宪审查。与此同时，成立了由法律界、学术界、国会、舆论媒体及各个社会组织的代表组成的一种泛国民司法改革机构—司法制度发展委员会，并以该委员会为主，对特许制度的审级结构进行了讨论。1994年7月8日，司法制度发展委员会与特许厅关于特许诉讼制度的改革，就成立特许法院、制定技术审查官制度、设立特许审判院、增加特许法院的法官人数、提高法官的专业性及保障辨理士（相当于我国的专利和商标代理人）的诉讼代理权等问题达成了协议。

根据上述协议内容，以由高等法院级别的特许法院管辖特许诉讼的一审，并由技术审理官参与特许诉讼的审理为主要内容的《法院组织法修改案》于1994年7月24日在国会通过。此外，特许法、实用新案法、意匠法（现外观设计保护法）及商标法的修正案于 1995 年 1 月 5 日陆续颁布。此后，如果对将特许厅的审判所与抗告审判所统合起来新设的特许审判院的审决或决定不服而提出诉讼的话，由特许法院专门负责管辖，如果对特许法院的判决不服就向大法院上告。

至于大法院提请的违宪审查案，宪法裁判所于 1995 年 9 月 28 日作出决定："不符合宪法。"

（二）特许法院的成立及组织人员

特许法院于 1998 年 3 月 1 日在首尔设立，2000 年 3 月 1 日搬迁到大田。2003 年 9 月 1 日建设了地上 10 层地下 1 层规模（16125 平方米）的特许法院大楼。特许法院为高等法院级别。截止 2014 年 3 月，特许法院共有 83 人，其中有 13 名法官（1 名法院长、4 名部长法官、8 名配席法官）、61 名普通员工、4 名聘任制员工、5 名特殊职位员工。

1. 法院长

特许法院设有法院长，现任院长为姜永虎。法院长负责掌管特许法院的司法行政业务，领导并监督所属公务人员。法院长缺位或因突发事故无法执行任务时，首席主审法官和先任主审法官等依次代理行使法院长的职权。

2. 审判部

特许法院现有 4 个审判部（第一、二、三、四部）各审判部由 1 名部长法官与两名配席法官组成，部长法官就是案件审判庭的审判长。每个审判部有 4 ~5 名技术审理官，还有参与事务官、参与实务官及速记员各 1 名。特许法院各审判部的法官都拥有知识产权领域的专业知识。部长法官大约有 20 年以上、配席法官大约有 10 年以上的法律从业经历。此外，特许法院还聘请具有理工科背景或者知识产权法律专业背景的法官，以提高审判的专业性和效率。

3. 技术审理官

特许法院设技术审理官。目前在机械、通信、电气电子、化学、药品、农药、建筑设施等各领域有 17 名拥有专业的技术审理官辅佐法官开展工作。其中 15 人是曾在特许厅工作了 10 年以上并专门负责特许审查及审判业务的审查员或审判官，其他 2 人是特许法院自己聘请的技术审理官。

4. 事务局

事务局长受法院长之命掌管司法行政业务，领导并监督所属员工。总务课负责总务、人事、官印和图书管理、保存、文献管理、退休金、规划、统计、会计及不属于其他课室的一切业务。特许课负责办理特许、实用新案、外观及商标案件的受理程序、参与审判做记录并保持各种文件等业务。

5. 会议机构

法官会议是为法院长提供司法行政领域的咨询而召开的，分成两种：由所有法官参加，以法院长为主席的全体法官会议；按级别或业务召开的内部法官会议。法官会议对司法政策及审判业务的改善方案等议题进行审议。

员工会议有局长课长会议、技术审理官会议、一般员工会议。

（三）特许法院的管辖范围

1. 法定管辖

特许法院负责审判特许法第 186 条第 1 款和准用该条款的实用新案法第 33 条、外观设计保护法第 166 条第 1 款及商标法第 85 条之三第 3 款所规定的案件以及根据其他法律归属于特许法院管辖的案件。根据上述法律规定，属于特许法院管辖的案件主要有两种：对特许审判院的审决及决定不服而提出的取消诉讼；对品种保护审判委员会的审决及其决定的取消诉讼。

2. 地域管辖

特许法院地域管辖的范围及于韩国全部地区，即对特许审判院的审决及决定的诉讼，无论当事人的地址在何处，均得向特许法院提出诉讼。

3. 级别管辖

特许法院负责处理一审案件。对特许法院的判决不服，只能向大法院提出上诉。

4. 最新进展

最近为集中管辖，韩国正在进行法律修改工作，按照集中管辖的安排（将现在由韩国各地高等法院管辖的知识产权民事侵权诉讼的二审集中到特许法院等几个法院），特许法院有将来管辖知识产权民事侵权上诉案件的可能性。

（四）特许法院诉讼程序特点

1. 集中审理

特许及实用新案案件由审判部审查诉讼文书，听取技术审理官的说明，了解技术内容之后，无特殊情况的话就进入辩论阶段，进行集中审理；若技术内容较难、专业性强且争论焦点较复杂的话，会付诸辩论准备程序。通常外观设计或者商标案件相较于特许或实用新案案件，其内容与争论焦点较为简单，在大多数情况下不启动准备程序就直接指定辩论日期。

辩论程序由审判长主持，允许当事人利用各种多媒体设备、实物及模型等进行陈述辩论，详细说明技术内容。同时，通过提交书证、对证人进行询问等进行证据调查，对技术内容进行广泛深入的审理。原则上，技术审理官可以参与辩论。

2. 辩论主义

特许法院的诉讼程序与民事诉讼一样，采取公开审理、口头审理及辩论主义。特许诉讼是一种行政诉讼，因此审判部因当事人取证不够，难以得到心证等原因，认为有必要的话，即使没有当事人的取证申请，也可依职权进行证据调查。特许法院在配备了实务投影仪、幻灯机、电脑网络等高科技设施的电子法庭进行辩论，以体现辩论主义精神。

3. 技术审理官的参与

在特许及实用新案案件审判的全过程中，技术审理官为技术性的问题向审判部提供咨询。若审判部认为有必要，技术审理官可参与辩论准备程序或在辩论当天直接参与审理过程，并在获得审判长或受命法官许可的情况下就技术问题向当事人提问。技术审理官参与上述审理程序时，一般坐在审判部的最左边。技术审理官在审判部合议案件时可以就技术性问题陈述自己的看法。

4. 认可辨理士的诉讼代理权

根据辨理士法第 8 条的规定，在特许法院的一审诉讼程序中，除了律师外，辨理士也可以作为诉讼代理人。在其他知识产权纠纷中，辨理士不能当诉讼代理人，但最近开始讨论是否应扩大认可辨理士角色的范围。

5. 判决的效力

特许法院的诉讼对象是特许审判院的审决或决定。因此，如果原告请求取消特许审判院的审决或决定时所提理由不能成立的话，特许法院就驳回原告的请求。相反，则需作出撤销审决或决定的判决。特许审判院在其审决或决定被撤销后，需重新进行审理并作出审决或决定，并且不能作出有违特许法院判决的审决或决定。

6. 向特许审判院长通报起诉事实，诉讼结束后将判决书原件传送给特许审判院长

对于要求撤销特许审判院的审决等诉讼立案的请求，特许法院应立刻通知特许审判院长，在诉讼程序结束后，也要立刻将判决原件传送给特许审判院长。

（五）特许法院受理和审理案件情况

1. 案件数量

（单位：件）

年份	受理案件		处理案件				取消行政裁决案（胜诉率%）	未结案件	上诉案件（上诉率%）
	上年旧存	当年受理案件	共计	判决	其他	共计			
2010	499	978	1477	817	195	1012	219（26.8）	465	318（38.9）
2011	465	1257	1722	1026	217	1243	280（27.3）	479	422（41.1）
2012	479	1154	1633	946	238	1184	271（28.6）	449	397（42.0）
2013	449	1040	1489	795	229	1024	214（26.9）	465	351（44.1）

2. 案件类型分布

（单位：件）

年份	受理案件							处理案件
	发明	实用新型	外观设计	商标	发明	实用新型	外观设计	商标
2010	527（53.9）	79（8.1）	100（10.2）	272（27.8）	517（51.1）	98（9.7）	124（12.3）	273（26.9）
2011	639（50.8）	93（7.4）	128（10.2）	397（31.6）	632（50.8）	115（9.3）	117（9.4）	379（30.5）
2012	592（51.3）	83（7.2）	74（6.4）	405（35.1）	647（54.65）	70（5.91）	74（6.25）	393（33.19）
2013	575（55.2）	62（5.9）	99（9.5）	304（29.2）	537（52.44）	75（7.32）	85（8.3）	327（31.93）

注：括号里面的数字表示各类案件占案件总数的比重

3. 案件平均审理期间

（单位：天）

年份	发明	实用新型	外观设计	商标	整体期间
2011	223.1	194.6	108.6	123.8	178.5
2012	165.0	156.6	113.8	124	147.3
2013	176.0	172.2	136.7	143.2	161.9

四、访韩体会

此次访韩时间虽短，但收获颇丰，体会如下：

1. 韩国企业保护知识产权意识很强，值得我们学习和借鉴。本次赴韩交流活动即是由韩国企业界来具体承办的，韩国政府和企业连续7年举办这样的交流活动，足见其加强知识产权保护的意识是非常强的。在我们访问的韩国广播电视公社、LG电子、韩国人参公社等企业，均设有相应的知识产权保护机构，他们在注重科技研发的同时，对于保护知识产权成果不被侵犯也投入了大量的人力和物力，这些企业还在中国国内设置了派出机构，专门负责处理知识产权事务。

2. 韩国的特许法院设置是韩国在知识产权司法制度上的一个特色制度，有值得我们借鉴之处。韩国特许法院目前只审理专利和商标行政案件，不审理有关的民事侵权案件，但这种状况有望在2015年被打破，特许法院有增加管辖知识产权民事侵权上诉案件的可能性。韩国特许法院在审理专利行政案件中所设置的技术审理官制度，一直以来发挥了很好的作用，其技术审理官虽大多来自韩国特许厅，但鲜有对其公正性的质疑。韩国特许法院的每个审判部一般配有3~4名的技术审理官，技术审理官在参与案件审理过程中，也要参与庭审，在开庭时与法官一同座于审判台上。技术审理官的设置，对于韩国特许法院的审判效率和审判质量的提高都发挥了积极的作用。

3. 在新形势下应进一步加强中韩两国的知识产权交流和合作。随着今年中韩两国自贸区的建立，中韩两国的经贸往来步入了一个新的阶段，也迎来了前所未有的机遇。在推进两国经贸往来的过程中，要尤其注重加强两国的知识产权交流和合作，为企业的发展铺路架桥，减少后顾之忧，特别是要加强我国企业的知识产权意识的提升，在尊重其他企业的知识产权前提下，加强自身的知识产权创新和保护工作，以创新带动企业的发展，同时也为企业的发展提供良好的创新环境。

关于参加WIPO知识产权执法培训的总结报告

罗 霞[*] 廖继博[**]

应世界知识产权组织（WIPO）邀请，经外事局同意，受庭领导指派，民三庭法官罗霞、法官助理廖继博于2014年12月1日到12日在日本东京参加了WIPO知识产权执法培训项目。现将相关情况报告如下：

一、培训的基本情况

（一）培训背景

此次培训由WIPO和日本特许厅（JPO）联合主办，日本亚太工业产权中心（APIC）的承办。此次培训以“知识产权执法”为主题，特别邀请各国选派较高层级司法机关和检察机关熟悉知识产权审判工作的人员参加。

（二）参加培训的人员

来自中国、不丹、柬埔寨、印度尼西亚、老挝、马来西亚、缅甸、菲律宾、越南、泰国、巴基斯坦、尼日利亚等国的24名法官、检察官参加了此次培训。

我国参加此次培训的人员除我院民三庭的两名同志外，还有来自最高人民检察院民事行政庭的一名同志。

* 作者单位：最高人民法院民三庭。
** 作者单位：最高人民法院民三庭。

（三）培训时间和授课人员

此次培训的授课时间共计10天。授课人员包括WIPO官员、知识产权法学教授、日本知识产权高等法院法官、日本特许厅官员、日本海关官员等。

（四）课程以外的参观活动

主办方组织参训人员参观了日本特许厅，到日本知识产权高等法院旁听了案件宣判，还参观了该院的技术调查官办公室、立案室等。

二、培训内容

因考虑到多数参训人员所在国家的知识产权司法保护尚处于较为初级的阶段，主办方在培训课程的设置上仍偏重于知识产权基本法律制度和基础法律问题的概括性介绍，所涉疑难、复杂、前沿问题极少。鉴于培训的大部分内容在我国知识产权法律制度中均有明确规定，我国知识产权司法审判实践中的相关做法也已较为成熟，故现仅对部分培训内容做简要梳理：

（一）著作权侵权案件审判的基本问题

南非最高法院前副院长、Pretoria大学教授Louis Harms就著作权侵权案件的基本问题做了梳理。Harms教授从合理使用的适用条件、思想与表达的二分、独创性的判断、权利用尽四个方面梳理了著作权侵权案件中的相关问题。他特别谈到，近来欧盟有观点认为，新闻标题可以作为独立对象受到著作权法的保护。这与我国著作权法实践中关于标题本身不构成著作权法保护对象的习惯做法不相一致。欧盟的这一观点，体现了其在著作权保护中亲权利人的明确倾向。此外，WIPO官员Thomas Dillon也介绍了网络著作权侵权的基本内容。

（二）商标侵权案件审判的基本问题

Harms教授介绍了驰名商标保护的相关问题。他从巴黎公约第6条和TRIPS协议第16条入手，分析了驰名商标制度的演变过程，并对比了TRIPS协议项下注册驰名商标和非注册驰名商标的不同保护范围。Harms教授还特别介绍了关于驰名商标认定的“WIPO测试”——WIPO认为，在认定驰名商标时，应当考虑相关公众对该商标的知晓程度，商标使用的期限、广度和地域，该商标成功打击相关被诉侵权行为的历史，以及商标所承载的价值等因素。

（三）跨境知识产权侵权诉讼的基本问题

WIPO官员Thomas Dillon介绍了关于跨境知识产权侵权诉讼的基本问题。大体上，该类案件的管辖仍遵循侵权行为发生地或侵权行为结果地有权管辖的原则，具有管辖权的法院仅能对发生在本国法域内的损失判赔。Dillon主要结合欧盟法院的判决对上述原则进行了分析。欧盟法院在欧莱雅诉eBay一案（C-324/09）的判决中指出，就跨国网络售假侵害商标权纠纷案件而言，只要在线销售的目标客户是在某一国的消费者，那么这一销售行为就构成在该目标国的商标使用（但仅凭在某一国家可以进入该售假网站的事实不足以认定该网站以该国消费者为目标客户）。此外，欧盟法院在Pinckney诉KDG Mediatech一案中指出，一国法院仅能责令被告赔偿发生在本国范围内的损失。

（四）WIPO在提升世界各国及全球公众知识产权意识方面所作出的努力

WIPO官员Xavier Vermandele介绍了WIPO在提升世界各国及全球公众知识产权意识方面所作出的努力。WIPO在2002年成立了“执法咨询委员会”（Advisory Committee on Enforcement，ACE）。WIPO的全部成员国都是ACE的会员，此外ACE还吸纳了一些非成员国的观察员参加相关活动。ACE 旨在树立尊重知识产权的风尚，其主要任务是在执法领域开展技术援助和协调，如协调公共和私营组织打击假冒、盗版，开展关于提升知识产权意识的培训，促进知识产权执法信息的共享等。该委员会每年都会召开年会，就特定主题进行讨论。

（五）日本知识产权执法的基本情况

1. 日本知识产权侵权诉讼的基本情况

（1）日本知识产权诉讼的概况。日本知识产权高等法院的首席法官 Ryuichi Shitara、日本东海大学 Masayoshi Sumida 教授，各有侧重地介绍了日本知识产权侵权诉讼的基本情况。

Shitara 法官主要介绍了日本知识产权高等法院成立的背景、职责功能、机构设置，以及该院审理的知识产权侵权案件的基本情况。他强调，日本的司法调解制度在侵权案件的审理中起到十分重要的作用。日本的司法调解制度一定程度上允许法官向当事人透露其对案件的初步判断。这种类似于中间判决的制度设计，有利于最终达成调解。

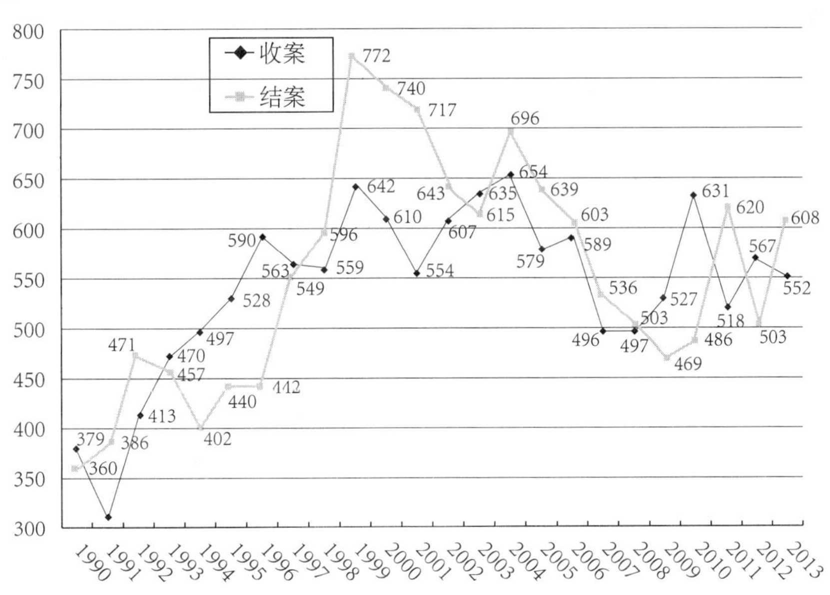

图　　日本区法院商标侵权案件收结案情况表

Sumida 教授结合相关案例简要介绍了日本知识产权法的基本框架，梳理了日本专利法、商标法和著作权法的重点法条。日本关于从属外观设计专利、计算机软件可以受专利保护、专利许可合同时登记生效而非对抗主义等内容的规定与我国的相关规定不尽一致。

（2）日本商标侵权诉讼的基本情况。日本律师 Osamu Suzuki 介绍了日本商标侵权案件的基本情况。上世纪 90 年代以来，日本全国区法院和高级法院的收结案数量几经起伏（见下图）。日本的一审商标侵权案件一般能在 2 年内结案，二审案件则一般需要 6 个月至 1 年的时间。Suzuki 律师还通过对相关案例的介绍和分析，介绍了日本法院充分考虑本国文化传统和文字语言的特殊性，综合商标的音、形、意，来分析混淆可能性的做法。这一做法与我国的司法实践并无二致。

（3）日本专利诉讼的基本情况。日本是在东北亚最早建立知识产权法院的国家。2005 年，日本在东京设立了知识产权高等法院，统一管辖专利权确权授权案件和不

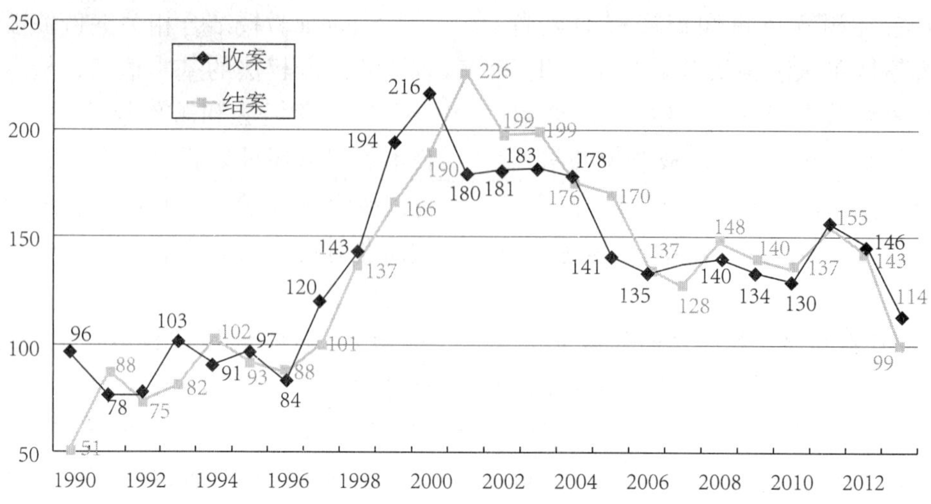

图二　日本高级法院商标侵权案件收结案情况表

服大阪地方法院、东京地方法院审理的专利侵权案件。

日本专利法规定的授权条件比较宽泛，如疾病的诊疗方法（基因治疗方法等）、动植物品种等都被列入了专利保护范围。这与日本对欧美国家的技术模仿有着直接关系。日本审理专利侵权纠纷案件的法院不能对专利的有效性进行判断，这与中国在专利侵权和专利授权确权审判权限上的分配模式相似。日本采取了一些措施，尽量减少侵权判断与确权判断的不一致，消除法院和特许厅关于专利权有效性判断的冲突，其中最为引人注目的是在专利法通过第168条增加规定了法院和日本特许厅之间的信息通报制度。此外，在专利权侵权民事诉讼中，被告可以以涉案专利权"当然无效"为由主张被诉侵权行为不侵害其专利权。当专利权本身明显存在无效理由时，审理侵权案件的法院可以权利滥用为由作出不侵权的判决，而不必等行政判决的生效。此外，日本专利法123条所列举的无效理由除了与中国基本一致的其他条款外，还有关于违反共同申请的规定和冒名顶替申请的规定。而违反共同申请的规定和冒名顶替申请相关案件在我国则是作为权属纠纷来处理的，其并不构成宣告专利权无效的理由。关于日本目前在专利侵权纠纷中等同原则适用的尺度问题，Ryuichi Shitara 法官认为，2005 年后日本法院对专利不侵权认定的变化，已经使限制等同原则适用的禁止反悔等条款得以充分适用。

日本的技术调查官拥有参与诉讼程序、向当事人提问和向法官陈述参考意见的权限和职责。目前日本知识产权高等法院的11 名技术调查官中除一名是专利代理人外，其余均为日本特许厅的专利审查员。

为帮助法官理解涉案技术从而实现"专业性更高的裁判"，除技术调查官外，还有由大学教授、国家或民间研究机构的科研人员以及专利代理人组成专门委员会。该委员会可以向法官提供咨询意见。

2. 日本知识产权行政执法

日本特许厅官员介绍了特许厅的基本情况、设置、职能以及日本在知识产权国家战略建立和实施过程中所采取的措施，如专利审查高速路、对微小企业的扶持政策等。2002 年，日本成立了知识产权战略本部，设立了知识产权推进事务局；2014年6月20日，日本又明确了其知识产权国家战略的具体内容。特许厅长期与日本海关展开合作，联合打击制假售假行为，尤其是网络售假行为。

日本海关官员介绍了日本知识产权边境执法的相关经验。日本海关将知识产权边境执法作为自身的重要职责，其认为知识产权侵权行为的危害性远胜于走私行为。日本海关下设知识产权国家中心，该中心作为整个日本海关知识产权边境执法的协调者，以确保日本知识产权边境执法尺度的统一和相关工作的高效实施为工作目标。在知识产权边境执法方面，日本海关具有较为宽泛的职能范围和与其职能范围相匹配的较大权力，尤其是其可直接就相关货物是否构成知识产权侵权作出判定，而无需等待诉讼程序的结果。日本海关还规定，如果发货人和收货人未在规定时间内提出不侵权抗辩，就无需进行对抗式的双边程序，而可以适用单边程序，径行作出裁判，从而大大提高了日本知识产权边境措施的实施效率。在判定相关货物是否构成专利侵权时，日本海关可以向日本特许厅寻求帮助，请求其帮助确定涉案专利权的保护范围等。

（七）各国知识产权执法国家报告

此次培训安排了一天时间，由参训人员对各自国家的知识产权执法情况进行汇报交流，使我们有机会了解到部分亚洲发展中国家知识产权执法情况。现仅就其中具备一定代表性的印度尼西亚知识产权执法情况作简单介绍。

印度尼西亚知识产权刑事案件的审级为三级（地方法院、高院以及最高法院），知识产权民事案件的审级为二级（地方商事法院和最高法院）。审理知识产权民事案件的法官必须从审理过破产以及其他的商事案件并获得一定的资格资深法官中遴选，以商事法官为名予以任命（对于刑事案件则没有这个限制）。只有五个法院有此类的商事案件管辖权（棉兰、雅加达、望加锡、苏腊巴亚和三堡龙港的地方法院）。在2012~2014年，该国最高法院受理的知识产权刑事案件中，著作权案件和商标权案件占比较大；该国最高法院同期受理的知识产权民事案件中，商标案件占比较大，著作权案件较少。

就知识产权刑事案件而言，该类案件的审限为5个月。著作权相关犯罪、专利权相关犯罪和商标权相关犯罪的最高刑期分别可达10年、4年和5年。因印度尼西亚允许知识产权刑事案件的嫌疑人与权利人达成和解，而往往和解在案件调查阶段就能达成，因此有大量案件不会进入公诉环节，进而也不能进入诉讼环节。

尽管该国的知识产权法律制度相对于其他参训国家而言已相对较为完整，但该国参训人员仍认为，知识产权法律规范不完善是加强印度尼西亚知识产权执法的最大障碍。

三、感想

此次培训的绝大部分内容较为基础，尽管也涉及个别前沿问题，却都只是点到为止，并无深入的法律分析——例如WIPO官员Dillon提到了P2P问题，但因大多数参训人员并不知道P2P的基本含义，故其花了大量时间来介绍P2P技术本身，而未能就该技术项下网络著作权侵权的相关法律问题进行剖析；又如，课程对专利侵权的介绍过于简单，授课人员的演讲主要是在讲解何为字面侵权、等同侵权，而对于等同侵权的限制、功能限定技术特征等适用中的疑难复杂问题均未深入。我们认为，与以往参加的知识产权国际研讨活动相比较，此次培训在内容上缺乏前沿性和针对性，与我国知识产权法官普遍具有的知识水平并不匹配。但绝大多数来自其他国家的参训人员却认为该培训的课程设置合理，内容充实新鲜，收获颇丰。不同国家学员对课程的感受差异明显。我们认为：

一方面，要充分肯定我国知识产权司法保护已经取得的成绩，并加大对外宣传力度。尽管我国知识产权司法保护的制度和实践起步较晚，但已经通过不断完善立法，加强司法和行政执法，积极履行国际公约和条约义务，取得了有目共睹的长足进步。现阶段，我国知识产权司法保护的完备性和先进性已远远超过了绝大多数发展中国家，甚至并不亚于一些欧美发达国家，且在互联网行业反垄断、标准必要专利侵权等领域，走在了世界前列。中国经验对许多国家而言，尤其是对一些知识产权司法保护刚刚起步的国家而言，具有较大的影响力和较强的可复制性。故不仅要对我国知识产权司法保护的水平持以应有的自信，更要加强对外宣传，让国际社会了解我国知识产权司法保护的真实状况。

另一方面，也要看到我国知识产权司法保护与世界先进国家之间的差距。在经济全球化进一步加深的背景下，知识产权在国际竞争与发展中的地位和作用日益重要，知识产权保护的重要性日渐凸显。从参训人员代表其所在国家做的知识产权执法情况报告来看，各国立法、司法、行政机构对知识产权保护的重视度越来越高和对知识产权执法的要求越来越严。知识产权司法保护是知识产权保护中的主导力量。唯有不断加大知识产权司法保护的力度，提高知识产权司法的质量，提升知识产权法官的素养，才能使我国在新一轮的知识产权国际竞争中立于不败之地。

2015 年 1 月 19 日

台湾地区智慧财产法院诉讼机制及其实践效果考察：经验、教训与启示

——台湾访问系列报告之二*

朱　理**

每一个司法系统都是与全世界竞争的，必须确保我们的知识产权司法系统有效地实现鼓励创新的目的，并力争成为世界知识产权争端的解决中心。

——题记①

引　言

2015年1月5日至3月6日，承蒙我院港澳台办批准和中国法学会推荐，笔者有幸以访问学者身份赴台湾地区“中央研究院”法律学研究所访问研究。在两个月的时间里，笔者先后访问了台湾地区“智慧财产法院”“司法院”“经济部智慧财产局”“公平交易委员会”“专利代理师公会”等与知识产权和竞争有关的单位和部门，拜访了台湾大学、政治大学、东吴大学法律学院研究知识产权和竞争的数位学者，参加了有关座谈会的讨论与交流，并在“中央研究院”法律学研究所作了题为“智慧财产保护的边界——兼谈智慧财产法、不正竞争法和民法的关系”的告别演讲。两月来，经过与台湾地区各界人士座谈交流、庭审观摩、实地考察，对于台湾地区的法律与政治制度有了更多了解，尤其是深入研究了台湾地区目前知识产权和竞争法律制度和执法实践，收获甚多。在访学期间，台湾地区“中央研究院”法律学研究所丰富的外文期刊书籍和数据库也为笔者了解欧、美、日知识产权与竞争制度提供了极大便利。在台期间，耳闻目睹，思之所及，感慨系之。现将访问期间的所思所想记下，因篇幅过长，故以系列文章的方式逐呈报，请庭领导审示。本文是系列报告的第二篇。

一、台湾地区智慧财产法院及其诉讼制度特色简介

我国台湾地区智慧财产②法院成立于2008年7月1日。智慧财产法院的设立，

* 访问期间，台湾地区“司法院”副院长苏永钦、大法官陈新民、汤德宗；“智慧财产法院”前院长高秀贞、现院长李得灶、庭长蔡慧如、庭长陈忠行、资深法官熊诵梅、主任技术审查官周志贤；“公平交易委员会”主任委员吴秀明；台湾地区“智慧财产局”局长王美花、副组长林国塘；“专利代理师公会”理事长蒋大中、秘书长林景郁；“中华保护智慧财产协会”副会长张凯娜；群和律师事务所主任律师吴尚坤；台湾大学法律学院院长谢铭洋；政治大学科技法律研究所所长冯震宇等热情安排，提供了大量帮助，深情厚谊，备受感动，谨致谢忱。对于台湾地区“中央研究院”法律学研究所提供的研究便利，一并致谢。

** 作者单位：最高人民法院民三庭。

① 美国联邦巡回上诉法院前首席法官 Randall R. Rader 先生语，略有改动。

② 台湾地区使用的“智慧财产”与大陆使用的“知识产权”为同义语，均为英文“Intellectual Property”的对译。

既源于保护知识产权内在需求的驱动，也有着回应国际压力的考量。在设立过程中，台湾地区基于知识产权案件的内在规律，参考国际主流做法，采取了独立设置、高等法院规格、兼具一审法院和二审法院职能、案件管辖“三合一”、优先管辖民事和行政案件的模式。[①] 同时，台湾立法机关还根据智慧财产案件的特点，同时制定了专门的“智慧财产案件审理法”，为智慧财产案件确立了特别的诉讼制度。

（一）设立缘由与过程

在智慧财产法院之前，基于公、私法分离的二元理论，台湾地区智慧财产案件采用民事、刑事及行政诉讼“分轨并行制”，即民、刑事诉讼分由普通法院的民、刑事庭审理（三级三审制），行政诉讼则由行政法院审理（二级二审制）。此种诉讼制度的设计，在处理专利、商标纠纷时，通常同时涉及权利效力和侵权赔偿的争议，而侵权的成立与否又以权利的有效存在为前提。因此，在行政诉讼就权利有效性争议确定之前，有关侵权的民事诉讼通常会面临诉讼程序中止的问题，诉讼程序繁冗导致诉讼救济的不及时。而且，相同诉讼主体就同一权利客体引发的纠纷分别由不同的审判庭依据各自不同的诉讼程序进行，亦会造成司法资源的耗费。

鉴于知识产权保护重要性的与日俱增，考量知识产权保护的国际化和专业化趋势，回应国际社会对知识产权的重视，自2004年2月起，台湾地区“司法院”积极筹划成立知识产权法院事宜，在多次考察论证的基础上研拟完成草案。实际上，自2005年起，美国的《特别301评估报告》就已将台湾地区成立知识产权法院一事，列为台湾地区保护知识产权的承诺加以密切关注。由此可见，台湾地区“知识产权法院”的设立，在一定程度上也是其经贸谈判的一个重要砝码。

2007年3月28日，我国台湾地区公布了“智慧财产法院组织法”，决定设立专门的“知识产权法院”审理有关知识产权民事、刑事和行政诉讼案件。2008年7月1日，智慧财产法院正式成立。

（二）规格与地位

台湾地区智慧财产法院系“高等法院”层级，与“高等法院”“高等行政法院”级别相同。根据“智慧财产法院组织法”第四条的规定，“司法院”可以根据地理环境和案件数量，增设“智慧财产法院分院”，但目前台湾地区智慧财产法院尚未设置分院。因智慧财产法院具有知识产权刑事案件管辖权，相应地设立“高等法院检察署智慧财产分署”。

台湾地区智慧财产法院在台湾地区法院架构中的地位与诉讼架构可以参看下图。

（三）案件管辖及与普通法院之关系

根据“智慧财产法院组织法”第二条和第三条的规定，台湾地区智慧财产法院管辖智慧财产权第一、二审民事案件，第一审行政案件以及第二审刑事案件。需要说明的是，与上述民事诉讼事件和行政诉讼事件有关的保全证据及保全程序事件，亦属智慧财产法院的受案范围。[②] 这是国际范围内第一个实行智慧财产民事、行政和刑事审判“三合一”的专门法院。在设立过程中，对于是否实行民事、行政和刑事审判“三合一”曾有争议。台湾地区“司法院”一度考虑只纳入民事及行政案件的“二合一”方案，拟把涉及侵害商标、著作权或者营业秘密的刑事案件排除在智慧财产法院管辖权之外。“司法院”于2004

---

① 参见台湾地区《智慧财产法院组织法》（2008年7月1日施行，迄今历经三次修正，最新一次修正日期为2011年11月23日）。

② 参见“智慧财产案件审理细则”第2条和第4条。

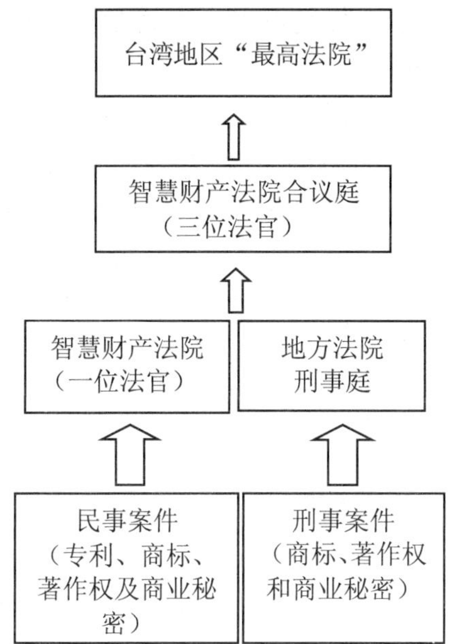

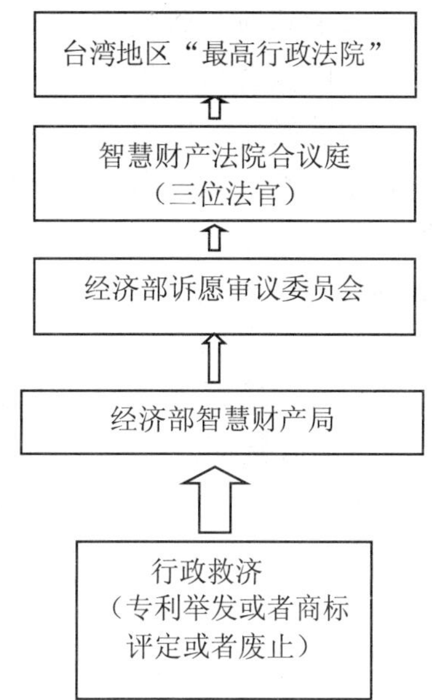

年召开会议，听取各界代表的意见和建议。产业界人士极力主张智慧财产法院应有“三合一”审判权，不应把刑事案件排除在外，否则不免过于忽略“抓仿冒”“打假”案件的专业性和重要性。最后审议通过的法案采纳了“三合一”模式，将刑事案件一并纳入智慧财产法院的管辖范围。[①]考虑到全台仅设置一个智慧财产法院，若牵涉到搜索、扣押、人犯解送等问题，必须确保即时性、就地性与方便性，故第一审刑事案件仍由各地法院刑事庭审理，第二审才统一由智慧财产法院合议庭审理。[②]

根据台湾地区理论和实务界的通说，台湾地区智慧财产法院对智慧财产民事、行政案件是优先管辖而不是专属管辖，只有刑事上诉案件是专属管辖。所谓优先管辖，是指智慧财产民事、行政案件原则上由智慧财产法院审理，但是如果普通法院对是否为知识产权案件的认定有误而进行审理，其判决亦属有效。[③] 若当事人向普通法院起诉，且经该法院裁判，此裁判并不会因法院无管辖权而发生裁判无效的情形，而且当事人若对普通法院第一审裁判不服，仍可向智慧财产法院上诉；若当事人向普通法院起诉，仍可经双方当事人合意，由该普通法院裁定移送智慧财产法院管辖。台湾之所以规定智慧财产法院优先管辖而不是专属管辖智慧财产民事和行政案件，其理由在于如果将智慧财产法院的管辖界定为专属管辖，则容易发生因管辖错误发生裁判违法的争议。当智慧财产案件的边界不清晰时，当事人和法院均可能在案件管辖问题上耗费精力。依照台湾地区“民事诉讼法”的规定，专属管辖排除合意管辖，违反专属管辖构成裁判违法，上级法院应撤销原判决。如果界定为优先管辖，则可以避免此种过于强烈的法律后果。

“智慧财产法院”对智慧财产第一、二审民事案件均有管辖权，民事一审案件由一位法官独任审判，民事二审案件由三

① 采纳“三合一”模式，或许还有因素的考虑，例如扩充智慧财产法院的案件量，参见熊诵梅：《当公法遇上私法：台湾智慧财产诉讼制度之今昔》，元照出版公司2011年版，第67~68页。

② 参见“智慧财产法院组织法”第3条第2项。

③ 参见“智慧财产案件审理细则”第9条：“智慧财产民事、行政诉讼时间非专属智慧财产法院管辖，其他民事、行政法院就实质上应属智慧财产民事、行政诉讼事件而实体裁判者，上级法院不得以管辖错误为由废弃原裁判。”

位法官组成合议庭审理。将民事一、二审案件及与之相关的保全程序程序事件等均交由智慧财产法院管辖，主要出于两方面的考量：一是审理专业化。因知识产权民事案件比刑事案件复杂，且知识产权民事案件的标的额通常高于一般民事案件，为使知识产权纠纷得到更为妥当的判断，有必要将知识产权第一审民事案件纳入专业化强的知识产权法院管辖。二是制度设计。民事案件起诉前常有诉前禁令、证据保全程序的发生，这些程序的进行是否适当，均事关诉讼当事人的权益。如果有技术审查官的协助，将使案件进行的更为快速。因只有智慧财产法院才设置技术审查官，故将其纳入智慧财产法院管辖。

目前，智慧财产法院各类案件收结情形参见下表：

表1　智慧财产法院民事第一审案件收结情况

项目别	受理件数（件）			终结件数（件）	未结件数（件）	终结案件平均一件所需日数（天）
	总计	旧受	新收			
总计	4445	993	3452	3233	219	195.8
2008年7～12月	183		183	102	81	58.00
2009年	563	81	482	410	153	128.34
2010年	899	153	746	708	191	159.39
2011年	652	191	461	490	162	209.17
2012年	736	162	574	541	195	225.29
2013年	687	195	492	476	211	231.57
2014年	725	211	514	506	219	233.61

表2　智慧财产法院民事第二审案件收结情况

项目别	受理件数（件）			终结件数（件）	未结件数（件）	终结案件平均一件所需日数（天）
	总计	旧受	新收			
总计	2193	634	1559	1434	125	187.35
2008年7～12月	92		92	46	46	48.62
2009年	313	46	267	207	106	110.66
2010年	417	106	311	273	144	108.53
2011年	380	144	236	268	112	220.85
2012年	327	112	215	222	105	204.26
2013年	343	105	238	222	121	216.70
2014年	321	121	200	196	125	215.91

表3 智慧财产法院刑事案件收结情况

项目别	受理件数（件）			终结件数（件）	未结件数（件）	终结案件平均一件所需日数（天）
	总计	旧受	新收			
总计	2662	496	2166	2093	73	97.51
2008年7～12月	175		175	107	68	61.78
2009年	435	68	367	334	101	88.96
2010年	450	101	349	346	104	113.21
2011年	457	104	353	374	83	110.39
2012年	416	83	333	344	72	83.52
2013年	375	72	303	307	68	97.64
2014年	354	68	286	281	73	102.06

表4 智慧财产法院行政案件收结情况

项目别	受理件数（件）			终结件数（件）	未结件数（件）	终结案件平均一件所需日数（天）
	总计	旧受	新收			
总计	3280	840	2440	2308	132	141.42
2008年7～12月	244		244	109	135	98.60
2009年	567	135	432	413	154	130.27
2010年	614	154	460	443	171	140.35
2011年	510	171	339	402	108	146.72
2012年	454	108	346	308	146	141.31
2013年	471	146	325	345	126	150.01
2014年	420	126	294	288	132	157.52

以上数据来源：台湾智慧财产法院

（四）人员、机构配置

“智慧财产法院组织法”第四条第二款规定，根据“司法院”的规定，智慧财产法院根据受理案件数量分类三类，其中每年受理案件一万件以上者，为第一类；每年受理案件五千以上未满一万件者，为第二类；每年受理案件未满五千者，为第三类。目前，台湾只设立了一个智慧财产法院。近年来，该院每年受理的知识产权案件数量平均约为1500件左右（且有下降趋势），去年新收各类案件1294件，暂时没有设置其他智慧财产法院分院的必要。[①]各类法院的人员和机构配置参看下表：

① 智慧财产法院各类案件情况见上文附表。

表 5

职位 \ 员额		第一类	第二类	第三类
院长		1	1	1
庭长		20～40	10～20	5～10
法官		40～80	20～40	10～20
法官助理		60～120	30～60	15～30
司法事务官		5～8	3～5	0～3
公设辩护人		2～4	1～2	1
技术审查官		52～104	26～52	13～26
书记官长		1	1	1
一、二、三等书记官		68～128	38～68	19～38
提存所	主任	1	1	1
	佐理员	1～2	0	0
人事室	主任	1	1	1
	科员	8～16	4～8	2～4
会计室	会计主任	1	1	1
	科员	8～16	4～8	2～4
统计室	统计主任	1	1	1
	科员	8～16	4～8	2～4
政风室	主任	1	1	1
	科员	4～8	2～8	1～2
资讯室	主任	1	1	1
	设计师	1	1	1
	管理师	1～2	1	1
	助理设计师	4～5	3～4	1～2
一、二、三等通译		20～40	10～20	5～10
法警长		1	1	1
副法警长		1～2	1	1
法警		45～89	24～44	14～23
执达员		4～6	3～4	2～3
录事		65～122	32～67	17～33
庭务员		9～17	6～9	4～6
技士		1	0	0
合计		436～836	232～435	125～231

（五）技术审查官的设置

“智慧财产法院组织法”第十六条规定，技术审查官应具备下列资格之一：（1）担任专利审查官或商标审查官合计三年以上，成绩优良并具证明者；（2）经公立或立案之私立大学、独立学院研究所或经“教育部”承认之外国大学、独立学院研究所毕业，具相关系所硕士以上学位，担任专利或商标审查官或助理审查官合计六年以上，成绩优良并具证明者；（3）公立或立案之私立专科以上学校或经“教育部”承认之外国专科以上学校相关系科毕业，担任专利或商标审查官或助理审查官合计八年以上，成绩优良并具证明者；（4）现任或曾任公立或立案之私立大学、独立学院相关系所讲师六年以上、助理教授、副教授、教授合计三年以上或公、私立专业研究机构研究人员六年以上，有知识产权类专门著作并具证明者。

技术审查官的来源有三种：正式编制、借调和约聘。具体办法由台湾地区“司法院”另行规定。选聘人员主要来自非公职人员，而借调人员主要来自专利审查员等公职人员，一般皆为短期。技术审查官的任期和工作的非固定性，可能是影响案件审查质量的潜在因素。目前，智慧财产法院设有技术审查官 13 名，其中 12 名来自台湾智慧财产局借调，1 名通过社会选聘，尚无正式编制的技术审查官。13 名技术审查官中，其专业为机械类（机械、土木、设计）5 人，电机类（电子、电机、信息）6 人，化工类（化工、医药）2 人。①

依据“智慧财产法院组织法”第十五条第四项的规定，技术审查官的职责为：承法官之命，办理案件之技术判断、技术

① 数据来源：“台湾智慧财产法院”，信息更新截止日为 2014 年 7 月。

资料之收集、分析及提供技术意见，并依法参与诉讼程序。根据“智慧财产案件审理法”第四条，法院于必要时，得命技术审查官执行下列职务：一、为使诉讼关系明确，就事实上及法律上之事项，基于专业知识对当事人说明或发问；二、对证人或鉴定人为直接发问；三、就本案向法官为意见之陈述；四、于证据保全时协助调查证据；五、于保全程序或强制执行程序提供协助。

技术审查官仅系辅助法官为技术判断、技术数据之搜集分析，其提供技术意见在性质上属咨询意见，并非证据方法。对此，“智慧财产案件审理细则”第18条有明文规定：“技术审查官之陈述，不得直接采为认定待证事实之证据，且当事人就诉讼中待证之事实，仍应依各诉讼法所定之证据程序提出证据，以尽其举证责任，不得迳行援引技术审查官之陈述而为举证。”审理案件时，法官应斟酌当事人辩论和全部证据综合评判，并不受技术审查官所提供意见的拘束。若法官因技术审查官提供而获得特殊专业知识，根据“智慧财产案件审理法”第八条的规定，应该给予当事人以辩论的机会，始得采为裁判之基础。审判长或受命法官应当就事件之法律关系，向当事人说明争点，并可适时表明其法律上见解及适度开示心证。若法官未能践行此一程序，则属重大程序瑕疵，构成撤销判决的事由。①

（六）民事案件中审查知识产权的有效性

台湾地区摒弃了德国式的民事侵权与行政无效二元分立体制，实行智慧财产法院在民事诉讼中自行审查智慧财产有效性的制度。“智慧财产案件审理法”第16条规定：“当事人主张或者抗辩智慧财产权有应撤销、废止之原因者，法院应就其主张或抗辩有无理由自为判断，不适用民事诉讼法、行政诉讼法、商标法、专利法、植物品种及种苗法或其他法律有关停止诉讼程序之规定。前项情形，法院认有撤销、废止之原因时，智慧财产权人于该民事诉讼中不得对于他造主张权利。”“智慧财产案件审理细则”第28条更进一步明确，智慧财产案件民事及刑事诉讼中，当事人主张或抗辩智慧财产权有应撤销、废止之原因，且影响民事及刑事裁判结果者，法院应于判决理由中，就其主张或抗辩认定之，不得迳以智慧财产权尚未经撤销或废止，作为不采其主张或抗辩之理由；亦不得以关于该争点，已提起行政争讼程序，尚未终结为理由，裁定停止诉讼程序。据此，在专利侵权民事诉讼中，如果被告提出权利有效性的抗辩，法院应就此抗辩加以认定，而不能迳行不予采纳或者中止审理。这一制度是台湾地区智慧财产诉讼制度的最大突破。在这一制度下，“民事法院”对智慧财产权效力的认定，仅在受理个案中有效，并不具有对世效力。在其他案件中，权利人仍可对于他人主张权利。这一制度使得智慧财产权有效性的认定，重心向民事法院偏移，当事人在行政举发程序中，亦可援引民事法院的效力认定。但是这一程序并非取代行政程序，智慧财产权效力的最终认定，仍然必须经过行政程序才能确定。在民事诉讼中，为使法院对智慧财产权有效性作出判断时对该权利有更多了解，同时辅助法院对智慧财产权有效性的判断作出更加准确的结论，“智慧财产

① 对此，可以参照台湾地区“最高法院”2011年度台上字第1013号民事判决。“智慧财产案件审理法”第8条规定，（1）法院已知之特殊专业知识，应予当事人有辩论之机会，始得采为裁判之基础。（2）审判长或受命法官就事件之法律关系，应向当事人晓谕争点，并得适时表明其法律上见解及适度开示心证。

案件审理法”第17条还确立了法院为判断当事人前述主张或者抗辩，在必要时可以裁定智慧财产专责机关参加诉讼的制度。

为避免当事人恶意利用智慧财产权无效抗辩，“智慧财产案件审理细则”第33条规定，智慧财产民事诉讼中，关于智慧财产权应予撤销或废止之原因，当事人意图延滞诉讼，或者因重大过失逾时始行提出攻击或防御方法，有碍诉讼之终结者；或者有关智慧财产权应予撤销或废止的攻击或防御方法，没有在第一审程序或者准备程序中主张或抗辩，则原则上不得再行提出主张或者抗辩。

（七）营业秘密保持命令[①]

为强化营业秘密保护措施，使当事人不必担心在诉讼中过程中二次泄密，兼顾当事人诉讼权与商业秘密持有人利益，“智慧财产案件审理法”引进了日本法上的秘密保持命令制度。受商业秘密保持命令约束的人，只能在诉讼中阅览商业秘密资料，不得用于诉讼外目的；如果在诉讼外使用，将负刑事责任。根据“智慧财产案件审理法”第11条的规定，申请营业秘密保持命令应符合下列条件：申请的主体是持有营业秘密的当事人或者第三人；被申请人是在诉讼中接触营业秘密的人，包括当事人、代理人、辅佐人或者其他诉讼关系人；申请人须释明符合下列情形：（1）当事人书状内容，记载当事人或者第三人营业秘密，或已调查或应调查的证据，涉及当事人或第三人的营业秘密；（2）为避免因营业秘密经开示，或供该诉讼进行以外的目的使用，有妨害该当事人或第三人基于该营业秘密的事业活动之虞，因而有限制其开示或使用之必要；被申请人未在申请人申请保持命令之前以其他方法取得或持有该营业秘密。

为确保秘密保持命令之威慑力，“智慧财产案件审理法”赋予营业秘密保持命令以严格的法律效力。“智慧财产案件审理法”第11条第3项规定，受秘密保持命令之人，就该营业秘密，不得为实施该诉讼以外之目的使用之，或对未受秘密保持命令之人开示。因此，受到秘密保持命令拘束的人，不能将所接触的营业秘密资料向第三人披露。违反秘密保持命令，将营业秘密披露给第三人使用的，根据“智慧财产案件审理法”第35条的规定，应负3年以下有期徒刑、拘役，或者单独或并处新台币10万元以下罚金。

（八）证据提出义务和具体答辩义务

台湾地区“民事诉讼法”规定了文书提供命令制度，即在一方当事人因文书仅存在于对方当事人或第三人手中而导致证明困难时，法院依一方当事人的申请向被申请人发出要求提出文书的命令。在当事人“无正当理由不从提出文书之命”或“因妨碍他造使用，故意将证据灭失、隐匿或致碍难使用”的情况下，法院“得审酌情形认他造关于该文书之主张或依该文书应证之事实为真实”。[②] 这是一种通过间接强制的方式迫使当事人主动配合提出证据的制度。在智慧财产民事诉讼中，证明侵权事实、损害事实及损害范围的证据往往仅存在于当事人一方，如果当事人不向法院提供证据，法院就无法获得完整事实并作出精确判断。为此，“智慧财产案件审理法”在民事诉讼法的基础上作了补充规定，对于文书或者勘验物的持有人，无正当理由不服从法院命令提出文书或者勘验物的，法院可以处以新台币3万元以下的罚款，

---

① 台湾地区使用的“营业秘密”与大陆使用的“商业秘密”为同义语，均为英文“trade secret”的对译。

② 参见台湾地区“民事诉讼法”第282条之一、第345条、367条等。

且必要时可以裁定为强制处分。① 可见，“智慧财产案件审理法”在通过罚款加重间接强制效果的同时，也酌定采取强制处分的直接强制方法促使当事人履行提出证据的义务。在加重证据提出义务的同时，为平衡文书或者勘验物持有人的利益，“智慧财产案件审理法”要求法院判断文书或者勘验物之持有人有无不提出相关证据的正当理由，在必要时让可以命令持有人提交证据，并以不公开的方式审理。② 法院为审查有无不提出证据的正当理由，原则上不得开示文书或者勘验物，但是为了听取关系人的意见因而有向其开示必要的，仍然可以向其开示。法院在开示前，应当通知文书或者勘验物的持有人，持有人可以申请向受开示的人发出秘密保持命令。法院在判断文书或者勘验物的持有人有无拒绝提出证据的正当理由时，应当考虑营业秘密事项与待证事实的关联性、有无替代证明的方法或者事实推定的规定、申请秘密保持命令的可能性等各种因素，综合判断。③

为回应各界对于证据保全程序效果不明显的批评，强化证据保全的效力，同时平衡双方当事人的利益，“智慧财产案件审理法”对证据保全作了补充规定。一是强化证据保全的直接强制力。“相对人无正当理由拒绝证据保全之实施时，法院得以强制力排除之，但不得逾必要之程度。必要时并得请员警机关协助”。二是技术审查官参与证据保全。法院实施证据保全时，可以命令技术审查官协助调查取证，以提高法官对于保全证据的鉴别、判断能力，避免法官因欠缺相关专业知识而被当事人误导。三是提高证据保全的程序保障。为兼顾相对人或者第三人利益，防止侵害他人营业秘密，法院在证据保全有妨害相对人或第三人营业秘密之虞时，可以根据当事人请求，限制或者禁止实施保全时在场之人，并就保全所得的证据资料命另为保管及不予准许或限制阅览，同时可以准用秘密保持命令，对在场受证据开示的申请人或其代理人，发秘密保持命令。

在营业秘密侵权案件中，权利人收集证据更为困难。为解决此问题，加强营业秘密保护，提高台湾产业竞争力，立法院在2014年6月4日对“智慧财产审理法”进行了修正，补充规定了营业秘密案件中被控侵害人否认侵害主张时的具体答辩义务，以促进诉讼程序的进行，协助法院作出适正的裁判。增订第10条之一规定：“营业秘密侵害之事件，如当事人就其主张营业秘密受侵害或有受侵害之虞之事实已释明者，他造否认其主张时，法院应定期命他造就其否认之理由为具体答辩。前项他造无正当理由，逾期未答辩或答辩非具体者，法院得审酌情形认当事人已释明之内容为真实。前项情形，于裁判前应令当事人有辩论之机会。”该条的立法理由为：“增订营业秘密民事侵害事件被控侵害人之具体答辩义务，以促使当事人协助法院为适正之裁判，同时兼顾当事人在诉讼程序之保障。”

（九）定暂时状态之假处分④

台湾地区“民事诉讼法”规定了定暂时状态假处分制度，其目的在于确定争议法律关系的暂时状态，例如在争议法律关系确定前，命令暂时中止某个合伙人的业务领导权或者代理权限，命令暂时停止特定侵权或者不正当竞争行为等。考虑到智

① “智慧财产案件审理法”第10条第1项、第2项。

② “智慧财产案件审理法”第10条第4项。

③ “智慧财产案件审理法”第10条第4项；“智慧财产案件审理细则”第19条第3项。

④ 台湾地区使用的“定暂时状态假处分”与大陆使用的“行为保全”有类似性。

慧财产产品周期短、商机稍纵即逝，一旦法院作出定暂时状态假处分，则厂商可能被迫退出市场，影响甚为重大，造成损害难以预计。基于智慧财产诉讼的上述特性，“智慧财产案件审理法”对定暂时状态假处分在智慧财产诉讼中的适用作了严格规定。根据“智慧财产案件审理法”、审理细则等规定，定暂时状态假处分应符合如下要件：争执之法律关系存在；具有定暂时状态之必要性；申请人须对前述两个要件予以释明。关于定暂时状态之必要性，首先应是为了防止发生重大之损害或避免急迫之危险或有其他相类之情形而有必要；其次应审酌如下要素：（1）申请人将来胜诉可能性，如果当事人主张或者抗辩智慧财产权具有应撤销或者废止的原因，并提供了相当的证据，法院审酌其主张或者抗辩后认为有撤销或者废止的高度可能性时，应作出不利于智慧财产权人的裁定；（2）若驳回申请人之申请，其是否会受到无法弥补之损害，造成申请人的困境是否大于相对人；（3）对于公众利益（例如医药安全或环境问题）造成的影响等。在具体操作中，法院对于申请人的释明程度要求相当高，如果释明不足，则应驳回申请，不能用担保代替释明或者补充释明的不足。为保障被申请人权益，法院在作出定暂时状态处分前，应使双方当事人有陈述意见的机会，但是申请人主张有不能在处分前通知相对人陈述的特殊情事，并提出确实的证据，经法院认为适当的，不在此限。

智慧财产民事定暂时状态处分事件审理模式参见下表（以专利侵权事件为例）：[①]

（十）行政诉讼中新证据的审酌义务

“智慧财产案件审理法”施行前，台湾地区在传统上将撤销、废止商标或者撤销专利权行政诉讼与一般行政诉讼等而视之。台湾地区行政诉讼理论通说认为，就撤销诉讼的形成判决而言，此类诉讼的标的为原告主张被告官署之处分违法并损害其个人权利或者法律上利益，故法院的任务在于审查行政处分是否以其发布时之事实及法律状态为据，进而判断有无违法即损害原告权益，并决定其撤销与否。行政处分发布后之事实或法律状态变更，既非原处分机关作成处分时所能斟酌，当然不能以其后出现之事实或法律状态而认定原处分为违法。[②] 据此，法院判断关于撤销、废止商标权或专利权的行政决定是否违法时，均以被诉行政决定作成时的法律及实时状态为基准。与此相适应，法院在行政诉讼中原则上不采纳当事人未在行政程序中提交的新证据。此时，当事人可以新证据或者新事实为由，再次启动行政处理程序。考虑到诉讼经济、一次性解决纠纷和维护正当权利的需要，“智慧财产案件审理法”一改常规，增加了在行政诉讼程序中法院可接纳新证据的规定。该法第33条规定：“关于撤销、废止商标注册或撤销专利权之行政诉讼中，当事人于言词辩论终结前，就同一撤销或废止理由提出之新证据，智慧财产法院仍应审酌之。智慧财产专责机关就前项新证据应提出答辩书状，表明他造关于该证据之主张有无理由。”所谓“同一撤销或废止理由”，是指同一异议、评定、举发或废止申请的应撤销或废止商标权或专利权事由范围内，智慧财产法院就当事人所提出的证据让加以审酌而言。例如专利举发案均属主张不具进步性专利要件的同一专利权撤销事由。[③] 该条在立法

① 此表来源于智慧财产法院网站。

② 参见吴庚：《行政争讼法论》，元照出版公司2014年版，第272页。

③ 台湾地区“司法院”编：《智慧财产案件审理法新制问答杂编》，2008年版，第39页。

智慧财产民事定暂时状态处分事件审理模式：以专利侵权案件为例

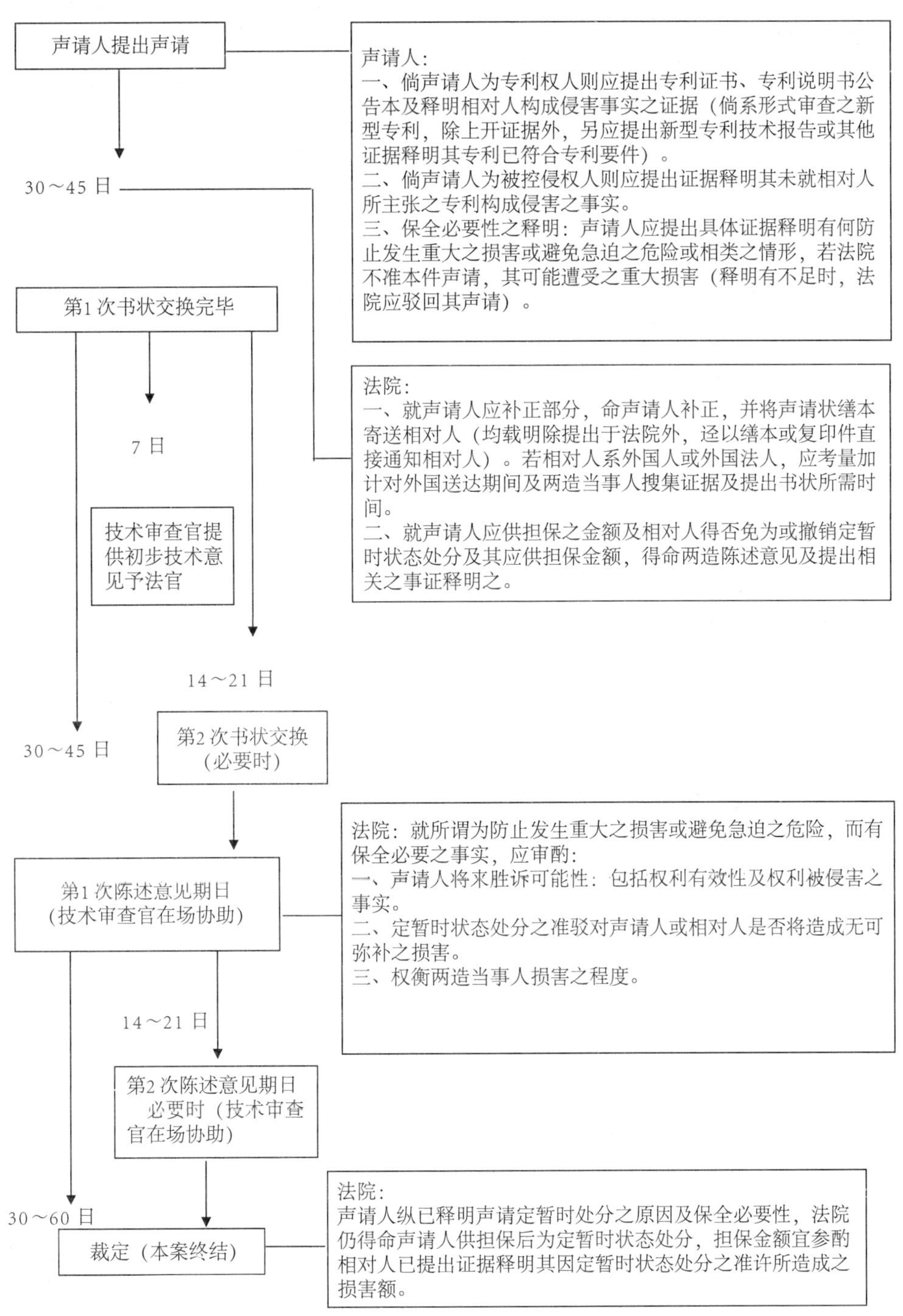

时即有争议，智慧财产权认为该这一规定侵害了行政机关的“首次判断权”，且可能有损于智慧财产权人的审级利益。但“智慧财产案件审理法”最终维持了此制度设计。

为防止当事人滥用此制度，将该制度演变为恶意阻滞诉讼的手段，“智慧财产案件审理细则”对该制度的适用进行了限制。

根据该细则第40条第1款的规定，如果当事人意图延滞诉讼或因重大过失，未依诉讼进行程度，在言词辩论终结前的适当时期提出新证据，因而有碍诉讼终结的情形的，法院可以依法予以驳回。

二、台湾地区智慧财产法院制度运行效果评估：经验与教训

台湾地区智慧财产法院成立已经七年，为我们评估其各项制度的成败提供了一个极好的观察样本。本部分旨在利用可得的实证材料，考察智慧财产法院各项诉讼制度运行效果，并对其经验和教训进行总结。

（一）案件管辖与审理制度效果考察

台湾地区智慧财产法院是世界范围内首个实行智慧财产民事、刑事和行政案件“三合一”的专门法院。三类案件集中由智慧财产法院管辖，旨在集中审理和裁判智慧财产案件，最大程度实现智慧财产法院审判组织专门化改革的目标和制度设计价值。法官可通过同一类型案件的审理快速累积经验，提升法官引导庭审调查和辩论、正确判断案件事实、归纳争议焦点、释明法律适用以及处理争议问题的能力，从而保证有效率地审理案件减少案件审理的时间成本；可以最大程度地避免不同类型案件的裁判结果冲突，提高判决的协调性和一致性；也可以尽可能保证同类型案件集体研究达成审理思路共识，并为诉讼双方当事人提供可预见的裁判结果，由此大大地提高了当事人和解或调解结案率。从有关统计数据来看，智慧财产法院在案件审理效率和质量方面均有不俗表现。

表6　智慧财产法院法官月结案件及上诉抗告维持率

年度	平均每位法官月结案件	上诉案件维持率	抗告案件维持率
2008（7～12月）	9.66	100.00%	50.00%
2009	17.10	84.81%	82.05%
2010	19.13	87.83%	95.74%
2011	13.17	91.44%	97.96%
2012	10.80	91.06%	93.65%

表7　智慧财产法院各类案件折服率

年度 / 类别	民事一审	民事二审	行政诉讼	刑事诉讼
2008（7～12月）	93.75%	100.00%	97.65%	86.84%
2009	55.86%	40.74%	63.24%	44.64%
2010	42.81%	46.06%	59.92%	67.26%
2011	55.70%	56.76%	57.34%	52.61%
2012（1～6月）	62.50%	52.43%	60.98%	77.02%

资料来源：台湾地区智慧财产法院

根据上述数据，有评论认为，台湾地区智慧财产法院的裁决“折服率高（即上诉率低）、维持率高（即废弃、撤销率低）”，是“专业法院成功之象征”。[①] 但是，智慧财产案件的集中管辖和审理，也带来另一方面问题。第一，一个智慧财产法院集中审理几乎全部智慧财产案件，缺乏竞争；法官固定处理专业案件，视野受

① 熊诵梅：《分久必合、合久必分——台湾智慧财产诉讼新制之检讨与展望》，载《月旦民商法杂志》2012年12月。

限，对于某些问题可能过早形成定见，意见过于集中，较难接受新的观点或者从其他视角思考问题。从实践中看，确有不少法官虽对智慧财产法律颇有研究，但对更为宏观的竞争法律问题、经济生活现实以及科技发展状况了解甚少，在处理疑难复杂或者新类型智慧财产纠纷时，难以与时俱进地创造性适用法律。第二，智慧财产一审民事案件基本集中于一个法院管辖，管辖区域过大，增加了当事人诉讼成本，造成当事人诉讼不便利。如果结合原告胜诉率方面考察，或许可以促使我们对前述折服率和上诉抗告维持率的解读保持一点警惕。自2008年7月至2012年6月，该院审理的案件中，民事一审案件原告的平均胜诉率约为21%，其中专利案件仅约为12%，行政一审原告平均胜诉率约为17%。民事一审案件原告胜诉率可以参见下表：

表8　民事一审案件原告终结胜诉率（2008年7月至2012年6月）

项目		胜诉率（%）	判决件数（件）	胜诉件数（件）		
				合计	胜诉	胜败互见
民事一审诉讼	合计	20.53	548	112.5	53	119
	著作	33.04	112	37.0	17	40
	专利	11.60	332	38.5	16	45
	商标	36.36	88	32.0	17	30
	其他	31.25	16	5.0	3	4

注：1. 胜诉件数＝胜诉＋（胜败互见/2）
2. 胜诉率＝胜诉件数/终结件数×100%

此一原告胜诉率与智慧财产法院成立前地方法院审理专利侵权案件的原告胜诉率相比，已有较大的落差。据学者统计，自2007年1月至2008年6月，地方法院总计47件专利侵权案件中，原告胜诉17件，胜诉率为43.59%。[①] 与美日法院相比，其落差亦非常明显。有研究表明，美国法院专利侵权案件中，原告胜诉率为50%左右；[②] 如果涉及企业之间的合同纠纷，则原告胜诉率将达64%。[③] 日本东京知识产权高等法院成立之前，2000～2006年间，发明和实用新型专利权人在民事侵权案件中的胜诉率从12.5%到21.57%不等，东京知识产权高等法院成立后，专利权人胜诉率不断攀升，从2007年的24.32%上升至2011年的40%。[④] 造成这一差距的原因很多，可能包括民事程序中对专利权效力审查过于严格、证据保全效力不彰乃至专利授权质量较低等。[⑤] 智慧财产法院法官"意见过于集中，反而形成正当权利人行使

① 参见谢铭洋、刘孔中、李素华：《智慧财产法院判决统计与分析》，发表于智慧财产案件审理总体检研讨会（2009）。

② Kimberly A. Morre, Judges, Juries, and Patent Cases: An Empirical Peek Inside the Black Box, 99 MICH. L. REV. 365, 380, 390 (2000); Jean O. Lanjouw & Mark Schankerman, Protecting Intellectual Property Rights: Are Small Firms Handicapped?, 47 J. L. & ECON. 45, 59 (2004).

③ Theodore Eisenberg & Henry Farber, the Litigious Plaintiff Hypothesis: Case Selection and Resolution, 28 RAND J. ECON. S92, S103 (1997).

④ 罗秀培：《专利举发与无效抗辩双轨制课题之初探——以日本法为中心》，载《智慧财产诉讼制度相关论文汇编》2010年版，第708页。

⑤ 其他原因容后详述。

权利的障碍，或造成寒蝉效应”，[①] 或许也是个中原因之一。

智慧财产法院对智慧财产第一、二审民事案件均有管辖权，这种制度设计成为智慧财产法院案件管辖和审理制度最受诟病之处。此外，在法官配置上，由于一、二审法官未分庭或分别设置，法官关系紧密。外界普遍质疑，同一法院、同一群法官同时负责审理第一审和第二审案件，法官能否不顾及同袍情谊独立裁判，当事人的审级利益能否得到保障？智慧财产法院也面临着自我撤销判决的尴尬。从前述统计数据显示的高上诉维持率看，这种质疑并非毫无道理。为此，台湾司法院也征求各界意见，考虑改革方向。目前有两种代表性的观点；一是主张扩大智慧财产法院编制，尽量让一审法官及二审法官完全分开；二是将第一审案件从智慧财产法院移出，分由地方法院专门法庭审理，智慧财产法院成为纯粹的上诉审法院。由于台湾智慧财产案件数量较少，在地方法院设立专门法庭，可能会造成人员浪费。不过，自 2011 年开始，智慧财产法院增加了 3 名法官专门负责第一审民事案件的审理，可以看作是朝着区分第一审和第二审法官的方向努力。

（二）技术审查官制度运行效果考察

台湾智慧财产法院设立之初，有 9 位技术审查官，均从智慧财产局的资深专利审查官中借调。近年来技术审查官的人数维持在 13 人，除 1 人为从社会选聘外，其余均从智慧财产局借调。实践运作表明技术审查官于专利侵权诉讼上发挥着举足轻重的地位，其对案件之影响甚至不亚于审理法官。技术审查官协助法官办理知识产权案件，能帮助法官精确判断技术问题，增强法官处理技术问题之能力，对知识产权案件裁判品质之提升和审理效率的提高具有重要作用。因此，对于此一制度，总体评价均为积极正面。根据台湾司法院 2013 年 10 月 2 日的新闻稿，智慧财产法院近一年来受理的民事一审、二审案件及行政案件（商标案件除外）中，经法官指定技术审查官协助办理的比例分别约为 65%、59% 和 74%。[②] 智慧财产法院新制施行后，智慧财产案件结案期间呈大幅缩短趋势，缩短时间超过百日以上，上诉维持率和判决折服率也随之提升，足以显示技术审查官的辅助，的确有助于法院审判质量与效率的提升。智慧财产法院成立前后审理效率指标，参见下表：

但是，由于技术审查官的意见不向当事人公开、当事人对其报告没有表示意见之机会、实践中可能形成法官对于技术审查官意见的过度依赖等原因，业界对其亦有批评之声，甚至将技术审查官称作“影子法官”。从这一角度而言，技术审查官参与诉讼的方式、意见是否公开等，尚有进一步探讨的余地。关于技术审查官的技术报告不予公开，主要理由如下：一是台湾技术审查官制度系继受日本及韩国制度，相关条文与日本东京高等知识产权裁判所关于调查官的规定极为类似。日本司法实务界一致认为，调查官系法院内部协助法官的技术助理，其报告与合议庭评议前受命法官预先草拟的书面备忘，仅属合议庭评议过程的过渡性参考，不得单独对外公开。二是在智慧财产法院实务中，技术审查官可以口头或者书面提供技术上意见。随着案件审理过程的深入，可能前后会有

① 熊诵梅：《分久必合、合久必分——台湾智慧财产诉讼新制之检讨与展望》，载《月旦民商法杂志》2012 年 12 月。

② 转引自郭雨岚：《技术审查官角色与提升我国智慧财产诉讼品质之检讨》，发表于台湾专利产业与争端解决法治政策与国际化之检讨及展望研讨会（2013 年 12 月）。

表9 智慧财产法院成立前后审理效率指标

	2005年7月至2008年6月（成立前2年）			2008年6月至2010年6月（成立后2年）			2008年7月至2014年12月（成立后6.5年）		
案件类型 质效指标	智财法院民事一审	智财法院民事二审	智财法院行政	智财法院民事一审	智财法院民事二审	智财法院行政	智财法院民事一审	智财法院民事二审	智财法院行政
法官结案日数	361.08	544.80	284.61	128.15	157.75	126.29	195.80	187.35	141.90
上诉维持率	86.74%	72.29%	N/A	100%	84.30%	100%	95.59%	89.27%	94.31%
判决折服率	N/A	46.21%	47.25%	58.65%	47.64%	67.72%	53.92%	51.74%	60.61%

资料来源：智慧财产法院

多数报告，其意见可能会增删修正，甚至完全相反。如果技术报告一律予以公开，则前后意见不同的技术报告可能造成混乱，无助于定分止争。而且，法官需要斟酌全辩论意旨及证据调查制结果作出裁判，并不受技术审查官所提供意见的拘束，公开似无必要。[①] 业界对技术审查官制度的疑虑则在于，技术审查官在专利诉讼中有举足轻重的关键作用，其报告却不公开，如果将技术审查官意见采为裁判的基础，如何落实给当事人以辩论的机会？加之技术审查官员额过少，经验上有限制，容易形成技术偏见或者预判，且回避问题难以解决。实务中，智慧财产法院重视落实“智慧财产案件审理法”第8条的规定，在因技术审查官提供的意见获得特殊专业知识时，均会在裁判前对当事人予以适当揭露，给予当事人以辩论的机会，避免发生裁判突袭的情形。台湾最高法院也在多个案件中要求适时适度公开心证，避免突袭性裁判。“智慧财产法院审理是类讼争事件就自已具备与事件有关之专业知识，或经技术审查官为意见陈述所得之专业知识，倘认与专责机关之判断歧异，自应依智慧财产案件审理法第8条及第17条第1项规定，将所知与事件与有关之特殊专业知识对当事人适当揭露，令当事人有辩论之机会，或适时适度表明其法律上见解及开示心证，或裁定命智慧财产专责机关参加诉讼及表示意见，经两造充分攻防行言词辩论后，依辩论所得心证本于职权而为判决。”“对当事人为适当揭露，令当事人有辩论之机会，或适时适度表明其法律上见解及开示心证，或裁定命智慧财产专责机关参加诉讼及表示意见，以保障当事人之听审机会及使其衡量有无进而为其他主张及声请调查证据之必要。”[②] 由此可见，对于技术审查官之报告，尽管目前并不全文公开，但是对于与法官形成心证提供积极辅助作用、与裁判结果有重要关联性的报告，实务中已经通过法官公开心证的方式予以披露。当然，对于公开的方式和时机，尚有进一步完善之余地。

台湾智慧财产法院设立技术审查官以来，在审理实务中，多数仰赖技术审查官意见，少有鉴定人、专家证人等参与审理，法院似乎多不采纳双方提交的鉴定报告。

---

① 引自笔者访问智慧财产法院时所作笔记，陈忠行庭长对笔者提出的上述疑问作出上述答复。

② 参阅台湾地区“最高法院”2011年度台上字第480号、第1013号、第2254号判决。

因而业界有批评认为，法院过度仰赖技术审查官意见，忽视证据调查。技术审查官人数必定有限，其同样有专业知识的局限，而智慧财产案件涉及领域广泛，所需知识远非某一位法官、某一位技术审查官所能掌握。技术审查官不可能完全取代各方面的专业人士。因此，业界素有将技术审查官制度与鉴定制度、专家证人制度、专家咨询制度等结合使用，可以相得益彰的建议。台湾地区“最高法院”也在多个判决中表示，不能因为有技术审查官的参与，即可忽略或者舍弃必要的证据调查。①

此外，对于技术调查官的来源、员额、任期等，业界也有改良的呼声。台湾智慧财产法院技术审查官目前多数均自智慧财产权局借调。因技术审查官需要兼具智慧财产法律知识和技术知识，且其培养不易，故自智慧财产权局借调是最便利且简单易行的做法。由于技术审查官借调自智慧财产局、期满后又回到智慧财产局，这一做法也引发了业界关于技术审查官既是球员又是裁判员的质疑。因此，是否有必要拓宽技术审查官的来源、如何确保其独立性，仍有进一步探讨余地。在员额上，亦有意见认为应该根据各专长技术领域及案件数量予以调整。在任期上，目前台湾地区有关司法部门规定，借调技术审查官，其最长期限不得超过两年，必要时可以延长一年。约聘的技术审查官则采取一年一聘的处理方式。技术审查官的任期与案件审理期限及人员养成规律密切相关。民事一审专利案件通常涉及法律与技术争点，审理期限较长，一般为一年左右，二审则相对较短，一般为3~6个月。为使技术审查官能够跟随案件处理整个过程，接受完整的历练，加上熟悉法院业务也需要一定时间，其任期似乎应该更长。任期过短，更换频繁，不仅不利于技术审查官熟悉业务，也不利于法院裁判案件。因此有主张延长技术审查官的任期为3年。②

（三）侵权诉讼中法院自行判断知识产权有效性制度的运行效果考察

智慧财产法院在民事诉讼中自行审查智慧财产权的有效性，是台湾智慧财产法院在审判机制上最具影响意义的举措之一。这一制度借鉴了美国、日本等地的先行经验，旨在解决二元分立体制下民事侵权程序久拖不决、诉讼效率低下等弊端，以求达到知识产权纷争快速、有效解决之目的。该项制度被认为是“智慧财产法院新制中最引人期待也最符合改革目的之设计”。新制度施行后，权利有效性的确定成为法院审理智慧财产权案件的重要争点。据统计，自2008年7月至2009年9月，台湾智慧财产法院审理的专利权、著作权及商标权民事诉讼案件中，被告提出有效性抗辩的比例分别为83.53%、9.09%和6.45%。从实践效果看，在技术审查官制度、集中审理制度等配套机制下，该制度的实施不仅大大提高了案件的审理效率，也在一定程度上补救了智慧财产局专利授权品质不高的问题，总体上评价较高。前文表8“智慧财产法院成立前后审理效率指标”足以说明这一点。智慧财产法院成立后，法官审结智慧财产民事一审案件所用天数比此前缩短了165天；审结智慧财产二审民事案件所用天数比此前缩短了357天。可见，实行在民事诉讼中审查智慧财产权效力这一制度后，诉讼效率提高极为明显，效果显著。

但是在实务运作过程中，智慧财产法院在民事诉讼中认定专利无效的比例过高，

① 参阅台湾地区“最高法院”2009年度台上字第2373号判决、2010年度台上字第11号判决。

② 参见芮嘉伟：《从程序保障观点论技术审查官制度之改革》，中原财经大学法律学系2011年度硕士论文。

引起了较多关注。以下通过智慧财产法院受理案件数及专利无效抗辩成立比例来说明这一问题。

表10　智慧财产法院专利民事诉讼案件类型（2008年7月至2012年12月）

类别 件数	第一审	第二审	合计
侵权争议	684	398	1082
排除侵害行为	46	10	56
防止侵害行为	0	1	1
契约争议	9	15	24
权利归属	14	11	25
使用争议	4	3	7
其他	8	4	12

表11　专利民事案件有效性抗辩成立比率（2008年7月至2012年12月）

案件类型	（1）提出权利有效性抗辩的件数	权利有效性抗辩成立		（3）提出有效性抗辩成立比率
		（2）件数	分配比	（3）=（2）/（1）×100%
合计	293	176		60.07%
发明	128	83	47.16%	64.84%
实用新型	149	90	51.14%	60.40%
外观设计	16	3	1.70%	18.75%
注：上述数据不含和解、撤回或其他方式终结的专利民事案件				

由上表可见，2008年7月至2012年12月，智慧财产法院审理的专利民事案件中，有效性抗辩的成立比例很高，平均约为60%左右，其中发明案件中有效性抗辩成立比例为64.84%，显著高出实用新型和外观设计案件中有效性抗辩的成立比例。考虑到发明专利经过实质审查才能得到授权，其质量应显著高出无需实质审查就可授权的实用新型与外观设计专利，在此情况下，发明案件中有效性抗辩成立比例显著高出实用新型和外观设计案件，颇令人费解。如果对比智慧财产局审查专利举发案件[①]时举发成立的比例，则上述数据更是发人深思。

① 专利举发案件类似于大陆专利法上的专利无效宣告请求审查案件。

表 12　智慧财产局受理举发案件统计数据[①]

年度	举发成立件数	举发不成立件数	合计	举发成立比率	举发不成立比率
2003	261	366	627	42%	58%
2004	142	266	408	35%	65%
2005	172	370	542	32%	68%
2006	354	504	858	41%	59%
2007	605	743	1348	45%	55%
2008	523	646	1169	45%	55%
2009	719	602	1321	54%	46%
2010	522	453	975	54%	46%
2011	480	474	954	50%	50%
2012	484	448	932	52%	48%

注：1. 成立及不成立为当年审结案件数；
2. 举发除成立、不成立外，还有撤回、不受理等情形。

从表 12 可见，2008 ~ 2012 年期间，专利举发案件在智慧财产局得到支持的比例自 50% ~ 54% 不等。与此相比，智慧财产法院在专利民事案件中对有效性抗辩的支持比例则高出 6 ~ 10 个百分点。如此高的有效性抗辩成立比率，造成了专利权人的极低胜诉率，引发业界关注。笔者曾经就高有效性抗辩成立比率的原因请教过多位专业人士，其给出的原因大致如下：（1）专利民事案件中当事人提出有效定抗辩时提交的证据（对比文件）更为充分，平均比专利举发案件中提交的证据更多；（2）智慧财产法院有出色的技术审查官的辅助，这些技术审查官往往是智慧财产局的优秀杰出人士，对于专利有效性的判断更为精准；（3）专利授权质量不高。笔者认为，这些或许均是其中原因，但是其说服力均不强。在台湾智慧财产法院成立之前，法院在民事案件中不审查专利有效性，当事人只能通过举发程序挑战专利效力，此时在举发程序中提交的证据不会更少，但是在 2008 年以前，举发成立的比例却更低。如果专利授权质量不高，那么按照同样的审查标准，在民事案件中有效性抗辩成立的比例与举发案件中举发成立的比例应该大致相当才是。此外，在实行相同判断标准的情况下，技术审查官个人的素质与能力亦不应该对专利有效性判断或者举发成立与否的判断产生如此大的影响。因此，笔者认为，有效性抗辩成立高比例的真正原因或许在于，智慧财产法院在专利民事案件中对专利有效性的判断尺度比智慧财产局更为严格。之所以如此，恐怕与在审查有效性抗辩时，法官和技术审查官面临侵权成立则被告需要承担侵权责任的心理

① 数据来源于智慧财产局 2012 年专利统计第 55 页。转引自李素华、张哲伦：《专利审查品质与专利诉讼的实证考察——台湾智慧财产法院成立五年的数据回顾》，载《月旦裁判时报》2013 年第 24 期。

压力有关。在民事侵权案件的心理压力下，专利创造性判断中的“后见之明”现象更易发生，法官和技术审查官无形中提高了专利有效性的判断标准。而在举发案件中，技术审查官无需面临民事侵权案件的压力，其对举发成立与否的判断更为客观。当然，这只是笔者的一种猜测，其是否成立还需要进一步的实证证据支持。不过，令人担忧的是，如果智慧财产法院在专利民事案件中认定专利无效的比率比行政举发程序为高，则会有民事诉讼程序替代行政举发程序的可能。因为，举发程序中无效专利权的可能性比民事诉讼程序更低，反而不如等待专利权人提起民事侵权诉讼后再提出专利权无效抗辩，利害关系人通过举发程序无效专利权的积极性被减弱了。笔者在台湾智慧财产局访问时，提出了这一疑虑。得到的回应是，近年来智慧财产局受理的行政举发案件确有下降趋势。表 11 的数据也证实笔者的忧虑并非杞人忧天。

在民事案件中审查智慧财产权的有效性，天然具有形成民事审判中对权利效力的认定与涉及同一权利有效性问题的后案或行政诉讼的结果发生冲突的危险，在实务中也引发了不少争议。确有必要通过有效的制度设计，防止效力认定冲突的出现。为此，“智慧财产案件审理法”及其细则也规定了相应的配套措施。对于民事案件和行政案件中对智慧财产权效力判断冲突的避免和防止问题，“智慧财产案件审理法”及其细则主要采取了三种措施：一是命智慧财产局参加诉讼制度。在民事诉讼中，当事人或者第三人关于同一智慧财产权的撤销、废止已经提出行政争讼程序时，法院可以斟酌行政争讼的程序、当事人双方的意见等，命智慧财产局参加诉讼表示意见。但是，由于行政举发案件正在智慧财产局审理中，实质审理尚没有定论，智慧财产局被迫加入诉讼，其究竟应该肯定还是否定智慧财产权的效力，会陷入进退两难的境地。实务中，智慧财产局参与诉讼的案件比例约为 16%，且参与诉讼时通常不对全案表示意见，仅仅对案件的法律适用发表意见。[①] 因此，从实践效果看，智慧财产局参与诉讼的价值比较有限。二是限制被告提出智慧财产权无效抗辩的情形。对于智慧财产权有无应撤销、废止原因之同一事实和证据，如果已经行政争讼程序认定举发或者评定不成立，或者已经超过申请评定的法定期限，或者有其他依法已经不能在行政程序中主张的事由，在智慧财产民事程序中不得再行主张。这一规定避免了民事诉讼程序成为行政诉讼程序的重演，节省了诉讼成本。三是对于同一事实基础的智慧财产权民事、行政和刑事案件，同时或者先后系属智慧财产法院时，可以分由相同的法官办理。这一制度设计对于防止不同案件法律判断冲突很有意义。不过，这一制度也产生了外界质疑，认为其实际上使得不同案件的审理流于形式。此外，智慧财产法院的民事案件与行政案件的上诉法院并不一致，其民事案件的上诉法院为台湾地区“最高法院”，行政案件的上诉法院是台湾最高行政法院。民事案件与行政案件终审法院的不一致，加大了民事案件和行政案件中对智慧财产权效力判断发生冲突可能性。

民事案件和行政案件中对智慧财产权效力判断出现冲突应如何防止和解决？专利民事案件与专利举发行政案件中对专利权效力判断的冲突主要有两种表现形式：一是民事判决确认专利有效，行政诉讼认定专利无效；二是民事诉讼确认无效，行政诉讼则认定专利有效。对于前一冲突情形，当事人可否提出再审之诉，台湾智慧财产界对此有不同见解。在 2009 年智慧财

---

① 引自笔者在台湾智慧财产局访谈时所作笔记。

产法律座谈会上，多数意见采肯定说。智慧财产法院 2013 年度民专上再字第 4 号判决则采否定说。该案中，被告在第二审程序中才提出专利无效抗辩，由于有延滞诉讼的问题，根据相关程序规定驳回其专利无效抗辩，故民事确定判决未就专利有效性作判断，判决侵权赔偿确定。后被告另行提出举发程序，经智慧财产局作成举发成立撤销专利权审定确定。[1] 对于后一冲突情形，多数因民事诉讼中当事人提交的无效抗辩证据与行政举发程序中提交的无效证据不同所致，民事案件的判决与行政案件的判决根据各自程序分别确定后，实质上并无内在冲突。对于民事案件与行政案件中面临相同证据的场合，由于案件均需经过智慧财产法院审理，原则上不会出现冲突。实务中，由于智慧财产法院的技术审查官均为智慧财产局的资深优秀人士，在其辅助下，智慧财产法院在民事诉讼中对专利权效力认定的正确性很高。笔者访问智慧财产法院时，获知智慧财产法院在民事案件中对专利权效力的认定与无效行政程序中的认定尚未出现真正冲突的情形。但是，笔者在访问台湾智慧财产局时，得知在审理程序中，确有智慧财产法院在民事案件中对专利权效力的判断与智慧财产局举发程序的判断发生不一致的情形，但是由于沟通比较顺畅，智慧财产法院和智慧财产局在案件裁决前达成了一致意见。其中，智慧财产局最后服从了智慧财产法院意见的案件有 2 件，智慧财产法院服从智慧财产局意见的案件有 1 件。可见，无效行政程序中对专利权效力的判断显然受到了民事程序认定的影响。这也从另一个侧面印证了高素质的技术审查官的重要性。如果没有高素质的技术审查官，则法院在民事案件中对专利权效力判断的质量和效率将会受到影响，民事程序与行政程序发生冲突的可能性也会增大。

对于民事审判中对权利效力的认定前后案可能发生冲突的问题，智慧财产法院实务中引入了“争点排除原则”。[2] 即尽管民事侵权诉讼中对智慧财产权效力的判断仅限于本案，不及于本案当事人之外的第三人，但是在涉及同一智慧财产权的在后案件中，在后案件的当事人可以援引前案判决作为重要证据，提出攻击或防御理由，审理后案的法院对此应予考虑。同时，根据《智慧财产案件审理细则》第 34 条规定，智慧财产法院民事诉讼的确定判决，如果对智慧财产权是否有应撤销、废止的原因已经作出实质判断，关于同一智慧财产权应否撤销、废止的其他诉讼案件，当事人就同一事实基础，提出与确定判决的判断意旨相反的主张或者抗辩时，法院应审酌原确定判决是否显然违反法令、是否出现影响判断结果的新诉讼资料以及是否违背诚信原则等予以认定。这就在实质上赋予了前案判决以“优势证据”的效力，使得前案判决的拘束力实质上超出了个案，既有助于促进裁判结果的协调，又有助于节约诉讼成本。

如果被告在民事诉讼中提出智慧财产权无效抗辩的同时，智慧财产权人则主张，其已经向智慧财产专责机关提出更正专利范围的申请，法院应如何处理？[3] 如果对此置之不顾，迳行继续审理，结果可能是认定智慧财产权无效，显然不利于维护智慧

① 参见智慧财产法院 2013 年度民专上再字第 4 号民事判决（判决日期 2014 年 9 月 5 日）。

② 该原则在日本被称为“争点效”原则，在美国被称为“争点排除”原则或者“间接禁止反言原则”。关于美国法上涉及专利无效问题“争点排除原则”的最近判例，see *In re Baxter International, Inc.*, 2012 WL 1758093 (Fed. Cir. 2012).

③ “更正”类似于大陆专利审查指南所规定的无效程序中的“修改”。

财产权人的利益。为此，《智慧财产案件审理细则》第32条规定，除智慧财产权人的更正申请显然不应被准许，或者依照准许更正后的请求范围不构成侵权，可以继续审理的情况外，法院应根据更正程序进行程度和当事人的意见，决定审理时间。此时，智慧财产民事侵权诉讼程度可能会暂时中止，等待更正程序的结果。可见，在允许法院在民事程序中对智慧财产权的效力予以审查的同时，也需要平衡智慧财产权人的利益，保障其修改权利范围的权利。

（四）保全制度运行效果考察

关于证据保全制度。“智慧财产案件审理法”虽强化了智慧财产诉讼的证据保全制度，但是其实施效果并不理想。表12显示了自2008年7月至2013年10月证据保全申请及核准情况。[①]

表13　智慧财产法院证据保全申请及核准情况（2008年7月至2013年10月）

处理结果＼年度	2008	2009	2010	2011	2012	2013	合计
全部准许	2	1	5	7	2	3	20
部分准许	2	1	2	3	2	2	12
全部驳回	22	50	36	28	32	15	183
其他	5	3	8	3	5	0	24
总计	31	55	51	41	41	20	239

由上表可见，在全部239件申请中，全部准许的仅有20件，部分准许的有12件，核准率仅为10.87%［（20+12/2）/239］。由此推知，智慧财产法院在实务中对于证据保全采取非常保守的态度。与智慧财产法院成立前及成立不久时之情况相比，证据保全的核准率亦有较大变化。据有关统计数据，自2004年1月至2011年9月，台北地方法院就专利案作出73件证据保全裁定，核准率为22%；2002年1月至2011年6月，新北地方法院作出75件专利案件证据保全裁定，核准率为43%。两相对比，可见智慧财产法院对于证据保全的运作呈现保守趋势。[②]其原因或许有二：一是法官通常认为智慧财产案件与一般案件不同，易被滥用以打击竞争者名誉、窥探营业秘密、干扰经营活动。[③]二是智慧财产法院管辖地域太大而人员编制有限，法官不自觉地以过高的门槛来检视证据保全申请。在智慧财产权人收集证据的方法和手段受到限制，证据保全往往成为获得证据的唯一手段的情况下，过低的证据保全核准率肯定会影响智慧财产权人的胜诉率。这一点与前述表格显示专利权人的过低胜诉率相吻合。

关于定暂时状态假处分（即行为保

① 数据来源：智慧财产法院欧阳汉菁法官在台湾专利产业与争端解决法治政策与国际化之检讨及展望研讨会（2013年12月）上的演讲材料，笔者根据其材料综合数据自行制作。

② 参见李素华、张哲伦：《专利审查品质与专利诉讼的实证考察——台湾智慧财产法院成立五年的数据回顾》，载《月旦裁判时报》2013年12月。

③ 智慧财产法院欧阳汉菁法官在台湾专利产业与争端解决法治政策与国际化之检讨及展望研讨会（2013年12月）上的演讲材料即反映出上述心态。

全）。台湾“智慧财产案件审理法”关于定暂时状态假处分制度借鉴了美国最高法院 eBey 案所确立的四大要件，并要求达到释明的证明标准，因而被认为采取了“本案化审理”的模式。从智慧财产法院实践来看，定暂时转台假处分的核准比例同样不高。自 2008 年 7 月至 2014 年 11 月，已经审结的 77 件申请中，准许的仅有 12 件，部分准许 8 件，核准比率约为 20.77%。

表 14　智慧财产法院民事假处分案件审结情况（2008 年 7 月至 2014 年 11 月）

项目	新收件数	审结情况							未结件数
		合计	准许	部分准许	驳回	撤回	移送管辖	其他	
申请假处分	32	31	10	1	16	3	1		1
撤销假处分	2	2	2						
申请定暂时状态假处分	82	77	12	8	34	18	3	2	5
申请撤销定暂时状态假处分	2	2	2						

注：1. 核准件数 = 核准 +（部分核准）/2
　　2. 驳回件数 = 驳回 +（部分准許部分驳回）/2

资料来源：智慧财产法院

另据了解，自 2008 年 7 月智慧财产法院成立至 2013 年 10 月，智慧财产法院第一审专利权定暂时状态假处分申请共计 12 件，全部被驳回。[①] 可见，在智慧财产法院实践中，对于定暂时状态假处分审核条件亦较为严格，特别是在专利案件中，定暂时状态假处分几乎不可能获得。

证据保全申请和定暂时状态假处分申请的较低支持率或许已经产生寒蝉效应，近年来该两类申请也在呈下降趋势，不利于有效维护智慧财产权人利益。

（五）行政诉讼中接受新证据的利弊分析

对于“智慧财产案件审理法”第 33 条规定的法院在行政诉讼中应审酌新证据的制度设计，在立法中曾引起较大争议。否定该制度的理由主要在于：在行政诉讼程序采纳未在行程处理程序提交的新证据，违反了行政救济程序中“使行政机关得自我审查”“第一次判断权”之原则，逾越了司法权与行政权的分界；当事人很可能会怠于在行政处理程序中尽其举证责任，前置的行政处理程序可能被彻底架空；对于诉讼中的另一方当事人有失公允，由于新证据未在行政处理程序中提出过，在后续审级提交后，会出现“证据突袭”的情况，亦会使对方当事人产生审级利益损失。肯定该制度的理由主要在于：避免发生循环行政诉讼而拖延未决，促使纠纷一次性

① 数据来源：智慧财产法院欧阳汉菁法官在“台湾专利产业与争端解决法治政策与国际化之检讨及展望”研讨会（2013 年 12 月）上的演讲材料。

解决；智慧财产法院法官的专门性提升，且有技术审查官辅助，在专业技术上有足够的能力作出正确判断；审级利益与迅速解决纠纷的利益同等重要，两者均不能绝对化，至少法院应该在具体案件中有灵活处理的决定权，才能适应丰富多彩的现实。从实践中看，智慧财产法院对于新证据应否采纳，往往考虑当事人迟延提交的理由和诉讼延滞情况予以决定，且已有采纳新证据撤销行政决定并命智慧财产局作出举发成立的判例。[①] 该制度实行后，在台湾业界得到普遍认同，少见批评之声。这一制度设计对于尽快明确智慧财产权效力状态有积极作用。

三、台湾智慧财产法院及其诉讼制度对大陆的启示

台湾智慧财产法院成立7年来，智慧财产案件审理呈现崭新面貌，审理效率和质量明显提高，使台湾知识产权法治迈向了精致化和专业化的新纪元。从制度比较的视野来看，台湾智慧财产法院制度的主要特色在于：专门的智慧财产案件审理法、智慧财产案件“三合一”、技术审查官的设置、侵权诉讼中对知识产权的有效性进行审查以及行政诉讼中新证据的采纳。这些制度在实践中虽然并非完美，但其对于提升台湾智慧财产法院案件审理质量和效率发挥了重要作用，其中的经验与教训值得我们珍视。

（一）制定适合智慧财产案件审理规律的专门智慧财产案件审理法

在智慧财产法院成立前，智慧财产民事、刑事和行政案件被当作一般民事、刑事和行政案件对待，分别适用相应的诉讼法，不可能对智慧财产案件的特殊性予以考虑。台湾地区在决定设立智慧财产法院的同时，即考虑到智慧财产案件审理的特殊性问题，制定了专门的智慧财产案件审理法，与智慧财产法院组织同时公布和施行。该法根据智慧财产案件审理的特殊需要，集中规定了智慧财产案件行政诉讼、民事诉讼及刑事诉讼的特殊制度，例如技术审查官的回避、秘密保持命令、行政诉讼中新证据的采纳等，同时对因智慧财产案件特殊性不宜适用相应的民事诉讼法、行政诉讼法和刑事诉讼法之处予以明确。专门的案件审理法的制定，可以使得智慧财产案件的审理摆脱一般民事、刑事或行政案件普遍性程序规则的束缚，更好地回应智慧财产案件的特殊需求。智慧财产案件审理法的规定，确立了智慧财产案件审理的特殊规则，对于智慧财产法院有效发挥审判职能发挥了至关重要的作用。

台湾的经验表明，知识产权法院的运行要取得预期效果，不仅需要有形的机构和人员，更需要无形的制度配套，后者的重要性远远超出前者。如果缺乏适应知识产权案件审理规律和特殊需要的诉讼制度设计，知识产权法院的设立不过是原先知识产权专门法庭的独立与扩大而已，其实质价值肯定要大打折扣。大陆在设立知识产权法院的过程中，比较重视知识产权法院这一有形机构的成立，对于知识产权法院的诉讼制度设计、知识产权案件审理所需要的特别诉讼规则等考虑甚少，没有得到应有的重视。对此，我们似应深刻反省，重视并研究为知识产权法院制定专门诉讼制度和特殊诉讼规则的必要性，以更好地实现设立知识产权法院初衷与目的。

（二）科学设计案件管辖制度

台湾智慧财产法院案件管辖制度表明，实行智慧财产民事、刑事和行政案件“三合一”对于避免不同类型案件的裁判结果冲突，提高判决的协调性和一致性确有必

———————

① 参见智慧财产法院2008行专诉27号。

要。但是，由一个法院单纯管辖智慧财产案件，法官固定处理专业案件，也可能使得法官视野受限、思维狭窄，无法从宏观角度思考问题和作出适应社会经济科技发展需要的裁判。因此，对于专门法院，似亦不宜过分强调其专门化，将其案件管辖仅限于专门的某一类案件，同样应该根据案件特点以及与其他案件的联系程度，适当选择其他类型案件交由其管辖。这样可以防止法官的过度专门化和视野狭隘化。与此相关的是，由一个法院单纯处理知识产权案件，缺乏竞争，容易导致意见过于集中的弊端，对此亦应有所考虑。

大陆在知识产权法院案件管辖制度的设计上，采取了知识产权案件民事、行政二合一的审理模式，其只能管辖涉及知识产权的案件，除外之外不应管辖任何案件。这一制度设计，既没有借鉴台湾地区知识产权民事、刑事和行政案件“三合一”的经验，又在案件管辖的单一性方面重蹈了台湾的覆辙。在将知识产权案件交由知识产权法院管辖的同时，没有考虑知识产权案件与竞争案件的密切联系，没有明确知识产权法院对竞争案件（包括垄断案件）的管辖权，殊为遗憾。此外，目前我院正在研究未来成立知识产权高级法院的可能性。对此，是建立一个管辖范围覆盖全国的高级法院，还是考虑到竞争和防止单一意见的需要，分地区建立两个或者两个以上的高级法院，亦值得慎重研究。裁判的统一性值得追求，裁判的多样和活力同样有其价值。毕竟在高级法院之上，还有唯一的最高法院，仍可以在最高法院层级上实现裁判标准的统一。如果过分注重在高级法院层级统一裁判标准，我们就要承担失去裁判的竞争与活力的代价。

（三）充分发挥技术审查官制度功能

台湾智慧财产法院关于技术审查官的实践运作表明，技术审查官对于提高技术类案件的审理发挥着举足轻重的地位，对技术类案件裁判品质之提升和审理效率的提高具有重要作用。对此，业界已经形成共识。但是，对于技术审查官参加诉讼的方式及如何避免法官对技术审查官意见的过度依赖，仍有探讨余地。为保障当事人诉讼权利，避免裁判突袭，以适当方式程度公开技术审查官意见实有必要。从实务中看，台湾智慧财产法院虽然不全文公开技术审查官的报告，但对于与法官形成心证提供积极辅助作用、与裁判结果有重要关联性的报告，实务中已经通过法官公开心证的方式向当事人予以披露。这对于当事人及时针对技术报告发表意见和提供证据至为重要。此外，对于技术审查官与鉴定专家、专家证人、专家咨询等制度的关系，亦需要正确处理。从台湾智慧财产法院的教训看，过度仰赖技术审查官意见，忽视证据调查，不积极支持鉴定人、专家证人等参与审理，不利于正确查明技术事实。因此，即使设立了技术审查官制度，亦需要将其与鉴定制度、专家证人制度、专家咨询制度等结合使用。此外，对于技术调查官的来源、员额、任期等，亦应进行合理设计。在技术审查官来源上，除主要从知识产权局借调外，为防止技术审查官既是球员又是裁判员的可能性、确保其独立性，还可以聘用方式从社会公众中选择。在任期上，适应案件审理期限及人员养成规律，其任期不易过短，以 3 年为宜。在员额上，应该根据案件数量动态调整。

我院借鉴了台湾智慧财产法院的有益经验，首次建立了技术调查官制度，并于 2015 年 1 月出台了《关于知识产权法院技术调查官参与诉讼活动若干问题暂行规定》。从该规定关于“技术调查官提出的意见应当记入评议笔录，并由其签名”“技术调查官提出的技术审查意见可以作为法官认定技术事实的参考”等表述看，该规定对于技术调查官的意见采取了不向当事人公开的立场。由于大陆法律缺乏类似台湾地区“智慧财产案件审理法”第8条关于法官获得的特殊专业知识应适当公开心证，给予当事人以辩论的机会的规定，发生裁判突袭的可能性大大增加。对此，司法实务似应借鉴适时公开心证的做法，以保障当事人的辩论权利。此外，对于技术调查官的来源、员额和任期，亦应科学规划，充分发挥技术调查官的职能作用。

（四）探索在民事案件中适度审查知识产权效力

作为“智慧财产法院新制中最引人期待也最符合改革目的之设计”，法院在民事诉讼中自行审查智慧财产权的有效性，打破了民事侵权诉讼与行政无效诉讼二元分立的传统，是台湾智慧财产法院在审判机制上最具影响意义的改革措施之一。在技术审查官制度、集中审理制度等配套机制下，由于民事诉讼不需要等待行政程序的结果，可以自行判断和继续审理，对于克服民事侵权程序久拖不决、诉讼效率低下等弊端，提升诉讼效率发挥了关键作用。但是，由于台湾智慧财产法院在专利民事案件中对专利有效性的判断尺度比智慧财产局更为严格，致使民事程序中认定智慧财产权无效的比例过高，该制度的消极作用被放大了。但是这并不能因此否定该制度的价值所在。当然，该制度的实行，可能造成较为复杂的局面，值得警惕。一是该制度天然具有形成民事审判中对权利效力的认定与涉及同一权利有效性问题的后案或行政诉讼的结果发生冲突的危险，需要有效的配套制度设计，防止效力认定冲突。还应注意到，该制度对于智慧财产权应否无效或撤销的理由未作任何限制，所有在行政程序中可以提出的无效和撤销的理由均可以在民事诉讼程序中提出，可能将民事程序转变为行政程序的重演。二是该制度有益效果的实现，不仅需要技术审查官等制度配套，还受到诸多因素的影响。尤其是，在智慧财产权人已经向有关机关提出更正权利范围的申请的情况下，该制度提升审理效率的功能将受到限制。

大陆知识产权法院在设立之时，尽管同样面临因民事侵权与行政无效二元分立而造成的诉讼拖延、效率低下等问题，却对该问题的解决未作任何考虑，至为遗憾。尽管如此，司法实践对于此问题很早即已经认识并开展了相关探索。法院试图通过发挥民事程序的作用，在民事侵权程序中审查专利权的效力并采取相应措施，促进民行交织的专利纠纷得到实质性解决，提升专利司法的公正与效率。最高人民法院曾以司法政策的方式要求，合理强化民事程序对纠纷解决的优先和决定地位，促进民行交织的知识产权民事纠纷的实质性解决。对于明显具有无效或者可撤销理由的知识产权，权利人指控他人侵权的，可以尝试根据具体案情直接裁决不予支持，无需等待行政程序的结果，并注意及时总结经验。这一司法政策以不予保护具有明显无效理由的知识产权的方式，引导人民法院在民事侵权案件对知识产权有效性进行审查，在现行立法框架内实现了对专利民事行政二元分立体制的谨慎突破。笔者认为，大陆知识产权法院在此方面完全可以借鉴台湾地区和日本的经验，在此方面进行大胆探索。主要理由在于：首先，因专利民事行政二元分立体制造成的司法效率低下和结果不公平在大陆已经较为严重，必须寻找解决方式。知识产权法院在此方面首当其冲，理应率先探索。其次，知识产权法院已经设立了技术调查官制度，这一制度可以较好地保证民事程序对知识产权效力判断的准确性。最后，该制度的复杂性和裁判冲突的风险完全可以通过相应的制度设计予以缓和甚至避免。具体可以考虑如下方式：一是，坚持民事侵权程序中认定知识产权效力的相对性。法院在民事侵权程序中对知识产权效力的评判必须基于解决纠纷、实现公正和效率所必需，其效力仅限于个案，只在个案当事人之间发生效力，不具有对世性，对专利权效力的最终评判仍需经过行政无效程序。根据案件具体情况，甚至可以在裁判中不对知识产权效力不予直接评判，采用其他事由达到对存在无效理由的知识产权不予保护的效果。在坚持民事侵权程序中认定知识产权无效的相对性的同时，为了避免审理民事侵权案件的不同法院对于知识产权的效力得出不同结论，可以适当借鉴民事诉讼理论中的“争点排除原则”。如果在先生效判决已经对涉案知识产权的效力作出实质性判断，且当事人在该案中被给予了充分的诉讼机会对知识产权的效力问题进行辩论，涉及同一知识产权的在后案件中，原则上不允许同一当事人或者关系人就效力问题作出违反在先生效判决判断内容的主张或者抗辩，但法院根据具体情况认为在先判决可能存在错误、出现足以影响判断结论的新证据等情形除外。通过合理借鉴争点排除原则，一方面可以尽量保证不同法院对知识产权效力判断的一致性，另一方面为法院在特殊情况下为实现公正而灵活处理留下余地。二是，坚持民事侵权程序中对知识产权效力审查的有限性。在民事侵权程序中对知识产权效力进行审查时，既非对行政无效程序中可以提出的全部无效理由均进行审查，又非在任何情况下均对知识产权效力进行审查，原则上将审查范围限于知识产权存在明显无效理由的情形，即根据当事人提供的证据可以较为容易地认定涉案知识产权应属无效。对于难以判断是否存在明显无效理由的场合，审理法院可以根据具体情况中止审理或者推定知识产权有效继续审理。如此，既能发挥法院在个案中的纠纷解决职能，又可将复杂的效力判断主要委诸行政无效程序。最高人民法院的前述司法政策之所以强调不予保护的对象是“明显具有无效或者可撤销理由的知识产权”，显然已经注意到限制无效理由的重要性。要求无效理由的“明显性”，可以在很大程度上保证审理民事案件的不同法院之间、法院与行政机关之间对知识产权效力判断的一致性。三是，充分发挥上诉审和审判监督程序在统一裁判尺度和标准方面的功能和作用。

（五）加大证据保全力度和合理运用行为保全制度

台湾地区智慧财产法院关于证据保全和定暂时状态假处分的实践表明，过高的审查标准、过低的支持率对于智慧财产权人维护权利较为不利，原告败诉率居高不下，寒蝉效应明显。近年来，台湾智慧财产法院受理的智慧财产案件数量呈下降趋势，智慧财产局受理的专利申请量也有下降之势。这似乎一定程度上表明，智慧财产的创造者和权利人正在发生“逃离台湾”的现象。每一个司法系统都是与全世界竞争的，如果某个司法制度不能控制司法成本和复杂度，不能提供优质高效的司法服务，权利人将轻易地选择其他更好的解决方案，或者去更好地其他地方以寻求纷争解决。

长期以来，大陆法院在证据保全申请和行为保全申请上亦或多或少存在与台湾地区法院类似的现象，对于证据保全申请和行为保全申请的审查门槛设置较高。或许是由于大陆这一巨大市场的吸引力，法院在对待证据保全申请和行为保全申请时偏消极的处理倾向并未对权利人寻求司法救济的积极性造成显著影响。但是，台湾地区的教训足以警示我们，对此决不能掉以轻心，应该更加合理规范证据保全和行为保全的条件和程序，既积极合理发挥其制度效能，依法采取保全措施，提高知识产权司法救济的及时性、便利性和有效性，又准确把握保全措施的适用条件和程序，防止申请人滥用保全制度损害竞争对手。

（六）合理接受行政程序中的新证据

台湾地区“智慧财产案件审理法”规定的法院在行政诉讼中应审酌新证据的制度设计，虽在立法之初存在争议，但是实施过程中少有批评。该制度对于避免发生循环行政诉讼而拖延未决，促使纠纷一次性解决、尽快明确智慧财产权权利状态发挥了积极作用。在笔者看来，立法之初否定该制度的意见似乎不具有说服力。首先，所谓在行政诉讼程序采纳未在行程处理程序提交的新证据，违反了行政机关“第次判断权”的原则的说法难以成立。“第一次判断权”原则并非绝对，例如在行政诉讼程序中的补强证据问题，如果一律坚持行政机关“第一次判断权”，则未免过于僵化。而且，在行政诉讼程序中，可以给予行政机关就新证据发表意见的机会。其次，关于当事人可能因此怠于在行政处理程序中尽其举证责任问题。该种风险确实存在，但是其可以通过相应的制度设计予以避免。例如可以对接受新证据的情况予以限制，对于故意或者重大过失迟延提交证据的当事人，可以拒绝采纳。最后，关于证据突袭和审级利益损害问题。在行政诉讼程度阶段，对于当事人提交的证据予以审酌时，应该给予对方当事人相应的答辩期间，证据突袭的危害因此大大减弱。关于审级利益问题，对此不应绝对化，审级利益固然重要，迅速解决纠纷同样重要。在个案中，应允许法院根据当事人迟延提交的理由、审级利益和迅速解决纠纷的需要等多种因素，作出适当选择，不宜一概拒绝接受新证据。

近年来，大陆法院在实践中对于新证据的接受已采取了相对灵活的立场，但是这一灵活立场多针对补强证据的情况以及不接受新证据则当事人将丧失救济机会且没有其他救济渠道的情形，适用范围相对较窄。从台湾经验看，允许法院在行政诉讼中审酌新证据，强化了知识产权效力判断的裁决性，淡化了行政处分的特征，更符合知识产权效力判断的本质属性。大陆知识产权无效行政司法实践中，由于法院缺乏对知识产权效力判断的司法变更权，行政诉讼事实上成为典型的撤销发回行政审判制度，致使循环诉讼现象屡有发生。同时，大陆司法实践缺乏根据实质内容自为判决（变更判决）和课予义务判决的操作模式，行政机关在重新作出行政决定时不依据法院裁判见解的情况时有发生。在此情况下，适当扩大接受新证据的范围，缓解循环诉讼及由此造成的权力状态久拖不明，更加具有必要性和迫切性。

四、结语

北京、上海、广州知识产权法院成立已经半年有余。在设立之初，场地、人员、机构等及时落实到位非常重要。同时，由于知识产权法院还承担着司法改革排头兵和试验田的任务，落实各项司法改革措施的任务极其繁重。但是，同样不容忽视、甚至更加重要的是知识产权法院的诉讼制度建设。从北京、上海、广州知识产权法院的实践看，诉讼制度改革举措顶层设计的缺乏，已经对其发挥加强保护知识产权、促进创新驱动发展战略实施的功能产生了制约作用。借鉴包括我国台湾地区智慧财产法院在内的知识产权专门法院有益经验，尽快改革和完善各项配套诉讼制度，已是迫在眉睫。希望本报告对于我国知识产权法院诉讼制度的顶层设计和实践探索能够有所助益。

最高人民法院知识产权司法保护交流考察团2015年赴日本交流考察报告

周　翔*

应日本贸易振兴机构（JETRO）的邀请，在外事局的组织安排下，我院组成以民三庭副庭长金克胜为团长，民三庭廉政监察员张绳祖、民三庭审判长周翔、行政庭审判长耿宝建、刑一庭法官耿磊、魏磊一行六人的知识产权保护交流考察团，于2015年3月1日至3月6日赴日本进行了为期六天的交流考察。现将情况报告如下：

一、交流考察的目的和主要行程

2011年我院赴日考察团在日本贸易振兴机构的安排下，向日本知识产权协会、律师事务所、经济产业省及产业界等机构宣传介绍了我国知识产权司法保护的政策和法律制度，考察了日本知识产权司法保护的法律制度、法院设置、诉讼状况等，收到了很好的交流效果。2014年7月，日本贸易振兴机构的相关人员专程拜会我院外事局刘合华局长，再次邀请我院知识产权法官赴日访问。我方接受日方邀请，组织了本次交流考察。

考察团在东京、京都先后访问了汤浅原律师事务所、日本经济产业省、日本法务省、日本知识产权高等法院等机构，考察了日本京瓷公司。出席了日本贸易振兴机构组织的产业界研修会和交流会，金克胜团长作了主题演讲，向日本产业界介绍了中国知识产权司法保护的最新发展，与日本数十名法官、政府主管官员、企业家、律师和代理人等进行了充分广泛的意见交流，回答了与会者的提问，圆满完成了“学习对方、宣传自己”的考察任务。

二、与汤浅原律师事务所的交流

汤浅原律师事务所成立于1902年，迄今已逾百年，一个百年律所的成长、发展见证了日本法律制度和司法实务的演进。作为此行的第一站，考察团于2015年3月2日上午与该律所以饭村敏明律师为首的多名从事专利业务的律师进行了交流。饭村敏明律师此前是日本知识产权高等法院审判第三部的部长，在2011年3月张绳祖法官率团访日期间，曾在日本知识产权高等法院参与接待过张绳祖法官一行。据他介绍，其他多名律师也多有在特许厅、法院工作的履历。饭村敏明先生首先向考察团简要介绍了日本知识产权诉讼的基本情况，之后中日双方就知识产权诉讼尤其是

* 作者单位：最高人民法院民三庭。

专利诉讼方面的一些专业问题展开了较为深入的讨论。

（一）日本知识产权诉讼的基本情况

据介绍，日本共有50家地方法院，8家高等法院和1个最高法院。

1. 管辖方面

对于知识产权类民事诉讼，日本区分技术型和非技术型两种，一审实行不同的管辖制度。对于技术型的知识产权诉讼，主要是专利诉讼，由东京、大阪两家地方法院集中管辖，其他地方法院可以受理有关外观设计专利权、商标、著作权（计算机程序除外）、品种权、不正当竞争侵犯商业利益等非技术型知识产权诉讼。因为主要的企业总部集中在东京，大阪两地，所以实际上述非技术型知识产权诉讼也主要由东京、大阪地方法院进行审理。二审与此相对应，知识产权高等法院和其他各高等法院分别受理技术型和非技术型的民事二审诉讼。行政诉讼方面，当事人对特许厅作出的复审决定不满，可以特许厅为被告直接向知识产权高等法院提出行政诉讼；当事人对特许厅作出的无效决定不满，可以对方当事人为被告直接向知识产权高等法院提出行政诉讼，此程序中特许厅并不被列为被告，亦不参加诉讼。知识产权高等法院系知识产权行政诉讼的一审法院。对于知识产权高等法院所作出的二审民事诉讼和一审行政诉讼的裁决不满，可向最高法院提出上告，最高法院的审判程序被称之为“上告审”。刑事诉讼方面，日本与我国相同，对知识产权刑事诉讼案件实行与普通刑事案件相同的管辖制度。

2. 案件情况

日本每年大约有500件左右的知识产权民事案件，其中专利案件约占27%，商标权、著作权案件约占一半，反不正当竞争类案件约占24%。其中反不正当竞争类案件包括的范围有生产类似产品、保护企业商业秘密等案件。近些年有关商业秘密案件的数量有所增加，并引起了社会关注。知识产权民事案件的一审审理周期平均为15个月。知识产权行政诉讼案件中，专利案件约占75%，90%的案件在知识产权高等法院的审理期限为一年，两年内审结的比例高达99.6%。

（二）在听取日方简要介绍日本知识产权诉讼的情况后，双方着重讨论了以下专业问题

1. 关于调查制度

在专利侵权案件中，如何获得对方当事人的信息。日本没有类似于美国的discover制度，以前企业的秘密并不作为披露对象，这样能够获得对方信息的范围很窄，后来日本对反不正当竞争法进行了修改，法院在个案中可要求披露给原告或其代理人，同时要求获知对方信息的原告或其代理人遵守保密禁令，对对方披露的信息予以保密。但实践中，这一制度并未完全得以贯彻，现在多由原被告双方磋商信息披露问题。

2. 诉讼禁令和赔偿问题

日本立法规定，一旦认定对方侵权，法院可要求立即停止生产和销售，这与美国对禁令要求四个要件相比，条件更为宽松。在日本，原告请求禁令的权利较强。赔偿方面，以前日本判例中损害赔偿金额的计算数额往往低于权利人的实际损失数额，权利人对此多有诟病，后来知识产权法对此作了新的规定，将金额计算作为民事赔偿的特例，现在的计算金额对权利人较为有利，实践中也出现了赔偿金额很高的判例。

3. 关于无效抗辩问题

在日本的侵害专利权民事诉讼中，被告方可提出原告权利无效的抗辩，但因无

效抗辩对诉讼影响很大，为维护专利的稳定性，法院对此处理较为慎重。

4. 关于诉讼和解

日本与我国相同，诉讼过程中，法官在第一阶段会对被告是否侵权作出基本判断，并对赔偿金额进行计算，在此基础上，促进双方和解，知识产权民事案件和解率约占 50%。

5. 关于假处分（也称临时处分、暂行处分，对应于我国的行为保全）等问题

在日本的整个民事诉讼领域都实行此类非公开的简易救济方式，权利人在此阶段如果意识到对自己不利，可以撤诉，因此这种制度设计是有利于权利人的。但随着技术进步，尤其是在 IT 行业或通讯领域，因为诉讼往往涉及到众多当事人，一般原告只起诉与自己最为相关的一家，在这种情况下是否判定侵权，日本尚没有明确规定。日本业界对此有呼吁，要求日本在诸如技术的先进性、独家性等的判断上与其他国家的做法相协调。

考察团在日方介绍的基础上，向日方进一步询问了日本知识产权诉讼制度中的一些具体问题，其中侧重了解了日本最高法院审理知识产权案件的相关问题。在日本知识产权诉讼中，地方法院和高等法院负责案件事实问题，最高法院只进行法律审，对法律问题作出裁判。最高法院偶尔需要调查事实时，会委托高等法院的调查官进行调查，但并非高等法院所有的调查官均有资格被委托。对于知识产权高等法院作出的二审民事裁决和一审行政裁决不服，上告最高法院的案件，最高法院可以在书面审查基础上作出受理或不受理的决定，最高法院在决定受理案件方面并不积极，受理的案件比例不高。最高法院受理案件并不意味着对高等法院的判决有不同意见，而是考虑案件在法律适用方面的典型性和影响力等具体因素。如果特许厅对知识产权高等法院的裁决不服，通常会先找法务省进行确认，之后再以特许厅长官的名义上告最高法院。考察团还向汤浅原律师事务所的与会律师介绍了我国知识产权法院设立和管辖方面的情况，以及近期我院在行为保全等知识产权审判相关方面司法解释起草和征求意见情况。

三、访问日本经济产业省

日本经济产业省是隶属于日本中央政府的直属省厅，前身是通商产业省，成立于 1949 年 5 月。2001 年日本中央省厅改革后，更名为经济产业省。经济产业省主要负责提高民间经济活力，促进对外经济关系顺利发展，职能大致与我国的商务部相当。考察团于 3 月 2 日下午访问了经济产业省，制造产业局假冒商品对策室铃木幸浩室长率多名部门官员向考察团介绍了日本政府的知识产权体制并与考察团成员进行了交流探讨。

交流主要涉及以下几个方面：

（一）关于日本政府的知识产权战略运行

日本由内阁官房知识产权战略推进事务局负责制定知识产权总体战略，由经济产业省和特许厅、中小企业厅等部门具体负责知识产权战略的实施，其中经济产业省下设的制造产业局、商务信息政策局、通商政策局、经济产业政策局等分别负责与知识产权相关的部分事务，其中制造产业局下设的假冒商品对策室具体负责对制造业的知识产权进行保护，是一个综合窗口，在办理具体业务时与负责边境查处假冒商品的财务省、关税局、负责国内查处假冒商品的警察厅、负责种苗保护相关的农林水产省、负责著作权保护的文化厅、负责 ISP 法（互联网服务提供法）实施的总务省以及负责涉外知识产权相关业务的

外务省等机构有诸多业务联系。

（二）关于网络销售假冒商品的应对

考察团成员应日方要求详细介绍了我国有关网络侵权的法律规定和司法理念，并对日方提出的如何举证、能否追究网站经营者的责任、网络销售记录在诉讼中能否作为证据采信等问题做了回答。在听取了考察团成员的介绍后，日方高度赞扬了中国在互联网知识产权方面的保护举措，直言在互联网知识产权的司法保护方面，中国走在了日本的前面。双方一致认为，互联网时代，中日面临的许多新课题是共通的，基于互联网知识产权保护的国际互通性，中日双方应不断加强沟通，相互借鉴。

（三）反复侵权问题

日方提出，对于反复侵权假冒的情况，能否认定为符合我国两高《关于办理侵犯知识产权刑事案件具体应用法律若干问题的解释》中所规定的“其他情节特别严重的情形”。考察团成员对此作了解释和说明。

四、与日本产业界的研讨、交流

2015 年 3 月 3 日，考察团按照事先安排，与日本产业界举行了研讨会和交流会，日方东芝公司、松下电器、佳能公司、资生堂公司等著名跨国公司负责知识产权事务的职员、律师、经济产业省的官员、日本贸易振兴机构的工作人员等数十人参与了研讨和交流。

金克胜团长以内容翔实的《中国知识产权司法保护的最新发展》为主题，向日本产业界介绍了我国知识产权司法保护的现状，尤其重点介绍了日方关注的我国知识产权法院的设立情况以及我国相关司法解释制定进展和司法公开的渠道等。

之后，双方就如下专业问题进行了深入交流：

（1）对于日方关注的腾讯公司诉奇虎公司不正当竞争纠纷上诉案、奇虎公司诉腾讯公司垄断纠纷上诉案中涉及的法律问题，考察团成员作出了详细说明。

（2）间接侵权问题。随着科技创新，互联网对原有经营方式带来了巨大冲击，网络侵权行为样态日趋多样化，其中间接侵权的认定是中日双方都面临的共同挑战。日方介绍，在日本，不以直接侵权的成立为判断间接侵权是否成立的前提。日本的专利法第 101 条对间接侵权作出了规定，但范围相对较窄。目前来看，日本最高法院也尚无明确立场，还是就个案来进行认定。考察团成员对我国间接侵权有关的理论、实务进行了介绍。

此外，考察团还回答了日方针对我国目前正在公开征求意见的《关于审理商标授权确权行政案件若干问题的规定》中的一些具体术语如何理解和界定、非专利实施实体（也称专利流氓或 Patent Troll）滥用诉讼权利、被告恶意转移财产、被告合法来源抗辩等问题。

五、访问日本法务省

日本法务省是维持基本法制、制定法律、维护国民权利、统一处理与国家利害有关的诉讼的行政机关，前身是司法省。法务省刑事局局付烟山明和法务省法务综合研究所综务企划部部付入汀淳子与考察团进行了交流，介绍了日本知识产权刑事案件的概况、刑事程序的流程等，并回答了考察团的提问。

（1）近几年日本知识产权刑事诉讼案件结案数情况。

（2）关于日本知识产权刑事诉讼相关法律的修订情况。2011 年，日本部分修订了反不正当竞争法，对于破解电视的密码非法收看收费广播、非法利用程序解除游戏软件锁定、向他人出售回避技术性限制手段的装置、程序等的行为，修订后能够依法给予刑事处罚。同时，为了在隐匿商业秘密的内容的情况下推动公判程序设置了刑事程序的特殊条款，在公开庭审时可以不宣读有关商业秘密的具体内容，此后起诉侵犯商业秘密犯罪的案件数量有所增加。2012 年，日本部分修订了著作权法，扩充了著作权限制的规定，强化了刑事处罚的规定，对于下载违法分发的音乐等行为，即使出于自己使用的目的，也能够给予刑事处罚。

六、访问日本知识产权高等法院

日本知识产权高等法院成立于 2005 年，迄今已运行了十年。2011 年，张绳祖法官率团访日期间，曾到访日本知识产权高等法院，详细了解了日本知识产权高等法院的成立过程、案件管辖和审理案件、组织机构等情况，为我国知识产权法院的设立提供了重要参考资料。2014 年年底，我国已相继在北京、上海、广州设立了知识产权法院，考察团此行进一步考察了日本知识产权高等法院的具体运行情况，并与设乐隆一院长及多名法官进行了深入交流：

（一）关于日本知识产权高等法院设立背景

在上世纪末经济持续低迷中，日本认识到应通过知识产权的创造、保护及有效运用推动经济复苏，推进司法制度改革和强化知识产权保护的方案不断提出。在这种形势下，2001 年 6 月日本发布了《司法制度改革审议会意见书》。其中，作为顺应国民期待的民事司法制度改革的一个重要部分，提出了旨在强化法院专业化处理体制的各类建议，作为“加强对知识产权相关案件的综合对应”的具体措施。2002 年 3 月，日本召开了知识产权战略会议。同年 7 月，制定了《知识产权战略大纲》，提出了在东京和大阪地方法院创设知识产权专属审理制度等各类课题。在“知识产权立国”的口号下，2003 年 3 月，规定了知识产权政策的基本方针的日本知识产权基本法开始施行，并于内阁中设立了知识产权战略本部。知识产权战略本部在同年 7 月通过的知识产权推进计划中，提出从强化处理纠纷的功能以及向国内外表明重视知识产权的国家政策的观点出发，有必要设立知识产权高等法院。2004 年 6 月，制定了《知识产权高等法院设置法》。2005 年 4 月 1 日，根据该法的规定，知识产权高等法院作为东京高等法院的特别支部成立。成立知识产权高等法院的主要目的在于使有关知识产权案件的审理得到进一步的充实，实现审理的迅速化和专业化。人员主要来自东京高等法院、大阪高等法院的知识产权审判部门。

（二）知识产权高等法院目前的机构、人员设置情况

目前知识产权高等法院共有四个部，有法官 16 人，法院技术调查官 11 人，书记官、事务官共 12 人。因为和东京高等法院合署办公，还有一个事务局有 7 名工作人员。知识产权法官实行岗位轮换制度，以三年为期限，与民事法官进行轮换。日本认为一个法官长期审理同一类型案件，不利于达到裁判的平衡，在知识产权审判工作中，“老人”和“新人”搭配工作，审判长一般都是“老人”，因此轮岗制度并不会导致知识产权审判人员专业化程度不够的问题。

（三）关于专利、实用新型等技术型知识产权诉讼集中管辖的社会反映情况

日方介绍，因为东京、大阪地方法院对于此类案件经验相对更丰富，其他地域的权利人可以通过电视电话会议与律师或专利代理人进行沟通，且日本交通非常便

捷，所以集中管辖并不会带来不便。当事人普遍认为，集中管辖有利于案件迅速审理，对此制度评价较好。

（四）授权确权行政诉讼情况

通过在特许厅完成注册，即可产生专利权、实用新型专利权、外观设计专利权、商标权等权利。不服特许厅审查员的驳回决定，或是请求无效上述权利的，可在一定条件下向特许厅提出复审请求。对于特许厅针对复审请求做出的复审决定等仍然不服时，可以提起撤销复审决定的行政诉讼。该行政诉讼归东京高等法院专属审理（专利法第 178 条第 1 款等），并由其分支部门即知识产权高等法院办理（《知识产权高等法院设置法》第 2 条第 2 项），对于其判决结果可向最高法院提出上告（即“第二级上诉”）。与一般诉讼案件不同的是，撤销复审决定诉讼中省略了在地方法院进行审理的步骤。其原因在于，特许厅的复审程序系按照公正性接近于审判的准司法程序进行的，且复审决定等系根据特许厅的专业性、技术性知识作出的。在驳回复审等与审查有关的案件中，特许厅厅长将作为被告；而在专利无效宣告等与当事人有关的案件中，无效宣告的请求人或被请求人将分别成为被告（专利法第 179 条）。

（五）关于无效抗辩问题

日方介绍，关于在专利侵权诉讼中能否对专利的有效性提出争论，曾经存在争议。但在 2000 年 4 月 11 日裁判的 Kilby 案件中，日本最高法院认为：“当专利明显存在无效理由时，只要没有特别的事由，依据该专利的停止（侵权）或者损害赔偿等请求属于权利滥用，因而不被允许。” Kilby 案件开创了利用无效抗辩进行防御的先河，此后无效抗辩成为侵权诉讼的被告使用最多的防御办法。2005 年开始施行的新修订的专利法第 104 条之 3 第 1 项通过立法的形式将 Kilby 案中的规则明确下来：对于与专利权或者专用实施权的侵害有关的诉讼，认定该专利应该通过专利无效审判判为无效时，或者认定该专利应该通过延期注册无效审判判为延长存续期限注册无效时，专利权或者专用实施权人不能向对方行使权力。

（六）对于涉及同一专利权的纠纷，地方法院法官在民事案件中对专利效力的认定和特许厅的行政裁决结果不一致时的处理

日方介绍，因为一般情况下，当事人都会在两个程序中委托同一个代理人，提交的证据基本都是相同的，地方法院的审判结果和特许厅的结果不一致的情况相对较少，如果存在冲突，则由知识产权高等法院进行裁决。

（七）关于技术调查官制度

日本知识产权高等法院的 11 名技术调查官中，1 人曾是专利代理人，10 人来自于特许厅，其中 4 人为机械专业、3 人为电气专业、4 人为化学专业。技术调查官是日本知识产权高等法院的正式工作人员，任期无特别规定，大部分在知识产权高等法院工作 3 年后再回到原职位工作。技术调查官的培训采取边学边培训的方式，对于新兴的复杂技术，也会向诸如大学教授、研究所的研究员等专门人员请教。技术调查官在开庭前会与法官就相关技术问题进行沟通交流，因此开庭时主要仍由法官提问。但依据日本民事诉讼法第 92 条之 8 的规定，在庭审辩论期间，为了明确诉讼案件的内容，技术调查官也可以对当事人进行提问，是否记录在案由法官决定。技术调查官多用 PPT 或模型的形式说明技术问题，其所提交的技术意见如果作为证据需要存档和提供复印件给当事人，但其向法

官提供的咨询意见作为内部意见和资料，并不向当事人公开。

（八）知识产权相关诉讼的专门委员

专门委员是由最高法院聘任的非专职国家公务员，由在电气、机械、化学、信息通信、生物技术等各个专业领域从事尖端科技研究工作的大学教授、公共机构研究员等全国各专业领域的最高权威人士构成，共约200人。为明确诉讼关系或保障诉讼程序顺利实施，依据日本民事诉讼法第92条之2的规定，专门委员根据法院做出的决定参与指定的案件，通过其具有的专业知识和公平中立的立场，对高度专业性、技术性的事项等争论焦点进行说明。

（九）关于技术说明会

一般为了弄清楚专利案件中的核心技术问题，在最终阶段的辩论准备程序日期设置技术说明会，此时争议点已明确，证据都已齐全。技术说明会涉及的案件范围很广，不仅包括有关尖端技术领域和特殊技术领域问题的案件，还包括应将本领域一般技术人员的普遍认识反映到审理中去的案件，以及涉及技术常识问题的案件。技术说明会通常由法官、技术调查官、专门委员和当事人的代理人参加。

（十）关于知识产权刑事案件管辖和刑民裁判冲突的问题

日方认为，因为在日本，知识产权刑事案件的数量非常少，且刑事案件相对容易审理，因此日本没有对知识产权刑事案件实行特殊的集中管辖制度。民事和刑事的判决偶尔有存在冲突的情况，但因为不多见，并不会引起重视和讨论。

（十一）专利权人的胜诉率

东京和大阪地方法院2011～2013年共审结专利诉讼案件238件，通过判决结案的144件，其中专利权人胜诉的37件，占总判决数的26%，占案件总数的15.5%；专利权人败诉的107件，占总判决数的74%，占案件总数的45%。从数字看来，日本法院对专利权人的支持程度并不高。另外，和解结案的94件中，约70～80%对专利权人有利。所以，整体上，专利权人的胜诉率在45%左右。

七、感受、经验及启发

（一）感受

虽然交流考察时间短暂，考察团通过与日本法院、政府部门、律师界、企业界面对面的交流，对日本知识产权司法保护、行政保护的诸多层面有了较为深入的了解，收获颇丰。对比2011年考察情况，有以下突出感受：

1. 日方变化明显，从指责、疑问到平等交流

据前次带队与日方交流的张绳祖高级法官介绍，2011年与日方多个机构进行专业交流过程中，日方对我国知识产权司法保护的力度和措施多有指责，所提问题非常尖锐，考察团通过细致工作，使日方对我国的知识产权司法保护有了更多了解，一定程度上消弭了认识壁垒。此次考察，双方更多的是平等探讨、相互借鉴，日方以平和、尊重的态度与考察团成员深入探讨知识产权保护的前沿问题，而非质问和指责，表现与前次对比明显，这也一定程度地反映了我国近几年知识产权司法保护的进展与宣传取得了良好成效。

2. 日方对我国知识产权司法保护成果给予高度评价

交流过程中，通过考察团成员的介绍，日方对我国知识产权司法保护的制度设计、实践水平给予了充分肯定。讨论互联网侵权问题时，日本经济产业省的对策室室长铃木幸浩感慨，“在互联网知识产权司法保护方面，中国走在了日本前面”。有日本企业反映，最近几年在华分支机构通过司法

保护手段成功维护了自身权益，对我国在打击侵权假冒产品方面的力度以及切实平等保护各国权利人利益的做法表示赞赏。

我们发现，虽然日方针对目前知识产权司法保护中许多前沿问题进行了提问，如中国司法实践中如何处理非专利实施实体（英文简称NPE，也称“专利流氓”或Patent Troll）滥用诉讼权利、间接侵权等问题，但在考察团成员作了详尽地介绍并向日方了解相关问题处理情况时，日方或者不能具体介绍，或者表示正在讨论，尚没有形成相对成熟的处理原则。反映出我国对此类前沿问题的理论研究和司法实践具有了较高水平，并不落后于发达国家，某种程度上还处于领先地位。几天的交流活动极大的增强了考察团成员对我国知识产权司法保护水平的自信心，我们有充分的理由树立起“道路自信、理论自信、制度自信”。

3. 我国在形成尊重知识、尊重创新的良好社会氛围方面任重道远

我国每年约有10万件知识产权相关诉讼，数量大约是日本的100倍，这固然在于我国幅员辽阔、人口众多，但也与社会诚信制度不健全，公民诚信意识不到位，鼓励创新、有序竞争的市场环境尚未形成密切相关。如此惊人的案件数虽然推动我国在司法制度构建和审判经验总结方面进步显著，但也显现出我们与日本在知识产权保护社会环境方面的巨大差距。日本已经形成了保护知识产权的社会合力，进入了司法保护为主导的良性循环阶段，相比之下，我国司法保护的制度构建和实践能力已经达到了较高水平，但与知识产权保护相适应的社会环境还有待进一步改善。

（二）经验

1. 准备充分，通力协作

出访前，考察团准备充分，多次开会研讨、沟通议题，准备答复口径，并提出了涉及民事、行政、刑事各领域十七个大问题的问题清单，宋晓明庭长还给予专门指导。在赴日交流期间，考察团及时总结交流情况、调整对策，分工合作，密切配合，圆满完成了出访任务。

2. 自信得体、充分展示

考察交流活动安排十分紧凑，但考察团成员始终保持饱满的精神面貌，在与日方交流时，遵守外事礼仪，有礼有节，对具体问题回答详尽专业，并多次适时提问，展现了我国法官的优秀专业素养和风采，赢得日方的充分肯定和尊敬。正是经过充分交流研讨赢得了日本经济产业省官员的高度评价后，日本经济产业省派出大臣官房审议官小川诚先生（副部级）设宴招待了考察团一行，表达了对代表团的敬意。日方在接待方面周到、专业、有序，但总体而言并未表现出明显热情的态度，这在很大程度上也与中日两国目前的相互关系有关。

3. 严守纪律，建立友谊

此行考察团成员受到日本贸易振兴机构的多名工作人员的悉心安排和照顾，与日方陪同人员结下了较为深厚的友谊。考察过程中，考察团成员始终谨记“内外有别”，注意严守工作纪律。考察结束后，双方仍保持业务上的沟通联络。在日本贸易振兴机构的协调下，日方多个机构对我方提出的问题清单给予了书面答复。负责全程陪同考察团工作的高村大辅先生在考察结束后奉调回国工作，经外事局同意，多名成员参加了高村先生的饯行晚宴。期间，双方又借机讨论了标准必要专利的最新发展等专业问题，日方还提供了日本法院关于标准必要专利最新判例等资料。

（三）启发

当今世界科技飞速发展，各国知识产

权司法保护面临许多共同的新问题、新挑战。整体而言，日本的知识产权司法保护水平高于我国，无论是保护战略还是具体制度，有很多值得我们学习、借鉴之处。同时，日本与我国都是典型的大陆法系国家，很多方面存在共同的法理基础，有互通借鉴的可能。

1. 通过司法改革、推进知识产权战略，落实四中全会“依法治国”精神

日本在 2002 年公布知识产权战略大纲，实施“知识产权立国”战略以来，战略推进和落实非常到位，通过一系列司法改革措施，健全了知识产权司法制度，完善了法律，更在民众心目中深植了尊重知识产权的观念。日本政府和企业相互配合，相互协作，相互支持，形成了保护知识产权的合力。上述经验值得我们学习、借鉴。

党的十七大明确提出了“实施知识产权战略”，2008 年 6 月国务院发布了《国家知识产权战略纲要》，中共中央十八届四中全会通过了《中共中央关于全面推进依法治国若干重大问题的决定》，为法治中国建设描绘了宏伟蓝图，为人民法院事业提供了更加广阔的发展空间。我们要充分借力于“依法治国”的春风，扎实推进知识产权战略计划，落实战略的各项要求，健全知识产权司法保护制度，以创新驱动发展，让知识产权制度成为激励创新的基本保障。

2. 探索建立知识产权高级法院，进一步统一司法裁判尺度

知识产权审判工作的专业性很强，日本对于技术类知识产权案件实行集中管辖制度，并于 2005 年成立了知识产权高等法院，主要依靠东京、大阪两个地方法院、一个高等法院基本实现了全国知识产权司法裁判尺度的统一。日本通过专利法明确规定，对于不服特许厅作出的复审和无效行政决定的，可以直接向东京高等法院提出行政诉讼，2004 年制定的《知识产权高等法院设置法》进一步明确此类案件由东京高等法院的分支部门知识产权高等法院办理，与一般诉讼案件不同之处在于省略了地方法院的审级，而把特许厅作出决定的行政程序视为准司法性质的第一审级，通过压缩审级提高了诉讼效率。另外，在专利无效案件的行政诉讼程序中，特许厅不再作为当事人，而由提起无效程序的请求人与专利权人作为双方当事人在此程序中对抗。

我国幅员辽阔，各地经济发展不平衡，知识产权侵权事件频发，司法裁判统一问题相对更为凸显。四年前，张绳祖高级法官带团访问日本时，就着重了解了日本知识产权法院设立并运行的情况，在去年底我国设立三个中院建制的知识产权专门法院时，也充分借鉴了日本的相关经验。目前也在积极探索成立知识产权高等法院。具体制度建设方面，考虑到我国实际情况，结合现在正在进行的司法改革以及专利法第四次大修，建议可以考虑如下路径：

首先，利用专利法大修的机会，与行政部门及全国人大加强沟通，改造授权确权行政诉讼程序。参照日本的做法，在专利法中明确规定，将专利复审委的行政裁决视为准司法性质，对其提起的行政诉讼由北京市高级法院直接受理，并一裁终局，从而减少诉讼层级，提供诉讼效率。同时规定，在授权类行政诉讼中，复审委依然作被告；但在确权类行政诉讼中，复审委可不再参与诉讼，由无效请求人与专利权人作为案件当事人直接对抗，复审委不再作为当事人，并采用民事诉讼法为审理程序依据，使复审委的地位更加超脱和中立。赋予审理授权确权案件的法院以司法变更权，对于可以直接判断专利权效力的，不

必再判令复审委重做决定，而是直接确认专利权效力，有效减少循环诉讼。

其次，设立知识产权高级法院，可借鉴日本模式，设为北京市高级法院的分院，审理由新修专利法明确规定由北京市高级法院受理的专利授权确权行政案件；同时审理不服全国各知识产权法院判决的技术类一审案件的上诉案件，以达到对技术类案件在全国的面上以及在行政、民事的类别上全部统一裁判尺度的目的。

3. 强化司法保护主导作用，进一步推进知识产权审判“三合一”试点工作

日本在实施知识产权立国战略过程中，司法发挥了重要的主导作用。我国在贯彻落实《知识产权战略纲要》的要求，充分发挥知识产权司法保护的主导作用，为“大众创业、万众创新”提供有效司法服务方面，尤可借鉴日本经验，并在此基础上探索出一条适合我国国情特点的司法保护之路。

首先，民事保护方面。日本在技术类知识产权案件审理程序方面实行集中管辖，以统一裁判尺度。在实体方面，日本实行专利侵权民事诉讼中被告提出无效抗辩制度，即民事法官认为原告专利权存在无效事由的情况下，可对被告提出的无效抗辩予以支持，从而对原告的诉讼请求不予支持。我国目前已有类似的探索，如近年来审结的柏万清案件，对于专利权存在明显无效事由的，可以权利范围不清为由不予保护。不过如果真正想把此制度推广开来，还有赖于立法的明确。

其次，行政保护方面。日本并没有行政执法，所有的争议均提交法院解决。交流中，日本对中国的司法保护颇多肯定和赞誉，对行政执法却多有微词，举的很多事例都是指向行政保护不力。我们反思，为什么这么多年来每次修法都在实际加强知识产权保护“双轨制”中的行政保护，行政执法能力也在日益加强，却得不到国外权利人的肯定？通过交流和分析，我们认为，行政保护虽然速度快、效率高，但是国外权利人始终认为行政执法随意性强、执法尺度不一，公信力不如司法。所以我们在专利法施行三十年后的今天，要重新审视一下当初制定专利法时采用“双轨制”保护的市场需求和司法条件是否已经发生改变，在《知识产权战略纲要》明确提出司法保护为主七年后的今天是否还要继续不断强化行政保护？

再次，刑事保护方面。在以往多次涉外知识产权谈判时，日方不断提出我国应加大知识产权刑事保护力度的要求。考察团经深入了解，发现日本并不重视运用刑事手段保护知识产权，对知识产权刑事案件仅是作为普通刑事案件进行审理，审理知识产权民事、行政案件的法官并不接触和了解知识产权刑事案件。在被问及与知识产权刑事保护相关的问题时，法官、行政官员及律师、学者多语焉不详，或以日本国内知识产权刑事案件数量很少等作答，知识产权高等法院对日本知识产权刑事司法的相关情况也不了解。因此，我们在完善知识产权刑事保护体系时，应当对来自国外的压力保持清醒的认识，要根据自身实际的经济发展状况决定保护的原则、尺度和力度。

最后，“三合一”审判模式的探索。强化知识产权司法保护力度，充分发挥司法保护主导作用，要立足于我国的现实国情。我们必须充分发挥民事、行政、刑事措施在知识产权保护方面的功能，形成严密的多层次保护体系，确保各个保护手段的顺畅衔接，消除不同保护手段之间的矛盾、冲突。知识产权“三合一”审判模式经试点工作检验，已经证明在形成民事、

行政、刑事全方位保护合力，协调各种手段有效衔接方面发挥了重要效能。今后，我们应当继续推进知识产权审判“三合一”改革试点工作，在更大范围内完善知识产权审判工作机制，进一步促进司法在知识产权保护中的主导地位，探索出一条符合中国实际的知识产权司法保护之路。

4. 加强对外宣传、交流，建立健全知识产权国际交流合作长效机制

两次赴日考察向日本充分展示了我国知识产权司法保护的成果，日方对我国的知识产权司法保护状况从误解、质疑到逐步了解、理解，发展到现今的肯定和赞扬。而我们随着深入了解、比较两国知识产权司法保护制度和实践水平的总体情况，增强了对我国司法保护水平的自信心，这充分说明尊重源于沟通和了解。知识产权可谓是国际化程度最高的领域，随着科技发展，国际间的交流合作日趋频繁。在知识产权保护方面，我们要注重国际视野和世界眼光，主动加强对外交流，让其他国家尤其是经济发达国家了解中国的知识产权司法保护状况，勇于在国际交流合作中发出“中国好声音”，总结中国好经验，讲好“中国故事”。在国际事务中，只有让其他国家了解我们、理解我们，才能取得他们的信任，我们也才能有话语权，我们的话语才能有分量。我们只有站在国际知识产权的舞台上，有了国际话语权，才能有资格参与知识产权国际规则的制定，而一旦参与国际规则的制定，则加重我们的话语权。因此，在国际交流方面，我们要提高参与度，增强话语权，在国际规则制定之初就能充分体现我们的意志和利益，使其更好地服务于我国经济社会的发展，更加符合我们人民的生活福祉。

关于参加第二十届中美法律交流活动的情况报告

王　闯*

2016 年 2 月 29 日至 3 月 4 日，应国家商务部邀请，经院领导批准，受本庭指派，我与商务部、国务院法制办等有关人员组成中国代表团参加了第 20 届中美知识产权法律交流活动以及中加经贸法律交流活动。中美法律交流活动于 2 月 29 日、3 月 2 日分别在美国加利福尼亚州斯坦福大学和华盛顿特区美国专利商标局举行，主题是“中国的知识产权法律制度”。3 月 4 日，中加经贸法律交流活动在加拿大渥太华加拿大政府全球事务部举行。整个交流活动圆满顺利，现将交流活动情况报告如下：

此次中国代表团由商务部部长助理童道驰担任团长，其他成员包括国务院法制办教科文卫司金武卫副司长、商务部条法司陈福利副司长、李文柱处长、公安部经侦局知识产权处张鹏处长。

美方由商务部总法律顾问凯利 · 威尔士（副部级）担任团长，美国商务部知识产权副部长兼美国专利商标局局长李大乔、美国联邦纽约南区赛迪 · 斯坦法官、美国

* 作者单位：最高人民法院民三庭。

司法部知识产权犯罪局克里斯·梅里厄姆副局长、美国商务部高级顾问格温·芒索，美国专利商标局高级顾问柯恒、斯坦福大学中国案例指导项目主任梅·盖茨里克博士、知识产权与创新研究所马龙教授等参加。

一、关于中美法律交流活动的情况

中美法律交流（Chnia - U. S Legal Exchange）是中美商贸联委会（JCCT）项下部级法律交流活动，由中国商务部、国务院法制办和美国商务部共同主办。自1984年始，轮流在两国举行，至今已成功举办20届。交流采取报告会和研讨会形式，选择两国最为关心的热点法律问题作为议题。由来访国法律专家介绍本国相关议题法律制度，由东道国专家予以评论。报告会和研讨会向业界开放，邀请相关领域专家学者和国家机关、科研院校、中介组织、律师界和企业界代表参加。中美法律交流活动对于中美两国了解彼此法律制度、促进经贸关系健康发展发挥了重要作用。

（一）关于斯坦福大学报告会的情况

2月29日，在美国旧金山斯坦福大学进行了第一场法律交流活动。交流活动包括上午和下午两个部分。上午部分：中国知识产权的新发展。下午部分：知识产权和电子商务的实施。与会人员主要是美国商务部和专利商标局代表、美国商会成员单位、斯坦福大学法学院和相关学院的学者、律师事务所的合伙人等。

在上午的“中国知识产权的新发展”部分，我用英文做了题为“中国的司法改革——以知识产权的司法保护为视角”的演讲。演讲包括三个部分：第一，中国知识产权法院设立和运行情况。主要介绍了主审法官遴选和机构设置、审判工作的开展及效果、司法改革措施的推进、三个研究基地的设立及其目标等。第二，中国法院案例指导制度。主要介绍了指导性案例的性质与效力、指导性案例的遴选和发布机制、多样化知识产权案例指导制度体系及其作用和影响。第三，侵犯专利权司法解释（二）的基本情况。主要介绍了该解释的制定背景及过程、主要特点和重点内容等。

斯坦福大学中国案例指导项目主任梅·盖茨里克博士和知识产权与创新研究所马龙教授对我的演讲进行了评论。我的演讲引起与会人员的浓厚兴趣，在现场问答环节，我详细回答了参会者提出的关于中国知识产权法院、中国特色案例指导制度、3Q反垄断案件的专家证人出庭制度和互联网领域滥用市场支配地位分析原则及方法、技术调查官制度和中国特色技术事实综合查明机制等问题。

在上午演讲的还有国务院法制办科教文卫司金武卫副司长，他主要介绍中国知识产权立法的新发展。

在下午部分，国家商务部条法司陈福利副司长介绍了电子商务的发展和知识产权保护所面临的挑战；公安部经侦局知识产权处张鹏处长介绍了互联网环境下知识产权跨境执法问题。

（二）关于美国专利商标局报告会的情况

3月2日，在美国华盛顿美国专利商标局（USPTO）进行了第二场法律交流活动。交流活动同样包括上午和下午两个环节，演讲内容与第一场报告会相同。与会人员主要是美国商务部代表、美国联邦地区法官、美国专利商标局官员和审查员、美国商会成员单位、律师事务所的合伙人等。

美国联邦纽约南区赛迪·斯坦法官和美国JONES DAY事务所合伙人托尼·陈对我的演讲进行了评论。值得注意的是，托尼·陈还专门提及陶凯元副院长发表在

《求是》杂志上的署名文章“充分发挥司法保护知识产权的主导作用”，对该文章的观点和建议深表赞同，并表达了对中国目前专利法等知识产权法修改中行政扩权趋势的担忧。

在问答环节，我回答了参会者提出的关于指导性案例制度，裁判文书上网公开，技术调查官制度，专利侵权司法解释中关于间接侵权制度、折中解释原则的适用、封闭式组合物权利要求解释不适用于中药、善意使用者和公共利益不适用禁令等问题。

二、关于中加经贸法律交流活动的情况

3月4日，在渥太华加拿大政府全球事务部举行了中加经贸法律交流活动。在该交流活动中，中方主要由商务部部长助理童道驰主谈；加方主要由其创新、科技和经济发展部（原工业部）部长助理保罗·哈鲁查主谈。加方与会人员主要包括加拿大创新、科技和经济发展部、知识产权办公室、全球事务部（又名外交、贸易和发展部）、皇家骑警的代表。

在交流中，加方对中国知识产权法院设立的原因和知识产权法官的教育背景表示关注，我比较详细地介绍了中国设立知识产权法院的三点考虑，知识产权法院严格优选法官和法官学历背景、从事知识产权审判年限以及技术调查官制度等情况。

三、关于参加本次法律交流活动的总结

（一）*参加交流活动的主要成果*

第一，展示了中国知识产权司法保护的最新成就。在知识产权司法保护领域，中国在较短的时间内，走过了发达国家二百余年的历程，特别是在互联网等新兴领域已经处于世界知识产权司法保护的前沿领域。在报告会上的演讲、互动交流中，我们通过专业、自信的话语，向美方介绍了中国知识产权司法保护的最新发展，尤其是知识产权领域作为中国司法改革的试验田，知识产权法院作为司法改革的探索者和先行者，在专门法院体制、审判权运行机制、兼收并蓄式的审判指导方式、技术事实综合查明机制等方面，均体现出司法改革和知识产权保护的中国特色和中国经验。可以说，通过这次法律交流活动，不仅充分展示了中国知识产权司法保护的最新成就，而且进一步强化了中美知识产权交流中的我方话语权，更发出了知识产权司法保护的中国声音。

第二，增进了美国对中国知识产权司法保护的理解。美方对于此次法律交流活动非常重视，美国斯坦福大学和美国专利商标局均提前半个月左右在其官网发布关于报告会的预告和议程，使美国企业界、学界、律师界更多的人关注到此次交流活动。在交流中，我们的演讲不仅引发与会人员的普遍关注和浓厚兴趣，而且与会者对于中国知识产权法院的专门化、法官的专业化、案例指导的多元化、技术事实查明机制的综合化以及在知识产权保护中坚持利益平衡原则等做法深表认可和赞同。不少参会者说：“他们之前只是零星地听说，但今天是第一次如此系统地了解中国知识产权法院和知识产权案例指导制度，希望今后能多进行这方面的交流”。可以说，此次交流不仅有助于增进美国各界对中国知识产权司法保护制度的理解，而且在一定程度上推动了美国政府官员、法官、学者、企业、律师等各界对中国知识产权司法保护成就的了解和认同。

第三，增进了中美法官之间的沟通和交流。多年来，应商务部的邀请，我院一直作为中美商贸联委会知识产权工作组参与单位直接参与中美知识产权交流和谈判。中美商贸联委会作为中美政府间双边经贸磋商机制，美方法院系统从未参加过相关活动。鉴于中美双方这种不对等的安排，我们去年向商务部建议，由于这是国家间的交流和谈判，因此应当要求美方邀请其法官参加今后的工作会议和交流活动。值得注意的是，在此次由中美两国商务部联合主办的法律交流活动中，美方特别安排其联邦纽约南区赛迪·斯坦法官参加交流，专门针对我的演讲进行评论；其高度评价中国知识产权法院的办案效率，并介绍了美国法官制度情况，可谓在一定程度上回应了我们之前提出的关于坚持司法对等原则的建议。此外，我们还在会议茶歇期间，就案例指导制度和法官遴选等问题进行了交流。通过这种面对面的交流，不仅增进了中美法官之间的相互理解和交流，密切了中美司法之间的联系，而且为今后中美法律交流活动中坚持司法对等原则和开展中美法院之间的合作交流奠定了良好的基础。

（二）*参加交流活动的几点思考*

第一，知识产权已经成为重要的外交博弈手段和筹码。中美法律交流迄今已经成功举办20届，本届主题是中国知识产权制度。通过此次交流活动和近年来参与的中美商贸联委会知识产权工作组会议，我深深地感受到，知识产权不仅成为国家发展战略性资源和国际竞争力核心要素，而且成为国家间外交的博弈手段和重要筹码。虽然衡量国家竞争力强弱的指标通常是硬实力，诸如资源、军事、经济等，但随着知识经济时代发展和文化产业全球化，文化比拼成为国际竞争新态势，国家实力较量已从硬实力扩展到软实力，而知识产权是软实力最为重要的部分。因此，世界未来的竞争是知识产权的竞争。围绕知识产权，中美之间不断博弈和较量。美国不仅加紧知识产权战略部署，抢占科技与知识产权制高点，而且在世界经济不景气、贸易保护主义抬头的形势下，通过将知识产权同世贸规则、减排责任等作为打压中国的利器，并正在成为中美竞争新常态。就此而言，在经济全球化和知识经济时代背景下，知识产权司法保护已不再是一般意义上民事权利保护问题，而是涉及国家整体发展战略和重大国家利益。有鉴于此，对外，我们应通过知识产权司法保护，对抗美国等发达国家的知识产权霸权和强权；对内，我们应通过知识产权司法保护提升国家核心竞争力，保障创新驱动发展战略目标实现。为了实现对外博弈目标，我们应当积极参与并充分利用中美法律交流等多种国际交流的机会，发出中国声音，宣传中国理念，展示中国成就，介绍中国经验，贡献中国智慧，维护中国利益。以事实说话，用法律沟通，凭专业互动，消除误解，增进共识，争取话语权，并逐步掌握主导权，为中国参与世界知识产权规则治理体系营造宽松有利的国际环境。

第二，进一步强化知识产权保护司法主导作用。在此次交流互动中，美方点评人专门研读并介绍了陶凯元副院长在《求是》杂志上发表的“充分发挥司法保护知识产权的主导作用”署名文章，认为发挥司法保护知识产权主渠道的作用，对于公允公正地解决知识产权纠纷，维护程序正义和实体正义，均具有重要意义。同时，对于中国专利法修法过程中体现出来的行政扩权态势表示担忧。的确，从国际上看，知识产权民事纠纷基本均通过司法渠道解决，而像我国这样通过行政执法解决大量知识产权纠纷的国家极为罕见。这一现象值得我们思考。首先，知识产权纠纷的处理结果对创新活动和行业发展影响甚大，妥善处理知识产权纠纷，不仅需要执法人员具备相当程度的专业知识和技能，更需要严格、成熟的诉讼程序。但是，我国现行行政执法活动中缺乏双方当事人参与的完整对抗和辩论程序保障，行政执法裁判错误的可能性相对更大。其次，正如有学者所言："在近年来我国知识产权法律修改过程中，出现了一种以加强知识产权保护为由而扩张行政执法权的态势，这不仅造成执法资源的浪费和重复建设，违背机构精简的改革方向，而且导致选择性执法、多头执法现象频发，人为制造执法标准不一。"特别值得注意的是，行政执法权极易被知识产权权利人滥用，沦为打击竞争对手的工具，这不仅不利于市场经济的发展和完善，反而将挫伤创新热情，不仅不利于知识产权保护长效机制建立，反而将严重损害我国法治形象。最后，从国际范围看，为适应知识产权审判专业性和复杂性的要求，为保证裁判标准统一性和法律适用一致性，提升国际竞争力，世界主要国家和地区纷纷将设立知识产权法院作为重要改革举措，知识产权审判法官和审判机构专门化已经成为一种国际潮流和通行做法。因此，借鉴国际通行做法，通过修改有关知识产权法律，强化和突出司法保护的主导作用，进一步推动知识产权审判专业化，让行政权力从一般知识产权民事侵权纠纷领域退出，将绝大多数知识产权民事纠纷完整地纳入法院司法管辖主渠道，让民事纠纷回归其本来的解决途径，已经成为当务之急。这不仅符合世界知识产权保护的发展潮流，也是对《国家知识产权战略纲要》关于"发挥司法保护知识产权的主导作用"要求的贯彻落实。因此，建议以陶凯元副院长关于"充分发挥司法保护知识产权的主导作用"署名文章精神为指引，进一步优化和完善中国特色知识产权双轨制模式，充分发挥司法主导作用，合理配置有限的行政执法资源。具体而言：其一，研究制定《关于人民法院充分发挥司法保护知识产权主导作用的指导意见》，将陶凯元副院长的文章精神具体化和措施化，为人民法院在审判实践中发挥知识产权保护司法主导作用提供具体指引。其二，在目前专利法、著作权法等法律修订中，向立法机关提出建议，将非常有限的行政执法资源仅用于严重危害公共利益、侵权判断标准简单清晰且仅通过民事诉讼无法提供充分救济的严重侵权行为，目前主要体现在假冒商标、假冒专利行为和著作权盗版等三类严重危害公共秩序和公共利益的侵权行为。其三，建议相关行政机关诸如商务部、国家知识产权局、国家工商总局和海关总署等应当联手应对国际贸易中外国采用知识产权手段对中国企业实施的知识产权贸易壁垒（例如，美国联邦贸易委员会对中国企业经常采取的 337 调查、恶名市场等），及时采取反制措施，以维护中国企业利益和国家利益。

第三，以对等原则推进中美司法机关之间的直接交流。在当今世界经济格局下，知识产权与国际贸易已如孪生兄弟般地相互紧紧捆绑在一起。知识产权之争，就是利益之争。中美商贸联委会是中美政府间经贸磋商机制，立场交锋和利益交换是达成国家间谈判成果的必然途径。在依法治国和建设法治中国的背景下，为了更加符合最高法院作为中国最高审判机关的地位属性，为了树立中国法院公正、中立、权威的司法形象，为了更好地发挥知识产权保护司法主导作用，我们应当以美方联邦地区法官开始参与中美法律交流活动为契机和基础，在中美商贸联委会机制框架下，坚持司法对等原则。凡是涉及司法问题，应当要求美方法官参与；问题清单中涉及中国司法问题时，亦应在清单中列出相关的美国司法问题。建议商务部帮助和支持推进中外司法机关之间的直接交流，协助中国法官积极参加有关知识产权国际规则研究和制定的国际会议，发出中国声音，把握话语权。同时，我们有必要建立和拓展独立的司法交流合作平台，进一步加强中外司法机关之间的直接交流。例如，我们可以充分发挥中国法院知识产权国际交流（上海）基地以及设在北京、广州知识产权法院的案例指导研究基地和知识产权市场价值研究基地的作用，不断提高交流合作的效果和影响力，不断提升参与制定知识产权保护国际规则的能力和水平。

第四，加快推进我国知识产权案例指导制度建设。在此次交流互动中，很多参会者非常关注我国案例指导制度，提出不少问题，诸如中国案例指导制度与美国判例制度有何区别、指导性案例发布数量、指导性案例如何被援引以及被援引情况、目前案例是否能够满足审判实践需要等等。值得注意的是，美国斯坦福大学专门设立了“中国指导性案例研究项目”。我在回答时特别指出，中国法院案例指导制度不同于英美判例法中的判例制度。中国是成文法国家，中国法院的审判指导制度是以成文法为基础，以指导性案例和参考性案例为补充的审判指导制度，是对成文法系和判例法系制度精华的兼收并蓄、博采众长的审判指导制度，指导性案例与司法解释一道成为审判指导的重要方式。中国的指导性案例是经过严格程序遴选并经最高法院审判委员会审议决定发布后才具有指导性案例的约束力，其不同于英美等国法院一旦做出即具有在先约束力的判例。此外，由于知识产权审判面对科技、经济发展最前沿，新情况、新问题、疑难复杂案件不断涌现，需要给予及时指导。为了提高指导及时性和针对性，我们在北京知识产权法院设立最高人民法院知识产权案例指导研究基地，我特别介绍了陶凯元副院长为该基地确定的“四个中心”的建设目标，这是司法改革制度创新。为了更好地建设和完善中国特色知识产权案例指导制度体系，建议加大对北京知识产权法院案例指导研究基地建设的推进速度，尽快实现案例信息智能汇集中心、指导案例发现识别中心、案例指导理论研究中心、案例指导综合服务中心的建设目标。

第五，加大打造知识产权精品案件的力度。在斯坦福大学的报告会上，有几位参会者都提及我们最高人民法院审理的奇虎公司与腾讯公司滥用市场支配地位纠纷案，表示对该案的庭审和判决印象深刻。认为该案在庭审中引入专家证人并充分地交叉质证，体现出对案件专业性的重视；该案判决对互联网领域市场支配地位认定标准以及滥用市场支配地位行为的分析原则与方法等问题所阐述的法律适用标准，在规范互联网企业发展和国际范围内互联网反垄断的裁判确立了标杆。此外，与会者也很关注广东高院审理的华为公司与美国 IDC 公司滥用市场支配地位垄断纠纷案，认为这是国际范围为数不多的涉及标准必要件专利的反垄断案件之一，在标准必要专利反垄断领域中产生很大影响。的确，我们应当看到，中国在知识产权保护领域中，特别是在互联网领域已经步入世界知识产权司法保护的前沿领域。近年来，随着国内外市场竞争日益激烈，知识产权领域内的新型、疑难、复杂案件不断涌现，涉外纠纷频发。我国法院在知识产权审判实践中，不仅公正高效地地解决了各类纠纷，而且创造性地适用法律，明晰了法律标准和行为界限，展现了我国法院公平、公正、权威的司法形象。其中，包括上述 3Q 反垄断案、华为与 IDC 公司标准必要专利垄断案在内的不少案件，在国内外均产生了积极影响，这不仅有利于推动我国融入知识产权国际化进程，而且有利于提高我国司法的国际公信力，更有利于强化中国在国际知识产权规则制定中的话语权。正如周强院长所说："我们正处在一个伟大的时代，我们要多出伟大的判决"。因此，我们知识产权法官应当牢固树立并弘扬"精品案件"意识，以国际视野和世界眼光，对于国际上尚不存在成熟统一规则的纠纷前沿领域，基于我国国情、内外利益考量和案件特点，大胆探索，勇于裁判，不断打造知识产权领域中的精品案件，努力做出周强院长要求的"伟大的判决"，彰显中国法院的裁判水准和能力，力争做国际知识产权治理规则的参与者、引领者和主导者，推动国际规则的形成，不断提高我国在世界知识产权舞台上的重要地位。

第六，坚持知识产权产权司法保护中的利益平衡原则。近年来，人民法院在审判实践中日益强调利益平衡原则，努力厘清和明确知识产权与其他民事权利的法律边界。利益平衡原则要求知识产权法官既要充分保护知识产权人的合法权益，鼓励创新，又要防止知识产权保护扩大化和绝对化，避免知识产权的无限扩张而损害其他权利人的合法权利和公共利益，阻碍或压缩后续再创新空间。在美国专利商标局的报告会上，《专利侵权司法解释（二)》中关于对善意第三人和公共利益的保护规定以及我院关于"星河湾"服务商标侵权系列案中有关利益平衡的裁判精神和原则，获得不少与会人员的赞同和支持，认为应当遏制知识产权人的权利不当扩张，维护公共利益，并建议中国法院在指导案例中明确公共利益的具体体现。我认为，这是发达国家对长期以来知识产权过分、绝对保护趋势的一种理性回归。在中国当前所面临的知识产权发展现状和未来趋势上，我们应当在实施严格的知识产权保护制度和不断加大知识产权保护的同时，继续坚持利益平衡原则，尤其应在医药、种业、互联网等涉及国计民生的重要领域中，维护好知识产权人的商业利益与国民生命健康权益之间、植物品种权与农民特权以国家粮食生产安全之间、网络著作权人与传播者以及社会公众乃至国家信息安全之间的利益平衡，以彰显知识产权司法保护中的公允和理性。

特此报告，请审示。

关于参加2016年中美司法交流项目的报告

程 捷[*] 李 剑[**] 杜微科[***]

2016年4月11日至22日，刑一庭程捷，民三庭李剑、杜微科受我院指派，参加了由商务部组织的中国知识产权代表团，赴美进行司法交流。代表团由商务部条约法律司副司长陈福利率领，团员来自全国人大、最高人民法院、最高人民检察院、知识产权法院（北京、上海、广州）、中央司法体制改革领导小组办公室、全国打击侵犯知识产权和制售假冒伪劣商品工作领导小组办公室和商务部。

访美期间，代表团先后与美国专利商标局、贸易发展署、美国联邦量刑委员会、乔治华盛顿大学法学院、联邦法院行政办公室、参议院司法委员会、联邦巡回上诉法院律师协会、联邦巡回上诉法院、美国商会、威斯康辛州西区联邦地区法院、威斯康辛大学校友研究基金会、威斯康辛州最高法院、威斯康辛大学麦迪逊分校、威斯康辛州经济发展合作局等机构进行了广泛的交流，对中美两国的知识产权相关问题进行了深入研讨。现将此次出访情况报告如下：

一、关于知识产权犯罪的定罪量刑

4月13日下午，代表团访问了美国联邦量刑委员会，听取了委员会副总顾问Jim Strawley和法务专员Charles Ray关于美国知识产权犯罪的量刑准则、流程和具体案例的介绍。我院刑一庭程捷审判长介绍了中国知识产权犯罪的定罪量刑情况。

（一）美国联邦量刑委员会相关情况介绍

美国联邦量刑委员会是根据美国1984年通过的《量刑改革法》授权而成立的专门的量刑指导机构。委员会由9名委员组成，各委员由总统任免，其中7名有投票权（经参议院选举产生），2名无投票权（非选举的当然成员，其中1位来自司法部，代表司法部长，另一位来自假释委员会，代表假释委员会主席），直接受国会监督。

委员会成员一届任期6年，非终身制。其组织模式基本依循联邦最高法院法官的任命规则，这一特殊组织形式保障了联邦量刑委员会的较高级别和中立性，并享有充分自由，不受外来压力的干涉。从性质上来讲，联邦量刑委员会是一个专门和常设的机构，属于司法系统的独立机构，其成员至少3位是联邦法官，但不审理案件，其他成员有律师、社会学家等等。联邦量刑委员会的最重要职权是“为联邦刑事审判确立审判政策和实践标准”，负责制定、修改、完善《美国量刑指南》。

（二）美国《美国量刑指南》相关情况介绍

1987年11月1日，《美国量刑指南》

---

[*] 作者单位：最高人民法院刑一庭。

[**] 作者单位：最高人民法院民三庭。

[***] 作者单位：最高人民法院民三庭。

(以下简称《指南》) 正式生效。该《指南》是由美国联邦量刑委员会提供，经国会审查后，在美国联邦法院系统适用的量刑政策。美国联邦法院的判决必须在《指南》所规定的范围内进行，只有在法院发现存在某种加重或减轻量刑的情节，而量刑委员会制定《指南》时在某种程度上没有充分考虑这些因素，从而出现判决与指南规定不同时，才可以偏离指南的规定，在其量刑幅度之外判处刑罚。但是，法院必须在判决中详细说明偏离指南规定的理由，而且还要接受上诉法院的严格审查。

《指南》适用于联邦法院超过 90% 的重罪和 A 级轻罪案件，其规定的刑罚种类有拘禁刑、保护管束及罚金等，其中拘禁刑的相关规定最为细致。拘禁刑的刑期计算方式原则上均依据量刑委员会制定的量刑表（Sentencing Table）。量刑表是一个规定了 43 个犯罪等级（以月为单位）的表格，其中仅有一排排规律性的数字，因而它中性而客观。

《指南》的一个显著特点是其中每一个具体犯罪的规定都不会出现具体刑期，仅仅指出基本犯罪等级，以及增加或减少的犯罪等级。在对具体个案的规定中，《指南》包含了大量反映犯罪行为社会危害性的内容。至于犯罪等级具体对应的刑期，则需要对照量刑表才能得出。因此，量刑表对于《指南》的实施有着非凡意义。离开量刑表，《指南》就成了无本之木，无源之水。同时，量刑表中任何等级的最大值不能比最小值大 25% 或多 6 个月。

（三）美国知识产权犯罪的量刑方法

在美国，对某个犯罪的实际量刑分为两个步骤：第一是考虑案件，即《指南》中的特殊因素，第二是比对量刑表。一旦确定具体案件的基本犯罪等级，具体案件中的特殊性及其对应的增加或减少的犯罪等级，接下来的工作便是根据犯罪等级的级数，去量刑表中寻找量刑的最终范围。

美国刑法中没有规定侵犯专利犯罪，只有侵犯著作权和商标权的犯罪。《指南》在第二章 B 部分 5 节 3 条和 5 节 4 条分别规定了对侵犯著作权犯罪和侵犯商标犯罪的量刑。《指南》在知识产权犯罪的量刑方面，是根据侵权物品的价值来增加犯罪等级，该价值通常超过犯罪所得或损失。

综上，美国联邦量刑委员会与我国最高人民法院在制定、发布司法解释上的职权相同。量刑指南和我国的司法解释在量刑中均发挥着重要作用。最高人民法院 2014 年 1 月 1 日下发的《关于常见犯罪的量刑指导意见》，在制定过程中对美国量刑指南也有所借鉴。

（四）有关中国知识产权犯罪的交流

在访问过程中，代表团也专门向美方介绍了中国在知识产权犯罪方面的刑事立法和刑事执法情况，包括完善刑事立法、制定实施司法解释、下发指导案例、加强行政执法与刑事司法衔接等。

美方代表对中国刑事执法方面取得的进步表示肯定。总体看，在此次访问过程中，美方对我国知识产权刑法保护的关注度不高，只有个别人员提及应加大我国知识产权犯罪的打击力度，代表团对此作出了回应。

二、关于中国司法改革及其对知识产权司法保护的影响

4 月 14 日，代表团在美国专利商标局全球知识产权学院，参加了两场由美国专利商标局和乔治华盛顿大学法学院联合组织的会议，主题分别是“中国法律发展和法律改革”和“法治改革和知识产权”。会议讨论了中国法治发展、司法改革特别是知识产权司法体制改革等议题，并对知识产权法院的实践进行讨论。

代表团以党的十八届三中、四中全会决定为依据，简要地介绍了完善国家统一法律职业资格制度、从律师和法学专家中公开选拔法官和检察官、司法官员逐级遴选、省以下司法机关人财物由省一级统管、加强司法职业保障等重要改革举措。来自北京、上海、广州知识产权法院的法官重点介绍了所述法院的相关情况及改革措施。美方对中国推动司法改革，增强司法的透明度，加强司法公正的努力和成效予以充分肯定。

美国专利商标局官员和学者的发言主要集中在以下几个方面：一是建议设立专门的知识产权上诉法院，二是关注中国案例指导制度的发展，三是就知识产权审判中引入“法庭之友”机制进行了讨论。对此，代表团介绍了中国法院通过召开专家论证会听取意见，以及在一些热点案件中，法学专家学者向法院提交意见建议的实践作法。

三、关于专利侵权损害赔偿

在此次访问过程中，中美双方在多个场合，对专利侵权损害赔偿的问题了进行深入探讨。

（一）美国专利法关于侵权损害赔偿的规定

《美国专利法》第284条规定：“法院在认定侵权成立后，应当判决侵权人补偿给请求人所受侵害的赔偿金，但无论如何均不能少于侵权人使用该专利应支付的合理使用费，以及法院确定的利息和诉讼费。在陪审团无法确定损害赔偿金时，法院应当承担估算金额之责。并且，无论赔偿金额由陪审团还是法院决定，法院均有权将损害赔偿金额增加到原定金额的最多三倍。本条规定不适用于本法第154（d）的临时权利。法院可接受专家证词，以协助决定损害赔偿金或合理许可费。”

根据美国专利法第284条的规定，目前美国专利侵权损害赔偿包括补偿性赔偿和惩罚性赔偿。补偿性赔偿的目的是针对专利权人所遭受的损失进行适当补偿，其主要包含所失利润和合理许可费两种计算方法。惩罚性赔偿的目的是针对侵权人的恶意侵权行为而进行的加重赔偿，一般适用于故意侵权案，最高可达三倍。

专利权人损失的利润是指专利权人因为侵权人的专利侵权所造成的利润损失。专利权人必须证明损失的利润和侵权有因果关系，即如果没有侵权，专利权人会获得所要求的损失的利润；专利权人还要证明具体损失的利润。具体损失的利润不需要精确的数额，但是要合理地接近。如果专利权人没有在市场销售专利产品，只是拥有专利的公司或个人，一般不能要求损失利润赔偿。

专利权人也可以以许可费率来证明自己的损失，即侵权人应该向专利权人支付一定的许可费。专利权人如果把专利已经许可给他人使用，专利权人可以据此许可费率，要求侵权人赔偿。此外，即使有已经实际产生的许可费率存在，专利权人仍然可以要求更高的合理的许可费率。合理许可费率是指专利权人和侵权人在侵权开始时假想的许可谈判中，能够达成合意的一个许可费率。陪审团或法官如果认为专利权人不能证明损失利润赔偿的数额或存在实际的许可费，会基于合理的许可费（可以比较的许可费 comparable license）作出判决。

在访问联邦巡回上诉法院律师委员会的过程中，来自英特尔公司的代表以及其他律师代表认为，当前美国专利侵权诉讼中的损害赔偿过高。在确定惩罚性赔偿时，应当将侵权人具有主观故意（willfulness）作为必不可少的构成要件。目前，对于损害赔偿的计算缺乏明确的规则指引，建议对于损害赔偿的计算，必须与专利的创新程度相适应，必要时可以引入财务专家。对于中国的专利诉讼，美方代表认为存在赔偿额过低的问题，但中国法院更容易判决停止侵权（禁令），一定程度上弥补了赔偿额过低带来的影响。

（二）美国专利法关于由败诉方承担胜诉方合理律师费的规定

《美国专利法》第285条规定："在特殊情况下，法院可判定败诉方赔偿胜诉方合理的律师费。"在诉讼中，对于侵权人，特殊情况一般包括故意侵权。对于专利权人，特殊情况一般包括专利申请过程中的不正当行为（inequitable conduct），以及提起诉讼时没有合理的基础，违反美国《联邦民事程序法》第11条（该条规定，任何主张和抗辩都应该有合理的基础，而不是轻率、无根据的）的规定。

（三）关于完善我国专利侵权损害赔偿制度的思考和建议

我国的司法实践中，专利权人获得赔偿低是有多方面原因的，最主要原因有二个：一是专利技术含量低，大量是外观设计专利和实用新型专利，其中不少是抄袭他人现有设计或者现有技术，略作修改而申请的改进型专利。二是大量专利案件中，专利权人对赔偿额不进行举证，而是主动主张由法官适用法定赔偿。因专利权人未提交证据，法官酌定赔偿额时也是巧妇难为无米之炊。

在与美国法官交流过程了解到，如果专利权人就损害赔偿不举证，法官可判决1美元或者0美元赔偿。此外，一些学者、专利权人认为，虽然我国专利侵权民事赔偿额与美国相比较低，这种比较是没有多少参考价值。因为美国大量的美国专利诉讼案件是以调解结案，真正判决的只占少数。而且，最后判决的案件中的双方当事人往往为大公司，产生纠纷的专利往往是技术含量较高的专利。这些基础数据不搞清，笼统地将我国专利侵权赔偿额与美国相比，得出我国赔偿低的结论是难以令人信服的。还有一个因素是，在美国最高法院判决eBay案之后，美国法院判决停止侵权（禁令）时极为慎重，权利人难以获得禁令救济，其主要的救济方式为损害赔偿。相较于在中国，除非涉及公共利益或者国家利益，原则上法院都会判决停止侵权，因此，一定程度上抵消了赔偿数额相对较低的影响。但是，不可否认，过低的赔偿额也不利于遏制侵权行为，不利于保护创新主体积极性和创新成果。

关于败诉方承担对方的合理支出。与美国专利法第285条相比较，我国专利法等法律中仅规定了被告败诉后需承担原告（权利人）的合理支出，没有规定在特定情形下，原告败诉也应当承担被告的合理支出。因此，美国专利法第285条的规定更加注重当事人的利益平衡，也有利于遏制原告滥用诉权，打击竞争对手的不正当竞争行为，或者原告在专利授权确权程序中可能存在的不诚信行为（例如作虚假陈述，提供虚假的数据或者证明材料）。因此，建议在第四次修改专利法的过程中，可以借鉴美国专利法的规定，对败诉方承担对方合理支出的既有规定作出调整。

四、关于美国联邦法院的司法管理

4月16日上午，代表团访问美国联邦法院行政管理办公室，并与美方人员进行了约一个小时的座谈，内容主要涉及联邦法院系统的司法管理：

（一）美国司法大会（The Judicial Conference of The US）

美国司法大会由国会设立，是全国范围内有关联邦司法系统政策决策的中心机构。美国联邦最高法院的首席大法官主持该大会的工作，其成员包括：每个巡回上诉法院的首席法官，一个来自联邦地区法院的法官（选举产生），以及国际贸易法院的首席法官。其职责主要包括：（1）调查法院情况，准备法官的调配计划；（2）对各级法院的统一化管理提供建议；（3）向国会提交立法建议和预算要求，对可能影响法院的立法活动进行评估；（4）向联邦最高法院提交有关司法实践、司法程序以及证据规则等方面的建议；（5）对巡回上诉法院评议会有关法官不当行为、或者身体残疾等方面的意见作出评判；（6）基于宪法第三条，建议新的法官职位，提出破产法官、治安法官的选择以及数量的建议；（7）提出有关法院管理的其他规则或者建议。

司法大会监督和指导美国联邦法院管理办公室主任。司法大会的工作主要由各个委员会完成。委员会涉及多个领域，包括程序规则、行政、案件管理、预算和财政、行为法典、国际司法关系、法院设施等。

（二）美国联邦法院行政管理办公室（The Administration Of The US Courts）

该办公室主任由联邦最高法院首席法官任命，负责所有联邦法院的日常管理，包括：人事、工资支付、设备、信息采集。办公室也是司法大会的秘书处和合同签订方。

（三）联邦司法中心（Federal Judicial Center）

该中心负责联邦法官培训和法院人事，研究司法程序和法院管理以及行政，评估可以用于法院的科学技术。根据请求，也可为司法大会及其委员会提供研究和教育支持。

（四）巡回上诉法院评议会（Circuit Councils）

国会为每个巡回上诉法院设立了评议会。评议会在管理本辖区联邦法院上有较为宽泛的权利。职责包括：向司法大会推荐成员法官，审查地区法院规则，监督法院工作量，管理法官工作人员。评议会还对涉及法官的不当行为进行审议，提出处分建议。

五、关于美国 337 调查

4 月 18 日上午，代表团在美国专利商标局全球知识产权学院，听取了美国国际贸易委员会（International Trade Commission，简称 ITC）不公平进口调查办公室 Margaret D. Macdonald 主任关于 337 调查的介绍，并进行了交流。

（一）ITC 的机构设置

美国 337 调查的机构是美国国际贸易委员会。美国国际贸易委员会设立于 1916 年，设立时名称为美国关税委员会，其职责为认定事实和提供建议。这一机构中有 6 名委员，由总统提名经参议院确认后任命，任期为 9 年。在美国国际贸易委员会之下设有不同的部门，分别负责不同的事项，主要有：（1）不公平进口调查办公室（Office of Unfair Import Investigation，简称 OUII）。其职责为对起诉人的申请材料予以审查，并在调查过程中派出公益律师，代表公众利益全程参与整个 337 调查；（2）秘书办公室（Secretary's Office）。负责申请文件、摘要以及其他合法性文件的编译和记录，同时发布美国国际贸易委员会的通告、报告和命令，负责文件的接收，对信息是否属于秘密信息作出决定。在颁布临时性排除令情况下，接收一方当事人提交的保证金或其他担保；（3）总法律顾问办公室（General Counsel's Office）。美国国际贸易委员会的首席法律顾问的职责为在行政法官作出初步裁决以后，为委员会提供法律支持，并在国际贸易委员会被起诉时出庭参加诉讼；（4）贸易救济援助办公室。其职责为提供法律咨询，或者帮助中小企业进行起诉事宜。

（二）审理程序

337 调查案件的基础性审理程序是由美国国际贸易委员会内部的行政法官主持的当美国国际贸易委员会决定启动某一337 调查程序后，案件将被转移至首席行政法官指定的主审行政法官手中。美国国际贸易委员会内部有三名行政法官，他们将依据《ITC 操作与程序规则》和《行政程序法》等规则，轮流接收将要审理的 337 调查案件，并且在前述法律规则的指导下，行政法官针对案件进程可以详细设定自己的审理规则，包括证据发现规则、动议的形式以及提交文件的要求等。

行政法官的职责是对案件过程进行调查，举行听证会，并在证据、记录和当事人辩论的基础上作出初步裁决，初步裁决包括认定的事实和法律结论。如果起诉人提出采取临时救济措施的请求，主审行政法官在作出初步裁决以后，还要对临时救济措施提出自己的建议。

主审行政法官的初步裁决是 337 调查基础性行政程序的第一个环节，它将作为美国国际贸易委员会最终裁决的基础。当事人有权在法律规定的时间内，对行政法官的初步裁决提出复审请求，若美国国际贸易委员会决定对初步裁决进行复审，则美国国际贸易委员会将不受初步裁决的影响而得出自己的结论，若美国国际贸易委员会决定拒绝复审请求，那么行政法官的初步裁决将成为美国国际贸易委员会的最终裁决。

（三）总统审查程序

如果被调查人未违反 337 条款，是不需要提请总统审查的。只有当美国国际贸易委员会裁决被调查人违反了 337 条款的情况下，才需要提交总统审查。

具体承办总统审查事项的机构是美国贸易代表办公室。对于裁决被调查人违反 337 条款的情形，总统基于政策审查后，可能出现三种不同的结果。一种结果是，总统认为对于被调查人违反 337 条款而采取的救济措施影响了美国的公共利益，总统行使否决权，那么被调查人将不受救济措施的影响。第二种结果是，在最终裁决生效后的六十日内，总统作出认可美国国际贸易委员会最终裁决的行为，那么从总统下达同意命令之日起，美国国际贸易委员会最终裁决即为终局裁决。第三种结果为，自最终裁决生效后的六十日内，总统未行使否决权，也未曾下达同意命令，那么自六十日期满，美国国际贸易委员会的最终裁决即为终局裁决。

（四）平行诉讼及其解决

起诉人既可以选择美国联邦地区法院提起诉讼，也可以选择向美国国际贸易委员会递交起诉状。当起诉人选择向两个机构同时起诉被诉人时，就产生了平行诉讼。

1994 年的《乌拉圭回合协议法》规定，被诉人可以在后一诉讼开始之日起三十日内，向联邦地区法院提出暂停法院诉讼审理的请求，待美国国际贸易委员会进行的 337 调查审理完毕后，再进行法院审理。联邦地区法院恢复审理后，美国国际贸易委员会的最终裁决可以成为法院审理的证据。

目标期限短一直是 337 调查的最大特点。正是审理的快捷、迅速，才使得美国国内企业更多愿意选择 337 调查而不去选择地区法院诉讼。在规则修订中，美国国际贸易委员会对目标期限的设置及其相关内容作了改变。规定主审行政法官发布的目标期限如果不超过十六个月，则行政法官的命令即为最终命令，且其应当在不晚于调查完成前的四个月发布他的初步裁决。因为委员会认为其要有两个月的时间，决定是否审查一项初步裁决，且需要两个月的时间作出全部调查的最终裁决。

六、关于美国双方复审程序（Inter Parte Review）

（一）双方复审程序的立法过程

在美国，对专利提出无效有两条途径，一是在专利侵权诉讼中直接向受理法院提出专利无效宣告申请；二是利用美国专利商标局的专利复审制度。1836 年联邦专利局成立以来（即现在的美国专利商标局的前身），其对专利权的管辖限定于专利授权之前。而专利一旦授权，其效力争议只能由法院在专利侵权诉讼或其他法律诉讼中予以确认。由于专利诉讼流程耗时、费钱，且企业必须花费大量的资源投入，对改革创新带来了诸多不利影响。

为了能够更加快速、高效地解决专利质量问题，1980 年美国专利法设立“单方再审程序（Ex parte Reexamination）”。自此开始，在美国挑战专利的有效性，既可以通过专利诉讼进行，也可以通过行政程序来解决。

伴随着专利数量激增，带来了专利质量降低和诉讼案件制度成本过高等问题，不利于产业经济的发展。1999 年，美国国会通过立法设立双方再审程序，并于 2000 年生效，但此程序仅适用于申请日为或晚于 1999 年 11 月 29 日的已公告专利。

美国总统奥巴马于 2011 年 9 月 16 日签署《美国发明法》，该法案是自 1952 年以来，对美国专利制度最全面的改革，其中专利授权后的双方复审程序就是新措施之一。

（二）双方复审程序的具体规定

单方复审程序规定，第三人应当在专利授权后的九个月内提出。而双方复审程序，需要在专利授权起的九个月之后才可以提出。

双方复审程序适用于美国发明法案生效日之前或之后授予的所有专利，且只能以印刷出版物和专利为现有技术。提出双方复审申请的第三人需要结合一个或者多个权利要求，适当说明其不具有专利性的理由。

双方复审程序由专利审判和上诉委员会审理，当事人对于上诉委员作出的决定，可以向美国联邦巡回上诉法院上诉。对复审程序的审理，局长选定三名专利行政法官组成合议组负责处理复审，专利行政法官由同时具备丰富专利审查经验和拥有法律学位的人员组成。如果涉及不同当事人提出的多个复审请求，合议组可作为一个合并的复审程序进行，也可以根据需要分成几个单独的复审程序。

关于程序中止问题。在专利侵权诉讼结束之前，如果：（1）专利权人请求中止复审；（2）侵权诉讼在专利授权后三个月内提出；（3）局长认定侵权诉讼有可能处理的可专利性问题与复审程序要处理的可专利性问题相同或基本相同；（4）局长认为中止复审程序不违反公平原则。则局长不得对复审请求作出决定，也不得启动复审程序。复审中止之日起三个月内，局长认定复审请求中可专利性实质问题仍然存在，则可重新启动专利复审程序。

关于审理期限。专利审判和上诉委员会应当在当事人依法律规定通知之日起一年内，公布授权后审查的最终决定。因合理的理由，可以将一年期限延长最多六个月。

关于证据规则及举证责任。复审程序

中的复审请求人承担举证责任，必须以优势证据证明一项权利要求无效。对于可专利性的裁决，须以该项权利要求最大合理解释为基础。除与复审有关规定不一致外，联邦证据规则也适用于复审程序。

关于上诉。双方复审程序由专利审判和上诉委员会审理，对审理决定不服的，可向美国联邦巡回上诉法院上诉。

七、关于美国专家证人制度

4 月 19 日上午，代表团访问了威斯康辛州西区联邦地区法院，观摩了 Barbara Crabb 法官主持的庭审，并与该法院的首席法官 William M. Conley、法官 James D. Peterson 和治安法官 Stephen L. Crocker 进行交流，讨论了美国的专家证人制度。

（一）专家证人在专利诉讼中的诉讼地位

在美国，由于专利诉讼技术性较强，如何说服陪审团接受自己的观点，单凭律师的陈述往往难以做到，故专家证人的作用不可或缺，甚至出现专职的专家证人，负责向陪审团说明技术性较强的问题。

美国的专家证人制度有其明显的优点：一方面可以通过诉讼中双方当事人之间的对抗，促进案件质量和效率的提高。另一方面，可以借助于处于对立面的双方当事人的相互制约机制，更加全面地揭示案件的客观事实，有利于法官兼听则明，防止偏听偏信。但其也有弊端：为了各自的目的，控辩双方往往不是基于澄清案件事实去寻找最优秀的专家，而是为了获得胜诉去寻找最佳的证人，故其公正客观性有所降低。

（二）专家证人与证人的区别

专家证人和普通证人之间也有所差别，因而在适用法律规则上略有不同。比如，专家证人要求具备相关的知识或经验，可以向法庭陈述自己的看法或见解，并作出有结论性的意见，同时还可向法官和陪审团阐述作出结论的根据。而普通证人作证时只能陈述自己了解的案件事实，不能发表自己根据这些事实得出的结论或意见，否则根据传闻证据规则将被排除。

美国法律中，鉴定人被视为证人。司法鉴定人的鉴定活动与诉讼对抗是不可分的，司法鉴定人就是特殊的证人，从属于一方当事人，以本方当事人的立场和利益为鉴定活动。

（三）专家证人的类型及其选任

美国专家证人主要有 4 种类型。一是技术类别专家。该类型专家专门负责解释专利中的技术性问题。二是法律类别专家。该类别专家通常是律师出身，也可能曾经担任过专利审查员、评审员，也有可能曾经担任过法官，或法官助理等，他们对专利的申请流程、诉讼流程等程序性问题较为熟悉，专门负责向陪审团解释专利的申请过程，或提醒陪审团在专利诉讼中应当注意到的问题。三是赔偿方面的专家。他们通晓企业产品利润的计算，能够对赔偿的数额问题提出计算依据。四是对侵权行为的主观状态进行分析的专家。他们能对侵权者的主观状态进行评估，这对法庭决定是否适用惩罚性赔偿有很大的帮助。

在美国，基于其“当事人主义”诉讼模式的影响，法官不积极主动地干预当事人的诉讼行为，对于专家证人的选任由双方当事人各自行使，以达到平等对抗目的。为了解决专家证人的客观中立问题，美国联邦证据规则第 706 条规定：“……法庭可以指定当事人同意的任何专家证人，也可以根据自己的选择指定专家证人……”虽然司法实践当中，法官指定专家证人的现象不断增多，然而受根深蒂固的传统诉讼模式的影响，当事人委托专家证人仍然是最主要的。

专家证人的出庭费用较高，所以有很多人专职从事专家证人行业。但是，有资格在专家证人的行业中立足亦非易事，通常对方对其资质的诘问是专家们首先要过的关口。双方律师一般要对对方专家证人的受教育程度、资质、经验、受到的专业培训等作深入的询问，以确定其专家证言有多大的可信度。同时，专家证人历史上是否有污点、劣迹、不诚信等问题，同样会对证言的可信度产生影响。

八、关于威斯康辛大学校友研究基金会（Wisconsin Alumni Research Foundation，以下简称 WARF）

科研成果的知识产权转化以及实施率较低，一直是我国高校、科技创新活动中存在的突出问题之一。4 月 20 日下午，代表团一行参观访问了威斯康辛大学校友研究基金会。该基金会的运行模式值得我们参考和借鉴。

（一）WARF 的基本情况

该基金会成立于 1925 年，具有独立法人资格，通过与威斯康辛大学签订协议的方式，专门从事大学的知识产权管理，特别是技术转移工作。其任务是推动研究成果向产业的转移，在实现科研成果的市场价值并造福社会的同时，通过技术许可为大学的科研活动提供经费支持，从而使大学的科研创新活动具有可持续性。因其在技术转移方面的杰出贡献，2005 年 3 月 14 日美国总统布什向 WARF 颁发了美国技术创新最高荣誉奖——美国国家技术奖章（The National Medal of Technology）。

WARF 的知识产权管理人员与威斯康星大学的研究人员保持密切联系，时刻关注学校各项在研项目，以获得最新的技术研发信息。一旦发现具有价值的研究课题和成果，发明人就会向 WARF 披露其技术。一个由信息部、技术和市场分析部、投资分析部、专利顾问部等部门的专业人员组成的专门委员会，将根据其掌握的分析评估方法和标准，评估该技术的可专利性、市场价值以及有无向外许可的可能等。通过委员会评估的项目，将由 WARF 接受，并由 WARF 与发明人签订协议，将该发明申请专利的权利交给 WARF，专利许可收入的 15% ~20% 归发明人。

WARF 出资并聘请与其合作的专利代理机构撰写申请文件和办理申请手续。WARF 对文件和申请程序等进行质量管理和控制，WARF 的信息以及技术许可部门则通过其多年积累起来的技术许可渠道，与潜在的技术需求方联系，寻找被许可方，签订许可合同，并对许可合同进行跟踪管理和权利维护。在扣除运营成本后，WARF 将盈利反馈给威斯康辛大学。WARF 并不决定这些资金的使用，以免大学和研究者的研究兴趣直接受到商业利益的影响，从而保持大学的研究独立性。

九、美国拜杜法案及其对高校科研活动的影响

美国在 1980 年《拜杜法案》之前，联邦政府资助的科研开发成果依法属于联邦政府所有，项目承担单位必须经过复杂的报批程序，方可拥有申请专利的权利。对其研究成果，非经核准不得擅自实施。因而，政府资助的科研项目专利申请有限，向产业界转移的专利技术很少。到 1980 年，联邦政府持有近 2.8 万项专利，但只有不到 5% 的专利技术项目被转移到工业界实现产品创新。为改变这一局面，美国国会于 1980 年通过了由参议员 Birch Bayh 和 Robert Dole 提出的《拜杜法案》。

《拜杜法案》的政策目标是：利用专利制度，促进联邦资助的研究开发活动所产生之发明的利用，鼓励小企业最大限度地参与联邦政府支持的研究开发活动，推动企业与大学等非营利机构间的合作，推动美国发明的商业化，提高公共利用效率，并防止不使用或不合理使用发明而损害公共利益。

在权利处置条款中，法案规定对联邦政府资助科研项目所形成的发明，大学等非营利机构可选择保留所有权，即将知识产权权属划归大学等机构拥有；同时，法案要求大学等在合理时间内向联邦政府报告发明情况，否则所有权属于联邦政府。如果完成单位没有在规定时间申请专利，联邦政府有权申请。

《拜杜法案》允许大学持有公共资金资助的研究成果专利，并可以不同方式对外许可。该法案在将发明成果的权属转移给大学的同时，降低了大学在申报和批准专利过程中的成本，并简化了行政手续，提高了大学申请专利和将其成果产业化的积极性。

《拜杜法案》的制定，表明美国国家层面强有力的专利技术转移体系的建立，并启动了政府、大学和产业界共同实现技术创新，服务于公共利益的机制，为技术转移做出了巨大贡献。与政府保有专利并进行技术转化相比，学术界从他们的发明创造中获得的收益更多，技术转化也做得更好。

中欧知识产权项目欧盟考察团关于知识产权侵权赔偿、举证及审理周期的考察报告

中欧知识产权项目欧盟考察团*

根据周强院长指示，经过最高人民法院国际合作局统筹安排，应欧盟驻华代表团中欧知识产权项目（IPKEY）的邀请，最高人民法院审判委员会委员、知识产权庭庭长宋晓明率领考察团，访问欧盟成员国德国、法国和意大利，对如何破解我国知识产权侵权“赔偿低、举证难、周期长”的问题进行了考察。考察团成员共10人，来自于最高人民法院知识产权庭，北京、上海、广州知识产权法院，江苏、福建省高级人民法院知识产权庭。

本次访问共计10天，前后到访了位于德国慕尼黑的欧洲专利局、位于法国巴黎的法国国家司法官学院、法国最高法院和位于意大利罗马的意大利最高司法委员会和意大利最高法院。与来自德国联邦法院、德国联邦专利法院、慕尼黑地区法院、欧洲专利局、法国最高法院、法国巴黎大审法院、欧盟法院、意大利最高司法委员会、意大利最高法院等共27名代表举行了10场圆桌会议。考察期间，代表团成员作题为“中国知识产权专门法院的机构设置”及“中国知识产权专门法院的工作量和工

* 中欧知识产权项目欧盟考察团成员：最高人民法院民三庭宋晓明、周睿隽，江苏省高级人民法院民三庭李红建，福建省高级人民法院民三庭杨健民，北京市知识产权法院陈锦川、芮松艳，上海市知识产权法院黎淑兰、陈惠珍，广东省广州市知识产权法院林广海、刘培英。

作效率”的主旨发言。与对方互动交流的同时，也帮助对方了解我国知识产权司法保护的最新发展，宣传我国在知识产权司法保护方面做出的努力和取得的成效。

结合欧盟考察的情况，就如何认识和破解我国知识产权侵权案件“赔偿低、举证难、周期长”的问题，报告如下：

一、关于“赔偿低”的问题及建议

（一）欧盟知识产权侵权赔偿的情况

德国：

权利人起诉只限于要求判决是否有权获得侵权人的赔偿，而不能提出具体赔偿数额的诉讼请求。在侵权成立的情况下，法院认定权利人有权获得赔偿，至于赔偿数额的多少，判决中不作认定而是由双方另行协商，法官不参与协商赔偿额的过程。如果当事人不能就损害赔偿金额达成一致，权利人另行起诉，该起诉则以确定准确的损害赔偿金额为限。通常双方当事人清楚再次起诉的话，所耗费用更大，时间更长，故通常会选择自行协商赔偿金额。以慕尼黑法院为例，在2015年审结的120～130宗专利侵权案件中只有2～3宗案件因为当事人不能对赔偿数额协商一致而再次起诉要求法院判决赔偿。德国近年来将原有的诉讼收费标准提高，在诉讼没有进入口审程序的，则退回一部分费用，当事人同意不进行口审的，也可以减少部分费用。慕尼黑法院所介绍的其把侵权赔偿与侵权判定分开处理的工作机制和效果，给我们考察团成员留下深刻印象，引起我们热烈的议论。

德国目前所采取的侵权损害赔偿原则是补偿性赔偿。德国的专利侵权损害赔偿计算方式为三种，包括权利人的损失、侵权人的获利，以及合理的许可使用费。当事人可以在诉讼的最后阶段选择到底以哪种方式计算赔偿。关于权利人实际利润损失及侵权者利润额的证明过程都相当复杂。例如要准确计算利润损失，权利人须详细说明其计算利润的方法。若侵权人不认同权利人提出的数额，法院可指定专家（通常是注册会计师）审查权利人企业的成本结构。对侵权人利润额的计算，法院要求侵权人必须提供与侵权产品有关的涉及生产及销售的细节以进行审核。进一步而言，侵权利润是销售额扣减成本，对于可扣除的成本则包括生产、采购、经销等成本及源自侵权行为的成本，而不可扣除的成本主要指侵权人在生产经营过程中本可以不产生的成本，例如召回产品的成本等。就专利侵权而言，法官必须确定侵权人的利润在多大程度上归因于产品的技术特征，而非归因于影响消费者购买决策的其他因素，从而确定利润份额。对于合理的许可使用费费率则通过现有的许可协议、相关行业通常支付的许可使用费的报告或者法院和德国专利局仲裁委员会的职务发明报酬判例，以及指派专家提出的意见等进行确定。德国法院实践中较少采取权利人损失的计算方式，多为采取侵权人获利的计算方式，原因是权利人不愿意公开其收益情况。

法国：

当事人可以通过律师向大审法院的调查法官申请保全涉嫌侵权的证据，只须申明理由而不需要有合理证据。调查法官在保全涉嫌侵权证据时可以邀请警方参与，申请人一方有知识产权顾问以专家身份一并陪同，律师不能参与。这种保全的制度有侵入性，但非常高效。

原告起诉后，原被告会就所有问题以书面形式在庭前交换意见，在专利案件中来回交换意见可能有三次或以上。在侵权案件中，法院为了提高效率，会将损害赔偿问题与是否侵权问题一并处理。与德国诉讼体系不同的是，法官不会口头提出倾向性意见，而是把决定意见写入裁决文书中。

法国的知识产权损害赔偿范围可以包括精神损害赔偿，但该精神损害赔偿被外界称为计算数额实在不能再低。权利人可以选择适用权利人的实际损失、侵权人的获利这类标准来要求赔偿。如果前两者不选择，则可以要求高于许可使用费的赔偿。法国法官认为，判决必须具有威慑性，因此必须高于许可使用费进行判决。就实际损失而言，权利人必须证明受到什么损失。如果以侵权人获利计算赔偿，该获利是侵权人所获得的毛利润，因此，该计算方式也具有极大的威慑性。对于毛利润的计算方法可以由权利人提出，也可以由法院根据相关的数据来进行。权利人也可以要求扣押侵权人的财务资料，假如扣押未果，法院会判决侵权人提交财务会计文件，附加条件是迟延一天需要支付罚金多少，罚金一直计算直至满足权利人的请求数额。同时法院也会告知检察方被告没有财务会计文件的事实，由检察方另行处理。

意大利：

访问期间，罗马一审法院第九民事审判庭的法官邀请考察团观摩其审理的两宗侵害音乐作品著作权案件的庭前会议。意大利法官邀请宋晓明庭长与之共同坐在法官席位上，代表团其他成员围坐旁听。据我们现场所见，“庭前会议”场所的布置和安排不同于正式的法庭场景，显得相当随意不拘形式。其中一宗涉及赔偿的案件是游戏中的音乐作品著作权侵权纠纷，原告是意大利自然人，被告是外国企业。双方代理律师到庭，分别陈述了起诉意见以及答辩意见，并表示所有的证据已于此前提交。被告确认侵权事实，但认为被告是境外企业，游戏销售商也不在意大利境内，意大利法院没有管辖权。法官询问双方是否可以调解，被告同意支付 2 万美元，原告认为应当支付 200 万美元。经过法官的再次调解，原告同意在诉讼费用由对方负担的情况下降低赔偿请求的金额，但需要与委托人再次沟通后确定。法官即安排了该案下一步具体开庭时间。在该案中，法院已经收取了 2932 欧元受理费，其他诉讼费用则由败诉方向胜诉方代理人支付。从观摩过程可以反映，意大利法官与案件代理律师之间，以及双方当事人的代理律师之间都利用庭前会议阶段对案件证据问题及赔偿问题进行充分协商。

欧盟情况的启示：

1. 侵权赔偿纠纷均由法院管辖

对于民事主体间的侵权赔偿争议，德国、法国、意大利均由法院管辖，通过当事人协商或法院裁决的形式处理，不存在由行政管理机关或类似机构受理并作出侵权认定以及执法和调解的情形。

2. 赔偿数额必须举证证明

德国与法国没有规定法定赔偿的计算方式，当事人对损害赔偿数额均通过举证加以证明。例如法国的侵权人被要求披露其账务账册资料以证明获利情况。德国权利人要提供成本构成以证明其实际损失，在权利人要求按侵权人获利计算赔偿的情况下，侵权人要提供涉及生产及销售的细节。在价值计算过程中，中介机构起参考辅助的作用。对于赔偿问题，欧盟国家形成了一套完整的规则，各方在规则指示下明晰举证的责任及后果。

3. 赔偿数额由当事人自治协商

德国法院判决认定侵权成立后，当事人之间在案外通过协商确定赔偿数额，绝大多数案件的赔偿问题取得协商一致的解决，罕有再就赔偿问题提出诉讼。意大利的当事人在诉讼中通过庭前会议详细沟通赔偿意见。某些的证据制度进一步促使当事人商议谈判，例如法国法院对不披露财务资料的侵权人课以重罚，德国法院要求侵权人必须提供生产销售细节。鉴于当事人往往不愿意影响企业正常运营，权利人更倾向于选择要求按侵权人的获利赔偿，而侵权人更倾向于与权利人谈判赔偿数额。而通过充分自主沟通达至的赔偿数额是各方利益最终平衡的结果。慕尼黑法院每年不到2%的专利侵权案件需要法院裁决赔偿数额，反映了当事人自行协商的效果是显著的。即使不能最终谈判成功，但当事人通过谈判清楚对方的诉讼目的，在此过程中也形成了双方当事人对知识产权价值计算的平等博弈，法院在此基础上再进行判决确定赔偿金额，双方当事人以及社会公众也就没有什么理由抱怨和指责司法公信力。

总体而言，欧盟国家解决知识产权侵权赔偿争议时，司法裁判把是否构成侵权作为矛盾的主要方面予以审判，而侵权引发的赔偿问题被视为矛盾的次要方面，交由当事人充分协商沟通，并且通过举证规则证明赔偿数额。由于规则明确且有充分协商过程，当事人及社会公众不存在对司法机关有“赔偿低”的抱怨与指责。我们认为，欧盟国家的法院实际上充分发挥了市场对于知识产权的价值形成和价值配置的决定作用，其相应处理制度能够及时有效化解矛盾，其运行效果是好的。欧盟的情况也说明，是否侵犯知识产权，涉及私人利益与社会公众利益的平衡，司法作为国家公权力必须正确及时介入，而侵权行为造成的赔偿问题，是私人利益的调整，无涉社会公众利益，应尽可能通过市场交易机制解决。

（二）对解决“赔偿低”的建议

我国知识产权法律规定侵权赔偿数额计算方式有四种，包括“实际损失”“违法所得”“合理许可使用费的倍数”（仅适用于商标及专利侵权）、“法定赔偿”，通常认为该四种计算方式的适用为依次选择并非随意选择。对比欧盟的情况，应该说我国法律所规定的知识产权侵权赔偿的制度规则是比较完备的，理念也是先进的。而“赔偿低”的是多种因素造成的。根据一些法院权威的统计数据显示，在知识产权案件中原告直接请求法院适用法定赔偿的占统计案件的98%，最高人民法院2002～2012年知识产权民事判决书也显示94.8%的专利侵权案件适用法定赔偿计算。“不诉不理”“谁主张谁举证”是基本的诉讼原则。当事人没有诉求，法院则不可能审理，而没有举证则不可能获得胜诉的裁判。大量案件的原告没有证明其实际损失，也没有证明对方的获利或许可使用费数额，而是直接请求适用法定赔偿方式计算赔偿额，人民法院只能按照诉求进行审理。在原告对赔偿数额没有举证或举证不充分的情况下，法官很难判决给予高额赔偿。况且，在估算赔偿数额时，既需要考虑知识产权的类型及侵权的细节，又需要衡量现阶段我国市场体系下商品生产、流通的各种要素及价格信息的真实可信情况，而这些并不令人乐观。在绝大多数案件当事人没有诉请按照权利人遭受的损失或者侵权人获得的利益，抑或按照许可使用费倍数计算赔偿额的情况下，单方面抱怨和指责司法机关判决“赔偿低”无助于实际问题的解决，不符合我国当前专利侵权纠纷的权利类型多数是外观设计专利，其创新不足、贡献率小以及价值偏低的客观状况，也脱离了诉讼当事人极少提出高额赔偿请求并进行有效举证的客观状况。

为此，对解决“赔偿低”提出如下建议：

1. 试行将侵权与赔偿问题分开处理

德国法院将侵权诉讼与赔偿诉讼分作不同的诉，这样的制度设计既节约当事人就赔偿问题举证以及法院对赔偿证据的查证时间，也促成当事人更好的自行协商。我国民事诉讼法第一百五十三条规定，人民法院审理案件，其中一部分事实已经清楚，可以就该部分先行判决。我们认为，人民法院可以对侵权问题先行判决，待侵权认定最终生效而当事人不能协商解决赔偿数额争议后再行审理赔偿部分的纠纷。这样可以实现公正与效率的双赢，并且消解因赔偿问题衍生的各种矛盾。

2. 恰当运用法定赔偿计算方式

德国与法国均没有法定赔偿的制度，主要原因是认为要证明赔偿数额的责任在当事人，即使中介机构的专家作出的评估意见，也属一方举证。我国立法中的法定赔偿计算方式是在权利人的损失、侵权人的获利以及合理的许可使用费不能确定的情况下才适用，而不是优先适用。鉴于法定赔偿数额难以准确反映知识产权的真实市场价值，在诉讼中法院应向当事人释明，尽可能引导当事人选择前三种方式请求赔偿，减少法定赔偿计算方式的适用。如果确实不得已而适用法定赔偿规则时，就要适当提高赔偿金额并合理支持权利人的维权费用。

3. 合理分配侵权赔偿的举证责任

法院针对权利人诉讼请求中选择的赔偿计算方式，分类施策，明确举证责任分配，通过举证证明知识产权的价值。即使请求法定赔偿，也不意味着请求赔偿者不需要进行任何举证，而是必须承担相应的基本举证责任，例如权利人的生产经营基本情况，侵权人的生产经营基本情况等，这些情况应一并在裁决意见中具体公开。对争议数额大的案件，法院可以借助中介评估机构客观了解争议知识产权的价值区间。

4. 健全由败诉侵权人赔偿胜诉权利人律师服务及其他中介服务费用的制度

为促进当事人对赔偿问题充分协商，鼓励权利人对赔偿数额的计算进行充分举证，抑制侵权人以协商为由拖延诉讼，建议由败诉的侵权人向胜诉的权利人支付因赔偿问题的协商及举证而开支的律师服务及其他中介服务费用。该部分费用不需要以诉的形式提出，只需要权利人提供相应的证据及合理说明，法院就可以直接裁判。

二、关于“举证难”的问题及建议

（一）欧盟侵权赔偿举证的情况

德国：

根据德国民事诉讼法的相关规定，在保障当事人维权获取证据方面，主要有以下三方面的内容：一是法院依职权取证。在德国，法院依职权取证的范围较广、主动性也较强。除证人必须由当事人提出外，法院均可以在一定的条件下主动依职权调查收集相关证据，具体表现为：命令当事人提出文书、物件（第142条、143条）；命令进行勘验、鉴定（第144条）；依职权询问当事人（第448条）；依职权调查公文书（第273条第2款第2项）。二是当事人申请取证。在德国，当事人和第三人没有提供书证的一般义务，其向法院主张向对方或第三人调取证据，一种是文书提出命令，即当事人可以提出符合事实的重要性标准和程序性证明要件，请求法院发出文书提出命令，要求对方当事人或第三人提出有关文书。第二种是咨询请求权，即当事人根据民事实体法或诚实信用原则的规定享有的要求他人提供与其相关的证据和信息，这在德国的专利法（第140条b）、著作权法（第97条第1项）、商标法（第25条）等法律中均有体现。三是证明妨碍规则。即不负证明责任的当事人因妨害对方利用证据导致负有证明责任的当事人陷入证明困难时，对不负证明责任的当事人作出不利的事实认定。

法国：

法国新民事诉讼法第七编规定了民事诉讼中的取证规则。除了规定证据保全制度外，其强制举证制度和审前准备阶段收集证据制度颇具特色。（1）强制举证制度。法国民诉法第七章第一副编第138条至142条规定了强制举证的具体内容，即当事人在向法院证明证据材料的存在及他人持有的材料是其在诉讼请求中所需要的，并对材料进行详细说明后，法院可以命令对方或第三方提交该证据材料。这里值得注意的，一是强制举证必须应一方当事人的请求，法官不能依职权进行（法国认为这样会违反当事人处分原则）；二是强制举证受到一定的限制，即被要求提交的材料不得被证明与法律利益相反。为此，法国民诉法赋予了利害关系人对强制举证提出异议的权利，如基于保密、不可抗力、第三人损害等理由拒绝提供材料等。（2）审前准备阶段收集证据制度。法国民诉法第七章第二副编即为审前预备措施，该阶段主要为了收集解决纠纷所必要的证据，在当事人无法举证证明其主张或法官没有足够证据判决时，由一方当事人提出申请，或依照法律规定由法官采取的查明当事人所提出的各种证据的措施。这里规定了四种适用于所有法院的证据措施。一是法官的亲自确认，法官可以采取任何措施亲自对某些争议的事实进行确认，如亲临现场查看等。二是当事人的亲自出庭，法官能够以任何方式让当事人或其中一方当事人亲自出庭，亲自询问。三是第三人声明，法官可以得到第三人的有可能使争议事实的声明。四是技术人员意见，法官可以委派其挑选的任何人，通过验证、咨询或鉴定以查明应有技术人员协助才能查明的事实。

意大利：

在意大利，法官取证的原则是，除非民事诉讼法典明确授权法官得依职权收集的证据，否则法庭只能依据当事人提出的证据进行判断。事实上，法官可依职权获取证据的权力及范围极小，实践中法官也较少依职权取证。

欧盟知识产权执法指令有关举证的规定：

欧盟知识产权执法指令（下称欧盟指令）是针对欧盟知识产权领域颁布的对内指令，旨在使欧盟成员国立法“趋同”，协调成员国间可能存在的法律冲突；换言之，欧盟成员国国内有关知识产权执法的规定应与欧盟指令相协调一致。欧盟指令对法院证据获取与保全主要有以下三方面的规定：一是如果一方当事人已出示合理获得的、足以支持其权利要求的证据，并指明了对方控制的、与证明权利请求相关的其他证据，司法机构在保证机密信息受到保护的条件下，有权命令对方出示该证据；二是即使在诉讼程序启动之前，司法当局能应当事人请求采取迅速和有效的临时措施，以维护有关涉嫌侵权的证据，但同时注意保护机密资料；三是如权利人对侵犯知识产权行为有合理和相称的理由要求索赔，主管司法当局可命令侵犯知识产权人提供分销网络的货物或提供侵权服务的或任何其他人信息的来源。

（二）对解决“举证难”的建议

1. 加强知识产权法律宣传，提高权利人的权利意识和管理意识

不少原告维权失利原因在于只注重知识产权的创造、交易和运用，因为这与经济利益直接相关，却忽视了权利保护的法

律意识和管理意识，一旦发生纠纷时，相关证据缺失不利于其维权。应通过宣传教育，使权利人能有意识地从知识产权创造之初就重视相关证据的保护和管理，并注意通过不同的知识产权制度管理、运用好自己的智力成果。

2. 加强知识产权实务型专业人才培养，强化知识产权及法律服务机构的专业化建设，提高从业人员的专业化水平

知识产权诉讼不仅涉及技术和知识产权制度的双重专业化问题，知识产权诉讼的顺利推进还是操作性和实践性相当强的工作。在这一过程中，作为诉讼主体的原、被告及其诉讼代理人，其专业能力的高低会直接影响到诉讼结果，某一方当事人提供的证据、取证的手段是否专业也直接影响到证据的效力和证明力。因此，知识产权人及诉讼的代理人、见证取证的公证人员等相关实务活动的参与者都应加强法律与实务的综合培训和锻炼，提高综合性的专业能力，以有效提高知识产权的维权能力。

3. 完善适合知识产权诉讼特点的证据规则

由于知产诉讼有着不同于一般民事诉讼的特点，我国广大知产法官在知产审判实践中也探索了证据开示、限定举证、事实推断等规则的运用。在最高人民法院2001年《最高人民法院关于民事诉讼证据的若干规定》（以下简称《证据规则》）实施后，更是通过适用第七条举证责任分配的公平原则及举证期限等规定有效地查明和认定事实。此外，为依法平等保护双方当事人的民事和诉讼权利，在某些特殊案件，如侵害商业秘密案件审理中，灵活运用举证责任转移原理合理分配举证责任，为保证双方不至于在诉讼中“二度泄密”采取了证据对等开示、分阶段开示等方法。虽然目前没有任何一个国家为知识产权诉讼设置专门的诉讼制度和证据制度，但其中的不少程序性制度规定相对严格，运用成熟，对当事人的程序保障及程序制约都很有效。这些为我们完善适合知识产权诉讼特点的证据规则，累积了一定实践经验，也提供了可能性。探索完善适合知识产权诉讼的证据规则着重可以在以下方面考虑：一是在举证责任方面，现有证据规则只规定了新产品制造方法的专利案件实行举证责任倒置，而实际上知产诉讼中尚存在很多实际由被告掌握或控制、原告客观上无法获取的证据，可以通过细分各类情况，总结多年实践中确定举证责任转移、举证责任不同阶段分配的成功经验进行归类，确定知产诉讼特有的举证规则。二是在举证期限方面，证据规则虽然规定了举证期限，但过于笼统，实践中执行并不严格。知产诉讼中，案件事实比较复杂，事实争议点较多，各争议点之间相互关联程度高。有些当事人往往抱观望态度，当诉讼进程尚未危及到其根本利益时，怠于举证或选择性举证，当后续诉讼形势或一审判决对其不利时，才又抛出其他证据。不仅造成诉讼冗长效率不高，也损害了诉讼行为的严肃性。应当赋予法官对有些证据的举证期限可以根据案件的不同情况进行指定或限定，当事人若逾期则失权。这可以督促当事人积极及时举证，形成原、被告之间积极的诉辩状态，既保障了被告的合法抗辩权，也有利于法院认定的事实最大限度地符合客观真实。三是在证据审核认定方面，《证据规则》虽规定了举证妨碍规则，但对其如何运用尚缺乏实践的经验和具体的方法，这一规则在知产诉讼领域有很大的适用空间，如在涉及侵权行为及后果认定方面，在原告提出其拥有合法权利及被告有侵权行为的证据后，被告具体的行为

方式、多个被告之间的不同行为、被告侵权行为的实际规模及获利等都可以在具备一定条件下适用这一规则。建议细化举证妨碍规则的适用条件和程序，或可解决一部分“举证难”的问题。四是在第三方提供信息方面，在知产诉讼中，涉及到第三方调取信息的情况较多，虽然民诉法规定了知道案件情况的人的作证义务，但与知产诉讼中需要第三方提供的信息并不完全相同，有必要就此强化和规范调查令制度，并专门明确相关部门提供信息的条件、义务及不提供的责任。

三、关于“周期长”的问题及建议

（一）欧盟专利侵权案件的审理周期

德国：

德国联邦专利法院于 1962 年在慕尼黑成立，是世界上第一个专门知识产权法院。该院专门管辖不服德国专利和商标局决定的案件、宣告专利无效的案件、专利强制许可的案件等。在联邦专利法院内部设有 29 个委员会，分为上诉庭和无效庭两种类型，其中，上诉案件不以专利和商标局为被告，但是在专利和商标局局长认为涉及到公共利益时，则可以向法院作书面陈述、出席听证，法院也可以在认为某法律问题重要时给予专利和商标局局长参加诉讼的机会；而无效宣告案件是无效宣告请求人以权利人作为被告提起。根据法律的授权，联邦专利法院在审理无效诉讼中可以直接宣告专利权无效或部分无效，也即在该特定事项上享有变更权。

对授予专利权的有效性争议只能向德国联邦专利法院提起无效之诉，而专利侵权案件则是由地区法院受理，可上诉至州高等法院，在获得州高等法院准许的情况下还可进一步请求联邦最高法院复审。由于专利侵权案件涉及高度的专业性及经验要求，在德国约 125 个地区法院中仅有 12 个地区法院可以受理专利侵权诉讼案件，其中又主要集中在杜塞尔多夫地区法院、慕尼黑地区法院和曼海姆地区法院。在专利侵权诉讼中，如果被控侵权人向德国联邦专利法院提出请求宣告涉案专利权无效的请求，审理侵权案件的地区法院一般也不会中止侵权案件的审理而等待德国联邦专利法院对专利有效性的审理结果；如果被控侵权人没有提出宣告专利权无效的请求，则侵权审理法院不得质疑专利权的有效性，应当推论涉案专利权是一项有效专利，以此为前提对被控侵权行为是否构成侵权进行判断。

德国普通法院面对专利案件中的技术问题，通常的做法是委托鉴定人鉴定，审理时间一般为 3～6 年。专门配备由技术人员的德国联邦专利法院，审理一件专利无效案件的时间通常为两年，审理一件针对专利商标局的撤销案件等通常为 18 个月左右。

法国：

法国的法院体系包括行政法院体系和普通法院体系，这两个法院体系相互独立，可对各自管辖的案件作出终审判决。法国的《知识产权法典》中规定专利无效诉讼为民事诉讼，法院可以根据无效请求人的请求理由，直接作出专利权是否有效的决定。法院完全依据民事诉讼程序对无效案件进行审理，作出对权力认定的判决；有关当事人对该判决不服的，可直接向法国上诉法院上诉。根据法律规定，享有管辖权的基层法院（大审法院）和上诉法院对所受理的专利侵权案件可直接作出判决，与法国工业产权局无关。专利无效诉讼和专利侵权诉讼由民事法院所管辖，如果对民事判决不服，可以向法国上诉法院上诉，该上诉法院对专利侵权案件和专利无效案件享有统一的管辖权。

2009 年 10 月 9 日，法国发布了两部意义重大的《规定》，对法国处理知识产权案件的法院之地域管辖体系在很大程度上进行了改组。本次法院地域管辖体系改组意在协调法国法院对专利案件的判决，赋予了巴黎法院在处理工业技术产权案件时更大的管辖权。根据这两部《规定》，从2009年11月1日起，巴黎大审法院对所有涉及专利、使用许可、补充保护许可以及半导体编码的纠纷享有排他管辖权。而巴黎上诉法院则对所有针对法国专利局提起的上诉享有排他管辖权，只要被质疑的法国专利局的决定涉及这些权利。

意大利：

意大利的司法机关行使普通和特别两种管辖权。普通管辖权包括民事和刑事两种。特别管辖指那些处理特别事务，例如军事法庭和税务法庭。当法院审理私人间的纠纷的时候，行使的是普通司法权。特别法院受理关于专利或者其他知识产权的诉讼案件。一般来说，无效案件应当在专利申请地的法院进行审理，通常也是专利所有者所在地的法院，但是侵权诉讼可以在侵权行为发生地内的任何法院提出，尤其是在被告为外国人的情况下。

意大利法院做出初审判决的诉讼总时长至少为24～30个月，涉及复杂技术问题的，2.5～3年则是更普遍的期限。

（二）对解决“周期长”的建议

对照欧盟的情况，我国专利授权确权某一级程序的审理周期并不算长。如德国专利法院审理专利无效案件的时间通常为两年，普通法院对专利案件的审理时间长达达到3～6年。根据知产宝司法数据研究中心对外发布的《司法数据分析报告（北京知识产权法院2015年度）》，北京知产法院以判决结案的案件平均审理时间125天，民事案件平均审理时间94天，行政案件平均审理时间132天。民事案件中，一审案件平均审理时间251天，二审案件平均审理时间67天。

借鉴欧盟国家的经验，对解决“周期长”提出如下建议：

1. 探索赋予司法机关变更权

德国联邦专利法院在审理无效诉讼中可以直接宣告专利权无效或部分无效，也即享有变更权。而我国专利授权确权行政案件仍然是采取行政诉讼的审理模式，只能撤销被诉行政行为，不能直接进行变更。这样无疑增加了授权确权的审理周期。如果赋予司法机关变更权，审理周期就大为缩短。

2. 侵权诉讼以专利权有效为原则减少诉讼中止

在专利侵权诉讼中，如果被控侵权人向德国联邦专利法院提出请求宣告涉案专利权无效的请求，审理侵权案件的地区法院一般也不会中止侵权案件的审理而等待德国联邦专利法院对专利有效性的审理结果。也就是说，法院以专利权有效为原则直接作出裁判，中止审理的情况很少发生，大大缩短了专利侵权案件的审理周期。

3. 诉讼中广泛运用电子送达等信息化手段

法国法院信息化非常到位，在立法层面已经明确了电子送达等具体规则，实务中也在材料送达、证据交换等过程中得到广泛运用，大大节省了证据材料、诉讼文书的在途时间，缩短了案件审理周期。此外，实务中，法国法院与当地律师协会也达成了相关的协议，承诺会在特定的期限内提供材料和证据，能够保证在很短的时间内证据材料提交到法院，以便尽快进入庭审程序。

第九部分　典型案例

最高人民法院知识产权案件年度报告（2015）

目 录

序　　言

2015 年，最高人民法院坚持服务大局，更好地适应和服务经济发展新常态。积极实施国家知识产权战略，充分发挥司法保护知识产权的主导作用。鼓励和支持大众创业、万众创新。倡导诚实守信，依法保护知识产权，积极维护市场经济秩序。不断扩大知识产权司法保护的国际影响力，努力服务和保障经济社会发展。

最高人民法院知识产权审判庭 2015 年全年共新收各类知识产权案件 759 件。在新收案件中，按照案件审理程序划分，共有二审案件 8 件，提审案件 29 件，申请再审案件 696 件，请示案件 26 件。按照案件所涉客体类型划分，共有专利案件 257 件，植物新品种案件 3 件，商标案件 325 件，著作权案件 83 件，集成电路布图设计案件 3 件，垄断案件 3 件，商业秘密案件 9 件，其他不正当竞争案件 14 件，知识产权合同案件 34 件，其他案件 28 件（主要涉及知识产权审判管理事务）。按照案件性质划分，共有行政案件 378 件，占全部新收案件的 49.80%，其中专利行政案件 112 件，商标行政案件 266 件，分别比 2014 年上升 100% 及 198.88%；共有民事案件 381 件，占全部新收案件的 50.20%。另有 2014 年旧存案件 77 件，2015 年共有各类在审案件 836 件。全年共审结各类知识产权案件 754 件，其中二审案件 7 件，提审案件 39 件，申请再审案件 682 件，请示案件 26 件。在审结的 682 件申请再审案件中，行政申请再审案件 361 件，民事申请再审案件 321 件；裁定驳回再审申请 514 件，裁定提审 81 件，裁定指令或者指定再审 38 件，裁定撤诉（包括和解撤诉）16 件，以其他方式处理 33 件。

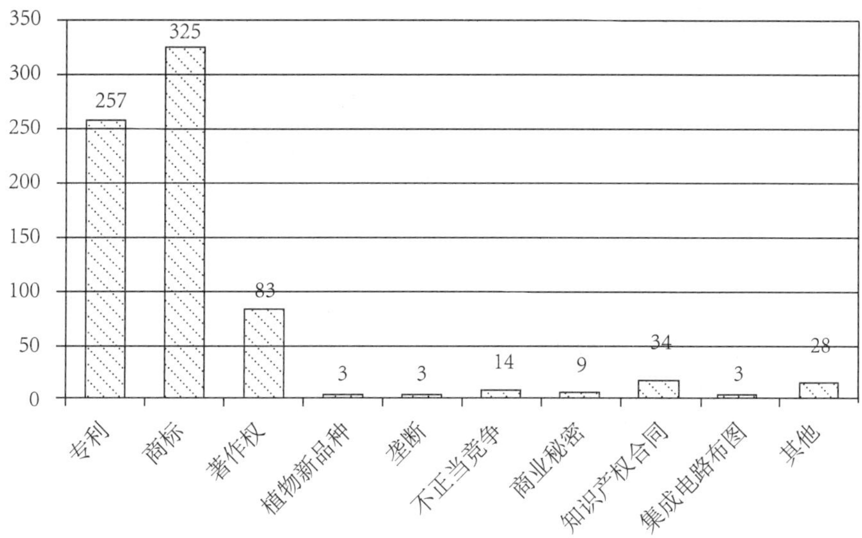

2015 最高人民法院知识产权庭新收知识产权案件类型图

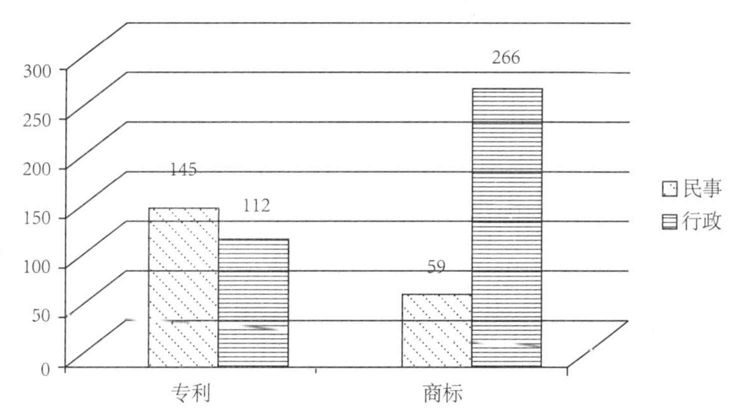

2015 年最高人民法院知识产权庭受理专利、商标民事及行政案件数量对比图

最高人民法院 2015 年审理的知识产权和竞争案件的基本规律和特点是：与专利和商标有关的知识产权案件仍在全部受理案件中占有最大比重，专利及商标授权确权类行政案件增幅明显；专利行政案件更多涉及的仍是技术特征的划分和解释、背景技术公开内容的确定、说明书是否充分公开等基础性法律问题，专利民事案件中涉及等同侵权争议的案件比例较高，现有技术抗辩和先有权抗辩的运用比较普遍；植物新品种案件在借助 DNA 等技术进行同性对比方面继续向纵深发展，所涉技术问题更为复杂和专业；商标案件整体增幅较大，商标行政案件数量在 2015 年再次出现大比例增长，商标近似和商品类似的判断、在先权利的保护等法律问题仍居主导地位，诚实信用原则对商标案件审理的价值引导作用更为突出；著作权案件的数量和所占比例基本平稳，新商业模式下的网络侵权问题仍然突出，影视作品著作权争议频发。竞争案件中商业秘密纠纷所占比例较大，权利人取证和举证能力较弱，进

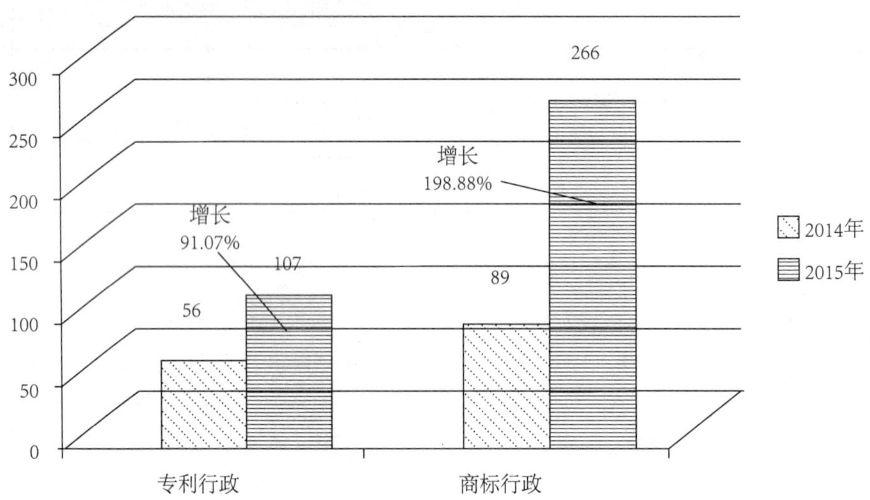

2015 年最高人民法院知识产权庭新收专利、商标行政案件增长对比图

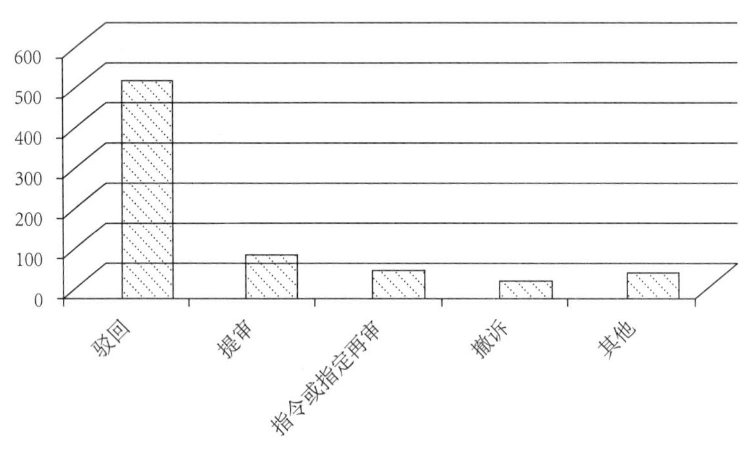

2015 年最高人民法院知识产权庭再审审查案件结案方式统计图

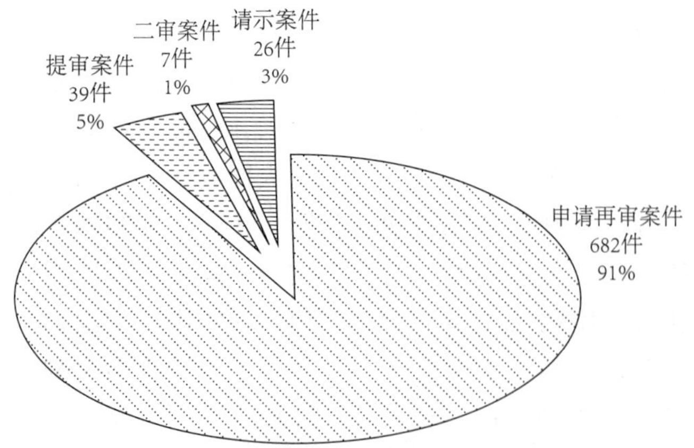

2015 年最高人民法院知识产权庭审结案件类型图

而导致保护范围难以确定的现象时有发生。最高人民法院还首次审结集成电路布图设计案件，并对布图设计保护范围的确定等问题进行了有益的探索。

最高人民法院根据服务大局的要求，结合案件特点，在行使知识产权审判职能方面体现出如下特点：坚持依法保护知识产权，倡导诚实守信，合理确定知识产权的保护范围，维护公平竞争的市场格局和经济秩序；充分发挥知识产权司法保护机制的保障和激励作用，加强对创新成果的保护力度，鼓励和支持大众创业、万众创新；贯彻落实“加强保护、分门别类、宽严适度”的知识产权司法保护基本政策，依法有效维护知识产权权利人的合法利益，增强市场活力；明晰知识产权行政授权确权类案件的司法审查标准，注重纠纷的实质性解决；深化司法公开，用公开促公正，不断加强知识产权审判对核心价值建设的影响力。

本年度报告从最高人民法院2015年审结的知识产权和竞争案件中精选了32件（案件事实和法律问题基本相同的关联案件计为1件）典型案件，上述案件涵盖了已经入选2015年中国法院10大知识产权案件和50件典型知识产权案例的全部案件。我们从中归纳出38个具有普遍指导意义的法律适用问题，反映了最高人民法院在知识产权和竞争领域处理新型、疑难、复杂案件的审理思路和裁判方法，现予公布。

各类知识产权案件审理情况概要

一、专利案件审判

（一）专利民事案件审判

2015年，最高人民法院知识产权庭审理的专利民事案件反映出如下问题：

第一，侵害专利权案件中，专利权利人仅针对销售商或者终端用户提起诉讼的案件占据相当比例，合法来源抗辩成为该类案件审理的重点。对此问题，最高人民法院在多个案件均表明了态度。最高人民法院指出，审查合法来源是否成立时，一方面要充分考虑市场环境、尊重市场交易实际，保护基本的交易安全，另一方面又要合理确定销售商注意义务和合法来源抗辩标准，引导和规范市场流通领域经营者合法规范经营，避免侵权行为在流通领域的扩大。对于处于不同销售环节的销售商，应当分别审查其提交的证据是否足以证明其销售的产品具有合法来源，不能因查明或认定被诉侵权产品的生产者或者该商品的上家销售商就当然认为被诉侵权的销售商所主张的合法来源抗辩成立而不必再承担举证责任，免除被诉销售商的赔偿责任。

第二，涉及等同侵权争议的案件比例较高。在68件侵害发明和实用新型专利权纠纷案件中，有12件案件中当事人对是否构成等同侵权发生了争议。在该12件案件中，除1件案件被指令再审外，其他案件的最终裁判结果均认定等同侵权不成立。最高人民法院通过案件进一步发展了等同侵权的判断标准，指出：判断专利权利要求的特定技术特征与被诉侵权产品的相应技术特征是否构成等同时，对于并非专利发明点的技术特征，不宜过分限制该技术特征的等同范围。

第三，权利人因证据不足而败诉的案件占有一定比例。在132件侵害专利权纠纷案件中，有11件案件权利人因证据不足而败诉。其中涉及的主要问题是权利人不能证明被告实施了相应的侵权行为。这反映出权利人在获取侵权证据时存在一定困难。在个别案件中，权利人通过向专利行政管理部门投诉来获取被告侵权证据，但由于专利行政管理部门在行政查处过程中取证不规范，致使相应证据难以证明案件事实。为此，最高人民法院在案件中表达了依法支持当事人的证据保全申请的态度，即对于专利权人依法提出证据保全，并且符合法律规定的证据保全条件的，人民法院应当及时采取证据保全措施。权利人已经提供了初步证据，证明对方当事人有可能实施了侵权行为，而权利人对于对方当事人的其他侵权证据难以取得的情况下，法院应当根据民事诉讼法第六十四条第二款的规定调查收集相关证据。据此，最高人民法院指令原审法院再审该案。

第四，技术特征划分和技术特征解释问题争议频发。对于发明和实用新型专利而言，对于专利技术特征的划分及其解释问题往往成为案件争议的核心所在。运用说明书、意见陈述、生效的专利无效宣告决定、涉及专利权效力问题的生效行政判决等解释权利要求的情形较为多见。最高人民法院通过案件审理，对如何划分技术特征的问题作出了明确阐释，指出：技术特征是指构成要求保护的技术方案的技术单元，每个技术单元能够实现相对独立的功能，产生相应的效果。就产品专利而言，技术特征不等同于产品的组成部件，不能根据产品部件简单划分技术特征。如果由一个以上部件组合形成特定工作关系以实现某一相对独立功能的技术单元，应当作为一项技术特征予以认定。

第五，现有技术抗辩以及先用权抗辩较为常见。在68件侵害发明和实用新型专利权纠纷案件中，有13件案件涉及现有技术或者先用权抗辩。最高人民法院在再审申请人慈溪市博生塑料制品有限公司与被申请人陈剑侵害实用新型专利权纠纷案【（2015）民申字第188号】中，参照现有技术抗辩，明确认可了抵触申请抗辩。在再审申请人北京英特莱技术公司与被申请人北京华润曙光房地产开发有限公司等侵害发明专利权纠纷案【（2015）民申字第1541号】中，最高人民法院对可以主张先用权抗辩的主体做了扩展，即认为销售商在证明合法来源的情况下，亦可以主张生产商享有的先用权。

第六，外观设计侵权判定争议较多。在63件侵害外观设计专利权纠纷案件中，有13件案件的当事人对于被诉产品设计与专利设计是否相同或者近似发生了争议，且被告往往同时提出现有设计抗辩。对此，最高人民法院通过裁判形成了较为成熟的侵权判断方法。例如在再审申请人浙江健龙卫浴有限公司与被申请人高仪股份公司侵害外观设计专利权纠纷案【（2015）民提字第23号】、再审申请人丹阳市盛美照明器材有限公司与被申请人童先平侵害外观设计专利权纠纷案【（2015）民申字第633号】等案件中，最高人民法院明确了在审查现有设计抗辩时，对外观设计专利、被诉侵权设计及现有设计之间进行对比的步骤、区别于现有设计的设计特征对于外观设计的整体视觉效果更具有影响等规则。

第七，在一定事实和数据基础上，根据具体案情酌定实际损失或侵权所得的裁量性赔偿案件逐渐增多。在5件侵害专利权案件中，法院在计算赔偿所需的部分数据确有证据支持的基础上，根据案情运用裁量权确定计算赔偿所需的其他数据，酌定公平合理的赔偿数额。在部分案件中，最高人民法院对于原审法院考虑产品价值并结合双方当事人主张的利润率，在酌情确定侵权产品合理利润率的基础之上，对赔偿数额予以酌定的损害赔偿计算方法予以支持，体现出在计算赔偿数额方面依靠证据、实事求是、公平合理的司法态度。

第八，判决不停止侵害行为的案件极为罕见。在仅有的1件未判决使用者停止相应行为的案件中，原审法院综合考虑涉案专利权的类型、侵权行为的性质、被诉侵权产品的销售价格以及权利人为制止侵权行为所支付的合理开支等，判决使用人支付合理使用费的方式替代其停止侵权的责任履行方式。最高人民法院在该案的再审审查程序中对此予以支持。

第九，专利权权属纠纷和职务发明奖励报酬纠纷有增多趋势。在全部专利民事纠纷中，专利申请权纠纷、专利权权属纠纷、职务发明奖励报酬纠纷以及类似性质的纠纷共计有19件，占比12.26%。这些纠纷大多与职务发明创造有关，反映出单位与职工之间在专利权归属以及奖励报酬方面缺乏明确约定，争议较大。

第十，申请再审案件中，因涉案专利在原审判决作出后被宣告无效或者部分无效而中止诉讼或者进入再审程序的案件比例较高。在中止诉讼的14件案件中，中止诉讼的原因均为涉案专利在原审判决作出后被宣告无效或者部分无效，尚处于专利无效行政诉讼程序。在指令再审和提审的30件案件中，有7件案件进入再审程序的原因为涉案专利已经确定被宣告无效或者部分无效，且原审判决并未执行完毕。这一问题反映出，原审法院在审理与无效行政程序交织的专利民事侵权案件时，对于中止诉讼的审查标准把握过严，致使多件问题专利在侵权程序中获得了保护。

（二）专利行政案件审判

2015年，最高人民法院知识产权审判庭审理的专利行政案件反映出如下问题：

第一，对权利要求的解释和技术特征的理解仍然是案件中的基础性问题。在再审申请人李晓乐与被申请人国家知识产权局专利复审委员会及一审第三人、二审上诉人郭伟等发明专利权无效行政纠纷案【（2014）行提字第17号】中，最高人民法院就权利要求的最大合理解释原则作出了进一步的明确。而对于权利要求记载的技术特征的字面含义存在歧义的情况下，应当以本领域技术人员以符合发明目的，以及不得与公知常识相抵触的原则进行理解，是最高人民法院在申诉人辽宁般若网络科技有限公司与被申诉人国家知识产权局专利复审委员会、一审第三人中国惠普有限公司发明专利权无效行政纠纷案【（2013）行提字第17号】中阐释的观点。

第二，创造性的判断仍是专利授权确权案件中的难点问题。在对专利是否具有创造性进行判断的过程中，除了因对技术特征的解释而导致的事实认定问题之外，因采取“事后诸葛亮”的审查方式而产生的欠缺客观性的创造性评判结论，仍然具有一定的普遍性。如还原发明创造产生的过程时，简单机械地进行特征比对和拼凑，将发明所要解决技术问题的技术手段替代技术问题本身，而未能根据区别技术特征所能够达到的技术效果，来确定技术问题。对于是否存在技术启示进行认定的过程中，亦存在直接以常规技术手段的认定而替代当事人必要的举证责任的现象。

第三，化学领域产品发明的说明书充分公开问题一直受到业界的广泛关注。在再审申请人国家知识产权局专利复审委员会、北京嘉林药业股份有限公司与被申请人沃尼尔·朗伯有限责任公司、一审第三人张楚发明专利权无效行政纠纷案【（2014）行提字第8号】中，最高人民法院进一步厘清了确定发明所要解决的技术问题与判断说明书是否充分公开之间的关系，明确了技术方案的再现和是否解决了技术问题、产生了技术效果的评价之间，存在着先后顺序上的逻辑关系的观点。即从审理思路上，应首先确认本领域技术人员根据说明书公开的内容是否能够实现该技术方案，然后再确认是否解决了技术问题、产生了技术效果。

第四，进一步明确网络证据的真实性审查标准。在审查判断以公证书形式固定的互联网站网页发布时间的真实性与证明力时，最高人民法院强调，应综合考虑相关公证书的制作过程、网页及其发布时间的形成过程、管理该网页的网站资质和信用状况、经营管理状况、所采用的技术手段等相关因素，结合案件其他证据，对该公证书及所附网页发布时间的真实性和证明力作出判断。在审查证据的基础上，如果确信现有证据能够证明待证事实的存在具有高度可能性，对方当事人对相应证据的质疑或者提供的反证不足以实质削弱相关证据的证明力，不能影响相关证据的证明力达到高度盖然性的证明标准的，应当认定待证事实存在。

二、商标案件审判

（一）商标民事案件审判

2015 年，最高人民法院知识产权审判庭审理的商标民事案件反映出如下问题：

第一，侵害商标权与不正当竞争行为的竞合在商标民事案件中大量存在。在 2015 年审结的侵害商标权纠纷案件中，有 23 件存在与不正当竞争案由并存的情形，占全部商标民事案件数量的 38. 3% 。

第二，诚实信用原则的适用在商标民事案件审理过程中得到了更为广泛的运用。最高人民法院在近年来审结的多起案件中，通过对当事人以非善意取得的商标权为权利基础，对他人的正当使用行为提起的诉讼不予支持的方式，重申了诚实信用原则在商标民事案件审理过程中的重要作用。如在再审申请人宁波广天赛克思液压有限公司与被申请人邵文军侵害商标权纠纷案【（2014）民提字第 168 号】中，最高人民法院再次明确了以违反诚实信用原则恶意取得的注册商标专用权，对他人的正当使用行为提起的侵害商标权之诉，不应得到法律的支持和保护的观点。

第三，商标民事案件与企业字号的保护问题关系密切，在案件审理过程中常需面对复杂的历史背景，以及权利能否共存等需要进行利益平衡的问题。最高人民法院通过多起案件的审理，对该类具有一定特殊性案件的审理进行了指引。

第四，对于《中华人民共和国商标法》（以下简称商标法）第五十九条规定的关于通用名称等描述性内容的正当使用问题，也是近年来商标法适用过程中一个较为突出的问题。最高人民法院通过部分案件的审理，明确了正当使用行为的界限。最高法院指出，在被诉侵权产品的宣传中使用注册商标中包含的历史地名，系对该产品历史产地所作的描述性说明，反映的是商品的其他特点，该行为不构成对注册商标专用权的侵害。

（二）商标行政案件审判

2015 年，最高人民法院知识产权庭审理的商标行政案件反映出如下问题：

第一，商标近似、商品类似判断问题仍然是商标行政案件争议的主要焦点。在驳回再审申请的 181 案件中，有 61 件案件涉及当事人对引证商标与被异议商标、争议商标是否近似、商品是否类似的问题。在 11 件提审判决中，7 件涉及商标近似、商品类似的问题。对此问题，最高人民法院在多个案件中均支持了商标评审委员会和原审法院的意见。此外，亦在裁判过程中明确了商标近似性的判断要考虑引证商标的知名度以及特定的历史背景等因素，不能仅仅以商标的含义相同为由即作出商标近似的结论。

第二，对特定领域相关公众的界定作出了进一步的明确。相关公众的界定和范围，一直是司法实践中的重点和难点问题。在部分案件的审理过程中，最高人民法院明确，在指定使用商品为医药制剂等特定领域的商品类别时，相关公众的范围也应区别于一般意义上的消费者，而包括可能或实际使用前述类别药品进行病患预防、诊断和治疗的医护、药剂、病患人员，以及经营销售前述类别药品的相关经营人员。

第三，关于在先权利保护的商标行政案件中，涉及著作权及商号权益保护的案件数量较多。对于这类在先权益的保护问题，最高人民法院明确，对于在先商号权益能否阻碍在后的注册商标申请，需要考虑商号登记注册的时间以及在后商标的申请日、商号的知名度、在先商号与在后注册商标的共存是否容易导致相关公众混淆误认以及是否可能损害在先商号权益人的利益等因素。被异议商标的注册申请是否侵犯在先著作权，应依据著作权法的规定，判断涉案作品是否具有独创性，是否构成著作权法意义上的作品。

第四，在商标行政案件中明确和重申驰名商标的按需认定原则。近年来，当事人在商标行政案件审理过程中提出驰名商标认定请求的情况屡见不鲜。特别是在适用商标法第十三条规定的过程中，部分当事人提出了适用商标法第十三条的前提是驰名商标的认定这样一种观点。对此，最高人民法院在再审申请人巨化集团公司与被申请人国家工商行政管理总局商标评审委员会，一审第三人胡金云商标异议复审行政案【（2015）知行字第112号】中，进一步明确和强调了在商标行政案件中亦应遵循驰名商标按需认定原则的观点，即在判断诉争商标是否违反了商标法第十三条规定的过程中，如果诉争商标并没有构成对在先商标的复制、摹仿或者翻译，或者诉争商标获准注册的结果并不会导致误导公众并可能损害在先商标权利人利益的结果，即无需对在先商标是否构成驰名的问题作出审查和认定。

第五，对代理人、代表人抢注被代理人、被代表人商标情形的规范，进一步明确了法律适用的具体要求。最高人民法院指出，无论被代理人或者被代表人对其商标的使用是否侵害他人的合法权益，均无法成为代理人或者代表人申请注册诉争商标的合法事由。即使被代理人或被代表人对商标的使用可能侵害他人的合法权益，亦需在相关权利人提出权利主张的情况下，通过适当程序予以解决，代理人或代表人无权对此主张权利。

第六，坚持诚实信用、保护在先合法权利的司法态度。在再审申请人北京福联升鞋业有限公司因与被申请人国家工商行政管理总局商标评审委员会、北京内联升鞋业有限公司商标异议复审行政案【（2015）知行字第116号】中，最高人民法院指出，民事活动应当遵循诚实信用的原则。诉争商标的申请人作为同业竞争者，在明确知晓在先商标具有较高知名度和较强显著性的情况下，仍然恶意申请注册、使用与之近似的诉争商标，如果承认以该种行为形成的所谓市场秩序或知名度，无异于鼓励同业竞争者违背诚实信用原则，罔顾他人合法在先权利，并终将严重损害在先商标权人的合法权益以及广大消费者的利益。

第七，当事人将违反法定程序作为再审申请理由的情况仍较为普遍，具体理由涉及主体资格的审查、证据采信及是否存在程序瑕疵等问题。对于提出异议申请的主体与一事不再理原则的关系问题，最高人民法院指出，根据商标法第十九条的规定，初步审定公告之日起三个月内，任何人均可提出异议申请。这一异议程序是向所有单位和个人开放的，任何潜在的异议人的权利都得到了该条款的法律保护。因此，异议一经裁定，任何人，包括异议申请人及未提出异议的其他任何人，均不得以相同的事实和理由再次申请裁定，否则将造成行政、司法资源的无端浪费，并影响终局裁定的法律既判力。对于如何对待当事人在行政诉讼程序中补交证据的行为，最高人民法院对当事人补充提交证据的行为作出了进一步的规范，即行政诉讼作为司法复审程序，是对具体行政行为的合法性进行审查，在行政程序中如果任由裁决双方当事人提交其在行政程序中无正当理由未提交的证据，势必影响行政裁定的严肃性、稳定性，亦与司法复审的属性相背离。

三、著作权案件审判

2015 年，最高人民法院知识产权庭审理的著作权民事案件反映出如下问题：

第一，案件的广度和维度不断扩张。案件延伸呈现出立体全方位的态势。著作权主体多样化，既有单一的权利主体，又有两个或多个权利主体；著作权保护客体广泛化，既有传统意义上的作品，又有衍生出来的作品；侵权主体扩大化，既有个人侵权，又有单位侵权；案件空间不断扩展，既有现实社会的作品保护纠纷，又有虚拟空间的作品保护纠纷；案件类型全覆盖，既有传统的权属纠纷、侵权纠纷等案件类型，又有网络环境和数字化环境衍生的传统媒体新闻作品保护、影视作品保护等案件类型。

第二，网络著作权侵权案件数量仍然较多并出现新情况，除表现出传统网络著作权侵权案件的一般性特征外，还体现出了在新商业模式下的网络著作权案件的新态势。如在部分涉及开放平台著作权侵权的案件中，最高人民法院明确了开放平台的经营者获取利益和承担义务应具有对等性与一致性的原则。

第三，影视作品保护新问题层出不穷。此类案件除涉及传统的修改改编与原创作者的权利冲突之外，也出现了抄袭剽窃、合理使用、共有权利人侵权纠纷以及作品角色的衍生保护等问题，还涉及到了对影视作品著作权进行质押和转让问题。最高人民法院在北京金色里程文化艺术有限公司与上海晋鑫影视发展有限公司等侵害著作权纠纷案【（2015）民申字第 131 号】中，明确了共有权利人单独行使权利必须具备四个条件，即与对方协商不成、对方无正当理由、行使的权利不含转让、与对方分享收益。此外，因对著作权进行质押和转让，是对著作权的重大处分，在未与共有权利人进行协商的情况下，构成对共有权人利益的侵害。

第四，摄影作品侵权案件数量较多，但赔偿标准仍待统一。此类案件原告诉讼请求金额较低，数量较多。由代理人或专门机构进行商业化和批量维权的现象仍然比较突出，维权范围辐射全国，被告地域分布范围较广。赔偿数额的确定仍以酌定为主，各地法院的赔偿标准仍待统一。

第五，网络环境下证据举证和证据采信仍面临一些困难。互联网环境下，网络产业发展迅速，新的网络功能和新的商业经营模式不断推出，为当事人对证据的收集及人民法院对案件事实的查明不断提出新的挑战。

此外，在著作权审判领域尚有一些亟待解决的问题：

第一，关于影视作品的保护问题。目前我国影视作品剧本涉嫌侵权的情况大量存在，伴随着电视剧综艺节目的发展及相关收视率提升所带来的显著经济效益和品牌效应，有关综艺节目的法律关系日趋复杂，法律纠纷逐渐增多。而在影视作品中包含的音乐作品及其后期制作、广告宣传、发行过程中可能出现的各种法律问题，均尚待研究。

第二，数字环境下传统媒体新闻作品的著作权保护问题。进入互联网时代后，由于传统媒体的著作权保护意识相对薄弱，缺乏有效的维权机制，网络媒体侵害传统媒体新闻作品著作权的问题越来越突出。如何提高传统媒体的著作权保护意识，正确运用法律手段维护自身的合法权益，需要引起相关从业者的深思。

第三，角色形象的著作权保护问题。近年来，随着人们对优秀国产动画片价值认识的不断加深，一些经典的国产动画片被重新制作和包装后推出市场，在获得良好的经济效益的同时，与角色形象有关的权利归属等法律问题的争议也受到了广泛关注，亦需要人民法院及时明确有关的裁判规则。

四、不正当竞争案件及垄断案件审判

2015 年，最高人民法院知识产权庭审理的不正当竞争及垄断案件反映出如下问题：

第一，与侵害商标权行为的竞合现象较为普遍，在超过半数的不正当竞争案件中，当事人均同时提出了侵害商标权的诉由。

第二，不正当竞争案件中，商业秘密案件占有较大的比重。最高人民法院通过部分案件的审理，明确了商业秘密案件的一些重要的裁判规则。如在再审申请人新发药业有限公司与被申请人亿帆鑫富药业股份有限公司、一审被告姜红海、马吉锋侵害商业秘密纠纷案【（2015）民申字第2035 号】中，最高人民法院就权利人对商业秘密内容和范围的明确与固定问题表明了观点，即应当允许权利人在案件审理过程中对其商业秘密的内容和范围进行明确和固定，在不影响对方当事人程序性权利的情况下，人民法院在此基础上的裁判不构成超出诉讼请求裁判的行为。

第三，垄断案件的数量较少，所涉具体行为类型主要集中于滥用市场支配地位。在垄断案件审理的过程中，当事人诉讼能力较弱的现象仍然比较突出，人民法院对此类案件的审判经验亦有待进一步的积累。

五、其他案件的审判

（一）技术合同案件审判

2015 年，最高人民法院知识产权庭审理的技术合同案件反映出如下问题：

第一，审结的案件均涉及合同履行是否符合约定，是否存在违约行为的事实查明是此类案件审理的主要问题，如不能达产达标是由于技术出让方所涉技术不符合合同约定还是技术受让方的不当行为所导致等情形。

第二，案件争议焦点多集中于合同是否应当解除以及法律责任的承担。由于所涉技术的经济价值以及完整实施需要多个技术合同的配套实施，关联案件的存在增加了事实查明的难度。此外，此类案件通常涉及事实时间跨度大、证据多、证据真实性难以判断，为案件事实的查明提出了诸多挑战。

第三，关于当事人是否履行了合同约定的阶段性义务，亦是技术合同案件中争议较大的问题。其中，又以如何判断是否构成情势变更以及民事责任的承担为其中的难点。最高人民法院在部分案件的审理过程中，也对此明确了观点，即虽然合同法及有关司法解释并未明确规定政府政策调整等情况属于情势变更的情形，但如果确因政策调整，导致不能继续履行合同或者不能实现合同目的，当然属于合同当事人意志之外的客观情况发生重大变化的情形，属于合同法规定的情势变更，合同履行方的行为不构成违约。此外，如何分割技术开发协议期间形成的共有财产也曾在技术合同案件中引发争议，尤以涉及新药研发的技术合同案件表现得最为突出。对此，最高人民法院指出，新药研发属于高投入、高风险的科研活动，不仅需要投入巨额资金，而且时间周期长，研发风险大。临床试验是新药研发的关键环节，完成临床试验并通过审批的新药，方能获得新药证书。因此，如果在获得临床批件之后，技术开发方拒绝履行合作开发协议约定的相关合同义务，未在法定期限内进行临床试验，则临床批件将自行废止，并会导致无法实现合同目的。因此，技术开发方对其拒绝履行约定的临床试验的后果是清楚的，在获得临床批件前后，其以无正当理由拒绝履行，应视为对其曾经开发的技术成果所能享有的权利进行了处分。在此基础上，对于在合同解除后的技术成果归属问题的处理，亦应有利于鼓励守约方进一步开展研发工作，促进科技创新和成果转化。

（二）植物新品种案件审判

2015 年，最高人民法院审理的植物新品种案件反映出：植物新品种权案件的同一性对比问题继续向纵深发展。如何审查认定 DNA 鉴定结论，以及存在 DNA 鉴定结论的情况下，是否允许当事人进行田间种植测试，如何分配举证责任成为此类案件审判中的新问题。近年来，我国在水稻、玉米育种创新领域，仍然存在着育成品种遗传基础狭窄、种植资源研究和利用水平不高、多数品种为低水平派生等现象。通过植物新品种案件的审判，如何推动和提高我国植物新品种领域的育种质量和水平，也值得我们进一步研究。

（三）集成电路布图设计案件审判

2015 年，最高人民法院审理的集成电路布图设计案件反映出：案件的焦点问题集中于能否依据权利人登记时提交的样品确定集成电路布图设计的保护范围，案件深入分析了确定集成电路布图设计保护范围的事实和法律依据、如何看待集成电路样品的法律地位、如何看待集成电路布图专有权保护与专利权保护之间的关系等深层次的法律问题。

一、专利案件审判

（一）专利民事案件审判

1. 专利权人主张本国优先权时的举证责任和说明义务

【裁判要旨】

专利权人主张本国优先权时，应当承担相应的举证责任和说明义务。未能提交与本国优先权主题相关的在先申请文件，亦未能证明本案专利与在先申请属于相同主题的发明创造，不能依据在先申请日享有本国优先权。

【关键词】

实用新型专利　侵权　本国优先权　举证责任

【案号】

最高人民法院（2015）民申字第 188 号

【基本案情】

在再审申请人慈溪市博生塑料制品有限公司（简称博生公司）与被申请人陈剑侵害实用新型专利权纠纷案中（简称“清洁工具”实用新型专利侵权案），陈剑系名称为“清洁工具”的实用新型专利（即本案专利）的权利人，本案专利的申请日为 2011 年 6 月 24 日。2013 年 6 月 20 日，陈剑以博生公司未经许可，制造、销售、许诺销售的被诉侵权产品侵害本案专利权为由，提起诉讼。浙江省杭州市中级人民法院一审认为，被诉侵权产品未落入本案专利权的保护范围，据此判决驳回陈剑的诉讼请求。陈剑不服，提起上诉。在二审答辩过程中，博生公司除认为被诉侵权产品未落入本案专利权的保护范围外，还提出申请号为201120157568.6、名称为“用于手压式旋转拖的拖把底盘和脱水桶”的实用新型专利（简称在先申请专利）的申请日早于本案专利的申请日，构成本案专利的抵触申请。博生公司系依据在先申请专利制造被诉侵权产品，不构成对本案专利权的侵害。浙江省高级人民法院二审认为，被诉侵权产品落入本案专利权的保护范围，博生公司的抵触申请抗辩主张不能成立。遂判决撤销一审判决，判令博生公司立即停止侵权行为，并赔偿陈剑经济损失10万元。博生公司不服，向最高人民法院申请再审。最高人民法院于2015年12月2日裁定驳回博生公司的再审申请。

【裁判意见】

最高人民法院审查认为：本案专利能否享有本国优先权，对于在先申请专利能否构成抵触申请具有实质性影响。本案专利属于实用新型专利，对于其本国优先权的审查，参照《审查指南》的相关规定，审查员在初步审查过程中，仅审查前后两申请的主题是否明显不相关，并不审查二者的实质内容是否一致。在申请主题明显不相关时，即可发出未要求优先权通知书。本案中，国务院专利行政部门在本案专利授权前，并未对其能否享有本国优先权的问题进行实质审查。因此，应由专利权人就本案专利享有本国优先权承担举证责任和说明义务。在权利人未能提交与本国优先权有关的在先申请文件副本，且未能证明本案专利与在先申请属于相同主题的发明创造的，均不能享有本国优先权，也不得以优先权日作为本案专利的申请日。专利权人陈剑虽然提交了其他在先申请文件，但并未证明上述文件与本案专利属于相同主题的技术方案。因此，本案专利不能依据上述在先申请享有本国优先权，在先申请专利构成本案专利的抵触申请。

2. 在说明书引证背景技术文件的情况下，对说明书公开内容的正确理解

【裁判要旨】

在可能的情况下，说明书的背景技术部分应当引证反映背景技术的文件。在文件内容构成本案专利的现有技术，且通过引证的方式，上述内容已经成为说明书所涉技术方案的组成部分，则文件内容应视为已被说明书所公开。

【关键词】

实用新型专利　侵权　背景技术　公开

【裁判意见】

在前述“清洁工具”实用新型专利侵权案中，最高人民法院审查认为：对于抵触申请中公开的具体内容，博生公司提出，在先申请专利已经明确提及专利文献CN201755206U（简称被引证专利）的相关内容，故被引证专利中的拖把杆结构应视为已经被在先申请专利所公开。根据《中华人民共和国专利法实施细则》第十七条的规定，在可能的情况下，背景技术部分应当引证反映背景技术的文件。本案中，在先申请专利在说明书中先后两次援引被引证专利。其一是在说明书背景技术中记载：“为达到旋转的目的，常采用的驱动方式分为两种：……另一种采用被引证专利公开的手压式旋转拖。”其二是在说明书具体实施方式中记载：“‘拖把杆13’具有被引证专利公开的结构”。本案中，被引证专利的授权公告日早于本案专利的申请日，构成本案专利的现有技术。且在先申请专利不仅在说明书背景技术中援引了被引证专利，用于说明其公开的手压式旋转拖属于本领域“常采用的驱动方式”，还在说明书具体实施方式中明确记载了拖把杆13与被引证专利公开的结构一致。即被引证专利中的拖把杆结构属于在先申请专利技术方案的组成部分，应视为作为抵触申请的在先申请专利中已经公开的内容。因此，二审判决认定在先申请专利并未涉及拖把杆的具体结构和特征的结论，缺乏事实与法律依据。

3. 应用环境特征在方法专利侵权判断过程中的作用

【裁判要旨】

对于虽然并未作为技术特征写入权利要求，却是实施专利方法最为合理、常见和普遍的运行环境和操作模式，应当在涉及方法专利的侵权判断中予以考量。

【关键词】

发明专利　方法　侵权　应用环境

【案号】

最高人民法院（2015）民申字第2720号

【基本案情】

在再审申请人华为技术有限公司（以下简称华为公司）与被申请人中兴通讯股份有限公司（以下简称中兴公司）、杭州阿里巴巴广告有限公司（以下简称阿里巴巴公司）侵害发明专利权纠纷案中，华为公司是名称为“一种动态地址分配中防止IP地址欺骗的方法”的发明专利（即本案专利）的权利人。本案专利权利要求1描述了一种动态IP地址分配中防止IP地址欺骗的方法，即先行在合法用户地址表中添加用户终端的MAC地址和源IP地址信息，继而由用户终端向交换机发出ARP报文，交换机在合法用户地址表中查找是否有与信息相匹配项，若存在，即将发出该ARP报文中的源IP地址和源MAC地址加入ARP表，使得用户终端能够上网通信；否则，丢弃该ARP报文，该用户终端即不能上网通信，从而实现防止IP地址欺骗的发明目的。权利要求1中未对具体的网络应用环境进行限定。华为公司以中兴公司生产、阿里巴巴公司销售的型号为ZXR103952A的交换机（以下简称被诉侵权产品）使用的技术方案落入了本案专利权的保护范围为由，提起诉讼。杭州市中级人民法院一审认为，侵害方法发明专利的表现形式为使用了专利方法。鉴于华为公司不能证明中兴公司在生产被诉侵权产品时使用华为组网方式进行相应的技术开发和检测，或者被诉侵权产品的使用者根据华为组网方式使用该产品，而被诉侵权产品在本案专利文件中给出的组网方式下所呈现的技术方案与本案专利权利要求1不一致，故现有证据不能证明中兴公司使用了本案专利方法。遂判决驳回华为公司的诉讼请求。华为公司不服，提起上诉。华为公司认为，一审法院将权利要求1并未涉及的“开启DHCP中继的组网方式”作为其隐含技术特征予以解读，对华为组网方式予以排除，缩小了权利要求1的保护范围。浙江省高级人民法院二审判决驳回上诉、维持原判。华为公司仍不服，向最高人民法院申请再审。最高人民法院于2015年12月11日裁定驳回华为公司的再审申请。

【裁判意见】

最高人民法院审查认为：本案专利虽未将专利方法的具体网络应用环境作为技术特征写入权利要求1，但专利方法的实施不能与之相分离。因为本案专利方法正是为了防止在动态IP地址的申请和分配过程中所可能发生的IP地址欺骗行为，其间必然涉及 DHCP 服务器与用户终端之间的通信，具体运行时也就存在 DHCP 服务器与用户终端是否处于同一网段的两种情形。就本案专利而言，首先，对权利要求作体系化解读，从属权利要求所涉的用户终端在动态 IP 地址的申请和分配过程中与 DHCP 服务器之间的通信均通过 DHCP 中继进行，并通过交换机的转发处理，将分配给用户的 IP 地址和 MAC 地址写入合法用户地址表，这意味着权利要求书是在开启 DHCP 中继的情形下，给出了如何完成权利要求 1 所描述的防止 IP 地址欺骗的第一个步骤“在合法用户地址表中增加用户终端 MAC 地址、源 IP 地址信息”的相关启示。其次，根据本案专利的说明书记载，本案专利是为了解决在跨网段的实际网络应用环境下可能出现的 IP 地址欺骗问题，亦主张基于网络安全考量，将 DHCP 服务器设置于单独网段，与用户终端作跨网段设置。再者，本案专利的附图说明明确记载“图 1 为本发明的网络应用环境示意图”，亦即专利方法的实际组网应用情况，而该图 1 正是将 DHCP 客户端与 DHCP 服务器分置于两个子网，通过“具备 DHCP 中继功能的三层交换机”相连接。故综合上述内容，依据本领域普通技术人员的通常理解，应确认开启 DHCP 中继使得 DHCP 服务器实现为不在其网段的用户终端提供服务应是实施本案专利方法最为合理、最为常见和普遍的运行环境和操作模式，也是华为公司作为专利权人所预设的专利方法理想的网络应用环境。二审判决的相关认定并不存在对本案专利技术特征的增减，对此应予维持。

4. 专利法意义上的销售行为的认定标准

【裁判要旨】

专利法意义上销售行为的认定，需要考虑专利法第十一条的立法目的，正确厘定销售行为与许诺销售行为之间的关系，充分保护专利权人利益。为此，销售行为的认定应当以销售合同成立为标准，而不应以合同生效、合同价款支付完成、标的物交付或者所有权转移为标准。

【关键词】

实用新型专利　侵权　销售行为　合同成立

【案号】

最高人民法院（2015）民申字第 1070 号

【基本案情】

在再审申请人刘鸿彬与被申请人北京京联发数控科技有限公司（以下简称京联发公司）、天威四川硅业有限责任公司（以下简称天威公司）侵害实用新型专利权纠纷案中，刘鸿彬是名称为“硅棒锥度或外圆数控磨床”的实用新型专利（即本案专利）的权利人。本案专利的申请日为 2008 年 12 月 31 日，授权日为 2009 年 10 月 21 日。2009 年 4 月 10 日，天威公司（买方）通过公开招投标与京联发公司（卖方）签订《加工设备购销合同》，其中涉及将本案被诉侵权产品硅芯磨锥机销售给天威公司。该合同还约定，买方支付合同总额 90% 的货款后，卖方同时向买方提供合同总价 100% 的商业发票；剩余合同总价的 10% 作为质保金，待合同设备初步验收合格，一年保证期满后 1 个月内支付。2009 年 10 月 16 日，京联发公司向天威公司出具了合同总价全额的增值税专用发票。刘鸿彬以京联发公司生产制造并销售给天威公司的硅芯磨锥机与本案专利权利要求 1 的特征完全相同为由，提起诉讼。四川省成都市中级人民法院一审认为，被诉侵权产品落入本案专利权利要求 1 的保护范围，京联发公司未经刘鸿彬许可，以生产经营为目的，制造、销售了被诉侵权产品，侵害了本案专利权；天威公司公开招标的时间以及签订《加工设备购销合同》的时间均早于本案专利授权公告日，尽到了合理审查义务，且能够证明其使用的被诉侵权产品具有合法来源，不应承担赔偿责任。遂判决天威公司和京联发公司停止侵害，京联发公司赔偿刘鸿彬经济损失 10 万元。京联发公司不服，提起上诉。四川省高级人民法院二审认为，在实用新型专利授权公告日之前发生和实施与该专利相同技术方案的行为，不构成侵害专利权。遂撤销一审判决，驳回刘鸿彬的诉讼请求。刘鸿彬不服，向最高人民法院申请再审。最高人民法院于 2015 年 8 月 28 日裁定驳回刘鸿彬的再审申请。

【裁判意见】

最高人民法院审查认为：专利法意义上销售行为的认定，需要考虑《中华人民共和国专利法》（以下简称专利法）第十一条的立法目的，正确厘定销售行为与许诺销售行为之间的关系，充分保护专利权人利益。该条规定的立法目的在于清晰界定专利权的权利范围，划定专利权人与社会公众的权利界限，充分保护专利权人的利益。该条规定从行为类型入手，规定发明和实用新型专利的权利人拥有制造、使用、许诺销售、销售和进口等五项权能，外观设计专利的权利人拥有制造、许诺销售、销售和进口等四项权能。上述权能同时构成专利权人禁止权的范围，是认定侵权行为的重要尺度。为确保专利权权利范围的清晰性，增强可预见性并预防纠纷发生，销售权能或者说销售侵权行为的认定标准必须清晰明确、简单易行、可操作性强。同时，为充分保护专利权人的利益，销售行为的认定标准还应当尽可能实现许诺销售行为与销售行为之间的无缝衔接，以便覆盖对专利权人利益产生较大影响的有关交易环节和过程，从而更有效地制止销售侵权行为。关于销售行为是否完成，京联发公司主张应以合同成立或者生效为标准，刘鸿彬则主张以标的物所有权转移或者合同价款支付为标准。因此，对于销售行为的认定标准，至少存在四种选择：合同成立标准、合同生效标准、合同价款支付完成标准、标的物交付或者所有权转移标准。如果采用标的物交付或者所有权转移标准，则被诉侵权人自合同成立到标的物交付或者所有权转移之前的行为将不构成销售，此段行为将脱离专利权人的权利范围，过分缩小了专利权人的权利空间；而且，标的物交付或者所有权转移必须结合合同具体内容以及履行过程来判断，不仅使得认定标准复杂化，还大大增加了专利权人维权时的取证成本和证明难度。如果采用价款支付完成标准，则被诉侵权人自合同订立到合同价款支付完成之前的行为同样无法构成销售，脱离专利权人的权利范围，缩小了权利人的权利空间；而且，合同价款支付涉及合同履行过程，当事人在实践中可能采取分期支付、抵销、债务让与等多种方式履行合同，同样会导致认定标准复杂化，增加专利权人维权时的取证成本和证明难度。如果采用合同生效标准，则自合同成立到生效之前的行为同样无法构成销售，脱离专利权人的权利范围，缩小了权利人的权利空间；而且，合同生效是法律对合同效力评价的结果，合同是否发生效力并非完全取决于当事人的意愿，将其作为认定销售行为尤其是销售侵权产品的标准，与作为侵权责任基础的意志自由原则相悖。如果采用合同成立作为认定销售行为的判断标准，由于合同成立之前当事人以广告、商品展示等方式作出的销售商品的单方意思表示属于许诺销售行为，双方就销售商品的意思表示达成合意属于销售行为，则销售行为与许诺销售行为可以实现密切衔接，使得销售行为与许诺销售行为之间不存在专利权无法覆盖的空间，有利于充分保护专利权人的利益。同时，合同成立是双方当事人就销售商品的意思表示达成合意的事实状态，往往通过书面合同等材料体现出来，不需要进一步考察合同的具体条款和履行过程，专利权人获取证据和证明销售行为成立更为容易，取证成本和认定成本均较低。因此，销售行为的认定，一般应当以销售合同成立为标准。本案中，天威公司与京联发公司之间的《加工设备购销合同》签订于2009年4月10日，专利法意义上的销售行为在该日已经实施，早于本案专利授权公告日（2009年10月21日）。二审法院认定京联发公司销售被诉侵权产品的行为在本案专利授权公告日前已经完成，结论正确。

5. 专利申请时已经明确排除的技术方案，不能以技术特征等同为由在侵权判断时重新纳入专利权的保护范围

【裁判要旨】

等同原则的适用需要兼顾专利权人和社会公众的利益，且须考虑专利申请与专利侵权时的技术发展水平，合理界定专利权的保护范围。

【关键词】

实用新型专利　侵权　保护范围　等同原则

【案号】

最高人民法院（2015）民申字第740号

【基本案情】

在再审申请人孙俊义与被申请人任丘市博成水暖器材有限公司（以下简称博成公司）、张泽辉、乔泰达侵害实用新型专利权纠纷案中，孙俊义系名称为“防粘连自动排气阀”实用新型专利的权利人（即本案专利）。本案专利请求保护的防粘连自动排气阀包括壳体、浮球、阀座，壳体底部有进水口，进水口上有进水套，其特征之一在于进水套的上表面呈锥面。本案专利说明书同时载明，进水套的锥面与浮球为线接触，所以不会产生腐蚀，这样就防止了由于腐蚀造成的锈块粘连，避免了跑水事故的发生。孙俊义以博成公司、张泽辉、乔泰达生产销售的“必安阁”排气阀（以下简称被诉侵权产品）侵害本案专利权为由，提起诉讼。经对比，各方当事人对于被诉侵权产品的进水套上表面呈平面，且区别于本案专利上表面为锥面的技术特征均无异议。黑龙江省哈尔滨市中级人民法院一审认为，被诉侵权产品使用进水套的上表面呈平面、浮球中部凸沿落在进水套上的技术特征，与本案专利进水套的上表面呈锥面、浮球下部落在进水套上的技术特征构成等同，侵害了本案专利权。遂判决乔泰达赔偿孙俊义经济损失1万元，博成公司、张泽辉赔偿孙俊义经济损失49万元并对乔泰达承担连带赔偿责任。博成公司、张泽辉不服，提起上诉。黑龙江省高级人民法院二审认为，本案专利将进水套上表面限定为“锥面”，显然认为进水套上表面呈“平面”无法达到其发明目的，或者“锥面”具有更先进的功能和效果，故“进水套上表面呈平面”这一常规手段应当被排除在本案专利的保护范围之外，被诉侵权产品并未落入本案专利权的保护范围，不构成专利侵权。孙俊义不服，向最高人民法院申请再审。最高人民法院于2015年11月12日裁定驳回了孙俊义的再审申请。

【裁判意见】

最高人民法院审查认为：判断被诉侵权产品“一体式盖母上表面呈平面”与本

案专利“进水套上表面呈锥面”的技术特征是否等同，需考虑以下因素：首先，应考虑等同原则与专利权保护范围之间的关系，以及专利法律制度规定等同原则的必要性。一方面，在专利侵权判定中，等同原则是对专利权利要求字面保护范围的扩张，为专利权人提供了更为切实有效的法律保护，鼓励了技术创新；另一方面，专利制度本身又要确保专利权的保护范围具有足够的法律确定性和可预见性，不因等同原则的滥用而导致保护范围缺乏确定性而损害社会公众的利益。因此，等同原则的适用需要兼顾专利权人和社会公众的利益，既要保护专利权人在现有技术基础上作出的技术贡献，又要促进科学技术的进步。其次，等同原则的适用须考虑专利申请与专利侵权时的技术发展水平，防止对专利技术方案中的某些技术特征，以申请日后新出现的技术进行简单替换而规避侵权的发生，合理界定专利权的保护范围。本案中，本案专利的权利要求和说明书均明确记载和限定，进水套的上表面呈锥面。由于锥面和平面均为本案专利申请日前公知的技术方案，专利权人作出上述限定的目的，即为将平面排除在本案专利权的保护范围之外。因此，在进行侵权判定时，亦不能将技术特征“锥面”扩张到“平面”予以保护，否则将有损社会公众对专利权保护范围确定性和可预见性的信赖，并损害社会公众的利益，动摇专利制度的基石。据此，被诉侵权产品的技术特征与本案专利权利要求记载的技术特征相比，并未构成等同的技术特征，被诉侵权产品未落入本案专利权的保护范围。

6. 外观设计近似性判断的判断主体、比对方法和比对对象

【裁判要旨】

外观设计近似性的判断，应当基于一般消费者的知识水平和认知能力，根据外观设计的全部设计特征，以整体视觉效果进行综合判断。当专利保护的是产品整体的外观设计时，不应当将产品整体予以拆分、改变原使用状态后进行比对。如果实物照片真实反映了被诉侵权产品的客观情况，可以使用照片中的被诉侵权产品与本案专利进行比对。

【关键词】

外观设计专利　侵权　判断主体　比对方法

【案号】

最高人民法院（2014）民三终字第8号

【基本案情】

在上诉人本田技研工业株式会社（以下简称本田株式会社）与被上诉人石家庄双环汽车股份有限公司（以下简称双环股份公司）、石家庄双环汽车有限公司（以下简称双环有限公司）、石家庄双环新能源汽车有限公司侵害外观设计专利权纠纷案中，本田株式会社系名称为“汽车”的外观设计专利（即本案专利）的权利人。本田株式会社以双环股份公司、双环有限公司共同制造、销售“LAIBAO S－RV”汽车（以下简称被诉侵权产品）的行为侵害本案专利权为由，提起诉讼。河北省高级人民法院一审认为，被诉侵权产品未落入本案专利权的保护范围，遂判决驳回本田株式会社的诉讼请求。本田公司不服，提起上诉。本田公司认为，一审法院对于外观设计侵权判断的判断主体、比对方法、对象等，均存在错误。最高人民法院于2015年7月23日二审判决驳回上诉、维持原判。

【裁判意见】

最高人民法院二审认为：第一，关于判断主体。对外观设计近似性的判断，应当基于一般消费者的知识水平和认知能力，根据外观设计的全部设计特征，以整体视觉效果进行综合判断。一般消费者是指对相关设计状况具有常识性了解，且对不同外观设计之间在形状、图案、色彩上的差别具有分辨力的人，但其通常不会注意到形状、图案、色彩的微小变化。一般消费者是法律虚拟的一个概念，其所具有的“常识性了解”与一般的汽车发烧友并不一致。一审法院未将本田株式会社提交的各类媒体文章、汽车发烧友的评论等内容作为认定一般消费者认知的证据，并无不当之处。第二，关于比对方法。外观设计专利侵权的比对，应当以授权公告中的图片或者照片与被诉侵权产品的实物进行对比，判断两者的外观设计是否相同或近似。当实物照片真实反映了实物的客观情况，将照片中被诉侵权产品的外观与本案专利进行比对，亦是侵权案件中经常采用的方法。本田株式会社在提起本案诉讼时，并未向一审法院提交被诉侵权产品的实物，一审法院使用本田株式会社提交的、与实物并无明显视觉差异的图片进行比对的方法，并无不当之处。第三，关于比对对象。外观设计专利侵权判断采用整体观察、综合判断的标准，对比对象是产品在正常使用状态下的可视整体外观，不应当将产品整体予以拆分、改变原使用状态后，对部分外观设计进行对比。本田株式会社主张，在侵权对比过程中，不应考虑汽车顶部的行李架横杆、导流板、前后保险杠护板等选装件。但拆除上述选装件后，产品所呈现的是组装时的外观状态，而非一般消费者在购买后的正常使用状态。本田株式会社的上述主张，亦与其以整车外观设计为依据提起本案诉讼的事实基础不符。

7. 设计特征的认定及对外观设计近似性判断的影响

【裁判要旨】

设计特征体现了授权外观设计不同于现有设计的创新内容，也体现了设计人对现有设计的创造性贡献。如果被诉侵权产品未包含授权外观设计区别于现有设计的全部设计特征，一般可以推定二者不构成近似外观设计。设计特征的存在应由专利权人进行举证，允许第三人提供反证予以推翻，并由人民法院依法予以确定。

【关键词】

外观设计专利　侵权　设计特征　显著影响

【案号】

最高人民法院（2015）民提字第23号

【基本案情】

在再审申请人浙江健龙卫浴有限公司（以下简称健龙公司）与被申请人高仪股份公司（以下简称高仪公司）侵害外观设计专利权纠纷案中，高仪公司系“手持淋浴喷头（NO. A4284410X2）”外观设计专利（即本案专利）的权利人。高仪公司以健龙公司生产、销售和许诺销售的丽雅系列等卫浴产品（即被诉侵权产品）侵害本案专利权为由，提起诉讼。浙江省台州市中级人民法院一审认为，高仪公司主张喷头出水面设计为本案专利的设计要点，但本案专利授权公告的“简要说明”中对此并无体现，被诉侵权产品与本案专利虽在喷头的出水面上高度近似，但喷头头部周边设计、手柄设计存在差别，两者不构成近似。据此判决驳回高仪公司的诉讼请求。高仪公司不服，提起上诉。浙江省高级人民法院二审认为，跑道状的喷头出水面应作为本案专利区别于现有设计的设计特征予以重点考量，而被诉侵权产品正是采用了与之高度相似的出水面设计。此外，被诉侵权产品与本案专利在淋浴喷头的整体轮廓、喷头与把手的长度分割比例等方面均非常相似，应认定二者构成相近似的外观设计。据此判决撤销一审判决，判令健龙公司停止侵权行为，销毁库存侵权产品，赔偿高仪公司经济损失人民币10万元。健龙公司不服，向最高人民法院申请再审。最高人民法院裁定提审本案，并于2015年8月11日判决撤销二审判决，维持一审判决。

【裁判意见】

最高人民法院提审认为：外观设计专利制度的立法目的在于保护具有美感的创新性工业设计方案，一项外观设计应当具有区别于现有设计的可识别性创新设计才能获得专利授权，该创新设计即是授权外观设计的设计特征。由于设计特征的存在，一般消费者容易将授权外观设计区别于现有设计，因此，其对外观设计产品的整体视觉效果具有显著影响，如果被诉侵权产品未包含授权外观设计区别于现有设计的全部设计特征，一般可以推定被诉侵权产品与授权外观设计不近似。专利权人可能将设计特征记载在简要说明中，也可能会在专利授权确权或者侵权程序中对设计特征作出相应陈述。无论是专利权人举证证明的设计特征，还是通过授权确权有关审查文档记载确定的设计特征，如果第三人提出异议，都应当允许其提供反证予以推翻。人民法院在听取各方当事人质证意见的基础上，对证据进行充分审查，依法确定授权外观设计的设计特征。本案专利的设计特征有三点：一是喷头及其各面过渡的形状，二是喷头出水面形状，三是喷头宽度与手柄直径的比例。虽然被诉侵权产品采用了与本案专利高度近似的跑道状出水面，但在喷头及其各面过渡的形状这一设计特征上，二者在设计风格上呈现明显差异。二审判决仅重点考虑了本案专利跑道状出水面的设计特征，而对于其他设计特征，以及产品正常使用时容易被直接观察到的其他区别设计特征未予考虑，从而认定二者构成近似外观设计的结论是错误的。

8. 抵触申请抗辩成立的条件

【裁判要旨】

被诉侵权人以其实施的技术方案属于抵触申请为由，主张不侵害专利权的，应当审查被诉侵权技术方案是否已被抵触申请完整公开。在该技术方案相对于抵触申请不具有新颖性时，抵触申请抗辩成立。

【关键词】

实用新型专利　侵权　抗辩　抵触申请

【裁判意见】

在前述“清洁工具”实用新型专利侵权案中，最高人民法院审查认为：如果被诉侵权技术方案已被抵触申请公开，则相较于抵触申请不应被授予专利权，也不应被纳入本案专利权的保护范围。因此，被诉侵权人以其实施的技术方案属于抵触申请为由，主张未侵害本案专利权的，人民法院可以参照有关现有技术抗辩的规定，对抵触申请抗辩能否成立进行审查。但是，由于抵触申请与现有技术的含义和性质存在一定差异，故抵触申请抗辩的审查判断标准应与抵触申请的性质相适应。即抵触申请仅可以被用来单独评价本案专利的新颖性，既不能与现有技术或者公知常识结合，更不能用于评价本案专利的创造性。且只有在被诉侵权技术方案的各项技术特征均已被抵触申请单独、完整地公开，相对于抵触申请不具有新颖性时，才能够认定抵触申请抗辩成立。本案中，在先申请专利没有公开被诉侵权产品中的“拖把杆包括内杆和外杆”“内外杆间相互套接”等技术特征，被诉侵权产品相对于抵触申请具有新颖性。此外，博生公司有关将在先申请专利与公知常识结合后进行抵触申请抗辩的主张，缺乏法律依据，其抵触申请抗辩不能成立。

9. **现有设计抗辩的审查与判断**

【裁判要旨】

在被诉侵权产品与本案专利相近似的情况下，如果被诉侵权产品采用了本案专利与现有设计相区别的设计特征，现有设计抗辩不能成立。

【关键词】

外观设计专利 侵权 抗辩 现有设计

【案号】

最高人民法院（2015）民申字第633号

【基本案情】

在再审申请人丹阳市盛美照明器材有限公司（以下简称盛美公司）与被申请人童先平侵害外观设计专利权纠纷案中，童先平为“LED路灯（JD－2006B）”外观设计专利（即本案专利）的权利人。童先平以盛美公司制造、销售以及许诺销售被诉侵权产品的行为侵害本案专利权为由，提起诉讼。江苏省镇江市中级人民法院一审认为，被诉侵权产品与本案专利在整体视觉效果上无实质性差异，两者构成近似，盛美公司的现有设计抗辩主张不能成立，遂判令盛美公司立即停止侵权行为，并赔偿童先平经济损失58950元。盛美公司不服，提起上诉。江苏省高级人民法院二审判决驳回上诉、维持原判。盛美公司仍不服，向最高人民法院申请再审。最高人民法院于2015年10月23日裁定驳回盛美公司的再审申请。

【裁判意见】

最高人民法院审查认为：现有设计是指外观设计申请日前为国内外公众所知的设计。被诉侵权人有证据证明其实施的设计属于现有设计的，不构成侵害外观设计专利权。盛美公司对于被诉侵权产品与本案专利构成相近似的结论并无异议，但主张被诉侵权产品属于现有设计。通过对比可见，除产品尾部设计是否有螺钉固定外，本案专利与现有设计在正面整体轮廓、下灯盖侧面形状、灯槽、灯罩、内部反光板形状、上灯盖背部以及产品尾部接口处截面设计方面的区别设计特征，均体现在被诉侵权产品与现有设计的区别中，而正是这些区别设计特征的存在，使本案专利在整体视觉效果上明显区别于现有设计，也即这些区别设计特征是本案专利的创新之处，其相较于本案专利的其他设计特征而言，对于外观设计相同或近似的判断，在整体视觉效果上更具有影响。在被诉侵权产品采用了本案专利与现有设计相区别的设计特征的情况下，被诉侵权产品与本案专利构成近似，与现有设计则存在实质性差异，盛美公司的现有设计抗辩不能成立。

10. **先用权抗辩的审查与认定**

【裁判要旨】

现有证据能够证明，制造商在申请日前已经实施或已经为实施本案专利做好了技术或物质上的必要准备，且仅在原有范围内继续制造的，先用权抗辩成立。在制造商并非本案被告，但销售商能够证明被诉侵权产品的合法来源以及制造商享有先用权的情况下，销售商可以提出先用权抗辩。

【关键词】

发明专利 侵权 抗辩 先用权

【案号】

最高人民法院（2015）民申字第

1255 号

【基本案情】

在再审申请人北京英特莱技术公司（以下简称英特莱公司）与被申请人深圳蓝盾公司北京分公司（以下简称蓝盾北京分公司）、北京蓝盾创展门业有限公司（以下简称蓝盾创展公司）侵害发明专利权纠纷案中，英特莱公司是名称为“防火隔热卷帘用耐火纤维复合卷帘及其应用”的发明专利（即本案专利）的权利人。英特莱公司以蓝盾北京分公司、蓝盾创展公司制造的防火卷帘产品（以下简称被诉侵权产品）落入了本案专利权的保护范围，侵害本案专利权为由，提起诉讼。经比对，被诉侵权产品落入本案专利权保护范围。但蓝盾北京分公司、蓝盾创展公司主张，被诉侵权产品来源于案外人深圳市蓝盾实业有限公司（以下简称深圳蓝盾公司），且深圳蓝盾公司享有先用权，被诉侵权产品不构成对本案专利权的侵害。北京市第二中级人民法院一审认为，被诉侵权产品落入本案专利权的保护范围，但被诉侵权产品是从深圳蓝盾公司进货，蓝盾北京分公司和蓝盾创展公司不是被诉侵权产品的制造者。而深圳蓝盾公司在专利申请日前已经制造相同产品，并且仅在原有范围内继续制造，依法享有先用权，蓝盾北京分公司和蓝盾创展公司所提先用权抗辩理由成立。遂判决驳回英特莱公司的诉讼请求。英特莱公司不服，提出上诉。北京市高级人民法院二审判决驳回上诉、维持原判。英特莱公司仍不服，向最高人民法院申请再审。最高人民法院于 2015 年 10 月 9 日裁定驳回英特莱公司的再审申请。

【裁判意见】

最高人民法院审查认为：蓝盾北京分公司和蓝盾创展公司提供了深圳蓝盾公司研发与本案专利相同的防火卷帘产品的设计可行性报告、计划书、任务书、研制报告书、设计总结、相关研发会议纪要和技术人员的证人证言以及案外人提供研发产品原材料的证明，可以证明被诉侵权产品系深圳蓝盾公司自行研发。在已确认国家建设部门相关规范的修订导致全行业开展新产品研发和深圳蓝盾公司于本案专利申请日前已生产出相关产品这两项事实的前提下，本案相关证据已经形成较为完整的证据链，可以认定深圳蓝盾公司在申请日前为实施本案专利做好了制造的必要准备。此外，虽然享有先用权的主体应为制造商，但制造商并非本案被告。在销售商已经举证证明被诉侵权产品的合法来源，及制造商享有先用权的情况下，如果一味要求追加制造商为当事人或者驳回销售商的抗辩，不仅会增加当事人诉累，也与在制造商享有先用权的情况下，其生产的产品可以合法流通的立法宗旨相违背，故销售商可以在本案中提出先用权抗辩。

（二）专利行政案件审判

11. 权利要求的解释所需遵循的一般原则

【裁判要旨】

在专利授权确权程序中解释权利要求用语的含义时，必须顾及专利法关于说明书应该充分公开发明的技术方案、权利要求书应当得到说明书支持、专利申请文件的修改不得超出原说明书和权利要求书记载的范围等法定要求，基于权利要求的文字记载，结合对说明书的理解，对权利要求作出最广义的合理解释。

【关键词】

发明专利　无效程序　权利要求解释

【案号】

最高人民法院（2014）行提字第 17 号

【基本案情】

在再审申请人李晓乐与被申请人国家知识产权局专利复审委员会（以下简称专利复审委员会）、一审第三人、二审上诉人郭伟、沈阳天正输变电设备制造有限责任公司（以下简称沈阳天正公司）发明专利权无效行政纠纷案中，郭伟和沈阳天正公司为第03123304.X号、名称为“反射式萨格奈克干涉仪型全光纤电流互感器”的发明专利（即本案专利）的共同权利人。本案专利共有12项权利要求，独立权利要求1公开了一种反射式萨格奈克干涉仪型全光纤电流互感器，其特征之一在于：它至少由光电单元和光纤电流感应单元连接构成。权利要求1中没有关于反射膜的内容记载。权利要求10为权利要求1的从属权利要求，其进一步限定了光纤电流感应单元设在电流互感器的高压区，至少由λ/4波片，其中λ为光纤中传递的光信号的波长、感应光纤线圈和感应光纤线圈端面镀反射膜组成。2009年9月27日，李晓乐以本案专利不具有新颖性、创造性等为由，向专利复审委员会提出无效宣告请求。专利复审委员会于2010年4月22日作出第14794号无效宣告请求审查决定（以下简称第14794号决定），维持本案专利权有效，并认定权利要求1中的“全光纤”应当是在光纤电流感应单元中由光纤端面镀反射膜作为反射体而构成的全光纤结构。李晓乐不服，提起行政诉讼。北京市第一中级人民法院一审维持第14794号决定。李晓乐、郭伟、沈阳天正公司均不服，提起上诉。北京市高级人民法院二审认为，虽然权利要求1没有记载由光纤端面镀反射膜作为反射体这一技术特征，而是在权利要求10中记载了该特征，但权利要求1所记载的技术特征应不包含使用镜子作为反射体的内容，即权利要求1中的全光纤应当是使用镜子以外的其他反射体进行反射的全光纤结构。专利复审委员会对相关技术特征的认定正确。遂判决驳回上诉、维持原判。李晓乐仍不服，向最高人民法院申请再审。最高人民法院裁定提审本案，并于2015年8月11日判决撤销一审、二审判决和第14794号决定，判令专利复审委员会重新作出审查决定。

【裁判意见】

最高人民法院提审认为：专利授权确权程序中，权利要求解释的目的在于通过明确权利要求的含义及其保护范围，对权利要求是否符合专利授权条件或者其效力如何作出判断。基于此目的，在解释权利要求用语的含义时，必须顾及专利法关于说明书应该充分公开发明的技术方案、权利要求书应当得到说明书支持、专利申请文件的修改不得超出原说明书和权利要求书记载的范围等法定要求。通常情况下，在专利授权确权程序中，对权利要求的解释采取最大合理解释原则，即基于权利要求的文字记载，结合对说明书的理解，对权利要求作出最广义的合理解释。如果说明书未对权利要求用语的含义作出特别界定，原则上应采取本领域普通技术人员在阅读权利要求书、说明书和附图之后对该术语所能理解的通常含义，尽量避免利用说明书或者审查档案对该术语作不适当的限制，以便对权利要求是否符合授权条件和效力问题作出更清晰的结论，从而促使申请人修改和完善专利申请文件，提高专利授权确权质量。本案中，本专利权利要求1中记载全光纤电流互感器至少由光电单元和光纤电流感应单元连接构成，并没有记载“反射膜”的技术特征，“反射膜”的技术特征出现在权利要求1的从属权利要求10的附加技术特征中。说明书中既没有将具有“反射膜”的技术方案作为背景技术描述，也没有用“反射膜”这一技术特征对权利要求1所述的“全光纤电流互感器”作出特别界定，说明书中的相关内容仅能说明本专利在对应于从属权利要求10的进一步的优选实施例中，采用了光纤端面镀反射膜的方式，并不是指本专利权利要求1中的“全光纤电流互感器”具有此处描述的特定含义。第14794号决定在对权利要求1中的“全光纤电流互感器”进行界定时，引入其从属权利要求的附加技术特征和说明书的内容对其进行限缩性解释，适用法律错误，应予纠正。

12. 字面含义存在歧义的技术特征的解释规则

【裁判要旨】

对于权利要求中字面含义存在歧义的技术特征的解释，应当结合说明书及附图中已经公开的内容，并符合本案专利的发明目的，且不得与本领域的公知常识相矛盾。

【关键词】

发明专利　无效程序　技术术语　解释

【案号】

最高人民法院（2013）行提字第17号

【基本案情】

在申诉人辽宁般若网络科技有限公司（以下简称般若公司）与被申诉人国家知识产权局专利复审委员会（以下简称专利复审委员会）、一审第三人中国惠普有限公司（以下简称惠普公司）发明专利权无效行政纠纷案中，般若公司为第01106125.1号、名称为“容错阵列服务器”的发明专利（即本案专利）的权利人。本案专利权利要求1的技术特征b为：“键盘、鼠标、显示器、网卡和电源通过整体插头和整体插座连接”。本案专利说明书记载了如下内容：本发明的目的是提供一种一次插拔就可以完成键盘、鼠标、显示器、网卡和电源的连接，主板可以带电插拔、同一背板上可以插拔多个服务器的容错阵列服务器。它通过切换器实现光驱、软驱、键盘、显示器和鼠标的共用。2009年2月23日，惠普公司以权利要求1～8不具有创造性为由，向专利复审委员会提出无效宣告请求。专利复审委员会于2009年6月23日作出第13610号无效宣告请求审查决定（简称第13610号决定），宣告本案专利权全部无效。般若公司不服，提起行政诉讼。北京市第一中级人民法院一审判决维持第13610号决定。般若公司不服，提起上诉。北京市高级人民法院二审判决驳回上诉、维持原判。般若公司仍不服，向最高人民法院申请再审。其再审申请理由之一为，权利要求1的技术特征b限定了服务器与机箱的连接方式和内容。其中整体插头和整体插座连接，键盘、鼠标、显示器、网卡和电源为并列关系。第13610号决定认定权利要求1的特征b是“键盘、鼠标、显示器……连接电源”，与权利要求1的内容不符。最高人民法院裁定提审本案，并于2015年4月1日判决撤销第13610号决定及一审、二审判决，责令专利复审委员会重新作出审查决定。

【裁判意见】

最高人民法院提审认为：对于技术特征b，本案中有两种理解。专利复审委员会认为，电源是键盘、鼠标、显示器和网卡的连接对象。般若公司则认为，电源与键盘、鼠标、显示器、网卡为并列关系。因此，技术特征b的字面含义存在歧义。对于权利要求中该种技术特征的解释，应当结合说明书及其附图中的有关内容，符合本案专利的发明目的，且不得与本领域的公知常识相矛盾。首先，根据说明书中关于发明目的和技术效果的记载，本案专利通过一次性的热插拔，实现键盘、鼠标、显示器、网卡和电源的连接，通过切换器实现光驱、软驱、键盘、显示器和鼠标的共用。其次，本案专利的改进之一为通过设置集中容错电源，实现同时给容错阵列服务器供电，以避免传统电源在容错时一个服务器备用一个冗余电源的技术缺陷。因此，集中容错电源是为了给容错阵列服务器中各个服务器集中供电，而非仅仅为键盘、鼠标、显示器、网卡供电而设置。各个服务器是通过整体插头和整体插座的一次插拔，实现键盘、鼠标、显示器、网卡以及电源的连接和断开，而不仅仅是将键盘、鼠标、显示器、网卡与电源相连接。再次，在现有技术中，鼠标、键盘和网卡通常无需单独连接电源，而是通过接口的插拔同时实现电力以及信号的传输。因此，如果将技术特征 b 仅仅理解为通过整体插头和整体插座的连接，使得键盘、鼠标、显示器、网卡与电源相连接，既不能实现本案专利所要解决的"一次插拔"的发明目的，亦有悖于本领域的公知常识，般若公司关于技术特征 b 应理解为"电源与键盘、鼠标、显示器、网卡为并列关系，所述部件均通过整体插头和整体插座连接"的主张成立。

13. 化学领域产品发明说明书充分公开的判断

【裁判要旨】

化学领域产品发明的专利说明书中应当记载化学产品的确认、制备和用途。

【关键词】

发明专利　化学产品　无效程序　充分公开

【案号】

最高人民法院（2014）行提字第 8 号

【基本案情】

在再审申请人国家知识产权局专利复审委员会（简称专利复审委员会）、北京嘉林药业股份有限公司（简称嘉林公司）与被申请人沃尼尔·朗伯有限责任公司（简称沃尼尔·朗伯公司）、一审第三人张楚发明专利权无效行政纠纷案（简称"阿托伐他汀"发明专利权无效案）中，1996 年 7 月 8 日，沃尼尔·朗伯公司申请了名称为"结晶［R－（R＊，R＊）］－2－(4－氟苯基）－β，δ－二羟基－5－（1－甲基乙基）－3－苯基－4－［（苯氨基）羰基］－1H－吡咯－1－庚酸半钙盐"发明专利（即本案专利），2002 年 7 月 10 日获得授权，专利号为 96195564.3。本案专利权利要求 1 的主题为含 1－8 摩尔水的 I 型结晶阿托伐他汀水合物，特征部分用 X－射线粉末衍射图（XPRD）予以限定。针对本案专利，嘉林公司、张楚分别向专利复审委员会提起无效宣告请求，专利复审委员会合并审理后于 2009 年 6 月 17 日作出第 13582 号无效宣告请求审查决定（简称第 13582 号决定），以本案专利不符合专利法第二十六条第三款规定为由，宣告本案专利权全部无效。主要理由为：1. 说明书中没有提供任何定性或定量的数据证明其得到的 I 型结晶阿托伐他汀水合物中确实包含 1－8 摩尔（优选 3 摩尔）水；而且，从其制备方法的步骤，以及用于表征产品晶型的 XPRD 数据及谱图中也无法确切地推知其产品中水含量为 1－8 摩尔（或 3 摩尔）。因此，本领域技术人员根据说明书公开的内容无法确认权利要求中保护的产品。2. 本领域技术人员根据本案专利说明书的内容无法确信如何才能制备得到本案专利保护的含 1—8 摩尔水（优选 3 摩尔）的 I 型结晶阿托伐他汀水合物。沃尼尔·朗伯公司不服，提起行政诉讼。北京市第一中级人民法院一审判决维持第 13582 号决定。沃尼尔·朗伯公司不服，提起上诉。北京市高级人民法院二审认为，本发明要解决的技术问题是要获得阿托伐他汀的结晶形式，具体是I型结晶阿托伐他汀，用以克服“无定形阿托伐他汀不适合大规模生产中的过滤和干燥”的技术问题。由于专利复审委员会并没有确定本发明所要解决的技术问题，也没有明确哪些参数是“与要解决的技术问题相关的化学物理性能参数”。因此，专利复审委员会在未对本发明要解决的技术问题进行整体考虑的情况下，作出本案专利不符合专利法第二十六条第三款规定的相关认定显属不当。遂判决撤销一审判决和第13582号决定，并责令专利复审委员会重新作出决定。专利复审委员会、嘉林公司均不服，向最高人民法院申请再审。最高人民法院裁定提审本案，并于2015年4月16日判决撤销二审判决，维持一审判决。

【裁判意见】

最高人民法院提审认为：本发明涉及I型结晶阿托伐他汀及其水合物，为典型的化学领域产品发明，而化学领域发明专利相比于其他领域具有特殊性，即化学领域属于实验性科学领域，影响发明结果的因素是多方面、相互交叉且错综复杂的。由于化学领域发明专利的这些特性，化学产品发明的专利说明书中应当记载化学产品的确认、制备和用途。具体而言，当发明是一种化合物时，说明书中应当说明该化合物的化学结构及与发明要解决的技术问题相关的化学、物理性能参数，使本领域技术人员能确认该化合物。化学产品的确认是指本领域技术人员应能够根据说明书中公开的内容清楚地确认权利要求所保护的化学产品。本案专利请求保护的I型结晶阿托伐他汀水合物中的水含量是该产品发明的组成部分和结构特征，说明书中应当有定性或者定量的数据使本领域技术人员相信本案专利请求保护的I型结晶阿托伐他汀水合物中确实含有1到8摩尔水，优选3摩尔水。也就是说，含水量的确认作为证明本案专利产品实际存在状态的证据，属于本案专利产品确认中必不可少的重要内容。沃尼尔·朗伯公司认可本案专利说明书中未测定得到的I型结晶阿托伐他汀含有多少水，也认可通过本案专利说明书公开的图谱本身不能确定对应的化合物中水的含量，在说明书仅有声称性结论的情况下，本领域技术人员无法确认本案专利请求保护的I型结晶阿托伐他汀水合物确实含有1到8摩尔水，优选3摩尔水。说明书中还应当至少公开一种制备方法，使本领域技术人员能够实施。由于本案专利说明书中没有对请求保护的I型结晶阿托伐他汀水合物中的水进行清楚、完整的说明，本领域技术人员无论是根据本案专利说明书中的一般性记载，还是根据其中具体的实施例，均无法确信可以受控地制备得到本案专利请求保护的含1－8摩尔水（优选3摩尔）的I型结晶阿托伐他汀水合物。从化学产品确认和制备的角度，本案专利说明书不符合专利法第二十六条第三款的规定。

14. 确定发明所要解决的技术问题与判断说明书是否充分公开之间的关系

【裁判要旨】

技术方案的再现与是否解决了技术问题、产生了技术效果的评价之间，存在着先后顺序上的逻辑关系，应首先确认本领域技术人员根据说明书公开的内容是否能够实现该技术方案，然后再确认是否解决了技术问题、产生了技术效果。

【关键词】

发明　无效程序　充分公开　技术问题

【裁判意见】

在前述“阿托伐他汀”发明专利权无效案中，最高人民法院还对判断说明书是否充分公开与实现技术方案和解决技术问题之间的关系表明了态度。最高人民法院提审认为：本案专利说明书应对权利要求所限定的发明内容进行清楚、完整的说明，以本领域技术人员根据说明书公开的内容能够实现为准。而“能够实现”，参照《审查指南》的规定，是指本领域技术人员根据说明书公开的内容，能够实现发明的技术方案，解决其技术问题，并且产生预期的技术效果。也就是说，必须是能够实现技术方案、解决技术问题、产生预期效果三者同时满足，才符合专利法第二十六条第三款的规定。可见，在判断是否符合专利法第二十六条第三款的规定时，需要考虑发明所要解决的技术问题，如果说明书给出了技术手段，但本领域技术人员采用该手段不能解决发明所要解决的技术问题，同样不符合专利法第二十六条第三款的规定。但需要考虑发明解决的技术问题并不意味须首先考虑发明所需解决的技术问题，如果一个发明的技术方案本身都无法实现，显然已经不符合专利法第二十六条第三款的规定，这时候再考虑发明要解决的技术问题已经没有实际意义。因此，技术方案的再现和是否解决了技术问题、产生了技术效果的评价之间，存在着先后顺序上的逻辑关系，应首先确认本领域技术人员根据说明书公开的内容是否能够实现该技术方案，然后再确认是否解决了技术问题、产生了技术效果，在不对技术方案本身是否可以实现作出确认的前提下，其与现有技术相比是否能够解决相应的技术问题，并实现有益的技术效果均无从谈起。本案中，二审法院实际并没有考虑本案专利权利要求限定的技术方案的可实现性，而是首先考虑发明要解决的技术问题，进而考虑与要解决的技术问题相关的化学物理性能参数，该审理思路不当，对此应当予以纠正。

15. 申请日后补交的实验性证据是否可以用于证明说明书充分公开

【裁判要旨】

在申请日后提交的用于证明说明书充分公开的实验性证据，如果可以证明以本领域技术人员在申请日前的知识水平和认知能力，通过说明书公开的内容可以实现该发明，那么该实验性证据应当予以考虑，不能仅仅因为该证据是申请日后提交而不予接受。

【关键词】

发明专利　无效程序　申请日　实验性证据

【裁判意见】

在前述“阿托伐他汀”发明专利权无效案中，沃尼尔·朗伯公司和嘉林公司均提交了实验性证据用以证明本领域技术人员根据说明书的内容是否可以实现本案专利。最高人民法院提审认为：专利法第二十六条第三款要求，本领域技术人员在专利申请日之前就可以根据说明书充分公开的内容实现发明，而在申请日后补充的实验性证据，一般以事后验证的方式来证明说明书达到了上述要求。在专利申请日后提交的用于证明说明书充分公开的实验性证据，如果可以证明以本领域技术人员在申请日前的知识水平和认知能力，通过说明书公开的内容可以实现该发明，那么该实验性证据应当予以考虑，不应仅仅因为该证据是申请日后提交而不予接受。在考虑实验性证据是否采纳的时候应严格审查时间和主体两个条件。首先，实验性证据涉及的实验条件、方法等在时间上应该是申请日或优先权日前本领域技术人员通过阅读说明书能够直接得到或容易想到的；其次，在主体上，应立足于本领域技术人员的知识水平和认知能力。沃尼尔·朗伯公司和嘉林公司提交的实验性证据均无法达到上述要求，故对此不予采纳。

16. 从属权利要求是否得到说明书支持的判断

【裁判要旨】

对于形式上具有从属关系，实质上替换了独立权利要求中特定技术特征的从属权利要求，应当按照其限定的技术方案的实质内容来确定其保护范围，并在此基础上判断是否得到说明书的支持。

【关键词】

发明专利　无效程序　从属权利要求　说明书

【案号】

最高人民法院（2014）行提字第32号

【基本案情】

在再审申请人朱福妫、翟佑华、马国妫与被申请人国家知识产权局专利复审委员会（以下简称专利复审委员会）及一审第三人、二审上诉人河南全新液态起动设备有限公司（以下简称全新公司）发明专利权无效行政纠纷案中，朱福妫、翟佑华、马国妫系名称为“无刷自控电机软启动器”的第03112809.2号发明专利（即本案专利）的权利人。本案专利共有5项权利要求，其中，独立权利要求1请求保护一种无刷自控电机软启动器，包括电解液、电解液贮容器，处于电解液中可相对移动的静电极和动电极以及与其电气相连接的接线柱，接线柱与电机电枢连接，使静电极和动电极之间的电阻与电枢串接。其特征包括，动电极与静电极之间设有阻止动电极向静电极移动的弹性阻力装置；所述弹性阻力装置的阻力与动电极和静电极之间距离成反比，电解液贮容器上还设有排气阀和安全阀。权利要求3在权利要求1或2的基础上，进一步限定弹性阻力装置为拉簧，拉簧的一端固定在动电极上，另一端固定在环形凹腔的内环侧壁上。权利要求5在权利要求3的基础上，进一步限定所述排气阀为离心式排气阀，设置在靠近转轴位置的端面上。针对本案专利，全新公司于2010年1月14日以权利要求书未得到说明书的支持等为由，向专利复审委员会提出无效宣告请求。专利复审委员会作出第15243号无效宣告请求审查决定（简称第15243号决定）认为，权利要求1中记载的是动、静电极之间设有弹性阻力装置，而根据说明书记载，动电极与静电极之间并未设置任何部件。因此，权利要求1没有得到说明书的支持。权利要求2～5直接或间接从属于权利要求1，其各自限定部分的内容并未克服权利要求1得不到说明书支持的缺陷，权利要求2～5也不符合专利法第二十六条第四款的规定，遂宣告本案专利权全部无效。朱福妫、翟佑华、马国妫不服第15243号决定，提起行政诉讼。北京市第一中级人民法院一审认为，本案专利权利要求1保护的范围是“动电极与静电极之间设有阻止动电极向静电极移动的弹性阻力装置。所述弹性阻力装置的阻力与动电极和静电极之间距离成反比”。说明书记载了“动电极与静电极之间设有阻止动电极向静电极移动的弹性阻力装置”，并对弹性阻力装置作用进行了清楚的说明。同时，在说明书具体实施方式二结构剖视图及具体实施方式一结构剖视图中，均可以清晰地看出为实现本案专利发明目的所设置的弹性阻力装置（弹簧、杠杆）。本案专利符合专利法第二十六条第四款的规定。遂判决撤销第15243号决定，并责令专利复审委员会重新作出审查决定。专利复审委员会、全新公司均不服，提起上诉。北京市高级人民法院二审认为，本领域技术人员在阅读说明书中有关“阻止动电极向静电极移动的弹性阻力装置”设置在动电极与凹腔内环侧壁之间的具体实施方式后，无法得出本案专利权利要求中记载有“动电极与静电极之间设有阻止动电极向静电极移动的弹性阻力装置”的技术方案。本案专利的权利要求未以说明书为依据来说明要求专利保护的技术方案。二审法院遂撤销一审判决，维持第15243号决定。朱福奶、翟佑华、马国奶不服，向最高人民法院申请再审。最高人民法院裁定提审本案，并于2015年7月1日判决撤销一审、二审判决，并责令专利复审委员会重新作出审查决定。

【裁判意见】

最高人民法院提审认为：第15243号决定及二审判决认定权利要求1、2、4没有得到说明书支持的结论是正确的。权利要求3虽然形式上是权利要求1的从属权利要求，但权利要求3替换了权利要求1中“动电极与静电极之间”的技术特征。对于这种形式上从属于某权利要求，但实质上替换了特定技术特征的权利要求，应当按照其限定的技术方案的实质内容来确定其保护范围，并在此基础上判断是否得到说明书的支持。本案专利说明书记载了环形凹腔外环侧壁上敷设一层薄铜皮构成静电极以及每块动电极与凹腔内环侧壁之间对称地设有一对拉簧。权利要求3限定的技术方案在说明书中有具体的实施例，得到了说明书的支持。权利要求5作为权利要求3的从属权利要求，进一步限定了排气阀为离心式排气阀，设置在靠近转轴位置的端面上。该技术方案同样得到了说明书的支持。第15243号决定以及二审判决以权利要求1没有得到说明书支持，进而直接认定其从属权利要求3和5得不到说明书支持，没有结合本案专利的具体情况，对权利要求3和5的具体技术方案作进一步分析，导致结论错误，对此应予纠正。

17. 同一技术方案中产品权利要求与方法权利要求创造性评判之间的关系

【裁判要旨】

对于同时包含产品权利要求与方法权利要求的发明专利而言，如果产品权利要求并非由方法权利要求所唯一限定，即存在通过其他方法获得该产品的可能性。在方法权利要求具备创造性的情况下，并不能必然得出产品权利要求也具备创造性的结论。

【关键词】

发明专利　无效程序　产品权利要求　方法权利要求

【案号】

最高人民法院（2015）知行字第261号

【基本案情】

在再审申请人广东天普生化医药股份有限公司（以下简称天普生化公司）与被申请人国家知识产权局专利复审委员会（以下简称专利复审委员会）、第三人张亮发明专利权无效行政纠纷案中，天普生化公司系名称为“高纯度乌司他丁及其制备方法和含有乌司他丁的药物组合物”的发明专利（即本案专利）的权利人，本案专利授权公告共8项权利要求。其中，权利要求1和8为产品权利要求，权利要求2～7为方法权利要求。权利要求1公开了“一种高纯度乌司他丁”的产品及其特征，权利要求8公开了一种以权利要求1中的高纯度乌司他丁作为活性成分的药物组合物。权利要求2～7公开了一种制备权利要求1中高纯度乌司他丁的方法及其具体步骤。2011年9月2日，张亮以本案专利不具有新颖性、创造性等为由，向专利复审委员会提出无效宣告请求。专利复审委员会于2012年11月14日作出第19578号无效宣告请求审查决定（以下简称第19578号决定），宣告本案专利的权利要求1、8无效，在权利要求2～7的基础上继续维持本案专利权有效。天普生化公司不服，提起行政诉讼。北京市第一中级人民法院一审判决维持第19578号决定。天普生化公司不服，提起上诉。北京市高级人民法院二审判决驳回上诉、维持原判。天普生化公司仍不服，向最高人民法院申请再审。天普公司的再审申请理由之一为，本领域技术人员在现有技术的基础上获得权利要求1要求保护的乌司他丁产品需要付出创造性劳动。最高人民法院于2015年12月24日裁定驳回天普生化公司的再审申请。

【裁判意见】

最高人民法院审查认为：天普生化公司在再审程序中主张本案专利具备创造性所依据的事实实际上是本案专利限定的方法技术方案，而在对方法权利要求2～7的无效审查程序中，第19578号决定已经在相对于对比文件和公知常识结合的基础上，认定其具备创造性。但是，权利要求1并非是由权利要求2～7限定的产品，在无证据证明权利要求1的产品只能由权利要求2～7的方法获得，而更高纯度乌司他丁产品可以通过其他方法获得的情况下，如果认定权利要求1的乌司他丁产品具备创造性，就会使得通过其他方法获得的高纯度乌司他丁产品落入权利要求1的保护范围，而事实上，这种保护与发明人对本案专利权利要求1所作出的技术贡献并不匹配。由于本案专利权利要求1、8并非由权利要求2～7的特定纯化方法限定，第19578号决定认定权利要求2～7的纯化方法具有创造性，与作为产品权利要求的权利要求1和8不具备创造性的结论并不存在矛盾。

二、商标案件审判

（一）商标民事案件审判

18. 缺乏合法性基础的注册商标专用权不能对抗他人的正当使用行为

【裁判要旨】

以违反诚实信用原则恶意取得的注册商标专用权，对他人的正当使用行为提起的侵害商标权之诉，不应得到法律的支持和保护。

【关键词】

商标　侵权　诚实信用　正当使用

【案号】

最高人民法院（2014）民提字第168号

【基本案情】

在再审申请人宁波广天赛克思液压有限公司（以下简称广天赛克思公司）与被申请人邵文军侵害商标权纠纷案中，邵文军原系宁波市工商行政管理局江北分局的工作人员，2003年辞去公职。2006年2月10日，邵文军向国家工商行政管理总局商标局申请注册第5154071号“赛克思SAIKESI”商标（即本案商标），该商标于2009年3月21日被核准注册，核定使用商品为第7类：泵膜片；机器、发动机和引擎的液压控制器；液压滤油器；泵（机器）；加热装置用泵；液压泵；液压元件等。邵文军以广天赛克思公司使用与本案商标相同的文字作为企业字号，并在本案商标核定使用的商品上突出使用，构成对本案商标权的侵害为由，提起诉讼。浙江省宁波市中级人民法院一审认为，广天赛克思公司的使用行为具有合法的在先权利基础，且不具有攀附邵文军商标声誉的恶意，客观上也不会使相关公众对商品的来源产生混淆、误认，不构成对本案商标权的侵害。据此，一审法院判决驳回邵文军的诉讼请求。邵文军不服，提出上诉。浙江省高级人民法院二审认为，广天赛克思公司在先使用了“赛克思” “SAIKESI”“saikesi”等标识，有权继续规范使用其企业名称。但是，我国实行的是商标注册制度，商标一旦获准注册，不论该商标实际使用的情况如何，注册商标专用权均应受到法律保护。广天赛克思公司对与本案商标相近似的标识进行了商标意义上的使用，容易导致相关公众混淆误认，其行为构成侵权。但因本案商标并未进行实际使用，广天赛克思公司亦不存在侵权的主观故意，邵文军并无实际损失，故赔偿数额仅限于合理开支部分。据此，二审法院判决撤销一审判决，并判令广天赛克思公司立即停止侵权行为，赔偿邵文军经济损失两万元。广天赛克思公司不服，向最高人民法院申请再审。最高人民法院裁定提审本案，并于2015年10月30日判决撤销二审判决，维持一审判决。

【裁判意见】

最高人民法院提审认为：广天赛克思公司对由其字号“赛克思”拼音首字母组成的“SKS”商标享有在先的注册商标专用权，以及合法的在先字号和域名权益，其在本案商标申请注册前，对合法拥有的商标、企业字号文字、拼音以及企业名称简称的文字、拼音的使用行为不具有恶意。从本案商标注册申请日起，至二审判决作出时，邵文军都未能提交对本案商标进行实际使用并产生知名度的证据，故广天赛克思公司的被诉侵权行为不具有攀附本案商标知名度的主观恶意。广天赛克思公司将“SKS”“赛克思液压”“SKS HYDRAULIC”“赛克思厂”组合在一起，经过长期使用，已具有较高的知名度，不会导致相关公众的混淆和误认，其使用行为具有正当性。此外，邵文军在辞职时亦有条件知悉广天赛克思公司及其关联企业的商标注册情况、字号及企业名称简称的实际使用状况等信息，其辞职后在与广天赛克思公司经营范围相同的商品类别上，申请注册与广天赛克思公司企业字号主要部分的文字及拼音相同的商标，直至本案二审程序结束亦未实际使用，却对在先权利人提起侵权之诉，其行为有违诚实信用原则，不应当受到法律保护。据此，邵文军以非善意取得的商标权对广天赛克思公司的正当使用行为提起侵权之诉，属于对其注册商标专用权的滥用，其诉讼请求不应得到支持。

19. 涉外委托加工中商标使用行为的判断

【裁判要旨】

商标法保护商标的基本功能，是保护其识别性。判断在相同或类似商品上使用相同或近似商标的行为是否容易导致混淆，要以商标发挥或者可能发挥识别功能为前提。在全部用于出口的委托加工产品上贴附的标志，既不具有区分所加工商品来源的意义，也不能实现识别该商品来源的功能，该标志不具有商标的属性，该贴附行为不构成商标意义上的使用行为。

【关键词】

商标　侵权委托加工　商标使用

【案号】

最高人民法院（2014）民提字第38号

【基本案情】

在再审申请人浦江亚环锁业有限公司（以下简称亚环公司）与被申请人莱斯防盗产品国际有限公司（以下简称莱斯公司）侵害商标权纠纷案中，许浩荣于2003年5月21日在第6类的“家具用金属附件、五金锁具、挂锁、金属锁（非电）”

等商品上获准注册第 3071808 号“PRETUL 及椭圆图形”商标（即本案商标）。2010 年 3 月 27 日，本案商标经核准转让给莱斯公司。亚环公司于 2010 年与案外人墨西哥 TRUPER HERRAMIENTAS S. A. DE C. V.（以下简称储伯公司）签订售货确认书若干，约定由亚环公司向储伯公司供给挂锁。后宁波海关分两次查获亚环公司自该海关出口至墨西哥的 228 箱 684 打和 3411 箱 10233 打被诉侵权挂锁。挂锁的锁体、钥匙及所附的产品说明书上均带有“PRETUL”商标，挂锁包装盒上标有“PRETUL 及椭圆图形”商标，并以西班牙文标明“进口商：储伯公司”和“中国制造”，但并未标注亚环公司的相关信息。储伯公司在墨西哥等多个国家和地区拥有第 6 类、第 8 类商品类别上的“PRETUL”或“PRETUL 及椭圆图形”商标权，其出具声明称，亚环公司生产的标有“PRETUL”商标的所有型号的挂锁均是根据该公司的授权而生产，并全部出口墨西哥。莱斯公司以亚环公司的前述行为构成侵害其商标权为由，提起诉讼。浙江省宁波市中级人民法院一审认为，莱斯公司是本案商标的合法权利人，亚环公司在挂锁锁体、钥匙及产品说明书上标注“PRETUL”等标识，属于商标意义上的使用行为。储伯公司在墨西哥取得的商标权不受我国法律保护。亚环公司在其加工的产品上标注的“PRETUL”商标与本案商标不相同，产品不在中国境内销售，消费者没有发生混淆的可能，故“PRETUL”商标未侵害本案商标权。但包装盒上标注的“PRETUL 及椭圆图形”商标与本案商标相同，亚环公司对该商标的使用行为构成对本案商标权的侵害。遂判决亚环公司停止侵权并承担相应的民事责任。莱斯公司、亚环公司均不服一审判决，向浙江省高级人民法院提起上诉。浙江省高级人民法院二审认为，亚环公司在同类商品上使用“PRETUL”商标的行为构成对本案商标权的侵害。遂撤销一审判决，判令亚环公司立即停止侵权行为并赔偿莱斯公司经济损失 8 万元。亚环公司仍不服，向最高人民法院申请再审。最高人民法院裁定提审本案，并于 2015 年 11 月 26 日判决撤销一审、二审判决，驳回莱斯公司的诉讼请求。

【裁判意见】

最高人民法院提审认为：商标作为区分商品或者服务来源的标识，其基本功能在于商标的识别性。亚环公司依据储伯公司的授权使用“PRETUL”标志，在中国境内仅属物理贴附行为，为储伯公司在享有商标专用权的墨西哥国使用其商标提供了必要的技术性条件，在中国境内并不具有识别商品来源的功能。因此，亚环公司在委托加工产品上贴附的标志，既不具有区分所加工商品来源的意义，也不能实现识别该商品来源的功能，其所贴附的标志不具有商标的属性，在产品上贴附标志的行为亦不能被认定为商标意义上的使用行为。在商标并不能发挥识别作用，并非商标法意义上的商标使用的情况下，判断是否在相同商品上使用相同的商标，或者判断在相同商品上使用近似的商标，或者判断在类似商品上使用相同或者近似的商标是否容易导致混淆，都不具实际意义。

（二）商标行政案件审判

20. 对包含外文文字的申请商标是否构成禁止注册的外国国家名称，应基于相关公众的知识水平和认知能力作出判断

【裁判要旨】

相关公众基于其知识水平和认知能力，不会认为申请商标整体上与外国国家名称相同或近似的，应认定申请商标未违反商标法第十条第一款第（二）项的规定。

【关键词】

商标 驳回复审程序 国家名称 外文商标

【案号】

最高人民法院（2015）知行字第80号

【基本案情】

在再审申请人耐克国际有限公司（以下简称耐克公司）与被申请人国家工商行政管理总局商标评审委员会（以下简称商标评审委员会）商标驳回复审行政纠纷案中，耐克公司于2009年10月13日申请注册第7752573号“JORDAN”商标（即申请商标），指定使用商品为第28类篮球、球类专用袋等。2010年10月12日，国家工商行政管理总局商标局以申请商标“JORDAN”的中文可译为“约旦”，为不得作为商标使用的外国国家名称，以及申请商标违反商标法第二十八条规定为由，决定对申请商标予以驳回。商标评审委员会维持商标局的驳回决定。耐克公司不服，提起行政诉讼。北京市第一中级人民法院一审判决驳回耐克公司的诉讼请求。耐克公司不服，提起上诉。北京市高级人民法院二审判决驳回上诉、维持原判。耐克公司仍不服，向最高人民法院申请再审。最高人民法院于2015年12月2日裁定驳回耐克公司的再审申请。

【裁判意见】

最高人民法院审查认为：与外国国家名称相同或近似的标志不得作为商标注册的立法目的，在于尊重外国的国家主权。在认定申请商标是否违反上述法律规定时，应当以相关公众作为判断主体，将申请商标标识整体与外国国家名称进行比较。相关公众基于其知识水平和认知能力，认定申请商标整体上与外国国家名称不相同也不近似的，应当认定申请商标未违反商标法第十条第一款第（二）项的规定。本案中，申请商标为组合商标，由上方的“”图形和下方的“JORDAN”文字共同组成。其中文字部分“Jordan”除了构成约旦国（全称约旦哈希姆王国）英文国家名称“The Hashemite Kingdom of Jordan”的重要组成部分外，还具有人名、地名等其他含义。而且，申请商标的文字部分与图形部分“”紧密结合，整体上与“JORDAN”形成了一定的差异。由于地理差距、语言差异等因素，我国境内的相关公众对“JORDAN”为约旦国家英文名称重要组成部分的了解程度相对有限，相关公众基于其知识水平和认知能力，一般不会将申请商标中的“JORDAN”与约旦国联系在一起，更不会认为申请商标整体上与约旦的国家名相同或者近似，申请商标未违反商标法第十条第一款第（二）项的规定。

21. 驰名商标按需认定原则在商标授权确权行政案件中的适用

【裁判要旨】

人民法院审理涉及驰名商标保护的商标授权确权行政案件，亦应遵循驰名商标的按需认定原则。如果被异议商标并未构成对引证商标的复制、摹仿或者翻译，或者被异议商标获准注册并不会导致误导公众并可能损害引证商标权利人利益的结果，即无需对引证商标是否构成驰名的问题作出审查和认定。

【关键词】

商标 异议程序 驰名商标 按需认定

【案号】

最高人民法院（2014）知行字第112号

【基本案情】

在再审申请人巨化集团公司（以下简称巨化公司）与被申请人国家工商行政管理总局商标评审委员会（以下简称商标评审委员会）、第三人胡金云商标异议复审行政纠纷案中，巨化公司在先于第1类液氯、电石、甲醇、烧碱等商品上获准注册第143726号“巨化牌JH”商标（即引证商标）。第5894566号“巨化”商标（即被异议商标）由胡金云于2007年2月7日向国家工商行政管理总局商标局（简称商标局）提出注册申请，指定使用商品为第11类灯、灯罩、车灯、煤气热水器等。巨化集团在法定异议期内对被异议商标提出异议申请。2011年9月7日，商标局裁定对被异议商标予以核准注册。巨化集团不服，向商标评审委员会提出复审申请。商标评审委员会于2013年11月11日作出商评字〔2013〕第101103号《关于第5894566号“巨化”商标异议复审裁定》（简称101103号裁定）认定：巨化公司提交的证据不足以证明引证商标在被异议商标申请日之前在第1类商品上已构成驰名商标，即使引证商标已构成驰名商标，其赖以驰名的第1类烧碱等商品与被异议商标指定使用的第11类灯等商品区别较大，被异议商标的注册使用不会引起消费者的混淆、误认，被异议商标未违反商标法第十三条的规定。此外，被异议商标亦未违反商标法第三十一条的规定。据此，商标评审委员会对被异议商标予以核准注册。巨化公司不服，提起行政诉讼。北京市第一中级人民法院一审认为，根据驰名商标按需认定的原则，由于被异议商标指定使用的第11类灯、灯罩、龙头商品与引证商标指定使用的第1类烧碱、液氯、电石等商品区别较大，即便引证商标可以被认定为驰名商标，亦无法予以跨类保护，被异议商标的申请注册未违反商标法第十三条第二款的规定。此外，被异议商标亦未违反商标法第三十一条的规定，遂判决维持第101103号裁定。巨化公司不服，提起上诉。北京市高级人民法院于2014年9月9日判决驳回上诉、维持原判。巨化公司仍不服，向最高人民法院申请再审，其再审申请理由之一为，一审、二审法院及商标评审委员会漏审引证商标是否构成驰名商标的事实，被异议商标是对已注册驰名商标（即引证商标）的恶意复制和摹仿，违反了商标法第十三条第二款的规定。最高人民法院于2015年8月7日裁定驳回巨化公司的再审申请。

【裁判意见】

最高人民法院审查认为：在先商标为已经在中国注册的驰名商标、被异议商标构成对该驰名商标的复制、摹仿或者翻译，以及被异议商标的申请注册将容易导致消费者混淆或者误导公众，进而损害驰名商标注册人的利益，是在本案中适用商标法第十三条第二款规定的三个基本条件。在案件审理过程中，固然要对异议申请人请求予以保护的引证商标所具有的知名度予以考量，但并不意味着必须将其作为适用商标法第十三条第二款的前提条件，即首先对引证商标是否构成驰名商标的问题进行审查和认定。我国商标法律框架之下驰名商标法律保护制度的立法本义，在于给予具有较高知名度的商标与其显著性和知名度相适应的保护范围和保护强度，并非授予一项荣誉称号。《最高人民法院关于审理涉及驰名商标保护的民事纠纷案件应用法律若干问题的解释》第二条第一款第（一）项明确了驰名商标的按需认定原则，人民法院审理涉及驰名商标保护的商标授权确权行政案件，亦应遵循驰名商标的按需认定原则。如果被异议商标并没有构成对引证商标的复制、摹仿或者翻译，或者被异议商标获准注册并不会导致误导公众，并可能损害引证商标权利人利益的结果，即无需对引证商标是否构成驰名的问题作出审查和认定。引证商标核定使用的“烧碱、甲醇”等化工产品与被异议商标指定使用的“灯、煤气热水器”等家用电器商品，无论是从功能、用途，还是商品的销售渠道、消费者群体等方面看，均具有较大的差异性，虽然引证商标在化工产品上积累了一定的市场知名度，但并未能证明该种知名度已经于被异议商标申请日之前，辐射到了被异议商标指定使用的商品，或类似商品或具有关联性的商品之上，不足以证明因引证商标的在先知名度，被异议商标的核准注册将产生误导公众，并损害引证商标权利人利益的结果。一审、二审法院认定被异议商标的注册并未违反商标法第十三条第二款规定的结论正确。且在引证商标不符合给予其特殊保护条件的情况下，一审、二审法院对其是否构成驰名商标的问题不予评述的做法亦符合法律规定。

22. **在先商标具有较高显著性和知名度的情况下，在后申请人应负有更高的注意和避让义务**

【裁判要旨】

在引证商标具有较高的显著性和知名度的情况下，与其构成近似商标的范围较普通商标也应更宽，同业竞争者亦应具有更高的注意和避让义务。

【关键词】

商标 异议程序 显著性 知名度

【案号】

最高人民法院（2015）知行字第116号

【基本案情】

在再审申请人北京福联升鞋业有限公司（以下简称福联升公司）与被申请人国家工商行政管理总局商标评审委员会（以下简称商标评审委员会）、北京内联升鞋业有限公司（以下简称内联升公司）商标异议复审行政纠纷案中，内联升公司系在先申请注册的第7307621号“内联升”商标（即引证商标）的权利人，引证商标核定使用商品为第25类的“鞋”。福联升公司于2009年6月29日向国家工商行政管理总局商标局申请注册第7504400号“福联升FULIANSHENG及图”商标（即被异议商标），被异议商标指定使用在第25类的“服装、内衣、鞋”商品上。在法定异议期内，内联升公司对被异议商标提出异议申请，商标局裁定对被异议商标予以核准注册。内联升公司不服，向商标评审委员会提出复审申请。商标评审委员会于2013年12月2日作出的商评字（2013）第123029号《关于第7504400号“福联升FULIANSHENG及图”商标异议复审裁定》（以下简称第123029号裁定），以被异议商标违反商标法第二十八条规定为由，裁定对被异议商标不予核准注册。福联升公司不服，提起行政诉讼。北京市第一中级人民法院一审认为，被异议商标与引证商标共存于市场，不会导致相关公众的混淆误认，被异议商标未违反商标法第二十八条规定。遂判决撤销第123029号裁定，并责令商标评审委员会重新作出复审裁定。商标评审委员会和内联升公司均不服，提起上诉。北京市高级人民法院二审认为，考虑到引证商标在被异议商标申请日前已经具有一定知名度，当二者同时使用在同一种或类似商品上时，相关公众容易误认为二者是同一市场主体提供的系列商标，或者误认为二者的提供者之间存在某种特定联系。遂判决撤销一审判决，维持第123029号裁定。福联升公司不服，向最高人民法院申请再审。最高人民法院于2015

年 11 月 18 日裁定驳回福联升公司的再审申请。

【裁判意见】

最高人民法院审查认为："内联升"系中国驰名商标，先后被认定为中华老字号、国家非物质文化遗产，荣获"中国布鞋第一家"等荣誉称号，其销售的布鞋产品在相关公众中具有极高的美誉。在引证商标具有如此高的显著性和知名度的情况下，与其构成近似商标的范围较普通商标也应更宽，同业竞争者亦应具有更高的注意和避让义务。本案中，福联升公司作为同地域的同业竞争者，理应对内联升公司及其引证商标的知名度和显著性有相当程度的认识，在鞋类商品上注册、使用有关商标时，理应遵守诚实信用原则，而本案相关证据表明，福联升公司在注册、使用被异议商标时，存在攀附内联升公司与引证商标的明显恶意。虽然福联升公司经过一定时间和范围的使用，客观上形成了一定的市场规模，但被异议商标的使用行为大多是在申请日之后而尚未获准注册的情况下发生。且在福联升公司大规模使用被异议商标之前，理应认识到基于引证商标的知名度和显著性，存在被异议商标不被核准注册，乃至侵犯引证商标权利的法律风险。福联升公司未能尽到合理的注意和避让义务，仍然申请注册并大规模使用被异议商标，如果承认福联升公司此种行为所形成的所谓市场秩序或知名度，无异于鼓励同业竞争者违背诚实信用原则，罔顾他人合法在先权利，强行将其恶意申请的商标做大、做强。这样既不利于有效区分市场，亦不利于净化商标注册、使用环境，并终将严重损害在先商标权人的合法权益以及广大消费者的利益，违背诚实信用原则以及商标法的立法宗旨。

23. 商标之间适当共存的考量因素

【裁判要旨】

商标之间的适当共存，一般具有特殊的历史背景，且需考虑在先权利人的意愿和客观上是否已经形成了市场区分的事实。

【关键词】

商标　异议程序　共存　市场区分

【案号】

最高人民法院（2015）行提字第 3 号

【基本案情】

在再审申请人特多瓦公司与被申请人北京龟博士汽车清洗连锁有限公司（以下简称龟博士公司）及一审被告、二审被上诉人国家工商行政管理总局商标评审委员会（以下简称商标评审委员会），一审第三人、二审被上诉人北京半隆贸易中心（以下简称半隆中心）商标异议复审行政纠纷案中，特多瓦公司在先于第 3 类"汽车上光蜡、清洗液"商品上获准注册第 908487 号"龟博士"商标（即引证商标）。长沙大地公司于 2002 年 5 月 8 日向国家工商行政管理总局商标局（以下简称商标局）提出第 3167289 号"龟博士"商标（即被异议商标）的注册申请，核定使用在"车辆加润滑油；车辆维修"服务上。2010 年 7 月，被异议商标经核准转让给龟博士公司。在法定异议期内，特多瓦公司、半隆中心对被异议商标提出异议申请，商标局裁定对被异议商标予以核准注册。特多瓦公司、半隆中心不服，向商标评审委员会申请复审。商标评审委员会作出商评字（2010）第 38951 号《关于第 3167289 号"龟博士"商标异议复审裁定书》（以下简称第 38951 号裁定）认为，被异议商标违反商标法第十五条、第二十八条的规定，被异议商标不予核准注册。龟博士公司不服，提起行政诉讼。北京市第一中级人民法院一审认为，被异议商标违反了商标法第二十八条的规定，但商标评审委员会认定被异议商标违反商标法第十五条的规定有误，故判决驳回龟博士公司的诉讼请求。龟博士公司、特多瓦公司均不服，提起上诉。北京市高级人民法院二审认为，商标法第十五条规定不适用于本案。但鉴于龟博士公司在汽车维修等服务上使用的“龟博士”商标已有一定知名度，被异议商标和引证商标已分别建立各自的消费群体，应认定两商标不构成近似商标。二审法院遂撤销一审判决，并责令商标评审委员会重新作出裁定。特多瓦公司不服，向最高人民法院申请再审。最高人民法院裁定提审本案，并于2015年11月18日判决撤销二审判决，并在对法律适用问题予以纠正的前提下对一审判决予以维持。

【裁判意见】

最高人民法院审查认为：通常情况下，如果同一商标分别使用在不同的商品或服务上，会使相关公众认为上述商品或服务系由同一主体提供或存在特定联系，容易造成混淆。被异议商标核定使用的“车辆加润滑油、车辆维修”服务和引证商标核定使用的“汽车上光蜡、清洗液”商品均属车辆维修、保养范畴，因“车辆加润滑油、车辆维修”服务提供者在提供服务时亦可能会使用“汽车上光蜡、清洗液”等商品，二者的服务场所或销售场所、消费对象存在同一性可能，故如在上述商品或服务上均使用“龟博士”商标，以相关公众的一般交易观念和通常认识，可能误认为二者系由同一主体提供或提供者之间具有特定联系，从而导致混淆误认的结果。允许商标之间的适当共存，需基于特殊历史原因或历史延续关系，且需考虑在先权利人的意愿及客观上是否已经形成了市场区分等因素。本案中，并无需要考量的特殊历史因素，亦无在先权利人同意共存且双方商标客观上已经形成市场区分的事实，故被异议商标违反了商标法第二十八条的规定。

24. 特殊历史背景下在先使用并有一定影响商标的认定

【裁判要旨】

判断被异议商标是否属于以不正当手段抢先注册他人在先使用并有一定影响的商标时，需考查在先商标的历史、申请注册情况，并结合在先商标在被异议商标申请日前是否为合法使用等因素综合判断。

【关键词】

商标　异议程序　在先使用　知名度

【案号】

最高人民法院（2015）知行字第115号

【基本案情】

在再审申请人贵州赖世家酒业有限责任公司（以下简称赖世家酒业公司）与被申请人国家工商行政管理总局商标评审委员会（以下简称商标评审委员会）、一审第三人中国贵州茅台酒厂（集团）有限责任公司（以下简称茅台酒厂有限公司）商标异议复审行政纠纷案中，1951年至1953年，贵州省仁怀县人民政府通过赎买、没收、接管等方式将仁怀茅台镇“成义酒房”“荣和酒房”“恒兴酒厂”三家私营酿酒烧房资产收归国有，成立贵州茅台酒厂，并将三家私营酿酒烧房所生产的“华茅”“王茅”“赖茅”酒产品整合，统一称为“茅台酒”。1988年12月29日，贵州茅台酒厂在酒商品上申请注册“赖茅”“王茅”“华茅”商标，“赖茅”商标（简称在先“赖茅”商标）于1996年6月27日获准注册，注册号为627426号。2003年7月，深圳市赖永初酒业经销有限公司以连续三年停止使用为由，申请撤销在先“赖茅”商标。2005年3月16日，国家工商行政管理总局商标局（简称商标局）决定撤销在先“赖茅”商标，商标评审委员会维持上述撤销决定。2005 年 3 月 29 日，茅台酒厂有限公司在酒（饮料）等商品上提出第 4570381 号“赖茅”商标（即被异议商标）的注册申请。赖世家酒业公司及贵州赖永初酒业有限公司在法定期限内提出异议申请。2012 年 7 月 30 日，商标评审委员会作出商评字〔2012〕第 33395 号《关于第 4570381 号“赖茅”商标异议复审裁定》（简称第 33395 号裁定），对被异议商标予以核准注册。赖世家酒业公司不服，提起行政诉讼。北京市第一中级人民法院一审认为，被异议商标未构成商标法第三十一条所指以不正当手段抢先注册他人在先使用并有一定影响商标之情形，遂判决维持第 33395 号裁定。赖世家酒业公司不服，提起上诉，北京市高级人民法院二审判决驳回上诉、维持原判。赖世家酒业公司仍不服，向最高人民法院申请再审。最高人民法院于 2015 年 9 月 10 日裁定驳回赖世家酒业公司的再审申请。

【裁判意见】

最高人民法院审查认为：判断被异议商标的申请注册是否属于以不正当手段抢先注册赖世家酒业公司在先使用并有一定影响的在先“赖茅”商标，需考查在先“赖茅”商标的历史、申请注册情况，并结合赖世家酒业公司在被异议商标申请注册日前是否为合法使用等因素。首先，根据原审法院查明的事实，1951 年至 1953 年，贵州省仁怀县人民政府通过赎买、没收、接管等方式将仁怀茅台镇“成义酒房”“荣和酒房”和“恒兴酒厂”三家私营酿酒烧房资产收归国有，在此基础上成立贵州茅台酒厂，并将三家私营酿酒烧房所生产的“华茅”“王茅”“赖茅”酒产品整合，统一称为“茅台酒”。赖世家酒业公司在五十年代后对“赖茅”商标并不享有商标权益。其次，从在先“赖茅”商标核准注册到该商标因三年不使用被撤销期间，茅台酒厂有限公司对在先“赖茅”商标享有注册商标专用权，任何人未经其许可，不得在与酒相同或者类似商品上使用“赖茅”标识。赖世家酒业公司在此期间的使用行为实为侵犯在先“赖茅”商标专用权的行为，并不能因违法行为而产生商标权益。赖世家酒业公司虽主张其在先使用“赖茅”商标且在原有范围内继续使用并不违法，但在先“赖茅”商标五十年代后即归属贵州茅台酒厂，虽然我国商标法于 1982 年 8 月 23 日颁布，但并不表明此前商标权利人对商标没有权利。在在先“赖茅”商标五十年代后已折价划归贵州茅台酒厂的情形下，即使如赖世家酒业公司所述，其前身于八十年代开始生产“赖茅”酒，该行为难言正当，亦不能产生商标法意义上的在先使用权益。茅台酒厂有限公司于在先“赖茅”商标被撤销后十几日即申请注册被异议商标，赖世家酒业公司在短短十几日内使用“赖茅”商标亦难以达到一定影响。据此，被异议商标的申请注册并未违反商标法第三十一条的规定。

25. 注册商标连续三年停止使用制度中的“使用”行为，应以核定使用的商品为限

【裁判要旨】

在注册商标连续三年停止使用予以撤销制度中，复审商标的使用行为应以核定使用的商品为限。

【关键词】

商标　撤销复审程序　使用　核定商品

【案号】

最高人民法院（2015）知行字第 255 号

【基本案情】

在再审申请人宁波市青华漆业有限公司（以下简称青华公司）与被申请人国家工商行管理总局商标评审委员会（以下简称商标评审委员会）、一审第三人上海市方达（北京）律师事务所（以下简称方达事务所）商标撤销复审行政纠纷案中，青华公司系第1688809号“B及图”商标（即复审商标）的权利人。复审商标于2001年12月28日被核准注册，核定使用在国际分类第2类的油漆、漆、铝涂料、银涂料等商品上，专用期限经续展至2021年12月27日止。2010年6月11日，方达事务所以连续三年停止使用为由，对复审商标提出撤销请求。国家工商行政管理总局商标局（以下简称商标局）以青华公司提供的使用证据有效为由，维持复审商标继续有效。方达事务所不服，提出复审请求。商标评审委员会以青华公司未能提供证据证明复审商标在核定使用商品上进行了真实有效的商业使用为由，以商评字（2014）第97239号《关于第1688809号“B及图”商标撤销复审决定书》（以下简称第97239号决定）对复审商标予以撤销。青华公司不服，提起行政诉讼。北京知识产权法院一审认为，批墙膏与油漆、涂料等商品属于同类商品，青华公司在批墙膏等商品上对复审商标的使用应视为在核定使用商品上的使用。据此，判决撤销第97239号决定，并责令商标评审委员会重新作出复审决定。商标评审委员会不服，提起上诉。北京市高级人民法院二审认为，复审商标在批墙膏商品上的使用，不应视为在核定商品上的使用。遂判决撤销一审判决，维持第97239号决定。青华公司不服，向最高人民法院申请再审。最高人民法院于2015年11月23日裁定驳回青华公司的再审申请。

【裁判意见】

最高人民法院审查认为：商标法第四十四条第（四）项的规定旨在督促商标权人积极使用核准注册的商标，避免商标资源闲置。该条规定中所称的注册商标连续三年停止使用中的“使用”行为，应当理解为在核定类别商品上的使用。虽然青华公司提供的经销协议、增值税发票、广告合同、制作单及门店招牌等证据，可以证明青华公司在批墙膏商品上使用了复审商标，但批墙膏不包括在复审商标核定使用的第2类商品中的油漆、漆、铝涂料、银涂料等商品范围之中，且与该类商品在功能、用途等方面存在一定的差异。因此，复审商标在批墙膏商品上的使用，不应视为在核定商品上的使用，复审商标应当予以撤销。

26. 象征性使用不构成商标的实际使用行为

【裁判要旨】

在注册商标连续三年停止使用的复审案件中，判断复审商标是否进行了实际使用，需要考察商标注册人是否具有真实的使用意图和使用行为。仅为维持复审商标存在而进行的象征性使用，不构成商标的实际使用行为。

【关键词】

商标　撤销复审程序　象征性使用　实际使用

【案号】

最高人民法院（2015）知行字第181号

【基本案情】

在再审申请人成超与被申请人通用磨坊食品亚洲有限公司（以下简称通用磨坊公司）、一审被告国家工商行政管理总局商标评审委员会（以下简称商标评审委员会）商标撤销复审行政纠纷案中，第

1591629 号“湾仔码头”商标（即复审商标）由中山市南区百鸟归巢火锅美食店于2000 年 3 月 31 日提出注册申请，核定使用在第 42 类的咖啡馆、自助食堂、餐厅等服务上。2009 年 8 月 13 日，复审商标经核准转让予成超。2009 年 8 月 21 日，通用磨坊公司以复审商标连续三年停止使用为由，向国家工商行政管理总局商标局（以下简称商标局）提出撤销申请。后商标局以成超提供的使用证据无效为由，决定对复审商标予以撤销。成超不服，向商标评审委员会提出复审申请。商标评审委员会于2013 年 6 月 2 日作出商评字〔2013〕第 18947 号《关于第 1591629 号“湾仔码头”商标撤销复审决定书》（以下简称第 18947 号决定），对复审商标予以撤销。成超不服，提起行政诉讼。北京市第一中级人民法院一审认为，成超在指定期限内对复审商标进行了真实的商业使用，遂判决撤销第 18947 号决定，并责令商标评审委员会重新作出复审决定。通用磨坊公司不服，向北京市高级人民法院提起上诉。北京市高级人民法院二审认为，成超提供的使用证据多为意在维持复审商标注册的单次、象征性使用，商标评审委员会所作复审商标在指定期间并无真实商业使用行为的结论正确，遂判决撤销一审判决，维持第 18947 号决定。成超不服，向最高人民法院申请再审。最高人民法院于 2015 年 12 月 2 日裁定驳回成超的再审申请。

【裁判意见】

最高人民法院审查认为：商标的价值在于识别商品或者服务的来源，商标法第四十四条规定连续三年停止使用予以撤销的制度目的，在于促使商标的实际使用，发挥商标的实际效用，防止浪费商标资源。商标的使用，不仅包括商标权人自用，也包括许可他人使用以及其他不违背商标权人意志的使用。没有实际使用注册商标，仅有转让、许可行为，或商标注册信息的公布以及享有注册商标专用权的声明等，不能认定为商标使用。判断商标是否实际使用，需要判断商标注册人是否有真实的使用意图和实际的使用行为，仅为维持注册商标的存在而进行的象征性使用，不构成商标的实际使用。本案中，成超主张复审商标在指定期间内以广告宣传和许可他人使用的方式进行了使用，但其提交的《广告代理合同》《广告协议》、湾仔码头小吃部的招商广告、《湾仔码头商标合作合同》《商标许可使用合同》等证据，或无相关证据予以佐证，或发生时间晚于商标局指定期间，均不能证明其对复审商标进行了实际使用。此外，二审法院参考成超申请注册 50 余件与他人知名商标相同或近似商标的情况，认定其并无对复审商标进行真实使用的意图，该结论并无不当。

三、著作权案件审判

27. 表格类表达方式是否具备独创性的判断

【裁判要旨】

作品的独创性应体现在作品的表达方式而非思想或观点之中，具有独创性的表达方式应由作者独立完成且不同以往。表格形式仍属于一般性的表格分类方式，表格内容的表达方式相对固定，不具备作品所应具有的独创性，不能受到著作权法的保护。

【关键词】

著作权　侵权　表格　独创性

【案号】

最高人民法院（2015）民申字第 1665 号

【基本案情】

在再审申请人马琦与被申请人乐山市文化广播影视新闻出版局（以下简称出版局）、唐长寿著作权权属、侵害著作权纠纷案中，马琦曾参加全国第二次文物普查工作中四川省乐山市市中区的文物调查。调查工作中使用的相关表格由四川省文物普查办公室提供。其中，《文物分布一览表》内容项有“市县名称、编号、名称、位置、时代、文物保护单位级别、说明、备注。”《古墓葬调查表》内容项有“市县、编号、名称、位置、文物保护单位级别、数量及范围、保存现状、周围环境、墓葬型制规格、出土器物、墓碑、评定与建议、备注、照片、调查日期。”《古建筑调查表》内容项有“市县、编号、名称、位置、文物保护单位级别、照片号、绘图号、沿革、保存现状、内容（包括座向、平面布局、建筑材料、建筑形式、测量数据、特定、价值等）、参考文件及题记、周围环境、备注、照片、调查日期。”马琦参加了近40个文物点的调查和制表工作，并将调查表上报给乐山市文化局，后该局将相关资料汇集后上报四川省文化厅文物普查办公室。2008年，为了对历次文物调查的成果进行系统整理和科学总结，国家文物局编辑出版《中国文物地图集》，该图集由国家文物局主编，文物出版社出版。其中，《中国文物地图集·四川分册》中收录了马琦参与制作的调查表。马琦以其为《中国文物地图集·四川分册》中的文物调查表的作者，著作权遭受侵害为由，提起诉讼。四川省乐山市中级人民法院一审认为，马琦参与填写的调查表不具有独创性，不构成著作权法所保护的作品，遂判决驳回其诉讼请求。马琦不服，提起上诉。四川省高级人民法院二审判决驳回上诉、维持原判。马琦仍不服，向最高人民法院申请再审。最高人民法院于2015年10月30日裁定驳回马琦的再审申请。

【裁判意见】

最高人民法院审查认为：著作权法所称作品，是指文学、艺术和科学领域内具有独创性并能以某种有形形式复制的智力成果。这里的独创性是指作品表达形式而非作品思想或观点的独创性。按照著作权法对独创性的要求，作品的表达形式应当是作者独立完成且不同于公有领域业已存在或他人在先作品的表达形式。本案中，马琦主张受到保护的文物调查表是其独立完成，但调查表本身并未超出一般表格分类的表现形式，不符合独创性的要求。表格中所填写的内容，由于是对文物点名称、年代、形状、数量、大小等事实的客观描述，受上述基本事实信息真实、客观、准确要求的限制，其文字选择有限，表达方式相对固定，亦不具有独创性。此外，马琦虽主张其对相关文物点历史年代的考证具有创新性、其为相关数据的准确测量付出了辛苦劳动等理由，但对历史年代的考证结论以及说明事物性状的具体数据属于思想而不是表达，对相关数据的测量行为更多表现为体力劳动而非智力成果，不具备作品的构成要件。

28. 共有权利人之间相互侵害著作权行为的认定

【裁判要旨】

著作权的共有权利人可以在与对方协商不成、对方无正当理由、行使的权利不含转让、与对方分享收益等情况下，有条件地单独行使权利。但著作权的质押和转让，是对权利的重大处分。未与共有权人协商而对著作权进行转让，构成未经许可侵害共有权人著作权的行为。

【关键词】

著作权　侵权　共有权利　权利处分

【案号】

最高人民法院（2015）民申字第131号

【基本案情】

在再审申请人北京金色里程文化艺术有限公司（以下简称金色里程公司）与被申请人上海晋鑫影视发展有限公司（以下简称晋鑫公司）、原审被告李晓军、李文秀侵害著作权纠纷案中，晋鑫公司与金色里程公司于2006年11月22日签订《联合摄制合同》约定：双方共同摄制20集电视连续剧《天情》；电视剧版权及与此有关的一切权利均属晋鑫公司、金色里程公司共有并按出资比例分配；所有与拍摄电视剧有关的合同和协议的订立和生效均需双方同意；未经对方书面同意，任何一方不得抵押或出卖关于联合摄制电视剧的任何财产、资产和无形权利，不得将其在电视剧中的权益转让或抵押。2007年2月25日，金色里程公司与案外人中天公司签订《版权质押典当合同》，约定作价30万元将《天情》版权及原剧本的电视剧使用权质押给中天公司。2007年12月25日，金色里程公司与中天公司签订《绝当协议书》，对《版权质押典当合同》进行绝当处理，金色里程公司将《天下父母心》（原名《天情》）的版权及原剧本的电视剧使用权、发行权和唯一的电视剧摄制数码母带（含制作许可证、发行许可证）移交给中天公司，由中天公司全权处置。2008年4月8日，中天公司作价54.8万元，将上述全部权利转让给晋杰公司。晋鑫公司以金色里程公司的上述行为侵害其著作权为由，提起诉讼。江苏省无锡市中级人民法院一审认为，金色里程公司擅自典当电视剧著作权的行为侵害了晋鑫公司的著作权，遂判决金色里程公司赔偿晋鑫公司经济损失50万元。晋鑫公司不服，提起上诉。江苏省高级人民法院二审认为，因金色里程公司的过错致使涉案电视剧未能发行，故晋鑫公司主张以其无法回收的投资款作为实际损失，具有事实依据。遂改判金色里程公司赔偿晋鑫公司经济损失2631993.50元。金色里程公司不服，向最高人民法院申请再审。最高人民法院于2015年6月25日裁定驳回金色里程公司的再审申请。

【裁判意见】

最高人民法院审查认为：涉案电视剧由金色里程公司和晋鑫公司共同摄制，双方为共同著作权人。著作权法实施条例规定，不可分割的合作作品，共有权利人应协商行使著作权，在不能协商一致的情况下，共有权利人有权单独行使除转让以外的其他权利，但所得收益应当合理分配给共有人，另一方有正当理由的除外。双方亦在合同中约定，对于作品的典当质押行为应与对方协商并征得书面同意。通常情况下，权利的行使必须经过权利人的同意，但共有权利人可以在与对方协商不成、对方无正当理由、行使的权利不含转让、与对方分享收益等条件满足的情况下，单独行使权利。对著作权进行质押和转让，是对著作权权利的重大处分，金色里程公司实施的上述行为未与晋鑫公司进行任何协商，违反了著作权法及双方合同的约定，导致作品著作权被转让的严重后果，使共有权利人丧失了对涉案作品的控制和联系，并无法参与到涉案作品的发行利用及由此产生的利益分享和亏损承担，属于未经共有权利人许可侵害其权利的行为。

四、不正当竞争案件审判

29. 权利人对商业秘密内容和范围的明确与固定

【裁判要旨】

在商业秘密案件审理过程中，应当允许权利人对其商业秘密的内容和范围进行明确和固定，人民法院在此基础上进行的审理和裁判，只要不影响当事人的程序性权利，即不构成超出诉讼请求的裁判。

【关键词】

商业秘密　侵权　诉讼请求内容范围

【案号】

最高人民法院（2015）民申字第2035号

【基本案情】

在再审申请人新发药业有限公司（以下简称新发公司）与被申请人亿帆鑫富药业股份有限公司（以下简称鑫富公司）、一审被告姜红海、马吉锋侵害商业秘密纠纷案中，鑫富公司是一家主要生产D－泛酸钙的公司，其主张对微生物酶法制备D－泛解酸技术享有商业秘密。鑫富公司以新发公司、姜红海、马吉锋非法获取、披露、允许他人使用鑫富公司的上述商业秘密为由，提起诉讼。鑫富公司在起诉状中明确其商业秘密的内容为“微生物酶法制备D－泛解酸技术”。在一审庭审过程中，鑫富公司称，其主张的“微生物酶法制备D－泛解酸技术”是对“微生物酶法拆分生产D－泛酸钙工艺中的技术指标、生产操作的具体方法和要点、异常情况处理方法等技术信息、5000T泛酸钙的工艺流程图中记载技术信息的整体组合”的概括。一审、二审法院以鑫富公司于庭审中概括的商业秘密范围为准，对本案进行了审理并作出裁判。上海市第一中级人民法院一审认为，鑫富公司主张受到保护的技术信息符合商业秘密的保护条件，三被告的行为均构成对原告鑫富公司所享有的商业秘密权利的侵犯，应当承担相应的侵权民事责任。遂判决新发公司立即停止侵权行为，姜红海、马吉锋、新发公司连带赔偿鑫富公司经济损失31557903.87元及合理费用10万元。新发公司不服，提起上诉。上海市高级人民法院二审认为，新发公司、姜红海、马吉锋的行为构成共同侵权，应当承担相应的法律责任。但鑫富公司并未提供证据证明涉案商业秘密因新发公司及姜红海、马吉锋的侵权行为而为公众所知悉，故一审法院以研发投入为标准确定损害赔偿数额有所不妥。在鑫富公司的损失难以准确计算的情况下，二审法院酌情确定损害赔偿额为900万元。新发公司不服，向最高人民法院申请再审。最高人民法院于2015年12月22日裁定驳回鑫富公司的再审申请。

【裁判意见】

最高人民法院审查认为：新发公司主张，一审、二审法院以鑫富公司在一审庭审中对商业秘密内容的描述为基础确定商业秘密的范围，超出了鑫富公司的诉讼请求。对此，在商业秘密侵权纠纷审判实践中，参加诉讼的原告即商业秘密权利人内部的技术人员、法务人员、管理人员或者外请的代理律师会对商业秘密范围有不同的理解，甚至同一诉讼参加人随着诉讼进程的推进，对商业秘密范围也会有不同的认识。人民法院审理商业秘密侵权纠纷首先需要做的工作就是由原告固定商业秘密的范围。这是商业秘密侵权纠纷不同于其他知识产权侵权纠纷的特殊之处。人民法院根据原告固定后的商业秘密范围进行审理和裁判，只要不影响被告的程序权利，应当允许，不构成超出诉讼请求裁判。

30. 专利权人于侵权认定作出前发送侵权警告维护自身权益的行为，不构成不正当竞争

【裁判要旨】

专利权人可以在提起侵权诉讼之前或者起诉期间发送侵权警告，发送侵权警告是其自行维护权益的途径和协商解决纠纷的环节，法律对此并无禁止性规定，且允许以此种方式解决争议有利于降低维权成本、提高纠纷解决效率和节约司法资源，符合经济效益。

【关键词】

确认不侵权　警告函　自力救助　争议解决

【案号】

最高人民法院（2014）民三终字第7号

【基本案情】

在石家庄双环汽车股份有限公司（以下简称双环股份公司）与本田技研工业株式会社（以下简称本田株式会社）确认不侵害专利权、损害赔偿纠纷案中（以下简称“汽车”外观设计专利确认不侵权案）中，本田株式会社系名称为“汽车”的外观设计专利（即本案专利）的权利人。2003年9月起，本田株式会社以双环股份公司生产、销售的“LAIBAO S－RV”汽车（以下简称被诉侵权产品）涉嫌侵害本案专利权为由，多次向其发送警告，并于2003年11月向北京市高级人民法院提起侵害外观设计专利权之诉。2003年10月16日，双环股份公司向河北省石家庄市中级人民法院提起请求确认不侵害外观设计专利权及损害赔偿之诉。在上述案件审理期间，双环股份公司针对本案专利，向国家知识产权局专利复审委员会（以下简称专利复审委员会）提出无效宣告请求。2006年3月6日，专利复审委员会作出第8105号无效宣告请求审查决定（以下简称第8105号决定），宣告本案专利权无效。本田株式会社不服，提起行政诉讼。北京市第一中级人民法院及北京市高级人民法院先后判决维持第8105号决定。据此，双环股份公司以本田株式会社发送警告信散布不良舆论，导致其经营权、名誉权受损为由，在其提起的确认不侵害外观设计专利权及损害赔偿之诉中，增加诉讼请求为赔偿经济损失36574万元。本田株式会社不服北京市高级人民法院维持第8105号决定的行政判决，向最高人民法院申请再审。最高人民法院裁定提审本案，并于2010年11月26日判决撤销一审、二审判决及第8105号决定。本案专利权恢复有效后，本田株式会社撤回此前对双环股份公司提出的侵害外观设计专利权之诉，将索赔金额提高到34857.04万元之后，重新向河北省高级人民法院对双环股份公司提起侵权之诉。后根据最高人民法院的指定，河北省石家庄市中级人民法院将此前受理的双环股份公司所提确认不侵害外观设计专利权之诉移送至河北省高级人民法院，由该院对本田株式会社提起的侵害外观设计专利权及损害赔偿纠纷及双环股份公司提起的确认不侵害外观设计专利权纠纷合并审理。2014年2月19日，河北省高级人民法院就两案分别作出一审判决。在本案涉及的确认不侵害外观设计专利权及损害赔偿之诉中，河北省高级人民法院一审确认双环股份公司生产、销售的被诉侵权产品不侵害本案专利权，并判令本田株式会社赔偿双环股份公司经济损失人民币5000万元。双环股份公司、本田株式会社均不服，提起上诉。最高人民法院于2015年12月8日二审判决确认双环股份公司生产、销售的被诉侵权产品不侵害本案专利权，改判本田株式会社赔偿经济损失1600万元。

【裁判意见】

最高人民法院二审认为：本田株式会社提起侵权之诉前，向双环股份公司发送侵权警告信之时，本案专利权合法有效。双环股份公司接到侵权警告信后，经与本田株式会社协商沟通，明确被警告行为的具体信息，双环股份公司立即对其所称“非定型产品”的外观进行了修改，并于2003年10月15日将改变后的定型产品的外观设计告知本田株式会社。双环股份公司的行为表明，本田株式会社侵权警告信的内容足以使双环股份公司知悉被警告行为可能存在侵害本案专利权的事实。双环股份公司自行作出判断，选择了立即与本田株式会社沟通，并修改被诉侵权产品的外观设计。侵权警告信的内容对于双环股份公司而言是明确的。双环股份公司所谓停止生产、推迟上市以及对产品外观等进行改造导致的损失，属于其自行对侵权警告进行判断后所带来的商业风险，不利后果应由其自行承担。本田株式会社在起诉之前向双环股份公司发送侵权警告的行为，属于专利权人正当的维权行为。专利权人针对已经法院判决认定的侵权行为可以向被诉侵权行为人发送侵权警告，也可以在提起专利侵权诉讼之前或者起诉期间发送侵权警告维护权益。专利权人发送侵权警告是其自行维护权益的途径和协商解决纠纷的环节，法律对于在侵权判决作出之前专利权人自行维护其权益的行为，并无禁止性规定。允许以此种方式解决争议有利于降低维权成本、提高纠纷解决效率和节约司法资源，符合经济效益，双环股份公司主张本田株式会社在法院侵权之诉的判决作出前发送侵权警告无法律依据的理由不能成立。

31. 侵权警告的发送应限于合理范围，并善尽注意义务

【裁判要旨】

权利人发送侵权警告维护自身合法权益是其行使民事权利的应有之义，但行使权利应当在合理的范围内，并善尽注意义务。

【关键词】

确认不侵权　侵权警告　合理范围　注意义务

【裁判意见】

在前述“汽车”外观设计专利确认不侵权案中，最高人民法院二审认为：权利人发送侵权警告维护自身合法权益是其行使民事权利的应有之义，但行使权利应当在合理的范围内。在采取维护权利行为的同时，也要注重对公平竞争秩序的维护，避免滥用侵权警告，打压竞争对手合法权益。权利人发送侵权警告的目的，在于让被警告者知悉存在可能侵害他人权利的事实，自行停止侵权或与权利人积极沟通、协商解决纠纷，权利人无需再提起侵权之诉寻求公力救济。制造者作为侵权的源头，通常是权利人进行侵权警告的主要对象，权利人希望被警告的制造者停止侵权行为或与其进行协商以获得授权，制造者往往会选择与权利人正面协商、沟通的方式解决纠纷。权利人发送侵权警告的对象还可能包括产品的销售商、进口商，或者发明或实用新型产品的使用者等，这些人作为制造者的交易相对方，往往也是权利人争夺的目标客户群。由于他们通常对是否侵权的判断认知能力相对较弱，对所涉侵权的具体情况知之较少，与制造者不同，他们的避险意识较强，更易受到侵权警告的影响，可能会选择将产品下架、退货等方式停止被警告行为。因此，向这些主体进行警告的行为容易直接导致制造商无法销

售，影响所涉产品的竞争交易秩序。向销售商发送侵权警告时，对确定被警告行为构成侵权而产生的注意义务要高于向制造者发送侵权警告的情形，其警告所涉信息应当详细、充分，如披露请求保护的权利的范围、涉嫌侵权的具体信息以及其他与认定侵权和停止侵权相关的必要信息。本案中，本田株式会社在双环股份公司已经与其进行沟通协商，且双方均已启动司法救济程序后，仍继续向被诉侵权产品的销售商发送侵权警告信，并扩大警告对象的范围，难以认定其尽到了审慎注意义务，其行为违反了反不正当竞争法第二条的规定。

32. 善意的在先使用行为不构成擅自使用他人企业名称

【裁判要旨】

他人善意使用诉争名称的时间早于权利人对其企业名称的使用，该使用行为不构成擅自使用他人企业名称的行为。

【关键词】

商标侵权　不正当竞争　企业名称　在先使用

【案号】

最高人民法院（2013）民提字第102号

【基本案情】

在再审申请人广州星河湾实业发展有限公司（以下简称星河湾公司）、广州宏富房地产有限公司（以下简称宏富公司）与被申请人江苏炜赋集团建设开发有限公司（以下简称炜赋公司）侵害商标权及不正当竞争纠纷案（以下简称“星河湾”商标侵权及不正当竞争案）中，核定使用在第36类“公寓出租、公寓管理”等服务上的第1946396号和第1948763号组合商标由宏富公司提出注册申请，后先后转让给案外人宏宇企业集团（香港）有限公司（以下简称宏宇公司）及星河湾公司。宏富公司经许可使用上述两注册商标，并有权以自身的名义提起侵权诉讼。宏富公司及其关联企业先后在广州、北京、上海等地开发以“星河湾”命名的地产项目，“星河湾”地产项目及宏宇集团、星河湾公司先后获得多项荣誉。自2000年起，炜赋公司在江苏省南通市先后推出“星河湾花园”“星辰花园”“星景花园”等多个地产项目，小区名称均报经南通市民政局批准。星河湾公司、宏富公司以炜赋公司在开发的不动产项目中使用“星河湾”字样，侵害其注册商标权并构成不正当竞争为由，提起诉讼。江苏省南通市中级人民法院一审认为，炜赋公司使用“星河湾花园”作为其开发的楼盘名称，未导致消费者对该楼盘来源产生混淆，不构成商标侵权。宏富公司开发的“星河湾”楼盘在广州地区具有较高知名度，但炜赋公司长期正当、合理使用“星河湾花园”这一名称，主观上并无搭便车之故意，客观上也未造成消费者误认，故炜赋公司使用该名称不构成不正当竞争。遂判决驳回星河湾公司、宏富公司的诉讼请求。星河湾公司、宏富公司不服，向江苏省高级人民法院提起上诉。江苏省高级人民法院二审判决驳回上诉、维持原判。星河湾公司、宏富公司仍不服，向最高人民法院申请再审。最高人民法院裁定提审本案，并于2015年2月26日判决撤销一审、二审判决，判令炜赋公司在其尚未出售的楼盘和将来拟开发的楼盘上不得使用相关“星河湾”名称作为其楼盘名称，并赔偿星河湾公司、宏富公司经济损失5万元。

【裁判意见】

最高人民法院提审认为：星河湾公司原名为广州明宇木业有限公司，2007年8

月更名为星河湾公司。以“星”字开头命名楼盘名称，是炜赋公司自2000年以来形成的习惯和传统，且早在2006年5月15日，炜赋公司已向南通市民政局申请命名该小区为“炜赋·星河湾”，理由为：继星辰花园、星景花园后仍以“星”字开头，因保留该地原有两条河流穿过小区，故以“炜赋·星河湾”命名。同年5月25日，南通市民政局批复同意炜赋公司将该住宅区命名为“星河湾花园”，因此诉争楼盘名称的使用先于星河湾公司企业名称的使用，该种使用并不属于擅自使用他人企业名称的行为。

五、植物新品种案件审判

33. 侵害植物新品种权案件中，对结论不同的测试报告的采信与认定

【裁判要旨】

特征特性相同为认定侵害植物新品种权行为的前提条件。植物新品种的授权依据为田间种植的DUS测试，当田间种植的DUS测试确定的特异性结论与DNA指纹检测结论不同时，应以田间种植的DUS测试结论为准。

【关键词】

植物新品种　侵权　特征特性　测试报告

【案号】

最高人民法院（2015）民申字第2633号

【基本案情】

在再审申请人山东登海先锋种业有限公司（以下简称登海公司）与被申请人陕西农丰种业有限责任公司（以下简称农丰种业公司）、山西大丰种业有限公司（以下简称大丰公司）侵害植物新品种权纠纷案中，先锋国际良种公司是“先玉335”植物新品种的权利人，其授权登海公司可以自身名义对侵害其植物新品种权的行为提起民事诉讼。本案中的被诉侵权产品为大丰公司生产、农丰种业公司销售的“大丰30”玉米种子。根据农业行政执法部门的委托，河南省依斯特种子质量检测有限公司对“大丰30”进行品种真实性检测的结论为“大丰30”与“先玉335”的电泳谱带对比一致。其后，扶风县农业管理部门对前述“大丰30”玉米种子予以扣押，并送交北京玉米种子检测中心进行DNA检验，检验结果为“大丰30”与“先玉335”相同或极近似。因对上述检测结论存在异议，大丰公司提交了农业部植物新品种测试中心出具的《农业植物新品种测试报告》（以下简称DUS测试报告），该报告的结论为“大丰30”具有特异性、一致性、稳定性。陕西省西安市中级人民法院一审认为，“大丰30”和“先玉335”不是同一个玉米品种，故判决驳回登海公司的诉讼请求。登海公司不服，提出上诉。陕西省高级人民法院二审判决驳回上诉、维持原判。登海公司仍不服，向最高人民法院提出再审申请。最高人民法院于2015年12月11日裁定驳回登海公司的再审申请。

【裁判意见】

最高人民法院审查认为：“大丰30”曾于申请品种审定过程中被认定与“先玉335”无差异，DUS测试报告是大丰公司对上述检测结论提出异议后，山西省农业种子总站委托农业部植物新品种测试中心进行测试形成的，测试报告本身具备合法性。大丰公司对品种审定过程中的DNA指纹检测提出异议，申请进行田间种植检测的主要原因即为两个品种在性状上具有明显差异，为不同品种。DUS测试报告是通过田间种植表现出的特征特性，核实两个品种

是否具有差异，且作为活体繁殖材料，其特征特性应当依据田间种植进行 DUS 测试所确定的性状特征为准。DUS 测试报告证明，“大丰 30”与“先玉 335”通过田间种植后进行比较，“大丰 30”具有特异性，“大丰 30”与“先玉 335”的特征特性并不相同。由于“被诉侵权物的特征特性与授权品种的特征特性相同，或者特征特性不同是因为非遗传变异所导致”才能够认定为侵害植物新品种权的行为，故“大丰 30”并未构成对“先玉 335”植物新品种权的侵害。此外，由于 DNA 检测所采取的核心引物（位点）与 DUS 测试的性状特征之间并不一定具有对应性，而植物新品种的授予所依据的是田间种植的 DUS 测试，因此，当 DNA 鉴定结论为相同或高度近似时，可直接进行田间成对 DUS 测试比较，通过田间表型确定身份。大丰公司主张以田间种植 DUS 测试确定的特异性结论推翻 DNA 指纹检测结论，且 DUS 测试报告亦表明，通过田间种植，“大丰 30”与“先玉 335”相比具有特异性，故一审、二审法院驳回登海公司的诉讼请求并无不当。

六、集成电路布图设计案件审判

34. 登记图样和样品对集成电路布图设计保护范围确定的作用

【裁判要旨】

登记时已投入商业利用的集成电路布图设计，其专有权的保护内容应当以申请登记时提交的复制件或图样为准，必要时样品可以作为辅助参考。

【关键词】

集成电路布图设计　侵权　保护范围　图样

【案号】

最高人民法院（2015）民申字第 785 号

【基本案情】

在再审申请人昂宝电子（上海）有限公司（以下简称昂宝公司）与被申请人南京智浦芯联电子科技有限公司（以下简称南京芯联公司）、深圳赛灵贸易有限公司（以下简称深圳赛灵公司）、深圳市梓坤嘉科技有限公司（以下简称深圳梓坤嘉公司）侵害集成电路布图设计专有权纠纷案中，2009 年 11 月 19 日，昂宝公司获得名称为 OB2535/6/8，登记号为 BS. 09500527. 7 的集成电路布图设计（即本案布图设计）登记证书。本案布图设计在登记时已经投入商业使用。昂宝公司在登记时提交了集成电路样品及部分纸质图样。纸质图样共有两层：图样一 Metal –1 和图样二 Metal –2，该两层均为金属层图样。昂宝公司以南京芯联公司和深圳赛灵公司直接复制并商业利用了本案布图设计，深圳梓坤嘉公司商业利用了本案布图设计为由，提起诉讼。江苏省南京市中级人民法院一审认为，昂宝公司提交的布图设计图样，只有两层金属层图样，无法确定包含有源元件在内的各种元件与互连线路的具体内容。如果公众不能通过公开的图样，而只能通过商业利用的集成电路产品获得相关布图设计，势必与保护布图设计的法律宗旨相违背，也会导致布图设计的保护范围出现不确定性。在无法确定本案布图设计专有权保护范围的情况下，亦无法将被诉侵权的布图设计与之进行侵权对比。遂判决驳回昂宝公司的诉讼请求。昂宝公司不服，提起上诉。江苏省高级人民法院二审判决驳回上诉、维持原判。昂宝公司仍不服，向最高人民法院申请再审。最高人民法院于 2015 年 11 月 19 日裁定驳回昂宝公司的再审申请。

【裁判意见】

最高人民法院审查认为：根据《集成电路布图设计保护条例》第十六条的规定，申请布图设计登记时，应当提交布图设计的复制件或者图样。布图设计已投入商业利用的，应当提交含有该布图设计的集成电路样品。同时，根据《集成电路布图设计保护条例实施细则》第三十九条的规定，在布图设计登记公告后，公众可以请求查阅该布图设计的复制件或者图样的纸件。由此可知，无论布图设计在登记时是否已经投入商业利用，对布图设计的复制件或图样的提交要求均没有差异。因此，如果人民法院在相关诉讼程序中忽略复制件或图样的法律地位，直接依据样品确定布图设计保护内容，极有可能引发轻视复制件或图样法律地位的错误倾向，也将使现行法律关于登记时应当提交申请资料的相关规定无法落实。此外，也会使公众可以通过查阅方式获知布图设计内容的制度设计目的落空。因此，昂宝公司所称布图设计的复制件或者图样无法精确表示布图设计的保护内容，而应以登记时提交的样品确定布图设计保护范围的相关主张，缺乏充分的事实和法律依据。原审法院据此判决驳回昂宝公司诉讼请求符合法律规定。

七、关于知识产权诉讼程序与证据

35. 具有举证能力的一方当事人拒绝明确商业秘密的具体内容，不影响人民法院对确认不侵害商业秘密案件的受理

【裁判要旨】

在确认不侵害商业秘密纠纷案中，应当根据当事人的举证能力和取证难度，确定商业秘密的具体内容和诉讼权利义务的指向对象。具有举证能力的一方当事人拒绝明确商业秘密的具体内容，应就此承担不利的法律后果，但不影响人民法院对确认不侵害商业秘密案件的受理。

【关键词】

确认不侵权　商业秘密　举证能力　案件受理

【案号】

最高人民法院（2015）民申字第628号

【基本案情】

在再审申请人丹东克隆集团有限责任公司（以下简称丹东克隆公司）与被申请人江西华电电力有限责任公司（以下简称江西华电公司）确认不侵害商业秘密纠纷案中，江西华电公司向丹东克隆公司及其客户发送侵权警告函称，丹东克隆公司进行的螺杆膨胀动力机开发、生产和经营活动侵害了江西华电公司的商业秘密。但在近三年的时间里，江西华电公司既未撤回侵权警告函也未向人民法院提起侵权诉讼。丹东克隆公司据此提起诉讼，请求确认其行为不构成侵权。辽宁省丹东市中级人民法院一审认为，丹东克隆公司作为利害关系人可以向人民法院提出诉讼请求，确认其行为不侵害知识产权。丹东克隆公司从公知技术渠道获得了螺杆动力机所依赖的技术，亦未采取不正当手段获取商业秘密。据此判决确认丹东克隆公司生产、销售涉案螺杆膨胀动力机的行为不侵害江西华电公司的商业秘密。江西华电公司不服，提起上诉。辽宁省高级人民法院二审认为，丹东克隆公司要求确认其生产的螺杆动力机属公知技术、不侵害江西华电公司商业秘密的诉讼请求，无法确定诉讼权利义务关系所指向的对象，不属于人民法院受理民事诉讼的范围。据此判决撤销一审判决，驳回丹东克隆公司的起诉。丹东克隆公司不服，向最高人民法院申请再审。最高人民法院于2015年11月27日裁定撤销二审

判决，指令辽宁省高级人民法院再审本案。

【裁判意见】

最高人民法院审查认为：确认不侵权之诉，是通过确定权利人与被诉侵权人之间侵权法律关系的存在与否，防止权利人滥发侵权警告函等滥用权利的行为给被诉侵权人合法权益造成损害，平衡权利人与被指控侵权人的程序利益。本案中，江西华电公司向丹东克隆公司及其客户发送侵权警告函，但在将近三年的时间里又未向人民法院提起侵权诉讼，丹东克隆公司为此提起本案诉讼，请求确认其生产的螺杆膨胀动力机未侵害江西华电的商业秘密。与专利权等知识产权相比，商业秘密不具有外显性，本案虽由丹东克隆公司提起，但根据双方的举证能力和获取证据的难易程度，江西华电公司应当可以明确侵权警告函中所称丹东克隆公司所侵害的商业秘密的具体内容。如果江西华电公司拒绝明示其商业秘密，则依法应由其承担不利的法律后果。二审法院以本案商业秘密不明、诉讼权利义务指向对象难以确定为由，认定本案不属于人民法院受理民事诉讼的范围，适用法律错误，应予纠正。

36. 电子证据真实性和证明力的审查判断

【裁判要旨】

在审查判断以公证书形式固定的互联网站网页发布时间的真实性与证明力时，应考虑公证书的制作过程、网页及其发布时间的形成过程、管理该网页的网站资质和信用状况、经营管理状况、所采用的技术手段等相关因素，结合案件其他证据进行综合判断。

【关键词】

外观设计专利　无效程序　电子证据　证明力

【案号】

最高人民法院（2015）知行字第61号

【基本案情】

在再审申请人董健飞与被申请人吴树祥、一审被告、二审上诉人国家知识产权局专利复审委员会（以下简称专利复审委员会）外观设计专利权无效行政纠纷案中，董健飞系名称为“水晶烫钻模（5）”的外观设计专利（即本案专利）的权利人。吴树祥针对本案专利提出无效宣告请求，并提交了附件1即世界工厂网互联网网站公证打印页及附件2即世界工厂网网站运营商出具的关于网页发布情况的复函作为证据，主张本案专利在申请日前已经通过互联网方式公开。专利复审委员会认为，互联网中的网页信息具有可编辑性，现有证据既不能证明公证下载的网页首次生成时具有的内容，又不能排除该网页在被下载之前已经过修改的可能性，不足以证明相关网页上的图片在本案专利申请日之前公开发布。据此，专利复审委员会作出第20444号无效宣告请求审查决定（以下简称第20444号决定），维持本案专利权有效。吴树祥不服，提起行政诉讼。北京市第一中级人民法院一审认为，世界工厂网系案外人经营的网站，虽然该网站的信息由企业自行发布，但网站上载明的发布该信息的时间在通常情况下由计算机服务器自动生成，信息发布人难以对该发布时间进行更改，可以证明相关网页上的图片在本案专利申请日之前公开发布。遂判决撤销第20444号决定。专利复审委员会和董健飞均不服，提起上诉。北京市高级人民法院二审判决驳回上诉、维持原判。董健飞不服，向最高人民法院申请再审。最高人民法院于2015年10月29日裁定驳回董健飞的再审申请。

【裁判意见】

最高人民法院审查认为：在审查判断以公证书形式固定的互联网站网页发布时间的真实性与证明力时，应综合考虑相关公证书的制作过程、该网页及其发布时间的形成过程、管理该网页的网站资质和信用状况、经营管理状况、所采用的技术手段等相关因素，结合案件其他证据，对该公证书及所附网页发布时间的真实性和证明力作出明确判断。在审查证据的基础上，如果确信现有证据能够证明待证事实的存在具有高度可能性，对方当事人对相应证据的质疑或者提供的反证不足以实质削弱相关证据的证明力，不能影响相关证据的证明力达到高度盖然性的证明标准的，应该认定待证事实存在。本案中，附件1显示，以非注册的普通用户身份登陆“世界工厂网”，可以看到第7页显示的烫钻模具图片发布时间为2010年8月16日，第10页显示的烫钻模具图片发布时间为2010年3月8日，均早于本案专利申请日（2010年9月7日）。“世界工厂网”系规模较大、知名度较高的电子商务平台，具有较高的信用和较好的管理手段。在此情况下，除非存在人为删改的情况，该网站上网页图片显示的发布时间与其真实的发布时间通常一致。董健飞提交的反证并未实质性削弱附件1的证明力。原审法院认定附件1以公证书形式固定的互联网网站图片在本案专利申请日前已经公开，并无不当。

37. 对证据证明效力的审核认定及对提供伪证行为的处罚

【裁判要旨】

人民法院应当按照法定程序，全面、客观地审核证据，依照法律规定，运用逻辑推理和日常生活经验法则，对证据有无证明力和证明力大小进行判断，并公开判断的理由和结果。对于严重违反诚实信用原则，提交伪证、进行虚假陈述、扰乱司法秩序的行为，应当按照法定程序予以处罚。

【关键词】

不正当竞争　证据伪证　处罚

【案号】

最高人民法院（2014）民提字第196号

【基本案情】

在再审申请人广东华润涂料有限公司（以下简称华润公司）与被申请人江苏大象东亚制漆有限公司（以下简称大象公司）、一审被告吴雪春不正当竞争纠纷案中，大象公司以其在油漆商品上使用的“滑雪人物版面”的包装装潢构成知名商品特有包装装潢，华润公司未经许可使用了上述包装装潢为由，提起诉讼。江苏省苏州市中级人民法院一审认为，采用“滑雪人物版面”包装装潢的“大象”油漆涂料商品属于有较高知名度的商品，“滑雪人物版面”文字及色彩特征具有显著性，应认定为知名商品特有的包装装潢。华润公司生产的“IdoI 爱的漆”滑雪人图案包装装潢与大象公司“滑雪人物版面”包装装潢构成近似。遂判决华润公司、吴雪春立即停止侵权行为，华润公司赔偿大象公司经济损失2217.274万元。华润公司、吴雪春均不服，提起上诉。江苏省高级人民法院二审认为，大象公司于2008年9月向一审法院提起本案诉讼已超过两年的诉讼时效，但华润公司的侵权行为在大象公司起诉时仍在持续，故虽应判决华润公司停止侵权行为，但在确定损失赔偿额时应以两年计算。遂改判华润公司赔偿大象公司经济损失40万元。华润公司仍不服，向最高人民法院申请再审。最高人民法院裁定提审本案，并于2015年11月4日判决撤销一审、二审判决，驳回大象公司的全部诉讼请求。并于同日以在诉讼中提交伪证并进行虚假陈述为由，对大象公司及其法定代表人杨少武下达处罚决定书，分别对二者罚款一百万元及十万元。

【裁判意见】

最高人民法院提审认为：人民法院应当按照法定程序，全面、客观地审核证据，依照法律规定，运用逻辑推理和日常生活经验法则，对证据有无证明力和证明力大小进行判断，并公开判断的理由和结果。本案的争议焦点之一为大象公司提交的公证保全证据中，用以证明其在先使用行为的爱地漆包装罐是否系伪造。经审查现有证据可知，大象公司没有任何证据证明其“爱地漆”商品的销售额情况、涉案包装装潢中的文字设计过程和使用图片的来源，并结合其提交的包装罐上的电话数位与实际使用时间不符，书面说明、证人证言与庭审陈述自相矛盾等事实，运用逻辑推理和日常生活经验法则进行分析判断，通过全面、客观的审核，足以认定大象公司提交的用以证明其在先使用行为的涉案包装罐是伪证，故对此不予采信。此外，鉴于大象公司利用该包装罐及相应的公证书，对华润公司多次提起商标争议、行政诉讼、民事诉讼，严重违反诚信原则，提交伪证、作虚假陈述，严重妨碍人民法院审理案件，扰乱司法秩序，影响司法公正。大象公司的法定代表人杨少武不仅对上述证据造假及恶意诉讼活动知情，而且显然参与了相关活动。大象公司的证人陶国庆提供虚假证言，帮助大象公司作伪证，也是明知故犯。据此，对大象公司及其法定代表人杨少武的造假行为及不诚信诉讼行为，对证人陶国庆作伪证的行为，予以严厉谴责，并将另行依照法定程序予以处罚。

38. 停止侵权责任的承担，应当遵循善意保护原则并兼顾公共利益

【裁判要旨】

在商标权等知识产权与物权等财产权发生冲突时，是否判令当事人承担停止使用的法律责任，应当遵循善意保护原则并兼顾公共利益。

【关键词】

商标侵权　不正当竞争　停止侵权　善意保护

【裁判意见】

在前述“星河湾”商标侵权及不正当竞争案中，最高人民法院提审认为：根据民法关于善意保护之原则，在商标权等知识产权与物权等其他财产权发生冲突时，应以其他财产权是否善意作为权利界限和是否容忍的标准，同时应兼顾公共利益之保护。本案中，由于炜赋公司经南通市民政局批准将小区命名为“炜赋·星河湾”，小区居民已经入住多年，且并无证据证明其购买该房产时知晓小区名称侵犯星河湾公司商标权，如果判令停止使用该小区名称，会导致商标权人与公共利益及小区居民利益的失衡，故不再判令停止使用该小区名称，但炜赋公司在其尚未出售的楼盘和将来拟开发的楼盘上不得使用相关“星河湾”名称作为其楼盘名称。

结　语

今年是最高人民法院第八次发布知识产权案件年度报告，年度报告在明晰裁判规则、指导审判实践、统一法律适用方面发挥着重要的作用，也日益受到社会各界的普遍关注和高度重视。但仍需要说明的是，年度报告是最高人民法院在具体案件裁判中针对新型、复杂、疑难问题形成的认识，具有较强的个案性、探索性和阶段性，在法律适用标准和方法方面难免存在局限，并可能随着认识的深入和时代的发展发生调整和变化。在未来的工作中，最高人民法院将紧紧围绕“努力让人民群众在每一个司法案件中感受到公平正义”的目标，忠实履行宪法法律赋予的职责，充分发挥知识产权审判职能作用，不断提升知识产权司法保护的权威性和公信力，通过发挥职能作用，保障创新驱动发展。

最高人民法院知识产权案件年度报告（2016）

目 录

序　言

2016年，最高人民法院积极主动适应国际形势新变化和经济发展新常态，切实增强机遇意识、责任意识、创新意识，深入贯彻实施国家知识产权战略和创新驱动发展战略，贯彻“司法主导、严格保护、分类施策、比例协调”的基本司法政策，以严格保护、深化改革、完善制度、统一规则为着力点，不断推进知识产权司法体系和司法能力现代化，为建设知识产权强国和世界科技强国提供坚强有力的司法保障。

最高人民法院知识产权庭2016年全年共新收各类知识产权案件724件。在新收案件中，按照案件审理程序划分，共有抗诉案件2件，二审案件7件，提审案件99件，申请再审案件601件，申诉案件3件，请示案件12件。按照案件所涉客体类型划分，共有专利案件227件，植物新品种案件1件，商标案件337件，著作权案件64件，集成电路布图设计案件2件，垄断案件2件，商业秘密案件12件，其他不正当竞争案件23件，知识产权合同案件38件，其他案件18件（主要涉及知识产权审判管理事务）。按照案件性质划分，共有行政案件352件，其中专利行政案件84件，商标行政案件268件；共有民事案件372件。全年共审结各类知识产权案件735件，其中抗诉案件2件，二审案件11件，提审案件96件，申请再审案件614件，请示案件12件。在审结的614件申请再审案件中，行政申请再审案件283件，民事申请再审案件331件；裁定驳回再审申请454件，裁定提审76件，裁定指令或者指定再审31件，裁定撤诉（包括和解撤诉）18件，以其他方式处理35件。

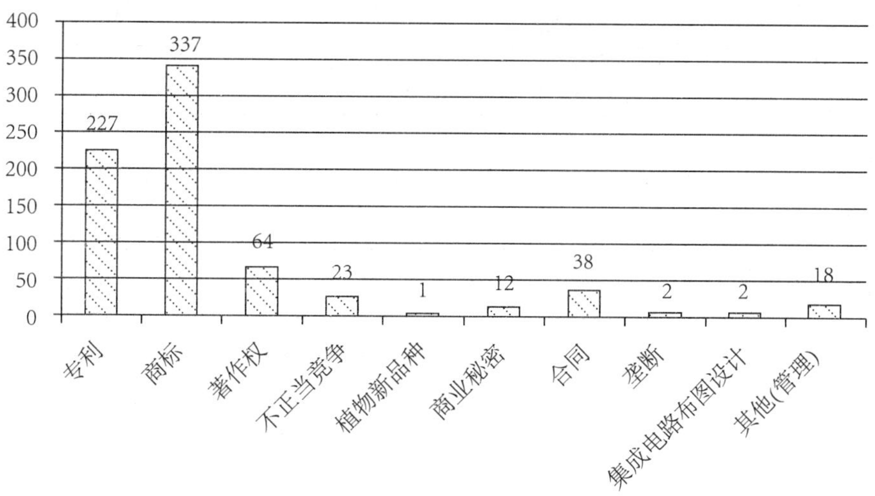

2016 最高人民法院知识产权庭新收知识产权案件类型图

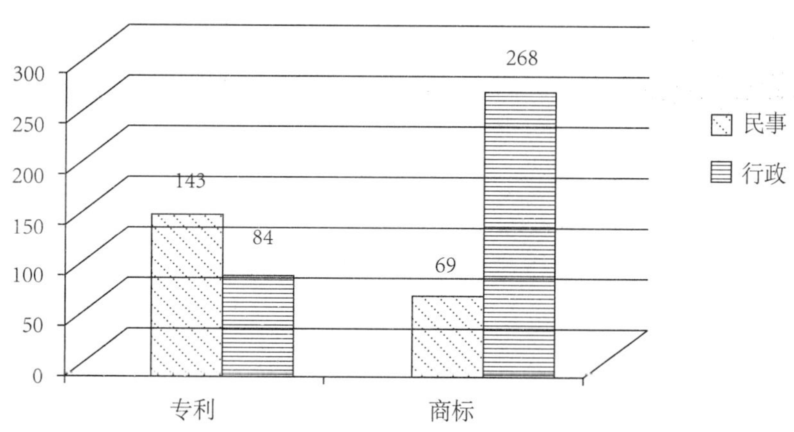

2016 年最高人民法院知识产权庭受理专利、商标民事及行政案件数量对比图

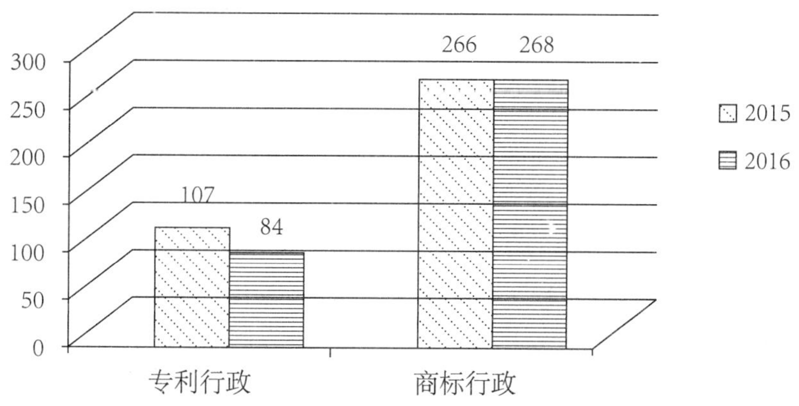

2016 年最高人民法院知识产权庭新收专利、商标行政案件增长对比图

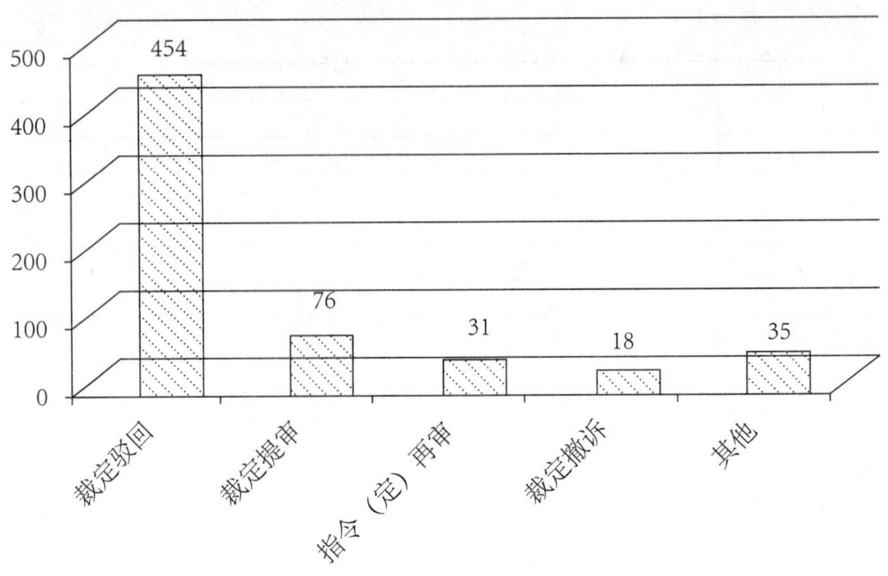

2016 年最高人民法院知识产权庭再审审查案件结案方式统计图

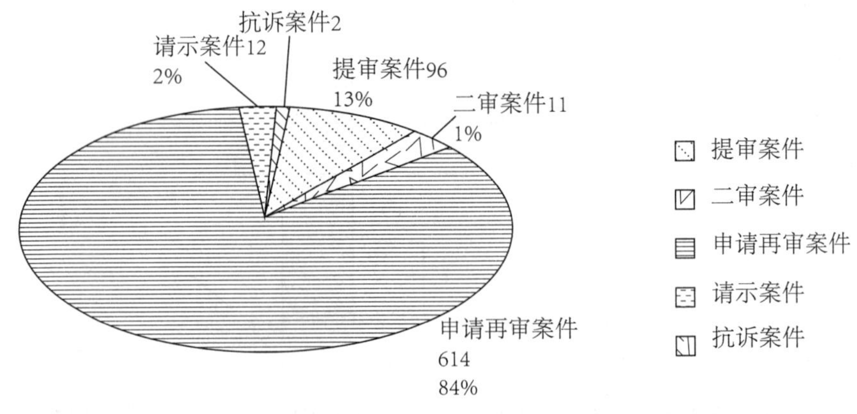

2016 年最高人民法院知识产权庭审结案件类型图

最高人民法院2016年审理的知识产权和竞争案件的基本规律和特点是：与专利和商标有关的知识产权案件仍在全部受理案件中占有最大比重，商标授权确权类行政案件增幅明显；专利行政案件的争议焦点问题仍集中于新颖性和创造性的评价，在化学和医药生物领域的案件中，说明书是否充分公开、权利要求书是否得到了说明书的支持，仍然是较为突出的法律问题。当事人对专利权评价报告的地位和作用存在认识误区，是专利民事案件中普遍存在的一个问题。此外，技术调查官制度在技术事实查明方面发挥的作用值得关注；商标案件继续保持整体数量上的高位运行，商标行政案件占比较大，诉争商标是否具有不良影响及在先权利的保护条件和范围等法律适用问题仍存争议，裁判标准和尺度有待明确和统一。通过运用商标近似、商品类似、混淆等弹性因素，在充分考虑市场实际的基础上，体现商标权保护的强度与商标的显著程度、知名度相适应，“比例协调”原则在商标民事案件的审理中得到了较为充分的体现；著作权案件的数量和所占比例基本平稳，涉及卡拉 OK 经营者等诉讼主体的关联性案件较多，当事人取证程序不规范以及证据认定标准不一的情况仍然比较普遍；竞争案件中的商业秘密纠纷占比较大，争议焦点多集中于相关信息的秘密性，以及是否采取了保密措施等与权利基础的证明有关的法律问题，垄断案件的数量有所上升，但当事人的诉讼能力尚需积累和提升。

本年度报告从最高人民法院 2016 年审结的知识产权和竞争案件中精选了 27 件（案件事实和法律问题基本相同的关联案件计为 1 件）典型案件，上述案件涵盖了已经入选 2016 年中国法院 10 大知识产权案件和 50 件典型知识产权案例的全部案件。我们从中归纳出 39 个具有普遍指导意义的法律适用问题，反映了最高人民法院在知识产权和竞争领域处理新型、疑难、复杂案件的审理思路和裁判方法，现予公布。

各类知识产权案件审理情况概要

一、专利案件审判

（一）专利民事案件审判

2016 年，最高人民法院知识产权庭审结的专利民事案件共 157 件，其中，裁定驳回再审申请 127 件，最高人民法院裁定提审 17 件，指令下级法院再审 10 件，发回重审 1 件，最高人民检察院抗诉案件 2 件。案件类型涉及侵害发明专利权纠纷 59 件，侵害实用新型专利权纠纷 37 件，侵害外观设计专利权纠纷 38 件。上述案件反映出如下特点和问题：

第一，涉及损害赔偿数额争议的案件比例较高。在 134 件侵害专利权纠纷案件中，有 16 件涉及酌定赔偿数额的确定。最高人民法院在这些案件中指出，在无充分证据证明权利人实际损失、侵权人所获利益以及专利许可使用费的情况下，法院根据专利权的类型、侵权行为的性质和情节等因素酌定赔偿数额并无不当。同时，在适用法定赔偿的方式具体确定赔偿数额的过程中，应准确参考相关因素，依靠证据，实事求是。对于原审法院将没有证据证明实际发生的专利许可使用费纳入法定赔偿之参考因素的做法，最高人民法院予以纠正；对于有证据证明侵权产品合理利润较高，原审法院在专利法规定的法定赔偿额幅度之上确定赔偿数额的做法，最高人民法院予以支持，彰显公平合理的司法态度。

第二，涉及管辖权异议的案件占一定比例，知识产权案件级别管辖分工有待明确。在《全国人大常委会关于在北京、上海、广州设立知识产权法院的决定》《最高人民法院关于北京、上海、广州知识产权法院案件管辖的规定》《最高人民法院关于知识产权法院案件管辖等有关问题的通知》等决定、规定和通知以及现行其他有效的法律和司法解释没有对高级人民法院与知识产权法院之间的案件管辖分工作出特别规定的情形下，知识产权法院受理案件的级别管辖仍应受到《最高人民法院关于审理民事级别管辖异议案件若干问题的规定》《最高人民法院关于调整地方各级人民法院管辖第一审知识产权民事案件标准的通知》等一般规定拘束。从级别管辖上，不排除高级人民法院对一审知识产权案件的管辖权。

第三，技术调查官首次参与最高人民法院的案件审理程序。在礼来公司与华生公司侵害发明专利权纠纷一案中，最高人民法院依法组成合议庭，并指派技术调查官参与诉讼。综合运用技术调查官、专家辅助人、科技专家咨询等多种途径来解决技术事实查明问题，提高了知识产权审判的专业化水平。

第四，当事人对专利权评价报告的功能存在认识误区。最高人民法院在 3 件涉及侵害实用新型专利权纠纷案中，对该问题予以明确：专利权评价报告的主要功能是提供评估专利有效性的参考，其定位是审理专利侵权纠纷的证据之一。不可直接依据专利权评价报告中对专利权人的不利结论驳回专利权人的诉讼请求，此外，如果专利复审委员会已经就涉案专利权作出了维持有效的审查决定，则不能仅以实用新型专利权评价报告的结论推翻专利复审委员会审查决定的结论。

第五，申请再审案件中，因涉案专利在原审判决作出后被宣告无效或者部分无效而中止诉讼或者进入再审程序的案件比例较高。在中止诉讼的 9 件案件中，中止诉讼的原因均为涉案专利在原审判决作出后被宣告无效或者部分无效，尚处于权利不稳定状态。最高人民法院同时指出，如果被告是在答辩期满后请求宣告涉案专利权无效的，人民法院应当审查是否属于确有必要中止案件诉讼的情形。

（二）专利行政案件审判

2016 年，最高人民法院知识产权庭审结专利行政案件共 84 件。从案件处理结果看，裁定驳回再审申请 70 件，提审后判决 6 件，裁定提审 8 件。案件涉及发明专利纠纷 44 件，实用新型专利纠纷 17 件，外观设计专利纠纷 21 件（含关联案件 16 件），其他专利行政纠纷 2 件。上述案件反映出如下特点和问题：

第一，随着专利复审委员会实行以“新颖性、创造性、实用性”为中心的审查思路，多数案件的争议焦点问题也集中于“新颖性、创造性、实用性”的审查标准。此外，医药生物领域的行政案件较多涉及说明书是否充分公开以及权利要求书是否得到了说明书支持的问题，案件复杂程度普遍较高。与商业方法有关的专利行政案件的数量也有明显的上升趋势。最高人民法院通过对专利行政案件的审理，对以下法律适用标准予以明确：

（1）在涉及新颖性问题的审查中，最高人民法院对于物质的医药用途以及外观设计相近似的判断标准沿袭既往，保持了与审查指南标准的基本一致。在涉及化合物新颖性问题的案件中，最高人民法院明确，对于现有技术文献是否已公开了某化合物，应当以所属领域的普通技术人员根据该文献的启示，能否制造或分离出该化合物为准。专利申请人对此提出相反主张的，应承担进一步的举证责任。

（2）在涉及创造性问题的案件中，争议焦点集中于对技术特征的理解，以及由此引发的对区别技术特征的认定是否存在错误的问题。对于以制备方法主张产品权利要求具备创造性的案件，最高人民法院明确，制备方法特征并未在产品权利要求中予以限定的，不应作为判断该产品权利要求是否具备创造性的考量因素。

（3）在涉及实用性问题的案件中，最高人民法院明确了实用性所要求的“能够制造或者使用”和说明书公开充分所体现的“能够实现”条款二者之间的关系，明确了在形式上虽然体现为技术方案未进行充分公开，但技术方案在实质上违反自然规律的情况下可以适用实用性条款的原则。

（4）在涉及是否充分公开问题的案件中，最高人民法院在部分案件中明确，对于化学产品的专利申请，应当完整公开该产品的用途和/或使用效果。

（5）在涉及是否具有可专利性问题的案件中，最高人民法院对于商业管理方法专利申请的审查标准保持了与审查指南的一致性，并在部分案件中明确，如果一项发明申请没有采用技术手段或者利用自然规律，也没有解决技术问题和产生技术效果，则其请求保护的内容不构成技术方案，不具有可专利性。

（6）在涉及修改是否超范围问题的案件中，最高人民法院在部分案件中明确，专利法第三十三条的意旨在于对先申请制度的维护，而非对创造性予以评价。以增加技术特征的修改方式为例，只要该新增技术特征在原说明书和权利要求书记载的范围之内，无论其是否属于本领域公知常识，这一修改都符合专利法第三十三条之规定；反之，若该新增技术特征不在原说明书和权利要求书记载的范围之内，即便其是本领域公知常识，也不能认定这一修改符合专利法第三十三条规定。

（7）在涉及外观设计专利审查的案件中，焦点问题多集中于对是否构成现有设计证据的审查判断，特别是鉴定机关对此问题出具的鉴定报告的证明力。对于近似外观设计的判断，集中在是否存在明显差异，是否为惯常设计或功能性特征的认定。

第二，专利行政案件审理过程中涉及证据审查认定的案件数量仍然较多。对此，最高人民法院严格证据审查的标准，依据证据规则，并结合优势证据认定的经验法则及生活常识，综合判断证据的证明效力。

第三，涉及行政程序性异议的案件数量不多。这一特点也在一定程度上反映出专利审查过程中的程序性问题已经得到了重视。最高人民法院在部分案件中也进一步明确了对“审查范围”的理解，最高人民法院指出，对从属权利要求进行创造性判断时，专利复审委员会在审查过程中引入该从属权利要求引用的权利要求的对比文件作为证据，不属于超范围审查。

第四，当事人怠于行使诉权的现象仍然比较突出。在2016年审结的专利行政案件中，出现了多起因当事人超过法定期限起诉原审法院未予受理，进而申请再审的案件。这一现象的产生，也提醒当事人在重视实体权利维护的同时，也要避免因诉讼权利的懈怠而产生于己不利的法律后果。

二、商标案件审判

（一）商标民事案件审判

2016年，最高人民法院知识产权庭审理的商标民事案件共75件，其中，最高人民法院裁定提审13件，指令下级法院再审3件，最高人民检察院抗诉案件1件，终结审查程序6件，中止审理1件，撤销申请2件，驳回再审申请49件。案件类型涉及侵害商标权纠纷65件，商标合同纠纷7件（商标权转让合同纠纷4件、商标许可使用合同纠纷2件、特许经营合同纠纷1件），股东出资纠纷1件，财产损害赔偿纠纷1件，商标权权属纠纷1件。除了商标相同近似以及商品类似认定问题外，还反映出如下特点和问题：

第一，侵害商标权纠纷和相关权属纠纷交错。2016年审结的多起侵权案件中同时涉及对诉争商标权属或取得方式有争议，或是当事人曾为合作关系，合作终止后对相关无形资产处置不明晰；又或是相关老字号传承人与注册商标权人之间的纠纷；再或是企业改制对相关国有资产处置模糊以及相关商标的承继不清。

第二，审理了多起涉及新商标法第五十九条第一款和第三款的案件。该条第一款规定了商标的正当使用问题，第三款规定了在先使用抗辩问题。关于是否构成商标的正当使用，案件的争议焦点往往围绕于事实的查明。如果已有证据显示，注册商标中含有本商品通用名称等或直接表示商品的质量等特点或者含有地名的，注册商标权人无权禁止他人正当使用。关于在先使用抗辩问题，通过对已经审结的案件进行分析，对该条款的适用需要注意的问题包括：判定在先使用的时间节点原则上应为商标申请日；商品或者服务构成相同或者类似应为适用的前提；在商标申请日前的使用行为是否具有一定影响。

第三，如何在正确认定商品关联关系的基础上合理划定商标权的保护范围，仍然是审判中的难点，需要多加研究。既需考虑现行商品和服务分属不同类别注册的注册体系，又要考虑此类商品经营的客观现实，还要综合考虑是否存在注册商标之间的冲突以及是否侵犯他人在先权利等因素。

（二）商标行政案件审判

2016 年，最高人民法院知识产权庭共审结商标行政案件 257 件，按案件类型划分：商标驳回复审案件 81 件，商标异议复审案件 99 件，商标争议案件 44 件，商标无效案件 14 件，商标撤销复审案件 14 件，其他案件 5 件；按裁判结果划分：裁定驳回再审申请 135 件，撤诉 9 件，裁定指令再审 1 件，裁定中止诉讼 8 件，裁定提审 43 件，提审后改判 49 件，提审后维持原判 7 件，其他案件 5 件。上述案件主要反映出如下问题与特点：

第一，商标近似、商品类似判断问题仍然是商标行政案件争议的主要焦点。在裁定驳回再审申请的 135 件案件中，有 88 件涉及商标是否近似、商品是否类似的问题。在 56 件提审判决中，19 件涉及商标近似、商品类似的问题。对此问题，最高人民法院在多数案件中的意见与商标评审委员会及一审、二审法院一致，但也存在部分分歧。在裁判过程中，最高人民法院明确了进行商标近似性判断要综合考虑引证商标的知名度、申请商标使用情况、申请商标申请人的主观意图、相关公众的注意程度等因素，同时也要关注引证商标权利人与商标申请人之间的共存协议及特定历史背景等因素；对于涉及中、外文商标的近似性判断，还要考虑该中、外文商标是否已经与特定商标和主体形成了较为稳定的对应关系。

第二，对于不良影响条款的适用标准仍需进一步明确和统一。在部分驳回复审和异议复审类案件中，最高人民法院明确了商标法第十条第一款第（八）项“不良影响”规定条款适用的条件，即应当是对申请商标是否可能损及公共利益或善良风俗的道德评价，是否导致消费者的误认误购并不构成不良影响。此外，对于含有中华人民共和国和外国国家名称，但整体上与中国和外国国家名称并不相同或者不相近似的标志，虽然不属于商标法第十条第一款第（一）（二）项规定的情形，但如果上述标志作为商标注册可能损害国家尊严的，可以认定其属于商标法第十条第一款第（八）项规定的情形。

第三，关于在先权利保护的商标行政案件中，涉及著作权、姓名权保护的问题仍呈增长趋势。对于以著作权主张在先权利保护的案件，最高人民法院明确，人民法院应当依照著作权法等相关规定，对所主张的客体是否构成作品、当事人是否为著作权人或者其他有权主张著作权的利害关系人以及诉争商标是否构成对著作权的侵害等进行审查。在该商标标志构成作品，又没有相反证据足以推翻的情况下，当事人提供的诉争商标申请日之前的著作权登记证书可以作为证明著作权归属的初步证据；商标公告、商标注册证等可以作为确定商标申请人为有权主张商标标志著作权的利害关系人的初步证据。对于以姓名权主张在先权利的案件，最高人民法院明确，当事人以其全名、笔名、艺名、译名等特定名称主张姓名权，如果该特定名称具有一定的知名度，且能与该自然人建立稳定对应关系，相关公众以其指代该自然人的，该名称可以作为在先权利予以保护。他人使用与该名称相同或近似的标志，相关公众认为该标志指代了该自然人，容易认为标记有该商标的商品系经过该自然人许可或者与该自然人存在特定联系的，人民法院应当认定该商标侵害了自然人的姓名权。

第四，对于商标使用证据的把握不应过于苛刻。在因连续三年停止使用撤销复审案件中，最高人民法院明确，对于使用证据的把握应注重考察是否能证明具有真实有效的使用意图以及是否存在持续使用的事实。商标权人自行使用、他人经许可使用以及其他不违背商标权人意志的使用，均可认定为商标使用行为。实际使用的商标标志与核准注册的商标标志有细微差别，但未改变其显著特征的，也可以视为注册商标的使用。第五，由于引证商标被撤销或者无效，在先权利障碍不复存在，人民法院根据情势变更原则，依据新的事实撤销商标评审委员会相关裁决的案件增多。在上述案件中，最高人民法院明确，申请注册商标并不是简单地占有某一特定符号，商标的价值源于其识别性，如果在申请商标授权之前，已经不存在可能与之形成权利冲突的商标标识，申请商标可以正常发挥其识别功能的情况下，其注册申请是可以被核准的。因此，在人民法院审理商标授权确权行政案件的过程中，商标评审委员会对诉争商标予以驳回、不予核准注册或者予以无效宣告的事由不复存在的，人民法院可以依据新的事实撤销商标评审委员会相关裁决，并判令其根据变更后的事实重新作出裁决。

三、著作权案件审判

2016 年，最高人民法院知识产权庭共审结著作权纠纷案件 66 件。其中，提审后改判 3 件，裁定提审 2 件，裁定指令下级法院再审 17 件，裁定驳回再审申请 44 件。上述案件反映出如下特点和问题：

第一，涉及卡拉 OK 经营者的侵害著作权纠纷案件占比较高，该类案件中关于公证证据的采信标准亟待统一。2016 年最高人民法院审理的涉及卡拉 OK 经营者的侵害著作权纠纷案件达 22 件，占全部著作权纠纷案件的 33.33%；其中有 14 件因原审法院对公证证据的采信标准把握不当，而被指令再审，占该类案件总数的 63.64%。最高人民法院在上述案件中指出，部分人民法院对于公证证据的采信标准过于苛刻，未完整录制被诉侵权的 MTV 不能当然构成相关公证证据不应予以采信的充分理由。

第二，涉及著作权基本法律问题的案件占一定比例，相关司法裁判标准有待进一步统一。2016 年最高人民法院审理的著作权纠纷案件中涉及独创性判断、实质性近似判断等著作权基本法律问题的案件仍占一定比例。其中，独创性判断问题最为突出。最高人民法院在部分案件中明确指出，独立创作是独创性的首要之义，作品的外在表现是否与公有领域作品存在一定程度的差异是独创性判断的重要方面。

第三，著作权语境下的合同解释规则进一步丰富。2016 年，最高人民法院审理了 6 件著作权领域的合同纠纷，其中大都涉及合同解释问题。最高人民法院在部分案件中指出，当合同未能明确约定，业内亦无惯例可循时，对于出版合同的解释，应当兼顾出版商利益的保护和作者创作积极性的维护，促进出版行业健康有序发展。

第四，著作权侵权责任承担规则进一步完善。在最高人民法院 2016 年审理的侵害著作权纠纷案件中，侵权责任的承担问题仍是较为集中的案件争议焦点。最高人民法院在部分案件中明确了侵权责任法第十二条在侵害著作权纠纷案件中的具体适用规则。此外，还在有关案件中明确了著作权领域合法来源抗辩的规则，即若销售商能够证明其所售侵权刊物具有合法来源，则其仅须停止侵权，而无需承担赔偿损失的侵权责任。

四、不正当竞争案件审判

2016 年，最高人民法院知识产权庭共审结反不正当竞争案件 30 件。其中，最高人民法院裁定提审 4 件，指令下级法院再审 1 件，撤回再审申请 2 件，驳回再审申请 23 件。案件类型涉及虚假宣传纠纷 10 件，仿冒纠纷 3 件，侵害商业秘密纠纷 12 件，冒用企业名称（商号）纠纷 2 件，擅自使用知名商品特有的名称、包装、装潢纠纷 2 件，其他不正当竞争纠纷 1 件。其中，不正当竞争与侵害商标权纠纷交叉案件 2 件。上述案件反映出如下特点和问题：

第一，在全部不正当竞争纠纷案件中，侵害商业秘密纠纷仍然占有较大比例。从商业秘密案件的自身情况来看：商业秘密权利人对自身权利保护不充分是其败诉的重要原因之一。最高人民法院在部分案件中指出，当事人虽主张对商业秘密共有，但仍应举证证明其均对商业秘密采取了合理的保密措施。商业秘密案件的权利人对主张商业秘密的范围界定不清楚，是导致此类案件审理难度较大的一个原因。商业秘密案件中，如果原告主张其商业秘密被侵害，应当首先明确商业秘密的具体内容。但在 2016 年审结的多起案件中，均不同程度地存在权利人对商业秘密的具体内容含糊其辞或多次变更主张的秘密点的现象，导致此类案件的事实查明难度较大，审理周期较长。刑民交织是商业秘密案件的重要特点。是否能够在民事诉讼程序中直接援引刑事判决的内容，仍应结合案件当中的具体情况，而不宜一概而论。例如，在先生效刑事判决认定的商业秘密内容若与当事人在民事案件中主张的权利范围不一致，即不能直接援引刑事判决中的相关认定。

第二，涉及虚假宣传、商业诋毁的案件数量较多。在 2016 年审结的案件当中，经营者因在生产经营活动中使用片面的宣传和对比方式、具有歧义性的语言，损害其他经营者的合法权益，是很多案件纠纷发生的诱因。最高人民法院在部分案件中指出，当事人通过混淆商品概念等不当宣传方式，使相关公众可能产生对具有竞争关系的其他企业和产品的错误认识，应当认定该行为构成对其他生产经营者的商业诋毁。

第三，在涉及企业字号的案件中，不正当竞争与商标权纠纷交织，且纠纷常产生于复杂历史背景之下的现象亦十分突出。

五、垄断案件审判

2016 年，最高人民法院知识产权庭共审结反垄断案件 5 件。其中，最高人民法院裁定提审 1 件，驳回再审申请 4 件。案件类型涉及经营者集中纠纷 2 件，垄断协议纠纷 1 件，滥用市场支配地位纠纷 2 件。上述案件反映出如下特点和问题：

第一，反垄断案件总体数量不多，但增幅较大，相较于 2015 年，案件数量增幅达 66.7%。

第二，通过对已经审结的案件进行分析，垄断案件当事人的诉讼能力亟待加强。在部分涉及滥用市场支配地位行为的案件中，根据法律明确规定，原告应就被告在相关市场中具有支配地位及存在滥用行为等事实承担举证责任。但经法院反复释明，部分当事人仍无法按照法律规定完成其应有的举证责任。

第三，人民法院在积极探索反垄断纠

纷案件审理思路的同时，有关法律适用标准仍待统一。如对竞争者是否具有市场支配地位的认定，部分案件未予涉及，而直接以对诉争行为是否具有排除、限制竞争的后果，或者诉争行为是否属于没有正当理由拒绝与交易相对人进行交易的判断进行取代，并得出诉争行为是否构成垄断的结论；有的案件则遵循了首先对竞争者是否具有市场支配地位进行认定，再对被诉行为本身进行分析，进而认定其是否属于反垄断法禁止的滥用市场支配地位行为的审理思路。

六、技术合同案件审判

2016年，最高人民法院知识产权庭共审结各类技术合同纠纷案件22件。其中，二审案件2件、再审判决1件、裁定指令再审3件、裁定提审1件，裁定驳回再审申请15件，在案件类型方面，广泛涉及技术开发合同、技术转让、技术服务、技术咨询等纠纷。上述案件反映出如下特点和问题：

第一，案件类型较为集中。在技术合同纠纷中，案件数量仍以技术转让合同与技术开发合同居多，技术咨询和技术服务合同数量相对较少。

第二，对违约行为的审查判断仍为案件审理的焦点。其中，对双方履约事实的查明往往是案件审理当中的难点，双方同时存在违约的现象在部分案件中表现得比较突出。在此基础上，如何合理确定违约责任、后续合同履行及合同款项亦是案件当中涉及较多的问题。

第三，技术成果的无形性特征，使对当事人是否履行了合同义务及附随义务的判断较为复杂。在部分案件中，最高人民法院明确指出，对于接受委托的一方是否如约交付了技术成果，是否形成了符合合同约定的技术效果，应当在正确分配举证责任的基础上进行审查判断。

第四，与药品研发有关的技术合同通常涉及技术提供方与原料提供商、药品生产商、销售商等多个环节，履行时间跨度较大，证据繁多，且需要考虑药品研发本身的特点，故此类案件仍为技术合同案件中的疑难领域。最高人民法院在部分案件中指出，一项新药研发和上市，研发单位通常需要投入大量的人力、物力和财力，并经过反复实验、临床试验等多道程序才能完成。且在研发过程中，新药研发能否成功的不确定性非常高。因此，研发单位为了保证自己的利益，约定合作协议期满后合同的另外一方不得生产涉案药品，具有一定合理性，不能构成合同条款无效的理由。

一、专利案件审判

（一）专利民事案件审判

1. 药品制备方法专利侵权纠纷中被诉侵权药品制备工艺的查明

【裁判要旨】

药品制备方法专利侵权纠纷中，在无其他相反证据的情形下，应当推定被诉侵权药品在药监部门的备案工艺为其实际的制备工艺；有证据证明被诉侵权药品备案工艺不真实的，应当充分审查被诉侵权药品的技术来源、生产规程、批生产记录、备案文件等证据，依法确定被诉侵权药品的实际制备工艺。对于被诉侵权药品制备工艺等复杂的技术事实，可以综合运用技术调查官、专家辅助人、司法鉴定以及科技专家咨询等多种途径进行查明。

【关键词】

发明专利　侵权　技术调查官　技术事实查明

【案号】

（2015）民三终字第1号

【基本案情】

在上诉人礼来公司与上诉人常州华生制药有限公司（以下简称华生公司）侵害发明专利权纠纷案中，礼来公司系名称为“制备一种噻吩并苯二氮杂草化合物的方法”的第91103346.7号发明专利（即本案专利）的权利人，使用本案专利方法制备的药物奥氮平为新产品。2001年7月，中国医学科学院药物研究所（以下简称医科院药物所）和华生公司向国家药品监督管理局（以下简称国家药监局）申请奥氮平及其片剂的新药证书。2003年5月9日，医科院药物所和华生公司获得国家药监局颁发的奥氮平原料药和奥氮平片《新药证书》。华生公司获得奥氮平和奥氮平片《药品注册批件》。新药申请资料中《原料药生产工艺的研究资料及文献资料》记载了制备工艺（即2003年备案工艺）为：加入4－氨基－2－甲基－10－苄基－噻吩并苯并二氮杂草，盐酸盐，甲基哌嗪及二甲基甲酰胺搅拌，得粗品，收率94.5%；加入2－甲基－10－苄基－（4－甲基－1－哌嗪基）－4H－噻吩并苯并二氮杂草、冰醋酸、盐酸搅拌，然后用氢氧化钠中和后得粗品，收率73.2%；再经过两次精制，总收率为39.1%。从反应式分析，该过程就是以式四化合物与甲基哌嗪反应生成式五化合物，再对式五化合物脱苄基，得式一化合物。2003年8月，华生公司向青岛市第七人民医院推销其生产的“华生－奥氮平”5mg－新型抗精神病药，其产品宣传资料记载，奥氮平片主要成分为奥氮平，其化学名称为2－甲基－10－（4－甲基－1－哌嗪）－4H－噻吩并苯并二氮杂草。礼来公司以华生公司使用落入本案专利权保护范围的制备方法生产药物奥氮平并用于销售，侵害了本案专利权为由提起诉讼。根据江苏省高级人民法院的委托，上海市科技咨询服务中心于2011年8月25日出具（2010）鉴字第19号《技术鉴定报告书》，鉴定结论为华生公司备案资料中记载的生产原料药奥氮平的关键反应步骤缺乏真实性，该备案的生产工艺不可行。在一审审理过程中，华生公司又提交了2010年9月8日国家药监局《药品补充申请批件》（即2008年备案工艺），其后所附《奥氮平药品补充申请注册资料》中5.1原料药生产工艺的研究资料及文献资料章节中5.1.1说明内容为：“根据我公司奥氮平原料药的实际生产情况，在不改变原来申报生产工艺路线的基础上，对奥氮平的制备工艺过程做了部分调整变更，对工艺进行优化，使奥氮平各中间体的质量得到进一步的提高和保证，其制备过程中的相关杂质得到有效控制。……由于工艺路线没有变更，并且最后一步的结晶溶剂亦没有变更，故化合物的结构及晶型不会改变。”5.1.5工艺变更前后的具体变化及变更解释中记载：仲胺化反应中，原料之一的钠氢变更为氢氧化钠，变更理由是可以增加生产安全性；溶剂四氢呋喃变更为丙酮，变更理由为可以节约成本；反应24小时，变更为4～5小时，变更理由为溶剂改变后相应的反应时间也缩短了。华生公司主张，其自2003年至今一直使用2008年补充报批的奥氮平备案生产工艺，该备案文件已于2010年9月8日获国家药监局批准，具备可行性。在礼来公司未提供任何证据证明华生公司的生产工艺的情况下，应以华生公司2008年奥氮平备案工艺作为认定侵权与否的比对工艺。江苏省高级人民法院一审认为，相关鉴定报告已经认定华生公司2003年备案的生产工艺不可行，华生公司在本案中并未明确指出何种具体工艺的变更克服了2003年备案工艺中的缺陷，从而导致其生产工艺发生实质性变更，进而证明其2008年备案工艺具有可行性，也未证明其提交的生产记录、生产规程与2008年备案工艺相一致。根据现有证据，华生公司的不侵权抗辩主张不能成立。据此，判决华生公司赔偿礼来公司经济损失及为制止侵权支出的合理费用350万元；驳回礼来公司的其他诉讼请求。礼来公司、华生公司均不服，提起上诉。最高人民法院在二审审理过程中，为准确查明案件所涉技术事实，经当事人申请，通知礼来公司的专家辅助人、华生公司的证人、鉴定机构工作人员出庭参加诉讼。同时，首次指派技术调查官出庭，就相关技术问题与各方当事人分别询问了专家辅助人、证人及鉴定人。2016年5月31日，最高人民法院二审判决撤销一审判决，驳回礼来公司的诉讼请求。

【裁判意见】

最高人民法院二审认为：华生公司主张其自2003年至今一直使用2008年向国家药监局补充备案工艺生产奥氮平，并提交了其2003年和2008年奥氮平批生产记录、2003年、2007年和2013年生产规程、《药品补充申请批件》等证据证明其实际使用的奥氮平制备工艺。本案的侵权判定关键在于两个技术方案反应路线的比对，华生公司2008年补充备案工艺的反应路线可见于其向国家药监局提交的《奥氮平药品补充申请注册资料》，其中5.1“原料药生产工艺的研究资料及文献资料”之5.1.2“工艺路线”图显示该反应路线为：先将“仲胺化物”中的仲氨基用苄基保护起来，制得“苄基化物”（苄基化），再进行闭环反应，生成“苄基取代的噻吩并苯并二氮杂”三环化合物（还原化物）。“还原化物”中的氨基被N－甲基哌嗪取代，生成“缩合物”，然后脱去苄基，制得奥氮平。最高人民法院对此认为，现有在案证据能够形成完整证据链，证明华生公司2003年至涉案专利权到期日期间一直使用其2008年补充备案工艺的反应路线生产奥氮平。首先，华生公司2008年向国家药监局提出奥氮平药品补充申请注册，在其提交的《奥氮平药品补充申请注册资料》中，明确记载了其奥氮平制备工艺的反应路线。针对该补充申请，江苏省药监部门于2009年7月7日和8月25日对华生公司进行了生产现场检查和产品抽样，并出具了《药品注册生产现场检查报告》，该报告显示华生公司的“生产过程按申报的工艺进行”，三批样品“已按抽样要求进行了抽样”，现场检查结论为“通过”。也就是说，华生公司2008年补充备案工艺经过药监部门的现场检查，具备可行性。基于此，2010年9月8日，国家药监局向华生公司颁发了《药品补充申请批件》，同意华生公司奥氮平“变更生产工艺并修订质量标准”。对于华生公司2008年补充备案工艺的可行性，礼来公司专家辅助人在二审庭审中予以认可，江苏省科技咨询中心出具的（2014）司鉴字第02号《技术鉴定报告》在其鉴定结论部分也认为“华生公司2008年向国家药监局备案的奥氮平制备工艺是可行的”。因此，在无其他相反证据的情形下，应当推定华生公司2008年补充备案工艺即为其取得《药品补充申请批件》后实际使用的奥氮平制备工艺。其次，一般而言，适用于大规模工业化生产的药品制备工艺步骤繁琐，操作复杂，其形成不可能是一蹴而就的。从研发阶段到实际生产阶段，其长期的技术积累过程通常是在保持基本反应路线稳定的情况下，针对实际生产中发现的缺陷不断优化调整反应条件和操作细节。华生公司的奥氮平制备工艺受让于医科院药物所，双方于1999年10月28日签订了《技术转让合同》。按照合同约定，医科院药物所负责完成临床前报批资料并在北京申报临床。在医科院药物所1999年10月填报的《新药临床研究申请表》中，“制备工艺”栏绘制的反应路线显示，其采用了与华生公司2008年补充备案工艺相同的反应路线。2003年5月9日，医科院药物所和华生公司获得国家药监局颁发的奥氮平原料药和奥氮平片《新药证书》。由此可见，华生公司自1999年即拥有了与其2008年补充备案工艺反应路线相同的奥氮平制备工艺，并以此申报新药注册，取得新药证书。因此，华生公司在2008补充备案工艺之前使用反应路线完全不同的其他制备工艺生产奥氮平的可能性不大。最后，国家药监局2010年9月8日向华生公司颁发的《药品补充申请批件》“审批结论”栏记载：“变更后的生产工艺在不改变原合成路线的基础上，仅对其制备工艺中所用溶剂和试剂进行调整”，即国家药监局确认华生公司2008年补充备案工艺与其之前的制备工艺反应路线相同。经二审审查，华生公司2003、2008年的奥氮平批生产记录是分别依据2003、2007年的生产规程进行实际生产所作的记录，上述生产规程和批生产记录均表明华生公司奥氮平制备工艺的基本反应路线与其2008年补充备案工艺的反应路线相同，只是在保持该基本反应路线不变的基础上对反应条件、溶剂等生产细节进行调整，不断优化，这样的技术积累过程是符合实际生产规律的。综上，华生公司2008年补充备案工艺真实可行，2003年至涉案专利权到期日期间华生公司一直使用2008年补充备案工艺的反应路线生产奥氮平。

2. 产品说明书是否属于专利法意义上的公开出版物

【裁判要旨】

产品操作和维护说明书随产品销售而交付使用者，使用者及接触者均没有保密义务，且其能够为不特定公众所获取，属于专利法意义上的公开出版物。其中记载的技术方案，以交付给使用者的时间作为公开时间。

【关键词】

发明专利　侵权　产品说明书　出版物公开

【案号】

（2016）最高法民再179号

【基本案情】

在再审申请人蒂森克虏伯机场系统（中山）有限公司（以下简称蒂森中山公司）与被申请人中国国际海运集装箱（集团）股份有限公司（以下简称中集公司）、深圳中集天达空港设备有限公司（以下简称天达公司）、一审被告广州市白云国际机场股份有限公司（以下简称白云机场）侵害发明专利权纠纷案中，中集公司系名称为“登机桥辅助支撑装置和带有该装置的登机桥及其控制方法”的第200410004652.9号发明专利（即本案专利）的权利人，本案专利的申请日为2004年2月26日，授权公告日为2007年8月22日。授权时的专利权人是中集公司。2009年5月8日，本案发明专利权人变更为中集公司和天达公司。中集公司与天达公司以白云机场和蒂森中山公司未经许可擅自实施本案专利的技术方案侵害其专利权为由，提起诉讼。蒂森中山公司在一审诉讼过程中提出现有技术抗辩，并提交了蒂森克虏伯机场系统公司运营总监雷蒙德·K·斯特里特的证言及来源于该公司的佐证证言的附件作为支持其现有技术抗辩的证据。该证据记载，从2000年10月至2001年3月，蒂森克虏伯集团派往旧金山国际机场的现场小组为消除晃动幅度过大的问题研究出一种技术解决方案，其中包括在登机桥的横梁/负重轮的两侧均安装一个液压稳定器，以增强登机桥的稳定性。这种方法被称为“悬臂梁设计”或“悬臂梁装置”。用户接受使用“悬臂梁设计”或“悬臂梁装置”的建议。随后便进行了生产和安装。《手册》的附录Y“液压稳定器”（以下简称附录Y）经更新后发布并交付用户。蒂森中山公司主张，附录Y证明其使用的为现有技术。广东省广州市中级人民法院一审认为，附录Y是一份由蒂森中山公司关联公司自行印制的非正规出版物。在蒂森中山公司不能证明其关联公司曾使用“悬臂梁装置”技术的情况下，一审法院难以确认该附录Y内容的真实性及其印制及交付给旧金山国际机场的时间。因蒂森中山公司不能证明“悬臂梁装置”技术于2000～2001年就已通过附录Y公开发表，故其现有技术抗辩不能成立。一审法院遂判决蒂森中山公司、白云机场立即停止侵权行为，蒂森中山公司赔偿中集公司与天达公司经济损失50万元并驳回中集公司与天达公司的其他诉讼请求。蒂森中山公司不服，提起上诉。广东省高级人民法院二审判决驳回上诉、维持原判。蒂森中山公司仍不服，向最高人民法院申请再审。最高人民法院裁定提审本案，并于2016年10月10日判决撤销一审、二审判决，驳回中集公司与天达公司的诉讼请求。

【裁判意见】

最高人民法院提审认为：蒂森中山公司在本案中主张现有技术抗辩，即因附录Y构成出版物公开，故其使用的是现有技术，不侵害本案专利权。专利法意义上的出版物是指记载有技术或设计内容的独立存在的传播载体，并且应当表明或者有其他证据证明其公开发表或出版的时间。附录Y虽是一份产品操作和维护说明书并随产品销售而交付使用者，但其使用者以及接触者均没有保密义务，也即附录Y是可公开的，且其能够为不特定公众通过复印的方式获取。由此可见，附录Y系独立存在的传播载体，鉴于其也记载了涉案专利技术的技术特征，其交付给旧金山国际机场的时间，即公开时间亦能确定，故其属于专利法意义上的出版物公开，蒂森中山公司据此主张现有技术抗辩，有事实和法律依据，应当予以支持。

3. 对专利法第四十七条第二款中“追溯力”的理解

【裁判要旨】

在专利权被宣告无效前，人民法院作出侵权认定的判决已经执行完毕，宣告专利权无效的决定对上述判决内容不具有追溯力。但专利权被无效后，有关技术方案即进入公有领域，任何单位和个人均可自由实施，专利权人无权予以制止。

【关键词】

实用新型专利　侵权　专利权无效　溯及力

【案号】

（2016）最高法民再384号

【基本案情】

在再审申请人上海优周电子科技有限公司（以下简称优周公司）与被申请人深圳市精华隆安防设备有限公司（以下简称精华隆公司）侵害实用新型专利权纠纷案中，精华隆公司系专利号为200920131979.0、名称为“红外线探测器支架”的实用新型专利（即本案专利）的权利人。精华隆公司以优周公司生产的“带线拔插式安装支架”侵害本案专利权为由，提起诉讼。广东省深圳市中级人民法院一审认定优周公司的侵权行为成立，遂判决其停止侵权行为并赔偿精华隆公司经济损失5万元。优周公司不服，提起上诉。广东省高级人民法院二审判决驳回上诉、维持原判。二审判决作出后，优周公司于2015年6月10日向精华隆公司支付了经济赔偿5万元。其后，本案专利权于2015年8月13日被专利复审委员会宣告无效。优周公司遂针对二审判决，向最高人民法院申请再审，请求撤销一审、二审判决并由精华隆公司返还全部赔偿金。最高人民法院于2016年12月13日裁定维持二审判决，驳回优周公司的再审申请。

【裁判意见】

最高人民法院提审认为：因二审判决在涉案专利权被宣告无效之前已经执行，根据专利法第四十七条第二款之规定，无效决定对本案二审判决不具有追溯力，对优周公司的再审申请不应予以支持。但是，鉴于涉案专利权已经无效，该专利的技术方案已经进入社会公有领域，任何单位和个人实施该技术方案，即制造、使用、许诺销售、销售、进口涉案专利产品都不构成侵权，精华隆公司均无权予以制止。

（二）专利行政案件审判

4. 发明专利申请是否具备实用性的判断

【裁判要旨】

发明专利申请具备实用性，是指该技术方案本身符合自然规律，可实际应用并能够工业化再现。

【关键词】

发明专利　复审程序　实用性　工业化再现

【案号】

（2016）最高法行申789号

【基本案情】

在再审申请人顾庆良、彭安玲与被申请人国家知识产权局专利复审委员会（以下简称专利复审委员会）发明专利申请驳回复审行政纠纷案（以下简称“磁悬浮磁能动力机”发明专利权驳回复审案）中，申请号为201010147700.5、名称为“磁悬浮磁能动力机”的发明专利申请（即本案申请）的申请人为顾庆良、彭安玲。根据本案申请说明书的记载，其请求保护的磁悬浮磁能动力机，是替代应用汽、风、水、汽油、柴油及交流电机作动力源的节能环保型动力机。本案申请要创新出目前动力驱动设备中没有使用过的能源——“磁能”来驱动设备……本发明的磁悬浮磁能动力机利用磁能为动力，将磁极的同性相斥、异性相吸的公知常识具体应用在本发明中，采用少量直流电能做启动和控制，巧妙地利用特殊的结构支撑这一目前仅有的磁悬浮磁能动力机……这种发明维持旋转动力的能量主要来自磁能……采用磁极同性相斥、异性相吸的原理，通过特殊结构，很好的把“磁能”应用到磁悬浮磁能动力机，实现驱动。国家知识产权局原审查部门以本案申请违反能量守恒定律、不具有实用性为由予以驳回。顾庆良、彭安玲向专利复审委员会提出复审请求。专利复审委员会作出第68294号复审请求审查决定（以下简称第68294号决定），以本案申请不具有实用性为由，维持国家知识产权局作出的驳回决定。顾庆良、彭安玲不服，提起行政诉讼。北京市第一中级人民法院一审判决维持第68294号决定。顾庆良、彭安玲不服，提起上诉，主张本案申请不违反能量守恒定律的理由在于，电能驱动后，飞轮能量、惯性能量等为本申请动磁场不断地输入能量，是利用定子环对转子的摆动不断补充能量，实现连续运转的主要能量源是“磁能”，而不是提供给飞轮转动的电能。北京市高级人民法院二审判决驳回上诉、维持原判。顾庆良、彭安玲仍不服，向最高人民法院申请再审。最高人民法院于2016年11月7日裁定驳回顾庆良、彭安玲的再审申请。

【裁判意见】

最高人民法院审查认为：对于本案申请是否具有实用性，应当结合说明书和权利要求书公开的整体技术内容，判断该技术方案能否解决技术问题，并且能够产业上制造、使用。本案申请限定的技术方案强调的是利用“磁能”，实现节能环保的效果，该“磁能”的来源是动力机的内部特定结构，且该“磁能”是动力机旋转的主要能量来源。故判断本案申请是否具有实用性，关键在于其利用“磁能”实现连续运转的技术方案能否在产业上制造或者使用。依据本案申请公开的整体技术内容，该磁悬浮磁能动力机具备外转子和内转子以及飞轮等结构，在少量的动能输入的情况下，由磁场产生磁力对负载阻力做功，主要能量来源于内部特定结构产生的“磁能”。飞轮的惯性需要外力提供，外力对飞轮做功后，一方面要克服负载阻力，另一方面要加速推动外转子旋转做功，而要维持该磁场为动磁场，也需要能量的输入。由此可知，要达到持续推动飞轮前进，并对外做功的效果，输出的能量必然要大于输入的能量。但依据本案申请权利要求书和说明书公开的整体技术内容，其请求保护的技术方案的实质是要在磁悬浮磁能动力机只有少量用于维持飞轮转动的直流电输入的情况下，通过动力机特定结构得到“磁能”，满足300°空间不消耗电能，实现连续运转的技术效果。由于离开永磁体磁场之时与进入永磁体磁场之时相比而言无法获得更多能量，在运转的设备还存在能量消耗的情况下，本案申请不可能通过磁场内部产生的磁力得到一个大于输入的输出能量，本案申请违反了能量守恒定律。因此，本案申请请求保护的技术方案仅仅是一种设想或者结果，依靠所谓的“磁能”实现不间断的连续运转的技术方案不能够在产业上制造或使用。

5. 专利法关于“能够制造或者使用”与“能够实现”之间的关系

【裁判要旨】

专利法第二十二条第四款规定的“能够制造或者使用”是指发明或者实用新型的技术方案具有在产业中被制造或使用的可能性。专利法第二十六条第三款规定的“能够实现”是指本领域技术人员根据说明书的内容能否实现该发明或实用新型。两者判断标准不同，之间没有必然联系。

【关键词】

发明专利　复审程序　制造或使用　实现

【裁判意见】

在前述“磁悬浮磁能动力机”发明专利权驳回复审案中，最高人民法院还对专利法第二十二条第四款规定的“能够制造或者使用”与专利法第二十六条第三款规定的“能够实现”之间的关系表明了态度。最高人民法院审查认为：本案申请说明书尽管在形式上没有公开电能驱动后如何利用所获得的“磁能”实现连续运转的具体技术方案，以至于本领域技术人员不能够实现该技术方案。但是，本案申请能否在产业上被制造或者使用，是基于技术方案的本质而言。由于本案申请的技术方案违反自然规律，导致其事实上就不包含可以实施的技术信息，无法在工业上再现并产生积极的效果，因此，这种由于技术方案本身固有的缺陷引起的不能够制造或使用，与说明书中是否充分公开了权利要求的相关信息并无关系。虽然本案申请说明书同样没有对发明作出清楚、完整的说明，形式上存在本领域技术人员不能够实现的问题，但鉴于本案申请存在的本质缺陷，第68294号决定以本案申请不具备实用性予以审查评述，并无不当。

6. 化学产品专利申请充分公开的要求

【裁判要旨】

对于化学产品的专利申请，应当完整公开该产品的用途和/或使用效果。如果所属技术领域的技术人员无法根据现有技术预测发明能够实现所述用途和/或使用效果，则说明书中还应当记载对于本领域技术人员来说，足以证明发明的技术方案可以实现所述用途和/或达到预期效果的定性或定量实验数据。

【关键词】

发明专利　复审程序化学产品　充分公开

【案号】

（2015）知行字第352号

【基本案情】

在再审申请人田边三菱制药株式会社（以下简称田边株式会社）与被申请人国家知识产权局专利复审委员会（以下简称专利复审委员会）发明专利申请驳回复审行政纠纷案中，2012年11月29日，专利复审委员会针对田边株式会社申请号为200480022007.8、名称为“新颖化合物”的发明专利申请（即本案申请）作出第47530号复审请求审查决定（简称第47530号决定），认为：本案申请权利要求1～6请求保护式（I）（略）化合物或其医药上可接受的盐，权利要求7请求保护医药组合物，权利要求8和9请求保护式（I）化合物的制备方法。根据说明书的记载，本案申请的目的是提供具有钠依赖型葡萄糖转运体（SGLT）抑制活性的化合物，所述SGLT抑制剂通过降低糖尿病患者的血糖水平而预防糖尿病及糖尿病并发症如糖尿病视网膜病变、糖尿病神经病变、糖尿病肾病以及延迟性伤口愈合的发病与进程。本案申请说明书记载了大量式（I）化合物的苯环上连有噻吩基甲基和1－β－D－吡喃葡萄糖基的具体化合物的制备实施例。但是，说明书没有给出式（I）化合物对钠依赖性葡萄糖转运体（SGLT）的抑制活性数据或其降低血糖的效果数据，也未给出任何实验室试验（包括动物试验）或者临床试验的定性或者定量数据证明本案申请式（I）化合物具有所述生物活性及医药用途，仅仅在发明内容部分断言式地描述式（I）化合物具有上述活性和相关医药用途。在此基础上，所属领域技术人员难以从中得出式（I）化合物具有上述活性和相关医药用途的结论，进而无法确信本案申请请求保护的化合物具有其声称的预防糖尿病及糖尿病并发症的效果。本案申请说明书公开不清楚、完整，不符合专利法第二十六条第三款的规定。在此基础上，专利复审委员会维持国家知识产权局原审查部门对本案申请作出的驳回决定。田边株式会社不服，提起行政诉讼。北京市第一中级人民法院一审判决维持第47530号决定。田边株式会社不服，提起上诉。北京市高级人民法院二审认为，对于新化合物产品及其制备方法权利要求，不能仅仅因为说明书没有充分公开新化合物能够取得某种治疗效果或具体用途的实验数据就认定说明书公开不充分。虽然在判断创造性和实用性时有可能需要考虑化合物能够取得的治疗效果或具体用途，但这与说明书充分公开是不同的问题，应分别判断。说明书没有充分公开实验数据支持发明人声称的治疗效果或具体用途是否会导致其不具备创造性或者实用性，应当根据法律对创造性或者实用性的相关规定进行判断。如果本案申请权利要求1仅仅要求保护式（I）化合物这种物质本身，从充分公开的角度来看，不需要说明书充分公开该化合物是否能够取得某种治疗效果。但是，本案申请对（I）化合物在医药上可接受的盐公开不充分。二审法院遂以此为由，判决驳回上诉、维持原判。田边株式会社仍不服，向最高人民法院申请再审。最高人民法院于2016年2月26日裁定驳回田边株式会社的再审申请。

【裁判意见】

最高人民法院审查认为：首先，发明专利权作为一种工业产权，应当具备产业上的利用价值，对于尚不确定其具有何种技术意义或者无积极效果的发明创造不应予以保护。其次，一项发明的技术方案是否具备产业的利用价值，需要根据说明书公开的内容并结合现有技术状况来判断，即专利说明书是判断发明创造是否实质上被完成以及是否应给予专利保护的关键，因此，说明书应当记载发明创造是否具备产业价值、是否已实质上完成的技术信息。基于此，《专利审查指南》第二部分第十章“关于化学领域发明专利申请审查的若干规定”第3.1节“化学产品发明的充分公开”部分有如下规定：“要求保护的发明为化学产品本身的，说明书中应当记载化学产品的确认、化学产品的制备以及化学产品的用途。”“对于化学产品发明，应当完整地公开该产品的用途和/或使用效果，即使是结构首创的化合物，也应当至少记载一种用途。”“如果所属技术领域的技术人员无法根据现有技术预测发明能够实现所述用途和/或使用效果，则说明书中还应当记载对于本领域技术人员来说，足以证明发明的技术方案可以实现所述用途和/或达到预期效果的定性或定量实验数据。”上述关于化学产品发明充分公开的判断标准符合我国专利法第二十六条第三款的规定，也为我国专利审查实践所长期遵循。最后，对于化学领域的发明创造，要求公开其用途和效果是该领域发明创造的特点决定的。在多数情况下，化学发明能否实施以及具备何种用途或效果往往难以预测，必须借助于实验结果加以证实才能得到确认。因此，在本领域技术人员根据现有技术不能预测新的化合物具备说明书所述用途和/或使用效果的情况下，专利申请说明书应当记载该化合物可以实现所述用途和/或达到预期效果的定性或定量实验数据。

7. 化合物新颖性判断中现有技术公开内容的认定标准

【裁判要旨】

在涉及化合物专利是否具有新颖性的判断过程中，对于现有技术文献是否已公开了该化合物，应以所属领域的普通技术人员根据该文献的启示，能否制造或分离出该化合物为标准。

【关键词】

发明专利　复审程序　新颖性　化合物

【案号】

（2015）知行字第356号

【基本案情】

在基因技术股份有限公司（以称简称基因公司）与国家知识产权局专利复审委员会（以下简称专利复审委员会）发明专利驳回复审行政纠纷案中，基因公司是名称为“用离子交换层析纯化蛋白质”发明专利申请（即本案申请）的申请人。经实质审查，国家知识产权局原审查部门以本案申请不具备新颖性等为由，对本案申请予以驳回。驳回决定所针对的权利要求1为：“1. 一种包含抗－HER2抗体和一种或多种其酸性变体的组合物，其特征在于，该酸性变体的量少于25%，该组合物还包含药物学上可接受的载体，该抗 - HER2 抗体是 humMAb4D5 - 8，其轻链氨基酸序列是 SEQ ID NO：1，而重链氨基酸序列是 SEQ ID NO：2，其中所述酸性变体主要是抗 HER2 抗体的一个或多个天冬酰胺残基已被脱酰胺的脱酰胺变体，且所述脱酰胺变体在 humMAb4D5 - 8 的任一或两个 VL 区的 CDR1 中的 Asn30 被转换为天冬氨酸。”基因公司不服，向专利复审委员会提出复审请求。专利复审委员会认为，对比文件 1（WO9704801A1，公开日为 1997 年 2 月 13 日）公开了一系列包含抗 - HER2 的全长人源化抗体 humMAb4D5 - 8 的液体制剂及其稳定性测试结果。根据对比文件公开的内容，本领域技术人员可推断出上述液体制剂中除非变性蛋白以外，还含有酸性变体 Asp30（尤其是在 pH 为 6.0 的情况下，如附图 6、7），且该酸性变体的量应小于 18%，在降解后最多达到 28%。而 humMAb4D5 - 8 作为一种已知的常用抗体，其轻链和重链氨基酸序列都是已知的添加其序列特征并不会使其结构发生变化。可见，对比文件 1 已经隐含公开了权利要求 1 的组合物技术方案，权利要求 1 所要求保护的技术方案相对于对比文件 1 不具有新颖性。据此，专利复审委员会于 2010 年 3 月 8 日作出第 36975 号复审请求审查决定（以下简称第 36975 号决定），维持国家知识产权局原审查部门对本案申请作出的驳回决定。基因公司不服，提起行政诉讼。北京市第一中级人民法院一审判决维持第 36975 号决定。基因公司不服，提起上诉。在二审诉讼过程中，基因公司认可对比文件 1 实施例中所涉及的抗体就是本案申请所要保护的抗体，仅主张该抗体在本案申请优先权日之前并未公开，公众无法获得，故本案申请符合专利法关于新颖性的要求。北京市高级人民法院二审判决驳回上诉、维持原判。基因公司仍不服，向最高人民法院申请再审。最高人民法院于 2016 年 6 月 29 日裁定驳回基因公司的再审申请。

【裁判意见】

最高人民法院审查认为：对于现有技术文献是否已公开了某化合物，应以所属领域的普通技术人员从该文献的启示能否制造或分离出该化合物为准。本案中，基因公司已经认可对比文件 1 实施例中所使用的抗体即是本案申请中的纯化抗体，即应推定本案申请不具有新颖性。基因公司主张对比文件 1 披露的技术结果公众无法获得，即所属领域的普通技术人员不能制造或分离出该产品，其应进一步举证证明。在二审法院指定的举证期限内，基因公司所提交的证据，仅能证明在本申请优先权日之前，其对使用本案申请说明书的纯化方法制备本案申请产品采取了保密措施，尚不能证明对比文件 1 提及的产品公众无法获得。二审法院据此认为基因公司并未完成举证责任，进而认定本案申请相对于对比文件 1 不具有新颖性，并无不当。

8. 使用同源性加上来源和功能限定方式的生物序列权利要求得到说明书支持的判断

【裁判要旨】

对于保护主题为生物序列的权利要求是否得到说明书的支持，需要考虑其中的同源性、来源、功能等技术特征对该生物序列的限定作用。如果这些特征的限定导致包含于该权利要求中的生物序列极其有限，且根据专利说明书公开的内容能够预见到这些极其有限的序列均能实现发明目的，达到预期的技术效果，则权利要求能够得到说明书的支持。

【关键词】

发明专利　无效程序　同源性加上来

源和功能限定　说明书支持

【案号】

（2016）最高法行再 85 号

【基本案情】

在再审申请人国家知识产权局专利复审委员会（以下简称专利复审委员会）、诺维信公司与被申请人江苏博立生物制品有限公司（以下简称博立公司）发明专利权无效行政纠纷案中，国家知识产权局于 2006 年 6 月 28 日授权公告名称为“热稳定的葡糖淀粉酶”的发明专利（即本案专利），专利号为 98813338.5，申请日为 1998 年 11 月 26 日，专利权人为诺维信公司。本案专利与争议焦点相关的部分权利要求如下：“6. 一种具有葡糖淀粉酶活性的分离的酶，与 SEQ ID NO：7 中所示全长序列之间同源的程度至少为 99%，并且具有由等电聚焦测定的低于 3.5 的等电点……10. 根据权利要求 6 ~ 9 任一项的分离的酶，所述的酶来源于丝状真菌 Talaromyces 属，其中丝状真菌是 T. emersonii 菌株。11. 权利要求 10 的酶，其中丝状真菌是 T. emersonii CBS 793. 97。12. 一种克隆的 DNA 序列，所述 DNA 序列编码表现出葡糖淀粉酶活性的酶，该 DNA 序列包括：（a）在 SEQ ID NO：33 中所示 DNA 序列的所述葡糖淀粉酶编码部分；（b）在 SEQ ID NO：33 中第 649 – 2724 位中所示的 DNA 序列或其互补链……13. 权利要求 12 的 DNA 序列，其中所述的 DNA 序列来源于丝状真菌 Talaromyces 属，其中所述丝状真菌是 T. emersonii 的菌株。14. 权利要求 13 的 DNA 序列，其中所述丝状真菌是 T. emersonii CBS 793. 97……”2011 年 7 月 1 日，博立公司与案外人山东隆大生物工程有限公司以本案专利权利要求未得到说明书支持等为由，分别请求宣告本案专利的权利要求 1 ~ 28 无效。专利复审委员会针对该无效宣告请求，作出第 17956 号决定认为：在说明书已经证实了来源于 T. emersonii CBS 793. 97 的酶具有葡糖淀粉酶活性的基础上，本领域技术人员可以预计来源于 T. emersonii 菌株，且与 SEQ ID NO：7 全长序列具有至少 99% 同源的多肽也具有葡糖淀粉酶的活性，因此，权利要求 10 和 11 能够得到说明书的支持；权利要求 13 和 14 中引用权利要求 12 的（a）和（b）的技术方案也能够得到说明书的支持。博立公司不服，提起行政诉讼。北京市第一中级人民法院一审认为，权利要求 10、11、13 和 14 虽然限定到了具体的菌株，但其中有关同源性和开放式的撰写方式使得被限定的氨基酸序列和 DNA 序列包括了可能产生各种变异的其他序列，在本专利说明书未给出充分实验数据支持的情况下，上述权利要求的概括显然超出了说明书的内容。一审法院遂判决撤销第 17956 号决定。专利复审委员会不服，提起上诉。北京市高级人民法院二审判决驳回上诉、维持原判。专利复审委员会和诺维信公司仍不服，向最高人民法院申请再审。最高人民法院裁定提审本案，并于 2016 年 12 月 30 日判决撤销一审、二审判决，维持第 17956 号决定。

【裁判意见】

最高人民法院提审认为：根据专利法第二十六条第四款规定，权利要求所要求保护的技术方案应当是所属技术领域的技术人员能够从说明书充分公开的内容中得到或概括得出的技术方案，并且不得超出说明书的范围。对于全长 591 个氨基酸的 SEQ ID NO：7 而言，尽管与之具有 99% 以上同源性的序列仍有约 5、6 个氨基酸位点的差异，但是，除了同源性特征之外，权利要求 10、11 进一步限定所述的酶来源于 T. emersonii 菌种和特定菌株 T. emersonii

CBS 793.97。本领域普通技术人员一般认为，种是生物分类的基本单位，在某些基本特征上，同一种中的个体彼此显示出高度的相似性。同一种真菌或同一株真菌编码其体内某种酶的基因序列一般是确定的，偶尔会存在极少数同源性极高的变体序列，相应地，由该基因编码的酶也是确定的或者极少数的。本案中，99%以上同源性与菌种或者菌株来源的双重限定已经使得权利要求10和11的保护范围限缩至极其有限的酶，何况权利要求10和11还包括权利要求6所限定的酶的等电点和具有葡糖淀粉酶活性的功能。因此，在说明书实施例1～4已经证实了上述SEQ ID NO：7具有葡糖淀粉酶活性的情况下，权利要求10和11的保护范围能够得到说明书的支持。权利要求13和14中引用权利要求12（a）（b）的技术方案也能够得到说明书的支持。

二、商标案件审判

（一）商标民事案件审判

9. 商标权共有人行使权利的一般规则

【裁判要旨】

在商标权共有的情况下，商标权的行使应遵循当事人意思自治原则，由共有人协商一致行使；不能协商一致，又无正当理由的，任何一方共有人不得阻止其他共有人以普通许可的方式许可他人使用该商标。

【关键词】

商标　侵权　权利共有　权利行使

【案号】

（2015）民申字第3640号

【基本案情】

在再审申请人张绍恒与被申请人沧州田霸农机有限公司（以下简称田霸公司）、朱占峰侵害商标权纠纷案中，张绍恒与朱占峰于2009年4月共同成立沧州科丰农机有限公司（以下简称科丰公司）。2010年9月14日，科丰公司获准注册“田霸”商标（即涉案商标）。2012年3月28日，科丰公司将涉案商标转让给田霸公司。2012年5月8日，张绍恒与朱占峰在河北省河间市人民法院就科丰公司的清算问题达成调解协议，河北省河间市人民法院出具了（2011）河民清字第1452号民事调解书。调解书中明确约定：涉案商标归张绍恒和朱占峰共同所有，田霸公司归朱占峰所有；张绍恒承诺不再以任何方式追究朱占峰的任何责任或以任何方式再向其提出任何主张等。2013年1月4日，张绍恒以“朱占峰利用曾任科丰公司法定代表人的便利条件，将‘田霸’商标擅自转让给田霸公司，田霸公司的行为严重损害了其合法权益”为由，提起诉讼，请求确认转让行为无效。该案经河北省沧州市中级人民法院、河北省高级人民法院和最高人民法院审理，认定朱占峰擅自转让涉案商标的行为无效。张绍恒认为，朱占峰未经商标权共有人的同意，擅自将涉案商标转让给田霸公司使用至今，侵害了张绍恒的商标权。基于此，张绍恒提起本案诉讼。河北省沧州市人民法院一审认为，根据（2011）河民清字第1452号调解书第三条的约定，张绍恒不得再向朱占峰主张“协议约定之外的任何权利”，现张绍恒提起本案诉讼违反了上述约定，故对张绍恒的诉讼请求不予支持。张绍恒不服，提起上诉。河北省高级人民法院二审认为，张绍恒在二审开庭时明确其主张的是调解协议之后田霸公司使用涉案商标的侵权行为。根据（2011）河民清字第1452号调解书第二条的约定，涉案商标归张绍恒和朱占峰共同所有。张绍恒在没有合理理由的情况下，不能阻止朱占峰许可田霸公司使用涉案商标，田霸公司的行为不构成侵权。二审法院遂判决驳回上诉、维持原判。张绍恒不服，向最高人民法院申请再审。最高人民法院于2016年3月31日裁定驳回张绍恒的再审申请。

【裁判意见】

最高人民法院审查认为：本案关键问题在于作为涉案商标权共有人之一的朱占峰是否有权以普通许可的方式单独许可田霸公司使用该商标。首先，商标只有用于生产经营活动中，与商品或者服务结合起来，才能起到区分商品或者服务来源的作用，体现商标的真正价值。如果因为商标权共有人难以协商一致导致注册商标无法使用，不仅难以体现出注册商标的价值，有悖于商标法的立法本意，也难以保障共有人的共同利益。其次，商标权共有人单独以普通许可方式许可他人使用该商标，一般不会影响其他共有人利益，其他共有人可以自己使用或者以普通许可方式许可他人使用该商标，该种许可方式原则上应当允许。商标权共有人如果单独以排他许可或者独占许可的方式许可他人使用该商标，则对其他共有人的利益影响较大，原则上应禁止。再次，根据商标法的规定，许可人应当监督被许可人使用其注册商标的商品质量，被许可人应当保证使用该注册商标的商品质量。因此，从保证商品质量和商标商誉的角度，商标权共有人单独进行普通许可，对其他共有人的利益一般也不会产生重大影响。退一步而言，即便商标权共有人单独进行普通许可造成了该商标商誉的降低，损害到了其他共有人的利益，也是商标权共有制度自身带来的风险。在商标权共有人对权利行使规则没有作出约定的情况下，共有人应对该风险有所预期。最后，要求商标权共有人全部同意才可进行普通许可，无疑会增加商标许可使用的成本，甚至导致一些有价值的商标因共有人不能达成一致而无法使用。据此，最高人民法院认为，商标权作为一种私权，在商标权共有的情况下，其权利行使的规则应遵循意思自治原则，由共有人协商一致行使；不能协商一致，又无正当理由的，任何一方共有人不得阻止其他共有人以普通许可的方式许可他人使用该商标。按照上述规则，涉案商标共有人朱占峰有权单独以普通许可方式许可田霸公司使用该商标，田霸公司使用该商标的行为不构成侵权。

10. 商标权的保护强度应当与其显著性和知名度相适应

【裁判要旨】

商标权的保护强度，应当与其显著性和知名度相适应。如果使用行为并未损害涉案商标的识别和区分功能，亦未因此而导致市场混淆的后果，即不为法律所禁止。

【关键词】

商标 侵权 显著性 知名度

【案号】

（2016）最高法民再216号

【基本案情】

在再审申请人杭州奥普卫厨科技有限公司（以下简称奥普卫厨公司）与被申请人浙江现代新能源有限公司（以下简称新能源公司）、浙江凌普电器有限公司（以下简称凌普公司）、杨艳侵害商标权纠纷案中，1995年2月起，奥普卫厨公司的关联企业即开始在第11类“照明器材”等商品上申请并获准注册多个“奥普”文字及图文组合商标。2001年6月起，“奥普”系列商标先后被评为杭州市及浙江省著名商标，“奥普”商号被认定为浙江省知名商号。2005年9月，核定使用在第11类商品上的“奥普”商标被司法机关认定为驰名商标。第1737521号 aoøu 奥普 商标（即涉案商标）于2002年3月28日被核准注册，核定使用在第6类的“金属建筑材料、家具用金属附件”等商品上。2009年8月7日，涉案商标经核准转让于新能源公司，凌普公司为涉案商标的被许可使用人。2009年11月18日，新能源公司通过公证程序，在杨艳经营的“奥普I+N浴顶”商店内，购买了由奥普卫厨公司生产、标注有“AUPU奥普©”字样的“浴顶”十四箱。在被诉侵权产品的外包装上，除标注有“产品名称：普通扣板”之外，还清晰地标明了生产商奥普卫厨公司企业名称的全称、奥普卫厨公司经许可使用的“1+N浴顶”“浴顶”的商标图样。新能源公司、凌普公司遂以奥普卫厨公司生产、杨艳销售的被诉侵权产品侵害涉案商标权为由，提起诉讼。请求法院判令：奥普卫厨公司、杨艳立即停止侵权行为；连带赔偿经济损失500万元；在全国媒体上发表声明消除影响。江苏省苏州市中级人民法院一审认为，奥普卫厨公司在金属扣板产品上显著标注了“AUPU奥普”标识，“AUPU奥普”与“aoøu 奥普”两者应属于近似，容易造成消费者的混淆和误认。遂判决奥普卫厨公司、杨艳停止侵权行为；奥普卫厨公司赔偿经济损失10万元等。新能源公司、凌普公司、奥普卫厨公司、杨艳均不服，提起上诉。后凌普公司在二审阶段放弃其全部诉讼请求。江苏省高级人民法院二审认为，奥普卫厨公司、杨艳在其生产、销售的金属扣板商品上使用“AUPU奥普”标识的行为，构成对涉案商标权的侵害。奥普卫厨公司的“奥普”商标知名度较高，新能源公司合法行使其涉案商标专用权受到的压制及所受损失必然较大，一审法院赔偿数额偏低，遂改判奥普卫厨公司赔偿经济损失30万元。奥普卫厨公司不服，向最高人民法院申请再审。最高人民法院裁定提审本案，并于2016年6月25日判决撤销一审、二审判决，驳回新能源公司的全部诉讼请求。

【裁判意见】

最高人民法院提审认为：商标法所要保护的，是商标所具有的识别和区分商品及服务来源的功能，而并非仅以注册行为所固化的商标标识本身。商标权的保护强度，应当与其应有的显著性和知名度相适应。商标标识本身的近似不是认定侵权行为是否成立的决定性因素，如果使用行为并未损害涉案商标的识别和区分功能，亦未因此而导致市场混淆的后果，该种使用行为即不在商标法所禁止的范围之中。具体到本案而言，涉案商标中的中文文字“奥普”为臆造词，具有较强的固有显著性，且与奥普卫厨公司及其关联企业的商号完全一致。至涉案商标申请日之前，经奥普卫厨公司及其关联企业的使用，“奥普”系列商标已经具有了较高的知名度。与此相比，经新能源公司的许可，凌普公司在对涉案商标进行使用的过程中，多次因不规范或突出使用“奥普”文字的行为，受到行政处罚或被司法机关认定为不正当竞争行为。其商誉攀附的对象，正是在市场中已经具有较高知名度的奥普电器产品。因此，涉案商标中“奥普”文字的显著性和知名度，实际上来源于奥普公司及其关联企业的使用行为。涉案商标虽然在“金属建筑材料”上享有注册商标专用权，但对该权利的保护范围和保护强度，应当与新能源公司对该商标的显著性和知名度所作出的贡献相符。本案中，被诉侵权产品的销售地点为奥普公司的正规销售门店，门店之上突出标注了奥普公司的字号及注册商标。被诉侵权产品的外包装和产品本身清晰标注了奥普卫厨公司企业名称的全称及其关联企业在第 6 类商品上拥有的“1 + N 浴顶”等注册商标。结合奥普卫厨公司的在先权利基础，一般消费者凭借奥普卫厨公司在销售场所和被诉侵权商品上标注的上述信息，已足以实现对商品来源的清晰区分，不会导致误认被诉侵权产品来源于新能源公司的结果，亦不会产生攀附涉案商标商业信誉的损害后果。因此，奥普卫厨公司、杨艳生产、销售使用“AUPU 奥普©”及“AUPU”标识的被诉侵权商品的行为，不构成对涉案商标权的侵害。

11. 销售发票指向非侵权商品的商标使用行为不构成侵权

【裁判要旨】

销售发票上的商标使用行为是否合法，需要根据其指向的商品或服务本身是否构成侵权作出判断。

【关键词】

商标　侵权　销售发票　使用

【案号】

（2016）最高法民申 2216 号

【基本案情】

在无锡小天鹅股份有限公司（以下简称小天鹅公司）与内蒙古包头百货大楼集团股份有限公司（以下简称包头百货公司）及内蒙古包头百货大楼集团股份有限公司昆区海威超市（以下简称海威超市）侵害商标权及不正当竞争纠纷一案中，小天鹅公司为核定使用在第 7 类“洗衣机、洗衣机甩干机”商品上的第 788582 号“小天鹅”商标（即涉案商标）的注册商标专用权人。小天鹅公司以海威超市销售的洗衣机（即被诉侵权商品）外包装盒及洗衣机面板、使用说明书均标注“海南三金小天鹅电器有限公司”，包头百货公司开具的发票中载明“小天鹅洗衣机”的行为侵害涉案商标权并构成不正当竞争为由，提起诉讼。内蒙古自治区包头市中级人民法院一审认为，被诉侵权商品并未在企业名称中突出使用其字号，不构成对涉案商标权的侵害。在被诉侵权商品本身不侵害涉案商标权的基础上，不能单独凭借发票中对该商品的文字标注即认定该商品构成侵权。据此，包头百货公司销售被诉侵权商品的行为亦不构成侵权。遂判决驳回小天鹅公司的诉讼请求。小天鹅公司不服，提起上诉。内蒙古自治区高级人民法院二审判决驳回上诉、维持原判。小天鹅公司仍不服，向最高人民法院申请再审。最高人民法院于 2016 年 9 月 18 日裁定驳回小天鹅公司的再审申请。

【裁判意见】

最高人民法院审查认为：被诉侵权商品在面板及商品外包装上，标注有生产商的企业名称全称，并未突出使用“小天鹅”字样，故被诉侵权商品未侵害涉案商标权。关于包头百货公司在发票上标注“小天鹅”字样的行为是否构成侵权的问题，最高人民法院认为，商标是用以区分商品或服务来源的标识，独立的标识无法构成商标法意义上的商标。作为商品交易文书的一种，发票使用属于一种商标使用行为，但在实际使用中，发票对商标的使用必然是与特定商品或服务的结合性使用。因此，在判断该使用行为是否侵犯他人权利时，仍然需要结合其指向的商品或服务本身予以综合判断。具体到本案而言，按交易惯例，购买洗衣机一般均是在先察看商品、了解功能价格来源等情况下，再决定购买、付款，销售者在款项收讫的情况下出具发票，发票出具是商品交易过程中的一个环节。包头百货公司在发票上的标注属于对商标的使用，但该行为所指向的对象仍是被诉侵权商品本身。在被诉侵权商品本身不构成侵权的情况下，仅凭发票标注“小天鹅”字样，尚不足以认定该行为构成侵害商标权。

12. 姓名的商业使用不能与他人合法的在先权利相冲突

【裁判要旨】

公民享有合法的姓名权，并有权合理使用自己的姓名，但不得违反诚实信用原则，侵害他人的在先权利。明知他人注册商标或字号具有较高的知名度，仍以攀附他人知名度为目的，将相同文字注册为字号并突出使用，即使该字号中含有与姓名相同的文字，亦不属于对姓名的合理使用，而构成侵害他人注册商标专用权及不正当竞争。

【关键词】

商标　侵权　不正当竞争　姓名

【案号】

（2016）最高法民再238号

【基本案情】

在再审申请人北京庆丰包子铺（以下简称庆丰包子铺）与被申请人山东庆丰餐饮管理有限公司（以下简称庆丰餐饮公司）侵害商标权与不正当竞争纠纷案中，北京市西城区饮食公司庆丰包子铺于1986年6月3日取得营业执照，经营范围为面食，营业执照中记载的开业时间为1956年。2007年7月24日，经核准变更名称为庆丰包子铺。庆丰包子铺月坛店于2007年被北京市商务局认定为“中国风味特色餐厅”。2007年至2009年6月，庆丰包子铺在北京广播电台、北京电视台等媒体投入广告费用共计450余万元。后庆丰包子铺先后取得核定使用在第42类（现第43类）餐馆服务项目上的第1171838号“慶豐”商标，以及核定使用在第30类包子等商品上的第3201612号“老庆丰＋laoqingfeng”商标，上述商标目前均在有效期内。2009年6月24日，庆丰餐饮公司经核准登记成立，法定代表人徐庆丰，经营范围为餐饮管理及咨询。庆丰包子铺以庆丰餐饮公司明知庆丰包子铺商标及字号的知名度，仍使用“庆丰”字号成立餐饮公司，并在其官网、店面门头、菜单、广告宣传上使用“庆丰”或“庆丰餐饮”标识，侵害庆丰包子铺的商标权并构成不正当竞争为由，提起诉讼。山东省济南市中级人民法院一审认为，庆丰餐饮公司使用“庆丰”与其使用环境一致，且未从字体、大小和颜色方面突出使用，属于对其字号的合理使用。庆丰包子铺在庆丰餐饮公司注册并使用其字号时，其经营地域和商誉并未涉及或影响到济南和山东，不能证明相关公众存在误认的可能，故不构成对庆丰包子铺商标权的侵害，遂判决驳回庆丰包子铺的诉讼请求。庆丰包子铺不服，提起上诉。山东省高级人民法院二审判决驳回上诉、维持原判。庆丰包子铺仍不服，向最高人民法院申请再审。最高人民法院裁定提审本案，并于2016年9月29日判决撤销一审、二审判决，判令庆丰餐饮公司立即停止侵害商标权的行为及停止使用“庆丰”字号，赔偿庆丰包子铺经济损失及合理费用5万元。

【裁判意见】

最高人民法院提审认为：庆丰包子铺采用全国性连锁经营的模式，经过多年诚信经营和广告宣传，其商标及字号取得了较高的显著性和知名度。庆丰包子铺在餐馆服务上注册的“慶豐”商标及在方便面、糕点、包子等商品上注册的“老庆丰＋laoqingfeng”商标，在全国具有较高的知名度和影响力。“慶豐”与“庆丰”是汉字繁体与简体的一一对应关系，其呼叫相同；“老庆丰 + laoqingfeng”完全包含了“庆丰”文字。庆丰餐饮公司将“庆丰”文字商标性使用在与庆丰包子铺的上述两注册商标核定使用的商品或服务类似的餐馆服务上，容易使相关公众对商品或服务的来源产生误认或者认为其与庆丰包子铺之间存在某种特定的联系，可能导致相关公众的混淆和误认。庆丰餐饮公司的法定代表人为徐庆丰，其姓名中含有“庆丰”二字，徐庆丰享有合法的姓名权，当然可以合理使用自己的姓名。但是，徐庆丰曾在北京餐饮行业工作，应当知道庆丰包子铺商标的知名度和影响力，却仍在其网站、经营场所突出使用与庆丰包子铺注册商标相同或相近似的商标，明显具有攀附庆丰包子铺注册商标知名度的恶意，容易使相关公众产生误认，属于给他人注册商标专用权造成其他损害的行为，不属于对该公司法定代表人姓名的合理使用。此外，庆丰包子铺自1956年开业，1982年1月5日起开始使用“庆丰”企业字号，至庆丰餐饮公司注册之日止已逾二十七年，属于具有较高的市场知名度、为相关公众所知悉的企业名称中的字号，庆丰餐饮公司擅自将庆丰包子铺的字号作为其字号注册使用，经营相同的商品或服务，具有攀附庆丰包子铺企业名称知名度的恶意，其行为构成不正当竞争。

13. 商标侵权案件中对是否构成在先使用的审查判断

【裁判要旨】

主张在先使用权益的一方当事人，应当举证证明其使用时间早于注册商标的申请日，且通过使用行为使未注册商标产生了一定影响。

【关键词】

商标　侵权　在先使用　一定影响

【案号】

(2015) 民提字第38号

【基本案情】

在再审申请人梁或、卢宜坚与被申请人安徽采蝶轩蛋糕集团有限公司（以下简称采蝶轩集团公司）、合肥采蝶轩企业管理服务有限公司（以下简称采蝶轩服务公司）、一审被告、二审被上诉人安徽巴莉甜甜食品有限公司（以下简称巴莉甜甜公司）侵害商标权及不正当竞争纠纷案中（以下简称“采蝶轩”侵害商标权及不正当竞争案），卢宜坚、梁或先后通过受让或自行申请注册的方式，获得核定使用在第30类的“咖啡；茶；糖浆；蛋糕面粉”等商品上的第1328994号、核定使用在第42类“餐馆”等服务上的第1344787号、核定使用在第30类“糖果；蛋糕；面包”等商品上的第3422492号“采蝶軒”商标，以及核定使用在第30类“蛋糕；面包”等商品上的第4640785号图形商标；核定使用在第43类“面包店”等服务上的第4502639号采蝶軒和第4502638号“采蝶轩”商标；核定使用在第30类“蛋糕”等商品上的第4640787号采蝶轩商标。后梁或、卢宜坚将第1344787号、第3422492号、第1328994号、第1329111号注册商标许可给中山市采蝶轩食品有限公司使用，并在国家工商行政管理总局商标局备案。2010年，第3422492号注册商标被广东省工商行政管理局认定为广东省著名商标。梁或、卢宜坚提供的其他获奖证书均为中山市采蝶轩食品有限公司获得。合肥采蝶轩食品有限责任公司成立于2000年6月8日，经营范围包括糕点生产、销售等。后其企业名称相继变更为合肥采蝶轩蛋糕有限公司、安徽采蝶轩蛋糕有限公司和安徽采蝶轩蛋糕集团有限公司（即本案中的采蝶轩集团公司）。梁或、卢宜坚以采蝶轩集团公司、采蝶轩服务公司和巴莉甜甜公司擅自在其店面、宣传广告和产品上使用“”“采蝶轩 CAIDIEXUAN”和“采蝶轩图形”商标，并将前述注册商标以企业字号的形式突出使用，侵害了梁或、卢宜坚的商标专用权并构成不正当竞争为由，提起诉讼。安徽省合肥市中级人民法院一审认为，相对于本案梁或、卢宜坚取得涉案商品商标权而言，采蝶轩集团公司将“采蝶轩”标识作为非注册商标用于产品使用在先。采蝶轩集团公司“采蝶轩”商品商标在合肥地区的知名度和影响力系由其独创，而梁或、卢宜坚商品商标和服务商标的使用范围和影响力并未延及合肥地区。因此采蝶轩集团公司、采蝶轩服务公司和巴莉甜甜公司将“采蝶轩”标识作为商品商标使用，并未造成相关公众的混淆、误认。但为规范市场竞争秩序，采蝶轩集团公司、采蝶轩服务公司和巴莉甜甜公司应停止以组合或拆分的方式将“”作为商品商标使用。采蝶轩服务公司在店面门头上使用“采蝶轩”标识，系对自身享有的服务商标权的行使，未侵害梁或、卢宜坚的商标专用权。对于不正当竞争部分的诉讼主张，一审法院认为，梁或、卢宜坚与采蝶轩集团公司、采蝶轩服务公司和巴莉甜甜公司之间不存在特定、具体的竞争关系，不符合提起不正当竞争之诉的主体要件。一审法院遂判决驳回梁或、卢宜坚的诉讼请求。梁或、卢宜坚不服，提起上诉。安徽省高级人民法院二审判决驳回上诉、维持原判。梁或、卢宜坚仍不服，向最高人民法院申请再审。最高人民法院裁定提审本案，并于 2016 年 6 月 7 日判决撤销一审、二审判决，判令采蝶轩集团公司、采蝶轩服务公司、巴莉甜甜公司立即停止侵权行为，并赔偿梁或、卢宜坚经济损失 544511 元（含合理费用）及消除影响。

【裁判意见】

最高人民法院提审认为：关于采蝶轩集团公司、采蝶轩服务公司和巴莉甜甜公司对“采蝶轩”字号和“采蝶轩”标识的使用是否构成在先使用问题。本案被诉侵权行为发生在现行商标法修正前，因此应适用 2001 年修正的商标法，该法并未对先使用抗辩问题作出明确规定。即使参照现行商标法关于先用权抗辩问题的规定，采蝶轩集团公司、采蝶轩服务公司和巴莉甜甜公司对被诉侵权标识的使用，也不构成在先使用。理由在于，第 1344787 号和第 1328994 号“”注册商标的申请日分别是 1998 年 7 月 3 日和 1998 年 7 月 6 日，均早于采蝶轩集团公司的前身合肥采蝶轩公司成立的 2000 年 6 月 8 日，也即采蝶轩集团公司、采蝶轩服务公司对于被诉侵权标识的使用，晚于前述两个注册商标的申请日；即使如原审法院所认定的前述两个注册商标与被控侵权标识不构成类似商品和服务，也即不考虑前述两个注册商标对在先使用判断的影响，在第 3422492 号“”注册商标的申请日，即 2002 年 12 月 31 日前，采蝶轩集团公司当时也只有 5 家门店，且 2003 年的销售额只有 7.58 万元，难言具有一定影响。同理，采蝶轩集团公司对于其企业字号的商标性使用也没有在先使用的权利。故此，原审法院认定采蝶轩集团公司、采蝶轩服务公司和巴莉甜甜公司具有在先使用的权利，没有事实根据，依法予以纠正。

14. 损害赔偿数额的计算应当遵循比例原则

【裁判要旨】

销售收入与生产经营规模、广告宣传、商品质量等密切相关，而不仅仅来源于对商标的使用及其知名度。当事人主张以全部销售收入与销售利润率为基础计算侵权获利的，不应予以支持。

【关键词】

商标侵权　损害赔偿　关联性

【裁判意见】

在前述“采蝶轩”侵害商标权及不正当竞争案中，最高人民法院还在损害赔偿计算的过程中贯彻了比例原则。最高人民法院提审认为：关于侵权损害赔偿问题，根据商标法（2001年修正）第五十六条第一款、第二款的规定，梁或、卢宜坚主张按照采蝶轩集团公司、采蝶轩服务公司和巴莉甜甜公司分别从2002年和2005年起至起诉时止的侵权获利来计算损害赔偿额，并据此提出了1500万元的赔偿请求。对此最高人民法院认为，关于侵权损害赔偿时间的计算，根据《最高人民法院关于审理商标民事纠纷案件适用法律若干问题的解释》第十八条的规定，梁或、卢宜坚于2012年9月17日向一审法院提起诉讼时，侵权行为仍在持续，故本案的损害赔偿计算时间，应从梁或、卢宜坚提起本案诉讼之日起向前推算两年计算，梁或、卢宜坚主张分别从2002年和2005年起计算损害赔偿数额没有法律依据。关于采蝶轩集团公司、采蝶轩服务公司和巴莉甜甜公司的侵权获利，梁或、卢宜坚主张按照其销售收入与中山市采蝶轩食品有限公司的销售利润率的乘积计算。采蝶轩集团公司、采蝶轩服务公司和巴莉甜甜公司的销售收入与其生产经营规模、广告宣传、商品质量等是密切相关的，不仅仅来源于对涉案商标的使用以及涉案商标的知名度，故对梁或、卢宜坚的前述主张不予支持。对于本案的损害赔偿数额，应当根据被申请人和巴莉甜甜公司实施侵权行为的性质、期间、后果以及涉案商标的声誉等情况，酌情确定采蝶轩集团公司、采蝶轩服务公司和巴莉甜甜公司赔偿梁或、卢宜坚50万元。梁或、卢宜坚为制止侵权行为，支出公证费、差旅费、律师费等合计44511元，该合理开支由采蝶轩集团公司、采蝶轩服务公司和巴莉甜甜公司承担。

（二）商标行政案件审判

15. 伤害宗教感情的标志可以认定为“具有其他不良影响”

【裁判要旨】

对具有宗教含义的商标，一般可以该商标的注册有害于宗教感情、宗教信仰或者民间信仰为由，认定其具有“其他不良影响”。判断商标是否具有宗教含义，应当结合当事人提交的证据、宗教人士的认知以及该宗教的历史渊源和社会现实综合予以认定。

【关键词】

商标　争议程序　不良影响　宗教含义

【案号】

（2016）最高法行再21号

【基本案情】

在再审申请人泰山石膏股份有限公司（以下简称泰山石膏公司）与被申请人山东万佳建材有限公司（以下简称万佳公司）、一审被告、二审被上诉人国家工商行政管理总局商标评审委员会（以下简称商标评审委员会）商标争议行政纠纷案中，第3011175号“泰山大帝”商标（即争议商标）由泰安泰山元帅纸面石膏板厂于2001年11月5日提出注册申请，2003年3月21日被核准注册，核定使用在第19类

“石膏板”商品上。2010年4月14日，争议商标经核准转让予万佳公司。2013年5月17日，泰山石膏公司向商标评审委员会提出争议申请，商标评审委员会于2014年4月14日作出商评字〔2014〕第051795号《关于第3011175号“泰山大帝”商标争议裁定书》（以下简称第51795号裁定），以争议商标容易伤害宗教人士的感情、容易产生社会不良影响为由，对争议商标予以撤销。万佳公司不服，提起行政诉讼。北京市第一中级人民法院一审认为，“泰山大帝”为道教众神之一，万佳公司将“泰山大帝”申请注册为商标并进行使用，容易伤害宗教人士、道教信众的宗教感情，已构成商标法（2001年修正）第十条第一款第（八）项规定的情形，遂判决维持第51795号裁定。万佳公司不服，提起上诉。北京市高级人民法院二审认为，一审法院认定“泰山大帝”为道教山东泰山地区独有的神灵名称缺乏依据，故判决撤销一审判决及第51795号裁定，判令商标评审委员会针对争议商标重新作出裁定。泰山石膏公司不服，向最高人民法院申请再审，并提交了泰安市道教协会出具的《关于“泰山大帝”信仰情况的说明》、泰安市人民政府出具的《关于“泰山大帝”民俗和信仰情况的说明》等证据，用以证明“泰山大帝”系日常使用的道教神灵称谓。最高人民法院裁定提审本案，并于2016年5月11日判决撤销二审判决，维持一审判决。

【裁判意见】

最高人民法院提审认为：判断有关标志是否构成具有其他不良影响的情形时，应当考虑该标志或者其构成要素是否可能对我国政治、经济、文化、宗教、民族等社会公共利益和公共秩序产生消极、负面影响。如果某标志具有宗教含义，不论相关公众是否能够普遍认知，该标志是否已经使用并具有一定知名度，通常可以认为该标志的注册有害于宗教感情、宗教信仰或者民间信仰，具有不良影响。本案中，判断“泰山大帝”是否系道教神灵的称谓，是否具有宗教含义，不仅需考量本案当事人所提交的相关证据，也需考量相关宗教机构人士的认知以及道教在中国民间信众广泛的历史渊源和社会现实。首先，虽然当事人提交的大部分证据，也即二审法院认定的官方记载未记载“东岳大帝”或“泰山神”称为“泰山大帝”，但有部分书籍、新闻报道和论文中提及“东岳大帝”或“泰山神”称为“泰山大帝”。其次，泰安市民族与宗教事务局、泰安市道教协会也出具说明证明“泰山大帝”系道教神灵的称谓，他们的认知本身即是相关宗教机构人士的认知。第三，道教是我国具有悠久历史传统的一种宗教，在漫长的历史过程中，道教信众广泛，有关记载道教的书籍、杂志、报道众多。因此，关于道教神灵的称谓也难言仅限于国家官方记载。故即便官方文献未记载“泰山大帝”为“泰山神”或“东岳大帝”，“泰山大帝”不是“东岳大帝”或“泰山神”称谓的唯一对应，但相关证据和宗教界机构人士的认知表明，“泰山大帝”均指向“泰山神”或“东岳大帝”，而不是指向其他道教神灵，“泰山大帝”的称谓系客观存在，具有宗教含义。万佳公司以及争议商标原申请注册人将“泰山大帝”作为商标加以注册和使用，可能对宗教信仰、宗教感情或者民间信仰造成伤害，从而造成不良影响。因此，争议商标的注册属于商标法第十条第一款第（八）项规定的情形，应予撤销。

16. 证明商标显著性的认定

【裁判要旨】

商标法虽然对证明商标的申请主体、使用主体及基本功能作出了专门规定，但商标法关于注册商标应当具备显著特征的要求，同样适用于证明商标。

【关键词】

商标 复审程序 证明商标 显著性

【案号】

（2016）最高法行申2159号

【基本案情】

在再审申请人布鲁特斯SIG有限公司（以下简称布鲁特斯公司）与被申请人国家工商行政管理总局商标评审委员会（以下简称商标评审委员会）商标驳回复审行政纠纷案中，第5918201号证明商标“蓝牙”（即申请商标），由布鲁特斯公司于2007年2月14日向国家工商行政管理总局商标局（以下简称商标局）提出注册申请，指定使用在第42类“计算机编程；与数据、声音、影像及照明的录制、传送及复制有关的计算机硬件及软件咨询”等服务上。商标局以申请商标违反了商标法（2001年修正）第十一条第一款第（二）项和第二十八条规定为由，对申请商标予以驳回。布鲁特斯公司不服，向商标评审委员会提出复审申请。商标评审委员会于2013年12月9日作出商评字〔2013〕第129452号《关于第5918201号“蓝牙”（证明商标）商标驳回复审决定》（以下简称第129452号决定），对申请商标不予核准注册。布鲁特斯公司不服，提起行政诉讼。北京市第一中级人民法院一审认为，“蓝牙”作为商标使用在指定服务上，直接表示了指定服务的服务内容和服务方式等，缺乏商标应有的显著性。遂判决维持第129452号决定。布鲁特斯公司不服，提起上诉。北京市高级人民法院二审判决驳回上诉、维持原判。布鲁特斯公司仍不服，以证明商标与普通商标在区分功能、权利主体、使用主体等方面具有明显区别，证明商标要求的表征特定品质不同于商标法第十一条第一款第（二）项规定的“显著性”标准，原审判决适用法律错误为由，向最高人民法院申请再审。最高人民法院于2016年7月26日裁定驳回布鲁特斯公司的再审申请。

【裁判意见】

最高人民法院审查认为：显著性是商标发挥识别不同商品或者服务功能的基础。虽然商标法对证明商标的申请主体、使用主体及基本功能作出了专门规定，但证明商标作为注册商标的一种类型，仍然应当符合注册商标的一般性规定，即具有显著性。虽然“蓝牙”最初是作为“Bluetooth”的中文翻译进入我国并为中国消费者所认识，而“Bluetooth”也已作为商标在中国被核准注册。但自上世纪90年代蓝牙技术产生后，布鲁特斯公司及电子通信领域的公司长期将“蓝牙”作为“一种近距离无线通信技术”使用在音箱、耳机、打印机、手机、鼠标等产品上，并开展相关标准化活动，蓝牙技术、蓝牙产品已迅速普及并被广大消费者所接受，相关公众普遍认为“蓝牙”是一种能在移动电话、PDA、无线耳机、笔记本电脑、相关外设等众多设备之间进行无线信息交换的短距离无线通信技术，蓝牙产品就是包含短距离无线通信技术的产品。而且，布鲁特斯公司在诉讼过程中也曾称“申请商标一直都是仅使用在符合特定技术标准和要求的商品和服务上，与特定技术标准联系更为紧密。”因此，申请商标“蓝牙”使用在指定服务上，直接表示了服务的技术特点，缺乏商标应有的显著特征，不符合商标法第十一条第一款第（二）项的规定。

17. 驰名商标认定的证据审查标准

【裁判要旨】

在判断相关证据能否证明引证商标驰名与否时，应当注意，公司的经营历史及知名度与引证商标的宣传、使用历史及知名度并不必然等同；相关公众能否通过正规、有效的渠道，认知和了解引证商标；一般性的消息报道，而非针对引证商标的广告宣传，不足以作为认定特定商标已在中国经广泛商业宣传达到驰名程度的事实依据。

【关键词】

商标　异议程序　驰名商标　证据认定

【案号】

（2016）最高法行申 3386 号

【基本案情】

在再审申请人苹果公司与被申请人国家工商行政管理总局商标评审委员会（以下简称商标评审委员会）、一审第三人新通天地科技（北京）有限公司（以下简称新通天地公司）商标异议复审行政纠纷案中，苹果公司在先申请并注册了第 3339849 号“IPHONE”商标和第 4073735 号“i－phone”文字及图商标（即引证商标），分别核定使用在国际分类第 9 类计算机硬件、计算机软件（已录制）等商品以及第 9 类电话机、手提电话等商品上。新通天地公司于 2007 年 9 月 29 日向国家工商行政管理总局商标局（以下简称商标局）提出第 6304198 号“IPHONE”商标（即被异议商标）的注册申请，指定使用在第 18 类“仿皮、牛皮、钱包、小皮夹、皮制绳索”等商品上。在法定异议期内，苹果公司对被异议商标提出异议申请。商标局裁定对被异议商标予以核准注册。苹果公司不服，向商标评审委员会提出复审申请。2013 年 12 月 16 日，商标评审委员会作出商评字〔2013〕第 135654 号关于第 6304198 号“IPHONE”商标异议复审裁定（以下简称第 135654 号裁定），对被异议商标予以核准注册。苹果公司不服，提起行政诉讼。北京市第一中级人民法院一审判决驳回苹果公司的诉讼请求。苹果公司不服，提起上诉。北京市高级人民法院二审判决驳回上诉、维持原判。苹果公司仍不服，以被异议商标构成对已驰名的引证商标的复制、摹仿为由，向最高人民法院申请再审。苹果公司同时提交了《2007 年 7 月智能手机市场关注度及价格报告》等证据，欲证明在被异议商标申请日之前，引证商标受到中国消费者持续关注，应被认定为驰名商标。最高人民法院于 2016 年 12 月 27 日裁定驳回苹果公司的再审申请。

【裁判意见】

最高人民法院审查认为：引证商标在被异议商标申请日之前是否已达到驰名商标的程度，是其能否合法阻止被异议商标在不相类似商品上获得注册的关键事实。苹果公司主张，引证商标随着 IPHONE 手机概念的公布及在美国首次销售的信息在全球传播，已瞬间成为驰名商标。对此最高人民法院认为，苹果公司在商标异议复审、一审、二审及再审申请阶段，分别提交了相关证据。上述证据中，部分内容仅涉及引证商标在被异议商标申请日后的实际使用及知名度的事实，与本案的关键事实并无直接关联性。其他证据，如关于苹果公司于 1993 年开始在北京设立办事处、于 2007 年 1 月公布 IPHONE 手机概念、于 2007 年 6 月 29 日在美国上市第一代 IPHONE 手机，以及“中关村在线”网站等媒体报道或网站信息，其证明的相关事实虽早于被异议商标申请日发生，但仍不足以证明引证商标在被异议商标申请日之前已达到驰名程度，主要理由在于：（1）

苹果公司派驻代表机构在中国开展商务活动之初，尚不存在任何关于宣传和使用IPHONE商业标志的事实，苹果公司的经营历史及知名度与引证商标的宣传、使用历史及知名度并不必然等同；（2）苹果公司正式向中国市场销售IPHONE手机的时间为2009年10月，自IPHONE手机概念公布至2009年10月的逾两年内，苹果公司并未在中国市场销售IPHONE手机，相关公众在中国市场无法通过正规销售渠道购得IPHONE手机，中国相关公众缺乏通过购买、使用IPHONE手机熟悉并高度认同IPHONE商标的有效渠道；（3）“中关村在线”网站发布的《2007年7月智能手机市场关注度及价格报告》等证据亦显示，在被异议商标申请日前通过非正规销售渠道流入中国市场的IPHONE手机，在当时的中国智能手机市场中并未占有较高份额；（4）在被异议商标申请日之前，与IPHONE手机有关的信息内容主要集中在对苹果公司下一代产品及经营策略的新闻报道、分析预测性文章，传播载体集中于《程序员》《软件世界》《环球》《经济论丛》等专业性较强的报刊，鲜有面向中国相关公众（尤其是广大消费者）的IPHONE手机商业广告。相反的是，苹果公司的部分证据反映了以下特点：（2）IPHONE手机概念公布至被异议商标申请日期间，IPHONE手机是部分媒体关注的对象，但并非中国主要媒体商业广告的对象，也未成为中国市场广大消费者熟悉并认可的知名品牌；（2）IPHONE手机概念公布至苹果公司正式向中国市场销售IPHONE手机的逾两年内，苹果公司基于其经营策略，未实施向中国市场投放IPHONE品牌广告、销售IPHONE手机商品等经营行为，IPHONE商标至少在被异议商标申请日之前缺乏在中国驰名的客观条件。因此，苹果公司的证据尚未有效证明在被异议商标申请日前，引证商标为中国相关公众所熟知并已达到驰名程度的事实。苹果公司主张引证商标随着IPHONE手机概念的公布及在美国首次销售的信息在全球传播而瞬间成为驰名商标的理由，既不符合2007年互联网在中国的实际状况，也不符合引证商标当时在中国的使用状况。苹果公司主张引证商标在被异议商标申请日之前已在中国驰名的理由无事实根据。

18. 判断中外文商标是否构成近似应当考虑二者是否已经形成了稳定的对应关系

【裁判要旨】

判断中文商标与外文商标是否构成近似，不仅要考虑商标构成要素及其整体的近似程度、相关商标的显著性和知名度、所使用商品的关联程度等因素，还应考虑二者是否已经在相关公众之间形成了稳定的对应关系。

【关键词】

商标 争议程序 商标近似 对应关系

【案号】

（2016）最高法行再34号

【基本案情】

在再审申请人拉菲罗斯柴尔德酒庄（以下简称拉菲酒庄）与被申请人国家工商行政管理总局商标评审委员会（以下简称商标评审委员会）、南京金色希望酒业有限公司（以下简称金色希望公司）商标争议行政纠纷案（以下简称“拉菲庄园”商标争议案）中，第4578349号“拉菲庄园”商标（即争议商标）的申请日为2005年4月1日，核定使用在第33类葡萄酒、酒（饮料）、果酒（含酒精）、蒸馏酒精饮料、苹果酒、含酒精液体、含水果的酒精饮料、米酒、青稞酒、料酒商品上，注册商标专用权人为金色希望公司。“LAFITE”商标（即引证商标）申请日为1996年10月10日，核定使用在第33类的含酒精饮料（啤酒除外）商品上，注册商标专用权人为拉菲酒庄。在法定期限内，拉菲酒庄以争议商标违反商标法（2001年修正）第二十八条等规定为由，向商标评审委员会提出争议申请。商标评审委员会于2013年9月2日作出商评字〔2013〕第55856号《关于第4578349号“拉菲庄园”商标争议裁定书》（以下简称第55856号裁定），以争议商标违反商标法第二十八条规定为由，对争议商标予以撤销。金色希望公司不服，提起行政诉讼。北京市第一中级人民法院一审判决维持第55856号裁定。金色希望公司不服，提起上诉。北京市高级人民法院二审认为，难以认定引证商标在争议商标申请日之前，已经在我国具有市场知名度，相关公众已经能够将引证商标与“拉菲”进行对应性识别。争议商标的注册和使用长达十年之久，其已经形成稳定的市场秩序，从维护已经形成和稳定的市场秩序考虑，本案争议商标的注册应予维持。遂判决撤销一审判决及第55856号裁定。拉菲酒庄不服，向最高人民法院申请再审。经查明，中国经济网2014年2月12日《质检总局公布六款进口“拉菲”葡萄酒质量不合格》报道记载：“‘拉菲’葡萄酒一直让中国消费者对其趋之若鹜……然而近日，国家质检总局公布六款洋拉菲酒质量不合格，让‘拉菲迷’们大跌眼镜。中国经济网了解到，六款不合格产品为：拉菲庄园2012干红葡萄酒……”2016年8月1日搜狐财经刊登图文消息：“‘拉菲庄园’隆重登陆糖酒会，消费者不知其为山寨”。最高人民法院裁定提审本案，并于2016年12月23日判决撤销二审判决，维持一审判决及第55856号裁定。

【裁判意见】

最高人民法院提审认为：认定商标是否近似，既要考虑商标构成要素及其整体的近似程度，也要考虑相关商标的显著性和知名度、所使用商品的关联程度等因素，以是否容易导致混淆作为判断标准。争议商标由中文文字“拉菲庄园”构成，“庄园”用在葡萄酒类别上显著性较弱，“拉菲”系争议商标的主要部分，判断争议商标与引证商标是否构成近似，关键在于判断“拉菲”与“LAFITE”是否构成近似或者形成了较为稳定的对应关系。在争议商标申请日前，各类宣传报道中即有将引证商标“LAFITE”音译为“拉菲”的情况，且《新快报》《扬子晚报》《北京日报》等刊物属于消费者容易接触到的，受众面较大的宣传媒介。相关媒体所载文章均对“LAFITE”葡萄酒给予了极高评价，引证商标具有较高的知名度。此外，拉菲酒庄通过多年的商业经营活动，客观上在“拉菲”与“LAFITE”之间建立了稳固的联系，我国相关公众通常以“拉菲”指代“LAFITE”商标，争议商标与引证商标构成近似商标。此外，对于已经注册使用一段时间的商标，是否已经通过使用建立较高市场声誉和形成自身的相关公众群体，并非由使用时间决定，而是要看相关公众能否通过其使用行为，在客观上实现了与其他商标的区分。根据查明的事实，有关新闻报道所涉不合格产品，均系使用了争议商标的相关产品。从前述报道也可以看出，相关公众对争议商标与引证商标仍会混淆误认。因此，金色希望公司提交的证据未能证明其通过对争议商标的使用已经形成了相关公众群体，二审法院所作争议商标已经形成了稳定的市场秩序的结论并无事实依据，对此应予纠正。

19. 已注册商标是否已经形成稳定的市场秩序的判断

【裁判要旨】

对于已经注册使用的商标，是否已经通过使用建立较高市场声誉，并形成了相关公众群体，应当以相关公众能否在客观上实现市场区分并避免混淆误认的结果为判断标准。

【关键词】

商标　争议程序　市场区分　混淆

【裁判意见】

在前述“拉菲庄园”商标争议案中，最高人民法院还明确了已注册商标是否已经形成了稳定的市场秩序的判断标准。最高人民法院提审认为：对于已经注册使用一段时间的商标，是否已经通过使用建立较高市场声誉和形成自身的相关公众群体，并非由使用时间的长短决定，而是要看相关公众能否通过其使用行为，在客观上实现了市场区分。金色希望公司主张，争议商标的知名度和市场占有率远远超过拉菲酒庄，其对争议商标的大量使用所形成的稳定市场秩序足以使争议商标与引证商标相区分。但根据查明的事实，有关新闻报道所涉不合格产品，均系使用了争议商标的相关产品。从前述报道也可以看出，相关公众对争议商标与引证商标仍会混淆误认。金色希望公司提交的证据未能证明其通过对争议商标的使用已经形成了自身的相关公众群体，相关公众不会将争议商标和引证商标混淆误认。二审法院认定“争议商标的注册和使用长达十年之久，其已经形成稳定的市场秩序，从维护已经形成和稳定的市场秩序考虑，本案争议商标的注册应予维持”的结论并无事实和法律依据，对此予以纠正。

20. 共存协议在2001年修正的商标法第二十八条适用过程中的作用

【裁判要旨】

共存协议是认定申请商标是否违反2001年修正的商标法第二十八条规定的重要考量因素。在共存协议没有损害国家利益、社会公共利益或者第三人合法权益的情况下，不应简单以损害消费者利益为由，对共存协议不予采信。

【关键词】

商标　复审程序　共存协议消费者利益

【案号】

（2016）最高法行再103号

【基本案情】

在再审申请人谷歌公司与被申请人国家工商行政管理总局商标评审委员会（以下简称商标评审委员会）商标驳回复审行政纠纷案中，案外人株式会社岛野于1999年5月13日提出第1465863号“NEXUS”商标（即引证商标）的注册申请，核定使用在第9类“自行车用计算机”商品上，专用期限至2020年10月27日。谷歌公司于2012年11月7日提出第11709162号“NEXUS”商标（即申请商标）的注册申请，指定使用在第9类“手持式计算机、便携式计算机”商品上。2013年9月9日，国家工商行政管理总局商标局（以下简称商标局）以申请商标与引证商标构成近似，违反商标法（2001年修正）第二十八条规定为由，对申请商标予以驳回。谷歌公司不服，向商标评审委员会申请复审。商标评审委员会于2014年3月25日作出商评字〔2014〕第36493号《关于第11709162号“NEXUS”商标驳回复审决定》（以下简称第36493号决定），对申请商标予以驳回。谷歌公司不服，提起行政诉讼，并提交了引证商标的权利人株式会社岛野于

2014 年 9 月 3 日出具的“同意书”，其主要内容为同意谷歌公司在我国境内使用和注册包括申请商标在内的有关商标。北京市第一中级人民法院一审认为，申请商标与引证商标构成使用在类似商品上的近似商标。谷歌公司主张其与引证商标权利人签署了商标共存协议，故申请商标应予核准注册。但商标法的立法目的一方面在于保护商标权人的利益，另一方面在于保障消费者利益，防止市场混淆。因此，若两商标指定使用的商品相同或类似，标识相同或极为近似，出于维护正常市场秩序、防止混淆的目的，通常不应考虑相关的共存协议。一审法院据此判决维持第 36493 号决定。谷歌公司不服，提起上诉。北京市高级人民法院二审判决驳回上诉、维持原判。谷歌公司仍不服，向最高人民法院申请再审，最高人民法院裁定提审本案，并于 2016 年 12 月 23 日判决撤销第 36493 号决定和一审、二审判决，判令商标评审委员会针对申请商标重新作出复审决定。

【裁判意见】

最高人民法院提审认为：引证商标权利人在本案中出具的同意书，是认定申请商标的注册是否违反商标法第二十八条规定的重要考虑因素。首先，引证商标权利人通过出具同意书，明确对争议商标的注册、使用予以认可，是引证商标权利人处分其合法权利的方式之一。在同意书没有损害国家利益、社会公共利益或者第三人合法权益的情况下，应当予以必要的尊重。其次，保障消费者的利益和生产、经营者的利益均是商标法的立法目的，二者不可偏废。虽然是否容易造成相关公众的混淆、误认是适用商标法第二十八条的重要考虑因素，但也要考虑到相关公众对于近似商业标志具有一定的分辨能力，在现实生活中也难以完全、绝对地排除商业标志的混淆可能性。考虑到特定历史背景等因素，可能产生因不同生产、经营者善意注册、使用行为而出现的商业标志共存。本案中，相较于尚不确实是否受到损害的一般消费者的利益，申请商标的注册和使用对于引证商标权利人株式会社岛野利益的影响更为直接和现实。株式会社岛野出具同意书，同意谷歌公司的商标申请行为，表明其对申请商标的注册是否容易导致相关公众的混淆、误认持否定或者容忍态度。尤其是考虑到谷歌公司、株式会社岛野分别为相关领域的知名企业，本案中没有证据证明，谷歌公司申请或使用申请商标存在攀附株式会社岛野及引证商标知名度的恶意，也没有证据证明申请商标的注册会损害国家利益或者社会公共利益。最后，虽然商标的主要作用在于区分商品或者服务的来源，但除申请商标和引证商标外，包括谷歌公司的企业名称及字号、相关商品特有的包装装潢等其他商业标志也可以一并起到区分来源的作用。即使准予申请商标注册，如在实际使用过程中结合其他商业标志，也可以有效避免相关公众的混淆、误认。综合考虑申请商标与引证商标指定使用的商品的关联程度，以及株式会社岛野出具同意书等情形，应当认定申请商标的注册未违反商标法（2001 年修正）第二十八条的规定。

21. 姓名权构成商标法保护的“在先权利”

【裁判要旨】

姓名权是自然人对其姓名享有的重要人身权，姓名权可以构成 2001 年修正的商标法第三十一条规定的“在先权利”。

【关键词】

商标　争议程序　在先权利　姓名权

【案号】

（2016）最高法行再 27 号

【基本案情】

在再审申请人迈克尔·杰弗里·乔丹（以下简称乔丹）与被申请人国家工商行政管理总局商标评审委员会（以下简称商标评审委员会）、一审第三人乔丹体育股份有限公司（以下简称乔丹公司）商标争议行政纠纷案（以下简称“乔丹”商标争议案）中，第6020569号“乔丹”商标（以下简称争议商标）由乔丹公司于2007年4月26日提出注册申请，核定使用在国际分类第28类的“体育活动器械、游泳池（娱乐用）、旱冰鞋、圣诞树装饰品（灯饰和糖果除外）”商品上，专用权期限自2012年3月28日至2022年3月27日。2012年10月31日，乔丹以争议商标的注册损害了其在先权利等为由，提出撤销申请。2014年4月14日，商标评审委员会作出商评字〔2014〕第052058号《关于第6020569号“乔丹”商标争议裁定》（以下简称第52058号裁定），对争议商标的注册予以维持。乔丹不服，提起行政诉讼。北京市第一中级人民法院一审认为，本案证据尚不足以证明单独的“乔丹”明确指向乔丹。此外，争议商标指定使用的商品与乔丹具有影响力的篮球运动领域差别较大，相关公众不易将争议商标与乔丹相联系，现有证据不足以证明争议商标的注册与使用不当利用了乔丹的知名度，或可能对乔丹的姓名权造成其他影响。争议商标的注册未损害乔丹的姓名权。一审法院遂判决维持第52058号裁定。乔丹不服，提起上诉。北京市高级人民法院二审判决驳回上诉、维持原判。乔丹仍不服，向最高人民法院申请再审。最高人民法院裁定提审本案，并于2016年12月30日判决撤销第52058号裁定和一审、二审判决，判令商标评审委员会对争议商标重新作出裁定。

【裁判意见】

最高人民法院提审认为：商标法（2001年修正）第三十一条规定：“申请商标注册不得损害他人现有的在先权利”。对于商标法已有特别规定的在先权利，应当根据商标法的特别规定予以保护。对于商标法虽无特别规定，但根据民法通则、侵权责任法和其他法律的规定应予保护，并且在争议商标申请日之前已由民事主体依法享有的民事权利或者民事权益，应当根据该概括性规定给予保护。民法通则第九十九条第一款、侵权责任法第二条第二款均明确规定，自然人依法享有姓名权。故姓名权可以构成商标法第三十一条规定的“在先权利”。争议商标的注册损害他人在先姓名权的，应当认定该争议商标的注册违反商标法第三十一条的规定。姓名被用于指代、称呼、区分特定的自然人，姓名权是自然人对其姓名享有的重要人身权。随着我国社会主义市场经济不断发展，具有一定知名度的自然人将其姓名进行商业化利用，通过合同等方式为特定商品、服务代言并获得经济利益的现象已经日益普遍。在适用商标法第三十一条的规定对他人的在先姓名权予以保护时，不仅涉及对自然人人格尊严的保护，而且涉及对自然人姓名，尤其是知名人物姓名所蕴含的经济利益的保护。未经许可擅自将他人享有在先姓名权的姓名注册为商标，容易导致相关公众误认为标记有该商标的商品或者服务与该自然人存在代言、许可等特定联系的，应当认定该商标的注册损害他人的在先姓名权，违反商标法第三十一条的规定。

22. 自然人可就其未主动使用的特定名称获得姓名权的保护

【裁判要旨】

“使用”是姓名权人享有的权利内容

之一，并非其承担的义务，更不是姓名权人主张保护其姓名权的法定前提条件。在符合有关姓名权保护条件的情况下，自然人有权根据 2001 年修正的商标法第三十一条的规定，就其并未主动使用的特定名称获得姓名权的保护。

【关键词】

商标　争议程序　姓名权　主动使用

【裁判意见】

在前述“乔丹”商标争议案中，最高人民法院还明确了权利人的主动使用行为与其获得姓名权保护之间的关系。最高人民法院提审认为：首先，根据民法通则第九十九条第一款的规定，“使用”是姓名权人享有的权利内容之一，并非其承担的义务，更不是姓名权人“禁止他人干涉、盗用、假冒”，主张保护其姓名权的法定前提条件。其次，在适用商标法第三十一条的规定保护他人在先姓名权时，相关公众是否容易误认为标记有争议商标的商品或者服务与该自然人存在代言、许可等特定联系，是认定争议商标的注册是否损害该自然人姓名权的重要因素。因此，在符合前述有关姓名权保护的三项条件的情况下，自然人有权根据商标法第三十一条的规定，就其并未主动使用的特定名称获得姓名权的保护。最后，对于在我国具有一定知名度的外国人，其本人或者利害关系人可能并未在我国境内主动使用其姓名；或者由于便于称呼、语言习惯、文化差异等原因，我国相关公众、新闻媒体所熟悉和使用的“姓名”与其主动使用的姓名并不完全相同。商标评审委员会、乔丹公司关于乔丹、耐克公司未主动使用“乔丹”，故对“乔丹”不享有姓名权的主张不能成立。

23. 自然人就特定名称主张姓名权保护时应当满足的条件

【裁判要旨】

自然人就特定名称主张姓名权保护的，该特定名称应当符合三项条件：其一，该特定名称在我国具有一定的知名度、为相关公众所知悉；其二，相关公众使用该特定名称指代该自然人；其三，该特定名称已经与该自然人之间建立了稳定的对应关系。外国人外文姓名的中文译名如符合前述三项条件，可以依法主张姓名权的保护。

【关键词】

商标　争议程序　姓名权　特定名称

【裁判意见】

在前述“乔丹”商标争议案中，最高人民法院还明确了自然人根据特定名称主张姓名权保护时应当满足的条件。最高人民法院提审认为，自然人依据商标法第三十一条的规定，就特定名称主张姓名权保护时，应当满足必要的条件。其一，该特定名称应具有一定知名度、为相关公众所知悉，并用于指代该自然人。《最高人民法院关于审理不正当竞争民事案件应用法律若干问题的解释》第六条第二款是针对“擅自使用他人的姓名，引人误认为是他人的商品”的不正当竞争行为的认定作出的司法解释，该不正当竞争行为本质上也是损害他人姓名权的侵权行为。认定该行为时所涉及的“引人误认为是他人的商品”，与本案中认定争议商标的注册是否容易导致相关公众误认为存在代言、许可等特定联系是密切相关的。因此，在本案中可参照适用上述司法解释的规定，确定自然人姓名权保护的条件。其二，该特定名称应与该自然人之间已建立稳定的对应关系。在解决本案涉及的在先姓名权与注册商标权的权利冲突时，应合理确定在先姓名权的保护标准，平衡在先姓名权人与商标权人的利益。既不能由于争议商标标志中使用或包含有仅为部分人所知悉或临时性使用的自然人“姓名”，即认定争议商标的注册损害该自然人的姓名权；也不能如商标评审委员会所主张的那样，以自然人主张的“姓名”与该自然人形成“唯一”对应为前提，对自然人主张姓名权的保护提出过苛的标准。自然人所主张的特定名称与该自然人已经建立稳定的对应关系时，即使该对应关系达不到“唯一”的程度，也可以依法获得姓名权的保护。综上，在适用商标法第三十一条关于“不得损害他人现有的在先权利”的规定时，自然人就特定名称主张姓名权保护的，该特定名称应当符合以下三项条件：其一，该特定名称在我国具有一定的知名度、为相关公众所知悉；其二，相关公众使用该特定名称指代该自然人；其三，该特定名称已经与该自然人之间建立了稳定的对应关系。在判断外国人能否就其外文姓名的部分中文译名主张姓名权保护时，需要考虑我国相关公众对外国人的称谓习惯。中文译名符合前述三项条件的，可以依法主张姓名权的保护。

24. 非以诚信经营为前提的商业成功与市场秩序不是维持商标注册的正当理由

【裁判要旨】

商标权人主张的市场秩序或者商业成功并不完全是诚信经营的合法成果，而是一定程度上建立于相关公众误认的基础之上。维护此种市场秩序或者商业成功，不仅不利于保护姓名权人的合法权益，而且不利于保障消费者的利益，更不利于净化商标注册和使用环境。

【关键词】

商标　争议程序　诚实信用　市场秩序

【裁判意见】

在前述“乔丹”商标争议案中，最高人民法院还就商标权人主张已经形成的市场秩序和商业成功，与争议商标的注册是否应予维持之间的关系进行了阐释。最高人民法院提审认为，乔丹公司的经营状况，以及乔丹公司对其企业名称、有关商标的宣传、使用、获奖、被保护等情况，均不足以使争议商标的注册具有合法性。其一，从权利的性质以及损害在先姓名权的构成要件来看，姓名被用于指代、称呼、区分特定的自然人，姓名权是自然人对其姓名享有的人身权。而商标的主要作用在于区分商品或者服务来源，属于财产权，与姓名权是性质不同的权利。在认定争议商标的注册是否损害他人在先姓名权时，关键在于是否容易导致相关公众误认为标记有争议商标的商品或者服务与姓名权人之间存在代言、许可等特定联系，其构成要件与侵害商标权的认定不同。因此，即使乔丹公司经过多年的经营、宣传和使用，使得乔丹公司及其“乔丹”商标在特定商品类别上具有较高知名度，相关公众能够认识到标记有“乔丹”商标的商品来源于乔丹公司，也不足以据此认定相关公众不容易误认为标记有“乔丹”商标的商品与乔丹之间存在代言、许可等特定联系。其二，乔丹公司恶意申请注册争议商标，损害乔丹的在先姓名权，明显有悖于诚实信用原则。商标评审委员会、乔丹公司主张的市场秩序或者商业成功并不完全是乔丹公司诚信经营的合法成果，而是一定程度上建立于相关公众误认的基础之上。维护此种市场秩序或者商业成功，不仅不利于保护姓名权人的合法权益，而且不利于保障消费者的利益，更不利于净化商标注册和使用环境。

25. 商标申请或注册人信息不属于著作权法规定的表明作者身份的署名行为

【裁判要旨】

商标申请人及商标注册人信息仅能证明注册商标权的归属，不属于著作权法规定的表明作品创作者身份的署名行为。

【关键词】

商标　异议程序　注册信息　署名

【案号】

（2016）最高法行申 2154 号

【基本案情】

在再审申请人格里高利登山用品有限公司（以下简称格里高利公司）与被申请人鹤山三丽雅工艺制品有限公司（以下简称三丽雅公司）、一审被告、二审被上诉人国家工商行政管理总局商标评审委员会（以下简称商标评审委员会）商标异议复审行政纠纷案（以下简称“格里高利”商标异议案）中，被异议商标系第 5636685 号“GREGORY 及图”商标，于 2006 年 9 月 28 日向国家工商行政管理总局商标局（以下简称商标局）提出注册申请，指定使用在第 9 类“计算器袋（套）、时钟、量具、假币检测器、传真机、电话机、光学品、麦克风、教学投影灯、教学仪器”等商品上。初步审定公告后，格里高利公司在法定期限内以被异议商标损害其在先著作权为由，提出异议申请。商标局裁定对被异议商标予以核准注册。格里高利公司不服，向商标评审委员会提出复审申请。各方当事人对被异议商标与格里高利公司主张在先著作权的“GREGORY 山形图案”构成实质性近似这一事实并无异议。商标评审委员会于 2013 年 10 月 28 日作出商评字〔2013〕第 94808 号《关于第 5636685 号“GREGORY 及图”商标异议复审裁定书》（以下简称第 94808 号裁定）认为：格里高利公司所述的“GREGORY 山形图案”标识属于我国著作权法保护的美术作品，其创作完成时间早于被异议商标申请注册日，格里高利公司对该作品享有在先著作权。三丽雅公司将格里高利公司在先享有著作权的作品作为被异议商标申请注册，构成对格里高利公司享有的在先著作权之损害，遂裁定对被异议商标不予核准注册。三丽雅公司不服，提起行政诉讼。北京市第一中级人民法院一审判决维持第 94808 号裁定。三丽雅公司不服，提起上诉。北京市高级人民法院二审认为，虽然格里高利公司主张其著作权最初来源于边奇公司的授权，并提供了边奇公司在美国申请注册相关商标的证据，但上述证据未经翻译和公证认证。此外，仅有商标申请注册文件不足以证明涉案作品的著作权归属。因此，格里高利公司提交的证据尚不足以证明其对涉案作品享有著作权。二审法院遂判决撤销一审判决及第 94808 号裁定，判令商标评审委员会重新作出复审裁定。格里高利公司不服，向最高人民法院申请再审。最高人民法院于 2016 年 9 月 21 日裁定驳回格里高利公司的再审申请。

【裁判意见】

最高人民法院审查认为：本案的关键问题是判断“GREGORY 山形图案”的著作权是否归格里高利公司享有。格里高利公司主张涉案“GREGORY 山形图案”的著作权归其享有的主要理由是：Pamela Beverly 创作了“GREGORY 山形图案”，边奇公司享有该图形的著作权，边奇公司将该图形的著作权转让给原格里高利公司前身，原格里高利公司前身更名为原格里高利公司，原格里高利公司与珠穆朗玛联合Ⅱ有限公司合并成立格里高利公司，格里高利公司继受了原格里高利公司的所有知识产权，故格里高利公司对“GREGORY 山形图案”享有在先的著作权。格里高利公司为此提交了边奇公司于1992年11月16日向美国专利及商标局申请注册“GREGORY山形图案”商标、1994年5月17日获准注册的证据以证明其享有“GREGORY山形图案”的在先著作权。首先，著作权法规定，在作品上署名的公民、法人或者其他组织为作者。商标申请人及商标注册人信息仅仅能证明注册商标权的归属，不属于著作权法规定的表明作品创作者身份的署名行为。因此，边奇公司在美国申请并核准注册“GREGORY山形图案”商标的证据不足以证明该涉案作品的著作权最早归边奇公司享有。其次，格里高利公司字号最早的使用时间晚于被异议商标申请日，且“GREGORY山形图案”中英文文字“GREGORY”是整个图案的组成部分，“GREGORY”系常见男子名，故格里高利公司商标注册证上显示的“GREGORY”不能视为格里高利公司的署名行为。最后，商标具有地域性，持有美国的商标注册证，仅能证明商标注册人从著作权人处获得了在美国申请注册该图形商标的权利，不能据此证明其当然享有在中国行使著作权的权利。

26. 著作权登记证书对在先著作权的证明效力

【裁判要旨】

在商标申请日之前取得的著作权登记证书，在作品具有独创性、没有相反证据足以推翻的情况下，可以证明登记证书上记载的权利人享有在先著作权。申请日之后取得的著作权登记证书，不具有证明在先著作权的证明效力。

【关键词】

商标　异议程序　在先权利　著作权登记

【裁判意见】

在前述“格里高利”商标异议案中，最高人民法院还认为，格里高利公司为证明其对“GREGORY山形图案”享有在先著作权，在商标评审期间向商标评审委员会提交了2009年10月27日颁发的《著作权登记证书》，载明原格里高利公司经边奇公司转让，取得了美术作品“GREGORY山形图案”在中国范围内的著作权，转让期间自1992年起至永久。首先，我国著作权登记采取自愿登记制，著作权登记机关仅进行形式审查，在注册商标申请日之前取得的著作权登记证书，在该作品具有独创性、没有相反证据足以推翻的情况下，可以证明登记证书上记载的权利人在先享有著作权。本案被异议商标于2006年9月28日申请注册，格里高利公司取得《著作权登记证书》晚于被异议商标注册申请日三年多，故在后取得的著作权登记证书，不足以证明其享有在先的著作权。其次，被异议商标于2009年5月21日予以初步审定公告，格里高利公司自公告之日起三个月内，向商标局提出异议申请，随后进行著作权登记，格里高利公司在商标异议申请后取得的著作权登记证书，不足以证明其享有在先的著作权。最后，三丽雅公司于2006年12月7日早于格里高利公司对与涉案“GREGORY山形图案”构成实质性近似的被异议商标图形亦进行了著作权登记，故格里高利公司在后取得的著作权登记证书，不足以证明其享有在先的著作权。

三、著作权案件审判

27. 对作品的独创性与有形形式的理解与认定

【裁判要旨】

如果智力成果在表现形式上是唯一的，无法体现与已有作品存在的差异，即不符合著作权法关于独创性的要求。智力劳动成果必须借助特定形式为他人知晓和确定，是作品须具备有形形式要求的应有之义。

【关键词】

著作权　侵权　独创性　有形形式

【案号】

（2016）最高法民申 2136 号

【基本案情】

在再审申请人孙新争与被申请人马居奎侵害著作权纠纷案中，孙新争系莘县康宝养鸡专业合作社成员，其于 2013 年 3 月 12 日对《716 预测 817 行情趋势方向图表》（以下简称涉案图表）进行了著作权登记，涉案图表拟对 817 品种鸡苗价格进行分析预测。孙新争自述，涉案图表中的紫线代表每天鸡苗的价格，红线代表 45 日的移动平均趋势线，黑色曲折线代表 21 日短期移动平均趋势线；绿线代表 60 日移动平均趋势线，通过鸡苗价格线与 60 天移动平均线的变化，来分析今后的鸡苗价格从而增加收入减少损失等。孙新争以马居奎根据涉案图表的提示投资鸡苗获取利润的行为侵害其著作权为由，提起诉讼。根据孙新争的陈述，一审法院当庭使用 WPS 表格工具，演示了涉案图表的生成过程。山东省聊城市中级人民法院一审认为，涉案图表是孙新争经过 WPS 表格软件通过输入数据完成，只是其利用现有的表格软件进行制作，并没有孙新争自己独立构思的内容。对图表的数据分析不属于表现形式范畴，故涉案图表不能获得著作权法保护。遂判决驳回孙新争的诉讼请求。孙新争不服，提起上诉。山东省高级人民法院二审判决驳回上诉、维持原判。孙新争仍不服，向最高人民法院申请再审。最高人民法院于 2016 年 9 月 13 日裁定驳回孙新争的再审申请。

【裁判意见】

最高人民法院审查认为：具备独创性并能以某种有形形式复制的智力成果，是著作权法给予保护的作品。首先，判断一部作品是否具有独创性，应当从是否独立创作及在外在表现上是否与已有作品存在一定程度的差异，或具备最低程度的创造性进行分析判断。如果智力成果的表现形式是唯一的，因其无法呈现出作品与已有作品的差异性或者最低的创造性，在现实上也是无法与已有的智力劳动成果进行区分的。本案中，孙新争所主张的曲线图，系当事人根据客观的价格数据，通过使用 WPS 制表工具制作完成。鉴于图表所使用的数据客观存在，数量有限，WPS 为通用软件，将上述数据录入制表工具所形成的结果，尽管属于孙新争运用智力的结果，但使用上述数据与工具所产生的结果缺少差异性。这种唯一或有限的表达方式，通常被排除在独创性之外。其次，著作权法保护那些凝结了作者智力劳动的成果归其所有，作者的智力劳动须借助于特定的形式予以传达，否则该智力劳动他人无从知晓，智力成果也将是不确定的，这是作品须具备有形形式的本质含义。对说明性作品而言，即使在作品本身可以获得著作权法保护的情况下，著作权法通常也仅着重于保护作品的表达方式而非结论本身，垄断结论不符合著作权法的立法本义。孙新争主张保护的曲线图本身并不符合作品构成的要件，加之其主张的所谓分析结果并无明确确定的形式，一审、二审法院对其主张不予支持的作法并无不当。

28. 对包含他人合法在先权利作品的著作权行使规则

【裁判要旨】

著作权人在行使自身权利之时，应遵循合法、善意及审慎的原则，对于因历史原因而包含于作品当中的他人合法的在先权利，应当合理避让。

【关键词】

商标　侵权　权利交叉　合理避让

【案号】

（2016）最高法民申1975号

【基本案情】

在再审申请人诸暨市开心猫食品有限公司（以下简称开心猫公司）与被申请人诸暨市优莱客食品商行（以下简称优莱客食品商行）、王坤、何铁永、傅凤丽、广东飞鹅包装彩印有限公司（以下简称飞鹅公司）、长沙市裕得康食品贸易有限公司（以下简称裕得康公司）侵害商标权纠纷案中，王坤系第4315837号“波斯猫BOSIMAO”商标（以下简称涉案商标）的权利人，涉案商标于2007年3月14日获准注册，核定使用在第29类水果沙拉、五香豆等商品上，有效期至2017年3月13日止。2004年12月起，何铁永与王坤等曾先后签订“波斯猫”系列商品的合作协议。双方合作期间，王坤自2004年10月起，开始申请并获准注册了包括涉案商标在内的多个“波斯猫”商标。何铁永自2005年4月起，以诸暨市永利食品厂（以下简称永利食品厂，系优莱客食品商行的前身）名义，委托案外人设计了包含涉案商标的“波斯猫”食品包装袋，湖南省高级人民法院（2013）湘高法民终字第55号判决认定上述包装袋所载美术作品“波斯猫爱挑逗”的著作权人系永利食品厂。2006年4月30日，何铁永与王坤协议终止合作，协议同时允许永利食品厂使用涉案商标五个月，此后即应终止使用行为。2014年11月24日，王坤通过公证程序购买了由优莱客食品商行授权，开心猫公司等生产、销售并包含涉案商标的被诉侵权商品，被诉侵权商品外包装图案与永利食品厂享有著作权的美术作品相符。王坤以被诉侵权商品侵害其涉案商标权为由，提起诉讼。浙江省绍兴市中级人民法院一审认为，被诉侵权产品外包装左上角的“波斯猫BOSIMAO”标识与涉案商标视觉基本无差别，且使用在相同商品上，构成侵害涉案商标权的行为，遂判决开心猫公司、优莱客食品商行、飞鹅公司、裕得康公司停止侵权行为并赔偿经济损失及合理开支五十万元。开心猫公司不服，提出上诉。浙江省高级人民法院二审判决驳回上诉、维持原判。开心猫公司、优莱客食品商行仍不服，以其对包含涉案商标的“波斯猫爱挑逗”作品享有著作权、其使用行为具有合法性为由，向最高人民法院申请再审。最高人民法院于2016年11月7日裁定驳回波斯猫公司、优莱客食品商行的再审申请。

【裁判意见】

最高人民法院审查认为：虽然已有生效判决确认优莱客食品商行系“波斯猫爱挑逗”作品的著作权人，但该判决同时确认，优莱客食品商行创作完成该作品的时间为2005年5月17日，其时何铁永与王坤尚在合作期间，何铁永在产品包装中使用涉案商标的行为，系基于王坤的明确授权。双方亦曾明确约定，在合作终止后，优莱客食品商行不得再继续使用涉案商标。因此，至本案被诉侵权行为发生之时，优莱客食品商行在产品包装中对被诉侵权标识的使用已经不具备合法性基础。其在行使自身享有的著作权权利之时，应对王坤合法拥有的在先涉案商标权予以避让，即不能继续在包装中使用涉案商标，是优莱客食品商行合法、善意、审慎行使其著作权的应有之义。但本案被诉侵权行为的发生，具有一定的历史原因和背景：首先，双方之间曾经存在合作及知识产权许可关系。自2004年起，何铁永与王坤即针对

“波斯猫”商品开展了一系列合作经营活动。涉案产品包装中对“波斯猫 BOSI-MAO”等标识的使用，最早即来源于王坤在合作过程中的明确授权。本案被诉侵权行为的性质因此而区别于恶意攀附他人商誉的“搭便车”行为。其次，知识产权权利保护客体具有一定的特殊性，使其在权利的行使和权利边界界定的过程中，相较于具有明确物理边界的物权而言，具有更多的复杂因素。具体到本案而言，在双方各自拥有的著作权与商标权形成和行使的过程中，因伴随着曾经的合作和知识产权许可关系，而使得权利的行使出现了一定程度的交叉。对于并不具有专业知识背景的本案当事人而言，如何正确理解和行使知识产权的相关权利，客观上确实存在一定的困难。双方曾经存在长期的合作关系，并均因此而获益。在合作终止后，双方所涉知识产权纠纷不断，不仅影响了正常的生产经营活动，亦可能损及自身的企业形象。而即使作为具有同业经营关系的市场经营者，亦应遵循诚实信用原则，遵守公认的商业道德，开展有序的市场竞争，而不应以诉讼为名行恶性竞争之实。双方在充分尊重他人合法权利的同时，亦应善意、审慎地行使自身权利，从而在诚信经营的基础上，获取消费者的认同和赞誉。

四、不正当竞争案件审判

29. 不正当竞争案件中当事人诉讼主体资格的确定

【裁判要旨】

不正当竞争案件中原告主体资格的确定，不能仅依据其与被告是否为具有直接竞争关系的产品经营者判断。

【关键词】

不正当竞争　主体资格　竞争关系产品经营者

【裁判意见】

在前述“采蝶轩”侵害商标权及不正当竞争案中，最高人民法院还明确了不正当竞争案件中诉讼主体资格的条件。最高人民法院提审认为：根据反不正当竞争法第二条第二款、第三款规定，不正当竞争，是指经营者违反法律规定，损害其他经营者的合法权益，扰乱社会经济秩序的行为。经营者，是指从事商品经营或者营利性服务的法人、其他经济组织和个人。梁或、卢宜坚是涉案注册商标权人，其认为采蝶轩集团公司、采蝶轩服务公司和巴莉甜甜公司的行为侵害了涉案注册商标专用权，构成不正当竞争，即可以据此提起诉讼，其诉讼主体资格的有无，不能仅据其是否系具体的涉诉商标产品的实际经营者来判断。原审法院认定梁或、卢宜坚与采蝶轩集团公司、采蝶轩服务公司和巴莉甜甜公司不具有竞争关系，不符合提起不正当竞争之诉的主体要件，没有法律依据，对此予以纠正。

30. 商业秘密共有案件中合理保密措施的认定

【裁判要旨】

当事人虽对相关商业秘密主张共有，但涉案信息实际上是在各当事人处分别形成。故某一当事人采取的保密措施，不能取代其他当事人应分别对涉案商业秘密采取的合理保密措施。

【关键词】

商业秘密　侵权　共有　保密措施

【案号】

（2014）民三终字第 3 号

【基本案情】

在上诉人化学工业部南通合成材料厂（以下简称合成材料厂）、南通星辰合成材料有限公司（以下简称星辰公司）、南通中蓝工程塑胶有限公司（以下简称中蓝公司）与被上诉人南通市旺茂实业有限公司（原南通市东方实业有限公司，简称旺茂公司）、周传敏、陈建新、陈晰、李道敏、戴建勋（统称五自然人被告）侵害商业技术秘密和商业经营秘密纠纷案中，聚对苯二甲酸丁二醇酯（PBT）是一种热塑型饱和聚酯类工程塑料，属五大通用工程塑料之一。国内外对PBT进行了广泛的改性研究，采用化学或物理的方法改变其力学性能、阻燃性能、耐热性能、抗老化性能等，以达到客户指定的各种使用性能要求。经过改性的PBT称为改性PBT或PBT改性产品。合成材料厂设立于1990年7月31日，经营范围包括化工产品的生产销售等。1991年10月22日，合成材料厂成立PBT合成车间，并随后对PBT装置进行了多次试车。星辰公司设立于2000年8月21日，经营范围包括工程塑料等，合成材料厂为星辰公司成立时的股东之一。中蓝公司设立于2003年1月23日，经营范围包括工程塑料及改性产品等。合成材料厂称，PBT改性产品系中蓝公司主导生产，星辰公司、中蓝公司提供技术、人员服务。1997年7月，合成材料厂成立技术保密小组并制定技术保密管理办法。该《保密工作管理办法》对企业要求保护的技术信息秘密、经营信息秘密的内容范围及管理工作办法进行了明确规定。2000年6月12日，合成材料厂作出《关于保护秘密、限制同行业竞争，签订保密协议的通知》，要求全员签订保密协议。周传敏、陈建新、陈晰、李道敏、戴建勋于2000年分别与合成材料厂签订了保密协议。星辰公司的《文件和记录管理规定》中记载，制定该文件的目的是："为了使受控文件的编制、发放、更改、保存和管理规范化，确保质量管理活动的有效进行。"其内容主要涉及对公司文件的管理性措施。中蓝公司的《程序文件一览表》记载了26项程序文件的名称及编号，《文件与资料和管理程序》规定了文件的结构、部门职责、审核批准程序、编制规则及资料管理等事项。星辰公司、中蓝公司主张，由于其从事PBT改性产品的生产和管理人员的劳动关系均在合成材料厂，故其在实际生产经营中也执行合成材料厂规定的保密措施。周传敏自1998年起，先后任合成材料厂副厂长、厂长，星辰公司董事、总经理，中蓝公司董事兼董事长。陈建新自1991年起，先后任合成材料厂PBT合成车间副主任、主任、副厂长、PBT装置第八次试车指挥部成员兼办公室主任，星辰公司副总经理，中蓝公司董事。陈晰与周传敏系夫妻关系，曾分别在合成材料厂检测中心、研发中心、国际贸易部工作。戴建勋、李道敏原均系合成材料厂员工。东方公司（即旺茂公司前身）原由周传敏之父周庆壁等四名自然人于2003年10月21日投资设立，生产销售的产品以PBT改性产品为主。周传敏、陈建新、陈晰、李道敏、戴建勋离开原单位后，陆续至东方公司工作。周传敏任总经理，陈建新任副总经理，陈晰、李道敏从事产品研发工作，戴建勋从事销售工作。合成材料厂、星辰公司、中蓝公司以旺茂公司、五自然人被告侵害其在改性PBT材料领域持有的技术秘密和经营秘密为由，提起诉讼。江苏省高级人民法院一审认为，关于技术信息，涉案改性PBT产品的相关技术信息已不在当事人所约定的保密范围之内。即便仍属当事人约定的保密范围，各权利人也未采取合理的保密措施。关于涉案改性PBT产品的相关客户交易信息，因其不具备明显有别于公知信息的深度交易信息，现有证据不能证明权利主体已采取了合理的保密措施，故不符合经营秘密的构成要件。遂判决驳回合成材料厂、星辰公司、中蓝公司的诉讼请求。合成材料厂、星辰公司、中蓝公司不服，提起上诉。最高人民法院于 2016 年 9 月 26 日判决驳回上诉，维持原判。

【裁判意见】

最高人民法院二审认为：合成材料厂、星辰公司、中蓝公司是否对其主张商业秘密保护的涉案信息采取了合理的保密措施是本案的争议焦点。合成材料厂、星辰公司、中蓝公司主张，涉案信息为合成材料厂、星辰公司、中蓝公司共同共有，只要当事人之一采取了合理的保密措施，就应视为合成材料厂、星辰公司、中蓝公司均采取了合理的保密措施。首先，保密措施通常是由商业秘密的权利人所采取的，体现出权利人对其主张商业秘密保护的信息具有保密的主观意愿。本案中，合成材料厂、星辰公司、中蓝公司主张的技术秘密为改性 PBT 的 155 项配方以及相关工艺，经营秘密为 55 项客户名单。涉案信息实际上是在较长时间内，在合成材料厂、星辰公司和中蓝公司三个民事主体处分别形成的。涉案信息中的一部分以出资的方式，在合成材料厂与星辰公司之间，以及星辰公司与中蓝公司之间，先后经历了两次权利人的变更。合成材料厂、星辰公司、中蓝公司为各自独立的民事主体，组织机构各不相同，本案并无充分证据证明三者存在“三个单位、一套人马、三位一体”的情形。在合成材料厂、星辰公司和中蓝公司主张共有之前，中蓝公司作为涉案信息唯一的权利人，应当就涉案信息采取合理的保密措施。在合成材料厂、星辰公司和中蓝公司人主张共有之后，中蓝公司作为共有人之一，亦应当就涉案信息采取合理的保密措施。但是在本案中，合成材料厂、星辰公司和中蓝公司提供的证据不能证明中蓝公司采取了合理的保密措施。同理，合成材料厂采取的保密措施仅适用于在该厂形成的有关涉案信息，不能作为在星辰公司、中蓝公司处取得或形成的有关涉案信息的保密措施。相应的，星辰公司采取的保密措施，也不能作为在中蓝公司处取得或形成的有关涉案信息的保密措施。其次，关于合成材料厂、星辰公司、中蓝公司主张共有涉案信息对本案的影响。在没有相反证据证明的情况下，因共有而发生的涉案信息权利人的变更并不能对形成共有之前的保密措施的认定带来实质性影响。且不论共有方式如何，合成材料厂、星辰公司、中蓝公司均应就涉案信息采取合理的保密措施。因此，一审法院认定“在共同共有的状态下，合理的保密措施还意味着各共有人对该非公知信息均应采取合理的保密措施”并无不当。合成材料厂、星辰公司、中蓝公司有关“只要某一当事人采取了合理的保密措施，就应视为合成材料厂、星辰公司、中蓝公司均采取了合理的保密措施”的主张缺乏事实和法律依据。

五、垄断案件审判

31. 经营者占有市场支配地位的认定

【裁判要旨】

作为特定区域内唯一合法经营有线电视传输业务的经营者及电视节目集中播控者，在市场准入、市场份额、经营地位、经营规模等各要素上均具有优势，可以认定该经营者占有市场支配地位。

【关键词】

垄断　捆绑交易　经营者　市场支配地位

【案号】

（2016）最高法民再 98 号

【基本案情】

在再审申请人吴小秦与被申请人陕西广电网络传媒（集团）股份有限公司（以下简称广电公司）捆绑交易纠纷案（以下简称广电公司捆绑交易案）中，广电公司是经陕西省政府批准，陕西境内唯一合法经营有线电视传输业务的经营者和唯一电视节目集中播控者。2012 年 5 月 10 日，吴小秦前往广电公司缴纳数字电视基本收视维护费时获悉，数字电视基本收视维护费每月最低标准由 25 元上调至 30 元。吴小秦缴纳了 2012 年 5 月 10 日至 8 月 9 日的数字电视基本收视维护费 90 元。广电公司向吴小秦出具的收费专用发票载明：数字电视基本收视维护费 75 元及数字电视节目费 15 元。之后，吴小秦通过广电公司客户服务中心咨询，广电公司节目升级增加了不同的收费节目，有不同的套餐，其中最低套餐基本收视费每年 360 元，用户每次最少应缴纳 3 个月费用。之后，吴小秦获悉数字电视节目应由用户自由选择，自愿订购。吴小秦认为，广电网络公司属于公用企业，在数字电视市场内具有支配地位，其收取数字电视节目费的行为剥夺了自己的自主选择权，构成搭售，故诉至法院，请求确认广电公司 2012 年 5 月 10 日收取其数字电视节目费 15 元的行为无效并返还其 15 元。陕西省西安市中级人民法院一审确认广电公司收取吴小秦数字电视节目费 15 元的行为无效，并判令广电公司返还吴小秦 15 元。广电公司不服，提起上诉。陕西省高级人民法院二审认为，广电公司在销售时不仅提供了组合服务，也提供了基本服务，存在两种以上的选择。选择权既然存在，就不符合搭售行为的构成要件。二审法院遂判决撤销一审判决并驳回吴小秦的诉讼请求。吴小秦不服，向最高人民法院申请再审。最高人民法院裁定提审本案，并于 2016 年 5 月 31 日改判撤销二审判决，维持一审判决。

【裁判意见】

最高人民法院提审认为：反垄断法第十七条第五项规定，禁止具有市场支配地位的经营者没有正当理由搭售商品或者在交易时附加其他不合理的交易条件。本案中，广电公司在一审答辩中明确认可其“是经陕西省政府批准，陕西境内唯一合法经营有线电视传输业务的经营者。作为陕西省内唯一电视节目集中播控者，广电公司具备陕西省有线电视市场支配地位，鼓励用户选择更丰富的有线电视套餐，但并未滥用市场支配地位，也未强行规定用户在基本收视业务之外必须消费的服务项目。”二审中，广电公司虽对此不予认可，但并未举出其不具有市场支配地位的相应证据。再审审查过程中，广电公司对一审、二审法院认定其具有市场支配地位的事实并未提出异议。鉴于广电公司作为陕西境内唯一合法经营有线电视传输业务的经营者，陕西省内唯一电视节目集中播控者，一审、二审法院在查明事实的基础上认定在有线电视传输市场中，广电公司在市场准入、市场份额、经营地位、经营规模等各要素上均具有优势，占有支配地位，并无不当。

32. 滥用市场支配地位案件中“搭售”行为的认定

【裁判要旨】

经营者利用市场支配地位，将数字电视基本收视维护费和数字电视付费节目费捆绑在一起向消费者收取，侵害了消费者的消费选择权，不利于其他服务提供者进入数字电视服务市场。经营者即使存在两项服务分别收费的例外情形，也不足以否认其实施了反垄断法所禁止的搭售行为。

【关键词】

垄断　滥用市场支配地位　捆绑交易　搭售

【裁判意见】

在前述广电公司捆绑交易案中，最高人民法院还明确了在滥用市场支配地位的案件中，认定“搭售”行为的标准。最高人民法院提审认为：广电公司的工作人员告知吴小秦每月最低收费标准已从 2012 年 3 月起由 25 元上调为 30 元，每次最少缴纳一个季度，并未告知吴小秦可以单独缴纳数字电视基本收视维护费或者数字电视付费节目费。结合广电公司给吴小秦开具的收费专用发票记载的收费项目—数字电视基本收视维护费 75 元及数字电视节目费 15 元的事实，可以认定广电公司实际上是将数字电视基本收视节目和数字电视付费节目捆绑在一起向吴小秦销售，并没有告知吴小秦是否可以单独选购数字电视基本收视服务的服务项目。虽然广电公司提交了向其他用户单独收取数字电视基本收视维护费的相关票据，但仅能证明广电公司在收取该费用时存在客户服务中心说明的套餐之外的例外情形，并不足以否认广电公司将数字电视基本收视维护费和数字电视付费节目费一起收取的普遍做法。因此，现有证据不能证明普通消费者可以仅缴纳数字电视基本收视维护费或者数字电视付费节目费，即不能证明消费者选择权的存在。此外，数字电视基本收视维护费和数字电视付费节目费属于两项单独的服务，广电公司未证明将两项服务一起提供符合提供数字电视服务的交易习惯；同时，如将数字电视基本收视维护费和数字电视付费节目费分别收取，现亦无证据证明会损害该两种服务的性能和使用价值；广电公司更未对前述行为说明其正当理由，在此情形下，广电公司利用其市场支配地位，将数字电视基本收视维护费和数字电视付费节目费一起收取，客观上影响消费者选择其他服务提供者提供相关数字付费节目，同时也不利于其他服务提供者进入电视服务市场，对市场竞争具有不利的效果。一审法院认定其违反了反垄断法第十七条第五项之规定，并无不当。

六、技术合同案件审判

33. 技术委托开发合同中欺诈行为认定的基本原则

【裁判要旨】

对于技术委托开发合同中受托方欺诈行为的认定，应当尊重技术开发活动本身的特点和规律，区分技术开发的不同阶段，以合同签订之时的已知事实和受托方当时可以合理预知的情况，作为判断其是否告知了虚假情况或隐瞒了真实情况的标准。

【关键词】

技术合同　欺诈　技术开发　合理预知

【案号】

（2015）民三终字第 8 号

【基本案情】

在上诉人钦州锐丰钒钛铁科技有限公司（以下简称钦州锐丰公司）与被上诉人北京航空航天大学（以下简称北航大学）技术合同纠纷案（以下简称“钒钛磁铁砂矿”技术合同纠纷案）中，北航大学与北京金坤宏宇矿业科技有限公司（以下简称北京金坤宏宇公司）共同研发了“钒钛磁铁砂矿综合利用技术”，该技术已经过半工业试验，相关技术成果经中国有色金属工业协会鉴定合格，并出具《科学技术成果鉴定证书》（以下简称《鉴定证书》）。《鉴定证书》记载了涉案钒钛磁铁砂矿综合利用技术的简要技术说明、主要技术性能指标、推广应用前景与措施、主要技术文件目录及来源、鉴定意见等内容。其中“鉴定意见”一节载明“……该试验对工艺技术条件进行了优化，流程简单、技术先进，为工业试验提供了技术依据。预计将有较好的经济效益和社会效益，其工艺技术达到国际先进水平……该项目的实施符合国家循环经济和节能减排产业政策……建议尽快进行工业化试验和建设处理钒钛磁铁矿的工业示范基地。”此外，《鉴定证书》第1页“2.1 钒钛磁铁砂矿综合利用的工艺流程”一节记载“……电炉深度还原熔分—高钒铁水、高钛渣……”钦州锐丰公司的母公司香港锐丰集团有限公司（以下简称香港锐丰公司）与北航大学就钒钛铁分离技术工业化示范项目的合作问题多次洽谈，并多次到北航大学进行技术考察。涉案合同磋商阶段，北航大学向香港锐丰公司提交了《鉴定证书》《钒钛铁分离技术工业化示范项目申请报告》（以下简称《示范项目申请报告》）。《示范项目申请报告》是该技术规模化工业试验阶段的项目规划，报告第21页记载，在工业试验阶段的“熔分过程仅进行钛渣与钒铁分离”，所得钛渣经过“进一步提取和加工”才能得到高钛渣。2010年8月10日，钦州锐丰公司作为委托方、北航大学作为受托方签订了《技术开发（委托）合同》及相关附件（以下简称涉案合同），约定双方共同研究开发钒钛铁分离技术工业化示范项目。涉案合同签订后，钦州锐丰公司实际向北航大学支付了人民币5796万元。其后，钦州锐丰公司以北航大学提供虚假技术，虚报项目产品、产值，虚报项目开发成本，构成对钦州锐丰公司的欺诈为由，提起诉讼，请求撤销涉案合同，返还锐丰公司已经支付的技术开发经费5796万元，并赔偿钦州锐丰公司经济损失22704万元。北京市高级人民法院一审认为，没有足够有效证据证明北航大学提供的技术存在致命缺陷，北航大学以其经鉴定合格的钒钛铁分离技术与钦州锐丰公司合作并签订涉案合同以寻求该技术的工业化的过程并不存在欺诈。遂判决驳回钦州锐丰公司的诉讼请求。钦州锐丰公司不服，提起上诉。最高人民法院于2016年11月29日判决驳回上诉、维持原判。

【裁判意见】

最高人民法院二审认为：在技术委托开发合同领域，对于受托方是否告知虚假情况或隐瞒真实情况的判断，须充分考虑技术开发活动本身的特性。技术开发活动具有阶段性，其结果具有不确定性。从实验室试验，到半工业试验、工业试验，再到成熟的工业生产，研发阶段的不断递进不只是产量和规模的简单递增，更是不断克服已知和未知困难的复杂过程，技术开发活动中的某些困难可能难以预见、难以预防、难以控制、难以克服。规模化工业试验并不是半工业试验的简单再现，二者在试验目的、试验环境、试验规模、试验设备等方面均有不同，可能遇到的技术困难也不尽一致。以顺畅的规模化工业生产为目的，对半工业试验中的工艺进行适应性调整和改进，本就是工业试验的题中之意。因而，工业试验在整体工艺和具体工序上与半工业试验的工艺、工序有所差异，实属正常。关于北航大学是否向钦州锐丰公司告知了虚假情况或隐瞒了真实情况的判断，主要应考虑两个方面的问题：一是北航大学是否向钦州锐丰公司完整告知了半工业试验阶段钒钛磁铁砂矿综合利用技术的真实情况；二是北航大学是否向钦州锐丰公司完整告知了钒钛铁分离技术工业化示范项目的真实规划。北航大学在涉案合同磋商阶段向香港锐丰公司、钦州锐丰公司提供了《鉴定证书》，即已完整告知了关于涉案钒钛磁铁砂矿综合利用技术半工业试验阶段的真实情况。北航大学正是在钒钛磁铁砂矿综合利用技术半工业试验的基础上，对工业试验阶段的工艺作出了调整。北航大学完整地告知了钦州锐丰公司钒钛磁铁砂矿综合利用技术半工业试验阶段的真实情况，其未对涉案技术在这一研发阶段的情况实施欺诈；且依据现有证据难以认定《鉴定证书》所载钒钛磁铁砂矿综合利用技术系虚假技术。同时，北航大学在涉案合同磋商阶段也向钦州锐丰公司提交了《示范项目申请报告》，用以说明其关于钒钛磁铁砂矿综合利用技术工业化试验项目的规划。鉴于北航大学完整告知了钒钛磁铁砂矿综合利用技术半工业试验阶段的真实情况，以及钒钛铁分离技术工业化示范项目的真实规划，故北航大学不构成对钦州锐丰公司的欺诈。

34. 对技术委托开发合同中“产品”的理解与受托方欺诈行为的认定

【裁判要旨】

对于技术合同中“产品”的理解，应当考虑技术研发活动具有的阶段性及阶段产品存在差异的特点。对受托方使用不尽相同的概念对技术合同中的产品进行指代的行为，应当在考虑其所处研发阶段及对应具体工序的基础上，认定其是否实施了虚报项目产品的欺诈行为。

【关键词】

技术合同　研发阶段　产品　欺诈

【裁判意见】

在前述“钒钛磁铁砂矿”技术合同纠纷案中，最高人民法院还明确了如何在正确理解合同约定中“产品”概念的基础上，认定受托方是否存在欺诈行为。最高人民法院二审认为：钦州锐丰公司以《示范项目申请报告》中使用了“富钛渣”“高钛渣”“钛渣”“钒铁金属间化合物”“钒铁”等多个概念为由，认为北航大学虚报了项目产品。对此最高人民法院认为，技术研发活动具有阶段性，后一阶段并非前一阶段的简单复现和放大，不同研发阶段的产品可能存在差异；即便就同一研发阶段而言，不同工序也会对应不同产品。所谓“中间产品”本就不是一个指向固定的概念，中间产品为何物，取决于其对应的工序为何者。故对于产品的理解，特别是对中间产品的理解，既要考虑其所处的研发阶段，也要考虑其所对应的具体工序。本案中，《示范项目申请报告》中既有对《鉴定证书》所载钒钛磁铁砂矿综合利用技术半工业试验阶段的情况回顾，也有对该技术规模化工业试验阶段的项目规划；既有对钒钛铁分离技术示范项目一期工程的介绍，也有对后期工程的展望，因而其中所涉及的产品相对复杂。对于《示范项目申请报告》中“富钛渣”“高钛渣”“钛渣”“钒铁金属间化合物”“钒铁”等产品概念的理解，必须结合不同语境，明确其所指向的研发阶段和具体工序，不能简单因为报告中同时出现了上述概念就认定其自相矛盾或陈述不实。首先，《示范项目申请报告》中的“富钛渣”“高钛渣”基本都指向半工业试验阶段的钒钛磁铁砂矿综合利用技术或整个钒钛铁分离技术工业化示范项目。其次，《示范项目申请报告》中“钛渣”基本都指向钒钛铁分离技术工业化示范项目的一期工程。再次，根据《示范项目申请报告》第1页的记载，该报告中的“钒铁”均为“钒铁金属间化合物”的简称，故在该报告语境下“钒铁金属间化合物”和“钒铁”并无差异。最后，《示范项目申请报告》在产品描述方面也确有未尽精准之处，混杂出现了钛渣、富钛富钒渣、高钛渣等多个概念。但考虑到：一方面，“中间产品”的概念确有一定的不确定性，一个工艺流程包含若干不同工序，本就可以有多个不同的中间产品；另一方面，报告关于熔分后的产物为钛渣，钛渣中二氧化钛含量为46%的表述自始至终是清晰、一贯的，且这与涉案合同中关于钒钛铁分离技术工业化示范项目一期工程的产品为还原铁、钛渣、钒渣的明确约定也是一致的，故上述表述并不涉及故意告知虚假情况或故意隐瞒真实情况等陈述不实之情形。

35. 对技术委托开发合同中“技术开发成本”的理解与受托方欺诈行为的认定

【裁判要旨】

技术开发成本包括但不限于试验设备的相关费用，也仅仅是决定技术开发合同价款的因素之一。对技术开发成本的认定，应当符合技术开发成本的客观构成，以及技术开发合同定价的基本规律，并在此基础上认定受托方是否以虚报技术开发成本的方式实施了欺诈行为。

【关键词】

技术合同技术开发成本　虚报　欺诈

【裁判意见】

在前述“钒钛磁铁砂矿”技术合同纠纷案中，最高人民法院还明确了在如何理解合同约定中的“技术开发成本”的基础上，认定受托人是否存在欺诈行为。该案中钦州锐丰公司主张，涉案合同的总额为3.15亿元，但北航大学向案外人发包生产线制造项目的总费用仅为1.702亿元，故北航大学以虚报1.448亿元项目开发成本的方式实施了欺诈行为。对此最高人民法院认为，首先，技术开发成本包括但不限于试验设备的相关费用。尽管试验设备在技术开发活动中的作用举足轻重，但其远非技术研发活动的全部。尤其是在工业化试验项目中，除试验设备外，项目的整体设计、生产工艺的优化、生产流程的监控等也都至关重要，其相应对价均可计入技术开发成本。其次，技术开发成本仅仅是决定技术开发合同价款的因素之一。技术成果的先进性、技术成果实施转化和应用的程度、当事人享有的权益和承担的责任、技术成果的经济效益等，亦与技术开发成本一样，是技术开发合同定价的重要考虑因素。故在本案中，北航大学向案外人发包生产线制造项目的1.702亿元仅是钒钛铁分离技术工业化示范项目技术开发成本的一部分，而该项目的技术开发成本也仅是整个合同定价的考虑因素之一。钦州锐丰公司将项目生产线的制造费用等同于整个技术开发成本，又将技术开发成本等同于涉案合同价款，既不符合技术开发成本的客观构成，也不符合技术开发合同定价的基本规律，其关于北航大学虚报技术开发成本的主张，缺乏依据。

36. 技术委托开发合同中委托方应当自行完成的商业判断与受托方欺诈行为的认定

【裁判要旨】

判断技术合同中的委托方是否因受欺诈而陷于错误判断，应当充分尊重技术开发活动的特性，并综合考虑委托方的认知能力、信息来源及所能合理预知的情况等因素。在受托方已经尽到合理告知义务的情况下，委托方未完成应由其自行完成的商业判断，不能据此认定受托方构成欺诈。

【关键词】

技术合同　欺诈　委托方　商业判断

【裁判意见】

在前述“钒钛磁铁砂矿”技术合同纠纷案中，最高人民法院还对技术合同的委托方应自行完成的商业判断，与认定受托方是否构成欺诈之间的关系作出了明确。该案中钦州锐丰公司主张，北航大学以虚报项目成本和产值，使其陷入错误判断的方式实施了欺诈行为。对此最高人民法院认为，技术开发活动具有阶段性，其结果具有不确定性。对于技术委托开发合同中委托方是否因受欺诈而陷于错误判断，并在此基础上做出违背其真意的意思表示的认定，也应在充分尊重技术开发活动固有特性的前提下，综合考虑委托方对合同项目的认知能力、委托方的信息来源、委托方所能合理预知的情况等因素，认定其是否陷于错误判断，以及其错误判断与受托方的欺诈行为是否具有因果关系。关于是否向规模化工业试验项目投资的判断，尽管离不开对技术和项目的理解，但本质上仍是一种商业判断。磋商阶段，技术方应确保其所供技术并非虚假，所做规划未有不实；至于估算项目产值，核算项目成本，预测项目利润等商业分析理应由投资方自行完成。本案中，北航大学固然是对钒钛铁分离技术工业化示范项目的商业价值提出了参考意见，但是否投资该项目仍应是钦州锐丰公司自己的商业判断。鉴于北航大学真实、完整地告知了钦州锐丰公司钒钛磁铁砂矿综合利用技术半工业试验阶段的情况和钒钛铁分离技术工业化示范项目的规划；亦鉴于，涉案合同载明的还原铁、钛渣、钒渣等项目一期工程产品均系行业内的常见产品，钦州锐丰公司完全有能力自行估算项目产值，并在此基础上判断以3.15亿元的对价签订涉案合同是否符合其商业利益。钦州锐丰公司主张北航大学虚报项目成本和产值，使其陷入错误判断，缺乏依据，对此不予支持。

七、集成电路布图设计案件审判

37. 集成电路布图设计侵权案件中合法来源抗辩是否成立的判断

【裁判要旨】

集成电路布图设计公告内容通常仅包括著录项目信息，不包括布图设计的具体内容。有证据证明通过合法途径获得被诉侵权产品，不知道也没有合理理由知道其中含有非法复制的布图设计的，合法来源抗辩成立。

【关键词】

集成电路布图设计　侵权　合法来源抗辩　举证责任

【案号】

（2016）最高法民申1491号

【基本案情】

在再审申请人南京微盟电子有限公司（以下简称微盟公司）与被申请人泉芯电子技术（深圳）有限公司（以下简称泉芯公司）侵害集成电路布图设计专有权纠纷案中，微盟公司的“ME6206线性稳压器芯片”的布图设计（即涉案布图设计）于2007年3月26日获得国家知识产权局颁发的《集成电路布图设计登记证书》，登记号为BS.07500011.3。微盟公司以泉芯公司在市场上销售的QX6206芯片（即被诉侵权产品）与微盟公司的涉案布图设计相同并构成侵权为由，提起诉讼。泉芯公司以被诉侵权产品系购自案外人深圳市京众电子有限责任公司（以下简称京众公司）为由，提出合法来源抗辩。广东省深圳市中级人民法院一审认为，被诉侵权产品与涉案布图设计属相同产品。但泉芯公司提交的证据不能证明被诉侵权产品来源于京众公司，其合法来源抗辩不能成立。遂判决泉芯公司停止侵权行为并赔偿微盟公司人民币40万元。泉芯公司不服，提起上诉。广东省高级人民法院二审认为，根据泉芯公司提交的证据，其多次、持续、大批量向京众公司购买了被诉侵权产品，相关交易在双方的对账单、送货单以及增值税专用发票中均有明确指向。在微盟公司未能提供相反证据的情况下，可以认定被诉侵权产品即来源于京众公司。二审法院遂判决撤销一审判决，驳回微盟公司的诉讼请求。微盟公司不服，向最高人民法院申请再审。微盟公司认为，泉芯公司并非普通的销售公司，其作为专注于集成电路设计和开发的企业，应当知晓微盟公司已经登记并受法律保护的集成电路布图设计，其合法来源抗辩主张不能成立。最高人民法院于2016年11月18日裁定驳回微盟公司的再审申请。

【裁判意见】

最高人民法院审查认为：在泉芯公司主张其不知道且没有合理理由应当知道时，二审法院认定应由微盟公司承担举证责任，证明泉芯公司具有知道或者应当知道的主观状态，并无不当。本案中，微盟公司没有提供证据证明泉芯公司知道或者应当知道QX6206中含有非法复制的布图设计。根据《集成电路布图设计保护条例》第十八条的规定，布图设计公告内容通常仅包括相关著录项目信息，不包括布图设计的具体内容，公众若希望了解具体内容，仍需办理查阅手续。微盟公司没有提交证据证明泉芯公司查阅了布图设计的具体内容。故微盟公司的再审主张缺乏事实依据，不应予以支持。

八、关于知识产权诉讼程序与证据

38. 商标驳回复审程序中通常不应当考虑与知名度有关的证据

【裁判要旨】

由于商标驳回复审程序为单方程序，引证商标权利人并无机会提交有关引证商标知名度的证据。为维护程序的正当性，在商标驳回复审程序中通常不应当考虑与知名度有关的证据。

【关键词】

商标 复审程序 单方性 知名度

【案号】

（2016）最高法行申362号

【基本案情】

在再审申请人深圳市柏森家居用品有限公司（以下简称柏森公司）与被申请人国家工商行政管理总局商标评审委员会（以下简称商标评审委员会）商标驳回复审行政纠纷案中，柏森公司于2012年12月28日提出第11971963号“BESON”商标（即申请商标）的注册申请，指定使用在第20类的“凳子（家具）、办公家具、家具、镜子（玻璃镜）”等商品上。第3352410号“美洲野牛BISON及图”商标（即引证商标一）的申请日为2002年10月30日，2008年1月21日被核准注册，核定使用在第20类的“办公家具”等商品上。第5631303号“邦元·名匠beson及图”商标（即引证商标二）的申请日为2006年9月26日，2010年1月21日被核准注册，核定使用在第20类的“像框、个人用扇（非电动）、家庭宠物箱”等商品上。商标评审委员会于2014年11月26日作出商评字〔2014〕第87886号商标驳回复审决定书（以下简称第87886号决定），以申请商标与引证商标构成使用在同一种或类似商品上的近似商标为由，对申请商标的注册申请予以驳回。柏森公司不服，提起行政诉讼。北京知识产权法院一审认为，申请商标与两引证商标并不构成近似商标，未违反商标法（2001 年修正）第二十八条的规定，遂判决撤销第 87886 号决定。商标评审委员会不服，提起上诉。柏森公司在二审阶段提交了部分合同、发票、荣誉证书，用以证明申请商标的使用、宣传和获奖情况。北京市高级人民法院二审认为，申请商标与引证商标一、二的显著部分在字母构成、发音方面均高度近似，同时使用在类似商品上，相关公众施以一般注意力，易对其指定使用的商品来源产生混淆或误认。本案为商标申请驳回复审行政纠纷，对于引证商标一、二的实际使用情况尚不知晓，仅凭柏森公司的证据亦不足以证明申请商标与引证商标一、二能够区分。二审法院遂判决撤销一审判决，驳回柏森公司的诉讼请求。柏森公司不服，向最高人民法院申请再审。最高人民法院于 2016 年 9 月 26 日裁定驳回柏森公司的再审申请。

【裁判意见】

最高人民法院审查认为：商标驳回复审案件为单方程序，引证商标持有人不可能作为诉讼主体参与到该程序中，有关引证商标知名度的证据因而在该程序中无法得以出示，在缺乏对申请商标，特别是引证商标进行充分举证和辩论的情况下，商标知名度实际上无法予以考虑。否则，将有违程序的正当性。本案中，只有柏森公司提交证据，试图证明申请商标知名度强、引证商标知名度弱，而引证商标持有人并无机会参与诉讼程序。由于柏森公司的证据均为单方证据，故二审法院认为仅凭柏森公司的证据不足以证明申请商标与引证商标一、引证商标二能够实现区分，该结论并无不当。

39. 对法律适用存在瑕疵但裁判结果正确的二审判决的处理方式

【裁判要旨】

二审判决在适用法律方面存在瑕疵，但裁判结果正确，可参照适用民事诉讼法及相关司法解释的规定，对二审判决适用法律存在的瑕疵予以纠正的基础上，裁定驳回再审申请。

【关键词】

商标　复审程序　法律适用　裁判结果

【案号】

（2016）最高法行申 356 号

【基本案情】

在再审申请人黄小东与被申请人国家工商行政管理总局商标评审委员会（以下简称商标评审委员会）、原审第三人沙特阿若必恩石油公司（以下简称阿若必恩公司）商标异议复审行政纠纷案中，第 4378454 号“沙特阿美及图”商标（即被异议商标）由黄小东于 2004 年 11 月 23 日向国家工商行政管理总局商标局（以下简称商标局）申请注册，指定使用在第 4 类的“工业用脂、石油（原油或精炼油）、切削液、发动机油、润滑油、石油气、二甲苯、汽车燃料非化学添加剂、地蜡、燃料油”等商品上。阿若必恩公司在法定期限内提出异议申请。商标局裁定对被异议商标予以核准注册。阿若必恩公司不服，向商标评审委员会申请复审。2013 年 10 月 28 日，商标评审委员会作出商评字（2013）第 94152 号《关于第 4378454 号“沙特阿美及图”商标异议复审裁定书》（以下简称第 94152 号裁定）认为，被异议商标“沙特阿美及图”中“沙特”一词易使消费者理解为“沙特阿拉伯”，其已经构成商标法（2001 年修正）第十条第一款第（二）项所规定的情形，故对被异议商标不予核准注册。黄小东不服，提起行政诉讼。北京市第一中级人民法院一审判决维持第94152号裁定。黄小东不服，提起上诉。北京市高级人民法院二审判决驳回上诉、维持原判。黄小东仍不服，向最高人民法院申请再审。最高人民法院在纠正二审判决法律适用瑕疵的基础上，于2016年6月27日裁定驳回黄小东的再审申请。

【裁判意见】

最高人民法院审查认为：商标法第十条第一款第（二）项所称“同外国的国家名称相同或者近似的标志”，是指该标志作为整体同外国国家名称相同或者近似。如果该标志含有与外国国家名称相同或者近似的文字，且其与其他要素相结合，作为一个整体已不再与外国国家名称构成相同或者近似的，则不宜认定为同外国国家名称相同或者近似的标志。本案中，被异议商标为“沙特阿美及图”，图形为狗头图案，文字为“沙特阿美”，图形在文字上方，图形所占面积超过文字所占面积的二倍。被异议商标虽然含有“沙特”二字，但该标志整体上并未与沙特阿拉伯王国的国家名称相同或者近似。但根据商标法第十条第一款第（八）项的规定，有害于社会主义道德风尚或者有其他不良影响的标志不得作为商标使用。被异议商标的构成要素中含有“沙特”和狗头图形，且被异议商标指定使用于“石油”等相关商品上，相关公众容易认为其指定使用的商品与沙特阿拉伯王国有所联系。在此情况下，如果允许被异议商标在我国予以注册并作商业使用，将产生不良影响。因此，被异议商标违反了商标法第十条第一款第（八）项的规定，不应当予以核准注册。综上，被异议商标虽然并未构成商标法第十条第一款第（二）项规定的情形，但构成了商标法第十条第一款第（八）项规定的情形，同样不应当核准注册。二审判决在适用法律方面存在瑕疵，但裁判结果正确。对于此种情况如何处理，行政诉讼法并未作出明确规定。但根据行政诉讼法第一百零一条的规定，对此可参照适用民事诉讼法的相关规定。根据《最高人民法院关于适用〈中华人民共和国民事诉讼法〉的解释》第三百三十四条规定：“原判决、裁定认定事实或者适用法律虽有瑕疵，但裁判结果正确的，第二审人民法院可以在判决、裁定中纠正瑕疵后，依照民事诉讼法第一百七十条第一款第一项规定予以维持。”依照和参照上述规定，在对二审判决适用法律存在的瑕疵予以纠正的基础上，驳回黄小东的再审申请。

结　语

今年是最高人民法院第九次发布知识产权案件年度报告，年度报告作为最高人民法院知识产权案例指导制度体系的重要组成部分，在严格执行法律，统一司法理念、尺度和规则方面发挥着积极的作用。一如既往需要予以说明的是，年度报告是最高人民法院在具体案件裁判中针对新型、复杂、疑难问题形成的认识，具有较强的个案性、探索性和阶段性，在法律适用标准和方法方面难免存在局限，并可能随着认识的深入和时代的发展发生调整和变化。在未来的工作中，最高人民法院将始终铭记知识产权司法保护的使命与担当，充分发挥司法保护知识产权的主导作用，进一步完善知识产权司法保护的体制机制，努力打造更加科学高效的知识产权审判体系，为建设知识产权强国提供坚强有力的司法保障。

2015 年中国法院十大知识产权案件

一、知识产权民事案件

1. 确认不侵犯本田汽车外观设计专利权及损害赔偿案

石家庄双环汽车股份有限公司与本田技研工业株式会社确认不侵害专利权、损害赔偿纠纷上诉案［最高人民法院（2014）民三终字第 7 号民事判决书］

【案情摘要】本田技研工业株式会社（以下简称本田株式会社）以石家庄双环汽车股份有限公司（以下简称双环股份公司）涉嫌侵害其汽车外观设计专利权为由，于 2003 年向其发送警告函并向法院提起侵害专利权诉讼。双环股份公司于 2003 年 10 月 16 日向石家庄市中级人民法院起诉请求依法确认其生产和销售的涉案汽车的外观设计未侵害涉案专利权。嗣后向国家知识产权局专利复审委员会提出宣告涉案专利权无效的请求。双环股份公司在宣告涉案专利权无效的行政决定经一、二审行政诉讼被维持后，以本田株式会社连续发送侵权警告信，致使双环股份公司推迟涉案汽车上市销售，并且重新对产品外观及模具进行改造，造成其经济损失为由，于 2008 年 4 月 26 日在其提起的确认不侵权之诉中，增加诉讼请求，请求法院判令本田株式会社赔偿其经济损失及律师费、评估费、诉讼费共计人民币 2579.139 万元。本田株式会社对宣告涉案专利无效的行政判决不服申请再审，最高人民法院就涉案专利权的效力于 2010 年 11 月 26 日作出（2010）行提字第 3 号行政判决，判决撤销被诉决定。在专利权恢复有效后，本田株式会社提高侵权赔偿数额，针对双环股份公司等向河北省高级人民法院提起侵害涉案专利权诉讼。该案经最高人民法院裁定由河北省高级人民法院作为一审法院，并将石家庄市中级人民法院审理的确认不侵权诉讼提至该院，与侵害专利权纠纷案件合并审理。河北省高级人民法院于 2013 年 1 月 16 日分别立案进行了审理。双环股份公司于 2013 年 4 月 1 日以本田株式会社发送警告信散布不良舆论，导致其经营权、名誉权受损为由，增加索赔数额，请求赔偿 36574 万元。河北省高级人民法院就本案纠纷作出一审判决：确认双环股份公司生产、销售的涉案汽车不侵害本田株式会社涉案专利权；本田株式会社赔偿双环股份公司经济损失人民币 5000 万元（含合理维权费用）；驳回双环股份公司的其他诉讼请求。双环股份公司和本田株式会社均不服，向最高人民法院提起上诉。最高人民法院判决确认双环股份公司生产销售的涉案汽车不侵害本田株式会社涉案专利权，改判本田株式会社赔偿经济损失 1600 万元。

【典型意义】本案在审理中涉及管辖权异议、侵害专利权关联诉讼、涉案专利权确权诉讼等纠纷，导致审理长达十二年。本案判决明确了确认不侵权纠纷与损害赔偿纠纷为两个不同的法律关系，并根据审理查明的事实，在原审法院就确认不侵权和损害赔偿纠纷事实上均已进行了审理，并在程序上也保证了双方当事人诉权的基础上，变更了本案的案由，明确为确认不侵权以及损害赔偿纠纷。本案判决明确，权利人发送侵权警告维护自身合法权益是其行使民事权利的应有之义，但行使权利应当在合理的范围内。权利人维权的方式是否适当并非以被警告行为是否侵权的最终结论为判断依据，而是以权利人维权的方式是否正当，是否有违公平的竞争秩序，是否存在打击竞争对手作为衡量的标准。由于侵权认定的专业性和复杂性，不能过高要求权利人对其警告行为构成侵权的确定性程度，否则会妨碍侵权警告制度的正常效用，有悖此类制度的初衷。本案判决从发送侵权警告函的合法性、与公平竞争的关系以及市场交易者的商业风险等多角度进行阐述，对认定知识产权侵权警告行为究竟是正当维权行为，还是属于不正当竞争行为以及由此造成的损害赔偿如何审理进行了详细的说理和明确的判断，构建了知识产权权利人通过侵权警告维权的相关法律规范，为同类型案件的审判提供了裁判参照，对于统一该领域的裁判尺度具有标杆意义。

2. “手持淋浴喷头”外观设计专利侵权案

高仪股份公司与浙江健龙卫浴有限公司侵害外观设计专利权纠纷再审案［最高人民法院（2015）民提字第23号民事判决书］

【案情摘要】2012年11月，高仪股份公司（以下简称高仪公司）以浙江健龙卫浴有限公司（以下简称健龙公司）生产、销售和许诺销售的丽雅系列等卫浴产品侵害其“手持淋浴喷头”外观设计专利权为由提起侵权诉讼。浙江省台州市中级人民法院一审认为，高仪公司主张喷头出水面设计为涉案授权外观设计的设计要点，但该主张未在专利授权文件的“简要说明”中体现，涉案授权外观设计与被诉侵权设计虽在喷头的出水面上存在高度近似，但在喷头头部周边设计、手柄设计等方面存在差别，两者不构成近似。据此判决驳回高仪公司的诉讼请求。高仪公司不服，提起上诉。浙江省高级人民法院二审法院认为，跑道状的喷头出水面应作为涉案授权外观设计区别于现有设计的设计特征予以重点考量，而被诉侵权设计正是采用了与之高度相似的出水面设计。被诉侵权设计与涉案授权外观设计在淋浴喷头的整体轮廓、喷头与把手的长度分割比例等方面均非常相似，两者构成近似。据此判决健龙公司停止侵权，销毁库存侵权产品，并向高仪公司赔偿经济损失人民币10万元。健龙公司不服，向最高人民法院申请再审。最高人民法院裁定提审本案，并于2015年8月11日作出再审判决，撤销二审判决，维持一审判决。

【典型意义】本案涉及司法实践中争议较大的外观设计专利的设计特征和功能性特征的问题。最高人民法院认为，授权外观设计的设计特征体现了其不同于现有设计的创新内容，也体现了设计人对现有设计的创造性贡献。如果被诉侵权设计未包含授权外观设计区别于现有设计的全部设计特征，一般可以推定被诉侵权设计与授权外观设计不近似。对于设计特征的认定，应当由专利权人对其所主张的设计特征进行举证，并允许第三人提供反证予以推翻。对功能性设计特征的认定，不在于该设计是否因功能或技术条件的限制而不具有可选择性，而在于外观设计产品的一般消费者看来该设计是否仅仅由特定功能所决定，而不需要考虑该设计是否具有美感。再审判决对外观设计专利设计特征的意义、证明、确定以及在侵权判断中的考量进行系统阐述，同时对功能性特征的含义、分类和认定展开论述，在此基础上明确外观设计专利侵权判断的裁判标准，具有十分重要的指导意义。

3. 电子商务平台承担专利侵权连带责任案

威海嘉易烤生活家电有限公司与永康市金仕德工贸有限公司、浙江天猫网络有限公司侵害发明专利权纠纷上诉案［浙江省高级人民法院（2015）浙知终字第186号民事判决书］

【案情摘要】威海嘉易烤生活家电有限公司（以下简称嘉易烤公司）是名称为“红外线加热烹调装置”发明专利的专利权人，该专利于2014年11月5日获得授权。嘉易烤公司认为永康市金仕德工贸有限公司（以下简称金仕德公司）在天猫网上销售的烧烤炉侵犯其上述专利权，浙江天猫网络有限公司（以下简称天猫公司）在其发送侵权投诉的情况下未采取有效措施，应共同承担侵权责任。浙江省金华市中级人民法院认为金仕德公司的产品侵犯嘉易烤公司专利权，嘉易烤公司提交的投诉材料符合天猫公司的格式要求，天猫公司仅对该材料作出审核不通过的处理，其并未尽到合理的审查义务，也未采取必要措施防止损害扩大，应对损害扩大的部分与金仕德公司承担连带责任，故判决金仕德公司立即停止销售侵权产品，赔偿嘉易烤公司经济损失15万元，天猫公司对其中5万元承担连带赔偿责任。天猫公司不服提起上诉，浙江省高级人民法院认为，嘉易烤公司的投诉符合侵权责任法规定的“通知”的基本要件，属于有效通知。天猫公司接到投诉后未及时采取必要措施，一审判令其就损失的扩大部分承担连带责任并无不当，故维持一审判决。

【典型意义】本案涉及到网络平台销售侵害专利权产品时如何界定其责任的问题。由于专利侵权并非显而易见，二审判决认为侵权责任法规定的“必要措施”并不限于删除、屏蔽、断开链接，而应根据所侵害权利的性质、侵权的具体情形和技术手段等综合确定，但是，将投诉材料转达被投诉人应当是必要措施之一，并在此基础上认定本案中天猫公司未采取必要措施。本案借鉴了著作权领域的“通知——反通知”机制，在保护权利人利益的同时，也有助于防止其滥用投诉机制，既考虑到权利人和被投诉人之间的利益平衡，也有利于电子商务平台的健康有序发展。

4. “星河湾”侵害商标权及不正当竞争案

广州星河湾实业发展有限公司、广州宏富房地产有限公司与江苏炜赋集团建设开发有限公司侵害商标权及不正当竞争纠纷再审案［最高人民法院（2013）民提字第102号民事判决书］

【案情摘要】广州宏富房地产有限公司（以下简称宏富公司）拥有第1946396号和第1948763号组合商标，分别核定使用在第36类“不动产出租、不动产管理”等以及第37类“建筑”等服务项目，后转让给广州星河湾实业发展有限公司（以下简称星河湾公司）。宏富公司经许可使用上述两注册商标，并有权以自身的名义提起侵权诉讼。宏富公司及其关联企业先后在广州、北京、上海等地开发以“星河湾”命名的地产项目，“星河湾”地产项目及星河湾公司先后获得多项荣誉。自2000年起，江苏炜赋集团建设开发有限公司（以下简称炜赋公司）在江苏省南通市先后推出“星河湾花园”“星辰花园”“星景花园”等多个地产项目，小区名称均报经南通市民政局批准。星河湾公司、宏富公司以炜赋公司在开发的不动产项目中使用“星河湾”字样，侵害其注册商标权并构成不正当竞争为由，提起诉讼。江苏省南通市中级人民法院一审认为，炜赋公司使用“星河湾花园”作为其开发的楼盘名称，未导致消费者对该楼盘来源产生混淆，不构成商标侵权。其主观上并无搭便车之故意，客观上也未造成消费者误认，亦不构成不正当竞争。遂判决驳回星河湾公司、宏富公司的诉讼请求。星河湾公司、宏富公司不服，向江苏省高级人民法院提起上诉。江苏省高级人民法院二审判决驳回上诉、维持原判。星河湾公司、宏富公司仍不服，向最高人民法院申请再审。最高人民法院提审认为炜赋公司将与“星河湾”商标相近似的“星河湾花园”标识作为楼盘名称使用，容易使相关公众造成混淆误认，构成对星河湾公司、宏富公司相关商标权的侵犯，故判决撤销一审、二审判决，判令炜赋公司在其尚未出售的楼盘和将来拟开发的楼盘上不得使用相关“星河湾”名称作为其楼盘名称，并赔偿星河湾公司、宏富公司经济损失5万元。

【典型意义】本案涉及不动产销售等服务类别上注册商标的保护以及认定侵权后的责任承担问题，受到社会的广泛关注。最高人民法院再审判决明确，在商标权等知识产权与物权等财产权发生冲突时，是否判令当事人承担停止使用的法律责任，应当遵循善意保护原则并兼顾公共利益。本案中考虑到炜赋公司包含“星河湾”字样的小区名称已经民政部门批准，小区居民也已入住多年，且并无证据证明其购买该房产时知晓小区名称侵犯星河湾公司商标权，如果判令停止使用该小区名称，会导致商标权人与公共利益及小区居民利益的失衡，故不再判令停止使用该小区名称，但在尚未出售的楼盘和将来拟开发的楼盘上不得使用相关“星河湾”名称作为其楼盘名称。该案判决既在合法范围内维护了商标权人的利益，也避免了对善意第三人合法权益以及社会公共秩序和公共利益造成不应有的影响和侵害，充分发挥了司法裁判的价值指引作用。

5.“启航考研”在先使用不侵权案

北京中创东方教育科技有限公司与北京市海淀区启航考试培训学校、北京市启航世纪科技发展有限公司侵害商标权纠纷上诉案［北京知识产权法院（2015）京知民终字第588号民事判决书］

【案情摘要】贵阳市云岩区启航英语培训学校于2003年取得第41类学校（教育）等服务上的“启航学校 Qihang School”注册商标，并将给商标许可给北京中创东方教育科技有限公司（以下简称中创公司）独占使用。中创公司发现北京市海淀区启航考试培训学校（以下简称启航考试学校）及北京市启航世纪科技发展有限公司（以下简称启航公司）在共同运营的启航世纪网站、发放的宣传材料、名片、教材等上以及对外加盟行为中使用与涉案商标相近似的“启航考研”等标识，认为上述行为侵犯其享有的涉案商标专用权，遂诉至法院。启航考试学校成立时间为1998年，启航公司成立于2003年。1998年至2001年间，启航考试学校编写了由中国人民大学出版社出版的各类考研书籍。启航考试学校及启航公司认为其系对自己在先登记使用并已有极高知名度的企业名称和字号使用，未侵犯中创公司享有的商标权。北京市海淀区人民法院及北京知识产权法院均认为，在“启航”商标的申请日，即2001年10月18日之前，启航考试学校已经在公开出版的图书上使用“启航考研”字样并在公开媒体上发布“启航考研”招生信息，且已经具有一定规模，符合商标法第五十九条第三款的适用要件，不构成对注册商标专用权的侵犯。

【典型意义】 商标法第五十九条第三款规定，他人在先使用并有一定影响的商标，注册商标专用权人无权禁止其在原有范围内继续使用，但可以要求附加适当区别标识。该条款系第三次修正商标法新增加的内容，司法实践中适用该条的案件尚不多见，理论上对具体的适用要件亦有分歧。本案对该条款的适用要件进行了充分的解析和梳理，对在先使用的时间点、有一定影响的判断以及原有范围等均做了详细论述，对于此类案件的审理具有借鉴意义。

6. “毕加索”商标许可使用合同案

上海帕弗洛文化用品有限公司与上海艺想文化用品有限公司、毕加索国际企业股份有限公司商标使用许可合同纠纷上诉案［上海市高级人民法院（2014）沪高民三（知）终字第117号民事判决书］

【案情摘要】 毕加索国际企业股份有限公司（以下简称毕加索公司）是图形商标的商标权人。2008年9月8日，毕加索公司授予上海帕弗洛文化用品有限公司（以下简称帕弗洛公司）在我国于书写工具类别上独家使用涉案商标，期限为2008年9月10日至2013年12月31日。2009年3月12日，该商标使用许可合同备案被国家工商总局商标局核准。2010年2月11日，毕加索公司与帕弗洛公司约定商标使用许可期限在原契约基础上延展十年。2012年1月1日，毕加索公司与帕弗洛公司约定双方终止涉案商标使用许可备案，但双方关于该商标的其他约定不受影响。2012年2月16日，毕加索公司与上海艺想文化用品有限公司（以下简称艺想公司）签订《商标使用许可合同书》，约定艺想公司2012年1月15日至2017年8月31日期间独占使用涉案商标。帕弗洛公司认为毕加索公司与艺想公司的行为属于合同法所规定的“恶意串通，损害第三人合法利益”及“违反法律、行政法规的强制性规定”，向法院提起诉讼请求判令：毕加索公司与艺想公司签订的《商标许可使用合同》无效；两者共同赔偿帕弗洛公司经济损失100万元。上海市第一中级人民法院认为，系争商标使用许可合同系双方当事人真实意思表示，目的在于获取涉案商标的独占许可使用权，难以认定其有损害帕弗洛公司合法利益的主观恶意；商标法司法解释第三条第一项的内容是对商标法所规定的商标使用许可方式的定义，不属于强制性法律规范，系争合同的订立并未违反法律、行政法规的强制性规定。遂判决驳回帕弗洛公司的全部诉讼请求。帕弗洛公司、艺想公司均不服，提起上诉。上海市高级人民法院认为，毕加索公司与艺想公司在签订系争商标使用许可合同时，均知晓帕弗洛公司与毕加索公司之间已存在涉案商标独占使用许可关系，因而艺想公司并不属于在后被授权之善意第三人，但尚无充分证据证明艺想公司有加害帕弗洛公司的主观恶意，亦无证据证明毕加索公司与艺想公司间存在串通行为，故难以认定此种合同行为属恶意串通损害第三人利益之行为。但由于艺想公司不属于善意第三人，帕弗洛公司对涉案商标享有的独占许可使用权可以对抗在后的系争商标使用许可合同关系，毕加索公司实际上并未履行系争商标使用许可合同的义务，艺想公司不能据此系争合同获得涉案商标的使用权。故判决驳回上诉、维持原判。

【典型意义】 本案二审判决明确，认定构成合同法规定的“恶意串通损害第三人利益”，不仅要证明被告主观上具有加害的故意，还要证明客观上具有勾结、串通的行为。本案中，在后的商标独占使用许可合同不因其签订在后而被认定为无效合同。但在先的商标独占许可使用权可以对抗非善意第三人在后签订之商标使用许可合同。本案二审判决对于明晰商标许可交易的市场规则具有指导意义，本案判决结果也为全国各地数十起关联案件的审理奠定了基础，对类似案件的处理具有较高参考价值。

7. 琼瑶诉于正案

陈喆与余征等侵害著作权纠纷上诉案［北京市高级人民法院（2015）高民（知）终字第1039号民事判决书］

【案情摘要】陈喆，笔名琼瑶，于1992年10月创作完成剧本《梅花烙》，未以纸质方式公开发表；怡人传播有限公司（以下简称怡人公司）依据剧本《梅花烙》拍摄完成电视剧《梅花烙》，共计21集，于1993年10月13日起在台湾地区首次电视播出，并于1994年4月13日起在我国（湖南电视一台）首次电视播出，电视剧内容与剧本高度一致。小说《梅花烙》系根据剧本《梅花烙》改编而来，于1993年6月30日创作完成，1993年9月15日起在台湾地区公开发行，同年起在中国大陆地区公开发表，主要情节与剧本《梅花烙》基本一致。小说《梅花烙》作者署名是陈喆。余征系剧本《宫锁连城》（又名《凤还巢之连城》）载明的作者，剧本共计20集，剧本创作完成时间为2012年7月17日，首次发表时间为2014年4月8日。电视剧《宫锁连城》根据剧本《宫锁连城》拍摄。电视剧《宫锁连城》完成片共分为两个版本，网络播出的未删减版本共计44集，电视播映版本共计63集，电视播映版本于2014年4月8日起，在湖南卫视首播。剧本《宫锁连城》与剧本《梅花烙》相比，人物关系更复杂，故事线索更多。陈喆主张侵权的内容主要集中在剧本《宫锁连城》的前半部分。北京市第三中级人民法院认定余征等侵害了陈喆对其作品享有的改编权及摄制权，判决电视剧《宫锁连城》各出品方立即停止该电视剧的复制、发行和传播行为；编剧余征在新浪网、搜狐网、乐视网、凤凰网显著位置刊登致歉声明，向陈喆公开赔礼道歉，消除影响；余征及各出品方连带赔偿陈喆经济损失及诉讼合理开支共计人民币五百万元。北京市高级人民法院判决维持一审判决。

【典型意义】本案社会关注度高，社会影响很大。本案判决中对文学作品“实质性相似”的判断方法和判断标准进行了充分阐释，对文学作品中的情节选择、结构安排、情节推进设计等如何进行“思想”和“表达”的区分具有指导意义。本案裁判结果彰显了著作权法鼓励原创、保护原创的立法精神，体现了加大知识产权保护力度的司法政策，对文化产业特别是影视行业的发展具有导向性作用。

8. 涉及“魔兽世界”网络游戏诉中禁令案

暴雪娱乐有限公司、上海网之易网络科技发展有限公司与成都七游科技有限公司等著作权侵权及不正当竞争纠纷诉中禁令案［广州知识产权法院（2015）粤知法著民初字第2-1号、（2015）粤知法商民初字第2-1号民事裁定书］

【案情摘要】暴雪娱乐有限公司是《魔兽世界》系列游戏的著作权人，上海网之易网络科技发展有限公司公司是该游戏在我国的独家运营商。两原告认为，成都七游科技有限公司（以下简称七游公司）开发、北京分播时代网络科技有限公司（以下简称分播时代公司）独家运营、广州市动景计算机科技有限公司（以下简称动景公司）提供下载的被诉游戏《全民魔兽》（原名《酋长萨尔》）侵害了其美术作品著作权，分播时代公司同时构成擅自使用原告知名游戏特有名称、装潢及虚假宣传的不正当竞争行为。两原告在起诉的同时提出禁令申请，请求法院立即禁止三被告停止被诉侵权行为，并提供了1000万元的等值现金担保。广州知识产权法院在组织双方听证后作出禁令裁定，禁令效力维持至本案判决生效日止，禁令期间不影响为该游戏玩家提供余额查询及退费等服务。禁令作出后，七游公司和动景公司自动履行了裁定，分播时代公司在法院督促和释明后亦履行了裁定。七游公司和分播时代公司对禁令裁定提起复议，审理法院依法予以驳回。

【典型意义】本案严格遵循禁令的程序要求，严格审查禁令的实体要件，过程规范、合法。为保证禁令“积极慎重，合理有效”，本案中法院重点审查了原告的胜诉可能性以及是否受到难以弥补的损害。考虑到被诉游戏的上线势必挤占原告新推游戏的市场份额，而且网络游戏具有生命周期短，传播速度快、范围广的特点，给原告造成的损害难以计算和量化，而被诉游戏采用低俗营销方式也会给原告商誉带来损害，故发布了禁令。同时也考虑到游戏玩家的利益，禁令期间不影响为被诉游戏玩家提供余额查询及退费等服务。本案充分彰显了法院加强知识产权司法保护的决心，相关公众及业内人士也对本案禁令的颁发多持正面评价，实现了较好的社会效果。本案入选2015年9月最高人民法院公布的知识产权法院典型案例。

二、知识产权行政案件

9. “阿托伐他汀”发明专利权无效行政纠纷案

沃尔尼·朗伯有限责任公司与国家知识产权局专利复审委员会、北京嘉林药业股份有限公司、张楚发明专利权无效行政纠纷再审案［最高人民法院（2014）行提字第8号行政判决书］

【案情摘要】1996年7月8日，沃尼尔·朗伯有限责任公司（以下简称朗伯公司）申请了名称为“结晶［R－（R＊，R＊）］－2－（4－氟苯基）－β，δ－二羟基－5－（1－甲基乙基）－3－苯基－4－［（苯氨基）羰基］－1H－吡咯－1－庚酸半钙盐”发明专利（即本案专利），2002年7月10日获得授权，专利号为96195564.3。本案专利权利要求1的主题为含1－8摩尔水的Ⅰ型结晶阿托伐他汀水合物，特征部分用X－射线粉末衍射图（XPRD）予以限定。针对本案专利，北京嘉林药业股份有限公司（以下简称嘉林公司）、张楚分别向国家知识产权局专利复审委员会（以下简称专利复审委员会）提起无效宣告请求，专利复审委员会合并审理后于2009年6月17日作出第13582号无效宣告请求审查决定（以下简称第13582号决定），以本案专利不符合专利法第二十六条第三款规定为由，宣告本案专利权全部无效。主要理由为：1. 说明书中没有提供任何定性或定量的数据证明其得到的Ⅰ型结晶阿托伐他汀水合物中确实包含1－8摩尔（优选3摩尔）水；而且，从其制备方法的步骤，以及用于表征产品晶型的XPRD数据及谱图中也无法确切地推知其产品中水含量为1－8摩尔（或3摩尔）。因此，本领域技术人员根据说明书公开的内容无法确认权利要求中保护的产品。2. 本领域技术人员根据本案专利说明书的内容无法确信如何才能制备得到本案专利保护的含1－8摩尔水（优选3摩尔）的Ⅰ型结晶阿托伐他汀水合物。朗伯公司不服，提起行政诉讼。北京市第一中级人民法院维持第13582号决定。朗伯公司提起上诉，北京市高级人民法院二审认为，本发明要解决的技术问题是要获得阿托伐他汀的结晶形式，具体是I型结晶阿托伐他汀，用以克服“无定形阿托伐他汀不适合大规模生产中的过滤和干燥”的技术问题。由于专利复审委员会并没有确定本发明所要解决的技术问题，也没有明确哪些参数是“与要解决的技术问题相关的化学物理性能参数”。因此，专利复审委员会在未对本发明要解决的技术问题进行整体考虑的情况下，作出本案专利不符合专利法第二十六条第三款规定的相关认定显属不当。遂判决撤销一审判决和第13582号决定，并责令专利复审委员会重新作出决定。专利复审委员会、嘉林公司均不服，向最高人民法院申请再审。最高人民法院裁定提审本案，并于2015年4月16日判决撤销二审判决，维持一审判决。

【典型意义】本案涉及化学领域产品发明说明书充分公开的判断，不但法律适用典型，而且技术问题复杂，同时由于该专利权本身蕴含了巨大的经济价值，因此本案的审理备受国内外的关注。最高人民法院认为，化学产品发明的专利说明书中应当记载化学产品的确认、制备和用途。具体而言，当发明是一种化合物时，说明书中应当说明该化合物的化学结构及与发明要解决的技术问题相关的化学、物理性能参数，使本领域技术人员能确认该化合物。说明书中还应当至少公开一种制备方法，使本领域技术人员能够实施。从化学产品确认和制备的角度，本案专利说明书不符合专利法第二十六条第三款的规定。除此之外，本案还对确定发明所要解决的技术问题与判断说明书是否充分公开之间的关系，及申请日后补交的实验性证据是否可以用于证明说明书充分公开等法律问题进行了明确。本案在确立法律标准，指引说明书撰写等方面具有重大法律和现实意义。

三、知识产权刑事案件

10. 假冒调味品注册商标案

被告人张盛、邹丽假冒注册商标罪、被告人王渭宝销售非法制造的注册商标标识罪案［湖北省高级人民法院（2015）鄂知刑终字第1号刑事裁定书］

【案情摘要】2012年以来，被告人张盛为了制造假冒的调味品销售牟利，与被告人王渭宝电话联系，从王渭宝处购买未经授权非法制造的印有“南街村”商标的南德调味料包装袋10000套、印有“莲花”商标的莲花味精包装袋25000套。被告人张盛、邹丽先购买一般品牌的味精、鸡精，进行包装后冒充“太太乐”鸡精、“莲花”味精产品进行销售，后又自己配方，用食盐、味精、香料等制造调味品，冒充“南街村”调味料进行销售，销售金额达115565元。2013年8月14日，湖北省襄阳市老河口市公安局对张盛、邹丽二人租住地方及租用的仓库进行了搜查，发现了大量的制假设备、原料以及假冒的“南街村”调味品、“太太乐”鸡精、“莲花”味精包装、商标标识。被告人张盛、邹丽所使用的“南街村”调味料、“太太乐”鸡精以及“莲花”味精外包装袋上均印制有与上述商标相同的商标标识。湖北省襄阳市中级人民法院一审认为，被告人张盛及邹丽未经“南街村”“太太乐”和“莲花”商标的商标所有人许可，采用购买一般品牌的味精、鸡精，进行分装后冒充“太太乐”鸡精、“莲花”味精进行销售，并自己配方，制造调味品，冒充“南街村”调味料进行销售，销售数额达115565元，均已构成假冒注册商标罪。被告人王渭宝销售了非法制造的“南街村牌”南德调味料包装10000套、“莲花”味精包装袋25000套，其销售的两种注册商标标识数量在一万件以上，已构成销售非法制造的注册商标标识罪。故判决：（1）被告人张盛犯假冒注册商标罪，判处有期徒刑二年，并处罚金60000元。（2）被告人邹丽犯假冒注册商标罪，判处有期徒刑一年，并处罚金50000元。（3）被告人王渭宝犯销售非法制造的注册商标标识罪，判处有期徒刑一年，并处罚金10000元。湖北省高级人民法院在依法纠正一审判决对王渭宝刑期计算错误的基础上，维持一审判决。

【典型意义】 本案一审、二审均为实行"三合一"审判的知识产权审判庭审理，认定商标权利来源和法律状态的事实清楚，正确界定了"假冒注册商标罪"与"销售非法制造的注册商标标识罪"的界限，厘清了为假冒注册商标罪的主犯提供帮助的行为在何种情况下以共犯论处或者是独立构成犯罪。案件所涉法律适用问题具有典型意义和代表性，案件实体处理结果兼顾了加大打击知识产权犯罪力度与加强人权保障的知识产权刑事司法理念，充分体现出知识产权"三合一"审判的优势。

2016年中国法院十大知识产权案件

1. "乔丹"系列商标行政案

迈克尔·杰弗里·乔丹与国家工商行政管理总局商标评审委员会、乔丹体育股份有限公司商标争议行政纠纷再审系列案［最高人民法院（2016）最高法行再15、20、25、26、27、28、29、30、31、32号行政判决书］

【案情摘要】 再审申请人迈克尔·杰弗里·乔丹系美国NBA著名篮球明星，其于2012年向商标评审委员会提出申请，请求撤销乔丹体育股份有限公司（以下简称乔丹公司）在多个商品类别上注册的"乔丹""QIAODAN"等多项商标。商标评审委员会于2014年裁定驳回其申请。再审申请人不服而提起行政诉讼。2015年，再审申请人不服北京市高级人民法院作出的68件商标争议行政纠纷案件的二审判决，向最高人民法院申请再审。2015年12月，最高人民法院依法裁定提审了十件案件。同时，最高人民法院裁定驳回了再审申请人在另外50件案件中的再审申请，并裁定中止了8件案件的审查。最高人民法院提审后，依法组成了由副院长陶凯元大法官担任审判长的五人合议庭对十件案件进行审理。经最高人民法院审判委员会讨论决定，判决认为：（1）关于涉及"乔丹"商标的（2016）最高法行再15号、26号、27号的三件案件。因争议商标的注册损害了再审申请人对"乔丹"享有的在先姓名权，不符合2001年修订的《商标法》第三十一条有关"申请商标注册不得损害他人现有的在先权利"的规定，应予撤销，故判决撤销商标评审委员会作出的被诉裁定及一、二审判决，判令商标评审委员会针对争议商标重新作出裁定。（2）关于涉及拼音"QIAODAN"的（2016）最高法行再20号、29号、30号、31号四件案件，以及涉及拼音"qiaodan"与图形组合商标的（2016）最高法行再25号、28号、32号三件案件，共计七件案件，因再审申请人对拼音“QIAODAN”“qiaodan”不享有姓名权，争议商标的注册未损害再审申请人的在先姓名权。争议商标也不属于商标法第十条第一款第（八）项规定的“有害于社会主义道德风尚或者有其他不良影响”，以及第四十一条第一款规定的“以欺骗手段或者其他不正当手段取得注册”的情形，故判决维持二审判决，驳回再审申请人的再审申请。

【典型意义】最高人民法院依法公开审理、宣判“乔丹”商标争议行政纠纷系列案件，平等保护中外权利人的合法权益，进一步树立了我国加强知识产权司法保护的负责任大国形象。最高人民法院在判决中强调了诚实信用原则对于规范商标申请注册行为的重要意义，对于净化商标注册和使用环境，保护消费者合法权益，弘扬和践行社会主义核心价值观等均具有积极意义。最高人民法院在判决中所阐述的商标法中关于在先姓名权保护问题的法律适用标准对于此类案件的裁判标准将产生重要影响。

2. 侵害“庆丰”商标及不正当竞争纠纷案

北京庆丰包子铺与山东庆丰餐饮管理有限公司侵害商标权与不正当竞争纠纷再审案［最高人民法院（2016）最高法民再238号民事判决书］

【案情摘要】北京庆丰包子铺（以下简称庆丰包子铺）以山东庆丰餐饮管理有限公司（以下简称庆丰餐饮公司）侵害其商标权及构成不正当竞争为由提起民事诉讼。庆丰包子铺主张庆丰餐饮公司的法定代表人徐庆丰曾在餐饮服务业工作，明知庆丰包子铺商标及字号的知名度，仍使用“庆丰”字号成立餐饮公司，并在其官网、店面门头、菜单、广告宣传上使用“庆丰”或“庆丰餐饮”标识，构成侵害庆丰包子铺的商标权及不正当竞争。庆丰餐饮公司认为其有权将公司法定代表人的名字注册为字号，且有权使用经工商部门依法注册的企业名称；庆丰包子铺的商标并非驰名商标，其使用的标识与庆丰包子铺的注册商标既不相同也不近似。山东省济南市中级人民法院一审认为，庆丰餐饮公司使用“庆丰”与其使用环境一致，且未从字体、大小和颜色方面突出使用，属于对其字号的合理使用。庆丰包子铺在庆丰餐饮公司注册并使用其字号时的经营地域和商誉未涉及或影响到济南和山东，不能证明相关公众存在误认的可能，故不构成对庆丰包子铺商标权的侵害，判决驳回庆丰包子铺的诉讼请求。山东省高级人民法院二审维持一审判决。庆丰包子铺向最高人民法院申请再审，最高人民法院提审后认为，庆丰餐饮公司构成侵害庆丰包子铺的商标权及不正常竞争，改判撤销一审、二审判决，庆丰餐饮公司立即停止侵害商标权的行为及停止使用“庆丰”字号并赔偿庆丰包子铺经济损失及合理费用5万元。

【典型意义】本案涉及商标权的行使与其他权利，比如姓名权的冲突问题。最高人民法院在本案中明确，公民享有合法的姓名权，当然可以合理使用自己的姓名。但公民在将其姓名作为商标或企业字号进行商业使用时，不得违反诚实信用原则。明知他人注册商标或字号具有较高的知名度和影响力，仍注册与他人字号相同的企业字号，在同类商品或服务上突出使用与他人注册商标相同或相近似的商标或字号，具有攀附他人注册商标或字号知名度的恶意，容易使相关公众产生误认，其行为不属于对姓名的合理使用，构成侵害他人注册商标专用权和不正当竞争。最高法院进一步指出，如本案中的情形，在注册商标已经具有较高知名度的情况下，庆丰公司的使用方式一方面容易使相关公众对其与庆丰包子铺的关系产生混淆误认，另一方面其所创造的商誉也只能附着在“庆丰”品牌上，实则替他人做嫁衣裳，也不利于其企业自身的发展。反之，其变更企业名称后，可以通过诚信经营及广告宣传，提高企业的商誉和知名度，打造出自己的品牌，获得双赢格局。

3. “非诚勿扰”商标侵权案

江苏省广播电视总台、深圳市珍爱网信息技术有限公司与金阿欢侵害商标权纠纷再审案［广东省高级人民法院（2016）粤民再447号民事判决书］

【案情摘要】2009年2月16日，金阿欢向商标局申请注册“非誠勿擾”商标，并于2010年9月7日获得核准，核定服务项目为第45类，包括“交友服务、婚姻介绍所”等。江苏省广播电视总台（以下简称江苏电视台）旗下的江苏卫视于2010年开办了以婚恋交友为主题、名称为“非诚勿扰”的电视节目。深圳市珍爱网信息技术有限公司（以下简称珍爱网）为“非诚勿扰”节目推选相亲对象，提供广告推销服务，并曾在深圳招募嘉宾，报名地点设在深圳市南山区。金阿欢以江苏电视台和珍爱网侵害其注册商标专用权为由，向深圳市南山区法院提起诉讼，请求法院判令江苏卫视频道立即停止使用“非诚勿扰”栏目名称等。一审法院认为，“非诚勿扰”电视节目虽然与婚恋交友有关，但终究是电视节目，相关公众一般认为两者不存在特定联系，不容易造成公众混淆，不构成侵权。深圳市中级人民法院二审认为，从非诚勿扰节目简介、开场白、结束语，以及参加报名条件、节目中男女嘉宾互动内容，以及广电总局的发文、媒体评论，可认定其为相亲、交友节目，与金阿欢涉案注册商标所核定的“交友、婚姻介绍”服务相同，构成侵权。广东省高级人民法院再审认为，非诚勿扰电视节目与金阿欢注册商标所核准使用的“交友服务、婚姻介绍”在服务目的、内容、方式和对象上均区别明显，以相关公众的一般认知，能够清晰区分电视文娱节目的内容与现实中的婚介服务活动，故两者不构成类似服务。江苏电视台对“非诚勿扰”标识的使用，不构成对金阿欢注册商标权的侵犯，从而撤销二审判决，维持一审判决。

【典型意义】本案涉及电视节目名称与商标的关系问题。由于被诉侵权的非诚勿扰节目的知名度和广受欢迎，本案也受到了广泛的关注。再审判决对于电视节目名称是否属于商标性使用，如何看待电视节目与内容题材之间的关系、如何判断电视节目的服务类别等问题进行了深入分析。判决认为不能简单、孤立地将电视节目的某种表现形式或某一题材内容从整体节目中割裂开来，而应当综合考察节目的整体和主要特征，把握其行为本质，作出合理认定。判决同时立足于商标法的宗旨，以相关公众混淆、误认的可能性作为是否构成商标侵权的判断标准。再审判决认为对注册商标的保护范围和保护强度，应与注册商标权利人对该商标的显著性和知名度所作出的贡献相符，也体现了知识产权司法保护力度与创新程度相适应的“比例协调”司法政策。

4. “热稳定的葡糖淀粉酶”专利无效案

国家知识产权局专利复审委员会、诺维信公司与江苏博立生物制品有限公司发明专利权无效行政纠纷再审案［最高人民法院（2016）最高法行再85号行政判决书］

【案情摘要】本案涉及国家知识产权

局于2006年6月28日授权公告的名称为“热稳定的葡糖淀粉酶”的发明专利（以下简称本专利），专利权人为诺维信公司。2013年3月11日，应山东隆大生物工程有限公司和江苏博立生物制品有限公司的请求，国家知识产权局专利复审委员会（以下简称专利复审委员会）作出第17956号无效宣告请求审查决定（以下简称被诉决定），针对诺维信公司在2011年11月10日提交的修改过的权利要求书的基础上，宣告本专利部分权利要求无效，维持部分权利要求有效。本专利与本案争议焦点相关的部分权利要求如下：“6. 一种具有葡糖淀粉酶活性的分离的酶，与SEQ ID NO：7中所示全长序列之间同源的程度至少为99%，并且具有由等电聚焦测定的低于3.5的等电点……10. 根据权利要求6～9任一项的分离的酶，所述的酶来源于丝状真菌Talaromyces属，其中丝状真菌是T. emersonii菌株。11. 权利要求10的酶，其中丝状真菌是T. emersonii CBS 793.97。12. 一种克隆的DNA序列，所述DNA序列编码表现出葡糖淀粉酶活性的酶，该DNA序列包括：（a）在SEQ ID NO：33中所示DNA序列的所述葡糖淀粉酶编码部分；（b）在SEQ ID NO：33中第649－2724位中所示的DNA序列或其互补链……13. 权利要求12的DNA序列，其中所述的DNA序列来源于丝状真菌Talaromyces属，其中所述丝状真菌是T. emersonii的菌株。14. 权利要求13的DNA序列，其中所述丝状真菌是T. emersonii CBS 793.97……”被诉决定认为，在说明书已经证实了来源于T. emersonii CBS 793.97的酶具有葡糖淀粉酶活性的基础上，本领域技术人员可以预计来源于T. emersonii菌株，且与SEQ ID NO：7全长序列具有至少99%同源的多肽也具有葡糖淀粉酶的活性，因此，权利要求10和11能够得到说明书的支持；权利要求13和14中引用权利要求12的（a）和（b）的技术方案也能够得到说明书的支持。该决定维持争议权利要求有效。一审判决认为，争议权利要求虽然限定到了具体的菌株，但其中有关同源性和开放式的撰写方式使得被限定的氨基酸序列和DNA序列包括了可能产生各种变异的其他序列，在本专利说明书未给出充分实验数据支持的情况下，争议权利要求的概括显然超出了说明书的内容。一审法院判决撤销被诉决定，二审法院维持一审判决。专利复审委员会和诺维信公司申请再审。最高人民法院提审后判决撤销一、二审判决，维持被诉决定。

【典型意义】最高人民法院在本案中认为，根据专利法第二十六条第四款规定，权利要求所要求保护的技术方案应当是所属技术领域的技术人员能够从说明书充分公开的内容中得到或概括得出的技术方案，并且不得超出说明书的范围。对于全长591个氨基酸的SEQ ID NO：7而言，尽管与之具有99%以上同源性的序列仍有约5、6个氨基酸位点的差异，但是，除了同源性特征之外，权利要求10、11进一步限定所述的酶来源于T. emersonii菌种和特定菌株T. emersonii CBS 793.97。本领域普通技术人员一般认为，种是生物分类的基本单位，在某些基本特征上，同一种中的个体彼此显示出高度的相似性。同一种真菌或同一株真菌编码其体内某种酶的基因序列一般是确定的，偶尔会存在极少数同源性极高的变体序列，相应地，由该基因编码的酶也是确定的或者极少数的。本案中，99%以上同源性与菌种或者菌株来源的双重限定已经使得权利要求10和11的保护范围限缩至极其有限的酶，何况权利要求10和11还包括权利要求6所限定的酶的等电点和具有葡糖淀粉酶活性的功能。因此，在说明书实施例1～4已经证实了上述SEQ ID NO：7具有葡糖淀粉酶活性的情况下，权利要求10和11的保护范围能够得到说明书的支持。权利要求13和14中引用权利要求12（a）（b）的技术方案也能够得到说明书的支持。最高人民法院在本案中明确了使用同源性加上来源和功能限定方式的生物序列权利要求得到说明书支持的判断规则和生物序列发明专利的授权标准，对蛋白质、基因相关专利申请的撰写和审查具有指导意义，也有利于促进生物技术产业的创新和发展。

5. “拉菲”与“拉菲庄园”商标行政案

拉菲罗斯柴尔德酒庄与国家工商行政管理总局商标评审委员会、南京金色希望酒业有限公司商标争议行政纠纷再审案［最高人民法院（2016）最高法行再34号行政判决书］

【案情摘要】第4578349号“拉菲庄园”商标（即争议商标）的申请日为2005年4月1日，核定使用在第33类葡萄酒、酒（饮料）等商品上，注册人为南京金色希望酒业有限公司（以下简称金色希望公司）。“LAFITE”商标（即引证商标）申请日为1996年10月10日，核定使用在第33类的含酒精饮料（啤酒除外）商品上，注册人为拉菲罗斯柴尔德酒庄（以下简称拉菲酒庄）。拉菲酒庄针对争议商标向国家工商行政管理总局商标评审委员会（以下简称商标评审委员会）提出争议申请。商标评审委员会作出商评字〔2013〕第55856号《关于第4578349号“拉菲庄园”商标争议裁定书》（以下简称第55856号裁定），对争议商标的注册予以撤销。金色希望公司不服，提起行政诉讼。北京市第一中级人民法院认为，通过相关媒体的介绍，结合拉菲酒庄的“LAFITE”葡萄酒早在争议商标注册日之前就进入中国市场的情况，国内的相关公众能够了解到“LAFITE”呼叫为“拉斐”“拉菲特”或者“拉菲”，并具有较高的知名度。争议商标的注册违反了2001年商标法第二十八条的规定，判决维持第55856号裁定。金色希望公司不服，提起上诉。北京市高级人民法院二审认为，难以认定在争议商标申请日之前，引证商标已经在我国具有市场知名度，相关公众已经能够将引证商标与“拉菲”进行对应性识别。争议商标的注册和使用长达十年之久，从维护已经形成和稳定的市场秩序考虑，本案争议商标的注册应予维持，判决撤销一审判决及第55856号裁定。拉菲酒庄不服，向最高人民法院申请再审。最高人民法院裁定提审本案，并于2016年12月23日作出再审判决，撤销二审判决，维持一审判决及第55856号裁定。

【典型意义】本案涉及中英文商标的近似性判断及是否形成稳定的市场秩序等问题。最高人民法院认为，本案中引证商标具有较高的知名度，拉菲酒庄通过多年的商业经营活动，客观上在“拉菲”与“LAFITE”之间建立了稳固的联系，故争议商标与引证商标构成使用在相同类似商品上的近似商标，违反了商标法第二十八条的规定。此外，对于已经注册使用一段时间的商标，该商标是否已经通过使用建立较高市场声誉和形成自身的相关公众群体，并非由使用时间长久单一因素来决定，而是在客观上有无通过其使用行为使得相关公众能够将其与相关商标区分开来，以是否容易导致混淆作为判断标准，本案中并不存在这一情形。再审判决对商标构成要素及其整体的近似程度、相关商标的显著性和知名度、稳定的对应关系的认定、相关公众群体等展开论述，在此基础上明确中英文商标的近似性判断的裁判标准，具有十分重要的指导意义。

6. “美容器”外观设计专利侵权案

松下电器产业株式会社与珠海金稻电器有限公司、北京丽康富雅商贸有限公司侵害外观设计专利权纠纷上诉案［北京市高级人民法院（2016）京民终245号民事判决书］

【案情摘要】松下电器产业株式会社（以下简称松下株式会社）于2012年9月5日获得涉案名称为“美容器”的外观设计专利，授权公告号为CN302065954S。松下株式会社认为珠海金稻电器有限公司（以下简称金稻公司）生产、销售、许诺销售及北京丽康富雅商贸有限公司（以下简称丽康公司）销售的“金稻离子蒸汽美容器KD－2331”侵犯其外观设计专利权，请求判令：二被告停止侵权；销毁有关被诉侵权产品的全部宣传资料以及删除被诉侵权产品的宣传内容；金稻公司销毁涉案模具和专用的生产设备及被诉侵权产品全部库存，并从销售店回收未销售被诉侵权产品进行销毁；金稻公司赔偿经济损失人民币300万元，二被告共同赔偿合理支出人民币20万元。北京知识产权法院一审认为，被诉侵权产品与涉案专利外观设计存在的差异对二者的整体视觉效果并不产生实质的影响，二者属于相似的外观设计。金稻公司在未经松下株式会社许可的情况下，实施了制造、销售及许诺销售被诉侵权产品的行为；丽康公司在未经松下株式会社许可的情况下，实施了销售及许诺销售被诉侵权产品的行为。现有证据可以证明金稻公司销售、许诺销售被诉侵权产品的获利，松下株式会社依据网上显示销量及平均价格主张三百万元赔偿数额具有合理的理由。此外，松下株式会社为制止侵权行为所支付的合理开支，丽康公司作为销售方，在得知本案诉讼后，依然未停止，对诉讼中的支出部分应当共同承担。据此，一审判决：二被告停止侵权；金稻公司赔偿经济损失人民币三百万元；金稻公司、丽康公司连带赔偿合理开支人民币二十万元。金稻公司、丽康公司不服一审判决，提起上诉。北京市高级人民法院认为，被诉侵权产品落入涉案专利权的保护范围。关于赔偿数额，松下株式会社通过公证取证方式在部分电商平台上检索得到侵权产品同型号产品销售数量之和为18411347台，平均价格为260元，并以此作为赔偿请求的依据。按照上述被诉侵权产品销售数量总数与产品平均售价的乘积，即便从低考虑每件侵权产品的合理利润，得出的计算结果仍远远高于300万元。在上述证据的支持下，松下株式会社主张300万元的赔偿数额具有较高的合理性。一审法院全额支持松下株式会社关于经济损失的赔偿请求，具有事实和法律依据。判决驳回上诉，维持一审判决。

【典型意义】涉案专利为一款“美容器”外观设计专利，具有极高的市场价值，本案的高赔额充分体现了侵权损害赔偿充分反映、实现知识产权市场价值的司法保护理念。二审判决进一步明确了专利民事侵权案件中侵权获利证据的审查认定规则，对于类似案件具有一定示范意义。二审判决认为，考虑到专利权损害举证较难，与专利侵权行为相关的账簿、资料主要由侵权人掌握，如果权利人在其举证能力范围内就侵权人的获利情况进行了充分举证，且对其所请求经济损失数额的合理性进行了充分说明的情况下，侵权人不能提供相反证据推翻权利人赔偿主张的，人民法院可以根据权利人的主张和提供的证据认定侵权人因侵权所获得的利益。

7.“笔”外观设计侵权案

上海晨光文具股份有限公司与得力集团有限公司、济南坤森商贸有限公司侵害外观设计专利权纠纷案［上海知识产权法院（2016）沪73民初113号民事判决书］

【案情摘要】上海晨光文具股份有限公司（以下简称晨光公司）是ZL200930231150.3号名称为“笔（AGP67101）”的外观设计专利的专利权人，申请日为2009年11月26日，授权公告日为2010年7月21日，目前处于有效状态。济南坤森商贸有限公司（以下简称坤森公司）在“天猫”网上经营“得力坤森专卖店”，销售得力集团有限公司（以下简称得力公司）生产的得力A32160中性笔。晨光公司认为该产品侵犯其涉案专利权，诉至法院。上海知识产权法院认为，授权外观设计的笔杆主体形状、笔杆顶端形状、笔帽主体形状、笔帽顶端形状、笔帽相对于笔杆的长度、笔夹与笔帽的连接方式、笔夹长出笔帽的长度等方面的设计特征，在整体上确定了授权外观设计的设计风格，而这些设计特征在被诉侵权设计中均具备，可以认定两者在整体设计风格及主要设计特征上构成近似。而被诉侵权设计与授权外观设计存在的四点区别设计特征，对整体视觉效果的影响有限，不足以构成对整体视觉效果的实质性差异。另外，授权外观设计的简要说明中并未明确要求保护色彩，且从图片或照片中显示的授权外观设计来看，其并不存在因形状产生的明暗、深浅变化等所形成的图案，故在侵权判定时，颜色、图案要素不应考虑在内。被诉侵权设计在采用与授权外观设计近似的形状之余所附加的色彩、图案等要素，属于额外增加的设计要素，对侵权判断不具有实质性影响。故被诉侵权产品构成对涉案专利权的侵犯，得力公司与坤森公司应承担停止侵权行为，得力公司赔偿晨光公司经济损失5万元并支付原告律师费用5万元。法院确定赔偿数额主要考虑了以下因素：（1）原告专利为外观设计专利；（2）专利有效期自2009年11月26日开始，侵权行为发生时保护期已近半；（3）笔类产品的利润有限；（4）消费者在选购笔类产品时，除形状外，笔的品牌、笔芯质量、外观图案、色彩等，都是其主要的考虑因素，即得力公司使用授权外观设计形状所获侵权利润只是被诉侵权产品获利的一部分。

【典型意义】本案原、被告均为国内较有影响的文具生产企业，涉案产品为日常生活中常见的笔类产品，其外观设计侵权判断受主观因素的影响较大。本案对外观设计近似性判断的客观标准进行了探索，既考虑被诉侵权产品与授权专利的相似性，也考虑其差异性，就相同设计特征与区别设计特征对整体视觉效果的影响分别进行分析，得出认定结论。本案判决对于生活常见产品外观设计近似性的认定具有借鉴意义。此外，本案根据外观设计专利的特点，结合具体案情，确定法定赔偿额和被告应承担的原告律师费的数额，亦具有指引作用。判决后，双方均服判息诉，被告主动履行了生效判决。

8.“大头儿子”著作权纠纷案

杭州大头儿子文化发展有限公司与央视动画有限公司侵害著作权纠纷上诉案［浙江省杭州市中级人民法院（2015）浙杭知终字第356号民事判决书］

【案情摘要】1994年，动画片《大头儿子小头爸爸》（1995年版，以下简称95版动画片）导演崔世昱等人到刘泽岱家中，委托其为即将拍摄的95版动画片创作人物形象。刘泽岱当场用铅笔勾画了“大头儿子”“小头爸爸”“围裙妈妈”三个人物形象正面图，并将底稿交给了崔世昱。当时双方并未就该作品的著作权归属签署书面协议。崔世昱将底稿带回后，95 版动画片美术创作团队在刘泽岱创作的人物概念设计图基础上，进行了进一步的设计和再创作，最终制作成了符合动画片标准造型的三个主要人物形象即“大头儿子”“小头爸爸”“围裙妈妈”的标准设计图以及之后的转面图、比例图等。刘泽岱未再参与之后的创作。刘泽岱创作的底稿由于年代久远和单位变迁，目前各方均无法提供。95 版动画片由中央电视台和东方电视台联合摄制，于 1995 年播出，在其片尾播放的演职人员列表中载明：“人物设计：刘泽岱”。2012 年 12 月 14 日，刘泽岱将自己创作的“大头儿子”“小头爸爸”“围裙妈妈”三幅作品的著作权转让给洪亮，2014 年 3 月 10 日，洪亮将上述著作权转让给杭州大头儿子文化发展有限公司（以下简称大头儿子文化公司）。2013 年，央视动画有限公司（以下简称央视动画公司）摄制了动画片《新大头儿子小头爸爸》（以下简称 2013 版动画片）并在 CCTV、各地方电视台、央视网上进行播放。大头儿子文化公司认为央视动画公司在未经著作权人许可且未支付报酬的情况下，利用上述美术作品形象改编为新人物形象，制作成动画片等行为侵犯了其著作权，故诉请判令央视动画公司停止侵权，登报赔礼道歉、消除影响，并赔偿经济损失及合理费用。杭州市滨江区人民法院认为，刘泽岱作为受托人对其所创作的三幅美术作品享有完整的著作权。大头儿子文化公司经转让继受取得了上述作品除人身权以外的著作权。央视动画公司未经许可，在 2013 版动画片以及相关的展览、宣传中以改编的方式使用相关作品并据此获利的行为，侵犯了大头儿子文化公司的著作权，应承担相应的侵权责任。鉴于本案的实际情况，该院认为宜以提高赔偿额的方式作为停止侵权行为的责任替代方式，判决央视动画公司每个人物形象赔偿 40 万元。杭州市中级人民法院二审维持一审判决。浙江省高级人民法院亦驳回央视动画公司提出的再审申请。

【典型意义】本案涉及动画人物形象权利归属及后续使用引发的纠纷。随着人们对优秀国产动画片价值认识的不断加深，近年来引发了不少类似的争议。本案中，由于在创作之初，投资拍摄的制片厂、电视台，以及参与造型的创作人员等，各方对其权利义务均没有清晰的认识和明确的约定，法院需要在时隔多年后，适用法律规则，合情合理合法地判定其权利归属，本案的处理对同类问题具有一定指引作用。同时，本案在认定侵权成立的前提下，综合考虑了创作背景和本案实际情况，在平衡原作者、后续作品及社会公众利益以及公平原则的基础上，将提高赔偿额作为被告停止侵权责任的替代方式，亦充分考虑了保护著作权人和鼓励作品创作和传播的公共政策的平衡。

9. “美人榆”植物新品种侵权案

河北省林业科学研究院、石家庄市绿缘达园林工程有限公司与九台市园林绿化管理处等侵害植物新品种纠纷再审案［山东省高级人民法院（2014）鲁民再字第 13 号民事判决书］

【案情摘要】河北省林业科学研究院（以下简称河北林科院）、石家庄绿缘达园林工程有限公司（以下简称绿缘达公司）系“美人榆”植物新品种权人，其认为九台市园林绿化管理处（以下简称九台园林处）擅自在其管理的街道绿化带大量种植美人榆的行为侵害了其植物新品种权，请求判令九台园林处停止侵权并支付品种使用费。吉林省长春市中级人民法院和吉林省高级人民法院相继作出一、二审判决驳回河北林科院、绿缘达公司的诉讼请求。河北林科院、绿缘达公司向最高人民法院申请再审，最高人民法院指定山东省高级人民法院再审审理本案。山东省高级人民法院再审认为，由于美人榆系无性繁殖，本身即为繁殖材料，所以，九台园林处的种植行为属于生产授权品种的繁殖材料的行为。虽然九台园林处系事业单位法人，其具有建设城市园林绿地的职能，但是判断九台园林处的行为是否具有商业目的不能仅以其主体性质来判断，而应当结合主体的行为进行综合判断。本案中，九台园林处存在大量种植美人榆用于街道绿化的行为，但其未能证明其种植美人榆的合法来源，九台园林处并不符合《植物新品种保护条例》第十条规定的可以自繁自用的主体身份，也不符合可以不经品种权人许可，不支付使用费的情况。所以，九台园林处没有从品种权人处购买美人榆，而擅自进行种植使用，不但损害了品种权人的利益，其自繁自用的行为也暗含了商业利益，应当认定为具有商业目的。故认定九台园林处的行为构成侵权，河北林科院、绿缘达公司关于支付品种使用费的请求应予支持，考虑到涉案品种的价值、九台园林处种植的范围以及其种植行为具有一定公益性质等因素，确定其支付品种使用费20万元。

【典型意义】本案是对政府机关在履行职能时生产授权品种的繁殖材料等行为是否构成侵权的认定，其关于是否属于生产授权品种的繁殖材料以及是否具有商业目的的认定均具有一定典型意义和指导意义，有效地保护了品种权人的合法权益。

10. 汪紫平侵犯商业秘密宣告无罪案

汪紫平侵犯商业秘密上诉案［江苏省高级人民法院（2015）苏知刑终字第00012号刑事判决书］

【案情摘要】江苏谷登公司拥有非开挖水平定向钻机的相关技术。江苏谷登公司与被告人汪紫平签订劳动合同，并签有相关保密条款。2011年4月份，被告人汪紫平在江苏谷登公司派其去武汉参加非开挖水平定向钻机展会期间，未办理正常离职手续离开江苏谷登公司，并将其电脑上的技术图纸拷贝至U盘带到江苏玉泉机械制造有限公司（以下简称玉泉公司），主要从事YQ3000－L型水平定向钻机的研发工作。2011年5月至2012年7月，玉泉公司陆续生产并对外销售三台YQ3000－L型水平定向钻机。江苏省盐城市人民检察院指控被告人汪紫平犯侵犯商业秘密罪，盐城市中级人民法院于2013年11月20日作出（2013）盐知刑初字第0004号刑事判决书，以被告人汪紫平犯侵犯商业秘密罪，判处其有期徒刑一年三个月，并处罚金人民币一万元。江苏省高级人民法院以部分事实不清，证据不足为由，发回重审。盐城市中级人民法院重审后判决被告人汪紫平犯侵犯商业秘密罪，免予刑事处罚。江苏省高级人民法院二审认为，对江苏谷登公司涉案履带行走装置技术信息是否不为公众所知悉，以及江苏谷登公司涉案损失数额是否在50万元以上的认定，根据现有证据，均存在一定疑点，尚不能满足刑事案件排除合理怀疑的证明标准，最终改判被告人无罪。

【典型意义】本案较好体现了知识产权刑事案件定罪量刑证据应当确实充分，且案件事实已经排除合理怀疑的刑事证据裁判理念。二审法院依法坚持对鉴定报告内容进行实质性审查，纠正了仅对鉴定报告进行形式审查的认识误区。通过对财务鉴定报告的基础财务数据的审查，发现本案损失数额计算所依据的产品市场价格评估存在重大疑点。通过对司法技术鉴定所依据的技术资料的审查，发现第二次鉴定所依据的技术资料存在较大疑点。并在此基础上作出被告人无罪的判决。本案充分体现了在知识产权审判“三合一”改革试点工作推动下，审判、检察机关对知识产权刑事司法保护观念以及刑事证据裁判意识进一步统一。本案二审中，审判机关与检察机关依法履行职责，检察机关提出无罪建议，二审法院作出无罪判决，取得了较好的审理效果。本案的裁判结果充分体现出审理法院在依法打击各类侵犯知识产权犯罪行为的同时，在知识产权刑事案件审判中，坚持刑法谦抑性原则和刑事证据裁判标准的刑事司法理念。

2015年中国法院五十件典型知识产权案例

一、知识产权民事案件

（一）侵犯专利权纠纷案件

1. 刘鸿彬与北京京联发数控科技有限公司、天威四川硅业有限责任公司侵害实用新型专利权纠纷申请再审案［最高人民法院（2015）民申字第1070号民事裁定书］

2. 上海星客特汽车销售有限公司与天津世之源汽车销售有限公司侵害外观设计专利权纠纷上诉案［天津市高级人民法院（2014）津高民三终字第19号民事判决书］

3. 华为技术有限公司与中兴通讯股份有限公司、杭州阿里巴巴广告有限公司侵害发明专利权纠纷上诉案［浙江省高级人民法院（2014）浙知终字第161号民事判决书］

4. 陕西银河消防科技装备股份有限公司与山东省天河消防车辆装备有限公司侵害发明专利权纠纷上诉案［山东省高级人民法院（2015）鲁民三终字第151号民事判决书］

5. 武汉科兰金利建材有限公司与武汉市黄陂区水利建筑安装工程公司、武汉九州兴建设集团有限公司、阮永红侵害发明专利权纠纷案［湖北省武汉市中级人民法院（2014）鄂武汉中知初字第8号民事判决书］

6. 甘肃中顺石化工程装备有限公司与遵义广力环保工程有限公司、云南驰宏锌锗股份有限公司侵害发明专利权纠纷案［云南省昆明市中级人民法院（2014）昆知民初字第384号民事判决书］

（二）商标权侵权、合同等纠纷案件

7. 浦江亚环锁业有限公司与莱斯防盗产品国际有限公司侵害商标权纠纷再审案［最高人民法院（2014）民提字第38号民事判决书］

8. 宁波广天赛克思液压有限公司与邵文军侵害商标权纠纷再审案［最高人民法院（2014）民提字第168号民事判决书］

9. 大闽食品（漳州）有限公司与北京新华商知识产权代理有限公司、傅发春商标代理合同纠纷申请再审案［最高人民法院（2015）民申字第1272号民事裁定书］

10. 广州市睿驰计算机科技有限公司与北京小桔科技有限公司侵害商标权纠纷

案［北京市海淀区人民法院（2014）海民（知）初字第 21033 号民事判决书］

11. 韩晶与哈尔滨报达家政有限公司侵害商标权纠纷上诉案［黑龙江省高级人民法院（2015）黑知终字第 9 号民事判决书］

12. 维多利亚的秘密商店品牌管理公司与上海麦司投资管理有限公司侵害商标权及不正当竞争纠纷上诉案［上海市高级人民法院（2014）沪高民三（知）终字第 104 号民事判决书］

13. 开德阜国际贸易（上海）有限公司与阔盛管道系统（上海）有限公司、上海欧苏贸易有限公司商标侵权及不正当竞争纠纷上诉案［上海知识产权法院（2015）沪知民终字第 161 号民事判决书］

14. 上海柴油机股份有限公司与江苏常佳金峰动力机械有限公司侵害商标权纠纷上诉案［江苏省高级人民法院（2015）苏知民终字第 00036 号民事判决书］

15. 南京同舟知识产权事务所有限公司与江苏省广播电视总台、长江龙新媒体有限公司侵害商标专用权纠纷申请再审案［江苏省高级人民法院（2015）苏审三知民申字第 00001 号民事裁定书］

16. 3M 公司、3M 中国有限公司与常州华威新材料有限公司等侵害商标权纠纷上诉案［浙江省高级人民法院（2015）浙知终字第 152 号民事判决书］

17. 烟台张裕卡斯特酒庄有限公司与上海卡斯特酒业有限公司、李道之确认不侵犯商标权纠纷上诉案［山东省高级人民法院（2013）鲁民三终字第 155 号民事判决书］

18. 三全食品股份有限公司与山东威海市鹏得利食品有限公司确认不侵害商标权纠纷上诉案［河南省高级人民法院（2015）豫法知民终字第 62 号民事判决书］

19. 中国港中旅集团公司与张家界中港国际旅行社有限公司侵害商标权及不正当竞争纠纷上诉案［湖南省高级人民法院（2015）湘高法民三终字第 4 号民事判决书］

20. 法国皮尔法伯护肤化妆品股份有限公司与长沙慧吉电子商务有限公司侵害商标权及不正当竞争纠纷案［湖南省长沙市中级人民法院（2015）长中民五初字第 280 号民事判决书］

21. 珠海格力电器股份有限公司与广东美的制冷设备有限公司、珠海市泰锋电业有限公司侵害商标权纠纷上诉案［广东省高级人民法院（2015）粤高法民三终字第 145 号民事判决书］

22. 南宁市新华书店有限责任公司与中国新华书店协会确认不侵害商标权纠纷上诉案［广西壮族自治区高级人民法院（2015）桂民三终字第 58 号民事判决书］

23. 四川省古蔺郎酒厂有限公司与张晓莉侵害商标权纠纷上诉案［重庆市高级人民法院（2015）渝高法民终字第 00509 号民事判决书］

24. 新疆农洋洋国际贸易有限公司与新疆农资（集团）有限责任公司侵害商标权纠纷上诉案［新疆维吾尔自治区高级人民法院（2015）新民三终字第 16 号民事裁定书］

（三）著作权侵权、权属纠纷案件

25. 深圳市盟世奇商贸有限公司与天津市宁河县泽安商贸有限公司侵犯著作权纠纷上诉案［天津市高级人民法院（2015）津高民三终字第 18 号民事判决书］

26. 长春出版传媒集团有限责任公司与吉林大学出版社有限责任公司侵害著作权纠纷上诉案［吉林省高级人民法院（2015）吉民三知终字第 68 号民事判决书］

27. 傅敏与吉林音像出版社有限责任

公司、无锡当当网信息技术有限公司侵害著作权纠纷案［江苏省无锡市中级人民法院（2015）锡知民初字第39号民事判决书］

28. 福建侨龙专用汽车有限公司与陈猛侵害著作权纠纷上诉案［福建省高级人民法院（2015）闽民终字第990号民事判决书］

29. 北京导视互动网络技术有限公司与湖北广播电视台、武汉卓讯互动信息科技有限公司侵害计算机软件著作权及不正当竞争纠纷上诉案［湖北省高级人民法院（2015）鄂民三终字第618号民事判决书］

30. 中山市商房网络科技有限公司与中山市暴风科技有限公司著作权侵权纠纷上诉案［广东省中山市中级人民法院（2015）中中法知民终字第197号民事判决书］

31. 董黄明与桂林市犀灵文化传播广告有限公司、李时斌侵害著作权纠纷再审案［广西壮族自治区高级人民法院（2015）桂民提字第118号民事判决书］

32. 重庆世贸科技有限公司与重庆索鼎科技有限公司、吕晓波计算机软件著作权侵权案［重庆市渝北区人民法院（2014）渝北法民初字第5772号民事判决书］

33. 洪福远、邓春香与贵州五福坊食品有限公司、贵州今彩民族文化研发有限公司侵害著作权纠纷案［贵州省贵阳市中级人民法院（2015）筑知民初字第17号民事判决书］

34. 周立英与王丽云侵害著作权纠纷案［云南省昆明市中级人民法院（2015）昆知民初字第117号民事判决书］

（四）不正当竞争、垄断、集成电路布图设计以及植物新品种纠纷案件

35. 江苏大象东亚制漆有限公司与广东华润涂料有限公司等不正当竞争纠纷再审案处罚决定书［最高人民法院（2014）民提字第196－1、196－2号处罚决定书］

36. 山东登海先锋种业有限公司与陕西农丰种业有限责任公司、山西大丰种业有限公司侵害植物新品种权纠纷申请再审案［最高人民法院（2015）民申字第2633号民事裁定书］

37. 卡骆驰公司、卡骆驰鞋饰（上海）有限公司与厦门卡骆驰贸易有限公司、卡骆驰（晋江）商贸有限公司擅自使用知名商品特有名称、包装、装潢、虚假宣传、擅自使用他人企业名称纠纷案［上海市第二中级人民法院（2013）沪二中民五（知）初字第172号、173号、174号民事判决书］

38. 浙江淘宝网络有限公司与上海载和网络科技有限公司、载信软件（上海）有限公司申请诉前停止侵害知识产权纠纷案［上海市浦东新区人民法院（2015）浦禁字第1号民事裁定书］

39. 宁波畅想软件股份有限公司与宁波中源信息科技有限公司、宁波中晟信息科技有限公司不正当竞争纠纷上诉案［浙江省高级人民法院（2015）浙知终字第71号民事判决书］

40. 魏章莉与谢家兴恶意提起知识产权诉讼损害责任纠纷案［浙江省绍兴市柯桥区人民法院（2015）绍柯知初字第65号民事判决书］

41. 中粮集团有限公司与桐城市中粮福润肉业有限公司、安徽海一郎食品有限公司不正当竞争纠纷上诉案［安徽省高级人民法院（2015）皖民三终字第00065号民事判决书］

42. 广州轻工工贸集团有限公司、广州市虎头电池集团有限公司与临沂华太电池有限公司擅自使用知名商品特有包装装

潢纠纷上诉案［广东省高级人民法院（2104）粤高法民三终字第100号民事判决书］

43. 南京微盟电子有限公司与泉芯电子技术（深圳）有限公司侵害集成电路布图专有权纠纷上诉案［广东省高级人民法院（2014）粤高法民三终字第1231号民事判决书］

44. 李卫国与中国电信股份有限公司陕西分公司、中国电信股份有限公司西安分公司垄断定价及捆绑交易纠纷案［陕西省西安市中级人民法院（2015）西中民四初字第261号民事判决书］

二、知识产权行政案件

（一）专利行政案件

45. 李晓乐与国家知识产权局专利复审委员会、郭伟、沈阳天正输变电设备制造有限责任公司发明专利权无效行政纠纷再审案［最高人民法院（2014）行提字第17号行政判决书］

（二）商标行政案件

46. 贵州赖世家酒业有限责任公司与国家工商行政管理总局商标评审委员会、中国贵州茅台酒厂（集团）有限责任公司商标异议复审行政纠纷申请再审案［最高人民法院（2015）知行字第115号行政裁定书］

47. 北京福联升鞋业有限公司与国家工商行政管理总局商标评审委员会、北京内联升鞋业有限公司商标异议复审行政纠纷申请再审案［最高人民法院（2015）知行字第116号行政裁定书］

48. 熊克生与武汉市江岸区工商行政管理局、武汉蔡林记商贸有限公司工商行政处罚纠纷上诉案［湖北省武汉市中级人民法院（2015）鄂武汉中知行终字第1号行政判决书］

三、知识产权刑事案件

49. 郭明升、郭明锋、孙淑标假冒注册商标罪案［江苏省宿迁市中级人民法院（2015）宿中知刑初字第4号刑事判决书］

50. 翁存兴侵犯著作权罪案［福建省福州市鼓楼区人民法院（2014）鼓刑初字第461号刑事判决书］

2016年中国法院五十件典型知识产权案例

一、知识产权民事案件

（一）侵犯专利权纠纷案件

1. 蒂森克虏伯机场系统（中山）有限公司与中国国际海运集装箱（集团）股份有限公司、深圳中集天达空港设备有限公司、广州市白云国际机场（股份）有限公司侵害发明专利权纠纷再审案［最高人民法院（2016）最高法民再179号民事判决书］

2. 昆山山桥机械科技有限公司与天珩机械股份有限公司确认不侵害专利权纠纷上诉案［江苏省高级人民法院（2016）苏民终610号民事裁定书］

3. 温州宁泰机械有限公司与温州钱锋科技有限公司侵害发明专利权纠纷上诉案［浙江省高级人民法院（2016）浙民终506号民事判决书］

4. 埃斯科公司与宁波市路坤国际贸易

有限公司侵害发明专利权纠纷案［浙江省宁波市中级人民法院（2015）浙甬知初字第626号民事判决书］

5. 肇庆市衡艺实业有限公司与杭州阿里巴巴广告有限公司、建阳顺意贸易有限公司侵害发明专利权纠纷上诉案［福建省高级人民法院（2016）闽民终1345号民事判决书］

6. 李占全与赵金山侵害实用新型专利权纠纷上诉案［山东省高级人民法院（2016）鲁民终1684号民事裁定书］

7. 江苏腾天工业炉有限公司与重庆沃克斯科技股份有限公司、通裕重工股份有限公司侵害发明专利权纠纷上诉案［山东省高级人民法院（2016）鲁民终2427号民事判决书］

8. 胡崇亮与佛山市南海迪利装饰材料厂、董峰侵害外观设计专利权纠纷上诉案［广东省高级人民法院（2015）粤高法民三终字第517号民事判决书］

9. 深圳市基本生活用品有限公司与深圳市思派硅胶电子有限公司侵害外观设计专利权纠纷上诉案［广东省高级人民法院（2016）粤民终1036号民事判决书］

10. 克里斯提·鲁布托与广州问叹贸易有限公司、广州贝玲妃化妆品有限公司、广州欧慕生物科技有限公司侵害外观设计专利权诉前禁令案［广州知识产权法院（2016）粤73行保1、2、3号民事裁定书］

11. 美国催化蒸馏技术公司申请陕西华浩轩新能源科技开发有限公司侵害专利权诉前证据保全案［陕西省西安市中级人民法院（2016）陕01证保2号民事裁定书］

（二）侵害商标权纠纷案件

12. 张绍恒与沧州田霸农机有限公司、朱占峰侵害商标权纠纷申请再审案［最高人民法院（2015）民申字第3640号民事裁定书］

13. 杭州奥普卫厨科技有限公司与浙江现代新能源有限公司、浙江凌普电器有限公司及杨艳侵害商标权纠纷再审案［最高人民法院（2016）最高法民再216号民事判决书］

14. 沈阳广播电视台与沈阳吉宝广告传媒有限公司侵害商标权纠纷案［辽宁省沈阳市中级人民法院（2016）辽01民初588号民事判决书］

15. 哈药集团三精制药有限公司与北京三精日化有限公司等侵害商标权及不正当竞争纠纷案［黑龙江省哈尔滨市中级人民法院（2015）哈知初字第155号民事判决书］

16. 广州市指南针会展服务有限公司、广州中唯企业管理咨询服务有限公司与优衣库商贸有限公司、优衣库商贸有限公司上海船厂路店侵害商标权纠纷上诉案［上海市高级人民法院（2015）沪高民三（知）终字第97号民事判决书］

17. 樱花卫厨（中国）股份有限公司与苏州樱花科技发展有限公司、屠荣灵等侵害商标权及不正当竞争纠纷上诉案［江苏省高级人民法院（2015）苏知民终字第00179号民事判决书］

18. 安徽省高速地产集团（苏州）有限公司与钓鱼台美高梅酒店管理有限公司侵害商标权纠纷上诉案［江苏省高级人民法院（2016）苏民终1167号民事判决书］

19. 参考消息报社与福建百度博瑞网络科技有限公司侵害商标权纠纷上诉案［福建省高级人民法院（2015）闽民终字第1533号民事调解书］

20. 深圳市引领平安文化传媒有限公司与中国平安保险（集团）股份有限公司、中超联赛有限责任公司侵害商标权纠纷上诉案［广东省深圳市中级人民法院

(2016）粤 03 民终 15570 号民事判决书]

21. 广东微信互联网服务有限公司与腾讯科技（深圳）有限公司等侵害商标权及不正当竞争纠纷案［广东省佛山市中级人民法院（2016）粤 06 民终 3137 号民事判决书］

22. 安佑生物科技集团股份有限公司与自贡联合饲料有限公司、深圳安佑康牧科技有限公司侵害商标权纠纷上诉案［四川省高级人民法院（2016）川民终 319 号民事判决书］

23. 捷豹路虎控股有限公司与成都路虎商贸有限公司、南通诚荣贸易有限公司、吴晓春、成都洋洋摩尔百货有限公司侵害商标权纠纷上诉案［四川省高级人民法院（2016）川民终 350 号民事判决书］

24. 西双版纳同庆号茶业股份有限公司与云南易武同庆号茶业有限公司、高丽莉侵害商标权及不正当竞争纠纷上诉案［云南省高级人民法院（2016）云民终 534 号民事判决书］

25. 重庆松江管道设备厂与上海松江环福橡胶制品厂、重庆环德信管道设备有限公司、重庆市高新技术产业开发区昌元阀门销售部侵害商标权纠纷上诉案［重庆市高级人民法院（2016）渝民终 151 号民事判决书］

26. 海宁中国皮革城股份有限公司与重庆空港浙商皮革城管理有限公司侵害商标权及不正当竞争纠纷诉中禁令案［重庆市高级人民法院（2016）渝民终 536 号民事裁定书］

27. 小米科技有限责任公司与宁夏华润万家生活超市有限公司银川市正源北街店、宁夏华润万家生活超市有限公司、东方通信股份有限公司侵害商标权纠纷上诉案［宁夏回族自治区高级人民法院（2016）宁民终 13 号民事判决书］

（三）著作权侵权、权属纠纷案件

28. 孙新争与马居奎侵害著作权纠纷申请再审案［最高人民法院（2016）最高法民申 2136 号民事裁定书］

29. 齐良末等与湖南美术出版社有限责任公司、天津市超越世纪图书商贸有限公司侵害著作权纠纷申请再审案［天津市高级人民法院（2016）津民申 200 号民事裁定书］

30. 上海耀宇文化传媒股份有限公司与广州斗鱼网络科技有限公司侵害著作权及不正当竞争纠纷上诉案［上海知识产权法院（2015）沪知民终字第 641 号民事判决书］

31. 江苏林芝山阳集团有限公司与磊若软件公司侵害计算机软件著作权纠纷上诉案［江苏省高级人民法院（2015）苏知民终字第 00300 号民事判决书］

32. 叶宗轼与浙江冠素堂食品有限公司著作权权属、侵权纠纷上诉案［浙江省高级人民法院（2016）浙民终 118 号民事判决书］

33. 上海美术电影制作厂有限公司与杭州玺匠文化创意股份有限公司侵害著作权纠纷上诉案［浙江省高级人民法院（2016）浙民终 590 号民事判决书］

34. 安少康与长江文艺出版社有限公司等侵害著作权纠纷上诉案［湖北省高级人民法院（2015）鄂民三终字第 00158 号民事判决书］

（四）不正当竞争、合同纠纷案件

35. 钦州锐丰钒钛铁科技有限公司与北京航空航天大学技术合同纠纷上诉案［最高人民法院（2015）民三终字第 8 号民事判决书］

36. 浙江唐德影视股份有限公司与上海灿星文化传播有限公司、世纪丽亮（北京）国际文化传媒有限公司等申请诉前行

为保全案［北京知识产权法院（2016）京73行保1号民事裁定书］

37. 深圳市恒大饮品有限公司与吉林冰泉食品股份有限公司、湖北承恩山泉饮品股份有限公司、湖北凤源春武当道茶生物科技有限公司不正当竞争纠纷案［吉林省长春市中级人民法院（2016）吉01民初310号民事判决书］

38. 北京爱奇艺科技有限公司与深圳聚网视科技有限公司其他不正当竞争纠纷上诉案［上海知识产权法院（2015）沪知民终字第728号民事判决书］

39. 李瑞河、漳州天福茶业有限公司与刘建致擅自使用他人企业名称、姓名纠纷上诉案［福建省高级人民法院（2016）闽民终563号民事判决书］

40. 兖州市量子科技有限责任公司与邹城兖煤明兴达机电设备有限公司、吴宝庆、何金良侵犯商业秘密纠纷上诉案［山东省高级人民法院（2016）鲁民终1364号民事判决书］

41. 湖南富丽真金家纺有限公司与湖南富丽真金家具有限公司不正当竞争纠纷上诉案［湖南省高级人民法院（2016）湘民终545号民事判决书］

42. 湖南省梦洁家纺股份有限公司与深圳市富安娜家居用品股份有限公司、南通市名巢靓家家居用品有限公司商业诋毁纠纷上诉案［湖南省长沙市中级人民法院（2016）湘01民终1380号民事判决书］

43. 北京紫御湾科技有限公司与华润水泥（平南）有限公司技术服务合同纠纷案［广西壮族自治区贵港市中级人民法院（2015）贵民三初字第63号民事判决书］

二、知识产权行政案件

（一）专利行政案件

44. 吕汉杰与汕头市知识产权局、第三人林明海专利行政处理决定纠纷上诉案［广东省高级人民法院（2016）粤行终1134号行政判决书］

（二）商标行政案件

45. 深圳市柏森家居用品有限公司与国家工商行政管理总局商标评审委员会商标驳回复审行政纠纷申请再审案［最高人民法院（2016）最高法行申362号行政裁定书］

46. 格里高利登山用品有限公司与鹤山三丽雅工艺制品有限公司、国家工商行政管理总局商标评审委员会商标异议复审行政纠纷申请再审案［最高人民法院（2016）最高法行申2154号行政裁定书］

47. 布鲁特斯SIG有限公司与国家工商行政管理总局商标评审委员会商标驳回复审行政纠纷申请再审案［最高人民法院（2016）最高法行申2159号行政裁定书］

三、知识产权刑事案件

48. 沈靓等假冒注册商标罪、销售假冒注册商标的商品罪、销售非法制造的注册商标标识上诉案［安徽省蚌埠市中级人民法院（2016）皖03刑终194号刑事裁定书］

49. 邓丰成、程先荣等假冒注册商标罪、销售假冒注册商标的商品罪上诉案［湖北省武汉市中级人民法院（2016）鄂01刑终147号刑事裁定书］

50. 彭梵侵犯商业秘密罪上诉案［贵州省高级人民法院（2016）黔刑终593号刑事裁定书］

指导性案例

指导案例 45 号

北京百度网讯科技有限公司诉青岛奥商网络技术有限公司等不正当竞争纠纷案

（最高人民法院审判委员会讨论通过
2015 年 4 月 15 日发布）

关键词 民事 不正当竞争 网络服务 诚信原则

裁判要点

从事互联网服务的经营者，在其他经营者网站的搜索结果页面强行弹出广告的行为，违反诚实信用原则和公认商业道德，妨碍其他经营者正当经营并损害其合法权益，可以依照《中华人民共和国反不正当竞争法》第二条的原则性规定认定为不正当竞争。

相关法条

《中华人民共和国反不正当竞争法》第二条

基本案情

原告北京百度网讯科技有限公司（以下简称百度公司）诉称：其拥有的 www. baidu. com 网站（以下简称百度网站）是中文搜索引擎网站。三被告青岛奥商网络技术有限公司（以下简称奥商网络公司）、中国联合网络通信有限公司青岛市分公司（以下简称联通青岛公司）、中国联合网络通信有限公司山东省分公司（以下简称联通山东公司）在山东省青岛地区，利用网通的互联网接入网络服务，在百度公司网站的搜索结果页面强行增加广告的行为，损害了百度公司的商誉和经济效益，违背了诚实信用原则，构成不正当竞争。请求判令：（1）奥商网络公司、联通青岛公司的行为构成对原告的不正当竞争行为，并停止该不正当竞争行为；第三人承担连带责任；（2）三被告在报上刊登声明以消除影响；（3）三被告共同赔偿原告经济损失 480 万元和因本案的合理支出 10 万元。

被告奥商网络公司辩称：其不存在不正当竞争行为，不应赔礼道歉和赔偿 480 万元。

被告联通青岛公司辩称：原告没有证据证明其实施了被指控行为，没有提交证据证明遭受的实际损失，原告与其不存在竞争关系，应当驳回原告全部诉讼请求。

被告联通山东公司辩称：原告没有证据证明其实施了被指控的不正当竞争或侵权行为，承担连带责任没有法律依据。

第三人青岛鹏飞国际航空旅游服务有限公司（以下简称鹏飞航空公司）述称：本案与第三人无关。

法院经审理查明：百度公司经营范围为互联网信息服务业务，核准经营网址为 www. baidu. com 的百度网站，主要向网络用户提供互联网信息搜索服务。奥商网络公司经营范围包括网络工程建设、网络技术应用服务、计算机软件设计开发等，其网站为 www. og. com. cn。该公司在上述网站“企业概况”中称其拥有 4 个网站：中国奥商网

(www. og. com. cn)、讴歌网络营销伴侣(www. og. net. cn)、青岛电话实名网(www. 0532114. org)、半岛人才网(www. job17. com)。该公司在其网站介绍其“网络直通车”业务时称：无需安装任何插件，广告网页强制出现。介绍“搜索通”产品表现形式时，以图文方式列举了下列步骤：第一步在搜索引擎对话框中输入关键词；第二步优先出现网络直通车广告位(5秒钟展现)；第三步同时点击上面广告位直接进入宣传网站新窗口；第四步5秒后原窗口自动展示第一步请求的搜索结果。该网站还以其他形式介绍了上述服务。联通青岛公司的经营范围包括因特网接入服务和信息服务等，青岛信息港(域名为qd. sd. cn)为其所有的网站。“电话实名”系联通青岛公司与奥商公司共同合作的一项语音搜索业务，网址为www. 0532114. org的“114电话实名语音搜索”网站表明该网站版权所有人为联通青岛公司，独家注册中心为奥商网络公司。联通山东公司经营范围包括因特网接入服务和信息服务业务。其网站(www. sdcnc. cn)显示，联通青岛公司是其下属分公司。鹏飞航空公司经营范围包括航空机票销售代理等。

2009年4月14日，百度公司发现通过山东省青岛市网通接入互联网，登录百度网站(www. baidu. com)，在该网站显示对话框中：输入“鹏飞航空”，点击“百度一下”，弹出显示有“打折机票抢先拿就打114”的页面，迅速点击该页面，打开了显示地址为http：//air. qd. sd. cn/的页面；输入“青岛人才网”，点击“百度一下”，弹出显示有“找好工作到半岛人才网www. job17. com”的页面，迅速点击该页面中显示的“马上点击”，打开了显示地址为http：//www. job17. com/的页面；输入“电话实名”，点击“百度一下”，弹出显示有“查信息打114，语音搜索更好用”的页面，随后该页面转至相应的“电话实名”搜索结果页面。百度公司委托代理人利用公证处的计算机对登录百度搜索等网站操作过程予以公证，公证书记载了前述内容。经专家论证，所链接的网站(http：//air. qd. sd. cn/)与联通山东公司的下属网站青岛信息港(www. qd. sd. cn)具有相同域(qd. sd. cn)，网站air. qd. sd. cn是联通山东公司下属网站青岛站点所属。

裁判结果

山东省青岛市中级人民法院于2009年9月2日作出(2009)青民三初字第110号民事判决：(1)奥商网络公司、联通青岛公司于本判决生效之日起立即停止针对百度公司的不正当竞争行为，即不得利用技术手段，使通过联通青岛公司提供互联网接入服务的网络用户，在登录百度网站进行关键词搜索时，弹出奥商网络公司、联通青岛公司的广告页面；(2)奥商网络公司、联通青岛公司于本判决生效之日起十日内赔偿百度公司经济损失二十万元；(3)奥商网络公司、联通青岛公司于本判决生效之日起十日内在各自网站首页位置上刊登声明以消除影响，声明刊登时间应为连续的十五天；(4)驳回百度公司的其他诉讼请求。宣判后，联通青岛公司、奥商网络公司提起上诉。山东省高级人民法院于2010年3月20日作出(2010)鲁民三终字第5-2号民事判决，驳回上诉，维持原判。

裁判理由

法院生效裁判认为：本案百度公司起诉奥商网络公司、联通青岛公司、联通山东公司，要求其停止不正当竞争行为并承担相应的民事责任。据此，判断原告的主张能否成立应按以下步骤进行：(1)本案被告是否实施了被指控的行为；(2)如果实施了被指控行为，该行为是否构成不正当竞争；

(3) 如果构成不正当竞争，如何承担民事责任。

一、关于被告是否实施了被指控的行为

域名是互联网络上识别和定位计算机的层次结构式的字符标识。根据查明的事实，www. job17. com 系奥商网络公司所属的半岛人才网站，“电话实名语音搜索”系联通青岛公司与奥商网络公司合作经营的业务。域名 qd. sd. cn 属于联通青岛公司所有，并将其作为“青岛信息港”的域名实际使用。air. qd. sd. cn 作为 qd. sd. cn 的子域，是其上级域名 qd. sd. cn 分配与管理的。联通青岛公司作为域名 qd. sd. cn 的持有人否认域名 air. qd. sd. cn 为其所有，但没有提供证据予以证明，应认定在公证保全时该子域名的使用人为联通青岛公司。

在互联网上登录搜索引擎网站进行关键词搜索时，正常出现的应该是搜索引擎网站搜索结果页面，不应弹出与搜索引擎网站无关的其他页面，但是在联通青岛公司所提供的网络接入服务网络区域内，却出现了与搜索结果无关的广告页面强行弹出的现象。这种广告页面的弹出并非接入互联网的公证处计算机本身安装程序所导致，联通青岛公司既没有证据证明在其他网络接入服务商网络区域内会出现同样情况，又没有对在其网络接入服务区域内出现的上述情况给予合理解释，可以认定在联通青岛公司提供互联网接入服务的区域内，对于网络服务对象针对百度网站所发出的搜索请求进行了人为干预，使干预者想要发布的广告页面在正常搜索结果页面出现前强行弹出。

关于上述干预行为的实施主体问题，从查明的事实来看，奥商网络公司在其主页中对其“网络直通车”业务的介绍表明，其中关于广告强行弹出的介绍与公证保全的形式完全一致，且公证保全中所出现的弹出广告页面“半岛人才网”“114 电话语音搜索”均是其正在经营的网站或业务。因此，奥商网络公司是该干预行为的受益者，在其没有提供证据证明存在其他主体为其实施上述广告行为的情况下，可以认定奥商网络公司是上述干预行为的实施主体。

关于联通青岛公司是否被控侵权行为的实施主体问题，奥商网络公司这种干预行为不是通过在客户端计算机安装插件、程序等方式实现，而是在特定网络接入服务区域内均可实现，因此这种行为如果没有网络接入服务商的配合则无法实现。联通青岛公司没有证据证明奥商网络公司是通过非法手段干预其互联网接入服务而实施上述行为。同时，联通青岛公司是域名 air. qd. sd. cn 的所有人，因持有或使用域名而侵害他人合法权益的责任，由域名持有者承担。联通青岛公司与奥商网络公司合作经营电话实名业务，即联通青岛公司也是上述行为的受益人。因此，可以认定联通青岛公司也是上述干预行为的实施主体。

关于联通山东公司是否实施了干预行为，因联通山东公司、联通青岛公司同属于中国联合网络通信有限公司分支机构，无证据证明两公司具有开办和被开办的关系，也无证据证明联通山东公司参与实施了干预行为，联通青岛公司作为民事主体有承担民事责任的资格，故对联通山东公司的诉讼请求，不予支持。百度公司将鹏飞航空公司作为本案第三人，但是在诉状及庭审过程中并未指出第三人有不正当竞争行为，也未要求第三人承担民事责任，故将鹏飞航空公司作为第三人属于列举当事人不当，不予支持。

二、关于被控侵权行为是否构成不正当竞争

《中华人民共和国反不正当竞争法》（以下简称《反不正当竞争法》）第二章第五条至第十五条，对不正当竞争行为进行了列举式规定，对于没有在具体条文中列举的行为，只有按照公认的商业道德和普遍认识能够认定违反该法第二条原则性规定时，才可以认定为不正当竞争行为。判断经营者的行为构成不正当竞争，应当考虑以下方面：一是行为实施者是反不正当竞争法意义上的经营者；二是经营者从事商业活动时，没有遵循自愿、平等、公平、诚实信用原则，违反了反不正当竞争法律规定和公认的商业道德；三是经营者的不正当竞争行为损害正当经营者的合法权益。

首先，根据《反不正当竞争法》第二条有关经营者的规定，经营者的确定并不要求原、被告属同一行业或服务类别，只要是从事商品经营或者营利性服务的市场主体，就可成为经营者。联通青岛公司、奥商网络公司与百度公司均属于从事互联网业务的市场主体，属于反不正当竞争法意义上的经营者。虽然联通青岛公司是互联网接入服务经营者，百度公司是搜索服务经营者，服务类别上不完全相同，但是联通青岛公司实施的在百度搜索结果出现之前弹出广告的商业行为，与百度公司的付费搜索模式存在竞争关系。

其次，在市场竞争中存在商业联系的经营者，违反诚信原则和公认商业道德，不正当地妨碍了其他经营者正当经营，并损害其他经营者合法权益的，可以依照《反不正当竞争法》第二条的原则性规定，认定为不正当竞争。尽管在互联网上发布广告、进行商业活动与传统商业模式有较大差异，但是从事互联网业务的经营者仍应当通过诚信经营、公平竞争来获得竞争优势，不能未经他人许可，利用他人的服务行为或市场份额来进行商业运作并从中获利。联通青岛公司与奥商网络公司实施的行为，是利用了百度网站搜索引擎在我国互联网用户中被广泛使用优势，利用技术手段，让使用联通青岛公司提供互联网接入服务的网络用户，在登录百度网站进行关键词搜索时，在正常搜索结果显示前强行弹出奥商公司发布的与搜索的关键词及内容有紧密关系的广告页面。这种行为诱使本可能通过百度公司搜索结果检索相应信息的网络用户点击该广告页面，影响了百度公司向网络用户提供付费搜索服务与推广服务，属于利用百度公司提供的搜索服务来为自己牟利。该行为既没有征得百度公司同意，又违背了使用其互联网接入服务用户的意志，容易导致上网用户误以为弹出的广告页面系百度公司所为，会使上网用户对百度公司提供服务的评价降低，对百度公司的商业信誉产生不利影响，损害了百度公司的合法权益，同时也违背了诚实信用和公认的商业道德，已构成不正当竞争。

三、关于民事责任的承担

由于联通青岛公司与奥商网络公司共同实施了不正当竞争行为，依照《中华人民共和国民法通则》第一百三十条的规定应当承担连带责任。依照《中华人民共和国民法通则》第一百三十四条、《反不正当竞争法》第二十条的规定，应当承担停止侵权、赔偿损失、消除影响的民事责任。首先，奥商网络公司、联通青岛公司应当立即停止不正当竞争行为，即不得利用技术手段使通过联通青岛公司提供互联网接入服务的网络用户，在登录百度网站进行关键词搜索时，弹出两被告的广告页面。其次，根据原告为本案支出的合理费用、被告不正当竞争行为的情节、持续时间等，酌定两被告共同赔偿经济损失20万元。最后，互联网用户在登录百度进行搜索时，面对弹出的广告页面，通常会认为该行为系百度公司所为。因此两被告的行为给百度公司造成了一定负面影响，应当承担消除影响的民事责任。由于该行为发生在互联网上，且发生在联通青岛公司提供互联网接入服务的区域内，故确定两被告应在其各自网站的首页上刊登消除影响的声明。

指导案例 46 号

山东鲁锦实业有限公司诉鄄城县鲁锦工艺品有限责任公司、济宁礼之邦家纺有限公司侵害商标权及不正当竞争纠纷案

（最高人民法院审判委员会讨论通过
2015 年 4 月 15 日发布）

关键词 民事 商标侵权 不正当竞争 商品通用名称

裁判要点

判断具有地域性特点的商品通用名称，应当注意从以下方面综合分析：（1）该名称在某一地区或领域约定俗成，长期普遍使用并为相关公众认可；（2）该名称所指代的商品生产工艺经某一地区或领域群众长期共同劳动实践而形成；（3）该名称所指代的商品生产原料在某一地区或领域普遍生产。

相关法条

《中华人民共和国商标法》第五十九条

基本案情

原告山东鲁锦实业有限公司（以下简称鲁锦公司）诉称：被告鄄城县鲁锦工艺品有限责任公司（以下简称鄄城鲁锦公司）、济宁礼之邦家纺有限公司（以下简称礼之邦公司）大量生产、销售标有“鲁锦”字样的鲁锦产品，侵犯其“鲁锦”注册商标专用权。鄄城鲁锦公司企业名称中含有原告的“鲁锦”注册商标字样，误导消费者，构成不正当竞争。“鲁锦”不是通用名称。请求判令二被告承担侵犯商标专用权和不正当竞争的法律责任。

被告鄄城鲁锦公司辩称：原告鲁锦公司注册成立前及鲁锦商标注册完成前，“鲁锦”已成为通用名称。按照有关规定，其属于“正当使用”，不构成商标侵权，也不构成不正当竞争。

被告礼之邦公司一审未作答辩，二审上诉称：“鲁锦”是鲁西南一带民间纯棉手工纺织品的通用名称，不知道“鲁锦”是鲁锦公司的注册商标，接到诉状后已停止相关使用行为，故不应承担赔偿责任。

法院经审理查明：鲁锦公司的前身嘉祥县瑞锦民间工艺品厂于 1999 年 12 月 21 日取得注册号为第 1345914 号的“鲁锦”文字商标，有效期为 1999 年 12 月 21 日至 2009 年 12 月 20 日，核定使用商品为第 25 类服装、鞋、帽类。鲁锦公司又于 2001 年 11 月 14 日取得注册号为第 1665032 号的“Lj + LUJIN”的组合商标，有效期为 2001 年 11 月 14 日至 2011 年 11 月 13 日，核定使用商品为第 24 类的“纺织物、棉织品、内衣用织物、纱布、纺织品、毛巾布、无纺布、浴巾、床单、纺织品家具罩等”。嘉祥县瑞锦民间工艺品厂于 2001 年 2 月 9 日更名为嘉祥县鲁锦实业有限公司，后于 2007 年 6 月 11 日更名为山东鲁锦实业有限公司。

鲁锦公司在获得“鲁锦”注册商标专用权后，在多家媒体多次宣传其产品及注册商标，并于 2006 年 3 月被“中华老字号”工作委员会接纳为会员单位。鲁锦公司经过多年努力及长期大量的广告宣传和市场推广，其“鲁锦”牌系列产品，特别是“鲁锦”牌服装在国内享有一定的知名度。2006 年 11 月 16 日，“鲁锦”注册商标被审定为山东省著名商标。

2007 年 3 月，鲁锦公司从礼之邦鲁锦专卖店购买到由鄄城鲁锦公司生产的同鲁锦公司注册商标所核定使用的商品相同或类似的商品，该商品上的标签（吊牌）、包装盒、包装袋及店堂门面上均带有“鲁锦”字样。

在该店门面上“鲁锦”已被突出放大使用，其出具的发票上加盖的印章为礼之邦公司公章。

鄄城鲁锦公司于2003年3月3日成立，在产品上使用的商标是“精一坊文字+图形”组合商标，该商标已申请注册，但尚未核准。2007年9月，鄄城鲁锦公司申请撤销鲁锦公司已注册的第1345914号“鲁锦”商标，国家工商总局商标评审委员会已受理但未作出裁定。

一审法院根据鲁锦公司的申请，依法对鄄城鲁锦公司、礼之邦公司进行了证据保全，发现二被告处存有大量同“鲁锦”注册商标核准使用的商品同类或者类似的商品，该商品上的标签（吊牌）、包装盒、包装袋、商品标价签以及被告店堂门面上均带有原告注册商标“鲁锦”字样。被控侵权商品的标签（吊牌）、包装盒、包装袋上已将“鲁锦”文字放大，作为商品的名称或者商品装潢醒目突出使用，且包装袋上未标识生产商及其地址。

另查明：鲁西南民间织锦是一种山东民间纯棉手工纺织品，因其纹彩绚丽、灿烂似锦而得名，在鲁西南地区已有上千年的历史，是历史悠久的齐鲁文化的一部分。从20世纪80年代中期开始，鲁西南织锦开始被开发利用。1986年1月8日，在济南举行了“鲁西南织锦与现代生活展览汇报会”。1986年8月20日，在北京民族文化宫举办了“鲁锦与现代生活展”。1986年前后，《人民日报》《经济参考》《农民日报》等报刊发表“鲁锦”的专题报道，中央电视台、山东电视台也拍摄了多部“鲁锦”的专题片。自此，“鲁锦”作为山东民间手工棉纺织品的通称被广泛使用。此后，鲁锦的研究、开发和生产逐渐普及并不断发展壮大。1987年11月15日，为促进鲁锦文化与现代生活的进一步结合，加拿大国际发展署（CIDA）与中华全国妇女联合会共同在鄄城县杨屯村举行了双边合作项目——鄄城杨屯妇女鲁锦纺织联社培训班。

山东省及济宁、菏泽等地方史志资料在谈及历史、地方特产或传统工艺时，对“鲁锦”也多有记载，均认为“鲁锦”是流行在鲁西南地区广大农村的一种以棉纱为主要原料的传统纺织产品，是山东的主要民间美术品种之一。相关工具书及出版物也对“鲁锦”多有介绍，均认为“鲁锦”是山东民间手工织花棉布，以棉花为主要原料，手工织线、染色、织造，俗称“土布”或“手织布”，因此布色彩斑斓，似锦似绣，故称为“鲁锦”。

1995年12月25日，山东省文物局作出《关于建设“中国鲁锦博物馆”的批复》，同意菏泽地区文化局在鄄城县成立“中国鲁锦博物馆”。2006年12月23日，山东省人民政府公布第一批省级非物质文化遗产，其中山东省文化厅、鄄城县、嘉祥县申报的“鲁锦民间手工技艺”被评定为非物质文化遗产。2008年6月7日，国务院国发〔2008〕19号文件确定由山东省鄄城县、嘉祥县申报的“鲁锦织造技艺”被列入第二批国家级非物质文化遗产名录。

裁判结果

山东省济宁市中级人民法院于2008年8月25日作出（2007）济民五初字第6号民事判决：（1）鄄城鲁锦公司于判决生效之日立即停止在其生产、销售的第25类服装类系列商品上使用“鲁锦”作为其商品名称或者商品装潢，并于判决生效之日起30日内，消除其现存被控侵权产品上标明的“鲁锦”字样；礼之邦公司立即停止销售鄄城鲁锦公司生产的被控侵权商品。（2）鄄城鲁锦公司于判决生效之日起15日内赔偿鲁锦公司经济损失25万元；礼之邦公司赔偿鲁锦公司经济损失1万元。（3）鄄城鲁锦公司于判决生效之日起 30 日内变更企业名称，变更后的企业名称中不得包含“鲁锦”文字；礼之邦公司于判决生效之日立即消除店堂门面上的“鲁锦”字样。宣判后，鄄城鲁锦公司与礼之邦公司提出上诉。山东省高级人民法院于 2009 年 8 月 5 日作出（2009）鲁民三终字第 34 号民事判决：撤销山东省济宁市中级人民法院（2007）济民五初字第 6 号民事判决；驳回鲁锦公司的诉讼请求。

裁判理由

法院生效裁判认为：根据本案事实可以认定，在 1999 年鲁锦公司将“鲁锦”注册为商标之前，已是山东民间手工棉纺织品的通用名称，“鲁锦”织造技艺为非物质文化遗产。鄄城鲁锦公司、济宁礼之邦公司的行为不构成商标侵权，也非不正当竞争。

首先，“鲁锦”已成为具有地域性特点的棉纺织品的通用名称。商品通用名称是指行业规范或社会公众约定俗成的对某一商品的通常称谓。该通用名称可以是行业规范规定的称谓，也可以是公众约定俗成的简称。鲁锦指鲁西南民间纯棉手工织锦，其纹彩绚丽灿烂似锦，在鲁西南地区已有上千年的历史。“鲁锦”作为具有山东特色的手工纺织品的通用名称，为国家主流媒体、各类专业报纸以及山东省新闻媒体所公认，山东省、济宁、菏泽、嘉祥、鄄城的省市县三级史志资料均将“鲁锦”记载为传统鲁西南民间织锦的“新名”，有关工艺美术和艺术的工具书中也确认“鲁锦”就是产自山东的一种民间纯棉手工纺织品。“鲁锦”织造工艺历史悠久，在提到“鲁锦”时，人们想到的就是传统悠久的山东民间手工棉纺织品及其织造工艺。“鲁锦织造技艺”被确定为国家级非物质文化遗产。“鲁锦”代表的纯棉手工纺织生产工艺并非由某一自然人或企业法人发明而成，而是由山东地区特别是鲁西南地区人民群众长期劳动实践而形成。“鲁锦”代表的纯棉手工纺织品的生产原料亦非某一自然人或企业法人特定种植，而是山东不特定地区广泛种植的棉花。自 20 世纪 80 年代中期后，经过媒体的大量宣传，“鲁锦”已成为以棉花为主要原料、手工织线、染色、织造的山东地区民间手工纺织品的通称，且已在山东地区纺织行业领域内通用，并被相关社会公众所接受。综上，可以认定“鲁锦”是山东地区特别是鲁西南地区民间纯棉手工纺织品的通用名称。

关于鲁锦公司主张“鲁锦”这一名称不具有广泛性，在我国其他地方也出产老粗布，但不叫“鲁锦”。对此法院认为，对于具有地域性特点的商品通用名称，判断其广泛性应以特定产区及相关公众为标准，而不应以全国为标准。我国其他省份的手工棉纺织品不叫“鲁锦”，并不影响“鲁锦”专指山东地区特有的民间手工棉纺织品这一事实。关于鲁锦公司主张“鲁锦”不具有科学性，棉织品应称为“棉”而不应称为“锦”。对此法院认为，名称的确定与其是否符合科学没有必然关系，对于已为相关公众接受、指代明确、约定俗成的名称，即使有不科学之处，也不影响其成为通用名称。关于鲁锦公司还主张“鲁锦”不具有普遍性，山东省内有些经营者、消费者将这种民间手工棉纺织品称为“粗布”或“老土布”。对此法院认为，“鲁锦”这一称谓是 20 世纪 80 年代中期确定的新名称，经过多年宣传与使用，现已为相关公众所知悉和接受。“粗布”“老土布”等旧有名称的存在，不影响“鲁锦”通用名称的认定。

其次，注册商标中含有的本商品的通用名称，注册商标专用权人无权禁止他人正当使用。《中华人民共和国商标法实施条例》第四十九条规定：“注册商标中含有的本商品的通用名称、图形、型号，或者直接表示商品的质量、主要原料、功能、用途、重量、数量及其他特点，或者含有地名，注册商标专用权人无权禁止他人正当使用。”商标的作用主要为识别性，即消费者能够依不同的商标而区别相应的商品及服务的提供者。保护商标权的目的，就是防止对商品及服务的来源产生混淆。由于鲁锦公司“鲁锦”文字商标和“Lj + LUJIN”组合商标，与作为山东民间手工棉纺织品通用名称的“鲁锦”一致，其应具备的显著性区别特征因此趋于弱化。“鲁锦”虽不是鲁锦服装的通用名称，但却是山东民间手工棉纺织品的通用名称。商标注册人对商标中通用名称部分不享有专用权，不影响他人将“鲁锦”作为通用名称正当使用。鲁西南地区有不少以鲁锦为面料生产床上用品、工艺品、服饰的厂家，这些厂家均可以正当使用“鲁锦”名称，在其产品上叙述性标明其面料采用鲁锦。

本案中，鄄城鲁锦公司在其生产的涉案产品的包装盒、包装袋上使用“鲁锦”两字，虽然在商品上使用了鲁锦公司商标中含有的商品通用名称，但仅是为了表明其产品采用鲁锦面料，其生产技艺具备鲁锦特点，并不具有侵犯鲁锦公司“鲁锦”注册商标专用权的主观恶意，也并非作为商业标识使用，属于正当使用，故不应认定为侵犯“鲁锦”注册商标专用权的行为。基于同样的理由，鄄城鲁锦公司在其企业名称中使用“鲁锦”字样，也系正当使用，不构成不正当竞争。礼之邦公司作为鲁锦制品的专卖店，同样有权使用“鲁锦”字样，亦不构成对“鲁锦”注册商标专用权的侵犯。

此外，鲁锦公司的“鲁锦”文字商标和“Lj + LUJIN”的组合商标已经国家商标局核准注册并核定使用于第25类、第24类商品上，该注册商标专用权应依法受法律保护。虽然鄄城鲁锦公司对此商标提出撤销申请，但在国家商标局商标评审委员会未撤销前，仍应依法保护上述有效注册商标。鉴于“鲁锦”是注册商标，为规范市场秩序，保护公平竞争，鄄城鲁锦公司在今后使用“鲁锦”字样以标明其产品面料性质的同时，应合理避让鲁锦公司的注册商标专用权，应在其产品包装上突出使用自己的“精一坊”商标，以显著区别产品来源，方便消费者识别。

指导案例47号

意大利费列罗公司诉蒙特莎（张家港）食品有限公司、天津经济技术开发区正元行销有限公司不正当竞争纠纷案

（最高人民法院审判委员会讨论通过
2015年4月15日发布）

关键词　民事　不正当竞争　知名商品　特有包装、装潢

裁判要点

1. 反不正当竞争法所称的知名商品，是指在中国境内具有一定的市场知名度，为相关公众所知悉的商品。在国际上已知名的商品，我国对其特有的名称、包装、装潢的保护，仍应以其在中国境内为相关公众所知悉为必要。故认定该知名商品，应当结合该商品在中国境内的销售时间、销售区域、销售额和销售对象，进行宣传的持续时间、程度和地域范围，作为知名商品受保护的情况等因素，并适当考虑该商品在国外已知名的情况，进行综合判断。

2. 反不正当竞争法所保护的知名商品特有的包装、装潢，是指能够区别商品来源的盛装或者保护商品的容器等包装，以及在商品或者其包装上附加的文字、图案、色彩

及其排列组合所构成的装潢。

3. 对他人能够区别商品来源的知名商品特有的包装、装潢，进行足以引起市场混淆、误认的全面模仿，属于不正当竞争行为。

相关法条

《中华人民共和国反不正当竞争法》第五条第二项

基本案情

原告意大利费列罗公司（以下简称费列罗公司）诉称：被告蒙特莎（张家港）食品有限公司（以下简称蒙特莎公司）仿冒原告产品，擅自使用与原告知名商品特有的包装、装潢相同或近似的包装、装潢，使消费者产生混淆。被告蒙特莎公司的上述行为及被告天津经济技术开发区正元行销有限公司（以下简称正元公司）销售仿冒产品的行为已给原告造成重大经济损失。请求判令蒙特莎公司不得生产、销售，正元公司不得销售符合前述费列罗公司巧克力产品特有的任意一项或者几项组合的包装、装潢的产品或者任何与费列罗公司的上述包装、装潢相似的足以引起消费者误认的巧克力产品，并赔礼道歉、消除影响、承担诉讼费用，蒙特莎公司赔偿损失300万元。

被告蒙特莎公司辩称：原告涉案产品在中国境内市场并没有被相关公众所知悉，而蒙特莎公司生产的金莎巧克力产品在中国境内消费者中享有很高的知名度，属于知名商品。原告诉请中要求保护的包装、装潢是国内外同类巧克力产品的通用包装、装潢，不具有独创性和特异性。蒙特莎公司生产的金莎巧克力使用的包装、装潢是其和专业设计人员合作开发的，并非仿冒他人已有的包装、装潢。普通消费者只需施加一般的注意，就不会混淆原、被告各自生产的巧克力产品。原告认为自己产品的包装涵盖了商标、外观设计、著作权等多项知识产权，但未明确指出被控侵权产品的包装、装潢具体侵犯了其何种权利，其起诉要求保护的客体模糊不清。故原告起诉无事实和法律依据，请求驳回原告的诉讼请求。

法院经审理查明：费列罗公司于1946年在意大利成立，1982年其生产的费列罗巧克力投放市场，曾在亚洲多个国家和地区的电视、报刊、杂志发布广告。在我国台湾和香港地区，费列罗巧克力取名“金莎”巧克力，并分别于1990年6月和1993年在我国台湾和香港地区注册“金莎”商标。1984年2月，费列罗巧克力通过中国粮油食品进出口总公司采取寄售方式进入了国内市场，主要在免税店和机场商店等当时政策所允许的场所销售，并延续到1993年前。1986年10月，费列罗公司在中国注册了“FERRERO ROCHER”和图形（椭圆花边图案）以及其组合的系列商标，并在中国境内销售的巧克力商品上使用。费列罗巧克力使用的包装、装潢的主要特征是：（1）每一粒球状巧克力用金色纸质包装；（2）在金色球状包装上配以印有“FERRERO ROCHER”商标的椭圆形金边标签作为装潢；（3）每一粒金球状巧克力均有咖啡色纸质底托作为装潢；（4）若干形状的塑料透明包装，以呈现金球状内包装；（5）塑料透明包装上使用椭圆形金边图案作为装潢，椭圆形内配有产品图案和商标，并由商标处延伸出红金颜色的绶带状图案。费列罗巧克力产品的8粒装、16粒装、24粒装以及30粒装立体包装于1984年在世界知识产权组织申请为立体商标。费列罗公司自1993年开始，以广东、上海、北京地区为核心逐步加大费列罗巧克力在国内的报纸、期刊和室外广告的宣传力度，相继在一些大中城市设立专柜进行销售，并通过赞助一些商业和体育活动，提高其产品的知名度。2000年6月，其“FERRERO ROCHER”商标被国家工商行政管理部门列入全国重点商标保护名录。我国广东、河北等地工商行政管理部门曾多次查处仿冒费列罗巧克力包装、装潢的行为。

蒙特莎公司是1991年12月张家港市乳品一厂与比利时费塔代尔有限公司合资成立的生产、销售各种花色巧克力的中外合资企业。张家港市乳品一厂自1990年开始生产金莎巧克力，并于1990年4月23日申请注册“金莎”文字商标，1991年4月经国家工商行政管理局商标局核准注册。2002年，张家港市乳品一厂向蒙特莎公司转让“金莎”商标，于2002年11月25日提出申请，并于2004年4月21日经国家工商管理总局商标局核准转让。由此蒙特莎公司开始生产、销售金莎巧克力。蒙特莎公司生产、销售金莎巧克力产品，其除将“金莎”更换为“金莎TRESOR DORE”组合商标外，仍延续使用张家港市乳品一厂金莎巧克力产品使用的包装、装潢。被控侵权的金莎TRESOR DORE巧克力包装、装潢为：每粒金莎TRESOR DORE巧克力呈球状并均由金色锡纸包装；在每粒金球状包装顶部均配以印有“金莎TRESOR DORE”商标的椭圆形金边标签；每粒金球状巧克力均配有底面平滑无褶皱、侧面带波浪褶皱的呈碗状的咖啡色纸质底托；外包装为透明塑料纸或塑料盒；外包装正中处使用椭圆金边图案，内配产品图案及金莎TRESOR DORE商标，并由此延伸出红金色绶带。以上特征与费列罗公司起诉中请求保护的包装、装潢在整体印象和主要部分上相近似。正元公司为蒙特莎公司生产的金莎TRESOR DORE巧克力在天津市的经销商。2003年1月，费列罗公司经天津市公证处公证，在天津市河东区正元公司处购买了被控侵权产品。

裁判结果

天津市第二中级人民法院于2005年2月7日作出（2003）二中民三初字第63号民事判决：判令驳回费列罗公司对蒙特莎公司、正元公司的诉讼请求。费列罗公司提起上诉，天津市高级人民法院于2006年1月9日作出（2005）津高民三终字第36号判决：（1）撤销一审判决；（2）蒙特莎公司立即停止使用金莎TRESOR DORE系列巧克力侵权包装、装潢；（3）蒙特莎公司赔偿费列罗公司人民币700 000元，于本判决生效后十五日内给付；（4）责令正元公司立即停止销售使用侵权包装、装潢的金莎TRESOR DORE系列巧克力；（5）驳回费列罗公司其他诉讼请求。蒙特莎公司不服二审判决，向最高人民法院提出再审申请。最高人民法院于2008年3月24日作出（2006）民三提字第3号民事判决：（1）维持天津市高级人民法院（2005）津高民三终字第36号民事判决第一项、第五项；（2）变更天津市高级人民法院（2005）津高民三终字第36号民事判决第二项为：蒙特莎公司立即停止在本案金莎TRESOR DORE系列巧克力商品上使用与费列罗系列巧克力商品特有的包装、装潢相近似的包装、装潢的不正当竞争行为；（3）变更天津市高级人民法院（2005）津高民三终字第36号民事判决第三项为：蒙特莎公司自本判决送达后十五日内，赔偿费列罗公司人民币500 000元；（4）变更天津市高级人民法院（2005）津高民三终字第36号民事判决第四项为：责令正元公司立即停止销售上述金莎TREDOR DORE系列巧克力商品。

裁判理由

最高人民法院认为：本案主要涉及费列罗巧克力是否为在先知名商品，费列罗巧克力使用的包装、装潢是否为特有的包装、装潢，以及蒙特莎公司生产的金莎TRESOR DORE巧克力使用包装、装潢是否构成不正当竞争行为等争议焦点问题。

一、关于费列罗巧克力是否为在先知名商品

根据中国粮油食品进出口总公司与费列罗公司签订的寄售合同、寄售合同确认书等证据，二审法院认定费列罗巧克力自1984年开始在中国境内销售无误。反不正当竞争法所指的知名商品，是在中国境内具有一定的市场知名度，为相关公众所知悉的商品。在国际已知名的商品，我国法律对其特有名称、包装、装潢的保护，仍应以在中国境内为相关公众所知悉为必要。其所主张的商品或者服务具有知名度，通常系由在中国境内生产、销售或者从事其他经营活动而产生。认定知名商品，应当考虑该商品的销售时间、销售区域、销售额和销售对象，进行宣传的持续时间、程度和地域范围，作为知名商品受保护的情况等因素，进行综合判断；也不排除适当考虑国外已知名的因素。本案二审判决中关于“对商品知名状况的评价应根据其在国内外特定市场的知名度综合判定，不能理解为仅指在中国境内知名的商品”的表述欠当，但根据费列罗巧克力进入中国市场的时间、销售情况以及费列罗公司进行的多种宣传活动，认定其属于在中国境内的相关市场中具有较高知名度的知名商品正确。蒙特莎公司关于费列罗巧克力在中国境内市场知名的时间晚于金莎 TRESOR DORE 巧克力的主张不能成立。此外，费列罗公司费列罗巧克力的包装、装潢使用在先，蒙特莎公司主张其使用的涉案包装、装潢为自主开发设计缺乏充分证据支持，二审判决认定蒙特莎公司擅自使用费列罗巧克力特有包装、装潢正确。

二、关于费列罗巧克力使用的包装、装潢是否具有特有性

盛装或者保护商品的容器等包装，以及在商品或者其包装上附加的文字、图案、色彩及其排列组合所构成的装潢，在其能够区别商品来源时，即属于反不正当竞争法保护的特有包装、装潢。费列罗公司请求保护的费列罗巧克力使用的包装、装潢系由一系列要素构成。如果仅仅以锡箔纸包裹球状巧克力，采用透明塑料外包装，呈现巧克力内包装等方式进行简单的组合，所形成的包装、装潢因无区别商品来源的显著特征而不具有特有性；而且这种组合中的各个要素也属于食品包装行业中通用的包装、装潢元素，不能被独占使用。但是，锡纸、纸托、塑料盒等包装材质与形状、颜色的排列组合有很大的选择空间；将商标标签附加在包装上，该标签的尺寸、图案、构图方法等亦有很大的设计自由度。在可以自由设计的范围内，将包装、装潢各要素独特排列组合，使其具有区别商品来源的显著特征，可以构成商品特有的包装、装潢。费列罗巧克力所使用的包装、装潢因其构成要素在文字、图形、色彩、形状、大小等方面的排列组合具有独特性，形成了显著的整体形象，且与商品的功能性无关，经过长时间使用和大量宣传，已足以使相关公众将上述包装、装潢的整体形象与费列罗公司的费列罗巧克力商品联系起来，具有识别其商品来源的作用，应当属于反不正当竞争法第五条第二项所保护的特有的包装、装潢。蒙特莎公司关于判定涉案包装、装潢为特有，会使巧克力行业的通用包装、装潢被费列罗公司排他性独占使用，垄断国内球形巧克力市场等理由，不能成立。

三、关于相关公众是否容易对费列罗巧克力与金莎 TRESOR DORE 巧克力引起混淆、误认

对商品包装、装潢的设计，不同经营者之间可以相互学习、借鉴，并在此基础上进行创新设计，形成有明显区别各自商品的包装、装潢。这种做法是市场经营和竞争的必然要求。就本案而言，蒙特莎公司可以充分利用巧克力包装、装潢设计中的通用要素，自由设计与他人在先使用的特有包装、装潢具有明显区别的包装、装潢。但是，对他人具有识别商品来源意义的特有包装、装潢，则不能作足以引起市场混淆、误认的全面模仿，否则就会构成不正当的市场竞争。我国反不正当竞争法中规定的混淆、误认，是指足以使相关公众对商品的来源产生误认，包括误认为与知名商品的经营者具有许可使用、关联企业关系等特定联系。本案中，由于费列罗巧克力使用的包装、装潢的整体形象具有区别商品来源的显著特征，蒙特莎公司在其巧克力商品上使用的包装、装潢与费列罗巧克力特有包装、装潢，又达到在视觉上非常近似的程度。即使双方商品存在价格、质量、口味、消费层次等方面的差异和厂商名称、商标不同等因素，也未免使相关公众易于误认金莎 TRESOR DORE 巧克力与费列罗巧克力存在某种经济上的联系。据此，再审申请人关于本案相似包装、装潢不会构成消费者混淆、误认的理由不能成立。

综上，蒙特莎公司在其生产的金莎 TRESOR DORE 巧克力商品上，擅自使用与费列罗公司的费列罗巧克力特有的包装、装潢相近似的包装、装潢，足以引起相关公众对商品来源的混淆、误认，构成不正当竞争。

指导案例 48 号

北京精雕科技有限公司诉上海奈凯电子科技有限公司侵害计算机软件著作权纠纷案

（最高人民法院审判委员会讨论通过
2015 年 4 月 15 日发布）

关键词　民事　侵害计算机软件著作权　捆绑销售　技术保护措施　权利滥用

裁判要点

计算机软件著作权人为实现软件与机器的捆绑销售，将软件运行的输出数据设定为特定文件格式，以限制其他竞争者的机器读取以该特定文件格式保存的数据，从而将其在软件上的竞争优势扩展到机器，不属于著作权法所规定的著作权人为保护其软件著作权而采取的技术措施。他人研发软件读取其设定的特定文件格式的，不构成侵害计算机软件著作权。

相关法条

《中华人民共和国著作权法》第四十八条第一款第六项

《计算机软件保护条例》第二条、第三条第一款第一项、第二十四条第一款第三项

基本案情

原告北京精雕科技有限公司（以下简称精雕公司）诉称：原告自主开发了精雕 CNC 雕刻系统，该系统由精雕雕刻 CAD/CAM 软件（JDPaint 软件）、精雕数控系统、机械本体三大部分组成。该系统的使用通过两台计算机完成，一台是加工编程计算机，另一台是数控控制计算机。两台计算机运行两个不同的程序需要相互交换数据，即通过数据文件进行。具体是：JDPaint 软件通过加工编程计算机运行生成 Eng 格式的数据文件，再由运行于数控控制计算机上的控制软件接收该数据文件，将其变成加工指令。原告对上述 JDPaint 软件享有著作权，该软件不公开对外销售，只配备在原告自主生产的数控雕刻机上使用。2006 年初，原告发现被告上海奈凯电子科技有限公司（以下简称奈凯公司）在其网站上大力宣传其开发的 NC－1000 雕铣机数控系统全面支持精雕各种版本的 Eng 文件。被告上述数控系统中的 Ncstudio 软件能够读取 JDPaint 软件输出的 Eng 格式数据文件，而原告对 Eng 格式采取了加密措施。被告非法破译 Eng 格式的加密措

施，开发、销售能够读取Eng格式数据文件的数控系统，属于故意避开或者破坏原告为保护软件著作权而采取的技术措施的行为，构成对原告软件著作权的侵犯。被告的行为使得其他数控雕刻机能够非法接收Eng文件，导致原告精雕雕刻机销量减少，造成经济损失。故请求法院判令被告立即停止支持精雕JDPaint各种版本输出Eng格式的数控系统的开发、销售及其他侵权行为，公开赔礼道歉，并赔偿损失485000元。

奈凯公司辩称：其开发的Ncstudio软件能够读取JDPaint软件输出的Eng格式数据文件，但Eng数据文件及该文件所使用的Eng格式不属于计算机软件著作权的保护范围，故被告的行为不构成侵权。请求法院驳回原告的诉讼请求。

法院经审理查明：原告精雕公司分别于2001年、2004年取得国家版权局向其颁发的软著登字第0011393号、软著登字第025028号《计算机软件著作权登记证书》，登记其为精雕雕刻软件JDPaintV4.0、JDPaintV5.0（两软件以下简称JDPaint）的原始取得人。奈凯公司分别于2004年、2005年取得国家版权局向其颁发的软著登字第023060号、软著登字第041930号《计算机软件著作权登记证书》，登记其为软件奈凯数控系统V5.0、维宏数控运动控制系统V3.0（两软件以下简称Ncstudio）的原始取得人。

奈凯公司在其公司网站上宣称：2005年12月，奈凯公司推出NC－1000雕铣机控制系统，该数控系统全面支持精雕各种版本Eng文件，该功能是针对用户对精雕JDPaintV5.19这一排版软件的酷爱而研发的。

精雕公司的JDPaint软件输出的Eng文件是数据文件，采用Eng格式。奈凯公司的Ncstudio软件能够读取JDPaint软件输出的Eng文件，即Ncstudio软件与JDPaint软件所输出的Eng文件兼容。

裁判结果

上海市第一中级人民法院于2006年9月20日作出（2006）沪一中民五（知）初字第134号民事判决：驳回原告精雕公司的诉讼请求。宣判后，精雕公司提出上诉。上海市高级人民法院于2006年12月13日作出（2006）沪高民三（知）终字第110号民事判决：驳回上诉，维持原判。

裁判理由

法院生效裁判认为：本案应解决的争议焦点是：一、原告精雕公司的JDPaint软件输出的、采取加密措施的Eng格式数据文件，是否属于计算机软件著作权的保护范围；二、奈凯公司研发能够读取JDPaint软件输出的Eng格式文件的软件的行为，是否构成《中华人民共和国著作权法》（以下简称《著作权法》）第四十八条第一款第六项、《计算机软件保护条例》第二十四条第一款第三项规定的“故意避开或者破坏著作权人为保护其软件著作权而采取的技术措施”的行为。

关于第一点。《计算机软件保护条例》第二条规定：“本条例所称计算机软件（以下简称软件），是指计算机程序及其有关文档。”第三条规定：“本条例下列用语的含义：（一）计算机程序，是指为了得到某种结果而可以由计算机等具有信息处理能力的装置执行的代码化指令序列，或者可以被自动转换成代码化指令序列的符号化指令序列或者符号化语句序列。同一计算机程序的源程序和目标程序为同一作品。（二）文档，是指用来描述程序的内容、组成、设计、功能规格、开发情况、测试结果及使用方法的文字资料和图表等，如程序设计说明书、流程图、用户手册等……”第四条规定：“受本条例保护的软件必须由开发者独立开发，并已固定在某种有形物体上。”根据上述规定，计算机软件著作权的保护范围是软件程序和文档。

本案中，Eng 文件是 JDPaint 软件在加工编程计算机上运行所生成的数据文件，其所使用的输出格式即 Eng 格式是计算机 JDPaint 软件的目标程序经计算机执行产生的结果。该格式数据文件本身不是代码化指令序列、符号化指令序列、符号化语句序列，也无法通过计算机运行和执行，对 Eng 格式文件的破解行为本身也不会直接造成对 JDPaint 软件的非法复制。此外，该文件所记录的数据并非原告精雕公司的 JDPaint 软件所固有，而是软件使用者输入雕刻加工信息而生成的，这些数据不属于 JDPaint 软件的著作权人精雕公司所有。因此，Eng 格式数据文件中包含的数据和文件格式均不属于 JDPaint 软件的程序组成部分，不属于计算机软件著作权的保护范围。

关于第二点。根据《著作权法》第四十八条第一款第六项、《计算机软件保护条例》第二十四条第一款第三项的规定，故意避开或者破坏著作权人为保护其软件著作权而采取的技术措施的行为，是侵犯软件著作权的行为。上述规定体现了对恶意规避技术措施的限制，是对计算机软件著作权的保护。但是，上述限制“恶意规避技术措施”的规定不能被滥用。上述规定主要限制的是针对受保护的软件著作权实施的恶意技术规避行为。著作权人为输出的数据设定特定文件格式，并对该文件格式采取加密措施，限制其他品牌的机器读取以该文件格式保存的数据，从而保证捆绑自己计算机软件的机器拥有市场竞争优势的行为，不属于上述规定所指的著作权人为保护其软件著作权而采取技术措施的行为。他人研发能够读取著作权人设定的特定文件格式的软件的行为，不构成对软件著作权的侵犯。

根据本案事实，JDPaint 输出的 Eng 格式文件是在精雕公司的“精雕 CNC 雕刻系统”中两个计算机程序间完成数据交换的文件。从设计目的而言，精雕公司采用 Eng 格式而没有采用通用格式完成数据交换，并不在于对 JDPaint 软件进行加密保护，而是希望只有“精雕 CNC 雕刻系统”能接收此种格式，只有与“精雕 CNC 雕刻系统”相捆绑的雕刻机床才可以使用该软件。精雕公司对 JDPaint 输出文件采用 Eng 格式，旨在限定 JDPaint 软件只能在“精雕 CNC 雕刻系统”中使用，其根本目的和真实意图在于建立和巩固 JDPaint 软件与其雕刻机床之间的捆绑关系。这种行为不属于为保护软件著作权而采取的技术保护措施。如果将对软件著作权的保护扩展到与软件捆绑在一起的产品上，必然超出我国著作权法对计算机软件著作权的保护范围。精雕公司在本案中采取的技术措施，不是为保护 JDPaint 软件著作权而采取的技术措施，而是为获取著作权利益之外利益而采取的技术措施。因此，精雕公司采取的技术措施不属于《著作权法》《计算机软件保护条例》所规定著作权人为保护其软件著作权而采取的技术措施，奈凯公司开发能够读取 JDPaint 软件输出的 Eng 格式文件的软件的行为，并不属于故意避开和破坏著作权人为保护软件著作权而采取的技术措施的行为。

指导案例 49 号

石鸿林诉泰州华仁电子资讯有限公司侵害计算机软件著作权纠纷案

（最高人民法院审判委员会讨论通过 2015 年 4 月 15 日发布）

关键词 民事 侵害计算机软件著作权 举证责任 侵权对比 缺陷性特征

裁判要点

在被告拒绝提供被控侵权软件的源程序或者目标程序，且由于技术上的限制，无法从被控侵权产品中直接读出目标程序的情形下，如果原、被告软件在设计缺陷方面基本相同，而被告又无正当理由拒绝提供其软件源程序或者目标程序以供直接比对，则考虑到原告的客观举证难度，可以判定原、被告计算机软件构成实质性相同，由被告承担侵权责任。

相关法条

《计算机软件保护条例》第三条第一款

基本案情

原告石鸿林诉称：被告泰州华仁电子资讯有限公司（以下简称华仁公司）未经许可，长期大量复制、发行、销售与石鸿林计算机软件“S 型线切割机床单片机控制器系统软件 V1.0”相同的软件，严重损害其合法权益。故诉请判令华仁公司停止侵权，公开赔礼道歉，并赔偿原告经济损失 10 万元、为制止侵权行为所支付的证据保全公证费、诉讼代理费 9200 元以及鉴定费用。

被告华仁公司辩称：其公司 HR－Z 型线切割机床控制器所采用的系统软件系其独立开发完成，与石鸿林 S 型线切割机床单片机控制系统应无相同可能，且其公司产品与石鸿林生产的 S 型线切割机床单片机控制器的硬件及键盘布局也完全不同，请求驳回石鸿林的诉讼请求。

法院经审理查明：2000 年 8 月 1 日，石鸿林开发完成 S 型线切割机床单片机控制器系统软件。

2005 年 4 月 18 日获得国家版权局软著登字第 035260 号计算机软件著作权登记证书，证书载明软件名称为 S 型线切割机床单片机控制器系统软件 V1.0（以下简称 S 系列软件），著作权人为石鸿林，权利取得方式为原始取得。2005 年 12 月 20 日，泰州市海陵区公证处出具（2005）泰海证民内字第 1146 号公证书一份，对石鸿林以 660 元价格向华仁公司购买 HR－Z 线切割机床数控控制器（以下简称 HR－Z 型控制器）一台和取得销售发票（No：00550751）的购买过程，制作了保全公证工作记录、拍摄了所购控制器及其使用说明书、外包装的照片 8 张，并对该控制器进行了封存。

一审中，法院委托江苏省科技咨询中心对下列事项进行比对鉴定：（1）石鸿林本案中提供的软件源程序与其在国家版权局版权登记备案的软件源程序的同一性；（2）公证保全的华仁公司 HR－Z 型控制器系统软件与石鸿林获得版权登记的软件源程序代码相似性或者相同性。后江苏省科技咨询中心出具鉴定工作报告，因被告的软件主要固化在美国 ATMEL 公司的 AT89F51 和菲利普公司的 P89C58 两块芯片上，而代号为“AT89F51”的芯片是一块带自加密的微控制器，必须首先破解它的加密系统，才能读取固化其中的软件代码。而根据现有技术条件，无法解决芯片解密程序问题，因而根据现有鉴定材料难以作出客观、科学的鉴定结论。

二审中，法院根据原告石鸿林的申请，就以下事项组织技术鉴定：原告软件与被控侵权软件是否具有相同的软件缺陷及运行特征。经鉴定，中国版权保护中心版权鉴定委员会出具鉴定报告，结论为：通过运行原、被告软件，发现二者存在如下相同的缺陷情况：（1）二控制器连续加工程序段超过2048条后，均出现无法正常执行的情况；（2）在加工完整的一段程序后只让自动报警两声以下即按任意键关闭报警时，在下一次加工过程中加工回复线之前自动暂停后，二控制器均有偶然出现蜂鸣器响两声的现象。

二审法院另查明：原、被告软件的使用说明书基本相同。两者对控制器功能的描述及技术指标基本相同；两者对使用操作的说明基本相同；两者在段落编排方式和多数语句的使用上基本相同。经二审法院多次释明，华仁公司始终拒绝提供被控侵权软件的源程序以供比对。

裁判结果

江苏省泰州市中级人民法院于2006年12月8日作出（2006）泰民三初字第2号民事判决：驳回原告石鸿林的诉讼请求。石鸿林提起上诉，江苏省高级人民法院于2007年12月17日作出（2007）苏民三终字第0018号民事判决：（1）撤销江苏省泰州市中级人民法院（2006）泰民三初字第2号民事判决；（2）华仁公司立即停止生产、销售侵犯石鸿林S型线切割机床单片机控制器系统软件V1.0著作权的产品；（3）华仁公司于本判决生效之日起10日内赔偿石鸿林经济损失79200元；（4）驳回石鸿林的其他诉讼请求。

裁判理由

法院生效裁判认为：根据现有证据，应当认定华仁公司侵犯了石鸿林S系列软件著作权。

一、本案的证明标准应根据当事人客观存在的举证难度合理确定

根据法律规定，当事人对自己提出的诉讼请求所依据的事实有责任提供证据加以证明。本案中，石鸿林主张华仁公司侵犯其S系列软件著作权，其须举证证明双方计算机软件之间构成相同或实质性相同。一般而言，石鸿林就此须举证证明两计算机软件的源程序或目标程序之间构成相同或实质性相同。但本案中，由于存在客观上的困难，石鸿林实际上无法提供被控侵权的HR－Z软件的源程序或目标程序，并进而直接证明两者的源程序或目标程序构成相同或实质性相同。（1）石鸿林无法直接获得被控侵权的计算机软件源程序或目标程序。由于被控侵权的HR－Z软件的源程序及目标程序处于华仁公司的实际掌握之中，因此在华仁公司拒绝提供的情况下，石鸿林实际无法提供HR－Z软件的源程序或目标程序以供直接对比。（2）现有技术手段无法从被控侵权的HR－Z型控制器中获得HR－Z软件源程序或目标程序。根据一审鉴定情况，HR－Z软件的目标程序系加载于HR－Z型控制器中的内置芯片上，由于该芯片属于加密芯片，无法从芯片中读出HR－Z软件的目标程序，并进而反向编译出源程序。因此，依靠现有技术手段无法从HR－Z型控制器中获得HR－Z软件源程序或目标程序。

综上，本案在华仁公司无正当理由拒绝提供软件源程序以供直接比对，石鸿林确因客观困难无法直接举证证明其诉讼主张的情形下，应从公平和诚实信用原则出发，合理把握证明标准的尺度，对石鸿林提供的现有证据能否形成高度盖然性优势进行综合判断。

二、石鸿林提供的现有证据能够证明被控侵权的 HR－Z 软件与石鸿林的 S 系列软件构成实质相同，华仁公司应就此承担提供相反证据的义务

本案中的现有证据能够证明以下事实：

（1）二审鉴定结论显示：通过运行安装 HX－Z 软件的 HX－Z 型控制器和安装 HR－Z 软件的 HR－Z 型控制器，发现二者存在前述相同的系统软件缺陷情况。

（2）二审鉴定结论显示：通过运行安装 HX－Z 软件的 HX－Z 型控制器和安装 HR－Z 软件的 HR－Z 型控制器，发现二者在加电运行时存在相同的特征性情况。

（3）HX－Z 和 HR－Z 型控制器的使用说明书基本相同。

（4）HX－Z 和 HR－Z 型控制器的整体外观和布局基本相同，主要包括面板、键盘的总体布局基本相同等。

据此，鉴于 HX－Z 和 HR－Z 软件存在共同的系统软件缺陷，根据计算机软件设计的一般性原理，在独立完成设计的情况下，不同软件之间出现相同的软件缺陷机率极小，而如果软件之间存在共同的软件缺陷，则软件之间的源程序相同的概率较大。同时结合两者在加电运行时存在相同的特征性情况、HX－Z 和 HR－Z 型控制器的使用说明书基本相同、HX－Z 和 HR－Z 型控制器的整体外观和布局基本相同等相关事实，法院认为石鸿林提供的现有证据能够形成高度盖然性优势，足以使法院相信 HX－Z 和 HR－Z 软件构成实质相同。同时，由于 HX－Z 软件是石鸿林对其 S 系列软件的改版，且 HX－Z 软件与 S 系列软件实质相同。因此，被控侵权的 HR－Z 软件与石鸿林的 S 系列软件亦构成实质相同，即华仁公司侵犯了石鸿林享有的 S 系列软件著作权。

三、华仁公司未能提供相反证据证明其诉讼主张，应当承担举证不能的不利后果

本案中，在石鸿林提供了上述证据证明其诉讼主张的情形下，华仁公司并未能提供相反证据予以反证，依法应当承担举证不能的不利后果。经本院反复释明，华仁公司最终仍未提供被控侵权的 HR－Z 软件源程序以供比对。华仁公司虽提供了 DX－Z 线切割控制器微处理器固件程序系统 V3.0 的计算机软件著作权登记证书，但其既未证明该软件与被控侵权的 HR－Z 软件属于同一软件，又未证明被控侵权的 HR－Z 软件的完成时间早于石鸿林的 S 系列软件，或系其独立开发完成。尽管华仁公司还称，其二审中提供的 2004 年 5 月 19 日商业销售发票，可以证明其于 2004 年就开发完成了被控侵权软件。对此法院认为，该份发票上虽注明货物名称为 HR－Z 线切割控制器，但并不能当然推断出该控制器所使用的软件即为被控侵权的 HR－Z 软件，华仁公司也未就此进一步提供其他证据予以证实。同时结合该份发票并非正规的增值税发票、也未注明购货单位名称等一系列瑕疵，法院认为，华仁公司 2004 年就开发完成了被控侵权软件的诉讼主张缺乏事实依据，不予采纳。

综上，根据现有证据，同时在华仁公司持有被控侵权的 HR－Z 软件源程序且无正当理由拒不提供的情形下，应当认定被控侵权的 HR－Z 软件与石鸿林的 S 系列软件构成实质相同，华仁公司侵犯了石鸿林 S 系列软件著作权。

指导案例55号

柏万清诉成都难寻物品营销服务中心等侵害实用新型专利权纠纷案

（最高人民法院审判委员会讨论通过
2015年11月19日发布）

关键词 民事/侵害实用新型专利权/保护范围/技术术语/侵权对比

裁判要点

专利权的保护范围应当清楚，如果实用新型专利权的权利要求书的表述存在明显瑕疵，结合涉案专利说明书、附图、本领域的公知常识及相关现有技术等，不能确定权利要求中技术术语的具体含义而导致专利权的保护范围明显不清，则因无法将其与被诉侵权技术方案进行有实质意义的侵权对比，从而不能认定被诉侵权技术方案构成侵权。

相关法条

《中华人民共和国专利法》第二十六条第四款、第五十九条第一款

基本案情

原告柏万清系专利号200420091540.7、名称为“防电磁污染服”实用新型专利（以下简称涉案专利）的专利权人。涉案专利权利要求1的技术特征为：（1）一种防电磁污染服，包括上装和下装；（2）服装的面料里设有起屏蔽作用的金属网或膜；（3）起屏蔽作用的金属网或膜由导磁率高而无剩磁的金属细丝或者金属粉末构成。该专利说明书载明，该专利的目的是提供一种成本低、保护范围宽和效果好的防电磁污染服。其特征在于所述服装在面料里设有由导磁率高而无剩磁的金属细丝或者金属粉末构成的起屏蔽保护作用的金属网或膜。所述金属细丝可用市售5到8丝的铜丝等，所述金属粉末可用如软铁粉末等。附图1、2表明，防护服是在不改变已有服装样式和面料功能的基础上，通过在面料里织进导电金属细丝或者以喷、涂、扩散、浸泡和印染等任一方式的加工方法将导电金属粉末与面料复合，构成带网眼的网状结构即可。

2010年5月28日，成都难寻物品营销服务中心销售了由上海添香实业有限公司生产的添香牌防辐射服上装，该产品售价490元，其技术特征是：（1）一种防电磁污染服上装；（2）服装的面料里设有起屏蔽作用的金属防护网；（3）起屏蔽作用的金属防护网由不锈钢金属纤维构成。7月19日，柏万清以成都难寻物品营销服务中心销售、上海添香实业有限公司生产的添香牌防辐射服上装（以下简称被诉侵权产品）侵犯涉案专利权为由，向四川省成都市中级人民法院提起民事诉讼，请求判令成都难寻物品营销服务中心立即停止销售被控侵权产品；上海添香实业有限公司停止生产、销售被控侵权产品，并赔偿经济损失100万元。

裁判结果

四川省成都市中级人民法院于2011年2月18日作出（2010）成民初字第597号民事判决，驳回柏万清的诉讼请求。宣判后，柏万清提起上诉。四川省高级人民法院于2011年10月24日作出（2011）川民终字第391号民事判决驳回柏万清上诉，维持原判。柏万清不服，向最高人民法院申请再审，最高人民法院于2012年12月28日裁定驳回其再审申请。

裁判理由

法院生效裁判认为：本案争议焦点是上海添香实业有限公司生产、成都难寻物品营销服务中心销售的被控侵权产品是否侵犯柏万清的“防电磁污染服”实用新型专利权。《中华人民共和国专利法》第二十六条第四款规定：“权利要求书应当以说明书为依据，

清楚、简要地限定要求专利保护的范围。”第五十九条第一款规定：“发明或者实用新型专利权的保护范围以其权利要求的内容为准，说明书及附图可以用于解释权利要求的内容。”可见，准确界定专利权的保护范围，是认定被诉侵权技术方案是否构成侵权的前提条件。如果权利要求书的撰写存在明显瑕疵，结合涉案专利说明书、附图、本领域的公知常识以及相关现有技术等，仍然不能确定权利要求中技术术语的具体含义，无法准确确定专利权的保护范围的，则无法将被诉侵权技术方案与之进行有意义的侵权对比。因此，对于保护范围明显不清楚的专利权，不能认定被诉侵权技术方案构成侵权。

本案中，涉案专利权利要求1的技术特征C中的“导磁率高”的具体范围难以确定。首先，根据柏万清提供的证据，虽然磁导率有时也被称为导磁率，但磁导率有绝对磁导率与相对磁导率之分，根据具体条件的不同还涉及起始磁导率 μi、最大磁导率 μm 等概念。不同概念的含义不同，计算方式也不尽相同。磁导率并非常数，磁场强度H发生变化时，即可观察到磁导率的变化。但是在涉案专利说明书中，既没有记载导磁率在涉案专利技术方案中是指相对磁导率还是绝对磁导率或者其他概念，又没有记载导磁率高的具体范围，也没有记载包括磁场强度H等在内的计算导磁率的客观条件。本领域技术人员根据涉案专利说明书，难以确定涉案专利中所称的导磁率高的具体含义。其次，从柏万清提交的相关证据来看，虽能证明有些现有技术中确实采用了高磁导率、高导磁率等表述，但根据技术领域以及磁场强度的不同，所谓高导磁率的含义十分宽泛，从80 Gs/Oe至83.5×104 Gs/Oe均被柏万清称为高导磁率。柏万清提供的证据并不能证明在涉案专利所属技术领域中，本领域技术人员对于高导磁率的含义或者范围有着相对统一的认识。最后，柏万清主张根据具体使用环境的不同，本领域技术人员可以确定具体的安全下限，从而确定所需的导磁率。该主张实际上是将能够实现防辐射目的的所有情形均纳入涉案专利权的保护范围，保护范围过于宽泛，亦缺乏事实和法律依据。

综上所述，根据涉案专利说明书以及柏万清提供的有关证据，本领域技术人员难以确定权利要求1技术特征C中“导磁率高”的具体范围或者具体含义，不能准确确定权利要求1的保护范围，无法将被诉侵权产品与之进行有实质意义的侵权对比。因此，二审判决认定柏万清未能举证证明被诉侵权产品落入涉案专利权的保护范围，并无不当。

（生效裁判审判人员：周翔、罗霞、杜微科）

指导案例58号

成都同德福合川桃片有限公司诉重庆市合川区同德福桃片有限公司、余晓华侵害商标权及不正当竞争纠纷案

（最高人民法院审判委员会讨论通过
2016年5月20日发布）

关键词 民事/侵害商标权/不正当竞争/老字号/虚假宣传

裁判要点

1. 与“老字号”无历史渊源的个人或企业将“老字号”或与其近似的字号注册为商标后，以“老字号”的历史进行宣传的，应认定为虚假宣传，构成不正当竞争。

2. 与“老字号”具有历史渊源的个人或企业在未违反诚实信用原则的前提下，将“老字号”注册为个体工商户字号或企业名称，未引人误认且未突出使用该字号的，不

构成不正当竞争或侵犯注册商标专用权。

相关法条

《中华人民共和国商标法》第五十七条第七项

《中华人民共和国反不正当竞争法》第二条、第九条

基本案情

原告（反诉被告）成都同德福合川桃片食品有限公司（以下简称成都同德福公司）诉称，成都同德福公司为“同德福TONGDEFU及图”商标权人，余晓华先后成立的个体工商户和重庆市合川区同德福桃片有限公司（以下简称重庆同德福公司），在其字号及生产的桃片外包装上突出使用了“同德福”，侵害了原告享有的“同德福TONGDEFU及图”注册商标专用权并构成不正当竞争。请求法院判令重庆同德福公司、余晓华停止使用并注销含有“同德福”字号的企业名称；停止侵犯原告商标专用权的行为，登报赔礼道歉、消除影响，赔偿原告经济、商誉损失50万元及合理开支5066.4元。

被告（反诉原告）重庆同德福公司、余晓华共同答辩并反诉称，重庆同德福公司的前身为始创于1898年的同德福斋铺，虽然同德福斋铺因公私合营而停止生产，但未中断独特技艺的代代相传。“同德福”第四代传人余晓华继承祖业先后注册了个体工商户和公司，规范使用其企业名称及字号，重庆同德福公司、余晓华的注册行为是善意的，不构成侵权。成都同德福公司与老字号“同德福”并没有直接的历史渊源，但其将“同德福”商标与老字号“同德福”进行关联的宣传，属于虚假宣传。而且，成都同德福公司擅自使用“同德福”知名商品名称，构成不正当竞争。请求法院判令成都同德福公司停止虚假宣传，在全国性报纸上登报消除影响；停止对“同德福”知名商品特有名称的侵权行为。

法院经审理查明：开业于1898年的同德福斋铺，在1916年至1956年期间，先后由余鸿春、余复光、余永祚三代人经营。在20世纪20～50年代期间，“同德福”商号享有较高知名度。1956年，由于公私合营，同德福斋铺停止经营。1998年，合川市桃片厂温江分厂获准注册了第1215206号“同德福TONGDEFU及图”商标，核定使用范围为第30类，即糕点、桃片（糕点）、可可产品、人造咖啡。2000年11月7日，前述商标的注册人名义经核准变更为成都同德福公司。成都同德福公司的多种产品外包装使用了“老字号”“百年老牌”字样、“‘同德福牌’桃片简介：‘同德福牌’桃片创制于清乾隆年间（或1840年），有着悠久的历史文化”等字样。成都同德福公司网站中“公司简介”页面将《合川文史资料选辑（第二辑）》中关于同德福斋铺的历史用于其“同德福”牌合川桃片的宣传。

2002年1月4日，余永祚之子余晓华注册个体工商户，字号名称为合川市老字号同德福桃片厂，经营范围为桃片、小食品自产自销。2007年，其字号名称变更为重庆市合川区同德福桃片厂，后注销。2011年5月6日，重庆同德福公司成立，法定代表人为余晓华，经营范围为糕点（烘烤类糕点、熟粉类糕点）生产，该公司是第6626473号“余复光1898”图文商标、第7587928号“余晓华”图文商标的注册商标专用权人。重庆同德福公司的多种产品外包装使用了“老字号【同德福】商号，始创于清光绪23年（1898年）历史悠久”等介绍同德福斋铺历史及获奖情况的内容，部分产品在该段文字后注明“以上文字内容摘自《合川县志》”；“【同德福】颂：同德福，在合川，驰名远，开百年，做桃片，四代传，品质高，价亦廉，讲诚信，无欺言，买卖公，热

情谈”；“合川桃片”“重庆市合川区同德福桃片有限公司”等字样。

裁判结果

重庆市第一中级人民法院于2013年7月3日作出（2013）渝一中法民初字第00273号民事判决：（1）成都同德福公司立即停止涉案的虚假宣传行为。（2）成都同德福公司就其虚假宣传行为于本判决生效之日起连续五日在其网站刊登声明消除影响。（3）驳回成都同德福公司的全部诉讼请求。（4）驳回重庆同德福公司、余晓华的其他反诉请求。一审宣判后，成都同德福公司不服，提起上诉。重庆市高级人民法院于2013年12月17日作出（2013）渝高法民终字00292号民事判决：驳回上诉，维持原判。

裁判理由

法院生效裁判认为：个体工商户余晓华及重庆同德福公司与成都同德福公司经营范围相似，存在竞争关系；其字号中包含“同德福”三个字与成都同德福公司的“同德福TONGDEFU及图”注册商标的文字部分相同，与该商标构成近似。其登记字号的行为是否构成不正当竞争关键在于该行为是否违反诚实信用原则。成都同德福公司的证据不足以证明“同德福TONGDEFU及图”商标已经具有相当知名度，即便他人将“同德福”登记为字号并规范使用，不会引起相关公众误认，因而不能说明余晓华将个体工商户字号注册为“同德福”具有“搭便车”的恶意。而且，在20世纪20年代至50年代期间，“同德福”商号享有较高商誉。同德福斋铺先后由余鸿春、余复光、余永祚三代人经营，尤其是在余复光经营期间，同德福斋铺生产的桃片获得了较多荣誉。余晓华系余复光之孙、余永祚之子，基于同德福斋铺的商号曾经获得的知名度及其与同德福斋铺经营者之间的直系亲属关系，将个体工商户字号登记为“同德福”具有合理性。余晓华登记个体工商户字号的行为是善意的，并未违反诚实信用原则，不构成不正当竞争。基于经营的延续性，其变更个体工商户字号的行为以及重庆同德福公司登记公司名称的行为亦不构成不正当竞争。

从重庆同德福公司产品的外包装来看，重庆同德福公司使用的是企业全称，标注于外包装正面底部，“同德福”三字位于企业全称之中，与整体保持一致，没有以简称等形式单独突出使用，也没有为突出显示而采取任何变化，且整体文字大小、字形、颜色与其他部分相比不突出。因此，重庆同德福公司在产品外包装上标注企业名称的行为系规范使用，不构成突出使用字号，也不构成侵犯商标权。就重庆同德福公司标注“同德福颂”的行为而言，“同德福颂”四字相对于其具体内容（三十六字打油诗）字体略大，但视觉上形成一个整体。其具体内容系根据史料记载的同德福斋铺曾经在商品外包装上使用过的一段类似文字改编，意在表明“同德福”商号的历史和经营理念，并非为突出“同德福”三个字。且重庆同德福公司的产品外包装使用了多项商业标识，其中“合川桃片”集体商标特别突出，其自有商标也比较明显，并同时标注了“合川桃片”地理标志及重庆市非物质文化遗产，相对于这些标识来看，“同德福颂”及其具体内容仅属于普通描述性文字，明显不具有商业标识的形式，也不够突出醒目，客观上不容易使消费者对商品来源产生误认，亦不具备替代商标的功能。因此，重庆同德福公司标注“同德福颂”的行为不属于侵犯商标权意义上的“突出使用”，不构成侵犯商标权。

成都同德福公司的网站上登载的部分“同德福牌”桃片的历史及荣誉，与史料记载的同德福斋铺的历史及荣誉一致，且在其网站上标注了史料来源，但并未举证证明其与同德福斋铺存在何种联系。此外，成都同德福公司还在其产品外包装标明其为“百年老牌”“老字号”“始创于清朝乾隆年间”等字样，而其“同德福 TONGDEFU 及图”商标核准注册的时间是 1998 年，就其采取前述标注行为的依据，成都同德福公司亦未举证证明。成都同德福公司的前述行为与事实不符，容易使消费者对于其品牌的起源、历史及其与同德福斋铺的关系产生误解，进而取得竞争上的优势，构成虚假宣传，应承担相应的停止侵权、消除影响的民事责任。

（生效裁判审判人员：李剑、周露、宋黎黎）

第十部分　大　事　记

2015年最高人民法院知识产权司法保护大事记

2015年1月22日，最高人民法院公布《最高人民法院关于修改〈最高人民法院关于审理专利纠纷案件适用法律问题的若干规定〉的决定》，自2015年2月1日起施行。

2015年3月18日，最高人民法院知识产权司法保护研究中心在京成立，最高人民法院院长周强为研究中心揭牌，并为研究中心首届学术委员会委员、研究员颁发了聘书。

2015年4月9日，上海市浦东新区人民法院自贸区知识产权法庭暨“最高人民法院知识产权审判庭自贸区知识产权司法保护调研联系点”揭牌。

2015年4月20日，中央媒体“知识产权司法保护重庆行”正式启动。

2015年4月20日，最高人民法院在重庆发布《中国法院知识产权司法保护状况(2014)》（白皮书）和2014年中国法院知识产权司法保护十大案件、十大创新性案件和五十个典型案例。

2015年4月21日，最高人民法院发布《最高人民法院知识产权案件年度报告(2014)》。

2015年4月22日，最高人民法院审委会委员、民三庭庭长宋晓明在西南政法大学知识产权论坛上作重要演讲“新形势下我国的知识产权司法政策”。

2015年4月22日，最高人民法院在第一法庭公开开庭审理礼来公司诉常州华生制药有限公司侵害发明专利权纠纷上诉案。技术调查官第一次出现在最高人民法院的法庭上。

2015年4月23日，首次知识产权法院工作座谈会在北京召开，最高人民法院副院长陶凯元出席会议并讲话。

2015年4月24日，最高人民法院知识产权案例指导研究（北京）基地在北京知识产权法院正式设立，这是全国法院首家知识产权案例指导研究基地。

2015年5月28日，最高人民法院在长沙召开全国部分法院知识产权审判“三合一”改革试点工作座谈会。最高人民法院审委会委员、民三庭庭长宋晓明出席并讲话。

2015年6月30日，最高人民法院院长周强主持专题会议听取关于知识产权法院工作情况的报告并讲话。

2015年6月16日，最高人民法院在第一法庭公开开庭合并审理上诉人广东加多宝饮料食品有限公司与被上诉人广州王老吉大健康产业有限公司、广州医药集团有限公司擅自使用知名商品特有包装装潢纠纷上诉两案。最高人民法院组成了由民三庭宋晓明庭长担任审判长的五人合议庭对本案进行审理。

2015年9月18日，最高人民法院知识产权司法保护与市场价值研究（广东）基地在广州知识产权法院隆重揭牌。

2015年10月19日，由中国知识产权法学研究会、华东政法大学和美国联邦巡回上诉法院律师协会共同主办，由中国最高人民法院知识产权司法保护研究中心和中国法院知识产权司法保护国际交流（上海）基地特别支持的“知识产权与贸易国际论坛”在上海开幕，最高人民法院副院长陶凯元应邀出席并发表演讲。

2015 年 11 月 7 日，中国审判理论研究会知识产权专业委员会 2015 年年会在重庆召开。最高人民法院副院长陶凯元出席年会并致辞。

2015 年 12 月 29 日，最高人民法院副院长陶凯元在《求是》杂志发表重要专题文章“充分发挥司法保护知识产权的主导作用”。

2015 年最高人民检察院知识产权司法保护大事记

2015 年 3 月，最高人民检察院部署开展了为期两年的全国检察机关“危害食品药品安全犯罪专项立案监督活动”，将打击食品药品领域的侵权假冒案件作为重点之一。

2015 年 4 月，最高人民检察院发布了 2014 年度中国检察机关保护知识产权十大典型案例。

2015 年 6 月，最高人民检察院根据中国和欧盟商定的知识产权第三期合作项目的安排，组团赴欧盟进行以“知识产权刑事执法”为主题的访问交流活动。

2015 年 7 月，最高人民检察院派员赴欧盟参加中欧知识产权对话十周年纪念活动。

2015 年 9 月，最高人民检察院举办全国检察机关行政执法和刑事司法衔接工作网络培训班。

2015 年 9 月，最高人民检察院接待来访的英国版权执法局高级官员，就中国检察机关的知识产权保护工作进行座谈。

2015 年 4 月和 9 月，最高人民检察院派员参加美国大使馆主办的保护知识产权大使圆桌会议。

2015 年 11 月，最高人民检察院召开司法体制改革领导小组会议，听取了侦查监督厅关于健全“两法衔接”机制工作进展情况的汇报，并对下步工作研究部署。

2015 年公安部知识产权刑事保护大事记

2015 年 4 月，公安部经侦局参加国际刑警组织反假冒行动协调会，会同国际刑警组织及韩国、越南、菲律宾等国家警方、海关等执法部门，研究组织开展打击侵权假冒犯罪国际联合执法行动。

2015 年 5 月，中欧警务培训项目打击制造假冒伪劣商品犯罪培训班在中国刑警学院举办。部分省市公安机关一线执法人员和欧盟相关部门、西班牙警方代表参加培训。

2015 年 6 月，公安部经侦局会同中国外商投资企业协会优质品牌保护委员会在京联合召开知识产权刑事保护座谈会，听取外商投资企业对公安机关知识产权刑事保护工作的意见和建议，就今后深化公安机关与外商企业的执法合作进行了探讨。中国外商投资企业协会优质品牌保护委员会以及强生、微软、奥迪、杜邦、辉瑞、耐克、新百伦、LV 等 30 余家知名外商企业应邀参加了会议。

2015 年 6 月，公安部经侦局组团赴荷兰、匈牙利、罗马尼亚，开展知识产权刑事执法交流活动，与欧盟有关单位及相关国家警方、检察官、法官代表就知识产权刑事执法及国际合作等议题进行交流。

2015 年 9 月，国际刑警组织在第九届国际知识产权执法大会上授予公安部经侦局打击侵权假冒“杰出贡献奖”，以表彰中国公安机关近年来在打击侵权假冒犯罪中的突出战绩。

2015 年 9 月，中欧警务培训项目打击侵犯知识产权犯罪培训班在浙江警察学院举办，来自全国 10 个省区公安机关经侦部门学员参加培训。

2015 年 11 月，公安部经侦局参加国际刑警举办的第五届中东北非地区应对知识产权犯罪会议，并应邀进行大会主旨发言，介绍公安机关打击侵权假冒犯罪工作进展、打击策略和执法措施。

2016年最高人民法院知识产权司法保护大事记

2016年3月17日，“中欧法官合作论坛”在上海举行。最高人民法院陶凯元副院长、上海市政府赵雯副市长、上海市高级人民法院崔亚东院长和欧盟驻中国代表团副团长、公使卡门·卡诺女士出席论坛并致辞。

2016年3月22日，最高人民法院召开新闻发布会，通报《关于审理侵犯专利权纠纷案件应用法律若干问题的解释（二）》，该司法解释将于4月1日起施行。

2016年4月21日，全国知识产权宣传周“知识产权司法保护浙江行”媒体见面会在浙江省杭州市召开。最高人民法院副院长陶凯元出席见面会并讲话，浙江省委常委、常务副省长袁家军致辞。

2016年4月21日，最高人民法院在杭州召开最高人民法院2016年知识产权宣传周新闻通气会，发布《2015年中国法院知识产权司法保护状况》（白皮书），并公布了2015年中国法院十大知识产权案件和五十件典型知识产权案例。

2015年4月24日，最高人民法院发布《最高人民法院知识产权案件年度报告（2015）》摘要。

2016年4月26日，最高人民法院在第一法庭公开开庭审理再审申请人迈克尔·乔丹与被申请人国家工商行政管理总局商标评审委员会、一审第三人乔丹体育股份有限公司商标争议行政纠纷系列案。最高人民法院组成了五人合议庭对该案进行审理。最高人民法院副院长、审判委员会委员，二级大法官陶凯元担任审判长。

2016年7月5日，最高人民法院发布《关于在全国法院推进知识产权民事、行政和刑事案件审判“三合一”工作的意见》。

2016年7月7日至8日，全国法院知识产权审判工作座谈会暨全国法院知识产权审判“三合一”推进会在江苏省南京市隆重召开，最高人民法院副院长陶凯元出席会议并讲话。

2016年11月24日，最高人民法院知识产权案例指导研究（北京）基地阶段性成果汇报座谈会在北京知识产权法院召开，最高人民法院副院长陶凯元出席会议并讲话。

2016年12月16日，第二次知识产权法院工作座谈会在上海市召开，最高人民法院副院长陶凯元出席会议并讲话。

2016年11月21日，最高人民法院知识产权司法保护研究中心在最高人民法院新闻发布厅召开了“商业模式等新形态创新成果的知识产权保护办法”课题开题会议。

2016 年最高人民检察院知识产权司法保护大事记

2016 年 2 月，最高人民检察院派员赴西班牙参加《中欧海关 2014 - 2017 年知识产权合作行动计划》框架下的中欧海关知识产权工作组会议和中欧知识产权高层研讨会。

2016 年 4 月，最高人民检察院接待来访的英国知识产权局版权执法司司长一行，并就版权有关问题进行工作会谈。

2016 年 5 月，最高人民检察院发布了 2015 年度中国检察机关保护知识产权十大典型案例。

2016 年 6 月，最高人民检察院派员赴俄罗斯参加了中俄检察机关圆桌会议，就知识产权的跨区域合作展开交流。

2016 年 7 月，最高人民检察院发布《关于充分发挥检察职能 依法保障和促进科技创新的意见》。

2016 年 7 月，最高人民检察院与来访的美方开展了知识产权工作会谈。

2016 年 10 月，最高人民检察院开展了中欧知识产权第三期合作项目计划，邀请欧方在上海、广州举办了以“中欧检察官知识产权刑事执法”为主题的交流活动。

2016 年公安部知识产权刑事保护大事记

2016 年 2 月，公安部经侦局组团赴西班牙参加知识产权执法合作高层会议和中欧海关知识产权行动计划“关键行动 3”案件分析会，会同我海关总署、最高人民检察院代表，与欧盟税务与海关总司、欧盟内部市场协调局（OHIM）、欧盟反欺诈办公室（OLAF）、欧洲警察组织（Europol）以及西班牙、英国等成员国警方、检察官、海关官员进行了交流。

2016 年 4 月，中欧警务培训项目知识产权保护培训班在中国刑警学院举办。来自全国 11 个省区市公安机关学员参训。

2016 年 7 月，国际刑警组织中国及中亚地区知识产权保护大会在江苏省连云港市举办。会议由国际刑警组织和公安部共同主办，江苏省公安厅、连云港市公安局联合承办。会议以“共同保护知识产权”为主题，邀请“一带一路”沿线国家就打击知识产权犯罪交流经验，推动我国与“一带一路”沿线国家执法合作。中国、俄罗斯、哈萨克斯坦、乌兹别克斯坦、蒙古等国家代表，以及美国、英国、法国等国家驻华使馆官员参会。

2016 年 7 月和 12 月，公安部组织指挥 28 个省、自治区、直辖市的 160 余个地市公安机关开展两波次集中收网行动，捣毁假烟和烟机生产、仓储窝点 893 个，缴获烟机等制假设备 988 台，假烟、走私烟 238 万余条，烟叶、丝束、盘纸等制假原料 2682 吨，涉案总价值 15.5 亿元，各项战果系历年打击涉烟经济犯罪之最。

2016 年 9 月，公安部组团赴英国伦敦，参加国际刑警组织第十届知识产权执法大会。

2016 年 11 月，全国公安机关知识产权刑事执法培训班在湖北省武汉市人民警察培训学院举办，来自全国 19 个省、区、市公安机关的学员参训。